湖北省地名志丛书

HUBEISHENG DIMINGZHI CONGSHU

通城县地名志

TONGCHENGXIAN DIMINGZHI

《通城县地名志》编纂委员会　编

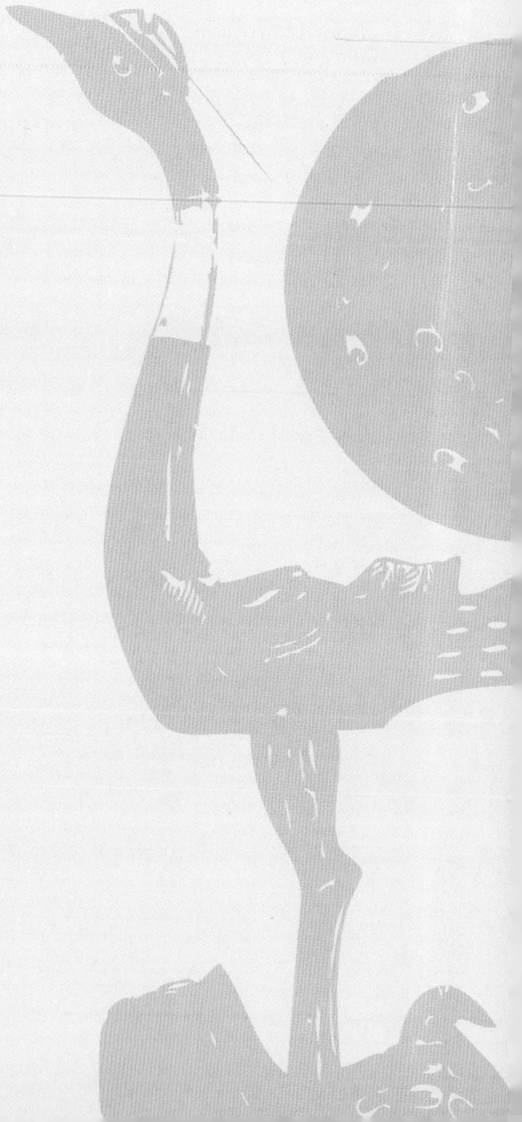

WUHAN UNIVERSITY PRESS
武汉大学出版社

图书在版编目(CIP)数据

通城县地名志/《通城县地名志》编纂委员会编 .—武汉:武汉大学出版社,2021.12
湖北省地名志丛书
ISBN 978-7-307-22381-3

Ⅰ.通…　Ⅱ.通…　Ⅲ.地名—通城县　Ⅳ.K926.34

中国版本图书馆 CIP 数据核字(2021)第 123269 号

责任编辑:胡国民　　责任校对:李孟潇　　版式设计:韩闻锦

出版发行:**武汉大学出版社**　(430072　武昌　珞珈山)
(电子邮箱:cbs22@ whu.edu.cn 网址:www.wdp.com.cn)
印刷:湖北金海印务有限公司
开本:880×1230　1/16　印张:44.5　字数:1378 千字　插页:14
版次:2021 年 12 月第 1 版　　2021 年 12 月第 1 次印刷
ISBN 978-7-307-22381-3　　定价:276.00 元

《通城县地名志》工作机构及工作人员

《通城县地名志》编纂委员会

名誉主任：熊亚平　刘明灯

主　　任：胡中雄　王功辉

副 主 任：胡宜新　杨　松　杨　帆

委　　员：卢伟斌　杨学成　吴林森　张登攀

胡明保　李　彬　刘四敏　杜龙甫　李自良

邱　俊　张天明　张学明　罗向东　黎逢四

李子明　李　葛　吴惠敏　戴六明　罗建军

刘国斌　熊跃飞　冯金陵　徐　平

《通城县地名志》评审委员会

主　　任：杨　帆　吴林森

副 主 任：吴惠敏　戴六明

委　　员：刘亚敏　葛黎明　刘国富　李湘平　孔庆平

冯立群　刘国斌　曾步贤　吕杏庐　朱红星

《通城县地名志》编辑部

主　　编：黎立夏　刘国斌

副 主 编：刘右龙　王良海

编　　辑：胡福龙　徐东兵　刘传峰　张海龙

电脑操作：杜备芳

凡　例

一、本志以马列主义、毛泽东思想、邓小平理论、“三个代表”重要思想、科学发展观、习近平新时代中国特色社会主义思想为指导，坚持辩证唯物主义和历史唯物主义，坚持实事求是的工作方针，运用现代科学理论和方法，全面、客观、系统地记录通城县的地名地情，有针对性、前瞻性、实效性地深入开发地名文化资源，力争做到系统性、资料性、科学性、思想性相统一，保证全志内容符合党和国家的方针、政策，着力推进地名标准化进程。

二、本志使用语体文记述体。记事起点，乡(镇)、村(社区)、地片上限为1950年，其他一般以事物起始为限，下限为2014年年底(大事记和第七篇《地名管理》下限至2017年)。全志由序言、凡例、县政概况、专志组成。专志为：区域聚落类地名、基础设施类地名、纪念地和风景名胜类地名、自然地理实体类地名、单位类地名、历史地名、地名管理、地域品牌特产、地名文苑，共9篇，末尾设附录。根据各类地名的需要分别记述标准地名、汉语拼音(非地名词目不注拼音)、地理位置、四至及面积、名称由来、自然特征、人文特征、经济特征、沿革等情况，个别字义费解的地名说明含义。

三、本志时间和数量单位表述，通城解放以前(1949年5月)以朝代纪年与公元纪年相对照，中华人民共和国成立后用公元纪年；居民户数保留到个位数，人口保留十位数；各类设施占地面积1公顷以上者以公顷表示，不足1公顷的用平方米；建筑面积以平方米表示；与农业有关的面积一般以公顷表示(居民点的耕地面积用亩表示)；长度用千米表示，不足1千米的用米；重量用千克表示，超过1000千克的用吨；温度用摄氏制；年降水量用毫米；各种数据有小数的一般保留1位小数；其他计量单位名称、符号，按国家技术监督局1993年公布的《中华人民共和国国家标准量和单位(GB3100～3102—93)》执行。各类数据以统计部门或主管部门的报表和第二次全国地名普查的数据为准。一个内容几种数据的，以统计部门提供的为准。

四、本志除引文及特殊情况必须使用繁体字外，一律以国家文字工作委员会1986年10月10日公布的《简化字总表》为参照标准。

五、本志记述地名来历，有多种说法的，诸说并存；通用地名的来历，只在原始地名中表述。延用地名的来历从简，如“马港、马港村、马港镇”，只在马港的词目中记述马港的来源，马港村和马港镇的地名来历分别记作：“因域内有河流马港而得村名”“因域内有村名马港而得镇名”；地名来历故事从简叙述，一般不超过500字；与地名有关的历史事件和历史人物，除已有明确定论的外，只记述史实，不加评论，不加褒贬；涉及旧地名的加括号注明今名；记述历史人物和部分现代名人。各类人物主要记于居民点末尾，乡镇条内仅择其要简述。

六、本志各篇以下内容，乡镇除隽水镇排首位外，其余先镇后乡各自按拼音字母顺序排列；一乡镇内，以先排社区、后排村的次序分别按拼音字母顺序排列；居民点先按乡镇再按村编排，除党政机关按县政府常用的次序排列外，其他地名按拼音字母顺序排列；建制村范围内按村、地片、村庄的次序排列，其中地片、村庄按各自拼音字母排列，中间不加标题；索引按拼音字母顺序排列；图片、表格随文附载，统一编码。

七、本志记事，根据需要使用图、照、志、表、录、记等体裁，书名以下设篇、章、节、词目共4个层次。

八、本志所录的水系类地名，以文字表述的有隽水、铁柱港、菖蒲港、沙堆港、秀水以及三溪九港、百丈潭等，其余均列表记述；陆地地形类以文字表述黄龙山、药姑山、黄袍山、锡山、相师山、八景山、锦山及十八洞等，其余列表叙述；交通设施类中以文字表述国道、省道、大型桥梁、高速收费站、中心客运站等，县级以下公路和中型以下桥梁列表记述；水利、电力类以文字记述中型水库及干渠、35千伏以上变电站、国有水电站等，其余内容均列表记述。县城建成区内50户(含50户)以上的小区、20户以上(含20户)的农村居民点用文字记述；49户以下的县城居民小区、19户以下的农村居民点用表格记述。

九、本志收录单位类地名，以文字分别记述县四大家及其办公室、县直一级单位、主要事、企业(享受参公政策的事业单位录入党政机构)和文教卫重点单位、乡(镇)人民政府，县直部门所属二级单位、内设机构、派驻乡镇的单位一般在县一级单位叙述中录入单位名称。

十、本志收录历史地名，以第一次全国地名普查登记入册的地名为起点，在此之前已消亡的地名一般不列入本志收录范围。用古人名字或封号作专名的寺、庙入人物纪念地，用地名作专名的寺、庙入宗教纪念地。

序

根据国务院和湖北省、咸宁市全国第二次地名普查领导小组的统一部署，通城县于2015年6月至2017年5月完成了全县地名普查工作。此次地名普查登记县域内各类地名共5756个，并逐个制作一份地名登记表后输入国家地名网。同期，还以行政村(社区)为单位，编印了地名来历、地名含义、历史沿革、地理实体描述暨地名文化四栏目的专题资料185本，总计500多万字。在此基础上，县地名普查领导小组办公室组织编研人员历经一年多的艰辛努力，编辑成《通城县地名志》。它的成功问世，为通城文化事业增添了一大亮点，是通城文化事业的一件大事！一件大喜事！

通城历史悠久，根据已发现的有关文物表明，县境内早在几千年前就有人居住。又因县域地处幕阜山向江汉平原过渡的地带，境域既有峻岭之险，又兼阔野之秀，地形多样，地貌复杂，且物产丰富，人杰地灵，使得通城地名中蕴藏了深厚的历史文化，并且深深地嵌入了自然、人文、经济发展的烙印。

挖掘地名文化，是挖掘地方历史文化的重要组成部分。此次编成的《通城县地名志》，填补了通城历史文化中的地名历史文化空白。本志所描述的5000多个地名中，蕴藏历史文化最深的是山、水、村庄、建筑物等，它们中的每一个地名都有一段独特的故事。其中，最能体现文化特色的是村庄。全县3000多个自然村庄，分别以人物姓名字号、植物名、地形名、生产和生活器具、职业和官衔、数字或数量词、美好愿望、神灵或宗教名、方位或地物形状和规模大小等作为专用名。此次地名普查，通过查阅家谱和广泛调查，查清了80%以上村庄形成的历史，找到了村庄形成的源头人物，并记入本志。详尽的文字资料、满载地名形成的渊源，是本志的一大特点。

在任县委书记期间，逢《通城县地名志》顺利出版，很乐意写了以上几段话，聊作该书之序。

2020年8月18日

雋水河(朱鸿星　摄)

秀水河(航拍)

阁壁水库(周文　摄)

百丈潭水库(周文　摄)

云溪水库(航拍)

武深高速(航拍)

杭瑞高速公路连接线(胡毅　摄)

银山大道(朱鸿星　摄)

武深高速推垅大桥(航拍)

新塔大桥(刘亚敏　摄)

黄龙山风电场(航拍)

百丈潭一级电站

通城县经济开发区(周文　摄)

瀛通公司(朱鸿星　摄)

玉立公司(周文　摄)

通城一中(刘亚敏　摄)

锡山电视塔(刘亚敏　摄)

通城县人民医院(刘亚敏　摄)

内冲瑶族文化陈列馆(刘亚敏　摄)

灵官桥(刘亚敏　摄)

罗荣桓纪念馆(刘亚敏　摄)

黄袍烈士纪念碑(周文　摄)

李自成之墓（刘亚敏　摄）

天岳关(刘亚敏　摄)

蒋中正为天岳关抗日阵亡将士墓题词(黄龙林场　供图)

银山广场(周文　摄)

玉立酒店(王战强　摄)

目　录

第六篇　历史地名

第七篇　地名艺文

第八篇　地域特色品牌

第九篇　地名管理

附　录

大 事 记

通城秋收暴动纪念馆

南齐东昏侯永元元年(499)

下隽县改上隽县，设锡山市(今隽水镇)。

唐宪宗元和二年(807)

改锡山市为锡山镇。元和五年(810)更名通城镇。南唐保大中期(约950)，唐年县治迁于镇西南白面山下(今五里镇境内)，北宋开宝年间(968—975)返迁旧治。

宋神宗熙宁五年(1072)

划崇阳县南上隽、天宝、乐化3乡22里立通城县，设县治于通城镇(今隽水镇)。

宋钦宗靖康元年(1126)

金兵南下，还乡服丧的原兵部尚书方琼奉诏入朝勤王，官授镇夷将军，募勇抗金阵亡。宋高宗建炎二年(1128)，奉诏建方琼庙于鸡鸣岭(今塘湖镇雷吼村域内)。

是年，通城、崇阳合县，定名崇阳县。绍兴十七年(1144)恢复通城县建制。

宋理宗宝祐四年(1256)

乌桥畈(今隽水镇古龙村杨家庄)人杨起莘中状元。宋度宗成淳元年(1265)，杨倡修石墩木桥"拱北桥"于城北隽水上，又称作状元桥。咸淳十年(1274)竣工，桥有9孔，故又称"九眼桥"。

宋理宗景定元年(1260)

诗人黄庭坚后裔黄子贤建造单孔石拱"招贤桥"，又名"灵官桥"(今马港镇灵官桥村境内)。

清德宗光绪三十一年(1905)

6月，设劝学所，民国十二年(1923)改称教育局。

民国七年(1918)

春，县人黄少谷、金公华等在五花山成立"兴华革命党"，聚众数百，号称"南兵"，与"北(洋)军"对抗。仅月余，战败解散。

民国十五年(1926)

8月22日，北伐军前锋第4军独立团由叶挺指挥攻克县城。第4军上校秘书万世勋任通城县县长，组建县政府。

10月，国民党通城县执行委员会(简称县党部)成立，执行委员11人，其中共产党员6人。

是年，县内中共党员有50多人。中共通城县委员会首次成立，赵世当任书记，直属中共湖北地方执行委员会领导。

民国十六年(1927)

八月二十日，罗荣桓组织通城、崇阳农民自卫军成功发动"八二〇"通城暴动，并成立了中共领导下的第一个县级红色政权——通城县劳农政府。

民国十七年(1928)

秋，中共通城县委重新组建，黄映秋任书记。

民国十八年(1929)

11月，中共湘鄂赣边境特委在黄袍山地区秘密组织通城县暴动委员会，沈国桢任主任。下设农民赤卫军第9大队，吴福清、方如炎先后担任大队长。

民国十九年(1930)

2月，中共湘鄂赣边境特委派李湘恒、赵琪、邓汉标、刘普生、万多民等到药姑山开辟根据地，成立湘北革命工作委员会筹备处，汪崇清任书记，李湘恒任主任。

11月29日，中共湘鄂赣边境特委派李宗白在荻田黄家祠堂秘密召开中共通城县第一次代表大会，选举产生中共通城县委员会，李砚农任书记。

民国二十年(1931)

2月，中共湘鄂赣省委决定成立修(水)通(城)中心县委，余济穷任书记，周凤安等任副书记。

2月，县苏维埃筹备委员会召开全县第一次工农兵代表大会，正式选举产生通城县苏维埃，方如炎任主席。

民国二十一年(1932)

红16军和独立师在药姑山栗树坡的柳树沟建立红军医院，有工作人员30多人，后迁到刘家沟

(一名界牌沟)。

5月，修(水)通(城)县苏维埃成立，选举周庆林为主席。

6月，通城县第三次工农兵代表大会在黄袍召开，选举胡赤为县苏维埃主席。

民国二十三年(1934)

2月，中共湘鄂赣省委秘书长钟期光到药姑山成立湘鄂边中心县委，钟期光任书记兼独立团政委，接着召开工农兵代表会议，建立湘鄂边中心县苏维埃(辖通城、临湘、岳阳、崇阳、蒲圻5县边境地区)。

上半年，全县划分东、南、西、北4区，各设区公所，区下设置40联保。

民国二十四年(1935)

9月，开工修建崇(阳)平(江)公路铁柱港至界上段。1936年6月竣工。全长26.4千米。

民国二十五年(1936)

8月，成立县汽车站。彭林佑任站长。

同期，国民政府在湘鄂赣交界的天岳关设"天岳特别区"，由湖北省第一区保安副司令何政权任区长，下辖3个区(通城、平江、修水3县边境苏区各设1区)，由军事委员会别动队"整理保甲，组训民众"，实行"政治清剿"，企图消灭边区红军。

民国二十六年(1937)

秋，中共西北特委书记兼军分区政委江渭清在石南花墩桥与国民政府武汉行营主任何成浚、通城县长曹功锦谈判成功，实现湘鄂边界的国共合作。

冬，中共湘鄂赣省委派邱丙等10多人来通城建立新四军通讯处，收编红军战士，组织抗日武装。

民国二十七年(1938)

11月，中共岳阳中心县委下属各县组建县委，黄菊庄任中共通城县委书记。

民国二十八年(1939)

6月，国民政府军92师师长梁汉明在天岳关主持修建"抗战阵亡将士纪念亭"，国民政府军事委员会委员长蒋中正题写"气壮山河"，刻于亭内石碑上。

民国三十年(1941)

6月，国民政府实行"新县制"。县政府设民政、财政、教育、建设、军事科。12月，撤销联保办公处，全县成立10个乡公所。

8月5日，省立鄂南5县联合中学第二分部迁石坪塅，改办省立第一师范学校，万国钧任校长。1945年迁大源。1946年8月迁往蒲圻羊楼洞，改称蒲圻(今赤壁)师范。

民国三十一年(1942)

6月，开设县卫生院，后改为县人民医院。

9月，重建县立初级中学。黎子秋任校长，后改为通城县第一中学。

民国三十三年(1944)

5月，汉奸谢天香强征民夫500多人，历时两个月，在县城十字街头修建"皇军阵亡将士纪念碑"。1945年9月，县政府改为"抗日阵亡将士及死难同胞纪念碑"，中华人民共和国成立后拆除。

民国三十四年(1945)

3月，八路军南下支队在湘鄂边建立中共岳(阳)、临(湘)、通(城)县委。

民国三十五年(1946)

9月，日军侵占通城期间被破坏的武(昌)长(沙)公路铁(柱港)界(上)段修复。

民国三十八年(1949)

5月30日，成立通城县人民办事处，中国人民解放军120师358团政委张烈任主任，师部联络科长杨超和起义投诚的原国民政府军16绥靖区第1团团长、代理通城县县长萧国平任副主任。

6月16日，撤销通城县人民办事处，成立通城县人民政府，邓自力任县长。

9月，全县划分为东、南、西、北、城5区。10月分别定名为麦市、九岭、北港、清水、城关区。

10月，成立中国共产党通城县委员会，邓自力任书记。

1950 年

1月，中国人民银行通城县支行开业。

1月27—29日，县第一届各界人民代表会议第一次会议在县城举行，选出王炳初等8人组成常务委员会，苏克任常委会主席。

春，成立中国新民主主义青年团通城县委员会。

4月，废除保甲制，全县划分为122个乡(含城关镇)，建立乡人民政权。

5月，成立通城县人民法院。

7月1日，成立通城县人民政府卫生院；8月改称通城县卫生院。

9月，建立县收音站。1957年1月1日，改为县广播站，并首次播音。

12月，全县5区划为7区和城关镇。1951年10月增设第八区，共辖113乡。

1951 年

春，中共通城县委员会纪律检查委员会成立。1956年改为中共通城县委监察委员会。1978年11月选举产生中共通城县委纪律检查委员会。

1952 年

秋，动工修筑阔田圳，4个月竣工，是当时县内最大的灌溉工程。

下半年，修筑北(港)麦(市)公路，1955年7月1日竣工通车。

冬，成立通城县人民检察署，次年撤销。1955年12月，成立通城县人民检察院。

12月，成立通城县总工会筹备委员会，1953年10月更名为通城县工会联合会，1961年12月更名为通城县总工会。

1953 年

3月，中国新民主主义青年团通城县第一次代表大会召开，选举4人组成团县委。

8月，并全县113乡为101乡，城关镇复为乡级镇。

下半年，全县第一次妇女代表会于锦沙乡李家塘召开，选举产生通城县妇女联合会。

1954 年

夏，县内始设水文站。

7月2—7日，县第一届人民代表大会第一次会议在县立初级中学礼堂举行。大会改通城县人民政府为通城县人民委员会，选举许占儒等13人组成通城县人民委员会，李仲秋任县长。

8月，全县并8区为5区，即城关区和一、二、三、四区，仍设101乡(含城关镇)。

1955 年

12月，开工修建县内第一座小型水库——万峰水库。1956年建成。

1956 年

2月，城关镇升为区级镇，全县设29乡。

3月，除城关区外，一区更名为北港区，二区更名为沙堆区，三区更名为麦市区，四区更名为九岭区。

5月，撤销区建制。全县除保留城关镇外，分设北港、麦市、沙堆、水兴、九岭、仓下6个指导组，仍辖29个乡。

6月3日，中国共产党通城县第一次代表大会在县城举行，选出13入组成中共通城县委员会，林建国任书记。

7月，组建国营黄龙林场。

1957 年

2月，动工修筑通(城)临(湘)公路，次年2月1日竣工通车。

6月，鲤港乡修建通城县第一座小型木制水轮机发电站，次年3月建成发电。

9月，撤销6个指导组，恢复城关镇及北港、麦市、沙堆、九岭、城关5个区，仍辖29个乡。

11月，动工修建东冲水库。建库移民650人。次年春竣工。

1958 年

9月5日，建设、三合、新合、双合、新农、大柱乡合并组成红旗人民公社(后改名上游人民公社)，入社10121户，39439人。

9月，全县成立5个人民公社，大办教育，大办钢铁，大办公共食堂。

11月，通城、崇阳、通山合并为崇阳县(通山不久后分出)。

1959年

9月，动工修建左港、阁壁水库。

11月，动工修建铁柱港水库。1961年竣工蓄水。1962年6月18日，经湖北省人民委员会批准毁库还田。

1960年

是年，开辟通(城)平(江)公路交通客运线。

1961年

12月，恢复通城县建制。

12月，恢复区镇制，改6个人民公社为6区1镇，即麦市、水兴、九岭、沙堆、北港、城关区和城关镇。

1962年

8月，成立县科学技术委员会，1966年秋撤销，1971年重建县科技管理小组，1977年恢复县科学技术委员会。

是年，全县划分为36个人民公社。

1963年

春，成立县内第一家国营瓷厂——通城瓷厂。

7月16日，成立县档案馆。

1964年

是年，铁柱港大桥建成通车。

1965年

2月11—13日，全县第一次贫下中农代表会在县城召开，选出13人组成县贫下中农协会筹备委员会，同时选出9人出席湖北省贫下中农代表会。

10月，动工修筑麦(市)南(楼岭)公路，1969年8月1日竣工通车。

是年，关刀大桥、庄前大桥、推垅桥工程相继开工。1966年，庄前、推垅大桥建成通车。关刀大桥于1967年建成通车。

1966年

上半年，湖北长石矿建立于北港断峰山麓。1980年7月，湖北省人民政府批准停办。

夏，动工修建通城大桥。1967年4月建成通车。

11月，动工修建菖蒲港大桥，1969年5月建成通车。

1968年

8月20日，成立通城县革命委员会。

1969年

2月，阁壁隧洞竣工，全长1520米，是全县最长的灌渠隧洞。

3月，百丈潭水库工程动工，1970年12月竣工。总库容量1710万立方米，建库移民747人。

6月，县35千伏简易变电站工程在古龙山动工，1970年1月建成。1977年5月扩建为中心变电站，年底竣工。

8月1日，通城至修水公路正式通车。

10月，通城古龙山至北港岭源(湖北长石矿)35千伏高压输电线路工程开工架设，1970年1月1日竣工，是通城县第一条高压输电线路。

12月，百丈潭一级电站工程开工，1970年5月建成发电，装机1台、280千瓦，年发电景71万千瓦时。

1970年

6月5日，成立中共通城县革命委员会核心小组。

7月23日，动工兴建云溪水库，1972年4月竣工，总库容量4605万立方米。建库移民422户、1752人。

是年，湖北发电机厂建于九宫山下。

1971年

3月，县城至百丈潭一级电站35千伏输电线路工程开工架设，4月竣工。

9月，动工修建百丈潭五级电站，1972年10月竣工发电。1980年改建为九岭35千伏输变电站。

12月，动工兴建大坪渡槽，1972年6月竣工。

1972年

2月，开工架设县城至麦市、沙堆35千伏输电线路工程，5月竣工。

9月，开工修建百丈潭二级电站，1973年12月竣工发电，装机2台、1600千瓦，年发电量490万千瓦时。

11月，动工兴建铁门栈渡槽，1974年5月1日竣工通水。渡槽长248米，最高墩42米。

1973年

10月20日，动工兴建八燕渡槽，1975年9月30日竣工通水。渡槽长869米，最高墩41米。

1974年

6月，动工修建百丈潭三级电站，1975年10月竣工发电，装机2台、1300千瓦，年发电量403万千瓦时。

12月，动工修建北港横岭隧洞，1978年7月竣工。洞高5.5米、宽5米、长500米，除输水外，还可通行车辆。

1975年

1月，撤销6区1镇，将39个公社、1个镇合并为22个县辖人民公社。

12月，动工修建百丈潭四级电站，1977年3月竣工发电，装机2台、1000千瓦，年发电量260万千瓦时。

是年，动工修建云溪四级电站，1976年10月竣工发电，装机2台、1260千瓦，年发电量300万千瓦时。

1976年

7月1日，锡山电视差转台正式开机转播。1982年又在麦市鸡笼山、黄袍山各建差转台1座。至此，全县电视有效覆盖面达74%。

9月，动工修建云溪一级电站，1978年2月竣工发电，装机1台、640千瓦，年发电量160万千瓦时。

10月，动工兴建下畈大桥。该桥是通城县自行设计施工建造的第一座大型桥梁。1979年7月，竣工通车。

1977年

11月，动工修建黄龙四级电站，1980年4月竣工发电，装机2台、1630千瓦，年发电量350万千瓦时。

1978年

8月，动工修建黄龙三级电站，1982年11月竣工发电，装机2台、1600千瓦，年发电量400万千瓦时。

是年，城关镇(今隽水镇)设立通城县城关砂布厂；1992年更名为通城县砂布厂；1997年改为湖北玉立砂带股份有限公司；2005年，改为湖北玉立砂带集团股份有限公司。

1979年

4月，城关镇从城关人民公社分出，恢复县辖镇。

1980年

1980年10月至1981年3月，由县人民政府组织完成了通城县第一次地名普查。

1981年

1981年4月至1982年6月，县人民政府组织人员在通城县第一次全国地名普查形成的资料基础上进行整理编纂成功《通城县地名志》。该志是通城县首部地名志，由时任县人大常委会办公室主任葛信夫任主编。

6月25日，动工兴建隽水大桥，1982年11月建成，1984年10月1日正式通车。该桥是通城县第一座轻型推力结构的钢筋混凝土钢架拱桥，被评为省交通建设优质工程。

9月8日，根据省人民政府〔1981〕78号文件的规定，报经咸宁地区行署批准，通城县建设、城关、灯塔、高峰、新生、黄龙6个公社分别更名为锦山、隽水、潭下、丁仙、杨塘坳、黄龙山公社。

12月29日，根据国发〔1979〕305号文件的规定，县人民政府下文变更铁柱公社大桥大队等138个生产大队、隽水镇一街居委会等3个居委会的名称。

是年，县人民政府在黄袍公社(今塘湖镇)白水岩修建革命烈士纪念碑，纪念在第二次国内革命战争中殉难的烈士。

1982年

3月21日，经咸宁地区行署批准，通城县城关镇更名为隽水镇，原城关公社重新命名为铁柱公社。

4 月 1 日，城关镇正式更名为隽水镇。

1983 年

4 月 6—8 日，中国人民政治协商会议通城县第一届委员会第一次会议在县城举行，选出 66 人组成政协通城县第一届委员会。

5 月 28 日，成立咸宁地区电视大学通城分校，开设工业管理、商业管理、工业会计、商业会计等专业，在校学生 92 人。

12 月，县人民政府决定建设锡山园林，并成立园林管理处。

1984 年

2 月 2 日，改人民公社体制为区、乡制。全县设 6 区 1 镇(隽水镇)37 乡。银城区辖铁柱、樊店、墨烟、锦山、东港、磨桥、程凤、五里 8 乡；麦市区辖麦市镇及凉亭、陈塅、塘湖、黄袍、盘石、黄龙山、麦市 7 乡；北港区辖北港镇及北港、枫树、大坪、杨部、石南 5 乡；水兴区辖关刀桥镇及水兴、鲤港、云溪、高冲 4 乡；九岭区辖何婆桥镇及马港、湾头、石溪、中塅、杨塘坳、潭下、平湖 7 乡；沙堆区辖沙堆镇及沙堆、大柱、清水、四庄、大溪、灵芝 6 乡。4 月，经湖北省人民政府批准，升麦市镇为县辖镇。7 月，撤销沙堆乡、水兴乡，将其所辖区域分别划归沙堆镇和关刀桥镇。12 月 28 日，撤销麦市区，将其所辖区域划归麦市镇。

12 月 6 日，时任中共中央总书记胡耀帮由中共湖北省委书记关广富、副书记钱运录陪同，亲临通城视察。

1985 年

10 月 1 日，通城县第一座室内农贸市场——隽水农贸市场建成开业，总建筑面积 2200 平方米。

1986 年

2 月 26 日，县委决定成立通城县彩色釉面砖工程建设指挥部，县长沈雄飞任指挥长，县委副书记张世平任政治委员。6 月 6 日，彩釉砖厂破土奠基，行署副专员刘显勤、意大利欧亚公司总裁马丁为奠基仪式剪彩。

12 月 16 日，全省第一座扶贫桥——通城大坪坳桥建成通车，全长 140 米、宽 8.96 米，为“工”字形钢筋混凝土结构。

1987 年

4 月 29 日，县隽水 11 万伏输变电工程竣工运行。

7 月 20 日，通城县体育馆落成。

7 月 26 日，通城县恢复天岳关抗日阵亡将士无名英雄纪念墓工程开工，1988 年 1 月竣工。该纪念墓是 1939 年 6 月国民革命军陆军 92 师为纪念在鲁南至鄂南抗战中阵亡的官兵而修建的。纪念墓由仪门、墓道、永久亭、英雄泉、碑林、烈士墓、祭扫台等组成。墓上留有蒋介石、薛岳、李仙洲所书“气壮山河”“浩气长存”“人类之光”等题词。“文化大革命”初期，该墓被当作“四旧”捣毁。

9 月 10 日，全县进行撤区并乡体制改革，设 9 镇、10 乡。9 镇是：隽水镇、麦市镇、黄袍镇、关刀镇、沙堆镇、五里镇、石南镇、马港镇、北港镇。10 乡是：黄龙乡、云溪乡、四庄乡、锦山乡、程凤乡、九岭乡、潭下乡、大坪乡、大溪乡、墨烟乡。

1989 年

3 月 19 日，武汉市中联制药厂与石南镇就建立“中联制药厂通城分厂”举行签字仪式。该厂 1990 年 1 月 8 日挂牌成立，共投资 225 万元。按照总体设计、分步实施的原则，边生产，边完善，1990 年年底投产。

1990 年

11 月 30 日，倒肘湾水库围堰截流。12 月 6 日，水库大坝奠基回填。

是年，湖北平安电工材料公司成立。

1992 年

1 月 19 日，通城电视台锡山电视转播塔竣工。

2 月 10 日，经省政府批准，县政府下文决定设立石溪乡、黄袍乡，黄袍镇更名为塘湖镇。石溪乡以马港镇的水口、石溪、王坊、程家、肖家、朗山、谭家 7 个村民委员会所辖区域为其行政区域，乡政府驻程家坳。黄袍乡以原黄袍镇的望湖、大埚、雷吼、夹井、润田、新庄、石港、荻田 8 个村民委员会所辖区域为其行政区域，乡政府驻获田。

4月23日，经地区行署批准，县政府成立“湖北省咸宁地区行政公署驻京联络处通城联络组”。

5月2日，县政府下文，将四庄乡所辖的龙潭洞村、守仙洞村和塘湖镇所辖石门村的第七、第八村民小组划归国营鹿角山林场管辖，实行以场管村体制。

5月20日，省农行支持的省级星火计划项目——通城县云母制品厂正式投产。该厂固定资产和流动资金总投资160万元，其中农行贷款87万元。

9月30日，县有线电视台正式开播。开通8个频道，分别转播中央电视台一、二、三套和湖北、云南、贵州、新疆、西藏等省、自治区台及通城电视台节目。

12月，天岳关、南虹桥被省政府列入第三批文物保护古迹。

1993年

4月23日，县客运汽车站工程全面竣工。该工程总建筑面积4052平方米，总投资336.27万元，由中南建筑设计院设计，县建筑总公司施工。7月29日，县汽车客运站举行开业典礼。

是年，成立通城县隽水工业园。2004年更名为隽水工业园，2005年更名为通城经济开发区，2006年被国家发改委审定为省级经济开发区。

1994年

3月11日，省民政厅批准墨烟乡更名为双龙乡，并将锦山乡的下畈村、石湾村及石南镇的青山村划归双龙乡管辖，乡址由麦门坳迁至下畈。

12月19日，县政府将锦山乡的铁柱、新塔、黄源、石泉、古鸣、樊家、柳峦、下湾、白沙及五里镇的谌家村划归隽水镇管辖。

12月，1993年10月18日动工的通城大桥扩建工程竣工，桥长103米、宽22.2米，总投资270万元。

12月，倒肘湾水电工程一期工程完工，双曲浆砌石拱坝完成，坝高海拔447米。

1996年

10月25日，通城三桥（雁塔大桥）动工兴建。该桥全长110米、宽18米，为2台5墩空心板桥。1997年11月竣工。

12月19日，县农业发展银行从县农业银行正式分开设立。

1997年

12月27日，106国道通城段重点工程推垅大桥动工兴建，该桥全长108.9米、宽12米、高27.7米，为T形梁高架桥结构。

1999年

6月27日，通城县移动通信业务正式与通城县电信局分离，成立通城县移动通信分公司。

2000年

9月3日，通城县举行新塔大桥暨隽水河拦水坝工程开工典礼。

是年，成立通城县地名委员会。

2001年

2月21日，通城一中新校建设工程启动。校区占地面积20公顷，建筑面积37750平方米，可容纳60个教学班、3200名学生。

3月15日，省民政厅批复县内调整部分乡镇行政区划，全县由原来的21个乡镇合并为11个乡镇。

2002年

11月7日，省政府鄂政发〔2002〕35号文件公布第四批湖北省文物保护单位，麦市镇“尧家林古文化遗址”“天岳关抗日将士纪念亭”、马港镇“灵官桥”被列入其中。至此，全县共有省级文物保护单位5处，居咸宁市之首。

2003年

是年，全面展开县城道路、街巷、居民区挂牌工作，当年共设置大门牌156块、小门牌7578块、楼栋牌153块、巷牌302块、单元牌383块。

2004年

12月6日，县人民政府下文，撤销原354个建制村、16个居委会，新组建167个村、17个社区。

2005 年

2月，瑶族历史研究专家确定通城县药姑山(原名龙窖山)为瑶族先民遗址。

2006 年

2月22日，湖北楚天广播电视信息网络有限公司通城县支公司正式注册成立。

2007 年

3月，湖北省电信有限公司通城县分公司更名为中国电信股份有限公司通城分公司。

12月，湖北瀛通电子有限公司在通城经济开发区建成投产。

2008 年

8月17日，110千伏城墙山输变电工程送电成功，该工程位于塘湖镇域内的城墙山，总投资1300万元。

是年，制定《通城县隽水城区地名规划实施方案》，完成了北港镇道路集镇设标工作，共收录地名信息5082条。

2009 年

9月21日，湖北宝塔农民科技园暨宝塔研磨项目奠基典礼在通城县隆重举行。

2010 年

9月10日，湖北杭瑞陶瓷有限公司奠基仪式在通城县陶瓷工业园举行。

11月26日，经国务院国资委批准，湖北省电力公司通城县公司挂牌成立，标志着该公司顺利实现直供直管的农电体制改革目标。

2011 年

6月30日，杭(州)瑞(丽)高速公路通城段正式通车营运。

8月，湖北黄袍山绿色产品有限公司动工兴建，2013年建成投产。

12月1日，杭瑞陶瓷有限公司建成投产。

2012 年

7月9日，省级湿地公园——大溪湿地公园正式揭牌。

11月20日，通城县新客运中心正式投入使用，占地面积3.4公顷，总投资6200万元，可日发旅客7000人。

12月，湖北三赢兴电子科技有限公司建成投产。

2013 年

5月31日，经湖北省人民政府批准，通城县药姑山设立省级自然保护区。

5月，总投资约8亿元的湖北亚细亚陶瓷项目落户通城县陶瓷产业园。

11月3日，沙堆镇港背村团包山发现东汉至明代墓葬群，出土不同时代的文物50余件。

2014 年

11月26日，通城县首座景观桥——东阁桥建成通车。

12月1日，县人民政府办公室下发《关于开展通城县全国第二次地名普查的通知》，并成立通城县第二次全国地名普查领导小组。同时在县民政局设立领导小组办公室。副县长喻玉平任组长，县政府办公室副主任黄奇峰、县民政局局长胡宜新任副组长；县民政局副局长杨帆任领导小组办公室主任。2016年年初，副县长胡中雄、县政府办公室副主任刘从洋分别接任领导小组组长、副组长。

2015 年

1月6日，县第二次全国地名普查领导小组下发《关于下发通城县第二次全国地名普查工作实施方案》的通知。

5月，北京苍穹公司通过招标中标，承包通城县第二次全国地名普查地名登记表及有关内容的调查、填报工作。6月，该项工作正式启动。9月，县地名普查办公室在麦市镇试点。10月初，省地名处调研员孙平等人前来通城检查，对该项工作予以充分肯定。11月上旬，咸宁市地名普查办在通城县召开现场推进会。会上，孙平等省、市局领导再次肯定通城县地名文化调查工作的基本做法，继而引起省地名普查办领导对通城地名文化工作的高度重视并在全省推广通城县“政府搭台，‘秀才’唱戏；三级联动，整体推进”的工作模式。

12月初，荆门市地名普查办组团前来通城县考察地名文化调查工作。此后，湖北省内有13个地、市及广东省、湖南省、江西省等地组团先后前来通城县考察地名文化调查工作。12月23日，通城县地名普查办专家组刘国斌应邀在湖北省地名普查工作培训班上发言，介绍通城县地名文化调查的做法及体会。

9月，通城县黄龙山风电场项目正式开工建设。

2016年

10月，县地名普查办公室完成地名专题电视片《千年古邑，大美通城》的摄制并上网播放。

12月30日，由县民政局、县史志方档局、县文联、县地名普查办公室联合举行的“优秀地名故事有奖征文”活动评选结果揭晓，此次活动共评出二等奖2名(一等奖空缺)、三等奖9名、提名奖14名。

2017年

2月24日，县地名委员会在县民政局四楼召开地名标准化专家论证讨论会，会议讨论了县内部分建制村村名、公路线路名、地名用字不标准和县城建成区新增道路、县城新景点命名等事项，与会人员对上述事项进行了热烈讨论，并形成一致意见，印发了会议纪要。

5月31日，通城县第二次地名普查工作以99分的成绩通过省级验收。

5月，成立《通城县地名志》编纂委员会，县委书记熊亚平、县长刘明灯任名誉主任，通城县第二次全国地名普查领导小组组长、副县长胡中雄任主任；成立《通城县地名志》评审委员会，县地名普查办公室主任、县民政局副局长杨帆任主任；组建《通城县地名志》编辑部，同时开始编纂工作。

县政概况

通城县景色(航拍)

通城县位于湖北省东南边陲，湘鄂赣三省交界的幕阜山北麓，地处东经113°36′~114°04′、北纬29°02′~29°24′。东南接江西省修水县，南界湖南省平江县，西与西北邻湖南省岳阳市、临湘市，北与崇阳县接壤。东西最长约45千米，南北最宽约40.5千米，总面积1140.7平方千米。其中耕地208.21平方千米，山地717.3平方千米，水域58.04平方千米，其他土地157.15平方千米。通城得名来历有两种说法：一是指沿隽水(下游叫陆水)入长江可通武昌城；二是指该区域古为湘、鄂、赣三省边界六县的通衢要道，往东可经修水达南昌城，往南可经平江抵长沙城，往北经崇阳可至武昌城，南来北往，四面均可通往城镇。

通城周为楚地，秦属南郡。汉高祖六年(前201)分南郡置下隽县。武帝时属长沙国。建武十三年(37)改长沙国为长沙郡，下隽县隶长沙郡。三国时属吴，为周瑜封邑。南朝宋文帝元嘉十六年(439)，改隶巴陵郡。南齐东昏侯永元元年(499)，改下隽县为上隽县，设锡山市(今通城县城)。梁大同五年(539)，废上隽县，复下隽县，又从下隽县分立乐化县，今通城地分隶乐化、下隽两县，属上隽郡。隋开皇十二年(592)，乐化、下隽县并入蒲圻县，属荆州江夏郡。唐天宝元年(742)，分蒲圻南境置唐年县(今通城、崇阳县境)，属鄂州。唐宪宗元和二年(807)，改锡山市为锡山镇。元和五年(810)更名通城镇。五代杨行密(902—903)改唐年县为宗阳县，南唐又改宗阳县为唐年县。保大中期(约950)，迁唐年县治于今县城西南白面山下。北宋太祖开宝八年(975)，改为崇阳县，属鄂州。宋神宗熙宁五年(1072)，分崇阳南上隽、乐化、天宝3乡置通城县。南宋绍兴五年(1135)，通城并入崇阳。绍兴十七年(1147)，恢复通城县，属武昌军。元属武昌路，明、清属武昌府。民国元年(1912)后，废府改道，通城属江汉道。民国二十一年(1932)后，属湖北省第一区行政督察专员公署。民国十八年至二十四年(1929—1935)，通城为湘鄂赣革命根据地重要组成部分，药姑山、黄袍山先后建立县苏维埃政权，属湘鄂赣省。1949年通城解放后，属湖北省大冶专员公署。1952年秋后属孝感专员公署。1958年11月，通城、崇阳合县称崇阳县。1960年1月属武汉市。1961年12月，恢复通城县，仍属孝感专员公署。1965年8月属咸宁专员公署。1999年改属咸宁市。

宋元丰年间，全县分上隽、乐化、天宝3乡，编户22里。明代及清初编户15里。清康熙四十三年(1704)，按八卦方位，首划县内政区为中、乾、坎、艮、震、巽、离、坤、兑九宫大图，下辖275小图。中宫图辖24小图，包括今磨桥、石南、铁柱等地；乾宫图辖24小图，包括今北港、花亭等地；坎宫图辖36小图，包括今墨烟、东冲等地。以上3宫系原上隽乡地域。艮宫图辖29小图，包括今阔田、沙堆、大青等地；震宫图辖37小图，包括今高冲、清水等地；巽宫图辖56小图，包括今麦市、塘湖、黄袍、黄龙、盘石等地。以上3宫系原乐化乡地域。离宫图辖16小图，包括今水兴、云溪等地；坤宫图辖30小图，包括今丁仙、潭下、东港等地；兑宫图辖23小图，包括今九岭、马港、中竣等地。以上3宫为原天宝乡地域。

中华民国成立初年，通城县行政区划沿用清制。民国十八年(1929)左右，规定10户为牌，10牌为甲，10甲为保，除尾后1保外，每保1000户。民国二十一年(1932)，全县分东、南、西、北、城5区。民国二十三年(1934)实行联保制度，全县划为4区、40联保、300保、3106甲。第一区辖麦市、黄袍、黄龙、鲤港等地，区公所驻麦市。第二区辖铁柱、锦山、沙堆、清水、大源等地，区公所驻沙堆。第三区辖马港、何婆桥、潭下、云溪等地，区公所驻何婆桥。第四区辖北港、石南、水口等地，区公所驻北港。民国三十年(1941)十二月，改联保制为乡镇制，全县划为城厢、沙堆、清水、鲤港、麦市、云溪、九岭、磨轿、北港、水口10乡，辖118保。

1949年9月，改立东、南、西、北、城区，10月改名为麦市、九岭、北港、清水、城关区。1950年4月，废保、甲，立乡、村，共建122乡。9月，改为114乡(均含城关镇)。12月，改设为7区1镇。一区区公所驻杜家祠，二区区公所驻港下吴家，三区区公所驻麦市，四区区公所驻水兴铺，五区区公所驻毛家瑕，六区区公所驻北港，七区区公所驻青山铺，另设城关镇，下辖3个乡级街道。1951年10月增设第八区，区公所驻燕窝罗家。1954年8月，并8区为5区。即城关区和一、二、三、四区，设101个乡(含城关镇)。1956年2月，城关镇升为区级镇，全县设29个乡。5月，撤区，设北港、沙堆、麦市、九岭、仓下和水兴

6个农村指导小组。1957年9月8日，又将指导组改为区，仍保存一个县辖镇。

1958年11月，通城、崇阳合县，原通城辖地设上游、英雄、卫星，先锋、灯塔5个农村人民公社和县辖通城镇。1961年12月，恢复通城县。1962年，全县农村分建为36个人民公社。1964年，定为7区(镇)、41社(镇)。1975年1月，撤区并社，全县分为22个人民公社，城关镇划归城关公社管辖。1979年5月，恢复城关镇为县辖镇，1982年更名隽水镇，下辖民主、湘汉、和平3个居委会，2个蔬菜大队。1984年，撤社并区建乡。全县设银城、北港、沙堆、水兴、九岭5个行政区和隽水、麦市2个县辖镇。区、县辖镇下辖36个乡镇，生产大队改村。全县共335个村、3个居委会、2794个村民小组。1987年体制改革，撤区并乡，全县设10乡9镇。乡镇下辖342个行政村、11个居委会、2760个村民小组。2001年，乡镇区划调整，由1991年以来的21个乡镇精简为2乡9镇，乡镇下辖335个行政村、13个居委会、2895个村民小组。另有县辖林场4个(药姑、黄龙、黄袍、鹿角山)。2002年，居民委员会改为社区。

2014年，全县辖大坪乡、四庄乡、麦市镇、塘湖镇、关刀镇、隽水镇、五里镇、北港镇、石南镇、沙堆镇、马港镇2乡9镇，共有167个行政村、18个社区、4个国营林场、2个国营农茶场；148个城镇居民点，3443个农村居民点，年末总人口51.3万人，其中非农业人口占比为22.12%；居民主要系汉族，少数民族有23个约300人，为散居；全年实现地区生产总值103.84亿元，按可比价计算，同比增长10.0%；完成财政收入8.11亿元，比上年增长26.5%；财政支出28.27亿元，同比增长10.7%；实现农林牧渔业总产值35.49亿元，同比增长10.18%；规模工业企业净增11家，总数达到75家，共完成工业总产值124.2亿元，增长7.9%；净增值41.96亿元，同比增长12.1%，形成以玉立砂布股份有限公司、瀛通电子公司、平安电工材料有限公司、福人药业公司、三赢兴科技有限公司为龙头的五大产业集成；外贸出口额5237.8万美元，同比增长17.2%；实现社会消费品零售总额46.85亿元，同比增长13.3%；完成全社会固定资产投资121.93亿元，同比增长21.6%；年末各项存款余额112.33亿元，比年初增加17.54亿元。有油茶之乡、生猪之乡、砂布王国、江南药库、拍打舞艺术之乡、古瑶文化之乡、全红苏区、“八百壮士”之乡的美称。

境域盛产松、杉、竹、茶叶、油茶、药材等，有木本植物24科283种。2014年年末，全县有林地72000公顷，森林覆盖率48.55%；钒、钽铌、长石、独居石、花岗石、石煤、云母等矿产资源较为丰富，已发现的矿产资源有32种，已探明储量和确定地理分布的矿种有10多种，是中国中部地区稀有金属、稀土和非金属矿产资源的主要产地之一；全县水能理论蕴藏量52451千瓦，可开发利用量约40910千瓦，已建成以百丈潭、云溪、黄龙三条水系梯级电站为骨干的小水电站80座，装机容量26535千瓦，多年平均年发电量5660万千瓦时。

县境东南西三面群山环峙，唯北敞开。东、南、西三面中高山区面积483.9平方千米，占县域国土总面积的42.46%。该区域山峰海拔均在250米以上，最高点为黄龙山只角楼，海拔1528.3米。中部丘陵区面积519.7平方千米，占县域国土面积的45.52%。其中，南部高丘陵区面积近300平方千米，海拔150~300米；北部低丘陵区面积200余平方千米，海拔90~150米。散处丘陵之间和溪河两侧的平畈区仅137.1平方千米，占全县国土面积的12.02%。县域海拔最低点为北部的四庄乡小井村，海拔78米。中高山地沟壑纵横，丘陵地区沟垅相间，地面垂直变化大，坡度多在25°以上，县内老幼皆知的典型地名“三溪九港十八洞”，实际上就是概括县域复杂地形的真实写照。

通城县是湖北省的南大门，全县11个乡镇全部与外省或外县接壤，其中8个乡镇与外省、3个乡镇与外县接壤，是名符其实的山区、边区。县境东及东南的塘湖镇、麦市镇和国营通城县黄龙林场、国营通城县黄袍林场与江西省修水县为邻。自黄龙山第二高峰、湘鄂赣三省交会点湫池塘起，沿黄龙山脊向北延伸到华罗寨(又称作“槐寮寨”，湖北省崇阳县、通城县与江西省修水县两省三省交界点)，边界全长36.516千米。县境南、西至西北部，麦市镇、关刀镇、马港镇、五里镇、石南镇、北港镇、大坪乡及国营通城县黄龙林场、国营通城县药姑林场与湖南省平江县、临湘市、岳阳市毗邻。自湫池塘起往西北至药姑山马颈，途经燕子岩、日月界、保定关、雁门关，省界全长124千米。自县境东部华罗寨起，向北延伸至大溪库区，然后向西延伸至药姑山马颈，沿途有塘湖镇、四庄乡、沙堆镇、隽水镇、通城县经济开发区、大坪乡及国营通城县鹿角山林场、国营通城县药姑林场与湖北省崇阳县接壤，县界全长84.19千米。

通城县地处中低纬度范围，属亚热带季风湿润气候，具有气候温和、四季分明、热量充足、雨水集中、春季多变、夏秋多旱、严寒期短、暑热期长的特点。年平均气温15.5℃（山区）~16.7℃（城区）。一年之中，12月份最冷，月平均气温4.1℃，高于鄂南诸县，极端最低气温-15.2℃；7月份最热，月平均气温28.7℃，低于鄂南诸县，极端最高气温40.3℃。年均无霜期258天，日照1600小时（山区）~1700小时（城区）。年均降雨1500毫米（城区）~1700毫米（山区）。降雨时间集中在3—8月，尤以4—7月降雨最多。主要气象灾害有大风、冰雹、暴雨、冰冻、干旱、寒潮等。而且由于各种原因，暴雨灾害发生的频率越来越高。20世纪50年代以前，洪灾平均5年一遇，20世纪80年代后，上升到平均2~3年一遇。

通城境内有港、溪135条，各溪流分别汇集于隽水、菖蒲港、铁柱港、沙堆港后注入陆水，大多溪港河床坡度大，河面狭窄。20世纪50年代以前，菖蒲港、隽水平均水位约0.8米，木排竹筏从县城出发上溯，分别可达菖蒲港上游的麦市集镇、隽水上游的马港集镇。20世纪60年代后，因森林面积和蓄积减少，植被遭到破坏，加之上游逐年新修起来的水库拦截河水，河流水位下降，域内四大河港，平时水位均只有20~50厘米，涓涓细流如同小溪，但一遇大雨，水库、塘堰水满，河水水位急剧上升，山洪暴发，公路、桥梁遭受破坏的几率相当高。

中华人民共和国成立后，通城人民在党和政府的领导下，经过半个多世纪的努力，各项生产和基础设施建设取得了巨大的成绩，先后荣获“全国小水电建设和管理先进县”“全国商品瘦肉型猪基地先进县”等称号。到2014年年末，县域内主要基础设施有：交通方面，有高速公路49.3千米、二级公路106.531千米、三级公路17.492千米、四级公路1824.53千米、等外公路236.47千米，公路大桥19座、中桥75座、小桥392座；全县11个乡镇全部通等级公路，18个社区、167个行政村全部通水泥路面公路。电讯方面，全县有固定电话用户61716户、网络用户39266户、网络电视用户6273户、移动电话用户241119户，2G、3G光纤网络设施覆盖全县所有行政村，4G光纤网络设施覆盖所有乡镇中心集镇和大部分行政村，全县共有移动通信基站455座，分布城乡。电力方面，全县有110千伏变电站6座、主变9台、容量28万千伏，110千伏输电线路11条、160.18千米；35千伏变电站7座、主变13台、容量75550千伏，35千伏输电线路14条、131.682千米；10千伏开关站1座、10千伏配电线路84条、1219.58千米、配变1376台、容量176890千伏，低压线路4518.69千伏，居民户通电率100%。水利方面，全县有中型水库6座、小型水库67座、总库容16758.9万立方米，有水闸21座、泵站325处，水力发电站80座，装机容量共24541千瓦。

通城东、南、西三面众多的崇山峻岭，既是鄂赣、鄂湘之界，也是军事上易守难攻的天然屏障，加之通城地处中国内陆南北交通要道之处，历代发生在通城的战事，屡见史籍。史料记载最早的战事，可追溯至晋惠帝太安二年（303）。此后，唐、宋、元、明、清历代，官军均在通城设防，要道关隘之处，设关置卡。特别是明末清初，大顺农民军由北至南撤退到通城及湘、赣交界处，长时间与清兵激战，直至大顺帝李自成在通城县九宫山遇害身亡，一代杰出的农民起义军领袖长眠于通城。鸦片战争后，这里是农民起义军与官军作战的重要战场，太平军曾三克武昌，十占通城。民国初年，南、北军阀部队多次于此混战。通城是革命老区，大革命时期、土地革命时期及抗日战争和解放战争时期，都有中国共产党领导和组织的各种活动。1925年冬，中共通城县第一个党小组在黄家边建立，从此，革命烈火在通城熊熊燃起。1927年春，全县农协会员发展到2万余人，工会会员发展到6000多人。1927年8月20日，罗荣桓根据中共“八七”会议精神，在通城组织暴动成功，点燃了全国秋收暴动的烽火，并建立了全国第一个县级红色政权——通城县劳农政府，使通城一度成为全红县。到1934年，通城人民在党的领导下，先后在黄袍山、药姑山、大溪洞、马港等地建立党、政、军、群组织，全盛时期，全县党的支部发展到26个，党员700多人，有10区31乡建立了苏维埃政府，苏区面积超过全县总面积的80%。1937年7月，湘鄂赣省西北代表团与通城军政当局、武汉行营举行谈判，达成停止内战、一致抗日的协议，将鄂南红军集结于通城尖山铺(大坪乡花墩桥)后，送往抗日前线，并在通城县设立办事处(后改为新四军通讯处)，收集失散红军，宣传抗日，组织青年奔赴抗日前线，有200多名通城籍官兵构成“上海四行仓库保卫战”“八百壮士”的主体。1938年3月，县南区、西区恢复党的组织，重建县委，组织抗日游击活动，两年后，全县党的组织有2个特支、3个区委、6个支部，党员180多人；抗日战争时期，通城是阻击日军进犯湖南的“湘北前线”。解放战争时期，保存和隐蔽下来的共产党员领导人民坚持同国民党反动派进行不懈的斗争，1946—1949年，县内“反饥饿、反迫害、反内战”的热潮一浪高过一浪。通城人民在长达25年的革命斗争中，坚持百折不挠的斗争，付出了巨大的代价，全县有据可查的革命烈士有5700多人，惨遭杀害的群众有4万多人，他们用鲜血和生命赢得了通城的解放，换来了今天的繁荣昌盛。

通城历史文化厚重，境内历史遗迹有麦市尧家林新石器时代遗址、麦市团relatively低山新石器时代遗址、关刀棋盘山新石器时代遗址、石南潭屋岭新石器时代遗址、灵官桥古建筑、天岳关古建筑、南虹桥古建筑、雁门关古建筑、华楼桥古建筑、方琼墓、刘绣衣墓、李自成墓等古文化、古建筑、古墓葬100多处，其中省级文物保护单位5处。境内先后出土或征集到国家一级文物2件、二级文物17件、三级文物56件，其中较为珍贵的有新石器时代石器和陶器，商周青铜器，春秋战国兵器，汉、唐、宋时期铜镜、货币、瓷器、牙器及印信，明清时期玉器、银器、镍器等，还有一大批价值连城的大顺文物有待鉴定。药姑山保存有古瑶民遗留下来的石砌梯地、石屋、石井、石桥、石墓、石神庙、石祭祀台、石狗头菩萨、狗头图腾等，经专家考证药姑山大风塝被确认为瑶族早期先民的居住地，国家民族宗教事务委员会将药姑山区的大坪乡内冲村更名为内冲瑶族村。

通城县钟灵毓秀，人才辈出。比较著名的历史人物有，为巩固汉初皇朝权位作重大贡献的“商山四皓”之一的绮里季吴实；唐代道教真人罗思远；南宋丙辰科第二名状元杨起莘，户部尚书方琳，兵部尚书、镇夷将军方琼；元代名医吴元四；明代永乐年间进士、御史刘仕昌，嘉靖时抗倭名臣浙江布政司右布政使舒大猷，天启时破倭靖海的温州司理吴应鹏；清代撰写易经《后天图解》四本入编乾隆四库全书的黎由高，乾隆时名噪汉口的名伶李三槐，太平军旅帅胡衡茂，同治凉州镇总兵李祥德，镇守台湾的振威将军李胜才，光绪年间受命勘定中缅边界的永昌知府赵纪瑞；从土地革命到解放战争的几十年革命斗争中，赵世当、吴国珍、黄云岸、万顺富、黄菊妈、黄全德、刘青等大批革命志士前赴后继，共有数千人献出宝贵的生命。中华人民共和国成立后，杰出的代表有：抗美援朝特级战斗英雄赵璧，长沙铁道学院原院长赵觉民，中国工程院原秘书长葛能全，北京空军原副参谋长、少将徐水香，全国十一届人大代表、原中国建筑第三工程局董事长、党委书记熊德荣，全国优秀检察长葛国平，享受国务院特殊津贴的科技人员彭年香、曾繁春、徐三平、张卫，博士生导师曹阳、左亚文、赵新泉、胡望宇、何国球、吴湘玲、吴志成、何雄奎、皮勇等，对越自卫反击战一等功臣、战斗英雄黎贤良，优秀企业家黎珊玉、吴石平、黎泗保、潘协保，全国劳动模范、全国百名优秀医院院长金凌应，全国劳动模范、全国优秀企业家黄晖等。

第一篇

政区聚落类地名

县城全景(航拍)

第一章　隽水镇及所属聚落

第一节　隽水镇概况

位置面积　位于通城县中北部，地处东经113°46′~113°53′，北纬29°11′~29°18′，东与关刀镇、沙堆镇交界，南与五里镇相连，西与石南镇、大坪乡接壤，北与崇阳县肖岭乡毗邻。镇政府驻地为雁塔社区地域隽水大道特168号。全镇国土面积102.65平方千米，其中城区面积16平方千米，耕地面积2281.49公顷，水域面积694公顷，林地3286公顷，森林覆盖率49%。

来历及沿革　以流经该镇的县内最大河流的名称和行政区域名称综合命名。1950年12月，城关区重新更名为城关镇；1956年2月，城关镇升为区级镇；1958年11月，通城和崇阳合县，更名崇阳县通城镇；1961年4月，更名崇阳县隽水人民公社；1961年12月，恢复通城县建制，同时恢复通城县城关镇；1975年1月，撤区并社，城关镇并入城关人民公社；1979年4月，原城关镇从城关人民公社分出，恢复县辖城关镇；1982年4月10日，城关镇更名为隽水镇。此后，隽水镇的行政区划经过了5次调整变化：1984年2月撤社建区后，隽水镇扩大管辖范围，辖宝塔、雁塔、九宫山、东阁、秀水、佘畈、新桥7个村与和平、湘汉、民主、柳堤4个街道居委会；1995年，从锦山乡划出铁柱、新塔、黄源、石泉、古鸣、樊家、柳峦、下湾8个村并入隽水镇；至2000年12月(锦山乡白沙并入九宫村)，隽水镇辖19个村(居)委会；2001年，调整乡镇行政区划，锦山乡并入隽水镇，隽水镇辖34个村(居)委会；2002年调整村级行政区划，将原30个村合并为11个村，同时增设雁塔、银城、秀水、旭红、银山、白沙6个居委会；2004年将原10个居委会合并为8个社区。

人文经济环境　历来为湘鄂赣三省边邻贸易、商品集散地。进入21世纪以后，交通设施建设快速发展，境内有杭瑞高速和通界高速通过，市内外环交通框架基本形成，城镇街道建设日新月异，隽水大道、秀水大道、玉立大道、解放路、民主路等主城道路扩建改造高标准化。新建起的银山广场宽广壮观，环境优雅，是一个集文化休闲、健身娱乐、人文景观、绿色生态于一体的综合性广场。2014年，辖11个行政村、8个社区、140个村民小组、87个居民小组，分为122个城镇居民点(其中50户以下的27个，见表1)、337个农村居民点(其中20户以下的104个，见表2)。全镇有3.79万户、人口12.92万人，其中农村人口4.2万人，劳动力2.6万人。总人口中，汉族人口达12.89万人，占99.94%；土家族、苗族、满族、壮族等13个少数民族共74人，占0.06%。

隽水镇属半丘陵地带，最高点锡山顶峰，海拔471米。隽水域内资源丰富，盛产瓷土、云母、河沙，间有花岗岩、稀有非金属等矿藏零星分布。主要树种有松、杉、楠竹、油茶、枫、杨、柳、油桐、梧桐、桃李、梨、板栗、茶叶、杜仲等野生药材树林及果木种类；主要动物有牛、羊、猪、鸡、鸭、鹅、狗、猫等家禽家畜和野猪、野兔、山鸡、蛇等野生动物。

隽水镇气候属中亚热带季风气候，境内气候温暖，四季分明，冬冷夏热，春季湿润多雨，秋季干燥清爽，年平均气温25℃，年降水量1560毫米。境内有港、溪18条，河床多粗沙结构，各溪流分别汇于隽水河、菖蒲港、铁柱港三大水系后注入陆水水系。全镇现有桃源、栈石、罗家、茹菜、石背寺、木鱼湖、雷打石7座小二型水库。

清世祖顺治二年(1645)，李自成在隽水城南九宫山遇害。民国二十六年(1927)8月20日，罗荣桓组织通城、崇阳两县农民自卫军在隽水城暴动，随后又在这里成立中共领导下的全国第一个红色县级政权——通城县劳农政府。隽水镇历为通城县人民政府政府驻地，是全县政治、经济、文化中心。2014 年，镇域内有企、事业单位 300 多家，其中通城县博物馆、通城县档案馆、通城县人民银行金库、通城县广播电视台、广播电视发射台、通城县广播电台、通城县人民医院、通城县中医医院、通城县长途客运中心等重点单位驻地隽水镇。

隽水镇种植业以种粮食、蔬菜、油料等作物为主。2014 年，全镇粮食种植面积 2939.4 公顷，总产 1.61 万吨，每公顷单产 5490 公斤；油料播种面积 723.5 公顷，总产 553 吨。养殖业主要以养猪、鸡、鸭、鱼为主。工业以生产涂附磨具、中药制品、云母制品、电子信息、建筑建材等产品为主。2014 年，全镇工企业 100 余家，其中，规模以上企业有 11 家，工业总产值 18.4 亿元，同比增长 19.03%，营业收入 16.62 亿元，同比增长 13.86%。主要工业门类有：重工业、轻工业、手工业、加工业等，主要工业产品有犀牛牌、祥麟牌涂附磨具，福通口服液，陶瓷制品，云母纸、摄像机，手机电子组件等。2014 年，全镇实现工农业总产值 59.2 亿元，社会销售零售业总额 37.55 亿元，农业总产值 3.25 亿元，完成财政收入 1.52 亿元，农民年人均纯收入 11786 元。先后荣获“全国文明城镇”“省级生态镇”“楚天明星乡镇”等荣誉称号，名列湖北省“百强乡镇”和咸宁市的“十强乡镇”。

表 1　**隽水镇 2014 年 50 户以下居民小区基本情况一览表**

小区名称	地理位置	名称由来	形成时间	户数人口
九宫家园	白沙社区北部，距社区居委会驻地 100 米	以附近的山名和建筑形式命名	2007	48 户 160 人
干休所小区	白沙社区西部，距社区居委会驻地 1 千米	以原属单位和建筑形式命名	1982	20 户 60 人
化建机电小区	白沙社区西部，距社区居委会驻地 1 千米	以原属单位和建筑形式命名	1985	22 户 65 人
梅苑小区	湘汉社区南部，距社区居委会驻地 500 米	以植物名和美好愿望及建筑形式命名	2003	34 户 210 人
引薰门街小区	和平社区南部，距社区居委会驻地 1.4 千米	以所在街道命名	2003	13 户 60 人
茶果苑	秀水社区南部，距社区居委会驻地 800 米	以原属单位的简称及美好愿望命名	1997	42 户 220 人
民苑	秀水社区南部，距社区居委会驻地 800 米	以美好愿望命名	1986	15 户 80 人
物价局小区	秀水社区南部，距社区居委会驻地 800 米	以所属单位及建筑形式命名	1992	26 户 110 人
投资公司小区	秀水社区南部，距社区居委会驻地 800 米	以所属单位及建筑形式命名	1992	40 户 190 人
南福小区	秀水社区南部，距社区居委会驻地 700 米	以土地原属单位简称及建筑形式命名	1993	35 户 90 人
老教委小区	秀水社区西部，距社区居委会驻地 600 米	以原属单位和建筑形式命名	1994	36 户 80 人
老建行小区	秀水社区南部，距社区居委会驻地 800 米	以原属单位和建筑形式命名	1984	15 户 40 人

续表

小区名称	地理位置	名称由来	形成时间	户数人口
老计生委小区	秀水社区南部，距社区居委会驻地 900 米	以原属单位和建筑形式命名	1986	15 户 50 人
司法局小区	秀水社区南部，距社区居委会驻地 800 米	以原属单位和建筑形式命名	1984	23 户 90 人
银峰小区	秀水社区南部，距社区居委会驻地 1.2 千米	以原属单位和建筑形式命名	1997	26 户 100 人
谌家小学小区	秀水社区西南部，距社区居委会驻地 1 千米	以原属单位和建筑形式命名	2003	36 户 140 人
宝塔三巷小区	秀水社区南部，距社区居委会驻地 1.5 千米	以所属街巷名称和建筑形式命名	2000	39 户 160 人
隽水大道五巷小区	雁塔社区南部，距社区居委会驻地 1.5 千米	以所属街巷名称和建筑形式命名	2004	39 户 150 人
农行锦山小区	银城社区西部，距社区居委会驻地 1 千米	以原属单位名和建筑形式命名	2002	34 户 180 人
隽卫小区	银城社区中部，距社区居委会驻地 500 米	以所属单位的简称和建筑形式命名	1997	28 户 90 人
农行小区	银城社区中部，距社区居委会驻地 500 米	以所属单位的简称和建筑形式命名	1998	28 户 90 人
城北中学小区	银城社区西部，距社区居委会驻地 500 米	以所属单位的简称和建筑形式命名	1995	19 户 70 人
富康小区	银城社区中部，距社区居委会驻地 200 米	以美好愿望命名	1998	24 户 60 人
工行小区	银城社区西部，距社区居委会驻地 500 米	以所属单位的简称和建筑形式命名	1986	28 户 90 人
劳动局小区	银城社区南部，距社区居委会驻地 800 米	以所属单位的简称和建筑形式命名	1986	37 户 120 人
中心幼儿园小区	银城社区西南部，距社区居委会驻地 700 米	以所属单位的简称和建筑形式命名	2000	42 户 170 人
保健院小区	银城社区东部，距社区居委会驻地 800 米	以所属单位的简称和建筑形式命名	1986	12 户 50 人

表 2　**隽水镇 2014 年 20 户以下村庄基本情况一览表**

村庄名称	地理位置	名称由来	形成时间	户数人口
白屋	白沙社区北部，距社区居委会驻地 2 千米	以房屋外墙的颜色命名	清代	8 户 50 人
初古塘屋	白沙社区北部，距社区居委会驻地 2 千米	以最先迁入此地的居民姓名命名	民国	10 户 40 人
隔壁屋	白沙社区东北部，距社区居委会驻地 1 千米	以与邻居房屋的位置关系命名	清代	11 户 60 人

续表

村庄名称	地理位置	名称由来	形成时间	户数人口
贺家屋	白沙社区东北部，距社区居委会驻地 2 千米	以最早定居于此的居民姓氏命名	清代	15 户 70 人
老屋	白沙社区北部，距社区居委会驻地 2 千米	以从此居外迁子孙与原居关系命名	清代	15 户 80 人
三房屋场	白沙社区东部，距社区居委会驻地 200 米	以最早迁入的居民的排行命名	清代	9 户 38 人
刁家屋	白沙社区东北部，距社区居委会驻地 1 千米	以最早迁入的居民姓氏命名	清代	12 户 70 人
杨家饭铺	白沙社区东部，距社区居委会驻地 100 米	以最早迁入的居民姓氏和从事的职业综合命名	清代	10 户 50 人
张家屋	白沙社区北部，距社区居委会驻地 2 千米	以最早迁入的居民姓氏命名	清代	12 户 78 人
雪花坳	新塔社区西部，距社区居委会驻地 3 千米	以地形及冬天的景物综合命名	清代	16 户 70 人
学堂屋	旭红社区东部，距社区居委会驻地 1.2 千米	以形成初期房屋用途命名	清代	15 户 80 人
傅家屋	宝塔村东部，距村委会驻地 500 米	以购买此宅的居民姓氏命名	清代	15 户 80 人
白屋	东港村北部，距村委会驻地 1 千米	以房屋外墙的颜色命名	清代	4 户 20 人
程家	东港村中部，距村委会驻地 200 米	以最早在此定居的居民姓氏命名	清代	8 户 40 人
桂竹排	东港村南部，距村委会驻地 1 千米	以村庄附近山岭上生长植物命名	清代	17 户 70 人
山庄坳	东港村中部，距村委会驻地 400 米	以形成初期房屋用途和地形命名	清代	18 户 70 人
上荫冲	东港村西部，距村委会驻地 1 千米	因村庄形成初期绿树成荫的景色及地形和方位综合命名	清代	13 户 40 人
下屋聂家	东港村东部，距村委会驻地 1.3 千米	以居民姓氏和与同姓村庄形成的方位综合命名	清代	18 户 70 人
下荫冲	东港村西部，距村委会驻地 1 千米	因村庄形成初期绿树成荫及地形和方位综合命名	清代	13 户 50 人
新屋吴家	东港村北部，距村委会驻地 1.5 千米	以与原居形成的关系命名	清代	6 户 30 人
许家垅	东港村北部，距村委会驻地 1 千米	以最早迁入的居民姓氏和地形命名	清代	15 户 60 人
杨家山	东港村南部，距村委会驻地 3 千米	以古代土地所属姓氏及地形命名	明代	1 户 5 人
四房	古龙村西部，距村委会驻地 2 千米	以最早迁入的居民排行命名	清代	12 户 60 人
大塆屋	利和村北部，距村委会驻地 2 千米	以附近山岭形状及规模综合命名	民国时期	6 户 30 人
哈蟆石屋	利和村北部，距村委会驻地 2.5 千米	以村庄附近的巨石名命村庄名	清代	10 户 50 人
洪家屋	利和村东部，距村委会驻地 1.5 千米	以最早迁入的居民姓氏命名	清代	12 户 50 人
阔背屋	利和村东部，距村委会驻地 1.8 千米	以最早迁入的居民名字命名	清代	8 户 30 人
李家屋	利和村南部，距村委会驻地 1.4 千米	以最早迁入的居民姓氏命名	清代	16 户 80 人
栎埚	利和村南部，距村委会驻地 300 米	以村庄所在地形及生长树木命名	20 世纪末	1 户 2 人
灵上屋	利和村东部，距村委会驻地 1.8 千米	以村庄下方古庙名气命名	元代	10 户 40 人
岭上屋	利和村东部，距村委会驻地 500 米	以村庄所在的地形及方位命名	清代	3 户 20 人

续表

村庄名称	地理位置	名称由来	形成时间	户数人口
刘家屋	利和村北部，距村委会驻地 2.5 千米	以最早迁入的居民姓氏命名	清代	3 户 10 人
茅咀屋	利和村北部，距村委会驻地 2.4 千米	以村庄形成初期房屋形式及所在地形综合命名	中华人民共和国成立初期	3 户 20 人
棉花塘	利和村北部，距村委会驻地 1.5 千米	以村庄所属的池塘名命名	清代	6 户 30 人
牛形屋	利和村北部，距村委会驻地 3 千米	以村庄后方山岭的形状命名	清代	5 户 20 人
前底屋	利和村南部，距村委会驻地 5 千米	以与其他村庄形成的方位命名	清代	11 户 40 人
石埚	利和村北部，距村委会驻地 2.6 千米	以所在的地形及地质命名	清代	9 户 40 人
石垅	利和村北部，距村委会驻地 2.6 千米	以所在的地形及地质命名	民国时期	3 户 20 人
食堂咀	利和村东部，距村委会驻地 1.8 千米	以村庄形成前房屋用途及地形命名	1958	6 户 20 人
太来屋	利和村东部，距村委会驻地 1.5 千米	以最早迁入的居民名字命名	民国时期	8 户 40 人
毯子埚	利和村东部，距村委会驻地 1.8 千米	以最早迁入居民姓氏和地形命名	清代	10 户 40 人
田家咀	利和村北部，距村委会驻地 2 千米	以最早迁入居民姓氏和地形命名	清代	6 户 20 人
王家垅	利和村东部，距村委会驻地 3 千米	以最早迁入居民姓氏和地形命名	清代	13 户 60 人
王家屋	利和村北部，距村委会驻地 2.6 千米	以最早迁入的居民姓氏命名	清代	6 户 25 人
屋堂	利和村南部，距村委会驻地 1.2 千米	以古代村庄的主体建筑物命名	唐代	12 户 40 人
细杼家楼	利和村西部，距村委会驻地 1.2 千米	以与原居比较规模的差异命名	清代	8 户 30 人
细屋	利和村东部，距村委会驻地 1.5 千米	以与原居比较规模的差异命名	清代	5 户 30 人
野鸭塘	利和村北部，距村委会驻地 2.5 千米	以附近的池塘名命名	清代	6 户 30 人
圳上徐家	利和村西部，距村委会驻地 1 千米	以附近水利设施方位及姓氏命名	清代	13 户 40 人
郑谷场	利和村东部，距村委会驻地 1.8 千米	以村庄形成之前该土地的业主姓氏及土地用途综合命名	明代	6 户 30 人
邹家坳	利和村北部，距村委会驻地 2.5 千米	以最早迁入居民姓氏及地形命名	明代	15 户 80 人
咀上屋	柳峦村西北部，距村委会驻地 4.2 千米	以附近的地形命名	清代	15 户 50 人
君作屋	柳峦村西北部，距村委会驻地 3.2 千米	以最早迁入的居民名字命名	清代	18 户 90 人
塝上新屋	柳峦村西南部，距村委会驻地 3 千米	以所在地形及建房时间综合命名	民国时期	17 户 60 人
岭背屋	柳峦村西北部，距村委会驻地 3 千米	以附近的地形及与其形成的方位综合命名	明代	16 户 60 人
漆匠屋	柳峦村西南部，距村委会驻地 1.5 千米	以村庄形成初期居民职业命名	民国时期	16 户 40 人
下岭屋	柳峦村西北部，距村委会驻地 3.5 千米	以附近的鼓鸣山及与其形成的方位命名	中华人民共和国成立后	16 户 70 人
兴堂屋	柳峦村西北部，距村委会驻地 3 千米	以最早迁入居民之孙子名字命名	清代	17 户 80 人
白屋	石泉村东北部，距村委会驻地 700 米	以房屋外墙的颜色命名	清代	16 户 80 人
箩谷屋场	石泉村西北部，距村委会驻地 800 米	以所在地形命名	民国时期	13 户 40 人
麻地坡	石泉村东北部，距村委会驻地 700 米	以所在地形及村庄形成以前土地用途综合命名	明代	18 户 60 人
庙前塘	石泉村西部，距村委会驻地 600 米	以村庄附近的池塘名命名	明代	14 户 60 人

续表

村庄名称	地理位置	名称由来	形成时间	户数人口
三植屋	石泉村西部，距村委会驻地 600 米	以最早迁入的居民名字命名	清代	12 户 50 人
细房屋	石泉村西部，距村委会驻地 500 米	以最早迁入的居民排行命名	民国时期	12 户 50 人
小九屋	石泉村中部，距村委会驻地 400 米	以最早迁入的居民名字命名	清代	16 户 70 人
张家	石泉村北部，距村委会驻地 300 米	以村庄形成以后再次迁入的居民姓氏命名	民国时期	14 户 60 人
兆元屋	石泉村西部，距村委会驻地 600 米	以最早迁入的居民名字命名	清代	11 户 50 人
竹家坳	石泉村北部，距村委会驻地 100 米	以附近的地形及村庄形成初生长的植物命名	明代	12 户 50 人
安乐桥	桃源村西南部，距村委会驻地 1.5 千米	以附近的桥名命名	1992	18 户 90 人
坳上屋	桃源村北部，距村委会驻地 1 千米	以附近地形及与其形成方位命名	民国时期	14 户 80 人
白石堝	桃源村南部，距村委会驻地 4 千米	以所在的地形命名	清代	13 户 50 人
半山	桃源村北部，距村委会驻地 6 千米	以在黄鹤山的位置命名	清代	7 户 30 人
半山凉亭	桃源村南部，距村委会驻地 5.8 千米	以附近的建筑物命名	21 世纪初	1 户 5 人
大垅	桃源村东部，距村委会驻地 4 千米	以所在的山沟名命名	民国时期	2 户 5 人
堤上屋	桃源村南部，距村委会驻地 4.2 千米	因位于林业水库堤坝上方而得名	1990	17 户 75 人
陡岭	桃源村西南部，距村委会驻地 7 千米	以附近山岭的名称命名	1978	1 户 3 人
风吹罗带	桃源村西部，距村委会驻地 1 千米	因所在地众多小山包如风吹罗带飘浮而得村庄名	清代	2 户 10 人
傅家	桃源村西南部，距村委会驻地 5 千米	以最早迁入的居民姓氏命名	清代	12 户 60 人
干港坳	桃源村西北部，距村委会驻地 3 千米	以附近的地形命名	清代	12 户 50 人
横堑	桃源村南部，距村委会驻地 4.7 千米	因附近筑有与住宅呈反方向的围墙而命村庄名	1992	2 户 7 人
后山程家	桃源村西部，距村委会驻地 800 米	以山名和最早迁入居民姓氏命名	清代	11 户 50 人
胡家咀	桃源村西部，距村委会驻地 1.5 千米	以地形及最早迁入居民姓氏命名	清代	14 户 50 人
焕庭屋	桃源村南部，距村委会驻地 5 千米	以最早迁入的居民姓氏命名	清代	3 户 20 人
黄伯伦	桃源村东部，距村委会驻地 1.5 千米	以最早迁入的居民姓名命名	清代	9 户 60 人
老屋场	桃源村西部，距村委会驻地 1 千米	因村庄建在古宅地基上而得名	清代	8 户 40 人
老屋程家	桃源村南部，距村委会驻地 3 千米	以外迁子孙对旧居的称呼命名	清代	4 户 20 人
李家排	桃源村西北部，距村委会驻地 3 千米	以地形及最早迁入的居民姓命名	明代	6 户 30 人
李盆园	桃源村西北部，距村委会驻地 3.5 千米	以地形及最早迁入的居民姓命名	明代	18 户 90 人
皮家	桃源村西北部，距村委会驻地 1 千米	以最早迁入的居民姓氏命名	明代	7 户 40 人
上马坳	桃源村东部，距村委会驻地 5 千米	以所在地形命名	清代	4 户 20 人
四级站	桃源村南部，距村委会驻地 3 千米	以附近的水利设施命名	1986	8 户 40 人
塘塄屋	桃源村东南部，距村委会驻地 1.5 千米	以附近的水利设施和地形命名	清代	3 户 20 人
西晒垅	桃源村东部，距村委会驻地 500 米	以所在的地形命名	清代	18 户 70 人
谢家	桃源村北部，距村委会驻地 4.5 千米	以最早迁入的居民姓氏命名	清代	5 户 20 人
新坑	桃源村南部，距村委会驻地 4.5 千米	因新建住宅并处深山沟而得名	清代	4 户 20 人
新屋杨家	桃源村西北部，距村委会驻地 2.5 千米	因住宅为新建房屋综合姓氏得名	清代	5 户 30 人

续表

村庄名称	地理位置	名称由来	形成时间	户数人口
熊家排	桃源村西部，距村委会驻地 800 米	以所在地形综合姓氏命名	清代	6 户 30 人
烟叶场	桃源村西南部，距村委会驻地 3 千米	以村庄形成前地基用途命名	1990	12 户 50 人
冲塘屋	铁柱村北部，距村委会驻地 2 千米	以地形及水利设施命名	清代	19 户 80 人
大石塘	下阔村西部，距村委会驻地 1 千米	以附近的水利设施命名	清代	15 户 60 人
廖家	下阔村东北部，距村委会驻地 700 米	以最早迁入的居民姓氏命名	清代	2 户 10 人
傩堂	下阔村西南部，距村委会驻地 700 米	以村庄形成前房屋用途命名	明代	10 户 40 人
新屋	下阔村西南部，距村委会驻地 1.1 千米	因住宅为新建房屋而得名	清代	10 户 40 人
下屋	油坊村西部，距村委会驻地 1.5 千米	以与附近村庄形成的位置命名	清代	18 户 70 人

第二节 和平社区及所属聚落

【和平社区】 隽水镇辖社区，位于县城中心，社区居委会驻地位于民主路通城大桥(九眼桥)南岸东侧，距隽水镇人民政府驻地隽水大道特 168 号 800 米。东连秀水河，西接兴贤门街，南临郎桥，北靠隽水河，辖区面积 1.2 平方千米。以域内的街道名命社区名。1950 年，为一街居委会，属通城县城关镇；1958 年，为一街管理区，属崇阳县通城镇；1961 年 4 月，属通城县隽水公社；1961 年 12 月，为一街居委会，属通城县城关镇；1975 年 2 月，属城关公社；1979 年 5 月，属城关镇；1982 年 4 月，为和平街居委会，属隽水镇；2002 年 9 月，隽水镇调整村、社区区划，将和平街更名为和平社区。有 17 个城镇居民点，属地驻有县委、县政府、县人民医院等 52 个行政事业单位。1989 年修建社区办公楼 1 栋 5 层，占地面积 380 平方米，建筑面积 1900 平方米，内设便民服务厅、党员活动室、图书室等。域内有民主路、解放东路交叉而过，区境距杭瑞高速进出口约 4 千米。2014 年，有居民 3260 户 16520 人，年人均纯收入 16800 元。居民主要以出租房屋、经营商铺为经济来源。

宾阳门街小区 属隽水镇和平社区，位于和平社区南部，距和平社区居委会驻地民主路通城大桥(九眼桥)南岸 1 千米。东临秀水大道，西至民主路，南、北均与东新村相邻。以所在街道名命小区名。居民房屋占地面积约 1.8 万平方米，建筑总面积约 5.1 万平方米，沿宾阳门街呈条状分布。2014 年，有居民 171 户 620 人。

东新村 属隽水镇和平社区，位于和平社区南部，距和平社区居委会驻地民主路通城大桥(九眼桥)南岸 1 千米。东临秀水大道，西至民主路，南临体育馆，北靠和平小区。以所处方位和建设时间的次序综合命名。居民房屋占地面积约 2.4 万平方米，建筑总面积约 7 万平方米，呈块状分布。2014 年，有居民 239 户 950 人。

古龙路北小区 属隽水镇和平社区，位于和平社区北部，距和平社区居委会驻地民主路通城大桥(九眼桥)南岸 1.5 千米，是原县教育局驻地，东至民主路，西接湘汉路，北临金井街，南靠古龙路南侧。以所在街道名命小区名。居民房屋占地面积约 3500 平方米，建筑面积约 2.3 万平方米，沿古龙路呈条状分布。2014 年，有居民 76 户 160 人。

和平街小区(又名和平巷) 属隽水镇和平社区，位于和平社区中部，距和平社区居委会驻地民主路通城大桥(九眼桥)南岸 500 米。东连民主路，西至兴贤门街西侧，南临解放东路，北靠新华街。以所在街道名命小区名。居民房屋占地面积约 2.2 万平方米，建筑总面积约 4 万平方米，沿和平街呈条状分布。街内主要有实验小学。2014 年，有居民 110 户 430 人。

和平小区 属隽水镇和平社区，位于和平社区北部，距和平社区居委会驻地民主路通城大桥(九眼桥)南岸 1 千米。东临秀水大道，西接县医院综合楼，南连县医院外科大楼，北至旭红路。

以美好愿景命小区名。辖1~10巷，房屋占地面积约2.41万平方米，呈条状分布，建筑总面积约5.1万平方米。2014年，有居民237户860人。

解放中路小区　属隽水镇和平社区，位于和平社区中部，距和平社区居委会驻地民主路通城大桥(九眼桥)南岸1千米。东起秀水桥，西与湘汉路交叉，北临县医院，南靠东新村。以所在街道名命小区名。该路段驻有县人民医院、县人民政府、县档案局、信访局、邮政银行、县总工会、胖子超市(后改为状元广场)、金凯大酒店等单位，居民房屋占地面积约1.5万平方米，建筑总面积约4万平方米，沿解放路呈条状分布。2014年，有居民146户580人。

金井街小区(原名新建街)　属隽水镇和平社区，位于和平社区南部，距和平社区居委会驻地民主路通城大桥(九眼桥)南岸1.1千米。东临民主路，西靠湘汉路，北依状元街，南邻古龙路。以所在街道名命小区名。房屋占地面积约1.2万平方米，建筑总面积约4.1万平方米，居民房屋沿金井街呈条状分布。2014年，有居民132户375人。

金三角居民区　属隽水镇和平社区，位于和平社区北部，距和平社区居委会驻地民主路通城大桥(九眼桥)南岸50米。东临民主路，西至兴贤门街，北靠通城大桥，南连县中药材公司。以域内建筑物命小区名。居民房屋占地面积约8500平方米，建筑总面积约1.8万平方米，呈块状分布。2014年，有居民72户200人。

民主路小区　属隽水镇和平社区。以社区居委会驻地为起点，北起通城大桥，南至朗桥(民主路2号回澜阁)。以所在街道名命小区名。该路段驻有商业大厦、药材公司、中药材一门市部、家联超市、九大门商店、农行、工行、老法院、老广场、邮政银行、新华书店、家联超市、图书馆、体育馆等单位。居民房屋占地面积约6万平方米，沿民主路呈条状分布。2014年，有居民575户2280人，建筑总面积约12万平方米。民主路贯穿城区中心，两旁商铺林立，是通城最繁华的商业区。

湘汉路小区　属隽水镇和平社区，位于和平社区中部，距和平社区居委会驻地民主路通城大桥(九眼桥)南岸600米。东连民主路，西临古龙路，北起解放路，南至秀水大道。以所在街道名命小区名。该路段有凡尔赛酒店、世纪华联超市、生资公司。居民房屋占地面积约5800平方米，建筑总面积约1.8万平方米，沿湘汉路呈块状分布。2014年，有居民59户180人。

新华街小区　属隽水镇和平社区，位于和平社区中部，距和平社区居委会驻地民主路通城大桥(九眼桥)南岸400米。东连民主路，西接兴贤门街西侧，南临和平街，北靠中药材公司。以所在街道名命小区名。居民房屋占地面积约1.8万平方米，建筑面积约3.2万平方米，沿新华街呈条状分布。2014年，有居民86户320人。

兴贤门街东侧小区(原名西门巷)　属隽水镇和平社区，位于和平社区西北部，距和平社区居委会驻地民主路通城大桥(九眼桥)南岸50米。北起沿河路，南至解放路，东临民主路，西靠兴贤门街西侧(湘汉社区属地)。以所在街道名命小区名。居民房屋占地面积约22400平方米，建筑总面积约5.5万平方米，沿兴贤门街呈块状分布。2014年，有居民111户440人。

秀水大道北段小区　属隽水镇和平社区，位于和平社区北部，距和平社区居委会驻地民主路通城大桥(九眼桥)南岸100米。东临东阁桥，西靠和平小区北面，北起秀水大道230号(旭红桥西端)，南至秀水大道279号。以所在街道名命小区名。居民房屋占地面积约6800平方米，建筑总面积约2.8万平方米，沿秀水大道呈条状分布。2014年，有居民54户220人。

秀水大道南段小区　属隽水镇和平社区，位于和平社区南部，距和平社区居委会驻地民主路通城大桥(九眼桥)南岸1.2千米。东临秀水河，西靠东新村，北起秀水大道283号(和平小区2)，南至朗桥北端(秀水大道369号)。以所在街道名命小区名。居民房屋占地面积约4860平方米，沿秀水大道呈条状分布。2014年，有居民54户210人。

旭红路小区　属隽水镇和平社区，位于和平社区北部，是和平社区居委会驻地，东临秀水河，西至民主路，北靠隽水河，南连和平小区。以所在街道名命小区名。居民房屋占地面积约1.2万平方米，建筑总面积为6.5万平方米，沿旭红路呈条状分布。2014年，有居民171户580人。

状元坊街小区　属隽水镇和平社区，位于和平社区南部，距和平社区居委会驻地民主路通城大桥(九眼桥)南岸1千米。东临民主路，西靠湘汉路，北邻解放东路，南连金井街。以所在街道名命小区名。此地街道两旁店铺原来经营粮食，故亦名粮道街。古时，此地为纪念南宋时期通城籍状元杨起莘，建一状元坊，故后来更名为状元坊街。居民房屋占地面积约11000平方米，建筑总面积约5.5万平方米，沿状元坊街呈条状分布。2014年，有居民105户300人。

第三节　旭红社区及所属聚落

【旭红社区】 隽水镇辖社区，位于县城城区东部，居委会驻地旭红路99号，距隽水镇政府驻地隽水大道特168号约2千米。东邻上阔村，南接白沙社区，西连秀水河与和平社区，北靠隽水河与雁塔村，辖区面积约2.5平方千米。以域内的道路名命社区名。1950年，属通城县信八乡上畈村、下畈村；1958年人民公社化，属崇阳县通城(红旗)人民公社建设管理区旭红一大队(上畈村)、旭红三大队(下畈村)；1961年恢复区镇建制，属通城县城关区建设公社；1972年，旭红一大队、二大队(划进)、三大队合并为旭红大队；1975年撤区并社，旭红大队重新分设为旭红一大队、二大队(划出)、三大队，属建设公社；1981年，建设公社更名为锦山公社，旭红一大队更名为东阁大队，旭红三大队更名为彭家大队；1984设区建乡，东阁大队分设更名为东阁村(划入隽水镇)、李家塘村(银城区锦山乡，划出)，彭家大队更名为彭家村，属隽水镇东阁村、银城区锦山乡彭家村；1987年区乡体制改革，属隽水镇东阁村、锦山乡彭家村；2002年调整乡镇行政区划，锦山乡、隽水镇合并为隽水镇，彭家村与东阁村合并为旭红居委会；2004年属隽水镇旭红社区居委会。有11个农村居民点、7个城镇居民点、10个村民小组。社区内驻有工商局、通城一中、交通局、审计局、烟草局、移动公司、地税局、林业局、城关中学、电力公司等单位。居民有彭、杜、吴、钟、续、张、谢、皮、王、徐、魏姓。1998年社区新建办公楼，占地面积378平方米，建筑面积1126平方米，内设有便民服务厅、党员活动室、老年活动室等。有秀水大道、旭红路交叉经过区境，距杭瑞高速进出口约4千米，居民点全部通公路。2014年，有农户681户2190人、城镇居民2652户9410人，共计2901户11600人；水田6.7公顷、旱地1.3公顷、山林2.7公顷；年人均纯收入12000元。村居民以经商、房屋出租、运输、建筑、务工为主。

东阁地片　属隽水镇旭红社区，位于县城东部，距隽水镇政府驻地约2千米。东接旭红七组，南与白沙社区接壤，西邻秀水河与和平社区相连，北邻隽水河与雁塔村相连，辖区面积约1.5平方千米。因域内旧时的建筑物名而得地片名。有9个居民点。有秀水大道、旭红路交叉经过区境，距杭瑞高速进出口约4千米。2014年，居民点全部通公路。农村村民425户1370人，城镇居民159户5560人。

彭家岭地片　隽水镇辖社区，位于县城东部，距隽水镇政府驻地约3.5千米。东与上阔村毗邻，南与白沙社区接壤，西邻东阁，北与雁塔社区相连，辖区面积约1平方千米。因域内有居民点名彭家岭而得地片名。下辖4个组，有7个居民点。有秀水大道、旭红路交叉经过区境，距杭瑞高速进出口约4千米，居民点全部通公路。2014年，有居民256户810人、城镇居民1060户3840人，共计1316户4660人。

菖蒲港集镇　属隽水镇旭红社区，位于隽四公路彭家岭至菖蒲港大桥西端，街道全长1800米、宽50米，其中硬化道路面宽8米、长1200米，双向4车道。集镇东至菖蒲港桥，南连锦山，西邻旭红路与银山大道交汇处，北靠隽水河。以附近河流名称命集镇名。2002年开始兴建，2006年竣工。总面积约33.3公顷，建筑总面积约15万平方米，沿S362省道呈条状分布。2014年，有居民475户1700人；水田6.7公顷、旱地1.3公顷、山林2.7公顷。

景秀东方　属隽水镇旭红社区，位于旭红社区东部，距社区居委会驻地旭红路99号300米。东接东门小学，北邻皮家路，南连秀水路，西毗旭红路。以美好意愿与其所处县城的方位综合命名，2007年征地筹建，2010年建成，形成居民点。居民房屋占地面积约9500平方米，建筑34840平方米，呈块状分布。2014 年，有居民 268 户 920 人。

君临时代　属隽水镇旭红社区，位于旭红社区东部，距社区居委会驻地旭红路 99 号 1.5 千米。东接银山初中，南邻银山大道，西靠东阁路，北连解放东路。以美好愿望取名。2005 年征地筹建，2012 年建成。房屋占地面积 36630 平方米，建筑总面积约 12 万平方米，呈块状分布。2014 年，有居民 752 户 2970 人，有多层楼房、电梯房共计 26 栋，集超市、幼儿园、娱乐于一体。

矿产品公司小区　属隽水镇旭红社区，位于旭红社区东部，距社区驻地旭红路 99 号 1.5 千米。东邻秀水河，南连民主路，北靠银山中学，西接东阁路五巷。以原所属企业名称和建设形式命名。20 世纪 70 年代，此地驻县矿产品公司，属国营企业；20 世纪末，由于企业改制，将该厂所属地产变卖建成居民住宅楼，形成居民点。居民房屋占地面积 2.34 万平方米，建筑总面积 7.5 万平方米，呈块状分布。2014 年，有居民 180 户 1260 人。

龙湾城　属隽水镇旭红社区，位于旭红社区东北部，距社区居委会驻地旭红路 99 号 1 千米。以地形结合美好愿景和房屋规模综合命名。房屋占地面积 7.7 公顷，建筑总面积约 5 万平方米，呈块状分布。2014 年，有居民 315 户 1320 人，有高层建筑物 4 栋，入住商铺 40 余家。

秀水花园　属隽水镇旭红社区，位于旭红社区东北部，距社区居委会驻地旭红路 99 号 100 米。东邻景点秀水花园，南连秀水河，北靠银山大道，西毗旭红桥。以相邻的景点名命小区名，2008 年征地筹建，2012 年建成，形成居民点。房屋建筑面积 27040 平方米，呈块状分布。2014 年，有居民 208 户 960 人。

秀水华庭　属隽水镇旭红社区，位于旭红社区东北部，距社区居委会驻地旭红路 99 号 100 米。东邻秀水花园(小区)，南连秀水河，北靠旭红路，西毗旭红桥。以附近河流名和美好愿望综合命名，2008 年征地筹建，2010 年建成，形成居民点。房屋占地面积约 1.2 公顷，建筑面积 27040 平方米，呈块状分布。2014 年，有居民 208 户 960 人。

坳上王家　属隽水镇旭红社区，位于旭红社区南部，距社区居委会驻地旭红路 99 号 800 米。东接银山大道，南邻隽水河，西靠秀水华庭，北连旭红路七巷。古时，此地属张姓家族的屋场公田，清代卖给王保庭(1794—?)之孙建房定居，不久后王姓以坳为界，南面卖给谢家，为谢家屋，北面为王姓住宅区，依其姓氏和地形综合命村庄名为坳上王家。2014 年，有居民 35 户 180 人(含祠堂屋、下屋王家)。

八字屋　属隽水镇旭红社区，位于旭红社区东部，距社区居委会驻地旭红路 99 号 1 千米。东、南连新一中，西靠旭红路九巷，北邻龙湾村。清代，徐国正(1655—1723)迁此做了一栋大门口呈八字形的新屋，故命村庄名为八字屋。2014 年，有居民 52 户 270 人。出生于该居民点的皮雄飞(1937—　)，历任中共通城县委书记、中共咸宁地委委员、政法委书记等职。

塝上皮家　属隽水镇旭红社区，位于旭红社区东部，距社区居委会驻地旭红路 99 号 500 米。东接银山大道，南邻旭红一组，西靠秀水大道，北接旭红路。古代，此处属张姓家族公田。民国时期，皮大寿自江西瓦渣街迁此购地建房定居，因住宅处地势较高的山坡上，遂以其姓氏综合地形命村庄名。2014 年，居民有 282 户 1310 人。

东山阁　属隽水镇旭红社区，位于旭红社区东南部，距社区居委会驻地旭红路 99 号 500 米。东临秀水河，南靠东阁路五巷，西接银山大道，北连银山大道。古时，县城东面的小山包上建有一个亭子，名东山阁，是县城的标志性建筑。清代，续姓率先在亭阁旁边建房定居，以阁名命村庄名。2014 年，有居民 51 户 280 人。

彭家岭　属隽水镇旭红社区，位于旭红社区东部，距社区居委会驻地旭红路 99 号 3 千米。宋代，彭楚华与次子彭庚一(1273—1334)从江西南昌府奉新县迁此建房定居，因住宅位于一小山岭上，故以其姓氏综合地形命村庄名为彭家岭。2014 年，有居民 68 户 300 人，耕地 80 亩，山林 55 亩(含小居民点中屋彭家在内)。

塆龙屋　属隽水镇旭红社区，位于旭红社区东部，距社区居委会驻地旭红路 99 号 1.2 千米。东接白沙路，西靠通城第一中学，南连锦山路，北连旭红路。明代，魏传七由沙堆迁此建房定居，因住宅位于地形像龙脚一样的山塆内，故命村庄名为塆龙屋。2014 年，有居民 20 户 100 人。

谢家屋　属隽水镇旭红社区，位于旭红社区东南部，距社区居委会驻地旭红路 99 号 500 米。东接旭红七组，南邻李家塘，西靠银山大道，北连隽水河。古代，此处为江姓居住地，因住宅处山岭分水处(俗称坳，后文相同位置皆称“坳”)，故命村庄名为江家坳。清代，张级阶(1849—1917)从江苏杨州府甘泉县徐家迁此定居，仍用原村庄名。民国时期卖给王姓，不久王姓以山坳为界，坳南卖给谢姓建房定居，以其姓氏改称谢家屋。2014年，有居民52户230人。

新屋　属隽水镇旭红社区，位于旭红社区东部，距社区居委会驻地旭红路99号1.2千米。东接白沙路，西靠通城第一中学，南连锦山路，北连旭红路。清代，魏进贤与弟魏祯祥(1789—1854)分家时，魏祯祥在此修建一所新住宅，故称新屋。2014年，有居民25户100人。

续家　属隽水镇旭红社区，位于旭红社区东南部，距社区居委会驻地旭红路99号700米。东靠秀水大道，南邻九宫路，西连银山大道，北接东阁路五巷。清代，续可珍(1780—1861)自山西雁门迁此，以其姓氏命村庄名为续家。2014年，居民有48户160人。

学堂屋　属隽水镇旭红社区，位于旭红社区东部，距社区居委会驻地旭红路99号1.2千米。东接白沙路，西靠通城第一中学，南连锦山路，北连旭红路。清代，魏伴香(1840—?)中武秀才，在此建房定居并办一所学堂教书习武，故命村庄名为学堂屋。2014年，有村民15户80人。

钟家屋　属隽水镇旭红社区，位于旭红社区东北部，距社区居委会驻地旭红路99号1千米。东接旭红路九巷，西邻银山大道，南连电力大楼，北靠隽水河畔。清代，钟兴亨(1774—1837)自左港迁此定居，以其姓氏命村庄名。2014年，有居民56户280人。

第四节　白沙社区及所属聚落

【白沙社区】　隽水镇辖社区，位于县城东南部，居委会驻地宝塔大道333号(九宫客运站前，城东加油站正对面)，距隽水镇人民政府驻地隽水大道特168号约2千米。东邻桃源村、油坊村，南接锡山森林公园，西连宝塔村、秀水社区，北界旭红社区、通城一中、锦山中学，辖区面积约5.12平方千米。因域内有地片白沙咀而得村名。1950年，属通城县城关区信八乡上畈、信山、罗婆、皮家咀村和城关区太平乡上白、下白村；1958年人民公社化，上畈、信山、罗婆、皮家咀村合并为旭红一大队，上白、下白村合并为旭红二大队，属崇阳县通城(红旗)人民公社建设管理区；1961年恢复区镇建制，属通城县城关区建设公社；1972年，旭红一、二大队与旭红三(划进)大队合并为旭红大队，属城关区建设公社；1975年撤区并社，旭红大队重新分设为旭红一、二、三大队(其中三大队划出)，3个大队同属建设公社；1981年，旭红一、二大队分别更名为东阁、白沙大队，同属锦山公社；1984年设区建乡，东阁大队分设为东阁、李家塘村，白沙大队分设为白沙、九宫村，其中：东阁(划出)、九宫村属隽水镇，李家塘村属银城区锦山乡，白沙村属银城区东港乡；1987年区乡体制改革，李家塘、白沙村属锦山乡，九宫村属隽水镇；1996年，白沙村划入隽水镇与九宫村合并为九宫村，李家塘村仍属锦山乡；2002年，锦山乡与隽水镇合并为隽水镇，李家塘、九宫村合并为白沙居委会；2004年，白沙居委会更名为白沙社区，仍属隽水镇。下辖24个农村居民点、17个城镇居民点，12个居民小组。有银山大道、宝塔大道、白沙路等街道，辖内驻有通城二中、花鼓戏剧团、锡山工业园区、财政局、老中医院、老人托养康复中心、县政务中心、环保局、公安局、监管大队、人民法院、司法局、烟草局、移动公司、国税局、财政局、新广场幼儿园、小童心幼儿园、九宫幼儿园、喜洋洋幼儿园和九宫小学、城关初中、九宫客运站、九宫加油站、城东加油站等。居民有罗、张、李、吴、皮、谢、王、谭、刘、习、胡、黎、唐、魏、廖、傅、杨、闵、杜、黄、朱、程、彭等姓，以王、李姓为主。2007年新建社区办公楼一幢，占地面积300平方米，建筑面积1000平方米，内设便民服务厅、党员活动室、图书室等。有G353国道经过社区，区境距杭瑞高速进出口公路距离约5千米，居民点全部通公路。2014年，有村民639户3020人，耕地90.2公顷。村民年人均纯收入10478元，以种植水稻、蔬菜为主，兼养猪、养鱼，经济来源以务农、务工、运输、经商为主。

李家塘地片　属隽水镇白沙社区，位于白沙社区东北部，距隽水镇政府所在地约3千米。东接隽水镇油坊村，南邻隽水镇桃源村，西连隽水镇宝塔村，北依隽水镇旭红社区，辖区面积约1.5平方千米。因域内有居民点李家塘而得地片名。下辖6个村民小组、12个居民点，片内有特殊学校、城东新区、永泰公寓、东方名都、万泉园国际酒店和罗家水库、刘家水库。G353国道经过片区，境域距杭瑞高速进出口公路距离约4千米，居民点全部通公路。2014年，有260户1220人，耕地59.7公顷，村民年人均纯收入10478元。

白沙地片　属隽水镇白沙社区，位于社区南部，距隽水镇政府所在地约3千米。东接隽水镇油坊村，南邻隽水镇桃源村，西连隽水镇宝塔村，北依隽水镇旭红社区，辖区面积约1.5平方千米。因域内原有居民点白沙咀(今名咀上屋)而得地片名。有9个村民小组，分在25个居民点，另有九宫客运站、城东加油站、上坳加油站、李家塘路、银山大道、宝塔大道、白沙路、九宫路8个交通设施。G353国道经过片区，境域距杭瑞高速进出口公路距离约5千米，居民点全部通公路。2014年，有309户1490人，耕地30.5公顷，村民全年人均纯收入10478元。

城东新区(片区)　属隽水镇白沙社区，位于白沙社区东北部，银山大道与解放东路交汇处东南面。东靠四庄路，南邻白沙社区居委会，西毗银山道，北接解放东路。以该区片所处地理方位命名。从2006年申报立项，2007年开工筹建，2014年底形成区片。占地面积66.7公顷。以银山广场为中心，向周边拓展，重点建筑有银山广场、县政务中心、东方名都、万泉国际酒店、银山金城、银山小区、永泰公寓和财政局、环保局、国税局、地税局、公安局、检察院、法院、司法局等单位。G353国道经过片区，境域距杭瑞高速进出口公路距离约4.5千米。

白沙小区　属隽水镇白沙社区，位于白沙社区西部，距居委会驻地宝塔大道333号300米。以所在地点和建设形式命名。1995年筹建，1999年建成。小区占地面积1.7公顷，建筑占地面积7200平方米，建筑面积2.1万平方米。2014年，有居民60户，常住人口210人。

宝利花园　属隽水镇白沙社区，位于白沙社区西部，距居委会驻地宝塔大道333号500米。东接白沙小区，南连宝塔大道，西邻老财政局，北靠白沙路，以美好意愿和建筑形式命名。2008年筹建，2010年建成。居民房屋占地面积1公顷，建筑面积4.4万平方米。2014年，有居民310户710人。

积翠小区　属隽水镇白沙社区，位于白沙社区西部，距居委会驻地宝塔大道333号1千米。东接银山大道，西邻樊家垅，南连白沙路，北靠县第二中学。以美好意愿命名。2008年筹建，2012年建成。居民点占地面积3.3公顷，建筑面积6万平方米。2014年，有居民600户，常住人口1800人。

九宫小区　属隽水镇白沙社区，位于白沙社区西部，距居委会驻地宝塔大道333号1千米。东接宝利花园，西邻九宫路，南连宝塔大道，北靠白沙路。以所在地点名称和建设形式综合取名。2005年筹建，2006年建成。居民房屋占地面积2000平方米，建筑面积1.2万平方米。2014年，有居民120户360人。

廖家排廉租房小区　属隽水镇白沙社区，位于白沙社区东部，距居委会驻地宝塔大道333号1千米。东接保二房，西邻傅家峦，南连锡山，北靠桥上屋。以所在地点和形式综合命名。该小区由县人民政府组织规划、设计、建设，为城镇贫困无住房人员提供的房屋。2009年征地筹建，2014年建成。小区占地2.7公顷，居民房屋占用面积9000平方米，建筑面积9万平方米。2014年，有居民900户2700人。

南福小区　属隽水镇白沙社区，位于白沙社区西部，距居委会驻地宝塔大道333号1千米。东接祥瑞小区，西邻玉秀苑，南连南门初中，北靠秀水河。因此小区是拆除县城隽水镇南门福利院所建，故名。2004年筹建，2005年建成。居民房屋占地面积2000平方米，建筑占地面积1000平方米，建筑面积5000平方米。2014年，有居民50户200人。

轻机厂小区　属隽水镇白沙社区，位于白沙社区西部，距居委会驻地宝塔大道333号1千米。东接白沙路，西邻老中医院，南连通麦公路，北靠通城第二高级中学。以该居民点所在地域的原单位名称命名。20世纪90年代，县轻工机械厂建3栋4~5层职工宿舍楼，分配给职工居住，故得名。1993年国家实行住房制度改革，产权改为个人所有。居民房屋占地面积2000平方米，建筑面积7000平方米。2014年，有居民70户220人。

祥瑞小区 属隽水镇白沙社区，位于白沙社区西部，距居委会驻地宝塔大道333号1千米。东接九宫路，西邻南福小区，南连南门中学，北靠轻机小区。以美好意愿和建设形式命名。2012年筹建，2013年建成。居民点占地面积2074平方米，建筑面积2.08万平方米。2014年，有居民189户540人。

银山华府 属隽水镇白沙社区，位于白沙社区东部，距居委会驻地宝塔大道333号1千米。东接保二房，南连锡山，西邻傅家峦，北靠桥上屋。以附近的山岭古名和美好愿景综合命名。2013年征地筹建，2014年建成。居民点占地面积7188平方米，建筑面积1600平方米，建筑面积23840平方米。2014年，有居民196户590人。

银山金城 属隽水镇白沙社区，位于白沙社区北部，距居委会驻地宝塔大道333号1千米。东接四庄路，西邻银山大道，南连塘湖路，北靠银山广场。以附近的山岭古名和美景意愿综合命名。2012年征地筹建，2014年建成。居民点占地面积8.1公顷，建筑占地面积1.7公顷，建筑面积30万平方米。2014年，有居民2000户8500人。

永泰公寓 属隽水镇白沙社区，位于白沙社区北部，距居委会驻地宝塔大道333号500米。东接县环保局，南邻银山金城，西连县政务中心，北靠银山广场。以美好愿景和建设形式综合命名。2013年由通城县政府办公室筹建，2014年建成。居民房屋占地面积1136平方米，建筑总面积约1.4万平方米。2014年，有居民76户300人。

玉秀苑 属隽水镇白沙社区，位于白沙社区西部，距居委会驻地宝塔大道333号1千米。东接化建宿舍，西邻秀水河，南连宝塔村，北靠G353国道。以该居民点所在地域的原单位名称及所临近的河流和美景意愿综合命名。2012年，玉立公司将原厂房改建成商品房出售，形成居民点。2012年筹建，2013年建成。居民房屋占地面积2公顷，建筑面积7.5万平方米。2014年，有居民300户900人。

银山小区 属隽水镇白沙社区，位于白沙社区东北部，距居委会驻地宝塔大道333号1.5千米。东接罗家水库，南连县公安局，西连银山广场，北靠东方名都。以居民点附近的山峰古名命名。2007年动工，2013年竣工。小区占地面积6700平方米，建筑面积约6万平方米。2014年，有居民150户600人。

柏树屋 属隽水镇白沙社区，位于白沙社区北部，距居委会驻地宝塔大道333号200米。东接大王庙，西邻咀上屋，南连白沙路，北靠李家塘。清代，王炳庭(1857—1911)从崇阳高枧王家迁入建房定居，因住宅附近长有几株古柏树，故命村庄名为柏树屋。2014年，有居民39户230人，耕地70亩。

保二房 属隽水镇白沙社区，位于白沙社区东部，距居委会驻地宝塔大道333号1千米。东接桃源村李家排上，西邻傅家峦，南连锡山山脚，北靠桥上屋。清代，王俊龙(1865—?)从崇阳高枧迁此建房定居，以其字号中的“保”字综合其排行命村庄名为保二房。2014年，有居民38户160人，耕地90亩。

大王庙 属隽水镇白沙社区，位于白沙社区北部，距居委会驻地宝塔大道333号200米。东接三房屋场，西邻柏树屋，南连白沙路，北靠李家塘。古时，王氏家族为纪念其祖宗在此修建一座庙，名大王庙。民国时期，王俊治(1900—?)迁庙附近建房定居，以庙名命村庄名。2014年，有居民40户180人，耕地60亩。

樊家垅 属隽水镇白沙社区，位于白沙社区西部，距居委会驻地宝塔大道333号1千米。东接咀上屋，西邻轻机厂，南连白沙路，北靠二中。此地为山沟，俗称垅(后文相类似地名皆称“垅”)。古为樊姓居住地故名，后樊姓因战乱外迁。民国初，王俊(1894—1927)从柏树屋迁入，仍用原村庄名。2014年，有居民25户110人，耕地10亩。出生于该居民点的王敏(1977—)，博士，2014年在西安科技大学任职；李春(女，1977—)，博士，2014年在武汉大学中南医院任职。

傅家峦 属隽水镇白沙社区，位于白沙社区南部，距居委会驻地宝塔大道333号100米。东接保二房，南连锡山山脚，西邻廖家排上，北靠宝塔大道。民国时期，傅母金爱喜携子先财(1920—2000)从阁壁迁此建房定居，因住宅附近有成片树林，故以其子姓氏综合树林命村庄名。2014年，有居民34户180人，耕地45亩。

怀二坳上　属隽水镇白沙社区，位于白沙社区东部，距居委会驻地宝塔大道333号2千米。东接桃源村，西邻桥上屋，南连窑棚，北靠李家塘，清朝晚期，胡怀二在此建房定居，因住宅位于山岭分水处，故以其名综合地形命村庄名。2014年，有居民25户130人，耕地50亩。

咀上屋　属隽水镇白沙社区，位于白沙社区北部，距居委会驻地宝塔大道333号200米。东接柏树屋，西邻银山大道，南连白沙社区，北靠李家塘。清代，王俊海(1886—1946)在此建房定居，因住宅位于山岭延伸后形成的山体突出前端(俗称咀，后文相类似地形皆称“咀”)，故命村庄名为咀上屋。2014年，有居民20户100人，耕地7亩。

李家塘屋　属隽水镇白沙社区，位于白沙社区北部，距居委会驻地宝塔大道333号2.5千米。东接白屋，南连阳垅，西邻秀明屋，北靠旭红社区谢家屋。清代，李祥霁(1882—1933)和兄弟祥凤在此地修建一座烧砖房，在住宅前方挖一口大池塘，故以姓氏及池塘综合命村庄名为李家塘。2014年，有居民53户180人，耕地100亩，山林50亩(该居民点北面20米下屋王家小居民点6户26人包含在内)。

廖家排上　属隽水镇白沙社区，位于白沙社区南部，距居委会驻地宝塔大道333号100米。东接傅家峦，西邻老电机厂，南连锡山山脚，北靠宝塔大道。元代，廖人俊(1341—?)从茹莱迁此建房定居，因住宅地形较高、平坦而呈不规则形(俗称此地形为排)，故以其姓氏综合地形命村庄名为廖家排上。2014年，有居民30户150人，耕地28亩(该居民点东面500米原有小居民点麻垅，2014年无人居住)。

刘家老屋　属隽水镇白沙社区，位于白沙社区东北部，距居委会驻地宝塔大道333号1千米。东连刘家铺，南接桥上屋，西邻大王庙屋，北靠皮家五房屋。清晚期，一邓姓在此花三年时间修建一座烧砖到顶、上下两重的房屋，以其姓氏命村庄名为邓家。后转卖陈姓，陈姓又转卖给王姓，最后转卖给下湾接官坳刘奕从(1849—1921)，改村庄名刘家老屋。2014年，有居民23户90人，耕地60亩，山林30亩。

罗婆塅(萝卜塅)　属隽水镇白沙社区，位于白沙社区东北部，距居委会驻地宝塔大道333号2千米。东邻油坊村铁炉冲，南邻胡二坳上，西邻皮家五房屋，北邻县实验猪场。此地为一块面积较大的平地，俗称塅(后文相类似地形皆称“塅”)。明末，一罗姓老太婆因家境贫寒，靠在外乞讨为生，积蓄了两箩筐大米。一日，罗婆挑担大米至此地，筐绳突然断了，大米洒满一地，她认为这是天意，于是便在此安家，搭茅房定居，以其姓氏、性别综合地形命村庄名为罗婆塅。2014年，有居民30户130人，耕地100亩，山林35亩。

皮家五房屋　属隽水镇白沙社区，位于白沙社区东北部，距居委会驻地宝塔大道333号1千米。东接刘家老屋，南邻刁家屋，西邻秀明屋，北靠李家塘屋。清代，皮兴榜(1776—1859)第五子寿亭来此地建房定居，故依其姓氏、排行命村庄名为皮家五房屋。2014年，有居民21户120人，耕地120亩，山林80亩。

桥上屋　属隽水镇白沙社区，位于白沙社区东部，距居委会驻地宝塔大道333号1千米。东接胡二坳上，西邻三房屋场，南连保二房，北靠刘家屋。清早期，当地群众在此修建一座石拱桥。后来，王俊晚(1890—?)迁石拱桥上方建房定居，故以桥及其方位综合命村庄名为桥上屋。2014年，有居民35户150人，耕地70亩。

刁家屋　属隽水镇白沙社区，位于白沙社区东北部，距居委会驻地宝塔大道333号1千米。东连刘家铺，南接桥上屋，西邻大王庙屋，北靠皮家五房屋。清代，刁隆一(1826—1891)从江西高安来此建房定居，以其姓氏命村庄名为刁家屋。2014年，有居民12户70人，耕地50亩，山林20亩。

秀明屋　属隽水镇白沙社区，位于白沙社区北部，距居委会驻地宝塔大道333号1.5千米。东接阴垅屋，南连胡家屋，西邻塝上屋，北靠李家塘。清代，皮兴标(1764—1849)支下秀明在此修建房屋定居，以其名命村庄名。2014年，有居民50户210人，耕地130亩，山林80亩。

窑棚　属隽水镇白沙社区，位于白沙社区东部，距居委会驻地宝塔大道333号1.5千米。东接桃源村老屋场，西邻桥上屋，南连保二房，北靠胡二坳上。清代，王义庭(1881—?)在此定居并开窑棚烧制砖瓦，故命村庄名为窑棚。2014年，有居民4户20人，耕地8亩。

第五节　秀水社区及所属聚落

【秀水社区】 隽水镇辖社区，位于县城南部，社区居委会驻地于何家园引薰门路666号，距隽水镇人民政府驻地隽水大道特168号约2千米。东连白沙社区，西临湘汉社区，北靠和平社区，南接五里镇，区域面积3平方千米。以流经域内的河流名命社区名。1950年，属通城县黄泥乡；1956年，成立蔬菜组；1958年，成立蔬菜一大队，属崇阳县城关镇(通城镇)；1961年，属通城县城关区；1975年，属城关人民公社；1979年，复归城关镇；1982年3月，城关镇更名隽水镇；1984年，蔬菜大队更名为秀水村；1996年，撤销秀水村，成立续畈居委会；2002年续畈居委会更名为秀水社区；2004年，银山社区撤销，其区域整体划入秀水社区。有秀水大道、宝塔大道、隽水大道、民主路、湘汉路穿境而过。秀水河南北贯通，郎桥、宝塔桥、谌家桥跨河而立，邀月桥、续畈桥、宝通桥三座人行桥连接西东。有29个城镇居民点。区域内驻有通城县人民武装部、寄宿中学、南门小学、财险公司、物价局、检察院、城管执法局、南门初中、园林绿化管理局、人民银行、顺达驾校等行政事业、企业单位。20世纪90年代社区修建砖混结构三层办公楼，总建筑面积700平方米，内设有便民服务厅、党员活动室、老年活动中心等。域内有秀水大道贯穿而过，区境距杭瑞高速进出口约5千米。2014年，有居民3589户12030人，年人均纯收入16000元。居民经济来源以务工、经商、房屋出租为主。

银山地片(原银山社区)　属隽水镇秀水社区，距隽水镇人民政府驻地约3千米。东起九宫路和锡山山脚，西连秀水河和隽水大道，南接五里镇王家，北邻秀水大道。以附近山岭的古名命名。1950年，属通城县黄泥乡；1958年，设宝塔大队，属崇阳县新合公社；1961年，属通城县城关区新合公社；1984年，属宝塔村和谌家村；2002年成立银山社区，属隽水镇管辖；2004年，银山社区撤销，其区域整体划并秀水社区，仍隶属隽水镇。此地域有城镇居民和宝塔村、谌家村民交叉居住，居民房屋呈块状分布。区境距杭瑞高速进出口约5千米。2014年，房屋占地总面积约2.6公顷，建筑总面积约4.2万平方米。有城镇居民1400户左右。域内驻有县检察院、县计生局、人民银行、司法局、南门初中等行政事业单位。

宝塔二巷小区　属隽水镇秀水社区，位于秀水社区西南部，距社区居委会驻地引薰门路660号2千米。西临宝塔大道，南连谌家桥，东靠古龙村汪家，北接宝塔三巷。以所在道路和建设形式命名。2008年修通宝塔大道至汪家的土公路后，城镇居民在靠土公路两边陆续征地建房，逐渐形成居民点。从宝塔大道至汪家有一条宽4米、长200米的主通道，主通道左右有8条小巷，其中第八小巷延伸至谌家桥居民点，长400米、宽3米。小区有房屋58栋，房屋占地总面积7200平方米，建筑总面积1.8万平方米。2014年，有居民60户250人。

宝塔六巷小区　属隽水镇秀水社区，位于秀水社区西南部，距社区居委会驻地引薰门路660号1.5千米。西临湘汉路，南靠横山住宅小区，北接金竹扫台空地，东邻秀水河。以所在的街巷名和建设形式命名。20世纪末形成小区，是县城建设最早的住宅小区之一。房屋占地总面积约2.8公顷，建筑总面积约5.1万平方米。居民房屋180栋(2~3层)，形成一条长300米、宽6米的主通道，从湘汉路交接点起，一直延伸到秀水河堤与续畈路交叉，有15条小巷，分左右排列。2014年，有居民183户550人。

宝塔四巷小区　属隽水镇秀水社区，位于秀水社区南部，距社区居委会驻地引薰门路660号2.2千米。该居民点地处锡山脚下，西临宝塔大道，南连宝塔三巷(宝塔新村)，北接锡山路，东靠木鱼湖。以所在道路和建设形式命名。2000年形成居民点，房屋占地总面积约7800平方米，建筑总面积约1.8万平方米。有居民房屋31栋(其中二栋商品住宅楼)。2014年，有居民59户160人。

宝塔小区　属隽水镇秀水社区，位于秀水社区西南部，距社区居委会驻地引薰门路660号1.5千米。东靠续畈路，西连县检察院住宿楼，北接秀水大道，南邻金竹扫台空地和木材市场。以附近古代建筑名称和建设形式命名。2000年以后逐渐形成住宅小区。有5条小巷，其中一、二巷有5栋2013—2014年修造的商品住宅6层楼房；五巷是一条长200米、宽18米的合面街，直通木材市场。总占地面积2.8公顷，建筑总面积约6.1万平方米。2014年，有居住房180栋，有239户940人。

城南小区　属隽水镇秀水社区，位于秀水社区南部，距社区居委会驻地引薰门路660号2.8千米。处坳上程家的平畈之中，西接湘汉路，东靠秀水河，南邻城南客运站，北连续贩路。以所处的地域及方位和建设形式命名。此地原属宝塔村坳上程家的农田，1987年被县瓷厂征用办银峰瓷厂，后改为鹤立瓷厂，1996年瓷厂破产改制，由开发商逐渐开发成商品住宅区，取名鹤立小区，后改为城南小区，房屋占地总面积6000平方米，建筑总面积9500平方米。有楼房31栋，其中6层楼房有5栋。2014年，有居民79户320人。

废品公司住宅小区　属隽水镇秀水社区，位于秀水社区西部，距社区居委会驻地引薰门路660号1.6千米。以原属单位名称和建设形式命名。此地原属宝塔村九房门生产队，名浸水塘。20世纪70年代被县土产公司征用修建废品门市部和仓库。1979年更名废品回收公司，20世纪末单位改制，房屋逐渐向社会出售，2014年由开发商统一开发，成为居民小区。2014年，有住宅楼4栋，房屋占地面积约2500平方米，建筑总面积约2.1万平方米，有居民109户380人。

古龙山庄　属隽水镇秀水社区，位于秀水社区西南部，距社区居委会驻地引薰门路660号1.6千米。处隽水大道、秀水大道、湘汉路之间的三角地带。东靠湘汉路，西连隽水大道，南邻计生小区，北接秀水大道。以所在的山岭和建设形式命名。此地原属宝塔村九房门和坳上程家的土地，俗名曾家山。中华人民共和国成立前，山上有村民居住。1970年城关砖瓦社(1974年转为县砖瓦厂)征用土地建砖瓦厂房，2001年企业改制，厂房及附近空闲地全部售给居民建房，形成住宅小区。有主要通道5条、大小巷30余个，有181栋楼房(其中6~7层的商品住宅楼6栋)。2014年，有居民210户710人。

横山小区　属隽水镇秀水社区，位于秀水社区西部，距社区居委会驻地引薰门路660号1.5千米。西临湘汉路黄泥坳，东连秀水河，北邻宝塔小区六巷，南靠续畈路。以所在的山岭和建设形式命名。横山原系宝塔村九房门的山林，1980年被县水利局水土保持站征用建办公房、住宿楼、实验基地。2005年水土保持站迁址，留有职工住宿楼，2006年由开发商拆除职工住宅楼，统一开发成居民小区。房屋占地总面积3500平方米，建筑总面积约1.3万平方米。有楼房21栋，其中有3栋6层商品住宅楼，呈块状分布。2014年，有居民78户260人。

计生委小区　属隽水镇秀水社区，位于秀水社区西南部，距社区居委会驻地引薰门路660号2千米。东靠湘汉路，南接计生委大楼(改为妇幼保健院)，西连隽水大道，北靠古龙山庄。以原所在单位和建设形式命名。此地原属宝塔村坳上程家的土地，1997年县计划生育委员会征用建造办公楼，2003年建商品住宅楼出售并连接周边居民住房，形成居民区。房屋占地总面积约5000平方米，建筑总面积约7000平方米，有一栋7层和4栋6层的楼房，前有小院。2014年，有居民70户210人。

九房门住宅小区　属隽水镇秀水社区，位于秀水社区西南部，距社区居委会驻地引薰门路660号1.8千米。西接湘汉路，东邻南门幼儿园，南接续畈新村1巷，北靠废品公司住宅楼。以所在的地片名称和建设形式命名。此地原属宝塔村九房门生产小队(第七队)的土地，1984年后，按城建部门统一规划，城镇居民陆续在此地购买土地建造住宅房，形成县城最早的住宅小区之一。2014年，有住宅房107栋(其中一栋5层商品房)，有8个小巷。有居民125户440人。

民主街小区　属隽水镇秀水社区，位于秀水社区西北部，距社区居委会驻地引薰门路660号400米。处向阳街与民主路相交的中间三角地段。东、北接民主路，南邻秀水大道，西靠向阳街居民区。以所在街道命小区名。此地原属南门城外的续家畈，由于地低洼，长期积水成涡，人们喊为新塘。1956年成立南门蔬菜组，改造成蔬菜基地。1977年县电影公司征用该地建办公宿舍楼，1980年修造露天电影院。此后县乡镇企业管理局、通城商场、茶叶公司、砂布厂、第三服装厂(后改为技工学校)等单位相继在该地征地修建办公、生产楼和职工住宿房。1996年后，企业改制，机构缩编，上述单位所在地段逐步改造成住宅商品楼房。区域内有民主路1巷、3巷、5巷。共有楼房62栋，其中1巷内建有南影楼、企业楼和技校楼等9栋6~7层商品住宅楼。3巷和5巷多为2~3层楼。2014年，有居民212户900人。

农机公司住宅小区　属隽水镇秀水社区，位于秀水社区西部，距社区居委会驻地引薰门路660号1.5千米。西连湘汉路，东邻寄宿中学(老通城一中)，南靠废品公司住宅楼，北接县人民武装部。以原所属单位名称和建设形式命名。此地原属宝塔村九房门生产队土地，叫何家塘。1974年成立县农机公司时，土地被该单位征用建造办公营业场地和职工宿舍。1996年农机公司企业改制，由开发商整体购买开发成住宅商品房。有住宅28栋，其中6层商品楼房2栋，4层老宿舍楼一栋，房屋占地面积约4000平方米，建筑总面积约1.2万平方米。2014年，有居民90户320人。

水电物资站住宅小区　属隽水镇秀水社区，位于秀水社区西南部，距社区居委会驻地引薰门路660号1.9千米。西连湘汉路，东靠续畈新村，南邻财产保险公司，北接九房门住宅小区。以原属单位名称和建设形式命名。此地原属宝塔村九房门生产队的农田，名土地咀。20世纪70年代水电物资站征用建商铺、宿舍和仓库。2005年单位改制，由开发商统一开发成商品住宅房。占地约3200平方米，建筑面积约6800平方米，建有楼房9栋，最低3层，最高6层。2014年，有居民52户260人。

锡山公寓　属隽水镇宝塔村与秀水社区交叉区域，位于秀水社区南部，距社区居委会驻地引薰门路660号2.5千米。地处锡山脚下，宝塔大道路旁。西靠秀水河路居民区，东、南临宝塔大道及居民房，北连园林局苗圃基地。以附近的山岭和建设形式命名。此地原属宝塔村四组的农田，1994年住房改革办公室征用，建商品经济适用房6000平方米，向社会出售，是通城县第二批商品住宅房开发基地(第一批系县建行在南门开发的二幢商品楼)；2000年开发商在临宝塔大道一侧(原通麦公路)又造一幢6层住宅房出售，形成居民点。占地面积约7000平方米，建筑面积约15000平方米，建有4栋6层住宅楼，从宝塔大道口向西有一条8米宽的大通道进出。2014年，有居民204户640人。

向阳街小区　属隽水镇秀水社区，位于县城南部，距社区居委会驻地引薰门路666号500米。东靠民主路，南邻秀水大道，西连寄宿中学(老一中)，北接古龙路与民主路交叉口。以美好意愿得名，明万历二十六年(1598)，通城县城城墙由土墙改筑砖石城墙，按方位设四门，即东宾阳门、西乐成门、北拱极门、南引薰门。其中引薰门外至郎桥中间为田野土路，泥泞难行，为进出城方便，人们在土路上铺成石板路。最先在石板路旁建房的有续、章、谢、吴、程、饶等姓。传说，旧时九岭、潭下一带的樵夫到县城卖柴，走到南门城门口时，守城门卫要卖柴的无偿给一块(小捆)柴，不给就刁难不准通过。樵夫们只好到城外石板路等待成交，天长日久，石板路形成了卖柴合面街市场。人们习惯喊为石板街。“文化大革命”期间，将石板街改名向阳街。此街由北往南、东呈人字形小街。2010年许金佛等发起筹资，将老石板街改为水泥硬化路面。此街旧时是县城通往秀水回澜景点和廊桥(后改称朗桥)必经道路，街中心有灵官庙、大王庙、朝宗寺，后成为县城南部的中心地段，居民密集。2014年，有楼房123栋，房屋占地面积约1.9公顷，建筑总面积约3.8万平方米。有居民160户610人。

秀水河路居民区　属隽水镇秀水社区，位于秀水社区南部，距社区居委会驻地引薰门路660号2千米。处秀水河南岸，北起玉秀苑旁小溪，经南门中学，老教委宿舍楼，至宝塔桥头，西临秀水河，东靠对门畈。以临靠的道路和建设形式命名。原属宝塔村地域，20世纪七八十年代宝塔村改造秀水河，河堤拉直，改沙洲造田。1994年改造加固河堤，堤南售给城镇居民建房，逐渐形成居民点，原名叫续畈东路，2000年改名宝塔街，2010年更名为秀水河路。居民房屋占地总面积约7500平方米，建筑总面积约1.2万平方米，有2~3层楼房40栋(其中有一栋6层商品住宅房)。2014年，有居民51户人口210人。

续畈新村　属隽水镇秀水社区，位于秀水社区西南部，距社区居委会驻地引薰门路660号1.2千米。东靠秀水大道，西连县财产保险公司和水电物资站住宅小区，南邻续畈路，北接九房门8巷。以所在地片名和建设形式命名。原属续家畈宝塔六组的农田和南门菜队的蔬菜地，1982年开始，按城建规划向城镇居民出售建房，逐渐形成新的居民村，是县城建设最早的居民小区之一。

占地面积约 2.5 公顷，建筑面积约 5.5 万平方米。有 2~3 层的楼房 160 栋。有小巷道 11 条，巷道全部水泥硬化。2014 年，有居民 186 户 950 人。

雨具厂住宅小区　属隽水镇秀水社区，位于秀水社区西南部，距社区居委会驻地引薰门路 660 号 2 千米。东邻寄宿中学(老通城一中)，北靠农机公司住宅小区，西面和南面均与九房门住宅小区接址。以原属单位名称和建设形式命名。20 世纪 60 年代，属蔬菜一大队南门生产队；1975 年，雨具厂(原名雨伞社)分二次征用该队土地修造生产车间，生产纸伞、布伞、黑米伞；1984 年改为生产电线；1998 年该厂破产改制，土地由开发商开发成住宅商品楼。2014 年，有住宅楼房 10 栋，其中 3 栋为商品楼房，房屋占地面积约 2000 平方米，建筑总面积约 7000 平方米。2014 年，有居民 64 户 230 人。

第六节　湘汉社区及所属聚落

【湘汉社区】　隽水镇辖社区，位于县城西部、隽水河畔。社区居委会驻地沿河路兴贤门街湘汉路特 68 号，东接兴贤门街、湘汉路，南邻秀水大道西段，西靠隽水大道新桥南侧，北毗隽水河(新桥至通城大桥段)，辖区总面积 2.4 平方千米。以域内的街道名称命名。1950 年，为湘汉路居委会，属城关镇；1958 年人民公社化，设立二街管理区，属崇阳县通城镇；1961 年恢复区镇建制，属通城县隽水公社二街管理区；1962 年，更名为二街居委会，属城关镇；1975 年元月撤区并社，属城关公社二街居委会；1979 年 5 月，属城关镇二街居委会；1982 年 4 月，属隽水镇湘汉街居委会；1987 年 10 月区乡体制改革，属隽水镇湘汉街居民委员会；2002 年合并社区，更名为隽水镇湘汉社区。有 7 个城镇居民点；辖区内驻有县教育局、县一中印刷厂、县公务员局、县医疗保险局、县住房和城乡建设局、县建设规划管理局、县环保局、县电力公司隽水供电所、通城电视台、楚天视讯网络有限责任公司、通城县兴达文化传媒有限责任公司、县医药公司、通城县惠民村镇银行、中国农业银行股份有限公司通城解放支行、中国工商银行股份有限公司通城隽水支行、湖北通城军队离退干部管理所、县水文局、通城县恒丰交投资有限公司、县供水公司、新云印刷厂、县农资生活资料公司、湘汉社区卫生服务站、县实验幼儿园、蓓蕾幼儿园、亲子幼儿园等行政、企事业单位；G106 国道傍区而过，区境距杭瑞高速进出 5 千米。2014 年，有居民 6420 户 22470 人，年人均纯收入 16000 元，以出租房屋、经商、务工为主要经济来源。居民有吴、王、陈、李、黎、杨姓等，以李姓为主。

电力公寓　属隽水镇湘汉社区，位于湘汉社区南部，距湘汉社区驻地沿河路兴贤门街湘汉路特 68 号 1.5 千米。东接古龙一巷居民点，西邻县教育局，南连看守所，北靠古龙路。以所属单位名称和建筑物形式综合命名。公寓是电力公司职工的福利房，共 10 栋，楼高 5 层；1993 年，房改后所有权归职工所有，2010 年，由原电力职工宿舍更名为电力公寓。占地面积 4.7 公顷，建筑总面积约 1.8 万平方米，呈块状分布。2014 年，有居民 130 户 600 人。

金泰豪苑　属隽水镇湘汉社区，位于湘汉路、金泉路、解放西路交会处，距湘汉社区驻地沿河路兴贤门街湘汉路特 68 号 500 米。东接梵尔赛时尚酒店，西邻新塘小区，南连水塔花苑，北靠步行街。以美好愿景取名。2009 年投资开发商通过政府招拍挂取得土地使用权；2010 年由湖北强华房地产有限公司开始筹建；2012 年年底竣工。该居民点住宅楼 3 栋、楼层 24 层，总占地面积约 1.3 公顷，房屋建筑面积 7 万平方米；呈块状分布。2014 年，有居民 500 户约 2800 人。

九房小区　属隽水镇湘汉社区，位于湘汉路与秀水大道交会处，距湘汉社区驻地沿河路兴贤门街湘汉路特 68 号 1.5 千米。东接县财产保险公司，西邻顺达驾校，南连秀水大道(检察院附近)，北靠公安局。以附近古时的居民点名命小区名。居民住房占地总面积约 20 公顷，建筑面积 12 万平方米，呈块状分布，由九房一巷、九房二巷、九房三巷组成。2014 年，有居民 400 户 1900 人。

佘畈路小区　属隽水镇湘汉社区，位于湘汉社区东南部，距湘汉社区驻地沿河路兴贤门街湘汉路特 68 号 600 米。以所在道路命小区名。该居民点从金泉路起至隽水大道，总占地面积约3.3公顷，建筑总面积约4.2万平方米，沿佘畈路呈条状分布。2014年，有居民140户500人。

我爱我家小区 属隽水镇湘汉社区，位于湘汉社区南部，距湘汉社区驻地沿河路兴贤门街湘汉路特68号400米。东接佘畈路中段，西邻通用机械宿舍，南连梅苑小区，北靠金泉路下段。以宣传用语命小区名。所在地域原属通用机械厂生产车间，开发商于2002年购买厂家全部地产、房产；2011年开始筹建，2012年9月动工，2013年底竣工。住宅小区有2栋19层高楼房，占地总面积5000平方米，建筑面积2.3万平方米，呈块状分布。居民有金、李、王、黎姓，以金姓为主。2014年，有居民190户750人。

新塘小区 属隽水镇湘汉社区，位于湘汉社区东部，距湘汉社区驻地沿河路兴贤门街湘汉路特68号1千米。东接水塔花苑，西邻县环卫局，南连电力公寓，北靠金泰豪苑。以旧时域内的池塘名称命名。新塘原叫破塘，因破塘废弃，故更名为新塘。1980年仅方鹏轩一家居住，属城关镇二街居委会管辖；1985年后新增4户，属湘汉街居委会管辖；1990年后，逐步扩建形成小区；2010年由原破塘小区更名为新塘小区。居民住房占地面积5万平方米，建筑总面积约8.5万平方米，呈块状分布。2014年，有居民410户1900人。

沿河路小区 属隽水镇湘汉社区，位于湘汉社区南部，为湘汉社区居委会驻地，东接我爱我家小区，西邻县公务员局，南连古龙村居民点，北靠隽水河。以所在道路命小区名。该小区由沿河一巷、沿河二巷、沿河三巷组成，占地面积13.3公顷，建筑面积约8万平方米，呈块状分布。2014年，有居民320户1500人。

第七节 银城社区及所属聚落

【银城社区】 隽水镇辖社区，位于隽水镇西北部，社区居委会驻地银城西路五巷18号，距隽水镇人民政府驻地隽水大道特168号约1千米。东、南接雁塔社区，西连柳峦村，北毗石泉村，辖区面积2平方千米。因域内有道路银城路而得社区名。1950年，属通城县黄柳乡四村；1958年人民公社化，属崇阳县通城（红旗）人民公社三合管理区十三大队；1961年恢复区镇建制，属通城县城关区三合公社；1971年，十、十二、十三大队合并为大桥大队；1975年撤区并社，属城关公社；1979年，大桥大队分设为柳峦（划出）、石泉（划出）、大桥大队；1982年，大桥大队更名新桥大队，属铁柱公社；1984年设区建乡，新桥大队变更为新桥村，属隽水镇；2002年撤销新桥村，设立银城社区。下辖4个居民小组，有15个农村居民点、12个城镇居民点。社区内驻有县人力资源和社会劳动保障局、县畜牧局、县粮食局、中国农业银行通城支行、中国银行通城支行、中国建设银行通城支行、湖北银行通城支行、中国邮政银行通城支行、黄袍山绿色茶油有限公司、福人制药厂等单位，以及278家工商个体户。2007年新建居委会办公楼，占地面积140平方米，建筑面积320平方米，内设老年活动中心，便民服务厅、农家书屋等。居民有刘、孔、黎、李、胡、王、涂姓，以徐姓为主。有隽水大道、银城西路交叉穿过区境，社区距杭瑞高速进出口约4千米。2014年，有居民3667户10880人，年人均纯收入20546元；居民经济来源以务工、经商、出租门店为主。

银城新村 属隽水镇银城社区，位于银城社区西北部，距隽水镇人民政府驻地约1千米，处隽水河与隽水大道交会处的西北方向。东连隽水大道，南靠银城西路，西接荫山路，北毗双龙路。以所在街道名称命区片名。1994年由县城建部门规划，地产开发总公司设计建设的规范商品房住宅小区。1998年建成。2014年，有银城新村一、二、三、四、五巷。片区内还有鄂南小区、隽水卫生院、中心幼儿园、鄂南商城多家银行支行等单位。2014年，有居民172户680人。

畜牧局住宅小区 属隽水镇银城社区，位于银城社区南部，隽水河与隽水大道交会处的西南面，距银城社区居委会驻地银城西路五巷18号约800米。东连隽水大道，南毗沿河路，西接新桥小区，北靠新桥街。以原所属单位名称命小区名。20世纪80年代，县畜牧局为单位职工新建职工住宿楼，形成居民点。房屋占地面积约10330平方米，呈块状分布。2014年，有居民65户250人。

帝景公寓　属隽水镇银城社区，位于银城社区北部，隽水河与隽水大道交汇处西北方向，距银城社区居委会驻地银城西路五巷18号约600米。东连隽水大道，南毗银城西路，西接石泉村，北靠双龙路。以美好愿望和房屋用途综合命名。1996年由隽水建筑公司投资建成，形成居民点。居民房屋占地面积25994平方米，建筑总面积约3.5万平方米，呈条状分布。2014年，有居民153户500人。

福人花园　属隽水镇银城社区，位于银城社区南部，隽水河与隽水大道交汇处的西南面，距银城社区居委会驻地银城西路五巷18号约300米。东至沿河路，南连柳峦村，西毗柳峦村，北接福通药业。以建筑此居民点的企业名称及美好愿望综合命名。2000年前后，福人药业在此为职工修建住宅楼，形成居民点。居民房屋占地面积约39960平方米，建筑总面积约3.1万平方米，呈块状分布。2014年，有居民188户650人。

福人路廉租房小区　属隽水镇银城社区，位于银城社区西部，隽水河与隽水大道交汇处的西南面，距银城社区居委会驻地银城西路五巷18号约300米。东连银泉花园，南靠柳峦村，西毗石泉村，北接银城西路。以地处的街道名称命小区名。2008年，由县城建、土管部门规划，县房地产管理局在此地组织实施建设为城镇住房困难居民提供的低于市场租价出租的公房，形成居民点。居民房屋占地面积18200平方米，呈块状分布。2014年，有居民104户260人。

精米厂住宅小区　属隽水镇银城社区，位于银城社区东部，隽水河与隽水大道交汇处的西北方向，距银城社区居委会驻地银城西路五巷18号约500米。东连隽水大道，南接新桥街，西毗石泉村，北靠粮食局。以原所属单位名称命小区名。1999年，由县粮食局精米厂为职工修建，形成居民点。居民房屋占地面积约19980平方米，建筑总面积约1.8万平方米，呈块状分布。2014年，有居民143户530人。

隽水小区　属隽水镇银城社区，位于银城社区东部，隽水河与隽水大道交汇处的东北面，距银城社区居委会驻地银城西路五巷18号约1千米。东至柳堤路十六巷，西邻隽水大道，南连柳堤路，北靠银城路。以附近的河流名命小区名。居民房屋占地面积约1.8万平方米，建筑总面积约4.5万平方米，呈块状分布。2014年，有居民136户480人。

粮食局住宅小区　属隽水镇银城社区，位于银城社区北部，隽水河与隽水大道交汇处西北方向，距银城社区居委会驻地银城西路五巷18号约500米。东连隽水大道，南接沿河路，西毗石泉村，北靠银城西路。以原所属单位名称命小区名。20世纪90年代，县粮食局为解决单位职工住房困难立项，由职工出资建造。居民房屋占地面积2万平方米，建筑总面积约2.1万平方米，呈块状分布。2014年，有居民144户350人。

柳堤花苑　属隽水镇银城社区，位于银城社区东南部，隽水河与隽水大道交会处的东北面，距银城社区居委会驻地银城西路五巷18号约1千米。东临柳堤路十六巷，西邻隽水大道，南连柳堤路，北靠银城路。以邻靠的道路及美好愿望综合命名。1996年为养猪场，2000年破产改制，2002年由隽水建筑公司建成商品楼向社会公开出售。房屋占地面积约1.2万平方米，建筑总面积约1.5万平方米，呈块状分布。2014年，有居民96户260人。

南斗屋（又名南表屋）　属隽水镇银城社区，位于银城社区南部，隽水河与隽水大道交汇处的西南面。距银城社区居委会驻地银城西路五巷18号约1.2千米。东连隽水大道，南接柳峦村，西毗柳峦村，北靠银城社区。清代，徐南表（1749—1818）率先在此建房定居，以其名命村庄名。2014年，有居民137户550人。

牌坊屋　属隽水镇银城社区，位于银城社区东部，隽水河与隽水大道交汇处东北面。距银城社区居委会驻地银城西路五巷18号约1千米。东连民主路，西接隽水大道，南毗柳堤路，北靠银城路。清康熙年间，徐承谟（1676—1711）病故后，其妻曾氏（1674—1746）孝侍翁姑，雍正乙卯年（1735）题请奉旨，建牌坊于门首。曾氏秉性好施，为修建九眼桥捐资建桥墩1个，其善举录入清通城县志。后人为纪念曾氏改村庄名徐家为牌坊屋。2014年，有居民672户2150人。

新桥街住宅小区　属隽水镇银城社区，位于银城社区南部，隽水河与隽水大道交汇处的西南面，距银城社区居委会驻地银城西路五巷18号约

200米。东连隽水大道，南毗新桥小区，西靠柳峦村，北接县气象局。以该居民点附近的桥梁名称和房屋用途综合命名。20世纪90年代，由县城建部门规划，隽水镇人民政府组织实施建成该小区，形成居民点。居民房屋占地面积约2.3万平方米，建筑总面积约3.5平方米，呈块状分布。2014年，有居民119户470人。

新桥小区 属隽水镇银城社区，位于银城社区南部，隽水河与隽水大道交汇处的西南面，距银城社区居委会驻地银城西路五巷18号约800米。东连畜牧局小区，南毗沿河路，西接河西村，北靠隽水派出所。以附近的桥梁名称命小区名。2000年前后，由县城建部门规划、居民投资建成，形成居民点。居民房屋占地面积约16660平方米。2014年，有居民96户330人。

新桥巷小区 属隽水镇银城社区，位于银城社区北部，隽水河与隽水大道交汇处西北方向，距银城社区居委会驻地银城西路五巷18号约500米。东连隽水大道，南靠新桥街，西毗中药材公司住宅小区，北接县粮食局。以所在的街巷名称命小区名。1990年，由县城乡建设局规划，1996年建成。有新桥一、二、三巷3个居民小巷。居民房屋占地面积11.66万平方米，建筑总面积约2.5万平方米，呈块状分布，居民有徐、胡、黎、李等姓，以徐姓为主。2014年，有居民72户280人。

新屋 属隽水镇银城社区，位于银城社区南部，隽水河与隽水大道交汇处东北面，距银城社区居委会驻地银城西路五巷18号约500米。东连隽水大道，南毗新桥街，西接石泉村，北靠银城西路。清代，徐姓居民在此新建住房定居，命村庄名为新屋。2014年，有居民617户2120人。

银城花园 属隽水镇银城社区，位于银城社区南部，隽水河与隽水大道交汇处的西北方向，距银城社区居委会驻地银城西路五巷18号约100米。东靠新桥街，南连柳峦村，西毗石泉村，北接银城社区居委会。以所在街道名称及美好愿望综合命名。居民房屋占地面积约9000平方米，建筑总面积约8000平方米，呈块状分布。2014年，有居民55户220人。

银泉花园 属隽水镇银城社区，位于银城社区南部，隽水河与隽水大道交汇处的西北方向，距银城社区居委会驻地银城西路五巷18号约500米。东接翰林花园，南连柳峦村，西接福人路，北连银城西路。以所在社区名称和邻村地名中各取一个字及美好愿望综合命名。居民房屋占地面积约2万平方米，建筑总面积约1.4万平方米，呈块状分布。2014年，有居民97户330人。

中药材公司宿舍小区 属隽水镇银城社区，位于银城社区南部，隽水河与隽水大道交汇处的西北方向，距银城社区居委会驻地银城西路五巷18号约400米。东连隽水大道，南接沿河路，西毗石泉村，北靠银城西路。以原所属单位名称命名。2002年由通城县中药材公司为职工修建，形成居民点。居民房屋占地面积约11998平方米，建筑总面积约1万平方米，呈条状分布。2014年，有居民70户170人。

第八节 雁塔社区及所属聚落

【雁塔社区】 隽水镇人民政府驻地，位于县城北部。社区居委会驻地秀水大道75号，距镇人民政府驻地隽水大道特168号约1千米。东接隽水河，南连银城社区，西临石泉村，北靠新塔村，辖区总面积2.6平方千米。以域内古代建筑物名命社区名。1950年，属通城县白泉乡和荸石乡；1958年，属崇阳县通城（红旗）人民公社三合管理区一大队；1961年，属通城县城关区三合公社；1975年撤区并社，改设蔬菜二大队，属城关公社；1979年5月，更名为雁塔大队，属城关镇；1984年2月，设区建乡镇，雁塔大队更名为雁塔村，属隽水镇；2002年隽水镇调整村、社区区划，将雁塔村更名为雁塔居委会；2004年与雁塔居委会合并为雁塔社区。1998年新建社区办公楼，占地面积800平方米，建筑面积1800平方米，内设便民服务厅、老年活动室、中心戒毒所等。隽水、秀水两河环抱，交通便利，信息灵通，地势平坦。有7个农村居民点、9个城镇居民点，属地驻有县委党校、北门小学、北门幼儿园、通城县教育中心、县民政局、县国税局、县水利局、城北加油站、县商务局、县农机局、县副食品公司、中石化通城分公司、县长途客运中心、利华公司、县卫计局、县国土局、电信公司、县水产局、县特产局、黄龙山旅游有限责任公司、县统计局21个行政事业单位。G106国道穿境而过，区境距杭瑞高速进出口约4千米，居民点全部通公路。2014年，有4099户12305人，年人均纯收入16800元。有王、李、杜、胡、黎、刘、章、廖、柳、程、孔、吴、张等姓。居民以出租房屋、经营商铺为主要经济来源。

柳堤街地片　属隽水镇雁塔社区，位于县城北，距隽水镇政府驻地隽水大道特380号约500米，东邻隽水河，西接柳峦村，南起通城大桥(九眼桥)北端，北连玉立大道，总面积约1.5平方千米。以域内的街道名命区片名。2014年，柳堤街区片分布有柳堤路1~45号、柳堤巷1~13巷、鳞井、博仁广场、纸厂住宅小区、塔下巷、拱北街等21个居民点，驻有民联平安药店、胖子超市、恒通酒店、恒通宾馆、茶圣大酒店、农业局、人民银行、建设银行、农业银行、县外贸局、水利局、国税局、民政局、卫生局、疾控中心、百佳兴超市、新华书店等企事业单位。G106国道穿境而过，地片距杭瑞高速进出口公路里程约4千米，居民点全部通公路。2014年，有居民710户2810人。

麟井地片　属隽水镇雁塔社区，位于隽水镇东南部，距隽水镇人民政府驻地隽水大道特380号300米。东邻塔下巷，南至北门小学，西连拱北街，北靠博仁广场。旧时，此地为隽水河边一片沙洲。中华人民共和国成立后，开垦为蔬菜地，后由外地村民迁入此地建房，陆续形成地片。相传古代，隽水河发洪水，水中有一头巨龙，自北向南逆水而上，“游龙戏水”在此摆尾形成四周高而中间低的形状，通城俗称这种地形为“井”，龙为“麟”，故命名。分布有雁塔社区2巷、雁塔社区3巷、博仁广场共3个居民点。居民房屋占地面积3.3公顷，建筑面积54000平方米，呈块状分布。G106国道贯境而过，地片距杭瑞高速进出口约4千米，居民点全部通公路。2014年，有居民457户1410人。

大树峦　属隽水镇雁塔社区，位于雁塔社区南部，距社区居委会驻地秀水大道75号1千米。东接隽水大道，西邻青山路，南连双龙路，北抵雁塔六组。清代，胡、孔姓先后迁入此地建房定居。因住宅附近有成片树林(俗称成片树林峦)，故称村庄名大树峦。2014年，有居民250户760人。

教军场　属隽水镇雁塔社区，位于雁塔社区南部，距社区居委会驻地秀水大道75号300米。东接银城东路，南连纸厂小区，西邻拱北街，北靠雁塔小区二巷。此地古代为练兵、比武、阅兵的场地。日军侵华时在此驻扎操练，并屠杀了大量中国人。中华人民共和国成立后，杨、黎等姓迁入此地建房定居，以旧时此地的用处命村庄名。2014年，有居民36户130人。

廖家屋(青石桥)　属隽水镇雁塔社区，位于雁塔社区西部，距社区居委会驻地秀水大道75号200米。东接通城大道，西邻通城客运中心，南连隽水大道，北靠陆家冲路。古时，此地有人居住，因住宅前后小路上铺石板，不远处有井、拱桥，称村庄名青石桥。清代，廖自德(1705—1795)从鲤港迁入，改村庄名为廖家屋。2014年，有居民42户130人。

山上屋　属隽水镇雁塔社区，位于雁塔社区西部，距社区居委会驻地秀水大道75号1.5千米。东接隽水大道，西邻双龙路，南连大树峦，北抵新塔黄源岭。清代，李祥元(1807—1845)迁此建房定居，因住宅位于小山岭上，故命村庄名为山上屋。2014年，有居民310户1090人。

塔下巷(石板街)　属隽水镇雁塔社区，位于雁塔社区西南部，距社区居委会驻地秀水大道75号约800米。东邻县纸厂住宅小区，南接九眼桥北端，西连银城路，北靠原地质队(今拱北街口)。此地处古雁塔旁边，旧有用块石铺成的一条长街，故名塔下弄，又名石板街，后改称塔下巷。2014年，有居民195户600人。

圳上屋　属隽水镇雁塔社区，位于雁塔社区西北部，距社区居委会驻地秀水大道75号500米。东邻肉联厂，南至荫山河，西连陆家冲，北接廖家屋。民国时期，黎润田从今大坪乡下畈茶园移居此地买田，建庄屋一处，因庄屋处水渠(俗称水渠为“圳”)上方，故命庄屋名为圳上屋。2014年，有居民30户130人。

钟家岭　属隽水镇雁塔社区，位于雁塔社区西北部，距雁塔社区驻地秀水大道75号600米。东邻玉立大道，南至青山桥(廖家五组)，西连陆家冲，北靠新塔王家。古时，此地居程姓人，后外迁。清代，钟宗时（1817—1908）从左港钟家祠堂迁此地建房定居，因住宅位于小山岭下方，故依其姓氏综合地形命村庄名为钟家岭。2014年，有居民28户110人。出生该居民点的程西溪（1208—1297）诰命一品学士。

电信局住宅小区　属隽水镇雁塔社区，位于雁塔社区西南部，距居委会驻地秀水路75号约500米。东接隽水大道五巷通道，西邻隽水大道，南连天岳大楼，北靠民主路。以所属单位名称命小区名。1997年征地筹建，1998年建成使用。2014年，总占地面积3400平方米，建筑面积为12500平方米，有居民72户290人。

拱北门街小区　属隽水镇雁塔社区，位于雁塔社区西南部，距社区居委会驻地秀水大道75号1千米。东接塔下巷，西邻民主路，南至民主路与银城路交会处，北连隽水大道。以所在街道名命小区名。1980年起开始陆续有居民在此建房定居，2004年前后形成小区。居民房屋总占地面积1.3万平方米，建筑面积7.5万平方米，呈条状分布。2014年，有居民405户2010人。

恒通小区　属隽水镇雁塔社区，位于雁塔社区南部，距社区居委会驻地秀水大道75号800米。东临拱北街，西接拱北街，南邻民主路，北靠隽水大道。以单位名称命小区名。1999年，恒通公司搬迁后，将此地开发建成商品房，形成居民小区。居民点占地面积2800平方米，建筑面积3万平方米。2014年，有居民95户280人。

金地苑　属隽水镇雁塔社区，位于雁塔社区西南部，距社区驻地秀水大道75号1.2千米。东接银城路，南邻银城西路4巷，西连民主路，北靠茶仙居。以所处地理位置及美好愿景综合命名，1997年由经委物资公司改制开发成商品房公开出售。居民房屋总占地面积1.05万平方米、建筑面积1.53万平方米，呈块状分布。2014年，有居民102户450人。

隽春花苑　属隽水镇雁塔社区，位于雁塔社区西南部，处隽水大道左侧，距社区居委会驻地秀水大道75号1千米。东接陆家冲路，南邻隽水大道，西连黄源路，北靠荫山路。以所在城镇名称及美好愿景综合命名。1996年隽水镇房地产开发公司征地，1998年建成。总占地面积2.5公顷，建筑面积3.8万平方米。2014年，有居民150户540人。

利华公司职工宿舍楼　属隽水镇雁塔社区，位于雁塔社区西南部，距社区居委会驻地秀水大道75号2千米。东临茶仙居，西接隽水大道，南傍茶圣大酒店，北靠天岳宾馆。以原所属单位名称命小区名。1992年开工兴建，1994年建成。居民房屋总占地面积2700平方米，建筑面积1.2万平方米。2014年，有居民56户220人。

柳堤路小区　属隽水镇雁塔社区，位于雁塔社区南部，距社区居委会驻地秀水大道75号1千米。东接通城饭店，西邻银城社区柳堤花苑，南连隽水河，北抵银城路（老石油公司）。以所在街道命小区名。属地有柳堤路1—45号和柳堤巷1—13号。居民房屋总占地面积3400平方米，建筑面积1.2万平方米。呈块状分布。2014年，有居民515户1560人。

怡景花园　属隽水镇雁塔社区，位于雁塔社区西北部，处隽水大道左侧，距社区居委会驻地秀水大道75号500米。东接通城大道，南邻隽水大道，西连陆家冲路，北靠通城客运站。以美好愿景命名。2005年立项，2009年动工修建，2013年竣工投入使用，形成居民点。居民房屋总占地面积3.3万平方米、建筑面积8万平方米。2014年，有居民690户2500人。

纸厂住宅小区　属隽水镇雁塔社区，位于九眼桥北端隽水河旁雁塔社区南部，距社区居委会驻地秀水大道75号1千米。东接雁塔桥，西邻民主路，南连九眼桥，北靠秀水大道。以原属单位名称命小区名。此处原是县造纸厂的厂区，20世纪末企业改制，拍卖与开发商建商品房卖给居民。居民点房屋占地面积1.3万平方米、建筑面积1.5万平方米。2014年，有居民120户410人。

第九节　新塔社区及所属聚落

【新塔社区】　隽水镇辖社区，位于县城北部，隽水大道与玉立大道交会处西南部，社区居委会驻地隽水大道2号，距隽水镇人民政府驻地隽水大道特168号约1千米。东起新塔大桥以隽水河为界，向北延伸至铁柱港入口处，南连雁塔社区，西界大坪乡石湾村，辖区总面积4平方千米。以域内古时建有的建筑物名称而命社区名。1950年，该地段分别属通城县白泉乡一村(铁柱)、摮石乡三村(黄源)、摮石乡二村(新塔)；1958年人民公社化，一、二、三村分别更名为一、二、三大队，属崇阳县通城(红旗)人民公社三合管理区；1961年恢复区镇建制，属通城县城关区三合公社；1964年，一大队更名为铁柱大队，二、三大队合并更名为新塔大队；1975年撤区并社，新塔大队分设为黄源大队(原三大队)、新塔大队(原二大队)，铁柱大队未变，属城关公社；1982年，属铁柱公社；1984年设区建乡，铁柱、黄源、新塔大队分别变更为铁柱、黄源、新塔村，属银城区铁柱乡；1987年区乡体制改革，铁柱、东港、锦山乡合并为锦山乡，属锦山乡；1995年，属隽水镇；2002年，隽水镇调整村级行政区划，将铁柱、黄源村并入新塔村；2004年，隽水镇加强城镇社区建设，将原铁柱村的6、7、8、9、10、11村民小组划出重设铁柱村，并将新塔村其余区域更名为新塔社区。1996年新建社区办公楼，占地面积500平方米，建筑面积1600平方米，内设便民服务厅、党员活动室、图书室等。社区内主要街道有玉立大道、隽水大道、黄源路、工业大道。有22个农村居民点。属地驻有经济开发区、玉立公司、海丰纸业、平安公司、红蚂蚁服饰、三和木业等企事业单位。G106国道贯穿区境，社区驻地距杭瑞高速进出口约3千米，域内居民点全部通公路。2014年，有居民1028户4675人，有耕地96.3公顷，山林226.4公顷。居民以务工、经商为主，年人均纯收入7836元。

黄源地片　属隽水镇新塔社区，位于新塔社区西部，距新塔社区居委会驻地隽水大道2号约3千米。南北长约0.7千米。东西宽约1.7千米，总面积约1.2平方千米。东接雁塔，南邻石泉村，西连大坪乡石湾村，北靠铁柱村。该地片处山垅小港源头，黄色土质，故名。有8个居民点。G106国道贯穿区境，片区驻地距杭瑞高速进出口约3千米，域内居民点全部通公路。2014年，有居民256户1210人，水田38.7公顷，旱地28.3公顷，山林97.3公顷。

铁柱新村地片　属隽水镇新塔社区，位于新塔社区西北部，距新塔社区居委会驻地隽水大道2号3千米。东临隽水河，南连中畈，西邻铁柱庙(垃圾厂)，北靠铁柱港。以所在地点和该地片所建村庄时间的次序综合命名。2006年，106国道拓宽征地拆建，政府在此地新建村庄，将部分拆迁居民迁至此地，形成新的居民点，故名。2005年征地，2006年竣工。建有房屋15栋，房屋占地面积约6800平方米。驻有中研模具、丽尔佳、宝塔造纸厂、嘉信昌机械厂等企业，有大屋和青屋场两个居民点。G106国道贯穿区境，地片距杭瑞高速进出口约3千米，域内居民点全部通公路。2014年，有居民160户730人。

大屋(九井黄家)　属隽水镇新塔社区，位于新塔社区北部，距新塔社区居委会驻地隽水大道2号3千米。东临隽水河，西至垃圾处理厂，南接中畈，北靠青屋场。古时，此地为一黄姓财主居住，屋场有九口井，故名九井黄家。后黄姓外迁，南宋时，舒澄元(生卒不详)从江西靖安迁此地定居，仍用原村庄名。清代，吴纯道(1887—1958)及李、邱姓先后迁入。因居住人口多，房屋占地面积大，故改村庄名为大屋。2014年，有居民115户510人，耕地160亩，山林110亩。出生于该居民点的舒化玉，赠中大夫，浙江布政司右参政；舒大猷，嘉靖二十五年(1546)举人，历任江西安仁县教谕、四川眉知州户部员外郎中、四川龙安知府、广东韶州知府、浙江布政使等职。

邓家　属隽水镇新塔社区，位于新塔社区东部，距新塔社区居委会驻地隽水大道2号500米。东靠隽水河，西邻玉立大道，南临隽水河，北连玉立公司。古时，此地住冷姓，名冷家畈。明代，邓宪肃(1471—1540)从五里杨林迁此地建房定居，改村庄名为邓家。2014年，有居民48户230人，耕地15亩，山林8亩。

黄家　属隽水镇新塔社区，位于新塔社区西部，距新塔社区居委会驻地隽水大道2号约3.5千米。东接嘴上屋，南连雪花坳，西邻黎家屋，北靠大坪乡石湾村。清代，黄丙钟(1846—1924)随父在此建房定居，以其姓氏命村庄名。2014年，有居民39户200人，水田110亩，旱地80亩，山林700亩。

辉大屋　属隽水镇新塔社区，位于新塔社区北部，距新塔社区居委会驻地隽水大道2号2千米。东临玉立大道，西连新塘屋，南接嘞上屋，北靠丽新源服装厂。清代，李绍溪的长子祥大(字辉祖，1805—1881)在此建房居住，从其名、字中各取一字命村庄名为辉大屋。2014年，有居民40户180人，山林30亩。

金楼冲　属隽水镇新塔社区，位于新塔社区北部，距新塔社区居委会驻地隽水大道2号1.2千米。东临玉立大道，西靠元宝咀(平安科技园)，南接谭家，北至铁柱老牛湾。此地为丘陵地区小山岭间的长条形山沟，俗称冲(后文类似地形简称“冲”)。清代，杜姓从今阔田畈迁此建房定居，以希望山冲内成为金银般富贵之地的愿望命村庄名为金楼冲。2014年，有居民67户320人，山林8亩(该居民点西约300米处原有坳上屋、老牛湾，1990年后居民陆续迁入金楼冲，2014年原址无人居住)。

咀上屋　属隽水镇新塔社区，位于新塔社区西部，距新塔社区居委会驻地隽水大道2号约3.5千米。东接中屋，南连雪花坳，西邻黄家，北靠老屋。明代，黎文贵(1458—1521)从老屋迁入在此地建房定居，因住宅位于山岭延伸后形成的山体突出部位，故以地形和方位命村庄名为咀上屋。2014年，有居民50户210人，水田40亩，旱地60亩，山林80亩。

嘞上屋　属隽水镇新塔社区，位于新塔社区北部，距新塔社区居委会驻地隽水大道2号2千米。东临玉立大道，西连新塘屋，南接张家，北靠辉大屋。此地为一块突起的高地，俗称嘞。清代，李兆吉(1844—?)看中此地风水，将高地挖平，从辉大屋迁此建房定居，以地形命村庄名为嘞上屋。2014年，有居民38户170人，耕地30亩，山林80亩。

老屋　属隽水镇新塔社区，位于新塔社区西部，距新塔社区居委会驻地隽水大道2号约3.7千米。东接中屋，南连嘴上屋，西邻黄家，北靠大坪乡石湾。明洪武初年，黎添才迁此建房定居，以其姓氏命村庄名为黎家，其子孙分支外迁后改称老屋。2014年，有居民28户110人，水田80亩，旱地100亩，山林150亩。

黎家冲　属隽水镇新塔社区，位于新塔社区西部，距新塔社区居委会驻地隽水大道2号约3千米。东接雪花坳，南连昌州屋，西邻石湾，北靠黄家。此地为丘陵区小山岭间的长条形山沟。清代，黎政示(1770—1850)从老屋迁此建房居住，以其姓氏综合地形命村庄名。2014年，有居民30户100人，水田80亩，旱地10亩，山林120亩。

陆家冲(含续家屋)　属隽水镇新塔社区，位于新塔社区南部，距新塔社区居委会驻地隽水大道2号约1千米。东接廖家，南连三石屋，西邻雪花坳，北靠谭家。此地为丘陵区小山岭间的长条形山沟，古时此地居住陆姓人家，故名陆家冲。后因躲避战乱陆姓外迁，刘奕元(1816—1896)从墨烟老屋刘家迁入定居，仍用原村庄名(“一普”所载居民点续家屋与陆家冲居民点已连成一体，故合并记述)。2014年，有居民65户400人，水田200亩，旱地100亩，山林210亩。

陆家冲对门屋(又名程家屋)　属隽水镇新塔社区，位于新塔社区南部，距新塔社区居委会驻地隽水大道2号约1千米。东接廖家，西、南邻陆家冲，北靠客运中心。民国年间，程大文(?—1944)迁此定居，以其姓氏命村庄名为程家屋。因程姓人少，又地处陆家冲对面，故又名陆家冲对门屋。2014年，有居民28户120人。

青屋场(又名洪家屋场)　属隽水镇新塔社区，位于新塔社区西北部，距新塔社区居委会驻地隽水大道2号3千米。东临玉立大道，西靠通城县殡葬厂，南接中畈，北连铁柱港。唐末黄巢率领的农民起义失败后，起义军中有洪姓为躲避官府追杀从江西逃此地定居，故名洪家屋场。后洪姓外迁，李佳桐(1768—1828)迁此地定居，见此地一年四季青山绿色，景色秀丽宜人，更村庄名为青屋场。2014年，有居民48户210人，耕地120亩，山林150亩。

滩上屋　属隽水镇新塔社区，位于新塔社区东部，距新塔社区居委会驻地隽水大道2号1千米。东临隽水河，西靠玉立大道，南接邓家，北接新塔砖厂。此地处隽水河西岸，洪水冲垮河堤，此地形成一片沙滩。清代，彭祥友(1777—1826)自县城东门外彭家岭迁沙滩上建房定居，故命村庄名为滩上屋。2014年，有居民90户400人，耕地10亩，山林30亩。

谭家(又名谭家堤)　属隽水镇新塔社区，位于新塔社区北部，距新塔社区居委会驻地隽水大道2号1千米。东接滩上屋，西邻黄源程家，南接王家，北靠金楼冲。清代，谭德学(1667—?)迁此建房定居，以其姓氏命村庄名。2014年，有居民

100户500人，耕地10亩，山林200亩。

王家　属隽水镇新塔社区，位于新塔社区北部，距新塔社区居委会驻地隽水大道2号500米。东靠玉立大道，西邻玉立花园，南接雁塔钟家岭，北连谭家。明代，王永受(1409—1492)自江家坳迁此建房定居，以其姓氏命村庄名为王家。2014年，有居民50户210人。

下屋　属隽水镇新塔社区，位于新塔社区北部，距新塔社区居委会驻地隽水大道2号2千米。东临张家，西连新塘屋，南接中屋，北靠嘞上屋。清代，黎姓在此建房定居，因住宅上方有两居民点名上屋、中屋，故命此村庄为下屋。2014年，有居民22户90人，耕地100亩，山林150亩。

新塔还建安置点(铁柱新村二小区)　属隽水镇新塔社区，位于新塔社区北部，距新塔社区居委会驻地隽水大道2号2千米，下辖居民点辉大屋。东临玉立大道，南连嘞上屋，西邻新塘屋，北靠中畈。以所在社区、房屋用途及建设形式综合命名。2006年，G106国道拓宽征地拆建和开发区企业征地拆建，政府在此地建房，将拆迁居民安置在此地，形成居民点。2006年征地，2007年竣工。建有房屋6栋，房屋占地面积约3.6万平方米。属地驻有县技术监督局、丽新源服装厂、三和木业、龙腾竹业。2014年，有居民76户300人，其中还建拆迁安置户36户120人。

元宝咀　属隽水镇新塔社区，位于新塔社区西部，距新塔社区居委会驻地隽水大道2号1.4千米。东临金楼冲，西连黄袍山油茶产业园，南接三赢兴公司，北靠咀上屋。此地为山岭延伸后形成的山体突出前端，又因山咀形如古币元宝，故命山咀名为元宝咀。明代，黎文贵(1458—1521)迁山咀旁建房定居，以山咀名命村庄名。2014年，有居民35户140人。

张家　属隽水镇新塔社区，位于新塔社区北部，距新塔社区居委会驻地隽水大道2号1.5千米。东临玉立大道，西连下屋，南接新塔供电所，北靠嘞上屋。清初，张盛吉(1591—1685)自江西迁此建房定居，以其姓氏命村庄名。2014年，有居民30户150人，耕地60亩，山林100亩。

中畈　属隽水镇新塔社区，位于新塔社区北部，距新塔社区居委会驻地隽水大道2号1.5千米。东临玉立大道，西邻铁柱冲堂屋，南接辉大屋，北连大屋。此地为丘陵区小山岭间的较大平地，俗称畈(后文相类似地形皆称"畈")。唐时，李姓迁此畈中间建房定居，故命村庄名为中畈。2014年，有居民48户210人。

中屋　属隽水镇新塔社区，位于新塔社区西部，距新塔社区居委会驻地隽水大道2号约1.5千米。东接下屋，南连金楼冲，西邻嘴上屋，北靠石咀林。明洪武年间，黎添才的长子文富(生殁年不详)从老屋迁此地建房定居，因住宅上、下方不远处建有居民点，故命村庄名为中屋。2014年，有居民25户170人，水田20亩，山地10亩。

第十节　宝塔村及所属聚落

【宝塔村】　隽水镇辖村，位于县城南端，村委会驻地宝塔大道68号，距隽水镇人民政府驻地隽水大道特168号约3千米。东临白沙社区，南连锡山脚下，西接石咀郭家，北临县人武部，辖区面积2.1平方千米。旧时，在该村位于秀水河与杨家排小溪出口处(现宝塔小学对面，宝通桥上头)，有一座古代用条石砌成的宝塔。相传在很久以前，此地连年水灾，无人居住，后来有一王姓婆婆带着子孙来这里定居，并按风水先生指教，在此建一座七层的石塔，塔高9米，呈正六边形。该塔建成后，果然灾难消失，人民安居乐业。因此，人们认为此塔是给当地带来幸福的宝物。后因日寇入侵，此塔被打得残缺不齐，"文化大革命"期间因"破旧立新"将此塔拆毁，遗址尚存。此塔位于村域之内，故以其命村名。1950年，属黄泥乡续家村；1958年人民公社化，续家村更名宝塔一大队，属崇阳县通城(红旗)人民公社新合管理区；1961年恢复区镇建制，属通城县城关区新合公社；1972年，宝塔一、宝塔三大队(划进)合并为宝塔大队；1975年撤区并社，宝塔大队分设为城关公社宝塔大队、磨桥公社五里大队(原宝塔三大队，划出)；1980年3月宝塔大队又分设为宝塔大队、林业局林业大队(划出)；1984年设区建乡，宝塔大队又分设为隽水镇宝塔村、银城区五里乡谌家村(划出)，属隽水镇宝塔村。下辖9个村民小组，有11个农村居民点、1个城镇居民点。村内驻有县物价局、中国财产保险公司通城县支公司、县公安交警大队、县公安消防大队、南门初中、县人民银行、建行通城县支行、县锡山工业园、宝塔砂布厂9家企事业单位。居民有续、杨、黎、陈、李、郑、刘、胡等姓，以续、杨、程、郑姓为主。2002年建村办公楼，占地面积390平方米，建筑面积1560平方米，内设便民服务厅。域内有宝塔大道、秀水大道、湘汉路呈三角形交汇通过，G106国道傍村而过，村域距杭瑞高速通城进出口约5千米，居民点全部通公路。2014年，有居民360户1560人，年人均纯收入12000元。村民经济来源以开办工厂、务工、经商为主。

续家畈地片 属隽水镇宝塔村，位于宝塔村北部，距隽水镇人民政府驻地隽水大道特168号约3千米。东接白沙社区，南连港下杨家，西邻九房门，北连东门外。因域内人口最多的居民姓氏和地形而得地片名。宋、元时，此地为姜姓居住地，名姜家畈。清顺治二年(1645)，大顺帝李自成率部驻屯通城，在九宫山被姜姓村民误伤致死。李自成部下率兵复仇，攻打姜家畈，姜姓除少数逃脱外迁，余均遭杀害，姜家畈成“无人畈”。清康熙三十七年(1698)，续春岚定居秀水北面(即现在的宝塔五组)；清乾隆十五年(1750)，续良轩定居秀水河南面(即现在的宝塔二组)；清嘉庆十五年(1810)，续咏兰定居秀水河南面(即现在宝塔三、四组)，胜卜居住在秀水河北面(即现在宝塔村六组)，俗名脚底老屋。秀水河两岸均系原姜家畈地段，续姓入住后更名续家畈。域内有宝塔大道、秀水大道、湘汉路呈三角形交汇通过，G106国道傍村而过，村域距杭瑞高速通城进出口约5千米，居民点全部通公路。2014年，有居民144户630人。

坳上程家 属隽水镇宝塔村，位于宝塔村西部，距村委会驻地宝塔大道68号1千米。东靠宝塔村九房门，西邻古龙路，南接秀水河边，北连湘汉社区地界。此地为山岭分水处，又因山坳为黄土地质，故称黄泥坳。清代，程量(1700—1773)从江西随父迁黄泥坳新建房屋定居，以其姓氏综合住宅所处地形命村庄名为坳上程家。2014年，有居民44户150人。

宝塔花园 属隽水镇宝塔村，位于宝塔村东部，距村委会驻地宝塔大道68号1千米。东靠锡山路，西邻良轩屋，南接木鱼湖，北靠宝塔大道。2007年，宝塔村以高标准建设新农村，在宝塔村二、三、四组征用土地，2009年10月建成。人们都望该居民点能变成为环境优雅的小区，故称。占地总面积3.6公顷，建筑总面积约3万平方米。2014年，有居民175户330人。

春兰房 属隽水镇宝塔村，位于宝塔村北部，距村委会驻地宝塔大道68号1千米。东靠秀水大道，西邻港下杨家，南接秀水河，北连坳上程家地界。清代，续春兰(1698—1775)在此地建房定居，以其名命村庄名为春兰房。2014年，有居民18户60人。

对门杨家 属隽水镇宝塔村，位于宝塔村南部，距村委会驻地宝塔大道68号500米。东靠傅家屋，西邻古龙村，南接锡山脚下，北连秀水河边。清代，杨佑瑛(1837—1874)到秀水河对面新建房屋定居，因住宅与祖居隔河相向，故以其向综合姓氏命村庄名为对门杨家。2014年，有居民25户100人。

港下杨家 属隽水镇宝塔村，位于宝塔村北部，距村委会驻地宝塔大道68号1千米。东靠傅家屋场，西邻宝塔村坳上程家，南接秀水河边，北连宝塔村八组地界。元代，杨广梁从江西瓦子街来通城下畈港下杨家定居。后来，其子杨大江(1324—1382)迁此建房定居，以其原居名命村庄名为港下杨家。2014年，有居民22户90人。

姜家冲 属隽水镇宝塔村，位于宝塔村南部，距村委会驻地宝塔大道68号2千米。东连县锡山工业园，西接大峰尖山，南毗锡山脚下，北邻宝塔花园围墙。此地为锡山向东延伸形成的长条形山沟，古代，姜姓人家在冲内定居，以其姓氏命村庄名为姜家冲(也叫姜家屋)。清初，因农民起义领袖李自成率兵退驻通城时，意外被姜姓两兄弟打死，李自成的部下李延得知后率兵复仇，将姜姓村民大部分杀光，姜家屋受到牵连，居民外逃。后来，村民有续、段姓先后在此定居，仍用原村庄名。后居民多迁往县城，2014年，仅有1户4人在此居住。

九房门 属隽水镇宝塔村，位于宝塔村北部，距村委会驻地宝塔大道68号1千米。该居民点处湘汉路与秀水大道交叉处，湘汉路中段东、西两面，南邻秀水大道。元代，陈千六从江西瓦渣棚迁此定居，年轻时夫妻俩只生育一女，女儿长大后嫁到马港赵姓家。当千六年近六旬时，产生了娶小接代的念头，老伴无奈只好答应，但提出一个条件："你把我驼到何婆岭，再从何婆岭上驼下来，如果办得到，你就可以讨小生子。"结果千六做到了，他娶了一个年轻的妇人，婚后第二年生了一个三胞胎，都是儿子，随后几年又生了两胎三胞胎，也都是儿子，就这样一连生了九个儿子。这些儿子长大后，个个发奋图强、勤勤恳恳，家里富了，于是筹钱修建了九个大门口的房屋，因屋场后面有九座小山峰，命村庄名为九峰门。后来，改称九房门。2014 年，有居民 25 户 90 人。

良轩屋(良心屋)　属隽水镇宝塔村，位于宝塔村东部，距村委会驻地宝塔大道 68 号 2 千米。东靠咏兰屋，西邻傅家屋，南接锡山脚下，北连秀水河边。清代，续良轩(1698—1772)在此建房定居，以其名命村庄名为良轩屋。2014 年，有居民 41 户 170 人。出生于该居民点的社会名人有：续雪辉(1968—　)，2004 年 5 月获"湖北省劳动模范"称号。

上屋郑家　属隽水镇宝塔村，位于宝塔村西部，距村委会驻地宝塔大道 68 号 1.5 千米。东靠坳上程家，西邻古龙村地界，南接湘汉大道，北连湘汉社区地界。古时，此地为傅姓居住地，名傅家。后傅姓无后，由郑姓继承傅姓外公祖业并定居，改村庄名为上屋郑家。2014 年，有居民 36 户 180 人，水田 20 亩，旱地 10 亩，山林 11 亩。

续家屋　属隽水镇宝塔村，位于宝塔村北部，距村委会驻地宝塔大道 68 号 2.5 千米。东靠湘汉路，西邻湘汉社区地界，南接县公安局，北连县物价局。清代，续金榜(1833—1883)在秀水河西面(现宝塔七组)新建房屋定居，以姓氏命村庄名。2014 年，有居民 13 户 60 人。出生于该居民点的社会名人有：续天保(1930—1996)，历任通城县委常委、县革委会副主任、县委纪律检查委员会书记、政协通城县第二届委员会主席、党组书记、中共通城县委顾问；续辉(女，1963—　)，先后荣获"湖北省优秀法律援助中心主任"、全国"三八"红旗手、全国司法行政系统先进个人、全国人民满意的公务员称号。

咏兰屋　属隽水镇宝塔村，位于宝塔村东部，距村委会驻地宝塔大道 68 号 2 千米。东靠锡山工业园，西邻良轩屋，南接木鱼湖，北连秀水河边。清代，续咏兰(1820—1885)在此建房定居，以其名命村庄名。2014 年，有居民 70 户 290 人。出生于该居民点的黎泗保(1941—2006)，历任宝塔大队党总支书记、宝塔砂布厂厂长，先后荣获全国小康建设明星村标兵、湖北省优秀共产党员、湖北省优秀企业厂长、全国劳动模范等荣誉称号；其子黎锦林(1967—　)，先后任深圳中环宇光电科技有限公司总经理、上海安而雅保健科技有限公司董事长、宝塔村党总支书记兼宝塔砂布厂厂长，先后获湖北省爱心助残先进个人、湖北省"五四"青年奖章金奖、"全国劳动模范"称号。

第十一节　东港村及所属聚落

【东港村】　隽水镇辖村，位于隽水镇东部，距县城 4 千米，村委会驻地夏家亭，距隽水镇人民政府驻地隽水大道特 168 号 6 千米。东邻关刀镇春雷村，西接桃源村，南靠关刀镇台源村，北连马鞍山，辖区面积 10 平方千米。因域内有地片名东港而得村名。1950 年，属通城县东区东源乡；1958 年人民公社化，设新建六、七、八大队，属崇阳县通城(红旗)人民公社双合管理区；1961 年恢复区镇建制，属通城县城关区双合公社；1971 年，新建六、七、八大队合并为东港大队，属城关区双合公社；1975 年撤区并社，双合公社并入建设公社；1984 年设区建乡，东港大队更名为东港村，属银城区东港乡；1987 年区乡体制改革，东港、锦山、铁柱乡合并为锦山乡；2001 年调整乡镇行政区划，锦山乡并入隽水镇。有 19 个村民小组，分在 27 个农村居民点。有夏家亭、狮子山两个小型水库，基本上保证了全村农田的旱涝保收；村内有采石场、星星幼儿园、医务室和 5 个便民小商铺。2007 年修建村委会办公楼，二层，占地面积 750 平方米，建筑面积 270 平方米，内设便民服务厅、党员活动室等。东港自古有"头顶黄鹤楼，脚踏是龙头，左阴右阳，中间狮象把门堂，马鞍山是关山，龙凤关水口"之说。居民有聂、李、吴、程、徐、魏、朱、张、邹、蒋、彭、杨、何等姓，以李、聂、吴、程、徐五姓为主。G353国道傍村而过，村域距杭瑞高速通城进出口公路里程约9千米，27个居民点中有26个居民点通公路。2014年，有农户578户2570人，水田243.6公顷，旱地25.7公顷，山林366.7公顷。村民年人均纯收入2471元，是个典型的贫困山区村。村民以种植水稻、田藕、蔬菜为主，兼营养牛、养猪、养鱼，经济来源以务农、务工为主，部分人经商。

东港六片　属隽水镇东港村，位于东港村西北部，距县城4千米。东接八片区，西邻桃源村，南连七片区，北靠G353国道。因流经该地域的河流名及区域编号得地片名。片内有11个居民点。G353国道傍村而过，片区距杭瑞高速通城进出口公路里程约9千米，有10个居民点通公路。2014年，有居民275户1230人，水田112.5公顷，旱地8公顷，山林273公顷。

东港七片　属隽水镇东港村，位于东港村南部，距县城4千米。东接八片区，西邻桃源村，南连关刀镇台源村，北靠六片区。因流经该地域的河流名及区域编号得地片名。片内有8个居民点。距G353国道、杭瑞高速通城进出口公路里程分别约2千米、9千米，居民点全部通公路。2014年，有居民170户690人，水田61公顷，旱地7.7公顷，山林146.1公顷。

东港八片　属隽水镇东港村，位于东港村东部，距县城4千米。东接关刀春雷村，西邻六片区，南连关刀镇台源村，北靠G353国道。因流经该地域的河流名及区域编号得地片名。片内有8个居民点。距G353国道、杭瑞高速通城进出口公路里程分别约2千米、9千米，居民点全部通公路。2014年，有居民179户750人，水田70公顷，旱地10.1公顷，山林149.2公顷。

长屋李家　属隽水镇东港村，位于东港村西部，距村委会驻地夏家亭500米。东接村级公路，南邻荫冲，西靠后屋山，北连徐家。清代，李登黄(1665—1728)自县城北门分支迁此定居，因住宅朝向东港呈条形一字排开建造且居民都为李姓，故有长屋李家之称。2014年，有居民27户110人，水田153.4亩，旱地16.4亩，山林377.6亩。

东港聂家　属隽水镇东港村，位于东港村北部，距村委会驻地夏家亭500米。东邻杜家垅，南靠夏家亭，西连村级公路，北接聂家排。明代，聂华珍(1470—?)自关刀水兴堑下聂家迁此建房定居，因住宅位于东港旁，故综合其姓氏命村庄名为东港聂家。2014年，有居民41户160人，水田213.2亩，旱地25.7亩，山林524.8亩。

杜家垅　属隽水镇东港村，位于东港村北部，距村委会驻地夏家亭1.2千米。东临白果树，南靠细屋李家，西接坐石林，北接下屋聂家。此地为小山沟，清代，一杜姓财主在此买了一垅田，并建看管田地的庄屋，请佃户耕作，故名。清晚期，聂文胜(1867—1926)迁垅内定居，仍用原村庄名。2014年，有居民33户130人，水田171.6亩，旱地18.1亩，山林422.4亩(附近有白果树下、扑虎台2个小居民点)。

华楼屋　属隽水镇东港村，位于东港村南部，距村委会驻地夏家亭800米。东靠杨成垅，南接白屋，西接新铺，北连狮形山。清代，李家梅(1853—?)迁此建了有两个华楼的大民居，十分气派显赫，遂以住宅标志物命村庄名。2014年，有居民23户90人，水田171.6亩，旱地12.9亩，山林422.4亩。出生于该居民点的李培华(1873—?)，清宣统辛亥科殿选孝廉方正，5年后被司法部选为源北律师，历任县知事、县议会议长、湖南总司令部高等顾问、国民革命军44军高等顾问、襄阳法厅法官等职。

老屋吴家　属隽水镇东港村，位于东港村北部，距村委会驻地夏家亭2千米。东邻关刀春雷村，南连细屋李家，西靠坐石仑，北接马鞍山。清代，吴姓迁此建房定居，以其姓氏命村庄名为吴家。后吴姓有分支外迁者，改称吴家为老屋吴家。2014年，有居民27户140人，水田182亩，旱地16.5亩，山林448亩。

孟阳屋　属隽水镇东港村，位于东港村北部，距村委会驻地夏家亭2千米。东接马鞍山，南连聂家排，西邻村级公路，北靠十善桥。清代，李日仕(字孟阳，1676—1731，曾任陕西汉州府正堂)在此建房定居，以其字号命村庄名。2014年，有居民28户110人，水田145.6亩，旱地22.1亩，山林358.4亩。出生于该居民点的李苏良(生年不详)，2014年任云南省生态环境科学研究院党委书记。

谱堂　属隽水镇东港村，位于东港村东部，距村委会驻地夏家亭1.5千米。东邻夏家亭，南连猪婆林，西接细屋李家，北连上屋聂家。明代初，此地是李姓存放家谱的场所故称。后来，李伯宽(1443—1493)在谱堂附近建房定居，以堂名命村庄名。2014年，有居民22户90人，水田114.4亩，旱地19.1亩，山林281.6亩。出生于该居民点的李敏新(1956—　)，博士学位，高级经济师，2014年任中国建设银行风险部部长。

上屋楼　属隽水镇东港村，位于东港村南部，距村委会驻地夏家亭10千米。东面是山，南接立龙屋，西邻村级公路，北连垈楼屋。清代，吴明智(1840—1910)自沙坪迁此建房定居，因地基是坡地，众多房屋形成多级台阶，从下而上，如同上楼梯，故得名。2014年，有居民47户200人，水田270.4亩，旱地19.6亩，山林665.6亩。

上屋聂家　属隽水镇东港村，位于东港村东部，距村委会驻地夏家亭1.3千米。东靠山庄坳，南邻谱堂屋，西接村级公路，北接下屋聂家。清代，聂政经(1601—1665)自东港迁此建房定居，以其姓氏命村庄名为聂家。后政经在此宅下方建另一住宅，遂有上、下聂家之分(自此立东港、山庄两门，政经为山庄门始祖)。2014年，有居民26户100人，水田135.2亩，旱地18.6亩，山林32.8亩。

王义大　属隽水镇东港村，位于东港村南部，距村委会驻地夏家亭600米。东靠山庄坳，南邻垈楼屋，西接协新屋，北连夏家亭。古时，此地居住王姓，村庄名王家。至清代，一居民善于经商，加之运气所致，很快便发了财。后其广交天下朋友，且仗义疏财，接济贫困，大行善事，此举被朝廷知晓，为褒奖其义举，赐其名为“王义大”。后人以其封号改为村庄名，并于大门口上方悬挂“王义大”匾额。2014年，有居民13户60人，水田171.6亩，旱地16.4亩，山林422.4亩。

细屋李家　属隽水镇东港村，位于东港村东部，距村委会驻地夏家亭600米。东与谱堂接壤，南连猪婆仑，西靠坐石仑，北接杜家垅。清代，李景兴(1763—1839)迁此建房定居，因其在兄弟中最小，故以其排行和姓氏命村庄名为细屋李家。2014年，有居民27户100人，水田140.4亩，旱地23.8亩，山林345.6亩。

夏家亭　属隽水镇东港村，位于东港村中部，为村委会驻地，距隽水镇人民政府驻地隽水大道特168号5千米。东邻山庄坳，南连朱婆仑，西接云溪西干渠，北靠关刀镇春雷村。明代，此地为夏姓居住地，其住宅附近建有凉亭，故依其姓氏综合命村庄名为夏家亭。清末，夏姓迁往江西，将此地田地、房产卖给从湖南平江迁来的邹姓，仍用原村庄名。2014年，有居民2户10人，水田6亩，旱地13亩，山林10亩。

协新屋　属隽水镇东港村，位于东港村西部，距村委会驻地夏家亭1千米。东接村级公路，南邻廖家岩，西邻黄鹰塝，北靠长屋李家。清末，吴协新在此建房定居，以其名命村庄名。2014年，有居民68户310人，水田405.6亩，旱地22.1亩，山林998.4亩。

新铺　属隽水镇东港村，位于东港村南部，距村委会驻地夏家亭800米。东邻王义大，南连上屋楼，西接村公路，北靠村级公路。清代，李一东(1817—1886)在此建房定居并开设食品加工、榨油、卖肉、打豆腐等多种经营方式的店铺，故命村庄名为新铺。2014年，有居民20户100人，水田80亩，旱地3亩，山林50亩。

徐家　属隽水镇东港村，位于东港村西部，距村委会驻地夏家亭1.3千米。东邻村级公路，南连长屋李家，西接徐家垅，北靠十善桥。清代，徐玉书在此建房定居，以其姓氏命村庄名。2014年，有居民25户110人，水田146亩，旱地12亩，山林359亩。

朱家垅(又名学堂朱家)　属隽水镇东港村，位于东港村南部，距村委会驻地夏家亭2千米。东与猪婆仑相连，南与关刀台源坳接壤，西接桂竹排，北连上屋楼。此地为小山沟，清末，朱姓从云溪迁山沟内建房定居，依其姓氏综合地形命村庄名为朱家垅。2014年，有居民32户130人，水田166.4亩，旱地10.2亩，山林409.6亩。

猪婆仑　属隽水镇东港村，位于东港村南部，距村委会驻地夏家亭1.5千米。东靠关刀春雷，南邻关刀台源村，西接朱家垅，北连山庄坳。此地山岭俗称“仑”(“仑”通城口语读作“林”字音，指山岭)，又因地形似母猪状，故称山岭为猪婆仑。清代，李生愈(1757—1834)自白屋迁此处山岭下建房定居，以山岭名命村庄名。2014年，有居民50户250人，水田325亩，旱地21.6亩，山林800亩(附近有葛藤埚、柏树屋、寿题屋3个小居民点)。

第十二节　古龙村及所属聚落

【古龙村】　隽水镇辖村，位于隽水镇西南部，村委会驻地隽水大道特668号，距镇人民政府驻地隽水大道特168号约1千米。东邻湘汉社区，南邻五里镇五里村，西北面以隽水河为界，辖区面积8平方千米。因域内有古龙地片而得村名。1950年，属通城县仓磨乡接官村、黄泥乡九村；1958年人民公社化，设七大队（接官村）、宝塔一大队（九村），属崇阳县通城（红旗）人民公社新合管理区；1961年恢复区镇建制，属通城县城关区磨桥公社七大队、城关区新合公社宝塔一大队；1971年，磨桥公社六（划进）、七大队合并为堍背大队，宝塔一大队未变，属城关区磨桥公社堍背大队、城关区新合公社宝塔一大队；1974年，堍背大队分设为团山（划出）、下湾大队，宝塔一大队未变，属城关区磨桥公社下湾大队、城关区新合公社宝塔一大队；1975年1月撤区并社，属铁柱公社下湾大队、城关公社宝塔大队；1984年设区建乡，下湾大队分设更名为银城区铁柱乡下湾村、隽水镇佘畈村，宝塔大队分设更名为隽水镇宝塔村（划出）、银城区五里乡谌家村；1987年区、乡体制改革，属锦山乡下湾村、隽水镇佘畈村、五里镇谌家村；1989年，佘畈村更名为佘畈居委会，属隽水镇佘畈居委会，下湾村仍属锦山乡，谌家村仍属五里镇；1996年，属隽水镇下湾村、隽水镇佘畈居委会、隽水镇谌家村；2002年，下湾村、佘畈居委会、谌家村合并为古龙村。下辖20个村民小组，有20个农村居民点与2个城镇居民点，驻有小商品市场、县邮政局、县市政公司、隽水小学、县农商行、县公务员管理局、县联通公司、县供电公司、县消防大队、地税局、城关加油站、县交警大队、县治安大队13个行政企事业单位。村民有谌、李、廖、郑、程、吴、刁、刘姓，以谌、李、廖、刘姓为主。1994年修建村办公楼，占地面积240平方米，建筑面积424平方米，内设便民服务厅。G106国道（隽水大道）、解放西路交叉通过该村，村域距杭瑞高速通城进出口公路里程5千米，居民点全部通公路。2014年，有居民786户4880人，耕地117.6公顷，山林79.5公顷。村民年人均纯收入10875元，主要种植水稻、蔬菜，经济来源以务农、务工为主，部分人经商。

古龙地片　属隽水镇古龙村，位于古龙村东北部，距隽水镇政府驻地隽水大道特168号约1千米。东邻县环卫局，北邻湘汉社区，南接古龙路，西邻邮政大楼。因域内有古龙山而得区片名。有佘畈、隽水十二巷两个居民点，驻有县市政公司，县公路局、中国农业发展银行通城支行、中国邮政通城分公司等11个企事业单位。G106国道（隽水大道）、解放西路交叉通过，地片距杭瑞高速通城进出口公路里程5千米，居民点全部通公路。2014年，有居民530户2680人，居民有李、吴、刘等姓，以李姓为主。

谌家地片　属隽水镇古龙村，位于古龙村东南部，距隽水镇政府驻地隽水大道特168号约1.5千米。东邻宝塔村，西、南毗五里村，北连锡山村。因域内有居民点名谌家而得地片名。有7个居民点，驻有县公安局交警大队、治安大队两个行政单位。G106国道（隽水大道）、解放西路交叉通过村域，地片距杭瑞高速通城进出口公路里程5千米，居民点全部通公路。2014年，有居民293户1080人，水田21.8公顷，旱地19.2公顷，山林21.9公顷。

下湾地片　属隽水镇古龙村，位于古龙村西部，距隽水镇政府驻地隽水大道特168号约1.5千米。东邻五里镇五里村，西接隽水镇鼓鸣村，南邻五里镇五里村，北连佘畈。因域内有居民点下湾头而得片区名。有12个居民点。G106国道（隽水大道）、解放西路交叉通过村域，地片距杭瑞高速通城进出口公路里程5千米，居民点全部通公路。2014年，有居民493户2230人，水田52.5公顷，旱地34.7公顷，山林37.5公顷。

八字屋　属隽水镇古龙村，位于古龙村南部，距村委会驻地隽水大道特668号1.5千米。坐落于鸡山脚下，东邻下八字屋、地税局相邻，北接上屋郑家，西毗烂塘屋，南连城南加油站。明代，郑正大（1593—1647）携两子由河南信阳迁此建房定居（长子在此），因住宅大门口呈“八”字形，故命村庄名为八字屋。2014年，有居民38户140人，水田63亩，旱地48亩，山林39亩。

港下谌家　属隽水镇古龙村，位于古龙村南部，距村委会驻地隽水大道特668号2千米。居民点座东南向西北，背靠牛形山，东与九房相邻，南与钱家相连，北连宝塔大道，西近秀水河。明代，谌龙七（1369—1446）由江西迁此建房定居，因住宅位于秀水河下游，故以其姓氏综合与秀水形成的方位命村庄名为港下谌家。2014年，有居民48户180人，水田17亩，旱地29亩，山林28亩。

接官坳　属隽水镇古龙村，位于古龙村西部，距村委会驻地隽水大道特668号500米。东接文桐屋，北邻隽水小学，西毗小商品市场，南靠杨家庄。此地有小山岭分水处，因明代刘姓在此定居，以姓氏综合地形称村庄刘家坳。清初，刘中道（1675—?）官为国学士，为母做寿，皇上赐予寿匾，刘姓在此山坳上隆重迎接朝廷官员，后改为接官坳。又因此地山坳有八步台阶，又名八步街。又传，通城古属长沙国，此地为上级官员临通必经之要道，每逢官员来通城，下属聚此迎候，故称接官坳。2014年，有居民59户230人，水田8亩，旱地21亩，山林38亩。

九房　属隽水镇古龙村，位于古龙村南部，距村委会驻地隽水大道特668号2千米。东靠宝塔村傅家，西南与汪家相邻，北临宝塔大道。清初，徐成威（1642—1715）由江西迁此建房定居，以其在家族中的排行命村庄名为九房。2014年，有居民52户190人，水田36亩，旱地47亩，山林38亩。

口头屋　属隽水镇古龙村，位于古龙村西部，距村委会驻地隽水大道特668号1.6千米。清初，廖国樟（1643—1681）由江西迁此地建房定居。因住宅位于两山岭之间的山沟出口处，故命村庄名为口头屋。2014年，有居民32户120人，水田98亩，旱地59亩，山林89亩。

烂塘屋　属隽水镇古龙村，位于古龙村南部，距村委会驻地隽水大道特668号1.5千米。东邻八字屋，南接五里镇五里村，西毗四房，北连鄢家垅。传说，此地前方有座龟形山，后有一座蛇形山，龟蛇比赛对跑，蛇爬行快，以为一定会赢，便在中途就地休息，结果龟占了上风，蛇气得眼睛瞎了，眼泪直流。后来，泪水变成地下水，积水成塘，人们就称此塘叫烂塘。明代，程尧（1547—1613）由安徽迁塘附近建房定居，以塘名命村庄名为烂塘屋。21世纪初，有吴姓居民在此购置土地建房定居，逐渐形成一个居民小区。2014年，有居民53户180人，水田57亩，旱地44亩，山林62亩。

廖家垅　属隽水镇古龙村，位于古龙村西部，距村委会驻地隽水大道特668号2千米。东邻四房，南靠谌家垅，西毗口头屋，北连下湾头。此地为小山沟，清初，廖国樟（1643—1681）携两子由江西迁垅内建房定居，以其姓氏综合地形命村庄名为廖家垅。2014年，有居民32户120人，水田115亩，旱地80亩，山林139亩。

刘家仕喜屋　属隽水镇古龙村，位于古龙村西部，距村委会驻地隽水大道特668号1.5千米。东邻杨家庄，南接下湾头，西连百竹凉亭，北毗香铺。清初，城西下湾头李北麟（又名李胜财，小名梓二爹）奉朝廷之命，率队征台湾，官兵中有其两个兄弟，兵到江西与湖北交界的南楼岭，北麟为了鼓舞士气，严明军纪，召集众将士，说“随我者站一边，回家者站一边”。其他人都未动，其一弟站出来说：“我要回家。”李北麟立即将亲弟杀死，其余人见状都跪在地上，誓言一同去征台湾。在攻打过程中，过海峡的伤亡很大，船只被敌方水手掀翻不少。同去之另一胞弟刘仕喜献出一计，要其兄在船只底部安装锋利刀子，结果，队伍顺利过了海峡，占领了台湾。后来，刘仕喜要回家看母亲，北麟给仕喜不少盘缠，回来做了一房屋，人们称此屋为刘家仕喜屋。2014年，有居民51户190人，水田110亩，旱地42亩，山林90亩。

猫儿山　属隽水镇古龙村，位于古龙村南部，距村委会驻地隽水大道特668号2千米。东靠G106国道，南接五里社区，西与高冲垅相连。北与白泥垅相连。传说，一仙人携金猫游仙境路过此地，金猫贪玩失散，仙人大怒将金猫惩罚在此，后留下猫形状的山形，命名猫儿山。清代，附近郑家后代分支迁此山下建房定居，以山名命村庄名为猫儿山。2014年，有居民27户110人，水田39亩，旱地27亩，山林32亩。

谌家垅　属隽水镇古龙村，位于古龙村西部，距村委会驻地隽水大道特668号2千米。东邻四房，南接五里镇团山，西毗刁家垅，北连廖家垅。此地为小山沟，清时，谌得中（1812—1879）由港下谌家（谌家桥）迁至此地建房定居，以其姓氏综合地形命村庄名为谌家垅。2014年，有居民36户

130人，水田98亩，旱地63亩，山林78亩。

文桐屋 属隽水镇古龙村，位于古龙村西部，距村委会驻地隽水大道特668号500米。东接电力公司，南连古龙山尾，西邻接官坳，北靠佘家畈。清代，吴文桐（1821—1893）在此地附近做长工，一位风水先生告知文桐，这里有一块好地，今后人丁兴旺发达。文桐听后，由桃源村迁此建房定居，以其名命村庄名为文桐屋。2014年，有居民51户320人，水田15亩，旱地21亩，山林35亩。

习家垅 属隽水镇古龙村，位于古龙村西部，距村委会驻地隽水大道特668号2千米。东靠谌家垅，南接五里镇团山乡杉峦屋，西毗塅背，北邻口头屋。此地为小山沟，清代，习炼宇（1723—1781）由江西迁垅内建房定居，以姓氏综合地形命村庄名为习家垅。2014年，有居民24户90人，水田96亩，旱地87亩，山林150亩。

郑家 属隽水镇古龙村，位于古龙村南部，距村委会驻地隽水大道特668号2千米。居民点坐落在锡山脚下，四面环山，较偏僻。东与汪家相连，西临秀水河，北与谌家相连，南与五里镇锡山村相邻。明末，郑正大（1593—1647）由河南信阳迁此建房定居，以其姓氏命村庄名为郑家。2014年，有居民32户120人，水田57亩，旱地46亩，山林68亩。

锡下汪家 属隽水镇古龙村，位于古龙村南部，距村委会驻地隽水大道特668号2千米。位于锡山脚下，背靠锡山，门前有小溪一条，东、南方向有两座小山对峙。东连宝塔木鱼湖，南与钱家相连，北与九房相连，西与谌家相连。清初，汪松林（1639—1701）由山西迁此建房定居，因住宅位于锡山下方，故以其姓氏综合地形命村庄名为锡下汪家。2014年，有居民43户160人，水田58亩，旱地47亩，山林62亩。

下湾头 属隽水镇古龙村，位于古龙村西部，距村委会驻地隽水大道特668号1.5千米。东邻刘家仕喜屋，南界面头屋，西、北临隽水河。唐时，隽水河上游在琉璃坳附近拐了一个大弯，为隽水的上湾头，河水自上而下流到此地，又有一道回水湾，古时人们在此设竹排码头，故称下湾头。清代，李祥品（1759—1827）由江西迁此建房定居，命村庄名为下湾头。2014年，有居民49户190人，水田138亩，旱地59亩，山林98亩。

香铺 属隽水镇古龙村，位于古龙村西部，距村委会驻地隽水大道特668号1千米。东、北邻接官坳，西接滨江苑，南毗百岁凉亭。清代，刘奕煌（1842—1902）携两子由江西迁此建房定居（长子在此，次子在杨家庄）。因此地有一条通向县城的路，刘姓家在此开了3个香烟小铺，故名。2014年，有居民75户280人，水田45亩，旱地35亩，山林35亩。

鄢家垅 属隽水镇古龙村，位于古龙村西部，距村委会驻地隽水大道特668号1.5千米。东邻伍垅，北接文桐屋，南毗烂塘屋，西靠香铺。此地为一小山沟，古时为鄢姓居住地，故称。元代，因战乱鄢姓外迁。明代，杨姓由江西迁垅内建房定居，仍用原村庄名。2014年，有居民52户180人，水田62亩，旱地81亩，山林105亩。

杨家庄 属隽水镇古龙村，位于古龙村西部，距村委会驻地隽水大道特668号1千米。东邻接官坳，西接滨江苑，南毗百岁淳亭，北连小商品市场。唐代，这里是杨姓的土地，并在此修建了看管土地的房屋即庄屋，故名杨家庄。后杨姓在此地定居，宋代杨起莘考上了状元，又称该村庄为状元坡。2014年，有居民78户310人，水田38亩，旱地35亩，山林54亩。

佘畈 属隽水镇古龙村，位于古龙村西北部，距村委会驻地隽水大道特668号100米。东接我爱我家小区，北邻县公务员局，西连隽水小学，南靠县邮政局。此地旧时为县城西门外的一片平地，传此地有两个与螺丝相似的小山包，似蛇形对峙，遂命名蛇形畈。宋代，此地是佘姓的住所，更名为佘畈。后李松（1273—1337）在此定居，势力渐渐超过佘姓，两姓不和，佘姓外迁。2014年，有居民103户400人。水田5亩，旱地4亩，山林6.3亩。

隽园 属隽水镇古龙村，位于古龙村中部，距村委会驻地隽水大道特668号2千米。面向G106国道，座西北朝东南。东连交警大队，北接木材市场，南毗猫儿山小区，西邻白泥垅。以所在行政区域名称及美好愿望综合命名。原为五里红砖厂，2005年扩大市容，将红砖厂拆除，建起居民小区。有楼房5栋，占地面积约1.9公顷，建筑总面积约1万平方米，呈块状分布。2014年，有居民58户250人。

平安滨江苑 属隽水镇古龙村，位于古龙村西部，距村委会驻地隽水大道特668号约500

米。以建设单位名称与隽水河的位置关系综合命名。“平安”指平安电工公司，“滨江”指临近隽水河，“苑”指环境舒适的住宅。该居民点于2010年立项，2014年建成；位于解放西路终点之处，北靠隽水河畔，西与小商品市场相邻，南与香铺相邻，东与接官坳相邻。房屋占地6.5万平方米，建筑面积约10万平方米，呈块状分布。由15栋小高层和高层组成，最高30层，最低10层。小区内有1.3万平方米中心花园，南北栋距最窄处80米，最宽处达到120米。2014年，有居民185户820人。

第十三节　利和村及所属聚落

【利和村】　隽水镇辖村，位于隽水镇东部，村委会驻地前底屋，距隽水镇人民政府驻地隽水大道特168号约5千米。东毗邻沙堆镇大柱山村，南界菖蒲港，西连上阔村，北依沙堆镇堆山村，辖区面积约6.25平方千米。因域内有居民点利和屋而得村名。1950年，属通城县上阔乡四村、五村、六村；1954年设初级社，四村、五村、六村分别更名为五社、八社、十社，属沙堆区上阔乡；1955年转高级社，仍属沙堆区上阔乡；1958年1月，五社、八社、十社分别更名为利和、古城、团结大队，属沙堆区大柱乡；1958年9月成立人民公社化，属崇阳县通城（红旗）人民公社建设管理区；1961年恢复区镇建制，属通城县沙堆区大柱公社；1971年，利和、古城、团结大队合并为利和大队；1975年撤区并社，属建设公社；1984年设区建乡，利和大队更名为利和村，属沙堆区大柱乡；1987年区乡体制改革，仍属沙堆镇；1989年，划归锦山乡；2001年，锦山乡与隽水镇合并为隽水镇。下辖15个村民小组，有41个农村居民点。村内驻有县国营大柱茶场、百丈潭茶业有限公司、路路通驾校、新世纪驾驶员培考有限公司、湖北喜来多现代农业有限公司、阔田水泥涵管厂6家企业单位。居民有杜、吴、孔、徐、李等姓，以杜姓为主。1995年将小学教学楼改为村委会办公楼，占地面积3600平方米，建筑面积1800平方米，内设有便民服务厅、党员活动室、图书室等。距S362省道、G106国道、杭瑞高速通城进出口公路里程分别为1千米、5千米、8千米。居民点全部通公路。2014年，有居民526户2270人，耕地102.6公顷，山林156.7公顷，村民年人均纯收入9991元，村民以种植水稻、蔬菜为主，经济来源主要为务农、务工、经商。

大埚岭屋（大埚）　属隽水镇利和村，位于利和村北部，距村委会驻地前底屋3千米。东邻蛤蟆石，南连棉花塘，西伴S362省道，北接牛形屋。此地为小山包四周凸起、中间低洼的大片平地，故称大埚岭。清代，杜昌贞（1747—1840）从杍家楼迁埚内建房定居，以山岭名命村庄名。2014年，有居民20户130人，水田90亩，旱地15亩，山林45亩。

范垅　属隽水镇利和村，位于利和村东部，距村委会驻地前底屋1.5千米。东接大柱茶场，南连利和屋，西毗王家，北界石垅。此地为小山沟，沟内稻田多为深脚烂泥田，通城人称此为“患窟”田，只能种一季水稻，故名“患垅”，变读为范垅。清晚期，杜贵华（1884—1944）在此地建房定居，以山沟名命村庄名。2014年，有居民26户80人，水田56亩，旱地12亩，山林40亩。

高明屋　属隽水镇利和村，位于利和村南部，距村委会驻地前底屋500米。东界屋堂屋，南临菖蒲港，西毗前底屋，北靠村级茶园。清时，吴达士（1649—1740）之子高明迁居此地，建上、下二栋房屋，以其名命村庄名。2014年，有居民32户180人，水田150亩，旱地12亩，山林20亩。

火烧屋　属隽水镇利和村，位于利和村南部，距村委会驻地前底屋1.2千米。东接李家屋，南临菖蒲港，西连克汪屋，北邻国营大柱茶场。古时，此地原住魏姓，名魏家屋，房屋多且豪华，后外迁。清代，余国安（1737—1818）在此地建房定居，仍用原村庄名。民国二十六年（1937）日军侵占此地时将其焚烧。为教育后人要牢记历史，人们将村庄更名为火烧屋。2014年，有居民42户160人，水田132亩，旱地12亩，山林20亩。

井头屋（井塘屋）　属隽水镇利和村，位于利和村南部，距村委会驻地前底屋200米。东连岭上屋，南连菖蒲港河，西毗细杍家楼，北接利和屋。

清代，大屋徐应瑞在此地建房。为避免水患，选址于四周略高的丘陵处(俗称此种地形为“并”)，取村庄名叫并头屋。2014 年，有居民 32 户 130 人，水田 130 亩，旱地 25 亩，山林 18 亩。

克宽屋 属隽水镇利和村，位于利和村南部，距村委会驻地前底屋 1 千米。东、北连国营大柱茶场，南依菖蒲港河畔，西伴高明屋。清代，吴克宽(1754—?)从隽水油坊的陶佑屋迁此建房定居，以其名字命村庄名。2014 年，有居民 23 户 90 人，水田 72 亩，旱地 9 亩，山林 5 亩。

利和屋 属隽水镇利和村，位于利和村南部，距村委会驻地前底屋 500 米。东连国营大柱茶场，南接前底屋，西依茅屋咀，北邻范垅。明代，杜姓居于此地，取村庄名为坳背屋。清晚时，杜利和(1822—1904)善经营，富贵致极，名气很大，他死后子孙改坳背屋为利和屋。2014 年，有居民 32 户 120 人，水田 130 亩，旱地 35 亩，山林 56 亩。

栎树咀 属隽水镇利和村，位于利和村西部，距村委会驻地前底屋 500 米。东连并头屋，南界菖蒲港，西邻上阔村新楼，北依杼家楼。此地为山体突出前端，又因古时山咀上长满栎树，故称为栎树咀。民国初，杜琼锡(1882—1939)在山咀旁建房定居，以山咀名命村庄名。2014 年，有居民 25 户 90 人，水田 72 亩，旱地 3.5 亩，山林 15 亩。

鲁家 属隽水镇利和村，位于利和村北部，距村委会驻地前底屋 2.5 千米。东连邹家坳，南接大塆，西界牛形屋，北连邹家坳。古时，此地为鲁姓居住地，以其姓氏命村庄名为鲁家。鲁姓长者以架木排为生，还学得一身鲁班技艺。他死后，后人为纪念他，建立了一栋分支祠堂，取名“东鲁祖宗”。元代后，鲁姓外迁，孔知传于明崇祯年间迁入，仍用原村庄名。2014 年，有居民 36 户 130 人，水田 120 亩，旱地 12 亩，山林 85 亩。

万历堂 属隽水镇利和村，位于利和村北部，距村委会驻地前底屋 2 千米。东接棉花塘，南连择塘，西临 S362 省道，北伴刘家屋。明代，杜万律(1461—1526)将家产良驹进贡朝廷，皇帝问其有何要求，万律说要求皇上改一个字，即将纪律的律改为历史的历，皇上当即欣然同意，并让万历佩戴朝服官帽，划通城至崇阳沙坪一带皇税为其俸禄，下旨凡来通城任职官员必须先向他朝拜。久而久之其人厌烦，将朝服官帽悬挂门口，众官就此朝拜，有官员反感，向皇上告状说：“杜万历日骑良驹海马，夜宿姐妹双妻。”皇上愤怒，下旨问斩。随后有人谏言说：“龙驹海马已贡皇上，夜宿姐妹双妻何人见证。”皇帝醒悟后复旨赦免，圣旨未到，其人已含金自杀。典故流传至今，其子孙一直居住此地并改村庄名为万历堂。2014 年，有居民 4 户 20 人，水田 12 亩，旱地 2 亩，山林 6 亩。

新屋塆 属隽水镇利和村，位于利和村北部，距村委会驻地前底屋 2.2 千米。东邻棉花塘，南界择塘，西接上阔村，北毗沙堆镇堆山村。元代，此地是王姓的住所，以其姓氏命村庄名为王家，后王姓外迁。杜学祈(1621—1685)购买王氏旧居改建新宅，因住宅位于堆山延伸的山岭拐弯部，故改村庄名新屋塆。2014 年，有居民 28 户 100 人，水田 25 亩，旱地 18 亩，山林 26 亩。

择塘(杂塘) 属隽水镇利和村，位于利和村北部，距村委会驻地前底屋 2 千米。东连杼家楼，南接上阔村，西临 S362 省道，北邻棉花塘。明代，此地是杜氏的土地，常遭旱灾，为确保粮食丰收，新修水塘。动工之前请人择地，经多地选择后定于此地，故命池塘名为择塘。后来，杜昌达(1741—1809)在此池塘边建房定居，以池塘名称命村庄名。2014 年，有居民 32 户 110 人，水田 105 亩，旱地 7 亩，山林 120 亩。

杼家楼 属隽水镇利和村，位于利和村西部，距村委会驻地前底屋 1 千米。东连并头屋，南毗栎树咀，西连择塘，北界哈蟆石。明代，杜隆翁(1425—1495)携三子万碧(1464—1528)迁此定居，因以机杼为业，故名。2014 年，有居民 30 户 120 人，水田 105 亩，旱地 15 亩，山林 35 亩。

第十四节 柳峦村及所属聚落

【柳峦村】 隽水镇辖村，位于县城西部，村委会驻地朱家，距隽水镇人民政府驻地隽水大道特 168 号 2 千米。东接银城社区、福人花园，西邻五里镇陈谷村、石南镇牌合村，南连隽水河堤，北靠大坪乡青山村、隽水镇石泉村，辖区面积4.5平方千米。因域内古时柳树成荫而得村名。1950年，属通城县黄柳乡三、四村、马牌乡五村；1958年人民公社化，三村分设为八、九大队，五村更名为十一大队，四村更名为十二大队，属崇阳县通城(红旗)人民公社三合管理区；1961年恢复区镇建制，属通城县城关区三合公社；1971年，八、九、十一大队合并为鼓鸣大队，十二大队与三合公社十(划进)、十三(划进)大队合并为三合公社大桥大队；1975年撤区并社，属城关公社；1979年，鼓鸣大队分设为鼓鸣大队(原三合公社八、九大队)、新鸣大队(原三合公社十一大队)，大桥大队分设为柳峦大队(原三合公社十二大队)、大桥大队(原三合公社十三大队，划出)、石泉大队(原三合公社十大队，划出)；1981年，新鸣大队更名樊家大队，鼓鸣、柳峦大队未变；1982年，城关公社更名为铁柱公社；1984年设区建乡，鼓鸣、樊家、柳峦大队分别变更为鼓鸣、樊家、柳峦村，属银城区铁柱乡；1987年区乡体制改革，铁柱乡、锦山乡、东港乡合并为锦山乡；1995年，属隽水镇；2001年调整乡镇行政区划，锦山乡与隽水镇合并为隽水镇，仍属隽水镇；2002年8月，鼓鸣、樊家、柳峦村合并为柳峦村。2006年建村委会办公楼，占地面积350平方米，建筑面积320平方米，内设便民服务厅、扶贫办公室、档案室、网格化管理工作室、计生办公室、说事室等。下辖9个村民小组，有38个农村居民点、1个城镇居民点。居民有吴、胡、徐、章、黎、王、刘等姓，以吴、胡、徐、李姓为主。武深高速公路、G106国道傍村而过，村境距杭瑞高速通城进出口公路里程约5千米，居民点全部通公路。2014年，有居民1106户4500人，耕地170公顷，旱地179公顷，山林271公顷；村民年人均纯收入10150元。村民主要种植水稻、田藕、土豆等农作物，兼养猪、鱼。经济来源以务农、务工、经商为主。

鼓鸣地片　属隽水镇柳峦村，位于柳峦村西北部，距隽水镇人民政府驻地隽水大道特168号约5千米。东接檀树背，南邻王家、岭上屋，西连长久屋，北靠古鸣山。相传，此地一山岭古时有座庙，庙内钟鼓声响亮远传而得名鼓鸣，有人将其简写为古鸣，地片名称由此而来。武深高速公路、G106国道傍村而过，村境距坑瑞高速通城进出口公路里程约5千米。有15个居民点，居民点全部通公路。2014年，有居民385户1450人，水田57.3公顷，旱地73.3公顷，山林106.7公顷。

樊家地片　属隽水镇柳峦村，位于柳峦村东部，距村委会驻地朱家3千米。东接王家、岭上屋，南邻隽水河堤，西连五里镇陈谷村，北靠黄竹冲、君作屋。因域内有居民点名樊家而得地片名。武深高速公路、G106国道傍村而过，村境距坑瑞高速通城进出口公路里程约5千米。有13个居民点，居民点全部通公路。2014年，有居民376户1500人，水田62公顷，旱地81.7公顷，山林107.7公顷。

艾家垅　属隽水镇柳峦村，位于柳峦村北部，距村委会驻地朱家3千米。东接石泉村三里塝，西邻杨家屋，南连大石冲屋，北靠石泉村雷打石。此地为小山沟，古为艾姓居住地，故称艾家垅。明代，艾姓外迁，杜怡迁入，仍用原村庄名。同期，胡仲章(1461—1492)之孙胡昌发为杜家做长工，之后购买昌发老屋定居。2014年，有居民40户170人，耕地67亩。

坳背　属隽水镇柳峦村，位于柳峦村东部，距村委会驻地朱家1.5千米。东接大石冲，西邻涂家，南连福人药业公司，北靠大石冲、狮形岭。明代，胡守纶(1495—1542)迁此建房定居，因住宅位于山岭分水处之一侧，故命村庄名为坳背。2014年，有居民21户80人，耕地37亩。

白谷垅　属隽水镇柳峦村，位于柳峦村西北部，距村委会驻地朱家3.2千米。东接石泉村竹家坳，西邻古鸣山，南连白谷垅新屋，北靠石南镇青山村。明代，吴胜玺(1487—1544)定居此地，因住宅位于山沟之中，沟内田多且肥沃，种植的水稻谷粒金黄饱满，年年丰收，村民用金黄稻谷换白银，故命村庄名为白谷垅。2014年，有居民27户90人，耕地76亩。

昌九屋　属隽水镇柳峦村，位于柳峦村西北部，距村委会驻地朱家4.5千米。东接黄竹冲，西邻通界高速，南连李家冲，北靠石南镇樊店村。清代，胡昌九(1829—1901)在此地建房定居，以其名命村庄名为昌九屋。2014年，共居民37户190人，耕地94亩。

大坡　属隽水镇柳峦村，位于柳峦村西北部，距村委会驻地朱家4.6千米。东接樊家，西邻咀上屋，南连隽水河堤，北靠旧屋场。清代，徐中寿(1845—1929)率先在此地建房定居，因住宅处为一块面积较大的山坡地，故命村庄名为大坡。2014年，有居民21户50人，耕地51亩。

洞下　属隽水镇柳峦村，位于柳峦村北部，距村委会驻地朱家3千米。东接艾家垅，西邻白谷垅，南连杜家，北靠杨家屋。元朝，李姓率先在此建房定居，因住宅位于山谷（俗称此地形为洞，后同）下方，故命村庄名为洞下。2014年，有居民35户100人，耕地85亩。

大石冲　属隽水镇柳峦村，位于柳峦村东部，距村委会驻地朱家2.5千米。东接银城社区居委会，西邻涂家、坳背屋，南连银城社区南表屋，北靠艾家垅。此地为丘陵低山间的长条形山沟，明代，胡海棠（1434—1494）迁此建房定居，人称海棠屋。后因其屋后山上的一巨石从山顶自然滚落至山脚的大路边，故改村庄名为大石冲。2014年，有居民42户180人，耕地50亩。出生于该居民点的各界名人有：胡大石（1510—1554），嘉靖己酉（1549）科礼记中式第十名，任南直隶芦州府霍山县教谕，有政绩，应聘为皇师，入祀芦州府名宦；胡文豪（1938—2014），中学特级教师；胡卫（1972—　），浙江德力西公司总经理助理，在中央党校发表题为"温州发展模式"的报告，1998年被评为浙江省外出务工十佳青年。

杜家　属隽水镇柳峦村，位于柳峦村北部，距村委会驻地朱家1千米。东接檀树背，西邻白谷垅，南连李家塝，北靠洞下。民国年间，杜贵煌（1892—?）由艾家垅迁入此地建房定居，以其姓氏命村庄名为杜家。2014年，有居民43户140人，耕地98亩。

樊家　属隽水镇柳峦村，位于柳峦村西部，距村委会驻地朱家3千米。东接老屋章家，西邻大坡，南连隽水河堤，北靠李家冲。民国年间，樊友撮（1906—1990）率先在此地建房定居，以其姓氏命村庄名为樊家。2014年，有居民45户160人，耕地68亩。

光华屋　属隽水镇柳峦村，位于柳峦村西北部，距村委会驻地朱家4.5千米。东接咀上屋，西邻五里镇陈谷村，南连咀上屋鲁家咀，北靠石南镇牌合村超元屋。清代，徐承训（字光华，1735—1815）在此建房定居，以其字号命村庄名。2014年，有居民26户100人，耕地61亩。

黄竹冲　属隽水镇柳峦村，位于柳峦村西北部，距村委会驻地朱家3千米。东接墈上屋，西邻长久屋，南连李家冲，北靠君作屋。此地为长条形山沟，古时，山冲内生长竹子，故名竹冲。元代，黄姓率先在此建房定居，以其姓氏山冲之名命村庄名为黄竹冲。后黄姓外迁，吴及胡、黎等姓先后迁入，仍用原村庄名。2014年，有居民21户60人，耕地82亩。

夹颈章家　属隽水镇柳峦村，位于柳峦村西南部，距村委会驻地朱家1.7千米。东接漆厅屋，西邻新堂屋，南连墈上新屋，北靠骆家坡。民国时期，章真仁（1842—1901）之孙从老屋章家迁此建房定居，因其住宅位于两山相拥的狭地中间，如同人体被人夹住颈部，故以此地形综合姓氏命村庄名为夹颈章家（通城方言口语中的"夹"，读作"hài"，有人简写作"夹井章家"）。2014年，有居民21户50人，耕地41亩。

将踏屋　属隽水镇柳峦村，位于柳峦村西北部，距村委会驻地朱家3.1千米。东接杜家，西邻骆家坡，南连夹颈章家，北靠岭背屋。明代，吴福二（1448—1506）分支在此建房定居，当时吴姓有人在朝廷做官，曾有将军登门拜访，故命村庄名为将踏屋。2014年，有居民23户90人，耕地48亩。

旧屋场　属隽水镇柳峦村，位于柳峦村西北部，距村委会驻地朱家4.2千米。东接刘家，西邻石南镇牌合村，南连大坡，北靠上坡。古时，这里是一个看山屋。清代，邱家冠（1844—1911）拆除看山屋，在其地基上修建新房，故命村庄名为旧屋场。2014年，有居民15户90人，耕地117亩。

老屋章家　属隽水镇柳峦村，位于柳峦村西部，距村委会驻地朱家3千米。东接门口屋，西邻樊家，南连隽水河堤，北靠李家冲。清代，章金生（生殁年未详）的后人因在牌合、章家咀、章家垅受黎姓的欺负迁此地建房定居，依其姓氏命村庄名为章家。后因其子孙有分支外迁者，故依其姓氏改村庄名为老屋章家。2014年，有居民22户80人，耕地77亩。

口上吴家　属隽水镇柳峦村，位于柳峦村西部，距村委会驻地朱家2.8千米。东接岭上屋，西邻老屋章家，南连隽水河，北靠门口屋。清代，吴至柏（1830—1917）由白谷垅老屋迁此建房定居，因住宅处两山中间狭长的谷地最前端的开阔处，故命村庄名为口上吴家。2014年，有居民30户

110人，耕地71亩。

李家塝　属隽水镇柳峦村，位于柳峦村西北部，距村委会驻地朱家500米。东接檀树背，西邻王家，南连隽水河堤，北靠杜家。此地为坡度较大的山坡，俗称塝（后文相类似地形看称“塝”）。元代，李姓在此居住，以其姓氏和地形称村庄名。清代，徐开坤（1655—1727）买下李家房屋定居，仍用原村庄名。2014年，有居民28户140人，耕地90亩。

李家冲　属隽水镇柳峦村，位于柳峦村西北部，距村委会驻地朱家4.3千米。东接墈上新屋，西邻刘家，南连老屋章家，北靠长久屋。此地为长条形山沟，古时，这里的土地归属李姓所有，故名。后来，章复锦（1866—1922）之上祖拨先从章家咀迁冲内建房定居，以山沟命村庄名。2014年，有居民33户120人，耕地96亩。

岭上屋　属隽水镇柳峦村，位于柳峦村西北部，距村委会驻地朱家2.2千米。东接王家，西邻口上吴家，南连隽水河，北靠灵官庙岭。民国初，胡克敏（1891—?）自兴堂屋迁此建房定居，因住宅位于一小山岭上，故命村庄名为岭上屋。2014年，有居民35户120人，耕地106亩。

刘家　属隽水镇柳峦村，位于柳峦村西北部，距村委会驻地朱家4千米。东接李家冲，西邻武深高速公路，南连樊家，北靠长久屋。明代，刘庭海（1424—1503）之子淳自乌桥欧家埠迁居此地建房定居，以其姓氏命村庄名。2014年，有居民30户120人，耕地96亩。

落家坡（又名骆家坡）　属隽水镇柳峦村，位于柳峦村西北部，距村委会驻地朱家2.3千米。东接将踏屋，西邻下岭屋，南连夹颈章家，北靠岭背屋。此地古为骆姓居住地，因住宅处山坡上，古称骆家坡，后讹为落家坡。清代，骆姓外迁，徐开乡（1681—1739）在此建房定居，仍用原村庄名。2014年，有居民23户90人，耕地47亩。

门口屋　属隽水镇柳峦村，位于柳峦村西部，距村委会驻地朱家3千米。东接岭上屋，西邻老屋章家，南连老屋章家，北靠漆匠屋。清代，吴姓率先在此建房定居，因该住宅正后方原有一座石牌坊，故命村庄名为牌坊门口屋。后来牌坊被毁，改名为门口屋。2014年，有居民20户70人，耕地59亩。

篾匠屋　属隽水镇柳峦村，位于柳峦村东部，距村委会驻地朱家500米。东接杨梅冲，西邻朱家，南连隽水河堤，北靠檀树背。清代，徐中正（1813—?）率先在此建房定居，因其以做篾匠为生，故依此命村庄名。2014年，有居民27户140人，耕地63亩。

上坡（上坡胡家）　属隽水镇柳峦村，位于柳峦村西北部，距村委会驻地朱家5千米。东接刘家，西邻石南镇樊店村，南连旧屋场，北靠岳王殿山（原上坡胡家、岳王殿、上坡连成一块统称上坡）。清代，胡可亨（1676—1745）迁此定居，因住宅建在岳王殿山坡之上，故名。2014年，有居民47户180人，耕地95亩。

石水坡　属隽水镇柳峦村，位于柳峦村西北部，距村委会驻地朱家3.5千米。东接安平鞭炮仓库，西邻白谷垅老屋，南连白谷垅新屋，北靠古鸣山。20世纪90年代，吴忠良（1951—?）由白谷垅迁来此地建房定居，因住宅位于岩石间有泉水的山坡上，故命村庄名为石水坡。2014年，有居民26户80人，耕地56亩。

檀树背　属隽水镇柳峦村，位于柳峦村北部，距村委会驻地朱家500米。东接篾匠屋，西邻李家塝，南连朱家，北靠檀树背屋后大寨田。清代，徐承代（1761—1843）迁此定居，因住宅旁边山包一侧长有一棵大檀树，故以树名及方位命村庄名为檀树背。2014年，有居民34户190人，耕地117亩。

涂家　属隽水镇柳峦村，位于柳峦村东部，距村委会驻地朱家700米。东接福人药业公司，西邻杨梅冲，南连隽水河堤，北靠坳背屋。古时，杨姓迁此建房定居，以其姓命村庄名为杨家。民国时期，杨姓外迁，涂南皇（1903—1985）迁此建房定居，改村庄名为涂家。2014年，有居民26户100人，耕地47亩。

新屋　属隽水镇柳峦村，位于柳峦村西北部，距村委会驻地朱家3千米。东接洞下，西邻古鸣山，南连岭背屋，北靠白谷垅老屋。清代，吴国贞（1634—1685）由白谷垅老屋迁来此地建新房定居，故命村庄名为新屋以示区别。2014年，有居民27户80人，耕地57亩。

杨家　属隽水镇柳峦村，位于柳峦村北部，距村委会驻地朱家3.5千米。东接艾家垅，西邻石泉村竹家坳，南连洞下，北靠石泉村液化气站。元代，此地为杨姓居住地，依其姓氏命村庄名为杨家。后杨姓将房产卖给胡义四(1836—1858)定居，仍用原村庄名。2014 年，有村民 33 户 110 人，耕地 68 亩。

杨梅冲　属隽水镇柳峦村，位于柳峦村东部，距村委会驻地朱家 500 米。东接涂家，西邻篾匠屋，南连原强人乳业，北靠原强人乳业奶牛养殖基地。此地为低丘山岭间的长条形山沟，古为杨姓居住地，以山冲名命村庄名为杨家冲。后此村庄杨姓家族中出了个叫杨梅的将军，依其名改村庄名为杨梅冲。清代，徐国潘(1688—1759)迁此定居，并雕刻杨梅将军雕像敬奉。2014 年，有居民 24 户 110 人，耕地 80 亩。

朱家(又名谢家庙)　属隽水镇柳峦村，位于柳峦村北部，为村委会驻地，距隽水镇人民政府驻地隽水大道特 168 号 2 千米。东接篾匠屋，西、南邻李家塝，北靠檀树背。该地古有谢姓修建的神庙，叫谢家庙。宋代，朱得隽(1235—1316)由江西迁入谢家庙旁建房定居，故以其姓氏改村名为朱家。2014 年，有居民 26 户 160 人，耕地 105 亩。

第十五节　上阔村及所属聚落

【上阔村】　隽水镇辖村，位于隽水镇东北部，村委会驻地月塘，距隽水镇人民政府驻地隽水大道特 168 号约 5 千米。东接利和村，南靠昌浦港，西连下阔村，北邻堆山村，辖区面积 3.5 平方千米。以在阔田畈(“阔田畈”地片名称)所处方位得名。1950 年，设庙湾、蒿坪、星禾、坳上村，属通城县阔田乡；1958 年人民公社化，庙湾、蒿坪村并为新农一大队，星禾村更名为新农四大队，坳上村更名为新农五大队(新农五大队曾与新农三大队在 1958—1969 年合并三年又拆开)，属崇阳县通城(红旗)人民公社建设管理区；1961 年恢复区镇建制，属通城县城关区建设公社；1969 年，新农一、四、五大队合并为新农一大队，属城关区建设公社；1971 年，新农一大队更名为阔田一大队，属城关区建设公社；1975 年撤区并社，属建设公社；1981 年，建设公社更名为锦山公社，阔田一大队更名为阔田大队；1984 年设区建乡，阔田大队分设为上阔村、獐獭岭村，属银城区锦山乡；1987 年区乡体制改革，属锦山乡；2001 年调整乡镇行政区划，锦山乡与隽水镇合并为隽水镇；2002 年，上阔、獐獭岭村合并为上阔村。有 18 个村民小组，下辖 17 个农村居民点、1 个城镇居民点。2008 年修建村办公楼，占地面积 380 平方米，建筑面积 606 平方米，内设便民服务厅。S362 省道贯穿村境，村境距杭瑞高速公路通城进出口公路里程约 7 千米，居民点全部通公路。2014 年，有居民 778 户 3328 人，水田 141.3 公顷，山林 88 公顷，旱地 13.3 公顷，年人均纯收入 8500 元。居民有杜、皮、舒、程、郑、徐、陈、吴等姓，以杜姓为主。

阔田畈地片　属隽水镇上阔村和下阔村，位于县城东北部。距隽水镇人民政府驻地隽水大道特 168 号约 4 千米。东西宽约 2.5 千米，南北长约 7 千米，两头小，中间大，整个范围呈皂荚形，辖区面积约 6.95 平方千米。此地为通城县第一大平坦之地，因其面积大，地势开阔，故称。嘉庆年间，杜姓欲称为杜田畈，皮姓不服，欲称皮田畈，上诉至县，县官断为阔田畈。从石嘴往下至大屋大楼一线，清朝时为上阔图，是为上阔。老秀才屋、集苞屋、程家、屋背皮家至章家、谢家称中阔图，是为中阔。山下屋至文堂屋一线至毛公渡范围内为下阔图，是为下阔。县农业局、通城县农村人才培训中心、农科所、国家战略储备粮食库皆落户阔田，阔田小学坐落在上、下阔交界处，有堆峰寺、灵官殿、杜氏宗祠、宝盖山定展和尚庙等名胜。S362 省道贯穿地片，距杭瑞高速公路通城进出口公路里程约 7 千米，居民点全部通公路。2014 年，阔田畈共 33 个居民点，1619 户 6750 人，耕地 310 公顷。村民主要种植水稻，利用与县城相邻的优势，蔬菜业已成为仅次于水稻生产的产业，经济来源主要靠务农、务工、经商和养殖业。

獐獭岭地片　属隽水镇上阔村，位于上阔村东北部，距隽水镇人民政府驻地隽水大道特 168 号约 4 千米。东接利和村，西邻下阔村，南连上阔村驻地月塘，北靠堆山村，辖区面积约 1.5 平方千米。因域内有山岭形似獐、獭而得地片名。有 6 个居民点，居民有罗、洪、章、谢、徐、陈、吴、孔等姓，以杜姓为主。S362省道贯穿地片，距杭瑞高速公路通城进出口公路里程约7千米，居民点全部通公路。2014年，有村民262户1060人，水田48.5公顷，旱地13.3公顷，山林88公顷。

上阔集镇　属隽水镇上阔村，位于菖蒲港桥东北面至利和村新屋塆，东为沙堆镇堆山村，南连上阔村，西临菖蒲港、北接下阔村，地域面积2平方千米，街道长近1千米。以所在村名和建设形式综合命名。1983年后，沿隽(水)四(庄)公路经过处上阔村村部驻地月塘为中心点，向周边发展延伸形成集镇。该集镇交通十分方便，境内“一纵二横”的县、村级公路网基本形成，与南面菖蒲港小集镇一桥之隔，基本形成商业、学区、集市为一体城郊繁华小集镇，是周围阔田畈、利和村、大柱村村民经济、文化活动中心，有县农业局、农村实用人才培训中心、农科所、银邑储备粮管理有限公司、明珠米业、城东液化气站、环保砖制品场、水泥预制件制品场、高压水泥涵管场，以及修理、缝纫、洗车等手工作坊式企业；餐馆、建材、杂货、生资、商店等10余家店铺驻于该集镇。房屋呈条状，建筑面积36000余平方米。居民有杜、舒、龚、章、黎、武姓，以杜姓为主。S362省道贯穿集镇，距杭瑞高速公路通城进出口公路里程约7千米。2014年，居民有143户730人。

陈家坳　属隽水镇上阔村，位于上阔村北部，距村委会驻地月塘1.8千米。东邻堆山，南毗罗家，西连下阔官塘阁，北接堆山佘塘矶。此地有山岭分水处，古为傅姓居住地，以其姓氏综合地形命村庄名为傅家坳。清乾隆年间，傅姓衰落，将该地卖与九房门陈道春(1781—1862)，改村庄名陈家坳，简称陈家。2014年，有居民26户100人，耕地64.6亩。

城隍屋　属隽水镇上阔村，位于上阔村中部，距村委会驻地月塘400千米。东连大楼、月塘，南接S362省道，西毗大屋，北邻集苞屋。古时，此地东侧岭上有座城隍庙。清代，舒发仁携子盛关(1862—1910)从崇阳郑石屋迁庙附近建房定居，遂以庙名命村庄名。2014年，有居民49户220人，耕地104.67亩。

程家　属隽水镇上阔村，位于上阔村西部，距村委会驻地月塘1.5千米。东邻屋背皮家，南接老秀才屋，西靠菖蒲港大堤，北毗下阔村沙下屋。明代，程科(1508—1573)从洞下迁此建房定居，以其姓氏命村庄名。2014年，有居民46户、160人，耕地105.33亩。出生于该居民点的程烈海曾任武汉市武昌区人民法院院长。

大楼　属隽水镇上阔村，位于上阔村东部，距村委会驻地月塘400米。东接利和村，南连禾楼，西邻城隍屋，北靠塘下屋。古为富户程开甲粮仓。明代，杜仰所(1572—1631)迁此建房定居，因住宅规模大且建有楼房，故命村庄名为大楼。2014年，有居民110户370人，耕地296亩(该居民点西南方约150米处有大楼铺上屋，有4户18人，统称为大楼屋)。出生于该居民点的历史名人有：杜若(1798—1855)，为抗击太平天国进兵通城，自组乡勇，于1855年3月14日战死在朱埠塘，咸丰帝敕封为忠节儒林郎、都尉，世袭云骑尉，在县城建昭忠祠，子祐轩袭荫云骑尉爵位；杜祐轩(1817—1902)，承袭云骑尉世职，职鄂城都司守备。祐轩虽任武职，能文，著有《亲贤录》《传忠录》《鄂城归田图咏》等书。

大屋　属隽水镇上阔村，位于上阔村西部，距村委会驻地月塘500米。东邻城隍屋，南临S362省道，西毗前底皮家，北邻老秀才屋。古时居住邹姓，名邹家大屋。元兵灭宋时，曾屠杀当时阔田各姓原居人口，邹姓亦在其列。清代，杜昌一(1714—1767)由港下屋迁此建房定居，后有徐、彭、黎等姓陆续迁入，因居住人口多，房屋占地面积大，故改村庄名为大屋。2014年，有居民54户250人，耕地126.5亩。

杜家坡(又名鸟山冲)　属隽水镇上阔村，位于上阔村北部，距村委会驻地月塘1千米。东靠陈霓塘，南靠杜氏宗祠，西距獐獭岭罗家，北邻堆山罗家。清代，杜享荣(1806—1887)在此建房定居，因住宅处一山坡上，故命村庄名为杜家坡(此居民点附近不远处还有小民居鸟山冲；南100米处牛栏埚，据传为古强盗关养盗抢来的牛马牲畜之所，现为杜姓所居；屋后约150米处为邹家塘，现为孔姓居住；西北距鸟山冲150米有王家屋，熊、雷二姓聚居；北面200米处古有章家看山屋，现为罗姓居住，名罗家)。2014年，有居民40户150人，耕地85.6亩。

港下屋　属隽水镇上阔村，位于上阔村南部，距村委会驻地月塘1千米。东连禾楼，南靠菖蒲港，西连菖蒲港大桥，北邻前底皮家。古名鹤洲，是一片临港沙滩，常有野生动物栖息。明代，杜筠轩由嘉鱼迁此开族建房定居，因住宅处菖蒲港边，地势低，故命村庄名为港下屋。2014 年，有居民 61 户 290 人，耕地 167.67 亩。

禾楼 属隽水镇上阔村，位于上阔村南部，距村委会驻地月塘 400 千米。东连星楼，南邻菖蒲港河，西至港下屋，北接月塘。清代，杜昌炽(1750—1806)自星楼迁此建房定居，与星楼、大楼比赛稻谷产量获胜，遂命村庄名为禾楼。2014 年，有居民 37 户 130 人，耕地 141.99 亩。

洪家 属隽水镇上阔村，位于上阔村北部，距村委会驻地月塘 1.8 千米。东连堆山桥，南接月塘，西邻陈家，北靠堆山。明代，洪可仕(1589—1639)从江西迁此建房定居，以其姓氏命村庄名为洪家。2014 年，有居民 23 户 90 人，耕地 67.1 亩。

集苞屋 属隽水镇上阔村，位于上阔村北部，距村委会驻地月塘 800 米。东连塘下屋、大楼，南接城隍屋、大屋，西毗老秀才屋，北邻屋背皮家、下阔村章井。清代，杜集苞(1782—1839)迁此建房定居，以其名命村庄名。2014 年，有居民 58 户 240 人，耕地 211.3 亩。

老秀才屋 属隽水镇上阔村，位于上阔村西部，距村委会驻地月塘 1.3 千米。东连集苞屋，南接前底皮家、大屋，西临菖蒲港大堤，北靠程家、屋背皮家。明代，杜必通(1410—1476)至老年方考取秀才，此屋为该公所初建，故命村庄名为老秀才屋。2014 年，有居民 40 户 160 人，耕地 99 亩。出生于该居民点的杜三湖(1966—)，2014 年任湖北省国资委长江产业投资有限公司资产管理发展部部长。

前底皮家 属隽水镇上阔村，位于上阔村西部，距村委会驻地月塘 800 米。东邻大屋，南临 S362 省道，西临菖蒲港河堤，北邻老秀才屋。此屋原名塅上屋，为段姓看管土地的房屋即庄屋。清代卖与皮雨昌(1830—1909)兄弟，因住宅在丰成屋皮姓民居之前方，遂改称前底皮家。2014 年，有居民 28 户 160 人，耕地 70.7 亩。

塘下屋 属隽水镇上阔村，位于上阔村北部，距村委会驻地月塘 1 千米。东连大楼，南邻大楼，西临下阔章家，北接陈家坳。明代，此处为一富户管理土地的房屋，即庄屋。清代，谢、吴姓先后迁此地建房定居，因住宅上方有池塘，故命村庄名为塘下屋。2014 年，有居民 41 户 170 人，耕地 128.95 亩。经济来源以务农和务工为主。

屋背皮家 属隽水镇上阔村，位于上阔村西北部，距村委会驻地月塘 1.5 千米。东连集苞屋、下阔村章家，南接老秀才屋，西毗程家，北邻下阔村沙下屋。清代，皮兴榜(1776—1859)从官塘迁此建房定居，因住宅处前底皮家之屋后，故命村庄名为屋背皮家。2014 年，有居民 66 户 300 人，耕地 162.76 亩。出生于该居民点的郑述保(？—1980)，历任原新农一大队、阔田一大队近二十年党支部书记，多次被评为县、地区、省劳动模范、科学种田能手、标兵，为地方的发展作出了突出的贡献。

星楼 属隽水镇上阔村，位于上阔村东部，距村委会驻地月塘 400 米。东、南与利和村接壤，西邻禾楼，北连大楼。明代，杜万律(1461—1526)在此建房定居。以住宅建筑恢宏、堂皇富丽而名重通山、崇阳两县，其中标志性建筑物摘星楼最为著名，故命村庄名为星楼。20 世纪 40 年代，日本侵略者侵入时被其焚毁。2014 年，有居民 62 户 250 人，耕地 218 亩。出生该居民点的杜彝(1844—1901)，贡士，官汉川教谕、均州训导，主编通城同治年间县志，复修九眼桥，著有《草堂文集》等书。

月塘 属隽水镇上阔村，位于上阔村中部，为村委会驻地，距县城 2.5 千米。居民分布于 S362 省道两侧，东连大楼，南接星楼、禾楼，西毗大屋、农场，北邻城隍屋。此地因古时有一弓形水塘似弯月而得名。有近 8 亩水面，水深逾 2 米，为灌溉之用。阔田大圳修通后，功用逐渐消失。1976 年田园化，将大圳改直穿塘而过，塘遂毁。1972 年大楼粮站改建在月塘西北 60 米。1978 年后渐有村民建房于此。20 世纪 80 年代，皮洪武(1939—?)率先自禾楼屋迁此定居，以附近古时的池塘名命村庄名。2014 年，有商店、餐馆、村卫生室等 8 家，有居民 15 户 70 人。

獐獭岭罗家 属隽水镇上阔村，位于上阔村北部，距村委会驻地月塘 1.5 千米。东邻鸟山冲，南毗杜家祠堂，西连下阔官塘阁，北连堆山。清代，罗允瑚(1808—1873)从堆山黑屋罗家迁此建房定居。村庄名有两说：一说该岭北部高耸处似獐，南部低矮处似獭，以形命名；一说称从范圳对着獭嘴处有穴发地，谣云："香獐赶獭走，赶到范圳口，有人葬得到，金银满百斗。"(范圳：下阔山下屋前 400 米处原有排水圳，宽约 3 米，经开锦屋侧、石背前庄与崇阳交界处入港，1963—1966年改田被毁)西100米处有胡姓聚居，称胡家，对外统称獐獭岭罗家。2014年，有居民42户170人，耕地85.8亩。

第十六节 石泉村及所属聚落

【石泉村】 隽水镇辖村，位于县城城区西部，村委会驻地银城西路灵官咀，距隽水镇人民政府驻地隽水大道特168号约1千米。东与雁塔社区、新塔社区黄源岭毗邻，南与银城社区接壤，西与柳峦村相连，北与大坪乡青山村、下畈村桃树屋张家坳相连，辖区面积约2.2平方千米。从域内两个居民点的名称中各取一字命村庄名。1950年，属通城县第七区黄柳乡三村和白泉乡一、二村。1958年人民公社化，以原黄柳乡三村和白泉乡一、二村各一部分组设立十大队，属崇阳县通城(红旗)人民公社三合管理区。1961年恢复区镇建制，十大队分为十大队和十四大队，属通城县城关区新合公社；1970年1月，十大队和十四大队合并为十大队；1971年元月，九大队、十二大队、十三大队和十大队合并组建大桥大队；1975年元月撤区并社，属城关公社；1979年3月，大桥大队分设为柳峦(划出)、石泉、大桥(划出)大队；1984年2月设区建乡(镇)，石泉大队更名为石泉村，属银城区铁柱乡石泉村；1987年9月区乡体制改革，属锦山乡石泉村；1995年元月划归隽水镇。有26个农村居民点、4个城镇居民点；另有12个村民小组和1个居民组。驻有17个企、事业单位。2011年，村委会新建办公楼，占地面积482.5平方米，建筑面积2331平方米。境内有双龙路、银城西路两条街道直穿而过，G353国道横穿过境，村域距杭瑞高速通城进出口公路里程约4千米，居民点全部通公路。2014年，有农户513户1850人、城镇居民738户2270人，耕地52.5公顷，村民全年人均纯收入10991元。

柏屋场 属隽水镇石泉村，位于石泉村北部，距村委会驻地银城西路灵官咀100米。东接三里磅，西邻老株树屋，南连五里塘，北靠灵官咀。民国时期，此地生长柏树，半山腰处仅有一户黎姓家筑土屋而居，以树木名命村庄名为柏屋场。2014年，有居民44户140人，耕地10亩。

大屋孔家 属隽水镇石泉村，位于石泉村东部，距村委会驻地银城西路灵官咀700米。东接青山路，西邻城北中学，南连银城西路，北靠通泰市场。宋高宗绍兴八年(1138)，孔端植任通城县令，其子孙定居于此，因住宅规模较大，故以其姓氏综合房屋规模命村庄名为大屋孔家。2014年，有居民37户170人，耕地8亩。

当铺屋 属隽水镇石泉村，位于石泉村北部，距村委会驻地银城西路灵官咀300米。东接帝豪酒家，西、南邻隽水镇柳峦村，北靠雷打石。清代，有一黎姓有钱人在此开当铺，经营典当行业，遂命村庄名为当铺屋。2014年，有居民21户60人，耕地15亩。

旧屋 属隽水镇石泉村，位于石泉村东部，距村委会驻地银城西路灵官咀500米。东接通泰市场，西邻鸿森机电市场，南连城北中学，北靠双龙路。清代，孔兴秀(1718—1796)自大屋孔家定居于此，因住宅破旧，故命村庄名为旧屋。2014年，有居民36户150人，耕地20亩。

雷打石 属隽水镇石泉村，位于石泉村北部，距村委会驻地银城西路灵官咀300米。东接株树屋，西邻上铺，南连当铺屋场，北靠雷打石水库。传说古时，此地有一位名叫“坤山”的道人法大无边，运雷作法将一座石山炸开一条路来，人们遂称此地为雷打石。明代，徐儒堂(1491—1542)次子克季自牌房屋迁此建房定居，以山名命村庄名为雷打石。2014年，有居民57户120人，耕地67亩。

灵官咀 属隽水镇石泉村，位于石泉村北部，是石泉村委会驻地，距隽水镇人民政府驻地隽水大道特168号1千米。东接漆家铺，西邻株树屋，南连城西加油站，北靠环保砖厂。古时，此地有一灵官庙，故称灵官咀。20世纪末，有徐姓居民在此地建房定居，以山咀名命村庄名。2014年，有居民23户80人。

铺子屋 属隽水镇石泉村，位于石泉村东部，距村委会驻地银城西路灵官咀500米。东接雁塔社区，西邻南鄂技校，南连通泰市场，北靠白屋。民国时期，大屋孔家财主孔郁哉和孔文哉两兄弟在此建房定居并开一家小店铺，故命村庄名为铺子屋。2014 年，有居民 25 户 110 人。

漆家铺 属隽水镇石泉村，位于石泉村北部，距村委会驻地银城西路灵官咀 100 米。东接石泉小学，西邻灵官咀，南连三里磅，北靠环保砖厂。清乾隆年间，漆姓在此建房定居并杀猪、卖肉，故以其姓氏综合房屋用途命村庄名为漆家铺。民国时期，转卖孔昭礼（1902—1989）在开饭铺，仍用原名，又名孔家饭铺。2014 年，有居民 55 户 180 人，耕地 5 亩。出生于该居民点的徐三平（1952— ），高级畜牧师，先后荣获“全国农业科技推广先进工作者”“全国畜禽品种改良先进工作者”等荣誉称号，2000 年起享受国务院津贴。

泉井垅 属隽水镇石泉村，位于石泉村北部，距村委会驻地银城西路灵官咀 700 米。东接仰山咀，西邻石泉村罗谷屋场，南连徐家，北靠黄源。此处山沟内有一口泉井水常年清澈见底，冬暖夏凉，长流不断。传说有一位叫“坤山公”的神道把“泉神”引来至此，井边一块石头上有阴书“大佛”二字，井中有银杯、碗、筷及白蛇时常出现。人们称此山沟为泉井垅。民国时期，李、孔、胡、黎姓先后迁垅内建房定居，以垅名命村庄名。2014 年，有居民 78 户 230 人，耕地 60 亩。

三里塝 属隽水镇石泉村，位于石泉村北部，距村委会驻地银城西路灵官咀 400 米。东接惠民花园，西邻百屋场，南连隽水镇柳峦村，北靠漆家铺。此地为坡度较大的山坡，因离县城九眼桥仅 3 华里，故称三里塝。解放初，黎姓村民率先在山坡上建房定居，以山坡名命村庄名。2014 年，有居民 32 户 110 人，耕地 10 亩。

五里塘 属隽水镇石泉村，位于石泉村北部，距村委会驻地银城西路灵官咀 100 米。东、北两面接柏屋场，西邻老株树屋，南连隽水镇柳峦村。此地古时有一浇稻田用的大池塘，距县城九眼桥五华里，故称五里塘。1970 年后，附近株树屋黎、徐姓居民先后迁池塘附近建房，以池塘名命村庄名。2014 年，有居民 31 户 100 人，耕地 10 亩。

响堂屋 属隽水镇石泉村，位于石泉村西部，距村委会驻地银城西路灵官咀 500 米。东接上铺，西邻大坪乡青山村，南连石泉液化气站，北靠细房屋。民国时期，锦山李家塘有户财主为请人守看祖宗的坟墓，在此建房定居兼看墓，在甃头安装有铜响铃，起造势和警示之用，遂命住宅名为响堂屋。2014 年，有居民 25 户 100 人，耕地 41 亩。

徐家垅 属隽水镇石泉村，位于石泉村东北部，距村委会驻地银城西路灵官咀 300 米。东接鸿森机电市场，西邻泉井垅，南连石泉山庄，北靠仰山咀。此地为一小山沟，古属徐姓家族的土地，故名徐家垅。清代，孔兴华（1720—1785）买下此处并建房定居，以垅名命村庄名。2014 年，有居民 24 户 80 人，耕地 66 亩。出生于该居民点的孔宪尧（1905—1996），1946—1948 年任礼山（阳新）县县长。

仰山咀 属隽水镇石泉村，位于石泉村北部，距村委会驻地银城西路灵官咀 400 米。东接钢材市场，西邻鸿森市场，南连徐家垅，北靠泉井垅。此地有一小山岭，山峰略有歪斜，故名仰山。2001 年后，孔、李、傅、杜姓居民先后在山下建房，以山名命村庄名。2014 年，有居民 52 户 160 人，耕地 30 亩。

阴山桥 属隽水镇石泉村，位于石泉村东部，距村委会驻地银城西路灵官咀 400 米。东连银城社区，南傍银城社区，北邻城北中学，西靠银泉花苑。清代，此地修桥时天气酷热，修桥工汗流浃背、十分劳累。当地神道“坤山公”怜惜匠人辛苦，便将抽烟产生的烟雾吐出变成浓云，为工匠遮阴三天，桥修成，称此桥为阴三桥，后更名为阴山桥。明代，孔姓从大屋孔家分支迁此桥边建房定居，以桥名命村庄名。2014 年，有居民 52 户 150 人。

株树屋 属隽水镇石泉村，位于石泉村北部，距村委会驻地银城西路灵官咀 100 米。东接灵官咀，西邻雷打石，南连隽水镇柳峦村，北靠张家垅。清代，徐家道（1717—1768）从牌坊屋迁此建房定居，因住宅周围有大片株树林，故命村庄名为株树屋。2014 年，有居民 46 户 170 人，耕地 43 亩。

桂泉山庄 属隽水镇石泉村，位于石泉村中部，距村委会驻地银城西路灵官咀 700 米。东接雷打石水库，西邻享堂屋，南连雷打石，北靠三直屋。以所在地名中的一字与新建住宅形式及美好意景综合命名。“桂”指桂花树，意在指希望居民点像桂花一样常青且香气四溢、美名传四方，“泉”指石泉村。2012 年征地筹建，2014 年修建成。房屋占地面积 3100 平方米，建筑总面积约

8000平方米，呈块状分布。2014年，有居民21户70人。

康泉山庄　属隽水镇石泉村，位于石泉村中部，距村委会驻地银城西路灵官咀800米。东接当铺屋，西邻石泉液化气站，南连柳峦村，北靠银城西路。从所在地石泉村中取一字与新建住宅形式及美好意愿综合命名。“康”指健康，“泉”指石泉村。2011年征地筹建，2013年建成。居民房屋占地面积0.99万平方米，建筑总面积约2.8万平方米，呈块状分布。2014年，有居民66户210人。

石泉山庄　属隽水镇石泉村，位于石泉村中部，距村委会驻地银城西路灵官咀800米。东接徐家垅，西邻张家，南连环保砖厂，北靠石泉村五组。以所在的村名和新建住宅的形式综合命名。2008年开始筹建，2012年年底建成。居民住房占地面积1.05万平方米，建筑总面积约2.1万平方米，呈块状分布。2014年，有居民67户100人。

银泉花园　属隽水镇石泉村，位于石泉村东南部，距村委会驻地银城西路灵官咀240米。东接银城社区，西邻三里塝，南连柳峦村，北靠银城西路。从所在的道路名、村名中各取一字与美景意愿综合命名。2006年征地筹建，2010年建成。居民房屋占地面积0.87万平方米，建筑总面积约1.8万平方米，呈块状分布，2014年，有居民59户145人。

第十七节　桃源村及所属聚落

【桃源村】　隽水镇辖村，位于隽水镇东南部，村委会驻地上坳集镇，距隽水镇人民政府驻地隽水大道特168号约7千米。东毗邻关刀镇春雷村，南接马港镇黄鹤村、东港村，西连五里镇杨岭村和白沙社区，北界油坊村，辖区面积约22.27平方千米。因域内有地片名桃源畈而得村名。1950年，属通城县太坪乡一、九村，石潭乡一、二、三、四、五、六村；1958年人民公社化，太平乡一、九村分别更名为新建一、九大队，石潭乡一、二、三、四、五村重新组合更名为新建二、三、四大队，石潭乡六村更名为新建五大队，属崇阳县通城(红旗)人民公社双合管理区；1961年恢复区镇建制，属通城县城关区双合公社；1969年，新建一、九大队合并为上坳大队，新建二、三、四大队合并为桃源大队，新建五大队更名为林业大队；1975年撤区并社，属建设公社；1981年，建设公社更名为锦山公社；1984年设区建乡，上坳、桃源、林业大队分别变更为上坳、桃源、林业村，属银城区东港乡；1987年区乡体制改革，东港乡并入锦山乡；2001年3月，锦山乡并入隽水镇；2002年3月，上坳、桃源村合并为上坳村，林业村未变；2002年11月，上坳、林业村合并为桃源村。全村有8个村民小组，分设54个农村居民点、1个城镇居民点，有刁、吴、谢、徐、李、胡、聂、王等姓氏。通城古八景之一“太平春耕”在村域内。华兴公司落户华兴工业园，有上坳小学、桃源水库、栈石水库、上坳茶厂、桃源电站、桃源山庄、村联办皮尔家衣柜厂等单位。2002年，上坳小学被改造成村委会办公楼，占地面积590平方米，建筑面积1300平方米，内设便民服务厅、党员活动室、图书室等。G353国道过境村域，村境距杭瑞高速通城进出口公路里程约12千米，有51个居民点通公路。2014年，有农户1284户5620人，耕地278.6公顷，山林533.3公顷，村民年人均纯收入8700元。村民以种植水稻、蔬菜、油茶、楠竹、杉树为主，兼营桃李、柑橘、养猪、养鱼及务工经商。有下刁家排13.3公顷蔬菜基地，太平畈66.7公顷莲藕基地，太平畈、万家畈133.3公顷水稻基地，四方仑、水口、阮家垅200公顷油茶基地，桃源洞、栈石266.7公顷生态绿化基地。

上坳地片　属隽水镇桃源村，位于桃源村北部，距县城约3千米。东毗邻关刀镇春雷村，南接桃源村，西连白沙社区，北界油坊村。因域内有上坳集镇而得片区名。有20个居民点。G353国道过境片域，村域距杭瑞高速通城进出口公路里程约12千米，居民点全部通公路。2014年，有农户626户2920人，耕地140.6公顷，山林80公顷。

桃源畈地片　属隽水镇桃源村，位于桃源村南部，距县城4千米。东自刘家排，西至阮家垅，南连石潭碑，北接太平畈，南北长约1.8千米，东西宽约2.5千米，总面积约4.5平方千米。因域内有溪流名桃源港而得地片名。G353 国道过境片域，片域距杭瑞高速通城进出口公路里程约 12 千米。有 9 个居民点，居民点全部通公路。2014 年，有村民 246 户 970 人，水田 57.7 公顷，旱地 7.3 公顷，山林 28 公顷。

太平畈地片　属隽水镇桃源村，位于桃源村南部，距县城约 4 千米。东接下刁家排，西邻胡家咀，南连桃源畈，北靠太平桥，南北长约 1.2 千米，东西宽约 2 千米，总面积约 2.4 平方千米。因域内有居民点太平桥而得地片名。县城古八景之一的“太平春耕”位于此畈。G353 国道过境片域，村境距杭瑞高速通城进出口公路里程约 12 千米。有 4 个居民点，居民点全部通公路。2014 年，有村民 196 户 820 人，水田 44.5 公顷，旱地 5.7 公顷，山林 5.9 亩。

林业地片（原林业村）　属隽水镇桃源村，位于桃源村南部，距县城约 4 千米。东毗邻东港村，南接马港镇黄鹤村，西连马港镇三凤村，北界桃源村。因居民从事的主要行业而得地片名。距 G353 国道、杭瑞高速通城进出口公路里程分别约 6 千米、12 千米。有 8 个居民点，其中有 3 个居民点通公路。2014 年，有农户 113 户 420 人，耕地 19.8 公顷，山林 266.7 公顷。

长青垅　属隽水镇桃源村，位于桃源村西部，离村委会驻地 1.2 千米。东接太平桥，西邻白沙咀，北连朱家冲大寨田，南靠西晒垅。此地为小山沟，古时，山上长满松柏树，四季常青，故得名长青垅。1990 年，谢旺明（1962—　）迁垅内建房定居，以垅名命村庄名。2014 年，有居民 22 户 90 人，水田 61 亩，旱地 23 亩，山林 90 亩。

撑石（又名栈石）　属隽水镇桃源村，位于桃源村南部，距村委会驻地上坳集镇 4.5 千米。东接冬毛埚，南连大磅山，西邻大水港沟，北靠栈石水库边。此地为高山，且岩石层迭，似互相支撑，故名撑石。元末，程尧彰（1331—1407）从上撑石迁此建房定居，以地形名命村庄名。2014 年，有居民 53 户 200 人，水田 158 亩，旱地 20 亩，山林 1400 亩（该居民点东约 200 米处有居民点杜家，2014 年有杜姓 2 户）。

方家冲　属隽水镇桃源村，位于桃源村南部，距村委会驻地上坳集镇 2.2 千米。东接刘家，西北邻上畈王家，南连四方仑。此地为长条形山沟，古为方姓居住地，故称方家冲，方姓无后人，杨、吴、廖、周、刁等姓先后迁入，仍用原村庄名。2014 年，有居民 9 户 40 人，水田 34 亩，旱地 9 亩，山林 40 亩。出生于该居民点的杨志强（1950—　），历任某军区司令部后勤部营长、团长、昆明市拆迁公司经理、党委书记、昆明市房地产开发公司总经理、党委书记；刁海平（1966—　），2014 年任咸宁市实验小学校长，荣获全国优秀科技老师、全国特色教育先进工作者、全国十佳创新校长等称号。

干港杨家　属隽水镇桃源村，位于桃源村西北部，距村委会驻地上坳集镇 3 千米。东接干港坳，南邻杨岭，西连锡山，北靠保二房。清初，杨日焘（1623—1713）迁此建房定居，因住宅前方小溪水流小，久旱无水流，故综合姓氏命村庄名为干港杨家。2014 年，有居民 30 户 150 人，水田 130 亩，旱地 35 亩，山林 60 亩。

化玄炉（又名化钱炉）　属隽水镇桃源村，位于桃源村西部，距村委会驻地上坳集镇 1.5 千米。东接太平畈，西邻阮家垅，南连安乐桥，北靠新屋咀。古时，此处是一座大庙，香火旺盛。有一发财人家看中此地，便派家人先用木板种上菜，然后派人一夜之间拆掉大庙，把先用木板种好的菜移到此地。后来官司打到县衙门，县老爷派下人来查实，一看此地种的萝卜有拳头大，怎么也不相信是座庙宇。后来，财主在庙宇旧基上建房，取村庄名为化钱炉，后改为化玄炉。2014 年，有居民 34 户 170 人，水田 130 亩，旱地 30 亩，山林 210 亩。

黄伯伦（又名王霸林）　属隽水镇桃源村，位于桃源村东部，距村委会驻地上坳集镇 1.5 千米。东接水口刁家，西邻胡家，南连十善桥，北靠油坊村。古时，黄伯伦在此建房定居，以其姓名命村庄名。因通城方言口语“黄”“王”同音，“伦”“林”同音，后人误称为王霸林。后黄姓外迁，周鹤林（1850—1910）迁此建房定居，仍用原村庄名。2014 年，有居民 9 户 60 人，耕地 52 亩，山林 61 亩。

九房　属隽水镇桃源村，位于桃源村东北部，距村委会驻地上坳集镇 1.5 千米。东接化玄炉，西邻阮家垅，南连葛家屋，北靠新屋咀。清代，阮姓第九子在此建房定居，以其在兄弟中的排行命村庄名。2014 年，有居民 5 户 20 人，水田 17 亩，旱地 4 亩，山林 25 亩。出生于该居民点的吴婕

(女，1968—　)，先后获法学和工程硕士学位，历任大悟县副县长、孝感市政府法制办公室主任，2014年任孝感市政协副主席。

林冲　属隽水镇桃源村，位于桃源村东部，距村委会驻地上坳集镇1千米。东接四方仑油茶基地，西邻十善桥畈，南连东港村，北靠石牛林山。此地为长条形山沟，古时山沟内树木茂盛，故名林冲。清代，程丹芳(1815—1876)迁此建房定居，以山冲名命村庄名。2014年，有居民31户140人，水田94亩，旱地25亩，山林160亩。

刘家　属隽水镇桃源村，位于桃源村东部，距村委会驻地上坳集镇1.5千米。东接石牛亭，西邻石潭碑，南连王家，北靠陈家排。清晚期，刘光前(1824—1903)从塘湖迁此建房定居，依其姓氏命村庄名为刘家。2014年，有居民26户130人，水田100亩，旱地19亩，山林190亩。

马鞍山　属隽水镇桃源村，位于桃源村东部，距村委会驻地上坳集镇2千米。东接马鞍山道班，西邻春雷村，南连东港村八片，北靠油坊村。此地有山岭，形似马鞍，故称马鞍山。清代，傅勇国(1750—1821)迁岭旁建房定居，以山岭名命村庄名。2014年，有居民27户130人，水田108亩，旱地25亩，山林190亩。

南雍屋　属隽水镇桃源村，位于桃源村西部，距村委会驻地上坳集镇800米。东接程家，南邻太平桥，西连白沙，北靠油坊村铁炉冲。清末，吴南雍(1850—1921)迁此建房定居，以其名命村庄名。2014年，有居民32户180人，水田165亩，旱地26亩，山林80亩。

阮家垅　属隽水镇桃源村，位于桃源村西南部，距村委会驻地上坳集镇1千米。东接九房屋，西邻神台桥，南连葛家屋，北靠新屋咀。此地为一小山沟，清初，一阮姓财主迁垅内建房定居，以其姓氏综合地形命村庄名为阮家垅。2014年，有居民22户110人，水田90亩，旱地25亩，山林370亩。

上坳集镇　属隽水镇桃源村，位于桃源村中心地带，为桃源村村委会驻地，距隽水镇人民政府驻地隽水大道特168号约7千米。东邻关刀镇春雷村，南接桃源地片，西连白沙社区，北界油坊村。此地为山岭分水处，民国时期，刁之林(1920—1980)迁此建房定居，因住宅正处于山坳顶端，故命村庄名为上坳。2014年，有居民186户830人，耕地2080亩，山林810亩。此地在20世纪70年代以后，一直为公社管委会、行政村委会驻地。

上畈王家　属隽水镇桃源村，位于桃源村南部，距村委会驻地上坳集镇2千米。东接刘家，西邻石潭碑，南连老屋程家，北靠太平畈。古时，此处住谭姓，名谭家园，后王三奇携长子王可训(1651—1706)迁入。民国时期，此地王佐卿为当时通城大富户，良田千亩，房屋百间，因住宅位于太平畈上端，故依其姓氏综合地形及方位改村庄名为上畈王家。2014年，有居民38户190人，水田180亩，旱地21亩，山林380亩。

上刁家排　属隽水镇桃源村，位于桃源村西部，距村委会驻地上坳集镇1.2千米。东接刘家，西邻下刁家排，南连石牛亭，北靠上刁家排桥。此地为地势较高，且呈不规则形的缓坡山地，俗称排(后文相类似地形皆称“排”)。清初，刁宏先(1624—1698)迁此建房定居，因住宅下方不远处有同姓居民建住宅，故命村庄名为上刁家排。2014年，有居民45户160人，水田135亩，旱地37亩，山林170亩。

神台桥　属隽水镇桃源村，位于桃源村北部，距村委会驻地上坳集镇2千米。东接新屋，南邻阮家垅，西连湾头黄家，北靠胡家咀。传说，古时有两位教书先生，一姓吴，一姓叶。二人为人忠厚，广施善心，在此处修建一座桥，方便了过往行人，因此得道成为神仙。后人为纪念二人，命桥名为“神台桥”。清代，胡超迁至桥附近建房定居，以桥名命村庄名。2014年，有居民24户120人，水田100亩，旱地45亩，山林90亩。

十善桥　属隽水镇桃源村，位于桃源村东部，距村委会驻地上坳集镇1千米。东接万家畈，西邻东港村，南连林冲，北靠黄伯伦。古时，十个善人募款修建一座石拱桥，方便了来往行人，后人为纪念他们的功德，便命桥名为“十善桥”。清末，胡得义(1855—1925)迁至桥附近建房定居，以桥名命村庄名。2014年，有居民33户132人，水田118亩，旱地30亩，山林150亩。

石潭碑　属隽水镇桃源村，位于桃源村西南部，距村委会驻地上坳集镇1.5千米。东接刘家，西邻塘墈屋，南连四级站，北靠安乐桥。古时，此地有一深水坑，俗称潭，潭边立了一块石碑而得名。明代，刁胜南(1564—1626)从江西迁此建房定居，以碑名命村庄名。2014年，有居民33户170人，水田153亩，旱地10亩，山林210亩。

水口刁家 属隽水镇桃源村，位于桃源村东部，距村委会驻地上坳集镇500米。东接后山程家，西靠上坳集镇，南连万家畈，北靠上坳小学。明代，刁云霖(1534—1596)迁此建房定居，因住宅位于山沟小溪的出口旁，故以其姓氏综合地形命村庄名为水口刁家。2014年，有居民45户230人，水田180亩，旱地31亩，山林170亩。

太平桥 属隽水镇桃源村，位于桃源村西部，距村委会驻地上坳集镇300米。东接上坳集镇，西邻长青垅，南连太平畈，北接南英屋。清初，刁宏仁(1629—1697)迁此建房定居，因住宅附近有古桥名太平桥，遂以桥名命村庄名。2014年，有居民35户140人，水田126亩，旱地20亩，山林110亩。

桃源山庄 属隽水镇桃源村，位于桃源村北部，距村委会驻地上坳集镇3千米。东接四级站，西邻张古亭，南连中塅，北靠塘勘屋。2008年，王正兵(1973—)来此建房开饭庄、酒家，接待游客，以所在地片名命山庄名。2010年后陆续有居民迁此，2014年，有居民7户40人。

湾头黄家 属隽水镇桃源村，位于桃源村西北部，距村委会驻地上坳集镇3千米。东接神台桥，西邻干港坳，南连阮家垅，北靠高屋岭。清代，五里湾头财主黄富贵到此建房定居，因住宅位于小溪拐弯处，故以其姓氏综合地形命村庄名为湾头黄家。2014年，有居民35户180人，水田160亩，旱地20亩，山林90亩。

万家畈 属隽水镇桃源村，位于桃源村东部，距村委会驻地上坳集镇500米。东接上坳集镇，西连林冲，南靠下刁家排，北向叶家山。此地为小块平地，古有万姓定居于此，依其姓氏综合地形命村庄名为万家畈。后万姓外迁，胡军右(1842—1912)迁此建房，仍用原村庄名。2014年，有居民21户100人，水田94亩，旱地19亩，山林110亩。

下刁家排 属隽水镇桃源村，位于桃源村西部，距村委会驻地上坳集镇500米。东接万家畈，西邻胡家咀，南连上刁家排，北靠上坳集镇。清初，刁宪宣(1621—1693)来此建房定居，因住宅位于上刁家排下方，故称。2014年，有居民42户160人，水田151亩，旱地37亩，山林170亩。出生于该居民点的王人杰(1927—2009)，中华人民共和国成立初毕业于湖北省革命大学，后任省公路局总工程师。

徐家(又名徐胜年屋) 属隽水镇桃源村，位于桃源村东部，距村委会驻地上坳集镇2千米。东接油坊村茹菜屋，南邻后山程家，西连双港咀，北靠油坊村陶佑屋。清末，徐胜年(1846—1915)迁此建房定居，以其姓氏命村庄名为徐家。2014年，有居民25户110人，水田110亩，旱地30亩，山林230亩。

中塅 属隽水镇桃源村，位于桃源村西南部，距村委会驻地上坳集镇3千米。东接桃源水库，西邻陡岭林厂，南连谢家岭，北靠大垅。此地上方为山岭，下方为梯田，中间有一片平地，称为“中塅”。清代，谢兴让(1700—1784)从谢家迁此建房定居，以塅名命村庄名。2014年，有居民4户20人，水田14亩，旱地5亩，山林30亩(2014年前多数居民迁至桃源水库公路旁)。

第十八节 铁柱村及所属聚落

【铁柱村】 隽水镇辖村，位于隽水镇北部，村委会驻地石壁寺，距隽水镇人民政府驻地隽水大道特168号约3千米。东临G106国道，西连新塘、石子仑、老屋，南靠新塔社区张家屋，北为冲塘屋，辖区面积约2.9平方千米。因域内有山名铁柱山而得村名。1950年，属通城第七区铁柱乡二村；1958年人民公社化，设一、二大队，属崇阳县通城(红旗)人民公社三合管理区；1961年恢复区镇建制，属通城县城关区三合公社；1964年，一、二大队合并为铁柱大队；1975年撤区并社，属城关公社；1982年，属铁柱公社；1984年设区建乡，铁柱大队变更为铁柱村，属银城区铁柱乡；1987年区乡体制改革，属锦山乡；1995年，铁柱村从锦山乡划出并入隽水镇；2002年，隽水镇村委会合并，铁柱、黄源村并入新塔村；2004年，隽水镇为加强社区建设，恢复设立铁柱村，将原铁柱村所属的一、二、三、四、五、十二、十三、十四共8个村民小组和黄源村均划入新塔社区；将原属铁柱村的六、七、八、九、十、十一共6个村民小组划归铁柱村。村民有李、陈、王、胡、谭、黎、刘等姓，以李姓为主。2004年，铁柱小学被改建成村办公楼，占地面积23545平方米，建筑面积2000平方米，内设便民服务厅、党员活动室等。G106国道穿村而过，村境距杭瑞高速通城进出口公路里程约2千米，域内有6个居民点，全部通公路。2014年，有居民209户1156人，水田38.5公顷，旱地4.7公顷，山林90.4公顷。村民以种植水稻为主，经济来源以务农、打工为主，年人均纯收入7900元。

老屋　属隽水镇铁柱村，位于铁柱村西北部，距村委会驻地石壁寺约2千米。东邻六房屋，西连大坪乡石湾二房屋，南接通城22万伏变电站，北临铁柱港河。明代，杨姓率先在此建房定居，以其姓氏命村庄名为杨家。后杨家无嗣，李瑚林（1728—1791）购买杨宅重建定居并为首修建石湾门门祠祠堂，命村庄名为老屋。2014年，有居民48户190人，耕地135亩，山林180亩。

六房（又名石湾六房）　属隽水镇铁柱村，位于铁柱村西北部，距村委会驻地石壁寺约2千米。东邻垃圾处理场，西毗老屋，南连新修106国道，北接铁柱港河。清代，李瑞林（1734—1798）迁此建房定居，以其排行命村庄名。2014年，有居民33户160人，耕地80亩，山林207亩。

石子仑　属隽水镇铁柱村，位于铁柱村西部，距村委会驻地石壁寺1.6千米。东接新塘，西连杭瑞高速公路入口处，南毗黄源，北为老屋。此地四面有小山，俗称仑（读音同“林”，后文简读此音，相类似地形皆称“仑”）。因山上石块多，故称石子仑。清代，李峨林携孙李景睿（1792—1875）率先迁此地建房定居，以山名命村庄名。2014年，有居民23户110人，耕地85亩，山林205亩。

新塘　属隽水镇铁柱村，位于铁柱村西部，距村委会驻地石壁寺约1千米。东邻石壁寺，西连石子仑，北毗冲塘屋，南接石背寺水库。清代，家境殷实的李景汁（1780—1868）迁至此地，建了一栋上、下两堂的新居，同时在门口新挖一口大塘，故以塘名命村庄名为新塘。2014年，有村民34户150人，耕地135亩，山林256亩。

洋屋（又名杨屋）　属隽水镇铁柱村，位于铁柱村西北部，距村委会石壁寺约2千米。东接县殡仪馆与垃圾处理场，西连六房屋，南毗冲塘屋，北临铁柱港。清代，大财主李祥黼（1797—1879）家产万贯，良田万亩，请专家绘制图纸，由建筑师和通城名匠在此修建一栋西式风格的大洋房，故命村庄名为洋屋。2014年，有居民49户220人，耕地76亩，山林185亩。

第十九节　下阔村及所属聚落

【下阔村】　隽水镇辖村，位于隽水镇北部，村委会驻地石背，距隽水镇人民政府驻地隽水大道特168号约5千米。坐落于阔田畈的陆溪河东岸，内山外畈，东高西低。东毗沙堆镇堆山村；南接上阔村；西靠菖蒲港河堤，与新塔社区、铁柱村隔河相望；北界崇阳县白马村。辖区面积4.2平方千米，以在阔田畈所处的方位命村名。1950年，属通城县中阔乡、下阔乡；1958年人民公社化，下阔乡更名为新农二大队，中阔乡更名为新农三大队，属崇阳县通城（红旗）人民公社建设管理区；1961年恢复区镇建制，属通城县城关区建设公社；1971年，新农二、三大队合并为阔田二大队；1975年撤区并社，属建设公社；1981年，阔田二大队更名为石背大队，属锦山公社；1984年设区建乡，石背大队分设为中阔村、下阔村，属银城区锦山乡；1987年区乡体制改革，属锦山乡；2001年调整乡镇行政区划，锦山乡并入隽水镇；2002年，中阔、下阔村合并为下阔村。下辖15个村民小组，有22个农村居民点。村内拥有古官塘、宝盖山、集福寺、阔田幼儿园、特种苗木基地、生态农庄（锦利农庄、畅潮农庄）、柑橘基地、蔬菜专业合作社；另有商店、餐饮店、理发店、修理店22家。2001年，石背小学被改建为村委会办公楼，建筑面积450平方米，设有便民服务厅、村医务室、村民娱乐和体育活动的歌舞台、乒乓球台、篮球架设施。S362省道傍村而过，村境距G106国道、杭瑞高速通城出口公路里程分别为5千米、8千米，域内居民点全部通公路。2014

年，有841户3420人，水田168.3公顷，旱地9.7公顷，山林109.3公顷；年人均纯收入9438元。居民以种植优质杂交稻、蔬菜、柑橘等为主，经济来源以务农、务工为主。

中阔地片　属隽水镇下阔村，位于下阔村南部，距县城3千米。东邻沙堆镇堆山村，南毗上阔村，北靠严家坳，西睦沙溪屋、开景屋，辖区面积1.8平方千米。以地片在阔田畈的位置命名。域内有6个居民点、7个村民小组，域内居民点全部通公路。S362省道傍村而过，片区距G106国道、杭瑞高速通城出口公路里程分别为5千米、8千米。2014年，有居民265户1080人，水田68公顷，旱地3.3公顷，山林41公顷。

大楼李家　属隽水镇下阔村，位于下阔村北部，距村委会驻地石背1千米。东连崇阳县白马村宋家垅，南邻堆山村街上屋，西与严家塘、廖家老屋场接壤，北接文堂屋。清代，李有福迁此建房定居，依其姓氏命村庄名为李家。不久，其孙又修建一幢有跑马楼的大宅屋，故改村庄名为大楼李家。2014年，有居民23户120人，水田81亩，旱地33亩，山林25亩。

官塘角　属隽水镇下阔村，位于下阔村南部，距村委会驻地石背1.1千米。东接上阔村陈家坳，南连章家屋，西毗谢家牌，北邻通礼段家。清代，崇阳县高枧王肇鲁(1807—？)迁此地建房定居。因住宅位于官塘堤下右侧的山角边，故称村庄名为官塘角。2014年，有居民38户160人，水田82亩，旱地12亩，山林28亩。

开景屋　属隽水镇下阔村，位于下阔村西南部，距村委会驻地石背1.2千米。东界山下屋，南邻上阔村，西毗沙溪屋，北连新屋。清末，杜开景(1854—？)在此建房定居，以其名命村庄名。2014年，有居民35户190人，水田11亩，山林3亩。

毛公渡　属隽水镇下阔村，位于下阔村西部，距村委会驻地石背1.2千米。东与新屋接壤，南与下屋、沙溪屋相连，西邻陆溪河，北与傩堂屋、逊作屋、绍祖屋相界。明万历年间，官府下拨银两，以公资委派毛兴吾在此渡口长期驾船，以操渡来往行人，称渡口为毛公渡，素有"通邑第一渡"之称。明弘治年间，阔田杜碧潭在此渡口附近建房定居，以渡口名命村庄名。2014年，有居民65户300人，水田235亩，山林10亩。

铺背段家　属隽水镇下阔村，位于下阔村西部，距村委会驻地石背500米。东邻惠祥屋，南接逊作屋，西毗太和屋，北连新屋杜家。明代，段必荣(1394—？)迁此建房定居，因其为通城段姓铺背门一支，故以门名综合姓氏命村庄名为铺背段家。2014年，有居民33户140人，水田78亩，旱地4亩，山林20亩。

惠祥屋(又名白瑞祥屋)　属隽水镇下阔村，位于下阔村北部，距村委会驻地石背300米。东邻石背徐家，南连石背屋，西毗铺背段家，北靠大石塘屋。清朝中叶，杜天迪(字惠祥，1791—1854)在此建屋定居，以其字号命村庄名。2014年，有居民24户100人，水田74亩，旱地8亩，山林30亩。

沙溪屋　属隽水镇下阔村，位于下阔村西南部，距村委会驻地石背1.2千米。东连开景屋，南邻上阔村后底皮家，西至陆溪河岸，北邻下屋紧靠毛公渡屋。清晚期，杜天开(1788—1863)在此建房定居，因住宅位于为沙土质的溪水旁，故命村庄名为沙溪屋。2014年，有居民32户160人，水田104亩，山林2亩。

山下屋　属隽水镇下阔村，位于下阔村南部，距村委会驻地石背700米。东连通礼段家，南接谢家牌，西毗开景屋，北邻沈家。明代，江西丰城杜筠轩(1382—？)由嘉鱼县迁居沔阳竹林湾，后转迁阔田畈在此傍山脚建房定居，遂命村庄名为山下屋。2014年，有居民100户400人，水田332亩，旱地20亩，山林93亩。出生于该居民点的杜自林(1975—　)，1992年获"全国中学生物理竞赛三等奖"，2006年获美国纽约大学博士学位，2014年任美国加州"GoogLe公司"软件工程师。

绍祖屋　属隽水镇下阔村，位于下阔村西部，距村委会驻地石背1.1千米。东邻逊作屋，南接毛公渡，西毗陆溪河岸，北靠太和屋。清代，杜昌美(1745—1800)中年积有大财，遂在自家田庄修建了一座上、下三重堂的华丽大屋，以其名命村庄名。2014年，有居民46户200人，水田140亩，山林5亩。

沈家　属隽水镇下阔村，位于下阔村东南部，距村委会驻地石背800米。东邻堆山村，南接山下屋及通礼段家，西毗下阔大畈，北靠严家坳。清代，江西省修水县桃树港沈良教(？—1631)分支迁此建房定居，以其姓氏命村庄名为沈家。2014

年，有居民38户180人，水田92亩，旱地10亩，山林28亩。

石背(又名石背徐家)　属隽水镇下阔村，位于下阔村中部，为村委会驻地，距隽水镇人民政府驻地5千米。东交严家坳地界，南临沈家及山下屋，西连铺背段家，北与惠祥屋连接。清代，徐姓率先在此地建房定居，因住宅前有一块大石，居民房屋在石头之后方，故命村庄名为石背。2014年，有居民28户170人，水田89亩，旱地10亩，山林30亩。

太和屋　属隽水镇下阔村，位于下阔村北部，距村委会驻地石背800米。东连铺背段家，南邻绍祖屋，西靠陆溪河岸，北邻新屋杜家。清代，杜昌吾(字太和，1740—1804)极为能干，家有数百亩庄田，外拥几十家商铺，积有大财富，费时三年时间在此修建了一座远近闻名的豪华大屋，以其名字命村庄名。2014年，有居民50户240人，水田125亩，山林18亩。

通礼段家(曾名冲里段家)　属隽水镇下阔村，位于下阔村东南部，距村委会驻地石背1千米。东接上阔村陈家坳，南邻官塘角，西连山下屋，北毗沈家。明代，段志臬(1435—1506)从江西迁此地建房定居，因其属通礼门下，故以门系名综合姓氏命村庄名为通礼段家。2014年，有居民25户100人，水田90亩，旱地15亩，山林40亩。

文堂屋(又名新屋杜家)　属隽水镇下阔村，位于下阔村北部，距村委会驻地石背1.2千米。东连崇阳县白马村宋家垅山界，南与大石塘相邻，西与新屋杜家融汇且整体紧靠陆溪河尽头，北与崇阳县白马村天子坡、严家嘴为界。明代，此地是胡姓的土地，并建有看管土地的房屋，即庄屋。清朝中叶，杜文堂(1733—1819，太学生)积有余财，将此地胡家大屋及门前田庄买下，依其名字更村庄名为文堂屋。清晚期，杜贵同(1807—1859)在距文堂屋约50米的西面新建了一幢五间住房，人们称其为新屋杜家。今文堂屋与新屋杜家已连成一体，其村庄名二者兼用。2014年，有居民40户160人，水田172亩，旱地18亩，山林65亩。出生于该居民点的黎正芳(1944—　)，先后任武汉市劳教所副所长、所长、市劳教处处长；杜水强(1982—　)，2014年任中国地质大学副教授。

谢家排　属隽水镇下阔村，位于下阔村南部，距村委会驻地石背1千米。东邻上阔村陈家坳、官塘角，南交官塘角新屋，西界上阔村后底皮家，北邻山下屋。此地为地势较高而呈不规则形的缓坡山地，明代，谢贤三(1331—1403)在此建房定居，以其姓氏综合地形命村庄名为谢家排。2014年，有居民54户240人，水田128亩，旱地10亩，山林34亩。

逊作屋　属隽水镇下阔村，位于下阔村西部，距村委会驻地石背800米。东与开景屋、石背屋交界，南邻傩堂屋，西与绍祖屋连成一体，北与铺背段家接壤。清代，杜维德(1695—1741，字逊作，赐封文林郎)中年发迹，积有大财，遂在此地大兴土木建造豪华住宅，立有旗杆，以其字号命村庄名为逊作屋。2014年，有居民33户160人，水田115亩，山林3亩。出生于该居民点的各界名人有：杜昌宏，清乾隆三年(1738)授进士，敕封文林郎，著有“左传妥本”“文艺时达”传世；杜礼明，清乾隆年间先后任山西汾西县、岳阳大平县、云南呈贡县县令，为人清正，官声彰显。

严家坳　属隽水镇下阔村，位于下阔村东部，距村委会驻地石背400米。东邻大楼李家，南连沈家、山下屋，西毗石背，北靠大石塘。此地为山岭分水处，元代以前，此地居住严姓，故称。明代，严姓随严嵩家族发迹，搬迁富庶之地。清末，李兆宁(1858—1935)迁入，仍用原村庄名。2014年，有居民21户100人，水田70亩，旱地21亩，山林40亩。

章家　属隽水镇下阔村，位于下阔村南部，距村委会驻地石背1.3千米。东接上阔村堂下屋，南邻上阔村集苞屋，西界上阔村水圳，北靠官塘角新居混合整体。清代，章台辅(1681—?)迁此建房定居，以其姓氏命村庄名为章家。2014年，有居民60户250人，水田180亩，旱地10亩，山林56亩。

第二十节　油坊村及所属聚落

【油坊村】　隽水镇辖村，位于隽水镇东部，村委会驻地吴家祠堂，距隽水镇人民政府驻地隽水大道特168号3千米。东与利和村隔河相望，南与关刀镇春雷村相邻，西接白沙社区，北连旭红社区，面积12平方千米。因域内有地片油坊畈而得村名。1950年，属通城县锦沙乡；1958年人民公社化，设先锋一、二、三大队，属崇阳县通城(红旗)人民公社建设管理区；1961年恢复区镇建制，属通城县城关区建设公社；1975年撤区并社，属建设公社；1981年，建设公社更名为锦山公社，先锋一、二、三大队分别更名为锦山、油坊、茹菜大队；1984年设区建乡，锦山、油坊、茹菜大队分别变更为锦山、油坊、茹菜村，属银城区锦山乡；1987年区乡体制改革，属锦山乡；2001年调整乡镇行政区划，锦山、东港乡并入隽水镇；2002年3月，茹菜村并入油坊村，锦山村未变；2002年7月，油坊村并入锦山村；2002年9月，锦山村更名为油坊村。有26个农村居民点、1个城镇居民点。驻有油坊小学、锦山基地茶场、锦山、茹菜水库、县人武部民兵训练基地。居民有张、杜、王、李、廖、吴、龚、皮、陈等姓，以吴、皮、廖、李、张姓为主。2006年修建村办公楼2栋，占地面积1650平方米，建筑面积450平方米，内设便民服务厅、老年幸福院等配套设施。村域距G353国道、杭瑞高速通城进出口公路里程分别为1千米、6千米，所属居民点全部通公路。2014年，有居民1051户人口4470人，水田258.7公顷，旱地51.3公顷，山林540公顷，村民年人均纯收入9700元。村民主要种植水稻、田藕，经济来源以务工、务农为主，部分人经商。

锦山畈地片　属隽水镇油坊村，位于油坊村西部，距县城中心约3千米。东临菖蒲港河上游，河对面为上阔村，南邻桃源村，西接白沙社区，北邻菖蒲港。南北长约2.5千米，东西宽约1.9千米，总面积约4.8平方千米。因附近有锦山而得地片名。村域距G353国道、杭瑞高速通城进出口公路里程分别为1千米、6千米。有12个居民点，所属居民点全部通公路。2014年，有居民421户940人，水田88公顷，旱地28.5公顷，山林162公顷。

茹菜畈地片　属隽水镇油坊村，位于油坊村南部，距县城中心约4千米。东连关刀镇春雷村，南邻东港村、桃源村，西连锦山，北靠油坊畈，南北长约1千米，东西宽约2.4千米，总面积约2.4平方千米。以该地片古时生长的植物名称命名。村域距G353国道、杭瑞高速通城进出口公路里程分别为1千米、6千米。有5个居民点，所属居民点全部通公路。2014年，有居民204户1970人，水田45.3公顷，旱地7.6公顷，山林216公顷。

油坊畈地片　属隽水镇油坊村，位于油坊村东部，距县城中心约4.5千米。西接锦山畈，南邻茹菜垅，东、北靠菖蒲港，港对面为利和村，东西宽3千米，南北长1.6千米，面积约4.8平方千米。以该地片域内古时的作坊名称命名。村域距G353国道、杭瑞高速通城进出口公路里程分别为1千米、6千米。有10个居民点，所属居民点全部通公路。2014年，有居民426户1920人，水田2000亩，旱地228亩，山林2430亩。

坳背　属隽水镇油坊村，位于油坊村东南部，距油坊村委会驻地吴家祠堂2千米。东、南部接油家岭，西邻锦山基地茶场，北靠菖蒲港河。清代，吴必郭(1751—1822)在此建房定居，因住宅位于山岭分水处之一侧，故命村庄名为坳背。2014年，有居民92户380人，水田380亩，旱地55亩，山林260亩(该居民点旁有小居民民点墩上屋，居民于2006年迁入坳背；西面400米有小居民点塘背埚，2014年无人居住)。

拔茹屋　属隽水镇油坊村，位于油坊村西北部，距油坊村委会驻地吴家祠堂1千米。东临严家山，南接三让屋，西毗钱塘，北连雷公岭。相传，某地古时有个叫毛纪公的人，整日游手好闲。一天，有个小偷潜入一大户人家偷盗金银各一盆，放到大户人家围墙外，人还未出来，就被闲逛路过的毛纪公发现了，穷困潦倒的毛纪公看到这天降横财，毫不犹豫地端走了一大盆金子。次日，大户人家发现被盗，报了官府，毛纪公也是被调查人之一，可是每次都被他油嘴滑舌地蒙混过关。待风声过后，毛纪公改名换姓为拔茹，带着金子来到当地，建了一幢大连12间大住宅。此后，他乐善好施，经常接济穷人，受到地方人的尊重。他死后，后人为了纪念他，将屋场更名为拔茹屋。明代，拔茹无后，皮姓到此定居，仍用原村庄名。2014年，有居民54户240人，水田260亩，旱地35亩，山林150亩(该居民点东面100米处有谌家咀包含在内)。

长臂埚(又名塘背埚)　属隽水镇油坊村，位于油坊村东南部，距油坊村委会驻地吴家祠堂3千米。东连祖堂屋，南临大泉塘，西接茹莱水库，北靠茶山。此地为四周高中间低的洼地，俗称埚(后文相类似地形皆称“埚”)。埚两边的山咀像两只长长的手臂把山埚抱住，故称长臂窝。清代，张先利(1777—1842)自祖堂屋分支在埚内建房定居，以埚名命村庄名。2014年，有居民23户110人，水田106亩，旱地12亩，山林220亩。

大泉塘　属隽水镇油坊村，位于油坊村东南部，距油坊村委会驻地吴家祠堂3千米。东靠王家，南接春雷村，西毗长臂埚，北连祖堂屋。此地有一个地下水很大的水源，人们在泉水处打井修建一口大池塘，故命池塘名为大泉塘。明代，张盛纲(1614—1682)迁塘后方建房定居，以塘名命村庄名。2014年，有居民24户110人，水田120亩，旱地10亩，山林220亩。

大山廖家(又名大山)　属隽水镇油坊村，位于油坊村东南部，距油坊村委会驻地吴家祠堂4千米。东连长臂窝，南接关刀镇春雷村，西邻马鞍山，北靠茹莱水库。清代，廖扬作(1732—1806)迁此建房定居，因住宅位于马鞍山下，故以其姓氏综合地形命村庄名为大山廖家。2014年，有居民46户190人，水田150亩，旱地42亩，山林300亩。

郭家垅　属隽水镇油坊村，位于油坊村西南部，距油坊村委会驻地吴家祠堂500米。东接吴家祠堂，南连锦山，西邻钱塘，北靠拔茹屋。此地为小山沟，宋、元时期，此地是郭姓的土地，故名。明代以后，吴、李姓先后迁入此地建房定居，以垅名作村庄名。2014年，有居民29户110人，水田120亩，旱地22亩，山林80亩(该居民点北面100米处有高堂屋包含在内)。

火烧屋　属隽水镇油坊村，位于油坊村东南部，距油坊村委会驻地吴家祠堂1千米。东接茹莱水库，南连桃源村，西临陶佑屋，北靠乙房屋。相传古时，此地有一个人要用竹子，对面大王庙山上的竹子非常好，他想砍又怕大王庙神灵责怪。于是他请来一个土司一起去砍竹子。不料，砍竹子过后不久，土司先生起了病，他知道是大王庙责怪他，就吩咐家人在他要死时，丢一个红炭头到他口中。他家人不忍心，在他要死时，丢了一个熄炭头在他口中。他死后，他的灵魂哈气三天三夜才把炭头吹燃。大王庙里的廖大王知道土司要烧他的庙和山，用神功把火反吹向对面屋去烧。后来，人们就习惯叫对面的屋为火烧屋。2014年，有居民35户130人，水田130亩，旱地43亩，山林470亩(该居民点包含北面200米的时芳屋和北面300米处的施家冲两个小居民点在内)。

街上屋　属隽水镇油坊村，位于油坊村东南部，距油坊村委会驻地吴家祠堂2.4千米。东靠王家，南连祖堂屋，西毗虎形山，北接李家。相传古代，张德仁在省府做官，晚年退居通城县城做生意。后从县城搬迁到此定居，命村庄名为街上屋。2014年，有居民29户140人，水田150亩，旱地23亩，山林270亩。

锦山集镇　属隽水镇油坊村，位于油坊村中心，距村委会驻地吴家祠堂200米。东连锦山基地茶场，南临上坳村，西接郭家垅，北靠菖蒲港。以附近的名山锦山命集镇名。2002年，附近陶佑屋、吴家祠堂、三让屋居民逐渐将居民楼建在村公路边；2006年油坊村委会办公楼搬迁到吴家祠堂地段，此地成为全村政治、文化、经济的中心，初具集镇规模。房屋沿村级公路呈线状分布，占地面积6000平方米，建筑总面积约1.2万平方米。2014年，有居民30户200人。

雷家岭　属隽水镇油坊村，位于油坊村西北部，距油坊村委会驻地吴家祠堂1.5千米。东临严家山，南连拔茹屋，西邻下屋，北靠皮家咀。明代，雷姓在此地靠山岭的地方建房定居，故名。2014年，有居民46户220人，水田230亩，旱地35亩，山林450亩。

李家　属隽水镇油坊村，位于油坊村东部，距油坊村委会驻地吴家祠堂2.2千米。东接王家，南连街上屋，西邻油家岭，北靠廖家。清代，李可权(1611—1683)在此建房定居，以其姓氏命村庄名。2014年，有居民34户160人，水田200亩，旱地18亩，山林200亩。

廖家　属隽水镇油坊村，位于油坊村东部，距油坊村委会驻地吴家祠堂2.2千米。东接石栏屋，南连李家，西邻油家岭，北靠菖蒲港河。唐宣宗初年(约847)，廖忠、廖恕兄弟俩从浙江金华府蓝溪县迁此建房定居，以其姓命村庄名。唐僖宗乾符四年(877)，黄巢起义，忠、恕兄弟俩招集人马于通城、崇阳以及江西修水等地抵抗起义军。忠驱马上阵，头断仍跃马7里，后将其地命名为七里山(即今麦市镇七里村)。有司禄功奏圣，随诏封虎威将军。后子孙建庙茹莱祭之。恕与兄征剿黄巢，诏封端国公。至宋诏封忠恕大王，立庙朱紫桥侧。清代奉旨移入学宫之左，春秋置祭。忠、恕二人是鄂赣湘边区三省八县廖氏始祖。2014 年，有居民 51 户 200 人，水田 210 亩，旱地 10 亩，山林 320 亩。

木石碑 属隽水镇油坊村，位于油坊村南部，距油坊村委会驻地吴家祠堂 1.5 千米。东接陶佑屋，南连桃源村，西、北靠锦山。相传，清代居住在此地的龚、吴二姓为争夺地盘，各自在分界处立了界址牌。龚姓家立的是木牌，吴姓家立的是石牌，故称木石碑。后有吴、罗姓先后迁碑附近建房定居，以碑名命村庄名。2014 年，有居民 16 户 90 人，水田 100 亩，旱地 35 亩，山林 700 亩(该居民点东南面 300 米处有王家湾小居民点包含在内)。

皮家咀 属隽水镇油坊村，位于油坊村西北部，距油坊村委会驻地吴家祠堂 2.2 千米。东临严家山，南连雷公岭，西邻旭红社区，北靠锦山中学。此地为山体突出前端，清代，皮大绅(1643—1708)在山咀旁建房定居，以其姓氏综合地形命村庄名。2014 年，有居民 59 户 260 人，水田 250 亩，旱地 45 亩，山林 700 亩。

钱堂 属隽水镇油坊村，位于油坊村西南部，距油坊村委会驻地吴家祠堂 1 千米。东接锦山，南连桃源村，西邻铁炉冲，北靠拔茹屋。相传，从前这里有个家业非常富裕的人，家里的钱币码成堆放满厅堂，后人称此村庄为钱堂。2014 年，有居民 31 户 130 人，水田 110 亩，旱地 40 亩，山林 900 亩(该居民点西南面 300 米处有享堂屋小居民点，2014 年后无人居住)。

三让屋 属隽水镇油坊村，位于油坊村西北部，距油坊村委会驻地吴家祠堂 500 米。东临严家山，南接吴家祠堂，西连郭家垅，北毗拔茹屋。相传，商朝末期，此地住着古姓，其中一名叫古善父的朝官有 3 个儿子，大儿子叫泰柏，二儿子叫仲雍，三儿子叫季利。古善父最看重三儿子季利，想要季利继承他的官爵。但季利认为自己是家中最小的儿子，继承父位不合情理，前两次都断言推辞了。当他父亲第三次提出这个计划时，季利离家出走，躲到现在的三让屋隐居。后来，人们为了纪念季利，将他隐居过的房屋更名为三让屋。后古姓不知去向，吴念九(1220—1289)从湖南平江迁入在此定居，仍用原村庄名。2014 年，有居民 52 户 220 人，水田 230 亩，旱地 30 亩，山林 80 亩(该居民点东面有何家咀包含在内)。

石栏屋 属隽水镇油坊村，位于油坊村东部，距油坊村委会驻地吴家祠堂 2.3 千米。东、北靠菖蒲港，南邻王家，西毗廖家。清代，陈姓率先在此建一座大房子，大小天井共有 48 个，围屋墙全是石栏杆做成，故命村庄名为石栏屋。2014 年，有居民 62 户 260 人，水田 270 亩，旱地 27 亩，山林 100 亩(该居民点南面 300 米处有扶梯山小居民点，居民于 2006 年迁入石拦屋)。

陶佑屋 属隽水镇油坊村，位于油坊村南部，距油坊村委会驻地吴家祠堂 400 米。东接火烧屋，南连桃源村，西邻锦山，北毗严家山。清代，吴陶佑(1774—?)从严家山迁此建房定居，以其名命村庄名。2014 年，有居民 57 户 330 人，水田 280 亩，旱地 20 亩，山林 1200 亩(该居民点南面 300 米处有小居民点湾头龚家在内)。

铁炉冲 属隽水镇油坊村，位于油坊村西南部，距油坊村委会驻地吴家祠堂 2 千米。东接钱塘，南连桃源村，西邻白沙社区，北靠下屋。此地为长条形山沟，清代，吴家琼(1772—1850)从平江迁此山沟定居，依其姓氏综合地形命村庄名为吴家冲。后来，太平天国翼王石达开由武昌率兵南征，经咸宁、蒲圻、崇阳一路大捷，12 月兵驻通城沙堆、锦山一带，在锦山西部一带包括吴家冲在内的山沟建炉锻造兵器。后人为了不忘历史，改称吴家冲为铁炉冲。2014 年，有居民 70 户 300 人，水田 150 亩，旱地 40 亩，山林 1100 亩。

王家(又名硕庭屋) 属隽水镇油坊村，位于油坊村东部，距油坊村委会驻地吴家祠堂 2.3 千米。东靠扶梯山，南毗祖堂屋，西连街上屋，北接李家。清光绪二十六年(1900)，王硕庭率先在此建房定居，以其姓氏命村庄名。2014 年，有居民 25 户 120 人，水田 130 亩，旱地 40 亩，山林 100 亩。

吴家祠堂 属隽水镇油坊村，位于油坊村西部，为村委会驻地，距县城 3.5 千米。东、南连锦山，西、北面邻火烧屋。宋代，吴九二(1189—1250)从湖南平江迁此建房定居，同时在住宅附近建了一座祠堂，遂以祠堂综合姓氏命村庄名。2014 年，有居民 31 户 160 人，水田 150 亩，旱地 20 亩，山林 100 亩。

严家山 属隽水镇油坊村，位于油坊村东部，距油坊村委会驻地吴家祠堂500米。东靠坳背，南连陶佑屋，西邻吴家祠堂，北毗菖蒲港。宋元时期，此地山岭属严姓，故名。明晚时期，吴光启(1595—1671)从吴家祠堂迁山下建房定居，以山名命村庄名。2014年，有居民25户110人，水田120亩，旱地15亩，山林180亩。

乙房屋　属隽水镇油坊村，位于油坊村东南部，距油坊村委会驻地吴家祠堂1.8千米。东接中屋，南连火烧屋，西邻油坊小学，北靠茶山。明代，紫阳门吴氏定居此地，因其为吴姓长门，故命村庄名为乙房。2014年，有居民34户120人，水田120亩，旱地28亩，山林250亩。

油家岭(又名游家岭)　属隽水镇油坊村，位于油坊村东部，距油坊村委会驻地吴家祠堂2千米。东接廖家，南连李家，西邻坳背，北靠菖蒲港。此地是油坊畈中一个小而平的山包，古时，一个吴姓榨油艺人在这里建了一间榨油作坊并定居，故命此地名为油家岭。2014年，有居民52户230人，水田300亩，旱地45亩，山林250亩。

中屋　属隽水镇油坊村，位于油坊村东南部，距油坊村委会驻地吴家祠堂2千米。东接长臂窝，南连茹菜水库，西邻火烧屋，北靠李家。清代，廖扬高(1752—?)迁此建房定居，因住宅上、下方不远处均有民居，遂命村庄名为中屋。2014年，有居民32户120人，水田140亩，旱地35亩，山林480亩(该居民点包含南面200米的何家屋小居民点)。

祖堂屋(又名塘背埚)　属隽水镇油坊村，位于油坊村东南部，距油坊村委会驻地吴家祠堂2.8千米。东连王家，南临大泉塘，西毗长臂窝，北接街上屋。相传，此地古时有条河，河边有个深水潭，潭中住有大小两个龙王。一日，小龙王王后要生子，便叫仆人用轿到当地去找接生婆。接生婆接完生后，龙王赏赐她一个红包，叫仆人用轿送其回家，并叮嘱其要回家才能打开红包。接生婆看红包心急，半路辞退送轿的人，打开红包一看，是一包糠，顺手一甩，还说龙王小气。回到家后，再仔细看红包，粘在红包上的糠竟是金子。接生婆忙返回找金子，结果金子变成一片沙洲。清代，张姓根据这个故事，选在沙洲上做了房屋，叫龙潭屋。明末，张盛经(1620—1683)自官塘坳迁此定居并号召在此建祠堂，改龙潭屋改为祖堂屋。2014年，有居民35户160人，水田160亩，旱地30亩，山林340亩(该居民点北面100米处有畈上屋居民点3户包含在内祖堂屋。另"一普"中所载龙车屋居民点属于祖堂屋居民点)。出生于该居民点的张海晏(1958—　)，为村党支部书记兼村主任，2012年被评为湖北省劳动模范。

第二章　北港镇及所属聚落

第一节　北港镇概况

位置面积　北港镇为通城县辖镇，位于通城县西北部，镇人民政府驻地庄前社区新力大道370号，距县城18千米；是省定中心镇、省第二轮综合改革试点镇、咸宁市19个农业现代化建设重点镇之一。地理坐标为东经113°36′~113°41′，北纬29°13′~29°20′；东与石南镇交界，西与湖南省临湘市詹桥镇、壁山乡接壤，南与湖南省岳阳县相师乡、毛田镇毗邻，北与大坪乡相连，镇域面积54.36平方千米。

来历和沿革　因域内有河流名北港而得镇名。1950年，设北港区公所，属通城县；1958年，北港区改为英雄人民公社，属崇阳县；1961年，恢复北港区，下辖北港、丰衣、大坪、石南、杨部、墨烟、东冲7个乡级公社和1个乡级北港镇，属通城县；1975年1月撤区并社，北港区撤销，将原北港公社、丰衣公社的大部、大坪公社的大部和东冲公社的一部分合并组成北港公社；1984年，设区建乡，北港公社改为北港区，下辖北港镇、北港乡、枫树乡、草鞋乡、杨部乡、石南乡；1985年6月，北港乡与北港镇合并为北港镇；1987年，枫树乡并入北港镇。

人文经济环境　北港镇土特产较多，如以百年老字号“谦和祥”第六代传人徐西民为首的个体户生产的原汁豆豉是传统的绿色产品，2001年5月参加武汉农产品展销会时获得组委会专家一致好评，产品畅销湘鄂赣交会地区。北港酿酒业发达，采用传统酿酒工艺酿造出的谷酒，口味纯正，浓香扑鼻，酿酒个体户遍布全国(除港、澳、台地区外)各地，成为北港农民增收的一大经济支柱。优质黄瓤西瓜畅销周边地区，断峰山“云雾茶”曾获省优品牌，“老人头”系列劳保皮鞋曾享誉湘鄂边区。北港镇自古人杰地灵，文化积淀深厚。境内有宋代杨门女将杨七姐驻守雁门关的千古遗迹，有聚湘鄂神韵的石人古迹，有历经战乱香火犹存的佛教圣地——铜鼓山金华寺，有沉睡地下数千年的跑马山商周遗址。北港镇区位独特，交通便利，通信发达。杭瑞高速穿越镇域，北港中心集镇距最近的高速公路进出口公路距离2千米，距京广铁路、长江水道城陵矶码头等水路干线均在100千米以内。国道G353连通九江、岳阳，县道庄湘公路、庄四公路、新八公路、桂北公路、岭北公路形成“三纵三横”的省际边界交通网络，日车流量4000余辆，客流量达万人次。程控电话和宽带网络全面开通。北港镇地形狭长，西、南、北三面向东倾斜，中部多为丘陵起伏的垅田与平畈，地势总体为西南部高，东北部低。最高点断峰山海拔573.3米，最低点庄前河海拔112.1米。北港镇水力资源丰富，境内有北港、南港及发源与雁门、石人冲、岭源等溪流，在杨柳畈汇合后注入铁柱港。有小2型水库4座、大小塘堰300余口。境内长石矿分布广泛，资源储量丰富，品种有钾长石、钠长石、花岗岩、云母、石英石、高岭土、绿柱石、钽铌等非金属、稀有金属和稀土金属矿。已探明断峰山芋头坡地区有伟晶岩脉70余条，长石资源储量500万吨，矿脉最长300米，宽3~20米，长石含矿率56%以上，含钾率最高14.9%。镇域属亚热带季风气候，年平均降雨量1650毫米，水资源比较丰富，年平均气温16℃~17℃，全年日照1600~2100小时，年太阳总辐射量为99~113.7千卡/cm^2，全年无霜降期达260天，东北风为全年主导风。农业以种植水稻、小麦、油菜、大豆、红薯、柑橘、板栗、桃、李、茶叶、杉、马尾松为主。2014年，全镇辖10个行政村2个社区，112个村民小组9173户，228个农村居民点(其中

20户以下的85个，见表3），4个城镇居民点。人口3.4万人，以胡姓人口为多。其中，农村人口31605人，劳动力16263人。全镇建有高标准卫生室12个；全镇规模以上企业完成工业产值8.33亿元，固定资产投资2.5亿元，社会商品零售总额6557万元；全镇农业生产总值19120万元，农村经济总收入29000万元，农民人均纯收入7261元；全镇工业企业18个，以纺织业、矿产品加工业、建材业、农产品加工业为主，其中县级规模企业6个，个体工商户1661户，从业人员4700人；全镇有初中1所，小学4所，幼儿园4所；在职教师136人，在校学生2060人；其中初中生612人，小学生1448人，适龄儿童入学率为100%，小升初比例达99%，初中适龄人口入学率达97%。该镇较为有名的人物有，20世纪八九十年代先后受国家工商总局、国家计生委等单位表彰的长青社区居委会党支部书记李炳辉，2012年起任中共广东省国家税务局党组书记、局长的胡金木，2014年当选为中共佛山市委副书记、佛山市人民政府市长的鲁毅等人。

表3　**北港镇2014年20户以下村庄基本情况一览表**

村庄名称	地理位置	名称由来	形成时间	户数人口
港背许家祠堂	庄前社区南部，距社区居委会驻地600米	因住宅位于小溪的一侧及村庄形成前房屋用途命名	清代	13户60人
槐树塆	庄前社区中部，距社区居委会驻地1.2千米	以地形名命名	清代	15户73人
杨沙垅	庄前社区西北部，距社区居委会驻地600米	以古时最早迁入的居民姓名和地形命名	清代	10户35人
伴竹垅	沉山村北部，距村委会驻地1.1千米	以地形命名	清代	9户60人
阔坪	沉山村西北部，距村委会驻地1千米	以地形命名	清代	6户28人
罗家冲	沉山村东部，距村委会驻地1千米	以最早迁入的居民姓氏和地形命名	清代	10户50人
上背屋	沉山村西部，距村委会驻地1.3千米	因住宅位于原居老背屋上方而得名	清代	13户72人
摇家坡	沉山村西部，距村委会驻地1千米	以地形命名	明代	18户90人
八房卢家	大界村南部，距村委会驻地2千米	以最早迁入的居民姓氏及排行命名	清代	4户20人
干坡	大界村南部，距村委会驻地2千米	因住宅处用水困难的山坡上而得名	清代	4户17人
经堂冲	大界村北部，距村委会驻地700米	因村庄形成初期常供人们做生斋诵经及地形综合命名	清代	10户38人
毛家铺	大界村西部，距村委会驻地300米	因村庄形成初为茅草盖成及房屋用途综合命名，“毛”为“茅”的改称	清代	10户40人
楠木桥	大界村东部，距村委会驻地500米	以附近的桥梁命名	元代	3户14人
汤家咀	大界村东部，距村委会驻地500米	以最早迁入的居民姓氏命名	清代	15户80人
维新屋	大界村南部，距村委会驻地500米	以最早迁入的居民名字命名	清代	5户24人
新觉屋	大界村西部，距村委会驻地200米	原以最早迁入的居民名字“四爵”命“四爵屋”，后更名	清代	12户50人
程家岭	方塅村西北部，距村委会驻地500米	以古时最早迁入的居民姓氏和地形综合命名	清代	19户80人
官名山	方塅村西北部，距村委会驻地700米	原名邓家，后因有人在外为官，综合地形改名为官名山	元代	9户40人
官仕屋	方塅村东北部，距村委会驻地400米	原名杨家，后因有人在外为官，改名官仕屋	明代	18户80人

续表

村庄名称	地理位置	名称由来	形成时间	户数人口
南冲垅	方塅村西南部，距村委会驻地 1.1 千米	因位于燕岩山南的山沟而得名	民国时期	15 户 70 人
王马塘	方塅村西北部，距村委会驻地 400 米	以附近的池塘名命名	清代	10 户 40 人
新屋咀	方塅村西北部，距村委会驻地 900 米	因住宅新建于山体突出前端而得名	清代	18 户 80 人
燕窝屋	方塅村西南部，距村委会驻地 600 米	以所在地形命名	清代	17 户 80 人
背屋	枫树村西部，距村委会驻地 500 米	因住宅与大屋邓家相背而向而得名	民国时期	12 户 50 人
大贵塆	枫树村西部，距村委会驻地 750 米	以美好愿望及地形综合命名	民国时期	6 户 30 人
孟家咀	枫树村北部，距村委会驻地 1.2 千米	以最早迁入的居民姓氏及地形综合命名	明代	11 户 50 人
庙塆	枫树村西部，距村委会驻地 1 千米	因住宅位于官帽山延伸的拐弯处并有庙宇而得名	清代	15 户 60 人
铺者	枫树村东部，距村委会驻地 150 米	以村庄形成初的房屋用途命名	民国时期	7 户 60 人
上许家咀	枫树村东部，距村委会驻地 500 米	因住宅下方有村庄许家咀而得名	明代	18 户 80 人
下许家咀	枫树村东部，距村委会驻地 400 米	因住宅上方有村庄许家咀而得名	明代	7 户 40 人
张家堤	枫树村北部，距村委会驻地 800 米	以最早迁入的居民姓氏及水利设施命名	明代	7 户 30 人
鹅颈石	贯青村东部，距村委会驻地 3 千米	以附近的岩石名命村庄名	民国时期	5 户 30 人
剑垅冲	贯青村北部，距村委会驻地 500 米	因附近山谷两侧山峰如剑而得名	中华人民共和国成立后	14 户 80 人
李家垅	贯青村东部，距村委会驻地 1 千米	以最早迁入的居民姓氏和地形命名	清代	7 户 30 人
刘家咀	贯青村西南部，距村委会驻地 1 千米	以最早迁入的居民姓氏和地形命名	清代	2 户 9 人
彭家屋	贯青村北部，距村委会驻地 1.5 千米	以最早迁入的居民姓氏和地形命名	明代	5 户 24 人
松树塘	贯青村北部，距村委会驻地 1 千米	以附近的池塘名命名	清代	10 户 60 人
孙家屋	贯青村南部，距村委会驻地 300 米	以最早迁入的居民姓氏命名	清代	7 户 40 人
杨家咀	贯青村北部，距村委会驻地 1 千米	以村庄形成前土地业主的姓氏及地形命名	清代	8 户 42 人
半岭屋	桂家村东北部，距村委会驻地 200 米	因住宅位于沉山里的半山腰而得名	民国时期	10 户 53 人
桂家桥上	桂家村西南部，距村委会驻地 3 千米	因住宅位于桂家桥上方而得名	清代	19 户 80 人
井塆	桂家村北部，距村委会驻地 3.5 千米	因住宅位于山体拐弯处并有水井而得名	清代	6 户 30 人
九里庵	桂家村南部，距村委会驻地 4.6 千米	以附近的庵名命村庄名	明代	9 户 40 人
老鼠咀	桂家村南部，距村委会驻地 1 千米	以所在地形命名	清代	14 户 60 人
鹭鸶塘	桂家村南部，距村委会驻地 5.5 千米	以池塘名命村庄名	明代	12 户 50 人
孟家咀	桂家村西北部，距村委会驻地 3.8 千米	以最早迁入的居民姓氏及地形命名	明代	9 户 40 人
庙坡	桂家村南部，距村委会驻地 4.5 千米	因住宅建在有庙宇的山坡而得名	清代	15 户 70 人
三圣屋	桂家村南部，距村委会驻地 5 千米	因住宅建在 3 口池塘的后方而得名	清代	10 户 50 人
上白须冲	桂家村西南部，距村委会驻地 5.5 千米	因住宅奠基时有一白须老人经过及地形、方位综合命名	清代	9 户 50 人
石板堰	桂家村东南部，距村委会驻地 1.3 千米	以附近的水利设施命名	清代	10 户 50 人
水门冲	桂家村南部，距村委会驻地 4.5 千米	因住宅位于窄如房门的山沟及沟内有溪水流出而得名	清代	19 户 40 人

续表

村庄名称	地理位置	名称由来	形成时间	户数人口
下步塘	桂家村南部，距村委会驻地 3.5 千米	因住宅位于池塘的下方而得名	清代	14 户 80 人
香山岭	桂家村东部，距村委会驻地 500 米	以最早迁入的居民名字及地形命名	清代	2 户 10 人
新塘	桂家村东南部，距村委会驻地 3.7 千米	因住宅前新挖的池塘而得名	1960	17 户 60 人
新屋	桂家村西部，距村委会驻地 2.5 千米	因住宅为新建房屋而得名	清代	8 户 40 人
叶家山	桂家村西部，距村委会驻地 4.6 千米	以最早迁入的居民姓氏及地形命名	清代	4 户 15 人
柏树台	横冲村东北部，距村委会驻地 600 米	因住宅处长满柏树且地势较高的平地上而得名	明代	8 户 30 人
川山坵	岭源村东部，距村委会驻地 1.5 千米	因住宅后方及左、右有山岭呈川字形，宅前有大块水田而得名	明代	10 户 60 人
打石坡	岭源村西北部，距村委会驻地 1.5 千米	因住宅建在开采石料的山坡上而得名	明代	3 户 20 人
老屋咀	岭源村西北部，距村委会驻地 1.5 千米	以从此宅分居外迁的子孙对原居的称呼及地形命名	明代	15 户 60 人
潘家畈	岭源村西部，距村委会驻地 500 米	以最早在此定居的居民姓氏及地形命名	清代	7 户 30 人
石乌龟	岭源村东北部，距村委会驻地 500 米	以村庄附近的巨石名命名	清代	7 户 30 人
蜈蚣咀	岭源村西部，距村委会驻地 600 米	以山体突出前端的形状命村庄名	明代	6 户 30 人
新屋	岭源村西部，距村委会驻地 800 米	因住宅为新建房屋而得名	民国时期	5 户 20 人
袁家	岭源村南部，距村委会驻地 1 千米	以最早迁入的居民姓氏命名	明代	7 户 40 人
背屋	龙门村东部，距村委会驻地 2 千米	因住宅建于山岭一侧而得名	清代	12 户 50 人
破剑屋	龙门村东北部，距村委会驻地 1.5 千米	“破竿屋”的变称，因早期建的竿楼破裂而得名	清代	6 户 30 人
桥北路	龙门村东部，距村委会驻地 1 千米	因住宅位于桥梁北部的大路边而得名	1980	12 户 50 人
狮子坡	龙门村西南部，距村委会驻地 1.5 千米	因住宅建于形状似狮子的山坡上而得名	清代	11 户 50 人
易家祠堂	龙门村中部，距村委会驻地 200 米	以村庄形成前房屋用途命名	民国时期	4 户 20 人
易家坡	龙门村西部，距村委会驻地 1.5 千米	以最早迁入的居民姓氏和地形命名	清代	13 户 60 人
八斗畈	雁门村东部，距村委会驻地 2.8 千米	以村庄前方的田块面积及地形命名	清代	7 户 20 人
车家楼	雁门村东部，距村委会驻地 2.1 千米	以最早迁入的居民姓氏及住宅形式命名	清代	3 户 10 人
陈家畈	雁门村东部，距村委会驻地 1.2 千米	以最早迁入的居民姓氏及地形命名	明代	3 户 10 人
陡岭	雁门村东部，距村委会驻地 3.5 千米	以住宅后方的山岭名命村庄名为	清代	5 户 20 人
范家山	雁门村东部，距村委会驻地 1.6 千米	以最早迁入的居民姓氏及地形命名	明代	7 户 30 人
和鸣屋	雁门村东部，距村委会驻地 4 千米	以最早迁入的居民姓氏及地形命名	清代	18 户 70 人
横垅	雁门村东北部，距村委会驻地 2 千米	以村庄所在的山沟名命名	清代	10 户 30 人
江家坡	雁门村北部，距村委会驻地 2.1 千米	以最早迁入的居民姓氏及地形命名	清代	3 户 12 人
坳石屋	雁门村北部，距村委会驻地 3.1 千米	因住宅旁有块石砌成的高岸而得名	清代	18 户 80 人
岭下屋	雁门村北部，距村委会驻地 3 千米	以住宅后方的山岭及位置命名	清代	16 户 80 人
乔家塝	雁门村西部，距村委会驻地 2.3 千米	以最早迁入的居民姓氏及地形命名	清代	17 户 70 人
桑园坡	雁门村北部，距村委会驻地 1.8 千米	以村庄形成前土地的用途及地形命名	清代	18 户 80 人
王家	雁门村东部，距村委会驻地 3.5 千米	以最早迁入的居民姓氏命名	明代	14 户 50 人
月形屋场	雁门村北部，距村委会驻地 3.8 千米	因住宅后方小山似弯月而得名	清代	6 户 24 人

第二节　长青社区及所属聚落

【长青社区】 北港镇辖社区，位于北港镇中部，居委会驻地友谊路200号，距北港镇人民政府驻地新力大道370号400米。东接庄前社区，西邻大界村的楠木，南连龙门、桂家，北靠贯青屋，辖区面积2.1平方千米。因域内有街道名长青街而得社区名。1950年，设北港街、小界村，属北港区北港乡；1958年，小界村分设政权大队、争鸣大队、灯塔大队，北港街未变，属崇阳县北港（英雄）人民公社北港管理区；1961年，属通城县北港区北港公社；1971年，政权大队与争鸣、灯塔大队合并为北港大队，北港街未变；1975年撤区并社，属北港公社北港街、北港大队；1981年，北港大队分设龙门（争鸣）、小界（政权）、北港（灯塔）大队，北港街未变，仍属北港公社；1984年设区建乡，龙门大队变更为龙门村（划出），北港大队变更为北港村（划出），小界大队变更为小界村（其中部分划到北港村），北港街未变，属北港区北港镇；1987年区乡体制改革，北港街更名为北港街道居委会，小界村未变，属北港镇；2002年，小界村与北港街道居委会合并为长青社区。下辖4个村民小组，有7个农村居民点、4个城镇居民点。域内驻有北港中心完小、通城县宏源矿业有限公司、农村商业银行、邮政储蓄所、工商行政管理所、卫生院等企事业单位；有个体经营工商户140家。域内有北港桥、小界水库、胡姓庙、向公庙等。社区居委会办公楼于2008年建成，建筑面积248平方米，内设便民服务中心。居民有胡、李、刘、徐、许、傅、王、揭等姓，以胡、许、李姓为主。G353国道过境社区，区境距最近的杭瑞高速进出口公路距离1.8千米，居民点全部通公路。2014年，有居民876户3770人，水田18.9公顷，旱地38公顷，林地33.3公顷。居民年人均纯收入8210元，以种植水稻、红薯、油茶为主，主要经济来源为经商、务农、务工。

小界地片　属北港镇长青社区，位于长青社区西部，东接友谊路，西邻大界楠木，南毗孟家冲，北靠牌上胡家，总面积约1.1平方千米。因域内有居民点小界而得地片名。片内有4个村民小组、8个居民点。G353国道穿境而过，地片距最近的杭瑞高速进出口公路距离1.5千米，居民点全部通公路。2014年，有居民191户1330人，水田18.1公顷，旱地38公顷，山林33.3公顷。

角坡　属北港镇长青社区，位于长青社区南部，距居委会驻地友谊路200号约200米。东接前进路，西邻岭北许家，南连龙门华堂铺，北靠居委会。明代，李伯阳（1398—1483）从临近的装谷仓迁入此地，于山岭一端坡地上建房定居，故名。2014年，有村民23户102人，耕地120亩，山林75亩。

岭北许家（岭背许家）　属北港镇长青社区，位于长青社区南部，距居委会驻地友谊路200号约500米。东接角坡，西邻桂家，南连龙门樊家，北靠麦坡。此地为一山岭之北。元末，一朱姓在此地定居，称为岭北朱家。后来朱姓将房子卖给排上许朝泗，更名为岭北许家。2014年，有村民23户130人，耕地120亩，山林75亩。

麦坡　属北港镇长青社区，位于长青社区南部，距居委会驻地友谊路200号500米。东接友谊路岔口，西邻桂家村杨菏洞，南连角坡，北靠牌上许家。传说大坪四脚和尚从此经过撒了几粒麦种在山坡上，后来长满了麦苗，故称麦坡。清代，胡光（1866—？）在此坡上建房定居，以山坡名命村庄名。2014年，有居民58户278人，耕地250亩，山林140亩。

牌上胡家　属北港镇长青社区，位于长青社区西北部，距居委会驻地友谊路200号800米。东接贯青下屋，西邻石坳，南连牌上许家，北靠大界楠木。明代，胡尧青（1496—1561）在此建房定居。相传贯青屋是“簰”形，屋后小溪是“簰索”，溪上一巨石是“系簰桩”，此屋在“簰”的上方，居民姓胡，故取名簰上胡家，因“牌”与“簰”同音，后写成牌上胡家。2014年，有居民37户190人，耕地95亩，山林80亩。

牌上许家　属北港镇长青社区，位于长青社区北部，距居委会驻地友谊路200号1千米。东接友谊路，西邻石坳，南连孟家冲，北靠牌上胡家。清代，许德明（？—1705）在此建房定居。同牌上胡家一样，贯青屋在簰的上方，也有居民姓许，故取名“簰上许家”，因牌与簰同音，后写作牌上许家。2014年，有居民27户130人，耕地105亩，山林65亩。

石坳　属北港镇长青社区，位于长青社区西北部，距居委会驻地友谊路200号900米。东接牌上许家，西邻大界楠木，南连孟家冲，北靠牌上许家。此地为山岭分水岭，因山岭多石块，故称石坳。1949年，桂家村杨德胜(1911—?)迁坳旁建房定居，以坳名命村庄名。2014年，有居民26户120人，耕地115亩，山林65亩。

小界　属北港镇长青社区，位于长青社区西部，距居委会驻地友谊路200号1.5千米。东接友谊路，西邻大界楠木，南连孟家冲，北靠牌上胡家。古代，此地为湘鄂分界线，两省毗邻地区乡民多次争夺地权，经官庭裁定将两省界线移至大界分界，此地称“小界”。清初，许姓在此建房定居，以地名命村庄名。2014年，有居民53户250人，耕地220亩，山林61亩。

长青路小区　属北港镇长青社区，位于长青社区北部，距居委会驻地友谊路200号约500米，北接贯青下屋，南连前进路，东西靠友谊路，全长350米，以街道名称命小区名。2003年下半年街道改造升级，并命街道名，形成小区。街面由原8米拓宽到15米，路面均实行平整与硬化。2014年，有居民203户810人，街道上有店面21家，驻有北港中心完小、粮管所、农商银行等单位。

友谊路小区　属北港镇长青社区，为社区居委会驻地，距镇政府驻地400米。东与庄前社区胜利路相交，西与牌上许家相连。以街道名称命小区名。路面宽20米，全长约800米。2003年命街道名，并形成居民小区。该路呈东低西高走向，是北港老集镇最繁华的街道。有个体工商户90来家，其中规模较大的如兄联乐超市；驻有通城宏源矿业有限公司、北港镇卫生院、北港工商所、北港邮政储蓄所、供销社5个企事业单位。2014年，有居民162户972人。

前进路小区　属北港镇长青社区，位于社区南部，距居委会驻地友谊路200号约500米。北与长青路对通，南连龙门华堂铺，全长350米、宽8米。2003年命街道名，同时形成居民小区，以街道名命小区名。2014年，有居民47户245人，驻有幼儿园、家电城、药房、摩托车销售店、修理店等商号和单位。

沿河西路小区　属北港镇长青社区，位于社区南面，距居委会驻地友谊路200号约500米。2003年命路名，同时形成居民小区，以街道名称命小区名。北与长青路中段相接，有小巷横穿长青路，南连龙门华堂铺，为水泥硬化路面，全长约500米，路面宽6米，临街北港河道上建有农贸市场。2014年，有居民50户250人。

第三节　庄前社区及所属聚落

【庄前社区】　北港镇辖社区，位于北港镇东部，为镇人民政府驻地，居委会驻地新力大道中段，距北港中心集镇1千米。东接横冲村，西邻长青社区、贯青村，南连龙门，北靠大坪乡，辖区面积3.8平方千米。因域内有居民点名庄前大屋而得社区名。下辖18个村民小组，有18个农村居民点。有胜利路、沿河东路、新力大道、庄前大道4条街道。社区居委会办公楼于2014年建成，建筑面积720平方米，内设有便民服务厅。社区内驻有镇人民政府、国土所、教育站、计生服务中心、中学、文化站、水利站、司法所、法庭、人社中心、财政所、派出所、供电所、森林公安北港派出所、林业站、畜牧兽医技术服务中心、电信分局、食品药品管理站、建材厂19个行政企事业单位；有北港桥、庄前桥、基督教活动场所福源堂等设施；居民有胡、李、易、刘、许、傅、王、周等姓，以胡、李、易姓为主。G353国道、杭瑞高速穿境而过。距社区最近的杭瑞高速进出口公路距离400米，居民点全部通公路。2014年，有居民843户3545人，耕地175.5公顷，山林166.7公顷。居民年人均纯收入8600元，以种植水稻、红薯、油茶为主。经济来源以经商、务农、务工为主。

北港地片　属北港镇庄前社区，位于庄前社区西部，距居委会驻地南大线新力大道1.2千米，为北港中心集镇的组成部分。东临南港河，西接长青社区友谊路，南连龙门村，北靠贯青村，总面积约1平方千米。因域内有河流名北港而得名。片区有11个居民点。G353国道穿境而过，距社区最近的杭瑞高速进出口公路距离400米，11个居民点有10个通公路。2014年，有居民407户1790人。耕地69.9公顷，其中水田37.4公顷，旱地33.2公顷，山林63.7公顷。

坳上　属北港镇庄前社区，位于庄前社区西北部，距居委会驻地新力大道中段600米。东接镇人民政府驻地，西邻长青社区，南连老街，北靠贯青村漆家垅。清初，胡楚晃(1628—1718)在此建房定居，因住宅处山岭分水处附近，故命村庄名为坳上。2014年，有居民56户270人，水田120亩，旱地20亩，山林210亩。

茨咀　属北港镇庄前社区，位于庄前社区中部，距居委会驻地新力大道中段400米。东接易家垅，西邻镇人民政府驻地，南连胜利路，北靠杨沙垅。因山咀上古有长满茨藤的刺蓬，故名。清代，易泽磷(1762—1828)在山咀旁建房定居，以山咀名命村庄名。2014年，有居民30户120人，水田20亩，旱地41亩，山林72亩。

端甫屋　属北港镇庄前社区，位于庄前社区西部，距居委会驻地新力大道中段900米。东接易家老屋，西抵小山，南连英达屋，北靠北港老街上街头。清代，李端甫(1789—1872)在此建房定居，以其名命村庄名。2014年，有居民28户130人，水田30亩，旱地40亩，山林20亩。

卢家畈　属北港镇庄前社区，位于庄前社区东部，距居委会驻地新力大道中段800米。东邻庄前大屋，西接寺冲，南连庄前铺，北靠四棵松。此地为面积较大的平地，古时，卢姓在此建房定居，故名卢家畈。后卢姓外迁，胡开汉(1673—1767)及周姓迁入，仍用原村庄名。2014年，有居民50户212人，水田130亩，旱地25亩，山林180亩。

罗汉庙　属北港镇庄前社区，位于庄前社区东部，距居委会驻地新力大道中段约1千米，距庄前大桥约250米。东邻庄(前)大(坪)公路，西接槐树塆，南连南大公路，北靠寺冲。据传，唐朝时，有一个从江西流落到此的兽医，在此行医多年，为当地六畜消除了瘟疫，深得当地人的敬仰。他死后人们为他塑像，尊其为罗汉大王，建罗汉庙。后来，当地每当猪、牛产子，人有病患，都把罗汉大王雕像接到家中上香烧纸、祈求平安。清代，胡运时(1647—1708)在庙附近建房定居，遂以庙名命村庄名。2014年，有居民52户220人，水田53亩，旱地25亩，山林120亩。

寺冲　属北港镇庄前社区，位于庄前社区中部，距居委会驻地新力大道中段300米。东邻卢家畈，西接寺冲，南连罗汉庙，北靠大坪乡大九房村的陈家、富婆冲。此地为长形山沟，入口有两个山咀对峙，北边山咀上古建有一小庙，称关山庙，另一个山咀也建有庙宇，故称山沟为寺冲。清代，胡旭初(1617—1707)在冲内建房定居，以冲名命村庄名。2014年，有居民40户190人，水田110亩，旱地60亩，山林210亩。

寺坡　属北港镇庄前社区，位于庄前社区北部，距居委会驻地新力大道中段1.5千米。东邻寺冲，西接桃树坳，南连易家垅，北靠大坪乡大九房村的富婆冲。此地为山坡，坡西头有尼姑庵及其他庙宇，故得名。清代，胡开汤(1675—1752)在坡上建房定居，以坡名命村庄名。2014年，有居民45户200人，水田105亩，旱地60亩，山林250亩。

屋背坡　属北港镇庄前社区，位于庄前社区西北部，距居委会驻地新力大道中段1.2千米。东接易家垅，西邻北港老街，南连易家老屋，北靠镇人民政府驻地。清代，易姓在易家老屋后面的山坡上建房定居，故命村庄名为屋背坡。2014年，有居民20户95人，水田20亩，旱地15亩，山林51亩。

西垅　属北港镇庄前社区，位于庄前社区西南部，距居委会驻地新力大道800米。东邻杨柳畈，西接易家老屋，南连中间屋，北靠易家垅。此地为长形山沟，因其处庄前的西方，故名。清代，李景埙(1809—1869)在垅内建房定居，以垅名命村庄名。2014年，有居民20户98人，水田54亩，旱地40亩，山林105亩。

杨柳畈　属北港镇庄前社区，位于庄前社区东南部，距居委会驻地新力大道中段约800米。东接袁家，西接西垅、袁家垅，南邻北港河道，北靠庄家铺。此地是北港、南港汇合处向北延伸的平地，又因畈上古生长杨、柳树，故名。明末，胡重九(1626—1714)在畈上建房定居，以畈名命村庄名。2014年，有居民55户253人，水田160亩，旱地53亩，山林20亩。

易家老屋　属北港镇庄前社区，位于庄前社区西南部，距居委会驻地新力大道中段 1.5 千米。东接许家祠堂，西邻北港河道，南连英达屋，北靠北港老街。明初，易本位(1364—1414)在此建房定居，依姓氏命村庄名为易家。2014 年，有居民 175 户 750 人，水田 138 亩，旱地 180 亩，山林 200 亩。

易家垅　属北港镇庄前社区，位于庄前社区中部，距居委会驻地新力大道中段 100 米。东接槐树塆，西邻茨咀，南连中间屋，北靠杨沙垅。此地为长形山沟，清代，易皇安(1678—1739)迁垅内建房定居，以姓氏及地形综合命村庄名为易家垅。2014 年，有居民 42 户 191 人，水田 35 亩，旱地 53 亩，山林 140 亩。

英达屋　属北港镇庄前社区，位于庄前社区西南部，距居委会驻地新力大道中段 950 米。东接龙门村华堂铺，西邻小界角坡，南连龙门村龙门口，北靠端甫屋。清代，李英达(1824—1873)在此建房定居，以其名命村庄名。2014 年，有居民 20 户 95 人，水田 32 亩，旱地 45 亩，山林 45 亩。

中间屋　属北港镇庄前社区，位于庄前社区南部，距居委会驻地新力大道中段 1 千米，西北邻港背许家祠堂，东北接西垅、袁家垅，南隔北港河道与龙门村的晒谷石和竹山塆对望。清代，胡姓在申家垅中间几座小山形成的塆中建房定居，故名中间屋。2014 年。有居民 33 户 150 人，水田 40 亩，旱地 35 亩，山林 45 亩。

庄前大屋　属北港镇庄前社区，位于庄前社区东部，距居委会驻地新力大道约 500 米。东邻大坪乡大九房村孙家，西接卢家畈，南连横冲村，北靠大坪乡大九房村甘家庄。古时此地有几家铺子和看管土地的庄屋，故称为庄屋。明末，李楚隽(1585—1667)、周世湖(1612—1653)先后在庄屋的前方建房定居，因房屋规模大，遂以与庄屋形成的方位命村庄名为庄前大屋。2014 年，有居民 60 户 270 人，耕地 150 亩，其中水田 120 亩，旱地 30 亩，山林 205 亩。

第四节　沉山村及所属聚落

【沉山村】　属北港镇辖村，位于北港镇南部，距北港中心集镇 3 千米。东接枫树村，西临沉山里，南连方塅村、北靠龙门村，辖区面积 2.6 平方千米。以域内山岭的古名而命村名(见陆地地形“沉山里”)。1950 年，属通城县畈上乡；1958 年人民公社化时，设中心大队(沉山)、新建大队(八甲)，属崇阳县北港(英雄)人民公社丰衣管理区；1961 年恢复区、镇建制，属通城县北港区丰衣公社；1971 年，中心大队与新建大队合并为中心大队；1975 年撤区并社，属北港公社；1981 年，中心大队分设八甲大队(划出，于 2002 年八甲与龙门合并为龙门村)、沉山大队；1984 年设区建乡，沉山大队更名沉山村，属北港区枫树乡；1987 年区乡体制改革，属北港镇。下辖 7 个村民小组，有 15 个居民点。村民有杨、胡、李、聂、徐、许、吴、戴等姓，以李、杨、胡姓为主。境内有金山寺、团山庙、沉山小桥、沉山新桥、沉山水库、沉山里东、西两个基站。2010 年，新建村委会办公楼，占地面积 1000 平方米，建筑面积 240 平方米，设有便民服务厅等。距 G353 国道公路距离 2 千米，距最近的杭瑞高速进出口公路距离 2.6 千米，居民点全部通公路。2014 年，有居民 436 户 1800 人，水田 58.5 公顷，山林 150.5 公顷。村民以种植水稻、红薯为主，兼养猪、牛、羊、鱼、鸡、鸭等；经济来源主要为务农、务工、经商，年人均纯收入 7174 元。

大屋垅　属北港镇沉山村，位于沉山村北部，距村委会驻地咀上畈 1 千米。东接王家坡，西邻沉山里，北靠龙门村，南连上背屋。清咸丰年间，李元二从王家坡迁垅内建房定居，因住宅规模大，遂称村庄为大屋垅。2014 年，有村民 25 户 98 人，耕地 70 亩，山林 320 亩。

咀上畈　属北港镇沉山村，位于沉山村中心，为村委会驻地，距北港中心集镇 3 千米。东邻杨家屋，西毗聂家，南连张家畈，北靠老窑棚。此地为一面积较大平地，因畈边邻山咀，故称咀上畈。清代，杨方琥(1712—1759)在畈内建房定居，以畈名命村庄名。2014 年，有村民 23 户 98 人，耕地 49.5 亩，山林 35 亩。

老背屋(又名下背屋)　属北港镇沉山村，位于沉山村西部，距委会驻地咀上畈600米。西、南连大路王家坡，东邻杨家老山，北靠樟柏垅。明末，杨开法(1592—1669)在此建房定居，因住宅与大路王家相背而向，故命村庄名为背屋。杨生三子，长子迁桂家村魏家畈，三子迁居上背屋，次子及其子孙在原地居住，故改名为老背屋。2014年，有居民20户90人，耕地42亩，山林85亩。

聂家　属北港镇沉山村，位于沉山村西部，距村委会驻地咀上畈1.5千米。东连咀上畈，西邻沉山里，南至摇家坡，北靠上背屋。清代，聂胜望(1755—1819)在此建房定居，以其姓氏命村庄名。其父子三人皆为国学士，在此共建五重华堂，并树立桅杆石一对。2014年，有居民49户198人，耕地82亩，山林475亩。

王家坡　属北港镇沉山村，位于沉山村北部，距村委会驻地咀上畈600米。东接杨家屋，西至大屋垅，南连聂家下屋，北靠樟柏垅。元末，王姓在此地建房定居，因住宅处山坡上，遂以其姓氏综合地形命村庄名为王家坡。清代，王氏将祖屋卖与李立大(1771—1841)改建华堂五重，仍用原村庄名。2014年，有居民60户200人，耕地101亩，山林400亩。

新屋场　属北港镇沉山村，位于沉山村西北部，距村委会驻地咀上畈500米。西、北与王家坡相邻，南临大屋畈港，东接七斗桥。清代，李姓迁此新建房屋定居，故名。2014年，有居民20户110人，耕地40亩，山林89亩。

杨家　属北港镇沉山村，位于沉山村中部，距委会驻地咀上畈100米。东接杨家新铺，西邻咀上畈，南连枫树村，北靠王家坡。明代，杨兴二(1457—1488)从临湘迁居此地定居，以其姓氏命村庄名。2014年，有村民38户130人，耕地82.5亩，山林65亩。

杨家新铺(又名杨家铺)　属北港镇沉山村，位于沉山村中部，距村委会驻地咀上畈200米。东连龙门八甲，南接团山庙，西邻杨家大屋，北靠罗家冲。古代，此地为李姓祠堂。清代，杨姓在祠堂附近定居，称杨家新屋。民国时，李尔舟(1900—1983)在杨家新屋定居并开设肉铺、酒坊、杂货铺、牌场等，更名为杨家新铺。2014年，有村民36户124人，耕地61亩，山林13亩。

樟柏垅(章伯垅)　属北港镇沉山村，位于沉山村东南部，距委会驻地咀上畈800米。东接老背屋，西至龙门师子坡，南连王家坡，北靠罗家冲。此地为一山沟，因古时垅内生长成片樟树、柏树，故名樟柏垅。明代，胡必能(1434—1560)在垅内建房定居，故以垅名命村庄名为，谐称章伯垅。2014年，有村民29户210人，耕地72亩，山林90亩。

张家畈　属北港镇沉山村，位于沉山村西南部，距村委会驻地咀上畈500米，东接益寿屋，西邻摇家坡，南连方塅村，北靠咀上畈。此地为一面积较大的平地，古代，张姓在畈内建房定居，故名。因张姓无后，外甥胡六斌(1468—1538)继承外祖家业于此定居，仍用原村庄名。2014年，有居民53户240人，耕地72亩，山林23亩。

第五节　大界村及所属聚落

【大界村】　北港镇辖村，位于北港镇西部，村委会驻地三公庙，距北港中心集镇2千米。东接贯青村、长青社区，西、北连湖南省临湘市詹桥镇大界村，南靠桂家村，辖区面积6.2平方千米。因域内有居民点名大界而得村名。1950年，属通城县北港区桂家乡、岭源乡；1958年人民公社化时，设光明(原桂家乡)、永久(原岭源乡)、共同(原岭源乡)大队，属崇阳县北港(英雄)人民公社北港管理区；1961年恢复区、镇建制，属通城县北港区北港公社；1971年，光明、永久、共同大队合并为永久大队；1975年1月撤区并社，属北港公社；1981年，永久大队分设为新塆(原光明)、冯塆(原永久)、楠木(原共同)大队；1984年设区建乡，新塆、冯塆、楠木大队分别更名新塆、冯塆、楠木村，属北港区北港乡；1987年区乡体制改革，属北港镇；2004年，新塆、冯塆、楠木村合并为大界村。下辖14个村民小组，有25个居民点，有新塆、冯塆、楠木等6个片区。2001年，修建村委会办公楼，建筑面积250平方米，设有便民服务厅等。村内有湖北玉成陶瓷科技有限公司、华兴环保砖厂、通城辉隆体育用品有限公司、诚信环保砖厂、村级医疗室、幸福院、村办小商店等企、事业单位。居民有胡、李、唐、卢、桂、杨、魏、傅、徐、吴、袁等姓，以李姓为主。G353国道经过村域，距村域最近的杭瑞高速进出口公路距离2.5千米，居民点全部通公路。2014年，有居民967户3720人，耕地249.6公顷，山林203.3公顷；居民主要种植水稻、红薯；经济来源主要为务农、务工、经商，全年人均纯收入7320元。

新塆地片　属北港镇大界村，位于大界村正南，距北港中心集镇2千米。东连桂家村杨河片区，西接湖南省临湘县詹桥镇大界村，南靠桂家，北邻冯塆，面积1.7平方千米。因域内有居民点名新塆而得地片名。片内辖5个村民小组，有9个居民点。G353国道傍村而过，距地片最近的杭瑞高速进出口公路距离2.6千米，居民点全部通公路。2014年，有居民208户1460人，耕地27公顷，山林28公顷。

冯塆地片　属北港镇大界村，位于大界村西部，距北港中心集镇2千米。东连楠木片区，西连湖南省临湘市詹桥镇大界村，南靠新塆片区，北邻廖家冲，总面积约2平方千米。因域内有居民点名冯家塆而得地片名。辖5个村民小组，有9个居民点，另有湖北玉成陶瓷科技有限公司、华兴环保砖厂、村医疗室、村幸福院、村办小商店等企事业单位。G353国道穿境而过，距地片最近的杭瑞高速进出口公路距离2.7千米，居民点全部通公路。2014年，有村民243户1010人。耕地24.4公顷，山林30.2公顷。

楠木地片　属北港镇大界村，位于大界村东部，距北港中心集镇2千米。东连贯青村、长青社区，西连孟家庄，南邻青美冲，北靠断峰山，总面积约2.5平方千米。因域内有居民点名楠木桥而得地片名。辖4个村民小组，有7个居民点，另有通城辉隆体育用品有限公司、诚信环保砖厂。G353国道穿境而过，距地片最近的杭瑞高速进出口公路距离2.5千米，居民点全部通公路。2014年，有居民206户1160人，耕地22.2公顷，山林26.7公顷。

大界　属北港镇大界村，位于大界村西部，距村委会驻地三公庙1千米。东连冯家塆，西接湖南省临湘市詹桥镇的大界村，南靠藕塘，北邻湖南省临湘市詹桥镇大界村。大界史称界头，俗称界上。据传，清朝康熙年间，湖北省通城县与湖南省临湘县县界纠纷再起，为平息争端，两县官商定备了一块重300斤的麻石界碑，上刻“大界”二字，由通城县北港樊姓屋场的樊举人从石南桥起肩，中途不准换肩，不准歇伙，一直向西走，界碑落地之处即为两县县界。樊举人将石碑上肩后一路向西，一口气走了12.5千米，站着喘了气，人称此地小界。继续往西走了2.5千米，才把石碑从肩上放下，趸在地上，后人称此地大界，为两县之界。清代，李邃林(1744—?)在界碑旁搭建草屋定居酿酒经商，命宅名大界。2014年，有居民37户140人，耕地49.8亩，山林98亩。

大人冲　属北港镇大界村，位于大界村南部，距村委会驻地三公庙2千米。东接维新屋，西连藕塘，南靠石猪槽，北邻冯家塆。此地为长条形山沟，为通城四大水系之一的铁柱港的发源地之一，故称大源冲。因方言音“源”与“人”相近，后人逐渐将“源”字演化变读成“人”，叫大人冲。明代，李万才(1466—1566)在山沟内建房定居，以山沟名命村庄名。2014年，有居民63户356人，耕地36.7亩，山林74亩。

冯家塆　属北港镇大界村，位于大界村西部，距村委会驻地三公庙1千米。东连毛家铺，西连大界，南邻干坡，北靠美满冲。此地处湘、鄂交界的山岭拐弯处，明嘉靖年间，冯姓在塆内建房定居，以其姓氏和地形综合命村庄名。2014年，有居民42户120人，耕地83.2亩，山林38亩。

廖家冲　属北港镇大界村，位于大界村东北部，距村委会驻地三公庙1.5千米。东连三房卢家，西连金塘冲，南邻廖家冲新屋，北靠湖南省临湘市詹桥镇。此地为长条形山沟，明初，廖姓人家在冲内居住故称。后廖姓外迁，胡泰正(1609—1696)买下廖姓住宅定居，并沿用旧村庄名。2014年，有居民100户440人，耕地130.5亩，山林405亩。

廖家冲新屋　属北港镇大界村，位于大界村东北部，距村委会驻地三公庙1千米。东接贯青村，西连金塘冲，南邻七房卢家，北靠廖家冲。清代，胡振璜(1752—1812)迁居此地。因住宅在廖家冲老屋之后建造，故名。2014年，有居民28户140人，耕地70亩，山林102亩。

美满冲　属北港镇大界村，位于大界村北部，距村委会驻地三公庙500米。东连金塘冲，西接冯家塆，南邻三公庙，北靠临湘市詹桥镇坳岭。此地为长条形山沟，明晚期，此地居李姓，村庄名李家冲。其第二代李美安(1560—1645)家资巨富。一天，全家青壮年外出，山贼闻讯，洗劫了该家，抢走纹银4斗，还用蔑帘卷紧年已古稀的李美安，淋上油将其活活烧死。为纪念他，后人将村庄改名为美安冲，谐音演变成美满冲。2014年，有居民30户210人，耕地150亩，山林58亩。

孟家庄　属北港镇大界村，位于大界村东部，距村委会驻地三公庙300米。东连楠木桥，西连三公庙，南靠青美冲，北邻金塘冲。古代，此地是孟姓的土地，并建有看管土地的房屋即庄屋，故称。后孟姓遭诛杀，李元春(1725—1798)自江西迁此定居，仍用旧村庄名。2014年，有居民50户270人，耕地90亩，山林97亩。

藕塘(曾用名：偶堂)　属北港镇大界村，位于大界村南部，距村委会驻地三公庙2千米。东连大人冲，西接湖南省临湘市詹桥镇大界村，南靠桂家村，北邻大界。据传，清朝咸丰年间，该居民点的第二代李南军在河南开封府任府官，回家省亲，亲友们请他在家坐堂一次，以饱眼福。李南军推辞不得，遂演了一次坐堂。该地居民便以“偶然坐堂”而改村庄名为“偶堂”。又因当地居民种有大片莲藕，“偶堂”与“藕塘”同音，逐渐演变为“藕塘”。2014年，有居民29户170人，耕地89.9亩，山林30亩。

七房卢家　属北港镇大界村，位于大界村东部，距村委会驻地三公庙1千米。东接长青社区牌上胡家，西连孟家庄，南靠汤家嘴，北邻廖家冲。明末，卢希化(1603—?)迁此定居，以其排行及姓氏命村庄名。2014年，有居民56户270人，耕地100.66亩，山林310亩。

气和冲　属北港镇大界村，位于大界村南部，距村委会驻地三公庙2.5千米。东接桂家村上屋李家，西连石猪槽，南靠新塆，北连维新屋。此地为长条形山沟，清代，胡义权(1777—1821)在冲内建房定居，以其姓氏和地形综合命村庄名为胡家冲。后村民经常打架斗殴，经亲友劝说和解，人们希望从此和气相处，故改村庄名为气和冲。2014年，有居民39户210人，耕地85.8亩，山林70亩。

青美冲(曾用名：美青冲、清明冲)　属北港镇大界村，位于大界村偏南，距村委会驻地三公庙2千米。东连桂家村上屋李家，西连毛家铺，南靠周家坡，北邻孟家庄。此地为长条形山沟，明代，胡振宽、振福(1477—1596)两兄弟在此建房定居。挖宅基动土那天，适逢农历清明节，逐命村庄名为清明冲。后将清明冲改成青美冲、美青冲。2014年，有居民30户100人，耕地50亩，山林60亩。

三房卢家　属北港镇大界村，位于大界村东北部，距村委会驻地三公庙1.5千米。东接贯青村，西连廖家冲，南邻前新屋，北靠湖南省临湘市詹桥镇。清初，卢希梅(1633—1663)迁此定居，以其排行及姓氏命村庄名。2014年，有居民26户150人，耕地35.1亩，山林52亩。

三公庙　属北港镇大界村，位于北港镇西部，为大界村村委会驻地，距北港中心集镇2.2千米。东连孟家庄，西接新觉屋，南靠杭瑞高速公路，北邻美满冲。清末，孟姓家族在此处建三公庙。民国时期，李延马(?—2014)在庙旁建房定居，以庙名命村庄名。2014年，有居民5户20人，耕地20亩，山林11亩。

石珠朝　又名石猪槽，属北港镇大界村，位于大界村南部，距村委会驻地三公庙2.5千米。东接气和冲，西连藕塘，南靠新塆，北连大人冲。据传，此地有一石山咀，石咀的顶端有一圆石如斗，太阳底下，石上青光束束，寒芒闪闪，如同宝珠，故称石珠。清代，李景昭(1813—1894)在山咀附近定居，命村庄名为石珠咀。他生有二女，次女嫁瓦头咀太学士张恒炳之子张青谓，封一品诰命夫人。娘家人认为是石珠风水所出，故将村庄改名为石珠朝，人们谐称为石猪槽。2014年，有居民49户279人，耕地100.4亩，山林90亩。出生于该居民点的李廷臣(1912—1937)，抗日战争时期在上海四行仓库保卫战与战士们一起被誉为“八百壮士”，任大刀队队长。

王家山　属北港镇大界村，位于大界村东部，距村委会驻地三公庙500米。东接长青社区，西连孟家庄，南靠青美冲，北邻汤家咀。古代，这里的土地、山林归王姓所属，故称。明初，王姓惨遭朝廷灭门。清代，李正笔(1670—1743)自江西迁山下建房定居，以山名命村庄名。2014年，有居民20户80人，耕地20亩，山林42亩。

新湾　属北港镇大界村，位于大界村南部，距村委会驻地三公庙2.5千米。东连桂家村杨河片区，西接湖南省临湘县詹桥镇大界村，南靠桂家村桂家居民点，北邻冯塆片区。清代，有一个名叫桂新湾的人在此建房定居，以其名命村庄名。2014年，有居民32户130人，耕地65.2亩，山林124亩。

周家坡　属北港镇大界村，位于大界村南部，距村委会驻地三公庙1.5千米。东接桂家村上屋李家，西连干坡，南靠八房卢家，北邻青美冲。清代，周宗祥(1855—1910)在此建房定居，因住宅处青美冲山岭的山坡上，故以其姓氏和地形综合命村庄名为周家坡。2014年，有居民20户90人，耕地42亩，山林40亩。

第六节　方塅村及所属聚落

【方塅村】　北港镇辖村，位于北港镇南部，村委会驻地丁冲新屋，距北港中心集镇4千米。东接枫树村，西邻桂家村，南连雁门村，北靠沉山村，辖区面积约4.9平方千米。因域内有地片名方塅而得村名。1950年，属通城县北港区枫树乡；1958年人民公社化时，设方塅大队、畈上大队，属崇阳县北港(英雄)人民公社丰衣管理区；1961年恢复区、镇建制，属通城县北港区丰衣公社；1971年，方塅、畈上大队合并为方塅大队；1975年1月撤区并社，属北港公社；1981年，方塅大队分设为方塅、畈上大队；1984年设区建乡，方塅、畈上大队分别更名为方塅、畈上村，属北港区枫树乡；1987年区乡体制改革，属北港镇；2002年，方塅与畈上村合并为方塅村。下辖10个村民小组，有20个居民点。境内建有畈上桥、青山桥、土桥、青山老屋禾头坡基站(移动公司)。居民有李、胡、杨、吴、邓、黎、许、张、钟等姓，以胡、李、吴姓为主。距G353国道公路距离1.2千米，距境域最近的杭瑞高速进出口公路距离3千米，居民点全部通公路。2014年，村委会新建办公楼1栋，建筑面积310平方米，设有便民服务厅。另建医务室一栋，占地面积148平方米，新建农家超市一栋，占地面积150平方米。2014年，有村民734户3050人，水田126.3公顷、旱地97.7公顷、山林207.3公顷。村民主要种植水稻、红薯，经济来源主要为务农、务工、经商，村民年人均纯收入5990元。

方塅地片　属北港镇方塅村，位于方塅村西部，距北港中心集镇3千米。东接畈上，西邻湖南岳阳牛形村，南连枫树村，北靠石人冲水库，辖区面积约2.4平方千米。此地四面环山，中部有大片平坦之地，俗称为塅。又因古时这里山清水秀，芳草葱郁，故称为芳塅，由此而得地片名。因"方"与"芳"同音，人们习惯简写成"方塅"。下辖5个村民小组、12个居民点。距G353国道公路距离1.2千米，距境域最近的杭瑞高速进出口公路距离3千米，居民点全部通公路。2014年，有村民384户1650人，水田66.8公顷，旱地48.6公顷，山林111.9公顷。

畈上地片　属北港镇方塅村，位于方塅村南部，距北港中心集镇2千米。东接土桥，西邻青山新屋，南连村委会驻地丁新冲屋，北靠官任屋，辖区面积约2.5平方千米。因域内有居民点名畈上屋而得地片名。下辖5个村民小组，有8个居民点。距G353国道公路距离1.6千米，距境域最近的杭瑞高速进出口公路距离2.6千米，居民点全部通公路。2014年，有居民350户1400人，有水田59.5公顷，旱地49.1公顷，山林95.4公顷。

程家岭　属北港镇方塅村，位于方塅村西北部，距村委会驻地丁冲新屋500米。东接本屋场后山，西邻门前水田，南连李新春屋，北靠胡关金屋。古代，此地为程姓居住地，因住宅后方有山岭，故名程家岭。清代，程家外迁，李祥绘(1846—1899)迁入定居，仍用原村庄名。2014年，有村民19户80人，水田51亩，旱地34亩，山林85亩。

丁冲老屋　属北港镇方塅村，位于方塅村西北部，距村委会驻地丁冲新屋400米。东接丁冲新屋，西邻燕屋，南连屋后山，北靠门前小港。此地为长条形山沟，元代，丁姓在冲内定居，命村庄名为丁家冲。后来，丁姓外孙李志铭(1335—1377)继承外公业产，定居于此，改称丁冲老屋。2014年，有村民52户216人，水田129亩，旱地86亩，山林230亩。

丁冲新屋　属北港镇方塅村，位于方塅村西北部，为村委会驻地，距北港中心集镇4千米。东为村委会办公楼，西邻丁冲老屋，南连本屋后山，北靠大港。清代，李文玉（1640—1707）从丁冲老屋迁出，在此新建房屋定居，故称。2014 年，有村民 102 户 380 人，水田 232 亩，旱地 155 亩，山林 388 亩。

范家　属北港镇方塅村，位于方塅村南部，距村委会驻地丁冲新屋 200 米。东接枫树庙塆，西邻昔古屋，南连马嘴塘，北靠丁冲新屋。古代，有范姓人家在此建房定居，故名，后迁走。清代，吴昆良迁此定居，仍用原村庄名。2014 年，有村民 86 户 380 人，水田 217 亩，旱地 144 亩，山林 362 亩。

畈上屋　属北港镇方塅村，位于方塅村南部，距村委会驻地丁冲新屋 100 米。东接土桥，西邻青山新屋，南连村委会，北靠官任屋。民国时期，李绪林（1918—?）在此建房定居，因住宅处一较大平地之中，故命村庄名为畈上屋。2014 年，有村民 58 户 160 人，水田 97 亩，旱地 67 亩，山林 162 亩。

楼梯塆　属北港镇方塅村，位于方塅村东南部，距村委会驻地丁冲新屋 100 米。东接昔古屋，西邻四比坡，南连程家岭，北靠黄土山。此地为众多小山岭围绕形成的山塆，清代，李有斌（1642—1703）在山塆内建房定居，因住宅依山坡而建，分级而上，如上楼梯，故命村庄名为楼梯塆。2014 年，有村民 32 户 130 人，水田 82 亩，旱地 68 亩，山林 150 亩。

青山老屋　属北港镇方塅村，该居民点位于方塅村西南部，距村委会驻地丁冲新屋 500 米。东接竹山，西邻竹山，南连青山，北靠门口塘。明代，胡嵩（1468—1536）在青山下方建房定居，故命村庄名为青山屋。因后有子孙分支外迁，改称此住宅青山老屋。2014 年，有村民 55 户 180 人，有水田 111 亩，旱地 92 亩，山林 142 亩。

青山新屋　属北港镇方塅村，位于方塅村西南部，距村委会驻地丁冲新屋 400 米。东接畈上屋，西邻边湾，南连大港，北靠本屋后山。明代，原青山老屋胡姓儿孙较多，拥挤不堪，胡朝富（1484—1549）遂傍老屋新建房屋定居，故命名为青山新屋。2014 年，有村民 53 户 210 人，水田 151 亩，旱地 129 亩，山林 216 亩。

谭家坪　属北港镇方塅村，位于方塅村东部，距村委会驻地丁冲新屋 900 米。东接王马塘，西邻本屋后山，南连伴山坑，北靠楼梯塆。此地为面积较大的平地，俗称坪（后文相类似地形皆称“坪”）。古代，谭姓人家在此建房定居，故称谭家坪。后谭姓外迁，李祥树（1842—1924）迁此定居，仍用原名。2014 年，有村民 20 户 110 人，水田 66 亩，旱地 54 亩，山林 111 亩。

桃友屋　属北港镇方塅村，位于方塅村西南部，距村委会驻地丁冲新屋 600 米。东接杨家园，西邻新屋咀上，南连后山，北靠桂家村。清代，胡桃友在此建房定居，以其名命村庄名。2014 年，有村民 45 户 200 人，水田 123 亩，旱地 102 亩，山林 205 亩。

土桥铺　属北港镇方塅村，位于方塅村南部，距村委会驻地丁冲新屋 100 米。东接沉山张家畈，西邻畈上屋，南连枫树庙塆，北靠摇前塘。古时，此地有一座小桥，名叫永寿桥，因其简易，人们又称其为土桥。清末，李绪元（1862—1925）在桥边建房定居开店，故名。2014 年，有村民 26 户 140 人，水田 88 亩，旱地 74 亩，山林 150 亩。

昔古屋　属北港镇方塅村，位于方塅村西南部，距村委会驻地丁冲新屋 110 米。东接范家，西邻楼梯塆，南连王马塘，北靠黄土山。清代，此地住着一位长寿老者叫昔古，因而以其名命村庄名。据传，昔古家境富裕，有两子两媳，但晚景不好，俩儿子早逝，又遭火灾，整个屋场烧了七天七夜才烧完。后来，李关春（1735—1786）在此建房定居，仍用原村庄名。2014 年，有村民 37 户 161 人，水田 113 亩，旱地 100 亩，山林 170 亩。

杨家园　属北港镇方塅村，位于方塅村西南部，距村委会驻地丁冲新屋 500 米。东接青山老屋，西邻桃友屋，南连山岭，北靠胡家。明晚期，杨家的女儿嫁给青山老屋胡世仕（1579—1658），杨家以此地作为嫁妆，被胡家作为菜园，故命名为杨家园。2014 年，有村民 24 户 110 人，水田 77 亩，旱地 65 亩，山林 110 亩。

摇前塘（又名窑前塘）　属北港镇方塅村，位于方塅村西北部，距村委会驻地丁冲新屋 1 千米。东接土桥，西邻沉山里，南连官任屋，北靠本屋后山岭。古时，该地有一座烧砖瓦窑，窑前有一水塘，得名窑前塘。清初，杨开聘（1639—1699）在池塘旁建房定居，以池塘名命村庄名。后人依谐音称为摇前塘。2014 年，有村民 38 户 120 人，水田 89 亩，旱地 76 亩，山林 128 亩。

第七节　枫树村及所属聚落

【枫树村】　北港镇辖村，位于北港镇南部，村委会驻地铺里，距北港中心集镇4千米。东接石南镇，西邻沉山、方塅村，南连雁门村，北靠横冲村，辖区面积4.1平方千米。因域内有地片名枫树畈而得村名。1950年，属通城县枫树乡；1958年人民公社化时，设枫树、南港大队，属崇阳县北港(英雄)人民公社丰衣管理区；1961年恢复区、镇建制，属通城县北港区丰衣公社；1971年，枫树、南港、许畈(划进)大队合并为枫树大队；1975年撤区并社，属北港公社；1981年，枫树大队拆分为枫树、南港、许畈大队(其中许畈大队划出，2002年许畈与横冲合并为横冲村)；1984年设区建乡，枫树、南港大队分别变更为枫树、南港村，属北港区枫树乡；1987年区乡体制改革，属北港镇；2002年，枫树、南港村合并为枫树村。域内矿产资源丰富，交通便利，庄湘公路穿境而过。下辖8个村民小组，有17个农村居民点。有丰衣完小、枫叶山庄、团山庙石材厂、南港一桥、南港二桥等单位与设施；2005年村委会办公楼建成，建筑面积约240平方米，内设便民服务中心；居民姓氏主要有李、钟、黎、杨、陈、袁、石、邓、胡、许、傅等姓，以李、邓姓为主。村域距G353国道公路距离2千米，距境域最近的杭瑞高速进出口公路距离2.5千米，居民点全部通公路。2014年，有村民599户2370人，耕地147.3公顷，山林86.4公顷。村民以种植水稻、红薯为主，主要经济来源为务农、务工、经商，年人均纯收入7288元。

枫树畈地片　属北港镇枫树村，位于枫树村南部，距北港中心集镇4千米。东接象狮坳，西邻沉山村，南连岳阳市相师，北靠沙锣坡，辖区面积2平方千米。因域内有居民点枫树畈大屋而得地片名。下辖4个村民小组，有8个居民点。地片距G353国道公路距离2千米，距境域最近的杭瑞高速进出口公路距离2.5千米，居民点全部通公路。2014年，有村民368户1550人，水田47.3公顷，旱地41.8公顷，山林60.1公顷。

大屋邓家　属北港镇枫树村，位于枫树村西北部，距村委会驻地铺里750米。东向南港河，南与背屋相背，西、北临益寿屋。明代，邓志良从坡内邓家迁居此地，后有李姓迁入，因房屋规模宏大，遂以姓氏综合住宅规模命村庄名为大屋邓家。2014年，有村民38户150人，耕地140亩(水田100亩，旱地40亩)，山林80亩。

枫树畈大屋(又名枫树大屋)　属北港镇枫树村，位于枫树村南部，距村委会驻地铺里600米。北与铺里相连，东与南港交界，西向南港河，东靠狮子岭。此地为面积较大的平地，古有千年大枫树，人称枫树畈。古代，此地为邓姓定居地，名邓家。后邓姓外迁，李审端(1770—1832)自狮子岭迁此定居，在此建规模宏伟的大屋，改村庄名枫树畈大屋。2014年，有村民95户380人，耕地340亩(水田200亩、旱地140亩)，山林200亩。出生于该居民点的各界名人有：李向荣(1888—1942)，字植先，1917年毕业于武昌高等师范院校，创办孝感林校(校址羊楼洞)和通城林校(校址麦市镇)、通城女子学校，为解决教育经费之短缺，动员家族、社会，四处奔波捐助，募得学田四百石，租谷千余石；石德清(1968—)，博士学位，2014年任华中师范大学教授。

枫树蔸脚(又名枫树脚底)　属北港镇枫树村，位于枫树村北部，距村委会驻地铺里500米。东接张家堤山地，西临庄湘公路、南港河，北靠张家堤防洪堤。清代，李祥云(1840—?)在此建房定居，因住宅规模不大，周围有三棵古枫树，故名。2014年，有村民57户240人，耕地132亩，山林120亩。出生于该居民点的李毅清(1965—)，2014年任武汉协和医院血管外科教授、主任医师。

南港　属北港镇枫树村，位于枫树村最南端，距村委会驻地铺里2千米。南离雁门水库1千米。东向南港河，西靠石岩神山，北连雁门村。元代，胡天奇(1349—?)之祖父在此建房定居，后有李姓迁入。因住宅位于南港河边，故以河名命村庄名。2014年，有村民79户310人，耕地290亩(水田150亩、旱地140亩)，山林300亩。自1950—2002年用该居民点名称先后设立过生产大队、行政村。

坡内邓家(又名坡内屋)　属北港镇枫树村，

位于枫树村中部，距村委会驻地铺里300米。北与枫树蔸脚毗邻，西对庄湘公路、南港河，东临狮坳山冲。明代，邓嗣禹(1403—1464)在此建房定居，因住宅处一山坡上，故以地形综合居民姓氏命村庄名。2014年，有村民50户210人，水田95亩，旱地100亩，山林140亩。

铺里(又名枫树畈)　属北港镇枫树村，位于枫树村中心，为村委会驻地，距北港中心集镇4千米。东靠上许家咀和下许家咀，南傍枫树畈大屋，北邻铺者，西毗南港河。此地古有千年大枫树。清末，李可四(1882—1947)在此建房定居并开店铺，故得名。2014年，有村民60户230人，耕地210亩(水田110亩、旱地100亩)，山林100亩。1950—1986年，该居民点先后为原枫树乡、丰衣公社机关驻地。

沙锣坡　属北港镇枫树村，位于枫树村北部，距村委会驻地铺里1.5千米。北邻横冲村许家畈，南挨孟家咀，东接石南镇漂垅村，西向庄湘公路。清代，胡魁南(1742—1824)在此建房定居，因住宅后方有座麻沙土质的锣形山包；故名。2014年，有村民57户240人，耕地225亩，山林78亩。

向狮坳　属北港镇枫树村，位于枫树村东部，距村委会驻地铺里1.5千米。东连石南镇康家岭，西接坡内屋地墩，南向王力冲，北接沙锣坡。此地为山岭分水处，因山坳对面有形似狮子的山岭，故得名。明代，先后有胡本仁(1395—1463)、袁大忠(1483—1560)在此建房定居，以坳名命村庄名。2014年，有村民29户120人，耕地115亩(水田45亩、旱地70亩)，山林90亩。

益寿屋　属北港镇枫树村，位于北港镇西部，距村委会驻地铺里800米。北接大屋邓家，东、南毗邻官帽山。明代，邓益寿在此定居，以其名命村庄名。清代，李宗海(1738—1826)于清乾隆年间自邓姓手中购买其产业，仍用原村庄名。2014年，有村民35户120人，耕地113亩，山林65亩。出生于该居民点的李明成(1955—)，历任咸宁市航务管理局局长，武汉海事局副局长、党委副书记等职。

第八节　贯青村及所属聚落

【贯青村】　属北港镇辖村，位于北港镇北部，村委会驻地刘家屋，距北港中心集镇900米。东接庄前社区，西邻大界村，南连长青社区，北靠岭源村，辖区面积约4平方千米。因域内有居民点名贯青屋而得村名。1950年，属通城县北港乡；1958年，设金光、裕丰大队，属崇阳县北港(英雄)人民公社北港管理区；1961年，属通城县北港区北港公社；1971年，金光、裕丰大队合并为裕丰大队；1975年，属北港公社；1981年，裕丰大队又拆分为小背(原金光)、贯青(原裕丰)大队；1984年，贯青、小背大队分别更名为贯青、小背村，属北港区北港镇；1987年，属北港镇；2003年，小背、贯青村合并为贯青村。2014年修建村委会办公楼，建筑面积约300平方米，内设便民服务中心等。下辖7个村民小组，有18个居民点。村内主要有北港小学、镇福利院、客运站、崇辉石材厂4家企事业单位。居民有胡、吴、李、姜、孙、刘、易等姓，以胡、吴、孙姓为主。G353国道穿境而过，距境域最近的杭瑞高速进出口公路距离2千米，居民点全部通公路。2014年，有居民706户2760人，水田99.1公顷，旱地48.5公顷，山林33.3公顷。村民以种植水稻、红薯为主；经济来源主要以务农、务工、经商为主，年人均纯收入6369元。

小背地片　属北港镇贯青村，位于贯青村北部，距北港中心集镇1千米。东接大坪九房村，西邻岭源村，南连夹颈屋、王婆大圻、刘家屋、曹家咀屋，北靠尖山岭、大坪张家村，辖区面积2.5平方千米。因域内有居民点名小背屋而得地片名。域内下辖3个村民小组，有11个农村居民点。距G353国道公路距离1千米，距境域最近的杭瑞高速进出口公路距离3千米，居民点全部通公路。2014年，有居民342户1320人，水田40.7公顷，旱地2.7公顷，山林30公顷。

曹家咀　属北港镇贯青村，位于贯青村东部，距村委会驻地刘家屋200米。东接庄前下坳，西邻漆家垅，南连贯青屋，北靠刘家屋。此地为山体凸出的前端，古时，曹姓在此定居，故名。后来曹姓家族衰落，将住宅卖与胡方隅(1747—1776)定居，仍用原村庄名。2014年，有村民26户100

人，水田40亩，旱地8亩，山林25亩。出生于该居民点的胡克魁(1843—1898)，历任两广都堂正印、宜昌府都堂正印。

古青屋　属北港镇贯青村，位于贯青村北部，距村委会驻地刘家屋1.3千米。东接吴家屋，西邻贯堂屋，南连小背屋，北靠尖岭。清代，胡古泗(1673—1746)在此处建房定居，以其名命村庄名(该房屋1938年被日寇烧毁，胡姓在原址新造房屋定居)。2014年，有村民30户140人，水田60亩，旱地20亩，山林22亩。

贯堂屋(又名过堂屋)　属北港镇贯青村，位于贯青村西北，距村委会驻地刘家屋1.5千米。东接古青屋，西邻岭源村，南连小背屋，北靠尖岭。明代，此地建有胡姓看管土地的庄屋。清代，胡贯堂(1781—1855)买下胡氏庄屋兴建横直三重的砖瓦房，以其名命村庄名。2014年，有村民46户270人，水田118亩，旱地38亩，山林40亩。

贯青屋　属北港镇贯青村，位于贯青村南部，距村委会驻地刘家屋400米。东接庄前下坳，西邻大界寥家冲，南连长青路，北靠孙家屋。清代，胡贯青(1759—1852)在此建房定居，以其名命村庄名。2014年，有村民251户800人，水田486亩，旱地120亩，山林130亩。

夹颈屋　属北港镇贯青村，位于贯青村西部，距村委会驻地刘家屋1千米。东接王婆大垅，西邻岭源村，南连岭源牌坊铺，北靠贯堂屋。清代，胡运礼(1677—?)在此地建房定居，因住宅处两山相拥的狭窄处，故命村庄名为夹颈屋。2014年，有村民50户250人，水田113亩，旱地30亩，山林35亩(对面1千米处原有坳背小居民点4户18人，1987年前搬迁到贯青至岭源公路两边居住)。

刘家屋　属北港镇贯青村，位于贯青村东部，为村委会驻地，距北港中心集镇900米。东接曹家咀，西邻王婆大垅，南连贯青屋，北靠漆家垅。明晚期，刘姓在此定居，故名。清代，刘姓衰落，将住宅卖与胡秀艳(1735—1780)，仍用原村庄名。2014年，有村民60户250人，水田113亩，旱地25亩，山林50亩。

漆家垅　属北港镇贯青村，位于贯青村东部，距村委会驻地刘家屋1千米。东接李家垅，西邻松树塘，南连曹家咀，北靠吴家屋。明代，为漆姓居住地故称，后漆姓外迁，胡振材(1747—1807)在此建房定居，仍用原村庄名。2014年，有45户120人，水田40亩，旱地8亩，山林15亩(漆家垅山上1千米处有大坡小居民点，3户22人，1984年前搬迁至剑垅冲居民点落户)。

王婆大垅　属北港镇贯青村，位于贯青村西部，距村委会驻地刘家屋300米。东接刘家屋，西邻夹颈屋，南连孙家屋，北靠小背屋。明代，一王姓老妇在此定居，因住宅门前有大水田一块，故命村庄名为王婆大垅。后因王婆无后嗣，胡来山(1685—1750)买下其房屋扩建，仍用原村庄名。2014年，有村民35户110人，水田40亩，旱地11亩，山林15亩。

吴家屋(原名邹家屋)　属北港镇贯青村，位于贯青村东北部，距村委会驻地刘家屋1千米。东连石峡水库大坡鹅咀石，西接古青屋，南面水田，北靠彭家尖山。明代，邹姓在此修建房屋定居，名邹家屋。后来，吴开贤(1653—1712)买下邹家屋定居，更名为吴家屋。2014年，有村民90户500人，水田148亩，旱地56亩，山林60亩。

小背屋　属北港镇贯青村，位于贯青村北部，距村委会驻地刘家屋1千米。东接古青屋，西邻北港中心福利院，南连松树塘，北靠龙形山。清代，胡德宇(1655—?)在此新建房屋，因他排行小，屋场又在迷信说法中为龙形，被其视为宝贝之地，故命村庄名为小贝屋，后改称小背屋。2014年，有村民35户100人，水田56亩，旱地12亩，山林25亩。

第九节　桂家村及所属聚落

【桂家村】　北港镇辖村，位于北港镇西南部，村委会驻地六斗畈，距北港中心集镇4.1千米。东接龙门、沉山村，南连方墩村和岳阳相师乡、南充镇，西邻湖南岳阳县，北靠大界村，辖区面积8.6平方千米。因域内有居民点桂家大屋而得村名。1950年，属通城县桂家乡；1958年，设全心、齐心、杨荷、和平大队，属崇阳县北港(英雄)人民公社北港管理区；1961年，属通城县北港区北港公社；1971年，全心、齐心、杨荷、和平大队合并为春风大队；1975年，属北港公社；1979年，春风大队分设春风(全心、齐心、杨荷)、和平大队；1981年，春风大队分设桂家(全心、齐心)、杨荷大队，和平大队变更为石人大队；1984年，桂家、杨荷、石人大队分别变更为桂家、杨荷、石人村，属北港区北港乡；1987年，属北港镇；2002年，桂家、杨荷、石人村合并为桂家村。下辖11个村民小组，有31个农村居民点。村内主要有北港至石人冲省际公路、石人桥、庙上桥、双港桥、石人冲水库、石人冲水库西干渠、石家渡槽、石人冲基站(移动公司)、桂家祠堂、桂家小学、桂家洞大港、桥上泉、铜鼓山、沉三里、犁分、狮形祠堂。居民有李、桂、胡、石、杨、舒、邓、黎、邹、黄等姓，以李、胡、桂姓为主。2007年，建村委会办公楼，建筑面积250平方米，设有便民服务厅、党员活动室、村卫生室。村域距G353国道公路距离1千米，距境域最近的杭瑞高速进出口公路距离3千米，居民点全部通公路。2014年，有村民824户3450人，耕地233.3公顷，山林413.3公顷。村民以种植水稻、红薯、玉米为主，经济来源主要以务农、务工、经商为主，年人均纯收入5930元。

石人地片　属北港镇桂家村，位于桂家村西南部，距北港中心集镇5千米。东接燕岩山，西邻铜鼓山，南连湖南岳阳南冲镇，北靠下步塘，辖区面积4.2平方千米。因域内有一形似人样的石人而得地片名。下辖2个村民小组，有9个居民点。地片距G353国道公路距离3.5千米，距境域最近的杭瑞高速进出口公路距离4.5千米，居民点全部通公路。2014年，有居民140户600人，水田8公顷，旱地10公顷，山林133.3公顷。

杨荷地片　属北港镇桂家村，位于桂家村东北部，距北港中心集镇3.3千米。东接沉山里山脚，南连桂家大屋，西邻大界村，北靠长青社区，辖区面积2.1平方千米。因域内有居民点杨荷洞新老屋而得地片名。下辖2个村民小组，有5个居民点。地片距G353国道公路距离1.2千米，距境域最近的杭瑞高速进出口公路距离2.7米，居民点全部通公路。2014年，有居民130户500人，水田20公顷，旱地6.7公顷，山林66.7公顷。

范家岭　属北港镇桂家村，位于桂家村东南部，距离村委会驻地六斗畈约4千米。东傍燕岩，西接界牌塘，南靠湖南相师乡目鱼山，北连新塘。古时，范姓于燕岩山脚半岭之中建房定居，故名。后范姓外迁，李晃泗(1456—1517)从石人冲迁居该地，仍用原村庄名。2014年，有村民25户100人，耕地20亩，山林295亩。该居民点屋后有一目鱼山，山脚下有一天然石洞，石洞纵深长约1千米，能容纳好几百人。抗日战争时期，村民曾利用此洞躲避日寇的烧杀劫掠。为表纪念，村民将其称为“逃军洞”。

桂家祠堂　属北港镇桂家村，位于桂家村西北部，距村委会驻地六斗畈约1千米。东傍六斗畈；西邻大界村；南连桂家学校；北靠大界村新塆。清代，桂华安(1668—?)为首在此建桂家祠堂。后有桂姓子孙在祠堂旁建房定居，遂以祠堂名命住宅名。2014年，有村民30户130人，耕地80亩，山林150亩。

桂家大屋　属北港镇桂家村，位于桂家村西南部，距村委会驻地六斗畈约700米。东接沉山里，西邻大界村石嘴垅，南连双港桥、园坡，北靠大界村新塆。古时，此地为毛姓、陈姓居住地，名毛陈畈。元代，桂栽禄(1322—1399)迁居此地，其第四世后代系毛姓外甥，顶承毛姓家业，此时陈姓外迁，毛姓逐渐没落，桂姓从此开始发达。因有前车之鉴，故桂姓订立族规，外姓一律不得入住大屋内，仅由桂氏一族独居，改村名为桂家大屋。该居民点原有老式建筑房屋几百间，全用青砖砌成，有天井48个；屋前有大塘，右侧有月形塘，因年代久远失修大部分房子已倒塌。2014年，有村民170户750余人，耕地600亩，山林1500亩。出生于该居民点的桂瑞早(1920—　)，20世纪60年代出席全国劳模大会。

桂家洞　属北港镇桂家村，位于桂家村西南部，距村委会驻地六斗畈3.1千米。东连下步塘，西傍铜鼓山，南连庙坡，北靠桂家桥上。清代，桂必贤(1661—1705)在此建房定居，因住宅处狭长山沟之中，故命村庄名为桂家洞。2014年，有村民43户200人，耕地200亩，山林700亩。出生于该居民点的各界代表性人物有：桂凡平(1957—　)，2014年任人民解放军总后勤部某基地指挥部武汉审计处处长；桂民主(1972—　)，2014年任武汉市检察院纪委处级干部；桂文明(1969—　)，2014年任兰州铁道设计院高级工程师；丁如兰(女，1968—　)，大学学历，2014年任兰州商学院系主任。

界牌塘　属北港镇桂家村，位于桂家村南部，距离村委会驻地六斗畈约 6 千米。东傍范家岭，西接鹭鸶塘，南连摩天岭，北靠石人水库。古时，此地有一口水塘，处于湖北与湖南交界处，湖南人将分界点的石牌从塘的南边移置北边，这样就意味着整口塘归湖南人所有。当时樊家大屋的樊举人闻听此事后，到此地将需四人抬动的石牌一个人举起，绕塘走几圈，将石牌送至塘的南边(现在地)，湖南人见状目瞪口呆，服服帖帖，以石牌为界确定地段归属，故命池塘名界牌塘。清代，李景白(1792—1853)移居此地，以塘名命村庄名。2014 年，有村民 26 户 80 人，耕地 25 亩，山林 195 亩。

可佳冲(又名可家冲)　属北港镇桂家村，位于桂家村西南部，距村委会驻地六斗畈 3.1 千米。东邻瞿家村油茶基地，西连湖南临湘詹桥三界村，南接石家，北靠大界藕塘。此地为长条形山沟，清代，李洛春(1733—1797)在冲内建房定居，命村庄名为可住冲，意指可以(适合)居住。后其子孙繁昌，改"可住冲"为"可家冲"，意指"可以安居乐业"，后人谐称"可佳冲"。2014 年，有村民 42 户 170 人，耕地 130 亩，山林 620 亩。出生于该居民点的各界代表性人物有：李青(1925—1991)，曾任湖北省机电工业厅总工程师(正厅级)；李绪照(1929—)，曾任咸宁市委农工部长。

口前铺　属北港镇桂家村，位于桂家村西南部，距离村委会驻地六斗畈约 1.3 千米。东傍方塅村南冲垅，西依石人水库西干渠，南连石人水库大坝，北靠老鼠咀。清代，李斌南(1717—1799)在此建房定居并开商铺，因该地处于"石人冲"地片的出口之处，故命村庄名为口前铺。2014 年，有居民 20 户 110 人，耕地 80 亩，山林 500 亩。出生于该居民点的各界代表性人物有：李应锐(1949—)，曾任黄石市建材局局长兼党委书记；李亚锐(1961—)，博士学位，2014 年任华为集团主任工程师、主任经理。

栗树塆杨家　属北港镇桂家村，位于桂家村西部，距村委会驻地六斗畈 1.4 千米。东临北港至石人省际断头公路，西邻坳上杨家，南接魏家畈，北靠桂家学校。清代，杨仲增(1648—1720)迁此建房定居。因住宅左边青龙嘴处生长有一颗大栗树(1976 年被龙卷风吹折连根拔起，树干高近 20 米，直径约 2 米)，又因地处于山塆中，故命村庄名为栗树塆杨家。2014 年，有村民 33 户 130 人，耕地 90 亩，山林 300 亩。

六斗畈　属北港镇桂家村，位于桂家村中部，为村委会驻地，距北港中心集镇 4 千米。东傍沉山里，西邻大界村新塆，南连桂家大屋，北靠半岭屋。民国时期，胡建极(1895—?)在此建房定居，因住宅前一块田面积有六斗，故命村庄名为六斗畈。2014 年，有村民 12 户 60 人，耕地 40 亩，山林 100 亩。

上屋李家　属北港镇桂家村，位于桂家村东北部，距村委会驻地六斗畈 1.2 千米。东傍沉山里，西邻大界村八房卢家，南连杨荷洞新老屋，北靠长青社区。明代，李至诚(1472—1540)迁此定居，因住宅处于杨荷洞地片的上方部位，故命村庄名为上屋李家。2014 年，有村民 33 户 170 人，耕地 115 亩，山林 400 亩。

石家　属北港镇桂家村，位于桂家村西南部，距村委会驻地六斗畈 2.3 千米。东邻石人水库西干渠，西连桂家桥，南接下铺塘，北临北港至石人省际断头路。明代，石廷轩(1450—?)从秦家冲迁此地建房定居，因住宅处小平畈中，故命村庄名为石家畈，简称石家。2014 年，有村民 33 户 140 人，耕地 80 亩，山地 400 亩。

魏家畈　属北港镇桂家村，位于桂家村南部，距村委会驻地六斗畈 1.3 千米。东邻老鼠咀，西傍石人水库，南界面前铺，北靠栗树塆杨家。此地为一面积较大的平地，古为魏姓居住地，故名。后魏姓外迁，李福关(1922—1951)在此建房定居，仍用原村庄名。2014 年，有村民 20 户 90 人，耕地 70 亩，山林 200 亩。

杨荷洞新老屋　属北港镇桂家村，位于桂家村东北部，距村委会驻地六斗畈 700 米。东傍沉山里香山岭，西邻大界村翠水冲，南连六斗畈，北靠上屋李家。明代，胡兴秀(1472—1519)在此建房定居，命村庄名为三槐塘。后因子孙较多，胡才德(1694—1738)在老房子右边新建一栋房屋，故有"新、老"之分。又因胡浪腾(1744—1792)续配杨氏(1749—1826)乐善好施，德传乡梓，子孙繁盛，改三槐塘为杨婆洞，人们谐称为杨荷洞。2014 年，有村民 73 户 280 人，耕地 170 亩，山林 400 亩。出生于该居民点的胡健才(1953—)，2014 年任广州军区武汉陆军总医院心胸外科主任。

园坡　属北港镇桂家村，位于桂家村东南部，距村委会驻地六斗畈1.3千米。东傍沉山里西山，南连方塅村桃友屋，西邻方塅村新屋嘴，北靠香山岭。民国时期，胡建田(1887—1954)迁此地建房定居，因住宅地处圆形山坡上，故命村庄名为圆坡，人们为图简便，改称园坡。2014年，有居民40户170人，耕地110亩，山林300亩。

第十节　横冲村及所属聚落

【横冲村】　北港镇辖村，位于北港镇东部，村委会驻地乔华屋，距北港中心集镇1.8千米。东与石南镇仙姑村、大坪乡阁塘接壤，南与石南镇漂垅、虎岩、枫树村沙垅坡毗邻，西与龙门村相连，北与庄前社区接壤，辖区面积2.9平方千米。因域内有居民点名横冲大屋而得村名。1950年，属通城县草鞋、仙姑、枫树乡；1958年人民公社化时，设胜利、平峰大队(原草鞋、仙姑乡)，许畈、枫树、南港大队(原枫树乡)，属崇阳县北港(英雄)人民公社北港管理区(胜利、平峰)、丰衣管理区(许畈、枫树、南港)；1961年恢复区、镇建制，属北港区北港公社(胜利、平峰)、丰衣公社(许畈、枫树、南港)；1971年，胜利、平峰大队合并为胜利大队，许畈、枫树、南港大队合并为枫树大队；1975年撤区并社，北港公社、丰衣公社合并为北港公社；1981年，胜利大队分设庄前大队(原胜利大队，后划入庄前社区)、横冲大队(原平峰大队)，枫树大队分设为许畈、枫树(后划入枫树村)、南港(后划入枫树村)大队；1984年设区建乡，横冲、许畈大队变更为横冲、许畈村，属北港区北港乡；1987年区乡体制改革，属北港镇；2002年，横冲、许畈村合并为横冲村。2013年建有村委会办公楼一栋，建筑面积270平方米，内设有便民服务中心。下辖6个村民小组，有10个居民点。境内有湖北玉立公司玉蓉食品有限公司、县石油分公司、北港预制板厂、庄前道班、前冲小学、袁家山庄、泰和鞭炮公司、前冲学校、农技中心、农村淘宝店、阿里巴巴旗下、前冲幼儿园等企事业单位，居民点房屋大致沿南港呈条状分布。居民有胡、许、袁、李、王、邓、邱、桂、黎、鲁、杨等姓，以胡、李姓为主。杭瑞高速进出口位于村域内，G353国道傍村而过，居民点全部通公路。2014年，有居民415户1860人，水田68.3公顷，旱地7.1公顷，山林124公顷。居民种植水稻、油菜、油茶，兼养鱼、鸡鸭、牛羊、猪等，经济来源主要为务工、务农、经商，年人均纯收入为7360元。

许畈地片　属北港镇横冲村，位于横冲村南部，距北港中心集镇1.8千米。东与石南镇漂垅接壤，西临庄湘公路，南连枫树村，北与横冲大屋接壤。因域内有居民点名许畈大屋而得地片名。片内下辖2个村民小组，有3个居民点。杭瑞高速进出口位于村域内，G353国道依村而过，居民点全部通公路。2014年，有居民129户510人，水田19.5公顷，旱地7亩，山林40.9公顷。

白沙坳　属北港镇横冲村，位于横冲村中部，距村委会驻地乔华屋1.5千米。东与石南仙姑村花楼、米楼、下铺相邻，西与袁家接壤，南与程家相连，北与乔华屋相接。此地有山岭分水岭，因山坳为白色沙土壤，故称白沙坳。宋代，李松(1196—1284)在此建房定居，因住宅建在白沙坳旁，故以山坳名命村庄名。2014年，有居民22户90人，有水田70亩，旱地5亩，山林150亩。

程家　属北港镇横冲村，位于横冲村中部，距村委会驻地乔华屋2千米。东与石南仙姑村程家铺、下铺接壤，南与石南漂垅村老谷坪相邻，西与横冲大屋交界，北连接白沙坳。元代，李细五(1242—1333)在原居所程家铺对面山上开垦田地，建房定居，以其姓氏命新宅名为程家。2014年，有居民50户190人，有水田128亩，旱地13亩，山林201亩。

横冲大屋　属北港镇横冲村，位于横冲村东北部，距村委会驻地乔华屋1.5千米，东与程家接壤，西临庄湘公路，南至李汁塘、石湾，北至袁家。清末，胡金满(1851—1913)在此建房定居，命村庄名为胡家。后来李、桂、邓、邱、鲁、黎、王等姓迁入，因住宅规模宏大，处两山中间的长形山沟，住宅与山冲呈相反方向，故改命村庄名为横冲大屋。2014年，有居民80户330人，有水田270亩，旱地23亩，山林385亩。出生于该居民点的胡文(1975—)，2014 年任咸宁市委统战部副部长、市政府副秘书长。

李汁塘(谐称李志堂)　属北港镇横冲村，位于横冲村南部，距村委会驻地乔华屋 2 千米。东与石南镇漂垅冲接壤，西临庄湘公路，南与许畈大屋相连，北与石湾相邻。元代，胡小七(1242—1327)在此建房定居，因住宅前挖有一口圆形水塘，绕塘栽种着李树，故名。2014 年，有居民 36 户 130 人，水田 70 亩，旱地 51 亩，山林 132 亩。

乔华屋(又名强华屋)　属北港镇横冲村，位于横冲村东北部，为村委会驻地，距北港中心集镇 1.8 千米。东接石南仙姑、大坪阁塘，西临庄湘公路，南连柏树台，北邻庄前社区庄前大屋。明代，李乔华在此建房定居，以其名命村庄名。2014 年，有居民 90 户 550 人，水田 91 亩，旱地 20 亩，山林 402 亩。

石湾　属北港镇横冲村，位于横冲村中部，距村委会驻地乔华屋 2 千米。东与石南镇漂垅村接壤，西临庄湘公路，南连李汁塘，北与横冲大屋毗邻。元代，胡仲六(1298—1363)在此建房定居，因该居民点屋后山脚是自然形成的大片石板，房屋处于大港的拐弯处，故名。2014 年，有居民 20 户 90 人，水田 72 亩，旱地 15 亩，山林 120 亩。

仕周屋　属北港镇横冲村，位于横冲村东北部，距村委会驻地乔华屋 300 米。东接石南仙姑花楼，西连乔华屋，南连白沙坳，北邻大坪阁塘；南宋年间，胡仕周(1203—1269)，在此建房定居，以其名命村庄名。2014 年，有居民 5 户 20 人，水田 9 亩，旱地 8 亩，山林 16 亩。

许畈大屋　属北港镇横冲村，位于横冲村南部，距村委会驻地乔华屋 2 千米。东与石南镇漂垅村接壤，西临庄湘公路，南连枫树村团山庙，北连石湾李汁塘。此地为一面积较大的平地，古有许姓在此居住，故名许畈。南宋时期，胡以太(1204—1267)在此建房定居，仍用原村庄名。后因房屋规模宏大，改称许畈大屋，又名许家畈。2014 年，有居民 73 户 290 人，水田 151 亩，旱地 6 亩，山林 361 亩。

袁家(又名堋上袁家)　属北港镇横冲村，位于横冲村东北部，距村委会驻地乔华屋 700 米，东与白沙坳接壤，西临庄湘公路，南与横冲大屋相接，北与乔华屋相邻。清代，袁景顺(1702—1777)在此建房定居，以姓氏命村庄名。2014 年，有居民 33 户 130 人，水田 150 亩，旱地 28 亩，山林 175 亩。

第十一节　岭源村及所属聚落

【岭源村】　北港镇辖村，位于北港镇北部，村委会驻地邹家畈，距北港中心集镇 2.5 千米。东接大坪乡花墩村，西邻大界村，南临贯青村，北靠湖南詹桥余湾村，辖区面积 5.5 平方千米。因域内有居民点名岭源大屋而得村名。1950 年，属通城县北港区岭源乡；1958 年，设年丰大队、富裕大队，属崇阳县北港(英雄)人民公社北港管理区；1961 年，属通城县北港区北港公社；1971 年，年丰、富裕大队合并为岭源大队；1975 年，属北港公社；1984 年，岭源大队变更为岭源村，属北港区北港乡；1987 年，属北港镇。下辖 15 个村民小组，有 23 个农村居民点。境内有断峰山寺、昱公宗祠等。2010 年，建村委会办公楼，建筑总面积 610 平方米，设有便民服务厅等。村民有胡、李、吴、袁、曹、姜、杨等姓，以胡、李姓为主。村域距 G353 国道公路距离 2 千米，距最近的杭瑞高速进出口公路 3.5 千米，居民点全部通公路。2014 年，有 711 户 2780 人，水田 58.2 公顷，旱地 95.7 公顷，山林 133.3 公顷。村民主要种植水稻、油菜、红薯，经济来源以务工、务农、经商为主，年人均纯收入 6631 元。

白冲　属北港镇岭源村，位于岭源村西北部，距村委会驻地邹家畈 1 千米。西靠湖南壁山、余湾村，东邻小背吴家、六房，南连野鸡塝、大界村楠木，北接湖南豪岭、大屋。此地为断峰山东面延伸形成的长条形山沟，古为白姓居住地，故名。后白姓外迁，胡燕谋(1664—1730)迁冲内建房定居，仍用旧村庄名(又一说古时此屋周围古木参天，栖息白鹭多而命名)。2014 年，有村民 53 户 200 人，水田 73.2 亩，旱地 80 亩，山林 120 亩。

大冲　属北港镇岭源村，位于岭源村西南部，距村委会驻地邹家畈 2 千米。东连袁家、贯青村夹井、王婆大坵，南接芋头坡、大界村七房卢家，西靠詹桥、断峰山，北连古齐屋、麻冲。此地为断峰往西南延伸形成的长条形山沟，因山沟较长，故称大冲。清代，胡昌奎（1755—1832）在冲内建房定居，以山冲名命村庄名。2014 年，有居民 29 户 100 人，水田 28.3 亩，旱地 50 亩，山林 80 亩。

对门塆 属北港镇岭源村，位于岭源村西北部，距村委会驻地邹家畈 1 千米。北邻杨铁塆、谢家坡，西与岭源大屋、老屋咀相对，南与潘家畈，小背村六房接壤，东靠大坪乡尖山寺。清代，胡周土（1673—1756）在此建房定居，因与开族最早的老屋咀相对，住宅处山体拐弯处，故命村庄名为对门塆。2014 年，有居民 23 户 50 人，水田 25.3 亩，旱地 50 亩，山林 65 亩。

古齐屋（古其屋） 属北港镇岭源村，位于岭源村南部，距村委会驻地邹家畈 1.5 千米。处断峰山西南，西靠湖南詹桥，南与大界村楠木接壤，东接贯青村，北与麻冲、野鸡塆近邻。清代，胡古齐（1724—1803）在此建房定居，以其名命村庄名。2014 年，有居民 76 户 300 人，水田 72.78 亩，旱地 50 亩。

姜家垅 属北港镇岭源村，位于岭源村西北部，距村委会驻地邹家畈 1 千米。北接麻石坳、湖南豪岭，西靠湖南余湾村、树家冲，南连岭源大屋、老屋嘴，东邻杨铁塆。此地为山沟，古为姜姓居住地，故名。后因战乱姜姓外迁，胡琴乐（1495—1568）迁垅内建屋定居，仍用原村庄名。2014 年，有居民 27 户 110 人，水田 17.9 亩，旱地 80 亩，山林 29 亩。

岭源大屋（原名柏树大屋） 属北港镇岭源村，位于岭源村北部，距村委会驻地邹家畈 1.5 千米。西、北靠湖南青咀、余湾村，南与沙塆、白冲接壤，东与大坪尖山寺、北港小背村六房相连。明代，胡月亭（1516—1594）在此建房定居，所在地断峰山是铁柱港的发源地之一，故命村庄名为岭源屋，后改称岭源大屋，又因周围柏树较多，又名柏树大屋。2014 年，有居民 80 户共 300 人，水田 105.35 亩，旱地 154 亩，山林 200 亩。

麻石坳 属北港镇岭源村，位于岭源村西北部，距村委会驻地邹家畈 1.5 千米。北靠小铃屋，西与湖南树家冲相邻，南靠豪岭、江家垅，东邻大坪、尖山寺。此地处山岭分水处，因山坳为麻石地质，故称。清代，胡衡星（1810—1889）在山坳旁建房定居，以坳名命村庄名。2014 年，有居民 28 户 90 人，水田 33.57 亩，旱地 150 亩，山林 32 亩。

麻冲 属北港镇岭源村，位于岭源村西部，距村委会驻地邹家畈 1.3 千米，西靠湖南詹桥，南接贯青村贯青屋，东临贯青村、小背、王婆大坵，北与昱公宗祠、野鸡塆接壤。此地为长条形山沟，因古时村民在冲内植麻，故称。清代，胡昌晋（1780—1831）迁冲内建房定居，以冲名命村庄名。2014 年，有居民 41 户 150 人，水田 54.9 亩，旱地 70 亩，山林 60 亩。

牌坊铺 属北港镇岭源村，位于岭源村南部，距村委会驻地邹家畈 1 千米。东靠贯青村，南接大界村楠木，西邻古齐屋，北连大坪乡原联合、小岭村。清代，胡振鸾（1695—1795）在此定居并开设店铺，故名胡家铺。胡振鸾在世期间主修槎平桥、豪源桥有功且夫妇俱百岁，五世同堂，朝廷下令在岭下源双港口为其修建牌坊，以示旌表。后改村庄名为牌坊铺（“文化大革命”期间牌坊被拆毁）。2014 年，有居民 10 户 50 人，耕地 30 亩，山林 23 亩。

沙塆 属北港镇岭源村，位于岭源村南部，距村委会驻地邹家畈 1 千米。西靠湖南余湾村、尖山寺庙，北接白冲、打石坡，南连湖南詹桥、野鸡塆，东接贯青村、小背、六房。清代，胡运安（1663—1730）在此建屋居住，因住宅处山岭拐弯处，土壤为沙土，故命村庄名为沙塆。2014 年，有居民 54 户 220 人，水田 64.7 亩，旱地 70 亩，山林 80 亩。

杨铁塆 属北港镇岭源村，位于岭源村中部，距村委会驻地邹家畈 1.5 千米，北接花墩村小岭，西连湖南树家冲、江家垅，南邻谢家坡、老尾嘴，东连小背村六房，尖山寺。清康熙年间，杨姓四兄弟在此建房定居，长兄名杨铁，因住宅处山体拐弯处，遂以其姓名综合地形命村庄名。后来，杨姓外迁，胡、李姓先后迁入，仍用原村庄名。2014 年，有居民 83 户 300 人，水田 104.79 亩，旱地 154 亩，山林 304 亩。

野鸡塆 属北港镇岭源村，位于岭源村南部，距村委会驻地邹家畈 1 千米。西靠断峰山与湖南临湘交界，南连昱公祠堂、麻冲，东接牌坊铺、小背村，北邻沙塆、白冲。此地为众多山岭围成的山塆，古时丛林中常有野鸡飞鸣，故名。清代，胡威华(1609—1696)在塆内建屋定居，以塆名命村庄名。2014 年，有居民 33 户 140 人，水田 59.63 亩，旱地 50 亩，山林 80 亩。

芋头坡　属北港镇岭源村，位于岭源村西南部，距村委会驻地邹家畈 2.5 千米。南靠湖南詹桥、大界村楠木，西临湖南青山、断峰山，北接大冲、古齐屋，东与袁家、贯青屋相对。此地为断峰山往东南延伸形成的山坡，古有村民在山坡上植芋头，故称。清代，胡振杖(1731—1802)在山坡上建房定居，以坡名命村庄名。2014 年，有居民 29 户 100 人，水田 24.6 亩，旱地 30 亩，山林 60 亩。

邹家畈　属北港镇岭源村，位于岭源村中心，为村委会驻地，距北港中心集镇 2.5 千米。西靠断峰山下，北与白冲屋、新屋接壤，南与蜈蚣咀、野鸡塆相邻，东与牌坊铺、大界村相接。此地为一面积较大的平地，古为邹姓居住地，故名。后邹姓外迁，胡秋圃(1687—1777)迁畈内建房定居，仍用原村庄名。2014 年，有居民 49 户 190 人，水田 44 亩，旱地 80 亩，山林 60 亩。

邹家屋　属北港镇岭源村，位于岭源村中部，距村委会驻地邹家畈 500 米。东连小背村过塘屋，西接白冲、沙塆，南接邹家畈、昱公宗祠、大界村楠木，北靠大屋、湖南豪岭。古时，此地为邹姓居住地，故名。后邹姓外迁，胡昌文(1724—1805)在此建房定居，仍用原村庄名。2014 年，有居民 46 户 210 人，耕地 89.08 亩，山林 200 亩。

第十二节　龙门村及所属聚落

【龙门村】　北港镇辖村，位于北港镇中部，村委会驻地晒谷石，距北港中心集镇 1 千米。东接庄前社区，南邻横冲、水畈，西临沉山里，北靠北港中心集镇，辖区面积 3.7 平方千米。因域内有居民点名龙门口而得村名。1950 年，属通城县北港、畈上乡；1958 年人民公社化时，设政权、灯塔、争鸣大队(原北港乡)，新建、中心大队(原畈上乡)，属崇阳县北港(英雄)人民公社北港管理区(政权、灯塔、争鸣)、丰衣管理区(新建、中心)；1961 年恢复区、镇建制，属通城县北港区北港、丰衣公社；1971 年，政权、灯塔、争鸣大队合并为北港大队，新建、中心大队合并为中心大队；1975 年撤区并社，北港公社与丰衣公社合并为北港公社；1981 年，北港大队分设为小界(原政权，划出)、北港(原灯塔，划出)、龙门(原争鸣)大队，中心大队分设为八甲(原新建)、沉山(原中心大队，划出)大队；1984 年设区建乡，龙门大队更名为龙门村，属北港区北港乡，八甲大队更名为八甲村，属北港区枫树乡；1987 年区乡体制改革，北港、枫树乡并入北港镇；2002 年，龙门、八甲村合并为龙门村。下辖 9 个村民小组，有 19 个居民点。村内有横龙大桥、龙港桥、岭背水库、金山寺、蓝天幼儿园。居民有胡、李、许、易、吴、樊、邓、黎等姓，以李姓为主。2002 年，原龙门小学校舍改建为村委会办公楼，建筑面积 860 平方米，内设便民服务厅、老人活动中心、党员活动室、村卫生室。村域距 G353 国道公路距离 500 米，距境域最近的杭瑞高速进出口公路距离 1.8 千米，居民点全部通公路。2014 年，有居民 611 户 2430 人，水田 83.9 公顷，旱地 5.1 公顷，山林 300 公顷。村民以种植水稻、红薯、田藕为主，主要经济来源为务农、务工、经商，年人均纯收入 7166 元。

八甲地片　属北港镇龙门村，位于龙门村西南部，距北港中心集镇 1 千米。东接蔡家庄，西邻沉三里，南连沉山，北靠龙门，辖区面积约 1.5 平方千米。因域内有居民点名八甲屋而得地片名。下辖 3 个村民小组，有 7 个居民点。地片距 G353 国道公路距离 700 米，距境域最近的杭瑞高速进出口公路距离 1.8 千米，7 个居民点全部通公路。2014 年，有村民 178 户 850 人，耕地 6.3 公顷，山林 110 公顷。

坳上邓家　属北港镇龙门村，位于龙门村西南部，距村委会驻地晒谷石 1.5 千米。东接易家坡，南连下背屋，西邻沉山里，北靠杨家咀。此地为山岭分水处，明万历年间，邓志良在坳旁建房定居，以其姓氏综合地形命村庄名为坳上邓家。2014 年，有居民 22 户 110 人，耕地 117 亩，山林 210 亩。

八甲屋　属北港镇龙门村，位于龙门村东部，距村委会驻地晒谷石2千米。东接背屋，南连南港，西邻坳上邓家，北靠易家坡。此地古为廖姓居住地，名廖家。清康熙年间，李姓先祖8户人家合伙买下廖家房屋，改名为八家屋，因“甲”与“家”谐音，故又称“八甲屋”。2014年，有居民54户250人，耕地304亩，山林490亩。

八字门　属北港镇龙门村，位于龙门村东北部，距村委会驻地晒谷石1千米。东接杨柳畈，南连横冲，西邻古塘，北靠晒谷场。清乾隆年间，胡赵隆在此建房定居，因住宅中间正大门的东、西各一侧大门相对，形似“八“字而得名。2014年，有居民38户190人，耕地200亩，山林375亩。

蔡家庄　属北港镇龙门村，位于龙门村东部，距村委会驻地晒谷石1千米。东接古塘，南连南港，西邻樊家，北靠跑马埂。此地古为蔡姓土地，建有庄屋，故名。清代，李缙林（1742—1816）在此购土地并建房定居，仍用原村庄名。2014年，有居民32户160人，耕地174亩，山林300亩。

樊家　属北港镇龙门村，位于龙门村西部，距村委会驻地晒谷石1千米。东接晒谷石，南连古塘、蔡家庄，西邻易家坡、杨家咀，北靠老龙门口。明代，樊前硚（1533—1619）迁居于此，以其姓氏命村庄名。2014年，有居民68户320人，耕地350亩，山林680亩。

古塘　属北港镇龙门村，位于龙门村东部，距村委会驻地晒谷石1千米。东接八字门，南连南港，西邻蔡家庄，北靠跑马埂。此地三面被小山包围，仅南面一小溪流出，形似水塘，故名。清乾隆年间，黎万用迁居于此，以地形名命村庄名。2014年，有居民38户190人，耕地200亩，山林380亩。

华琳铺（华堂铺）　属北港镇龙门村，位于龙门村北部，距村委会驻地晒谷石800米。东接竹山塆，南连龙门口，西邻岭背，北靠北港，杭瑞高速公路自东向西从村旁穿过。清代，易华琳（1744—1809）在此建房定居，以其名命村庄名为华琳屋。此地旧时位于花亭、相师、南港、沉山入北港镇交会路口，距北港老街不足400米，沿路有肉铺及面粉、酿酒作坊，后改名华琳铺，人们谐称华堂铺。2014年，有居民41户200人，耕地190亩，山林90亩。

老龙门口（龙门口）　属北港镇龙门村，位于龙门村北部，距村委会驻地晒谷石1千米。东接晒谷石，南连樊家，西邻岭背，北靠新龙门口。北港河流经此地时拐了一个弯，拐弯处有龙形山延伸形成的大石咀，使河床变窄如同房门，故称龙门口。民间传说，每逢大旱，大石咀便有锈水流出，是龙在流血。清康熙年间，胡金荣、丑白俩兄弟在此建房定居，命村庄名为龙门口。20世纪60年代初，大石咀因修北港桥采石料被炸掉，宛如刀劈。龙形山缺口以北新建房舍，为区分两地名称，故改称老龙门口。2014年，有居民33户160人，耕地174亩，山林340亩。

李家坡　属北港镇龙门村，位于龙门村西部，距村委会驻地晒谷石1.5千米。东接杨家咀，南连坳上邓家，西邻沉山里，北靠老龙门口。古时，李姓聚居此地山坡上，故名。后桂家胡金光（1883—?）迁居于此，仍用原村庄名。2014年，有居民46户210人，耕地220亩，山林400亩。

晒谷石　属北港镇龙门村，位于龙门村中部，为龙门村委会驻地，距镇中心集镇1千米。东接杨柳畈，南连跑马埂，西邻老龙门口，北靠竹山塆。清代，李湘林（1814—1898）从伙家冲迁居于此。因住宅前有大石板可晒谷一箩，名晒谷石，遂以石名命村庄名。2014年，有居民27户140人，耕地150亩，山林270亩（西南150米处的岭上屋、东北80米处的下屋2个小自然村并入此居民点）。

新龙门口　属北港镇龙门村，位于龙门村西北部，距村委会驻地晒谷石1千米。东接竹山塆，南连老龙门口，西邻岭背，北靠华琳铺。清代，胡三堂由老龙门口迁居于此，因住宅建屋时间晚于老龙门口，故命村庄名为新龙门口。2014年，有居民30户140人，耕地146亩，山林120亩。

杨家咀　属北港镇龙门村，位于龙门村西部，距村委会驻地晒谷石1.5千米。东接易家坡，南连坳上邓家，西邻沉山里，北靠老龙门口。此地为山岭延伸而形成的山体前端，古时，有杨姓在山咀前定居，故名杨家咀。后杨姓外迁，邓西池（1501—1574）迁居于此，后有樊姓迁入，仍用原村庄名。2014年，有居民20户100人，耕地110亩，山林200亩。

竹山塆（又名大石塆）　属北港镇龙门村，位于龙门村北部，距村委会驻地晒谷石500米。东接申家屋，南连晒谷石，西邻老龙门口，北靠华琳铺。明末，许宗承（1572—1644）在此建房定居，因住宅处长有楠竹的山体拐弯处，故命村庄名为竹山塆。2014 年，有居民 39 户 190 人，耕地 170 亩，山林 380 亩。出生于该居民点的许东甲(1898—1984)，中医骨伤科名医，以高超的正骨疗伤医术，救治了不少病人，在岳阳相师、临湘詹桥、通城北港、大坪、石南一带享有盛名。

第十三节　雁门村及所属聚落

【雁门村】 北港镇辖村，位于北港镇南部，村委会驻地界牌，距北港中心集镇 11 千米。东接石南镇虎岩、花亭村，西邻湖南相师刘家、志愿、牛形村，南连湖南相师石门、西港村，北靠方塅，辖区面积约 6.1 平方千米。因域内有古关隘名雁门关而得村名。1950 年，属通城县北港区枫树乡；1958 年人民公社化时，设太平、范家、雁门大队，属崇阳县北港(英雄)人民公社丰衣管理区；1961 年恢复区、镇建制，属通城县北港区丰衣公社；1971 年，太平、范家、雁门大队合并为岭上大队；1975 年撤区并社，属北港公社；1979 年，岭上大队分设为太平、岭上(原范家)、雁门大队；1984 年设区建乡，太平、岭上、雁门大队分别更名为太平、岭上、雁门村，属北港区枫树乡；1987 年区乡体制改革，属北港镇；2002 年，太平、岭上、雁门村合并为雁门村。下辖 11 个村民小组，有 25 个农村居民点。村内有北港水厂、袁太安烈士陵园、雁门关、雁门水库、庄湘公路、雁门桥、太平桥等。居民有傅、许、胡、李、袁、陈、吴、黎、龚、谢、杨姓，以傅、许、胡、李姓为主。2007 年，村委会建办公楼，有建筑面积 230 平方米，设有便民服务厅等。村域距 G353 国道公路距离 8 千米，距境域最近的杭瑞高速进出口公路距离 8.8 千米，居民点全部通公路。2014 年，有村民 669 户 2620 人，水田 101 公顷，旱地 13.3 公顷，山林 566.7 公顷。村民主要种植水稻、红薯，兼养猪、养鱼；经济来源主要为务农、务工、经商，年人均纯收入 6985 元。

岭上地片　属北港镇雁门村，位于雁门村东部，距北港中心集镇 10 千米。东接太平桥，西邻雁门水库，南连湖南湘思西港村，北靠八斗畈。因地处山岭，地势较高而得地片名。下辖 3 个村民小组，有 6 个居民点。地片距 G353 国道公路距离 9 千米，距境域最近的杭瑞高速进出口公路距离 10 千米，居民点全部通公路。2014 年，有居民 109 户 560 人，水田 16.7 公顷，旱地 3 公顷，山林 112.7 公顷。

太平桥地片　属北港镇雁门村，位于雁门村东部，距北港中心集镇 10 千米。东接石南镇虎岩、花亭村，西邻宴家冲、金家坑，南连湖南相师凰忠、积谷村，北靠枫树村。因域内有居民点名太平桥而得地片名。片内下辖 4 个村民小组，有 9 个居民点。地片距 G353 国道公路距离 8 千米，距境域最近的杭瑞高速进出口公路距离 8.8 千米，居民点全部通公路。2014 年，有居民 229 户 1010 人，水田 28.9 公顷，旱地 8.9 公顷，山林 203.3 公顷。

坳下屋　属北港镇雁门村，位于雁门村东部，距村委会驻地界牌 2.8 千米。东接虎岩村，西邻八斗畈，南连太平桥，北靠墩上屋。此地有山岭分水处，清代，傅光华(1755—?)由湖南相师白若画坳迁山坳附近建房定居，因住宅处山坳下方，故命村庄名为坳下屋。2014 年，有居民 36 户 120 人，水田 80 亩，旱地 12 亩，山林 380 亩。

墩上屋　属北港镇雁门村，位于雁门村东部，距村委会驻地界牌 3 千米。东接石南镇虎岩村，西邻八斗畈，南连坳下屋，北靠魏家畈。清初，傅焕章由相师白若画坳迁居于此，因住宅位于形似土墩的高处，故命村庄名为墩上屋。2014 年，有居民 33 户 150 人，水田 80 亩，旱地 10 亩，山林 450 亩。

甘冲　属北港镇雁门村，位于雁门村北部，距村委会驻地界牌 2.3 千米。东接晏家冲，西邻郭家山，南连横垅，北靠方塅村。此地为长条形山沟，又因冲内有泉水流出，故称甘冲。清代，许彩云(1854—?)由湖南相师志愿村砖屋迁冲内建房定居，以冲名命村庄名。2014 年，有居民 22 户 110 人，水田 65 亩，旱地 10 亩，山林 330 亩。

郭家山　属北港镇雁门村，位于雁门村北部，距村委会驻地界牌 3 千米。东接甘冲，西邻墈石屋，南连江家坡，北靠方塅村。古时，此地是郭姓居住地，故名郭家山。明末，郭姓因避战乱外迁。清代，黎克还(1792—1843)和李士遗(1803—

1858)表兄弟由通城梅港和方塅村楼梯屋一同迁居此地，仍用原村庄名。2014 年，有居民 35 户 160 人，水田 83 亩，旱地 12 亩，山林 495 亩。

何家坳　属北港镇雁门村，位于雁门村北部，距村委会驻地界牌 500 米。东接金家坑，西邻乔家塝，南连界牌，北靠桑园坡。此地有山岭分水处，古为何姓居住地，故名。清代，何姓外迁。傅德成(1849—1903)从湖南相师白若画坳迁居此地，仍用原村庄名。2014 年，有居民 30 户 120 人，水田 75 亩，旱地 10 亩，山林 360 亩。

界牌　属北港镇雁门村，位于雁门村南端，为村委会驻地，距北港中心集镇 11 千米。东接雁门水库，西邻乔家塝，南连湖南相师石门村，北靠何家坳。此地为湘鄂两省交界之地，古时立有界牌。20 世纪 60 年代，陈家畈许定辉迁此定居，以牌名命村庄名。村庄 2014 年，有居民 108 户 530 人，水田 210 亩，旱地 50 亩，山林 1610 亩。

金家坑　属北港镇雁门村，位于雁门村东部，距村委会驻地界牌 1.5 千米。东接太平桥，西邻岭下屋，南连龚家，北靠八斗畈。此地前方有小溪，溪中有几个深水潭似坑。古时金姓在溪旁定居，以其姓氏和地形综合命村庄名。清代，金姓外迁，傅商聘(1654—1706)从湖南相师白若画坳迁居于此，仍用原村庄名。2014 年，有居民 24 户 122 人，水田 54 亩，旱地 10 亩，山林 365 亩。

太平桥(又名大碑桥)　属北港镇雁门村，位于雁门村东部，距村委会驻地界牌 2.5 千米。东接和鸣屋，西邻金家坑，南连陡岭屋，北靠坳下屋。此处有小港，港上有古桥，桥头有块大石碑，铭刻修桥人捐款数和功德，故名大碑桥。后石碑被洪水冲走，人们为了祈祷太平无事，遂将此桥改称太平桥。清代，傅玉表(1709—1759)由湖南白若画坳迁居古桥附近，以桥名命村庄名。2014 年，有居民 79 户 350 人，水田 140 亩，旱地 84 亩，山林 1070 亩。

魏家畈　属北港镇雁门村，位于雁门村东部，距村委会驻地界牌 3.2 千米。东接石南镇虎岩村，西邻晏家冲，南连墩上屋，北靠枫树村南港。此地为面积较大的平地，古为魏姓居住地故名。明末，魏姓外迁。清代，傅文聘(1657—1731)由湖南白若画坳迁居此地，仍用原村庄名。2014 年，有居民 37 户 171 人，水田 58 亩，旱地 15 亩，山林 510 亩。

下屋场　属北港镇雁门村，位于雁门村西部，距村委会驻地界牌 2.3 千米。东接界牌，西邻湖南相师刘家村，南连刘家村，北靠乔家塝。清代，许均秀(1776—1842)由乔家塝迁居于此，因住宅上方有住宅，故命村庄名为下屋场。2014 年，有居民 21 户 90 人，水田 46 亩，旱地 8 亩，山林 270 亩。

晏家冲　属北港镇雁门村，位于雁门村北部，距村委会驻地界牌 2.5 千米。东接八斗畈，西邻甘冲，南连岭下屋，北靠枫树村。此地为长条形山沟，古为晏姓居住地，故名。后晏姓因战乱外迁，李济时(1827—1875)由桂家村可佳冲迁居此地，仍用原村庄名。2014 年，有居民 43 户 170 人，水田 130 亩，旱地 13 亩，山林 500 亩。出生于该居民点的袁太安(1903—1931)，历任中国工农红军排、连、营、团长等职，1931 年 4 月，在通城执行任务时，由于叛徒告密，遭敌伏击，牺牲于通城九眼桥畔。

月形屋场　属北港镇雁门村，位于雁门村北部，距村委会驻地界牌 3.8 千米。东接嘞石屋，西邻湖南相师牛形村，南连湖南相师志愿村，北靠方塅村。清代，许从德(1854—1896)由湖南相师年形村花家楼迁居此地，因屋后小山形似弯月，故名。2014 年。有居民 6 户 24 人，水田 13 亩，旱地 2 亩，山林 70 亩。

第三章　关刀镇及所属聚落

第一节　关刀镇概况

位置面积　通城县辖镇，位于通城县东南部，镇政府驻地官塘社区，距县城 10 千米。地处东经 113°51′~113°58′，北纬 29°04′~29°15′。东与塘湖镇阁壁村、图垅村及麦市镇七里村接壤，南与黄龙林场、湖南东塔乡、马港镇高峰村交界，西与隽水镇东港村、油坊村毗邻，北与沙堆镇佘坊村、湖北省国营通城县鹿角山林场相连，镇域面积 112.9 平方千米。

来历沿革　因域内有桥梁关刀桥而得镇名。1950 年，设水兴区，驻地水兴铺，辖水兴、关刀、鲤港、官和等乡；1958 年，关刀镇地域设云溪、水兴、鲤港管理区，属崇阳县麦市(先锋)人民公社；1961 年，云溪、水兴、鲤港管理区更名为云溪、水兴、鲤港人民公社，属通城县水兴区；1975 年撤区并社，设高冲、水兴、云溪公社；1984 年设区建乡，设立水兴区，下辖水兴乡、云溪乡、鲤港乡、高冲乡和关刀桥镇；1987 年，撤销水兴区，设立关刀镇和云溪乡；2001 年，关刀镇和云溪乡合并为关刀镇。

人文和经济状况　2014 年，有耕地 3103.7 公顷，园地 648.7 公顷，林地 6433.3 公顷，设 19 个行政村、1 个社区，共有 183 个村民小组、2 个城镇居民点、320 个农村居民点(其中 20 户以下的 122 个，见表 4)，9700 户 41410 人。年人均纯收入 6122 元。关刀镇域内属丘陵和山地地形，三面环山，镇中心地势相对较为平坦。地质条件属垂直差异较大而水平差异较小的花岗岩地质为主体的丘陵地带，亚热带季风气候，四季分明，温湿适中，热量丰富，雨量充沛，光照适宜，早春回温迟，秋季降温慢，无霜期长。年平均气温在 12.2℃~20.6℃，日绝对最高气温为 39.6℃，日绝对最低气温-15.2℃。年平均降水量 1398.0mm~1978.8mm，常年主导风向为东北风。境内地理资源得天独厚，森林、水力、矿产、动物、植物资源丰富，矿产资源有瓷土、钾长石、钽铌、绿柱石、萤石等矿藏，主要分布在云溪、黄峰、新建一带，现已查明的各种矿产总蕴藏量达 5000 万吨，其中优质瓷土 1000 多万吨，石英石 1600 多万吨，钾长石 1800 多万吨。主要动植物资源有银杏、桂花、水杉、黄柏、杜仲、七叶一枝花、穿山甲、香樟等，更有国家二级保护的天然林种金钱松，主要分布在云溪洞等高山区。G353 国道贯穿镇域，关刀中心集镇距杭瑞高速进出口公路里程 18.2 千米，行政村、居民点通公路率分别达到 100%。2014 年，全镇共有连片油茶基地 2.5 万亩，楠竹储积量 900 万根，立木储积量 12 万立方米。境内地下水资源充足，垅、塅、畈皆可掘地汲水，高山、深谷也有甘洌清泉。云溪水库库容 4500 万方，是关刀、隽水、沙堆 3 个乡镇的主要灌溉水源，也是关刀镇自来水厂的饮水地。关刀镇历史人文资源丰富。目前已查明文化遗存点 10 余处，其中方琼墓为县级文物保护单位。关刀镇风光秀美，景点众多，著名的景点有云溪漂流、碧龙潭、夜合桥、云溪温泉、方琼墓、关刀桥、八燕渡槽、普化寺等。关刀镇各项事业飞速发展，工业有规模，农业有特色，集结有亮点，旅游有突破。平安公司系列产品随“神六”飞船上了太空；新畈高产农田示范基地深受好评；道上、鲤港、高冲集镇建设成为“硬化、美化、绿化、亮化”的典范；云溪峡谷漂流惊险刺激，风光秀美，享誉鄂南；投资 2000 多万元新建的关刀小学成为全县一流示范学校。

插图1　关刀集镇(航拍)

表4　**关刀镇2014年20户以下村庄基本情况一览表**

村庄名称	地理位置	名称由来	形成时间	户数人口
聂家	官塘社区西部，距居委会驻地700米	以最早迁入的居民姓氏命名	明代	15户70人
上屋	官塘社区东南部，距居委会驻地300米	因住宅位于罗家的上方而得名	清代	19户80人
郑家	官塘社区西部，距居委会驻地200米	以最早迁入的居民姓氏命名	清代	15户70人
坳上	八仙村北部，距村委会驻地2.5千米	以地形和方位命名	民国时期	8户40人
大井边	八仙村西部，距村委会驻地1.5千米	因住宅旁有一口出水量大的泉水井而得名	民国时期	18户70人
傅家	八仙村中部，距村委会驻地2千米	以最早迁入的居民姓氏命名	宋代	12户50人
罐棚	八仙村东部，距村委会驻地2千米	以村庄形成初期房屋用途命名	清代	9户40人
胡椒塘	八仙村南部，距村委会驻地600米	以村庄附近的池塘命名	民国时期	2户10人
老屋郑家	八仙村东南部，距村委会驻地2千米	因此处系当地郑姓始居地得名	明代	5户20人
舒家庄	八仙村中部，距村委会驻地1千米	以当地古时的庄屋名及所属姓氏命名	明代	2户10人
下寺	八仙村中部，距村委会驻地1千米	以村庄形成之前的房屋用途命名	民国时期	7户20人
熊家	八仙村西北部，距村委会驻地1.5千米	以最早迁入的居民姓氏命名	明代	14户50人
徐家	八仙村东部，距村委会驻地2千米	以最早迁入的居民姓氏命名	清代	12户90人
徐家峦	八仙村西部，距村委会驻地1千米	以最早迁入的居民姓氏命名	民国时期	12户50人
杨恒屋	八仙村东部，距村委会驻地2千米	以最早迁入的居民名字命名	清代	8户20人
张家埚	八仙村北部，距村委会驻地2.5千米	以最早迁入居民姓氏和地形命名	清代	8户30人
毛家坳	八燕村东南部，距村委会驻地300米	以最早迁入居民姓氏和地形命名	明代	6户30人
中新屋	八燕村西南部，距村委会驻地200米	以村庄所在方位命名	清代	18户90人
白楼屋	白马村西部，距村委会驻地2.5千米	以最早迁入的居民名字命名	明代	14户60人
边山	白马村西部，距村委会驻地3千米	以山岭的权属划分命名	清代	16户90人
蔡屋场	白马村东北部，距村委会驻地1.5千米	以最早迁入的居民姓氏命名	清代	10户40人
火烧屋	白马村北部，距村委会驻地300米	因村庄屡发火灾企图以灾害名消除灾害而得名	明代	10户40人
铺子	白马村北部，距村委会驻地1千米	以村庄形成初的房屋用途命名	民国时期	9户30人

续表

村庄名称	地理位置	名称由来	形成时间	户数人口
纱屋	白马村西部，距村委会驻地 3 千米	以村庄形成初主要劳动项目命名	清代	17 户 60 人
港背	道上村西部，距村委会驻地 1 千米	因住宅背港而居而得名	清代	18 户 90 人
黄竹园	道上村西部，距村委会驻地 1.8 千米	因住宅旁有一片桅子林(俗称黄竹子)而得名	清代	1 户 2 人
内关	道上村中部，距村委会驻地 1.5 千米	因住宅两旁有山紧紧相抱似同关卡而得名	清代	8 户 30 人
上屋	道上村东部，距村委会驻地 2 千米	因村庄下方不远处有两村庄而得名	清代	4 户 20 人
下屋	道上村东部，距村委会驻地 1.8 千米	因村庄上方有两个村庄而得名	清代	15 户 80 人
蟹夹墩	道上村中部，距村委会驻地 1 千米	以所在地形命名	清代	3 户 20 人
新屋	道上村西部，距村委会驻地 1.2 千米	因住宅为新建房屋而得名	清代	18 户 60 人
杨家门前	道上村东部，距村委会驻地 1.5 千米	因村庄后方有一村庄名杨家而得名	明代	8 户 40 人
中屋	道上村东部，距村委会驻地 2 千米	因住宅上、下方各有一村庄而得名	清代	13 户 70 人
坳背	东山村西部，距村委会驻地 1.5 千米	以所在地形及方位而命名	中华人民共和国成立后	7 户 30 人
桥田	东山村南部，距村委会驻地 1 千米	因住宅建石桥一侧的稻田中而得名	明代	17 户 60 人
塘边	东山村北部，距村委会驻地 1 千米	因住宅建池塘一侧而得名	清代	18 户 80 人
团坵	东山村东南部，距村委会驻地 2 千米	因房屋建在名叫团坵的稻田中而得名	1956	15 户 70 人
杏树	东山村北部，距村委会驻地 500 米	以住宅旁边的树木命名	清代	18 户 70 人
杨石	东山村中部，距村委会驻地 1.5 千米	因住宅旁有杨树和巨石而得名	明代	15 户 50 人
竹林寺	东山村北部，距村委会驻地 2 千米	以邻近的寺宇名命名	清代	11 户 40 人
坳上屋	高冲村北部，距村委会驻地 1 千米	以地形和方位命名	明代	13 户 60 人
冲营屋	高冲村北部，距村委会驻地 2.5 千米	因住宅厅堂前方有山沟而得名	清代	10 户 40 人
杜家	高冲村北部，距村委会驻地 2 千米	以最早迁入的居民姓氏命名	清代	16 户 60 人
金家	高冲村东北部，距村委会驻地 400 米	以最早迁入的居民姓氏命名	清代	13 户 70 人
廖家	高冲村北部，距村委会驻地 800 米	以最早迁入的居民姓氏命名	清代	8 户 30 人
六房屋	高冲村东部，距村委会驻地 1 千米	以最早迁入的居民排行命名	清代	16 户 80 人
石背	高冲村东部，距村委会驻地 500 米	因住宅后山反侧有巨石而得名	清代	12 户 60 人
魏家咀	高冲村北部，距村委会驻地 500 米	以最早迁入居民姓氏和地形命名	宋代	14 户 60 人
夏家	高冲村北部，距村委会驻地 700 米	以最早迁入居民姓氏和地形命名	清代	16 户 70 人
郑家	高冲村北部，距村委会驻地 3 千米	以最早迁入居民姓氏和地形命名	清代	8 户 40 人
钻头咀	高冲村北部，距村委会驻地 1.5 千米	因村庄附近有山体突出前端似钻子的头部而得名	清代	15 户 80 人
王家仑屋	高桥村南部，距村委会驻地 2.5 千米	以最早居民姓氏综合地形命名	清代	15 户 50 人
文家山屋	高桥村南部，距村委会驻地 1.5 千米	以古时在此居住的居民姓氏和地形命名	清代	17 户 60 人
梧桐坪	高桥村东部，距村委会驻地 1.5 千米	以村庄形成前地基上生长的树木和地形命名	清代	18 户 80 人
蔡家	高桥村北部，距村委会驻地 1.2 千米	以最早迁入的居民姓氏命名	明代	9 户 20 人

续表

村庄名称	地理位置	名称由来	形成时间	户数人口
迟谷岭	高桥村东南部，距村委会驻地 3.2 千米	因地势高水源不足稻谷收割季节迟及地形而得名	清代	14 户 50 人
丁家	高桥村南部，距村委会驻地 2.5 千米	以最早迁入的居民姓氏命名	清代	18 户 70 人
横垅	高桥村中部，距村委会驻地 2 千米	因村庄所在山沟的走向与山峰走向相反而得名	清代	10 户 50 人
九房屋	关刀村南部，距村委会驻地 3 千米	以最早迁入的居民排行命名	民国时期	18 户 80 人
岭上铺	关刀村北部，距村委会驻地 1.2 千米	以地形综合村庄形成初期的房屋用途命名	清代	15 户 60 人
庙塆	关刀村东北部，距村委会驻地 1.4 千米	因住宅附近有庙宇且处于山体拐弯处而得名	清代	17 户 90 人
石坑垅	关刀村东南部，距村委会驻地 3.2 千米	因村庄所在山沟为岩石地质而得名	民国时期	14 户 50 人
新农村	关刀村北部，距村委会驻地 500 米	因村庄是政府按统一形式修建而得名	1972	16 户 90 人
杨源大屋	关刀村南部，距村委会驻地 3.5 千米	以最早迁入的居民名字及村庄规模命名	明代	19 户 80 人
白虎咀	黄峰村西部，距村委会驻地 1.1 千米	因住宅旁边的山体突出前端形状似虎且为白沙土而得名	清代	9 户 50 人
蔡垅	黄峰村西部，距村委会驻地 2 千米	以最早迁入居民姓氏及地形命名	清代	9 户 50 人
长冲源	黄峰村北部，距村委会驻地 400 米	因住宅处长条形山沟顶端而得名	清代	11 户 60 人
陈四堡	黄峰村北部，距村委会驻地 1.2 千米	因住宅山岭呈圆形似碉堡且长有檀树得名檀树堡，变读为陈四堡	清代	11 户 60 人
杜家铺	黄峰村西部，距村委会驻地 900 米	以最早迁入的居民姓氏及村庄形成初的房屋用途命名	清代	14 户 70 人
满咀林	黄峰村东部，距村委会驻地 1.5 千米	因住宅所在山咀长满树木而得名	清代	10 户 50 人
上峰山	黄峰村北部，距村委会驻地 1 千米	以村庄所在的山峰名命名	清代	13 户 70 人
上高岭 下高岭	黄峰村东部，距村委会驻地 4 千米	因住宅两侧为山坡进出要一上一下而得名	民国时期	5 户 20 人
炭埚	黄峰村南部，距村委会驻地 1.2 千米	因形成前人们在此烧木炭而得名	清代	8 户 30 人
天台山	黄峰村西北部，距村委会驻地 2.5 千米	以村庄所在山岭名命名	中华人民共和国成立后	7 户 30 人
王家	黄峰村北部，距村委会驻地 1.3 千米	以最早迁入的居民姓氏命名	清代	13 户 70 人
屋堂塆	黄峰村西部，距村委会驻地 1.8 千米	因房屋处于山体拐弯处而得名	民国时期	9 户 40 人
夏家皂	黄峰村北部，距村委会驻地 1 千米	以最早迁入居民姓氏和地形命名	清代	13 户 70 人
张家坳	黄峰村南部，距村委会驻地 2 千米	以最早迁入居民姓氏和地形命名	民国时期	18 户 100 人
栗树屋	鲤港村东部，距村委会驻地 1.5 千米	因住宅周围长有栗树而得名	清代	5 户 70 人
廖家井	鲤港村南部，距村委会驻地 800 米	以最早迁入居民姓氏和地形命名	清代	10 户 30 人
麦岭	鲤港村南部，距村委会驻地 2 千米	以地形及附近山岭种植庄稼命名	清代	14 户 50 人
佘家埚	鲤港村西南部，距村委会驻地 800 米	以最早迁入居民姓氏和地形命名	清代	7 户 20 人
万家坳	鲤港村南部，距村委会驻地 2.1 千米	以最早迁入居民姓氏和地形命名	清代	5 户 20 人
杨家咀	鲤港村南部，距村委会驻地 500 米	以最早迁入居民姓氏和地形命名	清代	15 户 80 人

续表

村庄名称	地理位置	名称由来	形成时间	户数人口
张家仑	鲤港村东部，距村委会驻地 1 千米	以最早迁入居民姓氏和地形命名	民国时期	12 户 40 人
墈上	棋盘村南部，距村委会驻地 200 米	以所在地形及方位命名	明代	19 户 110 人
高椅垅	棋盘村西部，距村委会驻地 3 千米	以地形命名	清代	10 户 60 人
聂家仑	棋盘村西部，距村委会驻地 4 千米	以最早迁入居民姓氏和地形命名	清代	15 户 110 人
七斗垅	棋盘村西部，距村委会驻地 4 千米	因村庄所在山沟有稻田七斗而得名	清代	10 户 60 人
石坑	棋盘村西部，距村委会驻地 1.5 千米	因村庄处石质深沟而得名	清代	1 户 5 人
同拱桥	棋盘村西北部，距村委会驻地 1 千米	以附近的石桥名命名	清代	12 户 80 人
朱家	棋盘村东北部，距村委会驻地 1.2 千米	以最早迁入的居民姓氏命名	清代	10 户 50 人
栗树垅	水兴村南部，距村委会驻地 1 千米	因村庄位于长满栗树的山沟而得名	明代	17 户 80 人
水兴铺	水兴村东部，距村委会驻地 900 米	以美好愿望和村庄形成初房屋用途命名	清代	15 户 60 人
五谷咀	水兴村北部，距村委会驻地 500 米	因人们在山咀旁种植各种农作物而得名	清代	15 户 60 人
白沙坳	台源村西部，距村委会驻地 4 千米	以附近的地形名命村庄名	明代	12 户 50 人
程家山	台源村西部，距村委会驻地 2.5 千米	以附近的地形及居民姓氏命名	清代	16 户 90 人
大垅	台源村南部，距村委会驻地 400 米	以所在的地形及规模命名	清代	8 户 50 人
聂家垅	台源村南部，距村委会驻地 1.5 千米	以所在山沟名命村庄名	中华人民共和国成立后	10 户 40 人
牛形岭	台源村西部，距村委会驻地 5 千米	以所在的山岭名命村庄名	民国时期	6 户 20 人
上童家山	台源村北部，距村委会驻地 3 千米	因村庄位于童家山的上部而得名	清代	8 户 30 人
石箩	台源村西部，距村委会驻地 4 千米	因住宅地形如同大箩筐而得名	清代	13 户 50 人
万家	台源村西南部，距村委会驻地 500 米	以最早迁入的居民姓氏命名	清代	10 户 40 人
紫荆冲	台源村西部，距村委会驻地 3 千米	因所在山沟长满紫荆花而得名	清代	10 户 40 人
大冲	五流村北部，距村委会驻地 2 千米	以地形及其规模命名	清代	1 户 3 人
万谷场	五流村中部，距村委会驻地 1.3 千米	以最早迁入的居民姓氏及农产品名命名	明代	9 户 40 人
张垅山	五流村北部，距村委会驻地 3 千米	以最早迁入的居民姓氏及村庄所在地形命名	清代	13 户 60 人
邹家庄	五流村中部，距村委会驻地 2.8 千米	以最早在此购置土地建造庄屋的业主姓氏命名	明代	10 户 40 人
傅家巷	新建村南部，距村委会驻地 1.5 千米	以住宅位于两山中间且宽度小似弄巷及居民姓氏命名	清代	12 户 60 人
李家屋	新建村北部，距村委会驻地 2 千米	以最早迁入的居民姓氏命名	清代	7 户 30 人
徐家岭	新建村北部，距村委会驻地 3 千米	以最早迁入居民姓氏及地形命名	清代	5 户 20 人
银牙口	新建村南部，距村委会驻地 2.1 千米	因村庄前方河滩上有数块巨石白如银而命名	民国时期	5 户 20 人
巴家	杨家村南部，距村委会驻地 3.5 千米	以最早迁入的居民姓氏命名	清代	10 户 50 人
打莲坑	杨家村西南部，距村委会驻地 5.5 千米	因村庄最早迁入的居民从事打莲花落而得名	清代	3 户 20 人
栎山屋	杨家村东北部，距村委会驻地 1.5 千米	因住宅后方山岭有栎树林而得名	清代	19 户 60 人

续表

村庄名称	地理位置	名称由来	形成时间	户数人口
毛家大垴	杨家村东部，距村委会驻地 2 千米	因村庄形成初期为茅草棚及地形综合得名	清代	14 户 60 人
三房门前	杨家村西南部，距村委会驻地 3.5 千米	因村庄处另一村庄三房的前方而得名	清代	13 户 60 人
檀山	杨家村东北部，距村委会驻地 500 米	因住宅前方有檀树而得名	民国时期	11 户 60 人
瓦渣埂	杨家村东北部，距村委会驻地 1 千米	因附近山脊堆有旧时烧砖瓦堆而得名	清代	15 户 90 人
王家	杨家村西南部，距村委会驻地 2.5 千米	以最早迁入的居民姓氏命名	清代	10 户 40 人
上谭	杨田村东北部，距村委会驻地 2 千米	因住宅位于杨叟垅的上部及居民姓氏得名	明代	14 户 70 人
郑家咀	杨田村西南部，距村委会驻地 600 米	以最早迁入居民姓氏和地形命名	清代	15 户 70 人

第二节　官塘社区及所属聚落

【官塘社区】　关刀镇政府驻地，位于关刀镇中心，距县城 10 千米，为关刀镇人民政府机关驻地。社区居委会驻地农贸小区。东与关刀村和关刀农场一桥相隔，南连水兴村，西接春雷村，北与白马村隔河相望，辖区面积 0.94 平方千米。因域内有地片官塘坳而得社区名。1950 年，属通城县官和乡官塘村；1955 年，为官和乡第六农业合作社；1958 年人民公社化，第六农业合作社更名为官塘大队，下设 6 个生产小队，属崇阳县麦市(先锋)人民公社水兴管理区；1961 年，属通城县水兴区水兴人民公社；1975 年撤区并社，官塘大队一、二、三、四小队与西安、水兴大队合并为新寨大队，官塘大队五、六小队与和胜、马鞍大队合并为春雷大队(划出)，属水兴人民公社；1981 年，新寨大队更名为水兴大队；1984 年设区建乡，水兴大队的原官塘一、二、三、四小队属水兴区关刀桥镇直管，原划进来的西安、水兴大队划出合并，更名为水兴村，同属水兴区关刀桥镇；1987 年区乡体制改革，关刀桥镇直管的一、二、三、四共 4 个农业组设立官塘村，属关刀镇；2001 年，将镇机关职工、改制企业、非农居民划归属地管理，与官塘村组建官塘居委会；2004 年，官塘居委会更名为官塘社区。下辖 5 个居民小组，有 5 个农村居民点、2 个城镇居民点。G353 国道从集镇中心穿境而过，形成长 1 千米、宽 40 米的振兴大道，域内驻有关刀镇党委政府机关及镇直单位和中学、中心小学、中心完小附属幼儿园、官塘猪厂(550 标准化模式)、基督教官塘分堂、百合将军殿、关刀大桥、供电所。菖蒲港有关刀段从社区东北绕境而过，三泉垅小港自南向北流入白马洲。居民主要有吴、罗、郑、聂、卢、金、葛等姓。2013 年，社区新建一栋四层办公楼，占地 178 平方米，建筑面积 718 平方米，设有便民服务厅、居家养老中心。G353 国道穿过区境，距杭瑞高速进出口公路里程 13 千米，居民点全部通公路。2014 年，有居民 156 户 4800 人，耕地 353.3 公顷。集镇内有个体经营户 128 户，社会生产总值 2658 万元，居民以个体经商、种植水稻和蔬菜、养猪、养鱼与务工为主，农业居民年人均纯收入 7250 元。

官塘坳地片　属关刀镇官塘社区，位于官塘社区东北部，距关刀中心集镇 500 米。东邻菖蒲港上游河道，南接振兴大道，西连春雷村，北临白马洲大桥。此地片有山岭分水处，古时有驿道，两边各有一口大塘，为官府出资调集民工所修，属县衙管辖，名双合塘。民众为感谢官府恩德，将世居之地改名官塘坳，并由此而得地片名。中华人民共和国成立前，近千米长的石板老街，有 20 多家店铺做生意，客店、布匹、杂货俱全。地片内下辖 2 个居民小组，有 3 个居民点。G353 国道穿过区境，距杭瑞高速进出口公路里程 13 千米，居民点全部通公路。2014 年，有居民 98 户 400

人，水田 21.9 公顷，旱地 1.9 公顷。

官塘屋　属关刀镇官塘社区，位于官塘社区西北部，距社区居委会驻地农贸小区 500 米。东接团堡咀，西邻官渡岭，南连通麦公路，北靠聂家。古代，县衙出资并组织当地居民在此修建两口池塘，名官塘。清代，罗凤族(1651—1711)从关刀金潭罗家迁官塘附近建房定居，以塘名命村庄名为官塘屋。2014 年，有居民 22 户 100 人，水田 81 亩，旱地 13.5 亩，山林 10 亩。

老农机厂小区　属关刀镇官塘社区，位于官塘社区东南部，距社区居委会驻地农贸小区 300 米。东、南接上屋，西邻关刀卫生院，北靠 G353 国道。此地原为关刀镇农机厂厂区，1998 年农机厂改制拍卖，潘明(1966—)率先在此地购建房屋定居，后陆续有吴、罗等姓迁入，形成居民小区。2014 年，有居民 18 户 90 人。

农贸市场小区　属关刀镇官塘社区，为居委会驻地，位于关刀中心集镇中心。东接下屋，西、南连 G353 国道，北靠关刀中心小学。此地原为关刀粮油公司经营区，2008 年公司改制拍卖，吴忠任(1970—)、李四荣(1972—)等率先购买土地建房定居，后来，罗、钟姓先后购建房屋迁入，形成居民小区。2014 年，有居民 42 户 200 人。

下屋(又名扎家咀)　属关刀镇官塘社区，位于官塘社区东部，距居委会驻地农贸小区 300 米。东接关刀河，西、南连 G353 国道，北靠官塘中小学。清代，吴鼎胜(1667—1727)迁此建房定居，因住宅上方不远处有居民点，故命村庄名为下屋。2014 年，有居民 21 户 90 人，水田 71 亩，旱地 5 亩。

第三节　八仙村及所属聚落

【八仙村】　关刀镇辖村，位于关刀镇西北部，村委会驻地八河屋(原八仙小学校址)，距关刀中心集镇 3.5 千米。东连高冲村，南接白马村，西界隽水镇油坊村，北邻沙堆镇大柱村，版土面积 10 平方千米。因域内有地片八仙畈而得村名。1950 年，属通城县八合乡；1958 年人民公社化，设八仙、石堰大队，属崇阳县沙堆(火箭)人民公社大柱管理区；1961 年恢复区镇建制，属通城县沙堆区大柱公社；1963 年，石堰大队更名为白马大队，八仙大队未变，属水兴区八仙公社；1971 年，八仙、白马大队分别更名为永红、寨花大队；1975 年撤区并社，属高冲公社；1981 年，永红、寨花大队分别更名为八仙、万峰大队；1984 年设区建乡，八仙、万峰大队分别变更为八仙、万峰村，属水兴区高冲乡；1987 年撤区并乡镇，属关刀镇；2002 年，八仙、万峰村合并为八仙村。下辖 10 个村民小组，有 24 个农村居民点。境内有万峰山、万峰水库、万峰寺、太保庙、八仙林业苗圃场。村委会办公楼占地面积 2000 平方米，内设便民服务厅、村卫生室、老年人活动室、阅览室、医疗室、健身操场等。居民有杜、吴、徐、王、邓、李、卢、涂、傅等姓，以杜、吴、邓姓为主。村域距 G353 国道、杭瑞高速进出口公路里程分别约 3.5 千米、13 千米，居民点全部通公路。2014 年，有村民 538 户 2130 人，耕地 212.5 公顷，山林 36.7 公顷。村民主要种植水稻、红薯、油菜，兼养猪、养鱼，经济来源主要为务农、务工、经商，年人均纯收入 5000 元。

八仙畈地片　属关刀镇八仙村，位于八仙村西部，距关刀中心集镇 3.5 千米。东接石堰李家，南接白马村，西邻沙堆镇佘坊村，北靠沙堆银丰村。此地片处一面积较大的平坦之地，传说古时有八位老人在此畈开荒定居，命名八叟畈，后人为纪念彰扬八位老人的功德，改名八仙畈。下辖 5 个村民小组，有 10 个居民点。地片距 G353 国道、杭瑞高速进出口公路里程分别约 8 千米、11 千米，居民点全部通公路。2014 年，有居民 335 户 1220 人，水田 169.8 公顷，旱地 42.7 公顷，山林 6.7 公顷。

万峰地片　属关刀镇八仙村，位于八仙村东部，距关刀中心集镇 4.5 千米。东接高冲村，西邻村部，南连白马村，北靠沙堆镇银丰村。因域内有山名万峰山而得地片名。下辖 5 个村民小组，有 14 个居民点。地片距 G353 国道、杭瑞高速通城入口公路里程分别约 9 千米、12 千米。2014 年，有居民 203 户 900 人。有水田 61.6 公顷，旱地 28.4 公顷，山林 30 公顷。云溪水库东干渠从该地片流过，水利条件较好，地质肥沃，林木茂盛。

八河屋　属关刀镇八仙村，位于八仙村西南部，为村委会驻地，距关刀中心集镇3.5千米。东连石堰李家，南邻白马村冷水坑，西界熊家排上，北邻万峰尖石埚。清代，傅八河(1640—1712)在此建房定居，以其名命村庄名为八河屋。2014年，有居民26户100人，耕地150亩，水田130亩，山林17亩。

邓家当铺　属关刀镇八仙村，位于八仙村西部，距村委会驻地八河屋1千米。东连熊家排上，南接邓家祠堂，西邻五房屋，北界沙堆镇余访村。清代，邓高盘(1678—1746)花3年时间在此修建房屋，同时开典当铺，以其姓氏综合房屋用途命村庄名为邓家当铺。2014年，有居民134户420人，耕地649亩，水田600亩，山林56亩。

塅上　属关刀镇八仙村，位于八仙村西部，距村委会驻地八河屋500米。东连八河屋，西接邓家祠堂，南界石埚，北邻熊家排上。清代，邓凤彩(1681—1749)在此建房定居，因住宅建于面积较大的平地上(俗称塅)，故命村庄名为塅上。塅上由于地势较低，积水难排，不适合居住。20世纪80年代后，居民陆续搬至公路两旁。2014年，有居民32户120人，耕地200亩，水田190亩，山林5亩。

金家坳　属关刀镇八仙村，位于八仙村东部，距村委会驻地八河屋2千米。东邻徐家峦，南接村组公路，西连石堰李家，北界罐棚。此地为山岭分水处，原有金姓在此居住，以其姓氏综合地形命村庄名为金家坳。后金姓外迁，杜贵利(1828—1884)迁入定居，仍用原村庄名。2014年，有居民20户130人，耕地204亩，山林58亩。

栗树塆　属关刀镇八仙村，位于八仙村西南部，距村委会驻地八河屋500米。东连胡椒塘，南界白马村冷水坑，西邻白马村边山，北接八河屋。明初，吴宗永(1353—1417)迁此定居。因住宅建于长有栗树的山体拐弯部位，故命村庄名为栗树塆。2014年，有居民33户120人，耕地190亩，水田171亩，山林15亩。

马鞍亭　属关刀镇八仙村，位于八仙村西部，距村委会驻地八河屋1.5千米，东连蔡保庙，南接石埚，西邻石落屋，北靠锦堂。此地地形呈马鞍状，古时有一座凉亭靠近大路，故名马鞍亭。民国时期，吴朝甫(1890—1948)从冷水坑迁亭附近建房定居，以亭名命村庄名。2014年，有居民20户70人，耕地110亩，水田96亩，山林2亩。

彭家塘　属关刀镇八仙村，位于八仙村西部，距村委会驻地八河屋1千米。东连徐家垅，南邻熊家排上，西接邓家当铺，北界沙堆镇余坊村。古时，彭姓在此居住，门口有口水塘，以其综合居民姓氏命村庄名为彭家塘。民国时期，彭姓外迁，李春华(1908—1968)、李国维、李五员三兄弟从石堰李家迁此定居，仍用原村庄名。2014年，有居民28户110人，耕地160亩，水田120亩，山林6亩。

石堰李家　属关刀镇八仙村，位于八仙村南部，距村委会驻地八河屋500米。东接金家坳，南界栗树塆，西连八河屋，北邻新屋王家。古时，人们在此地小港上用块石筑有挡水堰，名石堰。清代，李良松(1732—1810)在石堰附近建房定居，以其综合居民姓氏命村庄名为石堰李家。2014年，有居民27户100人，耕地154亩，水田120亩，山林10亩。

新屋王家　属关刀镇八仙村，位于八仙村中部，距村委会驻地八河屋1千米。东连金家坳，南接石堰李家，西界下寺，北邻徐家。清代，王礼明(1830—1895)从四川迁此建房定居，因住宅为新建房屋，故以其综合居民姓氏命村庄名为新屋王家。2014年，有居民38户160人，耕地248亩，水田170亩，山林50亩。

熊家排上　属关刀镇八仙村，位于八仙村西部，距村委会驻地八河屋500米。东连八河屋，南接白马村边山，西邻邓家当铺，北界徐家垅。古时，此地是熊姓看管田地的房屋，因房屋位于地势较高、呈不规则形的缓坡山地(俗称此地形为排)，故以其综合居民姓氏命村庄名为熊家排上。清代，熊姓外迁，邓凤彩(1680—1750)迁此定居，仍用原村庄名。2014年，有居民31户120人，耕地185亩，水田175亩，山林10亩。

徐家垅　属关刀镇八仙村，位于八仙村西部，距村委会驻地八河屋1千米。东接熊家，南连熊家排上，西邻彭家塘，北界沙堆镇余坊村。此地为一小山沟，原有徐姓居住，以其姓氏综合地形命村庄名为徐家垅。后徐姓外迁，李燃显(1887—1968)及吴、卢姓先后迁入，仍用原村庄名。2014年，有居民20户70人，耕地110亩，水田80亩，山林20亩。

第四节　八燕村及所属聚落

【八燕村】 关刀镇辖村，位于关刀镇东北部，村委会驻地燕埚，距关刀中心集镇4千米。东界塘湖镇南虹村，南连鲤港村，西接五流村，北邻塘湖镇阁壁村，全村总面积5平方千米。20世纪60年代初，此地设立有以地域内居民点命名的燕埚乡，邻村有个以居民点命名的八仙台乡。后来，两乡合并，以两乡乡名的各一个字组成八燕乡。自此以后，八燕成为生产大队、公社、村等单位的通用名，村名由此而来。1950年，属通城县八燕乡十三、十四社；1958年人民公社化，十三、十四社分别更名为燕窝、塔岭大队，属崇阳县麦市(先锋)人民公社鲤港管理区；1961年恢复区镇建制，属通城县水兴区八燕公社；1975年撤区并社，燕窝、塔岭大队合并为朝阳大队，属高冲公社；1984年设区建乡，朝阳大队分设变更为燕窝、塔岭村，属水兴区鲤港乡；1987年区乡体制改革，属关刀镇；2001年调整乡镇行政区划，燕窝、塔岭村合并为八燕村。2002年，村委会改八燕中学为办公楼，占地面积约900平方米，内设办公室、会议厅、图书阅览室、宿舍、党员活动中心、老年人协会、文化中心、便民服务厅、村卫生室等。下设9个村民小组，有18个居民点。居民有罗、郑、金、何、汪、雷、刘、徐、谭、葛、胡等姓，以罗、金姓为主。村域距G353国道、杭瑞高速进出口公路里程分别为2千米、17千米，居民点全部通公路。2014年，有居民455户2770人，水田120公顷，旱地60公顷，山林126.7公顷。村民主要种植水稻、红薯，兼养猪、养鱼、养鸡鸭，经济来源主要为靠务农、务工、经商，年人均纯收入5000元。

塔岭地片　属关刀镇八燕村，位于八燕村东部，距关刀中心集镇5千米。东界塘湖镇阁壁村，南接南虹村，西邻鲤港村，北邻五流村。因域内多山岭，古时建有塔，故命名塔岭，地片名由此而来。下辖4个村民小组，有8个居民点。地片距G353国道、杭瑞高速进出口公路里程分别约4千米、18千米，居民点全部通公路。2014年，有居民243户1380人，水田43.3公顷，旱地10公顷，山林66.7公顷。

燕窝地片　属关刀镇八燕村，位于八燕村西部，距关刀中心集镇4千米。东界塘湖镇南虹村，南连鲤港村，西邻五流村，北邻阁壁村。因域内有居民点燕窝而得地片名。下辖5个村民小组，有10个居民点。地片距G353国道、杭瑞高速进出口公路里程分别约2千米、17千米，居民点全部通公路。2014年，有居民327户2050人，水田56.7公顷，旱地10公顷，山林60公顷。

板桥屋　属关刀镇八燕村，位于八燕村东部，距村委会驻地燕埚3千米。东界鹤形屋，南接傩堂，西毗双港湾，北连阁壁村。明代，金兼吾(1565—1628)从江西迁此建房定居，因门前有条小港，来往不方便，兼吾建一座用树木做桥梁、木板铺桥面的简易桥，故以桥命村庄名为板桥屋。2014年，有居民37户160人，耕地120亩，水田105亩，山林78亩。

董家垅　属关刀镇八燕村，位于八燕村东南部，距村委会驻地燕埚700米。东界板桥屋，南接双港湾，西邻鲁家坳，北连五流。此地为一小山沟，古时，董姓在此建房定居，以其姓氏综合地形命村庄名为董家垅。清代，董姓迁居另处，金逢谦(1693—1762)居此落户，仍用原村庄名。2014年，有居民25户140人，耕地100亩，山林70亩。

关龙塝　属关刀镇八燕村，位于八燕村东南部，距村委会驻地燕埚500米。东界南虹村，南连邓家屋，西接毛家坳，北毗箭下屋。此地为坡度较大的山坡，传说石牛仓山下有个深洞，有条大蟒蛇在洞内修炼成龙，有一仙人由此路过，察知此蛇修成龙要殃及山外众人的生命财产完全，施法把蛇关锁起来了，故名关龙塝。民国二十七年(1938)，罗姓率先在此山坡上定居，以山坡名命村庄名。2014年，有居民13户50人，耕地40亩，水田35亩，山林20亩。

何家坳　属关刀镇八燕村，位于八燕村中部，距村委会驻地燕埚500米。东界聂家塆，南接上新屋，西毗下新屋，北连坛堂。此地为山岭分水处，清代，何辉祖(1702—1777)到此山坳旁建房定居，以其姓氏综合地形命村庄名为何家坳。2014年，有居民 24 户 110 人，耕地 65 亩，山林 80 亩。

鹤形屋（又名学星屋）　属关刀镇八燕村，位于八燕村东北部，距村委会驻地燕埚 3 千米。东界江坑，南接傩堂，西毗双港湾，北连板桥屋。清代，金拔先（1641—1701）在此建宅定居，因住宅屋后山形像白鹤展翅，故名命村庄名为鹤形屋。2014 年，有居民 27 户 100 人，耕地 75 亩，山林 50 亩。

箭下屋　属关刀镇八燕村，位于八燕村西南部，距村委会驻地燕埚 300 米。东界聂家塆，南接吴龙塝，西邻毛家坳，北连何家坳。明代，罗唯吾（1579—1616）在此建房定居。传言此屋对门山岭呈白虎形，屋后山岭呈黄狗形，虎要吃狗；两山之间有条小港环绕呈弓形，门前有条小水圳像弓弦，港中间有岩石条像剑杆，开弓可射白虎，依此命村庄名为箭下屋。2014 年，有居民 57 户 310 人，耕地 185 亩，水田 170 亩，山林 70 亩。

江坑　属关刀镇八燕村，位于八燕村东部，距村委会驻地燕埚 1 千米。东界阁壁村，南接傩堂，西连鹤形屋，北邻板桥屋。清代，刘姓在此建房定居，因住宅两边高山夹住，形似一条坑沟，沟中间有小溪，故命村庄名为江坑。2014 年，有居民 23 户 120 人，耕地 75 亩，山林 80 亩。

鲁家坳　属关刀镇八燕村，位于八燕村东南部，距村委会驻地燕埚 1.5 千米。东界双港，南接南虹村周家坳，西毗聂家塆，北连坛堂。此地是山岭分水处，古时，鲁姓人在此定居，以其姓氏综合地形命村庄名为鲁家坳。后来，鲁姓外迁，金逢诗（1680—1757）迁居落户，仍用原村庄名。2014 年，有居民 34 户 170 人，耕地 127 亩，水田 110 亩，山林 50 亩。

聂家塆　属关刀镇八燕村，位于八燕村南部，距村委会驻地燕埚 1 千米。东界鲁家坳，南接关龙塝，西毗箭下屋，北连坛冲。明代，聂姓在此建房定居，因住宅位于山岭拐弯处，故以其综合居民姓氏命村庄名为聂家塆。后聂姓外迁，汪宗建（1685—1749）从润田迁居于此，仍用原村庄名。2014 年，有居民 43 户 270 人，耕地 130 亩，山林 60 亩。

傩堂屋（又名罗堂屋）　属关刀镇八燕村，位于八燕村东部，距村委会驻地燕埚 3.5 千米。东界江坑，南接龙背，西毗鲁家坳，北连双港湾。明代，汪必祯（1383—1442）在此建房定居，依其姓氏命村庄名为汪家。主人在厅堂敬有汪姓祖先名区雕像，后区显灵能为人治病消灾，人们在此唱神戏谢恩，故改村庄名傩堂屋。2014 年，有居民 59 户 280 人，耕地 180 亩，水稻 160 亩，旱地 20 亩，山林 80 亩。

上新屋　属关刀镇八燕村，位于八燕村西北部，距村委会驻地燕埚 100 米。东连毛家塅，南接石咀上，西邻燕窝老屋，北毗何家坳。清代，罗文海（1705—1749）在此新建房屋定居，因房屋建在老燕窝上方，故命村庄名为上新屋。2014 年，有居民 36 户 160 人，耕地 80 亩，水田 70 亩，山林 50 亩。

石咀上　属关刀镇八燕村，位于八燕村西南部，距村委会驻地燕埚 400 米。东界南虹村，南邻鲤港村，西靠燕窝，北连上新屋。此地为山体突出前端，又因其为岩石结构，故称为石咀。清代，罗天昆（1698—1782）在石咀旁建房定居，故命村庄名为石咀上。2014 年，有居民 53 户 290 人，耕地 105 亩，山林 50 亩。

双港湾（又名双家湾）　属关刀镇八燕村，位于八燕村东部，距村委会驻地燕埚 3 千米。东界鹤形屋，南接傩堂，西毗鲁家坳，北连董家垅。此地有两条小港汇集并呈拐弯状，故名。清代，金逢让（1676—1738）在此建房定居，以湾名命村庄名。2014 年，有居民 32 户 200 人，耕地 145 亩，水田 128 亩，旱地 17 亩，山林 70 亩。

坛堂屋（又名潭冲屋）　属关刀镇八燕村，位于八燕村东部，距村委会驻地燕埚 2 千米。东界鲁家坳，南接聂家塆，西毗何家坳，北连董家垅。古时此地立神圣坛二处，分上坛堂与下坛堂，统称坛堂。清代，郑鲁贤（1778—1855）在坛堂附近建房定居，命村庄名为坛堂屋。2014 年，有居民 35 户 150 人，耕地 118 亩，山林 70 亩。

下新屋　属关刀镇八燕村，位于八燕村西南部，距村委会驻地燕埚 300 米。东连忠孝屋，南接八方塅，西毗五流村，北邻何家坳。清代，罗文湄（1692—1756）在此开基建房居住，因住宅位于上新屋、中新屋下方，故命村庄名为下新屋。2014 年，有居民 43 户 250 人，耕地 180 亩，水田 160 亩，山林 50 亩。

燕窝　属关刀镇八燕村，位于八燕村西南部，为村委会驻地，距关刀中心集镇 4 千米。东连塘湖镇南虹村大陂头，南邻鲤港村，西接五流村，北毗五流村瞿家垅。由于此地山岭形状像个燕窝，故名。明代，罗道衡由江西吉安府泰和县柏林豫章沟迁通城，任通城典史兼职县尉定居城南门金家井，娶妻杨氏生十子，长子罗法祯（1459—1548）定居于此，以住宅后方山岭名命村庄名。2014年，有居民62户350人，水田190亩，旱地15亩，山林215亩。

第五节　白马村及所属聚落

【白马村】　关刀镇辖村，位于关刀镇北部，村委会驻地西边垅，距关刀中心集镇1.5千米。东连高冲村、杨田村，南接官塘社区，西与隽水镇油坊村相望，北靠八仙村，版土面积5平方千米。相传古代有一匹白马在此地河洲上修炼成正果后，被封为白马将军，后人便将此地命名为白马洲，村名由此而来。1950年，属通城县八合乡；1958年人民公社化，设红联、新堤大队，属崇阳县沙堆（火箭）人民公社大柱管理区；1961年恢复区镇建制，红联大队分设为红联、联合大队，新堤大队分设为新堤、新合大队，属通城县沙堆区大柱公社；1963年，属水兴区八仙公社；1975年撤区并社，红联、联合大队合并为红联大队，新堤、新合大队合并为新堤大队，属高冲公社；1981年，红联、新堤大队分别更名为西边垅、石埚大队；1984年设区建乡，西边垅、石埚大队分别变更为西边垅、石埚村，属水兴区高冲乡；1987年区乡体制改革，属关刀镇；2001年调整乡镇行政区划，仍属关刀镇；2002年，西边垅、石埚村合并为白马村。下设9个村民小组，有14个居民点。2000年，原村办小学被改建为村委会办公楼，占地面积400平方米，设有便民服务厅、村卫生室。村域距G353国道、杭瑞高速进出口公路里程分别为1.5千米、14.5千米，居民点全部通公路。2014年，有居民615户2400人。有耕地168.2公顷，山林80公顷。村民主要种植水稻、红薯，经济来源主要为务农、务工、经商，年人均纯收入4300元。

石埚地片　属关刀镇白马村，位于白马村西部，距关刀中心集镇4千米。东接西边垅地片，南连春雷村，西靠隽水镇油坊村，北毗八仙村。因域内有居民点石埚而得地片名。下辖4个村民小组，有6个居民点。地片距G353国道、杭瑞高速进出口公路分别为4千米、17千米，居民点全部通公路。2014年，有居民255户810人，水田60公顷，旱地4.7公顷，山林14公顷。

西边垅地片　属关刀镇白马村，位于白马村东部，距关刀中心集镇2千米。东连高冲村、杨田村，南接官塘社区，西邻石埚地片，北毗八仙村。因位于高冲集镇西边的山沟而得地片名。有8个居民点。地片距G353国道、杭瑞高速进出口公路分别为2千米、15千米，居民点全部通公路。2014年，有居民360户1600人，有水田面积106.7公顷，旱地8公顷，山林22.7公顷。

垡楼屋　属关刀镇白马村，位于白马村东部，距村委会驻地西边垅400米。东界杨田村，南连郑家三房，西向老屋徐家，北邻火烧屋。清代，郑清焕（1707—1765）在此建房定居，因房屋规模宏大，并在门首建修垡楼，故以其命村庄名为垡楼屋。2014年，有居民31户160人，水田200亩，山林70亩。

老屋徐家　属关刀镇白马村，位于白马村东部，距村委会驻地西边垅200米。东邻垡楼屋，南靠姜家坳，西靠西边垅，北连冷水坑。明代，徐芳俊（1302—1376）在此建房定居，以其姓氏命村庄名为徐家。后此宅有子孙分支外迁者，改称村庄名为老屋徐家。2014年，有居民32户130人，水田160亩，山林60亩。

冷水坑　属关刀镇白马村，位于白马村西南部，距村委会驻地西边垅800米。东靠老屋徐家，南连张家，西界福人药业药材基地，北连八仙村。此地为地势较低的山沟，俗称坑。明代，吴建良（1486—1555）在山沟建房时挖出一坑清泉，水质特好，天旱时仍有冰冷清亮之水源源不绝流出，故以其命村庄名为冷水坑。2014年，有居民86户410人，水田400亩，山林60亩。

刘家　属关刀镇白马村，位于白马村西部，距村委会驻地西边垅1.2千米。东界原国庆茶场，南接菖蒲港上游，西与隽水镇油坊村相望，北邻石埚。古时，这里是万姓的居住地，以其姓命村庄名为万家。后来万姓无后，由外甥刘炳权

(1858—1922)过继外祖家撑起家业，更村庄名为刘家。2014年，有居民66户300人，耕地400亩，山林60亩。

石堣　属关刀镇白马村，位于白马村西部，距村委会驻地西边垅2千米。东靠新屋，南连刘家，西临菖蒲港河，北毗瀛通公司养殖场(原县林业苗圃)。此地为四周高中间低的洼地，山堣内岩石外露，故称石堣。清代，傅问山(1843—1899)花4年时间在此建成四重堂大宅院，以山堣名命村庄名，又称作石堣大屋。2014年，有居民51户，240人，耕地320亩，山林100亩(附近有傅家小居民点)。

新屋　属关刀镇白马村，位于白马村西部，距村委会驻地西边垅3千米。东连纱屋，南接刘家，西毗石堣，北邻瀛通公司养殖场交界。清代，杨新(1857—1915)由石堣迁此修建新房定居，命村庄名为新屋。2014年，有居民21户80人，耕地150亩，山林40亩。

张家岭　属关刀镇白马村，位于白马村南部，距村委会驻地西边垅1.5千米。东靠郑家三房，南临白马洲河道，西连冷水坑，北毗老屋徐家。明代，此地山岭是徐姓的土地，依其姓命山岭名徐家岭。清代，张顾名(1648—1709)买下徐姓土地建房定居，因住宅位于山岭之下，故以其综合居民姓氏命村庄名为张家岭。2014年，有居民40户200人，水田280亩，山林60亩。

郑家三房　属关刀镇白马村，位于白马村南部，距村委会驻地西边垅1.5千米。东连杨田村，南靠白马洲桥，西邻张家岭，北毗垈楼屋。清代，郑清旺(1829—1893)有3个儿子，大儿子元志、二儿子元保、三儿子元忠。郑清旺花4年时间给3个儿子建造3处房屋，此处房屋分给三儿子元忠，以其姓氏及排序命村庄名为郑家三房。2014年，有居民20户150人，水面140亩，山林70亩。

第六节　春雷村及所属聚落

【春雷村】　关刀镇辖村，位于关刀镇北部，村委会驻地傅家祠堂，距关刀中心集镇3千米。东毗邻官塘社区，南靠台源村，西接隽水镇东港村、桃源村、油坊村，北依菖蒲港，辖区面积7.2平方千米。20世纪70年代初，全国开展轰轰烈烈的农业学大寨运动，该村劈山造田，多次被省、市、县评为先进单位，有“春雷大队响春雷”之说，后沿用为村名。1950年，属通城县官和乡和胜、马鞍、山泉村；1958年人民公社化，和胜、马鞍、山泉村分别变更为和胜、马鞍、三泉大队，属崇阳县麦市(先锋)人民公社水兴管理区；1961年恢复区镇建制，属通城县水兴区水兴公社；1975年撤区并社，官塘大队的刘家、白屋居民点及和胜、马鞍大队合并为春雷大队，三泉大队更名为南冲大队，属水兴公社；1984年设区建乡，春雷大队、南冲大队变更为春雷村、南冲村，同属水兴区关刀桥镇；1987年撤区并乡镇，同属关刀镇；2001年调整乡镇行政区划，仍属关刀镇；2002年，春雷、南冲村合并为春雷村。下辖10个村民小组，有18个居民点。有肠衣加工厂、石材厂、水泥预制厂、砖厂、大米加工厂、竹木加工厂、养猪场。1998年建村办公楼，建筑面积420平方米，设有便民服务厅、村卫生室。G353国道穿村而过，村域距杭瑞高速进出口公路里程10千米，居民点全部通公路。2014年，有村民690户3010人，耕地418公顷，山林373.3公顷。村民主要种植水稻、茶叶、田藕、蔬菜、油茶、果树、松杉、楠竹等，经济来源主要为务农、务工、经商，年人均纯收入4850元。

官和地片　属关刀镇春雷村，位于春雷村东北部，距关刀中心集镇约1.2千米。东接官塘社区，南连山泉片，西界马鞍片，北毗菖蒲港，面积约2.3平方千米。1975年，从官塘大队与和胜大队各划出一部分设立新的生产大队，遂从两个大队的名字中各取一字命新的大队名，后来被用作地片名。下辖3个村民小组，有5个居民点。G353国道穿村而过，地片距杭瑞高速进出口公路里程12千米，居民点全部通公路。2014年，215户660人，水田36公顷，旱地4.1公顷，山林23.3公顷。

马鞍地片　属关刀镇春雷村，位于春雷村西北部，距关刀中心集镇约1.7千米。东接官和片，南界隽水镇东港聂家，西相邻隽水镇桃源村，北相连隽水镇油坊村昌蒲港，总面积2.5平方千米。

因域内有马鞍山而得地片名。下辖 3 个村民小组，有 7 个居民点。G353 国道穿村而过，地片距杭瑞高速进出口公路里程 11 千米，居民点全部通公路。2014 年，有居民 185 户 920 人，水田 40.7 公顷，旱地 3.9 公顷，山林 33.3 公顷。

三泉地片　属关刀镇春雷村，位于春雷村南部，距关刀中心集镇约 2 千米。东邻水兴村，南界台源村，西接隽水镇东港村，北毗和胜片，面积 2.3 平方千米。因域内三面环山，垅内有一山泉水而得地片名。下辖 4 个村民小组，有 6 个居民点。G353 国道穿村而过，地片距杭瑞高速进出口公路里程 11 千米，居民点全部通公路。2014 年，居民有 489 户 1770 人，有水田 101.3 公顷，旱地 8 公顷，山林 133.3 公顷。

白屋　属关刀镇春雷村，位于春雷村东北部，距村委会驻地傅家祠堂 1.6 千米。东邻官塘社区，南连大屋刘家，西毗栎峦王家，北界菖蒲港。清代，徐盛茂(1647—1713)从白马老屋徐家迁此建房定居，因住宅外墙均刷成白色，故命村庄名为白屋。2014 年，有居民 32 户 120 人，水田 100 亩，旱地 8 亩，山林 25 亩。

大屋刘家　属关刀镇春雷村，位丁春雷村东北部，距村委会驻地傅家祠堂 1.5 千米。东毗官塘，南连向阳茶场，西界和胜桥，北接白屋。清代，刘旺朗(1653—1726)从山西太原迁此地，修建一栋较大的四合院，以其综合居民姓氏命村庄名大屋为刘家。2014 年，有居民 30 户 110 人，水田 95 亩，旱地 5 亩，山林 24 亩。

放球场　属关刀镇春雷村，位于春雷村南部，距村委会驻地傅家祠堂 1.7 千米。东界水兴村，西连山泉龙，南毗上垅何家，北接官塘村。传说很久以前，附近青年农民在此地玩自制的球类，故取名为放球场，后人误传为“放牛场”。明晚期，刘天旺(1574—1651)从山西太原迁此地定居，命村庄名为放球场。2014 年，有居民 25 户 120 人，水田 135 亩，旱地 50 亩，山林 240 亩。

傅家　属关刀镇春雷村，位于春雷村西北部，距村委会驻地傅家祠堂 2 千米。东毗邻龙眼桥，西连隽水镇油坊村茹菜廖家，南连龟山王家，北界隽水镇油坊村大清塘。清代，石埚傅宗昌(1746—1819)迁此地建房定居，依其姓氏命村庄名为傅家。2014 年，有居民 28 户 120 人，水田 105 亩，旱地 10 亩，山林 230 亩。

傅家祠堂　属关刀镇春雷村，位于春雷村西北部，为村委会驻地，距关刀镇中心集镇 3 千米。东、南邻石头万家，西毗伞把桥，北接龙眼桥。清代，傅宗昌(1746—1819)在此组织修建宗族祠堂。后有傅、张、吴姓先后在祠堂周围建房定居，以祠堂名命村庄名。2014 年，有居民 23 户 110 人，水田 80 亩，旱地 17 亩，山林 80 亩。

龟山王家　属关刀镇春雷村，位于春雷村西北部，距村委会驻地傅家祠堂 1 千米。东毗邻伞把桥，南界东港村，西连桃源村，北接油坊村。清代，王在如(1688—1776)从嘉鱼县迁此建房定居，因住宅前有一座乌龟形状的山岭，以其综合居民姓氏命村庄名为龟山王家。2014 年，有居民 42 户 250 人，水田 90 亩，旱地 12 亩，山林 450 亩。

何家　属关刀镇春雷村，位于春雷村东北部，距村委会驻地傅家祠堂 1 千米。东邻杨家垅，南界童家山，西接孔家，北连和胜桥。清代，何衡山(1723—1794)从麦市何塅迁此地建房定居，以其姓氏命村庄名。2014 年，有居民 50 户 180 人，水田 135 亩，旱地 7 亩，山林 180 亩。该居民点左侧有两棵 200 年历史的古枫树，被纳入国家重点保护名树。

和胜桥　属关刀镇春雷村，位于春雷村东北部，距村委会驻地傅家祠堂 600 米。东连大屋刘家茶山，南靠何家，西邻傅家祠堂，北毗栎峦王家。清代，傅道海(1687—1762)从湖南巴宁迁此定居，同期万国相(1706—1774)从沙堆迁入，两姓人在此集资修建了一座石桥，为纪念人气平和建成此桥取名为和胜桥，并沿用为村庄名。2014 年，有居民 38 户 170 余人，水田 170 亩，旱地 10 亩，山林 220 亩。

孔家　属关刀镇春雷村，位于春雷村西北部，距村委会驻地傅家祠堂 1 千米。东邻何家，西接张山坳，南连横垅，北界石头万家。清代，沙堆石泥塘孔家大屋孔广富(1734—1809)分居在此地建房定居，以其姓氏命村庄名为孔家。2014 年，有居民 26 户 120 人，水田 95 亩，旱地 23 亩，山林 230 亩。

李家　属关刀镇春雷村，位于春雷村南部，距村委会驻地傅家祠堂 3.5 千米。东界水兴村，西连神态屋，南接台源村，北毗小垅何家。清代，李瑞钟(1614—1686)从隽水东港迁此建房定居，以其姓氏命村庄名为李家。2014 年，居民 23 户

100人，水田80亩，旱地10亩，山林450亩。此地有千年银杏树两棵，被列为国家林业重点保护树木。

栎峦王家　属关刀镇春雷村，位于春雷村东北部，距村委会驻地傅家祠堂600米。东界白屋，南毗和胜桥，西连龙眼桥，北依菖蒲港河流。清代，崇阳高枧王尚兵(1669—1750)携妻迁入此地建房定居，因住宅附近有一块面积很大的栎树林，故以其综合居民姓氏命村庄名为栎峦王家。2014年，有居民64户260人，水田310亩，旱地25亩，山林400亩。

龙眼桥　属关刀镇春雷村，位于春雷村西北部，距村委会驻地傅家祠堂1.5千米。东界栎峦王家，西毗邻油坊村大清塘，南连享堂，北靠菖蒲港河流。此地古时有一石桥，上游河床边有两个石头像龙的两只眼睛，故名。清代，傅诚安(1781—1850)从石窝傅家分居在此地建房定居，因住宅与龙眼桥相隔不远，遂以桥名命村庄名。2014年，有居民29户130人，水田104亩，旱地6亩，山林110亩。

伞把桥　属关刀镇春雷村，位于春雷村西北部，距村委会驻地傅家祠堂700米。东接享堂，西毗邻龟山，南连隽水镇东港村聂家，北界龙眼桥。古时，此地小河上有一座桥，桥面窄小。传说陈大金学法成仙，路过此地，见桥很小又窄，过路行人很不方便，就用伞把撬起一块较长又大的石头改作桥面，故起名伞把桥。清末，程、张、傅姓先后在此桥附近建房定居，以桥名命村庄名。2014年，有居民16户90人，水田72亩，山林40亩，旱地5亩。

石头万家　属关刀镇春雷村，位于春雷村西北部，距村委会驻地傅家祠堂800米。东接和胜桥，南毗邻东港村，西连伞把桥，北界响堂。清代，沙堆万贵海(1753—1822)在此地一块很大的石头旁建房定居，故命村庄名为石头万家。2014年，有居民21户90人，水田110亩，旱地18亩，山林150亩。

童家山　属关刀镇春雷村，位于春雷村南部，距村委会驻地傅家祠堂1.5千米。东界南冲水库，南接台源村，西连张山坳，北毗何家。古代，这里居住童姓，因住宅建于山坡上，故命村庄名为童家山。清代，童家将全部家产卖给聂高友(1744—1821)，仍用原村庄名。2014年，有居民42户170人，水田148亩，旱地23亩，山林500亩。

小垅何家　属关刀镇春雷村，位于春雷村南部，距村委会驻地傅家祠堂2.5千米。东邻水兴村，南接上垅李家，西连南冲水库，北界放牛场。此地为一小山沟，清代，麦市河田何元清(1752—1830)迁此定居，以其姓氏综合地形命村庄名为小垅何家。2014年，有居民26户110人，水田98亩，旱地11亩，山林160亩。

杨家垅　属关刀镇春雷村，位于春雷村南部，距村委会驻地傅家祠堂1.2千米。东接放牛场，南邻南冲水库，西连何家，北界向阳茶场。此地为小山沟，清代，杨德诚(1609—1685)从随州迁此山沟建房定居，以其姓氏综合地形命村庄名为杨家垅；后来家产转卖给傅德达，仍用原村庄名。2014年，有居民30户130人，水田125亩，旱地17亩，山林190亩，茶叶基地80余亩。

张山坳　属关刀镇春雷村，位于春雷村南部，距村委会驻地傅家祠堂2.4千米。东接孔家，南毗邻童家山，西界东港村聂家，北连石头万家。此地为山岭分水处，古为姜姓居住地，依其姓氏综合地形命村庄名为姜家坳。明代，姜陆治(1542—1614)与田东郑家咀郑姓朝丹(1542—1609)结拜为同年兄弟，一次在一起喝酒时谈到各自居住地，都说想换个地方，希望能人丁兴旺、富贵双全。于是在酒桌上约定：互换居住地，财物原封不动，只迁动全部人口。就这样，现在的张山坳以郑姓为主，田东郑家咀也就有姜姓，后来，聂姓迁入，因“姜”“张”同韵，误称为“张家坳”。2014年，有居民33户130人，水田107亩，旱地35亩，山林670亩。

第七节　道上村及所属聚落

【道上村】　关刀镇辖村，位于关刀镇西南部，村委会驻地道上集镇，距关刀中心集镇12千米。东连麦市镇盘石村，南连棋盘村，西毗杨家村，北邻高桥村，版土面积为6.33平方千米。因域内有地片道上而得村名。1950 年，属通城县云溪乡白竹村、白沙村；1955 年，白竹村分设为六、八社，白沙村更名为九社；1958 年人民公社化，六、八、九社分别更名为白竹、道上、白沙大队，属崇阳县麦市(先锋)人民公社云溪管理区；1961 年恢复区镇建制，白竹大队更名洞下大队，道上、白沙大队未变，属通城县水兴区云溪公社；1970 年，道上、白沙大队合并为白沙大队，洞下大队未变；1975 年撤区并社，属云溪公社；1984 年设区建乡，白沙大队分设变更为道上、万家山(原白沙)村，洞下大队变更为洞下村，同属水兴区云溪乡；1987 年撤区并乡镇，属云溪乡；2001 年调整乡镇行政区划，属关刀镇；2002 年，洞下、道上、万家山村合并为道上村。云溪港道上境内自南向北流域长 3 千米。道上属山域地带，三面环山，一面环水。2008 年村委会建成，建筑面积 420 平方米。潭下港背为漂流中心景点，一入夏季各地游客纷纷而至。西有狮子岩，傲立群山之巅；北有云溪湖，碧波荡漾，鱼跃人欢。下设 12 个村民小组，有 3 个地片、17 个农村居民点。居民有方、李、丁、潘等姓，以方姓为主。关云公路穿村而过，距 G353 国道、杭瑞高速进出口公路里程分别为 11 千米、24 千米，居民点全部通公路。2014 年，有居民 414 户 1780 人，水田 55.2 公顷，旱地 21.3 公顷，山林 540 公顷。村民主要种植水稻、红薯，经济来源以务农、务工、经商，年人均纯收入 3700 元。

道上地片　属关刀镇道上村，位于道上村东部，距关刀中心集镇约 11 千米。东连万家山片，南接洞下片，西毗杨家村，北邻高桥村。因域内有居民点道上集镇而得地片名。下设 7 个村民小组，有 7 个居民点。地片距 G353 国道、杭瑞高速进出口公路里程分别为 11 千米、24 千米，居民点全部通公路。2014 年，有居民 218 户 920 人，水田 12.2 公顷，旱地 10.7 公顷，山林 220 公顷。

洞下地片　属关刀镇道上村，位于道上村西部，距关刀中心集镇约 12 千米。东、南、西与棋盘村接壤，北与道上片相连。因该地片处黄龙山北部一山沟(后文相类似地形皆称“洞”)下方而得地片名。下设 2 个村民小组，有 5 个居民点。地片距 G353 国道、杭瑞高速进出口公路里程分别为 12 千米、25 千米，居民点全部通公路。2014 年，有居民 68 户 270 人，水田 13.9 公顷，旱地 5.2 公顷，山林 186.7 公顷。

万家山地片　属关刀镇道上村，位于道上村中部，距关刀中心集镇约 12 千米。东连麦市镇盘石村，南接洞下片，西毗道上片，北邻文坳片。该地片古时有一片数十亩的公共山林名万家山，因而得地片名。下设有 3 个村民小组，有 5 个居民点。地片距 G353 国道、杭瑞高速进出口公路分别为 12 千米、25 千米，居民点全部通公路。2014 年，有居民 118 户 430 人，水田 28.1 公顷，旱地 12.1 公顷，山林 133.3 公顷。

白沙岭　属关刀镇道上村，位于道上村东部，距村委会驻地道上集镇约 1.8 千米。东与麦市镇盘石村相毗邻，南与十三垅相连接，西与兴仑埂相连，北与高桥村接壤。清初，方申五(1661—1753)迁此建房定居，因住宅位于土质为白沙的山岭上，遂命村庄名为白沙岭。2014 年，有居民 32 户 110 人，耕地 120 亩，水田 82 亩，林地 60 亩。

道上集镇　属关刀镇道上村，位于道上村中部，为村委会驻地，距关刀中心集镇约 12 千米。东连万家山片，南接三级电站，西毗韩家碑，北邻云溪水库。1998 年，此地附近的沙家垅、高跳石、瓦垢居民方水国(1949—)、方梓刚(1957—)及李、丁、潘、吴、葛等姓先后迁入此地建房定居，形成乡村小集镇。因此地为经云溪往湖南的要道上，故名。集镇呈人字形，分东、西两片，在原圳下潭处建有一座道上桥，将两岸连成一体。两岸铺设 8 米宽的水泥硬化路面，两边人行道用大理条石砌成。居民房屋占地面积约 25600 平方米。2014 年，有居民 148 户 750 人，全部为云溪水库移民。

韩家碑　属关刀镇道上村，位于道上村东部，距村委会驻地道上集镇约 200 米。东通麦市镇盘石村，南连洞下，西往六甲，北邻道上。此地古时居韩姓，因住宅前方有指路石碑，故以其综合居民姓氏命村庄名为韩家碑。后韩姓外迁，李胜谱(1423—1496)迁入此地定居，仍用原村庄名。2014 年，有居民 24 户 140 人，(此地属水库移民地，居民原来的耕地都已淹没)，有耕地 42 亩，水田 17 亩，山林 25 亩。

咀背　属关刀镇道上村，位于道上村东部，距村委会驻地道上集镇约 1 千米。东北与高桥村相毗邻，西、南靠云溪港。清代，方协律(1821—1889)在此建房定居。因住宅位于山体突出前端的侧面，故命名为咀背。1970年修建云溪水库，方添寿(1924—2009)和李姓等在原址上方重建房定居，形成新居民点。2014年，有居民35户140人，耕地15亩，水田8亩，林地135亩。

老屋　属关刀镇道上村，位于道上村西部，距村委会驻地道上集镇约1.5千米。东连漂流山庄，南接二级电站，西靠大山，北邻新屋。明晚期，丁感吾(1567—1637)在此建房定居，以其姓氏命村庄名为丁家。后子孙分支有外迁者，改命村庄名为老屋。2014年，有居民22户90人，水田50亩，山林100亩。

十三垅　属关刀镇道上村，位于道上村中部，距村委会驻地道上集镇约1千米。东接万家山，南连棋盘炉上，西界当头坪，北邻白沙岭。清代，方寒珍(1831—1885)在此建房定居。因住宅屋前、后、左、右有杨树垅、野猪垅、圆背垅、笕下垅、内关垅、屋背垅、麻地垅、土地垅等13只垅(垅即山沟)相聚，故命村庄名为十三垅。当地有人称其为石山垅，系误称。2014年，有居民20户70人，耕地80亩，水田60亩，林地40亩。

湾里屋　属关刀镇道上村，位于道上村东部，距村委会驻地道上集镇约1.5千米。东临大港，南接洞下，西连杨家村，北毗高桥村。明代，李胜贤(1420—1473)在此建房定居，因住宅位于云溪港拐弯处，故命村庄名为湾里屋。后来有潘姓迁入。2014年，有居民25户90人，水田52亩，旱地30亩，山林500亩。

新仑埂　属关刀镇道上村，位于道上村东部，距村委会驻地道上集镇约500米。东连白沙岭，南接道上集镇，西毗云溪港，北邻咀背。1970年，方姓在云溪水库淹没区文昭大屋、内靠屋原址后方山包上新建房屋定居，因住宅位于山岭的脊背，故命村庄名为新仑埂(方言称山岭为“仑”，山脊为埂)。2014年，有居民62户260人，耕地25亩，水田15亩，林地150亩。

第八节　东山村及所属聚落

【东山村】　关刀镇辖村，位于关刀镇东南部，村委会驻地塘下屋，距关刀中心集镇19千米。东接黄龙林场，南连湖南平江县冬塔乡，西邻马港镇，北毗棋盘村，版土面积14.7平方千米。因域内有地片东山而得村名。1950年，属通城县上堡乡一、二、七社；1955年，一社更名为金刚社，二、七社未变，同属云溪乡；1958年人民公社化，金刚社与二、七社分别更名为雷洞、东山、李墩大队，属崇阳县麦市(先锋)人民公社云溪管理区；1961年恢复区镇建制，属通城县水兴区云溪公社；1975年撤区并社，属云溪公社；1981年，李墩大队更名为上堡大队，雷洞、东山大队未变，1984年设区建乡，雷洞、东山、上堡大队分别变更为雷洞、东山、上堡村，属水兴区云溪乡；1987年区乡体制改革，属云溪乡；2001年调整行政区划，属关刀镇；2002年，雷洞、东山、上堡村合并为东山村。东山村三面环山，山高水冷，地理条件较差。境内有云溪漂流起点、黄龙凤凰翅、回龙寺、龙岩下寺、天鹅抱蛋、拴船石等风景，独特迷人。2002年，原上堡小学被改建为村委会办公场所，建筑面积230平方米，设有便民服务厅。村级公路全长5.6千米，境内有庙前水库，森林、矿石、动植物资源丰富。下设10个村民小组，有15个居民点。居民有潘、黄、葛、朱、魏、李、胡、曾、吴等姓，以潘姓为主。村域距G353国道、杭瑞高速进出口公路里程分别为19千米、32千米，居民点全部通公路。2014年，居民有457户2010人，耕地222.2公顷，水田132.9公顷，山地913.3公顷。年人均纯收入1890元，是省级重点贫困村。村民主要种植水稻、红薯，经济来源主要为务农、务工、经商。

东山地片　属关刀镇东山村，位于东山村东南部，距关刀中心集镇21千米。东、南毗邻黄龙林场，西连雷洞，北接上堡。因处云溪洞上端的东边而得地片名。有5个居民点。境内有龙岩下寺，山上自然资源丰富，矿石有长石、云母、绿石等。居民姓氏有潘、钟、黄、熊、何、李等姓，以潘、黄姓为主。地片距G353国道、杭瑞高速进出口公路分别为21千米、34千米，居民点全部通公路。2014年，居民有156户600人，耕地68.7公顷，山林286.7公顷。

雷洞地片　属关刀镇东山村，位于东山村西南部，距关刀中心集镇 21 千米。东连东山地片，南接黄龙山，西毗黄龙山，北邻杏树屋。以姓氏及地形综合命地片名。相传很早以前，狂风坳北侧山沟绝无人烟，山林密集，雷姓兄弟二人来到此地定居，因此而得地片名。有 5 个居民点，地片距 G353 国道、杭瑞高速进出口公路分别为 21 千米、34 千米，居民点全部通公路。2014 年，有居民 123 户 580 人，耕地 68.6 公顷，山林 280 公顷。

上堡地片 属关刀镇东山村，位于东山村北部，距关刀中心集镇 18 千米。东连黄龙林场，南接雷洞，西、北邻棋盘村。境内有云溪漂流起点、上堡二桥、水口庙、神人桥等旅游景点。因处云溪洞的上方而得地片名。有 5 个居民点，地片距 G353 国道、杭瑞高速进出口公路分别为 18 千米、31 千米，居民点全部通公路。2014 年，居民有 178 户 830 人，耕地 91.6 公顷，山林 346.7 公顷。

坳背 属关刀镇东山村，位于东山村西部，距村委会驻地塘下屋 1.5 千米。东连团坵，南接本村林地，西毗大咀山，北邻花坟前。20 世纪 50 年代，李申茂从马港李家岭随娘下堂到此建房定居，因住宅位于山岭分水处的一侧，故命村庄名为坳背。2014 年，有居民 7 户 30 人，耕地 29 亩，山林 300 亩。

花坟前 属关刀镇东山村，位于东山村西部，距村委会驻地塘下屋 1.5 千米。东连杨石，南接黄龙林场，西毗毛家塅，北邻桑园。古时，此地为花姓居住地，以姓氏命村庄名为花家。后因花姓接连遭灾难，死人很多，只能就地掩埋，活着的人外出谋生路。后来，潘树（1836—1890）、胡建五（1854—1890）、汤闪会（1889—1968）、李材保（1898—1972）先后迁花姓原居前方建房定居，命村庄名为花坟前。2014 年，有居民 23 户 90 人，水田 95 亩，山林 125 亩（附近有黄泥坵、上坪头咀、下坪头咀、大钟家、雷家洞、墈上、向林屋 7 个小居民点）。

黄土咀 属关刀镇东山村，位于东山村南部，距村委会驻地塘下屋 2 千米。东连黄龙林场，南接黄龙林场山，西毗雷洞，北邻桥田。此地为山体突出前端，因山咀为黄土壤，故称作黄土咀。明初，潘青从江西修水迁此定居，以山咀名命村庄名。2014 年，有居民 29 户 110 人，耕地 132 亩，山林 152 亩（附近有大吉场小居民点）。

垡楼屋 属关刀镇东山村，位于东山村东北部，距村委会驻地塘下屋 1 千米。东连林埚，南接傅家垅屋，西毗上屋，北邻水溪。清代，江西修水潘传芳（1723—1789）迁此建房定居，以其姓氏命村庄名为潘家。后来，其子孙重建横纵两重的房屋，右侧建有一座立体垡楼，四边墙宽各 6 米，高 20 米，气势雄伟，曾盛名一时，改村庄名为垡楼屋。2014 年，有居民 29 户 110 人，耕地 124 亩，山林 130 亩（附近有赤布埂、王家仑、岩下、傅家垅、潘家二房、石下 6 个小居民点）。

椰树塆 属关刀镇东山村，位于东山村南部，距村委会驻地塘下屋 1.5 千米。东连黄龙林场山界，南接黄土咀，西毗雷洞，北邻垡楼屋。清末，黄日新（1843—1912）从黄峰迁此地落户，因住宅旁边有椰树，地处山体拐弯部位，故命村庄名为椰树塆。2014 年，有居民 23 户 90 人，耕地 83 亩，山林 95 亩（附近有竹咀小居民点）。

李家塅 属关刀镇东山村，位于东山村北部，距村委会驻地塘下屋 1 千米。东连大港，南接水口庙，西毗塘边，北邻棋盘村。此地为面积较大的平坦地，清代，李玉德（1645—1708）从麦市李家塅迁此落户，以其姓氏综合地形命村庄名为李家塅。2014 年，有居民 22 户 90 人，耕地 57 亩，山林 420 亩。

毛家塅 属关刀镇东山村，位于东山村西部，距村委会驻地塘下屋 2.5 千米。东连桑园，南接雷家，西毗湖南平江，北邻棋盘村。此地为一小块平坦地，民国二十四年（1935），毛随文（1915—1947）在此建房定居，以其姓氏综合地形命村庄名为毛家塅。2014 年，有居民 22 户 90 人，耕地 127 亩，山林 165 亩（附近有老塘埚、新塘坳、上埚背 3 个小居民点）。

桑园 属关刀镇东山村，位于东山村西部，距村委会驻地塘下屋 1 千米。东连杨石，南接花坟前，西毗雷家，北邻竹林寺。明初，潘明从江西修水迁此地定居，以小买卖为生，同时引进蚕种，在港边、山地边种植桑树，遂命村庄名为桑园。2014 年，有居民 25 户 100 人，耕地 135 亩，山林 145 亩。

塘下屋（又名墈上屋） 属关刀镇东山村，位于东山村中部，为村委会驻地，距关刀中心集镇 19 千米。东连垡楼屋，南接石埚屋场，西毗杏树下，北邻村委会办公楼。清代，潘伟都（1742—1808）从江西修水迁此地定居，因住宅上方有一口很大的水塘，故命村庄名为塘下屋。2014 年，有居民 27 户 100 人，耕地 94 亩，山林 114 亩(附近有坟山、石埚、葛家、长下屋、仁崇屋、海明屋、潘家下屋 7 个小居民点)。

第九节　高冲村及所属聚落

【高冲村】 关刀镇辖村，位于关刀镇东南部，村委会驻地设在高冲街上，距关刀中心集镇 3 千米，因域内有地片高冲而得村名。东界五流村，南连杨田村，西邻白马村，北接沙堆镇瑶家村，全村版土面积 5.09 平方千米。1950 年，属通城县鲤港乡高冲村、大柱乡坪上村、五流乡黄泥村；1958 年人民公社化，属崇阳县麦市(先锋)人民公社鲤港管理区高冲、黄泥大队，崇阳县沙堆(火箭)人民公社大柱管理区坪上大队；1961 年恢复区镇建制，属通城县水兴区鲤港公社高冲大队、八仙公社坪上大队、八燕公社黄泥大队；1975 年撤区并社，高冲、坪上、黄泥大队同属高冲公社；1984 年设区建乡，高冲、坪上、黄泥大队分别变更为高冲、坪上、黄泥村，同属水兴区高冲乡；1987 年撤区并乡镇，同属关刀镇；2002 年，坪上、黄泥、高冲村合并为高冲村。下辖 7 个村民小组，有 20 个居民点。村内有 1 所小学和 2 所幼儿园，村民有何、刘、吴、卢、侯、廖、郑、杜、徐、周、谭、邓、汪、王、肖、金、魏、夏、葛、余等姓，以何、刘姓为主。2008 年，新建村委会办公楼，建筑面积 350 平方米，设有便民服务厅、村卫生室。村域距 G353 国道、杭瑞高速进出口公路分别为 2 千米、15 千米，居民点全部通公路。2014 年，有居民 713 户 3050 人，耕地 129.1 公顷，山林 315 公顷。村民主要种植水稻、红薯，经济来源主要为务农、务工、经商，年人均纯收入 9500 元。

高冲地片　属关刀镇高冲村，位于高冲村南部，距关刀中心集镇 3 千米。东连五流村，南接杨田村，西界八仙村白马村，北邻坪上村。因域内有居民点高冲街而得地片名。下辖 2 个村民小组、5 个居民点。地片距 G353 国道、杭瑞高速进出口公路分别为 3 千米、16 千米，居民点全部通公路。2014 年，有居民 195 户 900 人，水田 27.1 公顷，旱地 8 公顷，山林 63.3 公顷。

黄泥洞地片　属关刀镇高冲村，位于高冲村东部，距关刀中心集镇 4 千米。东连五流村，南通鲤港村，西邻高冲街，北接沙堆镇瑶泉村。该地片以土地颜色和地形综合命名。下辖 3 个居民小组，有 7 个居民点。距 G353 国道、杭瑞高速进出口公路分别为 4 千米、17 千米，居民点全部通公路。2014 年，有居民 293 户 1200 人，水田 62 公顷，旱地 14 公顷，山林 175 公顷。

坪上地片　属关刀镇高冲村，位于高冲村西部，距关刀中心集镇 4 千米，因域内有居民点坪上街而得地片名。东连黄泥洞，南接高冲，西邻八仙村，北界沙堆镇瑶泉村。下辖 2 个村民小组，有 8 个居民点。地片距 G353 国道、杭瑞高速进出口公路里程分别为 4 千米、17 千米，居民点全部通公路。2014 年，有居民 225 户 950 人，水田 40 公顷，旱地 12.2 公顷，山林 76.7 公顷。

高冲街　属关刀镇高冲村，位于高冲村中心地带，村委会驻高冲街 168 号，距关刀中心集镇 3 千米。东邻黄泥石背，南接杨叟，西靠白马村和八仙村，北连夏家屋，街道呈南北走向，全长 1.5 千米。此地北有山沟向沙堆方向倾斜，南有山沟向田东倾斜，集镇处于两条山沟的最高处，故名高冲。古代，此地为江西修水、湖南平江和通城县麦市、黄袍一带人们步行往返崇阳、蒲圻(今赤壁)的必经之地，因南北离集镇较远，便成为过往行人的驻足之地。至 20 世纪初，形成一个 10 来户居民的小村落兼集镇，集镇内有客栈、餐馆及日用品零售店。1975 年，此集镇为高冲公社(后撤销)机关驻地，街道规模扩大。21 世纪初，有附近村组的居民有葛、何、周、杜、余、廖、谭、关、金、邓、魏、徐、汪、刘、吴、侯、卢、肖、王、夏等姓进入高冲集镇落户经商，逐渐形成长 1.5 千米的街道。街道内有通信、蔬菜、农用生产数据、房屋装修等各项商贸超市及生活服务设施。2014 年，有居民 178 户 810 人，水田 70 亩，旱地 35 亩，山林 95 亩。

锅谷堂(又名锅谷场)　属关刀镇高冲村，位于高冲村东南部，距村委会驻地高冲街 2.6 千米。东接五流村，西邻高冲石背咀，南连杨田杜家，北靠五房屋。此地四周高而中间低，像铁锅。清乾隆元年(1736)，余永发、吴长茂在此建房定居，依地形命村庄名为锅谷堂。2014 年，有居民 22 户 110 人，水田 98 亩，旱地 30 亩，山林 115 亩。

侯家 属关刀镇高冲村，位于高冲村北部，距村委会驻地高冲街 2 千米。东接五房屋，西邻杜家，南连畈上公路，北靠沙堆瑶泉村。清代，侯建华(1718—1786)在此地建房定居，以其姓氏命村庄名为侯家。2014 年，有居民 36 户 170 人，水田 160 亩，旱地 60 亩，山林 255 亩。

金家 属关刀镇高冲村，位于高冲村东北部，距村委会驻地高冲街 400 米。东接魏家咀，西邻沙麦公路，南连毛咀，北靠岭下屋。清代，金百娥(1781—1890)在此建房定居，以其姓氏命村庄名为金家。后徐守敬买下，仍用原村庄名。2014 年，有居民 13 户 70 人，水田 80 亩，旱地 20 亩，山林 50 亩。

岭下屋 属关刀镇高冲村，位于高冲村东北部，距村委会驻地高冲街 1 千米。东接黄泥杜家，西邻坪上街，南连金家，北靠何家冲。传说很久以前，斗米山腰有一个天然的大石头，石头中央有三个“小石眼”，每天出一斗米、一盏油、 盏盐，不管多少人都能吃饱，但又不多出。斗半山因此而得名。一天有一个和尚路过，听说此事后就说：“为什么不把石眼凿大一点，每天多出米油盐不好吗？吃不完可储存起来。”众人一听，都认为可行，可是石眼凿大后，流了三天三夜的血水，再也没有出过米油盐。清代，刘开钟(1751—1828)迁此山岭下方建房定居，命村庄名为岭下屋。2014 年，有居民 35 户 150 人，水田 120 亩，旱地 50 亩，山林 100 亩。

刘家 属关刀镇高冲村，位于高冲村北部，距村委会驻地高冲街 2 千米。东、北接钻头咀，西邻冲堂屋，南连阳衡屋。清代，刘清贤(1718—1787)从塘湖迁此建房定居，以其姓氏命村庄名。2014 年，有居民 30 户 150 人，水田 200 亩，旱地 50 亩，山林 50 亩。

毛咀 属关刀镇高冲村，位于高冲村东部，距村委会驻地高冲街 300 米。东接石背，西邻高冲街，南连西干渠大圳，北靠金家。此地为山岭延伸后形成的山体突出前端，原有毛姓居住，以其姓氏综合地形命村庄名为毛咀。后余峰绪(1771—1870)买下定居，仍用原村庄名。2014 年，有居民 31 户 110 人，水田 112 亩，旱地 20 亩，山林 65 亩。

坪上街 属关刀镇高冲村，位于高冲村北部，距村委会驻地高冲街 1 千米。东接岭下屋，西邻沙麦公路，南连廖家，北靠半树咀。清代，吴用新(1809—1877)在此建房定居，因住宅位于一面积较大的平坦之地，故命村庄名为坪上。后因一场火灾，吴家移居外地，卢献林及刘、杜姓先后入迁，逐渐形成一条街道式的居民点，遂改村庄名为坪上街。2014 年，有居民 21 户 80 人，水田 89 亩，旱地 20 亩，山林 30 亩。

桥头咀 属关刀镇高冲村，位于高冲村北部，距村委会驻地高冲街 200 米。东接沙麦公路，西邻万丰山，南连高冲街，北靠新铺。此地为山岭延伸后形成的山体突出前端，因山咀前小港上古有桥，故名桥头咀。清代，徐宏海(1762—1791)在此建房定居，以山咀名命村庄名为桥头咀。2014 年，有居民 25 户 100 人，水田 100 亩，旱地 30 亩，山林 30 亩。

五房屋 属关刀镇高冲村，位于高冲村东北部，距村委会驻地高冲街 2 千米。东接五流村，西邻侯家，南连锅谷堂，北靠沙堆罗塘村。清代，何乾图(1675—?)携第五子元淇在此地建房定居，以其子之排行命村庄名为五房屋。何乾图原名何乾隆，是一名商人，经常在江南做生意，为人善良，惠济贫穷，而且喜欢游览名胜古迹。乾隆三年(1738)8 月的一天，乾隆皇帝微服巡视江南，也住在何乾图住的客栈内，早上天一亮，何乾图的随从就去叫他起床，并大喊：“乾隆，乾隆，天亮了，快起床呀。”喊声把乾隆皇帝叫醒了，他感到很奇怪：怎么有人知道我的名字呢？便叫太监去询问。随从告诉太监：“我叫的是我老板，关你什么事？”太监打听清楚后马上汇报给皇帝，皇帝很生气，要太监把那个叫乾隆的人叫过来问话。这个太监也很机灵，怕说出皇帝不好，就告诉何乾隆有位王爷要见他。何乾隆一听王爷要见他，就马上赶过去，一进门就听到里面的人问他：“你就是叫乾隆的人吗？”“是的，王爷。”“你难道不知道当今圣上叫乾隆皇帝，你敢和他同名相称，就不怕杀头？”“王爷，皇帝也得讲理吧，不是我要和皇帝同名，而是皇帝要和我同名，难道有错吗？”“你此话怎讲？”“请问皇帝是何年登基称为乾隆的？”“是前年。”“我是康熙十四年生的并取名乾隆，皇帝登基时，人家叫我名字60年了，是谁要跟谁同名?”皇帝觉得理亏，虽无杀人之意，但还是想要他改名字。于是，口气上和善了一些：“你改名字吧，免得与帝王同名不好，容易惹祸。”“我也知道不能和皇帝同名，但我用了这个名字60多年，加上这是我父母取的，我随意改名，我就是不孝之人了。皇帝不是以孝治天下吗? 我改名也会违反皇帝的意愿的。”皇帝一听，就知道难以说服，又想到他是个生意人，准备给他些好处让他改名。“我送你四件宝物，你可以改名吗?”“什么宝物?”“一棵稀世的茶花树，一颗夜明珠，一副象牙棋，一个九龙杯。茶花树世间罕见，春天开红花，鲜艳迷人；夜明珠夜夜发光；象牙棋非常精致；九龙杯倒满酒就能看到九龙戏水，你觉得行吗?”何乾隆一想，既然非要改名不可，何不做个顺水人情，顺便拿几件宝物回家，便问道：“改什么名字?”皇帝说：“你做生意无非图钱，只改一字，以后就叫乾图吧。”自此，何乾隆改名叫何乾图，四件宝物也被他带回了家(2014年除了九龙杯早已失踪，其余三宝均存五房屋)。2014年，有居民34户170人，水田105亩，旱地45亩，山林840亩。

第十节 高桥村及所属聚落

【高桥村】 关刀镇辖村，位于关刀镇西南部，村委会驻地高桥东岸，距关刀中心集镇11千米。东连麦市镇天门村，南接道上村，西毗杨家村，北邻云水村，辖区面积6.8平方千米。因域内有地片高桥而得村名。1950年，属通城县高桥乡高桥、文坳村；1955年，高桥、文坳村合并为十一社；1958年人民公社化，十一社分设为高桥、文坳大队，属崇阳县麦市(先锋)人民公社云溪管理区；1961年恢复区镇建制，属通城县水兴区云溪公社；1970年，因修云溪水库，高桥大队分东、西两部分进行移民，西边并入方山大队，东边并入文坳大队，取消高桥大队；1975年撤区并社，属云溪公社方山、文坳大队；1983年，并入方山大队的原高桥大队西半部和并入文坳大队的原高桥大队东半部重新合并为高桥大队，文坳大队还原，原方山大队划出；1984年设区建乡，高桥、文坳大队分别变更为高桥、文坳村，属水兴区云溪乡；1987年区乡体制改革，属云溪乡；2001年调整行政区划，属关刀镇；2002年，文坳、高桥村合并为高桥村。下辖12个村民小组，有11个居民点。有云水至道上、沙井至万家山公路、李家井小型水库、文坳山、人形山等。村办公场所有约130平方米。村民以方、邓姓为主。村域距G353国道、杭瑞高速进出口公路里程分别为11千米、24千米，居民点全部通公路。2014年，有村民292户1350人，土地面积54.3公顷，山林80公顷。村民以种植水稻、红薯、柑橘为主，兼养猪，经济来源以务农、务工为主，年人均纯收入2100元。

高桥地片 属关刀镇高桥村，位于高桥村西部，距关刀中心集镇11千米。东接文坳片，南连道上村，西毗原方山大队，北邻云水村。修建云溪水库前，此地港上有一座跨东西两岸的石桥，因桥墩高，故称高桥，并由此而得地片名。下辖6个村民小组，有5个居民点。地片距G353国道、杭瑞高速进出口公路里程分别为11千米、27千米，居民点全部通公路。2014年，有272户790人，土地面积17公顷，山林30公顷。

文坳地片 属关刀镇高桥村，位于高桥村东部，距关刀中心集镇11千米。东接麦市镇天门村，南连道上白沙岭，西毗高桥肖家边、大房岭，北邻云水村。因域内有山岭名文坳而得地片名。有李家井小型水库，下辖6个村民小组，有6个居民点。地片距G353国道、杭瑞高速进出口公路分别为11千米、27千米，居民点全部通公路。2014年，有居民120户560人，土地面积37.3公顷，山林面积50公顷。

大房岭屋 属关刀镇高桥村，位于高桥村东北部，距村委会驻地高桥东岸500米。东连白石埚，南接肖家边，西毗云溪水库，北邻云水沙井。清代，方天远(1710—1785)迁此地建房定居。因其排行居首，住宅又在山岭中，故命村庄名为大房岭屋。2014年，有居民43户190人，土地面积20亩，山林150亩(附近有八斗咀、梨树埚、干垅3个小居民)。

大埚屋 属关刀镇高桥村，位于高桥村西部，距村委会驻地高桥东岸3千米。东连云溪水库，南接林家边屋，西毗方山，北邻斗坛屋。明代，邓伯昂(1419—1499)迁此建房定居，因住宅处四周高中间低的洼地，故命村庄名为大埚屋。2014年，有居民30户120人，土地面积27亩，山林80亩。

陡潭屋　属关刀镇高桥村，位于高桥村西部，距村委会驻地高桥东岸西千米。东临云溪水库，南接大埚屋，西连方家山，北邻云水野猪屋。清代，方如水(1688—?)迁此建房定居，因住宅附近悬崖陡壁下方有深水潭，故命村庄名为陡潭屋。2014年，有居民30户120人，山林70亩，耕地面积16亩。

栗树垅　属关刀镇高桥村，位于高桥村东部，距村委会驻地高桥东岸1.5千米。东连大埂，南接梧桐坪田，西毗大房岭小港，北邻山岔垅。此地为小山沟，因古时山沟内多生栗树，故称栗树垅。清代，方玉华(?—1705)率先迁此建房定居，以垅名命村庄名。2014年，有居民28户，120人，耕地面积134亩，山林120亩(附近有栗埚屋小居民点)。

林家边屋　属关刀镇高桥村，位于高桥村西部，距村委会驻地高桥东岸3千米。东连云溪水库，南接湾头屋，西毗方山，北邻大埚屋。古时，此地居林姓，以其姓氏命村庄名为林家。明天启年间某夜，天下大雨，洪水将林家住宅冲去了半边。林家只好在剩下的半边房屋中居住，遂改村庄名为林家边屋。后林姓外迁，方天建(1722—1806)迁此定居，仍用原村庄名。2014年，有居民36户150人，土地面积28亩，山林70亩。

三岔垅　属关刀镇高桥村，位于高桥村东北部，距村委会驻地高桥东岸1.5千米。东连大埂，南接栗树垅，西毗大房岭山地，北邻云水村黄土塝。此地有3条山沟交汇，故称三岔垅。明末，邓聘楚(1606—1657)从高桥祖宗堂迁此建房定居，以地形名命村庄名。2014年，有居民27户110人，土地面积140亩，山林170亩。

上塆屋　属关刀镇高桥村，位于高桥村东部，距村委会驻地高桥东岸2千米。东连麦市天门村，南接王家仑，西毗公路，北邻梧桐坪。清初，邓仁楚(1586—1662)迁此建房定居，因当地有两个山塆，邓仁楚住宅位于上方，故命村庄名为上塆屋。2014年，有居民31户140人，耕地面积120亩，山林190亩(附近有大埚、谷湾屋2个小居民点)。

肖家边屋　属关刀镇高桥村，位于高桥村南部，距村委会驻地高桥东岸1千米。东连文家山，南接早谷咀，西毗云溪水库，北邻甘垅。古时，肖姓在此定居，以其姓氏命村庄名为肖家。清道光年间的一天，山洪暴发，山体滑坡，将肖姓房屋冲走了一半，一家人只好住在剩下的半截房屋中，人们改称其为“肖家边屋”。后来，肖姓外迁，方天建(1722—1806)之子迁此建房定居，仍用原村庄名。2014年，有居民25户110人，土地面积26亩，山林80亩。

第十一节　关刀村及所属聚落

【关刀村】　关刀镇辖村，位于关刀镇东部，村委会驻地新畈，距关刀镇中心集镇1.5千米。东接鲤港村，西邻新建村，南连麦市镇七里村，北靠杨田村，辖区面积约4.2平方千米。因域内有古桥关刀桥而得村名。1950年，属通城县关刀乡二、四村；1958年人民公社化，二村更名为石井大队，四村分设黄岭大队与六大队，属崇阳县麦市(先锋)人民公社鲤港管理区；1961年恢复区镇建制，黄岭大队与六大队合并为新畈大队，石井大队更名为红岭大队，属通城县水兴区鲤港公社；1975年撤区并社，属水兴公社；1981年，新畈、红岭大队分别更名为关刀、石垅大队；1984年设区建乡，关刀、石垅大队分别变更为关刀、石垅村，属水兴区鲤港乡；1987年区乡体制改革，属关刀镇；2001年调整乡镇行政区划，仍属关刀镇；2002年，关刀、石垅村合并为关刀村。下辖6个村民小组，有26个居民点。有村医务室、幼儿园。村民有吴、罗、金、葛、潘、王、黄、李、郑、丁等姓，以吴、罗、潘、金、王姓为主。2002年，新建村委会办公楼，建筑面积420平方米，设有便民服务厅。G353国道穿村而过，村域距杭瑞高速进出口公路里程14.5千米，居民点全部通公路。2014年，有村民767户3290人，水田176.3公顷，旱地30.1公顷，山林70公顷。村民主要种植水稻、红薯、蔬菜，经济来源主要为务农、务工、经商，年人均纯收入4950元。

石垅地片　属关刀镇关刀村，位于关刀村南部，距关刀中心集镇约3千米。东接麦市镇七里村，西邻新建村，南连铁门栈，北靠新畈片。以该地片所处地形及地质综合命名。下辖3个村民小组，有12个居民点。G353国道穿村而过，地片距杭瑞高速进出口公路里程16千米，居民点全部通公路。2014年，有居民233户860人，水田917亩，旱地274亩，山林970亩。

新畈地片　属关刀镇关刀村，位于关刀村西部，距关刀中心集镇约2.5千米。东接鲤港衔，西邻石垅地片，南连晒谷咀，北靠杨田村。以该地片地形及自然景象综合命名。片区下辖3个村民小组，有14个居民点。G353国道穿村而过，距杭瑞高速进出口公路里程15.5千米，居民点全部通公路。2014年，有居民534户2430人，水田115.2公顷，旱地11.8公顷，山林5.3公顷。

白沙埚　属关刀镇关刀村，位于关刀村东北部，距村委会驻地新畈2千米。东接林埚山，西邻黄岭，南连晒谷咀，北靠蔡家。此地为四周高中间低凹的洼地，又因埚内为白色沙土，故名白沙埚。清代，吴昌泗（1801—1879）在此建房定居，以山埚名命村庄名。2014年，有居民22户90人，水田70亩，旱地30亩，山林80亩。

塝上　属关刀镇关刀村，位于关刀村西北部，距村委会驻地新畈1千米。东接庙上，西邻新屋吴家，南连老屋岭，北靠下屋罗家。清代，罗绣章（1793—1852）从下屋罗家迁此建房定居。因住宅位于地势较高的山坡上，故命村庄名为塝上。2014年，有居民29户120人，水田105亩，旱地4.5亩。

车家坪　属关刀镇关刀村，位于关刀村南部，距村委会驻地新畈3.5千米。东接铁门栈，西邻黄落坪港，南连上杨源，北靠杨源大屋。此地是一面积较大的平坦之地，古时，为车姓居住地，以其姓氏综合地形命村庄名为车家坪。后车姓外迁，罗定荣（1890—1960）迁此地定居，仍用原村庄名。2014年，有居民29户110人，水田125亩，旱地35亩，山林180亩。

河市庙　属关刀镇关刀村，位于关刀村西部，距村委会驻地新畈1.5千米。东接新屋吴家，西邻关刀农场砖厂，南连塝上，北靠关刀农场。此地靠河流边，古时在河边建了一座庙，庙旁边有小商贩在那里做小生意，人来人往，故称河市庙。清代，罗树政（1844—1907）迁此定居，以庙名命村庄名。2014年，有居民39户180人，水田126亩，旱地9亩。

黄岭　属关刀镇关刀村，位于关刀村东北部，距村委会驻地新畈2千米。东接白沙埚，西邻三房屋，南连晒谷咀，北靠蔡家。清代，吴光远（1838—1866）在此建房定居，因住宅位于土质为黄土的山岭上，故命村庄名为黄岭。2014年，有居民48户200人，水田168亩，旱地30亩，山林30亩。

金家　属关刀镇关刀村，位于关刀村东北部，距村委会驻地新畈500米。东接三房屋，西邻新畈，南连潘家岭，北靠新畈田。清末，金旭辉、金自成两兄弟在父亲去世后，从其母张氏（1825—1910）自阁嘴迁此定居，以姓氏命村庄名。2014年，有居民41户190人，水田82亩，旱地18.9亩。

闵家垅　属关刀镇关刀村，位于关刀村南部，距村委会驻地新畈1.5千米。东接横垅，西邻丁家，南连石坑垅、北毗潘家岭。此地为小山沟，明末，一闵姓人在此建房，以其姓氏综合地形命村庄名为闵家垅。后来，闵姓外迁，吴远晋（1700—1761）由石咀（札家咀驾船处）迁往垅内定居，仍用原村庄名。2014年，有居民26户70人，水田117亩，旱地15亩，山林10亩。

潘家岭　属关刀镇关刀村，位于关刀村北部，距村委会驻地新畈1千米。东接金家大屋，西邻新农村，南连闵家垅，北靠村委会。宋代，潘克敬在此地建房定居，因住宅位于山岭下方，故以其综合居民姓氏命村庄名为潘家岭。2014年，有居民50户350人，水田204亩，旱地40亩，山林24亩。

三房屋　属关刀镇关刀村，位于关刀村东北部，距村委会驻地新畈500米。东接黄岭，西邻金家大屋，南连蔡家，北靠辛安塅。清代，吴品璋（1823—1907）迁此建房定居，以其排行命村庄名为三房屋。2014年，有居民32户80人，水田58亩，旱地10亩，山林3亩。

晒谷咀　属关刀镇关刀村，位于关刀村东部，距村委会驻地新畈2.2千米。东接白沙埚，西邻黄岭，南连横垅，北靠茶场塝。此地为山岭延伸形成的山体突出前端，古时，有一叫万念敬的财主在此山咀上开了一个大晒场，用来晒稻谷，故名晒谷咀。清代，吴锡满(1861—1908)在山咀旁建房定居，以山咀名命村庄名。2014 年，有居民 25 户 110 人，水田 120 亩，旱地 20 亩，山林 169 亩。

水桐埚 属关刀镇关刀村，位于关刀村南部，距村委会驻地新畈 3 千米。东接麦市镇七里村，西邻石坑垅，南连杨源大屋，北靠横垅。此地为四周高中间低凹的洼地，又因埚内古时生有泡桐(俗称水桐)，故名水桐埚。清末，吴锡宝(1837—1916)在此建房定居，以埚名命村庄名。2014 年，有居民 26 户 90 人，水田 60 亩，旱地 20 亩，山林 200 亩。

下屋罗家 属关刀镇关刀村，位于关刀村西北部，距村委会驻地新畈 1.5 千米。东连塝上，西邻关刀农场，南连新屋吴家，北靠畈上。清代，罗绣章(1793—1852)在此建房定居，因住宅上方不远处另有一居民点，故以其姓氏综合方位命村庄名为下屋罗家。2014 年，有居民 62 户 280 人，水田 190 亩，旱地 13.5 亩。

辛安塅 属关刀镇关刀村，位于关刀村东北部，距村委会驻地新畈 800 米。东接岭上铺，西邻三房屋，南连黄岭，北靠王家畈田埂。此地为一面积较大的平坦之地，清代，吴登文(1830—1901)在此建房定居。登文去世的当年五月五日，此地遭遇洪水，灾后人们重新建房屋安家，因建房屋那年属农历辛丑年，遂取其头一字综合地形命村庄名为辛安塅。2014 年，有居民 53 户 200 人，水田 130 亩，旱地 6.5 亩，山林 7 亩。

新庙上 属关刀镇关刀村，位于关刀村西北部，距村委会驻地新畈 500 米。东接老屋岭，西邻塝上，南连新农村，北靠新畈田埂。古时，此地建了一座庙，民国时期重建，故名为新庙。清代，罗习善(1868—1890)在新庙旁建房定居，以庙名命村庄名为新庙上。2014 年，有居民 55 户 250 人，水田 200 亩，旱地 8.5 亩。

新屋吴家 属关刀镇关刀村，位于关刀村西北部，距村委会驻地新畈 1.5 千米。东接老屋岭，西邻关刀农场砖厂，南连旁上，北靠下屋罗家。清代，吴周权(1661—?)在此建房定居，以其姓氏命村庄名为吴家。后来大部分居民将老屋拆开重建，改名为新屋吴家。2014 年，有居民 68 户 290 人，水田 240 亩，旱地 15 亩。

走马岭 属关刀镇关刀村，位于关刀村南部，距村委会驻地新畈 2 千米。东接闵家垅，西邻黄落坪，南毗丁家，北靠老屋岭。唐代，黄巢起义军追赶为官军效劳的廖忠、廖显兄弟二人率兵马至此，斩廖忠于马背上，其尸首在马背上坐立随马狂奔七里方落地，后人称此地为走马岭。明代，吴文政(1412—1475)迁此地定居，以山岭名命村庄名。2014 年，有居民 24 户 110 人，水田 140 亩，旱地 20.6 亩，山林 15 亩。

第十二节 黄峰村及所属聚落

【黄峰村】 关刀镇辖村，位于关刀镇南部，村委会驻地茶铺，距关刀中心集镇 6 千米。东邻麦市村株树村，南接云水村，西连台源村、张源洞，北邻新建村，版土面积 6.44 平方千米。因域内有黄峰山而得村名。1950 年，属通城县金潭乡一村；1955 年，设金先社、金潭十二社；1958 年人民公社化，金先社、金潭十二社分别更名为茶铺、黄峰大队，属崇阳县麦市(先锋)人民公社水兴管理区；1961 年恢复区镇建制，属通城县水兴区茶铺公社茶铺大队、云溪公社黄峰(螺蛳塘)大队；1970 年，茶铺公社茶铺大队更名为云水大队，云溪公社黄峰大队未变；1975 年撤区并社，同属水兴公社；1981 年，茶铺大队划入茶铺公社，黄峰大队仍属水兴公社；1984 年设区建乡，茶铺、黄峰大队分别变更为茶铺、黄峰村，同属水兴区关刀桥镇；1987 年区乡体制改革，同属关刀镇；2001 年调整乡镇行政区划，仍属关刀镇；2002 年，茶铺、黄峰村合并为黄峰村。村委会建办公楼，建筑面积 960 平方米，设有便民服务厅等，盛产茶油、杉木、楠竹、莹石、水、红薯、黄豆等，山泉密布，尤以佛教圣地天台山右侧天然石岩中泉水最为著名。村民有黄、李、卢、王、魏、方等姓，以李、黄姓为主。村域距 G353 国道、杭瑞高速进出口公路里程分别为 6 千米、19 千米，居民点全部通公路。2014 年，有居民 397 户 1630 人，耕地 62.2 公顷，山林 506.7 公顷。有 6 个村民小组，分在19个居民点。村民主要种植水稻、红薯，经济来源以务农、务工为主，部分人经商，年人均纯收入6580元。

茶铺地片　属关刀镇黄峰村，位于黄峰村北部，距关刀中心集镇6千米。东界黄峰片，南接云水村、云溪水库，西连张源洞，北邻金潭村，辖区面积4.04平方千米。因域内有居民点茶铺而得地片名。有7个居民点。地片距G353国道、杭瑞高速进出口公路里程分别为6千米、19千米，居民点全部通公路。2014年，有居民276户1080人，耕地38.3公顷，山林266.7公顷。

黄峰地片　属关刀镇黄峰村，位于黄峰村南部，距关刀中心集镇7千米。东连麦市天门村，南接云水村，西靠茶铺地片，北邻新建村地片，辖区面积2.4平方千米。因域内有居民点黄峰坳而得地片名。有5个居民点。地片距G353国道、杭瑞高速进出口公路里程分别为7千米、20千米，居民点全部通公路。2014年，有居民121户540人，耕地23.6公顷，山林240公顷。

茶铺　属关刀镇黄峰村，位于黄峰村北部，为村委会驻地，距关刀中心集镇6千米。东连满咀林，南界杜家铺，西接云溪河，北邻长冲源。此地是来往云溪洞的要道，古时有几家铺子，经营日用杂货及茶水，故称茶铺。2014年，有居民40户200人，水田80亩，旱地10亩，山林500亩。

大塝上　属关刀镇黄峰村，位于黄峰村北部，距村委会驻地茶铺800米。东接麦市株树村，南界上峰山，西连新建村银鱼口，北邻新建村柳垅。清代，方佑诰(1780—1850)从云溪高桥迁此定居，住宅所在的中间是突出的陡山坡，遂以地形名命村庄名为大塝上。2014年，有居民20户100人，水田50亩，旱地5亩，山林800亩。

黄家坳(又名黄峰坳)　属关刀镇黄峰村，位于黄峰村南部，距村委会驻地茶铺4千米。东界麦市镇天门村，南接螺蛳塘，西连张家坳，北邻黄峰林场。此地为山岭分水处，清代，黄鹿鸣(1702—1787)从嘉鱼祖居花屋迁此地定居，以其姓氏综合地形命村庄名为黄家坳。2014年，有居民34户160人。

卢家　属关刀镇黄峰村，位于黄峰村西北部，距村委会驻地茶铺1千米。东界杜家铺，南接王家，西连西边天台山、五殳山，北邻白虎咀。清代，卢君华(1647—1717)从白虎咀搬迁至此定居，以其姓氏命村庄名。2014年，有居民26户130人，水田60亩，旱地5亩，山林800亩。

螺蛳塘　属关刀镇黄峰村，位于黄峰村南部，距村委会驻地茶铺3千米。东界麦市镇天门村，南接大山，西连云水村金塘坑，北邻下高岭。传说古时此地水塘中有螺蛳精作祟，故名螺蛳塘。明代，魏文虎(1436—?)从江西南昌迁此地水塘不远处建房定居，遂以塘名命村庄名。2014年，有居民35户180人，水田89亩，旱地7亩，山林800亩。

第十三节　鲤港村及所属聚落

【鲤港村】　关刀镇辖村，位于关刀镇东部，村委会驻地鲤港街，距关刀中心集镇约3千米。东邻塘湖镇南虹村，南连麦市镇七里村，西接关刀村，北靠沙堆镇罗塘村，辖区面积4.5平方千米。因域内有鲤港地片而得村名。1950年，属通城县鲤港乡；1958年人民公社化时，设鲤港、方家大队，属崇阳县麦市(先锋)人民公社鲤港管理区；1961年恢复区镇建制，属通城县水兴区鲤港公社；1975年撤区并社，属水兴公社；1984年设区建乡，鲤港、方家大队变更为鲤港、方家村，属水兴区鲤港乡；1987年区乡体制改革，属关刀镇；2002年，鲤港、方家村合并为鲤港村。下辖18个村民小组，分在19个居民点。有鲤港加油站、鲤港道班、猪家冲水库、云溪水库东干渠鲤港段、吴斌两头乌养殖基地、易师傅豆制品生产基地、卡菲食品加工基地、鲤港中心完小、方琼墓、刘永康烈士墓、观音庙、关帝庙、二十四明王庙、陈大兴庙。村民有方、郑、廖、吴、李、张、卢、易、罗、周、黄等姓，以方、郑姓为主。2007年村委会建办公楼，占地面积400平方米，建筑面积280平方米，设有便民服务厅、卫生室等。G353国道傍村而过，村域距杭瑞高速进出口公路里程16千米，居民点全部通公路。2014年，有居民792户3270人，水田121.8公顷，旱地121.8公顷，山林 210.3 公顷。村民以种植水稻、蔬菜、红薯为主，兼养猪、养鱼，经济来源主要为务农、务工，部分人经商，年人均纯收入 5400 元。

方家地片　属关刀镇鲤港村，位于鲤港村南部，距关刀中心集镇 5 千米。东接塘湖镇南虹村，南连麦市镇七里村，西邻关刀村，北靠鲤港村。因域内有居民点方家大屋而得地片名。下设 3 个村民小组，分在 10 个居民点。G353 国道傍村而过，地片距杭瑞高速进出口公路里程 18 千米，居民点全部通公路。2014 年，有居民 354 户 1560 人，水田 52 公顷，旱地 5.4 公顷，山林 133.3 公顷。

鲤港地片　属关刀镇鲤港村，位于鲤港村北部，距关刀镇中心集镇约 3.5 千米。东接八燕村，南连麦市镇七里村，西邻关刀村，北靠杨田村。以流经该地片的河流命地片名。下设 5 个村民小组，分在 9 个居民点。G353 国道傍村而过，地片距杭瑞高速进出口公路里程 16.5 千米，居民点有全部通公路。2014 年，有居民 392 户 1720 人，水田 80 公顷，旱地 2.7 公顷，山林 80 公顷。

八方塅　属关刀镇鲤港村，位于鲤港村东部，距村委会驻地鲤港街 800 米。东接白屋，南连塘角，西邻鲤港街，北靠燕埚村下屋。此地为一面积较大的平坦之地，明代，郑宗一(1329—1404)因火灾从火烧屋迁此建房定居，以其姓氏综合地形命村庄名为郑家塅。其后人玉荣(1485—1547)做过官，家富权大，四面八方十余里的田地都是他家的，故改村庄名为八方塅。2014 年，有居民 70 户 450 人，水田 105 亩，旱地 6 亩，林地 120 亩。

白屋　属关刀镇鲤港村，位于鲤港村东部，距村委会驻地鲤港街 1 千米。东接塘湖镇大陂村，南连张家仑，西邻八方塅，北靠八燕村。清代，罗克峙(1831—1902)在此建房定居，房屋墙壁全部刷成白色，故命村庄名为白屋。2014 年，有居民 20 户 60 人，水田 30 亩，旱地 2 亩。

车家桥　属关刀镇鲤港村，位于鲤港村南部，距村委会驻地鲤港街 1.5 千米。东接徐家屋，南连方家大屋，西邻万家坳，北靠廖家井。古时，有一个姓车的教书先生在两块石头搭成的桥边居住，以教书为生，以其姓氏综合石桥命村庄名为车家桥。清代，车姓外迁，吴荣华(1803—1873)在此建房定居，仍用原村庄名。2014 年，有居民 22 户 140 人，水田 80 亩，旱地 3 亩，山林 120 亩。

方家大屋　属关刀镇鲤港村，位于鲤港村的南部，距村委会驻地鲤港街 2 千米。东接汤管山，南连麦岭方家，西邻万家坳，北靠杨家咀。明代，方文斌(1375—1444)在此处建房定居，因住宅规模较大，遂以其综合居民姓氏命村庄名为方家大屋。2014 年，有居民 52 户 160 人，水田 78 亩，旱地 8 亩，山林 1200 亩。

鲤港街　属关刀镇鲤港村，位于鲤港村北部，为村委会驻地，距关刀中心集镇 3.5 千米。东接张家仑，南连杨家咀，西邻关刀村黄岭，北靠杨田村下谭。因居民点旁边有河流鲤港流过而得村庄名。此地旧时是人们往返蒲圻(今赤壁)、崇阳大沙坪、麦市、江西、湖南歇息和成交的场所，中华人民共和国成立前有商铺 20 多家，历为乡(保)、区公所驻地。鲤(港)高(冲)公路、鲤(港)塘(湖)公路、隽(水)麦(市)公路穿村而过，每天有数十趟班车通行，交通十分方便。街道两旁商铺数十家。街内有加油站、药店、移动代办所、电信代办所、联通代办所、卫生室、卡菲食品店、理发店、餐馆、家具店等。2014 年，有居民 218 户 870 人，水田 312 亩，旱地 51 亩，山林 40 亩。

塘角　属关刀镇鲤港村，位于鲤港村东部，距村委会驻地鲤港街 2.5 千米。东接八燕村，南连汤管山，西邻徐家屋，北靠八方塅。古时，此地有一水塘，灌溉两边垅的水田。明代，方文可(1373—1452)在此水塘旁边建房定居，因住宅位于水塘一侧，故命村庄名为塘角。2014 年，有居民 22 户 100 人，水田 80 亩，旱地 6 亩，山林 800 亩。

位仕屋　属关刀镇鲤港村，位于鲤港村东部，距村委会驻地鲤港街 300 米。东接周家油铺，南边栗树屋，西邻鲤港老街，北靠五流村。清代，廖位仕(1743—1804)迁此建房定居，以其名命村庄名。2014 年，有居民 25 户 100 人，水田 70 亩，旱地 4 亩。

五房郑家　属关刀镇鲤港村，位于鲤港村西部，距村委会驻地鲤港街 800 米。东接鲤港，南连关刀村黄岭，西邻杨田村洋潭湖，北靠杨田村下谭。明晚期，郑巨戴(1584—1644)在此建房定居，以其姓氏及排行命村庄名为五房郑家。2014 年，有居民 80 户 400 人，水田 250 亩，旱地 10 亩，林地 150 亩。

蟹形　属关刀镇鲤港村，位于鲤港村南部，距村委会驻地鲤港街2千米。东接麦市镇七里村，南连麦市镇七里山矿泉水厂，西邻易家，北靠方家大屋。清代，方天榜(1731—1806)在此建房定居，因住宅地形呈螃蟹状，依其地形命村庄名为蟹形。2014年，有居民30户150人，水田120亩，旱地8亩，山林200亩。

徐家屋 属关刀镇鲤港村，位于鲤港村东部，距村委会驻地鲤港街1.8千米。东接塘角，南连汤管山，西邻车家桥，北靠栗树屋。古时，徐姓在此居住，以其姓氏命村庄名为徐家屋。明代，徐姓外迁，方子达(1400—1448)在此建房定居，仍用原村庄名。2014年，有居民41户160人，水田82亩，旱地6亩，山林300亩(附近有下房屋小居民点)。

易家 属关刀镇鲤港村，位于鲤港村南部，距村委会驻地鲤港街2千米。东接麦市镇七里村石坳万家，南连七里村邢家，西邻关刀村水桐窝，北靠麦岭方家。明代，易义明(1374—?)在此建房定居，以其姓氏命村庄名为易家。2014年，有居民111户440人，水田278亩，旱地40亩，山林420亩。

周家油铺 属关刀镇鲤港村，位丁鲤港村东部，距村委会驻地鲤港600米。东接八房塅，南边栗树屋，西邻鲤港位仕屋，北靠五流村桥头铺。清代，周殿杨(1726—1758)从四庄大源周家迁此地建房定居，靠开榨油铺为生，以其姓氏综合房屋用途命村庄名为周家油铺。2014年，有居民42户280人，水田196亩，旱地6亩，林地30亩。

第十四节 棋盘村及所属聚落

【棋盘村】 关刀镇辖村，位于关刀镇东南部，村委会驻地沙下，距关刀中心集镇17千米。东接麦市镇红石村，南连东山村，西邻马港镇高峰村，北靠道上村，版土面积4.5平方千米。因域内有地片棋盘而得村名。1950年，属通城县上堡乡沙塅、棋盘、白竹村；1955年，设上堡四社、五社、六社；1958年人民公社化，上堡四社、五社、六社分别更名为沙塅、棋盘、白竹大队，属崇阳县麦市(先锋)人民公社云溪管理区；1961年恢复区镇建制，属通城县水兴区云溪公社；1975年撤区并社，属云溪公社；1981年，沙塅、棋盘、白竹大队分别更名为沙下、棋盘寨、炉上大队；1984年设区建乡，沙下、棋盘寨、炉上大队分别变更为沙下、棋盘寨、炉上村，属水兴区云溪乡；1987年区乡体制改革，棋盘寨村更名为棋盘村，沙下、炉上村未变，属云溪乡；2002年，沙下、棋盘、炉上村合并为棋盘村。云溪港自南向北流经村域，是天然漂流景区。东西两面都是高山，村民环山而居。2003年将原沙下小学改作村委会办公场所，2010年扩建，建筑面积近500平方米，设有便民服务厅、村级卫生室。由于当地山多地广，林特资源丰富，除森林资源丰富外，适合牛、羊养殖，是一个天然牧场。矿产资源有钾长石、云母、石英石等。植物资源主要有油茶、楠竹、杉木、枫树、桂花树等。棋盘村旅游资源十分丰富，有碧龙潭情侣瀑布、红星峡胜一线天、狮象保门、夜合桥，以及保存较完好的炉上大屋、历史古迹棋盘寨等，环境优美，空气清新。下设9个村民小组，有16个农村居民点。居民有丁、潘、吴、方、魏、邹、朱、冷、徐、何等姓，以丁姓为主。距G353国道、杭瑞高速进出口公路里程分别为17千米、30千米，居民点全部通公路。2014年，有居民418户2010人，耕地120公顷，山地744.7公顷。村民主要种植水稻、红薯、花生，兼养猪、牛、羊、鸡等，经济来源以务农、务工、经商为主，年人均纯收入2100元。

炉上地片 属关刀镇棋盘村，位于关刀镇北部，距关刀中心集镇15千米。东接麦市镇红石村，南连生鸡垅，西邻沙下，北靠万家山。因域内有居民点炉上而得地片名。有2个村民小组、4个居民点。距G353国道、杭瑞高速进出口公路里程分别为15千米、28千米，居民点全部通公路。2014年，有居民82户520人，耕地40公顷，山林226.7公顷。

棋盘地片 属关刀镇棋盘村，位于关刀镇西南部，距关刀中心集镇17千米。东接沙下，南邻东山村，西连马港镇高峰村，北靠杨家村。因域内有古山寨棋盘寨而得地片名。有3个村民小组、有6个居民点。距G353国道、杭瑞高速进出口公路里程分别为17千米、30千米，居民点全部通公路。2014 年，有居民 92 户 490 人，耕地 30 公顷，山林 246.7 公顷。

沙下地片　属关刀镇棋盘村，位于关刀镇东南部，距关刀中心集镇 17 千米。东连炉上，南接东山村，西邻棋盘，北靠道上村洞下。因域内有居民点沙下而地片名。有 4 个村民小组、9 个居民点。距 G353 国道、杭瑞高速进出口公路里程分别为 17 千米、30 千米，居民点全部通公路。2014 年，有居民 225 户 980 人，耕地 43.5 公顷，山林 266.7 公顷。

丁家塆(又名大塆)　属关刀镇棋盘村，位于棋盘村东部，距村委会驻地沙下 1.2 千米。东接穆家山，西邻石高埚，南连易家山，北靠朱家。明代，丁素质(1593—1664)从炉上迁此地定居，因住宅位山体拐弯部位，故以其综合姓氏命村庄名为丁家塆。2014 年，有居民 20 户 120 人，水田 100 亩，旱地 30 亩，山林 840 亩(附近有易家山、梧树埚两个小居民点)。

干埚(实名高埚)　属关刀镇棋盘村，位于棋盘村西部，距村委会驻地沙下 3 千米。东接东山村，西邻高峰，南连毛家塅，北靠高椅垅。此地为四周高中间低的洼地，因所地势较高，故名高埚，后喊别成干埚。清代，潘元极(1618—1700)从杨家坑迁此地定居，以埚名命村庄名。2014 年，有居民 30 户 180 人，水田 170 亩，旱地 60 亩，山林 1800 亩(附近有谢家塅、何家垅两个小居民点)

栎塝　属关刀镇棋盘村，位于棋盘村西部，距村委会驻地沙下 1.5 千米。东接碧龙潭，西邻石坑，南连同拱桥，北靠棋盘寨。此地为地势较高的山坡，古时，山坡上有许多栎树，故名。清代，方介楚(1798—1868)从道上迁往此地定居，以山坡名命村庄名为方家。清末，冷姓从江西迁方家下方建房定居，叫下屋。后人们统称这两个村庄为栎塝。2014 年，有居民 28 户 160 人，水田 90 亩，旱地 10 亩，山林 1200 亩(附近有鹦子峦居民点)。

仓埚　属关刀镇棋盘村，位于棋盘村东南部，距村委会驻地沙下 1.3 千米。东接竹山，西邻胡家小港，南连蔡家，北靠麻田。此地为四周高中间低的洼地，山沟侧有山岭(俗称仑，后文相类似地名皆称“仑”)，故称山沟为仑埚。清光绪年间，魏首文迁居此地，以地形名命村庄名。2014 年，有居民 20 户 110 人，水田 130 亩，旱地 30 亩，山林 1200 亩(附近有蔡家、洞屋蚚两个小居民点)。

炉上　属关刀镇棋盘村，位于棋盘村东部，距村委会驻地沙下 2 千米。东接九曲岭，西邻朱家，南连生鸡垅，北靠万家山。传说此地呈火炉形，只有丁姓人可以居住(喻钉可进炉锻炼，别姓人住不发旺)。明代，丁国珍(1481—?)从杨源迁此定居，依地形名命村庄名为炉上。2014 年，有居民 63 户 350 人，水田 400 亩，旱地 70 亩，山林 3500 亩(附近有上屋场、新屋、下屋 3 个小居民点)。

沙下　属关刀镇棋盘村，位于棋盘村中部，为村委会驻地，距关刀中心集镇 17 千米。东接夜合桥，西邻塘边，南连塅上，北靠芳家埚。明代，丁先四(1447—1506)在此地定居，因住宅位于一沙质土壤的山坡下方，故命村庄名为沙下。2014 年，有居民 10 户 60 人，水田 30 亩，旱地 10 亩，山林 50 亩。

魏家　属关刀镇棋盘村，位于棋盘村东南部，距村委会驻地沙下 300 米。东接生鸡垅，西邻云溪港，南连李塅，北靠易家山。明代，魏文显(1428—1492)从县城迁此地定居，以其姓氏命村庄名。2014 年，有居民 32 户 280 人，水田 100 亩，旱地 20 亩，山林 1000 亩。

寨上　属关刀镇棋盘村，位于棋盘村西部，距村委会驻地沙下 4 千米。东接高椅垅，西邻高峰，南连六斗垅，北靠麻石岭。明代，邹紫高(1414—1501)从江西奉新迁此地定居，因住宅地处棋盘寨山后上方，故命村庄名为寨上。2014 年，有居民 20 户 120 人，水田 130 亩，旱地 30 亩，山林 1400 亩(附近有郑家林、六斗垅两个小居民点)。

第十五节　水兴村及所属聚落

【水兴村】　关刀镇辖村，位于关刀镇南部，村委会驻地牌楼屋，距关刀中心集镇 1.5 千米。东接新建村，南界台源村，西连春雷村，北邻官塘社区，版土面积 2.68 平方千米。因域内有地片水兴而得村名。1950年，属通城县水兴乡二村；1955年，设新民一社；1958年，新民一社分设更名为西安、水兴大队，属崇阳县麦市人民公社水兴管理区；1961年，属通城县水兴区水兴公社；1972年，官塘大队并入水兴大队，西安大队未变；1975年撤区并社，西安、水兴大队合并为新寨大队，属水兴公社；1981年，新寨大队更名为水兴大队；1984年，水兴大队分设，变更为官塘村、水兴村，其中官塘村划入镇直管，同属水兴区关刀桥镇；1987年区乡体制改革，属关刀镇水兴村。水兴村属丘陵地，三面环山。2005年，原水兴小学被改为村委会办公场所，建筑面积220平方米，设有便民服务厅。全村有桥梁5座，拦水堰5座，灌溉管道5条；境内有黄牯岩小二型水库，库容20万方，基本保证全村农田旱涝保收。境内有钾长石、石英石、碎石，主要分布在西岸排、栗树垅一带。下设11个村民小组、13个居民点。居民有罗、刘、张、程、李、谌、苏、吴、郑等姓，以罗姓为主。G353国道傍村而过，村域距杭瑞高速进出口公路里程14千米，居民点全部通公路。2014年，有居民488户2010人，水田80.1公顷，旱地18.7公顷，林地133.3公顷。村民主要种植水稻、红薯，经济来源以务农、务工、经商为主，年人均纯收入5800元。

水兴地片 属关刀镇水兴村，位于水兴村东部，距关刀中心集镇约1.5千米。东接新建村，南界台源村，西连西安地片，北邻官塘社区。因域内有居民点水兴铺而得地片名。内有5个村民小组、6个居民点。G353国道傍村而过，地片距杭瑞高速进出口公路里程14.5千米，居民点全部通公路。2014年，有居民251户980人，水田36.8公顷，旱地9.7公顷，山林23.3公顷。

西安地片 属关刀镇水兴村，位于水兴村西部，距关刀中心集镇约1.5千米。东接水兴地片，南界台源村，西邻春雷村，北连宫塘社区。因该地片位于水兴港西边及愿望(企盼平安)而得地片名。地片有6个村民小组、7个居民点。G353国道傍村而过，地片距杭瑞高速进出口公路里程14.5千米，居民点全部通公路。2014年，有居民237户1030人，水田432.公顷，旱地11.2公顷，山林29.4公顷。

翰龙 属关刀镇水兴村，位于水兴村北部，距村委会驻地牌楼屋300米。东接张家，南连亭堂，西界春雷村放牛场，北邻五谷咀。清代，罗凤御(1720—1799)在此建房定居。风水先生视其住宅地形为卧地龙形，依山不傍水，若遇天旱，则缺水，如同“旱龙”。为图吉利和望子成龙，改村庄名为翰龙。2014年，有居民39户150人，耕地120亩，水田100亩，林地50亩。出生于该居民点的罗真(1973—)，博士学位，先后任中南财经政法大学教授、中国广西投资集团总会计师(副厅级)，2012年经国家财政部推选为全国财政十大领军人物首位。

牌楼屋 属关刀镇水兴村，位于水兴村中部，为村委会驻地，距关刀中心集镇1.9千米。东界新建村，南连台源村艾家，西接西岸排，北邻药铺。相传，古时河南大旱3年，百姓饥荒，此地有个人贩粮食到河南去卖，在路上碰到一伙强盗打劫，他说是朝廷拨来的救灾粮，强盗听后害怕，不敢抢粮。后来，此人把粮食全部捐给灾民。朝廷知道这件事后，就在他家附近立了牌坊，以资表彰。不久后，罗细九(1306—1377)在牌坊旁建了一栋木楼定居，遂以牌坊命村庄名为牌楼屋。2014年，有居民33户130人，耕地110亩，水田82亩，林地100亩。

谌家 属关刀镇水兴村，位于水兴村东部，距村委会驻地牌楼屋1.5千米。东界新建村，南连郑家，西接张家，北邻关刀河、关刀变电站。明代，谌大器(1502—1560)在此建房定居，以其姓氏命村庄名为谌家。2014年，有居民50户190人，耕地150亩，水田126亩，林地80亩(该居民点北部70米处有小居民点刘家)。

苏家 属关刀镇水兴村，位于水兴村中部，距村委会驻地牌楼屋200米。东连水兴铺、郑家，南连西岸排，西界栗树垅，北邻樟树屋。清康熙年间，苏盛清(1651—1715)在此建房定居，以其姓氏命村庄名为苏家。2014年，有居民52户220人，耕地150亩，水田120亩，林地50亩(该居民点东100米处有油榨屋，有居民5户)。

西岸排 属关刀镇水兴村，位于水兴村南部，距村委会驻地牌楼屋1千米。东接药铺、牌楼屋，南连台源村艾家，西、北邻栗树垅。此地为地势较高、呈不规则形的缓坡山地，又因其位于水兴港西岸，故称西岸排。清代，程添荣(1811—1864)在此建房定居，以住宅所在地形命村庄名为西岸排。2014年，有居民50户210人，耕地167

亩，水田 137 亩，林地 120 亩。

享堂　属关刀镇水兴村，位于水兴村南部，距村委会驻地牌楼屋 200 米。东连苏家，南接樟树屋，西界春雷村放牛场、何家，北邻翰龙。清代，罗南通(1804—1869)为首在此建一享堂(享堂，指宗族分支活动场所，比祠堂档次低一级)，同时在祠堂旁边建住宅定居，以堂名命村庄名。2014 年，有居民 32 户 140 人，耕地 136 亩，林地 1 亩。

药铺　属关刀镇水兴村，位于水兴村东部，距村委会驻地牌楼屋 800 米。东界新建村，南连牌楼屋，西接西岸排，北邻水兴铺。清代。吴祥泰(1822—1895)在此建房定居，同时行医看病开药店，遂以房屋用途命村庄名为药铺。2014 年，有居民 42 户 140 人，耕地 120 亩，水田 98 亩，林地 100 亩。

张家　属关刀镇水兴村，位于水兴村东北部，距村委会驻地牌楼屋 700 米。东界关刀河(关刀村)、谌家，南连享堂，西接水兴铺，北邻官塘社区石咀。清代，张先兴(1805—1875)在此建房定居，以其姓氏命村庄名为张家。2014 年，有居民 72 户 280 人，耕地 150 亩，水田 126 亩。出生该居民点的各界名人有：张现明(1964—　)，曾任中共河南松县委常委、县人武部政委，上校军衔，2008 年担任第 29 届奥运会火炬手，是全国拥政爱民模范；张帆(1971—　)，博士学位，高级工程师，曾任重庆市北辖区副区长，2014 年就职于中国城市规划设计院。

樟树屋　属关刀镇水兴村，位于水兴村东部，距村委会驻地牌楼屋 1 千米。东、南与苏家相连，西与春雷村何家交界，北与翰龙毗邻。清代，刘陶拔(1671—1729)在此建房定居，因住宅旁有一棵大樟树，故以其命村庄名为樟树屋。2014 年，有居民 32 户 150 人，耕地 130 亩，水田 100 亩，林地 70 亩(2014 年，生长在此的樟树最大直径 2 米有余，能做一张完整的方桌面子)。

郑家　属关刀镇水兴村，位于水兴村北部，距村委会驻地牌楼屋 1.5 千米。东界新建村，南连水兴铺，西接苏家，中间有水兴河相隔，北邻谌家。清初，郑文炳(1635—?)在此建房定居，以其姓氏命村庄名为郑家。2014 年，有居民 39 户 160 人，耕地 120 亩，水田 87 亩，林地 50 亩。

第十六节　台源村及所属聚落

【台源村】　关刀镇辖村，位于关刀镇南部，村委会驻地断山坳，距关刀中心集镇 3.5 千米。东界新建村，南接云溪，西连马港镇黄鹤村，北邻隽水镇东港村，辖区面积 9.6 平方千米。因域内有地片台源洞而得村名。1950 年，属通城县水兴乡一村、东源乡二村；1955 年，水兴乡一村更名为水兴乡同盟二社，东源乡二村更名为东源乡新民社；1958 年人民公社化，同盟二社分设更名为断山、红恩大队，新民社更名为台源大队，同属崇阳县麦市人民公社水兴管理区；1961 年恢复区镇建制，属通城县水兴区水兴公社；1975 年撤区并社，断山、红恩大队合并为红山大队，台源大队未变，属水兴公社；1981 年，红山大队更名为张源大队，台源大队未变；1984 年设区建乡，张源、台源大队分别变更为张源、台源村，属水兴区关刀桥镇；1987 年区乡体制改革，属关刀镇；2002 年，张源、台源村合并为台源村。下辖 12 个村民小组，有 16 个居民点。村民有吴、李、罗、艾、蒋等姓。2009 年，村小学被改建为村委会办公楼，占地面积 500 平方米，建筑面积 210 平方米，设有便民服务厅、村卫生室等；距 G353 国道、杭瑞高速进出口公路里程分别为 3.5 千米、16.5 千米，居民点全部通公路。2014 年，有村民 437 户 1900 人，水田 79.5 公顷，林地 533.3 公顷。村民种植水稻、红薯、花生、油茶、楠竹、杉木等，兼养猪、牛、羊。村民经济来源以务农、务工为主，年人均纯收入 3460 元。

台源洞地片　属关刀镇台源村，位于台源村西部，距关刀中心集镇 5 千米。东界水兴村，南接马港镇黄鹤村，西邻东港村，北连春雷村。以域内的陆地地形命地片名。下辖 5 个村民小组，有 8 个居民点。距 G353 国道、杭瑞高速进出口公路里程分别为 3.5 千米、17.5 千米，居民点全部通公路。2014 年，有居民 148 户 580 人，水田 26.7 公顷，山林 200 公顷。

张源洞地片　属关刀镇台源村，位于台源村东部，距关刀中心集镇3千米。东连云溪，南界马港镇黄鹤村，西接台源洞，北邻水兴村。以域内的陆地地形命地片名。下辖7个村民小组，有8个居民点。距G353国道、杭瑞高速进出口公路里程分别为3千米、16千米，居民点全部通公路。2014年，有居民289户1310人，水田46.7公顷，山林333.3公顷。

艾家　属关刀镇台源村，位于台源村北部，距村委会驻地断山坳500米。东界新建村，南邻皇恩垅，西连黄牯岩水库，北邻水兴村。元代，艾福五(1325—1390)在此定居，以其姓氏命村庄名为艾家。2014年，有居民81户410人，水田115亩，山林500亩。

八房　属关刀镇台源村，位于台源村西北部，距村委会驻地断山坳2千米。东界水兴村栗树垅，南邻万家，西毗蒋家，北接程家山。清乾隆年间，吴林汉(1761—1826)从关刀新屋吴家迁此建房定居，以其在家族中的排行命村庄名。2014年，有居民24户100人，水田50亩，山林400亩。

断山坳　属关刀镇台源村，位于台源村南部，为村委会驻地，距关刀中心集镇3千米。东界佘家咀，南接傅家垅、大垅，西、北邻万家。传说，密岩山下有一个叫龙形山的山岭，阻隔山里与山外的通行，两地来往需穿越山岭，人们便在山腰最窄处挖一条山路方便出行，奈何白天挖好晚上又恢复原样。后经仙人指点，要用一双童子活埋至此，才能顺利挖通山路。但活埋童子谈何容易？人们便以米粉捏成童子模样埋入土中，遂挖通山路，即今日的断山坳。清代，吴彦祖(1785—1842)迁此地建房定居，以坳名命村庄名。2014年，有居民45户250人，水田123亩，山林600亩。

傅家垅　属关刀镇台源村，位于台源村东南部，距村委会驻地断山坳200米。东界佘家咀，南接潘家老屋，西邻大垅，北毗断山坳。此地为一小山沟，古有一傅姓财主居住，以其姓氏综合地形命村庄名为傅家垅。后来，傅姓外迁。1994年，吴四国(1954—2011)迁入定居，仍用原村庄名。2014年，有居民22户90人，水田50亩，旱地6亩，山林800亩。

甘家塝　属关刀镇台源村，位于台源村南部，距村委会驻地断山坳3千米。东界天台山，南邻云溪，西毗马港黄鹤村，北靠蜜岩山。此地为坡度较大的山坡，古有甘姓居住，以其姓氏综合地形命村庄名为甘家塝。后甘姓外迁，吴万湖(1630—1692)从高峰九甲迁入此地，仍用原村庄名。2014年，有居民20户90人，水田50亩，山林600亩。

皇恩垅　属关刀镇台源村，位于台源村西北部，距村委会驻地断山坳300米。东界艾家，南接村级公路，西连台源洞，北邻水兴村。此地为一小山沟，清代，在朝廷做官的吴锡冕(1793—1876)在老家造房之时，获皇上恩准可以造八字大门，故此命村庄名为皇恩垅。2014年，有居民28户110人，水田68亩，旱地8亩，山林500亩。

蒋家　属关刀镇台源村，位于台源村西部，距村委会驻地断山坳3千米。东界八房，南接牛形岭，西、北连东港村。清代，蒋有才(1834—1899)从四庄桃花垅迁此建房定居，以其姓氏命村庄名。2014年，有居民21户70人，水田50亩，山林400亩(附近有邓家、徐家、金家山3个小居民点)。

第十七节　五流村及所属聚落

【五流村】　关刀镇辖村，位于关刀镇北部，村委会驻地杨泉湾，距关刀中心集镇4千米。东界八燕村，南接鲤港村，西连高冲村，北靠塘湖镇阁壁村和沙堆镇罗塘村，辖区面积约6平方千米。因域内有5条溪流汇成一条港而得村名。1950年，属通城县五流乡谢家村、枫树村；1958年人民公社化，设谢家、枫树大队，属崇阳县麦市(先锋)人民公社鲤港管理区；1961年恢复区镇建制，属通城县水兴区八燕公社；1975年撤区并社，谢家、枫树大队合并为向荣大队，属高冲公社；1981年，向荣大队更名为五流大队；1984年设区建乡，五流大队更名为五流村，属水兴区鲤港乡；1987年区乡体制改革，属关刀镇；2001年调整乡镇行政区划，仍属关刀镇五流村。下辖14个村民小组，有17个农村居民点。村民有何、郑、卢、张、谭、罗、吴、廖、金、徐、王、赵等姓，以何、郑、罗、卢、吴姓为主。村委会办公楼占地面积2000多平方米，内设便民服务厅。距G353国道、杭瑞高速进出口公路里程分别为2千米、17千米，居民点全部通公路。2014年，有村民562户2230人，水田80.2公顷，旱地26.3公顷，山林19.8公顷。村民主要种植水稻、蔬菜、红薯，兼养猪、养羊；经济来源主要为务农、务工、经商，年人均纯收入2800元。

东(中)坑垅 属关刀镇五流村，位于五流村北部，距村委会驻地杨泉湾1.5千米。东界三条垅，南邻谢家庄，西连黄泥，北接张垅山。此地为小山沟，因此山沟位于张垅山东边，山沟地势低，故称东坑垅。因当地方言“东”“中”同音，也有人称其“中坑垅”。清代，何洪师(1691—1762)从麦市何家塅迁此定居，以山沟名命村庄名。2014年，有居民44户180人，水田131.8亩，旱地29亩，山林39亩。

对门家 属关刀镇五流村，位于五流村东南部，距村委会驻地杨泉湾2千米。东、南界八燕村，西邻何家祠，北连何家坳。明代，吴阴泉在此建房定居，与兄长吴阳泉所住的阳泉屋隔塅相对，故命村庄名为对门家。2014年，居民39户170人，水田50.9亩，旱地25亩，山林19亩。

对门屋 属关刀镇五流村，位于五流村北部，距村委会驻地杨泉湾2.5千米。东界三条垅，南邻东坑垅，西连黄泥，北接张垅山。清代，何乐安(1694—1761)从麦市何家塅迁此定居，因住宅位于张垅山的对面，故命村庄名为对门屋。2014年，有居民38户130人，水田63.1亩，旱地26亩，山林21亩。

枫树屋 属关刀镇五流村，位于五流村南部，距村委会驻地杨泉湾800米。东界对门屋，南邻胡家岭，西连破石窝，北接杨泉湾。清初，郑佐廷(1631—1695)从四庄迁此定居，因住宅旁边空场地上有一片枫树林，故命村庄名为枫树屋。1958年大办钢铁，枫林仅剩下一棵大树未砍，2014年，此树清秀挺拔，要几个人用手合抱才能抱住。2014年，有居民46户170人，水田100.5亩，旱地35亩，山林19亩。

胡家岭 属关刀镇五流村，位于五流村南部，距村委会驻地杨泉湾2千米。东界桥头铺，南靠大港与周家，西连杨叟，北接枫树屋。明代，一胡姓在此定居，因住宅位于山岭上，故以其综合居民姓氏命村庄名为胡家岭。后胡姓迁往他处，何炳然(1674—1732)从麦市何家塅迁此定居，仍用原村庄名。2014年，有居民68户250人，水田149.5亩，旱地41亩，山林55亩(该居民点东南部有个何家祠包含在内)。出生于该村庄的何木生(1942—)，历任湖北日报社编辑、记者、工交财贸部副主任，江汉早报社编辑部总编辑，湖北日报社办公室、党委办公室主任，中共荆门市委副书记、荆门市人大常委会主任、党委书记，湖北省第九届人民代表大会代表。

破石埚 属关刀镇五流村，位于五流村南部，距村委会驻地杨泉湾1千米。东界枫树屋，南接杨叟，西邻黄泥，北靠谭家祠。此地为四周高、中间低的洼地。据传，明代，万姓在此定居，以其姓氏命村庄名为万家。万家的堂屋有一块很大的石头，一日，万家堂屋墙上的条石忽然轰隆一声炸裂。万家认为预兆不好，举家外迁。民国初，吴立元(1849—1922)迁此地定居，改命村庄名为破石埚。2014年，有居民31户100人，水田54.8亩，旱地23亩，山林42亩。

桥头铺 属关刀镇五流村，位于五流村南部，距村委会驻地杨泉湾2.4千米。东界八燕，南邻鲤港，西连胡家岭，北接对门屋。清代，何鹤龄(1686—1738)迁此定居并开设小卖店，因住宅位于小石桥一侧，故名村庄名为桥头铺。2014年，有居民26户90人，水田54亩，旱地15亩，山林19亩。出生于该居民点的何亚斌(1948—)，历任湖北省统计局科长、副处长，湖北省鹤峰县县长、县委书记兼县长、县委书记兼县人大常委会主任，湖北省统计局副局(厅)长等职。

三条垅(又名三条麟) 属关刀镇五流村，位于五流村东北部，距村委会驻地杨泉湾2千米。传说古时候，这里有3条龙修炼了千年之久，想入大海。一天它们兴风作浪准备从大水里游出，当地有个杨三见此情景吓了一跳。他急中生智，将三条龙锁入洞坑沟。雨停了，云散了，百姓灾难也消除了。现在洞坑沟还有一条龙进去的圆大门口。人们为纪念“杨三”的功德，尊杨三雕像为菩萨，把此地叫作三条垅。通城口语称“龙”为“麟”，故又称“三条麟”。清代，金名诚(1673—1728)从塘湖阁壁迁此定居，以传说命村庄名。2014年，有居民29户110人，水田37.9亩，旱地23亩，山林25亩。

上卢　属关刀镇五流村，位于五流村中部，距村委会驻地杨泉湾1.2千米。东界卢家，南邻杨泉湾，西连谢家庄，北接东坑垅。明代，卢大立（1482—1561）从湾船咀迁此建房定居，住宅后方青山秀丽、前方土地肥沃，全墩条件最好，故命村庄名为上卢。2014年，有居民47户190人，水田103亩，旱地50亩，山林43亩。

上谭垅　属关刀镇五流村，位于五流村东部，距村委会驻地杨泉湾3.2千米。东界塔岭，南连下谭垅，西邻瞿家垅，北靠三条垅。此地为小山沟，民国二十四年（1935），谭有田（1905—1945）从金家垅迁此定居，因其住宅位于山沟的顶端，故以其综合地形和居民姓氏命村庄名为上谭垅。2014年，有居民20户80人，水田41亩，旱地3亩，山10亩。

谢家庄　属关刀镇五流村，位于五流村中部，距村委会驻地杨泉湾1千米。东界卢家，南邻杨泉湾，西连高冲村杨叟，北接东坑垅。古时候，此是一谢姓看管土地的庄屋。谢家有十个儿子，人称谢十房，九乡十里闻名，威震四方。后来，女眷不守妇道，污蔑了天神，神灵大怒，趁女佣用油烧活老鼠之机，将鼠引入柴房，一把大火，把谢家烧成灰，自此谢家衰败。清代，郑根成（1664—1735）从四庄迁此定居，仍用原村庄名。2014年，有居民52户220人，水田139亩，旱地31亩，山林21亩。出生于该居民点的罗来平（1950—　），历任咸宁市（地区）统计局副局长、党组副书记、局长、党组书记，咸宁市政协提案委员任副主任。

杨（阳）泉湾　属关刀镇五流村，位于五流村南部，距村委会驻地杨泉湾500米。东界对门屋，南邻枫树屋，西连谭家祠，北接谢家庄。清代，郑珍发（1662—1743）迁此落户，见河流的回水湾在住宅上游，故改命村庄名为杨泉湾。2014年，居民有44户170人，水田84.6亩，旱地29亩，山林20亩。

瞿家垅　属关刀镇五流村，位于五流村东部，距村委会驻地杨泉湾3千米。东界塔岭，南接何家坳，西邻枫树屋，北连三条垅。此地为一小山沟，明代为瞿姓居住地，以其姓氏综合地形命村庄名为瞿家垅。后瞿姓外迁，罗世钦（1747—1830）从燕窝迁此定居，仍用原村庄名。2014年，有居民43户170人，水田54.4亩，旱地41亩，山31.5亩。

第十八节　新建村及所属聚落

【新建村】　关刀镇辖村，位于关刀镇南部，村委会驻地杨家咀，距关刀中心集镇2千米。东与关刀村及麦市镇株树村交界，南与黄峰村相邻，西与台源村张源洞接壤，北与水兴村相连，辖区面积7.6平方千米。1973年，由两个生产大队合并组建成一新的大队，遂命大队名新建大队，后沿用作村名。1950年，属通城县金塘乡一、五社；1958年人民公社化，一、五社分别更名为堑下、金塘大队，属崇阳县麦市（先锋）人民公社水兴管理区；1961年恢复区镇建制，属通城县水兴区茶铺公社；1973年，堑下、金塘大队合并为新建大队；1975年撤区并社，新建大队分设为堑下、金塘大队，属水兴公社；1984年设区建乡，堑下、金塘大队分别变更为堑下、金塘村，属水兴区水兴乡；1987年撤区并乡镇，属关刀镇；2002年，堑下、金塘村合并为新建村。境内云溪水库东西两干渠，如同张开的双臂拥抱全村，云溪河在境内与麦市河交汇傍东而行，境内有云溪五级、黄龙五级及黄洛坪3座水力发电站。2013年引进华天矿山机械厂年产值4000万元，2014年新建村被湖北省文联、民联授予全省第一家“生态民俗文化村”。下辖8个村民小组，有13个居民点。村民有罗、葛、王、潘、黄、李、徐、苏、程、杨、吴、刘、卢、艾、方、金等姓，以罗姓为主。2011年，原堑下小学被改建为村委会办公楼，占地面积1400平方米，建筑面积1100平方米，设有便民服务厅。距G353国道、杭瑞高速进出口公路里程分别为2千米、15千米，居民点全部通公路。2014年，有村民475户2050人，耕地136.7公顷，山林300公顷。村民主要种植水稻、红薯，兼养猪、鱼、鸡、鸭，经济来源主要为务农、务工、经商，年人均纯收入5700元。

金潭地片　属关刀镇新建村，位于新建村南部，距关刀中心集镇 3.5 千米。东邻麦市镇株树村，南接黄峰村，西界台源村，北邻堑下片，片区面积 4.3 平方千米。因域内有居民点金潭而得地片名。下辖 4 个村民小组，有 6 个居民点。距 G353 国道、杭瑞高速进出口公路里程分别为 3.5 千米、16.5 千米，居民点全部通公路。2014 年，有居民 228 户 980 人，耕地 61.3 公顷，山林 266.7 公顷。

堑下地片　属关刀镇新建村，位于新建村东南部，距关刀中心集镇 2 千米。东连关刀村，南邻金潭片，西、北均接水兴村，辖区面积 3.5 平方千米。因域内有居民点堑下罗家而得地片名。片内下辖 4 个村民小组，有 7 个居民点。距 G353 国道、杭瑞高速进出口公路里程分别为 2 千米、15 千米，居民点全部通公路。2014 年，有居民 247 户 1080 人，耕地 75.3 公顷，山林 233.3 公顷。

暗山　属关刀镇新建村，位于新建村南部，距村委会驻地杨家咀 2.5 千米。东邻云溪河，西处云溪水库西干渠下方，南界黄峰村，北连金潭。此地三面环山，东南方有一山头，形似木鱼，俗称木鱼嘴，由于地势较高，加之古木参天，光线阴暗，故称暗山。清代，罗天表（1674—1723）迁此建房定居，以山名命村庄名。2014 年，有居民 35 户 160 人，耕地 140 亩，山林 1080 亩。

韩家垅　属关刀镇新建村，位于新建村北部，距村委会驻地杨家咀 700 米。东接杨家咀，西邻堑下罗家，南连段畈，北靠毛家山。此地为一小山沟，古为韩姓居住地，以其姓氏综合地形命村庄名为韩家垅。韩姓无后人，罗福贞（1883—1936）于民国年间在此建房定居，仍用原村庄名。2014 年，有居民 30 户 130 人，耕地 140 亩，山林 400 亩。

黄洛坪　属关刀镇新建村，位于新建村东南部，距村委会驻地杨家咀 1 千米。东接关刀车头坪，西邻关刀石井，南连蒋家湾，北靠大港。此地为云溪港与麦市港交汇处，因河水冲击形成沙滩（俗称坪）。清代，黄姓人（人名不可考）与罗子南（1880—1922）先后迁入此沙坪建房定居，命村庄名为黄罗坪，后喊作黄洛坪。2014 年，有居民 37 户 150 人，耕地 172 亩，山林 200 亩。

蒋家湾　属关刀镇新建村，位于新建村南部，距村委会驻地杨家咀 500 米。东邻黄洛坪电站，西靠关云公路，南连金潭居民点，北毗杨家咀。此地原有蒋姓定居于此，因住宅位于云溪河与麦市河交汇后往东侧的拐弯处，故以其综合居民姓氏命村庄名为蒋家湾。后来，蒋姓人外迁。明代，罗子实（1536—1612）迁入定居，仍用原村庄名。2014 年，有居民 61 户 260 人，耕地 245 亩，山林 500 亩。

金潭　属关刀镇新建村，位于新建村南部，距村委会驻地杨家咀 1 千米。东靠云溪河，西界云溪水库西干渠，南邻傅家巷，北与蒋家湾相连。明代，罗敬昌（1392—1467）在此建房定居，住宅以东约 100 米处，有云溪河自南向北通过，在屋前由于水位落差，便形成了一个水潭。相传，此潭中藏有金银珠宝，人称金潭，该村庄因此得名。2014 年，有居民 105 户 410 人，耕地 404 亩，山林 870 亩。

堑下罗家　属关刀镇新建村，位于新建村北部，距村委会驻地杨家咀 1 千米。东接段畈，西邻水兴村，南连韩家垅，北靠毛家山。清代，罗秉开（1685—1754）在此地上首山坡上建宅定居，在住宅周围以石块垒堑。后来，其子孙在原址下方择基新建住宅定居，以新宅与石堑形成的方位综合居民姓氏命村庄名为堑下罗家。2014 年，有居民 73 户 300 人，耕地 303 亩，山林 700 亩。

曲水　属关刀镇新建村，位于新建村北部，距村委会驻地杨家咀 2.5 千米。东接金潭，西邻张源洞，南连王家仓，北靠李家屋。此地小港弯曲，人们称之为曲水。清代，罗允祖（1818—?）迁小港旁建房定居，以河名命村庄名为曲水。2014 年，有居民 50 户 260 人，耕地 250 亩，山林 1500 亩。

杨家咀　属关刀镇新建村，位于新建村北部，为村委会驻地，距关刀中心集镇 2 千米。东接黄骆坪，西邻寒家冲，南连蒋家湾，北靠堑下罗家。此地为山岭延伸后形成的山体突出前端，古时，杨姓迁山咀旁定居，以其姓氏综合地形命村庄名为杨家咀。清代，杨姓断后，罗亨桃（1819—?）在此建房定居，仍用原村庄名。2014 年，有居民 45 户 180 人，耕地 209 亩，山林 450 亩。

插图 2　堑下罗家民俗文化村(刘亚敏　摄)

第十九节　杨家村及所属聚落

【杨家村】　关刀镇辖村，位于关刀镇南端，村委会驻地枫树咀，距关刀中心集镇 12 千米。东邻高桥、道上两村，南接棋盘村，西界马港镇的高峰、金山村，北连云水村，辖区版土面积 5.5 平方千米。因域内有地片杨家而得村名。1950 年，属通城县道上乡云七、云九社；1958 年人民公社化，云七、云九社分别更名为杨家、方山大队，属崇阳县麦市(先锋)云溪管理区；1961 年恢复区镇建制，属通城县水兴区云溪公社；1970 年，修云溪水库时，原高桥大队的大窝、吴家边、黄家和道上大队的湾头屋居民点并入方山大队，杨家大队没变；1975 年撤区并社，属云溪公社杨家、方山大队；1982 年，恢复高桥、道上大队时，方山大队的大窝、吴家边、黄家回归原高桥大队，湾头屋回归原道上大队；1984 年设区建乡，杨家、方山大队分别变更为杨家、方山村，属水兴区云溪乡；1987 年撤区并乡镇，属云溪乡；2001 年调整乡镇行政区划，属关刀镇；2002 年，杨家、方山村合并为杨家村。2008 年，建村委会办公楼，建筑面积 220 平方米，内设党支部、村委会、综治、精准扶贫、计生等办公室和便民服务厅。境内高山深谷皆有清泉涌出，常年奔流不息；森林、矿产、中药材等资源较为丰富，其中矿产有长石、绿柱石、花岗石。经济林有油茶、杉木、楠竹、银杏、桂花、黄柏、杜仲等，有历史悠久享誉湘、鄂、赣的佛教圣地普化寺，还有团包石、人字石、鸡冠石等众多景点，具有旅游开发价值。下辖 6 个村民小组，有 12 个农村居民点。村民有邓、方、李、王等姓，以邓、方姓为主。距 G353 国道、杭瑞高速进出口公路里程分别为 12 千米、25 千米，居民点全部通公路。2014 年，有居民 198 户 870 人，耕地 35.5 公顷，山林 373.3 公顷。居民主要种植水稻、红薯，经济主要来源主要为务农、务工，经商，年人均纯收入 2300 元。

方山地片　属关刀镇杨家村，位于杨家村东北部，距关刀中心集镇 12 千米。东与高桥村相连，南与杨家山毗邻，西与马港镇金山村山脉分水为界，北与云水村相接。因域内有居民点名方家山而得地片名。下辖 3 个村民小组，有 6 个居民点。距 G353 国道、杭瑞高速进出口公路里程分别为 12 千米、25 千米，居民点全部通公路。2014 年，有居民 112 户 500 人，水田 14.7 公顷，旱地 11.3 公顷，山林 200 公顷。

杨家地片　属关刀镇杨家村，位于杨家村西南部，距关刀中心集镇 13 千米。东连道上村，南接棋盘村，西界马港镇金山村、高峰村，北邻方山地片。因域内有居民点杨家山而得地片名。下辖 3 个村民小组，有 6 个居民点。距 G353 国道、杭瑞高速进出口公路里程分别为 13 千米、26 千米，居民点全部通公路。2014 年，有居民 86 户

370 人，水田 18.8 公顷，旱地 10.7 公顷，山林 166.7 公顷。

大茶坞　属关刀镇杨家村，位于杨家村东北部，距村委会驻地枫树咀 800 米。东接道上村湾头屋，南连杨家山，西界马港镇金山村，北毗檀山、枫树咀。此地为四周高中间低的洼地，因古时植有茶叶，故称大茶坞。清代，李大春（1836—1897）从湾头屋迁此建房定居，以地形命村庄名。2014 年，有居民 35 户 160 余人，水田 61 亩，旱地 50 亩，山林 1000 亩。

方家山　属关刀镇杨家村，位于杨家村东北部，距村委会驻地枫树咀 1.2 千米。东邻高桥村交叉，西界马港镇石源，南连瓦子埂，北接栎山。古时，此地山岭为方姓土地，故以其姓氏命名方家山。明代，邓伯高（1428—1502）从高桥祖居迁此建房定居，以山名命村庄名。2014 年，有居民 25 户 120 人，水田 27 亩，旱地 15 亩，山林 800 亩。

枫树咀　属关刀镇杨家村，位于杨家村东北部，为村委会驻地，距关刀中心集镇 12 千米。东连道上村湾头屋，南毗邻大茶窝，西界马港镇金山村，北接瓦渣埂。此地为山岭延伸形成的山体突出前端，因山咀上古有枫树，故称枫树咀。清代，方落成（1836—1908）由高桥迁此山咀旁建房定居，以山咀名命村庄名。2014 年，有居民 11 户 60 人，水田 28 亩，旱地 22 亩，山林 180 亩。

岭上　属关刀镇杨家村，位于杨家村西南部，距村委会驻地枫树咀 4 千米。东连三房门前，南接棋盘村，西界马港镇金山村，北邻三房门前。清末，方辉文（1853—1919）从高桥迁此建房定居，因住宅位于大金山余脉山岭，故命村庄名为岭上。2014 年，有居民 25 户 120 人，水田 45 亩，旱地 20 亩，山林 800 亩。

第二十节　杨田村及所属聚落

【杨田村】　关刀镇辖村，位于关刀镇东部，村委会驻地虎形，距关刀中心集镇 2 千米。东邻鲤港、五流两村，南连关刀村，西接白马村，北界高冲村，版土面积 3.45 平方千米。以域内两地片的简称命村名。1950 年，属通城县鲤港乡七社、五流乡八社；1958 年人民公社化，七社、八社分别更名为田东、杨叟大队，属崇阳县麦市（先锋）人民公社鲤港管理区；1961 年恢复区镇建制，属通城县水兴区鲤港公社；1975 年撤区并社，属高冲公社；1984 年设区建乡，田东、杨叟大队分别变更为田东、杨叟村，属水兴区高冲乡；1987 年区乡体制改革后，水兴乡、高冲乡、鲤港乡合并为关刀镇；2001 年调整乡镇区划，仍属关刀镇；2002 年，田东、杨叟村合并为杨田村。村委会占地面积 1500 平方米，二层，总建筑面积 700 平方米，设有便民服务厅、医务室、老年活动中心。境内地理资源得天独厚，森林、水力、矿产、动植物资源丰富，主要植物资源有：油茶、桂花、杉树、杂树、柑橘、楠竹、桃李等。下设 8 个村民小组，有 18 个居民点。居民有谭、吴、潘、姜、侯、杜、卢、王、孔、方、罗、李、邓、戴、黎、何、黄、郑等姓，以谭、吴姓为主。距 G353 国道、杭瑞高速进出口公路里程分别为 2 千米、15 千米，居民点全部通公路。2014 年，有 566 户 2260 人，水田 99.8 公顷，旱地 67.3 公顷，林地 293.3 公顷。村民主要种植水稻、红薯、蔬菜、油菜，兼养猪、牛、羊，经济来源以务农、务工为主，部分人经商，年人均纯收入 5600 元。

田东地片　属关刀镇杨田村，位于杨田西南部，距关刀中心集镇约 1.6 千米。东接鲤港村郑家，南邻关刀村，西毗白马村，北界高冲村。如前，清初，杨家排有一姓杨的买下程家咀程姓一块田树桐坵，程姓在契纸上写成树桶坵。到来年下种时，程姓说树桐坵这块田不是你的，我卖给你的是树桶坵，这是树桐丘，以卖契为证。买方不服，于是两家打官司，一直打到了第 3 代人，历经 60 多年。乾隆二十八年（1763），县令到实地查看，来到田埂上问，树桶丘是哪块田？杨姓答：是此田块的东边那块。又问程姓，你卖的是哪块田，程姓答是这块田。县令说我不管你是什么丘，就是这块田，你们俩家 3 代 60 多年打官司，我给你们长个记性，这块田就叫田东。当时看热闹的人山人海，跟着喊田东！田东！后来，田东这个名字，演变成这一带平坦之地的统称。片区下辖 4

个村民小组，有 11 个居民点。距 G353 国道、杭瑞高速进出口公路里程分别为 1.6 千米、14.6 千米，居民点全部通公路。2014 年，有居民 334 户 1390 人，水田 56.7 公顷，旱地 40 公顷，山林 166.7 公顷。

杨叟地片　属关刀镇杨田村，位于杨田东北部，距关刀中心集镇约 3.5 千米。东接五流村，南邻鲤港村，西连洋潭湖，北界高冲村。古时，一姓杨的老头从江西辽此地山沟建房定居，以其姓氏综合命山沟名为杨叟垅。后来种田发了财，三代人便回了老家江西，但其留下的杨叟垅却成了当地一带的统称，并沿用作地片名。下辖 4 个村民小组，有 7 个居民点。距 G353 国道、杭瑞高速进出口公路里程分别为 3.5 千米、16.5 千米，居民点全部通公路。2014 年，有居民 232 户 860 人，水田 42.7 公顷，旱地 25.9 公顷，山林 121.3 公顷。

程家咀　属关刀镇杨田村，位于杨田村南部，距村委会驻地虎形 300 米。东接杨谭湖，南连门前大港，西邻杨家排，北界潘家。此地为山体突出前端，明代是程姓的居住地，以其姓氏综合地形命村庄名为程家咀。后来为卖田给杨家排杨姓人家，在契书上故意将桐树垴写成桶树垴，导致两家打官司打了 60 多年，至乾隆年间，官司打输了，没法在此居住，便把房屋卖给吴姓，仍用原村庄名。2014 年，有居民 25 户 90 人，耕地 100 亩，林地 140 亩。

杜家　属关刀镇杨田村，位于杨田村东北部，距村委会驻地虎形 2 千米。东连五流村，南毗谭家祠堂，西界罗家，北接高冲村。清代，杜玉茂（1818—?）从江西修水迁此建房定居，以其姓氏命村庄名。2014 年，有居民 24 户 100 人，耕地 120 亩，水田 71 亩，林地 170 亩。

虎形　属关刀镇杨田村，位于杨田村中部，为村委会驻地，距关刀中心集镇 1.5 千米。东为程家咀，南临田东，西边为油茶基地，北邻杨家排。据传，此地本呈狮形。有一发财人家请风水先生看地，先生有病叫徒弟前往。主人见是徒弟，招待不周，徒弟就说此地呈狮形却说呈虎形，不利主家盖房。清代，吴姓迁此建房定居，以地形名命村庄名为虎形。2014 年，有居民 50 户 240 人，耕地 250 亩，水田 200 亩，林地 250 亩。

黄土垴　属关刀镇杨田村，位于杨田村北部，距村委会驻地虎形 600 米。东连石湾垅，南邻石堂屋，西接白马村菜谷场，北界高冲村高冲街道。中华人民共和国成立初期，邓顺田（1926—1971）在此建房定居，因住宅建在一块土质为黄土名叫黄土垴的水田中，遂以田块名命村庄名。2014 年，有居民 30 户 110 人，耕地 120 亩，水田 100 亩，林地 290 亩。

李家　属关刀镇杨田村，位于杨田村中部，距村委会驻地虎形 400 米。东、南连畈上，西邻岭上屋，北接虎形。清代中叶，马氏老太婆携儿子李洪酒逃荒到此并定居，以其姓氏命村庄名。2014 年，有居民 32 户 130 人，耕地 180 亩，水田 120 亩，林地 100 亩。

罗家　属关刀镇杨田村，位于杨田村东北部，距村委会驻地虎形 2 千米。东接谭家祠堂，南邻叶家排、三房，西界潘家，北连高冲村。清代，罗兴印（1771—1840）从燕埚罗家迁此建房定居，以其姓氏命村庄名。2014 年，有居民 46 户 180 人，耕地 210 亩，山林 350 亩，水田 124 亩。

潘家冲　属关刀镇杨田村，位于杨田村西南部，距村委会驻地虎形 1 千米。东连暗窝，南接程家咀，西邻杨家排，北界凤形岭山。此地为长条形山沟，古为杨姓居住地，依其姓氏综合地形命村庄名为杨家冲。后杨姓外迁，潘文材（1417—1497）由关刀村潘家岭迁此建房定居，更村庄名为潘家冲。2014 年，有居民 34 户 140 人，耕地 170 亩，林地 300 亩。

三房　属关刀镇杨田村，位于杨田村东北部，距村委会驻地虎形 2 千米。东连上谭，南邻下谭，西与叶家排隔垅相望，北靠罗家。清代，谭开麒（1810—1899）在此建房定居，以其排行命村庄名。2014 年，有居民 30 户 120 人，耕地 100 亩，水田 62 亩，林地 100 亩。

石塘屋　属关刀镇杨田村，位于杨田村西南部，距村委会驻地虎形 600 米。东接潘家，南连杨家排，西邻油菜基地，北界黄土垴。此地一水塘中有一块大石头，形似马。相传古时此石马夜晚能跑动，在雷雨夜去吃庄稼时，被雷电击中，有一只眼睛掉在门前的水塘中，成了一块大石头，人们由此称水塘为石塘。清代，谭姓迁石塘附近建房定居，以塘名命村庄名为石塘屋。2014 年，有居民 25 户 100 人，耕地 100 亩，水田 70 亩，林地 230 亩。

石湾垅　属关刀镇杨田村，位于杨田村西南部，距村委会驻地虎形800米。东为门前大港，南边连郑家咀，西边邻山林，北界下畈。此处河床上有一块很大的石头，石头下是回水湾，名石湾。石湾不远处有小山沟，清代，吴、罗姓先后迁入山沟建房定居，综合住宅地形和前方港湾名，命村庄名为石湾垅。2014年，有居民20户70人，耕地50亩，水田40亩，林地100亩。

谭家祠堂　属关刀镇杨田村，位于杨田村东北部，距村委会驻地虎形2千米。东连五流，南接三房，西界沙鲤公路，北邻杜家。清乾隆年间，谭姓在此修了一栋简易的祠堂。同期，谭姓居民在祠堂旁边建房定居，以祠堂名称命村庄名。2014年，有居民36户130人，耕地160亩，水田93亩，林地180亩。

下畈　属关刀镇杨田村，位于杨田村西南部，距村委会驻地虎形800米。东边为新畈基地，南临大港，西邻郑家咀，北毗李家、虎形。此地为一面积较大的平坦之地，因处田东畈下段，故名。东晋时期，罗茂庆(313—400)有一子在此定居，以地形名命村庄名。2014年，有居民45户200人，耕地200亩，水田180亩，林地220亩。

下谭　属关刀镇杨田村，位于杨田村东北部，距村委会驻地虎形2千米。东连五流村胡家仓，南邻鲤港街，西界叶家排，北接上谭。明代，谭世华(1515—1585)在此建房定居，以其姓氏综合地形(此地居杨叟垅下部)命村庄名为下谭。2014年，有居民37户130人，耕地107亩，水田85亩，林地150亩。出生于该居民点的谭初兵(1975—　)，2014年任复旦大学教授，荣获国家医药发明奖多项。

杨家排　属关刀镇杨田村，位于杨田村南部，距村委会驻地虎形150米。东、南连潘家，西接山林，北靠石堂屋。此地为地势稍高于周边，呈不规则形且面积不大的缓坡山地。因原有杨姓居住于此地，遂以其姓氏综合地形命村庄名为杨家排。清初，杨姓买了程家一块田，程家在契纸上写错了一个近声字，导致两家打官司打了60多年。至乾隆年间虽把官司打赢了，但为打官司欠了债。杨姓为还债外出赚钱，请谭仲渊看家并居住，后成为谭姓居住地，仍用原村庄名。2014年，有居民46户180人，耕地200亩，林地300亩。

洋潭湖(原名杨潭湖)　属关刀镇杨田村，位于杨田村南部，距村委会驻地虎形400米。东接鲤港村郑家，南是门前大港，西连程家咀，北界潘家。此居民点门前有一条港，在此处有一个大回水湾，河道中有一个又大又深的潭。相传此潭9根棕绳吊下去不见底，潭面约有1000平方米，似湖泊。在潭上面的港堤上有一棵很大的杨树，斜立着伸向河道中，遂命此潭为杨潭湖，后误称为洋潭湖。明代，方文可(1373—1452)在离潭不远处建房定居，以潭名命村庄名。2014年，有居民23户90人，耕地100亩，林地110亩。

叶家排　属关刀镇杨田村，位于杨田村东北部，距村委会驻地虎形2千米。东与三房隔垅相望，南邻下谭，西连程家咀，北接潘家。此地为地势稍高于周边，呈不规则块状且面积较大的缓坡山地。古为叶姓居住地，以其姓氏综合地形命村庄名为叶家排。后来叶姓将房屋卖与谭姓，仍用原村庄名。2014年，有居民35户130人，耕地160亩，水田150亩，山林170亩。

第二十一节　云水村及所属聚落

【云水村】　关刀镇辖村，位于关刀镇南部，村委会驻地晒谷咀，距关刀中心集镇8.5千米。云水村被水库成东、西两岸，东岸东与黄峰村相连，南接高桥文坳，西岸东与黄峰村相接，西与高桥斗船相连，版土面积共4.6平方千米，以域内云溪水库的简称命村名。1950年，属通城县云溪乡高桥九社、高桥二社、清流十二社；1955年，高桥九社、高桥二社、清流十二社合并为十二社；1958年人民公社化，十二社分设为汤下、牌坊大队，属崇阳县麦市(先锋)人民公社水兴管理区；1961年恢复区镇建制，汤下、牌坊大队合并为牌坊大队，属通城县水兴区云溪公社；1964年，牌坊大队划归茶铺公社；1970年，因修建云溪水库，茶铺、黄峰、牌坊大队合并为云水大队；1973年，云水大队分设为茶铺、黄峰、云水大队，其中，茶铺、黄峰大队属水兴区水兴公社管辖(划出)，云水大队属水兴区云溪公社管辖；1975 年撤区并社，属云溪公社云水大队；1984 年设区建乡，云水大队变更为云水村，属水兴区云溪乡；1987 年区乡体制改革，属关刀镇云水村。从大坝两条东西公路直通道上，全长 10 千米。村委会建筑面积 144 平方米，设有便民服务厅、村务室等，驻有平安公司云母厂、云溪水库水电管理处，矿产资源有长石、石英石、碎石、岩石。下设 9 个村民小组，有 9 个居民点。居民有潘、李、方、魏、钟、葛、丁、吴等姓，以潘姓为主。距 G353 国道、杭瑞高速进出口公路里程分别为 8.5 千米、21.5 千米，居民点全部通公路。2014 年，有 290 户 1250 人，水田 102 公顷，旱地 4.6 亩，山林 158.7 公顷。年人均纯收入 2300 元。

洞坑窟　属关刀镇云水村，位于云水村东部，距村委会驻地晒谷咀 1 千米。东连黄峰村，南接方家冲，西毗云溪水库，北邻猴田。清代，潘传涣(1760—?)从牌坊屋迁此定居，因住宅地处深山沟，故命村庄名为洞坑窟。2014 年，有居民 27 户 120 人，无水田旱地，山林 230 亩。

方家冲　属关刀镇云水村，位于云水村东部，距村委会驻地晒谷咀 1.5 千米。东连吴家垅，南接黄土塝，西毗云溪水库，北邻黄峰村。此地为长条形山沟，民国时期，方元掌(1898—?)由关刀高桥文坳立寿垅迁此地，以其姓氏综合地形命村庄名。2014 年，有居民 25 户 120 人，耕地 29.4 亩，其中山林 250 亩(附近有上、下金堂坑小居民点)。

葛藤塝　属关刀镇云水村，位于云水村西部，距村委会驻地晒谷咀 1.5 千米。东连云溪水库，南接魏塆，西毗杨柳尖，北邻塅上。此地为坡度较大的山坡，因山坡上长葛藤，故名。清代，潘有个(1709—?)由老湾迁此建房定居，以地形名命村庄名。2014 年，有居民 21 户 100 人，耕地 21.6 亩，水田 21.2 亩，山林 230 亩。

猴田　属关刀镇云水村，位于云水村东北部，距村委会驻地晒谷咀 800 米。东连黄峰村，西、南毗云溪水库，北邻云溪四级电站。清代，潘敬诚(1773—?)由牌坊屋迁此建房定居，因住宅所在地时有猴子等野生动物出没，故命村庄名为猴田。2014 年，有居民 25 户 100 人，耕地 12.7 亩，山林 250 亩(附近约 500 处原有苦竹埚、松树塝、舒家塝 3 个小居民点，因房屋倒塌，2014 年后无人居住)。

沙井　属关刀镇云水村，位于云水村东部，距村委会驻地晒谷咀 2 千米。东连文坳，西、南接水库，北邻金潭坑。明代，李智财(1370—?)从县城西门巷迁此定居，因住宅后方有一个整沙的坑(俗称井，jǐng)，遂命村庄名为沙井。2014 年，有居民 33 户 130 人，耕地 22.5 亩，水田 22 亩，山林 230 亩(此居民点上方有一个叫黄土凸的居民点，与沙井连成一体。附近东面 500 米处原有吴家垅、毛家埚 2 个小居民点，房屋均已倒塌，2014 年后无人居住)。

晒谷咀　属关刀镇云水村，位于云水村北部，为村委会驻地，距关刀中心集镇 8.5 千米。东连云溪水库管理处，南接葛藤塝，西毗清凉村，北邻溢洪道。此地为山体突出前端，山咀旁有一块平地，当地人用来做晒稻谷的场地，故名晒谷咀。清代，潘启桃(恩赐修职郎，1693—?)迁山咀旁建房定居，以山咀名命村庄名。2014 年，有居民 55 户 230 人，耕地 11.2 亩，水田 7.8 亩，山林 460 亩(附近西北面约 100 米处有段上、松树岭 2 个居民点)。

蛇形垅　属关刀镇云水村，位于云水村西部，距村委会驻地晒谷咀 1.5 千米。东连云溪水库，南接魏塆，西毗清凉，北邻葛藤塝。此地为一小山沟，因山沟弯曲，故称蛇形垅。清代，潘有介(1721—?)由老屋湾迁此山沟定居，以山沟名命村庄名。2014 年，有居民 31 户 120 人，耕地 11 亩，水田 10.8 亩，山林 240 亩。

魏塆　属关刀镇云水村，位于云水村西部，距村委会驻地晒谷咀 2 千米。东连云溪水库，南接钟家岭，西毗杨柳尖，北邻葛家塝。明代，魏传曾(1466—?)迁此地定居，因住宅建于山体拐弯处，故以其综合居民姓氏命村庄名为魏塆。因方言“魏”“内”同音，人们常写成“内塆”。2014 年，有居民 37 户 160 人，耕地 16.1 亩，水田 16 亩，山林 220 亩。

钟家岭　属关刀镇云水村，位于云水村西部，距村委会驻地晒谷咀 2 千米。东连云溪水库，南接栎山屋，西毗杨柳尖，北邻魏塆。古时，此地为钟姓居住地，以其姓氏综合地形命村庄名为钟家岭。2014 年，有居民 36 户 150 人，耕地 33.7 亩，水田 32.2 亩，山林 270 亩(附近南部有陡潭小居民点)。

第四章　马港镇及所属聚落

第一节　马港镇概况

位置面积　通城县辖镇，位于通城县南部，湘鄂两省交界处，镇政府驻何婆桥集镇武长路特35号，距县城7.8千米处。处东经113°40′~113°53′，北纬29°03′~29°12′。东与关刀镇交界，南与湖南省平江县冬塔乡毗邻，西与湖南省岳阳市月田镇接壤，北与五里镇相连，版土面积188平方千米。

插图3　马港集镇远眺(刘亚敏　摄)

来历及沿革　因域内有村名马港而得镇名。1950年，为通城县九岭区。1958年人民公社化时，改为崇阳县九岭人民公社。1961年恢复区、镇建制，改为通城县九岭区，下辖双马、新生、幸福、灯塔、高峰、中塅6个人民公社。1975年1月撤区并社，将原九岭区幸福、双马公社合并，组建九岭公社；将原九岭区中塅、新生公社合并，组建新生公社；原九岭区高峰、灯塔公社区域未变，分别设高峰、灯塔公社。1984年2月，撤销公社体制，设区建乡，成立通城县九岭区，下辖何婆桥镇和马港、湾头、石溪、中塅、杨塘、平湖、潭下8个乡。1987年9月，区、乡体制改革，将区辖马港乡、何婆桥镇、石溪乡合并，建立区级马港镇，将区辖潭下乡、平湖乡合并，建立区级潭下乡；将区辖杨塘乡、中塅乡合并，建立区级九岭乡；区辖湾头乡划归区级程凤乡管辖。1992年，石溪乡从马港镇划出，设立区级石溪乡。2001年，马港镇与石溪乡、九岭乡、潭下乡合并为马港镇。

人文和经济环境　G106国道、武深高速公路穿境而过，马港中心集镇距高速进出口公路里程2千米。行政村、居民点通公路率100%。著名的百丈潭水系位于境内，是长江一级支流——陆水河的主要发源地之一。境内主要有松、杉、楠竹、油茶、柑橘、茶叶等植物。马港镇水资源丰富，境内有中型水库——百丈潭水库，还有12座小(一)型和小(二)型水库，400多口大小池塘，52条小溪、小港贯穿全境。是通城县小水电建设的重点乡镇，是20世纪70年代反映中国小水电建设典型的电视片《通城明珠》的主要拍摄地。境域气候适中，雨热同期。2014 年，下辖 21 个行政村 1 个社区，1 个城镇居民点、428 个农村居民点(其中 20 户以下的 226 个，见表 5)，214 个村民小组，13314 户 4.68 万人，是一个“八山一水一分田”的典型山区库区、苏区乡镇。马港镇是通城县第一个中共党员赵世当的故乡，是通城县第一个中共党小组和第一个中共党支部的诞生地。抗日战争时期，这里是国民政府军阻击日军侵犯长沙的湘北前线主战场。2014 年，实现工农业总产值 11.8 亿元，其中工业总产值 8.1 亿元，同比增长 15.7%，利税 4500 万元，完成招商引资 8400 万元；农业总产值 3.6 亿元，年人均纯收入 4950 元，比上年增长 314 元。域内较为有代表性的人物有：大革命时期，中共湖北省委委员、咸宁等六县中心县委书记赵世当(1908—1930)；抗美援朝特等功臣、二级战斗英雄赵壁(1930—2013)；原长沙铁道学院院长(副部长级)赵觉民(1913—2012)；武汉钢铁集团公司副总经理赵昌旭；原湖北省民政厅副厅长张志雄；现任四川省国土资源厅副厅长毕胜；曾任中国建筑第三工程局董事长、党委书记、全国十一届人大代表、享受国务院政府特殊津贴的专家熊德荣；历任通城县委常委、常务副县长、咸宁市林业局局长、咸宁市人大常委会副主任的邹济舟；通城县人民医院院长、主任医师、二级岗位教授、享受国务院政府特殊津贴、全国劳动模范、全国百名优秀医院院长的金凌应；主任医师、二级岗位教授、通城县人民医院副院长、享受国务院政府特殊津贴的张卫。

插图 4　马港镇(航拍)

表 5　　**马港镇 2014 年 20 户以下村庄基本情况一览表**

村庄名称	地理位置	名称由来	形成时间	户数人口
冲里胡家	白竹村西部，距村委会驻地 3 千米	以最早迁入的居民姓氏综合地形命名	明代	18 户 70 人
横垅	白竹村南部，距村委会驻地 1 千米	因村庄所在山沟与山脉走向相反而得名	民国时期	12 户 60 人
庙台上	白竹村西部，距村委会驻地 1 千米	因村庄处建有庙宇的平坦高地上而得名	1984	10 户 50 人
牛形冲	白竹村南部，距村委会驻地 1.2 千米	以村庄所在山沟名命名	清代	12 户 60 人
沏壶桥	白竹村西部，距村委会驻地 2 千米	以村庄附近的桥名命名	1984	12 户 50 人
启先屋	白竹村东部，距村委会驻地 1 千米	以最早迁入的居民名字命名	1952	10 户 50 人
铁炉咀	白竹村西部，距村委会驻地 2.4 千米	以村庄附近的山咀名命名	清代	14 户 70 人
旺家冲	白竹村西部，距村委会驻地 3 千米	以美好愿望综合地形命名	清代	13 户 50 人
细冲	白竹村西部，距村委会驻地 3 千米	以村庄所在的山沟名命名	清代	10 户 50 人
显章屋	白竹村西部，距村委会驻地 2 千米	以最早迁入的居民名字命名	清代	10 户 50 人
象鼻咀	白竹村东部，距村委会驻地 1.8 千米	以村庄附近的山咀名命名	清代	15 户 70 人

续表

村庄名称	地理位置	名称由来	形成时间	户数人口
白沙岭	程坳村东部，距村委会驻地2千米	以村庄所在的山岭名命名	清代	13户90人
大坪	程坳村南部，距村委会驻地1千米	以村庄所在的坪名命名	清代	13户70人
高明坳	程坳村西部，距村委会驻地500米	以最早迁入的居民名字和地形命名	1989	17户80人
黄家	程坳村东部，距村委会驻地2千米	以最早迁入的居民姓氏命名	明代	10户60人
麻谷冲	程坳村北部，距村委会驻地500米	以村庄所在的山沟名命名	明代	14户80人
毛家楼	程坳村东部，距村委会驻地500米	以最早迁入的居民姓氏和房屋形式命名	清代	8户40人
声宏屋	程坳村西南部，距村委会驻地1千米	以最早迁入的居民名字命名	清代	8户60人
石家坡	程坳村东部，距村委会驻地1.5千米	因村庄处岩石地质的山坡上而得名	明代	7户40人
王基坡	程坳村北部，距村委会驻地1千米	因开地基时挖出一串铜钱得名黄钱坡，后讹称为“王基坡”	民国时期	5户20人
下坳上	程坳村西部，距村委会驻地500米	因上方有一山坳此村庄处下方而得名	宋代	4户20人
徐家	程坳村东部，距村委会驻地2千米	以最早迁入的居民姓氏命名	明代	19户120人
边家	丁仙村东部，距村委会驻地1千米	以最早迁入的居民姓氏命名	清代	11户50人
陈家	丁仙村北部，距村委会驻地500米	以最早迁入的居民姓氏命名	清代	8户40人
六家仑	丁仙村西部，距村委会驻地1.2千米	因村庄形成初期有6户人家住在山岭上而得名	清代	17户90人
排子山	丁仙村南部，距村委会驻地3.5千米	以村庄所在的山岭名命名	清代	7户30人
五房	丁仙村中部，距村委会驻地300米	以最早迁入的居民排行命名	清代	17户60人
下屋	丁仙村西部，距村委会驻地200米	因村庄位于原居下方而得名	明代	17户80人
新屋	丁仙村中部，距村委会驻地300米	因住宅为新建房屋而得名	清代	17户60人
游家	丁仙村北部，距村委会驻地1千米	以最早迁入的居民姓氏命名	明代	18户80人
夹井	高峰村南部，距村委会驻地2千米	因住宅两侧各有一口水井而得名	明代	7户30人
墨家山	高峰村西南部，距村委会驻地3.5千米	以最早迁入的居民姓氏和地形命名	元代	11户60人
山陡垅	高峰村东南部，距村委会驻地3千米	因村庄位于坡度较大的山沟而得名	清代	6户20人
桅杆屋	高峰村南部，距村委会驻地2千米	因村庄形成初期门前场地上立有桅杆而得名	清代	19户70人
艾家冲	何婆桥村东部，距村委会驻地1千米	以最早迁入的居民姓氏和地形命名	清代	6户20人
碧涵屋	何婆桥村东部，距村委会驻地2米	以最早迁入的居民名字命名	清代	3户10人
蔡家	何婆桥村西部，距村委会驻地1千米	以最早迁入的居民姓氏命名	明代	3户20人
长谷场	何婆桥村中部，距村委会驻地500米	以美好愿望命名	明代	6户30人
出谷场	何婆桥村中部，距村委会驻地2.5千米	因村庄自然条件好五谷丰登而得名	清代	3户20人
大岩屋	何婆桥村南部，距村委会驻地1.5千米	以最早迁入的居民名字命名	清代	6户40人
对门屋	何婆桥村中部，距村委会驻地200米	因与岭上相向而居而得名	明代	2户10人
何家垅	何婆桥村中部，距村委会驻地1.5千米	以最早迁入的居民姓氏和地形命名	清代	10户40人
黄家	何婆桥村中部，距村委会驻地500米	以最早迁入的居民姓氏命名	清代	12户60人
旧屋	何婆桥村中部，距村委会驻地1千米	因村庄形成初期是购买他人的房屋而得名	清代	11户50人
老上屋	何婆桥村东部，距村委会驻地1千米	以方位命名	明代	12户70人

续表

村庄名称	地理位置	名称由来	形成时间	户数人口
岭上屋	何婆桥村中部，距村委会驻地 1.5 千米	以地形和方位命名	清代	8 户 40 人
庙咀	何婆桥村西部，距村委会驻地 2 千米	因住宅位于有庙宇的山咀旁而得名	清代	5 户 30 人
潘家坳	何婆桥村中部，距村委会驻地 500 米	以最早迁入的居民姓氏和地形命名	清代	10 户 40 人
沙塘坳	何婆桥村中部，距村委会驻地 2 千米	以地形名命村庄名	明代	5 户 20 人
谌家	何婆桥村中部，距村委会驻地 1 千米	以最早迁入的居民姓氏命名	清代	9 户 50 人
石门口	何婆桥村东部，距村委会驻地 200 米	以房屋大门口的材质命名	清代	13 户 50 人
新屋	何婆桥村中部，距村委会驻地 1 千米	因住宅为新建房屋而得名	清代	15 户 130 人
严家	何婆桥村西部，距村委会驻地 2.5 千米	以最早迁入的居民姓氏命名	清代	9 户 60 人
耀朝屋	何婆桥村东部，距村委会驻地 1 千米	以最早迁入的居民名字命名	清代	5 户 30 人
佑直屋	何婆桥村东部，距村委会驻地 2 千米	以最早迁入的居民名字命名	清代	6 户 40 人
百弓岭	黄鹤村北部，距村委会驻地 1.5 千米	以村庄所在的山岭名命名	清代	10 户 50 人
陈家岭	黄鹤村西北部，距村委会驻地 2 千米	以最早迁入的居民姓氏和地形命名	清代	14 户 70 人
大垅	黄鹤村北部，距村委会驻地 2 千米	以村庄所在的山沟名命名	清代	6 户 30 人
伏牛岭	黄鹤村南部，距村委会驻地 1.5 千米	以村庄所在的山岭名命名	民国时期	7 户 40 人
傅家	黄鹤村北部，距村委会驻地 1.5 千米	以最早迁入的居民姓氏命名	清代	6 户 30 人
高脚屋	黄鹤村西北部，距村委会驻地 1.5 千米	因村庄地基高低不平而得名	清代	11 户 50 人
上塘埚	黄鹤村西部，距村委会驻地 500 米	以村庄所在的地形名命名	清代	12 户 70 人
石鼓塘	黄鹤村东部，距村委会驻地 1 千米	以村庄附近的池塘名命名	清代	7 户 40 人
万家	黄鹤村东部，距村委会驻地 4 千米	以最早迁入的居民姓氏命名	民国时期	12 户 40 人
细坑	黄鹤村南部，距村委会驻地 1.5 千米	以村庄所在的山沟名命名	明代	8 户 40 人
余家	黄鹤村南部，距村委会驻地 1 千米	以最早迁入的居民姓氏命名	清代	6 户 30 人
咀上屋	黄鹤村北部，距村委会驻地 1 千米	因村庄位于山咀的上方而得名	清代	15 户 70 人
暗竹坡	界上村西南部，距村委会驻地 1 千米	以村庄所在的山坡名命名	清代	13 户 60 人
长冲	界上村南部，距村委会驻地 2 千米	以村庄所在的山沟名命名	民国时期	12 户 50 人
车家冲	界上村东南部，距村委会驻地 1 千米	以最早迁入的居民姓氏和地形命名	清代	16 户 60 人
程家塅	界上村北部，距村委会驻地 2.5 千米	以最早迁入的居民姓氏和地形命名	明代	12 户 60 人
程家岭	界上村南部，距村委会驻地 2 千米	以最早迁入的居民姓氏和地形命名	明代	7 户 20 人
冲里肖家	界上村北部，距村委会驻地 3 千米	以地形综合最早迁入的居民姓氏命名	清代	6 户 30 人
大和屋	界上村北部，距村委会驻地 2 千米	以最早迁入的居民名字命名	清代	16 户 60 人
大庄	界上村西部，距村委会驻地 1 千米	以村庄形成初期房屋规模命名	清代	18 户 90 人
东山大屋	界上村东部，距村委会驻地 1 千米	以山岭名和村庄规模命名	元代	13 户 70 人
范家岭	界上村东部，距村委会驻地 3 千米	以最早迁入的居民名字和地形命名	清代	4 户 9 人
港背	界上村北部，距村委会驻地 2 千米	因住宅位于溪水的一侧而得名	明代	17 户 70 人
胡家祠堂	界上村北部，距村委会驻地 1.5 千米	以村庄形成前房屋的用途命名	明代	10 户 40 人
金竹咀	界上村北部，距村委会驻地 2.7 千米	以村庄附近的山咀名命名	清代	3 户 6 人
口上萧家	界上村北部，距村委会驻地 2.5 千米	因住宅位于山冲的出口处和最早迁入的居民姓氏而得名	清代	13 户 50 人
刘家园	界上村南部，距村委会驻地 2 千米	以最早迁入的居民姓氏和住宅形式命名	明代	11 户 40 人

续表

村庄名称	地理位置	名称由来	形成时间	户数人口
六名咀	界上村南部，距村委会驻地 2 千米	以村庄附近的山咀名命名	清代	8 户 90 人
孟家塆	界上村北部，距村委会驻地 1.6 千米	以最早迁入的居民姓氏和地形命名	清代	16 户 60 人
三冲	界上村南部，距村委会驻地 1 千米	因村庄后方有 3 条山沟而得名	清代	10 户 40 人
石家坡	界上村南部，距村委会驻地 1.5 千米	以最早迁入的居民姓氏和地形命名	清代	10 户 40 人
铁家山	界上村东部，距村委会驻地 2.2 千米	以村庄附近的山岭名命名	明代	16 户 60 人
徐家亭	界上村北部，距村委会驻地 1.5 千米	以最早迁入的居民姓氏和建筑物命名	中华人民共和国成立后	19 户 80 人
油铺	界上村东部，距村委会驻地 800 米	以村庄形成初期房屋用途命名	明代	16 户 60 人
卓家仑	界上村东部，距村委会驻地 1.6 千米	以最早迁入的居民姓氏和地形命名	明代	7 户 20 人
黄金岭	金山村南部，距村委会驻地 1.5 千米	以最早迁入的居民姓氏和地形命名	明代	12 户 50 人
岭上	金山村西部，距村委会驻地 1 千米	以村庄所在的地形及方位命名	清代	11 户 40 人
六房	金山村南部，距村委会驻地 3 千米	以最早迁入的居民排行命名	清代	12 户 60 人
桃花岭	金山村东南部，距村委会驻地 1 千米	以村庄所在的山岭名命名	清代	18 户 80 人
吴家	金山村南部，距村委会驻地 200 米	以最早迁入的居民姓氏命名	明代	18 户 80 人
新屋	金山村西部，距村委会驻地 1 千米	因住宅为新建房屋而得村庄名	清代	19 户 70 人
油垅	金山村西南部，距村委会驻地 3 千米	因村庄位于栽满油茶的山沟而得名	清代	13 户 60 人
黄家老屋	九岭村东部，距村委会驻地 150 米	因村庄是当地黄姓始祖居住地而得名	明代	4 户 20 人
岭背屋	九岭村西部，距村委会驻地 600 米	因村庄位于山岭的背后而得名	明代	6 户 30 人
卢家岭	九岭村西部，距村委会驻地 500 米	以最早迁入的居民姓氏和地形命名	清代	3 户 10 人
罗垢屋	九岭村北部，距村委会驻地 400 米	因住宅建在形状似螺蛳的田块中而得名，因“罗”与“螺”同音，故称	清代	11 户 40 人
任家	九岭村南部，距村委会驻地 200 米	以最早迁入的居民姓氏命名	明代	3 户 10 人
西源新屋	九岭村北部，距村委会驻地 1.5 千米	因村庄是新建房屋综合原居名命名	清代	7 户 30 人
下石井屋	九岭村北部，距村委会驻地 2 千米	因上方有一同名字的村庄而得名	清代	14 户 50 人
向家	九岭村东部，距村委会驻地 2 千米	以最早迁入的居民姓氏命名	明代	3 户 10 人
新房头	九岭村南部，距村委会驻地 500 米	因住宅为新建房屋而得名	清代	3 户 15 人
许家坡	九岭村南部，距村委会驻地 2 千米	以最早迁入的居民姓氏和地形命名	清代	1 户 6 人
二斗分	灵官桥村南部，距村委会驻地 700 米	因迁入于此的居民分家时得了 2 斗田而得名	明代	13 户 50 人
平庄岭	灵官桥村南部，距村委会驻地 1 千米	因村庄形成之前房屋是平江县民所属的庄屋而得名	明代	10 户 50 人
堑背	灵官桥村南部，距村委会驻地 800 米	因村庄一侧有堤堑而得名	清代	15 户 60 人
瓦窑坪	灵官桥村南部，距村委会驻地 1.6 千米	因村庄位于烧过砖瓦的平畈上而得名	清代	18 户 60 人
万罗山	灵官桥村东部，距村委会驻地 2 千米	因村庄位于众多山岭连成螺蛳状的地形而得名，因“罗”与“螺”同音，故称	明代	14 户 50 人
魏家冲	灵官桥村北部，距村委会驻地 300 米	以最早迁入的居民姓氏和地形命名	清代	18 户 80 人
枣树坪	灵官桥村北部，距村委会驻地 500 米	因村庄位于植有枣树的坪畈而得名	清代	19 户 70 人

续表

村庄名称	地理位置	名称由来	形成时间	户数人口
郑家山	灵官桥村东部，距村委会驻地 3 千米	以村庄所在的山岭名命名	清代	12 户 40 人
柏树屋	马洞村西部，距村委会驻地 2.7 千米	因住宅旁植有柏树而得名	清代	5 户 20 人
程家岭	马洞村南部，距村委会驻地 3 千米	以最早迁入的居民姓氏和地形命名	清代	15 户 70 人
禾冲	马洞村北部，距村委会驻地 1.2 千米	因村庄位于能植水稻的山沟而得名	清代	10 户 40 人
黄谷庄	马洞村南部，距村委会驻地 3.2 千米	以村庄形成前房屋用途及所属姓氏命名	清代	13 户 60 人
黄花冲	马洞村东部，距村委会驻地 3 千米	因村庄位于长有黄花的山沟而得名	清代	13 户 60 人
乱石港	马洞村北部，距村委会驻地 700 米	因村庄附近河道上遍布乱石块而得名	明代	7 户 30 人
罗家冲	马洞村南部，距村委会驻地 2.1 千米	以最早迁入的居民姓氏和地形命名	唐代	7 户 30 人
梅树坡	马洞村南部，距村委会驻地 2.8 千米	因村庄位于长有梅花的山坡上而得名	清代	9 户 40 人
潘家楼	马洞村东部，距村委会驻地 2.5 千米	以最早迁入的居民姓氏和房屋形式命名	宋代	12 户 60 人
七房	马洞村南部，距村委会驻地 2.1 千米	以最早迁入的居民排行命名	清代	16 户 80 人
蛇形	马洞村南部，距村委会驻地 800 米	以村庄所在的地形命名	清代	9 户 40 人
汤家岭	马洞村南部，距村委会驻地 3 千米	以最早迁入的居民姓氏和地形命名	宋代	5 户 20 人
下屋	马洞村南部，距村委会驻地 2.4 千米	因村庄上方不远处有村庄而得名	明代	3 户 15 人
许家冲	马洞村西部，距村委会驻地 500 米	以村庄所在的山沟名命名	清代	10 户 50 人
杨家园	马洞村南部，距村委会驻地 2.4 千米	因住宅建在杨姓菜园而得名	清代	11 户 50 人
油铺	马洞村北部，距村委会驻地 2.7 千米	以村庄形成初期房屋用途得名	清代	7 户 30 人
袁家山	马洞村北部，距村委会驻地 3.5 千米	以村庄所在的山岭名命名	清代	14 户 50 人
教发坡	马洞村西部，距村委会驻地 1.8 千米	因在明代一次考试中 17 名秀才而得名	明代	2 户 10 人
长港吴家	马港村南部，距村委会驻地 3.5 千米	以居民姓氏及位置命名	清代	13 户 70 人
方家坡	马港村南部，距村委会驻地 1.5 千米	以最早迁入的居民姓氏和地形命名	元代	11 户 50 人
飞坳冲	马港村南部，距村委会驻地 1.8 千米	以村庄所在的山沟名命名	清代	5 户 20 人
胡家岭	马港村南部，距村委会驻地 1.3 千米	以最早迁入的居民姓氏和地形命名	清代	1 户 5 人
虎形	马港村南部，距村委会驻地 1.3 千米	以村庄所在的地形命名	清代	10 户 60 人
刘家岭	马港村西部，距村委会驻地 1.4 千米	以最早迁入的居民姓氏和地形命名	清代	3 户 10 人
坡冲	马港村南部，距村委会驻地 4 千米	因村庄位于山沟一侧山坡上而得名	清代	3 户 20 人
施家源	马港村东部，距村委会驻地 1.3 千米	因村庄建在古为施姓土地上而得名	元代	13 户 50 人
算盘石	马港村南部，距村委会驻地 3.6 千米	因村庄后山有一古时算过账目的巨石而得名	清代	15 户 60 人
童家冲	马港村东部，距村委会驻地 2.3 千米	以最早迁入的居民姓氏和地形命名	清代	5 户 20 人
施家塅	马港村南部，距村委会驻地 4.8 千米	以最早迁入的居民姓氏和地形命名	清代	14 户 90 人
程家祠堂	毛塅村东部，距村委会驻地 1 千米	以村庄形成之前房屋用途命名	1952	3 户 15 人
丁家坡	毛塅村东部，距村委会驻地 1 千米	以最早迁入的居民姓氏和地形命名	清代	12 户 70 人
平火垅	毛塅村北部，距村委会驻地 5 千米	因村庄处晚上有萤火虫出没的山沟而得名	清代	7 户 30 人
山马冲	毛塅村北部，距村委会驻地 4 千米	以村庄所在的山沟名命名	清代	17 户 50 人
中屋陈家	毛塅村北部，距村委会驻地 400 米	因村庄上、下方均有同姓氏居民点而得名	明代	2 户 10 人

续表

村庄名称	地理位置	名称由来	形成时间	户数人口
白马桥	彭塅村中部，距村委会驻地300米	以村庄附近的小桥名命名	明代	14户50人
陈家岭	彭塅村北部，距村委会驻地2千米	以最早迁入的居民姓氏和地形命名	清代	10户40人
大坪岭	彭塅村西部，距村委会驻地2千米	因村庄位于山岭下的大片平畈上而得名	元代	7户30人
大屋	彭塅村中部，距村委会驻地400米	因村庄在当地规模最大而得名	清代	10户40人
典常屋	彭塅村北部，距村委会驻地3.5千米	以最早迁入的居民名字命名	清代	5户20人
枫树垅	彭塅村南部，距村委会驻地2千米	因村庄位于长有枫树的山沟而得名	清代	12户40人
鼓石坡	彭塅村北部，距村委会驻地2千米	以村庄附近的石块名命名	清代	12户60人
猴牯岭	彭塅村西部，距村委会驻地2千米	因修建住宅时有猴子出现综合地形而命名	清代	12户60人
黄花塘	彭塅村西部，距村委会驻地1千米	因村庄前方池塘长有黄花而得名	清代	16户80人
金元屋	彭塅村西部，距村委会驻地2千米	以最早迁入的居民名字命名	清代	13户50人
毛家岭	彭塅村西部，距村委会驻地3千米	以最早迁入的居民姓氏和地形命名	清代	1户5人
孟池屋	彭塅村中部，距村委会驻地200米	以最早迁入的居民名字命名	清代	15户70人
庙背冲	彭塅村南部，距村委会驻地2千米	因村庄位于建有庙宇的山沟侧面而得名	清代	19户90人
三寿屋	彭塅村东部，距村委会驻地3.5千米	以最早迁入的居民名字命名	清代	4户20人
水缸坡	彭塅村南部，距村委会驻地2千米	因挖地基时挖出一只水缸综合地形命名	清代	15户40人
涂山屋	彭塅村北部，距村委会驻地2.5千米	以最早迁入的居民名字命名	清代	11户60人
团坵	彭塅村中部，距村委会驻地800米	因村庄建在名叫团坵的田块上而得名	清代	9户30人
万家	彭塅村南部，距村委会驻地2千米	以最早迁入的居民姓氏命名	清代	6户20人
魏家弄	彭塅村中部，距村委会驻地400米	以最早迁入的居民姓氏和地形命名	清代	7户30人
杨四海屋	彭塅村西部，距村委会驻地3千米	以最早迁入的居民姓名命名	清代	13户50人
张家冲	彭塅村南部，距村委会驻地2.5千米	以最早迁入的居民姓氏和地形命名	清代	8户30人
凤形	平湖村北部，距村委会驻地800米	以村庄后方山岭的形状命名	清代	9户60人
龚家垅	平湖村北部，距村委会驻地4千米	以最早迁入的居民姓氏和地形命名	明代	18户100人
黎家	平湖村北部，距村委会驻地1.5千米	以最早迁入的居民姓氏命名	明代	10户80人
毛家塝	平湖村东部，距村委会驻地900米	以最早迁入的居民姓氏和地形命名	清代	10户40人
程家岭上	石溪村东部，距村委会驻地2千米	以最早迁入的居民姓氏和地形命名	清代	11户50人
戴家	石溪村北部，距村委会驻地1千米	以最早迁入的居民姓氏命名	清代	9户40人
对门刘家	石溪村西部，距村委会驻地3千米	因村庄处同姓居民点的对面而得名	清代	5户30人
墈上屋	石溪村北部，距村委会驻地3千米	因村庄处高岸上方而得名	清代	9户50人
墈下屋	石溪村北部，距村委会驻地3千米	因村庄处高岸下方而得名	清代	16户60人
苦竹塆	石溪村北部，距村委会驻地3千米	因村庄处长有苦竹的山体拐弯处而得名	清代	5户20人
麦田	石溪村北部，距村委会驻地1千米	因村庄建在一块麦田里而得名	清代	13户60人
碾米坳	石溪村西部，距村委会驻地2千米	以村庄附近的地形命名	1980	5户20人
桥下屋	石溪村中部，距村委会驻地150米	因村庄建在古石桥的下方而得名	清代	18户80人
石矶上	石溪村北部，距村委会驻地500米	因村庄位于溪水中一巨石的上游一侧而得名	民国时期	18户80人
毕家	松港村南部，距村委会驻地800米	以最早迁入的居民姓氏命名	清代	19户80人

续表

村庄名称	地理位置	名称由来	形成时间	户数人口
蔡家坡	松港村北部，距村委会驻地 2.6 千米	以最早迁入的居民姓氏和地形命名	明代	10 户 40 人
大屋冲	松港村西部，距村委会驻地 1.2 千米	以房屋规模及地形命名	清代	15 户 70 人
胡家	松港村东部，距村委会驻地 2.3 千米	以最早迁入的居民姓氏命名	清代	12 户 50 人
上高冲	松港村东南部，距村委会驻地 1.3 千米	因处于原居高冲上方而得名	清代	11 户 60 人
田家山	松港村西北部，距村委会驻地 2.8 千米	以村庄附近的山岭名命名	清代	8 户 40 人
王竹坡	松港村西部，距村委会驻地 1.2 千米	以最早迁入的居民姓氏和地形及当地生长的植物名命名	宋代	16 户 70 人
文通屋	松港村东部，距村委会驻地 2.2 千米	以最早迁入的居民名字命名	清代	11 户 50 人
益模屋	松港村西部，距村委会驻地 1.6 千米	以最早迁入的居民名字命名	清代	13 户 40 人
正安屋	松港村西南部，距村委会驻地 1.3 千米	以最早迁入的居民名字命名	清代	15 户 60 人
刘家	踏水村西部，距村委会驻地 2 千米	以最早迁入的居民姓氏命名	清代	11 户 50 人
马港弄	踏水村西部，距村委会驻地 3 千米	因处马港河上游河道似弄巷而得名	清代	10 户 50 人
土弓背	踏水村西部，距村委会驻地 2.5 千米	因住宅地形如弓箭而得名	清代	18 户 70 人
王家冲	踏水村西部，距村委会驻地 2.5 千米	以最早迁入的居民姓氏和地形命名	明代	12 户 50 人
赵家	踏水村中部，距村委会驻地 500 米	以最早迁入的居民姓氏命名	清代	6 户 40 人
赵家岭	踏水村中部，距村委会驻地 2 千米	以最早迁入的居民姓氏命名	清代	16 户 60 人
竹坡	踏水村中部，距村委会驻地 600 米	因村庄处长有竹子的山坡上而得名	明代	17 户 60 人
对门郑家	潭下村西部，距村委会驻地 2.5 千米	因住宅与原居郑家岭相向而得名	清代	17 户 60 人
胡家	潭下村东部，距村委会驻地 2 千米	以最早迁入的居民姓氏命名	民国时期	8 户 40 人
老石门山	潭下村南部，距村委会驻地 500 米	因此村庄有人分支另建住宅而得名	清代	13 户 40 人
刘家碑	潭下村北部，距村委会驻地 2 千米	以居民姓氏综合村庄前方有路碑命名	民国时期	7 户 40 人
青源	潭下村西部，距村委会驻地 2 千米	因村庄周围花草青青而得名	清代	17 户 90 人
上白炭埚	潭下村东部，距村委会驻地 3.5 千米	因下方也有一个同名的村庄而得名	明代	3 户 10 人
谌家岭	潭下村西部，距村委会驻地 1 千米	以最早迁入的居民姓氏和地形命名	清代	10 户 40 人
下白炭埚	潭下村西部，距村委会驻地 3 千米	因上方也有一个同名的村庄而得名	明代	8 户 30 人
朱冲	潭下村东部，距村委会驻地 700 米	以最早迁入的居民姓氏和地形命名	清代	5 户 30 人
朱华坳	潭下村南部，距村委会驻地 2 千米	以最早迁入的居民姓名和地形命名	清代	17 户 70 人
坝上	易塅村西部，距村委会驻地 700 米	因住宅建于田块的尾端而得名	清代	17 户 70 人
陈家	易塅村东北部，距村委会驻地 900 米	以最早迁入的居民姓氏命名	明代	4 户 20 人
傅家	易塅村东北部，距村委会驻地 800 米	以最早迁入的居民姓氏命名	明代	16 户 60 人
刚德屋	易塅村西北部，距村委会驻地 200 米	以最早迁入的居民名字命名	清代	12 户 60 人
咀上屋	易塅村西南部，距村委会驻地 700 米	因村庄位于山体突出处而得名	清代	4 户 20 人
孔家	易塅村北部，距村委会驻地 1.2 千米	以最早迁入的居民姓氏命名	宋代	16 户 60 人
奇书屋	易塅村西北部，距村委会驻地 900 米	以最早迁入的居民名字命名	清代	13 户 40 人
犬形山	易塅村北部，距村委会驻地 800 米	以村庄所在的山岭名命名	2010	11 户 50 人
石门寺	易塅村西北部，距村委会驻地 1.7 千米	以附近的寺名命村庄名为	清代	5 户 20 人
吴婆冲	易塅村东南部，距村委会驻地 700 米	以最早迁入的居民姓氏和地形命名	宋代	15 户 60 人
易家埚	易塅村西南部，距村委会驻地 1.7 千米	以最早迁入的居民姓氏和地形命名	元代	5 户 30 人

续表

村庄名称	地理位置	名称由来	形成时间	户数人口
游家屋	易塅村西南部，距村委会驻地 1.5 千米	以最早迁入的居民姓氏命名	清代	10 户 40 人
坳背新屋	中塅村西部，距村委会驻地 1 千米	因住宅是新建房屋综合地形和方位而得名	清代	10 户 40 人
塝上	中塅村南部，距村委会驻地 1.3 千米	以村庄所在地形和方位命名	清代	11 户 60 人
程家门口	中塅村北部，距村委会驻地 1.5 千米	因村庄处程家前方而得名	清代	9 户 40 人
大坡岭	中塅村东部，距村委会驻地 1.5 千米	以村庄所在的山岭名命名	清代	1 户 5 人
经堂	中塅村东部，距村委会驻地 1 千米	以村庄形成初期房屋用途命名	清代	13 户 60 人
六斗坵	中塅村北部，距村委会驻地 900 米	以住宅前方的田块名命村庄名	民国时期	11 户 50 人
茅坡	中塅村西部，距村委会驻地 1 千米	因早期在此定居的人以茅棚为舍及所在地形命名	清代	3 户 20 人
王家	中塅村南部，距村委会驻地 2 千米	以最早迁入的居民姓氏命名	中华人民共和国成立初期	10 户 50 人
吴姓昌	中塅村南部，距村委会驻地 2.5 千米	以最早迁入的居民姓氏综合愿望命名	清代	3 户 10 人
中塅熊家	中塅村北部，距村委会驻地 1 千米	以所在地形方位及居民姓氏命名	清代	9 户 40 人

第二节　推垅社区及所属聚落

【推垅社区】　马港镇辖社区，位于马港镇中心，为镇人民政府驻地。居委会驻地设中天小区内，距县城 7.8 千米。东接金家，西邻马港镇政府，南连中天小区广场，北靠何(婆桥)金(家)公路。因域内有古桥名推垅桥而得名。2004 年设立社区。社区居民房屋呈块状、条状分布。辖区内有通城县中天云母制品有限公司、通城县天马铸业有限公司、通城县红星纸业有限公司、湖北致力电子有限公司、湖北固德新型材料有限公司、湖北东启包装有限公司、通城县供水公司百丈潭制水厂、马港液化气站、马港变(供)电所、马港灰砂砖厂等企业，以及投资 120 万元，建集休闲、娱乐、健身于一体的中天广场。辖区内驻有 22 个镇直部门机构，设有 1 个城镇居民点，居民有潘、聂、张、程、陈、胡、徐、李、毛、皮、吴、赵、黄、熊、杨、王、黎、方等姓，以毛、徐、李姓为主。G106 国道、武深高速经过社区，区域距高速进出口公路里程 2 千米。2014 年，有居民 170 户 860 人，居民经济来源主要靠务工、经商，年人均纯收入 6800 元。

中天小区　属马港镇推垅社区，位于推垅社区中心地段。东接何婆桥村金家屋，西邻 106 国道，南连马港公路管理站，北靠马港镇卫生院。以美好意愿命小区名。2006 年，徐秋保(1964—)从何婆桥长谷场率先在此建房定居。后来，毛、潘、徐、李等姓先后迁入，逐渐形成居民小区。2004 年纳入马港镇政府小集镇规划小区申报，筹建立项；2006 年后，周边村民纷纷迁入住宿楼；2010 年基本形成小区。房屋占地面积 42350 平方米，居民房屋呈条状分布，有建筑面积约 5.1 万平方米。2014 年，有居民 170 户 860 人。

第三节　白竹村及所属聚落

【白竹村】　马港镇辖村，位于马港镇西部，村委会驻地赓载屋，距马港中心集镇 3 千米。东接九岭村，西连毛塅村，南邻马港村，北靠何婆桥村，辖区面积约 8.75 平方千米。因域内有地片白竹源而得村名。1950 年，属通城县九马乡西源村；1955 年，属马港乡九岭一社；1958 年人民公社化时，一社更名为一大队，属崇阳县九岭人民公社双马管理区；1961 年恢复区镇建制，属通城县九岭区双马公社；1975 年撤区并社，双马、幸福公社合并为九岭公社；1984 年设区建乡，白竹大队更名为白竹村，属九岭区马港乡；1987 年撤区并乡镇，属马港镇；1992 年，将官陂头、横垅并入马港镇推垅村管辖；2001 年调整乡镇行政区划，将官陂头、横垅、刘家源并入白竹村管辖。下辖 13 个村民小组，有 20 个农村居民点。2013 年新建办公楼，占地面积 200 平方米，建筑面积 600 平方米，内设便民服务厅、卫生室、图书阅览室等，办公设施齐全。居民有徐、杨、李、金、胡、毛、皮、程等姓，以徐、杨、李三姓为主。距 G106 国道、武深高速进出口公路里程分别为 4 千米、8 千米，居民点全部通公路。2014 年，有村民 394 户 1720 人，水田 60.7 公顷，旱地 4.5 公顷，山林 235 公顷。村民主要种植水稻、红薯，经济来源主要为务农、务工、经商，年人均纯收入 4850 元。

白竹源地片　属马港镇白竹村，位于白竹村中心，村委会驻地在片区内，距马港中心集镇 3 千米。东接九岭村，西连毛塅村，南邻马港村，北靠何婆桥村，辖区面积约 7.25 平方千米。在片区内铁炉咀一带山上，多生长白竹（白竹：圆筒形，无毛，幼时微被白粉，纵向细肋微显著髓呈锯屑状，箨环微隆起，竿环平坦或微隆起），又因此地为马港河上游，隽水河发源地之一，故名白竹源，并由此而得地片名。下辖 12 个村民小组，有 18 个居民点。距 G106 国道、武深高速进出口公路里程分别为 4 千米、8 千米，居民点全部通公路。2014 年，有村民 371 户 1600 人，水田 56.7 公顷，旱地 4.1 公顷，山林 221.6 公顷。

福先屋　属马港镇白竹村，位于白竹村西部，距村委会驻地赓载屋 1 千米。东接唐家湾，西靠显章屋，南邻庙背山，北连李家老屋。清代，李福先（1818—1906）从唐家湾老屋分支迁此新建房屋定居，以其名命村庄名。2014 年，有居民 22 户 100 人，水田 40 亩，旱地 3 亩，山林 160 亩。

赓载屋　属马港镇白竹村，位于白竹村东部，为村委会驻地，距马港中心集镇 3 千米。东邻大田畈，西靠屋后山脚，南连庙台上，北接启先屋。清代，徐赓载（1782—1848）率先在此建房定居，以其名命村庄名为赓载屋。2014 年，有居民 42 户 160 人，水田 80 亩，旱地 5 亩，山林 240 亩。

官陂头（又名官兵头）　属马港镇白竹村，位于白竹村东部，距村委会驻地赓载屋 1.5 千米。东邻象鼻咀，西靠万家山，南连大田畈，北接何婆桥村。据传，汉代马援将军带军民在此处河流上修建一座石堰（俗称陂）拦水灌田，故命堰名官陂。因该地为隽水源头，故后人改称为官陂头、官兵头。明洪武年间，徐友朋迁此建房定居，以堰名命村庄名。2014 年，有居民 22 户 110 人，水田 80 亩，旱地 5 亩，山林 280 亩。

李家老屋（又名南英屋）　属马港镇白竹村，位于白竹村西部，距村委会驻地赓载屋 400 米。东邻庙台上，西靠屋后山脚，南连唐家湾，北接岭下杨家。清代，李南英（1750—1828）由五里寺前迁此建房定居，以其姓氏命村庄名为李家，又以其名称南英屋。后因其子孙分支外迁，改称李家老屋。2014 年，有居民 42 户 160 人，水田 80 亩，旱地 5 亩，山林 260 亩。

岭下杨家　属马港镇白竹村，位于白竹村西部，距村委会驻地赓载屋 800 米。东连赓载屋，西接李家老屋，南邻田畈，北靠山脚。明代，杨南堂（1529—1580）从县城西门分支迁此定居，因住宅处何婆岭下方，故综合居民姓氏命村庄名为岭下杨家。2014 年，有居民 20 户 70 人，水田 29 亩，旱地 4 亩，山林 120 亩。

刘家源（又名徐家大屋）　属马港镇白竹村，位于白竹村东部，距村委会驻地赓载屋 1.2 千米。东靠宝介山山脚，西邻白竹村大港，南接横垅，北连象鼻咀。此地一带山林、田地原属刘姓，又因是马港河发源地之一，故名刘家源。清乾隆年间，刘姓将山林、田地卖给徐文善（1717—1783）之子运春并在此地建房定居，仍用原村庄名。2014 年，有居民 35 户 120 人，水田 60 亩，旱地 4.8 亩，山林 194 亩。

山下屋（又名沙下屋）　属马港镇白竹村，位于白竹村南部，距村委会驻地赓载屋 300 米。东邻大田畈，西靠屋后山脚，南连马港村下马港，北接庙台上。明代，胡志海携子友德（1414—1485）由左港迁此地山岭下方建房定居，故命村庄名为山下屋。2014 年，有居民 20 户 80 人，水田 70 亩，旱地 4 亩，山林 180 亩。

唐家湾　属马港镇白竹村，位于白竹村西部，距村委会驻地赓载屋 500 米。东邻庙台上，西靠福先屋，南接庙背山，北连李家老屋。此地原有唐姓居住，因住宅位于小溪拐弯处，故以其综合居民姓氏命村庄名为唐家湾。后唐姓外迁，李传标(1780—1854)从李家老屋分支迁此定居，仍用原村庄名。2014 年，有居民 25 户 140 人，水田 60 亩，旱地 5 亩，山林 220 亩。

万家山　属马港镇白竹村，位于白竹村东部，距村委会驻地赓载屋 1.3 千米。东邻启先屋，西靠屋后山脚，南连赓载屋，北接官陂头。此地原有万姓居住，其住宅位于山岭下方，故命村庄名为万家山。后万姓外迁，徐光胜由丹一屋、杨德纲(1803—1868)由岭下屋迁此定居，仍用原村庄名。2014 年，有居民 30 户 100 人，水田 51 亩，旱地 3 亩，山林 220 亩。

第四节　程坳村及所属聚落

【程坳村】　马港镇辖村，位于马港镇西部，村委会驻地程坳，距马港中心集镇 13.5 千米。东邻湖南省岳阳县红光村，西连石溪村萧家，南接湖南省岳阳县白石林，北靠松港村，辖区面积 6 平方千米。因域内有地片程坳而得村名。1950 年，属通城县石溪乡仙人村、谭家村，毛塅乡水口村；1955 年，属幸福建鸡二社、建鸡三社、幸福八社；1958 年人民公社化时，设建鸡二大队、建鸡三大队、幸福八大队，属崇阳县九岭人民公社幸福管理区；1961 年恢复区镇建制，建鸡二大队更名为大坪大队，建鸡三大队更名为谭家大队，幸福八大队更名为水口大队，属通城县九岭区幸福公社；1975 年撤区并社，大坪、谭家大队合并为红旗大队，水口大队更名为东风大队，属九岭公社；1981 年，红旗大队更名为谭家大队，东风大队更名为水口大队；1984 年设区建乡，谭家大队更名为谭家村，水口大队更名为水口村，属九岭区石溪乡；1987 年撤区并乡，属马港镇；1992 年，石溪从马港镇分出，设石溪乡，属石溪乡谭家、水口村，2001 年，调整乡镇行政区划后属马港镇；2002 年，谭家、水口村合并为程坳村。下辖 10 个村民小组，有 19 个农村居民点。村内有村卫生室、石溪完小、老年活动室、通城县夏江源霞光农产品专业合作社、夏江源油茶专业合作社、夏江源水库、洞峡水库、程坳村农产品专业合作社等。2002 年，原石溪乡办公楼改为村委会办公场所，建筑面积 480 平方米，内设便民服务厅、党员活动中心等。村民有童、程、熊、张、毛、蒋、刘、李、王、杨、徐、赵等姓，以童毛二姓为主。距 G106 国道、武深高速进出口公路里程分别为 14 千米、18 千米，居民点全部通公路。2014 年，有村民 430 户 1820 人。有水田 77.8 公顷，旱地 6.7 公顷，山林 633.3 公顷，村民以种植水稻、红薯为主，经济来源主要为务农、务工、经商，年人均纯收入 5439 元。

陈家冲　属马港镇程坳村，位于程坳村东北部，距村委会驻地程坳 2 千米。东连蒋家，南接王基坡，西邻水口毛家，北靠毛家埂。明正统年间，陈姓在此定居，以其姓氏综合地形命村庄名为陈家冲，后因战乱陈姓外迁，毛浒二(1458—1519)自毛塅迁居此地，仍用原村庄名。2014 年，有居民 34 户 140 人，水田 141 亩，旱地 4 亩，山林 200 亩。

程坳　属马港镇程坳村，位于程坳村中部，为村委会驻地，距马港中心集镇 13.5 千米。东邻毛家楼，西邻下坳上，南接大坪，北靠麻谷冲。此地为山岭分水处，1976 年，程明发由附近大坪迁此定居，以其姓氏综合地形命村庄名为程坳(居民均由本村迁此居住，其耕地面积、山林等均在老居民点内登记)。2014 年，有村民 132 户 660 人。

蒋家　属马港镇程坳村，位于程坳村东部，距村委会驻地程坳 1 千米。东连白沙岭，西接水口，南邻毛家楼，北靠徐家。北宋时期，蒋千七由江西南昌分支此地建房定居，以其姓氏命村庄名。2014 年，有 34 户 130 人，耕地 87 亩，山林 240 亩。

李家冲　属马港镇程坳村，位于程坳村东南部，距村委会驻地程坳 1 千米。东邻黄金山，西连程坳集镇，南靠大坪，北接毛家楼。此地为长条形山沟，清代，冲内住李姓，以其姓氏综合地形命村庄名为李家冲。李姓居住多年人丁不旺，遂迁往湖北荆州。随后，童远程(1839—1893)迁居此地，仍用原村庄名。2010年，有村民7户50人，水田50亩，旱地5亩，山林245亩。2014年，有5户迁居程坳集镇，只剩2户11人。出生于该居民点的童年(号秀麟，1921—)，曾任广西桂林师范大学教育系教授。

水口(又名水口毛家)　属马港镇程坳村，位于程坳村东北部，距村委会驻地程坳2千米。东接陈家冲，南邻王基坡，西毗五里镇佛岭，北靠松港正屋。此地有龟蛇两个山头相望，中间小溪流过，古有“夜合山，龟蛇塞水口”之传说，即每晚龟蛇二山自然合拢堵塞小溪出水口，清早又自然分开。后人于小溪架设拱桥，撑住夜合山，溪水自然畅通。唐代，毛万寿(601—670)从毛塅迁此建房定居，因住宅位于小溪边，故命村庄名为水口，又名水口毛家。2014年，有居民42户180人，水田128亩，旱地6亩，山林500亩。

谭家　属马港镇程坳村，位于程坳村西部，距村委会驻地程坳1.5千米。东邻建鸡、鸡罩二山，西连石溪村，南邻石溪村砖屋岭，北靠声宏屋。明代，谭文道(1564—1618)在此建房定居，以其姓氏命村庄名为谭家。2014年，有居民有62户290人，水田255亩，旱地15亩，山林1200亩。出生该居民点的童齐圣(1929—)，历任咸宁地区温泉中学校长、咸宁教育学院党委书记。

桶塆　属马港镇程坳村，位于程坳村东部，距村委会驻地程坳1.5千米。东邻夏江源水库上游，西连程坳村种养专业合作社，南邻蒋家，北靠象月公路。该地形周围均有小山包相围，山包有陡崖(俗称塆)其形似木桶状，故名。此地原有村办小学，学校搬迁后，校舍由蒋旺奇买下定居，以住宅后的地形命村庄名为桶塆。2014年，有居民25户130人，水田12亩，旱地6亩，山林200亩。

赵家　属马港镇程坳村，位于程坳村西南部，距村委会驻地程坳2千米。东接建鸡山脉，西连谭家，南连大石坡，北邻黄金岭。清乾隆年间，马港赵姓人氏在此耕种庄田建造房屋定居，以其姓氏命村庄名为赵家，后迁回老家。清晚期，童甫成(1817—1897)从茂田樟树童家迁此新建上中下三重砖木结构房屋，仍用原村庄名。2014年，有16户80人，水田61亩，旱地5亩，山林320亩。出生该居民点的童完碧(1949—)，曾任云南省石油公司处长。

第五节　丁仙村及所属聚落

【丁仙村】　马港镇辖村，位于马港镇南部，村委会驻地丁仙桥，距马港中心集镇18千米。东接高峰村，西邻界上村，北连易塅村，南接湖南省平江县冬塔镇黄桥村，辖区面积约6平方千米。因域内有山沟丁仙洞而得村名。1950年，属通城县水兴区易塅乡丁仙村，1958年后人民公社化时，属崇阳县九岭人民公社高峰管理区四大队；1961年恢复区镇建制，属通城县九岭区高峰公社四大队；1975年撤区并社，属高峰公社丁仙大队；1981年，原高峰公社更名为丁仙公社；1984年设区建乡，丁仙大队变更为丁仙村，属九岭区平湖乡；1987年撤区并乡，平湖、潭下乡合并为潭下乡；2001年调整乡镇行政区划，潭下乡、九岭乡、石溪乡、马港镇合并为马港镇。下辖10个村民小组，有12个农村居民点。2005年在潭高公路丁仙桥边建立村委会办公楼，占地面积180平方米，内设便民服务厅，党员活动室、图书馆。村民有吴、叶、游、王、边、李、姜等姓，以吴姓为主。距G106国道、武深高速进出口公路里程分别为12千米、18千米，居民点全部通公路。2014年，有村民223户980人，水田45.1公顷，旱地14.4公顷。村民以种植水稻为主，兼养猪、牛、羊、鱼、鸡、鸭，经济来源主要为务农、种养、务工、经商，年人均纯收入5526元。域内丁仙洞为通城县著名的“三溪、九港、十八洞”之一洞。

丁仙洞地片　属马港镇丁仙村，位于丁仙村东部，距马港中心集镇15千米。东接高峰村，南邻湖南平江县，北接易塅村，西邻界上村。因地片内有山沟名丁仙洞而得地片名。有4个居民点，片区距G106国道、武深高速进出口分别为9千米、15千米，居民点全部通公路。2014年，有居民85户410人，耕地24.3公顷，山林140公顷。

丁仙桥　属马港镇丁仙村，位于丁仙村中部，为村委会驻地，距马港中心集镇18千米。东连高峰村，南接排子山，西邻界上村，北靠易塅村。1966年，在此处小港上修建小型桥梁，以所在地片名命桥名为丁仙桥。后有吴姓居民在桥端建房定居，以桥名命村庄名。2014年，有居民40户150人，水田120亩，旱地40亩，山林800亩。

李家岭　属马港镇丁仙村，位于丁仙村东部，距村委会驻地丁仙桥2千米。东接高峰村，西连丁仙冲，南毗排子山，北邻高峰村竽头窝。北宋时，李铭信(1046—1117)自县城迁此建房定居，因住宅位于山岭之上，故以其综合居民姓氏命村庄名为李家岭。2014年，有居民36户130人，水田98亩，旱地27亩，山林500亩。

麦埚　属马港镇丁仙村，位于丁仙村南部，距村委会驻地丁仙桥2千米。东邻排子山，上新屋，西接界上村，南接湖南平江，北邻六家仑。此地为四周高中间低凹的洼地，又因当地居民在此种麦，故称麦埚。清代，叶普林(1756—?)在此建房定居，以埚名命村庄名。2014年，有居民19户90人，耕地87亩，山林300亩。出生于该居民点的叶振华(1953—　)，历任共青团咸宁地委书记、通山县委副书记(正县级)、咸宁市经委副主任、咸宁市劳动保障局局长、咸宁技术教育学院党委书记(副厅级)。

上新屋　属马港镇丁仙村，位于丁仙村东南部，距村委会驻地丁仙桥1千米。东接高峰村界头，西邻六家林新屋，南邻排子山，北邻五房，属全村最大居民点。明代，吴燕岩(1565—1603)在原居老房上方新建房屋定居，故名上新屋(此后又建了中新屋、下新屋)。2014年，有村民37户180人，耕地158亩，山林950亩。

第六节　高峰村及所属聚落

【高峰村】　马港镇辖村，位于马港镇东南部，村委会驻地大树峦，距马港中心集镇14千米。东接金山村、关刀镇棋盘村，西连丁仙、马港村，南毗黄龙林场、湖南平江东塔乡，北靠平湖村，辖区面积约11.8平方千米。该村四面环山，位处大金山、和尚台、李家岭、驼背石、明镜坳等众多高大山峰环抱之中，故而得村名。1950年，属通城县水兴区六甲乡六甲村、界头村；1958年人民公社化时，属崇阳县九岭人民公社高峰管理区二、三大队；1961年恢复区镇建制，属通城县九岭区高峰公社；1975年撤区并社，二、三大队分别更名为高峰、界头大队，属高峰公社；1981年，高峰大队更名为六甲大队，界头大队未变，高峰公社更名为丁仙公社；1984年设区建乡，六甲、界头大队变更为六甲、界头村，属九岭区平湖乡；1987年区乡体制改革，平湖、潭下乡合并为潭下乡；2001年调整乡镇行政区划，潭下乡、九岭乡、石溪乡、马港镇合并为马港镇；2002年，六甲、界头村合并为高峰村。下辖8个村民小组，有17个农村居民点。居民有吴、姜、毛、徐、李、邹、潘、熊、张等姓，以吴、徐姓为主。2001年，原已撤销的原高峰中学校舍被改建成村委会办公场所，占地面积4500平方米，建筑面积1108平方米，内设办公室、便民服务厅、党员活动中心、幸福院、卫生室等。距G106国道、武深高速进出口公路里程分别为11千米、13千米，居民点全部通公路。2014年，有村民518户2140人，水田99.1公顷，旱地14.8公顷，山林789.9公顷。村民主要种植水稻、红薯，经济来源主要为务农、务工、经商，年人均纯收入4820元。

界头地片　属马港镇高峰村，位于高峰村东部，距马港中心集镇12千米。东接关刀镇棋盘村，西毗丁仙村，南连湖南省平江县上塔市镇荷花村，北靠姜家，辖区面积约6千平方米。因该地片是湖北、湖南两省交界之处，又在隽水源头，故名界头，并由此而得地片名。下辖5个村民小组，有10个居民点。距G106国道、武深高速进出口公路里程分别为12千米、14千米，居民点全部通公路。2014年，有村民249户1040人，水田55.2公顷，旱地8公顷，山林467.2公顷。

六甲塅地片　属马港镇高峰村，位于高峰村东南部，距马港中心集镇14千米。东接关刀镇棋盘村，西毗丁仙村，南连下夹井，北靠平湖村，辖区面积约3千平方米。以最早在该地片定居的居民在其家族中的排行和所处地形综合命村庄名。下辖3个村民小组，有7个居民点。距G106国道、武深高速进出口公路里程分别为 11 千米、13 千米，居民点全部通公路。2014 年，有村民 269 户 1100 人，水田 47.9 公顷，旱地 6.8 公顷，山林 322.3 公顷。

坳背(六甲塅)　属马港镇高峰村，位于高峰村中部，距村委会驻地大树峦约 400 米。东接楠竹山，西毗高峰公路大桥，南连界头公路，北靠高斌屋。清乾隆年间，吴耀祖自梅树洞分支此地建房定居，因住宅位于山岭分水处之一侧，故命村庄名为坳背，又称六甲塅。2014 年，有村民 38 户 150 人，水田 80 亩，旱地 14.5 亩，山林 693 亩。

白家山　属马港镇高峰村，位于高峰村西部，距村委会驻地大树峦约 1 千米。东接姜家，西毗丁仙村、李家岭，南连界头下夹井，北靠村委会驻地大树峦。古时，白易生在此定居，因住宅建于山下，故以其综合居民姓氏命村庄名为白家山。后白姓迁出，清乾隆年间，吴国美买下白姓产业定居，仍用原村庄名。2014 年，有村民 20 户 90 人，水田 52 亩，旱地 8 亩，山林 390.7 亩。

坟塆(又名红塆)　属马港镇高峰村，位于高峰村东南部，距村委会驻地大树峦约 2.5 千米。东接关刀镇棋盘村，西毗徐家老屋，南连义芳冲，北靠桥头屋。此地为山岭围成半圆的地形，古时为坟地，故名坟塆。清末，徐作千由义芳冲迁塆内建房定居，嫌老地名不吉利，改命村庄名为红塆。2014 年，有村民 23 户 90 人，水田 68.1 亩，旱地 10.5 亩，山林 616 亩。出生该居民点的徐书瑚(1917—1998)，民国二十七年(1938)考入黄埔军校 14 期，曾任水警局舰长。

高斌屋　属马港镇高峰村，位于高峰村北部，距村委会驻地大树峦 1 千米。东接大金山，西毗狮子崖，南连坳背，北靠平湖村。清代，熊高斌(1793—1878)由潭下村曾家岭迁此建房定居，以其名命村庄名。2014 年，有村民 24 户 100 人，水田 60 亩，旱地 9.4 亩，山林 448 亩(附近有庙家屋、西牙山、傅家地、罗十山小居民点)。

姜家　属马港镇高峰村，位于高峰村南部，距村委会驻地大树峦约 1 千米。东接关刀镇棋盘村，西毗本村白家山，南连下夹井，北靠萧家冲。清初，李自成遇害通城时，为避大顺军复仇，姜周裔(1735—1780)逃难于此建房定居，以其姓氏命村庄名为姜家。2014 年，有村民 48 户 190 人，水田 100 亩，旱地 60 亩，山林 1100 亩。

毛家岭　属马港镇高峰村，位于高峰村东部，距村委会驻地大树峦约 1 千米。东接大金山，西毗坳背，南连楠竹山，北靠高斌屋。此地原有毛姓居住，因住宅位于大金山下方，故以其综合居民姓氏命村庄名为毛家岭。清代，姜国重(1735—1780)买下毛氏住宅定居，仍用原村庄名。2014 年，有村民 35 户 140 人，水田 98 亩，旱地 14 亩，山林 667 亩(附近有傅家、六房、启发屋、郑家庄小居民点)。

梅树洞　属马港镇高峰村，位于高峰村南部，距村委会驻地大树峦约 2 千米。东接关刀镇云溪，西毗墨家山，南连湖南省平江县冬塔乡荷花村，北靠张家山。此地为高山间的长山沟，古时山沟内生有杨梅树，故称杨梅洞。古时有王姓居住于此，以其姓氏命村庄名为王仙洞，后遭土匪劫难迁走。元初，吴福一由湖南省平江县长寿街迁此山沟建房定居，以山沟名命村庄名为杨梅洞。2014 年，有村民 21 户 120 人，水田 89.5 亩，旱地 13.8 亩，山林 820 亩。出生于该居民点的吴声骥(1911—1984)，博士学历，曾任国民政府军某部主任，少将军衔，中华人民共和国成立后任襄阳高等师范专科学校教授。

楠竹山　属马港镇高峰村，位于高峰村东部，距村委会驻地大树峦约 700 米。东接屋后毛家岭，西毗坳背，南连萧家冲，北靠组级公路。此地山岭上古时植有楠竹，故名楠竹山。清代，吴志隆自梅树洞迁此建房定居，以住宅所在的山名命村庄名。2014 年，有村民 31 户 140 人，水田 92.5 亩，旱地 13 亩，山林 623 亩。

桥头屋　属马港镇高峰村，位于高峰村东南部，距村委会驻地大树峦约 1.5 千米。东接和尚台，西毗丁仙村李家岭，南连夹井，北靠姜家。古时，此处小港上有一座小桥。清初，李姓在桥附近建房定居，命村庄名为桥头屋。后李姓外迁，吴国园及徐姓、邹姓先后迁入，仍用原村庄名。2014 年，有村民 29 户 130 人，水田 111.7 亩，旱地 17.2 亩，山林 1011 亩。

萧家冲　属马港镇高峰村，位于高峰村东部，距村委会驻地大树峦 1 千米。东接关刀镇棋盘村，西毗楠竹山，南连姜家，北靠毛家岭。此地为长条形山沟，原有萧姓居住，以其姓氏综合地形命村庄名为萧家冲，后因故外迁。明代，潘良松(1542—1606)由关刀镇上堡迁此山冲定居，仍用原村庄名。2014 年，有村民 30 户 110 人，水田 77 亩，旱地 11 亩，山林 552 亩。

徐家老屋　属马港镇高峰村，位于高峰村南部，距村委会驻地大树峦约 2 千米。东接义芳冲，西毗丁仙村，南连桅杆屋，北靠桥头屋。明晚期，徐指南(1581—1639)在此建房定居，以其姓氏命村庄名为徐家。后有子孙分支外迁，改村庄名徐家为徐家老屋。2014 年，有村民 23 户 100 人，水田 72.5 亩，旱地 11.2 亩，山林 656 亩(附近有上夹井小居民点)。

义芳冲(又名二虎冲)　属马港镇高峰村，位于高峰村南部，距村委会驻地大树峦约 2 千米。东接红塆，西毗桅杆屋，南连大岔水库，北靠夹井。此地为长条形山沟，因冲内有两个虎形小山，故名二虎冲。清代，徐文宣在此冲内建房定居，以山沟名命村庄名。后文宣生儿五个，因父母教子有方，孩子们个个义胆双全，出类拔萃，得世人称赞，遂更名为义芳冲。2014 年，有村民 43 户 250 人，水田 185 亩，旱地 28.5 亩，山林 1365 亩。

芋头埚　属马港镇高峰村，位于高峰村西部，距村委会驻地大树峦约 100 米。东接大树峦，西毗易塅村，南连丁仙村，北靠坳背。此地为四周高中间低凹的洼地，因旧时植有芋头，故名芋头埚。20 世纪 90 年代，此地是平湖乡人民政府机关所在地，后乡镇合并，此地房屋废弃。1998 年潭下乡政府利用此地房屋和地基开发建六甲小集镇，附近吴、美、李、徐等姓居民迁居于此。2014 年，有村民 37 户 170 人。村民主要种植水稻。

第七节　何婆桥村及所属聚落

【何婆桥村】　马港镇辖村，位于马港镇中心集镇，村委会驻地何婆桥老街，距镇人民政府驻地武长路特 35 号 500 米。东连五里镇何家村，南接九岭村，西界白竹、毛塅村，北毗五里镇尖山村，辖区面积 12 平方千米。因域内有地片何婆桥而得名。1950 年，属通城县九岭区(南区)推垅乡何婆桥、金家、推垅村；1958 年人民公社化时，何婆桥、金家、推垅村分别变更为双马六社、双马七社、九岭二社，属崇阳县九岭人民公社双马管理区；1961 年恢复区镇建制，双马六社更名为向阳大队，双马七社更名为红卫大队，九岭二社更名为立新大队，属通城县九岭区双马公社；1975 年撤区并社，向阳大队更名为何婆桥大队，红卫大队更名为金家大队，立新大队更名为推垅大队，属九岭公社；1984 年设区建乡，何婆桥大队拆分为何婆桥、何婆源村，金家、推垅大队分别变更为金家、推垅村，属九岭区何婆桥镇；1987 年区乡体制改革，属马港镇；2002 年，何婆源、何婆桥、金家、推垅村合并为何婆桥村。境内有梧桐山、何婆岭、何婆桥古建筑。何婆源港、金家港贯穿全境。下辖 14 个村民小组，有 22 个农村居民点。居民有徐、金、王、潘、陈、黄、谌、何等姓，以徐、金二姓为主。2006 年新建村委会办公楼，占地面积 230 平方米，建筑面积 180 平方米，设有便民服务厅。2014 年建村卫生室，建筑面积 110 平方米。G106 国道、武深高速经过社区，区域距高速进出口公路里程 500 米。2014 年，有居民 911 户 3080 人，水田 101.2 公顷，旱地 43.5 公顷，山林 300 公顷。村民以种植水稻、红薯、茶叶为主，经济来源主要为务农、务工、经商，年人均纯收入 4850 元。

何婆桥(婆婆桥)地片　属马港镇何婆桥村，位于何婆桥村中部，村委会驻地何婆桥老街处在该地片，距马港中心集镇 500 米。东邻金家，西靠何婆源，南连推垅，北接五里尖山。因附近有古桥何婆桥而得地片名。下辖 5 个村民小组，有 9 个居民点。G106 国道、武深高速经过社区，区域距高速进出口公路里程 2 千米。2014 年，有居民 70 户 410 人，水田 20.4 公顷，旱地 2.7 公顷，山林 98.7 公顷。

何婆源地片　属马港镇何婆桥村，位于何婆桥村东部，距马港中心集镇 1 千米。东邻何婆桥，西接毛塅村，南连镇林场，北靠梧桐山。因该地片是何婆桥港的发源地而得地片名。下辖 2 个村民小组，有 5 个居民点。G106 国道、武深高速经过社区，区域距高速进出口公路里程 2 千米。2014 年，有居民 47 户 230 人，水田 151 亩，旱地 23 亩，山林 1000 亩。

欧贞洞(又名金家)地片　属马港镇何婆桥村，位于何婆桥村南部，距马港中心集镇 2 千米。东邻阳雀岭，南接推垅桥，西靠何婆桥，北连五里镇毛田何家。因域内有山沟名欧贞洞而得地片名。因该地片始祖居民姓金故又名金家。下辖5个村民小组，有8个居民点。G106国道、武深高速经过社区，区域距高速进出口公路里程2.2千米，居民点全部通公路。2014年，有居民68户320人，水田16.8公顷，旱地1.9公顷，山林90.7公顷。欧贞洞为通城“三溪九港十八洞”之一洞。

金家大屋　属马港镇何婆桥村，位于何婆桥南部，距村委会驻地何婆桥老街1.5千米。东邻佑直屋，南连何家垅，北接庙咀，西靠秩屋。清晚期，金勋秋(1846—1920)自江西省南昌知府卸任，在此择地建房定居，以其姓氏和房屋规模命村庄名为金家大屋。2014年，有居民35户210人，水田105亩，旱地12亩，山林300亩。

第八节　黄鹤村及所属聚落

【黄鹤村】　马港镇辖村，位于马港镇东部，村委会驻地三凤岭，距马港中心集镇12千米。东接关刀镇台源村，西连五里镇锡山村，南邻易塅、潭下村，北靠隽水镇桃源村，辖区面积约8.9平方千米。因域内有地片黄鹤楼而得村名。1950年，属通城县水兴区黄鹤乡黄鹤村、三凤村；1955年，黄鹤乡更名为潭下乡，黄鹤村更名为农联一社，三凤村分设为农联二社、农联三社，属水兴区潭下乡；1958年人民公社化时，属崇阳县九岭人民公社灯塔管理区一、二、三大队；1961年恢复区镇建制，属通城县九岭区灯塔公社一、二、三大队；1971年，一大队更名为黄鹤大队，二、三大队合并为三凤大队；1975年撤区并社，属灯塔公社；1981年，灯塔公社更名为潭下公社；1984年设区建乡，黄鹤、三凤大队变更为黄鹤、三凤村，属九岭区潭下乡；1987年撤区并乡镇，平湖、潭下乡合并为潭下乡；2001年调整乡镇行政区划，属马港镇；2002年，黄鹤、三凤村合并为黄鹤村。下辖8个村民小组，有18个农村居民点。境内有著名山峰黄鹤楼、杨泗庙水库等。居民有杨、沈、万、熊、余、杜、吴、程、郑、张、徐等姓，以熊、杨姓为主。1996年，原三凤小学被改建为村委会办公场所，有建筑面积400平方米，设有便民服务厅、党员活动中心、图书室等。距G106国道、武深高速进出口公路里程分别为15千米、16千米，居民点全部通公路。2014年，有村民384户1550人，水田82公顷，旱地10.7公顷，山林701公顷。村民主要种植水稻、红薯，经济来源主要为务农、务工以及出售茶油、楠竹，年人均纯收入4315元。

黄鹤楼地片(旧名黄鹤山)　属马港镇黄鹤村，位于黄鹤村东部，距马港中心集镇15千米。东接关刀镇台源村，西连五里镇锡山村，南邻潭下村，北靠隽水镇桃源村，辖区面积约2平方千米。据传，东晋时期，道士兼炼丹家葛洪(283—363，字雅川，号抱朴子)曾跨鹤歇息于此山大石之上，故得名黄鹤山，后改称黄鹤楼并由此而得地片名。下辖3个村民小组，有6个居民点。距G106国道、武深高速进出口公路里程分别为17千米、18千米，居民点全部通公路。2014年，有村民122户580人，水田34.7公顷，旱地13.7公顷，山林313.3公顷(其中油茶面积66.7公顷，楠竹面积66.7公顷)。

大家垅　属马港镇黄鹤村，位于黄鹤村东部，距村委会驻地三凤岭500米。东接大屋塅，南连潭下村，西连潭下村青源屋，北接三凤岭。此地为一小山沟，1976年修建杨泗庙水库，移民户熊昌贵(1938—2000年)迁入此山沟，后有毕、毛、杨姓陆续迁入。由于众姓聚居，故命村庄名为大家垅。2014年，有居民58户150人，水田60亩，旱地18亩，山林3000亩。

大坑(原名大亨)　属马港镇黄鹤村，位于黄鹤村东部，距村委会驻地三凤岭2.2千米。东连金山村聂家，南接西坑，西靠石鼓塘，北接黄鹤楼万家。此地四面环山，中间有一块较大的盆地，一条小河流出，故名大坑。据传古代此地有一名叫熊世昌的人，七岁去茅山习道，得老君弟子传授，道成后受师父指派下山，时值外匪入侵，为保家卫国屡立战功，后加封官号“太保”，即今时被尊奉为神的“熊公太保”。明代，熊原通(1344—1408)从江西修水郭城迁此山沟建房定居，以地形名命村庄名为大坑。2014年，有居民69户280

人，水田 290 亩，旱地 150 亩，山林 1900 亩。

何家　属马港镇黄鹤村，位于黄鹤村北部，距村委会驻地三凤岭 1 千米。东接黄鹤楼，南连三凤岭，西连嘴上屋，北接百弓岭。清代，何姓迁入此地定居，以其姓氏命村庄名为何家。2014 年，有居民 20 户 80 人，水田 80 亩，旱地 15 亩，山林约 350 亩。

牮楼屋　属马港镇黄鹤村，位于黄鹤村东部，距村委会驻地三凤岭 600 米。东靠沈家，南连伏牛岭，西接杨泗庙水库，北靠三凤岭。明代，熊元瑛(1432—1472)分居于此，以其姓氏命村庄名为熊家。几百年后，熊元瑛之后十一世孙熊国望(1803—1876)为首建一进三重、4 个天井、砖木结构的大宅院，右厢房上面用木雕高立牮楼，大门横匾全雕塑镂空浮花，内有戏台(正堂至今安置有熊公太保神龛)，故改村庄名牮楼屋。2014 年，有居民 25 户 100 人，水田 80 亩，旱地 18 亩，山林约 400 亩。

三凤岭(三凤朝阳)　属马港镇黄鹤村，位于黄鹤村东部，为村委会驻地，距马港中心集镇 12 千米。东连黄鹤楼，南接杨泗庙水库，西向杨岭尖，北接百弓岭。此地周围有三座形似凤凰的山，故名。三山均为东西走向，早上太阳从东方升起，刚好三凤的位置都向着东方，所以又叫三凤朝阳。此外另有一意，此地原居全为杨姓，“阳”和“杨”谐音。明代，杨秀春(1453—1523)从千港图迁居于此，以山名命村庄名。2014 年，有村民 50 户 240 人，水田 190 亩，旱地 60 亩，山林 100 亩。

沈家　属马港镇黄鹤村，位于黄鹤村东部，距村委会驻地三凤岭 2.5 千米。东接关刀台源村，南连金山村，西接三凤岭，北靠隽水镇桃源村。民国时期，沈瑞卿(1906—1946)在此建房定居，以其姓氏命村庄名。2014 年，有居民 20 户 125 人，水田 50 亩，旱地 12 亩，山林 500 亩，其中楠竹面积约 300 亩。出生于该居民点的沈圆球(1968—)，博士学位，2014 年任广州军区武汉总医院主任医师。

第九节　界上村及所属聚落

【界上村】　马港镇辖村，位于马港镇南部，村委会驻地杨楼冲，距马港中心集镇 7.5 千米。界上村处通城县最南端，是湘鄂两省的交界地，东接丁仙村、易塅村，南连湖南省平江上塔市镇，西邻灵官桥、踏水村，北靠九岭村、彭塅村，辖区面积约 10.36 平方千米。因域内有地片界上而得村名。1950 年，属通城县沙塅乡农联一、二、三社；1958 年人民公社化时，设公路一、二、三大队，属崇阳县九岭人民公社新生管理区；1961 年恢复区镇建制，公路一、二、三大队分别更名为界上、三埠、沙塅大队，属通城县九岭区新生公社；1975 年撤区并社，原新生、中塅公社合并为新生公社；1981 年，新生公社变更为杨塘坳公社；1982 年，界上、三埠大队合并为界上大队，沙塅大队未变；1984 年设区建乡，界上大队又分设变更为界上村、三埠村，沙塅大队变更为沙塅村，属九岭区杨塘乡；1987 年撤区并乡镇，属九岭乡；2001 年调整乡镇行政区划，属马港镇；2002 年，界上、三埠、沙塅村合并为界上村。下辖 10 个村民小组，有 34 个农村居民点。村内有通城绿源家庭农场、飞珍山鸡养殖专业合作社、村卫生室。2006 年建办公楼，建筑面积 180 平方米，内设办公用房、便民服务厅、党员活动中心、图书室、广播室。居民有胡、杨、熊、吴、肖、李、叶、黎、曾等姓，以胡、吴姓为主。G106 国道依村而过，距武深高速进出口公路里程 10 千米，居民点全部通公路。2014 年，有村民 668 户 3030 人，水田 172.2 公顷，旱地 30.3 公顷，山林 686 公顷。村民主要种植水稻、杂粮，经济来源主要为务农、务工、经商，年人均纯收入 5721 元。

界上地片　属马港镇界上村，位于界上村南部，距马港中心集镇 8 千米。东连丁仙村，南接湖南平江县上塔市镇得胜村，西靠灵官桥村，北毗九岭村、踏水村，片区面积 3.8 平方千米。该地片位于湘鄂两省交界处，以狮形山为界，岭下是湖南，岭上属湖北，故名界上。下辖 4 个村民小组，有 12 个居民点。辖区内有通城县飞珍山鸡专业合作社、通城绿源家庭农场。G106 国道依村而过，距武深高速进出口公路里程 11 千米，居民点全部通公路。2014 年，有村民 218 户 920 人，水田

59.7公顷，旱地12.7公顷，山林262公顷。

三埠桥地片　属马港镇界上村，位于界上村北部，距马港中心集镇7千米。东连丁仙村，南接界上地片，西靠踏水村，北毗沙塅地片，片区面积约3.5平方千米。南宋时，胡文淙从湖南平江虹桥镇迁此。其后裔在观音山坡口建一胡氏宗祠，宗祠右侧建有宽约1.2米、长7米小石桥一座，胡姓族人每年清明节集中在宗祠举行祭祖活动。有一年连日暴雨，清明节这天狂风暴雨，山洪暴发，落水身亡数人。其后在原桥两侧各加修一桥共三部桥(方言称桥的量词为“部”)，后来，在三部桥一带形成地片，三部桥被写作三埠桥。下辖3个村民小组，有12个居民点。G106国道依村而过，距武深高速进出口公路里程10千米，居民点全部通公路。2014年，有村民173户840人，水田57.8公顷，旱地9.7公顷，山林228.3公顷。

沙塅地片　属马港镇界上村，位于界上村北部，距马港中心集镇6千米。东连易塅村，南接三埠桥地片，西靠踏水村，北毗彭塅村，片区面积约3.06平方千米。东西环山，中有一港由南往北流经全境。因该地片为一面积较大的坪坦之地，沙子较多，故名沙塅。片区下辖3个村民小组，有10个居民点。G106国道依村而过，距武深高速进出口公路里程11千米，居民点全部通公路。2014年，有村民220户990人，水田54.7公顷，旱地8公顷，山林195.3公顷。

大集屋　属马港镇界上村，位于界上村北部，距村委会驻地杨楼冲2千米。东邻港背，南接大和屋，西连踏水村，北靠彭塅村。清代，胡大集(1820—1873)与父亲胡洪鼎同登同治癸酉科考举人，有“父子同科”传名于世。后在此建新居，依其名命村庄名为大集屋。2014年，有居民23户80人，水田65亩，旱地8亩，山林170亩。

当铺　属马港镇界上村，位于界上村南部，距村委会驻地杨楼冲500米。东接车家冲，西邻余家坡，南连韩芳屋，北靠克己铺。清初，傅姓在此建房定居并开当铺，遂命村庄名为当铺，后外迁，胡盛侃(1801—1883)从大集屋迁入定居，仍用原村庄名。2014年，有居民27户110人，水田40亩，旱地8亩，山林200亩(含附近余家坡、塛上屋小居民点)。出生于该居民点各界代表性人物有：胡均成(1879—1929)，曾任京广铁路局局长；马杏来(女，1962—　)，2014年任国务院古籍办公室主任。

韩芳屋　属马港镇界上村，位于界上村南部，距村委会驻地杨楼冲2千米。东邻黄家冲，南接湖南省平江上塔市得胜村，西连六名咀，北靠克己铺。古时，韩芳居住此地，以其姓名命村庄名为，后外迁。清至民国时期，黎继周(1732—1824)、曾爱生(1914—1983)及吴、胡、叶姓先后迁入，仍用原村庄名。2014年，有居民42户200人，水田108亩，旱地20亩，山林360亩。

黄家冲　属马港镇界上村，位于界上村南部，距村委会驻地杨楼冲1.5千米。东邻程家岭、长冲，南接湖南省平江上塔市镇得胜村，西连韩芳屋，北靠苦竹塅。此地为长条形山沟，古为黄姓居住地，以其姓氏综合地形命村庄名为黄家冲。由于战乱黄姓外迁，胡一材(1565—1622)入居冲内，仍用原村庄名。2014年，有居民21户100人，水田105亩，旱地18亩，山林350亩。

克己铺　属马港镇界上村，位于界上村南部，距村委会驻地杨楼冲500米。东邻车家冲，南接韩芳屋，西连当铺，北靠杨楼冲。清末，胡克己(1837—1916)在此建房定居并开一饭铺，以名字命店铺和村庄名。2014年，有居民62户300人，水田110亩，旱地18亩，山林600亩。

李家　属马港镇界上村，位于界上村北部，距村委会驻地杨楼冲2.5千米。东接岭下屋，西邻萧家，南连程家塅，北靠冲里萧家。清代，李国玺(1707—1778)从马港迁此建房定居，以其姓氏命村庄名为李家。2014年，有居民35户140人，水田177亩，旱地36亩，山林770亩。

岭下屋(原名方家屋)　属马港镇界上村，位于界上村西北部，距村委会驻地杨楼冲3千米。东邻魏家弄，南接铁家山，西连程家塅，北靠李家。此地原有方姓居住，以其姓氏命名方家屋。后因战乱，方姓外迁，吴行宇(1624—1688)从六甲迁居此地，因住宅位于岭下方，改村庄名为岭下屋。2014年，有居民33户160人，水田97亩，旱地14亩，山林405亩。

田头　属马港镇界上村，位于界上村北部，距村委会驻地杨楼冲1.5千米。东接土咀，西邻徐家亭，南连老屋塅，北靠戴家岭。清代，熊学省(1714—1803)从青源迁此建房定居，因住宅建于成片农田的尽头，故命村庄名为田头。2014年，有居民22户100人，水田79亩，旱地11亩，山林206亩(附近有王竹冲小居民点在内)。出生于该居民点的熊锦鹏(1974—)，2014年任武汉市武昌医院教授。

西山(西三)　属马港镇界上村，位于界上村西部，距村委会驻地杨楼冲500米。东邻东山塅，南接杨楼冲，西连踏水村，北靠徐家仑。此地处三埠桥地片，中间有一溪水自南向北穿过，东西两面是山，东边之山名东山，西边之山名西山。明代，胡太原(1444—1514)从东山迁溪水之西建房定居，故命村庄名为西山。2014年，有居民30户200人，水田90亩，旱地13亩，山林500亩。

杨楼冲　属马港镇界上村，位于界上村南部，为村委会驻地，距马港中心集镇7.5千米。东邻东山塅，南接克己铺，西连大庄，北靠孟家塆。此地为一长条形山沟，古时为杨姓居住地，因其住宅为楼房，遂以其综合居民姓氏和地形命村庄名为杨楼冲。后杨姓外迁，胡伏遴与余家坡胡一橙(1585—1665)同时迁入此地，仍用原村庄名。2014年，有居民26户110人，水田90亩，旱地20亩，山林450亩。

月字塘　属马港镇界上村，位于界上村东部，距村委会驻地杨楼冲2千米。东接卓家仑，西邻东山大屋，南连车家冲，北靠油铺。清代，胡麟书(1729—1790)从卓家仑迁此建房定居，在住宅前方新挖一口呈弯月形状的池塘，故以池塘形状命村庄名为月字塘。2014年，有居民28户120人，水田70亩，旱地10亩，山林250亩(附近有黄荆坡、油榨小居民点在内)。

第十节　金山村及所属聚落

【金山村】　马港镇辖村，位于马港镇东部，村委会驻地方垅，距马港中心集镇22千米。东连关刀镇云水村，南连关刀镇杨家村，西邻平湖村，北邻黄鹤村，辖区面积25平方千米。因辖内有山峰大金山而得村名。1950年，属通城县水兴区下堡乡清凉、石源村；1955年，清凉、石源村分别更名为五、六社，属九岭区高峰乡；1958年成立人民公社，五、六社变更为五、六大队，属崇阳县九岭人民公社高峰管理区；1961年恢复区镇建制后，六大队分设为六、七大队，五大队未变，属通城县九岭区高峰公社；1971年，五、六、七大队合并为永红大队；1973年，永红大队分设为清凉(五大队)、永红(六、七大队)大队；1975年撤区并社，属高峰公社；1981年，高峰公社更名为丁仙公社，永红大队分设为石源(六大队)、金山(七大队)大队，清凉大队未变；1984年设区建乡，属九岭区平湖乡；1987年区乡体制改革，平湖、潭下乡合并为潭下乡；2001年调整乡镇行政区划，潭下乡、九岭乡、石溪乡、马港镇合并为马港镇；2002年，清凉、石源、金山村合并为金山村。该村是隽水河流发源地和县城饮水工程源头。金山村有着悠久的革命历史，1930年，郑季秋、郑天秋、聂文皇、聂章福、徐天成等多位热血青年参加红军。1934年7月至1938年10月，郑季秋在江西宜丰战役中与国民党军队战斗中光荣牺牲，当时郑季秋为江西宜丰县委书记，县游击队团政委。辖区内聂家祠堂外建有烈士陵园。2013年建办公楼，建筑面积570平方米，内设村卫生室，便民服务厅，党员活动中心，图书阅览室等。下辖16个村民小组，有17个农村居民点，有张、郑、吴、聂、邹、罗、徐、杨、姚、傅、黎等姓，以吴、张、聂姓为主。村民年人均纯收入5484元。距G106国道、武深高速进出口公路里程分别为15千米、28千米，居民点全部通公路。2014年，有村民438户1831人，水田90公顷，旱地20.7公顷，山林970.1公顷。村民以种植水稻、红薯为主，经济来源主要为务农、务工、经商。

清凉塅地片　属马港镇金山村，位于金山村东部，距马港中心集镇17千米。东连关刀镇云水村，南邻石源徐家坳，西接平湖村，北靠黄鹤村。因域内有山峰清凉山而得地片名。片区内有抗日阻击战遗址、烈士陵园等单位。下辖8个村民小组，有8个居民点。距G106国道、武深高速进出口公路里程分别为14千米、19千米，居民点全部通公路。2014年，有居民187户730人，水田31.3公顷，旱地9.3公顷，山林383.3公顷。

黄鹤冲　属马港镇金山村，位于金山村西北部，距村委会驻地方垅1千米。东邻新屋，南邻龙形，西连平湖村，北连黄鹤村。此地为长条形山沟，因山沟侧面主峰为鹤形，故称黄鹤冲。明晚期，张兴亨(1568—1636)从七斗埚迁此山沟建房定居，以所在山沟名命村庄名。2014年，有居民31户150人，水田127亩，旱地26亩，山林1050亩。

九甲　属马港镇金山村，位于金山村东部，距村委会驻地方垅1千米。东连邹家，南邻吴家，西邻郑家，北连鲁家洞。元代，吴再八(1302—1372)由六甲迁入清凉鲁家洞后再迁此建房定居，吴再八兄弟10人，他排名第九，遂以排序命村庄名为九甲。2014年，有居民68户290人，水田210亩，旱地39亩，山林1950亩。

龙形(又名上屋)　属马港镇金山村，位于金山村西北部，距村委会驻地方垅1千米。东邻岭上，南邻田畈，西邻黄鹤冲，北邻新屋。相传，幕阜山脉有两条龙，一条黄龙、一条青龙。古代有位风水先生为了找青龙，从黄龙山至云溪过大金山找到清凉山，发现此地山脉由远至近高低起伏，酷似一条栩栩如生的卧龙，故名龙形。明代，张威如(1515—1577)由七斗埚分支在此建房定居，以山体形状命村庄名为龙形。2014年，有居民21户90人，水田81亩，旱地17亩，山林750亩。

鲁家洞　属马港镇金山村，位于金山村东北部，距村委会驻地方垅2.5千米。东邻关刀镇云水村，南邻九甲，西连聂家祠堂，北靠大山。此地为高山间的山沟，古为鲁姓居住地，以其姓氏综合命村庄名为鲁家洞。鲁姓外迁后，聂兴广(1552—1618)于聂家大屋迁此建房定居，仍用原村庄名。2014年，有居民56户210人，水田155亩，旱地39亩，山林1800亩。

罗家　属马港镇金山村，位于金山村南部，距村委会驻地方垅3.2千米。东连关刀镇杨家村，南邻傅家坳，西靠大金山，北连六房。明代，罗君章(1432—1494)兄弟三人(二位在县城南门定居)从蒲圻犹湖双坵迁此地建房定居，以其姓氏命村庄名。2014年，有居民26户110人，水田97亩，旱地19亩，山林1200亩(附近的湾头屋在内)。出生于该居民点的邹济舟(1953—　)，研究生学历，历任大坪乡党委书记、通城县政府常务副县长、咸宁市林业局局长、咸宁市人大常委会副主任等职。

聂家大屋　属马港镇金山村，位于金山村东北部，距村委会驻地方垅2.5千米。东邻关刀镇张源村，南连排上，西靠大坑，北毗黄鹤楼。明代，聂子政(1449—1551)由关刀台源洞石螺(今关刀镇台源村)迁此建房定居，因住宅规模较大，故以其姓氏综合房屋规模命村庄名为聂家大屋。2014年，有居民24户70人，水田48亩，旱地18亩，山林800亩。

排上　属马港镇金山村，位于金山村西部，距村委会驻地方垅1.5千米。东连鲁家洞，南邻郑家，西靠新屋，北接聂家大屋。此地为地势较高、呈不规则形的小块缓坡山地，清代，吴锦扬(1728—1795)由九甲迁入此地建房定居，以住宅所在地形名命村庄名。2014年，有居民23户90人，水田71亩，旱地18亩，山林400亩。

石源邹家　属马港镇金山村，位于金山村东南部，距村委会驻地方垅1千米。东连关刀镇杨家村，南邻桃花岭，西连吴家，北连九甲。清代，邹启贡(1665—1731)由云溪寨上堡(今关刀镇棋盘村)迁此定居，以其姓氏命村庄名。2014年，有居民39户150人，水田113亩，旱地17亩，山林1050亩。

徐家坳　属马港镇金山村，位于金山村北部，距村委会驻地方垅1千米。东、西靠大山，南邻吴家，北接张家塅。此地为山岭分水处，清代，徐万安从何婆源迁此山坳旁建房定居，以姓氏综合地形命村庄名。2014年，有居民20户80人，水田63亩，旱地16亩，山林500亩。

郑家　属马港镇金山村，位于金山村东南部，距村委会驻地方垅1.5千米。东连九甲，南连岭上，西连新屋，北邻排上。明代，郑仲礼(1462—1522)由八燕燕窝(今关刀镇燕窝村)迁此地建房定居，以其姓氏命村庄名。2014年，有居民25户110人，水田92亩，旱地17亩，山林450亩。出生于该居民点的郑季秋(1898—1938)，1928年10月参加中国工农红军，1930年2月加入中国共产党，历任江西宜丰特别区赤卫总队第二大队大队长、宜丰警卫营宣传委员、修铜宜奉县大段区游击队政委、宜丰工作团主任、中共宜丰县委书记，1938年7月被当地土豪劣绅谋杀。

第十一节　九岭村及所属聚落

【九岭村】　马港镇辖村，位于马港镇南部，村委会驻地虎形山，距马港中心集镇4千米。东接彭塅村，西连踏水村，南连界上村，北靠白竹村，辖区面积约16平方千米。因域内有山岭名九岭而得村名。1950年，属通城县九马乡九岭村、西源村；1958年人民公社化时，设公路五(九岭村)、六大队(西源村)，属崇阳县九岭人民公社新生管理区；1961年后恢复区镇建制，公路五大队更名为九岭大队，公路六大队更名为西源大队，属通城县九岭区新生公社；1971年，九岭、西源大队合并为九岭大队；1975年撤区并社，原新生、中塅公社合并为新生公社，属新生公社九岭大队；1981年，新生公社更名为杨塘坳公社，九岭大队分设为九岭、西源大队；1984年设区建乡，九岭、西源大队分别更名为九岭、西源村，属九岭区杨塘乡；1987年，撤区并乡镇，属九岭乡；2001年乡镇行政区划，九岭乡、潭下乡、石溪乡、马港镇合并为马港镇，属马港镇；2002年，九岭、西源村合并为九岭村。下辖6个村民小组，有19个居民点。九岭是通城南大门，历来是兵家争夺的战略要地。村内有九岭完小、村卫生室、九岭交警中队等单位。居民有杨、熊、龚、卢、向、程、黄、金、魏、陈、李、徐、胡等姓，以黄、陈姓为主。G106国道、武深高速公路穿境而过，距高速进出口公路里程3千米，居民点全部通公路。2014年新建村办公楼，建筑面积180平方米，设有便民服务厅。2014年，有村民413户1480人，水田面积64.9公顷，旱地5公顷，山林245.3公顷。村民以种植水稻、红薯为主，经济来源主要靠务农、务工、经商，年人均纯收入4200元。民国二十七年至三十三年(1938—1944)，九岭曾发生4次抗日阻击战，歼灭日伪军1100余人，举世闻名，国民政府军第58军副军长鲁道源题“立马九岭”四字竖石碑于下石井，后人曾为他建得胜庙，以示纪念(此庙毁于1966年)。

九岭地片　属马港镇九岭村，位于九岭村南部，距马港中心集镇约3千米。东接彭塅村，南邻西源地片，西连白竹村，北靠推垅桥，辖区面积约2平方千米。因域内有山岭名九岭而得地片名。下辖3个村民小组，有9个居民点。G106国道、武深高速公路穿境而过，距高速进出口公路里程3千米，居民点全部通公路。2014年，有居民227户730人，水田30.7公顷，旱地2.4公顷，山林131.8公顷。

西源地片　属马港镇九岭村，位于九岭村南部，距马港中心集镇约4千米。东接界上村沙塅，南连踏水村，西靠白竹村，北接九岭地片，辖区面积约2平方千米。因域内有居民点西源老屋、西源新屋而得地片名。下辖4个村民小组，有10个居民点。G106国道、武深高速公路穿境而过，距高速进出口公路里程3千米，居民点全部通公路。2014年，有村民186户730人，水田34.2公顷，旱地2.6公顷，山林113.5公顷。

茶铺(又名恒兴铺)　属马港镇九岭村，位于九岭村西部，距村委会驻地虎形山100米。东邻黄家老屋，南接刘家塅，西靠卢家岭屋，北连石板李家。明代，魏恒兴由平江(1578—1643)迁居此建房定居并开店，遂以其名综合房屋用途命村庄名为茶铺。21世纪初，居民房屋由村委会统一安置在106国道两旁，形成集镇。2014年，有居民54户229人，水田79亩，旱地12亩，山林260亩。

程家　属马港镇九岭村，位于九岭村西部，距村委会驻地虎形山150米。东靠106国道，南邻杨塘坳老街，西连城隍殿山脚下，北毗虎形山。清代，程益周(1726—1809)由毛塅村张家冲迁此建房定居，以其姓氏命村庄名。2014年，有23户90人，水田50亩，旱地1.5亩，山林180亩。

金家(又名石板金家)　属马港镇九岭村，位于九岭村东部，距村委会驻地虎形山2千米。东邻沙塅大集屋，南靠熊家屋，西连西源陈家，北毗向家。明代，何婆桥金石泉(1510—1569)迁此定居，以其姓氏命村庄名为金家。又因有一块大石板掩在住宅内，故又叫石板金家。2014年，有21户110人，水田70亩，旱地6亩，山林190亩。

三石屋　属马港镇九岭村，位于九岭村东部，距村委会驻地虎形山1.5千米。东邻彭塅村大坪岭，南靠彭家楼屋，西连通界高速公路，北毗九二公路。清代，大岩屋徐纯祖(1809—1895)迁此建房定居，因住宅附近有3块大石头，遂命村庄名为三石屋。2014年，有居民23户110人，水田79亩，旱地8亩，山林340亩。

石板李家　属马港镇九岭村，位于九岭村南部，距村委会驻地虎形山300米。东靠106国道，南邻卢家岭屋，西靠宝架山，北邻吴家屋。明晚期，李胜时(1574—1642)由东港迁此建房定居，因住宅前有一块大石板，故以其综合主家姓氏命村庄名为石板李家。2014年，有居民23户120人，水田103亩，旱地7.5亩，山林230亩。

吴家　属马港镇九岭村，位于九岭村西部，距村委会驻地虎形山400米。东邻106国道，南连石板李家，西靠宝架山，北毗下石井屋。明代，吴正登(1556—1627)由踏水村坡下屋迁此建房定居，以其姓氏命村庄名。2014年，有居民22户90人，水田71亩，旱地3亩，山林310亩。

希贤屋熊家　属马港镇九岭村，位于九岭村东部，距村委会驻地虎形山1.5千米。东邻沙塅大和屋，南接通界高速，西与新房头屋，北毗金家屋。清代，熊学传(字希贤，1703—1784)由灵官桥村桥下塅熊家迁此定居，以其名综合姓氏命村庄名为希贤屋熊家。2014年，有居民12户50人，水田41亩，旱地2.5亩，山林160亩。出生于该居民点的历史代表人物有：熊学传，清候补千总卫敕，授清略骑尉，六品武官；熊正炯(字午桥，1815—1890)，清以军功议叙，授五品衔。

杨塘坳新街　属马港镇九岭村，位于九岭村南部，距村委会驻地虎形山500米。东邻干塘屋、岭背屋，西靠程家屋，南连王家坳，北毗恒兴铺屋。此地为山岭分水处，古时有池塘并有杨姓居住，故名杨塘坳。1991年106国道改道后，乡村统一规划，村内居民迁106国道两侧建房，逐渐形成小集镇，以山坳名综合住宅形式命居民点名杨塘坳新街。2014年，有居民102户450人，水田180亩，旱地12亩，山林310亩。

第十二节　灵官桥村及所属聚落

【灵官桥村】　马港镇辖村，位于马港镇南部，村委会驻地坡地屋，距马港中心集镇10千米。东接界上村，西连马洞村，南邻中塅村，北靠踏水村，辖区面积约14平方千米。因域内有地片灵官桥而得名。1950年，属通城县九岭区灵踏乡高冲村、施塅村；1958年，设高冲大队、施塅大队，属崇阳县九岭人民公社新生管理区；1961年恢复区镇建制，属通城县九岭区中塅公社高冲大队、新生公社施塅大队；1975年撤区并社，中塅公社、新生公社合并为新生公社，踏水桥(原属九岭区新生公社，划进)、施塅大队合并为中心大队，高冲大队未变；1981年，新生公社更名为杨塘坳公社，中心大队分设为施塅大队、踏水桥大队(划出)，高冲大队更名为灵官桥大队；1984年设区建乡，灵官桥、施塅大队变更为灵官桥、施塅村，属九岭区杨塘乡；1987年撤区并乡镇，属九岭乡；2001年，调整乡镇行政区划，属马港镇；2004年灵官桥、施塅村合并为灵官桥村。灵官桥村有着光荣的革命历史，湘鄂第一个共产主义青年团支部书记孔宪元就诞生在这里。湖北最古老的建筑之一“灵官桥”在其境内。下辖11个村民小组，有20个居民点。2005年利用原施塅小学教学楼设立村委会办公场所，占地面积约250平方米，建筑面积约200平方米。内设便民服务厅、图书阅览室、村卫生室。居民有孔、李、陈、胡、杨、熊、许、刘、赵、黎、黄、叶、钟、生等姓，以孔、刘姓为主。武深高速依村而过，村域距G106国道、武深高速进出口公路里程分别为6千米、10千米，居民点全部通公路。2014年，有居民540户2150人，水田116.1公顷，旱地31.9公顷，山林443公顷，年人均纯收入5248元，村民主要种植水稻、红薯、杂粮，经济来源主要为务农、务工、经商。

灵官桥地片　属马港镇灵官桥村，位于灵官桥村南部，距马港中心集镇8千米。东接湖南平江冬塔乡，西连马洞村，南邻中塅村，北靠踏水村和施塅地片。因域内有古桥灵官桥而得地片名。下辖5个村民小组，有9个居民点。有著名古桥“灵官桥”、3家商店、卫生室。武深高速依村而过，地片距G106国道、武深高速进出口公路里程分别为4千米、8千米，居民点全部通公路。2014年，有村民278户1070人，水田59.9公顷，旱地16公顷，山林229.3公顷。

施塅地片　属马港镇灵官桥村，位于灵官桥村北部，距马港中心集镇6千米。东连界上村，西邻灵官桥地片，南接灵官桥地片，北靠踏水村。因域内有居民点施家塅而得地片名。下辖6个村民小组，有11个居民点。武深高速依村而过，地片距G106国道、武深高速进出口公路里程分别为2千米、6千米，居民点全部通公路。2014年，有村民262户1070人，水田56.1公顷，旱地15.9公顷，山林213.7公顷。

柏树坡　属马港镇灵官桥村，位于灵官桥村北部，距村委会驻地坡地屋700米。东接枣树坪，西邻黄金岭，南连墨章屋，北靠水口。明代，杨春香(1602—1628)从仰山分支此地，将房屋建在长满柏树的山坡上，故命村庄名为柏树坡。2014年，有居民22户130人，水田90亩，旱地15亩，山林387亩(附近有塘坳、塘湾、水口3个居民点)。

洞坡　属马港镇灵官桥村，位于灵官桥村东部，距村委会驻地坡地屋2千米。东接万罗山，西邻高冲孔家洪八屋，南连巨龙尖山下，北靠石背。明代，刘斗山(1487—1577)由万罗山迁此地建房定居，因住宅位于巨龙尖延伸后形成的长条形山沟的山坡上，故命村庄名为洞坡。2014年，有居民21户70人，水田63亩，旱地16.5亩，山林305亩。出生于该居民点的刘兴恕(1838—1891)，同治六年(1868)记名提督军门，统领马步全军。后钦命督办甘肃军务、宁夏保军署、陕甘总督，因平匪有功，御赐头戴鼎子、朝珠；刘智勇(1972—　)，博士学位，2014年任美国波士顿大学教授、博士生导师。

高冲孔家(又名高冲塅)　属马港镇灵官桥村，位于灵官桥村南部，距村委会驻地坡地屋2.5千米。东接洞坡，西邻马洞村，南连高冲峡、敬南屋，北靠石背。清代，孔尚职(1647—1718)在此塅新建房屋，以住宅所在地点综合居民姓氏命村庄名为高冲孔家，又名高冲塅。2014年，有居民73户290人，水田268.2亩，旱地80亩，山林710亩(附近红八屋居民点包括在内)。出生于该居民点的孔晓(1937—　)，历任东北起重机厂、上海起重机厂总工程师；孔凡新(1972—　)，博士学位，2014年任南京大学教授、博士生导师。

高冲峡　属马港镇灵官桥村，位于灵官桥村南部，距村委会驻地坡地屋3.5千米。东接佛坳凉亭，西邻敬南屋，南连中塅村牙塝，北靠高冲孔家。宋代，孔端植自山东至通城任知县，任届期满，于县城大屋孔家定居，为孔姓迁通始祖。其长子孔缘，为避战乱，沿隽水河逆流而上，寻定居之所，发现此处土地肥沃、景致奇特，有三潭照军旗，两处岩洞能藏上千人，是避战乱难得之处所，于是建房定居于此，取村庄名为高冲孔家老屋。后李、陈姓相继迁入，逐渐形成居民点，根据地形、地貌，将高冲孔家老屋更名为高冲峡。2014年，有居民28户50人，水田111.1亩，旱地29亩，山林285亩。

郝家坳　属马港镇灵官桥村，位于灵官桥村中部，距村委会驻地坡地屋500米。东接荷花冲，西邻桥下塅，南连石背，北靠黄金岭。此地为山岭分水处，明代，郝姓在此居住，以其姓氏综合地形命村庄名。后郝姓外迁，刘学政(1675—?)购买郝姓产业定居，仍用原村庄名。2014年，有居民32户130人，水田77.3亩，旱地14亩，山林375亩(附近有坳头冲、响堂、郝家坡3个小居民点)。

荷花冲　属马港镇灵官桥村，位于灵官桥村南部，距村委会驻地坡地屋500米。东接二斗分，西邻神垅水库，南连阁坡，北靠相公庙。此地为长条形山沟，又因山沟两侧的山岭形似含苞待放的荷花，故名。古时，此山沟为铁家山胡姓所有。后来，当地刘姓迁此山沟建房定居，以山沟名命村庄名为荷花冲。2014年，有居民43户170人，水田145.97亩，旱地40亩，山林518亩(有十几户居民迁入定居老虎坡，人口及土地计入荷花冲)。

黄家　属马港镇灵官桥村，位于灵官桥村北部，距村委会驻地坡地屋500米。东接三步桥，西邻黄金岭，南连雄狮岩，北靠枣树坪。清代，黄秉钧(1821—1864)从杨塘坳甘垅黄家迁往此地建房定居，以其姓氏命村庄名。2014年，有居民26户70人，水田45亩，旱地20亩，山林210亩。

敬南屋　属马港镇灵官桥村，位于灵官桥村南部，距村委会驻地坡地屋3千米。东接高冲峡居民点，西连马洞村，南邻中塅、马洞村，北靠高冲孔家居民点。宋代，高冲峡孔缘(49世)传至53世因子孙多而住宅挤窄，敬南、亘南兄弟俩另辟基业，敬南选山坡呈南北走向而屋场可以东山西向处建房定居，以其名字命村庄名为敬南屋。在距敬南屋往南250米处，有一棵树杈长而雄壮、似接客之手的大树，其弟亘南在大树旁开基建房定居，取名横杈坡。后有许、杨、胡姓相继迁入。因两处住宅连接越来越近，故以其兄名字命的村庄名统称为敬南屋。2014年，有居民27户50人，水田115.05亩，旱地21亩，山林255亩。

墨章屋　属马港镇灵官桥村，位于灵官桥村北部，距村委会驻地坡地屋100米。东接咏陶屋，西邻茶厂，南连药铺者，北靠黄金岭。清代，刘墨章(1798—1857)迁此建房定居，以其名命村庄名。2014年，有居民20户80人，水田61.16亩，旱地20亩，山林235亩。

桥下塅熊家　属马港镇灵官桥村，位于灵官桥村西部，距村委会驻地坡地屋2.6千米。东接狮形山，西邻马洞村乱石港，南连灵官桥石拱桥，北靠踏水村钟家。此地为一块面积较大的平坦之地，又因此塅处古灵官桥下方300米，故称桥下塅。清代，熊三及(1682—1765)迁此塅畈定居，以塅名综合居民姓氏命村庄名为桥下塅熊家。2014年，有居民40户180人，水田111.4亩，旱地30亩，山林663亩。

石背(又名石笔)　属马港镇灵官桥村，位于灵官桥村中部，距村委会驻地坡地屋2千米。东接洞坡，西邻马洞村下团林，南连高冲孔家，北靠灵官桥商铺。明代，杨瓒(1446—1519)迁此建房定居，以其姓氏命村庄名为杨家。清末改建房屋时从原宅基后方挖出一块岩石，色如墨，形状极像毛笔尖，于是依此石形命村庄名为石笔，后喊别成石背。2014年，有居民35户150人，水田139亩，旱地30亩，山林610亩。

咏陶屋　属马港镇灵官桥村，位于灵官桥村北部，距村委会驻地坡地屋500米。东接黄家，西邻墨章屋，南连雷姑桥，北靠柏树坡。清代，刘咏陶(1815—1864)由堑背迁此建房定居，以其名命村庄名。2014年，有居民36户170人，水田157.2亩，旱地45亩，山林516亩(附近有居民点王家、黄金岭)。

第十三节　马洞村及所属聚落

【马洞村】　马港镇辖村，位于马港镇西部，村委会驻地维德屋，距马港中心集镇13千米。东连灵官桥村、南接岳阳月田、西界长港、北邻马港村，辖区面积10.11平方千米。因域内有地片名马洞而得村名。1950年，属通城县中塅乡马洞村、飞坳乡庵下村、飞坳乡团仑村；1954年，庵下村更名为飞坳村，中塅、飞坳乡合并为中塅乡；1958年，飞坳、团仑村合并为飞坳大队，马洞村更名为马洞大队，属崇阳县九岭人民公社新生管理区；1961年恢复区镇建制，属通城县九岭区中塅公社马洞、飞坳大队；1975年撤区并社，属新生公社；1981年，新生公社更名为杨塘坳公社，飞坳大队分设为飞坳、团仑大队，马洞大队未变；1984年设区建乡，马洞、飞坳、团仑大队变更为马洞、飞坳、团仑村，属九岭区中塅乡；1987年撤区并乡镇，属九岭乡；2001年，九岭乡、潭下乡、石溪乡、马港镇合并为马港镇；2002年，马洞、飞坳、团仑村合并为马洞村。境内有伏虎寺、獭赶鲤、五马奔槽、飞坳等景点，下辖25个农村居民点，有8个村民小组。以杨、李、张、徐、刘、胡姓为主。距G106国道、武深高速进出口公路里程分别为8千米、15千米，居民点全部通公路。2014年，有居民570户2340人，水田133.6公顷，旱地4.7公顷，山林780公顷。农作物以水稻、红薯、茶叶、油茶为主，经济来源主要为务农、务工、经商，年人均纯收入5514元。

飞坳地片　属马港镇马洞村，位于马洞村北部，距马港中心集镇14千米。东连团仑地片，南接包源洞、西靠长港、北毗马港。因域内有居民点飞坳而得地片名，有6个居民点。距G106国道、武深高速进出口公路里程分别为9千米、16千米，居民点全部通公路。2014年，有居民185户840人，水田41.5公顷，旱地1.7公顷，山林266.7公顷。

马洞地片　属马港镇马洞村，位于马洞村南部，距马港中心集镇16千米。东连中塅村，南接岳阳月田、西靠月田红光村、北毗团仑。该地片南与岳阳韩塅交界处，有五条山脉像骏马一样奔向洞中间的一个小山包，形似五马奔槽，故名马洞。元泰定年间，杨贵卿(1325—1397)在此定居，明万历年间张朝爵(1512—1597)迁入，并逐渐形成有15个居民点的地片，后形成13个居民点，距G106国道、武深高速进出口公路里程分别为7千米、14千米，居民点全部通公路。2014年，有居民229户1030人，水田52公顷，旱地1.8公顷，山林313.3公顷。

团仑地片　属马港镇马洞村，位于马洞村北部，距马港中心集镇12千米。东连灵官桥，南邻月田，西接庵下、徐家大屋，北靠袁家山屋。因域内有居民点团仑而得地片名。明成化年间，杨仕杰(1468—?)最先在此建房定居，并逐渐形成有6个居民点的地片，后形成6个居民点，距G106国道、武深高速进出口公路里程分别为8千米、15千米，居民点全部通公路。2014年，有居民146户500人，水田40公顷，旱地1.1公顷，山林206.6公顷。

庵下　属马港镇马洞村，位于马洞村西部，距村委会驻地维德屋1千米。东连维德屋，南接团仑，西靠伏虎寺，北毗徐家大屋。古时，此地原有一座尼姑庵。明代，胡友珍(1446—?)从左港迁尼姑庵旁边下方建房定居，故命村庄名为庵下。2014年，有居民48户190人，水田146亩，旱地3.8亩，山林941亩。

包源洞　属马港镇马洞村，位于马洞村西部，距村委会驻地维德屋3千米。东接团仑，南连瓦渣坧，西临岳阳读书洞，北靠长港戴家。此地为一长条形山沟，该地四周环山，有从云龙山发源出来的河水尽数流入山沟，故名。明代，张朝爵(1512—1597)从松港迁洞内建房定居，以山沟名命村庄名。2014年，有居民83户320人，水田220亩，旱地8.3亩，山林1460亩。出生于该居民点的各界代表人物有：张志雄(1934—　)，曾任湖北省民政厅副厅长，擅长书画；张厚昌(1934—　)，曾任通城县博物馆第一任馆长，通城县第四、五届政协副主席、通城县老年书画研究会常务副会长；张卫(1963—　)，硕士研究生学位，内科主任医师，二级岗位教授，2014年享受国务院特殊津贴。

飞坳(又名树坳)　属马港镇马洞村，位于马洞村北部，距村委会驻地维德屋2千米。东连李家岭陆地神仙，南接乱石港，西靠袁家山，北毗邻马港。相传，老老师与曾老师两位道人比法，老老师法力大，能使白云尖山峰飞出，用其山把曾老师压在龙潭中，曾老师只好变只鸭在潭中阴河从洞庭湖逃出。山尖飞走后成了一个大凹，人们称之为飞坳。明代，胡友珍(1446—?)率先由左港迁此定居，以山名命村庄名为飞坳。后胡姓迁出，刘学秀(1681—1738)与其弟在此建房定居，仍用原村庄名。2014年，有居民43户220人，水田169亩，旱地4.4亩，山林933亩。

上团仑(又名上团林)　属马港镇马洞村，位于马洞村北部，距村委会驻地维德屋1.2千米。东接蛇形，南连黄花冲，西临包源洞，北靠庵下。此地有几个小山包团团相围，当地俗称山岭为仑，故称此地为团仑。明代，杨仕杰(1468—?)迁入此地定居，以山岭名命村庄名为团仑。2014年，有居民67户170人，水田207亩，旱地5.8亩，山林1068亩。

瓦渣坧(又名马洞)　属马港镇马洞村，位于马洞村南部，距村委会驻地维德屋2千米。东接罗家冲，西连包源洞，南连七房，北毗团仑。此地原是一坧遍地为碎瓦片的田地，故名瓦渣坧。又因该居民点南与岳阳韩塅交界的殷家洞中有五条山脉似骏马奔向中间一山包，名五马奔槽，且此地处在一长条形山沟内，故又名马洞。瓦渣坧是马洞地片最早建造、规模最大的居民点，也是原马洞村经济文化中心。明代，杨仕仪(1479—1544)在此建房定居，以田块名命村庄名。2014年，有居民35户170人，水田118亩，旱地4.5亩，山林787亩。

维德屋　属马港镇马洞村，位于马洞村北部，为距村委会驻地，距马港中心集镇13千米。东连灵官桥，南接下团仑，西靠庵下，北毗乱石港。清代，李维德(1851—?)从石溪迁此建房定居，以其名命村庄名。2014年，有居民19户60人，水田80亩，旱地2.2亩，山林411亩。

下团仑(又名仪来屋)　属马港镇马洞村，位于马洞村北部，距村委会驻地维德屋100米。东连高冲孔家，南接团仑，西靠庵下，北毗维德屋。此地有几个小山包团团相围，当地俗称山岭为仑，故称此地为团仑。清代，杨仪来(1721—1796)在此建房定居，因住宅处于居民点团仑下方，故命村庄名为下团仑。2014年，有居民29户120人，水田150亩，旱地4.2亩，山林773亩。

徐家大屋(又名超凡屋、麦田)　属马港镇马洞村，位于马洞村西部，距村委会驻地维德屋1.6

千米。东接乱石港，西邻汤家岭，南连庵下，北靠飞坳。清代，徐越凡（1796—1879）在此建房定居，因住宅建筑面积庞大，一个正门、两个侧门，南北纵进3层、3个堂屋，东西横长有10个堂屋、11个天井，可容纳千余人，故以其姓氏综合房屋状况命村庄名为徐家大屋。2014年，有居民75户290人，水田218亩，旱地5.7亩，山林1403亩。

第十四节　马港村及所属聚落

【马港村】　马港镇辖村，位于马港镇南部，村委会驻地双港口，距马港中心集镇4.5千米。东连踏水村、九岭村，南接湖南省岳阳月田，西界松港，北邻白竹村，辖区面积13.8平方千米。因域内有地片名马港而得村名。1950年，属通城县飞坳乡长港村、马港乡马港村、何冲村；1958年，何冲村更名为双马四大队，马港村更名为双马五大队，长港村更名双马六大队，属崇阳县九岭人民公社双马管理区；1961年，双马四、五、六大队分别更名为何冲、马港、长港大队，属通城县九岭区双马公社；1975年撤区并社，属九岭公社；1984年设区建乡，何冲、马港、长港大队分别变更为何冲、马港、长港村，属九岭区马港乡；1987年撤区并乡镇，属马港镇；2001年，何冲、长港村合并为长港村，马港村未变，属马港镇；2002年，长港、马港村合并为马港村。境内有刘家岭九狮望高楼、独蜡照青天、华龙山、赵世当烈士陵园、桥北第一个党支部旧址等景点。下辖14个村民小组，有27个农村居民点。村民有刘、徐、赵、胡、毛、杨、戴、李等姓，以赵姓为主。距G106国道、武深高速进出口公路里程分别为3千米、11千米，居民点全部通公路。2014年，有居民630户2890人，水田142.8公顷，旱地16.3公顷，山林266.7公顷。村民主要种植水稻、红薯、茶叶、油茶，经济来源主要为务农、务工、经商，年人均纯收入6040元。

长港地片　属马港镇马港村，位于马港村南部，距马港中心集镇6千米。东连马洞村，南接岳阳红光村，西靠松港村，北毗口上杨家。因域内有溪流名长港而得地片名。下辖4个村民小组，有8个居民点。距G106国道、武深高速进出口公路里程分别为4.5千米、12.5千米，居民点全部通公路。2014年，有居民167户770人，水田35.7公顷，旱地6.6公顷，山林95.3公顷。

何（贺）冲地片　属马港镇马港村，位于马港村中部，距马港中心集镇1.5千米。东连踏水村，西靠松港朗山，南接长港窑塆，北毗天申祥。因域内有居点何冲而得地片名。下辖5个村民小组，有10个居民点。距G106国道、武深高速进出口公路里程分别为1.5千米、6.5千米，居民点全部通公路。2014年，有居民207户900人，水田46公顷，旱地4.2公顷，山林102.7公顷。

马港地片　属马港镇马港村，位于马港村北部，距马港中心集镇2千米。东连踏水村，西靠毛塅村，南接何冲地片，北毗白竹村，辖区面积约5.2平方千米。以流经该地片的河流命名。下辖5个村民小组，有9个居民点。地片内有华龙山、桥北赵世当烈士陵园、马港中心完小、马港眼科专科医院、3个百货超市等单位。距G106国道、武深高速进出口公路里程分别为2千米、6千米，居民点全部通公路。2014年，有居民256户1210人，水田61.1公顷，旱地5.5公顷，山林68.7公顷。

步汤屋　属马港镇马港村，位于马港村南部，距村委会驻地双港口1千米。东邻踏水村赵家垅，西连口上杨家，南接方家坡，北靠马港茅屋嘴。元代，此地为谢姓居住地，依其姓氏命村庄名为谢姓屋场、谢家山，后因战乱谢姓外迁。明代，胡伯伦（1471—1527）从白竹源冲头屋迁此建房定居，依其姓氏命村庄名为胡家。后来，其第八代孙步汤公经营有方，家财万贯，改建祖居成大豪宅，在当地大有名气，后人改村庄名胡家为步汤屋。2014年，有居民35户180人，水田100亩，旱地6亩，山林300亩。

长港戴家　属马港镇马港村，位于马港村南部，距村委会驻地双港口5千米。东邻马洞庵下，西连水口村夏江源，南接岳阳读书洞，北靠算盘石。明洪武年间，戴仲贵两子戴宓文、戴宓武从磨桥白米山分支迁此地建房定居，因住宅位于小河流长港边，故以其综合居民姓氏命村庄名为长港戴家。2014年，有居民40户150人，水田150亩，旱地20亩，山林300亩。

长港刘家　属马港镇马港村，位于马港村南部，距村委会驻地双港口3千米。东邻马洞村袁家山，西连松港文通屋，南接算盘石，北靠窑塆。明代，刘瑛(1462—1536)从乌桥又迁此建房定居，因住宅位于溪流长港边，故以其综合居民姓氏命村庄名为长港刘家。2014年，有居民30户130人，水田100亩，旱地15亩，山林200亩。

丹一屋　属马港镇马港村，位于马港村北部，距村委会驻地双港口500米。东临马港、长港、双港口，西连刘家岭、石家岭，南接上屋毛家，北靠大港与桥北屋相望。清代，徐丹一(1765—1836)自白竹官陂头分迁在此建房定居，以其名命村庄名为丹一屋。2014年，有居民36户160人，水田130亩，旱地15亩，山林160亩(该居民点含皮家、丹一屋、大咏屋、下屋毛家4个自然村庄)。

傅家塘　属马港镇马港村，位于马港村北部，距村委会驻地双港口1.6千米。东邻华龙山，西连白竹沙下屋，南接蟹家塅，北靠白竹横垅。古时，此地为傅姓居住地，因住宅前方有一口大水塘，故以其综合姓氏命村庄名为傅家塘。后因战乱傅姓外迁，赵俊臣第十一子分迁此处建房定居，仍用原村庄名。2014年，有居民42户200人，水田140亩，旱地8亩，山林80亩。

贺家冲新屋　属马港镇马港村，位于马港村西部，距村委会驻地双港口800米。东连赵家祠堂，南接松港沉山塘，西、北靠下屋毛家。此地为长条形山沟，元代，有贺姓在山沟内居住，以其姓氏命村庄名为赵家冲。后贺姓外迁，当地赵、毛姓在此建房定居，改称村庄名为贺家冲新屋。2014年，有居民25户90人，水田60亩，旱地5亩，山林100亩。

华龙山　属马港镇马港村，位于马港村东部，距村委会驻地双港口1.6千米。东邻童家冲，西连蟹家塅，南接施家源，北靠傅家塘。明晚期，徐万礼(1586—1647)由何婆桥老屋分迁龙形山建房定居，以其先祖之名“华”字综合住宅附近的山岭“龙形山”名命村庄名为华龙山。2014年，有居民32户120人，水田86.3亩，旱地13亩，山林150亩。

口上杨家　属马港镇马港村，位于马港村西部，距村委会驻地双港口1千米。东邻步汤屋，西连松港螺丝冲，南接虎形暗竹坡，北靠赵家祠堂。明正德年间，杨姓仕贞、仕祥自洞塅王家冲迁此地建房定居，因住宅处长港洞出口的上方，故依其综合姓氏命村庄名为口上杨家。2014年，有居民25户110人，水田90亩，旱地8亩，山林180亩。

桥背屋(桥北屋)　属马港镇马港村，位于马港村北部，距村委会驻地双港口800米。东邻庭拔屋，西连丹一屋，南接平三屋，北靠下马港。清代，赵理伦(1764—1846)在此建房定居，因住宅位于马港桥北端小山包的背面，故命村庄名为桥背屋，又名桥北屋。2014年，有居民33户120人，水田93亩，旱地12亩，山林80亩。该居民点为通城县第一个中共支部——马港党支部(1926.8—1926.10)的诞生地。1926年8月初，黄菊庄等22人在马港桥背屋成立通城县第一个中共支部——马港支部，隶属中共湖北地委。出生于该居民点的各界代表人物有：赵世当(字宜兴，1908—1930)，1925年参加革命，历任中共湖北省委委员、任咸宁等六县中心县委书记、中共湖北省委秘书，11月由于叛徒出卖在汉口被捕，当年12月26日壮烈牺牲；赵璧(名大川，号小宝，1930—2013)，赵世当之子，1950年参加志愿军抗美援朝，后因负伤被俘，面对敌人百般酷刑而威武不屈。后因交换战俘回国，被评为特等功臣、二级战斗英雄、一等伤残军人、“铁人”称号。

顺常屋(又名蟹家塅)　属马港镇马港村，位于马港村北部，距村委会驻地双港口1.1千米。东连华龙山，西接下马港，南靠庭拔屋，北毗傅家塘。清代，赵顺常(1766—1836)由桥北分迁此处，以其名命村庄名为顺常屋。后根据住宅所在地形改村庄名为蟹家塅。2014年，有居民31户130人，水田100亩，旱地4亩，山林80亩。

天申祥　属马港镇马港村，位于马港村东部，距村委会驻地双港口400米。东邻平三屋，西连下毛家，南接郭家垅，北靠庭拔屋。清光绪年间，赵应奎在此花重金建一栋规模宏大房屋定居并开货栈，取招牌名“天申祥”，后作为村庄名。2014年，有居民25户100人，水田56亩，旱地3亩，山林60亩。出生于该居民点的各界代表人物有：赵觉民(1913—2012)，大革命时参加儿童团，任儿童团团长，1935年加入中国共产党，历任哈尔滨市东北铁路学院教务长、东北铁路党校校长、中央铁道部干部学校常务副校长、长沙铁道学院任院长；赵大应(1920—1998)，1939年随父专攻眼科，60余年的从医生涯中，积累了丰富的经验，有不少双目失明的患者在他的精心治疗下重见光明，声名远振省内外。

庭拔屋　属马港镇马港村，位于马港村东北部，距村委会驻地双港口700米。东靠仙井坡，西连马港大港河堤，南接平山屋，北毗顺常屋。清代，赵庭拔(1738—1789)迁此建房定居，以其名命村庄名为庭拔屋。2014年，有居民33户180人，水田95亩，旱地8亩，山林160亩。

下马港　属马港镇马港村，位于马港村北部，距村委会驻地双港口1.2千米。东临大港与海家塅相望，西连白竹细冲，南接桥北，北靠白竹沙下屋。清代，赵福钱(1726—1793)自庭拔屋新屋坳上迁此建房定居，因住宅位于马港大畈之下首，故命村庄名为下马港。2014年，有居民40户190人，水田120亩，旱地20亩，山林80亩。出生于该居民点的赵昌旭(男，1965—)，硕士学位，高级工程师，2014年任武汉钢铁集团公司副总经理。

窑塆　属马港镇马港村，位于马港村南部，距村委会驻地双港口2千米。东邻飞坳刘家，西连松港胡家，南接长港刘家，北靠口上杨家。此地为山岭围成的拐弯处，明末，刘姓从长港刘家迁此塆内建房定居，并以土窑烧砖瓦为业，遂以其从事的职业和地形综合命村庄名为窑塆。2014年，有居民28户140人，水田70亩，旱地15亩，山林200亩。

叶家坡　属马港镇马港村，位于马港村西部，距村委会驻地双港口4千米。东邻坡冲，西连水口村夏江源徐家，南接长港戴家，北靠松港文通屋。此地原为叶姓居住地，因住宅位于山坡上，故以其综合居民姓氏命村庄名为叶家坡。后叶姓因故外迁，马港胡伯英(1463—1535)从飞坳大屋迁此建房定居，仍用原村庄名。2014年，有居民24户110人，水田90亩，旱地16亩，山林180亩。

赵家祠堂　属马港镇马港村，位于马港村西部，距村委会驻地双港口500米。东邻步汤屋，西连贺家冲新屋，南界面上杨家，北靠下屋毛家。清代，赵姓在此定居，依其姓氏命村庄名为赵家。民国初期，大房纪桐(1864—1946)倡修赵氏宗祠于赵家旁边，故改村庄名为赵家祠堂。2014年，有居民30户110人，水田80亩，旱地7亩，山林100亩。

第十五节　毛塅村及所属聚落

【毛塅村】　马港镇辖村，位于马港镇西部，村委会驻地蛇形砂塘，距马港中心集镇5千米。东连白竹村、马港村，南接松港村朗山，西邻五里镇湾头村、金塘村，北靠何婆桥村、五里镇大坪坳村，辖区面积8.75平方千米。因域内有地片毛塅而得村名。1950年，属通城县九岭区毛塅乡一、二、四村；1955年，属马港乡双马一社、二社、九岭四社；1958年，双马一社、二社、九岭四社分别更名为一、二、四大队，属崇阳县九岭公社双马管理区；1961年恢复区镇建制，一、二、四大队分别更名为毛塅、朱家、梧桐大队，属通城县九岭区双马公社；1975年撤区并社，属九岭公社；1984年设区建乡，毛塅、朱家、梧桐大队分别更名为毛塅、朱家、梧桐村，属九岭区马港乡；1987年撤区并乡镇，属马港镇；2002年，毛塅、朱家、梧桐村合并为毛塅村。下辖10个村民小组，有18个居民点。辖区内有著名景点梧桐夜雨，有张家冲水库；2001年，原村小学校址被改建为村办公场所，建筑面积180余平方米，内设便民服务厅、党员活动室、图书阅览室、卫生室等。村民有王、毛、朱、赵、胡、程、丁、李、向、张、戴、吴、刘、徐、夏、黎等姓，以毛姓为主。距G106国道、武深高速进出口公路里程分别为7千米、11千米，居民点全部通公路。2014年，有居民513户2010人，水田113.3公顷，旱地18.7公顷，山林400公顷。村民主要种植水稻、茶叶、油茶，经济来源主要为务农、务工、经商，年人均纯收入5902元。

毛塅地片　属马港镇毛塅村，位于毛塅村西部，距马港中心集镇6千米。东连朱家地片，西接五里镇湾头村金塘村，南邻朗山，北靠梧桐山脉。因域内有毛家塅而得地片名。下辖4个村民小组，有5个居民点。距G106国道、武深高速进出口公路里程分别为7千米、11千米，居民点全部通公路。2014年，有居民231户860人，山林57公顷，水田56.2公顷，旱地12.6公顷。

朱家地片　属马港镇毛塅村，位于毛塅村东部，距马港中心集镇5千米。东接马港村，西连湾头村，北连梧桐片，南邻松港村。因域内有居民点朱家而得地片名。下辖4个村民小组，有9个居民点。距G106国道、武深高速进出口公路里程分别为6.5千米、10千米，居民点全部通公路。2014年，有居民219户830人，山林99公顷，水田41.2公顷，旱地4.4公顷。

柏树屋　属马港镇毛塅村，位于毛塅村西部，距村委会驻地蛇形砂塘1千米。东连毛家塅，西界湾头，南接港背吴家，北靠团山。明代，毛仕开(1372—1447)在此建房定居，因住宅前面有一棵古老的参天大柏树，以此树命村庄名。2014年，有居民75户220人，水田225亩，旱地22亩，山林300亩。

大冲李家　属马港镇毛塅村，位于毛塅村北部，距村委会驻地蛇形砂塘1千米。东连丁家坡，西靠蛇形砂塘，南界朱家，北接大冲毛家。明代，李采凡(1423—1488)在此建房定居，因住宅位于一条较大的长条形山沟内，以其综合居民姓氏命村庄名为大冲李家。2014年，有居民30户110人，水田98亩，旱地10亩，山林160亩。出生于该居民点的徐伟(1967—　)，2014年任浙江大学城乡规划设计研究院所长，高级工程师，浙江大学建筑工程学院城市规划专业研究生导师。

大冲毛家　属马港镇毛塅村，位于毛塅村北部，距村委会驻地蛇形砂塘1千米。东界丁家坡，西靠棱角半山，南接大冲李家，北邻张家冲。清顺治年间，毛文林在此建房定居，因住宅位于一长条形的山沟内，以其综合居民姓氏命村庄名为大冲毛家。2014年，有居民24户100人，水田90亩，旱地2亩，山林150亩。

丁玉田屋　属马港镇毛塅村，位于毛塅村东部，距村委会驻地蛇形砂塘1千米。东连马港村，西接毛家坡，南靠邓家山，北邻丁家坡。明洪武年间，丁玉田在此建房定居，依其姓名命村庄名。后因故丁姓外迁，毛伯和(1476—1541)迁入，仍用原村庄名。2014年，有居民25户90人，水田95亩，旱地9亩，山林105亩。

港背吴家　属马港镇毛塅村，位于毛塅村南部，距村委会驻地蛇形砂塘500米。东连毛家坡，西接万头，南界朗山，北靠毛塅。清代，吴胜海(1624—1673)由五里镇寺前迁此建房定居，因住宅位于毛塅港旁，故以其综合居民姓氏命村庄名为港边吴家，因“边”与“背”谐音，后人喊成港背吴家。2014年，有居民35户130人，水田107亩，旱地11亩，山林105亩。出生于该居民点的吴学军(1964—　)，留学英国，2014年任英国伦敦银行副行长。

高庄　属马港镇毛塅村，位于毛塅村北部，距村委会驻地蛇形砂塘5千米。东接学也屋，西邻平火垅，南靠毛家塅，北连山马冲。古时，此地有居民定居，因住宅建在梧桐山上，地势甚高，故此得村庄名。明永乐年间，毛德高由毛家塅迁此建房居住，仍用原村庄名。2014年，有居民32户130人，水田65亩，旱地12亩，山林650亩。

毛家塅　属马港镇毛塅村，位于毛塅村中部，距村委会驻地蛇形砂塘500米。东连蛇形砂塘，南接港背吴家，西邻柏树屋，北靠高庄。此地为一块面积较大的平坦之地，元代，毛正泗(1265—1362)受皇恩敕赐指挥使、骠骑将军，年老谢职还乡，归江西吉安故里，后偕二、三弟及合家子孙隐居湖南平江毛源。尔后携周、汪二夫人及子女迁此平畈定居，依其子女姓氏综合地形命村庄名为毛家塅。2014年，有居民51户260人，水田259亩，旱地31亩，山林310亩(附近有毛家祠堂小居民点在内)。

毛家坡　属马港镇毛塅村，位于毛塅村南部，距村委会驻地蛇形砂塘500米。东接丁玉田屋，西连港背吴家，北邻朱家，南靠朗山。清代，毛允冠(1760—1830)在此建房定居，因住宅位于朗山延伸后形成的山坡上，以其综合居民姓氏命村庄名为毛家坡。2014年，有居民31户120人，水田76亩，旱地8亩，山林200亩。

石坳岭　属马港镇毛塅村，位于毛塅村西部，距村委会驻地蛇形砂塘1千米。东连毛家塅，西靠团山，南邻港背吴家，北接高庄。清末，毛连芳(1851—1916)在此建房定居，因住宅位于石质地壳的山岭分水处，故命村庄名为石坳岭。2014年，有居民29户110人，水田95亩，旱地7亩，山林450亩。

学也屋　属马港镇毛塅村，位于毛塅村北部，距村委会驻地蛇形砂塘 3 千米。东连张家冲，西接高庄，南邻大冲毛家，北靠山马冲。清代，程登远(字学也，1683—1761)由中屋程家分支在此建房定居，以其字命村庄名。2014 年，有居民 20 户 70 人，水田 54 亩，旱地 5 亩，山林 1100 亩。

游溪石王家　属马港镇毛堍村，位于毛堍村东部，距村委会驻地蛇形砂塘 1 千米。东连马港村，西接朱家，南邻玉田屋，北靠白竹。古时，此处河中有一石头，在水流冲击作用下，不断滚动，故名游溪石。清代，王时来(1782—1838)自白竹源迁来此处定居，以石块名综合居民姓氏命村庄名为游溪石王家。2014 年，有居民 26 户 80 人，山林 150 亩，水田 55 亩，旱地 7 亩。出生该居民点的王三保(1929—1999)，1964 年被授予"湖北省劳动模范"称号。

朱家　属马港镇毛堍村，位于毛堍村东部，距村委会驻地蛇形砂塘 500 米。东连丁家坡，西靠蛇形砂塘，南界朗山，北接大冲李家。南宋年间，朱得隽(1235—1284)自徽州府高安县七星畈珠桥头(今江西省高安市七星堆珠桥头)迁此建房定居，以其姓氏命村庄名为朱家。2014 年，有居民 40 户 159 人，水田 92 亩，旱地 8.8 亩，山林 138 亩。

张家冲　属马港镇毛堍村，位于毛堍村北部，距村委会驻地蛇形砂塘 2 千米。东界白竹源，南接丁家坡，西连大冲毛家，北靠学也屋。古时，此地原有张姓居住，因住宅位于一条呈长条形的山沟内，故以其综合姓氏命村庄名为张家冲。明成化年间，张姓外迁，程海及李姓迁入，仍用原村庄名。2014 年，有居民 31 户 110 人，水田 55 亩，旱地 12 亩，山林 510 亩。

第十六节　彭堍村及所属聚落

【彭堍村】　马港镇辖村，位于马港镇东南部，村委会驻地彭家，距马港中心集镇 5 千米。东邻易堍村，南接沙堍，西连九岭村，北靠何婆桥村，辖区面积 7.18 平方千米。因域内有地片彭家堍而得村名。1950 年，以彭堍河为界，东岸属沙堍乡，西岸属九马乡四村；1955 年，属沙堍乡公路四社、马港乡双马八社；1958 年人民公社化时，属崇阳县九岭人民公社新生管理区四大队、双马管理区八大队；1961 年恢复区镇建制，四大队更名为彭堍大队，属通城县九岭区新生公社，八大队更名为阳雀大队，属通城县九岭区双马公社；1975 年撤区并社，彭堍大队从新生公社划出并入灯塔公社，双马公社的阳雀大队变更为九岭公社的阳雀大队；1984 年设区建乡，彭堍大队更名为彭堍村，属九岭区潭下乡彭堍村，阳雀大队更名阳雀村，属何婆桥镇阳雀村；1987 年区乡体制改革，属潭下乡彭堍村、马港镇阳雀村；2001 年，潭下乡、九岭乡、石溪乡、马港镇合并为马港镇；2002 年，阳雀村并入彭堍村。下辖 5 个村民小组，有 25 个农村居民点；村内有全县饮水源——神龙坪水库，有百丈潭三级电站和"一锁锁九关""二龙戏珠""九狮朝宝积""乾隆赐白马"等自然景点。2006 年，原彭堍小学教学楼改设为村办公场所，2011 年 6 月 10 日被山洪冲损，2012 年年底改建后有建筑面积 367 平方米。内设便民服务厅、老年幸福院、村卫生室、图书室等，办公设施齐全。距 G106 国道、武深高速进出口公路里程分别为 1.5 千米、4.5 千米，居民点全部通公路。2014 年，有村民 367 户 1660 人；有徐、彭、胡、熊、魏、卢、毛等 10 余姓氏，以徐、胡、彭姓为主。耕地面积 72.1 公顷，其中水田 67.5 公顷，旱地 4.5 公顷，山林 311.1 公顷，水域面积 23.7 公顷。村民以种植水稻、红薯为主，兼养殖；经济来源主要是以务农、务工为主，部分人经商，年平均收入 5205 元。

彭家堍地片　属马港镇彭堍村，位于彭堍村中心地带，距马港中心集镇 6 千米。东邻百丈潭三级电站，南接沙堍，西连九岭，北傍神龙水库，辖区面积 0.8 平方千米。该地片四面环山，一条溪流从中流过，溪流两岸有地势平坦面积较大的开阔地，元大德三年(1299)，彭文六(1267—　)由江西南昌迁堍内建房定居，以其姓氏综合地形命村庄名为彭家堍，并由此而得地片名。下辖 2 个村民小组，有 8 个居民点。距 G106 国道、武深高速进出口公路里程分别为 1.5 千米、4.5 千米，居民点全部通公路。2014 年，有居民 95 户 490 人，水田 27.3 公顷，旱地 1.3 公顷，山林 11.3 公顷。

东品屋　属马港镇彭堍村，位于彭堍村中部，距村委会驻地彭家 300 米。东、南临河流，西接黄花塘，北邻彭家祠堂。清嘉庆年间，彭东品迁此建房定居，以其名命村庄名为东品屋。2014 年，有居民 21 户 80 人。水田 71 亩，旱地 3 亩，山林 214 亩。

冬茅塝　属马港镇彭塅村，位于彭塅村南部，距村委会驻地彭家 3.5 千米。东靠凤鸣山，南邻高塘，西接张家冲，北连水田。此地为地势较高的山坡，因山坡上旧时遍生冬茅故名。明代，熊兴迪(1543—1628)由易塅迁此傍山脚建房定居，以山坡名命村庄名为冬茅塝。2014 年，有居民 12 户 40 人，水田 16 亩，旱地 1 亩，山林 110 亩。

彭家　属马港镇彭塅村，位于彭塅村中部，为村委会驻地，距马港中心集镇 5 千米。东、南临公路，西、北靠山林。元代，彭文六(1267—?)由江西南昌迁此建房定居(彭姓进入彭塅第一始祖)，以其姓氏命村庄名为彭家。2014 年，有居民 16 户 70 人，水田 24 亩，旱地 2 亩，山林 270 亩。

下畈　属马港镇彭塅村，位于彭塅村中部，距村委会驻地彭家 1 千米。东邻三级电站，南靠凤鸣山，西连团垴，北邻九二公路。清乾隆年间，胡孟三从大屋迁此建房定居，因住宅地处彭塅偏东北方向塅畈，在其西南部另有一畈(面积较大的平坦之地称为畈)，按地理走向为其上头，故命名此地为下畈。2014 年，有居民 23 户 110 人，有水田 116 亩，旱地 6 亩，山林 275 亩。

第十七节　平湖村及所属聚落

【平湖村】　马港镇辖村，位于马港镇东南部，村委会驻地饭埚，距马港中心集镇 16.5 千米。东临大金山，西连易塅村，南接高峰村，北与潭下村、黄鹤村接壤，中间为百丈潭水库，辖区面积约 6.8 平方千米。以辖区内白丈潭水库的雅称而命村名。1950 年，属通城县水兴区下堡乡中堡村；1955 年，属九岭区高峰一社；1958 年人民公社化，属崇阳县九岭人民公社高峰管理区一大队；1961 年恢复区镇建制，一大队更名为中堡大队，属通城县九岭区高峰公社中堡大队；1969 年，修水库后中堡大队更名平湖大队，属九岭区高峰公社；1975 年撤区并社，属高峰公社；1981 年，高峰公社更名为丁仙公社；1984 年设区建乡，平湖大队变更为平湖村，属九岭区平湖乡；1987 年，撤区并乡，平湖乡与潭下乡合并为潭下乡，属潭下乡平湖村；2001 年调整乡镇行政区划，属马港镇平湖村。下辖 9 个村民小组，有 12 个农村居民点，居民有吴、钟、潘、龚、黎、王、熊、李、徐、刁、杨等姓，以吴、钟、潘、戴姓为主。村内有湖北省著名百丈潭水库、海拔 850 米的大金山、佛教庙宇百罗寺、百丈潭八角亭等名胜古迹，有县属百丈潭一级电站、镇属青龙、金溪电站、大金山茶场等单位，属县饮水工程要地、隽水源头。2010 年建成砖混结构村委会办公楼，建筑面积 260 平方米，设有便民服务厅。距 G106 国道、武深高速进出口公路里程分别为 20 千米、24 千米，居民点全部通公路。2014 年，有村民 298 户 1290 人，水田 16.7 公顷，旱地 8 公顷，山林 476.6 公顷，年人均纯收入 3314 元。

傅家店　属马港镇平湖村，位于平湖村南部，距村委会驻地饭窝 400 米。东临村级公路，西接易塅村，南连高峰村，北靠饭埚。古时，此处属云溪雷洞、东山、界头、六甲等地居民通往县城的一条主干道，来往人员较多。明代，一傅姓人家在路旁建房定居并开了一家饭店和小商店，以其姓氏综合房屋用途命村庄名。后傅姓外迁，吴启熙(1691—1766)从六甲楠竹山迁此定居，仍用原村庄名。2014 年，有居民 30 户 110 人，水田 22 亩，旱地 10.5 亩，山林 610 亩。

黄牛埚　属马港镇平湖村，位于平湖村东南部，距村委会驻地饭埚 1.3 千米。东接大金山，西邻傅家店，南连高峰村，北靠毛家塝上。此地为四周为山包、中间低凹的洼地，其中有一黄土山包似牛形，故称黄牛埚。清代，潘世壁(1703—1753)从云溪迁此地建房定居，以地形命村庄名。2014 年，有 30 户 100 人，水田 19 亩，旱地 9.8 亩，山林 540 亩。

老屋戴家　属马港镇平湖村，位于平湖村东北部，距村委会驻地饭埚 3 千米。东接金山村，西临水库，南与五组为邻，北连九组。明代，戴胜环(1463—1520)从磨桥白米山迁此地购置田地建房定居，以其姓氏命村庄名为戴家。其子孙有分支外迁者，故改村庄名为老屋戴家。2014 年，有居民 26 户 100 人，水田 18 亩，旱地 8 亩，山林 580 亩(该居民点老屋在百丈潭水库开建后被拆迁，居民全部迁对岸公路两旁定居，附近有高窝小居民点在内)。

乐家地 属马港镇平湖村，位于平湖村东北部，距村委会驻地饭埚 3.5 千米。东接金山村，西临水库，南连八组，北靠龚家垅。民国时期，王文杰(1892—1945)从江西迁此建房定居，见此地土地肥沃、山清水秀、风景宜人，为安居乐业的好地方，故命村庄名为乐家地。2014 年，有居民 22 户 90 人，水田 18 亩，旱地 9 亩，山林 560 亩。

潘家(又名陈家冲) 属马港镇平湖村，位于平湖村东部，距村委会驻地饭埚 2.5 千米。此地原为陈姓庄田，建有小庄屋，因地处长条形山沟，以其姓氏命名为陈家冲。清代，原居云溪上堡石埚的潘启琼(1678—1741)移居此地并在岳丈家定居，更名陈家冲为潘家(该居点由附近登元屋、荷色园、土地咀、上屋场等自然村组成)。2014 年，有居民 34 户 130 人，水田 25 亩，旱地 11 亩，山林 720 亩。

彭家楼 属马港镇平湖村，位于平湖村西北部，距村委会驻地饭埚 3 千米。东、北临百丈潭水库，西连易塅村，南与二组相邻。古代有彭姓在此地居住，因住宅中有楼式结构房屋，故以其综合姓氏命村庄名为彭家楼，后因避战乱彭姓外迁。明代，吴念常(1438—1507)从六甲迁此定居，仍用原村庄名。2014 年，有居民 52 户 260 人，水田 53 亩，旱地 26 亩，山林 1400 亩。

新屋戴家 属马港镇平湖村，位于平湖村东部，距村委会驻地饭埚 2 千米。东接潘家，南连大金山茶场，西临百丈潭水库，北靠村级公路。明代，戴胜银(1463—1514)从磨桥白米山迁此地买田地新建房屋定居，以其姓氏命村庄名为新屋戴家。2014 年，有村民 21 户 80 人，水田 17 亩，旱地 8.5，山林 520 亩。

钟家排 属马港镇平湖村，位于平湖村北部，距村委会驻地饭埚 1 千米。东临百丈潭水库，南连凤形，西接易塅村，北靠黎家。此地为地势较高、呈不规则形的缓坡山地，清代，钟道和(1812—1885)从江西迁此地建房定居，以其姓氏综合地形命村庄名为钟家排。2014 年，有居民 36 户 108 人，水田 21 亩，旱地 10.5 亩，山林 640 亩(该居民点自百丈潭水库建成后拆除，居民迁居村级公路两旁)。

第十八节 石溪村及所属聚落

【石溪村】 马港镇辖村，位于马港镇南部，村委会驻地石溪熊家，距马港中心集镇 15 千米，东接程坳村，南毗湖南省月田镇白石村，西邻湖南省月田镇陈伏村，北靠五里镇五斗村，辖区面积 21 平方千米。因域内有地片石溪而得村名。1950 年，属通城县石溪乡白石村、熊家村、萧家村；1958 年人民公社化时，设九、十、一大队，属崇阳县九岭人民公社幸福管理区；1961 年恢复区镇建制，九、十、一大队分别更名为萧家、熊家、程家大队，属通城县九岭区幸福公社；1975 年撤区并社，熊家大队更名石溪大队，萧家、程家大队未变，属九岭公社；1984 年设区建乡，萧家、石溪、程家大队分别变更为萧家、石溪、程家村，属九岭区石溪乡；1987 年撤区并乡镇，属马港镇；1992 年，马港镇分设为马港镇、石溪乡，属石溪乡；2001 年调整乡镇行政区划，石溪乡、潭下乡、九岭乡、马港镇合并为马港镇；2002 年，萧家、石溪、程家村合并为石溪村。境内有白石山，太平岩、白氏庙、叫花坪、天鹅湖、鸡罩山、建基庙、黄帽山、千年古松、打鼓石等十余个自然景点。下辖 9 个村民小组，有 22 个农村居民点。村民有熊、萧、程、张、戴、万、陈、童、杨、刘、汪、黄、李、毛、胡、毕、周、梁、柳等姓，以熊、萧、程 3 姓为主。2011 年，在村中心地段石溪熊家新建村委会办公楼，占地面积 1400 平方米，建筑面积 320 平方米，内设党员活动室、便民服务厅、图书阅览室、老年幸福院、卫生室。距 G106 国道、武深高速进出口公路里程分别为 14 千米、16 千米，居民点全部通公路。2014 年，有村民 502 户 2070 人，水田 114.1 公顷，旱地 82.8 公顷，山林 569.3 公顷。村民以种植水稻，红薯为主，兼养猪、羊、鱼、鸡、鸭，经济来源主要为务农、务工、经商，年人均纯收入 5740 元。石溪是通城县著名地名“三溪、九港、十八洞”之一溪。

插图5　石溪村

程家塅地片　属马港镇石溪村，位于石溪村的西部，距马港中心集镇16.5千米。东接程坳村谭家，西邻湖南省月田镇茂田村，南毗湖南省月田镇白石村，北靠石溪片区，辖区面积12平方千米。因域内有居民点程家而得地片名。下辖3个村民小组，有5个居民点。距G106国道、武深高速进出口公路里程分别为17千米、19千米，居民点全部通公路。2014年，有村民175户720人，水田40.7公顷，旱地33.9公顷，山林216公顷。

石溪(棋)地片　属马港镇石溪村，位于石溪村东部，距马港中心集镇15千米。东接程坳村，西邻湖南省月田镇马家村，南毗程家塅片区，北靠萧家塅片区，辖区面积4平方千米。因域内溪流名石溪而得地片名。下辖2个村民小组，有6个居民点。地片内有村委会驻地、石溪幼儿园、石溪超市、石溪卫生室。距G106国道、武深高速进出口公路里程分别为14千米、16千米，居民点全部通公路。2014年，有村民125户520人，水田28公顷，旱地27.3公顷，山林144.7公顷。

萧家塅地片　属马港镇石溪村，位于石溪村的北部，距马港中心集镇14千米。东邻程坳村，南靠石咀上，西接五里镇五斗村，北邻五里佛岭，片区面积约3平方千米。以该地片内人口最多的居民姓氏和地形综合命名。下辖4个村民小组，有11个居民点。距G106国道、武深高速进出口公路里程分别为16千米、18千米，居民点全部通公路。2014年，有村民202户580人，水田45.4公顷，旱地22.3公顷，山林136.7公顷。

曹家洞　属马港镇石溪村，位于石溪村中部，距村委会驻地石溪熊家1.5千米。东邻程坳村集镇，南毗伸宏屋，西接戴家，北靠碾米坳。此地为高山区的山沟，此山沟古为曹姓的庄田，故称曹家洞。清代，张四凤(1827—1894)迁山沟内定居，以山沟名命村庄名。2014年，有居民32户110人，水田123亩，旱地158亩，山林432亩。

程家大屋　属马港镇石溪村，位于石溪村南部，距村委会驻地石溪熊家2千米。东邻砖屋岭，南毗湖南白石村，西接高冲，北靠程家塅片区。明代，程琅(1430—?)从县城迁此建房定居，因住宅规模较大，故综合姓氏命村庄名为程家大屋。2014年，有居民71户220人，水田278亩，旱地310亩，山林520亩。

程家岭上　属马港镇石溪村，位于石溪村东部，距村委会驻地石溪熊家2千米。东邻砖屋岭，南毗湖南白石村，西接高冲，北靠程家大屋。清代，程云五由高冲分支迁此建房定居，因住宅位于山岭之上，依其姓氏综合地形命村庄名为程家岭上。2014年，有居民11户50人，水田62亩，旱地70亩，山林193亩。

港下胡家　属马港镇石溪村，位于石溪村西部，距村委会驻地石溪熊家3.5千米。东临水口，南毗萧塅，西连五斗，北接佛岭。此地原有胡姓居住，因住宅位于门前小港的下游，故以其综合居民姓氏命村庄名为港下胡家。后胡姓外迁，李丙寅(1866—1929)及毛、周、萧、杨等姓先后迁入，仍用原村庄名。2014年，有居民23户100人，水田97亩，旱地145亩，山林290亩。

高冲　属马港镇石溪村，位于石溪村南部，距村委会驻地石溪熊家2.5千米。东邻程家大屋，南毗湖南谢家村，西接湖南茂田村，北靠孟家冲。

此地为长条形山沟，因其地势高，故名高冲。明代，程万钱(1464—?)由孟家冲迁冲内建房定居称之老屋，后由承乐、召东二公合造新屋。冲内老屋、新屋合称高冲。2014年，有居民63户210人，水田234亩，旱地268亩，山林534亩。

垡楼屋　属马港镇石溪村，位于石溪村西部，距村委会驻地石溪熊家3千米。南依青山，北连嘣上屋，西靠老屋青龙山(也叫翰苑矶)，东与文扬屋隔港相望。明代，此地为萧姓居住地，以其姓氏命村庄名为萧家。清代，萧帝卿(1657—1729)在祖居萧家老屋的青龙山咀下新建一座有正偏堂屋3个，住房近50间的砖木结构房屋。为保子孙富贵，在正堂右侧巷道顶上建造了存放金银财宝的垡楼，此楼共3层，长2米、宽1.5米、高10米，设计巧妙，做工精美，为此屋增添了一大亮点，遂改村庄名萧家为垡楼屋。2014年，有居民39户120人，水田108亩，旱地177亩，山林340亩。

界头毛家　属马港镇石溪村，位于石溪村北部，距村委会驻地石溪熊家1.5千米。东连麦田，南邻月田马家，西依月田陈伏，北接萧家老屋。明代，毛志清(1428—1498)由大坪坳迁此建房定居。因住宅建在通城最南端的湘鄂两省交界处，遂以其综合居民姓氏命村庄名为界头毛家。2014年，有居民25户70人，水田75亩，旱地112亩，山林220亩。

孟家冲(童家冲)　属马港镇石溪村，位于石溪村南部，距村委会驻地石溪熊家1千米。东邻谭家，南毗程家墩，西接湖南茂田村，北靠桥下屋。此地为长条形山沟，原有孟姓居住，以其姓综合地形命村庄名为孟家冲。后孟姓外迁，童华国(1753—1808)由谭家迁入，仍用原村庄名，也称童家冲。2014年，有居民40户110人，水田123亩，旱地248亩，山林487亩。出生于该居民点的童明镜(1944—)，中学高级教师，湖北省书协会员，湖北省书画教育专业委员会理事，书法作品多次在全国比赛活动中获奖。

石板屋(又名石板刘家)　属马港镇石溪村，位于石溪村西部，距村委会驻地石溪熊家3千米。东临水口，南连程坳王其墩，西向对门刘家，北邻港下胡家山脉。从前，刘姓人看中此地一块平平展展的大石板，认为其方便晒物，还很有贵相，于是在石板左侧的地方建起了一栋房屋，命村庄名为石板屋。因为居住的是刘姓人家，故又称石板刘家。刘姓迁湖南板江上港咀后，毕九高(1813—1889)从王坊毕家迁入建房定居，仍用原村庄名。2014年，有居民38户120人，水田104亩，旱地171亩，山林340亩。

石溪熊家　属马港镇石溪村，位于石溪村南部，为村委会驻地，距马港中心集镇15千米。东邻程坳村，南毗谭家，西接也字坪，北靠曹家洞，三面环山，唯西边敞开。明代，熊思江(1557—?)由县城九房门迁居此地建房定居，因住宅位于石溪旁边，故以其综合姓氏命村庄名。2014年，有居民58户190人，水田172亩，旱地208亩，山林542亩。出生于该居民点的各界代表性人物有：熊拔英(1610—1663)，官授布政使司库吏，做祖堂屋时，皇帝朱由校御批熊姓祖堂可修“国”字大门，亲书《长流运达》之匾，悬挂于祖堂神龛之上。熊拔英竖的一根旗杆和系马的石头2014年仍竖立在水口公路边；熊应梦(1938—)，大学文化，曾任中国驻苏联大使馆第一秘书及参赞等职。

萧家老屋　属马港镇石溪村，位于石溪村北部，距村委会驻地石溪熊家3千米。东邻垡楼屋，南毗麦田，西连界头毛家，北接苦竹塆。明代，萧相恩(1376—1438)由江西吉家府迁此定居，以其姓氏命村庄名为萧家。因后有子孙分支外迁，遂改称萧家老屋。相传，此屋是萧家墩最先建造入住的房屋，此屋场最初出了一名人锭公，为当朝四品府台，进出以马代步，大门前有专为其立系马石一块。为保其家业兴旺长久，他还专请一位风水大师察看风水。三个月后，风水大师看出此屋有金龟、金蛇每到晚上，金龟、金蛇能自行活动，实属富贵之地。可惜在一次招待风水大师时，仆人错将狗吃的甑饭盛给大师吃，后被人说破，大师怀恨在心，绞尽脑汁地破坏风水，于是告之主人：“此屋要得发，乌龟背上装碓踏，打掉蛇形咀，填平苍蒲塘(乌龟藏身地)，子子孙孙出霸王。”主人听其言，请人填塘打咀、装碓，将金乌龟、金蛇活活整死。从此上好的风水被破坏了。2014年，有村民36户120人，水田117亩，旱地175亩，山林350亩。出生于该居民点的萧锭(字廪善，1446—1512)，进士，初任湖北汉阳府黄陂县儒学正堂，后任江西省府台，从四品，后被朝廷奸臣所害。

洋河洞　属马港镇石溪村，位于石溪村西部，距村委会驻地石溪熊家2.5千米。东临曹家冲，南连青山，西与牮楼屋隔港相望，北接文扬屋。此地为高山区的山沟，传说，住宅前土地矶有个“白羊神”，每天晚上就变着白羊往下面港河洞里寻食，故名羊河洞。又传，清代，刘介安(1705—1770)从九岭施塅迁此地土墈脚下兴建铺房，与赵李桥洋楼洞一张姓老板合伙做茶叶生意，生意兴旺，人们称之为“小洋楼洞”，后来演变为洋河洞。2014年，有居民20户60人，水田59亩，旱地88亩，山林170亩。

砖屋岭　属马港镇石溪村，位于石溪村东部，距村委会驻地石溪熊家3千米。东邻湖南土地坡，南毗湖南白石村，西接孟家冲，北靠谭家。此地原有童姓迁入后又迁出，清晚期，吕姓迁此岭上建房定居，因有女而无子，故招李白玉(1887—1953)入赘，后家业兴旺，遂全部用烧制的青砖做墙建房。因当时石溪一带除屋基用烧制的青砖外，上部全用黄土夯墙做成土墙，故此成为当地一大亮点，遂依其综合地形命村庄名为砖屋岭。2014年，有居民38户150人，水田162亩，旱地205亩，山林524亩。

第十九节　松港村及所属聚落

【松港村】　马港镇辖村，位于马港镇东部，村委会驻地任家坳，距马港中心集镇8.5千米。东毗邻长港，南接程坳村，西连五里镇五斗村，北靠毛塅村，辖区面积7.8平方千米。因域内有地片松港而得村名。1950年，属通城县九岭区马港乡三村、毛塅乡五村、毛塅乡三村；1955年，设双马三社、九岭五社、九岭七社，属马港乡；1958年人民公社化，双马三社、九岭五社、九岭七社变更为三、五、七大队，属崇阳县九岭人民公社双马管理区；1961年恢复区镇建制，三、五、七大队分别变更为松港、王坊、朗山大队，属通城县九岭区双马公社；1971年，松港、王坊、朗山大队合并为松港大队；1975年撤区并社，属九岭公社；1977年，松港大队分设为松港(王坊并入松港)、朗山大队；1981年，松港(含王坊)大队分设为松港、王坊大队，朗山大队未变；1984设区建乡，松港大队更名为松港村，属九岭区马港乡，王坊、朗山大队分别更名为王坊、朗山村，属九岭区石溪乡；1987年区乡体制改革，石溪乡并入马港镇；1992年，石溪乡从马港镇分出，王坊、朗山村属石溪乡；2001年调整乡镇行政区划，潭下乡、九岭乡、石溪乡、马港镇合并为马港镇；2002年，松港、王坊村合并为松港村，朗山村未变；2003年，松港、朗山村合并为松港村。境内有“九狮望高楼”“七星伴月”“三关九锁”、数百年古樟树、张家圣泉等自然景点；2014年在任家坳新建办公楼，建筑面积160平方米，内设便民服务厅、卫生室。下辖8个村民小组，有20个居民点。居民有张、毛、吴、熊、徐、胡、毕、任、杨、陈、李等姓，以张、毛、吴姓为主。距G106国道、武深高速进出口公路里程分别为7千米、10千米，居民点全部通公路。2014年，有居民510户2050人，水田77.8公顷，旱地9.1公顷，山林276.7公顷。村民以种植水稻、红薯、茶叶、油茶为主。经济来源主要为务农、务工、经商，年人均纯收入5657元。

朗山地片　属马港镇松港村，位于松港村西部，距马港中心集镇9千米。东连向家，南下毕家，西接杉树坡，北靠毛塅村半岭。此地有山峰，登峰远眺程坳、松港、马港、毛塅、白竹、九岭景况一目了然，明朗开阔，遂以此意境命山峰名朗山，地片名由此而来。下辖3个村民小组，有6个居民点。距G106国道、武深高速进出口公路里程分别为8千米、12千米，居民点全部通公路。2014年，有居民135户610人，水田21.3公顷，旱地2.6公顷，山林106.7公顷。

松港地片　属马港镇松港村，位于松港村东南部，距马港中心集镇8千米。东连马港村，南接石溪，西靠五里五斗村，北邻朗山。因小河流松港在此发源而得地片名。下辖3个村民小组，有8个居民点。距G106国道、武深高速进出口公路里程分别为8千米、12千米，居民点全部通公路。2014年，有居民260户890人，水田36公顷，旱地3.3公顷，山林116.7公顷。

王坊地片　属马港镇松港村，位于松港村南部，距马港中心集镇9.5千米。东连任家坳，南接正安屋，西靠石家基，北邻下毕家。因域内古有以王姓作坊命名的王家坊而得地片名。下辖2个村民小组，有6个居民点。距G106国道、武深高速进出口公路里程分别为8千米、12千米，居民点全部通公路。2014年，有居民107户430人，水田20.3公顷，旱地1.8公顷，山林60公顷。

枞树塅　属马港镇松港村，位松港村东部，距村委会驻地任家坳1.8千米。东连文通屋，南靠叶家坡，西接张家，北毗邻胡家。此地为一面积较大的平地，古时，塅上长满枞树，故称枞树塅。清代，熊学仁(1767—1841)从县城南门迁此建房定居，以塅名命村庄名。2014年，有居民29户120人，水田90亩，旱地13亩，山林200亩。

高家坡(又名高葛坡)　属马港镇松港村，位松港村东南部，距村委会驻地任家坳600米。东连张家，西接王竹坡，南靠下高冲，北毗邻任家坳。宋、元时期，此地山坡的东面为高姓居住地，西面为葛姓安家之所，故以两家姓氏综合其地形命名高葛坡，本地方言"家"与"葛"音相近，故又称村庄名为高家坡。后高、葛两姓均无后人，徐如安(1796—1861)入住，仍用原村庄名。2014年，有居民31户130人，水田75亩，旱地7亩，山林200亩。

高升屋(又名王家坊、王家宝)　属马港镇松港村，位松港村西南部，距村委会驻地任家坳1千米。东接毛咀塝，西连石家咀，南靠大屋冲，北毗邻毕家。据传，西汉末年，农民起义军(绿林军)领袖王匡部被另一支农民起义军(赤眉军)击败，率残部躲到此地田家山南边山脚下开荒破草，建造房屋，命村庄名为王家坊(王匡死后，葬松木鱼形山，人们为了纪念王匡，在鱼形山上修建绿林大王庙，此庙延续至今)。宋代，王姓为避战乱外迁。又传，此地有一颗沉香树，有天然"三关""九锁""七星伴月"景点，故又名"王家宝"。又此地四面环山，两溪相汇，一溪之上有九座石桥，有"九桥锁溪"之说，农田之内散落七块大石英石，为"七星伴月"之景。溪水弯弯曲曲地流向百花坛城隍庙，其间有六座山头环抱，看不到溪水去向。清代，毛高升(1778—1853)从下高冲迁王家坊旧址建房定居，以其名命村庄名为高升屋。2014年，有居民25户90人，水田66亩，旱地7亩，山林200亩。出生于该居民点的各界代表性人物有：毕胜(1958—)，原任成都军区军事检察院检察长，2014年任四川省国土资源厅副厅长；毛仁初(1951—)，硕士研究生学历，曾任昆明军区制药厂厂长、党委书记。

螺丝冲　属马港镇松港村，位松港村东北部，距村委会驻地任家坳1.6千米。东邻胡家，西连张家，南靠枞树段，北毗胡家岭。此地为长条形山沟，又因山沟两面山岭上有山峰似螺蛳，故称山沟为螺蛳冲。清代，张遇景(1735—1810)从张家迁山沟内建房定居，以山沟名命村庄名。2014年，有居民27户130人，水田85亩，旱地7亩，山林280亩。

毛家　属马港镇松港村，位松港村西部，距村委会驻地任家坳1.6千米。东邻茅坡，西连益模屋，南接黄泥塅，北靠毛塅。清末，毛理明(1835—1916)自下高冲迁此地建房定居，以其姓氏命村庄名为毛家。2014年，有居民26户120人，水田79亩，旱地6亩，山林260亩。

茅坡　属马港镇松港村，位松港村西部，距村委会驻地任家坳1.2千米。东连向家，南接任家坳，西靠益模屋，北邻田家山。清代，王贵朝(1835—1908)在此建房屋定居，因住宅后方山上长满茅草，故命村庄名为茅坡。2014年，有居民21户80人，水田53亩，旱地5亩，山林200亩。

任家坳　属马港镇松港村，位松港村中部，为村委会驻地，距马港中心集镇8.5千米。东、南两面环山，西、北为水田。此地为山岭分水处，清代，任冲霄(1662—1729)从蒲圻(今赤壁市)新店迁此地建房定居，以其姓氏综合地形命村庄名为任家坳。2014年，有居民29户140人，水田47亩，旱地3亩，山林120亩。

下高冲　属马港镇松港村，位松港村东南部，距村委会驻地任家坳1.3千米。东连长港，西接隽狭，南靠上高冲，北毗邻高家坡。此地为长条形山沟，因山沟地势高，且同方向有上、下两山沟，故分别称作上高冲、下高冲。明正德末年(1521)，毛万绪(1492—1524)从界头毛家迁此建房定居，以住宅所在的山沟名命村庄名为下高冲。2014年，有居民20户80人，水田58亩，旱地7亩，山林260亩。

向家　属马港镇松港村，位松港村西部，距村委会驻地任家坳1千米。东连张家，南接任家坳，西靠茅坡，北邻蔡家坡。清代，向佰荣(1807—1879)从蒲圻官塘迁此建房定居，以其姓氏命村庄名为向家。2014 年，有居民 36 户 130 人，水田 78 亩，旱地 7 亩，山林 260 亩。

张家　属马港镇松港村，位松港村东部，距村委会驻地任家坳 1 千米。东连松树塅，南接高家坡，西靠任家坳，北邻刘家岭。清代，张纯安(1680—1742)自程凤大坪坳迁此建房定居，以其姓氏命村庄名。2014 年，有居民 42 户 190 人，水田 94 亩，旱地 9 亩，山林 300 亩。该居民点有数百年的古樟树，20 世纪 70 年代这棵树忽然树枝全部干枯，一年半后复活，于 2013 年被林业部确定为原始森林保护物。树高 21.3 米，树干围 3.56 米，树冠为椭圆形，覆盖面积 129.8 平方米，树脚下有两井，水源充足，供数百人饮用。

第二十节　踏水村及所属聚落

【踏水村】　马港镇辖村，位于马港镇南部，村委会驻地杨塘坳，距马港中心集镇 5.5 千米。东北接九岭村，东南靠界上村，南邻灵官桥村，西连马港村，辖区面积约 12 平方千米。因域内有地片踏水而得村名。1950 年，属通城四区(九岭)灵踏乡踏水村、洞塅村、仰山村；1958 年，设公路七、八、九大队，属崇阳县九岭人民公社新生管理区；1961 年恢复区镇建制，公路七、八、九大队分别更名为踏水、仰山、洞塅大队，属通城县九岭区新生公社；1975 年撤区并社，原九岭区新生、中塅公社合并为新生公社，踏水、施塅合并为中心大队，洞塅、仰山大队合并为洞塅大队；1981 年，中心大队分设为踏水桥、施塅(划出)大队，洞塅大队未变(洞塅、仰山)，属杨塘坳公社；1984 年设区建乡，踏水桥、洞塅大队分别变更为踏水、洞塅村，属九岭区杨塘乡；1987 年，撤区并乡镇，属杨塘乡；2001 年调整乡镇行政区划，属马港镇；2002 年，踏水、洞塅村合并为踏水村。村内驻有九岭完小、鼎龙石材有限责任公司、踏水养猪专业合作社、通城县网络公司九岭营业部、村卫生室。下辖 23 个村民小组，有 24 个农村居民点。居民有杨、胡、钟、熊、赵、陈、王、黄、聂、程、刘、黎、何、毛、曾、李、吴、徐、金等姓，以杨、胡姓为主。2005 年购买原信用社办公房，2010 年改建办公楼、礼堂，建筑面积 510 平方米，内设有便民服务厅、党员活动中心、图书阅览室、文体活动场所等。106 国道、通界高速公路过境村域，居民点全部通公路。2014 年，有村民 549 户 2280 人，水田 110.6 公顷，旱地 4.8 公顷，山林 533.3 公顷。村民主要种植水稻、红薯、杂粮、油茶。经济来源主要是务农、养殖、务工、经商，年人均纯收入 5536 元。

洞塅地片　属马港镇踏水村，位于踏水村西部，距马港中心集镇 7.5 千米。东连九岭村，西邻马港村，南接灵官桥，北靠马港村，辖区面积 4.5 平方千米。因域内有长条形山沟和大块平地而合称地片名。下辖 10 个村民小组，有 9 个居民点。106 国道、通界高速公路过境村域，居民点全部通公路。2014 年，有居民 202 户 860 人，水田 39.5 公顷，旱地 20 公顷，山林 222.4 公顷。

踏水地片　属马港镇踏水村，位于踏水村中部，距马港中心集镇 6 千米。东接界上村，西连灵官桥村施塅，南接洞塅，北靠九岭村，辖区面积 4.5 平方千米。古时，距杨塘坳 1 千米的杨家门前小港中段，有一个三步两搭的水堰，人们进出踏水而过，称水堰名踏水，故而得地片名。下辖 9 个村民小组，有 10 个居民点。106 国道、通界高速公路过境村域，居民点全部通公路。2014 年，有 253 户 1020 人，水田 50.3 公顷，旱地 2.1 公顷，山林 215 公顷。

仰山地片　属马港镇踏水村，位于踏水村西部，距马港中心集镇 7.5 千米。东连竹坡，南毗洞塅，西靠马港村，北接九岭村，辖区面积约 3 平方千米。因域内有居民点仰山而得地片名。下辖 4 个村民小组，有 5 个居民点。106 国道、通界高速公路过境村域，居民点全部通公路。2014 年，有居民 94 户 400 人，水田 19.2 公顷，旱地 20 公顷，山林 222.4 公顷。

程家　属马港镇踏水村，位于踏水村中西部，距村委会驻地杨塘坳 2 千米。东连黎家岭，西与洞下连接，南与犁头咀相邻，北靠杨家。宋代，程远荣(1010—1063)从太平畈迁此建房定居，以其姓氏命村庄名为程家。2014 年，有村民 27 户 120 人，水田 84.86 亩，旱地 3.8 亩，山林 380 亩。

洞下　属马港镇踏水村，位于踏水村西部，距村委会驻地杨塘坳 2 千米。东接程家，南邻刘家，西毗宋家冲，北靠园坡。明隆庆年间，杨德吾由仰山老屋迁此建房定居，因住宅附近山头上有个洞约 30 平方米，故命村庄名为洞下。2014 年，有村民 23 户 90 人，水田 56.14 亩，旱地 2.4 亩，山林 218 亩。

黄鸦冲　属马港镇踏水村，位于踏水村南部，距村委会驻地杨塘坳 1 千米。东连徐家林，南邻西山，西毗坡下，北接王家坳。此地为长条形山沟，山沟中有一坡黄色枫树，树上栖宿许多乌鸦，以山沟枫树颜色、鸟雀名命名黄鸦冲。明代，陈基福(1353—1397)自湖南巴陵迁此建房定居，以山沟名命村庄名。2014 年，有村民 24 户 80 人，水田 69.5 亩，旱地 3.5 亩，山林 312 亩。

老屋　属马港镇踏水村，位于踏水村西部，距村委会驻地杨塘坳 2.6 千米。东接杨家，南邻仰山，西毗马港村，北靠竹坡。明嘉靖年间，杨谷溪由王家冲(又名黄家冲)迁此建房定居，依其姓氏命村庄名为杨家，后因此宅有子孙分支外迁，改命村庄名为老屋。2014 年，有村民 26 户 100 人，水田 60.34 亩，旱地 2.7 亩，山林 280 亩。出生于该居民点的各界代表性人物有：杨怀升(1949—)，1966 年入选空军飞行员，任飞行大队副大队长；1969 年飞歼五战机途中因发生故障而成功迫降，人机安全，受中央军委表彰；杨霞(1977—)，美国生物学博士，2014 年任美国圣地亚哥药物研究所研究员。

李家塝　属马港镇踏水村，位于踏水村西部，距村委会驻地杨塘坳 2 千米。东连下塅，西毗灵官桥熊家，南毗钟家，北靠赵家岭。此地为坡度较大的山坡，原有李姓居住，以其姓氏综合地形命村庄名为李家塝。后李姓外迁，民国三十一年(1942)，黎其香从五里锡坑迁此定居，仍用原村庄名。2014 年，有村民 25 户 90 人，水田 55.82 亩，旱地 2.8 亩，山林 294 亩。

李家岭　属马港镇踏水村，位于踏水村西部，距村委会驻地杨塘坳 3.5 千米。东连赵家岭，南接马洞村飞坳，西毗马港村岭塛屋，北靠王家冲。清代，李隆欢(又名李隆生，1863—1908)从五里湾头屋迁此建房定居，因住宅位于山岭之下，故以其综合居民姓氏命村庄名为李家岭。2014 年，有村民 20 户 90 人，水田 58.6 亩，旱地 2.8 亩，山林 332 亩。

黎家岭　属马港镇踏水村，位于踏水村中部，距村委会驻地杨塘坳 1 千米。东连坡下，西邻洞塅，南接施塅，北靠杨家。清代，黎宗顺(1644—1704)，由马畈张家楼(今二南屋)马畈柏树屋迁此建房定居，因住宅位于山岭之下，故以其综合居民姓氏命村庄名为黎家岭。2014 年，有村民 23 户 90 人，水田 66.6 亩，旱地 4.3 亩，山林 326 亩(附近有毛家、炭家坡、猪场小居民点在内)。出生于该居民点的熊肇西(女，1985—)，博士学位，2014 年在德国慕尼黑市工作。

聂家岭　属马港镇踏水村，位于踏水村东部，距村委会驻地杨塘坳 1.5 千米。东连界上村，南接施塅，西靠油石，北与黄鸦冲相邻。清乾隆年间，聂华冕从大庄迁此建房定居，因住宅位于山岭之下，故以其综合居民姓氏命村庄名为聂家岭。2014 年，有村民 23 户 90 人，水田 60.7 亩，旱地 1.5 亩，山林 243 亩。

坡下　属马港镇踏水村，位于踏水村西部，距村委会驻地杨塘坳 1 千米。东接聂家岭，南连油石，西毗黎家岭，北靠杨家。清代，刘奕连(1834—1900)自当地分支迁此建房定居，因住宅位于一片山坡下方，故命村庄名为坡下。2014 年，有村民 21 户 80 人，水田 67.67 亩，旱地 2.5 亩，山林 297 亩。

桥下塅(又名犁头嘴)　属马港镇踏水村，位于踏水村西部，距村委会驻地杨塘坳 2 千米。东连灵官桥村，南邻钟家，西接赵家岭，北连刘家。此地为一面积较大的平坦之地，清代，陈时义(1825—?)从九岭施家塅迁此建房定居，因住宅位于塅畈中的小桥下方，故命村庄名为桥下塅。2014 年，有村民 23 户 90 人，水田 69.8 亩，旱地 2.8 亩，山林 310 亩。

宋家冲　属马港镇踏水村，位于踏水村西部，距村委会驻地杨塘坳 3 千米。东邻洞下，南连刘家，西接王家冲，北靠仰山。此地为长条形山沟，原有宋姓居住，以其姓氏综合地形命村庄名为宋家冲。后宋姓外迁，杨石波(1594—?)由当地仰山老屋分支迁此地定居，仍用原村庄名。2014 年，有村民 42 户 180 人，水田 112.03 亩，旱地 5 亩，山林 590 亩。

王家坳　属马港镇踏水村，位于踏水村中部，距村委会驻地杨塘坳 200 千米。东连界上村，南邻九岭学校，北毗杨塘坳，西靠九岭村西源片。此地为山岭分水处，明代，王猷新(1384—1459)由南江鞍山联上屋迁此山坳上建房定居，以其姓氏综合地形命村庄名为王家坳。2014年，有村民27户110人，水田63.7亩，旱地2.48亩，山林346亩。

杨家　属马港镇踏水村，位于踏水村中部，距村委会驻地杨塘坳800米。东连赵家，南毗黎家岭，西连仰山，北靠竹坡。清代，杨春柱(1656—1726)由仰山老屋迁此建房定居，以其姓氏命村庄名。2014年，有村民36户130人，水田139.5亩，旱地4.7亩，山林405.5亩。村民以种植水稻、红薯、油菜为主，经济来源主要为务农、务工。出生于该居民点的各界代表性人物有：李志明(1983—　)，博士学位，2014年任国家行政学院副教授(副厅级)；杨悠悠(女，1984—　)，博士学位，2014年任中粮集团营养健康研究院高级工程师。

仰山七房　属马港镇踏水村，位于踏水村西部，距村委会驻地杨塘坳2.5千米。东邻竹坡，南连洞下塅，西毗马港村，北靠九岭村。此地有山峰名称坛藏埂，又名内峰山，其山形如座椅状，故又名仰山。清代，杨皋吾于清顺治年间，从仰山老屋迁居于此，以其排行综合山峰名命村庄名为仰山七房。2014年，有村民40户人，水田118.6亩，旱地3.7亩，山林560亩。出生于该居民点的杨亮(1984—　)，硕士毕业，2014年任中融乐投金融信息服务(北京)有限公司总裁。

杨塘坳(又名两塘坳)　属马港镇踏水村，位于踏水村中部，为村委会驻地，距马港中心集镇5.5千米。东连106国道，南接杨家，西邻仰山，北靠九岭村。此地为山岭分水处，山上原有水塘两口，路从两塘中间穿行，故名“两塘坳”。清代，胡盛书(1781—1855)从附近杨家分支迁山坳附近建房定居，以山坳名命村庄名为两塘坳。1937年因修武长公路将塘毁掉，后由谐音变称为“杨塘坳”。2014年，有村民38户140人，水田72.3亩，旱地3.6亩，山林414亩(附近有杨梅冲小居民点在内)。

油石屋　属马港镇踏水村，位于踏水村南部，距村委会驻地杨塘坳1.5千米。东邻聂家岭，西连黎家岭，南接灵官桥村枣树坪，北靠坡下。此地原有陈姓居住，村庄名为湾头陈家，后因战乱陈姓外迁。清代，熊光敏(1810—1852)从西源希贤屋熊家迁此定居。传祖屋内的天门口石踏步上有一酒盏大的石眼，每日早晨石眼中有一盏食用油，故命村庄名为油石屋。后来有人贪心，将石眼凿大，结果却没有油了。2014年，有村民38户180人，水田94.6亩，旱地6.2亩，山林537亩(附近有药材场、修炳屋、砖屋、桃树坡等小居民点在内)。出生于该居民点的熊师飞(1930—1995)，历任中央核工业部俄语翻译，华东地质学院教研室主任、政治经济学教授。

钟家　属马港镇踏水村，位于踏水村南部，距村委会驻地杨塘坳2千米。东邻灵官桥村郝家坳，南连桥下段熊家，西接马洞村，北靠下塅。清代，钟圣临(1686—?)由平江上塔市上屋迁此建房定居，以其姓氏命村庄名。2014年，有村民20户80人，水田49.32亩，旱地2.6亩，山林294亩。

第二十一节　潭下村及所属聚落

【潭下村】　马港镇辖村，位于马港镇东部，村委会驻地石门山，距马港中心集镇7千米。东连平湖村，南接易塅村，西邻彭塅村，北界何婆桥村，辖区面积8.75平方千米。因域内有地片潭下而得村名。1950年，属通城县水兴区潭下乡；1955年，设农联四、六社，属九岭区潭下乡；1958年人民公社化时，农联四、六社变更为四、六大队，属崇阳县九岭人民公社灯塔管理区；1961年恢复区镇建制，属通城县九岭区灯塔公社；1971年，四、六大队分别更名为青源、潭下大队；1975年撤区并社，属灯塔公社；1981年，灯塔公社更名为潭下公社；1984年设区建乡，青源、潭下大队分别变更为青源、潭下村，属九岭区潭下乡；1987年撤区并乡镇，原潭下、平湖乡合并为潭下乡；2001年，调整行政区划，青源、潭下村合并为潭下村。境内有著名景点“百丈潭”、百丈潭二级电站、潭下完小、潭下幼儿园、村卫生室等，下辖9个村民小组，有20个农村居民点。有熊、杨、刘、毕、胡、郑、郭、谌等姓，以熊、杨二姓为主。2006年新建村委会办公楼，建筑面积117平方米，内设便民服务厅、图书阅览室、党员活动中心、办公设施齐全。距G106国道、武深高速进出口公路里程分别为5.4千米、8.4千米，居民点全部通公路。2014年，有居民452户1830人，水田64.2公顷，旱地15.7公顷，山林174.2公顷。村民主要种植水稻、红薯、油茶、油菜等，经济来源主要为务农、务工、经商，年人均纯收入3875元。

青源地片 属马港镇潭下村，位于潭下村西部，距马港中心集镇10千米。东邻潭下片，西毗彭塅村，南连易塅村，北接何婆桥村，辖区面积4平方千米。因域内有居民点青源面得地片名。下辖4个村民小组，有9个居民点。距G106国道、武深高速进出口公路里程分别为6.2千米、3.2千米，居民点全部通公路。2014年，有村民180户770人，水田22.2公顷，旱地5.7公顷，山林73.7公顷。

潭下地片 属马港镇潭下村，位于潭下村东南部，距马港中心集镇7千米。东连平湖村，南接易塅村，西毗彭塅村，北界青源村，辖区面积4.75平方千米。因该地片处于百丈潭下方而得地片名。境内有通城著名景点“百丈潭”、百丈潭二级电站、潭下完小、潭下乖乖娃娃幼儿园。下辖5个村民小组，有11个居民点。距G106国道、武深高速进出口公路里程分别为5.4千米、8.4千米，居民点全部通公路。2014年，有村民272户1060人，水田42公顷，旱地10公顷，山林93.9公顷，村民主要种植水稻、红薯、花生。

毕家 属马港镇潭下村，位于潭下村北部，距村委会驻地石门山1.7千米。东接曾家岭，南邻刘家，西对黄家，北靠黄鹤村。明崇祯年间，毕柱由蒲圻毕家冲迁此建房定居，以其姓氏命村庄名。2014年，有居民36户130人，水田66亩，旱地25亩，山林140亩。

枫树埚 属马港镇潭下村，位于潭下村北部，距村委会驻地石门山2千米。东邻青源，南连长坪，西接郑家岭，北靠山峰。此地为四周高中间低凹的洼地，又因洼地古时长有成片枫树，故名枫树埚。1952年，熊和顺(1889—?)由青源迁此建房定居，以埚名命村庄名。2014年，有居民40户130人，水田78亩，旱地15亩，山林187亩。

郭家 属马港镇潭下村，位于潭下村西部，距村委会驻地石门山3千米。东邻枫树埚，南连毛田，西毗郑家岭，北接黄鹤村。清代，郭中七由江西省南昌府祖基县迁此定居，以其姓氏命村庄名。2014年，有居民35户140人，水田63亩，旱地15亩，山林203亩。

黄家 属马港镇潭下村，位于潭下村东部，距村委会驻地石门山1.5千米。东靠村级公路，南接刘家，西邻青源，北连胡家。此地原为黄姓居住地，以其姓氏命村庄名为黄家。后黄姓外迁，聂希胜于清乾隆年间从金山清凉大屋聂家迁此地定居，仍用原村庄名。2014年，有居民40户170人，水田79亩，旱地21亩，山林25亩。

刘家 属马港镇潭下村，位于潭下村东部，距村委会驻地石门山600米。东接曾家岭，南邻杨家，西连青源，北靠黄家。清代，刘贵生(1652—1730)迁入定居，以其姓氏命村庄名。2014年，有居民40户140人，水田75亩，旱地30亩，山林204亩。

盛德屋 属马港镇潭下村，位于潭下村西部，距村委会驻地石门山2千米。东连石门山，南毗青源，西对朱华门，北靠郑家。清代，熊正江(1764—1832)从朱华坳迁此定居，以其字命村庄名。2014年，有居民23户90人，水田42亩，旱地15亩，山林134亩(附近有小居民点长坪)。

石门山(又名新石门山) 属马港镇潭下村，位于潭下村东部，为村委会驻地，距马港中心集镇7千米。东与杨家对面，南接易塅孔家，西邻青源，北靠刘家。清代，熊胜痒(1691—?)从原居(老石门山)迁此建房定居，以前方的石门山(因山上巨石高耸形同门板而命名石门山)命村庄名。为区别于原居石门山，改原居名为老石门山，新居又名新石门山。2014年，有居民50户240人，水田122亩，旱地30亩，山林288亩。出生于该居民点的各界代表性人物有：熊育铭(1931—)，高级工程师，历任国家建设部建筑设计院主任、中国建设部资格审查委员会委员、中国建筑学会学术委员会委员；熊聘农(1949—)，国家一级电影编剧，曾任湖北电影制片厂编剧。

杨家 属马港镇潭下村，位于潭下村东部，距村委会驻地石门山500米。东靠杨洛山，西对石门山，南邻谌家岭，北接毕家。明代，杨广梁(1327—1385)从临湘迁此建房定居，以其姓氏命村庄名。2014年，有居民22户100人，水田59亩，旱地18亩，山林285亩。

曾家岭 属马港镇潭下村，位于潭下村东部，距村委会驻地石门山2千米。东毗平湖村，南邻谌家岭，西靠百潭公路，北接毕家。此地原为曾姓的山地，故以其姓氏综合地形命名为曾家岭。明代，曾姓迁往湖南冬塔曾家岗，熊贵湾(1426—1484)从易塅迁此定居，仍用原村庄名。2014年，有居民35户120人，水田63亩，旱地20亩，山林280亩。出生于该居民点的熊金胜(1980—)，博士学位，2014年任中国兵器集团干部处处长。

郑家岭 属马港镇潭下村，位于潭下村东部，距村委会驻地石门山3千米。东临青源，南毗新屋，西连郭家，北靠枫树埚。清初，郑少峰(1612—?)从五里石板铺迁此建房定居，因住宅位于山岭下方，故以其综合姓氏命村庄名为郑家岭。2014年，有居民20户140人，水田67亩，旱地18亩，山林196亩。

第二十二节 易塅村及所属聚落

【易塅村】 马港镇辖村，位于马港镇东南部，村委会驻地庙咀，距马港中心集镇11千米。东接平湖、高峰村，西邻彭塅村，南连丁仙村，北靠潭下村，辖区面积约6.11平方千米。因域内有地片易家塅而得村名。1950年，属通城县水兴区易塅乡；1955年，设农联七、八、九社，属九岭区潭下乡；1958年人民公社化时，农联七、八、九社分别变更为七、八、九大队，属崇阳县九岭公社灯塔管理区；1961年恢复区镇建制，属通城县九岭乡灯塔公社；1971年，七、八、九大队合并为易塅大队，属九岭区灯塔公社；1975年撤区并社，易塅大队分设为易塅(七大队)、花岭(八大队)、高塘(九大队)大队，属灯塔公社；1981年，灯塔公社更名为潭下公社；1984年设区建乡，易塅、花岭、高堂大队分别变更为易塅、花岭、高堂村，属九岭区潭下乡；1987年区乡体制改革，属潭下乡；2001年调整乡镇行政区划，潭下乡、九岭乡、石溪乡、马港镇合并为马港镇；2004年，易塅、花岭、高塘村合并为易塅村。下辖12个村民小组，有19个农村居民点。居民有熊、傅、孔、毛、陈、龙、王、游、皮、胡、杜、徐等姓，以熊姓为主。1978年，易塅小学被改建为村委会办公楼，建筑面积520平方米，设有便民服务厅、村卫生室。距G106国道、武深高速进出口公路里程分别为11千米、15千米，居民点全部通公路。2014年，有村民311户1510人，水田529.8公顷，旱地21.7公顷，山林241公顷。村民主要种植水稻、红薯。经济来源主要是务农、务工、经商，年人均纯收入5497元。

花岭地片 属马港镇易塅村，位于易塅村南部，距马港中心集镇12千米。东接驼背石，西邻高塘，南连丁仙村，北靠庙塆屋，辖区面积2.2平方千米。该地片有山岭，春季来临之时，漫山遍岭一片花海，故以此命山岭名花岭。明代，熊明端(1457—1516)在此建房定居，不久后，游、胡、王、皮等姓先后在此定居，逐渐形成一个有6个居民点的地片。距G106国道、武深高速进出口公路里程分别为12千米、15千米，居民点全部通公路。2014年，有村民105户460人，水田15.9公顷，旱地6.4公顷，山林92.2公顷。

易家塅地片 属马港镇易塅村，位于易塅村东部，距马港集镇11千米。东接平湖、高峰村，西邻彭塅村，南连花岭地片，北靠潭下村，辖区面积约2.5平方千米。此地片为一面积较大的平坦之地，宋、元时期为易姓居住地，以其姓氏、地形综合命名易家塅，并由此而得地片名。后因战乱，易姓大多外迁。明洪武二年(1369)，熊原逊(字洞仙，1342—1403)从江西省修水县郭城迁入定居，编户二甲，为迁通熊姓始祖。后有傅、孔、毛、陈、龙等姓氏先后迁入此地片定居，逐渐形成一个有10个居民点的地片。距G106国道、武深高速进出口公路里程分别为11千米、15千米，居民点全部通公路。2014年，有村民124户670人，水田23.9公顷，旱地10公顷，山林104.2公顷。

八字屋 属马港镇易塅村，位于易塅村东北部，距村委会驻地庙咀100千米。东接驼背石，西邻坝上，南连庙咀，北靠傅家。清代，熊学成(1718—1793)从灵官桥村桥下塅熊家迁此定居，建有一栋石大门口呈“八”字形的房屋，并以此命村庄名为八字屋。2014年，有村民30户220人，水田112亩，旱地46亩，山林458亩[附近有毛家、老屋、新屋(又名陈井屋)小居民点]。

邓家屋(又名开榜屋) 属马港镇易塅村，位于易塅村西南部，距村委会驻地庙咀1.2千米。东接潭高路，西邻高塘，南连易家坡，北靠咀上屋。宋、元时期，此地为邓姓居住地，以其姓氏命村庄名为邓家屋。后因战乱邓姓外迁，熊中玫(号开榜1757—1825)，在此建房定居，仍用原村庄名，也有人以其名字称为开榜屋。2014年，有村民46户210人，水田106亩，旱地44亩，山林640亩(附近有以神屋、荣拔屋、王家屋3个小居民点)。

高塘(又名高塘老屋) 属马港镇易塅村，位于易塅村西部，距村委会驻地庙咀1千米。东接高塘新屋，西邻界上村，南连丁仙村，北靠坝上。明代，熊子高(1421—1489)从易塅迁此地建房定居，因住宅地势高，门前有池塘，遂命村庄名为高塘，也称作高塘老屋。2014年，有村民26户100人，水田65.5亩，旱地25亩，山林220亩(附近有靠背埚、竹埚、瓦口埚等小屋)。

李家楼 属马港镇易塅村，位于易塅村东南部，距村委会驻地庙咀500米。东接驼背石，西邻潭高公路，南连吴婆冲，北靠庙塆。宋、元时期，此地为李姓居住地，因其住宅为楼房结构，故以其综合居民姓氏命村庄名为李家楼。后因战乱李姓外迁，熊伯济(1488—1550)、熊伯端(1493—1527)、熊伯智(1497—1549)三兄弟从庙塆屋迁入此地定居，仍用原屋名。2014年，有村民25户90人，水田46亩，旱地18亩，山林276亩。

庙咀 属马港镇易塅村，位于易塅村东部，为村委会驻地，距马港中心集镇11千米。东接驼背石，西临刚德屋，南连庙塆，北靠八字屋。此地为山岭延伸后形成的山体突出前端，山咀边原有庙宇，故称山咀为庙咀。清代，在庙咀旁建熊氏宗祠，1958年人民公社化时，易塅大队在祠堂内设立学校、加工厂。1990年，熊、陈姓迁入此地建房定居，依山咀名命村庄名。2014年，有村民2户10人，水田7亩，旱地3亩，山林40亩。

庙塆屋 属马港镇易塅村，位于易塅村东南部，距村委会驻地庙咀200米。东接蛇背石，西邻刚德屋，南连李家楼，北靠庙咀。此地由山岭围成半圆(俗称塆，后文相类似地形皆称“塆”)。旧时，塆内有一座庙，故名庙塆。明代，熊原逊(1342—1403)从江西省修水县郭城迁入此地，在庙东南方100米处建修草堂定居，编户二甲，为迁通熊姓二甲始祖。原逊子孙后代勤耕苦做，艰苦创业，分期建起上下三重堂屋、左右两旁数间厢房的庙塆新居，成为迁通熊姓始祖(二甲)的发祥地，以庙名命村庄名为庙塆屋。2014年，有村民13户50人，水田30.6亩，旱地10.5亩，山林161亩。出生于该居民点的熊征(1980—)，博士学位，2014年任某军校讲师，副团级。

新屋(又名高塘新屋) 属马港镇易塅村，位于易塅村西南部，距村委会驻地庙咀1千米。东接易家塅，西邻高塘老屋，南连丁仙村，北靠坝上。清代，熊胜金(1739—1820)由高塘迁入此地建房定居，为区别于祖居，称此宅为新屋(又称高塘新屋)，改称原居为高塘老屋。2014年，有村民31户130人，水田65.5亩，旱地26亩，山林262亩。

第二十三节 中塅村及所属聚落

【中塅村】 马港镇辖村，位于马港镇西南部，村委会驻地黄家塝，距马港中心集镇11千米。东接湖南平江县冬塔乡，西连马洞村，南邻湖南板江过塅村，北靠灵官桥村，辖区面积约7.24平方千米。因域内有地片中塅而得村名。1950年，属通城县中塅乡彭洞、中塅村；1958年，中塅村分设中塅、荷叶大队，彭洞村变更为彭洞大队，属崇阳县九岭公社新生管理区；1961年恢复区镇建制，属通城县九岭区中塅公社；1971年，荷叶、中塅大队合并为中塅大队，彭洞大队未变；1975年撤区并社，新生、中塅公社合并为新生公社；1981年，新生公社更名为杨塘坳公社；1984年设区建乡，中塅、彭洞大队分别变更为中塅、彭洞村，属九岭区中塅乡；1987年撤区并乡镇，属九岭乡；2001调整乡镇行政区划，九岭乡、潭下乡、石溪乡、马港镇合并为马港镇；2002年，中塅、彭洞村合并为中塅村。村民房屋呈块状分布，下辖13个村民小组，有17个农村居民点。有中塅完小、村卫生室、鸿运金属厂、金福阳科技有限公司等。居民有杨、刘、黄、陈、熊、曾、孔、钟、童、龚、张、易、李、罗等姓，以杨、刘二姓为主。2003 年，中塅完小临街一截被改建成村委会办公场所，建筑面积 108 平方米，设有便民服务厅。距 G106 国道、武深高速进出口公路里程分别为 3 千米、10 千米，居民点全部通公路。2014 年，有村民 490 户 2040 人，水田 121.4 公顷，旱地 205.7 公顷，山林 527 公顷。村民主要种植水稻、红薯、杂粮，经济来源主要为务农、务工、酿酒、经商，年人均纯收入 5260 元。1925 年 11 月，赵世当发展青年读书团骨干成员黄云岸、刘书堂、徐步云、洪金源 4 人入党，在中塅黄家边黄云岸家举行宣誓，为通城县第一批中共党员，成立通城县第一个中共小组——黄家边小组，组长为黄云岸。

彭家洞地片　属马港镇中塅村，位于中塅村南部，距马港中心集镇 12 千米。东接湖南平江冬塔乡，西连马洞村，南邻湖南板江乡过塅村，北靠灵官桥村，辖区面积约 2.8 平方千米。因域内有居民点彭家洞而得地片名。以彭洞港流入中塅的水口上为洞口，发源于张相山的彭洞港从中部穿过，两面崇山峻岭，山清水秀，为通城县"三溪九港十八洞"之一洞。下辖 5 个村民小组，有 8 个居民点；开办有民营企业金福阳湖北科技发展有限公司。距 G106 国道、武深高速进出口公路里程分别为 3 千米、10 千米，居民点全部通公路。2014 年，有村民 191 户 750 人，水田 31.9 公顷，旱地 73.4 公顷，山林 187.5 公顷。

中塅地片　属马港镇中塅村，位于中塅村北部，距马港中心集镇 11 千米。东接湖南平江冬塔乡，西连马洞村，南邻彭家洞地片，北靠灵官桥村，辖区面积约 4.44 平方千米。因域内有居民点中塅而得地片名。下辖 8 个村民小组、9 个居民点。片区内有民营企业鸿运金属厂、中塅完小。距 G106 国道、武深高速进出口公路里程分别为 3 千米、10 千米，居民点全部通公路。2014 年，有村民 299 户 1280 人，水田 69.9 公顷，旱地 112.2 公顷，山林 338.8 公顷。

黄家塝　属马港镇中塅村，位于中塅村中部，为村委会驻地，距马港中心集镇 12 千米。除建有村委会办公楼外，学校、商店、医疗点都集中此地。东接金堂，西邻马洞村，南连彭洞，北靠中塅熊家屋。此地为地势较高的山坡（俗称塝）。明代，黄盛腾（1432—1504）在此地山坡上建房定居，以其姓氏综合地形命村庄名为黄家塝。清初，黄姓因故外迁至黄狮洞定居，刘、杨姓先后迁入，仍用原村庄名。2014 年，有居民 70 户 350 人，水田 300 亩，旱地 525 亩，山林 1300 亩。

黄泥塅　属马港镇中塅村，位于中塅村南部，距村委会驻地黄家塝 3.5 千米。东连平江联心村，南邻张师山，西接吴姓昌，北靠彭洞。此地为夹在山岭之间面积较大的平地，又因塅内为黄土地质故称。清代，湖南南江沙塅陈万兴（1799—1828）来塅内建房定居，以塅名命村庄名。2014 年，有居民 31 户 180 人，水田 70 亩，旱地 115 亩，山林 246 亩。

黄狮洞　属马港镇中塅村，位于中塅村南部，距村委会驻地黄家塝 1.5 千米，处张师山北麓。东接冬塔乡联心村，西邻彭洞，南连张师山黄泥塅，北靠金塘山界，四面环山。此地为一长条形山沟出口处有一座石山咀，形如狮头，栩栩如生，故命为黄狮洞。明代，黄添秀（1466—1508）迁洞内建房定居，以山洞名命村庄名。2014 年，有居民 30 户 130 人，水田 123 亩，旱地 184 亩，山林 467 亩。

牌坊屋　属马港镇中塅村，位于中塅村西部，距村委会驻地黄家塝 1 千米。东靠彭洞港，西连西头场，南邻彭洞，北接水口上。古时，此地住杨姓，依其姓氏命村庄名为杨家。明代，杨大颐中拔贡后任黄州府黄冈县教谕、府官；其弟杨大容也先后任宜阳县训导、平江县教谕，后任知县。当时，官府准彭洞杨姓修建八字大门和圆门口，朝廷还赐彭洞杨姓半副銮驾，即一个金龙头、四个高脚牌（有"肃静回避"四个字）、两条銮棍、两个金瓜砣、两把月琴、一把万名伞、一座官轿。故改村庄名为八字门、圆门口。清乾隆年间，杨日章（1717—1739）英年早逝，其结发妻徐氏（1709—1770）未育，贞节守寡 29 年，由巡抚呈报，乾隆皇帝准奏为徐氏在八字门前修建跨路贞节牌坊，牌坊修成后，再改村庄名为牌坊屋。1966 年"文化大革命"期间，牌坊被拆除。2014 年，有村民 41 户 160 人，水田 112 亩，旱地 145 亩，山林 621 亩。

彭洞　属马港镇中塅村，位于中塅村南部，距村委会驻地黄家塝 1 千米。东接湖南平江冬塔乡，西连马洞村，南邻湖南板江村过塅村，北靠牌坊屋。此地为一长条形山沟，古有彭姓在此地居住，以其姓氏综合地形命村庄名为彭洞。后因避战乱外迁，杨守情(1510—1589)从马洞迁入定居，仍用原村庄名。2014 年，有村民 99 户 410 人，水田 251 亩，旱地 600 亩，山林 1532 亩。

缺头山(又名出龙山)　属马港镇中塅村，位于中塅村南部，距村委会驻地黄家塝 2 千米。东接黄泥塅山麓，西邻岳阳钟家山，南连吴姓昌，北靠彭洞。此地原名“出头山”，素有“九九十八关，关关关在出头山”之说。相传古时候很多风水先生争先前来“出龙山”看地，认为此地可能要出天子。此事传入朝廷，朝廷用宝镜照到鄂南端有帝王之气，但每次用宝境照时总是被一朵云雾遮住，看不到具体位置，遂派风水先生前来此地私访。通过私访，发现有一人家有条狗日夜守在屋上，与别的看家狗不同，风水先生看出其中原因。风水先生造访这家主人却遭到戏弃，怀恨在心，遂设计除掉此狗。风水先生对主人说鸡飞狗上屋，种种不吉利，劝其除掉此狗以求平安。主人信其言，除掉屋上之狗。狗被除后，朝廷再用宝镜照时，即照出帝王之气来自出头山，遂派官兵毁此山。官兵白天在此山挖走的土，晚上却恢复原位，如此数天还是完好如初。这时，土地神见官兵如此辛苦，就托梦给挖山官员：“不怕千人担，万人挑，只怕童针钉断腰。”梦醒后，官员找了两个童男童女埋在半山腰，此时，整个“出头山”的楠竹炸开，竹中一小童刚要跨上骏马时却夭折。从此以后，世人就改称此山为“缺头山”。明代，杨仕佐(1503—1574)从马洞迁入，以山名命村庄名。2014 年，仅 3 户 10 人，水田 131 亩，旱地 239 亩，山林 220 亩。

牙塝　属马港镇中塅村，位于中塅村北部，距村委会驻地黄家塝 1.5 千米。东接平江县冬塔乡泉水村，西邻国宝屋，南连塝上，北靠灵官桥村。此地为地势较高的山坡，古时此地烧砖瓦窑，名瓦窑塝，后人错叫为牙塝。清初，木工孔连玉(1651—1679)在九岭富户人家做手艺，发现此地山清水秀，土地肥沃，从蒲圻(今赤壁)东西坪迁此山坡上购置田地建房定居，以山坡名命村庄名。2014 年，有居民 41 户 160 人，水田 139 亩，旱地 247 亩，山林 627 亩。

第五章　麦市镇及所属聚落

第一节　麦市镇概况

位置面积　通城县辖镇，位于通城县东南部，镇人民政府驻向阳社区建设路48号，距县城20千米。麦市镇地处东经113°50′~114°00′，北纬29°02′~29°12′。东接塘湖镇白沙、图垅村，南界江西省桃树乡、湖南省南江桥镇，西邻关刀镇黄峰、金潭村，北连关刀镇方家村，全镇国土面积119平方千米。

插图6　麦市集镇(刘亚敏　摄)

来历及沿革　因域内有村名麦市而得镇名。1950年，属通城县麦市区，辖麦市、塘湖等地；1958年，改设崇阳县麦市区(先锋)人民公社，下辖黄袍、塘湖、麦市、麦市镇、陈塅、黄龙、鲤港、水兴、云溪9个管理区；1961年，设通城县麦市区，辖黄袍、塘湖、李塅、麦市、麦市镇、陈塅、盘石、黄龙等公社(镇)，同时将鲤港、水兴、云溪3个管理区划入新设立的水兴区；1975年2月设区建乡，麦市区分为盘石、黄龙、黄袍、塘湖、麦市5个公社；1984年元月撤社并区，设麦市区，下辖7乡1镇(黄龙乡、盘石乡、陈塅乡、麦市乡、凉亭乡、塘湖乡、黄袍乡、麦市镇)；1984年4月，麦市镇提升为县辖镇；同年12月，麦市区并入麦市镇，实行镇管乡；1987年1月，恢复麦市区，撤销麦市乡，将麦市乡划归麦市镇，区、镇并列，实行区管乡，麦市镇由县直辖；1987年9月，撤区并乡，将原陈塅乡、麦市镇合为麦市镇，黄龙山乡、盘石乡合并为黄龙乡；2001年4月，黄龙乡与麦市镇合并为麦市镇。

人文经济环境　设有18个行政村，1个向阳社区。2014年，有耕地2173.2公顷、园地377.1公顷、林地6708.3公顷，有177个村(居)民小组、3个城镇居民点、289个农村居民点(其中20户以下的170个，见表6)，7139户31850人，年人均纯收入9641元。麦市镇域内属丘陵和山地地形。四面环山，镇中心地势相对较为平坦。地质条件属垂直差异较大而水平差异较小的花岗岩地质为主体的丘陵地带，亚热带季风气候。四季分明，温湿适中，热量丰富，雨量充沛，光照适宜，早春回温迟，秋季降温慢，无霜期长。年平均气温在12.2℃～20.6℃，日绝对最高气温为39.6℃，日绝对最低气温为－15.2℃。年平均降水量1398.0mm～1978.8mm，常年主导风向为东北风。境内地理资源得天独厚，森林、水力、矿产、动、植物资源丰富，矿产资源有瓷土、钾长石、钽铌、绿柱石等矿藏。主要分布在麦市、何塅、金麦、红石村一带。已查明的各种矿产总储量达6300万吨，其中优质瓷土1200多万吨，石英石1500多万吨，钾长石2000多万吨，花岗石1600多万吨。主要动、植物资源有银杏、桂花、水杉、黄柏、杜仲、七叶一枝花、穿山甲、香獐等；还有国家二级保护的天然林树种金钱松，主要分布在黄龙山。2014年，全镇共有基本连片油茶基地1333公顷，楠竹蓄积量950万根，立木蓄积量14万立方米。境内地下水资源充足，垅、塅、畈皆可掘地汲水，高山、深谷也有甘洌清泉。古时候，居民主要在屋场旁掘井饮用泉水，域内主要有分水泉、九股泉、义井、丰筛泉等泉水，七里、株树村有优质天然矿泉水。麦市镇历史人文资源丰富。目前已查明文化遗存点30余处，其中3处列为全省重点保护单位，10处列为县级重点文物保护单位。土特产品众多，麦市河粉、干子、千张、豆油、腐乳、垈纸等传统手工工艺产品，至今久盛不衰。秦汉时期的历史名人"商山四皓"之一的吴实，出生在镇内七里村御井郑家，当地至今流传有吴实七世同堂、皇帝寻访遇神童的故事。境内黄龙山位于集镇东南部，主峰只角楼，海拔1528.3米，为通城县最高峰，地处湘、鄂、赣三省交界处，有一脚踏三省之称，历为佛教圣地，亦有道教活动。有G353国道、S259省道经过镇域，麦市中心集镇距杭瑞高速进出口23千米，行政村、居民点通公路率分别达到100%。

表6　**麦市镇2014年20户以下村庄基本情况一览表**

村庄名称	地理位置	名称由来	形成时间	户数人口
坳背坪	长冲村东北部，距村委会驻地500米	因村庄处山岭分水处侧后的坪畈上而得名	清代	12户50人
坳上	长冲村南部，距村委会驻地2千米	因村庄处山岭分水处而得名	清代	15户60人
白石埚	长冲村西北部，距村委会驻地2千米	以村庄所处的地形名命名	清代	15户60人
塝上	长冲村南部，距村委会驻地3千米	因村庄处坡度较大的山坡上而得名	清代	13户60人
长冲街	长冲村西北部，距村委会驻地500米	以所在地形和住宅形式命名	宋代	17户80人
长冲桥	长冲村北部，距村委会驻地600米	以村庄附近的桥名命名	1987	15户80人
长铺屋	长冲村西北部，距村委会驻地100米	以村庄形成初期房屋用途命名	清代	16户70人
茶棚	长冲村东部，距村委会驻地3.5千米	以村庄形成初期房屋用途命名	清代	11户40人
大垅	长冲村南部，距村委会驻地3千米	以村庄所在山沟名命名	清代	11户50人
大树峦	长冲村南部，距村委会驻地3千米	因村庄后山有大片树林而得名	1966	11户40人
当铺	长冲村南部，距村委会驻地3千米	以村庄形成初期房屋用途命名	清代	13户50人
堤坝头上	长冲村西部，距村委会驻地1.2千米	因村庄处石背水库堤坝一端而命名	1966	10户50人
方家塝	长冲村东部，距村委会驻地2千米	以最早迁入的居民姓氏和地形命名	明代	10户50人
甘家	长冲村西北部，距村委会驻地1千米	以最早迁入的居民姓氏命名	清代	12户60人
郭坪	长冲村南部，距村委会驻地2.8千米	因村庄位于石廓前方的平地上而得名	1966	13户70人
国家屋	长冲村南部，距村委会驻地2千米	以最早迁入的居民名字命名	清代	10户50人
何家屋	长冲村西部，距村委会驻地200米	以最早迁入的居民姓氏命名	明代	11户50人
和中屋	长冲村北部，距村委会驻地700米	以最早迁入的居民名字命名	清代	13户60人
老葛冲	长冲村北部，距村委会驻地800米	以最早迁入居民的年龄状况和地形命名	清代	15户80人
犁耙坳	长冲村北部，距村委会驻地1千米	以村庄形成之前房屋用途和地形命名	清代	17户60人

续表

村庄名称	地理位置	名称由来	形成时间	户数人口
刘家冲	长冲村南部，距村委会驻地 3 千米	以最早迁入的居民姓氏和地形命名	清代	12 户 40 人
十字路	长冲村中部，距村委会驻地 200 米	因村庄处公路交叉路口而得名	1980	17 户 90 人
石背屋	长冲村西部，距村委会驻地 1.2 千米	因村庄处岩石地质的山岭一侧而得名	明代	13 户 60 人
孙家垅	长冲村北部，距村委会驻地 1 千米	以最早迁入的居民姓氏和地形命名	明代	16 户 70 人
文家屋	长冲村东北部，距村委会驻地 1.2 千米	以最早迁入的居民姓氏和地形命名	清代	18 户 90 人
伍家排	长冲村东北部，距村委会驻地 500 米	以最早迁入的居民姓氏和地形命名	明代	14 户 60 人
下冲	长冲村西部，距村委会驻地 1 千米	以村庄所在的山沟名命名	清代	11 户 40 人
哑巴屋	长冲村南部，距村委会驻地 3.5 千米	以最早迁入居民的身体状况命名	清代	13 户 60 人
杨柳屋	长冲村东北部，距村委会驻地 1 千米	以最早迁入居民的名字命名	清代	15 户 70 人
窑棚	长冲村北部，距村委会驻地 200 米	以村庄形成前房屋用途命名	1975	17 户 70 人
叶埚	长冲村北部，距村委会驻地 1 千米	以最早迁入居民的姓氏和地形命名	明代	18 户 90 人
山下屋	陈塅村东部，距村委会驻地 700 米	因村庄处山岭下方而得名	明代	16 户 70 人
白岭	何塅村南部，距村委会驻地 5.5 千米	因村庄所在山岭为白色土壤而得名	民国时期	8 户 40 人
本济庙	何塅村东部，距村委会驻地 1 千米	以附近的庙宇名命村庄名	明代	6 户 30 人
大旗石	何塅村南部，距村委会驻地 1 千米	因村庄形成初住宅门口竖有很大的旗杆石而得名	明代	8 户 30 人
对门屋	何塅村北部，距村委会驻地 400 米	因住宅门口与另一村庄相向而得名	清代	10 户 50 人
堆坪	何塅村南部，距村委会驻地 2.5 千米	因村庄位于似土堆一样的平地上而得名	清代	16 户 90 人
墩上屋	何塅村南部，距村委会驻地 4.5 千米	因村庄位于似土墩一样的平地上而得名	明代	15 户 70 人
金家	何塅村南部，距村委会驻地 1 千米	以最早迁入的居民姓氏命名	清代	11 户 50 人
李记坪	何塅村南部，距村委会驻地 6 千米	因村庄距后方坟墓祭坪 1 里路而得名	清代	10 户 50 人
泉垅	何塅村南部，距村委会驻地 6 千米	因村庄处有泉水的山沟而得名	中华人民共和国成立之初	2 户 10 人
上门	何塅村东部，距村委会驻地 600 米	以迁入最早的居民所属门派而命名	清代	14 户 70 人
石垅山	何塅村南部，距村委会驻地 3.5 千米	以村庄所在的山岭名命名	民国时期	1 户 5 人
王家垅	何塅村南部，距村委会驻地 5 千米	以最早迁入的居民姓氏和地形命名	清代	10 户 40 人
坳背屋	红石村南部，距村委会驻地 5 千米	因村庄位于山岭分水处一侧而得名	清代	3 户 10 人
地埚金家	红石村南部，距村委会驻地 3 千米	以所在地形及居民姓氏命名	清代	5 户 20 人
坟坑	红石村南部，距村委会驻地 200 米	因村庄所在的山沟有很多坟而得名	清代	6 户 30 人
干垅	红石村南部，距村委会驻地 5.3 千米	因村庄所在山沟没有水源而得名	明代	12 户 50 人
红源大屋	红石村北部，距村委会驻地 100 米	因当地人起义被官府杀很多人血流成河及村庄规模而得名	清代	12 户 50 人
可丰屋	红石村南部，距村委会驻地 4.2 千米	以最早迁入的居民名字命名	清代	5 户 20 人
苦竹埚	红石村西部，距村委会驻地 2.5 千米	因村庄处洼地并长有苦竹而得名	清代	8 户 30 人
李成屋	红石村南部，距村委会驻地 4.5 千米	以最早迁入的居民姓名命名	明代	5 户 30 人
李家垅	红石村西南部，距村委会驻地 5 千米	以最早迁入的居民姓氏和地形命名	明代	5 户 20 人
栗塝	红石村南部，距村委会驻地 4.8 千米	因村庄处长有栗树的山坡上而得名	清代	8 户 30 人

续表

村庄名称	地理位置	名称由来	形成时间	户数人口
钱字垅	红石村南部，距村委会驻地 4 千米	因村庄所在地形似一枚铜钱而得名	明代	8 户 40 人
上黄石岩	红石村西南部，距村委会驻地 2.3 千米	因村庄处黄色岩石的上方而得名	清代	6 户 20 人
石枧	红石村西南部，距村委会驻地 3.9 千米	因村庄用竹管引水而得名	清代	8 户 40 人
孙家庄	红石村西南部，距村委会驻地 4.5 千米	以最早迁入的居民姓氏命名	清代	8 户 40 人
刁家场	红石村南部，距村委会驻地 4.9 千米	以最早迁入的居民姓氏命名	明代	12 户 50 人
下黄石岩	红石村西南部，距村委会驻地 2.8 千米	因村庄处黄色岩石的下方而得名	明代	8 户 40 人
新屋	红石村东南部，距村委会驻地 800 米	因住宅为新建房屋而得名	清代	12 户 60 人
岩下	红石村西南部，距村委会驻地 2.8 千米	因住宅位于巨石下方而得名	清代	5 户 30 人
杨家冲	红石村东南部，距村委会驻地 200 米	以最早迁入的居民姓氏和地形命名	元代	9 户 30 人
茶堝	花园村北部，距村委会驻地 2.5 千米	因所在洼地长有茶叶而得名	清代	15 户 70 人
大地咀	花园村西部，距村委会驻地 2 千米	以村庄附近的山咀名命名	明代	9 户 40 人
大屋场	花园村西部，距村委会驻地 2.5 千米	因房屋规模大而得名	清代	11 户 60 人
道士沟	花园村西部，距村委会驻地 2 千米	以村庄所在的山沟名命名	明代	4 户 20 人
埂背	花园村西部，距村委会驻地 900 米	因村庄处山脊的一侧而得名	明代	11 户 40 人
荒田	花园村西部，距村委会驻地 1 千米	因住宅旁有荒芜的田地而得名	1980	5 户 20 人
垛楼屋	花园村北部，距村委会驻地 2.5 千米	因村庄形成初建有垛楼而得名	清代	8 户 30 人
咀上屋	花园村西部，距村委会驻地 2.5 千米	因村庄位于山咀上方而得名	清代	11 户 40 人
罗场屋	花园村西部，距村委会驻地 1 千米	因村庄所在是古时当地鸣锣集会的地方而得名	清代	5 户 30 人
牛皮塅	花园村南部，距村委会驻地 800 米	因村庄附近有一个叫牛鼻潭的深水坑而得名，后变读为“牛皮塅”	清代	15 户 60 人
晒鼓石	花园村东部，距村委会驻地 3 千米	以村庄附近的巨石名命名	清代	14 户 50 人
蛇形埂	花园村东部，距村委会驻地 2.5 千米	以村庄附近的山岭名命名	清代	5 户 20 人
塘下垅	花园村西部，距村委会驻地 1 千米	以村庄所在的山沟名命名	清代	7 户 30 人
桃花坳	花园村西部，距村委会驻地 1 千米	以村庄所在的地形名命名	清代	3 户 10 人
王田垅	花园村北部，距村委会驻地 2 千米	以最早迁入的居民姓氏和地形命名	清代	4 户 20 人
下堡应	花园村南部，距村委会驻地 2 千米	因处附近一寺宇下方并能听见寺内击鼓声而得名	清代	18 户 110 人
仙人台	花园村西部，距村委会驻地 200 米	因村庄建在仙人殿寺庙下方的突出平地上而得名	清代	3 户 10 人
象鼻塆	花园村北部，距村委会驻地 1.5 千米	因村庄处有形状如象鼻巨石的山塆内而得名	清代	7 户 30 人
窑坳	花园村东部，距村委会驻地 1.2 千米	以村庄附近的山坳名命名	清代	8 户 30 人
板栗堝	金麦村北部，距村委会驻地 200 米	因村庄位于栽有板栗树的洼地而得名	清代	3 户 20 人
卜元屋	金麦村南部，距村委会驻地 5 千米	以最早迁入的居民名字命名	清代	5 户 30 人
高台坳	金麦村东北部，距村委会驻地 2 千米	以村庄所在的山坳名命名	明代	5 户 30 人
九曲龙	金麦村西北部，距村委会驻地 4 千米	以村庄所在的地形名命名	明代	3 户 10 人
六房屋	金麦村西南部，距村委会驻地 6 千米	以最早迁入的居民排行命名	清代	5 户 20 人

续表

村庄名称	地理位置	名称由来	形成时间	户数人口
沙子埂	金麦村东部，距村委会驻地 300 米	以村庄所在的山岭名命名	清代	2 户 10 人
上蛤蟆塘	金麦村北部，距村委会驻地 500 米	以村庄附近的池塘名命名	清代	2 户 10 人
石塥屋	金麦村北部，距村委会驻地 1.5 千米	因村庄位于岩石暴露于表面的洼地而得名	清代	4 户 20 人
寺山	金麦村北部，距村委会驻地 1.5 千米	以村庄所在的山岭名命名	清代	4 户 20 人
梭冲	金麦村东部，距村委会驻地 2 千米	以村庄所在的山岭名命名	清代	2 户 10 人
下蔡家塘	金麦村东部，距村委会驻地 500 米	以村庄附近的池塘名命名	清代	15 户 60 人
圳上	金麦村南部，距村委会驻地 2 千米	因村庄位于水渠上方而得名	清代	4 户 20 人
高堂屋	井堂村东北部，距村委会驻地 1.3 千米	因村庄位于挖有池塘的高台上而得名	清代	8 户 30 人
大坑沟	冷塅村南部，距村委会驻地 4.5 千米	以村庄所在的山沟名命名	清代	2 户 10 人
龚家山	冷塅村西部，距村委会驻地 2 千米	以最早迁入的居民姓氏和地形命名	明代	6 户 30 人
蒋家洞	冷塅村南部，距村委会驻地 5 千米	以最早迁入的居民姓氏和地形命名	清代	6 户 20 人
彭家山	冷塅村东南部，距村委会驻地 4.5 千米	以最早迁入的居民姓氏和地形命名	清代	3 户 10 人
荞麦冲	冷塅村东北部，距村委会驻地 1 千米	以村庄所在的山沟名命名	明代	10 户 50 人
三角坵	冷塅村南部，距村委会驻地 3 千米	因村庄建于名叫三角坵的田块中而得名	清代	15 户 60 人
白沙塥	李塅村南部，距村委会驻地 3 千米	以村庄所在的洼地名命名	1975	5 户 30 人
回株塥	李塅村东南部，距村委会驻地 3 千米	以村庄所在的洼地名命名	清代	7 户 30 人
离尘寺	李塅村南部，距村委会驻地 4 千米	以村庄附近的寺宇名命名	1973	5 户 20 人
李塅上屋	李塅村中部，距村委会驻地 800 米	因下方有同名村庄而得名	明代	15 户 60 人
李塅下屋	李塅村北部，距村委会驻地 700 米	因上方有同名村庄而得名	明代	8 户 40 人
罗咀塅	李塅村中部，距村委会驻地 3 千米	以村庄所在的地形和附近的山咀名命名	1963	6 户 30 人
南岭道班	李塅村南部，距村委会驻地 3 千米	以村庄形成前房屋所属单位名命名	1963	3 户 10 人
南岭埂上	李塅村南部，距村委会驻地 5 千米	以村庄所在的山岭名和位置命名	1992	6 户 30 人
沙塥冲	李塅村东部，距村委会驻地 1 千米	以村庄所在的山沟名命名	清代	13 户 50 人
坛下源	李塅村南部，距村委会驻地 5.5 千米	因村庄位于土地坛的下方而得名	清代	12 户 60 人
象形	李塅村南部，距村委会驻地 4 千米	以村庄所在的地形名命名	1982	5 户 20 人
谢家仑	李塅村南部，距村委会驻地 4 千米	以最早迁入的居民姓氏和地形命名	清代	7 户 30 人
雪坪	李塅村中部，距村委会驻地 1 千米	以村庄所在的坪畈名命名	清代	15 户 70 人
大屋场	卢塅村南部，距村委会驻地 1 千米	因住宅占地面积大而得名	民国时期	5 户 20 人
丁家山	卢塅村北部，距村委会驻地 900 米	以最早迁入的居民姓氏和地形命名	清代	6 户 30 人
枫塥	卢塅村东南部，距村委会驻地 1 千米	以村庄所在的山洼名命名	清代	3 户 10 人
莲子塥	卢塅村南部，距村委会驻地 1 千米	以村庄所在的山洼名命名	清代	4 户 20 人
棉花坳	卢塅村东部，距村委会驻地 1.1 千米	以村庄所在的山岭名命名	清代	4 户 20 人
桃树塥	卢塅村东部，距村委会驻地 7 千米	以村庄所在的山洼名命名	清代	9 户 40 人
学堂坳	卢塅村南部，距村委会驻地 100 米	以村庄形成初房屋用途和地形命名	清代	15 户 50 人
杨家	卢塅村北部，距村委会驻地 800 米	以最早迁入的居民姓氏命名	明代	6 户 20 人
野鸭塘	卢塅村南部，距村委会驻地 4 千米	以村庄附近的池塘名命名	明代	11 户 40 人
则行屋	卢塅村北部，距村委会驻地 600 米	以最早迁入的居民名字命名	清代	6 户 40 人

续表

村庄名称	地理位置	名称由来	形成时间	户数人口
大塝上	麦市村西南部，距村委会驻地 1.8 千米	因村庄位于坡度大的山坡上而得名	清代	4 户 20 人
竹峦屋	麦市村东北部，距村委会驻地 1.6 千米	因村庄旁有成片竹林而得名	清代	19 户 70 人
白米山	盘石村东北部，距村委会驻地 2 千米	因村庄位于白米山下方而得名	清代	2 户 10 人
大屋	盘石村东部，距村委会驻地 300 米	因村庄规模大而得名	清代	8 户 40 人
赶鸭岭	盘石村东部，距村委会驻地 3.5 千米	以村庄所在的山岭名命名	明代	11 户 50 人
刘家	盘石村中部，距村委会驻地 50 米	以最早迁入的居民姓氏命名	清代	5 户 30 人
七水垅	盘石村东部，距村委会驻地 3.5 千米	以村庄所在的山沟名命名	明代	9 户 40 人
石塅	盘石村西部，距村委会驻地 1 千米	因村庄处较大平畈且块石分布多而得名	明代	3 户 20 人
汤家垅	盘石村南部，距村委会驻地 800 米	以最早迁入的居民姓氏和地形命名	明代	5 户 20 人
下盘石	盘石村北部，距村委会驻地 250 米	因位于盘石街的下方而得名	明代	13 户 60 人
大吉昌	七里村东部，距村委会驻地 100 米	因旧时有居民印制了同名有价证券而得名	清代	8 户 30 人
邓家冲	七里村东部，距村委会驻地 100 米	以最早迁入的居民姓氏和地形命名	清代	18 户 80 人
水桶塆	七里村东北部，距村委会驻地 1.8 千米	以村庄所在的塆名而命名	明代	7 户 30 人
邹家冲	七里村东部，距村委会驻地 200 米	以最早迁入的居民姓氏和地形命名	清代	12 户 50 人
八斗垅	天门村南部，距村委会驻地 1.2 千米	以村庄所在的山沟名命名	清代	10 户 60 人
坝上	天门村南部，距村委会驻地 1 千米	因位于天文山角落(俗称把)而得名	清代	17 户 90 人
冲头屋	天门村西南部，距村委会驻地 1 千米	因位于山沟的尽头而得名	清代	4 户 30 人
鹅公岭	天门村东部，距村委会驻地 1.5 千米	以所在的山岭名命名	清代	19 户 80 人
枫树埚	天门村东部，距村委会驻地 1.5 千米	以村庄所在的洼地名命名	清代	10 户 70 人
国仲屋	天门村南部，距村委会驻地 3 千米	以最早迁入的居民名字命名	清代	14 户 70 人
洪家场	天门村西部，距村委会驻地 2 千米	以最早迁入的居民姓氏命名	清代	10 户 40 人
良朋屋	天门村西部，距村委会驻地 1.5 千米	以最早迁入的居民名字命名	清代	8 户 40 人
新寺坑	天门村西北部，距村委会驻地 3 千米	以村庄所在的山沟名命名	清代	11 户 70 人
丁家岭	天岳村南部，距村委会驻地 3.5 千米	以最早迁入的居民姓氏和地形命名	清代	8 户 30 人
黄谷场	天岳村南部，距村委会驻地 3.1 千米	因村庄所在地旧为晒稻谷的场所而得名	清代	8 户 40 人
乱石埚	天岳村南部，距村委会驻地 2.1 千米	以村庄所在的山洼名命名	明代	15 户 80 人
茅田排	天岳村东部，距村委会驻地 200 米	以村庄所在的地形名命名	2010	10 户 30 人
小坳桥	天岳村南部，距村委会驻地 2.8 千米	以村庄附近的桥名命名	1978	16 户 80 人
严家屋	天岳村南部，距村委会驻地 2.5 千米	以最早迁入的居民姓氏命名	明代	6 户 30 人
岳家	天岳村西南部，距村委会驻地 400 米	以最早迁入的居民姓氏命名	清代	11 户 60 人
范垅	西坳村北部，距村委会驻地 3 千米	以村庄所在的山沟名命名	清代	1 户 1 人
观音岩	西坳村西部，距村委会驻地 2 千米	以村庄附近的岩石名命名	明代	5 户 30 人
黄石井	西坳村南部，距村委会驻地 400 米	以村庄附近的地形名命名	民国时期	13 户 60 人
咀上屋	西坳村西部，距村委会驻地 2 千米	因村庄位于山咀上方而得名	清代	14 户 70 人
三峰尖	西坳村西部，距村委会驻地 2.5 千米	以村庄附近的山岭名命名	清代	3 户 20 人
山下屋	西坳村西北部，距村委会驻地 2 千米	因位于山岭下方而得名	明代	8 户 50 人
筲箕埚	西坳村西北部，距村委会驻地 4 千米	以所在的山洼名命名	清代	7 户 30 人
蛇形	西坳村西部，距村委会驻地 3 千米	以所在的地形名命名	民国时期	1 户 4 人
土地坑	西坳村西部，距村委会驻地 1 千米	因所在山沟建有土地庙而得名	明代	2 户 10 人

续表

村庄名称	地理位置	名称由来	形成时间	户数人口
新屋	西坳村南部，距村委会驻地 800 米	因住宅为新建而得名	清代	13 户 60 人
延寿观	西坳村西部，距村委会驻地 1.8 千米	因村庄为修身之所而得名	明代	3 户 20 人
一房屋	西坳村南部，距村委会驻地 1 千米	以最早迁入的居民排行命名	明代	18 户 70 人
油石屋	西坳村北部，距村委会驻地 2.5 千米	因附近的岩石光滑而得名	明代	18 户 70 人
夹井	株树村西南部，距村委会驻地 2 千米	以所在地形名命名	清代	15 户 80 人
张家垅	株树村西部，距村委会驻地 400 米	以最早迁入的居民姓氏和地形命名	清代	18 户 90 人

第二节 向阳社区及所属聚落

【向阳社区】 麦市镇辖社区，为镇人民政府驻地，位于麦市集镇中心，居委会驻沿河路 347 号，距县城 20 千米。东邻白沙村，南连陈塅村，西靠黄麦河，北接井堂村，区内沿河路、建设路两条街道并排贯穿南北，东西走向的街道有麦塘路、三岔街、新建路，辖区总面积约 0.65 平方千米。以域内街道名称命社区名。1950 年，设通城县东区麦市乡麦市和平街居民委员会；1958 年，属崇阳县麦市(先锋)人民公社麦市居民委员会；1961 年，属通城县麦市区麦市公社麦市居民委员会；1975 年，属麦市公社麦市居民委员会；1984 年，属麦市区麦市乡麦市居民委员会；1987 年区乡体制改革，属麦市镇麦市居民委员会；2001 年，麦市居民委员会更名为向阳社区。2014 年于沿河路修建社区办公楼，占地面积 300 平方米，建筑面积 580 平方米，内设医务室、乒乓球室、图书室、健身室、老年人活动室。下辖 5 个居民小组，有 3 个居民点。驻有镇直和中学、小学、幼儿园、镇人民政府等国有、集体企事业单位 31 个；有好又多超市、中百仓储超市、向阳农贸市场、木材市场、农资市场、家具市场等专业市场，以及各类百货、副食、烟酒、服装、鞋帽、家电等批发销售市场；有建材、餐饮、旅店、美容美发等服务行业，为湘、鄂、赣三省边界地区商品集散中心；有麦市广场、麦市突围纪念碑、葛氏祠堂等建筑物。社区居民有葛、刘、胡、吴、冷、杨、雷等姓。G353 国道经过社区，区境距杭瑞高速进出口公路距离 20 千米。2014 年，有居民 1158 户 9780 人，年人均纯收入 11000 元。经济来源主要为务农、务工、经商。

老街小区 属麦市镇向阳社区，位于麦市集镇中心，距居委会驻地沿河路 347 号约 150 米。东靠建设路，西邻沿河路，南接杏树下，北连粮管所。以集镇内的街道名命小区名。老街在宋元时期初具雏形，先后称麻埠市、麦园街、麦市街。中华人民共和国成立后命名为和平街。1956 年在此街东面同向建成了一条新街，于是人们习惯地称此街为老街。居民房屋建筑面积 73800 平方米，沿老街呈条状分布，居民有葛、刘、冷、吴、胡等姓，以葛姓为主。2014 年，有居民 492 户 4560 人。

三岔街小区 属麦市镇向阳社区，位于麦市集镇东南部，距居委会驻地沿河路 347 号 500 米。东连通修公路，西接建设路，南邻供销大楼，北靠何家。因有三条街道交会而得名三岔街。居民房屋建筑面积 57900 平方米，呈块状分布，居民有葛、卢、何、胡、刘、吴姓，以胡姓为主。2014 年，有居民 386 户 3060 人。

向阳街小区 属麦市镇向阳社区，位于麦市集镇东部，距居委会驻地沿河路 347 号约 300 米。东靠麦市镇卫生院，西接沿河路，南邻麦市供销社，北连建设路。以所处街道名称命小区名，“向阳”字带有时代政治色彩，意为永远向着红太阳。居民房屋建筑面积 42000 平方米，沿向阳街呈条状分布，居民有葛、冷、何、胡、刘姓，以刘姓为主。2014 年，有居民 280 户 2160 人。

插图7　麦市镇沿河吊脚楼(县档案局　提供)

第三节　长冲村及所属聚落

【长冲村】　麦市镇辖村，位于麦市镇南部，村委会驻地王家，距麦市中心集镇2千米。东接南楼岭，西邻麦市村许家屋，南连冷堺村，北靠李堺村，辖区面积约5平方千米。因域内有地片长冲而得村名。1950年，属通城县麦市乡；1958年人民公社化，设长冲、杨柳、岭下大队，属崇阳县麦市(先锋)人民公社麦市管理区；1961年恢复区镇建制，属通城县麦市区麦市公社；1973年，长冲、杨柳大队合并为长冲大队，岭下大队未变；1975年撤区并社，属麦市公社；1984年设区建乡，长冲、岭下大队分别变更为长冲、岭下村，属麦市区麦市乡；1987年区乡体制改革，属麦市镇；2001年调整乡镇行政区划，仍属麦市镇；2004年，长冲、岭下村合并为长冲村。下辖6个村民小组，有32个农村居民点。村民有文、吴、彭、王、丁、马、冷、潘、葛、何、邓等姓，以葛姓为主。2008年，将长冲小学改建为村委会办公楼，建筑面积250平方米，设有便民服务厅等。村内有石背水库、邓家垅水库、长岭公路、长冲公路。S259省道经过村域，距杭瑞高速进出口公路里程25千米，居民点全部通公路。2014年，有居民426户2140人，水田73.3公顷、旱地61.3公顷，山林100公顷。村民主要种植水稻、油菜，经济来源以务农、务工和养殖为主，部分人经商，年人均纯收入9850元。

长冲地片　属麦市镇长冲村，位于长冲村北部，距麦市中心集镇2千米。东靠南岭，西邻许家，南接冷堺村，北连李堺村，片区地域面积约3平方千米。因域内有居民点长冲街而得地片名。下辖4个村民小组，有19个居民点。S259省道经过村域，距杭瑞高速进出口公路里程25千米，居民点全部通公路。2014年，有居民284户1430人，水田51.1公顷，旱地44.9公顷，山林42.2公顷。

岭下地片　属麦市镇长冲村，位于长冲村东南部，距麦市中心集镇2.5千米。东接李堺村南岭片，西邻麦市村，南连冷堺村，北靠李堺村，辖区面积约2平方千米。因域内有居民点岭下源而得地片名。下辖2个村民小组，有14个居民点。距S259省道、杭瑞高速进出口公路里程分别为1千米、26千米，居民点全部通公路。2014年，有居民142户710人，水田22.2公顷，旱地16.5公顷，山林37.7公顷。

岭下源　属麦市镇长冲村，位于长冲村东南部，距村委会驻地王家2.8千米。东靠南楼岭，西邻石背水库，南接文岭山，北连长冲村委会驻地王家。该地处南楼岭西面山脚下，以南岭利水岩为源头，形成小溪，西流陈家堺，故名岭下源。古时，此地为麦市至江西必经之地，过往行人较多。明清时期，何、葛、吴姓陆续来此地定居，命村庄名为岭下源。2014年，有居民42户240人，水田125亩，旱地100亩，山林105亩(附近不远处有王竹屋、大树峦、方家塝、上头铺、荣铺5个小居民点)。

第四节　陈塅村及所属聚落

【陈塅村】　麦市镇辖村，位于麦市镇南部，村委会驻地铺街上，距麦市中心集镇3.5千米。东接冷塅村，西邻西坳村，南接九房村，北靠麦市村，辖区面积约4.3平方千米。因域内有地片陈塅而得村名。

插图8　尧家林新石器时代文化遗址(县委宣传部提供)

1950年，属通城县陈塅乡；1958年人民公社化，设陈塅、山下大队，属崇阳县麦市(先锋)人民公社陈塅管理区；1961年恢复区镇建制，属通城县麦市区陈塅公社；1971年，陈塅、山下大队合并为陈塅大队；1975年撤区并社，属麦市公社；1980年，陈塅大队分设为陈塅、山下大队；1984年设区建乡，陈塅、山下大队分别变更为陈塅、山下村，属麦市区陈塅乡；1987年区乡体制改革，属麦市镇；2001年调整乡镇行政区划，仍属麦市镇；2004年，陈塅、山下村合并为陈塅村。下辖9个村民小组，有9个居民点。村内有陈塅中心完小、甜甜幼儿园、崇恩别院、尧家林文化遗址。居民有何、吴、葛姓，以吴、何姓为主。2013年将原陈塅小学改建村委会办公楼，占地面积3000平方米，建筑面积1050平方米，设有便民服务厅、党员活动室、图书室、卫生室、电教室、多功能会议室等。有S259省道经过，村域距杭瑞高速进出口公路里程26千米，居民点全部通公路。2014年，有居民568户2441人，水田76.7公顷，旱地23.3公顷，山林80公顷。村民主要种植水稻、油菜、红薯，经济来源主要为务农、务工、经商，年人均纯收入9900元。

山下地片　属麦市镇陈塅村，位于陈塅村北部，距麦市中心集镇1千米。东接长冲村、冷塅村，西邻西坳村，南接陈塅村下屋，北靠麦市镇许家村，辖区面积约2.5平方千米。因域内有居民点山下屋而得地片名。下辖5个村民小组，有5个居民点。S259省道经过村域，地片距杭瑞高速进出口公路里程25千米，居民点全部通公路。2014年，有居民286户1160人，水田38.7公顷，旱地13.3公顷，山林73.3公顷。

陈塅地片　属麦市镇陈塅村，位于陈塅村南部，距麦市中心集镇3.5千米。东接冷塅村，西邻西坳村，南连九房村，北靠塅上屋，辖区面积约1.8平方千米。因域内有居民点陈家塅下屋而得地片名。下辖4个村民小组，有4个居民点。陈塅中心完小设在地片内。S259省道经过村域，地片距杭瑞高速进出口公路里程26千米，居民点全部通公路。2014年，有村民282户1270人，水田38公顷，旱地10公顷，山林6.7公顷。

陈家塅下屋　属麦市镇陈塅村，位于陈塅村中部，距村委会驻地铺街上500米。东靠怀新屋，西邻黄麦河，南接铺街上，北连冷塅港。明代，此地居陈姓，因住宅位于面积较大的平地上，故以其综合居民姓氏命村庄名为陈家塅。后来，此地出了一个大学士，改称村庄名为陈学士屋场。又因其地处陈家塅下方，后来又改为陈家塅下屋。明末，陈姓外迁，何养大(1621—1674)、何斗恒(1626—1690)先后在此建房定居，仍用原村庄名。2014年，有居民75户300人，水田110亩，旱地8亩。

塅上屋　属麦市镇陈塅村，位于陈塅村东部，距村委会驻地铺街上500米。东靠尧家林，西邻麦黄公路，南接冷塅港，北连石背港。明代，吴东山(1524—1608)在此处建房定居，因住宅位于面积较大的平地上，故命村庄名为塅上屋。2014年，有居民81户330人，水田150亩，旱地40亩，山林310亩。

怀新屋　属麦市镇陈塅村，位于陈塅村南部，距村委会驻地铺街上100米。东靠乙甲屋，西邻陈塅街，南接上街头，北连下屋。清代，何怀新在此建房定居，以其名命村庄名。2014年，有居民34户130人，水田70亩，旱地10亩。

铺街上　属麦市镇陈塅村，位于陈塅村中部，为村委会驻地，距麦市中心集镇3.5千米。东靠乙甲屋，西邻黄麦港，南接九房，北连下屋。此地位于陈家塅中心，是麦市通往黄龙、湖南平江的交通要道。清代，有何、吴、张、葛、方、周等姓居民在路旁定居并开店，形成长约100米的土路面街道，命村庄名为铺街上。2014年，有居民102户410人，水田150亩，旱地20亩。

晒谷石　属麦市镇陈塅村，位于陈塅村北部，距村委会驻地铺街上1千米。东靠石背水圳，西邻麦黄港，南接山下屋，北连麦市许家屋。此地有块大石头，上为平面，可晒稻谷，人称“晒谷石”。清初，葛拨仁(1618—1656)在离石头不远处建房定居，以石头名命村庄名。2014年，有居民82户330人，水田160亩，旱地20亩，山林200亩。

山下街　属麦市镇陈塅村，位于陈塅村北部，距村委会驻地铺街上500米。东靠山下屋，西邻黄麦港，南接陈塅下屋，北连晒谷石。明代，吴春芳(1492—1573)为首在此地建宗族祠堂，居民在其周围建房定居，命村庄名为祠堂屋。1974年，农业学大寨将原址改为水田，吴、葛、何、杨、王、吕姓村民沿山脚建房居住，命村庄名为山下屋。2004年，随着黄麦公路扩建整修，附近山下屋部分村民沿公路两旁建房居住，形成了街道，故改名为山下街。2014年，有居民95户480人，水田285亩，旱地90亩，山林400亩。

新农村　属麦市镇陈塅村，位于陈塅村东部，距村委会驻地铺街上1千米。东靠石背圳，西邻老屋菜园，南接石背小港，北连山下屋。1974年农业学大寨，麦市区陈塅公社新办居民点样板，统一设计，统一户型，统一砖木结构，呈条状分布建设，故称此地为“新农村”。2014年，有居民13户40人，水田16亩，旱地3亩，山林40亩。出生于该居民点的吕星(1972—　)，2014年任共青团湖北省委组织部部长。

乙甲　属麦市镇陈塅村，位于陈塅村南部，距村委会驻地铺街上300米。东靠冷塅港，西邻铺街，南接冷塅文家，北连怀新屋。清初，吴楚吾(1622—1673)生三子，长子炳然(别名乙甲)在此建房定居，以其别名命村庄名为乙甲。2014年，有居民57户220人，水田104亩，旱地10亩。

第五节　何塅村及所属聚落

【何塅村】　麦市镇辖村，位于麦市镇西部，村委会驻地叶家山，距麦市中心集镇6千米。东接黄麦河，西邻贯头源，南接红石村，北靠九房村祠堂屋，辖区面积约6.2平方千米。因域内有地片何塅而得村名。1950年，属通城县何塅乡贯源村、陈塅乡何塅村；1958年人民公社化，属崇阳县麦市(先锋)人民公社陈塅管理区贯源、何塅大队；1961年恢复区镇建制，属麦市区陈塅公社；1971

年，何塅与九房(划进)、陈洲(划进)大队合并为曙光大队，贯源大队不变；1974年，曙光大队分设为何塅、九房(划出)、陈洲(划出)大队，贯源大队不变；1975年撤区并社，贯源大队属盘石公社，何塅大队属麦市公社；1984年设区建乡，贯源、何塅大队分别变更为贯源、何塅村，同属麦市区陈塅乡；1987年区乡体制改革，同属麦市镇；2001年调整乡镇行政区划，仍属麦市镇；2004年，何塅、贯源村合并为何塅村。下辖9个村民小组，有19个农村居民点。2009年，利用原何塅小学改建成村办公楼，占地面积约900平方米，建筑面积230平方米，内设便民服务厅、党员活动室等。居民有葛、吴、李、黎、丁、刘、王等姓，以何姓为主。有S259省道经过，村域距杭瑞高速进出口公路里程29千米，居民点全部通公路。2014年，有居民437户1760人，水田64公顷，旱地36公顷，山林433.3公顷。村民主要种植水稻、油菜，经济来源主要为务农、务工、经商，年人均纯收入9800元。

何塅地片 属麦市镇何塅村，位于何塅村东北部，距麦市中心集镇6千米。东接黄麦河，西邻天门村，南接红石村，北靠九房村祠堂屋。以域内居民的主要姓氏和地形名称命地片名。下辖5个村民小组，有10个居民点。S259省道经过村域，地片距杭瑞高速进出口公路里程29千米，居民点全部通公路。2014年，有居民285户1200人，水田35.3公顷，旱地21.3公顷，山林146公顷。

贯源地片 属麦市镇何塅村，位于何塅村西南部，距麦市中心集镇7千米。东接何家塅，西邻天门村，南接红石村，北靠九房村青山屋，辖区面积约3.8平方千米。此地片西约1千米处古有天门观，地片处于天门观来龙的山岭的前方，故名观头源，后人简称为观源。因“观”与“贯”同音，人们习惯写为贯源。下辖4个村民小组，有9个居民点。S259省道经过村域，地片距杭瑞高速进出口公路里程30千米，居民点全部通公路。2014年，有居民152户560人，水田28.7公顷，旱地14.7公顷，山林284公顷。

牌坊屋 属麦市镇何塅村，位于何塅村东南部，距村委会驻地叶家山500米。东靠大旗石，南接铁铺，西邻下门，北连下门。清康熙年间，因名扬乡里的金氏守节孝养祖姑，经朝廷批准在此建坊。后来，何、葛、刘姓先后在牌坊附近建房定居，以牌坊命村庄名。2014年，有居民25户100人，水田76亩，旱地25亩，山林125亩。

翘枸树 属麦市镇何塅村，位于何塅村北部，距村委会驻地叶家山500米。东靠黄麦河，南接下门，西邻畈上，北连何家祠堂。明代，何团峰(1507—1587)在此地建房定居，因住宅附近生长有树干弯曲(俗称翘或窍)的大枸树(别名褚桃，为落叶乔木，高10~20米)，故以树名命村庄名为翘枸树。2014年，有居民30户150人，水田105亩，旱地35亩，山林250亩。

铁铺 属麦市镇何塅村，位于何塅村东南部，距村委会驻地叶家山600米。东靠上门，南接西山，西邻新屋，北连下门。明代，何镕五(1464—1514)在此地建房定居，并设铁器店加工铁器，故命村庄名为铁铺。2014年，有居民24户120人，水田93亩，旱地35亩，山林295亩。

西山 属麦市镇何塅村，位于何塅村西北部，距村委会驻地叶家山700米。东靠上门，南接本济庙，西邻新屋，北连铁铺。明代，何源瀚(1490—1538)在此地建房定居，因住宅位于西山下方，故以山名命村庄名。2014年，有居民25户120人，水田100亩，旱地35亩，山林300亩。

希廊屋 属麦市镇何塅村，位于何塅村南部，距村委会驻地叶家山4.5千米。东靠贯源水库，南接新屋，西邻贯通坳，北连贯源大坝。清初，何超士于此地建房定居，以其姓氏命村庄名为何家。后来，何希廊(1719—1785)在此修造了具有明代民间建筑风格青砖瓦屋，改用其名字命村庄名为希廊屋。2014年，有居民26户120人，水田95亩，旱地30亩，山林500亩。

下门 属麦市镇何塅村，位于何塅村北部，距村委会驻地叶家山200米。东靠上门，南接牌坊屋，西邻叶家山，北连翘枸树。宋高宗年间，何施发在此地建房定居，因其在当地何姓宗族中属下门，故命村庄名为下门。2014年，有居民92户430人，水田300亩，旱地100亩，山林450亩。

映堂屋 属麦市镇何塅村，位于何塅村南部，距村委会驻地叶家山5千米。东靠白岭，南接李济坪，西邻河灵山，北连墩上屋。清代，何映堂(1803—?)费时3年在此修建了较为宽大的住宅，以其名字命村庄名。2014年，有居民26户110人，水田75亩，旱地30亩，山林400亩。

第六节　红石村及所属聚落

【红石村】　麦市镇辖村，位于麦市镇西南部，村委会驻地港背，距麦市中心集镇7千米。东接盘石村，西邻何塅村，南连金麦村，北靠何塅村，辖区面积约4平方千米。从该村域内原来的一个行政村名称中各取一字命村名。1950年，属通城县洪(红)石乡；1958年人民公社化，设洪(红)源、黄石大队，属崇阳县麦市(先锋)人民公社黄龙管理区；1961年恢复区镇建制，属通城县麦市区盘石公社；1975年撤区并社，属盘石公社；1984年设区建乡，洪(红)源、黄石大队分别变更为洪(红)源、黄石村，属麦市区盘石乡；1987年区乡体制改革，属黄龙乡；1997年，洪(红)源、黄石村合并为红石村；2001年调整乡镇行政区划，属麦市镇红石村。2013年修建村公楼，占地面积500平方米，建筑面积270平方米，内设便民服务厅、党员活动室、图书室等。下辖5个村民小组，有23个农村居民点，居民有葛、何、周姓，以葛姓为主。距259省道、G353国道、杭瑞高速进出口公路距离分别为3千米、10千米、30千米，居民点全部通公路。2014年，有村民220户850人，水田40公顷，旱地33.3公顷，山林73.3公顷。村民主要种植水稻、油菜、红薯，经济来源主要为务农、务工、经商，年人均纯收入8762元。

红源地片　属麦市镇红石村，位于红石村北部，距麦市中心集镇7千米。东接盘石村，西邻何塅村，南连金麦村，北靠九房村，辖区面积约1.8平方千米。因域内有居民点红源大屋而得地片名。下辖2个村民小组，有8个居民点。距259省道、G353国道、杭瑞高速进出口公路距离分别为3千米、10千米、30千米，居民点全部通公路。2014年，有村民90户380人，水田19.4公顷，旱地16公顷，山林33.3公顷。

黄石地片　属麦市镇红石村，位于红石村南部，距麦市中心集镇8千米。东接金麦村，西邻天门村，南连洪(红)源老屋，北靠金麦村，辖区面积约2.2平方千米。因域内有居民点而得地片名。下辖3个村民小组，有15个居民点。距259省道、G353国道、杭瑞高速进出口公路距离分别为4千米、11千米、31千米，居民点全部通公路。2014年，有村民130户470人，水田20.6公顷，旱地15.3公顷，山林40公顷。

港背　属麦市镇红石村，位于红石村北部，为村委会驻地，距麦市中心集镇7千米。东靠梦来屋，西邻友荣屋，南接杜家垅水田，北连洪源港。1972年，红源大队在小港北岸建加工厂，1982年将厂房售与葛先惠。1992年，葛先礼(1964—)在此建房定居，因住宅位于前方小港的侧面，故命村庄名为港背。2013年，红石村在原加工厂侧建村委会办公楼。2014年，有居民25户100人，水田13亩，旱地5亩，山林100亩。

蛤蟆塘　属麦市镇红石村，位于红石村东南部，距村委会驻地港背2千米。东靠土地咀，南接龙湾，西邻鹰咀林，北连下首咀。古时，此地有一池塘，塘内多癞蛤蟆，人们称此塘为蛤蟆塘。清代，何思胜(1724—1776)在池塘后方建房定居，以塘名称命村庄名。2014年，有居民20户90人，水田50亩，旱地10亩，山林80亩。

红源老屋　属麦市镇红石村，位于红石村东南部，距村委会驻地港背500米。东靠长垅水田，西邻金麦小溪，南接金麦小溪，北连水口咀。据传，唐代当地农民奋起反抗豪绅，并配合黄巢起义军与官军作战，死人甚多，溪水被血液染红，故名红源。清晚期，塘湖石坪刘海棠(1865—?)在盘石街当管家发了财，捐款取得奉政大夫空头官爵名，迁居此地建房定居，命村庄名为红源。后其有子孙分支外迁，改村庄名为红源老屋。2014年，有居民30户90人，水田50亩，旱地10亩，山林200亩。

谭家垅　属麦市镇红石村，位于红石村东南部，距村委会驻地港背2千米。东靠九房山界，西邻白石塝，南接对屋下，北连棉花岭。此地为一小山沟，清代，此地为谭姓的土地，以其姓氏命山沟名为谭家垅。后有何、葛姓先后迁入，用原山沟名命村庄名。2014年，有居民20户100人，水田50亩，旱地10亩，山林80亩。

第七节　花园村及所属聚落

【花园村】　麦市镇辖村，位于麦市镇南部，村委会驻地香铺，距麦市中心集镇16千米。东接黄龙林场平等林业组，西邻金麦村，南连天岳村，北靠卢塅村，辖区面积约7平方千米。因域内有地片花园而得村名。1950年，属通城县牮楼乡、红(洪)石乡；1958年人民公社化，设花园(牮楼乡)、黄泥(红石乡)大队，属崇阳县麦市(先锋)人民公社黄龙管理区；1961年恢复区镇建制，属通城县麦市区黄龙公社；1963年，花园大队分设为花园、宝庆大队，黄泥大队未变；1972年，花园、宝庆大队合并为新建大队，黄泥大队未变；1975年撤区并社，属黄龙公社；1981年，黄龙公社更名为黄龙山公社，新建大队更名为花园大队，黄泥大队更名为咀上大队；1984年设区建乡，花园、咀上大队分别变更为花园、咀上村，属麦市区黄龙山乡；1987年区乡体制改革，黄龙山乡更名为黄龙乡；1997年，花园、咀上村合并为花园村；2001年调整乡镇行政区划，黄龙乡与麦市镇合并为麦市镇。下辖11个村民小组，有21个农村居民点。有倒肘湾公路、宝庆公路、花园桥、倒肘湾水库、花明电站、牛皮塅电站。居民有黎、吴、李、何、蔡姓，以何姓为主。2004年将花园完小改建为村办公楼，占地面积350平方米，建筑面积260平方米，内设便民服务厅、党员活动室、农家书屋、远程教育、精准扶贫办公室。有S259省道经过，村域距G353国道、杭瑞高速进出口公路里程分别为16千米、39千米，居民点全部通公路。2014年，有村民330户1260人，水田53.9公顷，旱地21公顷，山林1733.3公顷。村民主要种植红薯、水稻；经济来源主要为务农、务工、育林，部分人经商，年人均纯收入8400元。

花园地片　属麦市镇花园村，位于花园村东部，距麦市中心集镇16千米。东接黄龙林场平等林业组，西邻金麦村，南连天岳村，北靠卢塅村，辖区面积约4平方千米。因域内有居民点花园而得地片名。下辖7个村民小组，有15个居民点，驻有花明电站。有S259省道经过，村域距G353国道、杭瑞高速进出口公路里程分别为16千米、39千米，居民点全部通公路。2014年，有村民197户700人，水田36.7公顷，旱地14.2公顷，山林1086.7公顷。

咀上地片　属麦市镇花园村，位于花园村西部，距麦市中心集镇18千米。东接花园地片，西邻金麦村，南接天岳村，北靠卢塅村，辖区面积约3平方千米。因域内有居民点咀上屋而得地片名。下辖4个村民小组，有6个居民点。驻有牛皮塅电站、花明电站。距G353国道、S259省道、杭瑞高速进出口公路里程分别为18千米、2千米、41千米，居民点全部通公路。2014年，有居民93户480人，水田17.2公顷，旱地6.3公顷，山林646.7公顷。

花园　属麦市镇花园村，位于花园村北部，距村委会驻地香铺2千米。东靠王田垅，西邻花园桥，南接大湾，北连卢塅村。该地三面环山，中间为梯田、梯地。清代，何元显(1723—1798)在此建房定居，喜爱种植花草树木。后在其房屋左面水田中建了一所学堂，周围也种了很多的花卉，人们称其为学花田，后改称花园。2014年，有居民32户130人，水田30亩，旱地47亩，山林34亩(村东北80米有梨树下和梨树上2个小居民点)。出生该居民点的葛文生(1960—)，2014年任新疆乌鲁木齐市卫生计生委主任。

香铺　属麦市镇花园村，位于花园村南部，为村委会驻地，距麦市中心集镇16千米。东靠仙人台，西邻香铺，南接园门埂，北连大湾。清代，何元通(1752—1829)在此地建房定居，并以制作、出售神香(宗教用品)为业，故名。2014年，有居民10户40人，水田100亩，旱地50亩，山林12亩(该居民点西700米处有细屋垅居民点，2014年无人居住)。

第八节　金麦村及所属聚落

【金麦村】　麦市镇辖村，位于麦市镇南部，村委会驻地金家，距麦市中心集镇11.5千米。东接卢塅村，西邻红石村，南连花园村，北靠盘石村，辖区面积约5平方千米。取该村合并前两村名各一字命村名。1950年，属通城县红石乡；1958年人民公社化，设金家、麦埚、马洞大队，属崇阳县麦市(先锋)人民公社黄龙管理区；1961年恢复区镇建制，属通城县麦市区盘石公社金家、麦埚大队和黄龙公社马洞大队；1966年，麦埚大队更名为永红大队；1975年撤区并社，金家、永红大队属盘石公社，马洞大队属黄龙公社；1981年，盘石公社永红大队更名为麦埚大队，黄龙公社马洞大队更名为黄龙山公社姜家大队，盘石公社金家大队未变；1984年设区建乡，金家、麦埚、姜家大队分别变更为金家、麦埚、姜家村，其中金家、麦埚村属麦市区盘石乡，姜家村属麦市区黄龙山乡；1987年区乡体制改革，三村同属黄龙乡；1993年，麦埚、姜家村合并为麦埚村，金家村未变；1997年，金家、麦埚村合并为金麦村；2001年调整乡镇行政区划，属麦市镇。2006年建成村办公楼，占地面积2400平方米，建筑面积600平方米，内设便民服务厅、党员活动室、图书室、卫生室、计生办公室等。下辖13个村民小组，有17个农村居民点。居民有何、葛、黎、李、姜、王、潘、吴、刘、朱、徐、樊姓，以何姓为主。距259省道、G353国道、杭瑞高速进出口公路距离分别为4千米、11.5千米、34.5千米，居民点全部通公路。2014年，有居民村民300户1190人，水田54.6公顷，旱地44.5公顷，山林601.3公顷。村民主要种植水稻、红薯；经济来源主要为务农、种养、务工，年人均纯收入8500元。

金家地片　属麦市镇金麦村，位于金麦村北部，距麦市中心集镇11.5千米。东接卢塅村，西邻红石村，南连花园村，北靠盘石村，辖区面积约2平方千米。因域内有居民点金家屋而得地片名。下辖6个村民小组，有9个居民点。距259省道、G353国道、杭瑞高速进出口公路距离分别为4千米、11.5千米、34.5千米，居民点全部通公路。2014年，有居民村民130户560人，水田25.3公顷，旱地21.6公顷，山林260公顷。

麦埚地片　属麦市镇金青村，位于金麦村西部，距麦市中心集镇14千米。东接花园村，西邻云溪村，南连黄龙林场，北靠金家居民点烂泥洞，辖区面积约1.5平方千米。因域内有居民点麦埚而得地片名。下辖5个村民小组，有4个居民点。距259省道、G353国道、杭瑞高速进出口公路距离分别为7.5千米、15千米、38千米，居民点全部通公路。2014年，有居民134户490人，水田19.2公顷，旱地9.8公顷，山林309公顷。

姜家地片　属麦市镇金麦村，位于金麦村西部，距麦市中心集镇16千米。东接花园村，西邻马洞，南连黄龙林场，北靠麦埚，辖区面积约1.5平方千米。因域内有居民点姜家而得地片名。下辖2个村民小组，有4个居民点。距259省道、G353国道、杭瑞高速进出口公路距离分别为9.5千米、17千米、40千米，居民点全部通公路。2014年，有居民36户140人，水田10公顷，旱地13公顷，山林32.7公顷。

姜家　属麦市镇金麦村，位于金麦村西南部，距村委会驻地金家5千米。东靠黄泥，南接黄龙林场，西邻云溪，北连麦埚。清代，姜世文(1741—1833)在此地建房定居，以其姓氏命村庄名。2014年，有居民6户30人，水田20亩，旱地25亩，山林100亩。

烂泥洞　属麦市镇金麦村，位于金麦村西部，距村委会驻地金家200米。东靠卢塅村，南接花园村，西邻红石村，北连盘石村。此地为高山深沟，相传古时候一次农民造反，在此地与官兵作战，因死人太多，尸体因无人收而腐烂，故名烂人洞，后改称烂泥洞。清代，黎明璧(1683—1783)由花园迁此山沟建房定居，以山沟名命村庄名。2014年，有居民65户270人，水田140亩，旱地60亩，山林500亩(该居民点东约50米处原有居民点卢家，20世纪末迁往附近公路旁)。

李家垅　属麦市镇金麦村，位于金麦村东南部，距村委会驻地金家1千米。东靠卢塅村，南接花园村，西邻大山，北连卢家。此地为一小山沟，古代，这里有李公荷仙的庄屋，后来卖给李望春

(1873—?)扩建为住宅定居，以其姓氏综合命村庄名为李家垅。2014年，有居民26户100人，水田74亩，旱地85亩，山林400亩(该居民点南300米处原有居民点坳上，北200米处原有居民点金家，2010年前后居民迁往麦市集镇)。

马料洞　属麦市镇金麦村，位于金麦村西南部，距村委会驻地金家5千米。东靠黄泥，南接黄龙林场，西邻云溪，北连麦埚。此地为高山深沟，因古时山沟内茅草多，可作马料，故名马料洞。清代，何卜元(1670—?)在此定居，以山沟名命村庄名。2014年，有居民20户80人，水田70亩，旱地90亩，山林150亩。

上蔡家塘　属麦市镇金麦村，位于金麦村东北部，距村委会驻地金家400米。东靠下屋，南接咀上，西邻荣山，北连梭冲。明代，此地是蔡姓居住地，有上、下两口水塘，此塘居上方，故名上蔡家塘。后蔡姓外迁，何文信(1747—1825)由卢塅老屋迁此定居，仍用原村庄名。2014年，有居民25户100人，水田77亩，旱地80亩，山林100亩。

第九节　井堂村及所属聚落

【井堂村】　属麦市镇辖村，位于麦市镇北部，村委会驻地井堂屋，距麦市中心集镇2千米。东接塘湖镇图垅村，西邻株树村，南连麦市村，北靠七里村，辖区面积约4.5平方千米。因域内有地片井堂而得村名。1950年，属棋盘乡；1958年人民公社化，设井堂、港下大队，属崇阳县麦市(先锋)人民公社麦市管理区；1961年恢复区镇建制，属通城县麦市区麦市公社；1971年，井堂、港下、七里(划进)、棋盘(划进)大队合并为棋盘大队；1972年，棋盘大队分设为棋盘大队(棋盘、井堂、港下)、七里(划出)大队；1975年撤区并社，属麦市公社棋盘大队；1981年，棋盘大队分设为井堂、港下、棋盘(划出)大队；1984年设区建乡，井堂、港下大队变更为井堂、港下村，属麦市区麦市乡；1987年区乡体制改革，属麦市镇；2001年调整乡镇行政区划，仍属麦市镇；2004年，井堂、港下村合并为井堂村。2010年修建村委会办公楼，占地面积300平方米，建筑面积260平方米，内设便民服务厅、党员活动室、图书室、电教室等。下辖11个村民小组，有11个居民点。驻有麦市供电营业所、新胜达公司、森林派出所、电信营业所、加油站、汽车零部件公司等单位，居民有葛、方、夏、龚、刘姓，以葛姓为主。有G353国道经过，村域距杭瑞高速进出口公路里程21千米，居民点全部通公路。2014年，有居民378户2170人，水田80公顷，旱地22.7公顷，山林233.3公顷。村民主要种植水稻、油菜、红薯等，经济来源以务农、务工为主，部分人经商，年人均纯收入10100元。

港下地片　属麦市镇井堂村，位于井堂村南部，距麦市中心集镇2千米。东接塘湖镇图垅村，西邻株树村，南连麦市村，北靠七里村，辖区面积约2平方千米。因域内有居民点港下屋而得地片名。下辖6个村民小组，有5个居民点，驻有麦市供电营业所、新胜达公司、森林派出所、电信营业所、加油站、汽车零部件公司等单位。有G353国道经过，村域距杭瑞高速进出口公路里程22千米，居民点全部通公路。2014年，有居民188户1080人，水田34.8公顷，旱地9.3公顷，山林100公顷。

井堂地片　属麦市镇井堂村，位于井堂村东北部，距麦市中心集镇2千米。东依鸡笼山西面，西邻黄麦河，南连麦市村，北靠七里村，辖区面积约2.5平方千米。因域内有居民点井堂屋而得地片名。下辖5个村民小组，有6个居民点。有G353国道经过，村域距杭瑞高速进出口公路里程21千米，居民点全部通公路。2014年，有居民190户1090人，水田45.2公顷，旱地13.3公顷，山林133.3公顷。

八房　属麦市镇井堂村，位于井堂村北部，距村委会驻地井堂屋500米。东接井堂屋，西邻翠英屋，南接黄麦河，北靠七里村。清代，葛达三(1784—1852)在此建房定居，以其在家族中的排行命村庄名。2014年，有居民33户190人，水田128.7亩，旱地59亩，山林360亩(该居民点北1千米有居民点干塘坳，居民1998年迁入井堂屋，2014年无人居住)。

港下屋　属麦市镇井堂村，位于井堂村南部，距村委会驻地井堂屋1.7千米。东接黄马塅，西邻通麦公路，南接新胜达绝缘材料有限公司，北靠桥头屋。明代，葛竹屏(1526—1592)在此建房定居，因住宅位于黄麦河东岸河堤下，故命村庄名为港下屋。2014年，有居民76户390人，水田152亩，旱地51亩，山林290亩。

蛤蟆石　属麦市镇井堂村，位于井堂村东北部，距村委会驻地井堂屋500米。东接小鸡笼，西邻侯家咀，南接鸡笼山脚，北靠塘湖镇大白村。相传很久以前，这里有块石头，它日日生长，越长越大。在一个大雨天，随着一声炸雷，石头裂开了，从里蹦出一个蛤蟆精。蛤蟆精出来后，附近一带的人遭了灾，田埂被拱坏，庄稼被吃掉，百姓没法活命了。后来，观音菩萨知道了这件事，派天神把蛤蟆精重新关进了石头里。至今，在鸡笼山下有一块大石头，形状像蛤蟆，长4米、宽3米、高3米，人们叫它蛤蟆石。清初，葛东阳(1614—1683)由桥头屋迁居此石不远处建房定居，以石块名命村庄名。2014年，有居民24户150人，水田66.65亩，旱地30亩，山林300亩。

侯家咀　属麦市镇井堂村，位于井堂村东部，距村委会驻地井堂屋800米。东接鸡笼山脚，西邻八房，南接井堂屋，北靠五组。此地为山体突出前端，古时，侯姓在此定居，以其姓氏综合地形命村庄名为侯家咀。清代，侯姓迁往异地，葛南金(1689—1758)在此建房定居，仍用原村庄名。2014年，有居民45户250人，水田108亩，旱地37亩，山林340亩。

黄马塅　属麦市镇井堂村，位于井堂村南部，距村委会驻地井堂屋1千米。东接鸡笼山脚，西邻井堂屋，南接黄麦河，北靠鸡笼山。此地为面积较大的平坦地，明代，葛竹屏(1526—1592)在此建房定居。该屋在竖石块大门框时，有个骑黄马者从门前经过，建造者认为是吉祥之兆，故命村庄名为黄马塅。2014年，有居民31户160人，水田69亩，旱地69亩，山林500亩。

井堂屋　属麦市镇井堂村，位于井堂村东北部，为村委会驻地，距麦市中心集镇2千米。东接鸡笼山，西邻八房屋，南接黄马塅，北靠七里村交界。古时，此地为罗姓居住地，有9口水井，旧称九井罗家。后罗姓外迁，清代，葛凤翔购买此民居定居，仍用原村庄名。后来，其次子葛贵昌(1800—1853)进行大规模改造。改建后，住宅规模宏大，有大批木雕、瓷雕和砖雕画；有横置大厅堂3个，几进几重，住房近两百间；有天井48个，呈井字形布局，故改村庄名井堂屋。该村庄有“七父子五知县”之美称，即：葛贵昌之长子葛方大(字古松)，清廷赐以六品衔，授江西县丞；次子葛方镇任安徽霍山县知县；三子葛玫任山西定襄县知县；四子葛尧臣任广东徐闻县知县；五子葛尧钦任甘肃平远县知县。2014年，有居民74户420人，水田274.3亩，旱地126.6亩，山林620亩(该居民点南约500米处有白沙咀，2014年有居民3户；东约400米处有麻头埚，2014年，有居民1户)。

马家垅　属麦市镇井堂村，位于井堂村南部，距村委会驻地井堂屋1.5千米。东接鸡笼山脚，西邻通麦公路，南接麦市供电所，北靠黄马塅。此地为一小山沟，古为马姓居住地，以其姓氏综合地形命村庄名为马家垅。后马姓外迁，葛贤杞(1757—1832)在此建房定居，仍用原村庄名。2014年，有居民67户310人，水田178.8亩，旱地150亩，山林230亩。

桥头屋　属麦市镇井堂村，位于井堂村中部，距村委会驻地井堂屋200米。东接七里村，西邻通麦公路，南接井堂屋，北靠桥头屋。明代，葛竹坪(1526—1592)在此建房定居，所建住宅为带楼堂、青砖瓦房的三进式大屋，第一重为前屋，第二进为中堂屋，第三进为大堂屋。每一重都设有回廊，回廊各有厢房，共有天井约20个，住房百间。该住宅朝西北，屋左侧有古石桥，故命村庄名为桥头屋。2014年，有居民36户220人，水田83亩，旱地62亩，山林200亩。

下新屋　属麦市镇井堂村，位于井堂村南部，距村委会驻地井堂屋1.5千米。东接鸡笼山脚，西邻通麦公路，南接麦市供电所，北靠马家垅。清代，葛华塘(1874—1920)从黄马塅迁居此地建房定居，房屋建造精美，有砖雕、木雕，又因住宅上方不远处也有新建房屋，故命村庄名为下新屋。2014年，有居民67户310人，水田140亩，旱地40亩，山林280亩。

小鸡笼　属麦市镇井堂村，位于井堂村东北部，距村委会驻地井堂屋3千米。东接鸡笼山，西邻七里村，南接蛤蟆石，北靠塘湖镇南虹村。清代，葛南全(1689—1758)在此建房定居，因住宅位于鸡笼山北面的小山垅内，人们以鸡笼山主峰比作大鸡笼，此地山岭比主峰低，喻称小鸡笼，并以此比喻命村庄名。2014年，有居民24户120人，水田53.3亩，旱地37.2亩，山林300亩。

第十节　九房村及所属聚落

【九房村】　麦市镇辖村，位于麦市镇南部，村委会驻地港下屋，距麦市中心集镇5千米。东接冷塅村，西邻何塅村，南接盘石村，北靠陈塅村，辖区面积约6.5平方千米。因域内有地片九房而得村名。1950年，属通城县陈塅乡（九房村）、何塅乡（陈洲村）；1958年人民公社化，设九房、陈洲大队，属崇阳县麦市（先锋）人民公社陈塅管理区；1961年恢复区镇建制，属通城县麦市区陈塅公社；1971年，九房、陈洲大队与何塅（划进）大队合并为曙光大队；1974年，曙光大队分设为曙光（九房）、新洲（陈洲）、何塅（划出）大队；1975年撤区并社，曙光大队属麦市公社，新洲大队属盘石公社；1981年，麦市公社曙光大队更名为九房大队，盘石公社新洲大队更名为陈洲大队；1984年设区建乡，九房、陈洲大队变更为九房、陈洲村，同属麦市区陈塅乡；1987年区乡体制改革，属麦市镇；2001年调整乡镇行政区划，仍属麦市镇；2004年，九房、陈洲村合并为九房村。2004年修建村办公楼，占地面积182平方米，建筑面积287平方米。内设便民服务厅、党员活动室。下辖12个村民小组，有11个农村居民点。驻有通城县黄龙水力发电厂四级电站。居民有何、葛、吴、丁、胡、王、彭、潘、方、冷姓，以何姓为主。有S259省道经过，村域距杭瑞高速进出口公路里程28千米，居民点全部通公路。2014年，有居民486户2030人，水田66.6公顷，旱地15.3公顷，山林363.3公顷。村民主要种植水稻、红薯，经济来源主要为务农、务工、经商，村民年人均纯收入9900元。

九房地片　属麦市镇九房村，位于九房村北部，距麦市中心集镇5千米。东接冷塅村，西邻何塅村，南连陈洲村，北靠陈塅村，辖区面积3.5平方千米。因域内有居民点九房屋而得地片名。下辖7个村民小组，有6个居民点。有S259省道经过，村域距杭瑞高速进出口公路里程28千米，居民点全部通公路。2014年，有居民266户1140人，水田40.5公顷，旱地8.4公顷，山林160公顷。

陈洲地片　属麦市镇九房村，位于九房村南部，距麦市中心集镇6千米。东接白米山，西邻红石村，南连盘石村，北靠港下屋，辖区面积3平方千米。因域内有居民点陈赶洲而得地片名。下辖5个村民小组，有5个居民点，驻有竹咀坑四级电站。有S259省道经过，村域距杭瑞高速进出口公路里程29千米，居民点全部通公路。2014年，有居民220户890人，水田26公顷，旱地6.8公顷，山林203公顷。

陈赶洲　属麦市镇九房村，位于九房村南部，距村委会驻地港下屋2千米。东靠黄麦河，西邻石马冲，南接九红公路，北连凉亭。传说古时候有个得道高人名叫陈洞泉，他从黄龙山将许多石头当猪群欲赶到铁门栈将河水堵起来，刚到此地，被观音菩萨说破，猪群立刻变成一片大小石头，满布在港内沙洲上及水田中，后人称此处为陈赶洲。明代，何梅轩（1486—1595）在此建房定居，命村庄名为陈赶洲。2014年，有居民40户150人，水田81亩，旱地7亩，山林450亩（该居民点南面50米处有小居民点凉亭，2014年，有居民7户）。2000年前稻田中大小形状各异石块到处可见，后因农田改造将稻田中石块取走，仅河中可见石块。

祠堂屋　属麦市镇九房村，位于九房村西部，距村委会驻地港下屋300米。东靠九房屋，西邻青山屋，南接何塅村，北连屋后竹峦。清乾隆年间，何姓族人在此建宗祠。后来，何、葛姓先后在祠堂旁边建房定居，命村庄名为祠堂屋。2014年，有居民46户190人，水田90亩，旱地8亩，山林400亩。

道贯泉（又名道贯钱）　属麦市镇九房村，位于九房村西南部，距村委会驻地港下屋2.5千米。东靠黄麦港，西邻红石村，南接毛家圳，北连九红公路。相传古时此地有座庙，里面有两个和尚，将积蓄的一贯钱埋在路中的石板下面，后被修路的人挖出来当做工钱，人们称其为道贯钱。明代，何高石（1537—1588）在此地建房定居，以传说之故事命村庄名为道贯钱，变称为道贯泉。2014年，有居民39户140人，水田78亩，旱地6亩，山林450亩（该居民点北约100米处有居民点崇虚寺，

2014 年，有居民 4 户；150 米处有居民点油铺，2014 年有 8 户居民）。

杜家塅　属麦市镇九房村，位于九房村北部，距村委会驻地港下屋 1 千米。东靠郑家塥，西邻麦黄公路，南接千谷塝，北连陈塅村。此地为一面积较大的平坦地，古为杜姓居住地，以其姓氏综合地形命村庄名为杜家塅。后杜姓外迁，何永南（1696—1708）在此地建房定居，仍用原村庄名。2014 年，有居民 40 户 160 人，水田 81.5 亩，旱地 7 亩，山林 350 亩。

港下屋　属麦市镇九房村，位于九房村中部，为村委会驻地，距麦市中心集镇 4.1 千米。东靠花果山，西邻黄麦大港，南接三清庙，北连杜家塅。南宋时，何施发（1104—1134）迁此地建房定居，因住宅位于黄麦河下方，故命村庄名为港下屋。2014 年，有居民 93 户 390 人，水田 182 亩，旱地 17 亩，山林 1000 亩。

垒楼屋　属麦市镇九房村，位于九房村南部，距村委会驻地港下屋 1 千米。东靠白米山，西邻黄麦河，南接竹咀坑，北连港下屋。古时，一金姓富寡妇在此建带有垒楼的住宅，故命村庄名为垒楼屋。明代，何钟三（1459—1538）在此建房定居，仍用原村庄名。2014 年，有居民 38 户 150 人，水田 79 亩，旱地 7 亩，山林 480 亩。

九房屋　属麦市镇九房村，位于九房村西部，距村委会驻地港下屋 200 米。东靠黄麦港，西邻祠堂屋，南接何塅村，北连沙垅沟。明代，何通逊（1440—?）在此建房定居，以其在兄弟中排行命村庄名。2014 年，有居民 43 户 180 人，水田 87 亩，旱地 7 亩，山林 350 亩。

青山　属麦市镇九房村，位于九房村西部，距村委会驻地港下屋 2 千米。东靠祠堂屋，西邻绿豆崖，南接何塅村，北连石咀山。清代，何畅和（1825—1878）在此建房定居，因住宅后方山岭青枝绿叶，四季常青，故命村庄名为青山。2014 年，有居民 40 户 150 人，水田 78 亩，旱地 7 亩，山林 560 亩（该居民点北面约 1 千米处原有居民点七斗垅，20 世纪 90 年代起居民迁往县城及麦市集镇，2014 年无人居住）。

石马冲　属麦市镇九房村，位于九房村南部，距村委会驻地港下屋 2 千米。东靠陈赶洲，西邻油茶山，南接崇虚寺，北连尖山港。此地为长条形山沟，山沟内有一块形似石马的大石头，故名。清初，何批中（1620—1694）在此地建房定居，以山沟名命村庄名。2014 年，有居民 41 户 180 人，水田 82 亩，旱地 6.5 亩，山林 400 亩（该居民点北约 100 米处原有居民点谢家坵，20 世纪 90 年代后居民迁往竹咀坑，2014 年无人居住）。

竹咀坑　属麦市镇九房村，位于九房村南部，距村委会驻地港下屋 2.5 千米。东靠邹公坳，西邻黄麦河边，南接左右滩，北连垒楼屋。此地山体为突出前端，盛产楠竹，地势低洼，故名。明代，何举吾（1577—1630）在此地建房定居，以地形命村庄名。2014 年，有居民 46 户 180 人，水田 85 亩，旱地 8 亩，山林 440 亩（东面 100~200 米原有居民点胡荡屋、傅家垅、郭塝、陈家塝、老虎塥，2014 年末，除老虎塥有 6 户居民外迁，其余处居民于 20 世纪 90 年代后陆续迁往竹咀坑、麦市集镇等）。

邹家坳　属麦市镇九房村，位于九房村东南部，距村委会驻地港下屋 3 千米。东靠白米山，西邻竹咀坑，南接傅家垅，北连兴隆寺。此地为山岭分水处，古为邹姓居住地，以其姓氏综合地形命村庄名为邹家坳。明初，邹姓外迁，何镕五（1464—1514）迁此地建房定居，仍用原村庄名。2014 年，有居民 40 户 150 人，水田 76 亩，旱地 8 亩，山林 570 亩（该居民点西约 300 米处有居民点老虎塥，2014 年，有居民 5 户；北约 600 米处原有居民点郭塝，20 世纪末居民迁往竹咀坑；北面 200 米处原有居民点兴隆寺，居民于 2000 年后陆续迁往竹咀坑，2014 年末无人居住）。

第十一节　冷塅村及所属聚落

【冷塅村】　麦市镇辖村，位于麦市镇南部，村委会驻地洪家塅，距麦市中心集镇 4 千米。东接南岭村，西邻九房村，南连江西界文岭村，北靠陈塅村，辖区面积约 10 平方千米。因域内有地片冷塅而得村名。

插图 9　冷塅村(航拍)

1950 年，属通城县陈塅乡；1958 年人民公社化，设冷塅、庙下、文岭大队，属崇阳县麦市(先锋)人民公社陈塅管理区；1961 年恢复区镇建制，属通城县麦市区陈塅公社；1966 年，冷塅、庙下大队合并为团结大队，文岭大队未变；1975 年撤区并社，属麦市公社；1981 年，团结大队更名为冷塅大队，文岭大队未变，属麦市公社；1984 年设区建乡，冷塅、文岭大队分别变更为冷塅、文岭村，属麦市区陈塅乡；1987 年区乡体制改革，属麦市镇；1993 年，冷塅村分设为冷塅、文家村(原庙下)，文岭村未变；2001 年调整乡镇行政区划，仍属麦市镇；2004 年，冷塅、文家、文岭村合并为冷塅村。2010 年将冷塅小学改建成村办公楼，占地面积 1000 平方米，建筑面积 250 平方米，内设便民服务厅、党员活动室、村卫生室。有 16 个村民小组、15 个农村居民点。村内主要有蛇垅水库，北辰山庙、陈文公路、彭家山公路、乙石公路、文家公路。居民有吴、胡、葛、何、周、冷、傅、卢、晏、漆、张、方、文姓，以吴姓为主。距 S259 省道、杭瑞高速进出口公路里程分别为 1 千米、27 千米，居民点全部通公路。2014 年，有居民 627 户 2780 人，水田 84.3 公顷，旱地 20 公顷，山林 786.7 公顷。村民主要种植水稻、红薯、油茶，经济来源主要为务农、务工、经商，年人均纯收入 7200 元。

文家地片　属麦市镇冷塅村，位于冷塅村北部，距麦市中心集镇 3.5 千米。东接长冲村，西邻陈塅村，南连冷塅片，北靠陈塅村，辖区面积约 3 平方千米。因域内有居民点文家而地片名。下辖 1 个村民小组，有 4 个居民点。距 S259 省道、杭瑞高速进出口公路里程分别为 500 米、26.5 千米，居民点全部通公路。2014 年，有居民 179 户 840 人，水田 26.1 公顷，旱地 6 公顷，山林 166.7 公顷。

冷塅地片　属麦市镇冷塅村，位于冷塅村中部，距麦市中心集镇 4 千米。东接长冲村，西邻陈塅村，南连九房片，北靠陈塅村，辖区面积约 3 平方千米。因域内有居民点冷家塅而得地片名。下辖 3 个村民小组，有 7 个居民点。距 S259 省道、杭瑞高速进出口公路里程分别为 1 千米、27 千米，居民点全部通公路。2014 年，有居民 249 户 1030 人，水田 35.5 公顷，旱地 6.7 公顷，山林 186.7 公顷。

文岭地片　属麦市镇冷塅村，位于冷塅村东南部，距麦市中心集镇 4.5 千米。东接南楼岭村，西邻九房村，南连江西界文岭，北靠冷塅片，辖区面积约 4 平方千米。因域内有山名文岭而得地片名。下辖 1 个村民小组，有 4 个居民点。距 S259 省道、杭瑞高速进出口公路里程分别为 1.5 千米、27.5 千米，居民点全部通公路。2014 年，有居民 189 户 900 人，水田 21.3 公顷，旱地 7.3 公顷，山林 43.3 公顷。

沉锣湾　属麦市镇冷塅村，位于冷塅村西部，距村委会驻地洪家塅 1 千米。东靠湾头屋，西邻九房村，南接龚家山，北连水田。此地溪流拐弯处有一深潭，古时，有个戏班子经过，不慎将铜锣掉入潭中，故得名。清代，何宗镜(1630—1692)由何塅迁居此地建房定居，以湾名命村庄名。2014 年，有居民 80 户 250 人，水田 150 亩，旱地 50 亩，山林 300 亩。

洪家塅　属麦市镇冷塅村，位于冷塅村北部，为村委会驻地，距麦市中心集镇4千米。东靠文堂屋，西连沉锣湾，南接冷塅大屋，北连陈塅村乙甲屋。此地为一面积较大的平坦地，古时，土地属洪姓所有，以其姓氏命塅名。1984年，沉锣湾何国会在此地建房定居，以地形名命村庄名。2014年，有居民52户240人，水田150亩，旱地30亩，山林50亩。

冷家塅　属麦市镇冷塅村，位于冷塅村东部，距村委会驻地洪家塅2.5千米。东靠冷塅港，西邻水田，南接下滩上，北连冷塅港。此地为一面积较大的平坦地，原是冷姓居住地，以其姓氏综合地形命村庄名为冷家塅。据传，此地是个盆形风水宝地，四面是五马奔槽，有乌鸦扑地。虽然地势低，但发大水时，水从来没有淹过石门坎。明初，冷姓外迁，吴熙三(1469—1543)在此建房定居，仍用原村庄名。2014年，有居民40户200人，水田100亩，旱地50亩，山林250亩。

鲁家冲　属麦市镇冷塅村，位于冷塅村东北部，距村委会驻地洪家塅2千米。东靠石背水库，西邻港背塅，南接王脚平，北连新展屋。此地为长条形山沟，古时，归鲁姓所属，以其姓氏命山冲名。明代，吴由汉(1545—1616)在山沟内建房定居，以山沟名命村庄名。2014年，有居民20户100人，水田50亩，旱地10亩，山林250亩。

滩上　属麦市镇冷塅村，位于冷塅村西南部，距村委会驻地洪家塅3千米。东靠冷家塅，西邻九房村，南接北辰山，北连冷家塅。此地原是一块平地，后被洪水冲击成滩。清代，吴秀泰(1788—1812)分别在滩上方、滩下方建房定居，命村庄名为滩上。2014年，有居民25户150人，水田50亩，旱地30亩，山林200亩(该居民点南部500米原有居民点阪上，2000年前居民迁往九房村和县城)。

湾头屋　属麦市镇冷塅村，位于冷塅村中部，距村委会驻地洪家塅2千米。东靠栎树湾，西邻沉锣湾，南接文南屋，北连文家。传说从前有一条龙从此地经过，把溪流冲成三湾九曲。清代，胡先良(1817—1878)由江西迁山港拐弯处建房定居，以地形名命村庄名为湾头屋。2014年，有居民30户160人，水田70亩，旱地40亩，山林260亩(该居民点东部700米原有居民点傅家山，2008年前居民迁陈塅、麦市；东南部500米栎树塅、三斗垅两个居民点，居民于2000年前迁麦市、陈塅、西冲等地)。

文家(庙下文家)　属麦市镇冷塅村，位于冷塅村北部，距村委会驻地洪家塅500米。东靠荞麦冲，西邻沉锣湾，南接湾头屋，北连新展屋。清代，文法显(1700—?)在此地建房定居，以其姓氏命村庄名。因屋后原有一座庙，故又名庙下文家。2014年，有居民113户500人，水田200亩，旱地80亩，山林300亩。

文南屋　属麦市镇冷塅村，位于冷塅村中部，距村委会驻地洪家塅2千米。东靠徐家垅山，西邻沉锣湾，南接冷家塅，北连湾头屋。清代，吴文南(1714—1778)在此地建房定居，以其名命村庄名。2014年，有居民30户150人，水田100亩，旱地50亩，山林240亩。

雄展屋　属麦市镇冷塅村，位于冷塅村北部，距村委会驻地洪家塅500米。东靠港背塅，西邻陈塅，南接文家，北连井堂屋。明代，吴士义(1531—1587)在此建房定居，以其姓氏命村庄名为吴家。后来此房屋分给其名叫雄展的孙子，以其名改命村庄名。2014年，有居民60户250人，水田100亩，旱地40亩，山林300亩。

第十二节　李塅村及所属聚落

【李塅村】　麦市镇辖村，位于麦市镇东部，村委会驻地象牙咀，距麦市中心集镇3千米。东接塘湖镇祝垅村，西邻长冲村，南接江西省修水县白岭村，北靠塘湖镇白沙村，辖区面积约4.4平方千米。因域内有地片李塅而得村名。1950年，属通城县李塅、麦市乡；1958年人民公社化，设李塅(原李塅乡)、南岭(原麦市乡)大队，属崇阳县麦市(先锋)人民公社麦市管理区；1961年恢复区镇建制，属通城县麦市区李塅公社；1975年撤区并社，属麦市公社；1981年，李塅大队分设为祝垅(划出)、李塅大队，南岭大队未变；1984年设区建乡，李塅、南岭大队分别变更为李塅、南岭村，属麦市区麦市乡；1987年区乡体制改革，属麦市镇；2001年调整乡镇行政区划，仍属麦市镇；2004年，李塅、南岭村合并为李塅村。2005年修建村办公楼，占地面积600平方米，建筑面积200平方米，内设便民服务厅、党员活动室、远程教育、图书室、卫生室等。下辖10个村民小组，有16个农村居民点。有升辉石业有限公司、南岭道班、南岭水库、长寿寺。居民有李、葛、沈、何、郭、戴、钟、吴、刘、周、冷、廖姓，以李、葛姓为主。有G353国道、S259省道傍村而过，村域距杭瑞高速进出口公路里程26千米，居民点全部通公路。2014年，有居民348户1670人，水田54公顷，旱地16公顷，山林973.3公顷。村民主要种植水稻、红薯，经济来源主要为务农、务工、经商，年人均纯收入9350元。

李塅地片 属麦市镇李塅村，位于李塅村北部，距麦市中心集镇3千米。东接祝垅村，西邻长冲村，南连南岭片，北靠塘湖镇白沙村，辖区面积约1.9平方千米。因域内有居民点李塅(上、中、下)屋而地片名。下辖6个村民小组，有7个居民点。S259省道傍村而过，地片距杭瑞高速进出口公路里程26千米，居民点全部通公路。2014年，有居民265户1200人，水田38公顷，旱地9.2公顷，山林373.3公顷。

南岭地片 属麦市镇李塅村，位于李塅村南部，距麦市中心集镇5千米。东接塘湖镇五岭村，西邻长冲村，南接修水县桃树村，北靠李塅村争观崖山，辖区面积约2.5平方千米。因地处南楼岭西北山腰(简称南岭)而得地片名。下辖4个村民小组，有9个居民点。G353国道穿村而过，距S259省道、杭瑞高速进出口公路里程分别为2千米、28千米，居民点全部通公路。2014年，有居民83户460人，水田16公顷，旱地6.8公顷，山林600.7公顷。

塝上屋 属麦市镇李塅村，位于李塅村东北部，距村委会驻地象牙咀900米。东连下屋，西靠下冲，南接象牙咀，北毗白沙村。清末，李遗华(1855—1930)在此地建房定居，因住宅位于地势较高、坡度较大的山坡上，故命村庄名为塝上屋。2014年，有居民20户90人，水田57亩，旱地35亩，山林350亩。

李塅中屋 属麦市镇李塅村，位于李塅村北部，距村委会驻地象牙咀200米。东接沙埚冲，西邻对门屋，南接菱家咀，北靠下屋。此地原属刘姓土地，称刘家咀。据传，李仁和(法名东山，1438—1496)小时候帮刘家放牛，有一风水先生经过此地，发现一块油草坪，看了很久后，插了一根竹梢在油草坪中间，并且说："此地若是宝地的话，明天早晨就滴脓滴血，竹梢开花长叶。"当时东山在旁边放牛时听到了，第二天一早他一人去看，真的长了叶子，他拔掉长了叶子的那根竹梢换上一根死竹梢。风水先生来查看，见是死竹梢，摇头叹息许久。刘家听了风水先生的话，认为此地不是宝地。一年后刘家付放牛工资时，东山说："我不要钱，我只要那个油草坪。"随之东山在油草坪做起了房子，叫李家屋。后东山子孙在老屋上方建造房屋称李家上屋，称老屋为李家老屋，其后李世槐在老屋下方也新建房屋称为李家下屋。至清道光年间，东山子孙在以南楼岭"油草坪"为中心的长条形塅上，形成了上、中、下3个屋场，依其姓氏、地形及方位改称为李塅上、中、下屋。其中以李塅中屋规模最为宏大，为当地有名建筑物之一，占地面积约3.3公顷，有大堂屋一个，中、偏堂屋40余个，房屋数百间，全为青砖精砌，雕梁画栋，工艺精湛，入其屋如入迷宫，具有明代民间建筑风格。2014年，有居民125户530人，水田238亩，旱地5亩，山林300亩。

下冲 属麦市镇李塅村，位于李塅村西北部，距村委会驻地象牙咀200米。东靠象牙咀，西邻叶埚，南接李塅下屋，北连锡家坳。此地为长条形山沟，因其上方另有相似山沟，故名下冲。2001年南大公路改建后，李辉应(1946—)及外镇何、刘等姓居民在李塅沿公路两旁建房居住，以山沟名命村庄名。2014年，有居民30户140人，水田80亩，旱地10亩，山林100亩。

第十三节 卢塅村及所属聚落

【卢塅村】 麦市镇辖村，位于麦市镇南部，村委会驻地卢家塅，距镇麦市中心集镇11千米。

东接江西省焦洞村，西邻金麦村，南连花园村，北靠盘石村，辖区面积约7.9平方千米。因域内有地片卢塅而得名。1950年，属盘石乡；1958年人民公社化，设卢塅、青山大队，属崇阳县麦市(先锋)人民公社黄龙管理区；1961年恢复区镇建制，属通城县麦市区盘石公社；1975年撤区并社，属盘石公社；1984年设区建乡，卢塅、青山大队分别变更为卢塅、青山村，属麦市区盘石乡；1987年区乡体制改革，属黄龙乡；1997年，青山村野鸭塘、鸡冠石、桃树坍并入卢塅村；2001年调整乡镇行政区划，黄龙乡与麦市镇合并为麦市镇，属麦市镇卢塅村。2002年由卢塅小学校址改建成村办公楼，占地面积800平方米，建筑面积500平方米，内设便民服务厅、图书室、党员活动室、卫生室。下辖10个村民小组，有13个农村居民点，驻有马井水库、马井电站，有茅咀孝武庙。居民有何、卢、吴、丁、葛、潘、冷、戴、黄、罗、杜、周、樊、胡等姓，以何姓为主。有S259省道经过，村域距杭瑞高速进出口公路里程34千米，居民点全部通公路。2014年，有231户920人，水田34.7公顷，旱地43.3公顷，山林473.3公顷。村民主要种植水稻、红薯，经济来源以务农、务工、林特产品、畜牧养殖为主，年人均纯收入2580元。

卢塅地片　属麦市镇卢塅村，位于卢塅村西北部，距麦市中心集镇11千米。东接江西省焦洞村，西邻金麦村，南连花园村，北靠盘石村，辖区面积约3.4平方千米。因域内有居民点卢塅而得地片名。下辖6个村民小组，有10个居民点。有S259省道经过，村域距杭瑞高速进出口公路里程34千米，居民点全部通公路。2014年，有居民129户520人，水田16.6公顷，旱地20公顷，山林140公顷。

青山地片　属麦市镇卢塅村，位于卢塅村东南部，距麦市中心集镇14千米。东接江西焦洞，西邻金麦村，南连花园村，北靠盘石村，辖区面积约4.5平方千米。因域内有山岭名青山而得地片名。下辖4个村民小组，有3个居民点。村民有卢、胡、葛、周、何、樊、冷等姓，以卢姓为主。距S259省道、杭瑞高速进出口公路里程分别为3千米、37千米，居民点全部通公路。2014年，有居民102户400人，水田18.1公顷，旱地23.3公顷，山林333.3公顷。

鸡冠石　属麦市镇卢塅村，位于卢塅村南部，距村委会驻地卢家塅4千米。东靠青山，西邻大树咀，南接彭家山，北连李子埚。此地后山有一块大石头，其形酷似鸡冠，故名。清代，周老卓(1762—1833)由江西白岭迁山岭下方建房定居，以石名命村庄名。2014年，有居民23户90人，水田47亩，旱地53亩，山林650亩。

苦竹巷　属麦市镇卢塅村，位于卢塅村南部，距村委会驻地卢家塅300米。东靠塘窝山，西邻马井水库，南接卢家塅，北连则行屋。此地两边山岭相向而立，中间为狭窄山沟似弄巷，古时长有许多苦竹，故名苦竹巷。民国三十二年(1943)，何宗富在此地建房定居，以地形名命村庄名。2014年，有居民22户110人，水田24亩，旱地10亩，山林800亩。

卢家塅　属麦市镇卢塅村，位于卢塅村南部，为村委会驻地，距麦市中心集镇11千米。东靠枫埚，西邻马井水库，南接花园村，北连苦竹巷。此地位于黄龙山北部山腰下部的一大块平地，古为卢姓居住地，以其姓氏综合地形命村庄名为卢家塅。明代，卢姓外迁，何四(1461—1510)在此建房定居，仍用原村庄名。2014年，有居民23户110人，水田31亩，旱地43亩，山林520亩(附近有胡家场小居民点)。

第十四节　麦市村及所属聚落

【麦市村】　麦市镇辖村，位于麦市镇中心地段，村委会驻地向阳社区建设路236号，距镇人民政府驻地建设路48号约500米。东接圹湖镇白沙村，西邻西坳村，南连陈塅村，北靠井堂村，辖区面积约0.9平方千米。因域内有地片麦市而得村名。1950年，属通城县麦市乡；1958年人民公社化，设新农、红光、许家大队，属崇阳县麦市(先锋)人民公社麦市管理区；1961年恢复区镇建制，属通城县麦市区麦市公社；1971年，新农、红光、许家大队合并为麦市大队；1974年，麦市(新农、红光、许家)大队分设为麦市(新农、红光)、许家大队；1975 年撤区并社，属麦市公社；1976 年，麦市(新农、红光)、许家大队合并为麦市大队；1979 年，麦市(新农、红光、许家)大队分设为麦市(新农、红光)、许家大队；1984 年设区建乡，麦市(新农、红光)、许家大队分别变更为麦市、许家村，属麦市区麦市乡；1987 年区乡体制改革，属麦市镇；2004 年，麦市(新农、红光)、许家村合并为麦市村。2010 年修建村委会办公楼，占地面积 400 平方米，建筑面积 1100 平方米，内设超市、党员活动室、会议室、办公室。办公楼为七层楼房，一、三、七楼归村委会所有。村内有堑河公路、花虎头公路、陈家公路、麦市大桥、堑下桥、许家桥、灵山寺、福清殿、荣光堂基督教堂、蛇皮潭基督教堂、液化气站、中英文小天使幼儿园、一知万幼儿园等。下辖 12 个村民小组，有 24 个农村居民点。居民有葛、刘、何、冷、胡、卢、廖、黄、周等姓，以葛姓为主。有 G353 国道经过，村域距杭瑞高速进出口公路里程 23 千米，居民点全部通公路。2014 年，有居民 853 户 2880 人，水田 92.1 公顷，旱地 21.1 公顷，山林 184.2 公顷。村民主要种植水稻、红薯、蔬菜，经济来源主要为务农、务工、经商，年人均纯收入 10500 元。

麦市地片　属麦市镇麦市村，位于麦市镇中心，距村委会驻地建设路 236 号 100 米。东接塘湖镇白沙村，西邻虚空山，南连新建路，北靠鸡笼山，辖区面积约 0.54 平方千米。古时，此地附近有小集市，人们在集市上卖麻称麻埠市。后来在集市旁边种麦子，人们又称此地为麦市(也称作麦园)。下辖 10 个村民小组，有 14 个居民点。主要有一知万幼儿园、中英小天使幼儿园 2 个单位。有 G353 国道经过，村域距杭瑞高速进出口公路里程 23 千米，居民点全部通公路。2014 年，有居民 650 户 2070 人，水田 77.3 公顷，旱地 17.4 公顷，山林 154.2 公顷。

许家地片　属麦市镇麦市村，位于麦市村南部，距村委会驻地建设路 236 号 300 米。东接长冲村，西邻西坳村，南连陈塅村，北靠向阳社区，辖区面积约 0.36 平方千米。因域内有居民点许家湾大屋而得地片名。下辖 2 个村民小组，有 8 个居民点。有 G353 国道经过，村域距杭瑞高速进出口公路里程 24 千米，居民点全部通公路。2014 年，有居民 203 户 800 人，水田 14.8 公顷，旱地 3.3 公顷，山林 30 公顷。

陈家屋　属麦市镇麦市村，位于麦市村西北部，距村委会驻地建设路 236 号约 800 米。东靠井堂，西邻株树，南接堑下，北连河田。古时，此地为陈姓居住地，以其姓氏命村庄名为陈家屋。明正德年间，此地被葛望山相中，欲归己有，但陈姓不愿变卖家业，葛望山知道陈姓喜欢看戏，连续三年春天唱戏，使陈姓人迷于看戏而不务农事，家业逐渐低落，只得变卖家业为葛姓所有，村庄名仍不变。2014 年，有居民 97 户 340 人，水田 80 亩，旱地 20 亩，山林 120 亩。

大坡仑　属麦市镇麦市村，位于麦市村南部，距村委会驻地建设路 236 号约 800 米。东靠长冲，西邻坳背，南接陈塅，北连许家屋。此地为一块面积较大的坡地，坡地往上是低山岭，因而得名大坡仑。20 世纪 70 年代，县食品公司在此地设立麦市食品所。20 世纪 80 年代，何姓两户人家在此地建房定居，以山岭名命村庄名。2014 年，有居民 47 户 220 人，水田 20 亩，旱地 8 亩，山林面积 10 亩。

何家　属麦市镇麦市村，位于麦市村东南部，距村委会驻地建设路 236 号约 1.2 千米。东靠白沙，西邻麦市中学，南接黄谷场，北连屋背屋。明代，何姓率先在此定居，以其姓氏命村庄名。2014 年，有居民 198 户 690 人，水田 30 亩，旱地 30 亩，山林 28 亩。

花虎头　属麦市镇麦市村，位于麦市村西部，距村委会驻地建设路 236 号 1 千米。东连堑下屋，西邻石牛冲，南接大塝上，北连陈家屋。此地有个小山包像虎头，满山映山红盛开时，像布满花纹的虎头，故名花虎头。明嘉靖年间，葛凤友子孙迁居于此，以山岭名命村庄名。2014 年，有居民 37 户 180 人，有水田 69 亩，旱地 50 亩，山林 80 亩。

花庙咀　属麦市镇麦市村，位于麦市村中部，距村委会驻地建设路 236 号约 1 千米。东靠许家菜市场，西邻黄麦河，南接见溪塅，北连液化气站。此地为山体突出前端，古时，为通城通往江西修水、湖南平江的要道，山咀旁建有庙，因庙宇周围多果树，春时花多，故名花庙，并称山咀为花庙咀。民国时期，葛大能(1901—?)在山咀旁建房定居，以山咀名命村庄名。2014 年，有居民 40 户

160 人，水田 15 亩，旱地 2 亩。

黄谷场　属麦市镇麦市村，位于麦市村东南部，距村委会驻地建设路 236 号约 600 米。东靠长冲，西邻许家大屋，南接破石头，北连蜈蚣泉。古时，这里是一块平地，附近居民在此晒水稻故称。1968 年，麦市区在此建经营生猪的食品所。20 世纪末，葛、何、周姓陆续迁此定居，以旧时场地名命村庄名。2014 年，有居民 260 户 730 人，水田 20 亩，旱地 8 亩，山林 10 亩。

见溪塅　属麦市镇麦市村，位于麦市村中部，距村委会驻地建设路 236 号约 1.2 千米。东靠黄麦公路，西邻河床，南接下铺街，北连花庙咀。此地为面积较大的平坦地，明代，葛见溪（1342—1429）在此建房定居，以其名字综合地形命村庄名。2014 年，门楼额上面有“环山见溪”4 个大字仍保持完好，为三进式青砖石屋，较为低矮，保持了明代民间建筑风格。有居民 76 户 320 人，水田 15 亩，旱地 2 亩，山林 10 亩。

六豆埚　属麦市镇麦市村，位于麦市村南部，距村委会驻地建设路 236 号约 1.3 千米。东靠山包，西邻黄麦公路，南接陈塅村，北连破石咀。此地为四周高中间低凹的洼地，又因古时人们在此处种植绿豆，故称绿豆埚。因“六”“绿”同音，简写为六豆埚。21 世纪初，葛农祥在此地兴建大米加工厂，后来，葛、吴、何等山区居民陆续在此依黄麦公路建房，以埚名命村庄名。2014 年，有居民 60 户 210 人，水田 10 亩，旱地 9 亩，山林 10 亩。

彭家垅　属麦市镇麦市村，位于麦市村西部，距村委会驻地建设路 236 号约 1.1 千米。东靠堑下，西邻花虎头，南毗西坳，北连陈家屋。此地为小山沟，原有彭姓居住，以其姓氏综合地形命村庄名为彭家垅。后彭姓人迁居麦市街，房屋倒坍。20 世纪 90 年代，葛、周姓先后在此地傍公路建房，仍用原村庄名。2014 年，有居民 67 户 270 人，水田 40 亩，旱地 30 亩，山林 40 亩。

破石头　属麦市镇麦市村，位于麦市村南部，距村委会驻地建设路 236 号约 1.5 千米。东靠长冲，西邻何塅，南接陈塅，北连许家大屋。此地有一块大石头，天然破裂，人称破石头。20 世纪 90 年代，许家大屋葛先忠（1949—　）等迁此石头附近建房定居，以石块名命村庄名。2014 年，有居民 47 户 210 人，水田 20 亩，旱地 20 亩，山林 15 亩。

堑下　属麦市镇麦市村，位于麦市村西部，距村委会驻地建设路 236 号约 100 米。东靠麦市镇，西邻彭家垅，南接见溪塅，北连陈家屋。明代，葛辉春（1468—1526）、王春（1472—1527）兄弟俩在此各建一住宅定居，因在屋后建一道篱笆围堑，住宅处篱笆下方，故命村庄名为堑下。2014 年，有居民 83 户 390 人，水田 60 亩，旱地 30 亩，山林 30 亩。

石咀头　属麦市镇麦市村，位于麦市村北部，距村委会驻地建设路 236 号约 800 米。东靠图垅，西邻何塅，南接麦市镇，北连井堂村。此地为鸡笼山南端山体突出前端，山体为岩石结构，故称石咀头。宋元时期，何、廖、卢等姓在此地建房定居，因水陆交通较为便利，在石咀南面 100 米处形成集市，即麻埠市雏形，命村庄名为石咀头。2014 年，有居民 53 户 200 人，水田 10 亩，旱地 8 亩，山林 10 亩。

水滴垅　属麦市镇麦市村，位于麦市村东部，距村委会驻地建设路 236 号约 500 米。东靠塘湖镇白沙村，西邻麦市卫生院，南接杨家屋，北连屋背山。此地为小山沟，因此山沟内有地下水涌出，故名。明代，此地有葛姓人居住，以山沟名命村庄名。2014 年，有居民 46 户 200 人，旱地 8 亩，山林 12 亩。

送嫁垅　属麦市镇麦市村，位于麦市村东北部，距村委会驻地建设路 236 号约 1.5 千米。东靠图垅，西邻堑下，南接麦市集镇，北连井堂。此地为小山沟，宋淳祐年间，葛自晋孙媳鲁氏家人将麻埠市（麦市）石咀冲山沟的山林田地作为嫁妆送与婆家，人们称此地为送嫁垅。清代，葛信梧（1750—1799）在此山沟内建房定居，以山沟名命村庄名。2014 年，有居民 46 户 260 人，水田 30 亩，旱地 10 亩，山林 10 亩（附近有易家坳居民点 8 户，2010 年前迁居到送嫁垅和麦市集镇居住）。

屋背屋　属麦市镇麦市村，位于麦市村东部，距村委会驻地建设路 236 号约 300 米。东靠麦市医院，西邻麦市老街，南接麦市小学，北连送嫁垅。清代，葛良谱（1823—1898）在此地建上下三幢房屋（后出售一幢给冷姓人家，称冷家），因住宅位于麦市老街（石板街）背后，故命村庄名为屋背屋。2014 年，有居民 28 户 130 人，水田 20 亩，旱地 4 亩，山林 10 亩。

蜈蚣泉　属麦市镇麦市村，位于麦市村东南部，距村委会驻地建设路236号约1.3千米。东靠李塅，西邻许家，南接长冲，北连G353国道。此地有一小山岭，形似蜈蚣。山岭下有一口泉水井，故以山形命泉水井名为蜈蚣泉。1980年，葛吕清(1933—2014)从见溪塅迁居井旁建房定居，以泉水井名命村庄名。2014年，有居民37户160人，水田0.9亩，旱地4亩，山林9亩。

锡家坳　属麦市镇麦市村，位于麦市村东南部，距村委会驻地建设路236号约1.5千米。东靠李塅，西邻杏树，南接黄谷场，北连杨家垅。此地为山岭分水处，传古时此地为一富户所有，富户请一佃户，佃户忠厚老实勤劳，为富户赏识，遂赏赐这佃户一片山林和土地。佃户在此安家，故命村庄名为锡家坳(锡，赏锡的意思)。另传，古时此地一农户靠勤劳起家，为教育子孙保持勤俭之本，命村庄名为惜家坳。明代，葛观地(1558—1598)迁居此地，仍用原村庄名。2014年，有居民38户190人，水田30亩，旱地20亩，山林20亩(附近有枣树埚居民点8户，居民于2000年前迁居到锡家坳、甘家垅和麦市集镇居住)。

下铺街　属麦市镇麦市村，位于麦市村南部，距村委会驻地建设路236号约800米。东靠黄麦公路，西邻坳背，南接许家大屋，北连见溪塅。古代，此地是麦市通往陈塅、盘石、黄龙、湖南的交通要道。清代，葛辉模(1674—1739)在此建房，后有周姓迁入。居民沿路两旁建铺面房，或前店后寝，或前店后作坊，逐渐形成街道式居民点，故命村庄名为下铺街。2014年，有居民123户340人，水田10亩，旱地2亩，山林4亩。

杏树下　属麦市镇麦市村，位于麦市村中部，距村委会驻地建设路236号约1千米。东靠杨家垅，西邻见溪塅，南接许家，北连麦市小学。清代，此地有一株大杏树，葛春宇(1814—1884)在杏树下方建房定居，故命村庄名为杏树下。2014年，有居民46户180人，水田10亩，旱地10亩，山林8亩。

杨家垅　属麦市镇麦市村，位于麦市村东部，距村委会驻地建设路236号约800米。东靠白沙，西邻麦市中学，南接红砖厂，北连公路。民国九年(1920)，杨操平(1924—1998)由九岭迁入此地建房定居，以其姓氏综合地形命村庄名。2014年，有居民34户160人，水田25亩，旱地10亩，山林15亩(该居民点东面原有居民点枣树埚，与杨家垅属同一居民小组，住宅已连成一体)。

许家湾大屋　属麦市镇麦市村，位于麦市村南部，距村委会驻地建设路236号1千米。东靠长冲，西邻西坳，南接陈塅，北连下铺街。此地原有许姓居住，因住宅位于麦市港拐弯处，故以其综合居民姓氏命村庄名为许家湾。古时，为麦市通往江西修水、湖南平江的必经之地。许姓人外迁后，葛概四(1523—1592)于明嘉靖年间在此修建正堂为三进式大堂的大屋，门口建有大型池塘，回廊曲折，巷道众多，分别建有戏楼、书楼等，改村庄名为许家湾大屋。同治年间，葛方柏(1815—1885)在正门上方共墙另建一栋同规模、同风格、雕梁画栋的青砖瓦屋，保持了明代建筑风格，为当时麦市有名的大建筑。2014年，有居民78户340人，水田30亩，旱地15亩，山林10亩。

第十五节　盘石村及所属聚落

【盘石村】　麦市镇辖村，位于麦市镇南部，村委会驻地盘石街，距麦市中心集镇9千米。东接江西省修水县白岭镇太清村，西邻金麦村，南连卢塅村，北靠九房村，辖区面积约4.2平方千米。因域内有地片盘石而得村名。1950年，属通城县盘石乡；1958年人民公社化，设盘石、青山大队，属崇阳县麦市(先锋)人民公社黄龙管理区；1961年恢复区镇建制，属通城县麦市区盘石公社；1975年撤区并社，属盘石公社；1984年设区建乡，盘石、青山大队分别变更为盘石、青山村，属麦市区盘石乡；1987年区乡体制改革，属黄龙乡；1997年，青山村七水垅、赶鸭岭与盘石村合并为盘石村；2001调整乡镇行政区划，盘石村并入麦市镇。2014年前借用镇福利院房屋办公，2014年在盘石街六组19号对面修建村委会办公楼。下辖10个村民小组，有10个农村居民点。驻有黄石山、黄青山、磨剑岭电站及黄龙水电发电厂、盘石完小、幼儿园、麦市镇福利院等单位。有何、王、刘、吴、葛、丁、冷、黎姓，以何姓为主。有S259省道经过，村域距杭瑞高速进出口公路里程32千米，全部通公路。2014年，有村民366户1370人，水田30.3公顷，旱地30.3公顷，山林353.3公顷。村民主要种植红薯、水稻，经济来源主要为务农、务工，部分人经商，年人均纯收入8980元。

盘石地片　属麦市镇盘石村，位于盘石村的中心，距麦市中心集镇9千米。东接江西省白岭镇太清村，西邻金麦村，南连青山片，北靠九房村，辖区面积约2.4平方千米。因域内有居民点盘石街而得地片名。下辖7个村民小组，有8个居民点。有S259省道经过，村域距杭瑞高速进出口公路里程32千米，居民点全部通公路。2014年，有村民271户910人，水田21.3公顷，旱地18.3公顷，山林173.3公顷。

青山地片　属麦市镇盘石村，位于盘石村东部，距麦市中心集镇11千米。东接江西省白岭镇太清村，西邻盘石街，南连卢塅村，北靠九房村，辖区面积约1.8平方千米。因域内有山名青山而得地片名。下辖3个村民小组，有2个居民点。有S259省道经过，村域距杭瑞高速进出口公路里程34千米，各居民点全部通公路。2014年，有居民村民95户460人，水田9公顷，旱地12公顷，山林186.7公顷。

盘石街　属麦市镇盘石村，位于盘石村中心，为盘石村村委会驻地，距麦市中心集镇9千米。东靠大石亭，西邻石牛亭，南接继权额，北连下盘石。盘石来历有两种说法。一是该居民点门前有块圆形水田似茶盘，田内有布满如同茶杯的天然石头，古人称为茶盘石，简称盘石。二是明代何种三(1459—1538)居住此地，其支下26世义也和则忠路过麻埠市(今麦市)，将两片数百斤重的大石磨扛回，一块放在居住地的南端，称上盘石，一块放在屋的北端，称下盘石，后来形成上、下盘石两个居民点，上盘石后来发展形成盘石街。

插图10　盘石民居区(刘亚敏　摄)

清晚期，王春庭(1807—1889)及何佛保、王玉门、王瑞澡分别在街道两侧建有四座均配有石大门相对的青砖瓦屋。盘石逐渐成为湘、鄂、赣三省交通要道及商品集散中心，至清晚期建成长150米、南宽2米，北宽9米的石板街道，两侧建有百货店、铁铺及何崇保的药铺、何重顺的饭庄。1950年至2001年先后为盘石公社、盘石乡、黄龙乡政府机关驻地。2014年，盘石街成为一条长1.5千米、宽7米的混凝土结构直线型街道。2014年，有居民177户630人，水田108亩，旱地119亩，山林 2317 亩。

左右滩　位于盘石村北部，距村委会驻地盘石街北部 2 千米。东靠高埚，西邻道古泉，南接盘石街，北连陈洲。该居民点门前港中有个沙滩，溪水在此处分两股绕沙滩左右流过，形成一左一右两股流水，由此称此为左右滩。明代，何应庚(1545—1590)在溪旁边建房定居，以滩名命村庄名。2014 年，有居民 53 户 250 人，水田 145 亩，旱地 40 亩，山林 40 亩(该居民点东面 20 米有塅上屋小居点，西面 20 米处有纸棚小居民点)。

第十六节　七里村及所属聚落

【七里村】　麦市镇辖村，位于麦市镇北部，村委会驻地白沙垅，距麦市中心集镇 2 千米。东接井堂村，南连株树村，西邻关刀镇关刀村，北界关刀镇鲤港村，辖区面积 6.9 平方千米。因域内有地片七里山而得村名。1950 年，属通城县棋盘乡；1958 年人民公社化，设七里、棋盘大队，属崇阳县麦市(先锋)人民公社麦市管理区；1961 年恢复区镇建制，属通城县麦市区麦市公社；1971 年，七里、棋盘、井堂(划进)、港下(划进)大队合并为棋盘大队；1972 年，棋盘(七里、棋盘、井堂、港下)大队分设为七里、棋盘(棋盘、井堂、港下)大队；1975 年撤区并社，属麦市公社；1981 年，棋盘(棋盘、井堂、港下)大队分设为棋盘、井堂(划出)、港下(划出)大队，七里大队未变；1984 年设区建乡，七里、棋盘大队变更为七里、棋盘村，属麦市区麦市乡；1987 年区乡体制改革，属麦市镇；2004 年，七里、棋盘村合并为七里村。下辖 9 个村民小组，有 12 个农村居民点。2009 年修建村办公楼，占地面积 1000 平方米，建筑面积 450 平方米，内设便民服务厅、党员活动办公室、村卫生室。驻有湖北亚科威钻有限公司、皇赐天然矿泉水有限公司、湖北齐能精密工业有限公司、七里山矿泉水有限公司、麦市镇棋盘小学、湖北可乐弗化工有限公司、麦市镇棋盘小学幼儿园 7 个企事业单位。有葛、胡、刘、易、郑、傅、吴、丁、金、雷等姓，以葛姓为主。有 G353 国道经过，村域距杭瑞高速进出口公路里程 18 千米，居民点全部通公路。2014 年，有居民 435 户 1920 人，水田 47.5 公顷，旱地 5.6 公顷，山林 126 公顷。居民以种植水稻为主，兼种杂粮。经济来源主要为务工、务农、经商，年人均纯收入 10100 元。辖区内"七里山"牌矿泉水连续 5 年被评为全省著名商标。

七里山地片　属麦市镇七里村，位于七里村北部，距麦市中心集镇 3.5 千米。东连塘湖镇南虹村，南邻白沙垅，西接株树村，北靠关刀镇鲤港村易家。片区面积约 4.5 平方千米，因域内有居民点七里山而得地片名，有 4 个居民点。有 G353 国道经过，村域距杭瑞高速进出口公路里程 18 千米，居民点全部通公路。2014 年，有居民 154 户 740 人，水田 13.9 公顷，旱地 1.2 公顷，山林 46.7 公顷。

棋盘地片　属麦市镇七里村，位于七里村南部，距麦市中心集镇 3 千米。东接八房屋，南连新建村，西邻株树村，北靠七里山，辖区面积约 2.4 平方千米。因域内有居民点棋盘而得地片名。下辖 5 个村民小组，有 8 个居民点。驻有棋盘小学、通城县麦市豆制品厂等单位。有 G353 国道经过，村域距杭瑞高速进出口公路里程 18.5 千米，居民点全部通公路。2014 年，有 281 户 1170 人，水田 33.9 公顷，旱地 4.4 公顷，山林 73.3 公顷。

白沙垅　属麦市镇七里村，位于七里村东部，为村委会驻地，距麦市中心集镇 2 千米。东接黄铁山，西邻黄荻山，南连郑家，北靠七里山。此地为一小山沟，又因山沟为白沙土质，故称白沙垅。清代，郑可基(1671—1790)在此山沟建房定居，以山沟名命村庄名。2014 年，有居民 62 户 270 人，耕地 125 亩，山林 142 亩(该居民点东部 50 米有李家冲居民点，居民 2007 年迁入白沙垅)。

翠英屋　属麦市镇七里村，位于七里村东南部，距村委会驻地白沙垅 500 米。东连八方，西邻黄竹咀，南接桥头屋，北靠大吉昌居民点。清代，当地首富葛可怀三子懿甫(1863—1897)续娶蒲圻贺翠荣(1871—1930)为妻。贺为举人、二品、封典知县贺荣骥长女，后任国民政府行辕主任的贺国光之妹。葛姓在江田大屋西北约 2 千米处另建一栋砖木结构精制新屋迎娶，以新媳之名命村庄名。

此屋为宽六开间、两进门大民房，门前有大场地1.5亩面积，全用石头铺成，场外建有一口半月形池塘。2014年门前池塘、条石、大门门楼保存较为完好；有居民38户160人，耕地115亩，山林198亩(该居民点北60米卢家居民点3户11人含在该居民点内)。

江田大屋　属麦市镇七里村，位于七里村西部，距村委会驻地白沙垅600米。东连郑家，西接新建村，南毗株树村，北靠黄荻山。古时，当地居民在靠黄麦河的河滩上造田，人们把这些靠河新造的田块称作“江田”。后来人们在这些田块的不远处建房定居，又将此民居称作“江田”。清代，葛方仲(1834—1900)在此建房，由三栋房屋、三个大院组成。第一栋场前面积有约2000平方米，场地全部用精磨(部分人称“过砍斧”，砍斧即一种石匠用来打磨粗糙石面的工具)条石铺成。场前立有高大石牌坊，上嵌“乐善好施”石匾。第一栋屋基宽100米，为两层砖木结构楼房，第一层全用精磨石砌成，第二层全用精磨大块烧砖砌成。在建时，东家规定一个泥工一天只能做数十块砖，监工头还会不时用头簪凿砖缝，如能插入，需掰掉重做。第一层用作长工、短工、仆人住房和放置各式农具，第二层用作仓库，可储粮百万斤。第一栋大门口建有牌楼，跨过高大的石门坎，即有一个木制的大屏风。过了大门厅堂，即进入第一重庭院。庭院后面为第二栋，亦为两层楼房，为葛氏管家、家丁、丫鬟等人住房，第二栋后为第二重花木庭院。第二重庭院之后，建有厅堂、书楼、厢房，为男女主人住房。第三重庭院建有水阁凉亭、绣楼，有内置围墙围住主人住房和花园。整个建筑的围墙围至黄荻山分水山脊，不仅将全部房屋、院落围入其中，而且围进了黄荻山面朝房屋的斜坡，院墙宛如游龙盘桓，号称“双滚甲”，气势非凡。20世纪40年代，江田大屋被日本侵略军火毁了第三重房屋，仅第一栋保存完好，中华人民共和国成立后作为麦市区粮食仓库。“文化大革命”开始后，该房被拆毁，木料被用作建县财政局的材料，运往县城，场地条石被村名掘出建房。至此，原江田大屋片瓦无存。20世纪70年代后，葛、吴姓在该大屋的地基上重建砖木结构房屋。2014年，有居民42户160人，耕地115亩，山林260亩。

七里山　属麦市镇七里村，位于七里村北部，距村委会驻地白沙垅500米。东靠三台仑，南接白沙垅，西邻杨源，北连关刀镇鲤港村易家。此地有众多小山岭连成一片，因其离麦市集镇有7里路程，故称七里山。另指唐僖宗乾符年间，黄巾军兵至通城，廖忠、廖恕兄弟俩组织抵抗，兵败，廖忠人头被义军斩落，其身躯仍在马上沿山间小路狂奔七里后跌落于此，后命名其地为七里山。唐至清代，先后有吴、刘、胡、易、舄、傅、金、郑、万等姓先后在建房定居，以山名命村庄名。2014年，有居民61户250人，耕地153亩，山林306亩(附近有邢家、胡家、易家、李家4个小居民点)。

棋盘　属麦市镇七里村，位于七里村南部，距村委会驻地白沙垅200米。东靠通麦公路，西邻郑家，南接井堂村，北连白沙。此地有成片水田，田块分隔如棋盘状，故称棋盘。清代，郑士炜(1653—1730)在此建房定居，以田块状称村庄名。2014年，有居民34户140人，耕地11亩，山林176亩。

三台仑　属麦市镇七里村，位于七里村东北部，距村委会驻地白沙垅1.8千米。东连井堂村，西接香炉埚，南邻月形，北靠海形。此地有3座小山峰(俗称山岭为仑)呈东西向有序排列，其南侧有一块平地如台，故称三台仑。明代，葛少竹(1545—1627)在此建房定居，命村庄名为三台源，后改称三台仑。2014年，有居民21户110人，耕地5.5亩，山林42亩。

杨源　属麦市镇七里村，位于七里村西部，距村委会驻地白沙垅500米。东靠虎形，南连广场，西邻卡尼光学厂房，北靠皇赐矿泉水厂。古时，杨源从江西迁此地建房定居，以其姓名命村庄名。后杨姓外迁，丁伯川(1277—1345)在此定居，仍用原村庄名。2014年，有居民44户190人，耕地118亩，山林142亩(北面100米有虎形、凤形两居民点70人含在杨源居民点内。另附近有坳上、板埚两个小居民点)。

郑家　属麦市镇七里村，位于七里村西部，距村委会驻地白沙垅200米处。东靠棋盘土形，西邻江田，南接黄麦河，北连黄荻山。明末，郑震鳞(1585—1653)从七里山迁居此地建房定居，以其姓氏命村庄名。2014年，有居民67户260人，耕地156亩，山林280亩。

第十七节 天门村及所属聚落

【天门村】 麦市镇辖村，位于麦市镇西部，村委会驻地上塅新屋，距麦市中心集镇6千米。东接西坳村，西邻关刀镇黄峰村，南连贯源村，北靠株树村，辖区面积约7平方千米。因域内有地片名天门而得村名。1950年，属通城县陈塅乡(天门)、何塅乡(砣石)；1958年人民公社化，设天门、文坳大队，属崇阳县麦市(先锋)人民公社陈塅管理区；1961年恢复区镇建制，属通城县麦市区陈塅公社；1975年撤区并社，天门大队属麦市公社，文坳大队属盘石公社；1981年，文坳大队更名为砣石大队(盘石公社)，天门大队(麦市公社)未变；1984年设区建乡，天门、砣石大队分别变更为天门、砣石村，同属麦市区陈塅乡；1987年区乡体制改革，属麦市镇；2001年调整乡镇行政区划，仍属麦市镇；2004年，天门、砣石村合并为天门村。1990年由天门小学改建成村办公楼，占地面积600平方米，建筑面积240平方米。下辖12个村民小组，有12个农村居民点。有大砣公路、天门观水库、关帝庙、百步上天台、砣石山等。居民有葛、邓、何姓，以葛姓为主。距259省道、G353国道、杭瑞高速进出口公路距离分别为3千米、3千米、29千米，居民点全部通公路。2014年，有329户1320人，水田128.2公顷，旱地17.6公顷，山林480公顷，年人均纯收入7900元。该村有通城县著名地名“三溪九港十八洞”之一李婆洞。

天门地片 属麦市镇天门村，位于天门村北部，距麦市中心集镇4千米。东接西坳村，西邻砣石片，南连何塅村，北靠西坳村，辖区面积约4平方千米。该地片域内有一山沟，沟谷尽处有一山包突然凸起，坡陡如壁，登此坡如登天，登上顶部如登上了天一样，遂称此处山坡为“天门”。后有人在附近处建观(贯)通道，称“天门观(贯)”。“观”也有人习惯写成“贯”。下辖5个村民小组，有7个居民点。距259省道、G353国道、杭瑞高速进出口公路距离分别为3千米、3千米、29千米，居民点全部通公路。2014年，有居民164户690人，水田38.2公顷，旱地10.6公顷，山林246.7公顷。

砣石地片 属麦市镇天门村，位于天门村南部，距麦市中心集镇7千米。东接天门水库，西邻云溪山脚，南连贯源，北靠文家山，辖区面积约3平方千米。此地山岭上有一块石，呈圆形，似容器盖，方言称容器盖为“砣”，读音“舵”，故名。地片名也由此而来。下辖7个村民小组，有5个居民点。距259省道、G353国道、杭瑞高速进出口公路距离分别为4千米、4千米、30千米，居民点全部通公路。2014年，有居民165户640人，水田63.9公顷，旱地7公顷，山林233.3公顷。

副坝(己忠屋) 属麦市镇天门村，位于天门村西南部，距村委会驻地上塅新屋1千米。东靠鹅公岭，西邻岩下山，南接上塅新屋，北连李婆洞。清末，葛己忠(1852—1924，钦加四品衔，诰封中宪大夫)在此建房定居，以其名命村庄名。1979年修天门水库，己忠屋被淹，居民搬迁至水库副坝两侧建房定居，故命村庄名为副坝。2014年，有居民21户180人，水田80亩，旱地74亩，山林90亩(该居民点西面1.5千米叶家岭2人、西面600米岩下山4人于2006年前迁入麦市集镇、陈塅，2014年无人居住)。出生于该居民点的葛海龙(1970—)，硕士学位，出版学术著作6部，获科技进步奖11项，2014年任中国人民解放军某研究所室主任，大校军衔。

李婆洞(又名李和洞) 属麦市镇天门村，位于天门村东部，距村委会驻地上塅新屋3千米。东靠西坳村，西邻新寺坑，南接良朋屋，北靠黄峰林场。古代，李姓在此地定居，五代未分家，和好相处，后人希望能永久保持家族和好，故命村庄名为李和洞，又称李婆洞。清代，葛贤才(1726—1803)在此地建房定居，仍用原村庄名。2014年，有居25户90人，水田84亩，旱地35亩，山林104亩(该居民点西面1千米筲箕埚，居民于2007年前迁入麦市镇，东南面500米山峰尖，居民于1992年前迁入西坳村)。

上塅新屋 属麦市镇天门村，位于天门村南部，为村委会驻地，距麦市中心集镇6千米。东靠天门副坝，西邻坝上，南接贯源，北连八斗垅。清代，邓良直(1790—1864)在此新建房屋定居，因住宅位于一面积较大的平坦地的上端，故命村庄名为上塅新屋。2014 年，有居民 17 户 70 人，水田 60 亩，旱地 31 亩，山林 72 亩（该居民点西面 50 米处岩油石、东面 500 米处王屋场 2 个居民点，居民于 2010 年前迁入麦市集镇，2014 年无人居住）。

第十八节　天岳村及所属聚落

【天岳村】　麦市镇辖村，位于麦市镇南部，村委会驻地都司坳，距麦市中心集镇 18 千米。东接黄龙林场茶蔸坪山，西邻黄龙林场塞水坳山，南接天岳关，北靠花园村，辖区面积约 15 平方千米。以域内山岭的古名命村名。1950 年，属通城县华楼乡；1958 年人民公社化，设大坳、小坳大队，属崇阳县麦市（先锋）人民公社黄龙管理区；1961 年恢复区镇建制，属通城县麦市区黄龙公社；1975 年撤区并社，属黄龙公社；1981 年，黄龙公社变更为黄龙山公社；1984 年设区建乡，大坳、小坳大队分别变更为大坳、小坳村，属麦市区黄龙山乡；1987 年区乡体制改革，属黄龙乡；1997 年，大坳、小坳村合并为天岳村；2001 年调整乡镇行政区划，属麦市镇。2012 年由天岳完小改建成村办公楼，占地面积 2800 平方米，建筑面积 418 平方米，内设便民服务厅、党员活动室、电教室、图书室、卫生室等。下辖 8 个村民小组，有 14 个农村居民点。驻有竹贤居、黄龙避暑山庄、天岳电站、迎瑞山庄等。居民有杜、陈、李、黄、萧、王、严、毛、陆、沈、房、辜、黎、丁、邓、谭、岳、何、熊、卢、唐姓，以杜姓为主。村庄为 S259 省道的终点，距杭瑞高速进出口公路里程 41 千米，居民点全部通公路。2014 年，有村民 253 户 1150 人，水田 33.5 公顷，旱地 2.5 公顷，山林 560 公顷。村民主要种植水稻、红薯，经济来源主要为营林、农业、务工、经商，年人均纯收入 2800 元。

小坳地片　属麦市镇天岳村，位于天岳村南部，距麦市中心集镇 18 千米。东接黄龙山林场灵官洞山，西邻黄龙林场，南接天岳关，北靠大坳片，辖区面积约 7 平方千米。以域内的山岭名命地片名。小坳是湘、鄂两省交界处的分水岭，古时是两省来往必经之地。下辖 6 个居民点，驻有竹贤居宾馆、黄龙避暑山庄、迎瑞山庄等。村庄为 S259 省道的终点，距杭瑞高速进出口公路里程 41 千米，居民点全部通公路。2014 年，有居民 92 户 370 人，水田 11.1 公顷，旱地 1.1 公顷，山林 293.3 公顷。

大坳地片　属麦市镇天岳村，位于天岳村中心，距麦市中心集镇 18 千米。东接花园村，西邻黄龙林场塞水场山，南接小坳片，北靠花园村，辖区面积约 8 平方千米。以域内的山岭名命地片名。下辖 8 个居民点，驻有天岳电站等单位。距 S259 省道、杭瑞高速进出口公路里程分别为 1 千米、42 千米，居民点全部通公路。2014 年，有居民 161 户 760 人，水田 22.3 公顷，旱地 1.4 公顷，山林 266.7 公顷。

都司坳（周氏坳）　属麦市镇天岳村，位于天岳村中心，为村委会驻地，距麦市中心集镇 18 千米。东靠麦天公路，西邻铁上屋，南接大洞桥，北连花园村。此地为山岭分水处，相传，宋代一名在朝廷任过都司之职的何姓官员退职后在此山坳旁建房定居，以其职务综合地形命村庄名为都司坳。2014 年，有居民 15 户 60 人，水田 28 亩，旱地 2.5 亩，山林 450 亩（东 300 米有老鼠坑、南 50 米有上坳屋、灵官桥 3 个小居民点）。

枫树下　属麦市镇天岳村，位于天岳村西南部，距村委会驻地都司坳 2 千米。西邻枫石占港，东、南接黄龙林场，北连合刀石。古时，一刘姓从湖南迁此建房定居，因住宅上方有大片枫树，故命村庄名为枫树下。2012 年，改建为村生态移民安置点。2014 年，有居民 31 户 140 人，水田 97 亩，旱地 5 亩，山林 750 亩（西南 300 米处有檀树咀小居民点，东北方 300 米有撮箕塥、鄢家垅两个居民点，后居民外迁，2014 年无人居住）。

官墓坳（官木坳）　属麦市镇天岳村，位于天岳村南部，距离村委会驻地都司坳 2.6 千米。东靠乱石窝，西邻严家屋，南接上头坪，北连早禾咀。此地为山岭分水处，古时，有名官员告老还乡，逝后葬于此地，人称官墓坳，后人又称其为官木坳。20 世纪 50 年代，陈金榜（1879—1972）在此地建房定居，以地形名命村庄名。2014 年，有居民

31户140人，水田12亩，旱地2亩，山林800亩(该居民点东南方300米原有早禾咀、北方300米处原有下茅坪2个小居民点，居民2014年前全部外迁)。

犨楼咀　属麦市镇天岳村，位于天岳村南部，距村委会驻地都司坳200米。东靠都司坳，西邻岳家，南接排上，北连铺上。此地为山岭突出前端，古时，何姓财主在山咀旁修建住宅，建有犨楼，故以其综合地形命村庄名为犨楼咀。此地曾为黄龙山区及湘、赣边区边贸集散地，卢、岳、何姓村民建有呈南北走向、长100余米的小街。自1950年起，为犨楼乡人民政府驻地。2014年，有居民27户90人，水田34.8亩，旱地11亩，山林800亩(附近原有西石屋、毛铺小居民点，西部1.2千米原有大坳小居民点，2014年均无人居住)。

铺上　属麦市镇天岳村，位于天岳村西南部，距村委会驻地都司坳300米。东靠王井垅，西邻岳家，南接犨楼咀，北连小港。唐、宋时期，此地设有饭铺、肉铺及杂货店铺，故名。明代，卢孔洽(1511—1595)在此建房定居，仍用原村庄名。2014年，有居民44户180人，水田102亩，旱地11亩，山林900亩。

桥头屋　属麦市镇天岳村，位于天岳村西南部，距村委会驻地都司坳1千米。东靠岳家，西邻枫树下，南接楠竹山，北连坊下屋。清初，杜齐从九房程家塅迁居此地，因住宅位于古桥的一端，故命村庄名为桥头屋。2014年，有居民40户150人，水田103亩，旱地7亩，山林600亩(该居民点北30米原有白纸棚、南部30米原有楠竹山2个居民点，2014年均无人居住)。

杏树塀　属麦市镇天岳村，位于天岳村西部，距村委会驻地都司坳2千米。东靠塞水坳，西邻白水岩，南接紫棚洞，北连西山。此地为四周高中间低凹的洼地，因古时长有杏树，故名杏树塀。清光绪年间，何丙元在此地建房居住，以地形名命村庄名。2014年，有居民21户110人，水田90亩，旱地9亩，山林1100亩(该居民点西南面500米原有白水石居民点，2008年后居民外迁，2014年无人居住)。

第十九节　西坳村及所属聚落

【西坳村】　麦市镇辖村，位于麦市镇西部，村委会驻地石咀背，距麦市中心集镇3.5千米；东接陈塅村，西邻天门村，南接何塅村，北靠麦市村，辖区面积约24平方千米。从该村所属的原两个行政村名称中各取一字命村名。1950年，属通城县麦市乡(坳背村)、陈塅乡(西冲村)；1958年人民公社化，属崇阳县麦市(先锋)人民公社麦市管理区坳背大队、陈塅管理区西冲大队；1961年恢复区镇建制，属通城县麦市区麦市公社坳背大队、陈塅公社西冲大队；1975年撤区并社，同属麦市公社；1984年设区建乡，坳背、西冲大队变更为坳背、西冲村，属麦市区麦市乡坳背村、陈塅乡西冲村；1987年区乡体制改革，同属麦市镇；2001年调整乡镇行政区划，黄龙乡与麦市镇合并为麦市镇，同属麦市镇；2004年，坳背、西冲村合并为西坳村。2005年，原西冲小学被改建为村委会办公楼，占地面积900平方米，建筑面积280平方米，内设便民服务厅、文体活动室、村两委会办公室等。下辖6个村民小组，有21个农村居民点。村民有葛、何、谢、李、胡、罗、刘、龚、黄、邓等姓，以葛姓为主。距259省道、G353国道、杭瑞高速进出口公路距离分别为500米、3.5千米、26.5千米，居民点全部通公路。2014年，有730户2900人，水田92.2公顷，旱地29公顷，山林61.6公顷。村民主要种植水稻、红薯、蔬菜，经济来源主要为务农、务工，部分人经商，年人均纯收入8900元。

坳背地片　属麦市镇西坳村，位于西坳村北部，距麦市中心集镇1.5千米。东接麦市村，西邻天门村，南连西冲片，北靠麦市村，辖区面积13平方千米。因域内有居民点坳背屋而得地片名。下辖3个村民小组，有12个居民点。距259省道、G353国道、杭瑞高速进出口公路距离分别为500米、1.5千米、24.5千米，居民点全部通公路。2014年，有居民348户1350人，水田50.3公顷，旱地13.5公顷，山林27.9公顷。

西冲地片　属麦市镇西坳村，位于西坳村南部，距麦市中心集镇3千米。东接陈塅村，西邻天门村，南连九房村，北靠坳背片，辖区面积11平方千米。因位于黄麦河西面的山沟而得地片名。下辖3个村民小组，有9个居民点。距259省道、G353国道、杭瑞高速进出口公路距离分别为1.5千米、3千米、26千米，居民点全部通公路。2014年，有居民382户1540人，水田41.9公顷，旱地15.5公顷，山林33.7公顷。

坳背屋　属麦市镇西坳村，位于西坳村北部，距村委会驻地石咀背2.5千米。东接坳背桥，西邻黄土塝山，南接塅上，北靠油石屋。清代，葛行冉(1699—1753)在此建房定居，因住宅位于油石屋北面山坳下方的侧面，故命村庄名为坳背屋。2014年，有居民71户320人，水田160亩，旱地20亩，山林700亩。

塅上屋　属麦市镇西坳村，位于西坳村北部，距村委会驻地石咀背2千米。东接田畈，西邻游龙屋，南接一房，北靠坳背屋。清初，葛景泰(1621—1698)在此建家族大院，历时6年建成一主两副3个大门口、三进三重的大型住宅，因住宅地处大块平地上，故命村庄名为塅上屋。2014年，有居民82户400人，水田190亩，旱地30亩，山林120亩。

港下屋　属麦市镇西坳村，位于西坳村西南部，距村委会驻地石咀背1千米。东接三级站，西邻鹅公岭，南接一级站，北靠老屋。明晚期，葛世宽(1582—1626)在此建造房屋定居，分上、中、下三重，青砖瓦屋，因住宅所在地地势低于前方溪流，故命村庄名为港下屋。2014年，有居民56户230人，水田80亩，旱地20亩，山林780亩(附近有居民点半洞，20世纪90年代后居民陆续迁往麦市集镇)。

老屋　属麦市镇西坳村，位于西坳村西南部，距村委会驻地石咀背600米。东接圳上屋，西邻凤凰山，南接港下屋，北靠刘家冲。清晚期，葛大臣(1852—1924)在此建家族大宅，最初设计为东西南北四门，后因宅基有限，只做了东、北两门，以其姓氏命村庄名为葛家，后因其子孙有分支外迁做新居者，故改村庄名为老屋。2014年，有居民61户280人，水田108亩，旱地35亩，山林328亩。

石咀背　属麦市镇西坳村，位于西坳村南部，为村委会驻地，距麦市中心集镇3.5千米。东接黄麦河，西邻船形山，南接双港，北靠一房。明末，葛世宥(1586—1641)在此建房定居，因住宅位于石质山体突出前端的一侧，故命村庄名为石咀背。2014年，有居民20户80人，水田87亩，旱地13亩，山林90亩。

小泉塅　属麦市镇西坳村，位于西坳村南部，距村委会驻地石咀背500米。东接黄麦河，西邻船形山，南接双港，北靠一房。此地为面积较大的平坦地，明代，葛小泉(1549—1611)在此地建房定居，以其名综合地形命村庄名为小泉塅。2014年，有居民20户80人，水田87亩，旱地13亩，山林90亩。

游龙屋　属麦市镇西坳村，位于西坳村中部，距村委会驻地石咀背1.5千米。东接黄龙河，西邻风鸣山，南接一房，北靠塅上屋。相传古时候山洪暴发，村前大港有龙游走。明代，葛谭四(1474—1536)在此建房定居，以传说命村庄名为游龙屋。2014年，有居民70户330人，水田160亩，旱地30亩，山林390亩。

圳上屋　属麦市镇西坳村，位于西坳村南部，距村委会驻地石咀背200米。东接石咀，西邻老屋，南接黄石井，北靠刘家冲。古时，此地有条水圳。明末，葛世宏(1576—1633)和葛文治(1630—1710)先后在水圳上方建房定居，胜吾公居北，文治公居南，以住宅与水圳形成的方位命村庄名。2014年，有居民75户210人，水田230亩，旱地30亩，山林425亩。

第二十节　株树村及所属聚落

【株树村】　麦市镇辖村，位于麦市镇西部，村委会驻地株树潭，距麦市中心集镇3.5千米。东接井堂村，西靠虚空山，南接麦市村，北靠关刀镇金潭村，辖区面积约4.7平方千米。因域内有地片株树而得村名。1950年，属通城县棋盘乡(株树)、麦市乡(河田)；1958年人民公社化，设株树、河田大队，属崇阳县麦市(先锋)人民公社麦市管理区；1961年恢复区镇建制，属通城县麦市区麦市公社；1971 年，株树、河田大队合并为株树大队；1975 年撤区并社，属麦市公社；1981 年，株树大队分设为株树、河田大队；1984 年设区建乡，株树、河田大队分别变更为株树、河田村，属麦市区麦市乡；1987 年区乡体制改革，属麦市镇；2001 年调整乡镇行政区划，仍属麦市镇；2004 年，株树、河田村合并为株树村。下辖 9 个村民小组，有 9 个居民点。驻有黄龙水力发电厂五级电站、兴旺猪场、麦农山泉矿泉饮品厂。居民有葛、何、卢姓，以葛姓为主。2002 年将株树小学改建成村委会办公楼，占地面积 2000 平方米，建筑面积 700 平方米，设有便民服务厅、党员活动室、图书室、电教室等。距 G353 国道、杭瑞高速进出口公路里程分别为 1 千米、20 千米，居民点全部通公路。2014 年，有村民 465 户 2030 人，水田 64.5 公顷，旱地 23.7 公顷，山林 524 公顷。村民主要种植水稻、油菜、红薯，经济来源主要为务农、务工，部分人经商，年人均收入 11000 元。

株树地片　属麦市镇株树村，位于株树村北部，距麦市中心集镇 3.5 千米。东接井堂村，西靠虚空山，南接河田屋，北连关刀镇金潭村，辖区面积约 2.6 平方千米。因域内有居民点株树潭而得地片名。下辖 5 个村民小组，有 5 个居民点。驻有黄龙水利发电厂五级电站、麦农山泉矿泉饮品厂等单位。距 G353 国道、杭瑞高速进出口公路里程分别为 1 千米、20 千米，居民点全部通公路。2014 年，有居民村民 246 户 1110 人，水田 34.9 公顷，旱地 12.7 公顷，山林 274.7 公顷。

河田地片　属麦市镇株树村，位于株树村南部，距麦市中心集镇 2 千米。东接井堂村，西靠虚空山，南接麦市村，北靠黄竹咀，辖区面积约 2.1 平方千米。因域内有居民点河田屋而得地片名。下辖 4 个村民小组，有 4 个居民点。距 G353 国道、杭瑞高速进出口公路里程分别为 1 千米、20 千米，居民点全部通公路。2014 年，有居民村民 219 户 920 人，水田 29.7 公顷，旱地 11 公顷，山林 249.3 公顷。

安家冲　属麦市镇株树村，位于株树村西南部，距村委会驻地株树潭 3.1 千米。东接夹井，西邻虚空山，南接蛇形山，北靠虚空山脚。此地是一条长条形山沟，相传古时候，此地有个妇女，怀孕半年生下一个秀气花脸婴孩，长辈见了说是个怪物，就把他弄死了。过了一年半，此妇女又生了一个威武花脸婴孩，人们又把他弄死了。过了两年，那个妇女又生了一个标标致致、满脸福相的婴儿。他一落地见风就长了三尺，急切地问："我大哥、二哥呢?"他娘说："老辈人说是怪物，把他们弄死了。"第三个儿子一听大哭起来说："我没了左膀右臂，我还有什么用?"说完一头在墙上撞死了。后来，有几个风水先生在此转了一圈，说："你们这里本该出一朝天子的，可惜，风水被你们自己坏了。"村里的人听了，觉得载不得大福，只能图个安家乐业，就把这儿叫"安家冲"。明晚期，葛泗英(1614—1642)在此建房定居，以传说之名命村庄名。2014 年，有居民 90 户 370 人，水田 180 亩，旱地 80 亩，山林 420 亩(附近有居民点谢家、坳上含在该居民点内)。

蔡石埚　属麦市镇株树村，位于株树村北部，距村委会驻地株树潭 1 千米。东接铁门栈，西邻虚空山，南接株树潭，北靠五级站。此地为四周高中间低凹的洼地，因埚内多有石块，人称乱石窝。古时候蔡姓在此建房定居，以其姓氏综合地形命村庄名为蔡石埚。后蔡姓外迁，葛贤标(1789—1820)在此建房定居，仍用原村庄名。2014 年，有居民 27 户 100 人，水田 50 亩，旱地 21 亩，山林 120 亩。

河田屋　属麦市镇株树村，位于株树村南部，距村委会驻地株树潭 2 千米。东接井堂村，西邻虚空山，南接麦市村，北靠黄竹咀。清代，葛贤瓒(1762—1802)在此修建房屋定居，因住宅前方有一大片傍黄麦河的农田，故命村庄名为河田屋。此住宅分前后两进，明五暗十结构，中隔四厢房，大方天井，八字门口，烧砖到顶。前堂屋有戏台，上、下堂屋办筵席能摆 20 张方桌。太平军兴时，前幢及戏台毁于战火。后来，在祖堂周边相继建造了 9 幢房屋，总建筑面积 9000 平方米以上，有 70 多户烟灶、400 多人口聚居，出入一个大门口，雨天不走湿路。屋内有一井，冬暖夏凉，清澈甘甜，四季满溢。屋后背偎蛇形山，蛇头高抬，是消暑乘凉好去处。2014 年，有居民 69 户 320 人，水田 156 亩，旱地 84 亩，山林 320 亩。此居民点是麦市河粉的发源地。

红家排　属麦市镇株树村，位于株树村南部，距村委会驻地株树潭 1.5 千米。东接河田，西邻夹井，南接麦市村，北靠石溪垅。此地为地势较高、呈方圆形的小块平地，古为洪姓居住地，以其姓氏综合地形命村庄名为洪家排。后洪姓外迁，葛、卢姓先后在此建房定居，将“洪家排”改称为“红家排”。2014 年，有居民 26 户 110 人，水田 90 亩，旱地 27 亩，山林 120 亩。

黄竹咀　属麦市镇株树村，位于株树村东部，距村委会驻地株树潭阴山塝 400 米。东接井堂村，西邻阴山塝，南接石溪垅，北靠河田屋。此地为山体突出前端，因古时山咀上生长黄竹，故名黄竹咀。清代，葛正贵(1842—1893)在此山咀旁建房定居，以山咀名命村庄名。2014 年，有居民 32 户 160 人，水田 105 亩，旱地 35 亩，山林 160 亩。

石溪垅　属麦市镇株树村，位于株树村西部，距村委会驻地株树潭 500 米。东接黄竹咀，西邻虚空山，南接安家冲，北靠张家垅。此地有小山沟，内有小溪，溪中多块石，古称石溪垅，又名十全垅。明代，葛利六(1526—1591)在此建房定居，以山沟名命村庄名。2014 年，有居民 57 户 280 人，水田 135 亩，旱地 50 亩，山林 285 亩。

株树潭　属麦市镇株树村，位于株树村北部，为村委会驻地，距麦市中心集镇 3.5 千米。东接黄麦河，西邻虚空山，南接洪埚山脚，北靠学堂咀。此地港堤上古时有大株树，树下是深水潭，故名。清代，葛天衢(1626—?)在此建房定居，并从事河粉加工，以潭名命村庄名为，又称粉铺。2014 年，有居民 62 户 290 人，水田 140 亩，旱地 54 亩，山林 310 亩。

第六章　沙堆镇及所属聚落

第一节　沙堆镇概况

位置面积　通城县辖镇，位于通城县东北部，镇政府驻地九井社区井峰大道1号，距县城11千米。东邻四庄乡，南接关刀镇，西连隽水镇，北靠崇阳县沙坪镇。辖区总面积54.5平方千米，地处东经113°50′~113°57′，北纬29°15′~29°20′。境内大部分为丘陵地带，地势西高东低，北高南低，最高点紫鸡山海拔314.1米，最低点石吉山海拔85米。

插图11　沙堆集镇(航拍)

来历及沿革　因域内有集镇沙堆而得镇名。1950年，设沙堆、灿良、墩义、瑶泉、枫树、坪坳乡，属通城县第二区；1955年，小乡合并为沙堆乡；1958年，属崇阳县沙堆(火箭)人民公社大柱、沙堆管理区；1961年，设通城县沙堆区，辖沙堆、大柱、清水、四庄、大源、大青6个人民公社；1975年，撤区并社时，大柱公社并入沙堆公社；清水、四庄、大源合并为清水公社；另设大青公社；1984年，改人民公社为区乡制，设沙堆区，辖沙堆镇、沙堆乡、大柱乡、清水乡、四庄乡、灵芝乡、大溪乡；1987年撤区并乡，清水乡、四庄乡、灵芝乡合并为四庄乡，大溪乡升格为区级大溪乡，大柱乡并入沙堆镇。

人文和经济环境　2014年辖9村1社区。域内土地肥沃，以种植水稻为主，为通城县粮食主产区。2014年，全镇有9个行政村1个社区，另有7个城镇居民点、188个农村居民点(其中20户以下的42个，见表7)。6911户25970人，年人均纯收入8552.8元；有水田1225.5公顷，旱地445.3公顷，山林1658.6公顷。经济作物以茶叶、油茶、油菜为主。其中，茶叶种植面积453公顷，产量257吨，主要品种有“九井峰”“毫绿”。茶叶生产值占全镇生产总值的10%。沙堆镇是通城县优质茶叶生产基地，获“湖北十大茶叶名乡名镇之一”殊荣。全镇以天健畜牧为龙头，采取“六扶一包”的模式，年出栏生猪8万余头，成为全县生猪养殖大镇。域内水源充足。沙堆河县内流程23.5千米，镇域内流程6千米，流域面积75平方千米，年径流量1亿立方米。域内有富强、洞下、毛栗堰、柏树垅、边家垅、刘家、龙家7座小型水库。域内交通发达，S362省道穿越镇域，沙堆中心集镇距G106国道、杭瑞高速进出口公路里程分别为12千米、15千米，居民点全部通公路，在全县率先开通乡镇与县城的公交。有基督教堂6个，天主教堂2个，庙宇12座，有白狐回窝、五马奔槽、九龙朝圣、王蛇盘龟、狮子石、白石、乾隆石、牛形山，老鸦冲林场白鹭景观、东汉古墓群、石郭坪等景点。域内居民柳落秋1990年度被授予全国劳动模范称号，卢贵清(女)、李英海分别于1958年、2002年被授予湖北省劳动模范称号。2010—2014年连续5年荣获县护林防火先进单位；2011—2013年连续3年荣获县生猪产业发展先进乡镇。2014年获全县优秀乡镇等荣誉称号。

表7　　沙堆镇2014年20户以下村庄(居民小区)基本情况一览表

村庄名称	地理位置	名称由来	形成时间	户数人口
祖皇坛巷小区	九井社区北部，距居委会驻地100米	以所在街巷名命名	2004	16户50人
麦埚	大柱山村东部，距村委会驻地2千米	以村庄所在地形名命名	元代	16户50人
上况家	大柱山村西部，距村委会驻地2千米	因下方有同名村庄而得名	清代	19户50人
肖坊	大柱山村北部，距村委会驻地1千米	以最早迁入的居民姓氏和房屋用途命名	明代	17户50人
张家享堂	大柱山村西南部，距村委会驻地4千米	以最早迁入的居民姓氏和房屋用途命名	宋代	4户20人
大路排	堆山村西北部，距村委会驻地2.1千米	因村庄位于大路边的山坡上而得名	清代	4户20人
方家	堆山村西北部，距村委会驻地2千米	以最早迁入的居民姓氏命名	清代	5户20人
枫树咀	堆山村北部，距村委会驻地1.2千米	以村庄附近的山咀名命名	清代	3户11人
黑屋罗家	堆山村西部，距村委会驻地2.2千米	以住宅采光条件不好综合姓氏命名	清代	3户10人
龙门寺	堆山村北部，距村委会驻地2千米	以村庄土地所属的寺宇名命名	清代	6户20人
石头冲	堆山村西北部，距村委会驻地2千米	以村庄所在的山沟名命名	清代	17户100人
四方屋	堆山村北部，距村委会驻地1.5千米	以最早迁入的居民排行命名，“方”是“房”的变读	清代	3户10人
学堂咀	堆山村西部，距村委会驻地3千米	因村庄位于办有学堂的山咀边而得名	民国时期	16户70人
直立屋	堆山村西北部，距村委会驻地3.5千米	以最早迁入的居民名字命名	清代	13户60人
龙家	港背村南部，距村委会驻地2千米	以最早迁入的居民姓氏命名	清代	18户90人
双港口	港背村北部，距村委会驻地1.5千米	因村庄位于两条港溪的交汇处而得名	清代	15户90人
傅家垅	罗塘村西北部，距村委会驻地700米	以最早迁入的居民姓氏和地形命名	清代	16户70人
甘甜坳	罗塘村西南部，距村委会驻地1.5千米	以村庄附近的山坳名命名	清代	12户50人
中屋	罗塘村东南部，距村委会驻地400米	因村庄位于山沟的中间部而得名	清代	15户60人
坳背	坪坳村西南部，距村委会驻地1千米	因村庄位于山坳一侧而得名	清代	4户20人
壁石屋	坪坳村西部，距村委会驻地600米	以最早迁入的居民名字命名	清代	10户20人
古塘	坪坳村东部，距村委会驻地1.5千米	以村庄附近的池塘名命名	清代	12户40人
岭下梅家	坪坳村西南部，距村委会驻地500米	因村庄位于山岭下方综合姓氏命名	明代	15户60人
刘家	坪坳村东部，距村委会驻地1.6千米	以最早迁入的居民姓氏命名	清代	6户20人
卢家楼	坪坳村西部，距村委会驻地2千米	以最早迁入的居民姓氏和房屋结构命名	明代	10户30人
坪坳	坪坳村西部，距村委会驻地800米	以村庄附近的山坳名命名	民国时期	3户10人
下垅	坪坳村南部，距村委会驻地1千米	以村庄附近的山沟名命名	清代	6户30人

续表

村庄名称	地理位置	名称由来	形成时间	户数人口
下塘埚	坪坳村东南部，距村委会驻地1.7千米	以村庄附近的池塘名命名	清代	15户60人
袁家垅	坪坳村西南部，距村委会驻地1.2千米	以最早迁入的居民姓氏和地形命名	清代	2户10人
张家冲	坪坳村南部，距村委会驻地2千米	以最早迁入的居民姓氏和地形命名	清代	3户10人
富家垅	石冲村北部，距村委会驻地1千米	以美好愿望综合地形命名	明代	4户20人
具万屋	石冲村西南部，距村委会驻地1.5千米	以最早迁入的居民名字命名	清代	2户8人
新沙塘埚	石冲村西南部，距村委会驻地2千米	因系新建房屋综合地形命名	清代	19户70人
塅上	湾船咀村东南部，距村委会驻地600米	因村庄位于平畈而得名	清代	15户60人
枫树埚	湾船咀村南部，距村委会驻地1千米	以村庄所在的山洼名命名	明代	18户108人
学堂咀	湾船咀村北部，距村委会驻地2千米	以村庄形成初住宅用途和地形命名	清代	14户80人
但家坳	瑶泉村西南部，距村委会驻地1千米	以最早迁入的居民姓氏和地形命名	清代	16户60人
黄墩咀	瑶泉村东南部，距村委会驻地500米	以村庄附的山咀名命名	清代	16户100人
姜家排	瑶泉村西部，距村委会驻地1千米	以村庄附近的山坡名命名	元代	16户80人
老屋	瑶泉村南部，距村委会驻地800米	因其为当地一脉始祖居住地而得名	清代	18户110人
谌家坳	瑶泉村南部，距村委会驻地1.5千米	以最早迁入的居民姓氏和地形命名	清代	11户60人
詹家垅	瑶泉村南部，距村委会驻地1.5千米	以最早迁入的居民姓氏和地形命名	清代	4户20人

第二节　九井社区及所属聚落

【九井社区】　沙堆镇政府驻地，居委会驻地九井街41号。东邻九井街，南接柳峦巷，西、北连井峰大道，占地面积约2.1平方千米。因域内所属集镇古时的名称而得社区名。1950年，属通城县沙堆乡；1958年人民公社化时，属崇阳县沙堆(火箭)人民公社沙堆管理区长征、南针大队；1961年恢复区镇建制，属通城县沙堆公社；1971年，长征、南针大队与石冲、黄六大队合并更名为长征大队；1972年，长征大队分设为长征大队(长征、南针)、石冲大队(石冲、黄六)，其中石冲大队被划出，属沙堆区沙堆公社；1975年撤区并社，属沙堆公社长征大队；1981年，长征大队更名为沙堆大队；1984年设区建乡，沙堆大队变更为沙堆村，属沙堆区沙堆镇；1987年区乡体制改革，属沙堆镇；2000年，将沙堆村8、9、11、12、13、16、17、18、20、21共10个农业村民小组成立九井街居委会；2001年，将原九井街居委会(10个农业村民小组)与沙堆村(11个组)合并为九井街居委会；2004年，九井街居委会将21个农业村民小组行政区域划出，重新组建沙堆村(划出)，另设立九井社区，下辖沙堆集镇。域内有九井街、井峰大道、沙徐巷、福兴巷、祖皇坛巷、草塘巷、柳峦巷、十字街等街道，有7个城镇居民点，驻有镇人民政府及20多家镇直单位；已建成日供1000吨的自来水厂，有220家个体服务业，吸引815户农户进镇落业。社区居委会办公楼占地面积440平方米，建筑面积480平方米。S362省道穿越社区，区境距G106国道、杭瑞高速进出口公路里程分别为12千米、15千米。2014年，有居民1384户5580人。社区居民有吴、徐、柳、宋、傅、金、卢、彭、雷、简、戴、王、李、龙、黎、邹、周、熊、黄、张、洪、华、叶等姓，以吴姓为主。居民年人均纯收入16747.9元，经济来源以经商、务工、运输、门店出租为主。

沙堆集镇　属沙堆镇九井社区，历为区、乡、公社、镇机关的驻地，是沙堆镇政治、经济、文化中心。以流经此地的河流沙堆港而得集镇名。1983年以前，只有1条弯曲的“丁”字泥土街，长

300 米、宽 6 米。1984 年起开始改造集镇，先后新建沙堆中学等 20 家镇直单位。2000 年新建长 1500 米、宽 40 米的井峰大道，并把原沙堆高中的占地改造成长 220 米、宽 30 米的横街，与通往沙堆桥头“丁”字街相接，变成“十”字街，又在沙堆初中下面开拓长 100 米、宽 30 米的横街并与老街相连，使九井街成了名副其实的“井”字街。同时将新、老街两端各延长 200～500 米，新增居民住宅。同时对老街上的供销合作社、食品所、粮管所等体制改革后的单位建筑逐步维修、改建，将瓦房更成楼房。2003—2005 年镇政府每年投资 200 万元，将九井街街道硬化、绿化、亮化。S362 省道穿越区境，集镇距 G106 国道、杭瑞高速进出口公路里程分别为 12 千米、15 千米。2014 年，有居民 1500 户 5586 人。形成一条商业街(九井商业街)、一条标准街(井峰大道)、一批经贸市场(农贸、工业品市场)等六个一，具有综合服务功能的集镇。

步行街小区 属沙堆镇九井社区，位于九井社区北部，距居委会驻地九井街 41 号 500 米，南北走向，全长约 300 米。东接九井街，西邻井峰大道，南连原沙堆小学，北靠河徐巷。以街道的名称命小区名。2014 年建成。居民房屋占地面积 7800 平方米，建筑面积约 2.3 万平方米，呈条状沿步行街分布。居民有吴、周、黄、洪、华、柳、卢等姓。2014 年，有居民 42 户 170 人。

草塘巷小区 属沙堆镇九井社区，位于九井社区北部，距社区驻地九井街 41 号 200 米。呈东西走向，东接九井街，西连井峰大道。以所在街巷的名称命小区名。20 世纪 80 年代，有零星房屋，分散不整齐；自 1990 年开始，按城建规划发展建设，逐渐形成小区；居民房屋占地面积 7800 平方米，建筑面积约 2 万平方米，呈条状沿草塘巷分布。居民有吴、杨、柳、卢等姓，以吴姓为主。2014 年，有居民 40 户 130 人。

福兴巷小区 属沙堆镇九井社区，位于九井社区北部，距社区驻地九井 41 号 200 米，南北走向，全长约 200 米。东接河西路，西邻九井街，南连老粮管所，北靠十字街。以所在的街巷名命小区名，1991 年开发建成。辖区有沙堆工商所。居民房屋占地面积 4500 平方米，建筑面积约 1.5 万平方米，呈块状沿福兴巷分布。居民有王、雷、熊、柳、傅、金等姓，以王姓为主。2014 年，有居民 30 户 90 人。

供销小区 属沙堆镇九井社区，位于九井社区北部，距社区驻地九井街 41 号 500 米。东接河西路，西邻九井街，南连十字街，北靠农贸市场。以原所属单位名称命小区名，2014 年建成。居民房屋占地面积 4200 平方米，建筑面积约 1.2 万平方米，呈块状分布。居民有张、王、叶、卢、陈、柳等姓。2014 年，有居民 28 户 110 人。

河徐巷小区 属沙堆镇九井社区。位于九井社区北部，距社区驻地九井街 41 号 400 米。东西走向，东接河西路，西临徐家大塘，南连步行街小区，北靠沙堆村村级公路。以所在街巷名命小区名，1990 年后逐渐形成。辖区有沙堆公安派出所、沙堆道班、沙堆中心完小、沙堆客运站。居民房屋占地面积 4800 平方米，建筑面积约 1.5 万平方米，呈条状沿河徐巷分布。居民有王、徐、吴、张、黄、卢等姓。2014 年，有居民 32 户 140 人。

柳峦巷小区 属沙堆镇九井社区，位于九井社区南部，距社区驻地九井街 41 号 100 米。东西走向，全长约 250 米。东接九井街，西邻沙堆中学，南连九井街与井峰大道交汇处，北靠镇政府大院。以所在街巷名命小区名。2000 年以后逐步形成。辖区驻有沙堆镇人民政府、沙堆镇财政所、沙堆邮政支局、沙堆司法所、沙堆电信支局、沙堆人社中心、沙堆住建分局、沙堆文体服务中心、沙堆计生办、沙堆中学、红太阳幼儿园、沙堆广电网络部、沙堆畜牧服务中心、九井家园。居民房屋占地面积 6800 平方米，建筑面积约 2 万平方米，呈条状沿柳峦巷分布。2014 年，有居民 44 户 170 人。

祖皇坛巷小区 属沙堆镇九井社区，位于九井社区北部，距社区驻地九井街 41 号 100 米。东西走向，全长约 200 米。东接九井街，西邻井峰大道，南连镇政府，北靠草塘巷。以所在街巷的名称命小区名。于 2004 年开发建成。辖区驻有沙堆卫生院，居民房屋占地面积 3200 平方米，建筑面积约 9000 平方米，呈条状沿祖皇坛巷分布。居民有吴、李、金、黎等姓。2014 年，有居民 16 户 50 人。

第三节　大柱山村及所属聚落

【大柱山村】　沙堆镇辖村，位于沙堆镇西南部，村委会驻地佘坊，距沙堆中心集镇6.5千米。东邻瑶泉村银丰地片，南接八仙村，西连利和村，北靠平坳村，辖区面积6.07平方千米。因域内有居民点名大柱山而得村名。1950年，属通城县大柱、佘坊乡；1958年人民公社化时，设佘坊(大柱乡)、前进(大柱乡)、井堂(大柱乡)、中心(佘坊乡)大队，属崇阳县沙堆(火箭)人民公社大柱管理区；1961年恢复区镇建制，属通城县沙堆区大柱公社；1971年，佘坊、前进、井堂大队合并为佘坊大队，中心大队未变；1975年撤区并社，佘坊大队并入高冲公社，中心大队并入沙堆公社；1981年，中心大队变更为大柱山大队，属沙堆公社，佘坊大队未变，属高冲公社；1984年设区建乡，佘坊大队分设变更为佘坊(原佘坊大队)、晒谷石(原前进、井堂大队)村，大柱山大队变更为大柱村，三村全部并入沙堆区大柱乡；1987年区乡体制改革，属沙堆镇；2002年，佘坊、晒谷石、大柱山村合并为大柱山村。下辖12个村民小组，有29个农村居民点。2006年新建村委会办公楼，占地面积240平方米，建筑面积220平方米，内设便民服务厅、党员活动室等。有三八水库、云阁龙西干渠、邓家当铺泵站、张家港、况家塘等水利设施；有古城庵、新庙、承恩堂纪念地、景点。居民有杜、吴、邓、廖、张、卢、雷、段、李、郑、况、黎、胡、杨等姓，以邓、杜、吴姓为主。S362省道傍村而过，村域距G106国道、杭瑞高速进出口公路里程分别为10千米、13千米，居民点全部通公路。2014年，有村民816户2520人，水田182公顷，旱地124公顷，山林230公顷。村民以种植水稻为主，经济来源主要为务农、务工、经商，年人均纯收入7446.7元。

佘坊地片　属沙堆镇大柱山村，位于大柱山村北部，村委会驻地在此地片，距沙堆中心集镇6.5千米。东邻村级公路，南接佘坊垅，西连下屋岭，北靠佘坊小学。因域内有居民点佘坊而得地片名。有7个村民小组、15个居民点。距S362省道、G106国道、杭瑞高速进出口公路里程分别为2千米、10千米、13千米，居民点全部通公路。2014年，有居民308户1890人，有水田116.9公顷，旱地14.4公顷，山林20.9公顷。

大垅排　属沙堆镇大柱山村，位于大柱村西部，距村委会驻地佘坊3.3千米。东邻新屋张家，南接大路铺，西连李卦，北靠张家冲。此地为一较大山沟内呈不规则形状的缓坡山地，故称大垅排。明代，李邦瑶(1552—1610)迁此山坡建房定居。以地形名命村庄名。2014年，有居民29户70人，山林158亩，旱地19.8亩，水田140亩。

大柱山　属沙堆镇大柱山村，位于大柱村西南部，距村委会驻地佘坊3.5千米。东邻大垅排，南接古城庵，西连范垅，北靠坳上。清代，杜赐芳(1658—1712)从阔田迁此建房定居，因住宅位于大柱山下，故以山名命村庄名。2014年，有居民34户130人；有水田127亩，旱地16亩，山林153亩。出生于该居民点的杜耀光(又名杜春林，1935—)，曾任咸宁地区公安处处长。

段家　属沙堆镇大柱山村，位于大柱村北部，距村委会驻地佘坊1千米。东邻钱埚，南接佘坊小学，西连佘家排，北靠彭家。明代，段仞高(1480—1537)从阔田迁此建房定居，以其姓氏命村庄名为段家。2014年，有居民65户220人，山林130亩，旱地80亩，水田160亩(该居民点东部100米处有八字门居民点)。出生于该居民点的各界代表性人物有：张四齐(女，1971—)，博士学位，2014年在日本京都任职；段九华(1975—)，博士学位，2014年任加拿大多伦多大学医学院神经科教授。

高家咀　属沙堆镇大柱山村，位于大柱村东部，距村委会驻地佘坊500米。东接银丰，西邻秧麦岭，南连八仙村，北靠雷家。此地为八仙畈东边山体突出前端，古为高姓居住地，以其姓氏综合地形命村庄名为高家咀。后高姓外迁，邓普祖(1280—?)迁此定居，仍用原村庄名。2014年，有居民31户110人，水田142亩，旱地47亩，山林45亩。

横堤上　属沙堆镇大柱山村，位于大柱村南部，距村委会驻地佘坊1千米。东接下屋邓家，西邻晒谷石，南连跳石铺大河，北靠虎形山。此地有一小溪在跳石铺地段汇入菖蒲港，为防止洪水侵袭，当地村民在小溪两岸修了与菖蒲港呈横向的堤坝，故名。清代，邓林梧（1640—1685）从江西瓦渣街迁横堤边建房定居，以堤名命村庄名。2014年，有居民33户130人，水田160亩，旱地53亩，山林75亩。

胡家　属沙堆镇大柱山村，位于大柱村西部，距村委会驻地佘坊1千米。东邻祝家，南接桥头张家，西连叶谷场，北靠吴家。清代，胡志王（1657—1721）由嘉鱼迁此定居，以其姓氏命村庄名为胡家。2014年，有居民43户190人，山林278.9亩，旱地23亩，水田210亩。

虎形山　属沙堆镇大柱山村，位于大柱村南部，距村委会驻地佘坊500米。东接秧麦岭，西邻老屋张家，南连横堤上，北靠佘坊。清代，吴启明（1798—1867）从锦山油坊村三让屋迁此建房定居，因住宅位于虎形山下方，故以山名命村庄名。2014年，有居民23户90人，水田89亩，旱地39亩，山林43亩。

井堂屋　属沙堆镇大柱山村，位于大柱村南部，距村委会驻地佘坊700米。东邻高家咀，西接下屋邓家，南连八仙，北靠虎形山。此地有一泉水井，水质优良，冬暖夏凉，在当地很有名气。清代，邓林直（1755—1833）从江西瓦渣街迁此建房定居，因住宅正堂在水井后方，故命村庄名为井堂屋。2014年，有居民28户110人，水田153亩，旱地52亩，山林47亩。

老屋场　属沙堆镇大柱山村，位于大柱村南部，距村委会驻地佘坊1.8千米。东邻八仙粮站，南接晒谷石，西连马鞍陵，北靠虎形山。明代，邓宪肃（1511—1562）从河南迁此定居，以其姓氏命村庄名为邓家。其子孙后代有分支外迁者，改村庄名为老屋场。2014年，有居民188户790人，山林490亩，旱地812亩，水田1127亩。

老屋张家　属沙堆镇大柱山村，位于大柱村西南部，距村委会驻地佘坊3.9千米。东邻虎形山，南接张家享堂，西连桥头张家，北靠叶谷场。明代，张新善（1465—1542）迁此建房定居，以其姓氏命村庄名为张家，后有子孙分支外迁者，改此村庄名为老屋张家。2014年，有居民31户140人，山林200亩，旱地120亩，水田136亩。

洛泉屋　属沙堆镇大柱山村，位于大柱村西部，距村委会驻地佘坊2.2千米。东邻大垅排，南接坳上，西连野鸭塘，北靠隽四公路。古时，此地居住一名叫洛泉的居民，以其名字命村庄名为，此人无后。明代，黎光年（1550—1604）由樊店迁此建房定居，仍用原村庄名。2014年，有居民32户80人，山林132亩，旱地45亩，水田84亩。

庙咀　属沙堆镇大柱山村，位于大柱村东北部，距村委会驻地佘坊1.5千米。东邻洪下，南接村委会，西连邱家，北靠八字门。此地为山体突出前端，古时，山咀上建有一灵官庙，故称庙咀。明代，雷福山（1480—1537）由崇阳白螺坳迁山咀旁建房定居，以山咀名命村庄名。2014年，有居民34户120人，山林150亩，旱地80亩，水田150亩。

桥头张家　属沙堆镇大柱山村，位于大柱村西南部，距村委会驻地佘坊3.8千米。东邻张家老屋，南接晒谷石，西连古城排，北靠细续卦。此地前有小溪，溪上有一座小桥。宋代，张仲启（1169—?，曾任湖广武昌府教谕）迁桥头建房定居，遂以其姓氏综合住宅与桥梁形成的方位命村庄名为桥头张家。2014年，有居民33户230人，山林298亩，旱地36亩，水田208亩。

晒谷石　属沙堆镇大柱山村，位于大柱村西南部，距村委会驻地佘坊3.2千米。东邻横堤，南接大港，西连利和，北靠虎形山。此地河边有一巨石，石面平坦，可供居民晒谷而得名。清朝末年，李姓从游垅沟迁此定居，以石名命村庄名。2014年，有居民38户90人，山林143亩，旱地40亩，水田167亩。

佘坊　属沙堆镇大柱山村，位于大柱村北部，为村委会驻地，距沙堆中心集镇6.5千米。东邻村级公路，南接佘坊垅，西连下屋岭，北靠佘坊小学。古时，佘姓在此居住并开设了一榨油坊，以其姓氏和房屋用途综合命村庄名为佘坊。元代，佘姓将业产售与崇阳高枧洞下廖家廖如深（1311—1360）第七房子孙，仍用原村庄名。2014年，有居民46户150人，山林230亩，旱地170亩，水田143亩。

佘家排　属沙堆镇大柱山村，位于大柱村北部，距村委会驻地佘坊600米。东邻八字门，南接杨家垅，西连竹家，北靠石山。古时，此地住佘姓居民，因住宅位于地势较高，且呈不规则形的山坡上，故命村庄名为佘家排。后佘姓没落，张元勋携子先五（1767—1848）迁此定居，仍用原村庄名。2014年，有居民27户110人，山林200亩，旱地60亩，水田140亩。出生于该居民点的张咏规(生年不详)，博士学位，2014年就职于澳大利亚中信公司。

石山老屋 属沙堆镇大柱山村，位于大柱村北部，距村委会驻地余坊1.5千米。东邻八字门，南接竹家，西连坪坳茶厂，北靠简家。清初，卢元心(1623—1681)从枫树埚迁此建房定居，依其分支名及姓氏命村庄名为石山卢家。其子孙后有分支外迁者，改村庄名为石山老屋。2014年，有居民34户130人，山林143亩，旱地30亩，水田70亩。

石山新屋 属沙堆镇大柱山村，位于大柱村北部，距村委会驻地余坊2.5千米。东邻桐籽埚，南接石山老屋，西连简家，北靠大岭山。清代，卢元心(1623—1681)之子从石山老屋迁此新建房屋定居，依其宗族分支名命村庄名为石山新屋。2014年，有居民43户120人，山林180亩，旱地87亩，水田119亩。

下况家 属沙堆镇大柱山村，位于大柱村西部，距村委会驻地余坊1.4千米。东邻王家排，南接叶谷场，西连细续卦，北靠张家冲。清代，况佰强(1819—1859)自江西高祥县来通城做生意，与通城北门邹氏女姓结婚生子，在此建房定居，因房屋分一上、一下两幢，故名上、下况家。此宅居下，故称下况家。2014年，有居民47户190人，山林246亩，旱地76亩，水田204亩。

下屋邓家 属沙堆镇大柱山村，位于大柱村东部，距村委会驻地余坊800米。东接井堂屋，西邻横堤上，南连八仙，北靠虎形山。清代，邓遗直(1766—1828)从江西瓦渣街迁此定居，因住宅上方不远处另有同姓氏居民点，故以与其形成的方位综合居民姓氏命村庄名为下屋邓家。2014年，有居民23户90人，水田124亩，旱地38亩，山林45亩。

续家屋 属沙堆镇大柱山村，位于大柱村西部，距村委会驻地余坊1.6千米。东邻下况家，南接细续卦，西连油铺，北靠张家冲。古时，此地是续翰林的土地，其在此建有庄屋，以其姓命庄屋名续家屋。清初，李文灿(1623—1681)购得庄屋，从陈家湾迁此建房定居，仍用原村庄名。2014年，有居民23户70人，山林160亩，旱地23亩，水田64亩。

杨家排 属沙堆镇大柱山村，位于大柱村南部，距村委会驻地余坊1千米。东邻大寨田，南接虎形山，西连青山湾，北靠余家排。此地为地势较高且呈长条形的山坡，古时，此地住杨姓居民，以其姓氏综合地形命村庄名为杨家排。因杨姓无后嗣，廖姓于清朝末年迁入，仍用原村庄名。2014年，有居民23户80人，山林110亩，旱地86亩，水田110亩。

叶家屋场 属沙堆镇大柱山村，位于大柱村西部，距村委会驻地余坊1.2千米。东邻吴家，南接老屋，西连细续卦，北靠下屋况家。古时，此地为叶氏居住地，以其姓氏命村庄名为叶家。后来，叶姓没落，老屋张家张新善(1465—1542)之弟迁此在叶家住宅地基上建房定居，改村庄名为叶家屋场。2014年，有居民36户80人，山林150亩，旱地26.4亩，水田95亩。

油铺 属沙堆镇大柱山村，位于大柱村西部，距村委会驻地余坊3.1千米。东邻续卦，南接大垅排，西连李卦，北靠新庙。古时，此地为关刀杨田吴姓财主的土地，其在此建有庄屋。民国初，继承人吴树山(1891—1947)将吴姓房产售与杜姓定居，并开一榨油店，故命村庄名为油铺。2014年，有居民27户40人，山林120亩，旱地30亩，水田61亩。

祝家 属沙堆镇大柱山村，位于大柱村西部，距村委会驻地余坊800米。东邻余家排，南接桥头张家，西连胡家，北靠石山。古时，祝姓在此居住，以其姓氏命村庄名为祝家。后祝姓无嗣，吴家荣(1724—1785)从锦山沙坪迁此定居，仍用原村庄名。2014年，有居民32户140人，山林200亩，旱地47亩，水田210亩。

第四节 堆山村及所属聚落

【堆山村】 沙堆镇辖村，位于沙堆镇西南部，村委会驻地设在隽四公路旁石泥塘(原大柱中学)，距沙堆中心集镇5千米。东邻上屋黎家，南接大柱山村，西连利和村，北靠丝瓜塘，辖区面积6.5平方千米。因域内有山名堆山而得村名。1950年，属通城县枫树、下阔乡；1958年人民公社化时，设黄石（枫树乡）、团结（枫树乡）、堆山（下阔乡）大队，属崇阳县沙堆（火箭）人民公社大柱管理区；1961年恢复区镇建制，属通城县沙堆区大柱公社；1971年，黄石、团结、堆山大队合并为堆山大队；1974年，堆山大队分设为团结（黄石并入团结）、堆山大队；1975年撤区并社，团结大队划入沙堆公社，堆山大队划入建设公社；1981年，团结大队更名为石泥塘大队，仍属沙堆公社，堆山大队划入锦山公社（建设公社更名为锦山公社）；1984年设区建乡，堆山、石泥塘大队分别更名为堆山、石泥塘村，同时并入到沙堆区大柱乡；1987年区乡体制改革，属沙堆镇；2002年，石泥塘、堆山村合并为堆山村。2012年购买原大柱道班住房2栋，占地面积1500平方米，建筑面积660平方米，内设便民服务厅，党员活动室、图书室、医务室等。下辖13个村民小组，有24个农村居民点。村内有堆山桥、栗堰水库、云阁龙西干渠堆山段、堆山庙、大柱完小。居民有黎、吴、杜、孔、雷、李、黄、卢、舒、龚、续、罗、余、段、傅、廖、邱、胡、张、彭姓，以吴、黎、杜姓为主。S362省道傍村而过，距G106国道、杭瑞高速进出口公路里程分别为10千米、13千米，居民点全部通公路。2014年，有村民651户2590人。有山林300公顷，旱地56.7公顷，水田193公顷。村民主要种植水稻、红薯，兼养猪、鱼、鸡、鸭等。经济来源以务农、务工为主，部分人经商，年人均纯收入7956.6元。

石泥塘地片　属沙堆镇堆山村，位于堆山村南部，距沙堆中心集镇5千米。东邻坪坳，南接大柱山，西连堆山，北靠崇阳锁石。因域内有居民点石泥塘而得地片名。下辖9个村民小组，有12个居民点。S362省道傍村而过，地片距G106国道、杭瑞高速进出口公路里程分别为7千米、10千米，居民点全部通公路。2014年，有居民182户1050人，水田68.6公顷，旱地54.3公顷，山林105.6公顷。

白屋罗家　属沙堆镇堆山村，位于堆山村西部，距村委会驻地石泥塘1.5千米。东邻石泥塘，南接孔家，西连獐獭岭，北靠堆山桥。明代，罗大胜（1571—1642）从堆山迁此建房定居，依其姓氏命村庄名为罗家。其后裔于清雍正年间祭祖时意外掘得一缸银子，于是大兴土木，建了几栋烧砖到顶的房子，里外用石灰粉刷得雪白，名噪一方，故改村庄名为白屋罗家。2014年，有居民41户140人，山林252亩，旱地48亩，水田162亩。

堆山孔家　属沙堆镇堆山村，位于堆山村西部，距村委会驻地石泥塘1千米。东邻下屋黎家，南接利和，西连獐獭岭，北靠白屋罗家。古时，此地是汤姓居住地，名汤家楼，后汤姓外迁。清代，孔闻经（1631—1702）从大屋孔家迁此定居，因住宅位于堆山旁，故以其综合居民姓氏命村庄名为堆山孔家。2014年，有居民43户180人，山林322亩，旱地61亩，水田206亩（附近有上寺、燕窝塘与孔家同属一个居民点）。

埂塘　属沙堆镇堆山村，位于堆山村西北部，距村委会驻地石泥塘3.2千米。东邻蝴蝶坳，南接蛇塘，西连下屋吴家，北靠游龙沟。古时，此地有一口大水塘，因池塘的灌溉权属于舒、杜两姓共有，为避免天旱时因灌溉发生纠纷，故在池塘中间筑了一道土梁（即埂），以明确灌溉权属，故名埂塘。清代，杜一德（1732—1798），从利和迁此水塘旁建房定居，遂以塘名命庄名。2014年，有居民25户120人，山林216.25亩，旱地40.87亩，水田138.75亩。

街上屋　属沙堆镇堆山村，位于堆山村西北部，距村委会驻地石泥塘5千米。东邻学堂咀，南接蛇咀，西连大楼李家，北靠宋家垅。此地处交通要道，清晚期，黎喜丁（1867—1936）和舒、杜姓先后来此定居并做生意，经营小百货、杂货、屠宰、餐饮，生意兴隆，形成街道式村庄，故得名街上屋。2014年，有居民33户120人，山林216亩，旱地41亩，水田139亩。

卢家峦　属沙堆镇堆山村，位于堆山村北部，距村委会驻地石泥塘1千米。东邻上屋黎家，南接石泥塘，西连下屋黎家，北靠夏家冲。古时，此地为卢姓居住地，因住宅旁有大片树林（俗称峦），故以其综合居民姓氏命村庄名为卢家峦。后卢姓外迁，雷东圣（1571—1629）从乌桥迁此定居，仍用原村庄名。2014年，有居民26户110人，山林202亩，旱地38亩，水田130亩。

上屋黎家　属沙堆镇堆山村，位于堆山村西北部，距村委会驻地石泥塘1千米。东邻袁家垅，南接枫树咀，西连四方屋，北靠东家。清初，黎南屏（1635—1702）从铁柱港迁此定居，因住宅下方不远处有同姓氏居民点，故命村庄名为上屋黎家。2014 年，有居民 38 户 170 人，山林 365 亩，旱地 69 亩，水田 324 亩。该居民点始祖黎南屏，曾任静海县正堂，著有《中草诗集》；出生于该居民点的黎由高（约 1722—1800），秀才、拔贡，所著《周易后天归图》4 卷入选《四库全书》。

蛇塘　属沙堆镇堆山村，位于堆山村西北部，距村委会驻地石泥塘 3 千米。东邻大埚，南接杨家山，西连堆山岭，北靠罗塘湾。此地有一口龟形池塘，池塘周围有九座小山环绕，古人称此地系“九蛇盘龟”的风水宝地，故命塘名为蛇塘。清嘉庆年间，吴福康（1790—1852）随母亲迁此建房定居，因住宅位于蛇塘附近，遂以塘名命村庄名。2014 年，有居民 45 户 180 人，山林 59.2 亩，旱地 59.2 亩，水田 313.13 亩（该居民点东南面 500 米处有小居民点堆山 10 人包含在内，南面 200 米杨家山 20 人在内）。

蛇头咀　属沙堆镇堆山村，位于堆山村西部，距村委会驻地石泥塘 4.5 千米。东邻蛇塘，南接堆山岭，西连阔田段家，北靠白马畈。此地为山体突出前端，因山咀形状像蛇头，故称蛇头咀。古为黎姓居住地，以山咀名命村庄名。清代，杜植三（1730—1794）后裔购得黎姓的产业在此定居，仍用原村庄名。2014 年，有居民 45 户 180 人，山林 325 亩，旱地 61.5 亩，水田 208 亩（该居民点东面 300 米处有小居民点瓦匠屋在内）。

石泥塘　属沙堆镇堆山村，位于堆山村东部，为村委会驻地，距沙堆中心集镇 5 千米。东邻坪坳，南接大柱山，西连利和，北靠丝瓜塘。清咸丰年间，太平军翼王石达开部将伍某驻兵于此地，与官军交战时死了不少人，全部被抛入村后的水塘内，血液染红了塘水，故名杀人塘。后来，雷肇一迁水塘附近建房定居，因忌讳“杀人”二字，改塘名为石泥塘，并以其命村庄名。2014 年，有居民 52 户 230 人，山林 410 亩，旱地 77 亩，水田 263 亩。

万家垅　属沙堆镇堆山村，位于堆山村西北部，距村委会驻地石泥塘 2 千米。东邻坳上，南接彭家故，西连何家塘，北靠徐家。此地为小山沟，古为万姓居住地，以其姓氏综合地形命村庄名为万家垅。后万姓因兵祸没落无嗣，黎姓于清朝咸丰年间从石南茅源迁入，仍用原村庄名。2014 年，有居民 23 户 100 人，山林 178 亩，旱地 33 亩，水田 114 亩（附近有杨家、屠家屋、傅木先屋 3 个小居民点）。

吴家　属沙堆镇堆山村，位于堆山村西北部，距村委会驻地石泥塘 3.7 千米。东邻游龙沟，南接堆山岭，西连学堂咀，北靠巴家楼。清代，吴壹望（1820—1878）从大坪石淙房韩家岭迁此建房定居，以其姓氏命村庄名。2014 年，有居民 25 户 120 人，山林 216 亩，旱地 41 亩，水田 139 亩。

下屋黎家　属沙堆镇堆山村，位于堆山村北部，距村委会驻地石泥塘 1 千米。东邻卢家峦，南接丝瓜塘，西连石泥冲，北靠夏家冲。清朝中期，黎公南屏支下从坪坳迁此定居，因住宅上方另有同姓氏居民点，故以与其形式的方位及居民姓氏综合命村庄名为下屋黎家。后黎姓外迁，李储文（1882—1944）迁入定居，仍用原村庄名。2014 年，有 26 户 110 人，山林 202 亩，旱地 38 亩，水田 129 亩。

下屋吴家　属沙堆镇堆山村，位于堆山村西北部，距村委会驻地石泥塘 4.5 千米。东邻吴家坳，南接蛇塘咀，西连学堂咀，北靠巴家楼。明代，吴祥晦（1370—1427）从油垅迁此定居，因住宅上方有另一吴姓村庄，故以与其存在的方位及居民姓氏命村庄名为下屋吴家。2014 年，有居民 26 户 100 人，山林 180 亩，旱地 34 亩，水田 116 亩。

夏家冲　属沙堆镇堆山村，位于堆山村北部，距村委会驻地石泥塘 2.5 千米。东邻乐家埚，南接卢家峦，西连石冲屋，北靠蝴蝶坳。此地为长条形山沟，古为夏姓居住地，以其姓氏综合地形命村庄名为夏家冲。后夏姓外迁，黎泰远（1843—?）从坪坳迁此定居，仍用原村庄名。2014 年，有居民 37 户 150 人，山林 261 亩，旱地 49 亩，水田 168 亩。

徐家　属沙堆镇堆山村，位于堆山村北部，距村委会驻地石泥塘 2.1 千米。东邻杨家，南接彭家故，西连李家，北靠高碑桥。清末，徐首元（1861—1924）从阔田圳上徐家迁此定居，以其姓氏命村庄名。2014 年，有居民 20 户 90 人，山林 156 亩，旱地 29 亩，水田 99.9 亩。

第五节　港背村及所属聚落

【港背村】　沙堆镇辖村，位于沙堆镇东部，与沙堆集镇仅一港之隔，村委会驻地港背栎山畈，距沙堆中心集镇1千米。东与四庄华家村接壤，南邻沙堆河，西与湾船咀村、石冲村相对，北与崇阳县寿要村相连，辖区面积6.3平方千米。因域内位于沙堆港一侧而得村名。1950年，属长冲乡(柏峦)、沙堆乡(港背)、灿良乡(南栎山)；1958年人民公社化时，属崇阳县沙堆(火箭)人民公社沙堆管理区东红大队(柏峦、港背)、友好大队(南栎山)；1961年恢复区镇建制，属通城县沙堆区沙堆公社；1975年撤区并社，属沙堆公社；1979年，东红大队分设为农科大队(柏峦)、东红大队(港背)，友好大队未变，属沙堆公社；1981年，农科大队变更为柏峦大队，东红大队变更为港背大队，友好大队变更为南栎山大队，属沙堆公社；1984年设区建乡，柏峦、港背、南栎山大队变更为柏峦、港背、南栎山村，属沙堆区沙堆乡；1987年区乡体制改革，沙堆乡变更为沙堆镇；2002年调整乡镇行政区划，柏峦、港背、南栎山合并为港背村。2014年修建村办公楼2栋，占地面积570平方米，建筑面积520平方米，内设便民服务厅、党员活动室、图书室、卫生室等，下辖11个村民小组，有19个农村居民点。村内有千亩油茶基地、千亩茶园、咸宁市级变电站、港背幼儿园等。居民有卢、柳、蔡、王、刘、周、委、魏、简、邓、徐、雷、吴、况、蒋、傅、陈、杜、金、张、何、龙、邹、叶、姜、廖、边、皮等姓，以卢、柳姓为主。S362省道穿越村域，距G106国道、杭瑞高速进出口公路里程分别为13千米、16千米，居民点全部通公路。2014年，有619户2540人，山林149.8公顷，水田174.7公顷，旱地22.6公顷。居民以种植水稻、红苕为主，兼养猪、牛、鱼、鸡、鸭；经济来源以务农、务工为主，部分人经商，年人均纯收入8242.3元。

南栎山地片　属沙堆镇港背村，位于港背村南端，距沙堆中心集镇3千米。东邻古井，南接廖家湾，西连上屋陈家，北靠老八冲。因域内有居民点南栎山而得地片名。下辖6个村民小组，有5个居民点。S362省道穿越村域，距G106国道、杭瑞高速进出口公路里程分别为15千米、18千米，居民点全部通公路。2014年，有居民161户830人，水田66.5公顷，山地16.4公顷，旱地14.5公顷。

柏峦地片　属沙堆镇港背村，位于港背村东部，距沙堆中心集镇2.5千米。东邻四庄乡华家村新联，南接村委会，西连沙堆港，北靠华家村。因域内有居民点柏峦而得地片名。下辖5个村民小组，有5个居民点。S362省道穿越村域，距G106国道、杭瑞高速进出口公路里程分别为14.5千米、17.5千米，居民点全部通公路。2014年，有居民113户820人，水田48.5公顷，旱地7.6公顷。

畈上刘家　属沙堆镇港背村，位于港背村北部，距村委会驻地栎山畈1千米。东邻咀头胡家，南至新屋，西接沙堆港，北靠破屋。元代，刘盛谅(1231—1302)由山上刘家迁此定居，因住宅位于栎山畈，故以其综合居民姓氏命村庄名为畈上刘家。2014年，有居民36户170人，山林30亩，水田223亩，旱地7.5亩(附近尚有居民点破屋，原为大源周姓财主的庄屋，因倒塌后称为破屋。有熊、张、周、卢姓人家，40人在此居住)。出生于该居民点的各界代表性人物有：刘成武(1975—　)，博士学位，硕士生导师，2014年任中南民族大学教授；王竞赛(1980—　)，2014年任三峡移民办公室主任。

傅方大屋　属沙堆镇港背村，位于港背村南部，距村委会驻地栎山畈1千米。东连细垅，西临沙堆河堤，南接石廓坪，北靠老仓。清初，傅道兴(1625—1684)由石冲迁居此地落业。同期有方氏居民迁入，由于人口多，房屋建筑多，故依两姓氏命村庄名为傅方大屋。后方氏无嗣，傅氏居民认为此处水利条件差，逐渐迁入港下傅家，将此处卖与柳、胡姓人，仍用原村庄名称。2014年，有居民41户160人，山林50亩，水田180亩，旱地30亩(该居民点南面60米处有邬家咀，居民60人包含在此居民点内)。出生于该居民点的柳落秋(1949—　)，初中文化程度，中共党员，高级工程师，湖北省品茶协会会员，历任沙堆精制茶厂厂长、大柱茶厂厂长，1990年被国家农业部、人事部授予“全国农业劳动模范”称号。

港下傅家　属沙堆镇港背村，位于港背村西南部，距村委会驻地栋山畈1.5千米。东邻柳家，西临沙堆港，南连沙堆河堤，北接钱占咀。清末，傅道兴(1840—1912)由石冲迁入傅方大屋。由于傅方大屋水利条件差，傅氏居民陆续迁至沙堆港一拐弯处定居，遂综合居民姓氏命村庄名为港下傅家。2014年，有居民46户220人，山林50亩，水田236亩，旱地40亩。

化谷亭　属沙堆镇港背村，位于港背村南部，距村委会驻地栋山畈2.2千米。东邻下屋陈家，南连邹家，西接东红茶场，北临沙堆公路。清康熙时期，此地有一位陈姓财主，粮仓积谷甚多，日久霉烂变质，特请和尚、道士在路边的小凉亭旁做斋醮将谷焚化祭天地，故命小凉亭名化谷亭。解放初，卢旺才(1916—1962)从南栎山屋迁亭旁建房定居，以亭名命村庄名。2014年，有居民38户200人，山林70亩，水田235亩，旱地30亩(附近有下屋邹家，2002年与化谷亭合并为一个村民小组。邹家以邹姓为主，有居民90人)。

咀头胡家　属沙堆镇港背村，位于港背村东部，距村委会驻地栋山畈1千米。东邻山上刘家，南靠栎山，西连畈上刘家，北接柏峦。此地为山岭延伸后形成的山体突出前端，旧时，为陈姓居住地，命村庄名为陈家。清代，胡盛谅(1701—1764)购得陈姓房屋，改村庄名为咀头胡家。2014年，有居民20户100人，山林90亩，水田80亩，旱地25亩(北部300米有柏峦小居民点)。

老仓　属沙堆镇港背村，位于港背村南部，距村委会驻地栋山畈500米。东邻新联，西连沙堆集镇，南接傅方大屋，北靠新屋。清末，崇阳财主黄实佑(1867—1940)在港背村一带购买良田27公顷，为就近收租谷，在此处建了一栋三进三重的粮仓和庄屋，命庄屋名老仓，民国二十八年(1939)被日军焚毁。后有柳、胡姓先后迁此定居，仍用原村庄名。2014年，有居民42户201人，水田175亩，旱地25亩，山林250亩(附近有小居民点枫树屋2户10人含在内，西南面200米有王家屋于2008年前迁沙清公路旁，西面80米处有嘞下李家于2008年前迁沙清公路旁，2014年后均无人居住)。

栎山(含新屋)　属沙堆镇港背村，位于港背村南部，距村委会驻地栋山畈150米。东邻山上刘家，南至老仓，西靠沙堆港，北接畈上刘家。清代，此村庄是大源周姓财主的庄屋，有几家周家的佃农居住于此，因庄屋位于生长有栎树的山岭上，故命村庄名为栎山。后来，卢、蔡、王、刘、柳等姓先后迁入，仍用原村庄名。2014年，有居民36户150人，山林25亩，水田220亩，旱地32亩。出生于该居民点的各界代表性人物有：雷五明(1975—　)，博士学位，2014年在任武汉理工大学副教授；卢放(女，1971—　)，大学学历，2014年任中国科学院武汉分院物理与数学研究所科研财务处处长，高级会计师、注册会计师。

廖家湾　属沙堆镇港背村，位于港背村南部，距村委会驻地栋山畈3.5千米。东连堤上，南接沙堆河，西靠杨泗庙，北邻上屋陈家。明末，沙堆河此地段拐弯处，有一艘商船停泊在此。夜半，被强盗打劫，抢走货物，击沉船只，人称此地为漏船湾，变读为廖家湾。后有卢姓自南岗迁此湾内建房定居，以湾名命村庄名。2014年，有居民45户220人，山林划入精制茶厂和林厂，水田220亩，旱地20亩，

南栎山　属沙堆镇港背村，位于港背村南部，距村委会驻地栋山畈4千米。东靠古井，南邻廖家湾，西接上屋陈家，北连老鸦冲。清代，卢进宝(1737—1772)随其父迁居于此，以住宅附近的山名命村庄名。2014年，有居民45户220人，山林95亩，水田225亩，旱地11亩(该居民点东面200米为张家居民点，20人包含在此居民点内)。出生于该居民点的边现龙(1967—　)，历任咸宁市人民政府副秘书长、市政府督查室主任，2014年任咸宁市人力资源和社会保障局局长。

钱占咀　(泉井咀)属沙堆镇港背村，位于港背村西部，距村委会驻地栋山畈1千米。东连傅方大屋，西临沙堆港，南邻港下傅家，北接仓下。清朝末年，大源周姓财主在此地购置田地，在小山咀前建了一栋12间房的庄屋，供佃户居住。庄屋前有一口古泉，泉水甘甜，冬暖夏凉。附近居民在暑天都到此汲水饮用，故名“泉井咀”，后误写为钱占咀。民国时期，徐、柳姓居民先后在山咀旁建房定居，以山咀名命村庄名。2014年，有居民30户140人，水田135亩，旱地17亩，山林15亩。

山上刘家　属沙堆镇港背村，位于港背村东南部，距村委会驻地栋山畈1.5千米。东临四庄

港，南接四庄细埚，西邻栎山，北靠柏峦。南宋时，刘天旺(1214—1268)从县城南门迁居至此定居，因住宅位于栎山山坡上，故以其综合居民姓氏命村庄名为山上刘家。2014 年，有居民 45 户 230 人，山林 230 亩，旱地 9 亩，水田 150 亩。

上屋陈家　属沙堆镇港背村，位于港背村南部，距村委会驻地栎山畈 2.8 千米。东邻南栎山，南接廖家湾，西连化谷亭，北接老鸦冲。清初，陈衡山(1649—1718)率妻子由河南颍川迁徙至此建房，陈在上方做屋，妻子在下方做屋，因而名上、下屋陈家。2014 年，有居民 28 户 140 人，山林全纳入村茶叶基地，水田 145 亩，旱地 30 亩(附近有龙背屋居民 30 人，同属一个居民点)。

石廓坪　属沙堆镇港背村，位于港背村南部，距村委会驻地栋山畈 1.5 千米。东邻龙家，南连柳家，西接泉井咀，北靠傅方大屋。清康熙年间，大坪水口铺有一位吴姓财主，为荫佑后嗣聘请通城、崇阳两县有名望的风水先生给其到处勘探风水墓穴，结果一致认为此处有一块风水圣地。清代，吴瞻伟(1672—1731)去世，其子孙高价购得此墓地将其安葬于此，并构筑石廓、墓碑，气势宏大，故称此地为石廓坪(此石廊于 1958 年修大塘角水库被拆，条石被做成水库基脚)。后有杜、徐、刘等先后迁石廓前方建房定居，以坪名命村庄名。2014 年，有居民 43 户 170 人，山林 280 亩，水田 170 亩，旱地 43 亩(附近有小居民点上屋柳家)。

下屋陈家　属沙堆镇港背村，位于港背村西南部，距村委会驻地栋山畈 3 千米。东接化谷亭，南临麦园，西靠沙堆港，北毗下屋柳家。清代，陈衡山(1649—1718)率妻子在此建房，丈夫在上方做屋，妻子在下方做屋，因而名上、下屋陈家。2014 年，有居民 31 户 130 人，水田 145 亩，旱地 12 亩，山林 10 亩(西面 200 米有周家塅小居民点)。

下屋柳家　属沙堆镇港背村，位于港背村西南部，距村委会驻地栋山畈 2 千米。东邻杜家，西临沙堆河，南连邹家，北接石廓坪。清代，雷昌夫(1871—?)从石泥塘迁入新建房屋定居，依其姓氏命村庄名为新屋雷家。由于雷氏无嗣，于民国时期雷氏将田地、房屋、山林一并卖给了柳姓，改称下屋柳家。2014 年，有居民 30 户 160 人，山林 2 亩，水田 170 亩，旱地 12 亩。

杨家　属沙堆镇港背村，位于港背村西南部，距村委会驻地栋山畈 2 千米。东邻化谷亭，西连下屋柳家，南接邹家，北靠石廊坪。古时，此处有居民点叫“谢家”，住谢姓，后因谢氏遭遇天灾人祸，日渐衰败，房屋田地一并卖给了杨姓，改谢家为杨家。2014 年，有居民 30 户 110 人，山林 90 亩，水田 146 亩，旱地 30 亩。

杨四庙　属沙堆镇港背村，位于港背村南部，距村委会驻地栋山畈 3.5 千米。东邻廖家湾，南靠沙堆河，西连下屋陈家，北靠麦园。清代，卢光耀(1798—1858)从南栎山屋迁此建房定居，因住宅位于杨四庙附近，遂以庙名命村庄名。2014 年，有居民 25 户 90 人，水田 100 亩，旱地 20 亩，山林 30 亩。

第六节　罗塘村及所属聚落

【罗塘村】　沙堆镇辖村，位于沙堆镇南部，村委会驻地廖家，距沙堆集镇 3.5 千米。东邻罗塘，南连廖家，西接下屋郑家，北靠胡家，辖区面积 4 平方千米。因域内有居民点罗塘而得村名。1950 年，属通城县灿良乡、瑶泉乡；1958 年人民公社化时，设繁荣、富强大队，属崇阳县沙堆(火箭)人民公社沙堆管理区；1961 年恢复区镇建制，属通城县沙堆区沙堆公社；1971 年，繁荣、富强大队合并为富强大队。1975 年 1 月撤区并社，属沙堆公社；1979 年，富强大队分设为繁荣、富强大队；1981 年，繁荣、富强大队分别变更为罗塘、廖家大队；1984 年设区建乡，罗塘、廖家大队分别变更为罗塘、廖家村，属沙堆区沙堆镇；1987 年区乡体制改革，属沙堆镇；2002 年，罗塘、廖家村合并为罗塘村。下辖 18 个农村居民点，有 19 个村民小组。有罗(塘)庙(下)公路、罗(塘)易(山屋)公路、廖家桥、油榨桥；有富强水库、洞下(杨家)水库、云阁龙干渠(罗塘段)、罗塘渡槽、桃树埚供水工程、阪埚供水工程；有孝武石、五马奔槽、回龙寺；有罗塘港、苦栎尖。于 2004 年将原廖家小学改建为村委会办公楼，占地面积3000平方米，建筑面积800平方米，内设办公用房、便民服务厅、党员活动室、老年幸福院、村卫生室等。村民有柳、龙、但、卢、胡、熊、杨、罗、傅、金、陈、王、杜、吴、汪、张、何等姓。距S362省道、G106国道、杭瑞高速进出口公路里程分别为5千米、14千米、17千米，居民点全部通公路。2014年，有居民570户2720人。山林109.4公顷，旱地38.2公顷，水田84.3公顷。村民年人均纯收入6953.6元，以种植水稻、油茶为主，经济来源以务农、务工为主，部分人经商。

廖家地片　属沙堆镇罗塘村，位于罗塘村东北部，罗塘村委会驻地在该地片，距沙堆中心集镇3.5千米。东邻罗塘，南接熊家，西连下屋但家，北靠胡家。因域内有居民点廖家而得地片名。下辖9个村民小组，有11个居民点。距S362省道、G106国道、杭瑞高速进出口公路里程分别为4.5千米、13.5千米、16.5千米，居民点全部通公路。2014年，有居民238户1290人，水田58公顷，旱地20.7公顷，山林56公顷。

大屋龙家　属沙堆镇罗塘村，位于罗塘村西部，距村委会驻地廖家1.2千米(有五、八、十二个生产组，同为一个居民点)。东邻郑谷，南接老虎岩，西连华谷堂，北靠舒家庄。清初，龙庚四(1637—1706)从江西瓦渣街迁此建房定居，因住宅规模宏大，以其综合居民姓氏命村庄名为大屋龙家。2014年，有居民77户350人，水田150亩，旱地25亩，山林451亩。

洞下胡家　属沙堆镇罗塘村，位于罗塘村东南部，距村委会驻地廖家300米。东邻罗家，南连但家，西接石路畈，北靠梨树埚。清代，胡献贞(1658—1701)从崇阳南门源迁居于此建房定居，因住宅位于呈长条形山沟的下截，故以其综合居民姓氏命村庄名为洞下胡家。2014年，有居民38户140人，水田90亩，旱地6亩，山林18亩。

韩家屋　属沙堆镇罗塘村，位于罗塘村西南部，距村委会驻地廖家700米。东邻甘甜坳，南接郑谷，西连廖家，北靠黄墩堡。古时，此地为韩姓居住地，以其姓氏命村庄名为韩家屋，后韩姓没落无嗣。清代，刘文胜(1738—1804)从高冲坪上迁居此地定居，仍用原村庄名。2014年，有居民26户100人，水田83亩，旱地7亩，山林54亩。

黄墩堡　属沙堆镇罗塘村，位于罗塘村东南部，距村委会驻地廖家600米。东邻富强水库，南接罗塘，西连中屋，北靠师树屋。明代，此处为黄姓居住地，为防御盗窃和外敌入侵，在村前、村后建了两个地堡，依其姓氏命村庄名为黄墩堡，后黄姓没落衰败。清顺治年间金魁南从阁壁迁居此地定居，仍用原村庄名。2014年，有居民20户90人，水田40亩，旱地10亩，山林17亩。

廖家　属沙堆镇罗塘村，位于罗塘村南部，为村委会驻地，距沙堆中心集镇3.5千米。东邻罗塘，罗接熊家，西连下屋但家，北靠胡家。宋代，廖如琛(1231—1274)由黄沙迁入高枧，其七房子孙再由高枧迁此定居，以其姓氏命村庄名为廖家，又称洞下廖家。2014年，有居民65户300人，水田100亩，旱地28亩，山林10亩(该居民点东面约500米处原有居民点燕家山，1991年后居民陆续迁入廖家定居，2014年无人居住)。

罗家　属沙堆镇罗塘村，位于罗塘村西部，距村委会驻地廖家500米。东邻王墩堡，南连廖家，西接下郑家，北靠蔡家咀。古时，此地是罗姓的居住地，以其姓氏命村庄名为罗家。罗姓外迁后，胡献贞(1622—1688)从崇阳县城下畈高庄迁此定居，仍用原村庄名。2014年，有居民39户170人，水田101亩，旱地4亩，山林70亩。

罗塘　属沙堆镇罗塘村，位于罗塘村西南部，距村委会驻地廖家500米。东邻郑谷，南接大屋龙家，西连舒家庄，北靠廖家。此地古时在苦栎尖西北麓山冲窄处小桥头建有庙宇，叫把水庙。据传，古时此地有领头人鸣锣，附近居民就来庙内聚会，因而改庙名锣堂。清代，龙大城(1678—1742)迁锣堂旁建房定居，依旧庙名锣堂改村庄名为罗堂。2014年，有居民22户90人，水田67亩，旱地5亩，山林48亩。

上屋但家　属沙堆镇罗塘村，位于罗塘村西北部，距村委会驻地廖家250米。东至廖家，南接熊家，西连瑶泉北靠下屋但家。清代，但希太(1717—1783)从蒲圻(今赤壁市)琅桥上庄迁此定居，因其下方另有但姓居民点，故称村庄名为上屋但家。2014年，有居民32户150人，水田80亩，旱地10.2亩，山林20亩。出生于该居民点的但鸣凤(又名但昭贵，1903—?)，为上海四行仓库保卫战中“八百壮士”之一。

舒家庄　属沙堆镇罗塘村，位于罗塘村西部，距村委会驻地廖家600米。东邻罗塘，南接华谷堂，西连熊家，北靠麻垅。古时，此地为舒姓财主的土地，建有庄屋，故以其姓氏命庄屋名。后舒姓没落，龙士贵(1827—1900)迁此定居，仍用原村庄名。2014年，有居民59户250人，水田100亩，旱地16亩，山林123亩。

下屋但家　属沙堆镇罗塘村，位于罗塘村北部，距村委会驻地廖家500米。东邻石头山，南接上屋但家，西连易家塅，北靠窑棚排上。元代，此地为一榨油坊，名油榨屋。清代，但姓迁居此地后改村庄名为下屋但家。2014年，有居民55户260人，水田108亩，旱地12亩，山林23亩。出生于该居民点的卢志鹏(1929—2001)，曾任中共咸宁地区党校教授。

熊家屋　属沙堆镇罗塘村，位于罗塘村西部，距村委会驻地廖家500米。东邻舒家庄，南接华谷堂，西连傅家垅，北靠但家。清初，熊先声(1620—1671)从九岭潭下易塅八字门迁居于此，以其姓氏命村庄名。2014年，有居民35户140人，水田71亩，旱地10亩，山林58亩。

窑棚排上　属沙堆镇罗塘村，位于罗塘村东部，距村委会驻地廖家700米。东邻梨树埚，南接易家塅，西连灿良屋，北靠万家。此地泥土含有云母，耐火性能良好，适宜烧制缸、坛、罐、钵等。彭姓于清雍正年间从堆山迁来此地建房定居，并修建了两座蛇窑生产陶器。因窑场搭茅棚，又其处于地势较高呈长条形的山坡上，故命村庄名为窑棚排上。2014年，有居民37户130人，水田45亩，旱地12亩，山林60亩。

易家塅　属沙堆镇罗塘村，位于罗塘村北部，距村委会驻地廖家1千米。东邻窑棚排上，南连大屋垅，西接南岗，北靠灿良。此地为一面积较大的平坦地，清朝中叶，此地为易姓居住地，以其姓氏综合地形命村庄名为易家塅。后因易姓没落无嗣，将房产卖与汪姓三兄弟，仍用原村庄名。2014年，有居民33户200人，水田84亩，旱地9亩，山林17亩(附近有杨家塅和上易家塅与下易家塅，同为易家塅居民点，利家垅2014年无人居住，居民全部迁到上易家塅)。

易山屋　属沙堆镇罗塘村，位于罗塘村南部，距村委会驻地廖家1.6千米。东邻庙下，南接甘地坳，西连中屋，北靠柳树铺。清代，卢易山(1712—1788)从瑶泉迁居于此，以其名命村庄名。2014年，有居民35户160人，水田50亩，旱地6亩，山林162亩。

郑谷　属沙堆镇罗塘村，位于罗塘村南部，距村委会驻地廖家1千米。东邻庙下，南接杨家水库，西连罗塘，北至韩家。古时，此地住一姓郑名谷的居民，以其姓名命村庄名。郑姓外迁后，龙干瑞(1746—1815)迁此定居，仍用原村庄名。2014年，有居民56户230人，水田80亩，旱地618亩，山林618亩(下郑谷与上郑谷同属一个居民点郑谷)。

第七节　坪坳村及所属聚落

【坪坳村】　属沙堆镇坪坳村，位于沙堆镇西部，村委会驻地柏木塘，距沙堆中心集镇3千米。东邻后坊，西接天桥，南连秀才排，北靠小塘，辖区面积6.18平方千米。因域内有居民点坪坳而得村名。1950年，属通城县坪坳、枫树乡；1958年人民公社化时，设坪坳(坪坳乡)、光明(枫树乡)、新华(坪坳乡)大队，属崇阳县沙堆(火箭)人民公社大柱管理区；1961年恢复区镇建制，属通城县沙堆区大柱公社；1971年，坪坳、光明、新华大队合并为光明大队；1975年撤区并社，属沙堆公社；1981年，光明大队分设为坪坳(原坪坳)、小塘(原光明)、后坊(原新华)大队；1984年设区建乡，坪坳、小塘、后坊大队分别变更为坪坳、小塘、后坊村，属沙堆区大柱乡；1987年区乡体制改革，属沙堆镇；2002年，坪坳、小塘、后坊村合并为坪坳村。下辖12个村民小组，有27个农村居民点。村内有通周、通卢、天简、下张公路、坪坳渡槽、云阁龙西干渠、大岭山庙、关帝庙、法兴寺。居民有孔、傅、汤、卢、杜、李、蒋、雷、邓、况、黄、柳、刘、黎、周、王等姓，以黎姓为主。1997年建村委会办公楼，占地面积1200平方米，建筑面积700平方米，设有便民服务厅、村卫生室、老年活动中心、幸福院、党员活动室。S362省道穿村而过，村域距G106国道、杭瑞高速进出口公路里程分别为 10 千米、13 千米，居民点全部通公路。2014 年，有 596 户 2420 人，水田 173.3 公顷，山林 194.1 公顷，旱地 81.1 公顷。村民以种植水稻为主，经济来源主要是务农、务工、经商，年人均纯收入 8069.5 元。

后坊地片　属沙堆镇坪坳村，位于坪坳村东部，距沙堆中心集镇 2 千米。东邻古塘，南接汤家，西连麻栗埚，北靠白沙桥。因域内有居民点后坊而得地片名。下辖 8 个村民小组，有 12 个居民点。S362 省道傍村而过，地片距 G106 国道、杭瑞高速进出口公路里程分别为 10.5 千米、13.5 千米，居民点全部通公路。2014 年，有居民 235 户 750 人，水田 53.7 公顷，旱地 35.1 公顷，山林 71.7 公顷。

小塘地片　属沙堆镇坪坳村，位于坪坳村北部，距沙堆中心集镇 4 千米。东邻石堰，南接洪家咀，西连伊仕塘，北靠皮家塘。因域内有居民点小塘而得地片名。下辖 4 个村民小组，有 8 个居民点。S362 省道傍村而过，地片距 G106 国道、杭瑞高速进出口公路里程分别为 12 千米、15 千米，居民点全部通公路。2014 年，有居民 137 户 560 人，有水田 43.3 公顷，旱地 19.1 公顷，山林 43.3 公顷。

暗塘　属沙堆镇坪坳村，位于坪坳村西部，距村委会驻地柏木塘 1.8 千米。东邻沙塘埚，南接伊仕塘，西连撞官塘，北靠卢家楼。古时，此地有一口水塘，围绕水塘古树参天，遮云蔽日，故名。清代，傅端兰（1752—1829）自枫树埚迁此塘附近定居，以塘名命村庄名。2014 年，有居民 55 户 250 人，山林 300 亩，旱地 125 亩，水田 158 亩。

白沙桥　属沙堆镇坪坳村，位于坪坳村东部，距村委会驻地柏木塘 700 米。东邻古塘，南接汤家，西连石堰，北靠石冲。此地有一条小港，古时人们在小港上建了一座小桥，两端多为白色沙土，故命桥名白沙桥。宋代，孔端植（1114—1269）任通城知县，其弟四个儿子在此桥附近建房定居，以桥名命村庄名。2014 年，有居民 50 户 220 人，山林 218 亩，旱地 90 亩，水田 240 亩（该居民点东南面 300 米处原有居民点杨树塘，居民于 2005 年后先后迁入白沙桥）。

柏木塘　属沙堆镇坪坳村，位于坪坳村中部，为坪坳村村委会驻地，距沙堆中心集镇 3 千米。东连后坊，南靠汤家，西接坪坳渡槽，北临麻栗埚。古时，此地有一池塘，池塘周围长有柏树，故称柏木塘。清代，吴姓在此塘边建房定居，以池塘名命村庄名。20 世纪末期起，黄、柳、葛、张、周等姓居民陆续迁往西北约 80 米处的公路两旁新建房屋，形成新的居民点，仍称柏木塘。2014 年，有居民 16 户 78 人，有水田 90 亩，旱地 27 亩，山林 39 亩（西面 350 米有小居民点石咀 10 人居住）。

枫树埚（又名枫树屋）　属沙堆镇坪坳村，位于坪坳村西部，距村委会驻地柏木塘 1.2 千米。东邻石堰，南接老牛冲，西连上屋黎家，北靠伊仕塘。古时，此地山咀前有十余棵几人合抱的大枫树（大炼钢铁时期砍毁）。清代，傅纶（1842—1903）迁枫树附近处建房定居，以树木名命村庄名。2014 年，有居民 39 户 150 人，山林 188 亩，旱地 80 亩，水田 200 亩（附近有周沙埚、骆家 2 个小居民点）。出生于该居民点的傅宇昂（1990— ），北京大学博士。

后坊　属沙堆镇坪坳村，位于坪坳村东部，距村委会驻地柏木塘 300 米。东邻古塘，南接汤家，西连柏木塘，北靠白沙桥。此地古时住黄姓人，以其姓氏命村庄名为黄家。后来黄姓名人黄河清，武艺高强，带了 24 个徒弟。有一次跑平江长寿街，当地人知道他武艺高强，聚强人将他打死在一个山沟里，七天七夜无人知晓，其阴灵托梦给徒弟，徒弟们用药将他救活。他的儿子黄发海同样武艺高强，在家开糟坊，以酿制谷酒闻名，遂改村庄名为后坊。2014 年，有居民 30 户 120 人，山林 144 亩，旱地 60 亩，水田 160 亩。

简家　属沙堆镇坪坳村，位于坪坳村西南部，距村委会驻地柏木塘 900 米。东邻石山新屋，南接石山老屋，西连月形，北靠何家垅。古时，此地是简姓居住地，以其姓氏命村庄名为简家。民国时期，简姓外迁，有杜、邓、卢、黎、吴等姓先后在此定居，仍用原村庄名，2014 年，有居民 26 户 70 人，山林 95 亩，旱地 38 亩，水田 73 亩。

麻栗埚　属沙堆镇坪坳村，位于坪坳村西部，距村委会驻地柏木塘 400 米。东邻隽四公路，南接老牛冲，西连枫树屋，北靠小塘。此地为四周高中间低凹的洼地，古时，此地种有芝麻，栽有栗树，故名。清末，皮协诚（1840—1932）从县城塝上门迁此定居，以埚名命村庄名。2014 年，有居民 43 户 170 人，山林 212 亩，旱地 88 亩，水田 200 亩。

石堰　属沙堆镇坪坳村，位于坪坳村西北部，距村委会驻地柏木塘 600 米。东邻隽四公路，南接麻栗埚，西连枫树屋，北靠石冲李家。此地有一条小溪，古时，为方便灌溉，人们在溪中用条石修筑了一座堰，故名石堰。清代，柳具万（1704—1763）支下迁石堰附近建房定居，遂以堰名命村庄名。2014 年，有居民 24 户 120 人，山林 152 亩，旱地 48 亩，水田 175 亩。

汤家　属沙堆镇坪坳村，位于坪坳村西南部，距村委会驻地柏木塘 1.1 千米。东邻下垅屋，南接坳背，西连隽沙公路，北靠笼马垅。清末，汤德宾（1849—1910）从墨烟汤家畈迁此定居，以其姓氏命村庄名为汤家。2014 年，有居民 43 户 160 人，山林 192 亩，旱地 160 亩，水田 160 亩（该居民点北约 50 米处有居民点笼马弄，2014 年有居民 8 户）。

塘埚　属沙堆镇坪坳村，位于坪坳村南部，距村委会驻地柏木塘 1.7 千米。东邻下塘埚，南接乙寺庵，西连张家冲，北靠下垅。此地为四周高中间低凹的洼地，因埚内有水塘，故称塘埚。清代，杜品（1734—1798）从阔田迁此定居，以埚名命村庄名。2014 年末，居民有 20 户 90 人，山林 114 亩，旱地 47 亩，水田 100 亩（西面有小居民点宋家）。

王家　属沙堆镇坪坳村，位于坪坳村西部，距村委会驻地柏木塘 1 千米。东邻周家楼，南接隽四公路，西连新屋黎家，北靠介西屋。清代，王忠信（1715—1786）从崇阳高枧迁此建房定居，以其姓氏命村庄名为王家。2014 年，有居民 44 户 180 人，山林 223 亩，旱地 91 亩，水田 202 亩（北面约 200 米处原有居民点介西屋，2014 年只有 1 户居民）。

小塘　属沙堆镇坪坳村，位于坪坳村西部，距村委会驻地柏木塘 1.5 千米。东邻石堰，南接洪家咀，西连枫树屋，北靠绿豆园。古时，此地不远处一共 6 口池塘，均是面积不大的小塘，故名。清代，傅端林（1724—1774）由枫树屋分支迁此定居，以塘名命村庄名。2014 年，有居民 37 户 150 人，山林 186 亩，旱地 200 亩，水田 100 亩。

新屋黎家　属沙堆镇坪坳村，位于坪坳村西部，距村委会驻地柏木塘 1.2 千米。东邻王家，南接郭金山，西连袁家垅，北靠介西屋。清代，黎品珊（1730—1797）从上屋黎家迁此新建房屋定居，以其综合姓氏命村庄名为新屋黎家。2014 年，有居民 23 户 100 人，山林 124 亩，旱地 52 亩，水田 135 亩（西约 50 米处有居民点郭咀山，2014 年有居民 4 户，另有小居民点郭金山含在内）。出生于该居民点的黎育松（1949—　），2014 年任咸宁学院教授。

伊仕塘　属沙堆镇坪坳村，位于坪坳村西部，距村委会驻地柏木塘 1.8 千米。东接小塘，西邻涂家，南连枫树屋，北靠暗塘。清代，傅端聪（1728—1774）从枫树屋迁此定居，在住宅门前挖了一口大水塘，故以其号命水塘和村庄名为伊仕塘。2014 年，有居民 23 户 110 人，有水田 145 亩，旱地 20 亩，山林 130 亩。出生于该居民点的傅澄清（1960—　），中共党员，大学文化，2014 年任四川省成都市工商局局长。

周家坳　属沙堆镇坪坳村，位于坪坳村东部，距村委会驻地柏木塘 1.8 千米。东邻跑马猪场，南接凤凰咀，西连古塘，北靠金家。此地为山岭分水处，清代，周奉卿（1640—1712）因犯命案，从蒲圻（今赤壁市）二秀湾潜逃至此山坳旁定居，以其姓氏综合地形命村庄名为周家坳。2014 年，有居民 53 户 160 人，山林 200 亩，旱地 83 亩，水田 174 亩（该居民点东面 300 米处有麦埚周家小居民点，2014 年有 4 户居民）。

周家楼　属沙堆镇坪坳村，位于坪坳村西部，距村委会驻地柏木塘 1.5 千米。东邻法兴寺，南接长垅，西连介西屋，北靠麦埚。此居民点的地形像双燕窝，明末清初是周姓财主的庄园，房屋建筑高大宏伟，建有阳楼和牮楼，故以其姓氏综合房屋结构命村庄名为周家楼。周姓没落后，黎兴钦于清朝乾隆年间从上屋黎家迁此定居，仍用原村庄名。2014 年，有居民 38 户 150 人，山林 181 亩，旱地 76 亩，水田 180 亩（东面约 200 米处有居民点石咀，2014 年末有居民 2 户，南面约 200 米处有居民点周家排，2014 年有居民 1 户）。出生于该居民点的黎建辉（1974—　），博士学位，2014 年任职于中国科学院。

第八节　沙堆村及所属聚落

【沙堆村】　沙堆镇辖村，位于沙堆镇东北部，村委会驻地井峰大道570号，距镇人民政府驻地九井峰大道1号300米。东邻沙堆河，南接湾船咀石冲，西连崇阳柳祠，北靠崇阳台桥，辖区面积5.22平方千米。因域内有地片沙堆畈而得村名。1950年，属通城县第二区沙堆乡；1958年人民公社化时，属崇阳县沙堆(火箭)人民公社沙堆管理区长征大队、南针大队；1961年恢复区镇建制，属通城县沙堆区沙堆公社；1971年，石冲、黄六、南针、长征大队合并为长征大队，属沙堆区沙堆公社；1972年，长征大队分设为石冲(黄六合并到石冲，划出)、长征(南针合并到长征)大队，属沙堆区沙堆公社；1975年撤区并社，属沙堆公社长征大队；1981年，长征大队更名为沙堆大队，属沙堆公社；1984年设区建乡，沙堆大队变更为沙堆村，属沙堆区沙堆镇；1987年区乡体制改革，属沙堆镇；2000年，沙堆村8、9、11、12、13、16、17、18、20、21小组共10个村民小组行政区域划归九井街居委会，剩余11个村民小组仍称沙堆村；2001年，原九井街居委会(10个农业村民小组行政区域)与沙堆村11个村民小组合并为九井街居委，属沙堆镇九井街居委会；2004年，九井街居委会分设为沙堆村(21个农业村民小组)、九井社区(沙堆集镇，划出)，属沙堆镇。2004年新建办公大楼，占地面积220平方米，建筑面积220平方米，内设便民服务厅、党员活动室。下辖21个村民小组，有15个居民点。村域内有边家垅水库、刘家水库、祖皇坛寺宗教庙宇。居民有柳、徐、熊、吴、卢、边、黄、魏、肖、程、王、皮、胡、华、杜、雷、李、黎、葛、傅、陈、谢、段、刘、周、戴、吕、宋等姓，以吴、卢姓为主。S362省道穿越村域，距G106国道、杭瑞高速进出口公路里程分别为12千米、15千米，居民点全部通公路。2014年，有居民604户，2750人，山林192.7公顷，旱地44.1公顷，水田123.8公顷。村民以种植水稻为主，经济来源主要是务农、务工、经商，年人均纯收入7396.9元。

沙堆畈地片　位于沙堆镇南面，分布在沙堆河东西两岸。东邻四庄乡，南接湾船咀村，西临石冲边家咀，北靠崇阳台桥。长5千米(内含港背柏峦畈)，宽1.2千米，面积约6平方千米。此地为面积居全县第四的平坦地，因沙堆港从中穿过，故称为沙堆畈。有高勘卢家包括九井社区和华家、洪家咀、茶行畈的30个居民点。S362省道穿越村域，距G106国道、杭瑞高速进出口公路里程分别为12千米、15千米，居民点全部通公路。2014年，有居民2236户10220人。

边家坳　属沙堆镇沙堆村，位于沙堆村西部，距村委会驻地井峰大道570号2.5千米。东邻港下屋，南接帅家坳，西连崇阳王家垅，北靠程家垅。此地为山岭分水处，清代，边玉章(1673—1732)从南塘边家咀迁此建房定居，以其姓氏综合地形命村庄名为边家坳。2014年，有居民32户160人，山林151亩，旱地28亩，水田90亩(该居民点附近往南50米有井湾小居民点，居民及有关情况已计入在边家坳内)。

程家垅　属沙堆镇沙堆村，位于沙堆村西北部，距村委会驻地井峰大道570号1.8千米。东邻港下屋，南接边家，西连水桐塆，北靠雷家。此地为小山沟，古为程姓财主的土地，在此建有庄屋，以其姓氏命垅名。清代，吴凤鸣(1691—1752)是程姓的长工，略有积蓄，购得部分田产，并从大坪水口铺迁此定居，仍用原村庄名。2014年，有居民66户260人，山林245亩，旱地56亩，水田150亩。出生于该居民点的各界代表性人物有：卢贵清(女，1936—　)，1958年被评为湖北省劳动模范；吴开明(1960—　)，博士后，2014年任湖北科技大学钢铁学院院长。

杜家咀　属沙堆镇沙堆村，位于沙堆村南部，距村委会驻地井峰大道570号1千米。东邻沙堆港，南接杨家咀，西连石冲，北靠柳峦。此地为山岭延伸后形成的山体突出前端，古为杜姓财主的土地，以其姓氏综合地形命村庄名为杜家咀。清朝中叶，周义春从堑下周家迁山咀旁建房定居，仍用原村庄名。2014年，有居民31户140人，山林125亩，旱地27亩，水田78亩。

港下屋　属沙堆镇沙堆村，位于沙堆村西北部，距村委会驻地井峰大道570号2千米。东邻熊家，南接帅家坳，西连程家垅，北靠雷家。民国时期，刘世望(1901—1948)为躲壮丁从磨桥迁此建房定居，因住宅处门前小港下游，故命村庄名为港下屋。2014 年，有居民 28 户 120 人，山林 95 亩，旱地 22 亩，水田 89 亩。

高塝卢家 属沙堆镇沙堆村，位于沙堆村东北部，距村委会驻地井峰大道 570 号 1 千米。东邻沙堆河，南接罗家门，西连屋背岭，北靠庙铺咀。清代，卢进炳(1711—1780)长子从湾头屋迁此建房定居，因住宅位于一高岸(俗称塝)之上，故以其综合居民姓氏命村庄名为高塝卢家。2014 年，有居民 57 户 230 人，山林 159 亩，旱地 48 亩，水田 127 亩。

郝家垅 属沙堆镇沙堆村，位于沙堆村西北部，距村委会驻地井峰大道 570 号 1 千米。东邻肇珠屋，南接徐家，西连熊家，北靠吴家门。此地为一小山沟，古为郝姓居住地，以其姓氏综合地形命村庄名为郝家垅。后郝姓外迁，柳镇桂(1794—1863)从崇阳三角门迁入，仍用原村庄名。2014 年，有居民 26 户 100 人，山林 95 亩，旱地 28 亩，水田 87 亩。

雷家 属沙堆镇沙堆村，位于沙堆村北部，距村委会驻地井峰大道 570 号 2.5 千米。东邻湾头屋，南接熊家，西连水桐塆，北靠沙坪寿安。清代，雷子学(1831—1895)在此建房定居，以其姓氏命村庄名。2014 年，有居民 28 户 120 人，山林 115 亩，旱地 25 亩，水田 80 亩。出生于该居民点皮岳良(1965—)，2014 年任河北省黄金武警支队队长。

柳峦 属沙堆镇沙堆村，位于沙堆村南部，距村委会驻地井峰大道 570 号 500 米处。东邻沙堆河，南接杜家咀，北连沙堆镇政府，西靠沙堆中学。清末，宋玉书(1851—1913)从崇阳陈家湾迁此建房定居，因住宅附近有成片柳树，故命村庄名为柳峦(1958 年伐毁)。2014 年，有居民 36 户 160 人，山林 172 亩，旱地 23 亩，水田 95 亩。出生于该居民点的宋世斌(1962—)，博士学位，2014 年任中山大学教授。

罗家门(又名吴家门) 属沙堆镇沙堆村，位于沙堆村西北部，距村委会驻地井峰大道 570 号 1.1 千米。东邻沙堆河，南接小港，西连林场，北靠高塝卢家。古时，此地居住罗姓，以其姓氏命村庄名为罗家门。后罗姓无嗣，熊姓老太公(1783—1849)从马港潭下迁此定居，仍用原村庄名。2014 年，有居民 47 户 200 人，山林 142 亩，旱地 33 亩，水田 115 亩。

庙铺咀 属沙堆镇沙堆村，位于沙堆村东北部，距村委会驻地井峰大道 570 号 1.5 千米。东邻沙堆河，南接高塝卢家，西连湾头屋，北靠南塘。清代，吴孝海(1780—1845)从大坪水口铺迁此定居，并开小杂货店，因住宅位于山体突出前端，山咀上有庙(名禹王庙，因扩建公路于 1983 年拆迁至狮形咀)，故命村庄名为庙铺咀。2014 年，有居民 21 户 98 人，山林 79 亩，旱地 18 亩，水田 85 亩(附近有土仓屋、边家咀小居民点，另有凉亭居民点居民 7 户 40 人于 2010 年前逐步迁入庙铺咀)。

南塘 属沙堆镇沙堆村，位于沙堆村东北部，距村委会驻地井峰大道 570 号 2 千米。东邻沙堆河，南接庙咀，西北连崇阳县沙坪寿安村。清末，魏志诚(1879—?)在此建房定居，因住宅南部有一口较大的水塘，遂以塘名命村庄名为南塘。2014 年，有居民 39 户 140 人，山林 123 亩，旱地 32 亩，水田 88 亩。

水桐塆 属沙堆镇沙堆村，位于沙堆村西北部，距村委会驻地井峰大道 570 号 3 千米。东邻程家垅，南接边家坳，西连崇阳柳祠，北靠雷家。此地处山岭拐弯处，后山泡桐树(俗称水桐树)多(大炼钢铁期间被毁)而得名。清代，柳义材(1782—1847)从崇阳迁此定居，以塆名命村庄名。2014 年，有居民 32 户 120 人，山林 110 亩，旱地 21 亩，水田 82 亩(西面 250 米处有陈家塘小居民点)。

湾头屋 属沙堆镇沙堆村，位于沙堆村北部，距村委会驻地井峰大道 570 号 2 千米。东邻庙咀，南接罗家门，西连雷家，北靠南塘。清代，卢进炳(1844—1891)迁此定居，因住宅位于沙堆河拐弯部位的最上部，故命村庄名为湾头屋。2014 年，有居民 35 户 140 人，山林 132 亩，旱地 27 亩，水田 108 亩(附近有岭上屋、新屋、长地小居民点)。出生于该居民点的王伟兵(1982—)，博士学位，2014 年在国家交通运输部任职。

熊家 属沙堆镇沙堆村，位于沙堆村西北部，距村委会驻地井峰大道 570 号 1.5 千米。东邻郝家垅，南接石冲，西连港下屋，北靠林场。明代，熊原通(1370—1437)从江西修水郭城迁入通城上太里锡下畈关圣图，其后裔于明末迁入此地定居，以其姓氏命村庄名为熊家。2014 年，有居民 25 户 120 人，山林 125 亩，旱地 32 亩，水田 102 亩。

肇珠屋　属沙堆镇沙堆村，位于沙堆村西北部，距村委会驻地井峰大道 570 号 200 米。东邻沙堆河，南接沙堆派出所，西连郝家垅，北靠吴家门。此地原为大源周家财主的庄屋，清初，王愧朗(字肇珠，1608—1672)从九岭迁此定居，以其名字命村庄名。2014 年，有居民 34 户 140 人，山林 98 亩，旱地 18 亩，水田 78 亩。

第九节　石冲村及所属聚落

【石冲村】　沙堆镇辖村，位于沙堆镇西部，村委会驻地六家咀(原石冲小学内)，距沙堆镇中心集镇 1.5 千米。西与崇阳县锁石村毗邻，东与沙堆村接壤，南与隽四公路相连，北与崇阳县星桥村相接，辖区面积约 3.3 平方千米。因域内有居民点石冲傅家、石冲李家而得村名。1950 年，属通城县沙堆乡；1958 年人民公社化时，设石冲、黄六大队，属崇阳县沙堆(火箭)人民公社沙堆管理区；1961 年恢复区镇建制，属通城县沙堆区沙堆公社；1971 年，石冲、黄六、长征(划进)、南针(划进)合并为长征大队；1972 年，长征大队分设为石冲(黄六与石冲合并)、长征(南针与长征合并，划出)大队；1975 年撤区并社，属沙堆公社石冲大队；1984 年设区建乡，石冲大队更名为石冲村，属沙堆区沙堆乡；1987 年区乡体制改革，属沙堆镇石冲村。下辖 11 个村民小组，有 15 个农村居民点。村内有干垅李家、富家垅、戴家垅、鸭垅 5 座桥梁；另有柏树垅水库、石冲文化广场和永固环保砖厂等。2014 年，原石冲小学被改建成村委会办公场所占地面积 1400 平方米，建筑面积 518 平方米，设有村支部办公室、村民委员会、村卫生室、综治办、计生办等。居民有傅、李、卢、柳、宋、周、雷、龙、舒等姓，以傅、李、卢、柳姓为主。S362 省道傍村而过，村域距 G106 国道、杭瑞高速进出口公路里程分别为 11 千米、14 千米，居民点全部通公路。2014 年，有村民 387 户 1510 人，山林 93.3 公顷，旱地 10 公顷，水田 88.8 公顷。村民以种植水稻、油茶为主，经济来源以务农、务工、经商为主，年人均纯收入 10628.5 元。

戴家垅　属沙堆镇石冲村，位于石冲村东南部，距村委会驻地六家咀 500 米。东邻老干垅，西靠石冲李家，南连隽四公路，北对石冲傅家。此地为小山沟，古为戴姓居住地，以其姓氏综合地形命村庄名为戴家垅。清朝中叶，戴姓外迁，后有龙、雷、李姓先后迁入，仍用原村庄名。2014 年，有居民 24 户人口 80 人，山林 70 亩，旱地 10 亩，水田 70 亩。

高垅宋家　属沙堆镇石冲村，位于石冲村东部，距村委会驻地六家咀 2 千米。东邻沙堆村杜家咀，西靠老干垅，南连隽四公路，北对学林师傅屋。清代，宋运标(1811—?)由崇阳肖岭陈家塘迁此定居，因住宅位于地势较高的小山沟内，故以其综合居民姓氏命村庄名为高垅宋家。2014 年，有居民 23 户 100 人，山林 90 亩，旱地 10 亩，水田 224 亩。

函章屋(又名石冲卢家)　属沙堆镇石冲村，位于石冲村东南部，距村委会驻地六家咀 1.2 千米。东南临隽四公路，西接石冲李家，北对石冲傅家。清代，卢先润(字函章，1756—?)在此建房定居，以其字命村庄名。2014 年，有居民 38 户人口 140 人，山林 130 亩，旱地 15 亩，水田 139 亩。出生于该居民点的卢望明(1969—　)，美国哈佛大学博士毕业，2014 年任美国通用电气项目主管工程师。

老干垅　属沙堆镇石冲村，位于石冲村东部，距村委会驻地六家咀 1 千米。东邻杨家咀，西靠石冲卢家(函章屋)，南连隽沙公路，北对学林师傅屋。此地为小山沟，因山沟水源少，故称老干垅。民国时期，傅氏石冲门源公后裔迁山沟定居，以山沟名命村庄名。2014 年，有居民 23 户人口 100 人，山林 90 亩，旱地 15 亩，水田 98 亩(东约 100 米处有居民点新干垅)。

老沙塘埚　属沙堆镇石冲村，位于石冲村西南部，距村委会驻地六家咀 1.5 千米。东邻叶婆垅，西靠腰塘，南接小塘，北连新沙塘埚。此地为四周高中间低凹的洼地，其土壤为沙土，挖有水塘，故名沙塘埚。明代，傅敬礼(1552—1600)

由长冲门迁此定居，以塥名命村庄名为沙塘塥。后有子孙分支外迁，改此村庄名为老沙塘塥。2014年，有居民47户人口210人，山林172亩，旱地18亩，水田170亩。

六家咀　属沙堆镇石冲村，位于石冲村西部，为石冲村村委会驻地，距沙堆镇中心集镇1.5千米。东邻石冲傅家，西接鸭垅桥，南连叶婆垅，北靠什家坳。1990年后，由于村级公路由此经过，柳新元(1966—　)率先自叶婆垅迁此建房定居。随后什家坳、鸭垅桥等地叶氏、游氏、傅氏等共6家居民相继在此建房定居，故命村庄名为六家咀。2014年，有居民6户30人，有水田24亩，旱地4亩，山林21亩。

石冲傅家　属沙堆镇石冲村，位于石冲村东北部，距村委会驻地六家咀50米。东邻学林师傅屋，西靠六家咀，南接戴家垅，北接富家垅。明代，傅源(永乐乙酉科举人，任交趾县令，？—1439)由锡山迁至此地建房定居，因住宅位于石块多的长条形山沟内，故以其综合居民姓氏命村庄名为石冲傅家。2014年，有居民53户220人，山林200亩，旱地20亩，水田173亩。

石冲李家　属沙堆镇石冲村，位于石冲村东南部，距村委会驻地六家咀500米。东邻戴家垅，西靠六家咀，南连隽沙公路，北接石冲傅家。元代，李鸣(1308—1355)第三子由大坪迁至此地建房定居，因住宅位于多石块和长条形山沟内，故以其综合居民姓氏命村庄名为石冲李家。2014年，有居民38户人口150人，山林138亩，旱地15亩，水田140亩。出生于该居民点的各界代表性人物有：李英海(1956—　)，曾任石冲村党支部书记，2002年被省人民政府授予劳动模范称号；李一行(1982—　)，博士学位，2014年任美国斯坦福大学研究员。

学林师傅屋　属沙堆镇石冲村，位于石冲村北部，距村委会驻地六家咀1千米。东与柳峦相连，西与沙堆村相邻，南接干垅，北靠富家垅。清末，沙堆排上徐家私塾先生徐学林(1873—1928)在此地建房定居并办了一所私塾，以其名称命村庄名为(“学”在通城方言中读音“壳”(ho)，通城人称私塾先生叫“师傅”)。2014年，有居民34户110人，山林15亩，旱地10亩，水田125亩。

鸭垅桥　属沙堆镇石冲村，位于石冲村西部，距村委会驻地六家咀300米。东邻六家嘴，西靠新沙塘塥，南接叶婆垅，北连龟嘴水库。此地为小山沟，因山沟侧有山岭形似鸭，故称鸭垅。山沟小溪上有座桥，名鸭垅桥。清代，雷克作(1824—1848)从石泥塘迁此山沟小桥附近建房定居，以桥名命村庄名。2014年，有居民47户210人，山林198亩，旱地15亩，水田178亩。

腰塘　属沙堆镇石冲村，位于石冲村西部，距村委会驻地六家咀1.5千米。东邻鸭垅桥，西靠崇阳锁石村，南连沙塘塥，北接崇阳星桥村。古时，此地山岭半山腰挖有池塘，故称为腰塘。清代，柳春伟(1713—1808)在腰塘附近建造房屋定居，以塘名命村庄名。该居民点房屋分布较散，有上、中、下腰塘之分。2014年，有居民38户人口120人，山林120亩、旱地15亩、水田104亩(附近有上、下腰塘两小居民点)。出生于该居民点的柳国礼(1969—　)，2014年任中国人民解放军昆仑山舰队政委。

叶婆垅　属沙堆镇石冲村，位于石冲村南部，距村委会驻地六家咀500米。东邻石冲李家，西靠鸭垅桥，南连小塘，北接六家咀。此地为小山沟，因山沟内树木多落叶多，故称叶婆垅。清代，柳春伟(1707—1780)从腰塘迁此建房定居，以山沟名命村庄名为叶婆垅。2014年，有居民21户80人，山林75亩，旱地10亩，水田64亩。

第十节　湾船咀村及所属聚落

【湾船咀村】　沙堆镇辖村，位于沙堆镇南部，村委会驻地黑沙滩，距沙堆中心集镇3千米。东邻沙堆集镇，南靠瑶泉，西接凹屋垅，北连沙堆河，辖区面积5.41平方千米。因域内有地片湾船咀而得村名。1950年，属通城县灿良、老营乡；1958年人民公社化时，设永兴(原灿良乡)、幸福(原灿良乡)、金丰(原老营乡)大队，属崇阳县沙堆(火箭)人民公社沙堆管理区；1961年恢复区镇建制，属通城县沙堆区沙堆公社；1971年，永兴、幸福、金丰大队合并为金丰大队；1974年，金丰大队分设为永兴(永兴、幸福)、金丰大队；1975 年撤区并社，属沙堆公社；1981 年，永兴、金丰大队分别更名为灿良、湾船咀大队；1984 年设区建乡，灿良、湾船咀大队分别更名为灿良、湾船咀村，属沙堆区沙堆镇；1987 年，属沙堆镇；2002 年，灿良、湾船咀村合并为湾船咀村。2007 年建村委会办公楼，占地面积 245 平方米，建筑面积 260 平方米，内设便民服务厅、党员活动室等。下辖 12 个村民小组，有 18 个农村居民点。村域内有黑沙滩、杨神、陈家咀桥；仓下、湾船咀、秋白屋抽水机站；杨萘桥、永兴、天主教堂；天灯岭完小。居民有卢、胡、张、简、宋、徐、章、李、肖、姜、郑、柳、廖、吴、周、龙、赵、金姓，以卢姓为主。距 S362 省道、G106 国道、杭瑞高速进出口公路里程分别为 2 千米、14 千米、17 千米，居民点全部通公路。2014 年，有 861 户 3870 人，山林 215.7 公顷，旱地 39.1 公顷，水田 238.7 公顷。居民以种植水稻为主，经济来源以务农、务工、经商为主，年人均纯收入 8061.8 元。

灿良地片 属沙堆镇湾船咀村，位于湾船咀村南部，距沙堆中心集镇 4 千米。东邻六庙咀，南接罗塘锡皮埚，西靠南岗，北连胡家。因域内有居民点灿良而得地片名。有 7 个居民点。距 S362 省道、G106 国道、杭瑞高速进出口公路里程分别为 4 千米、16 千米、19 千米，居民点全部通公路。2014 年，有居民 405 户 1980 人，山林 35.8 公顷，旱地 23.7 公顷，水田 158.3 公顷。

灿良屋 属沙堆镇湾船咀村，位于湾船咀村南部，距村委会驻地黑沙滩 1.5 千米。东邻罗塘窑棚排上，南接易家埚，西邻南岗，北靠胡家。古时，一名叫灿良的人在此定居，以其名命村庄名为，后外迁。民国初，卢作霖(1893—1933)由黑沙滩迁此定居，仍用原村庄名。2014 年，有居民 100 户 430 人，山林 200 亩，旱地 60 亩，水田 285 亩(附近有一个老居民点叫新屋，与灿良屋连在一起，合为一个居民点)。

仓下屋 属沙堆镇湾船咀村，位于湾船咀村东南部，距村委会驻地黑沙滩 1.5 千米。东邻车家咀，南接南岗屋，西连埚上，北靠沙堆河。清代，李天嗣(1831—1898)之祖父在此建立庄园，设有仓库，用于储存稻谷。清光绪年间，卢进锦从南岗迁李姓粮仓下方建房定居，故命村庄名为仓下屋。2014 年，有居民 23 户 120 人，山林 10 亩，旱地 10 亩，水田 101 亩。

车家咀 属沙堆镇湾船咀村，位于湾船咀村南部，距村委会驻地黑沙滩 1.6 千米。东邻胡家，南接灿良，西连仓下，北靠堤上。此地为山体突出前端，明末，为车姓居住地，以其姓氏综合地形命村庄名为车家咀。后车姓外迁，卢从正(1739—1818)由南岗迁居于此，仍用原村庄名。2014 年，有居民 34 户 140 人，山林 30 亩，旱地 15 亩，水田 124 亩。出生于该居民点的卢桂林(生卒不详)，民国时期任蒲圻县长，著名律师。

陈家咀 属沙堆镇湾船咀村，位于湾船咀村西北部，距村委会驻地黑沙滩 1.5 千米。东邻湾船咀，南接果场，西接白沙桥，北靠小咀桥。此地为山体突出前端，清初，一陈姓财主在山咀北建筑庄园，以其姓氏综合地形命村庄名为陈家咀。后因无人居住，年久失修，于道光年间倒塌。不久后，卢进良(1807—1886)购得陈姓、田地并迁居于此，仍用原村庄名。2014 年，有居民 52 户 250 人，山林 450 亩，旱地 50 亩，水田 286 亩。

黑沙滩 属沙堆镇湾船咀村，位于湾船咀村东部，为村委会驻地，距沙堆中心集镇 3 千米。东邻神仙畈，南靠秋白屋，西接湾船咀，北连沙堆河。明代，卢仲轰(1461—1536，授六品儒林郎)由大庄冲枫树埚迁此定居，后来有肖姓迁入。据传，清咸丰年间，太平军将领石贞祥率部攻占通城。石部将士大多驻扎在沙堆、湾头屋及沙堆河对岸的廖家湾一带。某月，护理县事熊绣、清军千总罗登魁亲率 2000 余人来湾头屋清剿，太平军闻信撤退，熊、罗命部下将湾头屋男女老少 200 余人全部跪在河坪沙滩上，正准备行刑时，突闻太平军在河对岸(廖家湾)摇旗呐喊，于是熊、罗率部冲过河对岸捉拿太平军，太平军旋即转移。熊、罗恼羞成怒，将廖家湾 90 余乡民悉数杀害于沙滩上，血染红了河滩。后人们称廖家湾前的河滩为红沙滩。而对岸的湾头屋幸免一劫，为纪念这一历史事件，更名为“黑沙滩”。2014 年，有居民 118 户 700 人，旱地 90 亩，山林 500 亩，水田 500 亩。

胡家 属沙堆镇湾船咀村，位于湾船咀村南部，距村委会驻地黑沙滩 2 千米。东邻六庙咀，南接窑棚，西连仓下，北靠堤上。明代，曾姓在此居住，以其姓氏命村庄名为曾家。后来，曾姓没落无嗣，胡拜阳(1647—1738)支下子孙由堆山迁居于此，依其姓氏改村庄名胡家。2014 年，有居民 56 户 230 人，山林 37 亩，旱地 18 亩，水田 200 亩。

塅下屋　属沙堆镇湾船咀村，位于湾船咀村南部，距村委会驻地黑沙滩 600 米。东邻南岗，南接秋白屋，西接黑沙滩，北连塅上。清初，此地为李姓居住地，因其住宅位于一高岸下方，故命村庄名为塅下李家，后李姓外迁，卢来仪(1665—1723)迁居于此，改村庄名塅下屋。2014 年，有居民 24 户 80 人，山林 30 亩，旱地 14 亩，水田 100 亩。

老虎堰　属沙堆镇湾船咀村，位于湾船咀村西部，距村委会驻地黑沙滩 1.5 千米。东邻枫树埚，南接大屋垅，西靠老营山，北连秋白屋。此地有一小山岭，形似老虎，故称老虎咀。山下有小河流过，河中建有水堰，以附近山咀名命堰名。明代，卢秋白(1577—1647)之弟从枫树埚迁堰附近建房定居，以堰名命村庄名。2014 年，有居民 20 户 90 人，山林 150 亩，旱地 15 亩，水田 100 亩。

龙背屋　属沙堆镇湾船咀村，位于湾船咀村南部，距村委会驻地黑沙滩 1.8 千米。东邻蔡家咀，南接罗塘，西连胡家，北靠堤上。清代，龙廷壁(1641—1699)由大屋林家迁此建房定居，以其姓氏及名字的末尾一字命村庄名为龙壁屋，有人误称其为龙背屋。2014 年，有居民 100 户 380 人，山林 160 亩，旱地 100 亩，水田 400 亩。

南岗屋　属沙堆镇湾船咀村，位于湾船咀村南部，距村委会驻地黑沙滩 1.2 千米。东邻灿良，南接大屋垅，西连枫树埚，北靠仓下屋。古时，有一名叫南岗的人在此定居，以其名命村庄名为南岗屋。清代，卢英道(1699—1784)在此建房定居，仍用原村庄名。2014 年，有居民 75 户 360 人，山林 350 亩，旱地 50 亩，水田 370 亩。出生于该居民点的各界代表性人物有：卢子成(1937—?)，曾任武汉铁道设计四院处长，高级工程师；卢三星(1950—)，曾任云南省商业厅副厅长、云南省书法协会副主席。

秋白屋　属沙堆镇湾船咀村，位于湾船咀村西部，距村委会驻地黑沙滩 500 米。东邻枫树埚，南接老虎堰，西连杨蔡桥，北靠牵牛咀。明末，卢秋白从枫树埚迁此建房定居，以其名命村庄名。2014 年，有居民 40 户 210 人，山林 600 亩，旱地 30 亩，水田 210 亩。出生该居民点的各界代表性人物有：卢方甫(1932—)，曾任长江流域规划办公室主任；卢国友(女，1974—)，2014 年任中国铁道总局处长。

湾船咀(新屋)　属沙堆镇湾船咀村，位于湾船咀村北部，距村委会驻地黑沙滩 600 米。东邻黑沙滩，南接杨蔡桥，西连陈家咀，北靠沙堆河。古时，船只停泊在此地山咀边，故称。明代，卢英可(1318—1401)与次子卢朝禹(1340—1402)从原居宁都卢源殷太六屋场迁址建房定居，因住宅位于湾船咀附近，故以咀名命村庄名。2014 年末，居民有 70 户 290 人，山林 300 亩，旱地 30 亩，水田 300 亩(附近有新屋小居民点在内)。

小咀桥　属沙堆镇湾船咀村，位于湾船咀村北部，距村委会驻地黑沙滩 1 千米。东邻湾船咀，南接陈家咀，西连石冲，北靠杨家咀。民国初年，卢金堂(1867—1925)在此修了一座石桥，因小桥位于山体突出前端，故名。同期，金堂公在桥头建房定居，以桥名命村庄名。2014 年，有居民 20 户 80 人，山林 70 亩，旱地 8 亩，水田 60 亩。

杨家咀　属沙堆镇湾船咀村，位于湾船咀村北部，距村委会驻地黑沙滩 1.5 千米。东邻沙堆河，南接陈家咀，西连沙罗公路，北靠杜家咀。此地山岭延伸后形成的山体突出前端，古时是杨姓居住地，以姓氏综合地形命村庄名为杨家咀。后杨姓没落，卢盛恕(1818—1868)由黑沙滩四房迁此定居，仍用原村庄名。2014 年，有居民 20 户 80 人，山林 70 亩，旱地 7 亩，水田 60 亩。出生于该居民点的卢华友(1969—)，2014 年任广东省水利厅副厅长。

杨蔡桥　属沙堆镇湾船咀村，位于湾船咀村北部，距村委会驻地黑沙滩 400 米。东邻秋白屋，南接老营山，西邻舒家屋，北靠凹屋垅。此地有一条小河，河边长满一种可作猪饲料的名叫杨蔡的草本植物。古时河上有一木桥，是麦市至沙堆的交通要道，以河边生长的草本植物命名为杨蔡桥。清代，卢宏心(1663—1713)迁桥附近定居，以桥名命村庄名。2014 年，有居民 38 户 160 人，山林 100 亩，旱地 50 亩，水田 150 亩。

第十一节　瑶泉村及所属聚落

【瑶泉村】　沙堆镇辖村，位于沙堆镇南部，村委会驻地老营山（沙堆至鲤港公路旁），距沙堆中心集镇3千米。东邻老虎堰，南接瑶泉，西连田上塘，北靠杨萘桥，辖区面积7.04平方千米。因域内有居民点名瑶泉而得村名。1950年，属通城县沙堆乡；1958年人民公社化时，属崇阳县沙堆（火箭）人民公社大柱管理区银丰大队、沙堆管理区瑶泉大队；1961年，属通城县沙堆区沙堆公社银丰、瑶泉大队；1975年1月撤区并社，属高冲公社银丰、瑶泉大队；1984年设区建乡，银丰、瑶泉大队分别更名为银丰、瑶泉村，属沙堆区沙堆乡；1987年区乡体制改革，属沙堆镇；2002年，银丰、瑶泉村合并为瑶泉村。下辖24个村民小组，有23个居民点。2008年修建村委会办公楼，占地面积200平方米，建筑面积260平方米，内设有办公用房、便民服务厅、党员活动室等。居民有卢、吴、何、李、宋、魏、徐、杜、金、张、熊、姜、叶、邓等姓，以卢姓为主。距S362省道、G106国道、杭瑞高速进出口公路里程分别为3千米、14千米、17千米，居民点全部通公路。2014年，有居民685户2760人，山林206.7公顷，旱地36.7公顷，水田170公顷。村民主要种植水稻、红薯、蔬菜，经济来源以务农、务工为主，部分人经商，年人均纯收入8077元。

银丰地片　属沙堆镇瑶泉村，位于瑶泉村北部，距沙堆中心集镇2.5千米。东邻老营山，南界面泉屋，西连周家坳，北靠杨萘桥。因域内有居民点银丰屋而得地片名。下辖6个村民小组，有9个居民点。距S362省道、G106国道、杭瑞高速进出口公路里程分别为2.5千米、13.5千米、16.5千米，居民点全部通公路。2014年，有居民178户1120人，水田83.3公顷，旱地14.1公顷，山林38公顷。

大屋垅　属沙堆镇瑶泉村，位于瑶泉村南部，距村委会驻地老营山1.5千米。东邻灿良，南接瑶泉老屋，西连老虎堰，北靠下瑶泉。此地为一小山沟，明代，卢英可（1318—1401，诰封文林郎，晋封朝议大夫），由江西卢源迁此定居，因住宅规模宏大，故以其综合地形命名为大屋垅。2014年，有居民34户140人，水田150亩，旱地30亩，山林180亩。

何家冲　属沙堆镇瑶泉村，位于瑶泉村南部，距村委会驻地老营山2千米。东邻罗塘，南接斗米山，西连坪上，北靠詹家垅。此地为长条形山沟，清代，何启福（1707—1744）从县城南门迁山沟内定居，以其姓氏综合地形命村庄名为何家冲。2014年，有居民80户300人，水田260亩，旱地50亩，山林450亩。

黄虎　属沙堆镇瑶泉村，位于瑶泉村西北部，距村委会驻地老营山1.5千米。东邻姜家排，南接水桶埚，西连银丰屋，北靠下口泉屋。此地有山岭形状似虎，山上是黄色土壤，故名。清代，杜贵福（1840—1892）从阔田迁此定居，以山名命村庄名。2014年，有居民47户190人，水田168亩，旱地34亩，山林210亩。

口泉屋（又名口前屋）　属沙堆镇瑶泉村，位于瑶泉村北部，距村委会驻地老营山1.1千米。东邻瑶泉，南接但家坳，西连黄虎，北靠杨萘桥。此地有一山垅，垅口有一口泉水井，冬暖夏凉，水质甘甜，远近闻名。清代，卢悦心（1617—1693）在泉水井旁定居，故命村庄名为口泉屋。2014年，有居民55户230人，水田212亩，旱地45亩，山林205亩。

老营山　属沙堆镇瑶泉村，位于瑶泉村南部，为村委会驻地，位于沙堆至麦市的公路旁，距沙堆中心集镇3千米。东邻老虎堰，南接瑶泉，西连油铺，北靠杨萘桥。相传，楚国军士曾在此安营扎寨，伍子胥避难去吴国，因楚兵防守严密，一夜忧虑成了一头白发，此地因而得名老营山。清代，卢作富（1837—?）自湾船咀村枫树埚迁山旁边定居，以山名命村庄名。2014年，有居民53户210人，水田180亩，旱地45亩，山林320亩。

联三堂　属沙堆镇瑶泉村，位于瑶泉村西部，距村委会驻地老营山200米。东接黄墩咀，西邻口泉屋，南连油铺屋，北靠老营山。清代，卢科道（字联三，1663—1730）迁此定居，以其字号命村庄名。2014年，有居民20户110人，水田110亩，旱地40亩，山林120亩。

彭家　属沙堆镇瑶泉村，位于瑶泉村南部，距村委会驻地老营山 2 千米。东接罗塘龙家，西邻何家冲，南连黄泥洞，北靠老屋。古时，此地是彭姓居住地，以其姓氏命村庄名为彭家。彭姓外迁后，吴启玺(1821—1879)从锦山油坊迁入，仍用原村庄名。2014 年，有居民 26 户 170 人，水田 160 亩，旱地 40 亩，山林 400 亩。

上白石　属沙堆镇瑶泉村，位于瑶泉村西部，距村委会驻地老营山 1.5 千米。东邻但家坳，南接熊家，西连段家，北靠下白石。古时，此地有一白色巨石(详见下白石)。清代，张福昌(1719—1796)在白石块的上方建房定居，故称上白石。2014 年，有居民 31 户 129 人，水田 119 亩，旱地 25 亩，山林 105 亩。

诗阁塘　属沙堆镇瑶泉村，位于瑶泉村北部，距村委会驻地老营山 500 米。东邻老营山，南接下屋场，西连周家坳，北靠杨萘桥。古时，此地无人居住，仅有一口水塘。清嘉庆年间的某年夏天，有居民发现有一具无名女尸漂浮于塘角，腥臭难闻，由此得名“尸角塘”。因有忌讳，后人取其谐音“诗阁塘”。清代，卢先明(1716—1767)迁塘附近建房定居，以塘名命村庄名。2014 年，有居民 20 户 100 人，水田 106 亩，旱地 24 亩，山林 105 亩。

水桶埚　属沙堆镇瑶泉村，位于瑶泉村西部，距村委会驻地老营山 1.5 千米。东邻下白石，南接黄虎，西连余坊，北靠乙寺庵。此地是四周高中间低凹的洼地，古时生有泡桐，故命名水桐埚。后多被误写为水桶埚。清代，卢先滨(1717—1790)迁埚内建房定居，以埚名命村庄名。2014 年，有居民 34 户 140 人，水田 130 亩，旱地 20 亩，山林 95 亩。出生于该居民点的段德祥(1971—)，博士学位，2014 年任河北油田海外公司总工程师。

系马坳　属沙堆镇瑶泉村，位于瑶泉村西部，距村委会驻地老营山 1 千米。东接油铺、西邻郑家坳、南连坪上，北靠姜家排。此地为山岭分水处，清代，何校从五里茅田迁此定居，富甲一方，养有马群，在山坳上系马，故称系马坳。2014 年，有居民 23 户 120 人，水田 120 亩，旱地 30 亩，山林 80 亩。

下白石　属沙堆镇瑶泉村，位于瑶泉村西部，距村委会驻地老营山 800 米。东邻但家坳，南接上白石，西连枫树埚，北靠王府。古时，此地有一块数百吨的白色巨石，人们认为是“金龟拜百年，白石保水田”的风水宝地(大办钢铁时期炸毁，炸开白石石块后石块中流了三天三夜的血水，可能是水中含有一种红色矿物质)。清代，卢盛海(1796—1857)在石块的下方建房定居，故以石块名及与其形式的方位命村庄名为下白石。2014 年，有居民 43 户 170 人，水田 150 亩，旱地 36 亩，山林 95 亩。出生于该居民点的卢海兵(1950—)，曾任云南省昆明市工商行政管理局副局长。

新屋　属沙堆镇瑶泉村，位于瑶泉村南部，距村委会驻地老营山 1.3 千米。东邻何家冲，南接詹家垅，西连雷公咀，北靠瑶泉老屋。清代，卢茂心(1646—1688)在此新建房屋定居，故命村庄名为新屋。2014 年，有居民 39 户 150 人，水田 141 亩，旱地 25 亩，山林 150 亩。

瑶泉　属沙堆镇瑶泉村，位于瑶泉村南部，距村委会驻地老营山 1.5 千米。东邻罗塘，南接雷公咀，西连老营山，北靠湾船咀。该地有一眼冬暖夏凉的泉水井，泉水莹澈味纯，周围古树参天，鸟语花香，人们将此地喻为瑶池。明代，卢文彬(1351—1432)在泉水旁建房定居，以泉名命村庄名为瑶泉。2014 年，有居民 70 户 280 人，水田 312 亩，旱地 70 亩，山林 450 亩。该居民点始祖卢文彬(字必学，1351—1432，贡生)，历任云南安宁府经历司陕西安清军府、广东盐运使，敕授正中大夫。

银丰屋　属沙堆镇瑶泉村，位于瑶泉村北部，距村委会驻地老营山 1 千米。东邻老营山，南界面泉屋，西连周家坳，北靠杨萘桥。明朝末年，一居民在此开了酿酒糟房和炸货铺，老板为求金银丰盈，故取店铺名银丰。清代，宋必达(1861—1909)从崇阳肖岭宋家畈迁此定居，用原店铺命村庄名。2014 年，有居民 32 户 130 人，水田 12 亩，旱地 26 亩，山林 90 亩。

油铺　属沙堆镇瑶泉村，位于瑶泉村西南部，距村委会驻地老营山 1 千米。东邻瑶泉老屋，南接坪上，西连但家坳，北靠田树塘。古时，此地有邓姓开了一榨油坊而得名。清代，卢熏心(1650—1689)迁此定居，以旧时店铺名命村庄名。2014 年，有居民 67 户 250 人，水田 214 亩，旱地 50 亩，山林 250 亩。

余家咀(雷公咀)　属沙堆镇瑶泉村，位于瑶泉村南部，距村委会驻地老营山1千米。东邻老新屋，南接坪上，西连黄土石旁，北靠王中咀。此地为山岭延伸后形成的山体突出前端，传说村旁石咀前有一块巨石被雷火击毁而成了一片山咀，故又叫雷公咀。古时是余姓居住，故名余家咀。后余姓没落，卢从心（1592—1621）迁入定居，仍用原村庄名。2014年，有居民60户220人，水田171亩，旱地40亩，山林255亩。

第七章　石南镇所属聚落

第一节　石南镇概况

位置面积　通城县辖镇，位于通城县西北部，地处东经113°40′~113°46′，北纬29°14′~29°19′，东与隽水镇交界，南与五里镇相连，西与北港镇相望，北与大坪乡毗邻。镇政府驻地为石南社区石南桥路8号，距县城10千米。

来历及沿革　因域内有社区名石南而得名。1950年为石南乡，属通城县北港区；1958年，石南乡改名为石南管理区，属崇阳县北港(英雄)人民公社；1961年，更名为石南人民公社，属通城县北港区；1975年撤区并社，将原丰衣公社的漂垅、花亭、虎岩、沙坪4个大队和原樊店公社合并，设石南公社；1984年设区建乡，石南人民公社更名为石南乡，属北港区管辖；1987年10月区乡体制改革，石南乡与樊店乡合并为石南镇。

人文及经济状况　2014年，有10个行政村、1个社区、214个村(居)民小组、264个居民点(其中20户以下的86个，见表8)，7488户，总人口33430人。其中农村人口29235人，劳动力15832人；全镇外出务工经商人员10220人，其中经商人数达到2000人，遍布全国各大、中型城市；国土面积58.2平方千米，耕地1660.3公顷，水域249公顷，林地1936公顷，森林覆盖率42.3%；南部的最高点白米山海拔420米，西部最低的仙姑村海拔110米。石南镇属半丘陵地带，地势平坦，属亚热带季风气候，光照适中，气候温和，水资源丰富，适宜稻谷、小麦、油菜、红薯、茶叶、油茶等农作物生长，是咸宁市农业产业化建设重点乡镇。全镇农业以水稻种植为主，兼有生猪养殖和油茶种植。2014年，农业生产总值28000万元。全镇粮食播种面积2944公顷，总产14485吨，每公顷单产4920公斤；油料播种面积357公顷，总产377吨；生猪出栏13.1万头；其他经济作物面积1325公顷，总产2981吨；农村经济总收入2.94亿元，年人均纯收入12000元。牌合村与湖北玉立集团创办第一个绿色农业合作社，形成“农工贸一体化、产加销一条龙”的农业产业化龙头企业。牌合玉立农产品专业合作社，是鄂南地区第一家集生猪饲料、养殖、屠宰、加工、销售为一体的农民专业合作社，被认定为“湖北省农业产业化省级重点龙头企业”“湖北省工农业旅游示范点”。石南镇矿产资源丰富，镇域内有大理石、石英石、云母等矿藏。尤其是大理石质地坚硬，表面光滑，是生产加工中高档建筑材料的上乘原料。其中大理石主要分布在赛公、社区、仙姑、牌合一带，地质储量3000万吨。石南镇自然条件优越，是通城县的工业重镇之一，镇内工业以石材、药业为主。2014年，全镇工业企业89个，工业总产值77000万元；其中规模以上企业5个，个体工商户786户，从业人员共1120人；主要工业门类有中成制药、涂附磨具、石材等，主要工业产品有金刚藤、砂带、石材工艺品等，主要企业有湖北省玉立犀利砂带有限公司、湖北省福人药业有限公司。石南镇传统文化底蕴深厚，有省级生态文明乡镇之称。传统艺术形式有泥塑泥雕艺术、提琴戏、拍打舞等，艺术团体有花亭提琴戏剧团、赛公锣鼓队、镇机关舞龙队等；拍打舞于2011年获国家级金奖，2011年石南机关龙队参加银山广场庆典，获一等奖；有12个文化活动场所、12个农家书屋，石南赛公村的“赛锣赛亮”已申请省级非物质文化遗产。

插图 12　石南集镇(黎逢山　摄)

石南镇境内有西东流向的北港河，南北流向的左港河、花亭河，三河分别流经镇域注入铁柱港。石南镇交通方便，G353 国道和杭瑞、武深高速公路穿境而过，镇域设有高速公路桃林进出口，往东 10 千米到达县城与 106 国道会合，距武汉、岳阳、南昌等大中城市均在 200 千米以内。境内有县道 10 千米，乡镇道 20 千米，通村公路 380 千米，可通 98%的自然村，村组公路硬化里程 268 千米，硬化率达 70.52%。有桥梁 36 座，有咸宁市第一条村级公路樊牌公路，实现了组组通公路。镇域内有全国知名中医医师、湖北省中医学院教授熊魁梧(1925—1984)；福人药业集团创始人、为家乡建设事业作出重大贡献的吴石平(1949—2007)；2014 年任海南航海学院院长的黎冬楼；曾任北京铁道工程机电技术研究所所长、长年坚持为家乡建设及扶贫济困作出重大贡献的黎英豪(又名黎逢训)等。

表 8　**石南镇 2014 年 20 户以下村庄基本情况一览表**

村庄名称	地理位置	名称由来	形成时间	户数人口
樊家	石南社区西部，距居委会驻地 700 米	以最早迁入的居民姓氏命名	清代	16 户 40 人
伞铺	石南社区西部，距居委会驻地 1.2 千米	以村庄形成初期房屋用途命名	清代	4 户 20 人
上祠庙	石南社区西部，距居委会驻地 1 千米	以村庄附近的庙宇名命名	清代	7 户 60 人
株树脚	石南社区西部，距居委会驻地 900 米	因住宅建于一棵大株树下而得名	清代	6 户 30 人
麻坡	柏树村东部，距村委会驻地 1 千米	以村庄所在的山坡名命名	清代	16 户 70 人
窑塝上	柏树村东部，距村委会驻地 1 千米	以村庄所在的山坡名命名	清代	12 户 60 人
蔡家咀	樊店村西南部，距村委会驻地 500 米	以最早迁入的居民姓氏和地形命名	明代	19 户 80 人
达元屋	樊店村东部，距村委会驻地 1 千米	以最早迁入的居民名字命名	清代	15 户 70 人
大路黄家	樊店村东部，距村委会驻地 1.4 千米	因村庄处大路旁综合居民姓氏而得名	明代	18 户 60 人
丹三屋	樊店村东南部，距村委会驻地 1.7 千米	以最早迁入的居民名字命名	清代	16 户 60 人
黄家老屋	樊店村东南部，距村委会驻地 1.2 千米	因此村庄为当地黄家一脉祖居地而得名	明代	12 户 60 人
黄泥坪	樊店村北部，距村委会驻地 1 千米	以村庄所在的地形名命名	1980	15 户 60 人
江淮屋	樊店村西南部，距村委会驻地 700 米	以最早迁入的居民名字命名	清代	11 户 60 人
鲁家塘	樊店村北部，距村委会驻地 1.3 千米	以村庄旁的池塘名命名	明代	13 户 40 人
蟹形	樊店村东北部，距村委会驻地 1.5 千米	以村庄所在的地形名命名	清代	10 户 30 人

续表

村庄名称	地理位置	名称由来	形成时间	户数人口
新嘉馍屋	樊店村南部，距村委会驻地 1.3 千米	因住宅为新建房屋综合原居名而得名	清代	11 户 40 人
章家垅	樊店村南部，距村委会驻地 700 米	以最早迁入的居民姓氏和地形命名	清代	13 户 60 人
周家	樊店村东北部，距村委会驻地 1.4 千米	以最早迁入的居民姓氏命名	清代	18 户 60 人
白石岭	虎岩村西部，距村委会驻地 2.5 千米	以村庄附近的山岭名命名	清代	2 户 10 人
横冲	虎岩村西部，距村委会驻地 2.5 千米	以村庄附近的山沟名命名	清代	12 户 40 人
李家坑	虎岩村西部，距村委会驻地 2.6 千米	以最早迁入的居民姓氏和地形命名	清代	15 户 50 人
刘家畈	虎岩村东部，距村委会驻地 100 米	以最早迁入的居民姓氏和地形命名	明代	18 户 80 人
桃树冲	虎岩村东部，距村委会驻地 500 米	以村庄所在的山沟名命名	1999	10 户 30 人
邹家庙	虎岩村西南部，距村委会驻地 2 千米	以村庄所在附近的庙宇名命名	1980	14 户 50 人
黄泥塘	花亭村北部，距村委会驻地 500 米	以村庄附近的池塘名命名	明代	16 户 80 人
李千万	花亭村南部，距村委会驻地 2.2 千米	以最早迁入的居民姓氏和财富量命名	清代	16 户 70 人
沙坪新村	花亭村南部，距村委会驻地 1.6 千米	以村庄所在地形名和住宅形式命名	2002	16 户 60 人
石背	花亭村西部，距村委会驻地 900 米	以最早迁入的居民姓氏综合位置命名	明代	14 户 70 人
石背对门屋	花亭村南部，距村委会驻地 600 米	因村庄与石背屋相向而得名	1983	8 户 40 人
汤家	花亭村北部，距村委会驻地 1.5 千米	以最早迁入的居民姓氏命名	清代	13 户 60 人
新屋	花亭村西部，距村委会驻地 300 米	因住宅为新建房屋而得名	民国时期	9 户 40 人
杨家	花亭村北部，距村委会驻地 800 米	以最早迁入的居民姓氏命名	清代	18 户 70 人
杨家边	花亭村东部，距村委会驻地 300 米	因村庄位于杨姓村庄的旁边而得名	清代	8 户 40 人
杨家楼	花亭村东部，距村委会驻地 600 米	以最早迁入的居民姓氏和房屋结构命名	清代	5 户 20 人
窑咀	花亭村南部，距村委会驻地 2.5 千米	以村庄附近的山咀名命名	清代	6 户 30 人
国良屋	梅港村南部，距村委会驻地 1.5 千米	以最早迁入的居民名字命名	明代	18 户 70 人
蒋家塝大屋	梅港村东部，距村委会驻地 700 米	以最早迁入的居民姓氏和房屋规模命名	明代	16 户 50 人
蒋家塝老屋	梅港村北部，距村委会驻地 500 米	因此村庄为当地蒋姓始祖居住地而得名	元代	17 户 60 人
蒋家塝上屋	梅港村东部，距村委会驻地 300 米	因下方有同名的村庄而得名	宋代	16 户 50 人
锣鼓坡	梅港村西部，距村委会驻地 1.5 千米	以村庄所在山坡名命名	清代	11 户 50 人
沙塘坡	梅港村东部，距村委会驻地 900 米	以村庄所在山坡名命名	清代	16 户 40 人
上屋场	梅港村东部，距村委会驻地 1.2 千米	因住宅呈高高在上之势而得名	清代	11 户 50 人
石背口	梅港村东部，距村委会驻地 1.2 千米	因住宅处龟蛇山岭的入口处而得名	明代	13 户 40 人
下背屋	梅港村南部，距村委会驻地 1.4 千米	因住宅处新黄家背后下方得名	清代	15 户 50 人
边凉亭	牌合村西南部，距村委会驻地 600 米	以村庄附近的凉亭名命名	清代	13 户 60 人
敞路屋	牌合村西北部，距村委会驻地 2.3 千米	因村庄处宽敞的大路旁而得名	清代	15 户 60 人
二房屋	牌合村东部，距村委会驻地 500 米	以最早迁入居民的排行命名	清代	10 户 30 人
粉铺	牌合村南部，距村委会驻地 2 千米	以村庄形成初房屋用途命名	清代	18 户 80 人
儒聘屋	牌合村南部，距村委会驻地 1.8 千米	以最早迁入的居民的名字命名	清代	18 户 80 人
圣昌屋	牌合村西部，距村委会驻地 1.8 千米	以最早迁入的居民的名字命名	清代	10 户 40 人
石林屋	牌合村东北部，距村委会驻地 1 千米	以最早迁入的居民的名字命名	清代	19 户 70 人
油榨铺	牌合村南部，距村委会驻地 1.5 千米	以村庄形成初房屋用途命名	明代	10 户 40 人

续表

村庄名称	地理位置	名称由来	形成时间	户数人口
大坡	石马村东北部，距村委会驻地 1.5 千米	因村庄处较大的山坡上而得名	清代	3 户 20 人
大塘角	石马村西北部，距村委会驻地 500 米	因村庄处一口大池塘的一角而得名	清代	7 户 30 人
方家塘	石马村东部，距村委会驻地 1 千米	以最早迁入的居民姓氏和水利设施命名	民国时期	9 户 30 人
高志冲	石马村北部，距村委会驻地 1.5 千米	以村庄所在的山沟名命名	清代	18 户 70 人
胡堂	石马村北部，距村委会驻地 2.4 千米	以最早迁入的居民姓氏命名	清代	11 户 50 人
老虎冲	石马村东北部，距村委会驻地 1.5 千米	以村庄所在的山沟名命名	1920	9 户 30 人
六房坳	石马村北部，距村委会驻地 1.5 千米	以最早迁入的居民的排行和地形命名	清代	15 户 50 人
罗甲田	石马村中部，距村委会驻地 400 米	以村庄地基所在的田块名命名	清代	14 户 60 人
漂屋	石马村南部，距村委会驻地 500 米	因村庄形成初所做的茅草屋被洪水冲走而得名	清代	8 户 50 人
勤山塆	石马村西北部，距村委会驻地 1.5 千米	因居民因穷转富综合地形得名	清代	12 户 70 人
山坡王家	石马村北部，距村委会驻地 3 千米	因村庄所在山坡综合居民姓氏而得名	明代	8 户 40 人
上宝田	石马村北部，距村委会驻地 3.2 千米	所在地土质肥综合位置而得名	民国时期	6 户 30 人
上马卢家	石马村东北部，距村委会驻地 1.5 千米	以村庄处石马地片上部并综合居民姓氏命名	明代	19 户 80 人
上屋余家	石马村北部，距村委会驻地 2.5 千米	因处另一村庄的上方并综合居民姓氏而得名	清代	14 户 50 人
石坳沟	石马村西部，距村委会驻地 500 米	以村庄所在的山沟名命名	清代	13 户 50 人
下堡园	石马村东北部，距村委会驻地 1.8 千米	因村庄处一片竹园下方而得名	清代	8 户 30 人
协元屋	石马村南部，距村委会驻地 400 米	以最早迁入的居民的名字命名	清代	19 户 110 人
新屋	石马村东北部，距村委会驻地 1.8 千米	因住宅是新建房屋而得名	清代	6 户 20 人
邹家塝	石马村中部，距村委会驻地 1.8 千米	以最早迁入的居民的姓氏和地形命名	清代	11 户 40 人
挂水蛇	仙姑村东南部，距村委会驻地 1.2 千米	以村庄所在地形名命名	清代	13 户 50 人
老屋胡家	仙姑村东部，距村委会驻地 1 千米	因村庄为当地胡姓一脉的始居而得名	宋代	11 户 50 人
麻石咀	仙姑村南部，距村委会驻地 100 米	以村庄附近的山咀名命名	清代	19 户 100 人
仙姑山	仙姑村西部，距村委会驻地 1.2 千米	以村庄后方的山岭名命名	明代	19 户 110 人
坳背	杨山村西南部，距村委会驻地 1.8 千米	因村庄处山坳的侧面而得名	清代	19 户 80 人
白石寺	杨山村东部，距村委会驻地 800 米	以村庄附近的寺宇名命名	1952	7 户 40 人
畈上	杨山村西部，距村委会驻地 1.4 千米	因村庄处平畈上而得名	清代	17 户 60 人
黄土坳	杨山村南部，距村委会驻地 1.4 千米	以村庄所在的山坳名命名	清代	18 户 90 人
礼门峦	杨山村西部，距村委会驻地 1.2 千米	因村庄处祠堂所设迎宾礼门处综合近处有树林而得名	清代	2 户 12 人
目鱼峦	杨山村北部，距村委会驻地 500 米	以村庄附近的树林名命名	清代	3 户 20 人
秋塘屋	杨山村南部，距村委会驻地 1.7 千米	以村庄附近的池塘名命名	明代	19 户 70 人
桐子坡	杨山村西南部，距村委会驻地 2.3 千米	因村庄处长有桐树的山坡上而得名	清代	7 户 30 人
土地坡	杨山村南部，距村委会驻地 3 千米	因村庄处立有土地庙的山坡上而得名	民国时期	11 户 50 人
晏家	杨山村北部，距村委会驻地 1.3 千米	以最早迁入居民的姓氏命名	中华人民共和国成立后	9 户 40 人
扬谷场	杨山村西部，距村委会驻地 1.4 千米	因村庄所在地系旧时扬谷处而得名	清代	16 户 60 人

第二节　石南社区及所属聚落

【石南社区】　石南镇政府驻地，社区居委会驻地三甲祠，距县城 11 千米。东接赛公村，南邻赛公村、杨山村，西连仙姑村，北接柏树村、石马村，辖区总面积 2.24 平方千米。因域内有古桥名石南桥而得社区名。1950 年，分属石岭乡石南村、仙姑乡观音村；1958 年，石南、观音村分别更名为石南、东方红大队，属崇阳县北港(英雄)人民公社石南管理区；1961 恢复区镇建制，属通城县北港区石南人民公社；1975 年撤区并社，属石南公社；1982 年，石南大队未变动，东方红大队改为观音堤大队；1984 年设区建乡，石南大队变更为石南村，观音堤大队变更为观音堤村，属北港区石南乡；1987 年撤区并乡镇，石南、观音堤村各划一部分合并为石南居民委员会，属石南镇；2004 年更名为石南社区。下辖 12 个村民小组，有 11 个农村居民点。左港河、虎岩河、和尚港在境内汇合注入铁柱港，有“三港合金风水宝地”之称。G353 国道穿境而过，社区距杭瑞高速进出口公路距离 5 千米，居民点全部通公路。集镇内福人大道、南大路、商业街、杨山路、文化路、光明路、柏树路、文苑路、沿河路、石南路有序布局；域内驻有镇人民政府、湖北福人药业股份有限公司等 22 家行政企事业单位。辖区内有石南大桥、双拱桥、石南新桥、福人一、二桥、石南镇文化广场、基督教石南中心堂、珠树坳灵官庙等。社区分为石南桥、观音堤两大地片，居民主要姓氏有吴、胡、黎、李、袁、孙、熊等。2014 年新建社区办公楼，占地面积 423 平方米，建筑面积 728 平方米，设有便民服务厅，另建有社区卫生室。2014 年，有居民 487 户 1480 人。耕地 58.4 公顷，山地 73.9 公顷，水田 24.1 公顷。居民以种植水稻、蔬菜为主，兼养猪、养鱼，来源主要为石材加工、经商、运输、务农、务工，年人均纯收入 11800 元。

石南桥地片　属石南镇石南社区，位于石南社区东南部，为石南中心集镇的组成部分。东与赛公村接壤，南邻赛公、仙姑村，西连观音堤地片，北界和尚港、石马村，总面积 1.14 平方千米。因域内有居民点名石南桥而得地片名。下辖 4 个居民点，驻有石南镇人民政府、湖北省福人药业股份有限公司等 15 家单位，有石南镇文化广场、石南桥、石南新桥、福人一、二桥、福人大道等建筑。G353 国道穿境而过，村域距杭瑞高速进出口 5 千米，居民点全部通公路。2014 年，有居民 630 户 3120 人，耕地 27.7 公顷、山林 35.2 公顷。

观音堤地片　属石南镇石南社区，中心集镇的组成部分，石南社区居委会驻域内居民点三甲祠。东连石南桥地片，南、西接仙姑村，北邻柏树村、石马村，总面积 1.1 平方千米。有 7 个居民点，因域内有居民点名观音堤而得地片名。域内驻有财政所等 5 个单位。G353 国道穿境而过，村域距杭瑞高速进出口 5 千米，居民点全部通公路。2014 年，有居民 538 户 2600 人，耕地 30.7 公顷，山林 38.7 公顷，水面面积 10 公顷。

观音堤　属石南镇石南社区，位于石南社区西北部，距社区驻地三甲祠 1.1 千米。东连烟竹背，南接三甲祠，西邻涌港、伞铺，北临庄前河。相传很早以前，有一白发老翁路过此地，口渴走至河边饮水，忽见一观音菩萨佛像被水冲到堤边，老者双手捡起，并供奉在河堤边的山神庙中，后世人叫此山神庙为观音堤。清代，李法鸿(1793—1815)迁观音堤附近建房定居，命村庄名为观音堤。2014 年，有居民 54 户 240 人，耕地 147 亩，山林 109 亩。

桥内　属石南镇石南社区，位于石南社区南部，距社区驻地三甲祠 800 米。东接田垅，南连石岭山，西邻赛公村独石湾，北临左港河。清代，吴及泗(1850—1881)在石岭山脚下建房定居，其住址在石南桥上方，故得名。2014 年，有居民 280 户 1100 人，耕地 147 亩，山林 140 亩。出生于该居民点的吴吾姓(1966—)，2014 年任湖北省咸宁市发改委副主任。

桥下　属石南镇石南社区，位于石南社区东北部，距社区驻地三甲祠 800 米。东接田垅，南邻石南桥，西连三甲祠，北界和尚港。清代，吴有文(1801—1859)从石山迁此建房定居。此地处石南桥上游，遂以桥的方位命村庄名为桥下。2014 年，形成 1.2 千米长的街道，驻有自来水厂、小太阳幼儿园、广电网络部。有居民 248 户 1060 人，耕地 76 亩，林地 101 亩。

三甲祠　属石南镇石南社区，为石南社区居委会驻地，为石南中心集镇的组成部分。东、南临虎岩河，西连烟竹背，北接观音堤，南大路穿境而过。明代，胡宜继(1567—1643)从江西迁此定居，在此修建祠堂，取名三甲祠。1950 年，充公被国家定为粮站，1993 年后，该居民点纳入集镇建设范围，樊、冯、陈、黎姓从烟竹背迁三甲祠定居，外来人员亦大量迁入。1957 年，粮店搬迁坪上，居民返迁。2014 年建成 900 米长街道，驻有石南电站、财政所、邮政所、电信、中心小学、教堂，有光明路、文苑路、柏树路、粮道街，有居民 408 户 1260 人，耕地 98 亩，山林 30 亩。

石南桥　属石南镇石南社区，位于石南社区南部，距社区驻地三甲祠 400 米，为石南镇人民政府驻地。东、南临左港河，西邻赛公村独石湾、仙姑村挂水蛇，北临虎岩河。古代，此地有桥叫晏家桥，是通城经花亭、卡子口、左港通往湖南岳阳的要道。明代，吴章(1581—1649)由江西樟树迁桥旁定居，以桥名命村庄名。后有胡、黎姓迁入。清代，吴石潭(1663—1751)为首重修此桥，命名石潭桥，后被喊别成石南桥。又传，此桥北方有座山叫石岭山，以山为方位，故名石南桥。2014 年，有居民 560 户 1800 人，耕地 89 亩，山林 48 亩。出生于该居民点的各界代表性人物有：吴中台(1938—　)，曾任中央广播电台副台长；吴石平(1949—2007)，曾为湖北福人药业股份有限公司董事长，湖北省政协委员、人大代表。

田垅　属石南镇石南社区，位于石南社区东部，距社区驻地三甲祠 1.2 千米。东接赛公村，南连桥内，西邻石南桥，北界桥下。此地处山沟，又因沟内有稻田，故称田垅。清代，吴及怡(1810—1860)在垅内建房定居，以垅名命村庄名。2014 年，有居民 41 户 210 人，耕地 125 亩，山林 115 亩。

烟竹背　属石南镇石南社区，位于石南社区西部，距社区驻地三甲祠 800 米。东连樊家，南临虎岩河，西邻株树脚，北接观音堤。明代，胡斌(1467—1537)在此定居。因此地门前小港上有陂，河堤上烟竹丛林，故命村庄名为烟竹陂。后人将“陂”字喊别成“背”字。2014 年，有居民 26 户 120 人，耕地 96 亩，山林 165 亩。出生于该居民点的各界代表性人物有：熊魁梧(1925—1984)，著名中医医师，湖北省中医学院教授；胡拾连(1926—1987)，曾任上海市国棉总厂厂长兼党委书记；熊震(1977—　)2014 年任湖北省咸宁市人民法院副院长。

第三节　柏树村及所属聚落

【柏树村】　石南镇辖村，位于石南镇北部，村委会驻地斑迹坳，距石南中心集镇约 3 千米。东接大坪乡达风村，南连石马村，西毗仙姑村，北靠大坪乡来苏村，辖区面积约 3.5 平方千米。因域内有地片名柏树而得村名。1950 年，属石岭乡；1958 年人民公社化，属崇阳县北港(英雄)人民公社石南(岭)管理区石马一、三大队；1961 年恢复区镇建制，属通城县北港区石南公社石马一、三大队；1971 年，石马一、三大队合并为立新大队，属北港区墨烟公社；1975 年撤区并社，属墨烟公社立新大队；1981 年，立新大队分设为土坳、柏树大队；1984 年设区建乡，柏树、土坳大队更名为柏树、土坳村，属北港区石南乡；1987 年区、乡体制改革，属石南镇土坳、柏树村；2004 年，土坳、柏树村合并为柏树村。下辖 21 个村民小组，有 18 个居民点。有柏树、土坳村级公路、五甲桥、马鞍山六命大王庙等。村民有胡、张、黎、余、吴、李、石、刘、樊、涂、韩、谢、邓等姓，以胡、张、黎姓为主。2014 年，新建村委会办公楼，占地面积 500 平方米，建筑面积 130 平方米。设有便民服务厅等，另建有村卫生室。距 G353 国道、杭瑞和武深高速进出口公路里程分别为 4 千米、8 千米、8 千米，居民点全部通公路。2014 年，有村民 493 户 2224 人，有耕地 85.5 公顷，山林 160.5 公顷。村民以种植水稻、蔬菜、红薯、油菜、花生为主，兼养猪、养鱼，经济来源主要为务农、务工、经商，年人均纯收入 9500 元。

柏树地片　属石南镇柏树村，位于柏树村东北部，距石南镇中心集镇 3 千米。东接张家新屋，西邻斑迹坳，南连麻坡，北靠胡家垅。因域内有居民点名柏树张家而得地片名。下辖 14 个村民小组，有 11 个居民点。距 G353 国道、杭瑞和武深高速进出口公路里程分别为 5 千米、9 千米、9 千米，居民点全部通公路。2014 年，有居民 272 户 1270 人，耕地 63.8 公顷，山林 85.1 公顷。

土坳地片　属石南镇柏树村，位于柏树村西南部，距石南中心集镇 1 千米。东接荫屋场，西邻高家屋，南连段楼，北靠陈家。因域内有居民点名土坳黎家而得地片名。下辖 7 个村民小组，有 7 个居民点。距 G353 国道、杭瑞和武深高速进出口公路里程分别为 2 千米、3 千米、6 千米，居民点全部通公路。2014 年，有居民 221 户 940 人，耕地 58 公顷，山林 75.3 公顷。

柏树张家　属石南镇柏树村，位于柏树村东部，距村委会驻地斑迹坳 2 千米。东接张家新屋，西邻土坳黎家，南连谢家，北靠张家老屋。明代，张鹏(1467—1542)从张家老屋来此建房定居，因住宅旁有一棵大柏树，以其姓氏及树名综合命村庄名为柏树张家。2014 年，有居民 34 户 170 人，耕地 99 亩，山林 130 亩。

斑迹坳　属石南镇柏树村，为柏树村委会驻地，距石南中心集镇 3 千米。东接栎坡，西邻荫屋场，南连石马村胡塘，北靠大坪乡杨梅塘。此地为山岭分水处，土壤为死结黄土，天晴土地裂缝呈斑块，下雨黄泥成浆，从黄泥中走出来后一步一个足迹，故称。因通城方言中的“迹”与“甲”同音，故常写成“斑甲坳”。清代，胡允德(1725—1790)在此定居，以山坳名命村庄名。2014 年，有居民 17 户 70 人，耕地 71 亩，山林 77 亩。

段楼　属石南镇柏树村，位于柏树村西部，距村委会驻地斑迹坳 2 千米。东接荫屋场，西邻观音堤，南连下余家，北靠高家屋。古代，此地为段姓的居住地，屋顶上修有犁楼，故名。后段姓外迁，胡琮陈(1640—1703)在此建房定居，仍用原村庄名。2014 年，有居民 38 户 170 人，耕地 155 亩，山林 160 亩。

高家屋　属石南镇柏树村，位于柏树村西部，距村委会驻地斑迹坳 2 千米。东接荫屋场，西邻五甲祠堂，南连段楼，北靠十房。古时，这一带是高姓人的土地，建有看管土地的庄屋，故称。清代，胡丹宇(1723—1808)在此建房定居，仍用原村庄名。2014 年，有居民 24 户 90 人，耕地 97 亩，山林 100 亩。

胡家垅　属石南镇柏树村，位于柏树村东北部，距村委会驻地斑迹坳 1.2 千米。东接张家老屋，西邻戈曲屋，南连垚塝上，北靠曾家。清代，胡正必(1725—?)在此建房定居，因住宅处山沟内，故依其姓氏综合地形命村庄名。2014 年，有居民 23 户 100 人，有耕地 63 亩，山林 100 亩。

虎形　属石南镇柏树村，位于柏树村东部，距村委会驻地斑迹坳 2 千米。东接达凤村余家坡，西邻土坳黎家，南连高脚冲，北靠柏树张家。清代，余元善(1635—1693)在此处建房定居，因住宅对面有一山名虎形山，故以山名命村庄名。2014 年，有居民 25 户 120 人，有耕地 110 亩，山林 150 亩。

黎家老屋　属石南镇柏树村，位于柏树村东部，距村委会驻地斑迹坳 1.2 千米。东接土坳黎家，西邻窑塝上，南连麻坡，北靠胡家垅。清代，黎兴祥(1770—1819)在此地建房定居，依其姓氏命村庄名为黎家。后因其子孙有分迁外处者，故改称其为黎家老屋。2014 年，有居民 32 户 160 人，有耕地 112 亩，山林 130 亩。出生于该居民点的黎幼龙，2014 年任湖北省食品药品监督管理局副巡视员。

十房　属石南镇柏树村，位于柏树村西部，距村委会驻地斑迹坳 2 千米。东接陈家，西邻郭塘，南连高家屋，北靠松树咀。清代，胡克同(1876—?)在此建房定居，以其排行命村庄名。2014 年，有居民 27 户 110 人，耕地 87 亩，山林 110 亩。

土坳黎家　属石南镇柏树村，位于柏树村东部，距村委会驻地斑迹坳 1.5 千米。东接柏树张家，西邻五房屋，南连虎形，北靠张家老屋。此地有山岭分水处，又因土质肥厚，故称土坳。清代，黎兴煌(1773—1825)在山坳旁建房定居，以山坳名命村庄名。2014 年，有居民 24 户 120 人，有耕地 74 亩，山林 160 亩。

土坳余家　属石南镇柏树村，位于柏树村西部，距村委会驻地斑迹坳 500 米。东接斑迹坳，西邻王家庄，南连荫屋场，北靠叶家坪。此地为山岭分水岭，元代，余友林(1259—1318)自万库里迁山坳旁建房定居，故得名。2014 年，有居民 35 户 160 人，有耕地 173 亩，山林 210 亩。

王家庄　属石南镇柏树村，位于柏树村西北部，距村委会驻地斑迹坳 2 千米。东接土坳余家，西邻戴家坳，南连十房，北靠叶家坪。古代，此地是王姓的土地，建有看管土地的庄屋，故称。清代，胡昌益(1844—1889)在此建房定居，仍用原村庄名。2014 年，有居民 28 户 100 人，耕地 118 亩，山林 180 亩。

下屋余家　属石南镇柏树村，位于柏树村西部，距村委会驻地斑迹坳 2 千米。东接上余家，西邻观音堤，南连古厨屋，北靠段楼。清代，余世发(1736—1805)在此地建房定居，因其弟居上余家老屋，故命村庄名为下屋余家。2014 年，有居民 46 户 180 人，耕地 129 亩，山林 170 亩。

荫屋场　属石南镇柏树村，位于柏树村西部，距村委会驻地斑迹坳 400 米。东接斑迹坳，西邻高家屋，南连石马村胡塘，北靠土坳余家。清代，胡极隆(1785—?)在此建房定居，因住宅四周树木茂盛，土地被树叶遮蔽成荫，显得阴暗，故得名。因“荫”与“阴”同音，人们多写成“阴”。2014 年，有居民 26 户 110 人，耕地 113 亩，山林 200 亩。

油榨张家　属石南镇柏树村，位于柏树村东部，距村委会驻地斑迹坳 2 千米。东接柏树张家，西邻胡家垅，南连土坳黎家，北靠来苏村曾家。明景泰年间，高安县后坊堡张琏堂长子张迁青来此建房定居，因其为当地张姓始祖，后人又称其为张家老屋。后来，张姓在此办起了榨油坊，又改称油榨张家。2014 年，有居民 30 户 140 人，有耕地 123 亩，山林 120 亩。

张家新屋　属石南镇柏树村，位于柏树村东部，距村委会驻地斑迹坳 2.5 千米。东接达凤村水滴垅，西邻柏树张家，南连达凤村余家坡，北靠达凤村石井铺。明代，张凰(1458—1529)从张家老屋来此新建房屋定居，故得名。2014 年，有居民 29 户 120 人，有耕地 99 亩，山林 126 亩。

栎坡　属石南镇柏树村，位于柏树村东部，距村委会驻地斑迹坳 500 米。东接垚塝上，西邻斑迹坳，南连上宝莲，北靠杭瑞高速公路。明代，晏仿筹(1516—1581)在此建房定居，因住宅处为长有很多栎树的山坡，遂命村庄名为栎坡。2014 年，有居民 30 户 120 人，有耕地 109 亩，山林 150 亩。

第四节　樊店村及所属聚落

【樊店村】　石南镇辖村，位于石南镇东部，村委会驻地樊家店，距石南中心集镇约 4 千米。东与大坪乡青山村毗邻，南与柳峦村、牌合村相连，西与梅港村相接，北靠大坪乡下畈村，辖区面积约 4.8 平方千米，因域内有地片名樊家店而得村名。1950 年，属通城县青樊、马牌乡；1958 年，设樊店、马畈、青叶大队，属崇阳县北港(英雄)人民公社石南(岭)管理区；1961 年，属通城县城关区樊店公社；1975 年，属石南公社；1984 年，樊店大队更名为樊店村，马畈大队更名为马畈村，青叶大队更名为青叶村，属银城区樊店乡；1987 年，属石南镇；2004 年，樊店与马畈、青叶村合并为樊店村。下辖 28 个村民小组，有 38 个农村居民点。有通界高速通城西出口收费站及加油站、道班，周家水库、七岭水库、左港水库东干渠樊店段、樊启国豪猪养殖基地、鸣山家庭农场、学校、通城宏昌医用氧供应站、黄庭坚纪念馆、岳王庙、六明庙、唐皇庙、基督教樊美教会感恩堂等。村民有樊、黎、李、胡、吴、邱、袁、潘、黄等姓，以黎、樊姓为主。2006 年村委会建办公楼，占地面积 1200 平方米，建筑面积 380 平方米。G353 国道和武深、杭瑞高速公路穿越村域，域内有高速公路进出口，居民点全部通公路。2014 年，有 868 户 3560 人，水田 157.2 公顷，旱地 39.5 公顷，山林 248 公顷。村民以种植水稻、蔬菜、红薯为主，兼营养猪、养鱼，主要靠务农、务工、经商为生，年人均纯收入 9200 元。

樊家店地片　属石南镇樊店村，位于樊店村西部，距石南集镇约 3.5 千米。东接新铺桥，西邻桥背，南连白屋场，北靠黄泥畈。古时，此地居民多姓邱，并开有店铺，名邱家店。后来樊姓人逐渐增多，遂更名为樊家店，并由此而得地片名。旧时此地是县境东部返往北港、临湘的要道，人们往返途中于村内歇息或成交生意，有杂货店数家。通(城)界(上)高速公路、樊(店)白(米)公路、樊(店)牌(合)公路、通(城)临(湘)、通(城)岳(阳)公路途经此地，公路边有多家商铺，成为樊店村主要商贸中心。下辖 11 个村民小组，有 13

个居民点。G353国道和武深、杭瑞高速公路穿越村域，域内有高速公路进出口，居民点全部通公路。2014年，有居民338户1340人，水田55.9公顷、旱地2.6公顷、山林54公顷。

马家畈地片　属石南镇樊店村，位于樊店村南部，距石南中心集镇3.5千米。东接嘉谟屋，西邻老登鳌屋，南连双港，北靠樊店村部。此地为一面积较大的平地，古时属马姓，故称，并由此而得地片名。下辖8个村民小组，有10个居民点。G353国道和武深、杭瑞高速公路穿越村域，居民点全部通公路。2014年，有居民260户1080人，水田42.1公顷，旱地5.7公顷，山林45.3公顷。

青叶畈地片　属石南镇樊店村，位于樊店村东部，距石南中心集镇4千米。东接水阁塘，西邻樊家店，南连石背邱家，北靠青山村孔家。此地为一面积较大的平地，又因畈内古时多长青叶树，故名青叶畈，并由此而得地片名。下辖9个村民小组，有15个居民点。G353国道和武深、杭瑞高速公路穿越村域，居民点全部通公路。2014年，有居民255户1150人，水田60.7公顷，旱地2.4公顷，山林63.3公顷。

白屋场　属石南镇樊店村，位于樊店村南部，距村委会驻地樊店700米。东接章家垅，西邻江淮屋，南连李家新农村，北靠樊家店。古时，此地是白姓人家的居住地，故名。明末，白家因病(疑为瘟疫)绝后。清代，黎明春(1716—1774)、明秋(1721—1787)从鼓楼屋迁此建房定居，仍用原名。2014年，有居民22户90人，水田46亩、旱地2.5亩、山林60亩。出生于该居民点的黎屏(1914—2000)，字喜来，号雄夫，陆军军官学校毕业，历任国民革命军陆军上校团长、云南省海关总站站长等职。

柏树屋　属石南镇樊店村，位于樊店村南部，距村委会驻地樊店1.4千米。东接谷龙山，西邻樊白公路，南连二南屋，北靠李家。明代，黎万卿(1506—1573)在此建房定居，因住宅后方生长有很多柏树而得村庄名。2014年，有居民27户100人，水田54亩、旱地1亩、山林10亩。出生该居民点的黎喜来(1943—　)，1959年参加工作，历任崇阳县人武部部长、党委书记，崇阳县委常委，县人大常委会主任、党组书记。

二南屋　属石南镇樊店村，位于樊店村西南部，距村委会驻地樊店1.8千米。东接玉立集团樊牌新城砂布厂，西邻中塘畈，南连牌合村，北靠柏树屋。古时，最早在此定居的人叫二南，故称。后有张姓迁入定居，改称张家楼。明代，原住居民为避战乱外迁，黎茂芳(1481—1533)由牌合土里树屋迁此建房定居，并仍用原村庄名。2014年，有居民38户160人，水田96亩，旱地3亩，山林100亩。

樊家大屋　属石南镇樊店村，位于樊店村东南部，距村委会驻地樊店100米。东接新铺桥，西邻桥背，南连章家垅，北靠铺上。明代，樊尚迪(1514—1589)从官桥迁此建房定居，所建房屋规模大，故以其姓氏综合住宅规模命村庄名为樊家大屋。2014年，有居民46户220人，水田130亩，旱地6亩，山林169亩。

谷龙山　属石南镇樊店村，位于樊店村南部，距村委会驻地樊店1.2千米。东接赵家坳，西邻李家，南连牌合村石廷屋，北靠章家垅。此地有小山蜿蜒，形状像小孩玩的草把龙(当地称草把龙灯为“谷龙”)，故名谷龙山。明代，黎少山(1531—1592)在山下造房定居，以山名命村庄名。2014年，有居民22户，70人，水田63亩、旱地4亩、山林108亩。

鼓楼冲新屋　属石南镇樊店村，位于樊店村东南部，距村委会驻地樊店1.2千米。东接石背邱家，西邻通界高速，南连赵家坳，北靠达元屋。此地为长形山沟，因冲内古时建有带鼓楼的住宅，故称鼓楼冲。20世纪初，黎景涟(1856—1939)从祖居鼓楼屋迁此处新建房，故得名。2014年，有居民28户130人，水田85亩、旱地4亩、山林100亩。

鼓楼屋　属石南镇樊店村，又名七屋场，位于樊店村南部，距村委会驻地樊店1.2千米。东临通界高速，西邻章家垅，南连谷龙山，北靠通界高速。清初，黎宗荣(1629—?)、黎宗华(1632—?)、黎宗富(1635—1690)、黎宗贵(1639—1698)、黎宗理(1641—?)、黎宗斌(1644—?)、黎宗湖(1647—1708)兄弟7人在此地建造相连在一起的七座房屋，中间造高耸鼓楼，故得名。2014年，有居民30户100人，水田92亩，旱地3.5亩，山林70亩。

胡家铺　属石南镇樊店村，位于樊店村北部，距村委会驻地樊店1.8千米。东接青山村孔家，西邻梅港港边，南连彭西塘，北靠梅港港边。明代，胡敬明(1463—1531)随父孟奎从樊家(乌桥)迁此定居并开店铺，故得名。2014 年，有居民 28 户 110 人，水田 85 亩，旱地 4 亩，山林 150 亩。

黄谷场　属石南镇樊店村，位于樊店村西南部，距村委会驻地樊店 1.3 千米。东接李家、新嘉馍屋，西邻范家冲，南连老登鳌屋，北靠江淮屋。古代，此地是黄姓居民的土地，建有看管土地的庄屋，名叫黄谷场。清代，黎禧道(1793—1824)从白屋场迁此地建房定居，仍用原村庄名。2014 年，有居民 30 户 130 人，水田 84 亩，旱地 4 亩，山林 150 亩。

黄家祠堂　属石南镇樊店村，位于樊店村东部，距村委会驻地樊店 1.2 千米。东接青山村水阁塘，西邻李家铺，南连亭子屋，北靠青山村漆家。明代，黄福四(1337—1402)自大路黄家迁此地建房定居。因住宅附近有黄姓祠堂，遂以祠堂名命村庄名。2014 年，有居民 22 户 100 人，水田 114 亩，旱地 3 亩，山林 80 亩。

黄泥畈　属石南镇樊店村，位于樊店村北部，距村委会驻地樊店 1 千米。东接青叶畈，西邻梅港村沙塘坡，南连桥背，北靠石背口。此地为一面积较大的平地，又因此地为黄泥土，故称其黄泥畈。明代，胡堂二(1481—1542)从梅港大屋迁此畈内建房定居，以畈名命村庄名。2014 年，有居民 20 户 90 人，水田 55 亩，旱地 3 亩，山林 60 亩。

老登鳌屋　属石南镇樊店村，位于樊店村西南部，距村委会驻地樊店 1.5 千米。东接下马坪，西邻梅港村新登鳌屋，南连中塘畈，北靠黄谷场。清代，黎登鳌(1711—1773)在此建房定居，依其名命村庄名。后其子孙外迁新做房屋，人们在原村庄名之前加“老”字称之，以示区别。2014 年，有居民 9 户 30 人，水田 19.5 亩，旱地 1 亩，山林 19.5 亩。

李家　属石南镇樊店村，位于樊店村南部，距村委会驻地樊店 1.2 千米。东接谷龙山，西邻黄谷场，南连新嘉馍屋，北靠白屋场。清代，黎嘉馍(1723—1819)在此造房定居，以其名命村庄名为嘉馍屋。后黎姓外迁，李姓在此造房定居，改称李家。2014 年，有居民 37 户 160 人，水田 91.5 亩，旱地 2.5 亩，山林 90 亩。

李家铺　属石南镇樊店村，位于樊店村东部，距村委会驻地樊店 800 米。东接黄家祠堂，西邻樊家店，南连达元屋，北靠青叶畈。古代，李姓在此定居并开店铺故名，后因战乱李姓外迁。清代，樊姓迁此定居，仍用原村庄名。2014 年，有居民 31 户 140 人，水田 105 亩，旱地 4 亩，山林 150 亩。

六明坳　属石南镇樊店村，位于樊店村西部，距村委会驻地樊店 500 米。东接樊店桥背，西邻梅港村贺家，南连范楼冲，北靠蒋家塝。此地为山岭分水处，一侧古有一座神庙供奉六明大王，故名六明坳。有俗语：“我是六明坳上土地，你想怎样就怎样。”此语指六明大王很随和，任人摆布。清初，黎应科(1607—1676)在山坳附近建房定居，以山坳名命村庄名。2014 年，有居民 28 户 120 人，水田 70 亩，旱地 3 亩，山林 80 亩。

彭西塘　属石南镇樊店村，位于樊店村北部，距村委会驻地樊店 1.3 千米。东接鲁家塘，西邻梅港港边，南连黄泥畈，北靠胡家铺。古时，此地为彭姓的土地，西部建有池塘，故得名。清代，胡启禄(1655—1718)在池塘旁建房定居，以池塘名命村庄名。2014 年，有居民 22 户 80 人，水田 59 亩，旱地 4 亩，山林 101 亩。

铺上　属石南镇樊店村，位于樊店村东部，距村委会驻地樊店 500 米。东接新铺桥，西邻桥背，南连樊家大屋，北靠黄泥畈。明代，樊尚科(1522—1594)在此建房定居并开店铺，故得名。2014 年，有居民 30 户 120 人，水田 58 亩，旱地 3 亩，山林 48 亩。

桥背　属石南镇樊店村，位于樊店村西部，距村委会驻地樊店 200 米。东接樊店村部，西邻六明坳，南连樊店学校，北靠黄泥畈。明代，樊常盛(1514—1548)在此建房定居，因住宅处樊店桥侧面，故命村庄名为桥背。2014 年，有居民 28 户 120 人，水田 70 亩，旱地 3 亩，山林 80 亩。

青叶屋　属石南镇樊店村，位于樊店村东部，距村委会驻地樊店 1.2 千米。东接青山村漆家，西邻黄泥畈，南连李家铺，北靠蟹家坡。清代，黎兴锋(1754—1841)在此建房定居。因住宅旁水田较多，且地势平坦，周边山岗生长有许多青叶树，故命村庄名为青叶屋。2014 年，有居民 20 户 70 人，水田 85 亩，旱地 2.5 亩，山林 100 亩。

少朴屋　属石南镇樊店村，位于樊店村南部，距村委会驻地樊店 1.5 千米。东接二南屋，西邻梅港村新登鳌屋，南连牌合村章家咀，北靠中塘畈。

明代，黎少朴(1475—1537)来此建房定居，以其名命村庄名。2014年，有居民27户110人，水田85亩，旱地4亩，山林150亩。出生该居民点的李根仁(1947—)，注册会计师，历任蒲纺集团总会计师、蒲纺集团总经理兼总会计师、副厅职调研员。

石背老屋　属石南镇樊店村，又名石背邱家，位于樊店村东南部，距村委会驻地樊店1.5千米。东接柳峦村长久屋，西邻通界高速，南连丹三屋，北靠达元屋。清代，邱位川(1758—1831)在此建房定居。因住宅后山的背面有一巨石块，故名。2014年，有居民22户60人，水田81亩，旱地3亩，山林100亩。

亭子屋　属石南镇樊店村，位于樊店村东部，距村委会驻地樊店1.3千米。东接鼓鸣山，西邻达元屋，南连石背邱家，北靠大路黄家。明初，黄升富(1355—1412)在此建造一座别致的亭子。后来，其子孙及胡、李姓居民在亭子旁建房定居，遂以亭子命村庄名。抗战时期，亭子被日本侵略者炸毁。2014年，有居民20户90人，水田52亩，旱地2.5亩，山林85亩。

下马坪　属石南镇樊店村，位于樊店村西南部，距村委会驻地樊店1.4千米。东接新嘉馍屋，西邻老登鳌屋，南连中塘畈，北靠黄谷场。此地为一面积较大的平地，古时，附近登鳌屋黎姓人家有人在外为官，进出在此上下马，故名下马坪。清代，黎兴禄(1751—1820)在此建房定居，以坪名命村庄名。2014年，有居民21户80人，水田42亩，旱地2亩，山林60亩。

新铺桥　属石南镇樊店村，位于樊店村东部，距村委会驻地樊店1千米。东接亭子屋，西邻鼓楼冲，南连柳峦村新塘屋，北靠李家铺。20世纪80年代，邱以洛、黄成龙两人率先在此建房定居。因此地处交通要道之处，附近有一座小桥，桥另一头原有李姓人开一间店铺，遂以“铺”“桥”组合成村庄名。2014年，有居民21户90人，水田65亩，旱地1亩，山林55亩。

赵家坳　属石南镇樊店村，位于樊店村东南部，距村委会驻地樊店2千米。东接柳峦村长久屋，西邻通界高速，南连通界高速，北靠丹三屋。此地为山岭分水处，古为赵姓人的土地，故名。清代，黎翠朝(1650—1720)在山坳旁建房定居，以坳名命村庄名。2014年，有居民24户90人，水田55亩，旱地2.5亩，山林70亩。

中塘畈　属石南镇樊店村，位于樊店村南部，距村委会驻地樊店1.4千米。东接二南屋，西邻梅港村新登鳌屋，南连少朴屋，北靠下马坪。此地处一面积较大的平地，中间有一口池塘，故得名。清初，黎力峨(1615—?)在畈内建房定居，以畈名命村庄名。2014年，有居民42户170人，水田51亩，旱地3亩，山林40亩。

第五节　虎岩村及所属聚落

【虎岩村】　石南镇辖村，位于石南镇西部，村委会驻地东里铺，距石南中心集镇3.5千米。东与仙姑村毗邻，南与花亭村交界，西与北港镇枫树村相连，北与北港镇横冲村接壤，辖区面积5.8平方千米。因域内有山名虎岩山而得村名。1950年，属丰衣乡；1958年，属崇阳县北港(英雄)人民公社丰衣管理区漂垅、虎岩大队；1961年恢复区镇建制，属通城县北港区丰衣公社漂垅、虎岩大队；1975年撤区并社，属石南公社漂垅、虎岩大队；1984年设区建乡，漂垅、虎岩大队变更为漂垅、虎岩村，属北港区石南乡；1987年撤区并乡镇，属石南镇漂垅、虎岩村；2004年，漂垅、虎岩村合并为虎岩村。下辖26个村民小组，有21个农村居民点。左港西干渠贯穿村域，村民有袁、胡、李、黎等姓，以袁姓为主。2007年新建村卫生室，占地面积1200平方米。2012年新建村委会办公楼，占地面积2000平方米，建筑面积500平方米，设有便民服务厅。距G353国道、杭瑞和武深高速进出口公路里程分别为5千米、5千米、5千米，居民点全部通公路。2014年，有居民695户3016人，水田120公顷，旱地42.3公顷，山林200公顷。村民以种植水稻、蔬菜、红薯为主，经济来源主要为务农、务工、经商，年人均纯收入9800元。

漂垅地片　属石南镇虎岩村，位于虎岩村南部，距石南中心集镇3.5千米。东与仙姑村毗邻，南与花亭村交界，西与北港枫树村相连，北与北港横冲村接壤。旧时，此地是花亭、杨山通往北港、湖南岳阳的必经之地。因域内有居民点漂垅而得地片名。下辖20个村民小组，有15个居民点。距G353国道、杭瑞和武深高速进出口公路里程分别为5千米、5千米、5千米，居民点全部通公路。2014年，有居民621户2780人；水田145.3公顷，旱地35公顷，山林136.7公顷。

虎岩地片　属石南镇虎岩村，位于虎岩村南部，距石南中心集镇4千米。东与花亭相邻，西与北港太平交界，南与湖南相师接壤，北与北港枫树村毗邻。旧时，此地是花亭、仙姑、漂垅通往湖南省岳阳的必经之地。因域内有山名虎岩山而地片名。下辖6个村民小组，有6个居民点。距G353国道、杭瑞和武深高速进出口公路里程分别为7千米、7千米、7千米，居民点全部通公路。2014年，有居民74户230人，水田8公顷，旱地7.7公顷，山林63.3公顷。

帝将屋　属石南镇虎岩村，位于虎岩村西南部，距村委会驻地东里铺200米。东接刘家畈，西邻康家岭，南连建楼袁家，北靠下马墩。古时，此地是夏姓居住地，名夏家，后夏姓迁往四川。清初，胡帝将由花亭石背迁居此地，更名为帝将屋。2014年，有居民31户150人，水田85亩，旱地30亩，山林100亩。

东里铺　属石南镇虎岩村，位于虎岩村东面，为村委会驻地。东接汤家畈，西邻村委会办公楼，南连沈家桥、刘家畈，北靠老谷坪。旧时，此地是白米、左港、五斗、花亭、沙坪等地通往北港、临湘的必经之地，有李、吴姓在此开了几家屠宰、杂货铺，因其位于虎岩垈楼袁家之东，故命名为东里铺。2014年，有居民50户200人，水田120亩，旱地30亩，山林70亩。

垈楼袁家　属石南镇虎岩村，位于虎岩村东部，距村委会驻地东里铺1千米。东接沈家桥，西邻横冲，南连沙坪，北靠帝降屋。古时，此地为陈姓居住地，因房屋主要位置建有垈楼，故称垈楼陈家。后来，袁姓因故外迁。清代，陈维恒(1828—1909)迁入定居，改称垈楼袁家。2014年，有居民124户670人，水田428亩，旱地88亩，山林450亩。

康家岭　属石南镇虎岩村，位于虎岩村西部，距村委会驻地东里铺2千米。东邻相师坳，西、南连虎岩水库，北靠破篾冲。此地有山岭，古时有康姓人居住，故得名。后康姓迁徙，袁昌马(1921—1986)迁入定居，仍用原村庄名。2014年，有居民24户80人，水田50亩，旱地40亩，山林200亩。

老谷坪　属石南镇虎岩村，位于虎岩村北部，距村委会驻地东里铺1.2千米。东接上漂垅，西邻李家，南连下马墩，北靠北港白沙坳。此地为较大面积的平地，又因古时盛产稻谷，故得名。古代为李姓居住地。后李姓外迁，胡四明(1919—1991)迁此修建房屋定居，仍用原村庄名。2014年，有居民20户80人，水田40亩，旱地20亩，山林80亩。

李家　属石南镇虎岩村，位于虎岩村西北部，距村委会驻地东里铺1.5千米。东接排楼屋，西邻张家，南连破庙冲，北靠北港横冲。清代，李正炫(1642—1687)于此定居，以其姓氏命村庄名。2014年，有居民44户300人，水田120亩，旱地40亩，山林150亩。

罗家塘　属石南镇虎岩村，位于虎岩村西南部，距村委会驻地东里铺1.2千米。东接帝将屋，西邻虎岩水库，南连建楼袁家上屋，北靠焦家湾。此地旧为罗姓土地，建有水塘，故得名。民国时期，李品三(1885—1954)在池塘附近建房定居，以塘名命村庄名。2014年，有居民30户120人，水田100亩，旱地30亩，山林300亩。

茅岭　属石南镇虎岩村，位于虎岩村西部，距村委会驻地东里铺2.5千米。东接罗家塘水库，西邻北港枫树村，南连横冲，北靠康家岭。此地有山岭，自古冬茅丛生而得名。清初，胡师敬(1631—?)在岭下建房定居，以岭名命村庄名。2014年，有居民21户60人，水田30亩，旱地30亩，山林250亩。

排楼屋　属石南镇虎岩村，位于虎岩村西北部，距村委会驻地东里铺900米。东接下马墩，西邻北港相师坳，南连桑园山，北靠老谷坪。民国时期，袁界成(1838—1923)率先在此定居。该居民点地基呈坡形，只能沿路一字形排列建房，故称排楼屋。2014年，有居民43户190人，水田97亩，旱地40亩，山林100亩。

破庙冲(又名破篾冲)　属石南镇虎岩村，位于虎岩村西北部，距村委会驻地东里铺1.5千米。东接下马墩，西邻相师坳，南连罗家塘，北靠李家。此地处山沟，山沟内古时有一座庙，因年代久远，庙宇破烂，故称破庙冲，有时误称为破篾冲。民国时期，吴玄丙(1838—1924)在此山冲内建房定居，以山冲名命村庄名。2014年，有居民24户90人，水田70亩，旱地30亩，山林120亩。

上漂垅　属石南镇虎岩村，位于虎岩村西北部，距村委会驻地东里铺1.5千米。东接仙姑山，西邻老谷平，南连仰山庙，北靠白沙坳。此地是一条山沟，古时地貌荒芜，每遇洪水泛滥，一片汪洋，故称漂垅。20世纪初，黎时英(1911—1943)迁山垅上部建房定居，以山垅名及方位综合命村庄名为上漂垅。2014年，有居民50户220人，水田100亩，旱地40亩，山林120亩。

沈家桥　属石南镇虎岩村，位于虎岩村东部，距村委会驻地东里铺500米。东接仰山庙，西邻垡楼袁家，南连花亭新屋，北靠刘家畈。古时，此地河上有石桥，沈姓居民定居于桥头，故名沈家桥。明末，沈姓因故迁徙。20世纪前期，胡玉堂(1896—1978)从花亭石背分居于此，仍用原村庄名。2014年，有居民33户180人，水田100亩，旱地30亩，山林60亩。

下马墩　属石南镇虎岩村，位于虎岩村北部，距村委会驻地东里铺面800米。东接下漂垅，西邻破庙冲，南连村委会，北靠老谷坪。此地旧时为通城去临湘、岳阳的必经之地，路旁有系马石，官宦豪富之人骑马、坐轿在此下马、下轿歇脚，将马系在墩旁，称其为下马墩。民国时期，袁新国(1912—1998)在此建房定居，命村庄名为下马墩。2014年，有居民42户180人，水田80亩，旱地31亩，山林90亩。出生于该居民点的黎逢才(1961—)，大学文化程度，2014年任重庆市武警支队团长。

下漂垅　属石南镇虎岩村，位于虎岩村东北部，距村委会驻地东里铺1.2千米。东接汤家畈，西邻吴家嘴，南连沈家桥，北靠上漂垅。清初，黎晓(1632—?)之父早逝，其母带着他乞讨维持生活，他从小立志，成年后兴家创业，成为大富豪，在此建一大住宅，因住宅位于上漂垅下方，故名。其母年轻守寡，贞节一生，朝廷为她立一贞节牌坊，“文化大革命”时被毁。2014年，有居民57户200人，水田160亩，旱地30亩，山林60亩。

张家　属石南镇虎岩村，位于虎岩村西北部，距村委会驻地东里铺1.8千米。东接排楼屋，西邻北港沙罗坡，南连破庙冲，北靠北港横冲。民国时期，张英(1889—1978)在此建房定居，以其姓氏命村庄名。2014年，有居民31户120人，水田90亩，旱地30亩，山林100亩。

第六节　花亭村及所属聚落

【花亭村】　石南镇辖村，位于石南镇南部，村委会驻地花凉亭，距石南中心集镇约3千米。东与杨山村毗邻，南与湖南省黄忠村接壤，西与虎岩村相连，北与仙姑村相连，辖区面积约5.8平方千米。因域内有地片名花亭而得村名。1950年属丰衣乡；1958年，设花亭大队、沙坪大队，属崇阳县北港(英雄)人民公社丰衣管理区；1961年，属通城县北港区丰衣公社花亭大队、沙坪大队；1975年撤区并社，属石南公社花亭大队、沙坪大队；1977年，沙坪大队并入花亭大队；1980年，沙坪大队又从花亭大队分出；1984年，花亭大队变更为花亭村，沙坪大队变更为沙坪村，属北港区石南乡；1987年，属石南镇花亭村、沙坪村；2002年，花亭与沙坪村合并为花亭村，属石南镇。下辖18个村民小组，有22个农村居民点。在与湖南交界处古有昭民关，有莱牛港水库、石灰山水库、左港西干渠，有花亭小学、花亭(英豪)幼儿园。村民有黎、胡、左、吴、李等姓，以黎、胡姓为主。2012年，将原花亭大队宾馆改建为村委会办公楼，设有医务室、便民服务大厅，共计占地面积3000平方米，建筑面积1200平方米。距G353国道、杭瑞高速进出口公路里程分别为10千米、7千米，居民点全部通公路。2014年，有农户476户2200人，水田93.1公顷，旱地32.5公顷，山林256.7公顷。村民以种植水稻、红薯为主，兼养猪、鱼、鸡、鸭等，经济来源主要为务农、务工、经商，年人均纯收入9700元。

插图13　花亭昭明关(刘亚敏　摄)

花亭地片　属石南镇花亭村，位于花亭村东部，为村委会驻地，距石南中心集镇2.5千米。东接杨山村，西邻虎岩漂垅村，南连沙坪片，北靠仙姑鲁塆村。古代，该地有一个凉亭，因凉亭周边花草丛生，故名花亭，并由此而得地片名。下辖9个村民小组，有12个居民点。距G353国道、杭瑞高速进出口公路里程分别为10千米、7千米，居民点全部通公路。2014年，有居民206户1000人，水田46.7公顷，旱地13.3公顷，山林70公顷。

沙坪地片　属石南镇花亭村，位于花亭村西部，距村委会驻地花凉亭约1千米。东接杨山村，西邻虎岩村，南连湖南黄忠村，北靠花亭片。因域内有居民点名沙坪而得地片名。下辖9个村民小组，有10个居民点。距G353国道、杭瑞高速进出口公路里程分别为10千米、7千米，居民点全部通公路。2014年，有居民270户1200人，水田46.4公顷，旱地19.2公顷，山林186.7公顷。

八房黎家　属石南镇花亭村，位于花亭村东北部，距村委会驻地花凉亭1千米。东接杨家地，西邻汤家畈，南连土地咀，北靠麻石咀。明代，黎万健(1498—1546)在此定居，以其姓氏及排行命村庄名。2014年，有居民35户140人，水田110亩，旱地25亩，山林130亩。

毕祥屋　属石南镇花亭村，位于花亭村南部，距村委会驻地花凉亭1.2千米。东接杨山村，西邻沙坪屋，南连南石屋，北靠石背屋。清代，黎毕祥(1716—1780)在此建房定居，以其名命村庄名。2014年，有居民54户230人，水田113亩、旱地35亩、山林150亩。

龚家坳　属石南镇花亭村，位于花亭村南部，距村委会驻地花凉亭200米。东接喜屋，西邻新屋港边，南连管水处管道，北靠花凉亭。此地为山岭分水岭，古时，有一龚姓人家在坳内定居，依其姓氏综合地形命村庄名。后来龚姓外迁，左喜阳(1810—1869)迁此居住，仍用原村庄名。2014年，有居民23户120人，水田75亩，旱地28亩，山林110亩。

横竹山　属石南镇花亭村，位于花亭村南部，距村委会驻地花亭2.2千米。东接石家咀，西邻吴家冲，南连湖南柏树坡，北靠南石屋。清初，黎应貌(1623—1676)在山下建房定居，不远处有一座呈南北向的长龙岭，岭上生长竹子，因住宅与山岭走向相反，故命村庄名为横竹山。2014年，有居民30户130人，水田70亩，旱地36亩，山林300亩。

花凉亭　属石南镇花亭村，位于花亭村北部，为村委会驻地，距石南中心集镇3千米。东、西邻袁家，南连新屋，北靠沈家桥。古时，此地建有一过路凉亭，凉亭周边地段花草丛生，故名。清代，黎弼朝(1704—1781)在凉亭附近建房定居，以凉亭名命村庄名。2014年，有居民41户200人，水田130亩，旱地35亩，山林135亩。

南石屋　属石南镇花亭村，位于花亭村南部，距村委会驻地花凉亭1.3千米。东接杨山村，西邻鸡形垅，南连里秋万，北靠屋背垅。明代，黎茂俊(1478—1526)之孙黎南团、黎石岩兄弟俩同时在此建房定居，取两人各一字命村庄名。2014 年，有居民 44 户 210 人，水田 102 亩，旱地 43 亩，山林 300 亩。

三和铺(又名沙坪屋、遇贤屋)　属石南镇花亭村，位于花亭村南部，距村委会驻地花凉亭 1.5 千米，东接毕祥屋，西邻屋背垅，南连坳背，北靠石背岭。清代，胡盛谷(1778—1834)等 3 人在此定居并开设 3 个小杂货铺，后合并为一铺，故命名为三和铺。后有黎姓迁入，因生意红火，店主长期在武汉进货，崇阳、沙坪客户纷纷来此购货，故又名此地为沙坪小点、沙坪屋。又因该店主为人正直，名气盛大，广交客户，故又称遇贤屋。2014 年，有居民 23 户 100 人，水田 91 亩，旱地 30 亩，山林 150 亩。

塘湖塆　属石南镇花亭村，位于花亭村北部，距村委会驻地花凉亭 1 千米。东接杨家，西邻八房黎，南连黄泥湾，北靠鲁万地域。此地为山体拐弯处，又因塆内有较大池塘似湖泊，故命塆名塘湖塆。清代，程家楼黎明镒(1654—1758)迁塆内定居，以塆名作村庄名。2014 年，有居民 18 户 100 人，水田 69 亩，旱地 24 亩，山林 80 亩。出生于该居民点的黎皇恩(1943—　)，1989 年被评为全国优秀教师。

吴家冲　属石南镇花亭村，位于花亭村南部，距村委会驻地花凉亭 2 千米。东接流水港，西邻北港和目冲，南连湖南边界，北靠坳背。此地为昭明关下方的长形山沟，因吴姓最早在冲内定居而得名。后吴姓迁出，胡朝宪(1494—?)迁入，仍用原村庄名。2014 年，有居民 34 户 140 人，水田 96 亩，旱地 33 亩，山林 350 亩。

下坳背　属石南镇花亭村，位于花亭村南部，距村委会驻地花亭 1.4 千米。东临门前村级公路，西邻虎岩村反背，南连吴家冲，北靠沙坪屋场。此地附近为山岭分水处，明代，胡朝简(1509—?)在山坳侧的下方建房定居，故命村庄名为下坳背。2014 年，有居民 30 户 100 人，水田 86 亩，旱地 34 亩，山林 360 亩。

下石家咀　属石南镇花亭村，位于花亭村南部，距村委会驻地花凉亭 1.6 千米。东接李千万，西邻彭家垅，南连冲取万，北靠南石屋大畈。此处为山体突出前端，明代，黎茂新(1448—1497)从坳上黎迁此定居，因住宅处上石咀下方，故命村庄名为下石咀。2014 年，有居民 26 户 120 人，水田 79 亩，旱地 28 亩，山林 245 亩。

第七节　梅港村及所属聚落

【梅港村】　石南镇辖村，位于石南镇东部，村委会驻地贺家桥，距石南中心集镇 2.5 千米。东连樊店村，西毗赛公村，南连牌合村，北邻大坪乡张漆村，辖区面积 5 平方千米。因域内有河流名梅港而得村名。1950 年，属通城县青樊乡；1958 年，设立梅港大队，属崇阳县北港(英雄)公社石南管理区；1961 年，属通城县城关区樊店公社；1975 年，梅港、马畈、樊店合并为樊店大队，属石南公社；1981 年，樊店大队分为樊店、马畈、梅港大队，属石南公社；1984 年梅港大队更名为梅港村，属银城区樊店乡；1987 年，樊店乡、石南镇合并为石南镇；2001 年石马、梅港、花仑、赛公村合并为石马村，属石南镇；2004 年，梅港、花仑合并为梅港村。下辖 19 个村民小组，有 24 个农村居民点。2013 年村委会新建办公楼，占地面积 4060 平方米，建筑面积 740 平方米。有耕地 97.9 公顷，山林 215.3 公顷。村民有胡、黎、吴、郭、樊、李、陈、黄姓，以胡、黎、吴姓为主。G353 国道穿村而过，距武深、杭瑞高速进出口公路里程分别为 1 千米、4 千米，居民点全部通公路。2014 年，有居民 533 户 2110 人，村民年人均纯收入 8466 元。

贺家桥地片　属石南镇梅港村，位于梅港村东部，为村委会驻地，离石南中心集镇约 2.5 千米。东邻大坪乡张漆村郭家新屋，西毗赛公村李家，南接樊店村王谷场，北靠赛公村竹峦屋。因域内古时有桥名贺家桥而得地片名。下辖 10 个村民小组，有 15 个居民点。G353 国道穿村而过，距武深、杭瑞高速进出口公路里程分别为 1 千米、4 千米，居民点全部通公路。2014 年，有居民 291 户 1180 人，耕地 54.6 公顷，山林 44.2 公顷。

花仑地片　属石南镇梅港村，位于梅港村西南部，距石南中心集镇约2.5千米。东邻花冲，西毗石山村石岭山，南接白米随川屋，北靠赛公村宋山屋。此地片由众多小山包和垅沟组成，众多山包像一朵含苞待放的花，故得名。下辖9个村民小组，有9个居民点。G353国道穿村而过，距武深、杭瑞高速进出口公路里程分别为1.5千米、4千米，居民点全部通公路。2014年，有居民247户920人，耕地42.7公顷，山林74.1公顷。

戴峰山　属石南镇梅港村，位于梅港村东部，距村委会驻地贺家桥1.3千米。东接石背口，西邻栗林坡，南毗朱家楼，北靠大坪乡张漆村张漆仑。此地有山岭，古为戴姓人所有，故名。清代，胡肯堂(1793—1823)在此购买土地建房，以住宅后方的山名命村庄名。2014年，有村民23户100人，有耕地81亩，山林46亩。出生于该居民点的周鹤鸣(1932—1998)，曾任广东省高等教育厅厅长。

范楼冲　属石南镇梅港村，位于梅港村南部，距村委会驻地贺家桥300米处。东接樊店村陆明坳，西邻贺家屋，南毗新登鳌屋，北靠蒋家塝上屋。此地为长条形山沟，元代，范姓在冲内建有楼房，故名范楼冲。后来，因战乱范姓外迁。清代，黎踏雪(1813—1854)在此建房定居，仍用原村庄名。2014年，有村民29户120人，有耕地103亩，山林93亩(附近有坳背、三房屋2个小居民点)。

傅家坳　属石南镇梅港村，位于梅港村南部，距村委会驻地贺家桥1.5千米。东接老屋黄家，西邻赛公村石岭山，南毗牌合村蛇形，北靠下破石垅。此地为山岭分水处，原为傅姓人的土地，故称。清末，陈本英(1820—1911)从仙姑陈家铺迁入定居，以山坳名命村庄名。2014年，有村民24户80人，耕地50亩，山林175亩。

郭家老屋　属石南镇梅港村，位于梅港村东部，距村委会驻地贺家桥1.3千米。东接大坪乡张漆村郭家新屋，西邻戴峰山，南接石背口，北靠大坪乡张漆村张漆仑。明代，郭祚信从江西迁此建房定居，依姓氏命村庄名为郭家。因后来子孙分支外迁，改称其为郭家老屋。2014年，有村民25户100人，耕地80亩，山林33亩。

贺家屋　属石南镇梅港村，位于梅港村西部，距村委会驻地贺家桥400米。东接蒋家塝上屋，西邻赛公村李家，南接花楼冲，北靠门楼屋。明代，贺姓居民率先在此建房定居，依其姓氏命村庄名。2014年，有村民17户60人，耕地54亩，山林33亩(近处有牛栏坡、刘家园小居民点)。出生该居民点的贺海浪(1980—　)，2014年任广东省惠东市政府办公室主任。

花仑黄家　属石南镇梅港村，位于梅港村西部，距村委会驻地贺家桥1.7千米。东接上破石垅，西邻赛公村石岭山，南毗傅家坳，北靠赛公村熊家垅。古时，黄姓率先在此建房定居，因住宅处花仑山下，故依姓氏综合山岭名命村庄名为花仑黄家。清代，黄姓外迁，吴保衡(1780—?)迁入定居，仍用原村庄名。2014年，有村民36户140人，耕地90亩，山林420亩。

蒋家塝新屋　属石南镇梅港村，位于梅港村东部，距村委会驻地贺家桥500米。东接蒋家塝大屋，西邻蒋家塝老屋，南毗蒋家塝上屋，北靠栗林坡。古时，蒋姓人从其祖居蒋家塝老屋分支迁此新建房屋定居，故得名。元时，因战乱蒋姓外迁，胡秀南(1701—1775)在此建房定居，仍用原村庄名。2014年，有村民20户80人，耕地48亩，山林44亩(近处有朱家楼小居民点)。

老屋黄家　属石南镇梅港村，位于梅港村南部，距村委会驻地贺家桥1.5千米。东接上破石垅，西邻白米村随川屋，南毗下背屋，北靠国良屋。明代，黄德新(1452—?)率先在此建房定居，依其姓氏命村庄名为黄家。因后有子孙分居外迁，故改称其为老屋黄家。2014年，有村民27户120人，耕地97亩，山林93亩。

栗林坡　属石南镇梅港村，位于梅港村北部，距村委会驻地贺家桥700米。东接梅港村戴峰山，西邻蒋家塝老屋，南毗朱家楼，北靠门楼屋。此地为山坡，坡上有成片栗树，故名。明代，胡敬铎(1437—1513)、胡敬钊(1449—1524)从栗山迁此建房定居，以山坡名命村庄名。2014年，有村民23户110人，耕地80亩，山林46亩(近处有李家小居民点)。出生于该居民点的胡敬钊(1449—1524)，钦赐九江府知府。

门楼屋　属石南镇梅港村，位于梅港村北部，距村委会驻地贺家桥1.2千米。东接栗林坡，西邻赛公村罗家，南毗贺家屋，北靠赛公村竹峦屋。明代，胡志学(1378—1437)在此建房定居，因在门首建有一高大门楼，故名。2014年，有村民25户100人，耕地60亩，山林38亩(近处有海背屋、药铺2个小居民点)。

上莲台 属石南镇梅港村，位于梅港村东部，距村委会驻地贺家桥1.2千米。东接樊店村青叶畈，西邻朱家楼，南毗沙塘坡，北靠石背口。此地有众多小山包，形如莲花坐墩，故名。清代，胡世瑜(1805—1879)率先从仙姑浊水塘迁此建房定居，以地形名命村庄名。2014年，有村民16户70人，耕地44亩，山林48亩(近处有上石背小居民点)。出生于该居民点的各界代表性人物有：胡香山(1892—1921)，钦赐五品蓝翎；胡笔峰(1878—1955)，赐国学候补延检；胡幼龙(1966—)，2014年任湖南省交通厅高速公路局纪委书记。

上破石垅 属石南镇梅港村，位于梅港村西部，距村委会驻地贺家桥1.3千米。东接牌合村场地屋，西邻老屋黄家，南毗新登鳌屋，北靠会道屋。此地为山沟，又因垅内稻田中有巨石，石有裂缝，故称破石垅。清代，黎兴国(1747—1807)从抢地屋迁入率先在此垅内上方建房定居，以垅名和方位综合命村庄名。2014年，有村民34户110人，耕地102亩，山林99亩。

塘底畈 属石南镇梅港村，位于梅港村北部，距村委会驻地贺家桥1.4千米。东接大坪乡张漆仑，西邻赛公村竹峦屋，南毗门楼屋，北靠石马村下畈。此地为一面积较大的平地，因其上方有池塘，故名塘底畈。清代，胡启凤(1626—1686)在畈内建房定居，以畈名命村庄名。2014年，有村民24户110人，耕地61亩，山林51亩(近处有庙家边小居民点)。

下破石垅 属石南镇梅港村，位于梅港村西部，距村委会驻地贺家桥1.4千米。东接赛公村栗山，西邻花仑黄家，南毗上破垅，北靠赛公村熊家垅。明代，黎姓居民在此建房定居。因住宅位于上破石垅之下方，又同处一山沟，故命村庄名为下破石垅。2014年，有村民24户70人，耕地45亩，山林72亩(近处有七常屋小居民点)。

新登鳌屋 属石南镇梅港村，位于梅港村南部，距村委会驻地贺家桥1.3千米。东接樊店村老登鳌屋，西邻上破石垅，南毗牌合村牛坳山，北靠会道屋。明代，黎万卿(1505—1573)从土里树迁此定居，因附近有老登鳌屋，又为同宗族人，故命村庄名为新登鳌屋。2014年，有村民52户190人，耕地135亩，山林105亩。

第八节 牌合村及所属聚落

【牌合村】 石南镇辖村，位于石南镇东南部，村委会驻地坳背，距石南中心集镇6千米。东与隽水镇柳峦村接壤，西与杨山村交界，南与五里镇陈谷村相连，北与樊店村相邻，总面积6.3平方千米。因域内有地片名牌合而得村名。1950年，属通城县马牌、梅港、五斗乡；1958年设牌合、章家、白米大队，属崇阳县北港(英雄)人民公社石南(岭)管理区；1961年，属通城县城关区樊店公社；1975年，属石南公社；1984年，原牌合大队更名为牌合村，章家大队更名为双港村，白米大队更名为白米村，属银城区樊店乡；1987年，属石南镇；2004年牌合、双港、白米村合并为牌合村。下辖27个村民小组，有31个居民点。村内有玉立砂布厂、养猪场、白米山、白米水库、左港水库东干渠(牌合段)、牌合完小、尖峰庙、广东庙、黎公井、白米基督教会感恩堂等。村民有黎、胡、吴、李、朱、左、黄、孙、邱等姓，以黎姓为主。2010年建村委会办公楼，占地面积2760平方米，建筑面积1260平方米，设有便民服务厅、村卫生室等。距G353国道、武深高速公路里程分布为2.3千米、2.8千米，居民点全部通公路。2014年，有居民861户3460人，水田175.6公顷，旱地54.2公顷，山林316.7公顷。村民以种植水稻、蔬菜、红薯为主，兼有养猪、养鱼、加工等，经济来源主要为务农、务工、经商，年人均纯收入6500元。

白米地片 属石南镇牌合村，位于牌合村西部，距石南集镇约3.5千米。东接边凉亭，南连白米山，西靠扬山、五斗，北邻梅港村。因域内有山名白米山而得地片名。旧时此地是通往湖南平江、江西、磨桥等地的经商要道。光绪十六年修成一条长2.5千米的石板路，流传着“五斗陈谷转白米，过了月半又磨桥”的顺口溜传说。下辖8个村民小组，有11个居民点。距G353国道、武深高速公路里程分布为 2.6 千米、3.2 千米，居民点全部通公路。2014 年，有居民 292 户 1180 人，水田 62.4 公顷，旱地 18.3 公顷，山林 106.7 公顷。

双港地片　属石南镇牌合村，位于牌合村西北部，距石南中心集镇 4.5 千米。东接村委会办公楼，南连白米渔场，西靠老屋五家，北连马畈少朴屋。因域内有两条小港相交而得地片名。下辖 9 个村民小组，有 11 个居民点。以黎姓为主。距 G353 国道、武深高速公路里程分布为 2.3 千米、2.8 千米，居民点全部通公路。2014 年，有居民 324 户 1250 人，水田 64.5 公顷，旱地 18.9 公顷，山林 114.7 公顷。

牌合地片　属石南镇牌合村，位于牌合村东部，距石南中心集镇 5 千米。东接鼓鸣，南靠磨桥圳上，西连双港，北邻玉立砂布厂。因域内古有牌坊、牌楼等多个古建筑物名组合而得地片名。有 9 个居民点。距 G353 国道、武深高速公路里程分布为 2.5 千米、2.3 千米，居民点全部通公路。2014 年，有居民 245 户 1020 人。水田 48.5 公顷，旱地 17 公顷，山林 95.3 公顷。

坳背　属石南镇牌合村，为牌合村驻地，距石南中心集镇 6 千米。东接新村六组，西邻双港，南连牌合完小，北靠章家咀。此地有山岭分水处，明代，黎添二（1509—1557）在山坳侧建房定居，以山坳及住宅位置命村庄名为坳背。2014 年，有居民 16 户 50 人，水田 47 亩，旱地 4 亩，山林 60 亩。

八字门　属石南镇牌合村，位于牌合村西北部，距村委会驻地坳背 500 米。东接章家咀，西邻新屋王家，南连桐籽坳，北靠少朴屋。明代，黎茂庆（1445—1506）做了官，修建的房屋规模很大，因其大门口呈“八”字形，遂以大门口形状命村庄名。2014 年，有居民 37 户 140 人，水田 123 亩，旱地 10 亩，山林 80 亩。

白李背　属石南镇牌合村，位于牌合村西部，距村委会驻地坳背 2.5 千米。东接老屋王家，西邻邱家老屋，南连金赞屋，北靠石岭山。清代，李从清（1820—?）在此建房定居，因住宅处白米山的背面，故命村庄名为白李背。2014 年，有居民 21 户 90 人，水田 73 亩，旱地 5 亩，山林 120 亩。

超元屋　属石南镇牌合村，位于牌合村东部，距村委会驻地坳背 1.2 千米。东接鼓鸣，西邻二房屋，南连牌楼冲，北靠石林屋。清代，黎超元（1725—?）在此建房，以其名命村庄名。2014 年，有居民 33 户 140 人，水田 121 亩，旱地 5 亩，山林 130 亩。

虎形　属石南镇牌合村，位于牌合村西部，距村委会驻地坳背 2 千米。东接国良屋，西邻邱家老屋，南连金赞屋，北靠花仑黄家。清代，黎荣雨（1823—1890）在此建房定居，因住宅地呈老虎状的地形，故以地形名命村庄名。2014 年，有居民 31 户 110 人，水田 100 亩，旱地 4 亩，山林 109 亩。

金赞屋　属石南镇牌合村，位于牌合村西部，距村委会驻地坳背 2 千米。东接随川屋，西邻五斗岭，南连茅坪祠堂，北靠邱家。清代，黎金赞（1770—1826）在此建房定居，以其名命村庄名。2014 年，有居民 20 户 60 人，水田 79 亩，旱地 3 亩，山林 70 亩。

克全屋　属石南镇牌合村，位于牌合村东北部，距村委会驻地坳背 1 千米。东接造元屋，西邻深泉垅，南连牌楼冲，北靠二房屋。清代，黎克全（1725—?）在此建房定居，以其名命村庄名。2014 年，有居民 20 户 110 人，水田 85 亩，旱地 4 亩，山林 112 亩。

立高屋　属石南镇牌合村，位于牌合村东南部，距村委会驻地坳背 1.2 千米。东接鼓鸣，西邻牌合村部，南连牌楼冲，北靠马畈。清初，黎立高（1648—1743）在此建房，以其名命村庄名。2014 年，有居民 22 户 70 人，水田 47.5 亩，旱地 3 亩，山林 48 亩。

茅坪祠堂　属石南镇牌合村，位于牌合村西南部，距村委会驻地坳背 1.5 千米。东接上畈，西邻五斗岭，南连白米山，北靠随川屋。宋代，黎信二（1222—?）与其兄弟黎信一、黎信八同从江西迁出，信二、信八迁通城，信一迁湖北黄陂。14 世纪初，信二第五代孙联合信一、信八的子孙在通城石南牌茅坪合建祠堂。同时，其子孙依祠建房定居，以祠堂名命村庄名。2014 年，有居民 34 户 140 人，水田 108 亩，旱地 10 亩，山林 120 亩。

牛坳山　属石南镇牌合村，位于牌合村西北部，距村委会驻地坳背 1.5 千米。东接少朴屋，西邻登鳌屋，南连八字门，北靠马畈。此地有山岭，因形状似牛，故称牛坳山。古时，赛公桥吴姓在山下建看管土地的庄屋，后庄屋卖给黎南海（1870—?），黎南海以山名命村庄名。2014 年，有居民31户110人，水田75亩，旱地4亩，山林130亩。

牌合新农村　属石南镇牌合村，位于牌合村东南，距村委会驻地坳背500米。2006年开始以新农村的形式兴建，2007年建成使用。居民房屋是两层钢筋水泥结构，每单元有防火墙。2014年，有居民30户120人，有水田70亩。出生于该居民点的黎珊玉（1942—　），高级工程师、高级经济师，湖北玉立砂带集团股份有限公司董事长，历任中共湖北省委员会第七、八、九届党代表，湖北省第十、十一届人大代表。曾获得"全国五一劳动奖章"、中华人民共和国成立60周年60位"全国扶贫开发典型人物""全国轻工系统劳动模范""全国创业之星""全国优秀乡镇企业董事长""全国扶贫开发先进个人"等称号。

插图14　牌合新农村（胡胜保　摄）

牌楼冲　属石南镇牌合村，位于牌合村东部，距村委会驻地坳背1千米。东接鼓鸣，西邻坳背，南连月半山，北靠造元屋。此地为一山沟，呈南北走向，长约2千米，均宽约100米。旧时是大坪畈经石南桥、白米、五斗岭至磨桥方向的大路。宋代，吴元四为皇后治好了恶性病，御封神医，并为其在该山冲内建牌楼坊而得名牌楼冲。清初，黎文伯（1628—1718）在山冲内建房定居，以山冲名命作村庄名。2014年，有居民35户170人，水田115亩，旱地8亩，山林130亩。

钱家　属石南镇牌合村，位于牌合村西南部，距村委会驻地坳背1千米。东接鼓鸣山，西邻坳背，南连牌楼冲，北靠马畈。古代，此地是钱姓人家的土地，并在此修了看管土地的庄屋，称作钱家。中华人民共和国成立后，黎茂芳（1950—2014）迁此建房定居，仍用原村庄名。2014年，有居民20户60人，水田57亩，旱地5亩，山林80亩。

上畈　属石南镇牌合村，位于牌合村西南部，距村委会驻地坳背1.5千米。东接双港，西邻茅坪祠堂，南连粉铺，北靠新屋王家。此地处茅坪畈上部，故名。明代，黎茂松（1467—1556）在此建房定居，以畈名命村庄名。2014年，有居民31户130人，水田98亩，旱地8亩，山林120亩。

筲箕坡　属石南镇牌合村，位于牌合村西南部，距村委会驻地坳背300米。东接坳背屋，西邻双港，南连边凉亭，北靠章家咀。明代，黎必高（1467—1557）迁此地建房定居，因住宅处形状似筲箕的山坡，故命村庄名为筲箕坡。2014年，有居民22户70人，水田68亩，旱地10亩，山林130亩。

深泉垅　属石南镇牌合村，位于牌合村南部，距村委会驻地坳背500米。东接陈谷山，西邻边凉亭，南连杨家垅，北靠牌合新村。此地为一山沟，沟内水田中有泉水涌出，故名。明代，黎原亮（1452—1540）迁垅内定居，以垅名命村庄名。2014年，有居民58户250人，水田162亩，旱地19亩，山林160亩。

随川屋　属石南镇牌合村，位于牌合村西部，距村委会驻地坳背1.8千米。东接新屋王家，西邻金赞屋，南连茅坪祠堂，北靠老屋王家。清代，黎随川（1748—?）迁此地建房定居，以其名命村庄名。2014年，有居民36户150人，水田100亩，旱地7亩，山林79亩。出生于该居民点的黎哲林

(1962—)，2003年毕业于天津武警水电学院，后任武警广西水电第一总队宣传处处长。

土地树　属石南镇牌合村，位于牌合村南部，距村委会驻地坳背500米。东接陈谷村月半山，西邻杨家垅，南连牌合猪场，北靠坳背。古时，此地有座土地庙，庙旁长棵大株树，树下方立北去五斗、北港、临湘，南往磨桥、平江，东去通城的指路牌一块，故得名土地树。清代，朱远海(1812—1881)在此建房定居，以树名命村庄名。居民有朱、黎等姓，以朱姓为主。2014年，有居民36户130人，水田118亩，旱地10亩，山林108亩。

新屋王家　属石南镇牌合村，位于牌合村西部，距村委会驻地坳背1千米。东接双港，西邻随川屋，南连上畈，北靠老屋王家。清代，王继鸿(1660—1730)从老屋王家迁此地建新房屋定居，故称。2014年，有居民50户190人，水田140亩，旱地8亩，山林120亩。出生于该居民点的黄荣生(1962—)，2014年任沈阳军区招生办主任。

鄢家坪　属石南镇牌合村，位于牌合村南部，距村委会驻地坳背1.5千米。东接白米渔场，西邻上畈，南连白米山，北靠桐籽坳。此地为一面积较大的平地，古时，鄢姓在坪内定居，依其姓氏综合地形命村庄名为鄢家坪。清代，鄢姓人外迁，吴后丰(1735—1821)迁入定居，仍用原村庄名。2014年，有居民20户90人，水田80亩，旱地10亩，山林120亩。

杨家垅　属石南镇牌合村，位于牌合村南部，距村委会驻地坳背1千米。东接勘上村，西邻油榨铺，南连白米山，北靠白米渔场。此地为山沟，古时是杨姓的土地，故称。明代，杨姓迁出，黎大琼(1555—1625)迁垅内定居，仍用原村庄名。2014年，有居民33户130人，水田119亩，旱地5亩，山林120亩。

雨塘塝　属石南镇牌合村，位于牌合村南部，距村委会驻地坳背1千米。东接坳背，西邻边凉亭，南连深泉垅，北靠筲箕坡。此地为地势较高、坡度较大的山坡，旧时，塝内有池塘，故称雨塘塝。清代，黎兰庭(1833—1891)在塝内建房定居，以塝名命村庄名。2014年，有居民20户80人，水田60亩，旱地5亩，山林40亩。

章家咀　属石南镇牌合村，位于牌合村西部，距村委会驻地坳背200米。东接坳背，西邻八字门，南连边凉亭，北靠少朴屋。此地处山体突出的前端，元代，章姓在山咀旁居住，命村庄名为章家咀。后章姓外迁，黎茂株(1445—1506)迁此建房定居，仍用原村庄名。2014年，有居民35户150人，水田110亩，旱地5亩，山林120亩。出生于该居民点的黎四龙(1971—)，硕士学位，工程师，历任广东南宁市政协副主席、市工商联合会主席。

第九节　赛公村及所属聚落

【赛公村】　石南镇辖村，位于石南镇东部，村委会驻地赛公桥，距石南中心集镇1.5千米；东接梅港村，西邻石南社区，南连梅港、杨山村，北靠和尚港，辖区面积约5.5平方千米。因域内有地片名赛公桥而得村名。1950年，属通城县北港区石岭乡；1958年，设石南、石山大队，属崇阳县北港(英雄)人民公社石岭区管理；1961年，属通城县北港区石南公社；1971年，石南、石山大队合并为石南大队；1975年，属石南公社；1984年，原石南大队更名为赛公村，原石山大队更名为石山村，属北港区石南乡；1987年，属石南镇；2001年，赛公、石马村合并为石马村；2003年，赛公村从石马村划出为赛公村；2004年，石山、赛公村合并为赛公村。下设16个村民小组，有15个农村居民点。村内主要有赛公加油站、赛公石油液化气站、樊家田采石场、吴忠水石材厂4家企业；居民有吴、黎、黄、李等姓，以吴姓为主。G353国道穿越村境，距武深高速、杭瑞高速进出口公路里程分别为3千米、3.2千米，居民点全部通公路。2014年，有居民526户2300人，水田100公顷，旱地46.7公顷，山林33.3公顷。村民主要种植水稻、油茶，兼养猪、养牛、养鱼，经济来源主要为务农、务工、经商，年人均纯收入8560元。

石岭山地片　属石南镇赛公村，位于赛公村南部，距石南中心集镇1.2千米。东接梅港村，西邻鲁塆村，南连杨山村，北靠石南社区。因域内有山名石岭山而得地片名。下辖8个村民小组，有6个居民点。G353国道穿越村境，距武深高速、杭瑞高速进出口公路里程分别为4千米、3千米，居民点全部通公路。2014年，有居民224户850人，水田42.7公顷，旱地19公顷，山林16.8公顷。

赛公桥地片 属石南镇赛公村，位于赛公村东部，距石南镇中心集镇1.5千米。东接梅港村，西邻石南社区，南与杨山、梅港两村毗邻，北靠和尚港(即辛安港)。明代，黄赛公在大路黎家屋档破石垅河上建了一座条石砌成的拱桥，人称赛公桥，并由此而称地片名。下辖8个村民小组，有9个居民点。G353国道穿越村境，距武深高速、杭瑞高速进出口公路里程分别为3千米、3.2千米，居民点全部通公路。2014年，有居户218户840人，有水田45.3公顷，旱地22亩，山林14.7公顷。

昌子坡 属石南镇赛公村，位于赛公村南部，距村委会驻地赛公桥2.5千米。东与爻吉屋接壤，西与石岭山大屋林山交界，北连石岭山大屋，南与程家楼、邱家接壤。清代中叶，吴郁林迁此建房定居，因住宅地为坡地，遂以昌盛子孙之意综合命村庄名为昌子坡。2014年，有居民31户130人，有水田150亩，旱地40亩，山林35亩。

大路黎家 属石南镇赛公村，位于赛公村东部，距村委会驻地赛公桥200米。东接梅港村，西连樊家田，北毗竹峦屋，南靠熊家垅。此地古有大路，黄姓居住路旁，名大路黄家。后来，黄姓外迁，黎姓迁入，改称大路黎家。2014年，有居民50户200人，水田255亩，旱地75亩，山林45亩。

独石塆 属石南镇赛公村，位于赛公村南部，距村委会驻地赛公桥2千米。东接石岭山大屋，西毗昌古林山山脚，北连石南社区，南靠程家楼屋。此地为昌古林山山脚拐弯处，又因塆内有一巨石独立，故名独石塆。清末，吴硕廷率先在塆内建房定居，以塆名命村庄名。2014年，有村民52户200人，水田110亩，旱地50亩，山林40亩。

樊家田 属石南镇赛公村，位于赛公村南部，距村委会驻地赛公桥300米。东接赛公桥，西连省中屋，北毗和尚港，南邻石岭山。元代，此地是樊姓人的土地，故名。明代，吴、王姓先后迁入，仍用原村庄名。2014年，有居民30户110人，水田90亩，旱地40亩，山林25亩。

乐忱屋 属石南镇赛公村，位于赛公村南部，距村委会驻地赛公桥约1千米。东连长坡埂，西接石岭山大屋，南毗石岭山大屋，北与樊家田山相连。清代，吴乐忱(1834—1883)自花仑王家迁此处建庄园定居，以其名命村庄名。2014年，有居民26户90人，水田65亩，旱地32亩，山林15亩。

黎地坳 属石南镇赛公村，位于赛公村南部，距村委会驻地赛公桥3千米。东邻白米村，西连昌子坡，北接岭上黄家，南毗邱家。清代，黎爻吉率子孙在此建房定居，因住宅处山岭分水处附近，遂以地形综合姓氏命村庄名为黎地坳。2014年，有居民30户110人，水田95亩，旱地50亩，山林30亩(附近有爻吉屋)。

李家罗家 属石南镇赛公村，位于赛公村东部，距村委会驻地赛公桥1千米。东接梅港村，西连王家坡，北界南大路，南邻栗山。清代，李姓人迁居此地。不久，罗氏也迁入定居，人们以两姓氏命村庄名。2014年，有居民22户80人，水田65亩，旱地30亩，山林20亩。

栗山 属石南镇赛公村，位于赛公村东部，距村委会驻地赛公桥1千米。东界梅港，西接梅港破石垅，北邻李家、罗家，南接花仑。此地有山，因古时山上有板栗树，故名栗山。明代初，胡万四迁栗山下方建房定居，以山名命村庄名。2014年，有居民33户130人，水田120亩，旱地50亩，山林45亩。

岭上黄家 属石南镇赛公村，位于赛公村南部，距村委会驻地赛公桥2千米。东接花仑王家，西界石岭山，南连黎地坳，北靠乐忱屋。明代，黄庭坚后代迁此定居，因地处山岭之上，故以姓氏综合地形命村庄名为岭上黄家。2014年，有居民29户120人，水田90亩，旱地50亩，山林40亩(该居民点东有石坳沟屋，住有李姓20人)。

南大路居民点 属石南镇赛公村，位于赛公村西部，距村委会驻地赛公桥40米。东接大路黎家，南靠樊家田，西毗石南社区休闲广场，北靠和尚港。20世纪80年代以后，附近吴、黄、胡等姓居民迁此沿南大公路两旁建房定居，故称南大路居民点。2014年，有居民102户400人。

赛公桥屋 属石南镇赛公村，赛公村南部，为村委会驻地，距石南中心集镇1.5千米。东接熊家垅，西连樊家田，南毗石岭山团山坳，北邻南大公路。明代，黄赛公在此建赛公桥，同时于石岭山下建房定居，以桥名命村庄名。2014年，有居民18户70人，水田50亩，旱地25亩，山林20亩。

省中屋　属石南镇赛公村，位于赛公村南部，距村委会驻地赛公桥700米。东连樊家田，西接石南社区休闲广场，北靠和尚港，南邻石岭山。明代中期，黄庭坚后人黄省中来此建房定居，以其名命村庄名。2014年，有居民26户70人，水田60亩，旱地30亩，山林20亩。该地域各界代表性人物有：黄祖宣(1917—1993)，历任团政治处主任、兵站副站长、粮库库长、湖北农科院研究员；黄苏亚(1947—　)，祖籍省中屋人，出生于苏州，研究生学历，全国语文教学艺术研究中心常务理事、研究员，华中师范大学特聘教授、硕士生导师，武汉大学文学院客座教授；黄新亚(1956—　)，祖籍省中屋人，出生于武汉，高级经济师，1996年任北京华联集团公司总经理。

石岭山大屋　属石南镇赛公村，位于赛公村南部，距村委会驻地赛公桥2千米。东接乐忱屋和岭上黄家，西以左港河为界，南连昌子坡、程家楼，北靠石岭山仰山埂、撮箕坡。明初，吴德一率先在此建房定居，因住宅规模大，又处石岭山下，故命村庄名为石岭山大屋。2014年，有居民56户200人，水田140亩，旱地80亩，山林45亩。出生该居民点的吴至仁(1868—1924)，正五品顶戴蓝翎。

熊家垅　属石南镇赛公村，位于赛公村东部，距村委会驻地赛公桥1千米。东接梅港村破石垅，西连赛公桥屋，北邻大路黎家，南毗花仑王家。此地为山沟，古为熊姓的土地，故称。清代，黄、吴、戴、胡等姓先后迁入，以垅名命村庄名。2014年，有居民43户190人，有水田140亩，旱地70亩，山林35亩。

竹峦屋　属石南镇赛公村，位于赛公村东部，距村委会驻地赛公桥500米。东接梅港村，西连大路黎家，北靠和尚港，南毗大路黎家。明代，吴恭升从石岭山大屋迁此定居，因住宅旁有成片楠竹，故称竹峦屋。后唐姓外迁。吴、李姓先后迁入，仍用原村庄名，逐渐形成居民点。2014年，有居民26户100人，水田85亩，旱地40亩，山林35亩。

第十节　石马村及所属聚落

【石马村】　石南镇辖村，位于石南镇东部，村委会驻地黄泥塘，距石南中心集镇1.6千米。东接大坪乡泉礼村，西连土坳地片，南以林甲田河段为界，北靠柏树村，辖区面积4平方千米。因域内有地片名石马而得村名。1950年，属石岭乡；1958年，设石马二、四大队，属崇阳县北港人民公社石南管理区；1961年，属通城县北港区石南公社石马二、四大队；1975年，石马二大队与石马四大队合并为群力大队，属墨烟公社；1980年，群力大队分开为石马大队和湾曲大队，归石南公社；1984年，分别更名为石马村和湾曲村，属北港区石南乡；1987年，属石南镇石马、湾曲村；2004年，石马村和湾曲村合并为石马村。下辖19个村民小组，有33个农村居民点。村民有吴、胡、黎、李、卢、章、张、王、余等姓，以吴、胡、黎、卢姓为主。2013年新建村委会办公楼，呈四合院状，占地面积2000多平方米，建筑面积1600平方米。村部设便民服务厅、卫生室、幸福院、计卫办、村委办、农家超市等。境内有石马庙、孝武庙、湾溪圣井、石马公路、湾曲公路、和圣大桥、湾曲大桥、福人桥、美红水泥砖厂、小型抽水机站等。距G353国道、杭瑞高速进出口公路里程分别为1千米、1.5千米，居民点全部通公路。2014年，有居民740户3090人，水田133.7公顷，旱地33.3公顷，山林113.3公顷。村民主要种植水稻、红薯、蔬菜、油菜，兼养猪、鱼、鸡、鸭，经济来源主要为务农、务工、经商，年人均纯收入10200元。

石马地片　属石南镇石马村，位于石马村东部，距石南中心集镇约1.6千米。东接大坪乡泉礼村和张漆村，西连湾曲地片，南以和尚港(即赛公河段)为界，北靠柏树村，区域面积约2平方千米。因域内有庙名石马庙而得地片名。下辖11个村民小组，有20个居民点。有古建筑石马庙、和圣大桥、大坪乡达凤村至石马公路。距 G353 国道、杭瑞高速进出口公路里程分别为 1 千米、1.5 千米，居民点全部通公路。2014 年，有居民 393 户 1360 人，水田 55.6 公顷，旱地 10.7 公顷，山林 63.3 公顷，水域面积 10 公顷。

湾曲地片　属石南镇石马村，位于石马村西部，距石南中心集镇约 3 千米。东接罗家田，西邻石南社区，南连石南新马路，北靠柏树村斑迹坳。因域内有溪水弯弯曲曲而得地片名。下辖 8 个村民小组，有 14 个居民点。距 G353 国道、杭瑞高速进出口公路里程分别为 1 千米、1.5 千米，居民点全部通公路。2014 年，有居民 338 户 1410 人，耕地 65.3 公顷，林地 15.6 公顷。

大石塆　属石南镇石马村，位于石马村东南部，距村委会驻地黄泥塘 1.5 千米。东接大坪乡泉礼村草堂屋，南临赛公河，西邻四房吴家，北靠方家塘屋。此地处抓家垅山嘴拐弯处，有一巨石横卧，故名。古代是胡姓的庄屋，依塆名命庄屋名大石塆。民国时期，吴孝凤（1895—1981）买下庄屋定居，仍用原村庄名。2014 年，有村民 22 户 94 人，水田 41.36 亩，旱地 15.98 亩，山林 22.56 亩。

古除屋　属石南镇石马村，位于石马村西部，距村委会驻地黄泥塘 1.5 千米。东接弯曲，西连坳下余家，南邻石南港堤边，北靠楼坡老屋。清代，胡古除（1730—1790）在此看守山林，后在此定居，以其名命村庄名。2014 年，有居民 47 户 160 人，水田 116.8 亩，旱地 28.8 亩，林地 89.6 亩。

黄谷场　属石南镇石马村，位于石马村西部，距村委会驻地黄泥塘 800 米。东接黄石压沟，西邻林甲田，南连田垅，北靠湾曲屋。相传，此地古时有一个财主，家财万贯，人丁近百。有一段时间，这里来了一个马精，一个晚上把财主家谷缸的稻谷吃光，把财主家装满的七大缸水饮光。日复一日，天天晚上如此。有一得道高僧云游至此，来到财主家，声称能治此怪。财主答应只要僧人驱去怪物，愿将库存谷物赠捐灾民。僧人作法驱去怪物，并请来财神相助，使财主家的谷物能取之而复生。十里八乡的老百姓闻讯后挑来砂石换谷解饥饿，可仓里谷子总挑不完，故称此地为“黄谷场”。后来，谷子吃不完生了飞蝶，惹得人睁不开眼睛。财主一气之下，打了七天七夜皇醮，烧掉谷子。一个有心计的巴陵人把场地上的一个谷芽粑装回家。从此黄谷场衰败，只剩其名。清代，吴开文（1709—1778）在此定居，仍用原村庄名。2014 年，有居民 27 户 100 人，水田 75.55 亩，旱地 18.6 亩，林地 58.04 亩。

李家塘　属石南镇石马村，位于石马村东部，距村委会驻地黄泥塘 1 千米。东接方家塘，南连四房吴家、下畈屋，西邻协元屋，北靠杨梅铺。此地域古时是李姓土地，建有池塘和看管土地的庄屋，故得名。清代，黎兴炎（1764—1849）从石南牌合张嘴来此买下庄屋定居，仍用原村庄名。2014 年，居民有 24 户 90 人，水田 53.1 亩，旱地 14 亩，山林 30 亩。

林甲田　属石南镇石马村，位于石马村西部，距村委会驻地黄泥塘 800 米。东接黄谷场，南连桥下，西邻鲁家畈，北靠湾曲屋。此地附近有一座万螺山，山上树木郁郁葱葱，山下是一望无垠的良田，故称林夹田，后人改称林甲田。清代，吴玉龙（1742—1818）在此建房定居，以田名命村庄名。2014 年，有居民 30 户 100 人，水田 100 亩，旱地 10.5 亩，山林 80.3 亩。

楼坡老屋　属石南镇石马村，位于石马村西部，距村委会驻地黄泥塘 2.2 千米。东接弯曲，南临古除屋，西连柏树村下余家，北靠胡堂。清代，吴以文（1694—1753）在此建房定居，因此地有山坡自南至北绵延，房屋呈一字形建在山坡上，进村需随地势逐级而上，如同上楼，故得名。2014 年，有居民 67 户 220 人，水田 74.4 亩，旱地 18.3 亩，林地 136.6 亩。

楼坡新屋　属石南镇石马村，位于石马村北部，距石马村委会驻地黄泥塘 3.3 千米。东接土坳，南靠楼坡老屋，西连胡堂，北邻柏树村斑甲坳。清代，楼坡老屋吴胡湖（1654—1722）在此新建房屋定居，故以其原居名命村庄名。2014 年，有居民 27 户 110 人，水田 76.9 亩，旱地 29.3 亩，林地 63.4 亩。出生于该居民点的吴金牛（1951— ），1969 年参加教育工作，先后 36 次被评为先进工作者、湖北省优秀教师、优秀管理干部、教育红旗标兵等称号，2001 年 6 月出席在北京人民大会堂召开的《鲜红的党旗》出版座谈会，受到国家领导人的接见。

鲁家畈　属石南镇石马村，位于石马村西部，距村委会驻地黄泥塘 1 千米。东接弯曲，南连林甲田，西邻石南新街，北靠左除屋。此地为一面积较大的平地，清代，鲁达三(1698—1746)在此畈内定居，故称。后来，鲁姓外迁，吴、胡、黎姓先后迁入，仍用原村庄名。2014年，有居民22户80人，水田32.1亩，旱地22亩，林地21亩。

四房吴家　属石南镇石马村，位于石马村东南部，距村委会驻地黄泥塘1.3千米。东接大坪乡泉礼村榨水塘屋、张漆村张漆亭屋，西邻下畈屋、旭坡屋，南临赛公河，北靠李家塘屋。清代，吴及全(1822—1884)在此建房定居，因其在兄弟中排行第四，故命村庄名为四房吴家。2014年，有居民49户160人，水田74.2亩，旱地29亩，山林41.5亩。

土坳　属石南镇石马村，位于石马村北部，距村委会驻地黄泥塘3千米。东接高志冲，南连湾曲，西邻楼坡老屋，北靠上宝田。此地为山岭分水处，清代，吴学彭(1769—1812)在此山坳旁建房定居，以坳名命村庄名。2014年，有居民41户140人，水田54.7亩，旱地13.5亩，林地43.5亩。出生于该居民点的吴四清(1972—　)，博士学历，教授，2014年任咸宁市科学技术局副局长。

弯曲屋　属石南镇石马村，位于石马村西部，距村委会驻地黄泥塘1千米。东接大塘角，南临林甲田，西邻古除屋，北靠山坡王家。明代，吴万溪(1560—1630)在此建房定居，名万溪屋；因万溪屋门前有一条长达3千米的小溪弯弯曲曲流经此屋门前汇入石南大港，民国时期，改名为弯曲屋。2014年，有居民57户230人，水田173.7亩，旱地42.8亩，林地133.2亩。

下畈　属石南镇石马村，位于石马村南部，距村委会驻地黄泥塘500米，东接李家塘屋，南临赛公河，西邻石鸭沟屋，北靠协元屋。此地为一面积较大的平地，清代，黎文山(1648—1725)迁畈下部建房定居，故命村庄名为下畈。2014年，有居民25户80人，水田53.2亩，旱地11.3亩，山林24.3亩。

杨家冲　属石南镇石马村，位于石马村东北部，距村委会驻地黄泥塘约1千米。东接大坪乡泉礼村，西邻大塘角，南连杨梅铺，北靠上马卢家。此地为长形山沟，古时，此地是杨姓土地，故称。清代，吴粤琰(1832—?)在冲内建房定居，以山沟名命村庄名。2014年，有居民25户130人，水田76亩，旱地27亩，山林86亩。

杨梅铺　属石南镇石马村，位于石马村东部，距村委会驻地黄泥塘约700米。东接大坪乡栗树冲屋和蛇谷湾屋，南连协元屋，西邻邹家塝屋，北靠杨家冲屋。古代有居民在此定居同时经营店铺，因住宅旁有杨梅树，故命村庄名为杨梅铺。清代，胡璋隆(1853—1907)买下此店铺定居，仍用原村庄名。2014年，有居民21户80人，水田53亩，旱地14.4亩，山林59亩。

第十一节　仙姑村及所属聚落

【仙姑村】　属石南镇辖村，位于石南镇西部，村委会驻地鲁家塆，距石南中心集镇1.5千米，东邻赛公村，南接花亭、虎岩村，西连北港镇庄前、横冲村，北界大坪乡郭塘村，辖区面积2.7平方千米。因域内有地片名仙姑山而得村名。1950年，属石岭乡前丰、花楼村；1958年人民公社化，设花楼、前丰大队，属崇阳县北港人民公社石南管理区；1961年，属通城县北港区石南人民公社前丰、花楼大队；1975年，前丰、花楼大队合并为东方红大队，属石南人民公社；1982年，东方红大队分为观音堤大队和仙姑大队；1984年设区建乡，观音堤大队变更为鲁塆村，仙姑大队变更为仙姑村，属北港区石南乡；1987年区乡体制改革，属石南镇鲁塆、仙姑村；2004年，仙姑、鲁塆村合并为仙姑村。下辖20个村民小组，有17个农村居民点。有胡、袁、李、陈、邓、黎、吴、易等姓，以胡姓为主。1990年，村委会建办公楼，占地面积1300平方米，建筑面积600余平方米，设有便民服务厅、村卫生室等。距G353国道、杭瑞和武深高速进出口公路里程分别为2千米、6千米、8千米，居民点全部通公路。2014年，有农户537户2310人，水田111.3公顷，旱地28.6公顷，山林200公顷。村民以种植水稻为主，红薯，兼养猪、鱼、鸡、鸭等，经济来源主要为务农、务工、经商，年人均纯收入10600元。

仙姑山地片　属石南镇仙姑村，位于仙姑村西北部，距石南中心集镇2千米。东接浊水塘，南连鲁家塆，西靠彭家垅，北与禾楼接壤。该地片内有一山，传古时有仙姑降临，夜建庙宇，遗有仙姑日常生活用品，故名仙姑山，并由此而得地片名。下辖 11 个村民小组，有 11 个居民点。距 G353 国道、杭瑞和武深高速进出口公路里程分别为 2 千米、4 千米、9 千米，居民点全部通公路。2014 年，有居民 297 户 1200 人，水田 64.7 公顷，旱地 16.7 公顷，山林 106.7 公顷。

鲁家塆地片　属石南镇仙姑村，位于仙姑村东南部，距石南中心集镇 1.4 千米。东与港背接壤，南邻麻石咀，西界汤家畈，北连彭家垅。通往花亭、虎岩村的公路贯穿全境。因域内有居民点鲁家塆而得地片名。下辖 9 个村民小组，有 8 个居民点。距 G353 国道、杭瑞和武深高速进出口公路里程分别为 2 千米、6 千米、8 千米，居民点全部通公路。2014 年，有居民 240 户 1110 人，水田 46.7 公顷，旱地 13.9 公顷，山林 93.3 公顷。

陈家铺　属石南镇仙姑村，位于仙姑村北部，距村委会驻地鲁家塆 2.2 千米。东接禾楼，南靠彭家垅，西邻夏铺，北连王家。元代，陈子曦（1268—1339）迁此定居并经商开铺，故得名。2014 年，有居民 27 户 90 人，水田 110 亩，旱地 10 亩，山林 80 亩。

港背　属石南镇仙姑村，位于仙姑村东部，距仙姑村委会驻地鲁家塆 500 米。东与株树脚相连，西、南与秧田嘴接壤，北与石南镇仙姑村毗邻。清代，胡允垂（1784—1849）从鲁家塆迁此定居，因住宅侧面有小港，故命村庄名为港背。2014 年，有居民 21 户 110 人，水田 120 亩，旱地 8 亩，山林 120 亩。

禾楼　属石南镇仙姑村，位于仙姑村西北部，距村委会驻地鲁家塆 2 千米。东接浊水塘，南与彭家垅毗邻，西与虎岩村漂垅接壤，北与花家楼相连。明代，胡振才（1486—1555）从左港乌泥冲迁入定居，因住宅建有楼阁，寄希望于稻谷满楼，故命村庄名为禾楼。2014 年，有居民 41 户 190 人，水田 210 亩，旱地 40 亩，山林 350 亩。

花家楼　属石南镇仙姑村，位于仙姑村西北部，距村委会驻地鲁家塆 2.5 千米。东、南与禾楼毗邻，西、北与五甲祠堂接壤。古时，华姓在此建有木板吊楼，因“华、花”二字音相近，后人叫成花家楼。后华姓外迁，胡绍甫（1622—1699）从左港乌泥冲迁入并定居，仍用原村庄名。2014 年，有居民 34 户 150 人，水田 140 亩，旱地 20 亩，山林 200 亩。

鲁家　属石南镇仙姑村，位于仙姑村西部，为村委会驻地，距石南中心集镇 1.5 千米。东接港背，南与麻石咀毗邻，西与汤家畈接壤，北与彭家垅交界。此地为山体拐弯处，古时，为鲁姓居住地，故名。据传，黄巢起义时，鲁姓外迁。清代，胡际盛（1688—1769）在此定居，仍用原村庄名。2014 年，有居民 64 户 290 人，水田 300 亩，旱地 20 亩，山林 270 亩。

彭家垅　属石南镇仙姑村，位于仙姑村西北部，距村委会驻地鲁家塆 1 千米。东、南与铁箩塆、鲁家塆接壤，西、北与虎岩村漂垅相连。此地为山沟，古代是彭姓人的居住地，故称。后彭姓外迁，胡世位（1657—1711）从禾楼迁入并定居，仍用原村庄名。2014 年，有居民 35 户 160 人，水田 140 亩，旱地 16 亩，山林 280 亩。

汤家畈　属石南镇仙姑村，位于仙姑村西部，距仙姑村委会驻地鲁家塆 500 米。东接鲁家塆，南与花亭村八房黎家相连，西与虎岩村漂垅毗邻，北与仙姑村麻石咀接壤。此地为面积较大的平地，古代属汤姓的居住地，故称。后汤姓家道败落外迁，胡昶六（1464—1524）从烟竹陂分迁此地定居，仍用原村庄名。2014 年，有居民 69 户 380 人，水田 400 亩，旱地 20 亩，山林 210 亩。

铁箩塆　属石南镇仙姑村，位于仙姑村中部偏南，距仙姑村委会驻地鲁家塆 500 米。东与港背相连，西、南与鲁家塆毗邻，北与仙姑山接壤。清末，胡衡金（1875—1919）在此建房定居，因住宅所在地形为箩筐形，似聚财囤粮之所，又处山体拐弯处，故得名。2014 年，有居民 21 户 110 人，水田 115 亩，旱地 11 亩，山林 90 亩。

王家　属石南镇仙姑村，位于仙姑村北部，距村委会驻地鲁家塆 3.5 千米。东接五甲祠堂，南连花家楼，西与北港镇祥华屋交界，北与大坪乡高楼毗邻。中华人民共和国成立前，此地有一王姓人家独居，故得名，后王姓外迁。1992 年，胡四先（1965—　）在此建房定居，仍用原村庄名。2014 年，有居民 26 户 120 人，水田 100 亩，旱地 40 亩，山林 120 亩。

五甲祠堂　属石南镇仙姑村，位于仙姑村西北部，距村委会驻地鲁家塆 3 千米。东接柏树村高家，南与观音堤接壤，西与花家楼毗邻，北与王家相连。清代，胡姓家族在此有建筑面积 2000 多平方米的祠堂，取名为五甲祠堂。1952 年土地改革时，吴戊龙(1946—2007)随父迁入定居，以祠堂名命村庄名。2014 年，有居民 31 户 140 人，水田 157 亩，旱地 15 亩，山林 290 亩。

夏铺　属石南镇仙姑村，位于仙姑村北部，距村委会驻地鲁家塆 2.5 千米。东接禾楼，南靠陈家铺，西连彭家垅，北与五甲祠堂接壤。古时，夏姓人在此建房定居，经商开铺，故名。后夏姓人死于战乱，胡世则(1666—1733)从禾楼迁此定居，仍用原村庄名。2014 年，有居民 24 户 90 人，水田 100 亩，旱地 15 亩，山林 70 亩。

秧田咀　属石南镇仙姑村，位于仙姑村南部，距村委会驻地鲁家塆 600 米。东接挂水蛇，南与花亭村大坡接壤，西与鲁家塆相连，北与港背相望。清代，胡远举(1712—1782)从鲁家塆迁此定居，因住宅处山体突出前端附近，门前有大块秧田，故命村庄名为秧田咀。2014 年，有居民 36 户 180 人，水田 152 亩，旱地 40 亩，山林 350 亩，

浊水塘　属石南镇仙姑村，位于仙姑村东北部，距村委会驻地鲁家塆 1.5 千米。东与烟竹背接壤，南与仙姑山屋场毗邻，西与仙姑山相伴，北与观音堤相连。此地有口大水塘，塘水常年混浊不清，故得名。明代，胡良节(1547—1602)从左港乌泥冲迁塘后方建房定居，以塘名命村庄名。2014 年，有居民 32 户 150 人，水田 170 亩，旱地 10 亩，山林 300 亩。

第十二节　杨山村及所属聚落

【杨山村】　石南镇辖村，位于石南镇南部，村委会驻地左家桥，距石南中心集镇约 2.8 千米。东接牌合村，西毗花亭村，南连五里镇左港村，北靠赛公村，辖区面积 6.1 平方千米。因域内有山岭名杨石岭山而得村名。1950 年，属五斗乡；1955 年，属石南(岭)乡；1958 年人民公社化时，属崇阳县北港(英雄)人民公社石南(岭)管理区默林、花园、青桥、先锋、程凤大队；1961 年恢复区镇建制，属通城县北港区石南公社；1971 年，默林、花园、青桥、先锋、程凤五个大队合并为五岭大队，属北港区石南公社；1975 年撤区并社，属石南公社五岭大队；1979 年五岭大队拆分为杨山大队、五斗大队；1984 年设区建乡，杨山、五斗大队分别更名为杨山、五斗村，属北港区石南乡；1987 年区乡体制改革，属石南镇；2004 年，杨山、五斗村合并为杨山村。下辖 30 个村民小组，有 32 个农村居民点。村内有鱼形渡槽、左港水库干渠、左港发电站、石牛庙、左港水库管理处、左港自来水厂、石南镇福利院等，村民有黎、左、邱、胡、吴、李、郑、孙、周、傅等姓，以黎、左、邱姓为主。村委会建有办公楼，占地面积 1080 平方米，建筑面积 360 平方米，设有便民服务厅、村卫生室等。距 G353 国道、杭瑞和武深高速进出口公路里程分别为 5.4 千米、7.7 千米、8.8 千米，居民点全部通公路。2014 年，有村民 781 户 3688 人，水田 152.7 公顷，旱地 6 公顷，山林 400 公顷。村民以种植水稻、红薯、蔬菜、花生、油菜，兼养猪、养鱼，经济来源主要为务农、务工、经商，年人均纯收入 6520 元。

关山咀地片　属石南镇杨山村，位于杨山村西南部，距石南中心集镇 4.6 千米。东接黄谷坳，西邻三岭坳，南连秋塘屋，北靠下屋。因域内有居民点名关山咀而得地片名。下辖 14 个村民小组，有 14 个居民点。距 G353 国道、杭瑞和武深高速进出口公路里程分别为 4.3 千米、7.2 千米、7.7 千米，居民点全部通公路。2014 年，有居民 343 户 1570 人，水田 61.4 公顷，旱地 2.6 公顷，山林 210 公顷。

左家桥地片　属石南镇杨山村，是杨山村委会驻地，距石南中心集镇 2.6 千米。东接邱家，西邻喜屋，南连年谷场，北靠程家楼。因域内有居民点名左家桥而得地片名。下辖 16 个村民小组，有 18 个居民点。距 G353 国道、杭瑞和武深高速进出口公路里程分别为 5.4 千米、7.7 千米、8.8 千米，居民点全部通公路。2014 年，有居民 438 户 1900 人，水田 91.3 公顷，旱地 3.4 公顷，山林 190 公顷。

柏树屋　属石南镇杨山村，位于杨山村西部，距村委会驻地左家桥约 1.5 千米。东接畈上，西邻花亭村，南连默林，北靠喜屋。清初，黎宗璇(1643—1678)在此建房定居，因住宅旁有成片柏树，故命村庄名为柏树屋。2014 年，有居民 21 户

80人，水田79亩，旱地3亩，山林150亩。

程家楼　属石南镇杨山村，位于杨山村北部，距村委会驻地左家桥约800米。东接赛公村，西邻花亭村，南连左家桥，北靠赛公村。古时，此地是程姓的居住地，住宅为楼房，故得名。后程姓外迁，黎允乔(1530—1603)在此建房定居，仍用原村庄名。2014年，有居民78户350人，水田280亩，旱地2亩，山林486亩(附近有仙鸡峦小居民点)。

当铺　属石南镇杨山村，位于杨山村东部，距村委会驻地左家桥约900米。东接五斗岭，西邻港背，南连青背，北靠邱家。清末，邱家赋(1838—1903)在此地建房并经营典当铺，故得名。2014年，有居民21户80人，水田56亩，旱地2亩，山林150亩。

枫树畈　属石南镇杨山村，位于杨山村东部，距村委会驻地左家桥约1.2千米。东接青背，西邻黄谷坳，南连黄谷坳，北靠港背。此地为面积较大的平地，又因古时畈上生长枫树，故得名。中华人民共和国成立前，此畈是李姓人的土地，并建有庄屋，以畈名命村庄名。土地改革时期，胡福和(1913—1990)迁此居住，仍用原村庄名。2014年，有居民27户80人，水田83亩，旱地3亩，山林300亩。

港背　属石南镇杨山村，位于杨山村北部，距村委会驻地左家桥约500米。东接青背，西邻左家桥，南连枫树坡，北靠邱家。古代，此地原是黎姓的土地。清末，黎松乔(1889—1952)卖给邱道安建房定居，因住宅处小港侧面，故命村庄名为港背。2014年，有居民27户100人，水田48亩，旱地1.5亩，山林70亩。

关山咀　属石南镇杨山村，位于杨山村西南部，距村委会驻地左家桥约1.6千米。东接黄谷坳，西邻下屋，南连秋塘屋，北靠下屋。此地有一山体突出前端，位于山沟出口处，人们希望此山咀能关住风水，故命名为关山咀。清代，黎兴仁(1800—1833)由默林移迁山咀旁建房，以山咀名命村庄名。2014年，有居民19户90人，水田54亩，旱地2亩，山林100亩。出生于该居民点的黎冬楼(1970—　)，教授，2014年任海南航海学院院长。

虎形祠堂　属石南镇杨山村，位于杨山村南部，距村委会驻地左家桥约2.7千米。东接白米山，西邻秋塘屋，南连土地坡，北靠青背。清光绪年间，黎琥领头在此修建黎姓祠堂，因所处地形似老虎，故称虎形祠堂。土地改革时期，祠堂分给黎喜三(1927—2015)居住。后来吴、左姓先后迁入，以祠堂名命村庄名。2014年，有居民21户90人，水田51亩，旱地2亩，山林250亩(该居民点附近南面有白石坡、东面有上屋冲两个小居民点)。

花园　属石南镇杨山村，位于杨山村南部，距村委会驻地左家桥约2.8千米。东接冷家冲，西邻花亭村，南连杨石岭山，北靠三岭坳。明代，黎万訔(訔，音 ún，1478—1526)在此地邻近的三岭坳建房定居，同时在此开辟花园，故名花园。2014年，有居民35户170人，水田104亩，旱地4亩，山林104亩。

冷家冲　属石南镇杨山村，位于杨山村南部，距村委会驻地左家桥约3.3千米。东接左港水库，西邻三岭坳，南连左港村，北靠虎形祠堂。此地为长条形山沟，古时，冷姓在冲内建房定居，故名。后因战乱外迁。清代，孙文(1775—1840)迁冲内建房定居，仍用原村庄名。2014年，有居民30户140人，水田43亩，旱地2亩，山林350亩。

李家丼　属石南镇杨山村，位于杨山村东部，距村委会驻地左家桥约1.3千米。东接牌合村，西邻五斗岭，南连青背，北靠牌合村。宋代，李福七(1003—1079)率先在此建房定居，因住宅地四周高中间低，故命村庄名为李家丼。2014年，有居民20户100人，水田67亩，旱地3亩，山林250亩。

罗塘屋　属石南镇杨山村，位于杨山村西南部，距村委会驻地左家桥约2.2千米。东接畈上，西邻花亭村，南连观凉亭，北靠默林屋。此地古时是罗姓人的居住地，有池塘，故名罗塘屋。后罗姓外迁，左兴信(1379—1453)迁此建房定居，仍用原村庄名。2014年，有居民30户130人，水田58亩，旱地3亩，山林240亩。

梅林屋　属石南镇杨山村，位于杨山村西部，距村委会驻地左家桥约2千米。东接柏树屋，西邻花亭村，南连罗塘屋，北靠花亭村。明代，黎必安(1418—1489)在此建房定居，因住宅旁有大片梅树林，故得名。2014年，有居民64户280人，水田221亩，旱地9亩，山林750亩。

年谷场　属石南镇杨山村，位于杨山村西部，距村委会驻地左家桥约800米。东接左家桥，西邻司昭屋，南连黄谷坳，北靠左家桥。相传古时此地为年姓居住地，并且产生过一名叫年谷的知县，故得名。后年姓外迁，黎应胜(1642—1687)在此建房定居，仍用原村庄名。2014年，有居民25户110人，水田62亩，旱地3亩，山林150亩(附近有麻坡小居民点)。

青背　属石南镇杨山村，位于杨山村东部，距村委会驻地左家桥约1.4千米。东接五斗岭，西邻黄谷坳，南连虎形祠堂，北靠邱家。明代，黎一昺(1583—1621)在此建房定居，因住宅后山上有块大青石板，房屋建在小山的背面，故命村庄名为青背。2014年，有居民26户110人，水田79亩，旱地3亩，山林300亩。出生于该居民点的各界代表性人物有：黎春芳(1941—)，曾任湖北省汽车运输公司纪委书记；黎伟雄(1970—)，1992年毕业于中南政法学院，2014年任武汉市中级人民法院院长助理。

邱家　属石南镇杨山村，位于杨山村东北部，距村委会驻地左家桥约1千米。东接五斗岭，西邻左家桥，南连港背，北靠赛公村。明代，邱辛三(1353—1414)在此建房定居，以其姓氏命村庄名。2014年，有居民29户120人，水田76亩，旱地3亩，山林150亩。

三岭坳　属石南镇杨山村，位于杨山村南部，距村委会驻地左家桥约2.7千米。东接坳背，西邻花园，南连冷家冲，北靠下屋。此地有3座小山岭连接。明代，黎万briefly由梅林迁山岭分水岭附近建房定居，命村庄名为三岭坳。2014年，有居民22户120人，水田73亩，旱地3亩，山林250亩(附近有横山小居民点)。

司昭屋　属石南镇杨山村，位于杨山村西部，距村委会驻地左家桥约1.2千米。东接左家桥，西邻畈上，南连麻坡，北靠喜屋。古时，有名叫司昭的人在此定居故名，后外迁。清初，左春阳(1604—1673)在此建房定居，仍用原村庄名。2014年，有居民23户100人，水田80亩，旱地2亩，山林90亩。

五斗岭　属石南镇杨山村，位于杨山村东部，距村委会驻地左家桥约1.3千米。东接牌合村，西邻当铺，南连青背，北靠牌合村。明代，黎少朴(1475—1537)在此建房定居，计划在茅坪畈买田300石，最后还差五斗未买，到此地才买齐，故得名。2014年，有居民20户80人，水田58亩，旱地3亩，山林250亩。

喜屋　属石南镇杨山村，位于杨山村西部，距村委会驻地左家桥约1.3千米。东接左家桥，西邻花亭村，南连思朝屋，北靠程家楼。清初，左喜阳(1619—1677)在此建房定居，以其名命村庄名。2014年，有居民26户110人，水田83亩，旱地2亩，山林110亩(附近有学堂坡小居民点)。

下屋　属石南镇杨山村，位于杨山村西部，距村委会驻地左家桥约1.3千米。东接关山咀，西邻默林，南连三岭坳，北靠左家桥。明代，黎万嵋(1491—1556)从三岭坳迁此建房定居，因住宅上方有另一居民点，故命村庄名为下屋。2014年，有居民23户100人，水田69亩，旱地2亩，山林150亩。

左家桥　属石南镇杨山村，为杨山村委会驻地，距石南中心集镇约2.6千米。东接港背，西邻思朝屋，南连黄谷坳，北靠程家楼。明初，左庆九(1315—1402)由江西南昌府新建县洪桥迁此建房定居，因住宅旁有桥，故命村庄名为左家桥。2014年，有居民66户300人，水田208亩，旱地7亩，山林300亩(此居民点东部200米处有雷结坳居民点，住有两户居民)。

第八章　塘湖镇所属聚落

第一节　塘湖镇概况

位置面积　通城县辖镇，位于通城县东南部，地处东经113°57′~114°04′，北纬29°09′~29°17′，东与崇阳县高枧乡相连，南与江西省修水县全丰乡相邻，西南与麦市镇为邻，西与关刀镇毗邻，北与四庄乡接壤。镇人民政府驻塘湖社区，距县城19千米。

插图15　塘湖集镇(孔庆平　摄)

来历及沿革　因镇人民政府所在集镇名而得镇名。1950年，属通城县麦市区；1958年人民公社化，辖区内设有黄袍、塘湖管理区，属崇阳县麦市(先锋)人民公社；1961年，设黄袍、塘湖人民公社，属通城县麦市区；1975年撤区并社，设立塘湖、黄袍公社；1984年，辖区内设有黄袍、塘湖、凉亭乡，隶属于麦市区；1987年，黄袍、塘湖两乡合并，建立黄袍镇；1992年，拆黄袍镇为黄袍乡和塘湖镇；2001年，塘湖镇、黄袍乡合并为塘湖镇。

人文经济环境　2014年末，下辖15个村、1个社区、3个城镇居民点、384个农村居民点(其中20户以下的192个，见表9)。辖区总人口41430人，其中城镇人口5810人，城镇化率12.5%，流动人口1800人；农业总户数9616户总人口39250人，耕地面积2620公顷，其中水田1313.2公顷，旱地面积641.2公顷，临时性耕地728.1公顷；年人均纯收入6742元。地势东高西低，呈南北走向，属半山区半丘陵地域，最高点黄袍山华罗寨海拔1165米，最低点南虹村大陂头海拔210米；属北亚热带南缘的季风气候区，日照时间1600~2100小时，年平均气温16.7℃，全年无霜期250天左右，平均年降雨量1510毫米。境内港溪6条，发源于幕阜山脉的华罗寨主峰，于境内西部汇集，汇成菖蒲港流经关刀镇注入隽水河。境内矿产资源丰富，主要有石灰石、石煤、钒及铜、铁矿等。其中石煤、钒主要分布在凉亭、石坪两村，已探明的地质储量90万吨。境内有商业网点13个，个体工商户1010户2014年商品零售总额6000万元；有通县城公路16千米、通村公路51千米，S362省级公路塘湖段19千米；塘湖集镇距G353国道、杭瑞高速通城入口公路里程分别为6千米、19千米。行政村和居民点全部通公路。域内有主要公路桥梁11座，镇区建有临时简易客运点2个，日发客运汽车102班次，日均客运量2000余人次。境内有有线电视网络部1个，网络覆盖率100%；有邮政和电信分局各1个，邮政年业务量152万元，邮政储蓄余额过亿元，开通有程控电话2561部、宽带用户832户全年电信业务230万元。境内以种植水稻、玉米、红薯、油菜、蔬菜为主；林地经济作物有油茶、板栗、楠竹，用材林主要有松树、杉树、柏树；畜牧业以养猪、羊、鸡为主。主要经济来源以外出务工、经商和地方建材业为主。塘湖镇人文历史厚重，历史名人有：名闻鄂南的“祖孙三尚书(祖父方迪为左阁丞相尚书、父亲方琳为户部尚书、方琼为兵部尚书)”与“五里三进士(刘塘湖、汪润田、金阁壁)”，塘湖集镇是古代乐化县的县治所在地；镇域是中共领导下的湘、鄂、赣三省边区红色根据地的重要组成部分，通城县苏维埃政府曾设于狼荷村周家亭；有著名革命老人黄菊妈，以及闻名湘鄂赣边区的红军烈士刘永康、黄全德、吴氏五兄妹等。

表9　**塘湖镇2014年20户以下村庄基本情况一览表**

村庄名称	地理位置	名称由来	形成时间	户数人口
辜家	塘湖社区东南部，距居委会驻地1.5千米	以最早迁入的居民姓氏命名	元代	10户50人
老三房	塘湖社区东南部，距居委会驻地1千米	以最早迁入的居民排行命名	明代	16户55人
阴坳	塘湖社区南部，距居委会驻地1.6千米	以村庄所在的山岭名命名	清代	5户20人
枫树埚	白沙村东北部，距村委会驻地1千米	以村庄所在的地形名命名	民国时期	3户10人
花园	白沙村东部，距村委会驻地1千米	因住宅前建有花园而得名	清代	2户10人
利川屋	白沙村东部，距村委会驻地350米	以最早迁入的居民名字命名	清代	2户10人
梨树峦	白沙村东部，距村委会驻地800米	以村庄旁的树林名命名	民国时期	5户20人
罗氏埚	白沙村南部，距村委会驻地1.5千米	以最早迁入的居民姓氏和地形命名	清代	15户60人
三岔坳	白沙村东部，距村委会驻地2千米	以村庄所在的山岭名命名	1970	5户20人
上新屋	白沙村东南部，距村委会驻地2千米	因住宅为新建房屋和方位而得名	清代	2户10人
石下沟	白沙村南部，距村委会驻地2千米	以村庄所在的山沟名命名	清代	19户80人
桐树塝	白沙村东南部，距村委会驻地1.5千米	以村庄所在的坡名命名	2010	2户10人
魏家坪	白沙村南部，距村委会驻地500米	以最早迁入的居民姓氏和地形命名	清代	6户20人
下眉铺	白沙村东部，距村委会驻地1.1千米	以村庄形成初房屋用途和方位命名	清代	16户70人
下新屋	白沙村东南部，距村委会驻地1.8千米	因住宅为新建房屋和方位而得名	清代	4户20人
香翰屋	白沙村南部，距村委会驻地200米	以最早迁入的居民名字命名	清代	8户30人
谢家圳	白沙村东南部，距村委会驻地1.2千米	以最早迁入的居民姓氏和水利设施命名	1990	6户30人
杨冲	白沙村南部，距村委会驻地1.1千米	以最早迁入的居民姓氏和地形命名	元代	1户6人
赢家冲	白沙村东南部，距村委会驻地2千米	以最早迁入的居民姓氏和地形命名	清代	5户20人
张家	白沙村东部，距村委会驻地1.1千米	以最早迁入的居民姓氏命名	清代	10户40人
钟沉源	白沙村东部，距村委会驻地1千米	因村庄附近古庙有一钟被埋地下而得名	民国时期	12户50人
祝家垅	白沙村东南部，距村委会驻地1.5千米	以最早迁入的居民姓氏和地形命名	清代	6户30人
左家塆	白沙村西南部，距村委会驻地200米	以最早迁入的居民姓氏和地形命名	清代	5户20人

续表

村庄名称	地理位置	名称由来	形成时间	户数人口
戴家	大垌村西南部，距村委会驻地 1.2 千米	以最早迁入的居民姓氏命名	清代	12 户 60 人
横垌	大垌村北部，距村委会驻地 500 米	以村庄所在的山沟名命名	清代	18 户 80 人
李家	大垌村东部，距村委会驻地 500 米	以最早迁入的居民姓氏命名	清代	12 户 80 人
茶场屋	荻田村西部，距村委会驻地 1 千米	以村庄形成初房屋用途命名	明代	15 户 100 人
长屋脚下	荻田村东部，距村委会驻地 1 千米	因村庄呈线状分布而得名	清代	10 户 40 人
祠堂老屋	荻田村中部，距村委会驻地 100 米	因村庄系最早在祠堂旁建成的村庄而得名	清代	10 户 50 人
祠堂屋	荻田村中部，距村委会驻地 200 米	因村庄处祠堂旁而得名	清代	15 户 100 人
大湾屋	荻田村西北部，距村委会驻地 1.2 千米	以村庄旁的湾名命名	清代	16 户 90 人
胡家屋	荻田村东部，距村委会驻地 1 千米	以最早迁入的居民姓氏命名	宋代	7 户 30 人
罗家堂	荻田村西北部，距村委会驻地 2 千米	以最早迁入的居民姓氏命名	清代	4 户 20 人
门屋	荻田村西部，距村委会驻地 100 米	因村庄系黄姓一分支的始祖地而得名	明代	8 户 40 人
水桐塆	荻田村西部，距村委会驻地 100 米	以村庄所在的山塆名命名	明代	18 户 100 人
汪家背	荻田村西部，距村委会驻地 1 千米	因村庄处汪家的背后而得名	1999	10 户 40 人
下石马	荻田村西北部，距村委会驻地 2 千米	因上方有相同名字的村庄而得名	民国时期	10 户 40 人
香炉石	荻田村西北部，距村委会驻地 2 千米	以村庄附近的岩石名命名	清代	4 户 17 人
肖家咀	荻田村北部，距村委会驻地 1 千米	以最早迁入的居民姓氏和地形命名	清代	4 户 20 人
袁陈垌	荻田村东部，距村委会驻地 1 千米	以最早迁入的居民姓氏和地形命名	明代	13 户 50 人
大冲	阁壁村北部，距村委会驻地 3 千米	以村庄所在的山沟名命名	清代	5 户 20 人
大垌	阁壁村东部，距村委会驻地 1.6 千米	以村庄所在的山沟名命名	1966	12 户 50 人
凤伯堂	阁壁村北部，距村委会驻地 1.5 千米	以最早迁入的居民名字命名	元代	5 户 20 人
傅家	阁壁村北部，距村委会驻地 1 千米	以最早迁入的居民姓氏命名	清代	6 户 30 人
龚家	阁壁村北部，距村委会驻地 1.4 千米	以最早迁入的居民姓氏命名	清代	4 户 20 人
横屋	阁壁村东部，距村委会驻地 4.8 千米	因村庄和所在山岭方向相反而得名	明代	10 户 50 人
九峰寺	阁壁村北部，距村委会驻地 2 千米	因村庄形成前系寺宇而得名	清代	4 户 20 人
冷家冲	阁壁村北部，距村委会驻地 2 千米	以最早迁入的居民姓氏和地形命名	清代	2 户 10 人
莲形屋	阁壁村东部，距村委会驻地 5 千米	以村庄所在地形命名	1990	13 户 100 人
罗家老屋	阁壁村北部，距村委会驻地 400 米	因此居为当地罗姓一脉始居而得名	明代	18 户 80 人
毛家冲	阁壁村东南部，距村委会驻地 1 千米	以最早迁入的居民姓氏和地形命名	1966	12 户 30 人
美泉冲	阁壁村东部，距村委会驻地 1.2 千米	以村庄所在山沟名命名	1964	11 户 30 人
杉树咀	阁壁村北部，距村委会驻地 2 千米	以村庄所在山咀名命名	明代	4 户 20 人
深冲	阁壁村东部，距村委会驻地 2.8 千米	以村庄所在山沟名命名	1966	16 户 120 人
石栏屋	阁壁村北部，距村委会驻地 1.2 千米	因村庄外围砌有石栏而得名	清代	4 户 20 人
唐家冲	阁壁村东部，距村委会驻地 1.5 千米	以最早迁入的居民姓氏和地形命名	1966	10 户 60 人
塘下屋	阁壁村东南部，距村委会驻地 1.5 千米	因村庄处一池塘下方而得名	1966	17 户 90 人
五井冲	阁壁村东部，距村委会驻地 2.5 千米	以村庄所在山沟名命名	1966	4 户 20 人
下寺	阁壁村北部，距村委会驻地 1.2 千米	因村庄形成以前系寺宇而得名	明代	6 户 20 人
张家坳	阁壁村西部，距村委会驻地 200 米	以最早迁入的居民姓氏和地形命名	清代	12 户 50 人

续表

村庄名称	地理位置	名称由来	形成时间	户数人口
周冲	阁壁村西部，距村委会驻地 3 千米	以最早迁入的居民姓氏和地形命名	1966	16 户 70 人
邹家	阁壁村北部，距村委会驻地 700 米	以最早迁入的居民姓氏命名	明代	5 户 20 人
戴家坳	狼荷村东南部，距村委会驻地 2 千米	以最早迁入的居民姓氏和地形命名	明代	15 户 60 人
黄金峦	狼荷村东南部，距村委会驻地 1 千米	以村庄所在的树林名命名	民国时期	4 户 20 人
桨板冲	狼荷村南部，距村委会驻地 1 千米	以村庄所在的山沟名命名	清代	1 户 6 人
塛上屋	狼荷村东北部，距村委会驻地 500 米	因村庄处高岸上方而得名	清代	8 户 40 人
塛下屋	狼荷村东南部，距村委会驻地 600 米	因村庄处高岸下方而得名	明代	14 户 60 人
老屋	狼荷村北部，距村委会驻地 1.5 千米	因系当地刘姓一脉始居地而得名	明代	15 户 70 人
冷水井	狼荷村北部，距村委会驻地 1.5 千米	以村庄附近的水井名命名	明代	12 户 40 人
栗树塆	狼荷村北部，距村委会驻地 1.2 千米	以村庄所在山塆名命名	明代	18 户 90 人
山边洞	狼荷村东南部，距村委会驻地 1.2 千米	以村庄所在的山沟名命名	清代	5 户 20 人
四房	狼荷村南部，距村委会驻地 1 千米	以最早迁入的居民排行命名	清代	2 户 10 人
天主堂	狼荷村东南部，距村委会驻地 1 千米	以村庄形成前的教堂名命名	1930	2 户 10 人
铁山坳	狼荷村南部，距村委会驻地 1 千米	以村庄所在的地形名命名	清代	15 户 60 人
王家屋	狼荷村北部，距村委会驻地 2.5 千米	以最早迁入的居民姓氏命名	清代	9 户 40 人
五房	狼荷村东南部，距村委会驻地 700 米	以最早迁入的居民的排行命名	清代	15 户 60 人
下屋	狼荷村东南部，距村委会驻地 1 千米	以村庄所在的方位命名	清代	3 户 20 人
新屋	狼荷村北部，距村委会驻地 2 千米	因住宅系新建房屋而得名	清代	12 户 70 人
熊家	狼荷村西南部，距村委会驻地 900 米	以最早迁入的居民姓氏命名	清代	15 户 60 人
燕窝	狼荷村西南部，距村委会驻地 900 米	以村庄所在地的地形命名	清代	15 户 60 人
杨家	狼荷村东南部，距村委会驻地 1 千米	以最早迁入的居民姓氏命名	清代	6 户 20 人
油榨屋	狼荷村中部，距村委会驻地 100 米	以村庄形成之初的房屋用途命名	清代	1 户 7 人
周家亭	狼荷村东南部，距村委会驻地 1 千米	以附近的建筑物和最早迁入的居民姓氏命名	1930	1 户 6 人
坳下	雷吼村西部，距村委会驻地 1.5 千米	以所在地形和方位命名	清代	15 户 60 人
大步咀	雷吼村西部，距村委会驻地 1.5 千米	以所在地形和方位命名	清代	10 户 40 人
金家堝	雷吼村西部，距村委会驻地 1.5 千米	以最早迁入的居民姓氏和地形命名	清代	13 户 50 人
泉堝	雷吼村西南部，距村委会驻地 1 千米	以村庄所在的地形名命名	1940	10 户 30 人
田家	雷吼村北部，距村委会驻地 2.5 千米	以最早迁入的居民姓氏命名	清代	5 户 20 人
桐树堝	雷吼村南部，距村委会驻地 500 米	以村庄所在的地形名命名	清代	10 户 40 人
陈家坳	凉亭村东南部，距村委会驻地 2.2 千米	以最早迁入的居民姓氏和地形命名	清代	9 户 40 人
塅畈屋	凉亭村中部，距村委会驻地 1 千米	因村庄在平畈中而得名	民国时期	7 户 30 人
塅上	凉亭村南部，距村委会驻地 1 千米	因村庄在平畈中而得名	清代	11 户 40 人
冯家	凉亭村中部，距村委会驻地 1.2 千米	以最早迁入的居民姓氏命名	明代	14 户 50 人
干坡	凉亭村东南部，距村委会驻地 2.5 千米	因处无水源的山坡而得名	清代	6 户 30 人
港背	凉亭村西部，距村委会驻地 600 米	因处小港一侧而得名	清代	10 户 40 人
和一屋	凉亭村北部，距村委会驻地 1.8 千米	以最早迁入的居民名字命名	清代	11 户 50 人
凉亭老街	凉亭村西南部，距村委会驻地 400 米	以附近的建筑物和住宅形式命名	民国时期	18 户 70 人

续表

村庄名称	地理位置	名称由来	形成时间	户数人口
千八咀	凉亭村北部，距村委会驻地 1.5 千米	以最早迁入的居民名字和地形命名	唐代	4 户 20 人
沙垴	凉亭村北部，距村委会驻地 1.6 千米	以村庄所在的地形名命名	清代	14 户 50 人
山下屋	凉亭村西部，距村委会驻地 900 米	因处山岭下方而得名	清代	14 户 50 人
上背	凉亭村东南部，距村委会驻地 1.5 千米	因处山岭的上部侧面而得名	清代	10 户 40 人
上铺	凉亭村南部，距村委会驻地 1 千米	因在凉亭上方综合房屋用途而得名	民国时期	6 户 30 人
上屋	凉亭村西部，距村委会驻地 1 千米	因地势高高在上而得名	民国时期	9 户 40 人
石山屋	凉亭村东南部，距村委会驻地 1.4 千米	以所在山岭名命名	明代	9 户 30 人
王家祠堂	凉亭村中部，距村委会驻地 150 米	以附近的祠堂名命名	清代	3 户 20 人
下屋堂	凉亭村东南部，距村委会驻地 1 千米	因处山沟的下方综合水利设施而得名	清代	11 户 50 人
小垅	凉亭村东部，距村委会驻地 700 米	以所在的山沟名命名	清代	11 户 50 人
新屋	凉亭村南部，距村委会驻地 2.2 千米	因系新建房屋而得名	1980	12 户 50 人
姚家	凉亭村南部，距村委会驻地 2.4 千米	以最早迁入的居民姓氏命名	明代	10 户 40 人
应家咀	凉亭村西部，距村委会驻地 700 米	为晏家咀的变读	清代	5 户 21 人
白石垴	龙印村东南部，距村委会驻地 400 米	以所在地形名命名	清代	5 户 20 人
茶蔸垴	龙印村东南部，距村委会驻地 350 米	以所在地形名命名	元代	2 户 10 人
龟形咀	龙印村南部，距村委会驻地 1 千米	以所在地形名命名	清代	15 户 70 人
何裁缝	龙印村南部，距村委会驻地 2 千米	以最早迁入的居民姓氏和职业命名	清代	3 户 10 人
何家屋	龙印村东南部，距村委会驻地 800 米	以最早迁入的居民姓氏命名	清代	6 户 30 人
接脉垴	龙印村东南部，距村委会驻地 400 米	以所在地形名命名	清代	4 户 20 人
落家塘	龙印村东南部，距村委会驻地 1.5 千米	以村庄旁的池塘名命名	清代	15 户 80 人
庙背垴	龙印村东南部，距村委会驻地 1.8 千米	以所在地形名命名	清代	3 户 10 人
石咀峦	龙印村北部，距村委会驻地 2 千米	以村庄旁的树林名命名	明代	8 户 40 人
塘垴	龙印村南部，距村委会驻地 300 米	以所在地形名命名	清代	5 户 20 人
象鼻咀	龙印村北部，距村委会驻地 2.1 千米	以所在地形名命名	清代	5 户 20 人
学堂铺	龙印村东部，距村委会驻地 500 米	因所在地原开办过学校和店铺而得名	1952	17 户 80 人
八房屋	南虹村西南部，距村委会驻地 800 米	以最早迁入的居民排行命名	清代	11 户 50 人
茶垴	南虹村西北部，距村委会驻地 1 千米	以所在山垴名命名	清代	14 户 70 人
茶山上	南虹村南部，距村委会驻地 1.2 千米	以所在山岭名命名	清代	15 户 70 人
长垴夏家	南虹村西部，距村委会驻地 2 千米	以地形名和居民姓氏命名	清代	10 户 40 人
大垴垅	南虹村西北部，距村委会驻地 1 千米	以所在地形名命名	清代	15 户 70 人
方家屋	南虹村西南部，距村委会驻地 600 米	以最早迁入的居民姓氏命名	明代	11 户 40 人
黄谷岭	南虹村西北部，距村委会驻地 2.5 千米	因村庄所在地为旧时晒稻谷场地而得名	清代	13 户 60 人
加工厂	南虹村西北部，距村委会驻地 2 千米	以村庄形成前房屋用途命名	1980	12 户 50 人
螺形余家	南虹村南部，距村委会驻地 1 千米	以地形名和居民姓氏命名	清代	13 户 80 人
沙垴	南虹村西北部，距村委会驻地 3 千米	以所在地形名命名	清代	10 户 40 人
上南虹桥	南虹村东南部，距村委会驻地 1.2 千米	因处南虹桥上游而得名	清代	7 户 30 人
石马坳	南虹村西南部，距村委会驻地 500 米	因村庄处在似马匹的石块下方而得名	清代	7 户 20 人

续表

村庄名称	地理位置	名称由来	形成时间	户数人口
炭埚	南虹村西北部，距村委会驻地 1.5 千米	以所在地形名命名	明代	18 户 90 人
下南虹桥	南虹村东南部，距村委会驻地 1.3 千米	因村庄处在南虹桥下游而得名	清代	5 户 20 人
鱼形屋	南虹村西部，距村委会驻地 2 千米	因村庄处在似鱼状的山岭下方而得名	清代	10 户 50 人
赵家庄	南虹村西南部，距村委会驻地 900 米	以最早迁入的居民姓氏命名	清代	3 户 10 人
道观	润田村西部，距村委会驻地 1 千米	以村庄附近的观名命名	清代	6 户 30 人
夹井	润田村北部，距村委会驻地 2.5 千米	以所在的地形名命名	明代	15 户 80 人
金家	润田村东北部，距村委会驻地 1.5 千米	以最早迁入的居民姓氏命名	清代	9 户 40 人
老案	润田村北部，距村委会驻地 3 千米	因系古时捉妖行法之处而得名	元代	15 户 80 人
周家	润田村北部，距村委会驻地 2 千米	以最早迁入的居民姓氏命名	清代	12 户 60 人
冲头	石港村西部，距村委会驻地 2 千米	因村庄处在山沟上端而得名	1981	10 户 40 人
坟下	石港村北部，距村委会驻地 3 千米	因上方有坟墓而得名	清代	15 户 60 人
坟下上屋	石港村北部，距村委会驻地 3 千米	因下方有同名村庄而得名	清代	19 户 80 人
坟下下屋	石港村北部，距村委会驻地 3 千米	因上方有同名村庄而得名	清代	13 户 50 人
胡冲	石港村西部，距村委会驻地 2.2 千米	以最早迁入的居民姓氏和地形命名	清代	11 户 40 人
檵杈峦	石港村东部，距村委会驻地 400 米	以附近树林名命名	1979	8 户 30 人
石老屋	石港村东部，距村委会驻地 1 千米	因后方有石山综合迁入居民年龄而得名	清代	12 户 50 人
王团屋	石港村南部，距村委会驻地 1 千米	以最早迁入的居民的姓名命名	清代	19 户 80 人
香炉石	石港村东部，距村委会驻地 2.1 千米	以附近的石块名命名	清代	9 户 40 人
徐家	石港村北部，距村委会驻地 2.6 千米	以最早迁入的居民姓氏命名	清代	9 户 40 人
徐家新屋	石港村北部，距村委会驻地 2.6 千米	因系新建房屋综合居民姓氏而得名	1968	4 户 20 人
学堂湾	石港村南部，距村委会驻地 2.1 千米	因村庄处在河水拐弯处综合旧时办过学校而得名	1977	12 户 50 人
株峦咀	石港村东部，距村委会驻地 500 米	以所在山咀名命名	1980	10 户 40 人
白沙垅屋	石坪村南部，距村委会驻地 2.5 千米	以所在山沟名命名	2001	10 户 40 人
东山屋	石坪村北部，距村委会驻地 400 米	以所在山岭名命名	清代	17 户 100 人
官路上	石坪村西北部，距村委会驻地 500 米	以所在的道路名命名	1984	12 户 50 人
金家屋	石坪村南部，距村委会驻地 1.5 千米	以最早迁入的居民姓氏命名	清代	17 户 80 人
岭下	石坪村南部，距村委会驻地 1.5 千米	因村庄处在山岭下方得名	清代	11 户 50 人
柳家垅	石坪村北部，距村委会驻地 800 米	以最早迁入的居民姓氏和地形命名	清代	16 户 60 人
六房	石坪村西部，距村委会驻地 600 米	以最早迁入的居民排行命名	明代	17 户 70 人
麻塝屋	石坪村南部，距村委会驻地 1.4 千米	以所在山坡名命名	1986	8 户 30 人
桥下屋	石坪村南部，距村委会驻地 2.5 千米	因处石桥下方得名	民国时期	16 户 70 人
沙山坳	石坪村西部，距村委会驻地 450 米	以所在山岭名命名	1982	11 户 50 人
乌石坳	石坪村东部，距村委会驻地 2 千米	以所在山岭名命名	清代	9 户 40 人
虾形屋	石坪村南部，距村委会驻地 2 千米	以所在地形名命名	清代	14 户 70 人
袁家庄	石坪村东部，距村委会驻地 1.5 千米	以最早迁入的居民姓氏命名	1960	8 户 30 人
白竹埚	狮子村西北部，距村委会驻地 1.2 千米	以所在的山埚名命名	清代	14 户 30 人
堤外	狮子村西北部，距村委会驻地 1 千米	因村庄处在坪头仑水库堤坝外而得名	1968	17 户 60 人

续表

村庄名称	地理位置	名称由来	形成时间	户数人口
飞山张家	狮子村西北部，距村委会驻地 1.7 千米	以所在山岭名和居民姓氏命名	明代	15 户 60 人
高墈	狮子村北部，距村委会驻地 1.1 千米	因村庄后方有一高岸故称	1979	7 户 30 人
井垴峦	狮子村北部，距村委会驻地 1.2 千米	以村庄所在地形名命名	清代	10 户 30 人
老李家垴	狮子村西南部，距村委会驻地 500 米	因村庄有居民分支外迁而得名	清代	10 户 40 人
漂家垴	狮子村南部，距村委会驻地 600 米	因房屋漂亮和地形故称	民国时期	7 户 20 人
坪头仑老屋	狮子村西北部，距村委会驻地 1.3 千米	因所在地形并综合有子孙分支外迁而得名	清代	18 户 70 人
蛇咀	狮子村北部，距村委会驻地 1 千米	以所在地形名命名	1980	9 户 30 人
四房屋	狮子村西北部，距村委会驻地 1.5 千米	以最早迁入的居民排行命名	清代	13 户 50 人
小水屋	狮子村西南部，距村委会驻地 1.2 千米	因所在地仅有少量地下水而得名	清代	6 户 30 人
新李家垴	狮子村南部，距村委会驻地 600 米	因系新建房屋综合原居名而得名	清代	16 户 60 人
周家屋	狮子村西北部，距村委会驻地 1.5 千米	以最早迁入的居民姓氏命名	清代	16 户 60 人
白屋	图垅村西部，距村委会驻地 700 米	以房屋外墙的颜色命名	清代	12 户 60 人
加工厂	图垅村南部，距村委会驻地 1.2 千米	以村庄形成前的房屋用途命名	中华人民共和国成立后	6 户 40 人
榔树塆	图垅村西部，距村委会驻地 500 米	以所在山塆名命名	清代	12 户 60 人
沈家垴	图垅村西部，距村委会驻地 2 千米	以最早迁入的居民姓氏和地形命名	清代	12 户 70 人
杨家	图垅村西部，距村委会驻地 1.2 千米	以最早迁入的居民姓氏命名	清代	11 户 70 人
圆头垴	图垅村南部，距村委会驻地 2 千米	以所在地形名命名	清代	6 户 40 人
林家	望湖村东部，距村委会驻地 2 千米	以最早迁入的居民姓氏命名	清代	14 户 40 人
芦林屋	望湖村东南部，距村委会驻地 700 米	因所在地古时长有成片芦苇而得名	清代	4 户 20 人
油庄	望湖村东北部，距村委会驻地 600 米	以村庄形成初期居民职业命名	清代	2 户 4 人
曾家湾	望湖村南部，距村委会驻地 700 米	以最早迁入的居民姓氏和地形命名	清代	5 户 40 人

第二节　塘湖社区及所属聚落

【塘湖社区】　塘湖镇辖社区，镇人民政府驻地，居委会驻地塘湖集镇新街，距镇人民政府驻地西政街 1 号约 800 米。东起西家垅、林湾、三千塅；南连竹牌碑和下大厦，西以城墙山为界与大白村接壤直达南虹古桥，北与狮子村紧邻，辖区面积约 2.174 平方千米。地处塘湖地片而得社区名。1950 年，属通城县东区塘湖乡、狼荷乡；1958 年人民公社化，设阳光大队，属崇阳县麦市(先锋)人民公社塘湖管理区；1961 年恢复区镇建制，阳光大队分设为月形、塘湖、郭家、狮子大队，属通城县麦市区塘湖公社；1971 年，月形、塘湖、郭家、狮子大队合并为塘湖大队，属麦市区塘湖公社；1975 年撤区并社，属塘湖公社；1981 年，塘湖大队分设为塘湖(塘湖、月形)、郭家、狮子大队，其中狮子大队划出；1984 年设区建乡，塘湖、郭家大队变更为塘湖、郭家村，属麦市区塘湖乡；1987 年区乡体制改革，属黄袍镇；1989 年，塘湖村划出的老街与郭家村划出的凤形屋组建塘湖居委会(老街、凤形屋)，划出老街的塘湖村仍为塘湖村，划出凤形屋的郭家村仍为郭家村；1992 年，黄袍镇分设为黄袍乡、塘湖镇，属塘湖镇；2004 年，塘湖村、郭家村、塘湖居委会合并为塘湖社区。下辖 11 个农村居民点，有 3 个城镇居民点。居民有刘、金、王、李、戴、徐、陈、葛、黄、汪、余、瞿、张、夏、廖、胡、卢、蔡、何、方等姓，以刘姓为主。2014 年，在新街建起了一栋三层建筑面积 600 平方米的居委会办公楼，设有便民服务厅等。区境距 S362 省道、G353 国道、杭瑞高速通城入口公路里程分别约 3 千米、6 千米、19 千米，居民点全部通公路。2014 年，居民常住 2160 户 5400 人，有耕地面积 80.2 公顷，其中水田 54.2 公顷，旱地 135 公顷，山林 133.3 公顷。居民以种植水稻、油菜为主，经济来源以务工、经商、务农为主，年人均纯收入 10157 元。

塘湖垅地片　属塘湖镇辖。该地片以塘湖社区为中心，东起石港龙湾交界的枫山坳，南至戴家坳，西连岳家坳，北接周公坳，辖区面积约 8 平方千米。有 50 多个自然村落。区境距 S362 省道、G353 国道、杭瑞高速通城入口公路里程分别约 2 千米、6 千米、19 千米，居民点全部通公路。2014 年，有村民 1200 户 6000 人，水田 266 公顷，旱地 80 公顷，山林 100 公顷。

老街小区(南湖街)　属塘湖镇塘湖社区，位于社区北部，距社区居委会驻地新街约 700 米。该街道从集镇中心凤形屋自北向南延伸，呈南北走向转东西向，长 700 米、宽 15 米，是塘湖至麦市的主通道。东起凤形屋居民点，西至狮子一桥，南至铁山桥，北至城隍庙。因此街建成时间较早，为人员集中居住且有一定规模的城镇居民区，故称作老街小区，又称南湖街。街道两旁有居民 70 户内有塘湖加油站、液化气站，塘湖派出所、电信分局、人力资源和社会保障分局、食品药品监督所、林业站、国土所等企事业单位和刘洋超市、塘湖中学及各类商店。2014 年，有居民 213 户 1090 人。

西政街小区　属塘湖镇塘湖社区，该街道从塘湖集镇中心凤形屋自东向西延伸，长 500 米、宽 15 米。因处塘湖集镇中心以西，为镇政府机关及其部门集中地而得名。该街道于 1983 年 8 月份开始拓宽兴建，1987 年和 1997 年进行了两次道路拓宽和路面硬化。街道两边建有塘湖家电城、刘洋超市、塘湖中学、塘湖农商银行、塘湖餐馆、塘湖镇人民政府机关及其司法所、安监办、综合办、信访办、民政办筹内设机构，以及塘湖镇文体服务中心、畜牧兽医技术中心、农业技术服务中心、计划生育服务中心等单位；还有塘湖镇财政所、供电所、邮政分局、广电网络部等企事业单位。该街道北连接狮子村狮子桥，是通往县城的主要交通要道。2014 年，有居民 145 户 690 人。

新街小区(元帅路)　属塘湖镇塘湖社区，位于塘湖集镇中心，为社区居委会驻地，距塘湖镇人民政府驻地西政街约 800 米。呈东西转南北走向，东起北门坳，西至狮子二桥，南连下港屋，北至加油站。因其为新建成的街道，人员居住集中且形成一定规模的城镇居民区，故称新街小区，又称元帅路。2006 年动工，2007 年建成，2013 年扩建，逐步形成新街道。街道全长约 900 米，有来自塘湖、麦市、关刀、沙堆、四庄 5 个乡镇 130 余户居民和崇阳县高枧乡 10 户居民定居街道两边，是塘湖集镇商贸、餐饮、服务业较为集中的主要街道之一。2014 年，有居民 156 户 740 人。

戴家　属塘湖镇塘湖社区，位于社区东南部，距社区居委会驻地新街约 1.2 千米。东、南邻辜家，北近郭家垅新屋，西靠富家堂。元代，戴兴义(1254—1328)来此建房定居，以其姓氏命村庄名。2014 年末有居民 25 户 110 人，水田 55 亩，旱地 15 亩，山林 100 亩。

凤形屋(又名凤山下)　属塘湖镇塘湖社区，位于社区东南部，北距社区居委会驻地新街约 600 米。东郭路由此穿过，东依胥林山凤形，南靠塘湖派出所，西距富家堂约 200 米，北接塘湖集镇。该屋后面有小山形似凤凰，称凤形山。明代，刘姓居民在山下建房定居，以山名命村庄名。2014 年，有居民 35 户 140 人，水田 42 亩，旱地 10 亩，山林 100 亩。

富家堂　属塘湖镇塘湖社区，位于社区东南部，距社区居委会驻地新街约 1 千米。东邻郭家垅、戴家屋，南连狼荷村下屋，西靠塘湖中心完小，北接塘湖集镇南湖路。元代，该屋是刘姓储聚钱粮的享堂。明初，刘原达(1365—1473)在此定居，由于他理财有方，享堂财物迅速增加，家道更为兴隆，故称为富家堂。2014 年，有居民 55 户 225 人，水田 135 亩，旱地 30 亩，山林 21 亩。

郭家垅屋　属塘湖镇塘湖社区，位于社区东南部，距社区居委会驻地新街约 1 千米。东靠胥林山，南邻戴家屋，西距富家堂，北连塘湖派出所。

该居民点西侧有一垅田，元代，郭姓在此定居，故名郭家垅。明代，郭姓外迁，刘仕祥(1396—1458)迁入定居，仍用原村庄名。2014年，有居民50户250人，水田150亩，旱地50亩，山林150亩。出生于该居民点的刘青(1908—1938)，1930年参加革命，历任大冶县委委员、县苏维埃主席、大冶县红军独立营政委，参加第四、五次反围剿，后随军长征，1935年到达延安后改名刘青，1937年调回湖北，1938年正式选为湖北省委委员，任中共鄂中特委书记，鄂南特委组织部部长，同年10月与宣传部部长黄全德到阳新大冶组织抗日时遇害。

黄塅屋(又名王檀屋)　属塘湖镇塘湖社区，位于社区西南部，距社区居委会驻地新街约1.2千米。坐落在城墙山北麓，东临狼荷港，南接塘湖大白公路，西、北临一片平地。明末，有一黄姓老者在此结草为庐，孑然一身，无依无靠。他种有一种名为王檀的水果树，果实硕大如球，当时住铁山坳大厦屋的刘兴明(1590—1636)经常接济他，因此老者将此地赠予刘兴明，刘兴明也谨遵承诺，晚年为其行赡养之责，死后予以安葬。后来刘兴明为了耕作方便，在此处建造了房屋，形成了定居点。为不忘旧主恩情，依老者姓氏综合地形命村庄名为黄塅屋。2014年，有居民40户200人，水田140亩，旱地30亩，山林100亩。

上港屋　属塘湖镇塘湖社区，位于社区东南部，距社区居委会驻地新街约1千米。其东起细港拱桥，西至狼荷港边，南连富家堂和塘湖中心完小，北邻下港屋。此地坐落在狼荷港下游(旧时)第一弯道的上侧，以弯为轴与下港屋相互对应，清代，刘天仪(1656—?)在此建房定居，故称为上港屋。2014年，有居民60户270人，水田150亩，旱地35亩。

下港屋(又名港下屋)　属塘湖镇塘湖社区，位于社区中部，距社区居委会驻地新街约300米。东连细港，南接上港屋，西邻狼荷港，北临龙印港。清乾隆年间，刘金夫人(1678—1754)率领孙儿历经数载在此建造有18个石板天井的大庄园，因该屋坐落在狼荷港的下游，故称下港屋或港下屋。2014年有居民75户320人，水田130亩，旱地58亩。

月形屋　属塘湖镇塘湖社区，位于社区西南部，距社区居委会驻地新街约1.4千米。该屋东倚黄塅屋，西连大白方家，南靠月形山岗，北对龙印大港与对岸岭上屋隔河相望。明代，文林郎刘原善(1368—1431)与原达、原英、原泽兄弟分支后，在此居民点东北上方30米处建房定居创立车田门第。清代，刘功也(1693—1744)在此定居，因住宅后方为一弧形山丘，酷似一轮弯月，门前更有一汪清泉，恰似水星凌月，故称村庄为月形屋。2014年，有居民30户150人，水田90亩，旱地30亩，山林100亩。

第三节　白沙村及所属聚落

【白沙村】　塘湖镇辖村，位于塘湖镇南部，村委会驻地窑上，距塘湖中心集镇10千米。东邻凉亭村，南接麦市镇李塅村，西连麦市集镇，北靠图垅村，辖区面积4.446平方千米。因域内有地片名白沙塅而得村名。1950年，属通城县白沙乡东方四社、石坪乡石农一社；1958年人民公社化，东方四社更名白沙大队，石农一社更名李塅大队，属崇阳县麦市(先锋)人民公社麦市管理区；1961年恢复区镇建制，属通城县麦市区李塅公社；1975年撤区并社，属麦市公社；1981年，李塅大队分设为李塅(划出)、祝垅大队，白沙大队未变；1984年设区建乡，白沙、祝垅大队分别变更为白沙、祝垅村，属麦市区凉亭乡；1987年区乡体制改革，属黄袍镇；1992年，黄袍镇分设为塘湖镇、黄袍乡，属塘湖镇白沙、祝垅村；2001年调整乡镇行政区划，仍属塘湖镇；2004年，白沙、祝垅村合并为白沙村。境内有大小庙宇2座，加油站2个，幼儿园1所，村卫生室1个。1996年，白沙小学被改建成村办公楼，占地面积1600平方米，建筑面积600平方米，内设便民服务厅、党员活动室等，下辖8个村民小组，有26个农村居民点。村民有罗、葛、刘、杜、王、祝、伍、金、戴、潘、李、侯、吴、黄、丁、陆、田等姓，以罗、葛姓为主。S259省道傍村而过、村域距G353国道、杭瑞高速通城入口公路里程分别为3千米、24千米，居民点全部通公路。2014年，有居民480

户1680人，水田114.8公顷，旱地46.1公顷，山林233.3公顷。村民主要种植水稻、红薯、蔬菜等，兼养猪、牛、鸡、鸭、鱼，经济来源以务农、务工为主，部分人经商，年人均纯收入7242元。

白沙塅地片　属塘湖镇白沙村，位于白沙村西北部，距塘湖中心集镇10千米。东邻凉亭村，南接麦市镇李塅村，西连麦市集镇，北靠图垅村。此地为面积较大的平地。又因是白色沙土壤，故称白沙塅。辖区版图面积2.1平方千米，下辖5个村民小组，有15个居民点。S259省道傍村而过，村域距G353国道、杭瑞高速通城入口公路里程分别为3千米、24千米，居民点全部通公路。2014年，有居民282户1130人，水田77.1公顷，旱地20.4公顷，山林100公顷。

祝垅地片　属塘湖镇白沙村，位于白沙村东南部，距塘湖中心集镇11千米。东邻石坪村，南靠麦市镇李塅村，西连相眼桥，北接谢家圳。因域内有居民点名祝家垅而得地片名。下辖3个村民小组，有11个居民点。S259省道傍村而过，村域距G353国道、杭瑞高速通城入口公路里程分别为3千米、24千米，居民点全部通公路。2014年，有居民198户550人，水田37.7公顷，旱地25.7公顷，山林133.3公顷。

方家埚　属塘湖镇白沙村，位于白沙村西南部，距村委会驻地窑上200米。东接白沙村卫生室，西邻晏家冲，南邻杏树埚，北靠马王冲山。此地是一片四周地势高中间低凹的山地，古时属方姓居民，故名。1968年，王彦柏(1927—2006)建房定居于此，仍用原村庄名。2014年，有居民54户280人，水田101亩，旱地86亩，山林55亩。

锡家坳　属塘湖镇白沙村，位于白沙村南部，距村委会驻地窑上1.2千米。东接青龙咀，西连川坳，南邻南大公路，北靠主形山。此地处山岭分水处，相传古时此地山坳边住1户人家，房屋地基为主家所赠，故命村庄名为锡家坳。后来，此户外迁。明代，葛茂春(1410—1489)迁入定居，仍用原村庄名。2014年，有居民29户110人，水田110亩，旱地55亩，山林110亩。

晏家冲　属塘湖镇白沙村，位于白沙村西部，距村委会驻地窑上800米。东接方家埚，西邻麦市集镇，南靠杨冲，北连圳头垅。此地为长条形山沟，元代，晏姓在冲内定居，故名。后因战乱晏姓外迁。葛启明(1956—　)及圳头垅、杨冲、祝垅和石坪等地的罗、祝、黄、金、戴、潘、刘等姓居民陆续在此建房定居，建成合面街式的居民点，仍用原村庄名。因此地距麦市集镇约1千米，故又名“一公里”。2014年，有居民34户160人，水田6.4公顷，旱地2.1公顷，山林2公顷。

窑上　属塘湖镇白沙村，位于白沙村中部，为村委会驻地，距塘湖中心集镇10千米。东邻白沙河，西靠窑背梗，西、南连塘麦公路，北靠窑上。此地古为生产陶器制品的地方，筑有窑洞，故名。民国时期，王仁瑞(1895—?)从图垅迁窑洞上首定居，以窑及住宅方位命村庄名。2014年，有居民4户20人，水田9亩，旱地8亩，山林15亩。

张家垅　属塘湖镇白沙村，位于白沙村东部，距村委会驻地窑上600米。东接钟沉源，西连白沙桥，南邻利川屋，北靠枫树埚后山丘。此地为三面环山，中间狭长的梯形田地，古时为张姓居民业产，故名。1956年，葛启甲(1915—1983)在垅内建房定居，以垅名命村庄名。2014年，有居民30户150人，水田70亩，旱地40亩，山林32亩。

圳头垅　属塘湖镇白沙村，位于白沙村西北部，距村委会驻地窑上1.2千米。东连白沙塅，西接麦市集镇，南邻杨冲，北靠图垅村。此地为山沟，元代，罗宠(1277—1376)踏雪赏景，见此处热气腾升，毫无雪痕，近观之有清泉一泓，水温热，料此处必是好地方，于此处奠基盖房，在门前开挖一条过水圳，故名圳头垅。2014年，有居民20户60人，水田45亩，旱地30亩，山林25亩。该居民点建有农庄，主营旅游、餐饮、休闲、住宿、聚会、卡拉OK等，特色菜有烧土鸡、手工红薯粉、自制腌腊土猪肉、野生鱼等。该居民点始祖罗宠，原籍江西南昌府柏林村人，为避兵灾，携眷于元末迁麦市石嘴头，继迁于此。以博学多才闻名于世，后任武昌府府尉。出生于该居民点的杜龙林(1929—　)，历任鄂城县委副书记兼人大常委会主任、鄂城市统战部部长、市政协党组副书记、副主席、省政协委员等职。

第四节　大埚村及所属聚落

【大埚村】　塘湖镇辖村，位于塘湖镇东部，村委会驻地大埚屋，距塘湖中心集镇8千米。东与崇阳县高枧乡义源村洞下屋接壤，南与望湖村相连，西邻白水崖，与荻田村接壤，北与雷吼村相连，辖区面积6平方千米。因域内有居民点名大埚而得村名。1950年，属通城县黄袍乡大埚村；1958年人民公社化，分设大埚、汤家大队，属崇阳县麦市(先锋)人民公社黄袍管理区；1961年恢复区镇建制，属通城县麦市区黄袍公社；1971年，大埚、汤家、望湖(划进)大队合并为友好大队；1975年撤区并社，属黄袍公社；1981年，友好大队分设为大埚、望湖(划出)大队；1984年设区建乡，大埚大队变更为大埚村，属麦市区黄袍乡；1987年区乡体制改革，属黄袍镇；1992年，黄袍镇分设为黄袍乡、塘湖镇，属黄袍乡大埚村；2001年调整乡镇行政区划，黄袍乡、塘湖镇合并为塘湖镇。2010年建村委会办公楼，占地面积120平方米，建筑面积160平方米，内设便民服务厅等。下辖7个村民小组，有13个农村居民点。域内有大埚小学及幼儿园、大盘山电站、白水崖电站、麻岭水库、白水崖水库；居民有黄、吴、傅、李、刘、王、张、胡、汪、陈等姓，以黄、吴两姓为主。有白玉寺、颍川世第、鲁直第、文定世第、伐桂书院、仙人埂、城墙崖、奶石、响石坪、白石林等纪念地和旅游景点；湘鄂赣省委党校、修通县委、县苏维埃驻地旧址、吴氏革命烈士墓群、大埚山烈士纪念碑等建筑物；大小塘堰14处；汤家港、石下港、老屋井、上头井、下头井、大埚门前井、大泉口、夜珠窝下屋井、汤家井、横堂井、木匠屋井等陆地水系，以及华罗寨、大埚山、郑家岭等陆地山系。S259省道傍村而过，村境距G353国道、杭瑞高速通城入口公路里程分别为15千米、33千米，居民点全部通公路。2014年，有居民475户1920人，耕地149.5公顷(其中水田73.5公顷)，山林354.7公顷。村民以种植水稻、玉米、红薯、油菜、蔬菜为主，经济来源以务农、务工为主，年人均纯收入4389元。

石下地片　属塘湖镇大埚村，位于大埚村西南部，距塘湖中心集镇8千米。东接汤家屋，西邻荻田徐嫁山，南连望湖村大湾，北靠石下港。因此地山岭上有一片大石崖，地片处石崖之下，故名。下辖2个组，有5个居民点。S259省道傍村而过，村境距G353国道、杭瑞高速通城入口公路里程分别为15千米、33千米，居民点全部通公路。2014年，有居民145户580人，水田36公顷，旱地24公顷，山林119.5公顷。

坳背　属塘湖镇大埚村，位于大埚村西部，距村委会驻地大埚屋2.2千米。东接戴家屋，西邻乳头山，南连木匠屋，北靠新屋。此地为山岭分水处，清代，黄、吴姓先后于山坳侧建房定居，故称村庄为坳背。2014年，有居民50户220人，水田120亩，旱地55亩，林地500亩。

大埚　属塘湖镇大埚村，位于大埚村东部，为村委会驻地，距塘湖中心集镇8千米。东连崇阳高枧乡义源村，西接荻田村红河电站桥，南连横埚，北接夜珠埚。此地有山岭，呈周边高中间低形状，面积较大，故名大埚。清初，黄均宠(1646—1700)从中屋迁居至此定居，以埚名命村庄名。2014年，有居民85户380人，水田187亩，旱地103亩，山林921亩。

横堂屋　属塘湖镇大埚村，位于大埚村南部，距村委会驻地大埚屋1.2千米。东接戴家，西邻乳头山，南接新屋，北靠木匠屋。清代，黄姓在此建房定居，因住宅堂屋后方是一座与堂屋方向相反的山脉，故称横堂屋。2014年，有居民40户150人，水田50亩，旱地50亩，山林400亩。

木匠屋　属塘湖镇大埚村，位于大埚村南部，距村委会驻地大埚屋1.2千米。东接汤家，西邻大泉，南连横堂屋，北靠望湖村大湾。清代，刘姓木工在此建房定居，以其职业命村庄名。2014年，有居民30户140人，水田165亩，旱地82亩，山林400亩。

上屋　属塘湖镇大埚村，位于大埚村北部，距村委会驻地大埚屋800米。东靠公路，西邻中屋，南、北接茅栗埂。明代，黄松山(1539—1609)率其子孙在原居下屋的上方择基新建房屋，故称此屋为上屋。又因此地历史久远，又称作老屋。2014年，有居民12户60人，有水田30亩，旱地 15 亩，山林 30 亩。出生于该居民点的黄亮安(1901—1947)，1937 年抗战爆发后，随军参加淞沪会战、四行仓库保卫战，是"八百壮士"之一。

汤家 属塘湖镇大埚村，位于大埚村北部，距村委会驻地大埚屋 1 千米。东接大盘山，西邻白水岩水库，南连夜珠埚，北靠望湖村大湾。古代，汤石生在此建房定居，以其姓氏命村庄名为，因瘟疫而绝后。明末，吴光环(1599—1664)迁此建房定居，仍用原村庄名。2014 年，有居民 75 户 300 人，水田 185 亩，旱地 80 亩，山林 880 亩。

下屋 属塘湖镇大埚村，位于大埚村北部，距村委会驻地大埚屋 700 米。东邻中屋，南临公路，西接郑家岭，北倚屋堂坪。明代，黄松山(1539—1609)从郑家岭迁居至此，后在此宅上方另择基新建房屋，故称此屋为下屋。2014 年，有居民 12 户 60 人，水田 30 亩，旱地 15 亩，山林 20 亩。出生于该居民点的黄厚来(1959—)，历任通城县人武部政委、县人大常委会副主任。

新屋 属塘湖镇大埚村，位于大埚村西北部，距村委会驻地大埚屋 1.2 千米。东接夜珠埚，西邻乳头山，南连横堂屋，北靠横堂屋边。明代中期，黄均九从中屋迁此建新房定居，故得名。2014 年，有居民 35 户 140 人，水田 75 亩，旱地 35 亩，山林 348 亩。

夜珠埚(野猪埚) 属塘湖镇大埚村，位于大埚村北部，距村委会驻地大埚屋 250 米。东接大埚山，西邻白水岩，南连汤家，北靠大埚屋。此地有山岭，名龙形山，山脚有一周边高中间低的地形，传说山头龙眼夜放光彩，故名夜珠埚。又传古时吕洞宾在黄袍山上晒袍，收袍时掉了一颗珠子，每至深夜，闪闪发光，故得名。又因附近山上茅柴杂树丛生，有野猪出没，加之"野猪""夜珠"方言同音，故又名野猪埚。2014 年，有居民 45 户 220 人，水田 185 亩，旱地 95 亩，山林 904 亩。

中屋(方家埚) 属塘湖镇大埚村，位于大埚村北部，距村委会驻地大埚屋 700 米。东临黄金岭公路，南连大埚屋茅栗埂，西接雷吼村续家垅，北邻崇阳县高枧乡义源村、桃花村。明代，黄松山(1539—1609)从郑家岭迁居下屋，后择基建房于上屋(老屋)，再后来定居于方家埚。由于此地处下屋和上屋(老屋)中间，故命村庄名为中屋。2014 年，有居民 87 户 350 人，水田 187 亩，旱地 108 亩，山林 920 亩。

第五节 荻田村及所属聚落

【荻田村】 塘湖镇辖村，位于塘湖镇东部，村委会驻地下荻田，距塘湖中心集镇 4 千米。东与雷吼村、大埚村毗邻，西接石港村，南靠望湖洞，北连润田村，辖区面积 6.5 平方千米。因域内有地片名荻田而得村名。1950 年，设立荻田乡，隶属麦市区；1958 年人民公社化，分设为石马、荻田、茶场、中心大队，属崇阳县麦市(先锋)人民公社黄袍管理区；1961 年恢复区镇建制，属通城县麦市区黄袍公社；1970 年，石马、荻田大队合并为联合大队，茶场、中心大队合并为团结大队，联合、团结大队合并为联合大队；1975 年撤区并社，属黄袍公社；1981 年，联合大队更名荻田大队；1984 年设区建乡，荻田大队变更为荻田村，属麦市区黄袍乡；1987 年区乡体制改革，黄袍乡变更为黄袍镇；1992 年，黄袍镇分设为黄袍乡、塘湖镇，属黄袍乡；2002 年 2 月，属塘湖镇。下辖 16 个村民小组，有 30 个农村居民点。居民有刘、夏、葛、黄、汪等近 100 个姓氏，以夏、黄、汪姓为主。2014 年建成村委会办公楼，砖混结构二层仿古建筑，建筑面积 520 平方米，设有便民服务厅等。村内有擂鼓坪桥、木形嘴桥、石马桥、荻田桥、蜂火桥、红河桥 6 座公路桥梁。发源于槐寮寨、天井埚、铁门栈的三条河流汇入荻田，注入菖蒲港水系。有水库 4 处水面 117.5 亩，水塘 25 口水面 72 亩。灌溉水渠 6 条、8652 米。檵杈峦、王荻岩、新屋、木形嘴、罗家堂、桐树丘 6 座泵站分在村内各处，总装机 110 千瓦，还有咸宁国家电网荻田 3.5 千伏输变电站，红河、三级、大泉、河马港 4 座水电站。其他各类单位还有：运输客运 28 户客运站一个；采石场石材工艺厂 4 家，农民专业合作社 4 个，汽修点 1 个；年产 1 万锭的纺织公司 1 家，1 所中学、1 所中心完小学校；个体商业网点 76 个；其他如幼儿园、卫生所、农资农家超市、福利院、农家书屋、美容美发、平价药店、娱乐休闲、球类健身等服务设施齐全。这里是大革命时期黄袍苏区的中心，县苏维埃旧址和原黄袍历届政府所在地。著名的景点有：罗荣桓早期革命活动纪念馆、苏维埃旧址、鄂南革命烈士纪念馆、黄袍革命烈士纪念碑、红河革命烈士公园；香火鼎盛的宋代古刹白玉寺、保持完整的古建筑——黄氏宗祠；白水崖瀑布；玉笋林立、幽深曲折的大泉洞。该村是湖北省旅游名村和新农村建设示范村。S259 省道经过该村，村境距 G353 国道、杭瑞高速通城入口公路里程分别为 16 千米、33 千米，居民点全部通公路。2014 年，有 801 户 3010 人。耕地 226 公顷，山林 258 公顷，油茶 133.3 公顷，板栗 66.7 公顷。村民主要种植水稻、油茶、板栗，经济来源主要以务农、务工、运输为主，兼经商，年人均纯收入 5603 元。

茶场塅地片 属塘湖镇荻田村，位于荻田村西部，距塘湖中心集镇 4 千米。东邻下荻田塅，西接五龟寻母，南连朝祝山，北邻石马地片。塅内有居民点名茶场而得地片名。下辖 4 个村民小组，有 10 个居民点。S259 省道经过该村，村境距 G353 国道、杭瑞高速通城入口公路里程分别为 16 千米、33 千米，居民点全部通公路。2014 年，有居民 189 户 810 人，水田 31.6 公顷，旱地 27 公顷，山林 90 公顷，

上荻田塅地片 属塘湖镇荻田村，位于荻田村东部，距塘湖中心集镇 4 千米。东接嫦娥山，西邻下荻田地片，南连大泉洞，北靠石马地片。荻田村域内东南有一块面积约 3 平方千米的小平畈，东有从白水崖流下的小溪，溪水向西流过 1 千米后汇入从南向北流的小溪，将小平畈围成三面临溪的河滩。古时，沿河滩地长有大片的莲花，故称此小平畈为莲花塅。后来，洪水冲击河滩，莲花无存而生长荻草，人们除掉荻草，将河滩垦为农田，故改称荻田塅。荻田塅依地势分，有上、下部分，此地片处上部，故称上荻田塅。下辖 4 个村民小组，有 7 个居民点。S259 省道经过该村，村境距 G353 国道、杭瑞高速通城入口公路里程分别为 16 千米、33 千米，居民点全部通公路。2014 年，有居民 229 户 760 人，水田 30 公顷，旱地 27.3 公顷，山林 90.4 公顷。

石马塅地片 属塘湖镇荻田村，位于荻田村北部，距塘湖中心集镇 4 千米。东起嫦娥山脚，南连牛形，西邻国咀坳，北靠思姑尖。因塅内有居民点名石马而得地片名。下辖 4 个村民小组，有 6 个居民点。S259 省道经过该村，村境距 G353 国道、杭瑞高速通城入口公路里程分别为 16 千米、33 千米，居民点全部通公路。2014 年，有居民 209 户 730 人，水田 28.5 公顷，旱地 26.3 公顷，山林 95.3 公顷。

下荻田塅地片 属塘湖镇荻田村，位于荻田村东部，为村委会驻地，距塘湖中心集镇 4 千米。东接上荻田，西邻茶场塅，南连大泉洞，北靠黄袍纺织厂(龟形山)。因地处荻田塅下部，故称。下辖 4 个村民小组，有 7 个居民点。S259 省道经过该村，村境距 G353 国道、杭瑞高速通城入口公路里程分别为 16 千米、33 千米，居民点全部通公路。2014 年，有居民 174 户 704 人，水田 26.8 公顷，旱地 25.3 公顷，山林 54.7 公顷。

八字门 属塘湖镇荻田村，位于荻田村东部，距村委会驻地下荻田 1 千米。东邻长屋，南近荻田河，西连荻田老屋，北靠油渣峦。古时，汪姓屡出名人、官员。明代，汪近龙(1567—1618)在此地新建住宅，按例将厅堂大门口做成八字形，以大门口形状命村庄名。2014 年，有居民 42 户 170 人，水田 115 亩，旱地 32.5 亩，山林 182 亩。

敞屋 属塘湖镇荻田村，位于荻田村北部，距村委会驻地下荻田 200 米。东靠上荻田，南接新街，西邻五房庄，北连荻田完小。清代，黄英干(1851—1868)从干坑迁入定居，因初期厅堂未做外墙，房屋呈敞开状，故称。2014 年，有居民 24 户 110 人，水田 54 亩，旱地 22 亩，山林 80 亩。

干坑 属塘湖镇荻田村，位于荻田村东南部，距村委会驻地下荻田 3 千米。东邻大湾，南依望湖，西接石港，北通荻田。此地四周高而中间低，似为坑。又因干旱少水，故称干坑。相传，在隋末唐初，这里生活着一对如胶似漆般恩爱的新婚夫妻及老母亲。女子貌如鲜花，男子英俊，为当地有名秀才。由于男子被征入伍，一去多年，一直没消息。后来，有媒婆、乡绅、地主前来骚扰。女子来到山谷的观音峰之顶，掏刀将自己的心肝割出捧着以示坚贞，上天将其魂魄引上天成为仙女。后丈夫功成归来，却得知爱妻已不在人间，其在妻子的祭日，登上爱妻自尽的山顶，撞向石岩。从此，人们称此山谷为仙女谷，称此地为肝坑。2014 年，有居民 32 户 130 人，水田 65.5 亩，旱地 39.3 亩，山林 639 亩。

老屋　属塘湖镇荻田村，位于荻田村东部，距村委会驻地下荻田1千米。东邻八字门屋，南靠荻田河，西接六组，北近虎形山。明代，汪以玉(1445—1517)由润田石凹埚迁此定居，以姓氏命村庄名为汪家，因后来有子孙从此居分居外迁，改称老屋。2014年，有居民62户240人，水田118亩，旱地34.2亩，山林370亩。该居民点始祖汪以玉(号金吕，1445—1517)，庠生，户部候选州左堂。

擂鼓坪(递砖坪)　属塘湖镇荻田村，位于荻田村西北部，距村委会驻地下荻田500米。东连黄袍中学，南临荻田河，西接大湾河，北倚龟山。此地为一面积较大的平地，相传，唐僖宗时期，地方豪绅张十万在华罗寨率兵起义，在此地设立一个擂鼓的场所，故名。又传因华罗寨构筑工事需烧砖瓦，便从此地派兵递砖上山寨，故又称递砖坪。明末，黄连溪(1578—1646)迁坪内建房定居，以坪名作村庄名。2014年，有居民65户260人，水田130亩，旱地35亩，山林50亩(该居民点西南800~1000米处，原有居民点冷家湾、屋背垅、大坪屋，1997年后，居民陆续迁往擂鼓坪等地定居，2014年，仅屋背垅剩1户居民居住。西南面100米处，原有居民点尾巴垅、关山咀，居民于1997年后陆续迁入擂鼓坪居民点，2014年无人居住)。

上坳上　属塘湖镇荻田村，位于荻田村北部，距村委会驻地下荻田1千米。东临胡家屋，南对徐嫁山，西接下坳上，北连长屋脚。此地有山，名徐嫁山，山北有两处山岭分水处，分别称作上坳、下坳。清初，汪义所(1612—1684)在下段修建房屋定居，取名“下坳上”。不久后，汪义所又在小山丘上段再建新宅，取名“上坳上”。2014年，有居民33户120人，水田67.5亩，旱地10.5亩，山林152亩。

上品(又名上坪)　属塘湖镇荻田村，位于荻田村北部，距村委会驻地下荻田2千米。东邻龟形山，南接石马港，西连月形山，北靠仙姑尖。此地不远处有虎形山、龟形山和月形山，呈东、北、西三方构成品字形，就风水学而论，此屋场乃一品的好屋场，故称为上品。明代，王仲绅(1478—1552)从崇阳高枧迁此定居，以地形名命村庄名为上品。2014年，有居民70户280人，水田231亩，旱地39.5亩，山林326亩。

上石马　属塘湖镇荻田村，位于荻田村西北部，距村委会驻地下荻田2千米。东邻袁陈窝，南临平畈，西伴肖家咀，北连仙姑尖。据传，大闹天宫的弼马温将一劣马打下凡间，落在仙姑尖鸡毛岭脚下，白天变为一马形石头，夜间现出原形，吃民间稻禾，造成极大危害。当地土地神上奏天庭，玉帝派雷神惩罚它，雷神将石马击破，马头飞落鸡毛岭脚，故人们称马头落地处为石马。因石马上、下方有两处民居，分别称上石马、下石马。后黎姓居民在上石马建修看管土地的房屋，称其为黎庄。清代，王大凤(1698—1766)于雍正二年从崇阳高枧迁黎庄定居，更村庄名为上石马。2014年，有居民57户230人，水田165亩，旱地385亩，山林110亩(东北部80米处有茅屋居民点，于2000年前居民迁入上石马，2014年无人居住)。出生于该居民点的王贤国(1948—　)，1969年应征入伍，1984年转业，任中国铁道部重庆十七局西安办事处主任。

松树坳　属塘湖镇荻田村，位于荻田村西南部，距村委会驻地下荻田1千米。东连水桐塆屋，南靠对门山，西与石港村毗邻，北近牛形山。此地为山岭分水处，此处土地深厚，古人在山坳处种植松树，后长成合抱有余的古松，故名松树坳。明代，黄得六(1356—?)迁坳旁定居，以坳名命村庄名。2014年，有居民12户50人，水田25亩，旱地5.6亩，山林24亩(该居民点西部100米处有居民点坳背，2014年有7人居住)。出生于该居民点的王高升(1888—1934)，民国十六年(1927)加入中国共产党。民国十九年(1930)三月当选为县农民协会主席，同年又被选任县苏维埃执行委员兼财政部部长。民国二十三年(1934)三月，王高升在大泉被俘。

陶家山　属塘湖镇荻田村，位于荻田村南部，距村委会驻地下荻田100米。东邻黄氏宗祠，南连南冲溪，西接油榨屋，北通门屋。此地有山岭，山下方古时有一户做陶器的人家而得山名。明代，黄文忠(1403—1452)从松树坳迁此定居，以山名命村庄名。2014年，有居民5户30人，水田18亩，旱地7.2亩，山林43.2亩。出生于该居民点的各界代表性人物有：汪梦甫(1965—　)，博士学历，建筑学专家、教授，湖南大学建筑学院主任、博士生导师；汪常明(1978—　)，博士学历，中国科学院自然科学史研究所研究员，硕士生导师。

五房庄（曾家上屋）　属塘湖镇荻田村，位于荻田村东部，距村委会驻地下荻田200米。东邻敞屋，南连荻田街，西靠祠堂老屋，北依屋背山。古时，此地是黄姓第五房看管土地的房屋（即庄屋），故名。清代，黄奇钟（1809—?）迁入定居，以庄屋名命村庄名。2014年，有居民42户160人，水田81亩，旱地32.4亩。

下坳上　属塘湖镇荻田村，位于荻田村北部，距村委会驻地下荻田1千米。东连上坳上，南对徐嫁山，西邻下荻田，北接八字门。此地有山，名徐嫁山。山北有山岭分水处。坳分上、下方，分别称作上坳、下坳。清初，汪义所于下坳建宅定居，以坳名命村庄名。2014年，有居民32户120人，水田71.5亩，旱地21.6亩，山林208亩。

小泉　属塘湖镇荻田村，位于荻田村东南部，距村委会驻地下荻田2千米。东连徐嫁山，南靠大泉水电站，西临S259公路，北近清水堰。此地屋后大泉山下有一小股泉水流出，故名小泉。中华人民共和国成立后，黄秀金（1965—　）从干坑迁小泉附近定居，以泉名命村庄名。2014年，有居民21户80人，耕地53亩，山林26亩。

新屋　属塘湖镇荻田村，位于荻田村北部，距村委会驻地下荻田200米。东邻上荻田，南靠荻田河，西邻五组，北倚敞屋。清代，黄域康（1834—1906）迁入定居，因房屋为新修建，故称新屋。2014年，有居民24户100人，水田55亩，旱地21.6亩，山林66亩。

学堂屋　属塘湖镇荻田村，位于荻田村北部，距村委会驻地下荻田1千米。东临学堂水库，南连水田，西靠大路顶山，北傍水圳。明代，汪玄明（1580—1654）在此建房定居并开办一私塾学堂，故称学堂屋。2014年，有居民7户30人，水田15.2亩，旱地4.5亩，山林43亩。出生于该居民点的黄全德（1912—1941），1927年春参加中共领导的革命活动；1930年加入中国共产主义青年团，不久转为中共党员；1933年6月至1934年，先后担任中共通城县委书记、崇阳县委书记；1935年，调任中共湘鄂边中心县委书记；1936年，任中共湘鄂赣省委驻西北代表团组织部部长；1940年1月，任中共鄂南党代表团组织部部长；1941年4月任中共鄂南中心县委书记兼独立团政委；1941年7月5日晚，鄂南中心县委和独立五团干部在鄂南葛店夏家塝由黄全德主持召开军事扩大会议，这是抗战时期发生在鄂南的著名的“夏家塝事件”。黄全德被俘以后，残忍的敌人用铁丝穿透他的锁骨，将他押解至汉口三阳路，投入死狱。日伪警宪惨绝人寰地将他丢进警犬房内，被凶猛的警犬裂身而亡。后其事迹入选全国抗日英烈名录。

油榨屋　属塘湖镇荻田村，位于荻田村西南部，距村委会驻地下荻田300米。东连观音山，南接老鸦尖，西近朝祝山，北靠水田。明代末，黄焕彩在此建房定居并开油榨坊，故名。清代，黄姓后人将房屋及油榨设备卖与刘昌毓（1775—1863），原村庄名沿用。2014年，有居民46户180人，水田93亩，旱地10亩，山林50亩。

第六节　阁壁村及所属聚落

【阁壁村】　属塘湖镇阁壁村，位于塘湖镇西北部，村委会驻地罗家坳，距塘湖中心集镇7千米。东与润田村毗邻，南与石港、龙印村接壤，西与关刀镇八燕村相连，北与四庄乡庙下村相接，辖区面积约18.6平方千米。因域内有古名人号阁壁而得村名。1950年，属通城县阁壁乡金和一、二、三社；1958年人民公社化，金和一、二、三社分别更名为罗家、石马、洋元大队，属崇阳县麦市（先锋）人民公社塘湖管理区；1961年恢复区镇建制，属通城县麦市区塘湖公社；1975年撤区并社，属塘湖公社；1976年，罗家、洋元大队合并为罗家大队，石马大队未变；1984年设区建乡，罗家、石马大队分别变更为罗家、石门村，属麦市区塘湖乡；1985年，罗家村分设为罗家、洋元村，石门村未变；1987年区乡体制改革，属黄袍镇；1992年，黄袍镇分设为塘湖镇、黄袍乡，属塘湖镇；2001年调整乡镇行政区划，仍属塘湖镇；2003年，罗家、石门、洋元村合并为阁壁村。村民房屋呈块状分布，村内有罗家、石门、洋元3个地片，另有32个农村居民点。有礼行桥、双港桥、深冲桥、石咀峦桥4座桥梁，有县级中型水库1座（阁壁水库）、村级小型水库1座（长冲水库）。另有阁壁水库西干渠，小渡槽 1 座，灌溉用隧洞 1 个。自然资源有罗家坳港、大冲港、双港、洋元港等水系，以及当头山、梅花尖、五花尖等山脉。有阁壁水库发电站、塘湖自来水厂、阁壁水库管理处 3 个单位；还有五井冲烈士墓群、金龙寺(石门寺)、罗家教堂、石马教堂、观音座莲、薄刀埂、九峰寺(仙缸)、鹭鸶采莲 8 处旅游景点。村民有金、罗、刘、邹、傅、杜、汪、廖、段、龙、吴、洪、王、何等姓，以金、罗两姓为主。2006 年村委会建办公楼，占地面积 800 平方米，建筑面积 400 平方米，设有便民服务厅、村卫生室；2014 年，有居民 706 户 2370 人，水田 45.3 公顷，旱地 56 公顷，山林 887 公顷，年人均纯收入 6120 元。村域距 S259 省道、G353 国道、杭瑞高速通城入口公路里程分别约 8 千米、10 千米、24 千米，居民点全部通公路。村民以种植水稻、蔬菜、红薯为主，兼种柑橘、桃李、板栗等水果，兼养猪、养鱼，村民经济来源以务农、务工为主，部分人经商。出生于该村的各界代表性人物有：金同庆(生殁未详)，唐进士第十一名，官郡守。相传，他生有九子均在朝中为官，有一夜，皇上梦见有九条龙在金銮殿转动，醒后大吃一惊，次日即唤圆梦先生解此梦。圆梦先生说：九条龙说明某一家有九兄弟在朝中做官，有篡位之意。皇上下令立即查办，即查出金氏九兄弟在朝做官，金氏蒙大难，幸有二子逃居浙江金华府，其余七子遇难。金阁壁(又名金必谅，1391—1441)，进士，永乐庚子年科考经中试任福建布政司副理问，后复升山东巡按，素有“五里三进士”之称。后人以他的名字命地名为“阁壁”。金兴政(生殁年不详)，唐朝进士，吏部侍郎、丞相，曾在黄袍大盘山古“兰若寺”留有墨宝——石刻“佛源”二字，其生平事迹有待查寻。金公华(1882—1928)，1918 年，[金公华、黄少谷(通城磨桥人)、金华哀(崇阳河山人)在通城成立“兴华革命党”]，在五花山上聚兵马 800 多人组成南兵。后从江西转到广州参加北伐攻打山东济南，历任北伐军陆军第三师独立骑兵团团长。金珏(1910—1952)，历任天门县县长、通城县政府代理县长。

罗家坳地片　属塘湖镇阁壁村，位于阁壁村西部，距塘湖中心集镇 7 千米。东接石马地片，南连洋元地片，西与关刀镇八燕村塔岭相邻，北与沙堆罗塘村山交界。因域内有居民点罗家坳而得地片名。下辖 3 个村民小组，有 9 个居民点。村域距 S259 省道、G353 国道、杭瑞高速通城入口公路里程分别约 8 千米、10 千米、24 千米，居民点全部通公路。2014 年，有居民 191 户 767 人，水田 27 公顷，旱地 36.3 公顷，山林 53.4 公顷。

石马地片　属塘湖镇阁壁村，位于阁壁村东部，距塘湖中心集镇 8 千米。东接润田村，西邻罗家地片，南连阁壁水库，北靠四庄乡五花村庙下村。因所在陆地地形名石马洞而得地片名。下辖 7 个村民小组，有 19 个居民点。村域距 S259 省道、G353 国道、杭瑞高速通城入口公路里程分别约 8 千米、10 千米、24 千米，居民点全部通公路。2014 年，有居民 273 户 1360 人，水田 32.3 公顷，旱地 69.8 公顷，山林 129.6 公顷

洋元地片　属塘湖镇阁壁村，位于阁壁村南部，距塘湖中心集镇 5 千米。东连石咀峦，南接龙印村彭家山，西连罗家坳，北靠阁壁水库。因域内有居民点洋元而得地片名。下辖 2 个村民小组，有 4 个居民点。村域距 S259 省道、G353 国道、杭瑞高速通城入口公路里程分别约 8 千米、10 千米、24 千米，居民点全部通公路。2014 年，有居民 97 户 485 人，水田 9 公顷，旱地 13.7 公顷，山林 120 公顷。

龟形岭　属塘湖镇阁壁村，位于阁壁村东部，距村委会驻地罗家坳 2 千米。东连深冲，西、南邻水库，北靠坳下屋。此地有山岭，因貌似金龟，故名龟形岭。1966 年修阁壁水库，金姓人迁在此岭下建房定居，以屋后的山岭名命村庄名。2014 年，有居民 25 户 130 人，水田 12 亩，旱地 8 亩，山林 58 亩。

黄家冲　属塘湖镇阁壁村，位于阁壁村东部，距村委会驻地罗家坳 2 千米。东接锡家塝，南连石咀峦，西邻阁壁水库管理处，北靠水库。此地为两山中间狭长的谷地，民国时期，黄姓居民逃荒在此落户定居，故名黄家冲。后黄姓外迁，1966 年修建阁壁水库，库内金姓移民搬迁在此居住，仍用原村庄名。2014 年，有居民 22 户 110 人，水田 25 亩，旱地 30 亩，山林 80 亩。

咀上屋　属塘湖镇阁壁村，位于阁壁村东部，距村委会驻地罗家坳 4 千米。东连锡家塝，西邻五井冲，南接深冲，北靠观音坐莲。此地为山体前端突出部位，明代，金万秋(1491—1556)迁山咀边定居，以地形和方位综合命村庄名。2014 年，

有居民51户200人，水田60亩，旱地204亩，山林302亩。

罗家坳　属塘湖镇阁壁村，位于阁壁村西部，为阁壁村村委会驻地，距塘湖中心集镇6千米。东接张家坳，南与塘下交界，西连石板路，北与罗家老屋、新屋相邻。此地处山岭分水处，因坳后边400余米处旧有罗姓率先定居，故称作罗家坳。20世纪70年代，此地是罗家生产大队的加工厂。20世纪90年代初，罗时民(1949—　)率先在此地建房。后来，大队加工厂卖予金姓村民，当地村民陆续在此建房。2006年，阁壁村也在此新建办公楼，形成村中心居民点。2014年，有居民22户80人，水田40亩，旱地42亩，山林80亩。

罗家新屋　属塘湖镇阁壁村，位于阁壁村西北部，距村委会驻地罗家坳300米。东与罗家老屋相邻，南与罗家坳相连，西接石板路，北靠屋后九蜂山。清代，罗尹衡(1741—1824)由罗家老屋迁此新做房屋定居，故得名。2014年，有居民24户120人，水田53亩，旱地62亩，山林89亩。

上新屋　属塘湖镇阁壁村，位于阁壁村西部，距村委会驻地罗家坳1.5千米。东与石板路相连，南与塔岭山界分水相隔，西与塔岭板桥屋毗邻，北与塔岭合山林交界。清初，金以昭(1670—1728)从塔岭板桥屋迁往此地新建房屋定居，因新址在原居的上游，故名。2014年，有居民30户130人，水田78亩，旱地100亩，山林150亩。

石板路　属塘湖镇阁壁村，位于阁壁村西部，距村委会驻地罗家坳600米。东邻塘下，南靠鸦鹊山，西连上新屋，北接罗家坳。清朝末年，有一名叫金善才的老人，吃斋信善，一生多做好事。他见此路段下雨天时非常难走，便用一生大部分积蓄在泥沙路面上铺砌石板。后人称此路为石板路。民国时，吴连贵(1906—1947)从关刀镇鲤港村王岭迁路旁建房定居，以路名作村庄名。2014年，有居民50户200人，水田160亩，旱地200亩，山林250亩。

桃源洞(又名坳下屋)　属塘湖镇阁壁村，位于阁壁村东北部，距村委会驻地罗家坳2千米。东邻石门洞村，南接阁壁水库，西连罗家，北靠四庄乡五花山脚下。此地为高山中间的长弯形谷地，又因洞内多生桃树，故称桃源洞。明代，金嘉祥(1456—?)在洞内建房定居，以洞名作村庄名。2014年，有居民54户250人，水田152亩，旱地254亩，山林900余亩。

锡家塝　属塘湖镇阁壁村，位于阁壁村东部，距村委会驻地罗家坳3.5千米。东接润田村坟下屋，南连阁壁水库，西邻莲形地，北靠金轮寺。相传古时此地为一富户所有，富户所请佃户忠厚老实勤劳，为富户所赏识，遂赏赐这佃户一片山林土地。佃户靠勤劳起家，为教育子孙保持勤俭之本，故命山岭名为锡家塝(锡，赏锡的意思)。1966年修建阁壁水库时，金姓居民从水库淹没区移迁此地，以山岭名命村庄名。2014年，有居民32户210人，水田35亩，旱地80亩，山林120亩。

洋源大屋　属塘湖镇阁壁村，位于阁壁村东部，距村委会驻地罗家坳1.8千米。东连石咀峦，南临西干渠，西邻洋元岭，北靠阁壁水库。清初，金少石三子(1572—1658)在此定居，因此地门前有小溪流过，人们希望住宅成为财运像溪水如海洋一样用之不绝的源头，故称村庄为洋源，后改称为洋源大屋。“洋元”系“洋源”的误写。2014年，有居民42户210人，水田60亩，旱地80亩，山林1500亩。

第七节　狼荷村及所属聚落

【狼荷村】　塘湖镇辖村，位于塘湖镇东部，村委会驻地龙湾屋，距塘湖中心集镇约1.5千米。东与狼荷洞毗邻，南与凉亭村相连，西与塘湖村衔接，北依石港村相靠，管辖面积约8.75平方千米。以与该村邻近的陆地地形名而命村名。1950年，属通城县狼荷乡(狼荷、林湾村)、塘湖乡(铁山村)；1958年人民公社化，设狼荷、林湾、铁山大队，属崇阳县麦市(先锋)人民公社塘湖管理区；1961年恢复区镇建制，属通城县麦市区塘湖公社；1975年撤区并社，狼荷、林湾、铁山大队合并为狼荷大队，属塘湖公社；1979年，狼荷大队分设为狼荷、林湾、铁山大队；1984年设区建乡，狼荷、林湾、铁山大队分别变更为狼荷、林湾、铁山村，属麦市区塘湖乡；1987年区乡体制改革，林湾更名为龙湾，狼荷、铁山未变，属黄袍镇；1992年，黄袍镇分开为黄袍乡、塘湖镇，属塘湖镇；2001年调整乡镇行政区划，仍属塘湖镇；2004年，狼荷、龙湾、铁山村合并为狼荷村。2002年，原龙湾完小校址被改建为村委会，占地1400平方米，建筑面积450平方米。内设村务、计划生育、党的教育路线实践，精准扶贫办公室，还设有图书、广播、卫生、便民服务中心、老年人活动中心。下辖29个村民小组，有35个农村居民点，居民有刘、胡、汪、王、方、葛、傅、吴、李、陈、黄、熊、金、卢、杨姓，以刘、胡二姓为主，均为汉族。S259省道经过该村，村域距G353国道、杭瑞高速通城入口公路里程分别为6千米、30千米，居民点全部通公路。2014年，有居民1084户4060人，水田172.2公顷，旱地54.1公顷，山林203.3公顷。村民以种植水稻、蔬菜、玉米为主，兼养猪、养鱼，经济来源以务农、务工为主，部分人经商，年人均纯收入为7752元。1930年12月，胡家乡苏维埃政府建立，管辖狼荷村、林湾村、铁山村。同时，在中共湘鄂赣特委组织领导下，建立了胡家乡苏维埃赤卫队，有武装人员20余人，至1933年10月，该赤卫队一直在狼荷、林湾、铁山一带开展活动。

胡家塅地片 属塘湖镇狼荷村，位于塘湖镇狼荷村南部，距塘湖中心集镇2千米。东接狼荷洞，南邻城墙山，西接铁山坳至老三房，北靠凤形山、龙背山，辖区面积3.75平方千米。此地为一面积较大的平地，又因塅内多为胡姓，故称胡家塅。下辖16个居民点，有13个村民小组。S259省道经过该村，村域距G353国道、杭瑞高速通城入口公路里程分别为6千米、30千米，居民点全部通公路。2014年，有居民428户1460人，水田70公顷，旱地20公顷，山林95.5公顷。

龙湾地片 属塘湖镇狼荷村，位于塘湖镇狼荷村东部，距塘湖中心集镇1.5千米。东与老程家湾接壤，西与塘湖社区富家堂交界，南以狼荷港为分界线，北与石港村相邻。因域内有居民点名龙湾屋而得地片名。下辖12个村民小组，有9个居民点，面积2.5平方千米。S259省道经过该村，村域距G353国道、杭瑞高速通城入口公路里程分别为6千米、30千米，居民点全部通公路。2014年，有居民335户1340人，有水田50.5公顷，旱地30.5公顷，山林50公顷。

三千塅地片 属塘湖镇狼荷村，位于狼荷村东部，距塘湖中心集镇2.5千米。东靠龙背山，南接龙湾屋，西连塘湖社区郭家垅，北与石港村相邻，区域面积1平方千米。此地为一较大面积的平地，又因此塅旧时产稻铭三千担而得塅名，继而得地片名。下辖3个村民小组，有5个居民点。S259省道经过该村，村域距G353国道、杭瑞高速通城入口公路里程分别为6千米、30千米，居民点全部通公路。2014年，有居民95户410人，水田16.7公顷，旱地8.1公顷，山林33.3公顷。

铁山地片 属塘湖镇狼荷村，位于狼荷村西部，距塘湖中心集镇2千米。东与狼荷地片居南屋接壤，西与塘湖社区阴坳交界，南倚城墙山，北临狼荷港，辖区面积1.5平方千米。因域内有居民点名铁山坳而得地片名。下辖7个村民小组，有5个居民点。村域距S259省道、G353国道、杭瑞高速通城入口公路里程分别为1千米、6千米、30千米，居民点全部通公路。2014年，有居民215户760人，水田36.7公顷，旱地3.3公顷，山林28公顷。

船形屋 属塘湖镇狼荷村，位于狼荷村东南部，距村委会驻地龙湾屋2千米。东靠炭埚山，南依戴家坳，西邻落宫堡，北接螺形。相传，盘古开天辟地时，一次倾盆大雨连续下了几昼夜，洪水泛滥，处处汪洋大海，有船者只好登船逃命，不意狂风大作，船被打翻，全船人遇难丧命。不知过了多久，洪水消退了，地面上留下一倒置的船身，后来船身变成了山，人们称此地为“船形”。清代，胡献玉(1642—1679)在此建房定居，以地形命村庄名。2014年，有居民37户160人，水田80亩，旱地40亩，山林180亩。

居南屋 属塘湖镇狼荷村，位于狼荷村东南部，距村委会驻地龙湾屋1千米。东接塆头屋，南邻城墙山，西连铁山上大厦，北靠狼荷港。清代，胡居南(1711—1782)在此建房定居，以其名命村庄名。2014年，有村民49户250人，水田130亩，旱地42亩，山林240亩。

老程家塆 属塘湖镇狼荷村，位于狼荷村东部，距村委会驻地龙湾屋1千米。东接毛家坳，南邻狼荷港，西连塅下屋，北靠凤形山。此地为仑背山西面山脚一拐弯处。古代为程姓人居住地，故称程家塆，程姓后因战乱外迁。至明代，胡楚谅(1523—1590)在此建房定居，仍用原村庄名。

不久后，有人在其附近新做住宅，命村庄名为新程家塆，改称此宅为老程家塆。2014年，有居民31户150人，水田95亩，旱地36亩，山林180亩。

龙湾　属塘湖镇狼荷村，位于狼荷村中部，为村委会驻地，距塘湖中心集镇1.5千米。东接新程家塆，西邻张家堂，北靠铜鼓包，南连竹牌碑。明代，胡龙湾(1497—1554)在此建房定居，以其名命村庄名。2014年，有居民35户160人，水田12亩，旱地30亩，山林110亩，人们口头语称此居民点为"林湾"，系误写。

螺形屋　属塘湖镇狼荷村，位于狼荷村东南部，距村委会驻地龙湾屋约1千米。东依狼荷洞口，南邻落宫堡，西接天主堂，北靠人形山。传说，一场洪水大灾过后，这里留下一颗特大的田螺。不知经过多少年，田螺变成了一座山，人们看山形像田螺，就称此地为"螺形"。清代，胡献才(1640—1704)在此建房定居，以地形命村庄名。2014年，有居民25户90人，水田65亩，旱地50亩，山林200亩。

上大厦　属塘湖镇狼荷村，位于狼荷村西北部，距村委会驻地龙湾屋900米。东接铁山坳，南靠塘麦公路，西连熊家，北临狼荷港。明代，刘三极(1601—1663)在此建上、下两幢大厦，此宅在上方，名为上大厦。2014年，有居民28户110人，水田75亩，旱地12亩，山林100亩。

塆头屋(又名塆老屋)　属塘湖镇狼荷村，位于狼荷村东南部，距村委会驻地龙湾屋约1千米。东接杨家屋，南靠城墙山，西邻居南屋，北连狼荷港。明代，胡左泉(1521—1569)在此建房定居，因住宅位于城墙山东面山岭拐弯处的前头，故名。又因此屋系左泉与其父龙湾共同建造，故在"塆"后加个"老"字，又名塆老屋。2014年，有居民45户220人，水田120亩，旱地58亩，山林280亩。

下大厦　属塘湖镇狼荷村，位于狼荷村西北部，距村委会驻地龙湾屋800米。东接上大厦，南靠塘麦公路，西连熊家，北临狼荷港。明代，刘三极在此建上下两幢大厦，此宅在下方，名为下大厦。2014年，有居民25户100人，水田70亩，旱地10亩，山林50亩。

下屋　属塘湖镇狼荷村，位于狼荷村西北部，距村委会驻地龙湾屋600米。东接中屋，下邻塘湖社区富家堂，北连左家山，南与老三房接壤。明代，刘云程(1590—1655)在此建房定居，因住宅上方有同宗族居民点，故命村庄名为下屋。2014年，有居民42户190人，水田120亩，旱地40亩。

新程家塆　属塘湖镇狼荷村，位于狼荷村东南部，距村委会驻地龙湾屋300米。东接㘭下屋，西邻龙湾大屋，南连狼荷港堤，北靠老南门坳。此地处龙背山西面山脚一拐弯处。明代，胡肖南(1550—1626)在老程家塆旁新建房屋定居。为与老程家塆有示区别，故命村庄名为新程家塆。2014年，有居民51户200人，水田150亩，旱地60亩，山林178亩。

油铺(落宫堡、琢章屋)　属塘湖镇狼荷村，位于狼荷村东部，距村委会驻地龙湾1.5千米。东依螺形、船形，南邻下屋苏家杨家，西靠塆头屋，北接狼荷港堤。此居民点一屋三名：(1)相传明代监察御史刘绣衣病逝，皇上降旨将其厚葬于风水宝地狼荷洞，送葬队伍行至此，绑棺木之绳索突然全断，棺木抬不动，安葬未果，钦差遣宫娥一群留下守灵，余者回朝复命，可朝廷检呈人数时，发现遗落宫娥，细问方知宫娥在守棺护灵，报知皇上，皇上赐名停棺处为落宫堡。(2)清晚期，胡琢章(1838—1907)在此改旧建新，造了一所大庄院，人们依其名称此屋为"琢章屋"。(3)民国时期，琢章支下嗣孙在这里榨油、卖油，兼卖丝烟草马等物，人们改称这个小街道式的庄院为"油铺"。2014年，有居民60户310人，水田150亩，旱地50亩，山林100亩。

张家堂　属塘湖镇狼荷村，位于狼荷村中部，距村委会驻地龙湾屋100米。东接龙湾大屋，西邻中屋，南连竹篦碑，北靠林上农田。古时，此地为张姓人家居住地，称张家堂，后张姓人外迁。明代，刘少岩(1541—1600)从竹牌碑迁此建房定居，仍用原村庄名，又因其在中屋之上方，故又名上屋。2014年，有居民53户230人，水田162亩，旱地58亩，山林250亩。出生于该居民点的刘永康(1885—1935)，1929年到江西参加中国工农红军，同年11月奉命回乡开辟黄袍山革命根据地，1930年配合湘鄂赣赤卫军攻下通城县城，并当选为县苏维埃军事部长。自此，多次与数倍于红军的铲共团和国民党军队开展游击斗争，1932年率赤卫军打进大溪洞建立了大溪苏区工作团，使大溪、黄袍两苏区连成一片。1934年9月在石门洞受围被捕，身陷监狱一年有余，任凭严刑拷打或各种利诱，他仍坚贞不屈。次年，他昂首阔步，盘坐绒毯，从容就义于九眼桥下。

中屋　属塘湖镇狼荷村，位于狼荷村西北部，距村委会驻地龙湾屋400米。东接张家堂，西连下屋，南连农田，北靠中干渠。明末，刘云程(1590—1655)在此建房定居，因其上、下方不远处各有一同宗族居民点，故称此宅为中屋。2014年，有居民33户150人，水田110亩，旱地32亩，山林180亩。

竹簰碑　属塘湖镇狼荷村，位于狼荷村中部，距村委会驻地龙湾屋200米。东接新程家塆公路，西邻老三房，南靠狼荷港堤，北连村委会驻地龙湾屋。古时，此处河水深可行竹簰，河中有一块大石状如石碑，驾簰人常在石上系缆绳，故名竹簰碑。明代，刘少岩(1541—1600)在此建房定居，以碑名命村庄名。2014年，有居民62户280人，水田150亩，旱地50亩，山林450亩。唐朝时曾为乐化县治所在地，“大堂上”“官厅”等地名一直沿用至今。

第八节　雷吼村及所属聚落

【雷吼村】　塘湖镇辖村，位于塘湖镇北部，村委会驻地刘家，距塘湖集镇约8千米。东接大埚村东屋，南连大埚村郑家岭，西邻荻田村石马屋，北靠润田村围坊，辖区面积4.692平方千米。因域内有居民点名雷吼而得村名。1950年，属通城县黄袍乡雷吼村、润田村流冲片(围坊，含老屋、新屋、坳上、田家居民点)；1958年人民公社化，设雷吼大队、润田大队流冲片(围坊，含老屋、新屋、坳上、田家居民点)，属崇阳县麦市(先锋)人民公社黄袍管理区；1961年恢复区镇建制，属通城县麦市区黄袍公社；1971年，雷吼大队与润田大队流冲片(围坊，含老屋、新屋、坳上、田家居民点)合并为雷吼大队；1975年撤区并社，属黄袍公社；1984年设区建乡，属麦市区黄袍乡；1987年区乡体制改革，属黄袍镇；1992年，黄袍镇分设为塘湖镇、黄袍乡，属黄袍乡；2001年调整乡镇行政区划，黄袍乡与塘湖镇合并为塘湖镇。下辖10个村民小组，有15个农村居民点。有河玛港水库、铁门栈水库、桐树埚水库等设施；有历史悠久的福龙寺、抗金英雄方琼纪念馆、基督教堂等历史胜迹。2012年修整村办公楼，占地面积3000平方米，建筑面积1100平方米；内设有便民服务厅、党员活动室、图书馆等。居民有方、黄、刘、汪、张、陈、杨、李等姓，以方、汪两姓为主。S259省道傍村而过，村境距G353国道、杭瑞高速通城入口公路里程分别为15千米、33千米，居民点全部通公路。2014年，有居民450户1800人，水田67.4公顷，旱地71.8公顷，山林26.7公顷。村民以种植水稻、玉米、红薯为主，兼营养猪、牛、羊、鱼、鸡，经济来源以务农、出外务工为主，少部分人经商，年人均纯收入3983元。

流冲(围坊)地片　属塘湖镇雷吼村，位于雷吼村西北部，距塘湖中心集镇8千米。东接墙垣，西连狮姑尖山，南邻河马港，北靠润田余坊屋。古时，因山坡崩塌，水不能往外流，人们开凿通道水才流出，故得名。明代，汪必贵(1383—1449)到此建房定居，逐渐形成地片。有4个居民点，S259省道傍村而过，村境距G353国道、杭瑞高速通城入口公路里程分别为15千米、33千米，居民点全部通公路。2014年，有居民98户420人，水田17.1公顷，旱地14.2公顷，山林28.4公顷。

大四埚　属塘湖镇雷吼村，位于雷吼村西部，距村委会驻地横石刘家2千米。东接墙垣屋，西连狮孤尖大山，南邻河马港，北靠流冲屋、润田村围坊屋。此地为四周地势高、中间低凹的地形，又因山埚呈四方形状，面积较大，故名大四埚。清代，汪则武(1721—1749)在埚内建房定居，以埚名命村庄名。2014年，有居民20户80人，水田48亩，旱地40亩，山林80亩。

风地坪　属塘湖镇雷吼村，位于雷吼村东部，距村委会驻地横石刘家1千米。东接青陂，西连雷吼，南邻刘家，北靠福龙寺。此地处山峰顶部，地势平坦，东、南、西、北四面通风，故得名风地坪。清代，黄良善(1729—?)迁此建房定居，以坪名命村庄名。2014年，有居民25户130人，水田82亩，旱地70亩，山林138亩。

横石刘家　属塘湖镇雷吼村，位于雷吼村中部，为村委会驻地，距塘湖中心集镇8千米。东接青陂屋、大埚村中屋，西连雷吼屋，南邻桐树埚屋，北靠风地坪屋。明代，刘祥宕（1478—1566）在此建房定居，因住宅旁边一巨石与住宅的走向成纵横状，故称村庄名为横石刘家，简称刘家。2014年，有居民30户130人，水田81亩，旱地67亩，山林135亩。

老屋　属塘湖镇雷吼村，位于雷吼村北部，距村委会驻地横石刘家1.5千米。东接坳下墙垣屋，西连润田李家屋，南邻大四埚，北靠润田围坊屋、碳井屋。明代，汪见川（1547—1609）迁此建房定居，依其姓氏命村庄名为汪家，后有子孙分支外迁，改称其为老屋。2014年，有居民30户120人，水田74亩，旱地62亩，山林123亩。

雷吼　属塘湖镇雷吼村，位于雷吼村中部，距村委会驻地横石刘家500米。东接大埚村中屋，西连白玉寺，南邻大埚村石下，北靠刘家屋、背埚屋、风地坪屋。此地为山岭，相传古有蟒蛇伤人畜，被雷电击死，故得名。元代，方必文（1300—1351）在此建房定居，以传说命村庄名为雷吼。2014年，有60户240人，水田144亩，旱地120亩，山林240亩（西面400米处有刘家20人含在内，北1.2千米有小居民点福龙寺30人）。

墙垣　属塘湖镇雷吼村，位于雷吼村西部，距村委会驻地横石刘家1.5千米。东接背埚屋，西连河马港，南邻雷吼屋，北靠流冲屋、福龙寺。明初，方如玉（1317—1392）到此建房定居，因住宅有9个螺丝形状的山包环绕，似城墙，故名。2014年，有居民66户260人，水田158亩，旱地132亩，山林263亩。

青陂　属塘湖镇雷吼村，位于雷吼村南部，距村委会驻地横石刘家1千米。东接大埚村中屋，西邻雷吼刘家桐树埚，南连大埚村石下，北靠风地坪。宋代，方仕高（1277—1337）在此建房定居，因屋后山上青石多，泉水流淌石上，结青苔，故命村庄名为青陂。2014年，有居民59户人口250人，水田156亩，旱地129亩，山林258亩。

屋背埚　属塘湖镇雷吼村，位于雷吼村中部，距村委会驻地横石刘家500米。东接青陂屋、刘家屋，西连雷吼屋、墙垣屋，北靠风地坪屋、福龙寺。此地为四周地势高、中间低凹的地形，明代，方丽金（1508—1587）到此建房定居，因住宅在柏树埚屋的背后，故得名。2014年，有居民22户100人，水田61亩，旱地51亩，山林102亩。

新屋　属塘湖镇雷吼村，位于雷吼村西部，距村委会驻地横石刘家1.5千米。东接墙垣，西邻荻田村石马屋，南连大四埚屋，北靠润田围坊屋。明代，汪亚川（1545—1615）自祖居迁此建房定居，因住宅为新建，故得名。2014年，有居民33户140人，水田89亩，旱地74亩，山林148亩。

第九节　凉亭村及所属聚落

【凉亭村】　塘湖镇辖村，位于塘湖镇南部，村委会驻地堤下屋，距塘湖中心集镇4千米。东与狼荷村接壤，南与石坪村相连，西与白沙村毗邻，北与图垅村大白塅相接，辖区面积4.9平方千米。因域内有地片名凉亭而得村名。1950年，属通城县狼荷乡柏树村、大白乡堤下村、大白乡大明村；1958年人民公社化，属崇阳县麦市（先锋）人民公社麦市管理区柏树、堤下、咀背（原大明村）大队；1961年恢复区镇建制，属通城县麦市区李塅公社；1971年，柏树、堤下大队合并为凉亭大队，咀背大队未变；1975年撤区并社，属塘湖公社；1984年设区建乡，凉亭、咀背大队分别变更为凉亭、咀背村，属麦市区凉亭乡；1987年区乡体制改革，属黄袍镇；1992年，黄袍镇分设为黄袍乡、塘湖镇，属塘湖镇；2001年调整乡镇行政区划，黄袍乡、塘湖镇合并为塘湖镇；2004年，凉亭、咀背村合并为凉亭村。有柏树、凉亭、咀背共3个地片、12个村民小组，有36个农村居民点。村内主要有凉亭工业园区、凉亭家具厂、垅祥精灰厂、模云砖厂、谷明砖厂、戴家坳砖厂、龙虎砖厂、通城县建龙矿业有限公司、通城祺昌建材有限公司、塘湖镇凉亭村卫生室、碳埚沟采矿区、凉亭道班、“一知万”幼儿园、凉亭完小等企事业单位，村民有刘、王、葛、胡、汪、傅、周、潘、戴、杨、郑、陈、黄、吴、李、张、何、冯、魏姓，以王、刘两姓为主。2006年村委会建办公楼，占地面积398平方米，建筑面积205平方米，设有便民服务厅；有柏树港、石山港、凉亭港、王家湾井、石眼泉井、上铺井、干坡井、咀背井等水系；有大埂山、石山碑、大队山、城墙山、冯家坪上、邱家埚山、王家岭山、老屋坪上等山系。S259 省道经过村域，村境距 G353 国道、杭瑞高速通城入口公路里程 23 千米，居民点全部通公路。2014 年年底，有 766 户 3030 人，耕地面积 188.2 公顷，山林面积 166.7 公顷。村民以种植水稻、油菜为主，经济来源以务农、经营建材工业和外出务工为主，年人均纯收入 8452 元。

柏树地片　属塘湖镇凉亭村，位于凉亭村东南部，距塘湖中心集镇 5 千米。东接国有黄袍林场白水寺，西邻白沙村，南连石坪村，北靠凉亭地片，辖区面积约 1.7 平方千米。因域内有居民点名柏树而得地片名。下辖 4 个村民小组，有 13 个居民点。S259 省道经过村域，村境距 G353 国道、杭瑞高速通城入口公路里程 23 千米，居民点全部通公路。2014 年，有居民 225 户 940 人，水田 55.7 公顷，旱地 11.8 公顷，山林 42.5 公顷。

咀背地片　属塘湖镇凉亭村，位于凉亭村北部，距塘湖中心集镇 2 千米。东靠城墙山，西与图垅村山背相连，南依球场屋，北与图垅村大白塅接壤。下辖 3 个村民小组，有 8 个居民点，辖区面积约 1.5 平方千米。因域内有居民点咀背而得地片名。村境距 S259 省道、G353 国道、杭瑞高速通城入口公路里程分别为 1 千米、4 千米、23 千米，居民点全部通公路。2014 年，有居民 225 户 1050 人，水田 62.1 公顷，旱地 3.6 公顷，山林 38 公顷。

凉亭地片　属塘湖镇凉亭村，位于凉亭村中部，距塘湖中心集镇 4 千米。东接城墙山，西邻图垅村，南连石坪村，北靠咀背地片，辖区面积 1.7 平方千米。因域内有居民点凉亭而得地片名。下辖 5 个村民小组，有 16 个居民点。S259 省道经过村域，村境距 G353 国道、杭瑞高速通城入口公路里程 23 千米，居民点全部通公路。2014 年，有居民 289 户 1320 人，水田 54.3 公顷，旱地 38.3 公顷，山林 53.2 公顷。

柏树屋　属塘湖镇凉亭村，位于凉亭村南部，距村委会驻地堤下屋 2.5 千米。东临石咀、陈家，西与老屋相望，南与石坪村柳家垅相连，北靠老屋坪。古时，此地生长有很多柏树，树干又高又大，传说人爬到树顶，能看见 20 千米以外的锡山山顶。清代，王姓从王家老屋分居至树林前建房定居，以树木名命村庄名。2014 年，有居民 40 户 170 人，水田 207 亩，旱地 18 亩，山林 121 亩。

崩墈王家（王家老屋）　属塘湖镇凉亭村，位于凉亭村南部，距村委会驻地堤下屋 900 米。东连柏树屋，北依凉亭港，南接塅上屋，北靠老屋坪上。明初，王彦游携长子王瑭（1325—1394）和次子王琥（1328—1387）从江西迁此建房定居，以其姓氏命村庄名为王家。其部分子孙迁往柏树屋、冯家堂建房定居。为区别次序，故改称王家为王家老屋。后因屋后山岗崩塌又改称崩墈王家。2014 年，有居民 65 户 270 人，水田 190 亩，旱地 47 亩，山林 108 亩。

戴家坳　属塘湖镇凉亭村，位于凉亭村东部，距村委会驻地堤下屋 1.5 千米。东邻狼荷村油铺，西连石咀山，南与石眼泉相望，北靠城墙山。此地为山岭分水处，古时，江西修水戴家坪戴姓人氏在此地居住，故得名。明末，戴姓人氏迁回老家江西，继由胡姓定居，仍用原村庄名。2014 年，有居民 25 户 100 人，水田 49 亩，旱地 17 亩，山林 55 亩。

堤下屋　属塘湖镇凉亭村，位于凉亭村中部，为村委会驻地，距塘湖中心集镇 4 千米。东邻王家祠堂，西依凉亭港，南与塘麦公路相连，北接小港。清初，王姓居民为保护土地、预防水灾，沿凉亭港筑起一座堤，堤长 260 余米、高 7 米、宽 3.5 米，全部用条石砌成。后王宏刚（1742—1824）及刘、汤、葛姓先后迁堤下方建房定居，故称堤下屋。2014 年，有居民 18 户 80 人，水田 48 亩，旱地 11 亩，山林 27 亩。

塅上周家　属塘湖镇凉亭村，位于凉亭村北部，距村委会驻地堤下屋 2.1 千米。东邻凉亭河，西与和一屋接壤，南连沙埚，北接图垅村大白塅。此地为一块面积较大的平地，俗称塅上。清代，周尚凤从大白塅老屋周家迁此建房定居，依地形和姓氏综合命村庄名。2014 年，有居民 26 户 114 人，水田 52 亩，旱地 9 亩，山林 10 亩。

干大坵　属塘湖镇凉亭村，位于凉亭村东部，距村委会驻地堤下屋 700 米。东靠城墙山，西连凉咀公路，南接塘麦公路，北邻白屋。古时，这里是一块较大的干旱田，俗称干大坵。清代，王展清（1748—1806）在这块干田里建房定居，遂以田块名命村庄名。2014 年，有居民 20 户 80 人，水田 41 亩，旱地 20 亩，山地 46 亩。

葛家　属塘湖镇凉亭村，位于凉亭村委会北部，距村委会驻地堤下屋1.5千米。东接咀背，南连古合岭，西与图垅山背接壤，北邻千八咀。清代，葛辉才（1690—1766）从大白塅迁此建房定居，以其姓氏命村庄名。2014年，有居民34户140人，水田96亩，旱地15亩，山林28亩。

孤雁岭（古合岭）　属塘湖镇凉亭村，位于凉亭村西南部，距村驻地堤下屋1.4千米。东向咀背大屋，南靠大队山，西接图垅村教堂，北连沙窝屋。传说有一群大雁从此地飞过，结果有一只受伤的大雁飞落此岭，当地百姓为其疗伤，大雁伤愈后便留于此岭，直至老死。后来人们便将此岭叫作孤雁岭，别名古合岭。2014年，有居民35户130人，耕地90亩，山林75亩。

咀背大屋　属塘湖镇凉亭村，位于村委会北部，距村委会驻地堤下屋1.5千米。东靠城墙山，南连球场屋，西与葛家隔河相望，北接图垅村魏家。明代，刘东衡（1521—1570）从苦竹街迁此建房定居，因住宅位于山体突出前端一侧，故命村庄名为咀背。2014年，有居民111户520人，耕地600亩，山林217亩。

凉亭集镇　属塘湖镇凉亭村，位于凉亭村中部，为村委会驻地，距塘湖中心集镇4千米。东连白屋，西邻白沙林，南依老屋坪，北靠堤下屋。因此地附近古时有凉亭而得集镇名。1990年后，附近刘、葛姓居民沿麦市至县水泥厂的公路旁建房定居，形成集镇。辖4个村民小组，有凉亭老街、港背、魏家冲、堤下屋、凉亭道班、凉亭家具厂、一知万幼儿园、凉亭完小、凉亭村委会办公楼、凉亭村卫生室、堤下屋等单位和居民点。街道全长1.5千米。2014年，有居民107户650人，水田427亩，旱地18亩。

球场屋　属塘湖镇凉亭村，位于凉亭村东部，距村委会驻地堤下屋1千米。东依城墙山，南与白屋相连，西邻塅畈，北接咀背杨竹咀。清初，刘陶孟（1631—1682）和刘陶佐（1641—1715）兄弟二人从咀背大屋迁此建房定居。后来，刘姓在此办了一所私塾，学堂门前有一块供学生活动的操场，学生们都在操场上玩耍布球等，人们就将此居民点叫作球场屋。2014年，有居民33户130人，水田75亩，旱地11亩，山地51亩。

石咀　属塘湖镇凉亭村，位于凉亭村东南部，距村委会驻地堤下屋2.5千米。东靠黄袍林场白水寺，西与柏树屋隔600米相望，南接石坪村柳家垅，北与陈家坳相连。此地有山岭突出前端，地质为石质，故名石咀。清代，胡宗荛（1650—1704）从狼荷村龙湾迁石咀旁建房定居，以山咀名命村庄名。2014年，有居民38户150人，水田121亩，旱地25亩，山林48亩。

魏家冲　属塘湖镇凉亭村，位于凉亭村西部，距村委会驻地堤下屋650米。东邻港背，西接凉亭完小，南、北靠小山。古时，这里住魏姓村庄，故名。清代，魏姓迁出，王品文（1728—1800）迁此建房定居，仍用原村庄名。2014年，有居民21户90人，水田52亩，旱地15亩，山林27亩。

月家塘（王家）　属塘湖镇凉亭村，位于凉亭村西部，距村委会驻地堤下屋1.3千米。东邻凉亭港，西与图垅村鹤塅屋接壤，南与上屋相连，北靠孤雁岭和葛家。清代，王名伦（1732—1808）从王家老屋迁此建房定居，并在门前挖了一口水塘。水塘如镰刀形，好似弯月，塘水清凉透彻，碧波荡漾，一眼见底。每逢夜晚，月亮升起至西沉一直在水底下经过，景色迷人，附近居民都前来观看水底月亮，故命村庄名为月家塘。2014年，有居民14户50人，水田30亩，旱地9亩，山林16亩。出生于该居民点的王仲何（1966— ），教授，高级工程师，注册造价工程师，2014年任长江设计院工程建设与监理公司经理。

第十节　龙印村及所属聚落

【龙印村】　塘湖镇辖村，位于塘湖镇东北部，村委会驻地艾家垌，距塘湖中心集镇2.5千米。东接石港村，南连塘湖社区，西邻狮子村，北靠阁壁水库，辖区面积5.4平方千米。因域内有地片名龙印而得村名。1950年，属通城县龙印乡；1958年人民公社化，设夏家、龙印大队，属崇阳县麦市（先锋）人民公社塘湖管理区；1961年恢复区镇建制，属通城县麦市区塘湖公社；1975年撤区并社，夏家、龙印大队合并为龙印大队，属塘湖公社；1984年设区建乡，龙印大队分设为龙印、夏家村，属麦市区塘湖乡；1987 年区乡体制改革，夏家、龙印村合并为龙印村，属黄袍镇；1992 年，黄袍镇分设为塘湖镇、黄袍乡，龙印村分设为夏家、龙印村，属塘湖镇；2001 年调整乡镇行政区划，黄袍乡与塘湖镇合并为塘湖镇；2004 年，夏家、龙印村合并为龙印村。下辖 13 个村民小组，有 22 个农村居民点。居民姓氏有金、夏、刘、张、瞿、胡、吴、葛等姓，以金、夏二姓为主。有龙印桥采石场、龙印建材厂、三龙果业、雄明猪场、加油站、豆制品厂、大米加工厂、龙印畈农业基地等企业，村委会于 2012 年投入 150 万元承建办公大楼及休闲广场，占地面积 2150 平方米，建筑面积 780 平方米，内设便民服务厅、村卫生室等。S259 省道贯穿村域，距 G353 国道、杭瑞高速通城入口公路里程分别约 10 千米、30 千米，居民点全部通公路。2014 年，有居民 768 户 2470 人，耕地 120 公顷，山林 100 公顷。居民以种植水稻、玉米、红薯为主，经济来源以务农、务工为主，部分人经商，年人均纯收入 8804 元。

龙印地片　属塘湖镇龙印村，位于龙印村北部，距塘湖中心集镇 2 千米。东接夏家，南连下湾张家，西依雅雀山，北至阁璧水库，辖区面积 2.2 平方千米。域内有龙形山，山咀酷似龙爪。传说古时发洪水，龙形山的巨龙游入河中，水退后见龙的脚印，后人故将此地称为龙印，据此而得地片名。下辖 7 个村民小组，有 7 个居民点。距 S259 省道、G353 国道、杭瑞高速通城入口公路里程分别约 2 千米、10 千米、30 千米，居民点全部通公路。2014 年，有居民 442 户 1430 人，耕地 62 公顷，山林 73.3 公顷。

夏家地片　属塘湖镇龙印村，位于龙印村南部，为龙印村村部驻地，距塘湖中心集镇 2.5 千米。东接石港村，南连塘湖社区，西邻狮子村下湾张家，北至礼义桥，辖区面积 3.2 平方千米。因域内有居民点名夏家而得地片名。下辖 6 个村民小组，有 15 个居民点。S259 省道贯穿村域，距 G353 国道、杭瑞高速通城入口公路里程分别约 10 千米、30 千米，居民点全部通公路。2014 年，有居民 326 户 1040 人，耕地 58 公顷，山林 25.6 公顷。居民有张、金、刘、葛、吴、李、邱、卢、胡、何、黄等姓氏，以夏姓为主。

艾家埚　属塘湖镇龙印村，位于龙印村中部，为村委会驻地，距塘湖中心集镇 2.5 千米。东靠油垅，西连龙印畈，南邻塘埚，北接学堂铺。此地为四周地势高、中间低凹的地形，古有艾姓居民在埚内定居，以姓氏和地形名作村庄名。清代，夏中唐(1802—?)购艾姓人家房屋，重建新房定居，仍用原村庄名。2014 年，有居民 26 户 100 人，水田 55.07 亩，旱地 23 亩，山林 25 亩。

礼义桥(又名龙印桥)　属塘湖镇龙印村，位于龙印村北部，距村委会驻地艾家埚 1.2 千米。东接新庄大屋，西连彭家山，南连龙印河，北靠宝盖山。此地有小河名龙印港，港上有桥名龙印桥。清嘉庆年间，金姓居民从阁壁大屋迁至桥边建房定居，以桥名命村庄名。后村民在此开店，因店家信誉好，礼义待客，得客户好评。以更求生意之计，改称礼义桥。2014 年，有居民 76 户 200 人，水田 80 亩，旱地 45 亩，山林 85 亩。

毛家仑　属塘湖镇龙印村，位于龙印村南部，距村委会驻地艾家埚 600 米。东接塘埚，西邻下湾张家，南靠龟形咀，北连张家畈。此地有小山岭，明代，湖南岳阳一毛姓人家在此山岭下建房定居，以姓氏及地形命村庄名。后毛姓外迁，刘仲员(1798—?)购买毛姓房屋，仍用原村庄名。2014 年，有居民 4 户 20 人，水田 6.5 亩，旱地 3.5 亩，山林 13 亩。出生于该居民点的夏显云(1942—　)，曾任县供销合作社总经理，1988 年被国家商业部授予全国商业汽车运输管理标兵称号。

彭家山　属塘湖镇龙印村，位于龙印村西部，距村委会驻地艾家埚 1.7 千米。东接龙印河，西邻鸦鹊山，南连瞿家，北靠礼仪桥。此地有一山岭，清代嘉庆年间，一户彭姓人家在山腰上建房定居，以其姓氏及地形命村庄名。后该人家两代人均以盗窃为生，危害一方。同治年间，当地金姓大户把彭姓人赶走并迁此建房定居，仍用原村庄名。2014 年，有居民 21 户 100 人，水田 65 亩，旱地 65 亩，山林 75 亩。

上湾张家　属塘湖镇龙印村，位于龙印村南部，距村委会驻地艾家埚 600 米。东接毛家仑，西邻下湾张家，南靠龟形咀，北连龙印畈。宋代，张仲启(1086—?)长孙土文在此建房定居。因住宅位于龙印河拐弯处，且下游不到 1 千米处还有一个湾，故称村庄名为上湾张家。2014 年，有居民 55 户 200 人。水田 109.5 亩，旱地 80 亩，山林 100 亩。

夏家老屋　属塘湖镇龙印村，位于龙印村中部，距村委会驻地艾家坍 700 米。东接石港村阴墩，西邻龙印畈，南连学堂铺，北靠龙印桥。元代，夏启明(1297—1367)在此建房定居，以其姓氏命村庄名为夏家。后有子孙外迁他处，故改称此宅为夏家老屋。2014 年，有居民 48 户 220 人，水田 88.2 亩，旱地 40 亩，山林 55 亩。

夏家新屋　属塘湖镇龙印村，位于龙印村东部，距村委会驻地艾家坍 200 米。东靠 S259 公路，西接龙印畈，南邻艾家坍，北连夏家老屋。清代，夏圣安(1723—?)在此建房定居，因系新建住宅，故依其姓氏综合房屋状况命村庄名。2014 年，有居民 36 户 150 人，水田 120.6 亩，旱地 35 亩，山林 57 亩。

新牌楼屋　属塘湖镇龙印村，位于龙印村北部，距村委会驻地艾家坍 1.8 千米。东连宝盖山，西靠屋后龙形山，南连礼仪桥，北接石咀峦。明朝末年，石咀峦老牌楼屋毁于兵乱，金姓迁至此定居，故名新牌楼屋。2014 年，有居民 79 户 220 人，水田 130 亩，山林 250 亩，旱地 130 亩。

元藻屋　属塘湖镇龙印村，位于龙印村西南部，距村委会驻地艾家坍 1.5 千米。东临龙印河，西靠鸦鹤山，南连下湾张家，北靠瞿家。清代，金元藻(1729—1799)从龙印桥牌楼屋迁此建房定居，以其名命村庄名。2014 年，有居民 130 户 450 人，水田 230 亩，旱地 300 亩，山林 150 亩。出生该居民点的金汉朝(1912—1952)，1937 年参加上海四行仓库保卫战，为“八百壮士”之一。

竹山瞿家　属塘湖镇龙印村，位于龙印村西部，距村委会驻地艾家坍 1.2 千米。东临龙印河，南连元藻屋，西靠鸦鹊山，北连彭家山。此地有山岭，旧植楠竹，故称竹山。明代，瞿瑞海(1351—1409)迁竹山左侧建房定居，故名竹山瞿家。道光年间，瞿姓外甥胡姓迁入。2014 年，有居民 96 户 390 人，水田 180 亩，旱地 108 亩，山林 120 亩。

第十一节　南虹村及所属聚落

【南虹村】　塘湖镇辖村，位于塘湖镇西部，村委会驻地八仙台，距塘湖中心集镇约 1 千米。东与狮子村毗邻，南与麦市镇井堂村相连，西与关刀镇八燕村、鲤港村接壤，北靠关刀镇塔岭；辖区面积约 9.5 平方千米。因域内有地片名南虹而得村名。1950 年，属通城县八仙乡；1958 年人民公社化，属崇阳县麦市(先锋)人民公社鲤港管理区大虹、龙背大队；1961 年恢复区镇建制，属通城县水兴区八燕公社；1975 年撤区并社，属塘湖公社；1984 年设区建乡，大虹大队分设为大陂、南虹村，龙背大队变更为龙背村，属麦市区塘湖乡；1987 年区乡体制改革，黄袍乡、塘湖乡合并为黄袍镇，属黄袍镇；1992 年，黄袍镇分设为塘湖镇、黄袍乡，属塘湖镇；2001 年调整乡镇行政区划，仍属塘湖镇；2004 年，大陂、南虹、龙背村合并为南虹村。下辖 19 个村民小组，有 33 个农村居民点。村内有家里沟水库、大陂倒圳、龙背蓄水池、南虹河等水利设施；有南虹桥及大陂头桥、倒桥、八仙台桥等省级重点保护文物；还有历史悠久的“昭圣寺”、“汤营山”24 位“明王庙”、千亩油菜基地、村卫生室等。村民有郑、葛、刘、余、吴、何、廖、陈、姜、夏、汪、金等姓，以郑、葛、刘姓为主。2006 年，村委会建办公楼，占地面积 800 平方米，建筑面积 200 平方米，设有便民服务厅、党员活动室、图书室等。村域距 S259 省道、G353 国道、杭瑞高速通城入口公路里程分别为 5 千米、3 千米、20 千米，居民点全部通公路。2014 年，有村民 662 户 3510 人；有水田 111.2 公顷，旱地 53.3 公顷，山林 220 公顷。村民以种植水稻、蔬菜为主，兼养猪、鸡、鱼，经济来源以务农、务工为主，部分人经商，年人均纯收入 7288 元。

大陂地片　属塘湖镇南虹村，位于南虹村西南部，距塘湖中心集镇 2 千米。东接南虹地片，北邻关刀镇八燕村，西连关刀镇鲤港村，南靠鸡笼山。因域内有居民点名大陂头而得地片名。下辖 7 个村民小组，有 11 个居民点。村域距 S259 省道、G353 国道、杭瑞高速通城入口公路里程分别为 5 千米、3 千米、20 千米，居民点全部通公路。2014 年，有居民 206 户 1070 人，水田 30 公顷，旱地 13.3 公顷，山林 66.7 公顷。

龙背地片　属塘湖镇南虹村，位于南虹村西北部，距塘湖中心集镇 1 千米。东接狮子村，北邻关刀镇塔岭，西连大陂地片，南靠八仙台。因域内有居民点名龙背屋而得地片名。下辖8个村民小组，有12个居民点。村域距S259省道、G353国道、杭瑞高速通城入口公路里程分别为5千米、3千米、20千米，居民点全部通公路。2014年，有居民216户1120人，水田30.7公顷，旱地20公顷，山林56.7公顷。

南虹地片 属塘湖镇南虹村，位于南虹村南部，距塘湖中心集镇1千米。东接狮子村，北邻龙背地片，西连大陂地片，南靠鸡笼山。因域内有居民点南虹桥而得地片名。下辖8个村民小组，有10个居民点。村域距S259省道、G353国道、杭瑞高速通城入口公路里程分别为5千米、3千米、20千米，居民点全部通公路。2014年，有居民240户1320人，水田37.3公顷，旱地20公顷，山林100公顷。

八仙台 属塘湖镇南虹村，位于南虹村南部，为村委会驻地，距塘湖镇中心集镇1千米。东接八仙台港，西邻石门堋，南连茶山上，北靠炭窝。此地港边有巨石如台，传说古时有8个神仙在石块上下过棋，故名八仙台。清代，葛继爽（1713—1767）之子在此建房定居，以巨石名作村庄名。2014年，有居民25户100人，水田92亩，旱地3.5亩，山林85亩。

大陂头 属塘湖镇南虹村，位于南虹村西部，距村委会驻地八仙台约2千米。东接倒桥，南连赵家庄，西邻八燕村，北靠虎形山。因河溪中有被俗称为“陂”的大型拦水设施，居民于“陂”的一头定居，故称大陂头。2014年，有居民50户230人，水田160亩，旱地22亩，山林260亩。

倒桥屋 属塘湖镇南虹村，位于南虹村西部，距村委会驻地八仙台1.5千米。东接余家，南连鲤黄公路，北靠长埚夏家，西邻大陂头。此地河溪上小石桥倒塌多次，故名倒桥。清代，葛姓居民于桥头定居，以桥名作村庄名。2014年，有居民22户90人，水田75亩，旱地12亩，山林60亩。

对门余家 属塘湖镇南虹村，位于南虹村西部，距村委会驻地八仙台500米。东接八仙台，西邻倒桥，南连鲤港公路，北靠碳埚。清代，余姓居民在此建房定居，因此居民点对面有螺形余家，为区别起见，故命村庄名为对门余家。2014年，有居民23户100人，水田92亩，旱地18亩，山林250亩。

墈塆 属塘湖镇南虹村，位于南虹村西北部，距村委会驻地八仙台2.5千米。东邻夏家垅，西接颜家冲，南靠加工厂，北连石牛岭。此地为山体拐弯处，明洪武八年(1375)，刘幸祥葬于此，并修有大型石墈护坟，故称墈塆。附近原有塘湖港下屋的收租屋，后来，刘协勋(1804—1879)从塘湖港下屋迁石墈前方建房定居，以地形名命村庄名。2014年，有居民21户110人，水田20亩，旱地50亩，山林60亩。

廖家 属塘湖镇南虹村，位于南虹村东部，距村委会驻地八仙台500米。东接塘湖社区月形上，西接八仙台港，南接南虹桥，北接鲤港公路。此地为山岭分水处，古名药局坳。后周显德年间，廖传携子廖瑞(947—970)由隽水佘坊茹菜垅迁此定居，改村庄名为廖家。2014年，有居民17户90人，水田52亩，旱地2亩，山林48亩。

岭上屋 属塘湖镇南虹村，位于南虹村东南部，距村委会驻地八仙台1.2千米。东接塘湖社区月形上，西邻吴家垅港，南连图垅村狼没塘，北靠廖家。此地有山岭，名凤形山。清代，刘皇封(1791—1857)从河对面祖居月形屋迁山岭上建房定居，命村庄名为岭上。2014年，有居民42户200人，水田140亩，旱地57亩，山地164亩。

六房屋 属塘湖镇南虹村，位于南虹村西南部，距村委会驻地八仙台700米。东邻方家，南接南虹片螺形余家，西与八房屋毗邻，北与倒桥相望。清代，葛继爽(1713—1767)由八仙台迁此建房定居，以其在兄弟中的排行命村庄名。2014年，有居民40户180人，水田108亩，旱地93亩，山林126亩。

龙背屋 属塘湖镇南虹村，位于南虹村西北部，距村委会驻地八仙台2.3千米。东邻狮子村坪头屋，南对加工厂，西对墈塆，北邻黄谷岭。此地有小山蜿蜒如龙之脊背，故称山岭为龙背。清代，刘美一(1836—1896)迁山岭下方定居，以山岭名命村庄名为龙背屋。2014年，有居民22户90人，水田65亩，旱地50亩，山林45亩。

七房屋 属塘湖镇南虹村，位于南虹村西南部，距村委会驻地八仙台800米。东与大房相望，南邻八房屋，西连关刀镇方家，北靠大陂头。清代，葛秀昆(1716—1750)在此建房定居，以其在兄弟中的排行命村庄名。2014年，有居民25户100人，水田61亩，旱地40亩，山林70亩。

桥石洞　属塘湖镇南虹村，位于南虹村南部，距村委会驻地八仙台2千米。东接吴家垅，西邻土地塝，南连鸡笼山，北靠茶山上。此地为呈长条形山沟，古时建南虹桥在此洞取石料，故名桥石洞。后有何、葛姓居民相继迁洞内建房定居，以洞名作村庄名。2014年，有居民27户140人，水田98亩，旱地3亩，山林82亩。

土地塝　属塘湖镇南虹村，位于南虹村南部，距村委会驻地八仙台1.5千米。东接茶山上，西邻六房大屋，南连麦市井堂屋，北靠螺形余家。此地坡度较大的山岭上古建有土地庙，故称土地塝。清代，葛御选之孙由八仙台迁土地庙前建房定居，以地形名作村庄名。2014年，有居民45户160人，水田110亩，旱地5亩，山林120亩。

吴家垅　属塘湖镇南虹村，位于南虹村南部，距村委会驻地八仙台1.5千米。东接南虹村，西邻乔石洞，南连鸡笼山脚，北靠八仙台。此地为丘陵区的山沟，清代，吴姓居民率先于垅内定居，故名吴家垅。2014年，有居民25户140人，水田97亩，旱地4亩，山林90亩。

夏家垅　属塘湖镇南虹村(原属大陂村)，位于南虹村西北部，距村委会驻地八仙台2.8千米。东邻飞山，西接周家坳，南连黄谷岭，北对沙塥。此地有山沟，古为夏姓土地，故称夏家垅。清代，何宗对(1634—1684)在此建房定居，以垅内作村庄名。2014年，有27户120人，水田150亩，旱地110亩，山林80亩(附近有龙家垅小居民点，2014年前居民迁出，无人居住。另有王家屋、新屋两个小居民点)。

夏家垅　属塘湖镇南虹村(原属龙背村)，位于南虹村西北部，距村委会驻地八仙台1.8千米。东、南连加工厂，西对壀塆，北接龙背屋。此地有山沟，清代，夏姓居民率先入垅内定居，故命村庄名为夏家垅。2014年，有居民50户230人，水田158亩，旱地120亩，山林80亩。

颜家冲　属塘湖镇南虹村，位于南虹村西北部，距村委会驻地八仙台2千米。东邻壀塆，西连炭塥，南对加工厂，北接龙背屋。此地为长条形山沟，古有颜姓定居冲内，故称颜家冲。后颜姓外迁，陈、刘、何姓相继迁入，仍用原村庄名。2014年，有居民24户130人，水田90亩，旱地60亩，山林70亩(包括石板路、石塥、檀树塝3个小村庄)。

周家坳　属塘湖镇南虹村，位于南虹村西北部，距村委会驻地八仙台3千米。东接沙塥，南邻黄谷岭，西连壀塆，北靠鲁家。此地为山岭分水处，古时属周姓的土地，故得名。清初，汪承镇(1612—1677)迁此定居，仍用原村庄名。2014年，有居民24户90人，水田50亩，旱地30亩，山林100亩。

第十二节　润田村及所属聚落

【润田村】　塘湖镇辖村，位于塘湖镇东北部，村委会驻地石井，距塘湖中心集镇约7千米。东与崇阳县高枧乡桃花村毗邻，南与雷吼村相连，西与石港村相接，北靠阁壁、石马洞村，辖区面积18.6平方千米。因域内有地片名润田而得名。1950年，属通城县润田乡；1958年人民公社化，设润田、夹井大队，属崇阳县麦市(先锋)人民公社黄袍管理区；1961年恢复区镇建制，夹井大队分设为石井、夹井、围坊大队，润田大队未变，同属通城县麦市区黄袍公社；1971年，石井、夹井、围坊大队合并为前进大队，润田大队未变；1975年撤区并社，同属黄袍公社；1981年，前进大队更名为夹井大队；1984年设区建乡，润田、夹井大队变更为润田、夹井村，属麦市区黄袍乡；1987年区乡体制改革，属黄袍镇；1992年，黄袍镇分设为黄袍乡、塘湖镇，属黄袍乡；2001年调整乡镇行政区划，属塘湖镇；2004年，润田、夹井村合并为润田村。村民房屋呈块状分布，下辖22个村民小组，有25个农村居民点；村内有润田水库、夹井水库、远军养猪场、连尔养猪场、鹿角山林场、润田大屋古民居、普救寺、基督教夹井教堂等。村民有李、陈、周、张、汪、瞿、吴、金、王、廖、刘、杜、雷、彭、夏、黄等姓，以汪、李、王、廖姓为主。村委会于2008年建办公楼，占地面积680平方米，建筑面积320平方米，设有便民服务厅、村卫生室。村域距S259省道、G353国道、杭瑞高速通城入口公路里程分别为4千米、10千米、32千米，居民点全部通公路。

2014年，有村民816户3540人，水田106.2公顷，旱地133.7公顷，山林1093.3公顷。村民以种植水稻、蔬菜、玉米为主，兼养猪、鸡、牛、羊、鱼；经济来源以务农、务工为主，部分人经商；年人均纯收入3901元，是省级重点贫困村。

夹井地片　属塘湖镇润田村，位于润田村东北部，距塘湖中心集镇9千米。东与崇阳县桃花村相邻，南接围坊片，西邻石井片，北靠鹿角山。因域内有居民点名夹井而地片名。下辖8个村民小组，有12个居民点。村域距S259省道、G353国道、杭瑞高速通城入口公路里程分别为4千米、10千米、32千米，居民点全部通公路。2014年，有居民249户1140人，水田30.2公顷，旱地45.7公顷，山林495.7公顷。

润田地片　属塘湖镇润田村，位于润田村南部，距塘湖中心集镇7千米。东连石井地片，南临润田港，西邻石港村，北靠委林尖。因域内有居民点名润田大屋而得地片名。下辖7个村民小组，有10个居民点。村域距S259省道、G353国道、杭瑞高速通城入口公路里程分别为4千米、10千米、32千米，居民点全部通公路。2014年，有村民295户1220人，水田41.3公顷，旱地43.3公顷，山林266.7公顷。

石井地片　属塘湖镇润田村，位于润田村北部，距塘湖中心集镇8千米。东接围坊片，南连狮姑尖，西邻竹咀屋，北靠委林尖山脉。此地为石质地壳，又为四周高中间低的凹地，故称为石井。下辖4个村民小组，有3个居民点。村域距S259省道、G353国道、杭瑞高速通城入口公路里程分别为4千米、10千米、32千米，居民点全部通公路。2014年，有居民149户550人，水田18.3公顷，旱地27.3公顷，山林200公顷。

围坊地片　属塘湖镇润田村，位于润田村东部，距塘湖中心集镇8千米。东与崇阳县桃花村相邻，南接雷吼村，西邻石井片，北至大青阳公路。因域内有居民点围坊而得地片名。下辖3个村民小组，有3个居民点。村域距S259省道、G353国道、杭瑞高速通城入口公路里程分别为4千米、10千米、32千米，居民点全部通公路。2014年，有居民110户470人，水田16.4公顷，旱地22.7公顷，山林133.3公顷。

柏树埚　属塘湖镇润田村，位于润田村南部，距村委会驻地石井2千米。东邻享堂，南临润田港，西连石港，北靠委林尖。此地为四周地势高中间低凹的地形，又因埚内多生长柏树，故称柏树埚。清代，陈福祥(1781—1852)在此建房定居，以埚名命村庄名。2014年，有居民48户170人，水田80亩，旱地50亩，山林300亩。

大青阳　属塘湖镇润田村，位于润田村东北部，距村委会驻地石井1.8千米。东靠老鸦尖山脉，南接老鸦尖，西与杨冲屋接壤，北邻三房屋。明代，汪必显(1428—1500)由石下井迁此定居，因地势宏大，田肥地沃，古树参天，风光秀丽，故命村庄名为大青阳。2014年，有居民20户90人，水田50亩，旱地80亩，山林500亩(该居民点北部500米有小居民点壁楂埚，东北部400米有小居点山丫坳包含在内)。

当家埚(又名张家埚)　属塘湖镇润田村，位于润田村中部，距村委会驻地石井300米。东与石下岭接壤，南临获天公路，西邻球场屋，北靠委林尖山脉。此地为四周地势高、中间低凹的地形，俗称作埚。元代，汪重六(1270—1352)由崇阳迁此建房定居。此人奋志竭力，创业出名，人夸其善当家。后人们依此称村庄名为当家埚，也有人把当家埚误写成张家埚。2014年，有居民42户150人，水田75亩，旱地100亩，山林800亩。

港背　属塘湖镇润田村，位于润田村中部，距村委会驻地石井300米。东与余坊接壤，南靠狮姑尖山脉，西临润田水库，北接润田河。明代，汪必福(1388—1445)由石井迁港一侧建房定居，以港及方位命村庄名。2014年，有居民61户250人，水田120亩，旱地200亩，山林1400亩。

李家　属塘湖镇润田村，位于润田村南部，距村委会驻地石井2千米。东邻庙下，南临润田港，西连获田村，北接石港。此地原由吴姓人居住，名吴家。后吴姓因避战乱外迁。清代，李德昌(1743—1799)从隽水迁此定居，改村庄名为李家。2014年，有居民46户160人，水田80亩，旱地60亩，山林300亩。

庙下　属塘湖镇润田村，位于润田村南部，距村委会驻地石井1.2千米。东连润田大屋，南临润田河，西接享堂坳，北靠委林尖。古时，此地上方有一座庙。清代，汪均昌(1801—1873)由润田大屋迁庙下方建房定居，以庙及方位命村庄名。中华人民共和国成立后，此庙被拆除。2014年，有居民21户110人，水田50亩，旱地80亩，山林600亩。

球场屋　属塘湖镇润田村，位于润田村中部，距村委会驻地石井200米。东与张家垅相连，南接荻天公路，西连石井，北靠委林尖山脉。传说古时此村庄出过三个江洋大盗，为三兄弟，人们把该居民点也叫成强盗屋。明代，汪必胜(1402—1485)由崇阳迁入此地建房定居，认为此名不雅，改称球场屋。2014年，有居民46户160人，水田80亩，旱地100亩，山林800亩。

瞿家　属塘湖镇润田村，位于润田村南部，距村委会驻地石井1千米。东接润田水库，南靠狮姑尖山，西邻润田李家，北连石井。清代，瞿守成(1756—1835)由崇阳县迁入此地建房定居，以其姓氏命村庄名。2014年，有居民32户150人，水田80亩，旱地100亩，山林700亩。

润田大屋　属塘湖镇润田村，位于润田村南部，距村委会驻地石井1.2千米。东邻竹园，南临润田河，西连庙下屋，北靠委林尖。元代，汪应龙由崇阳迁此建房定居，以姓氏称村庄名汪家。其第六代孙汪茂实(号润田，1362—1415)于明洪武年间中举人，先后在江苏等地做官，最后官至四川按察使司。人们依其名改称村庄为润田大屋。2014年，有居民48户210人，水田120亩，旱地100亩，山林800亩。出生该居民点的历史人物有：汪润田，洪武二十三年中举，6年后任江苏吴江教谕。建文三年，升迁南京应天府上元县知县，因“剖事立明”最终官至四川按察使司转升驿盐道，未及上任而终。汪宗翰(？—?)，光绪二十六年(1890)中进士，他博学好古、爱民善政，他精金石、通书画、善诗词，官至从二品。

三房　属塘湖镇润田村，位于润田村北部，距村委会驻地石井1千米。东与王家相望，南临润田河，西连荻天公路，北靠鹿叫山山脉。清代，汪明葛(1779—1850)由祝池塘迁此建房定居，因其为汪文锦支下三房，故以房序称村庄名。2014年，有居民30户150人，水田50亩，旱地70亩，山林1000亩。

天井垅　属塘湖镇润田村，位于润田村北部，距村委会驻地石井3.5千米。东接崇阳桃花村马坳岭，南连石屋岭，西与老案屋相邻，北靠横垅岭。此地为四周地势高、中间低的地形，又因其形如同天井，故称作天井垅。元代，廖忠显(1302—1375)由江西迁此建房定居，以垅名命村庄名。2014年，有居民30户130人，水田50亩，旱地70亩，山林800亩。

瓦窑冲(又名雷家)　属塘湖镇润田村，位于润田村西北部，距村委会驻地石井1.5千米。东接竹慈塘，南连雷家塘，西接道观，北靠鹿角山山脉。此地为两山中间的狭长谷地，明代，汪儒圭(1310—1398)在此地烧砖瓦窑建房，故名瓦窑冲。后来卖给雷姓建房定居，故又名雷家。2014年，有居民41户150人，水田80亩，旱地100亩，山林500亩。

王家　属塘湖镇润田村，位于润田村北部，距村委会驻地石井1.5千米。东连象形山，南临润田河，西接哈蟆石，北靠鹿叫山。清代，王姓人在此定居，依其姓氏命村庄名为王家。2014年，有居民22户130人，水田50亩，旱地70亩，山林1000亩。

围坊　属塘湖镇润田村，位于润田村东北部，距村委会驻地石井1.2千米。东靠老鸦尖主峰，南与雷吼村接壤，西接石井港背，北连乌蛇堰。明代，汪文兴(1415—1488)由石井张家垅分家到此建房定居，在屋场外砌围墙开设磨坊，故命村庄名为围坊。后来人们为了书写方便，写成余坊。2014年，有居民70户280人，水田152亩，旱地200亩，山林1000亩。

享堂　属塘湖镇润田村，位于润田村南部，距村委会驻地石井1.5千米。东接润田、庙下，南临润田河，西邻柏树垅，北靠委林尖。明代，汪展才(1385—1457，汪润田之子)在此修建祠堂作祭祖活动场所，称为享堂。后有汪、张姓人先后迁享堂周边建房定居，以堂名命村庄名。2014年，有居民21户80人，水田40亩，旱地60亩，山林300亩。

阳春(又名杨冲)　属塘湖镇润田村，位于润田村东北部，距村委会驻地石井1.2千米。东与大青阳接壤，南靠老鸦尖主峰，西接围坊，北临大青阳公路。相传，古代，有位仙人路过此地，当时天气炎热，在此歇息，没过多久，仙人感到此地凉爽风和，如同阳春三月的气候，说道：“此地堪妙，有如阳春。”后来人们叫此地为阳春，别称杨冲。清代，汪姓居民在此建房定居，以其名作村庄名。2014年，有居民20户100人，水田40亩，旱地60亩，山林500亩。

祝池塘(又名祝家塘)　属塘湖镇润田村，位于润田村北部，距村委会驻地石井1千米。东临荻天公路，南临石下岭，西连雷家屋，北靠鹿叫山山脉。此地古有一池塘，祝姓居于塘边，故称祝池塘。后来祝姓外迁。明代，汪儒圭(1310—1398)由老案屋迁此建房定居，仍用村庄原村庄名。2014年，有居民65户280人，水田120亩，旱地180亩，山林1000亩。

竹咀　属塘湖镇润田村，位于润田村南部，距村委会驻地石井500米。东与石井接壤，南接润田水库，西与竹园相连，北靠委林尖山脉。此地为山体突出前端，又因山岭上生有竹，故称竹咀。清代，汪正显(1722—1791)由竹园迁此建房定居，遂以咀名作村庄名。2014年，有居民34户150人，水田80亩，旱地100亩，山林300亩。

竹园　属塘湖镇润田村，位于润田村南部，距村委会驻地石井500米。东邻竹咀屋，南接润田水库，西连润田大屋，北靠委林尖山。古时此地有一片竹林，明代，汪必康(1402—1474)由江西迁竹林旁定居，遂命村庄名为竹园。2014年，有居民45户180人，水田90亩，旱地100亩，山林700亩。

第十三节　石港村及所属聚落

【石港村】　塘湖镇辖村，位于塘湖镇东部，村委会驻地老虎塅，距塘湖中心集镇4千米。东与荻田村接壤，南与狼荷村龙背山相倚，西连塘湖社区西边垅，北与龙印村相邻，辖区面积4.107平方千米。因域内有地片名石港而得村名。1950年，属通城县荻田乡金星二社、龙印乡中苏二社；1958年人民公社化，金星二社更名为石港大队，中苏二社更名为新庄大队，属崇阳县麦市(先锋)人民公社黄袍管理区石港大队、塘湖管理区新庄大队；1961年恢复区镇建制，属通城县麦市区黄袍公社石港大队、塘湖公社新庄大队；1975年撤区并社，石港、新庄大队同属黄袍公社；1976年，石港、新庄大队合并为石港大队；1980年，石港大队分设为石港、新庄大队；1984年设区建乡，石港、新庄大队分别变更为石港、新庄村，属麦市区黄袍乡；1987年区乡体制改革，属黄袍镇；1992年，黄袍镇分设为黄袍乡、塘湖镇，属黄袍乡；2001年乡镇行政体制改革，黄袍乡与塘湖镇合并为塘湖镇，属塘湖镇；2003年，石港、新庄村合并为石港村。下辖12个村民小组，有26个农村居民点。村内有傅家坑水库、铺上堰、石老铺堰、香炉石堰、新庄大港堰、王家泵站、徐家泵站、阁壁东干渠等水利设施；有板栗基地300亩、茶叶基地50亩、油茶基地800亩；石港卫生室、石港采石场、新庄农庄、峰山坳等。村民有夏、刘、汪、王、黄、金、瞿、徐、吴、张等姓，以夏、刘、汪、王姓为主。2007年新建村委会办公楼，建筑面积300平方米，设有便民服务厅等；S259省道经过该村，村境距G353国道、杭瑞高速通城入口公路里程分别为10千米、31千米，居民点全部通公路。2014年，有村民447户1850人，水田64.2公顷，旱地28公顷，山林206.7公顷。村民以种植水稻、红薯、玉米、黄豆为主，兼养猪、鱼、牛、羊，经济来源以务农、务工为主，部分人经商，年人均纯收入6071元。

石港地片　属塘湖镇石港村，位于石港村南部，距塘湖中心集镇4千米。东邻本镇荻田村，南靠望湖村，西连龙印村，北接新庄地片，地片总面积约3平方千米。因域内有溪流名石港而得地片名。有16个居民点。S259省道经过该村，村境距G353国道、杭瑞高速通城入口公路里程分别为10千米、31千米，居民点全部通公路。2014年，有居民240户980人，水田34公顷，旱地15.1公顷，山林126.7公顷。

新庄地片　属塘湖镇石港村，位于石港村北部，距塘湖中心集镇4千米。东邻润田村，南接石港地片，西连龙印村，北靠阁壁村，地片总面积约1.5平方千米。因域内有居民点名新庄而得地片名。有12个居民点。村境距S259省道、G353国道、杭瑞高速通城入口公路里程分别为2千米、10千米、31千米，居民点全部通公路。2014年，有居民207户870人，水田30.2公顷，旱地13公顷，山林80公顷。

巴家堂　属塘湖镇石港村，位于石港村南部，距村委会驻地老虎塅1千米。东为农田，西接山岭，南接王团屋，北连老虎塅。古时，此地为巴姓人的居住地故名，后巴姓外迁。清末，夏天成(1871—1933)在此建房定居，仍用原村庄名。2014年，有居民21户90人，水田60亩，旱地3亩，山林90亩。

冲头 属塘湖镇石港村，位于石港村西部，距村委会驻地老虎塅2千米。东、北邻水圳，西靠弹弓山脚下，南连门前水塘。此地为长条形山沟，1981年，汪凤早(1933—1995)迁冲内上端建房定居，故称冲头。2014年，有居民10户40人，水田25亩，旱地1.5亩，山林45亩。

戴家 属塘湖镇石港村，位于石港村南部，距村委会驻地老虎塅1千米。东向富家坑，南靠瞿家大塘，西连板栗基地，北接王团屋。古时，戴姓在此定居，故称。后戴姓外迁。清代，夏昌承(1757—1828)在此建房定居，仍用原村庄名。2014年，有居民28户130人，水田65亩，旱地5.2亩，山林260亩。

老虎塅 属塘湖镇石港村，位于石港村东部，为村委会驻地，距塘湖中心集镇4千米。东接王家冲，西连龙印村，南靠巴家堂，北邻S259省道。此地为一面积较大的平地，传旧有老虎进入，故称老虎塅。清代，汪林凤(1770—1851)在塅内建房定居，以塅名命村庄名。2014年，有居民17户50人，水田35亩，旱地1.5亩，山林50亩。

铺上 属塘湖镇石港村，位于石港村南部，距村委会驻地老虎塅1.1千米，东接老鸦尖，西邻村级公路，南连巴家塘，北靠王团屋。清代，王辅臣(1791—1862)在此建房定居，同时开店经营肉食及杂货，故称铺上。2014年，有居民24户100人，水田40亩，旱地2亩，山林150亩。

上屋(方家) 属塘湖镇石港村，位于石港村南部，距村委会驻地老虎塅2.1千米。东靠余富冲，西邻塝上屋，北邻下屋，南望龙背山。清代，刘兆贤(1814—1876)在此建房定居，因住宅下方有一住宅，故命村庄名为上屋。2014年，有居民23户120人，水田71亩，旱地3.5亩，山林120亩。

王家 属塘湖镇石港村，位于石港村南部，距村委会驻地老虎塅2.1千米。东靠水桐埚山，西向学堂湾，南连下屋，北接乌鸦山脉。清代，王辅君(1821—1890)在此建房定居，以姓氏命村庄名。2014年，有居民23户90人，水田65亩，旱地3.5亩，山林200亩。

王家冲 属塘湖镇石港村，位于石港村东部，距村委会驻地老虎塅400米。东接荻田村，西邻老虎塅，南连檵杈峦，北靠油茶基地。此地为长条形山沟，又因旧归王姓所属，故称王家冲。1984年，汪自民(1943—)由巴家堂迁入建房定居，以冲名命村庄名。2014年，有居民20户90人，水田60亩，旱地20亩，山林150亩。

下屋 属塘湖镇石港村，位于石港村南部，距村委会驻地老虎塅2.1千米。东靠余富冲山脚下，南连上屋，北接王家屋，西邻塝上屋。清代，夏礼顺(1851—1891)迁此建房定居，因住宅上方有一住宅，故命村庄名为下屋。2014年，有居民20户80人，水田60亩，旱地3亩，山林190亩。

新庄老屋 属塘湖镇石港村，位于石港村西部，距村委会驻地老虎塅800米。东邻稻田，西靠鸡公山脚下，南连新庄下屋，北接稻田。古时，此地为瞿姓人的土地。明代，汪高泉(1496—1564)花黄金三百两买瞿家业产在此新建房屋定居，因系新建的村庄，故称新庄。后有子孙分支外迁，改称其为新庄老屋。2014年，有居民35户140人，水田98亩，旱地42亩，山林140亩。

新庄湾老屋 属塘湖镇石港村，位于石港村西部，距村委会驻地老虎塅800米。东邻下屋，西靠龙印村，南连前头咀山，北靠鸡公山。明末，汪承颜(1573—1684)自新庄老屋迁此建房定居，因住宅处门前河流拐弯处，在其原居名称中加“湾”字，以示区别。2014年，有居民27户100人，水田76亩，旱地33亩，山林110亩。

新庄下屋 属塘湖镇石港村，位于石港村西部，距村委会驻地老虎塅800米。东邻福田，西靠鸡公山脚下，南连湾老屋，北接老屋。清代，汪良也(1699—1786)迁居此地，因住宅处原居新庄老屋的下方，故得名。2014年，有居民25户100人，水田75亩，旱地32亩，山林面积110亩。

株树埚 属塘湖镇石港村，位于石港村北部，距村委会驻地老虎塅3千米。东临门前水塘，西靠山脚下，南连坳上，北接桑树湾。此地为四周地势高、中间低凹的山沟，因旧时生长很多株树，故称株树埚。明代，汪德宁(1416—1478)迁埚内建房定居，以埚名命村庄名。2014年，有居民21户90人，水田63亩，旱地2.7亩，山林135亩。

第十四节　石坪村及所属聚落

【石坪村】　塘湖镇辖村，位于塘湖镇南部，村委会驻地石坪塅，距塘湖中心集镇5千米。东与江西修水县交界，南与麦市镇南岭村接壤，北与凉亭村相连，西与白沙村毗邻，辖区面积13.1平方千米。因域内有地片名石坪而得村名。1950年，属通城县石坪乡苦岭村、石坪村、石农三社；1958年人民公社化，苦岭村、石坪村、石农三社分别更名为苦岭、石坪、石农大队，属崇阳县麦市(先锋)人民公社麦市管理区；1961年恢复区镇建制，石坪、石农大队合并为石坪大队，苦岭大队未变，属通城县麦市区李塅公社；1975年撤区并社，苦岭大队更名为五岭大队，石坪大队未更名，属塘湖公社；1984年设区建乡，五岭、石坪大队分别变更为五岭、石坪村，属麦市区凉亭乡；1987年区乡体制改革，属黄袍镇；1992年，黄袍镇分设为塘湖镇，黄袍乡，属塘湖镇；2001年调整乡镇行政区划，属塘湖镇；2004年，五岭、石坪村合并为石坪村。下辖13个村民小组，有23个农村居民点。村内有石埚冲水库。新建叶家埚、王竹嘴、王家冲、长埚、孟家亭、乌石坳7个油茶基地共1700余亩。村内矿产资源丰富，经探明的有矾、大理石、长石、金、铀等。有烈士纪念碑2座，以及东岳观、南台寺、基督教堂、杨汉域抗日纪念碑、苦竹岭古栈道等名胜古迹。村民有刘、李、夏、金、柳、胡、葛、周、张等姓，以刘、夏、李、金姓为主。村办公楼占地面积750平方米，设有便民服务大厅、党员活动室等，另办有幸福院1所(占地160平方米)、卫生室1所。村域距S259省道、G353国道、杭瑞高速通城入口公路里程分别为1千米、5千米、26千米，居民点全部通公路。2014年，有居民612户2560人，耕地面积195.7公顷(其中水田104.2公顷)，山林面积1000公顷。村民以种植水稻、玉米、蔬菜为主，兼养猪、羊，经济来源以务农、务工为主，部分人经商，年人均纯收入6350元。

石坪地片　属塘湖镇石坪村，位于塘湖镇南部，为村委会驻地所在地，距塘湖中心集镇5千米。东与江西修水县交界，南与麦市镇南岭村接壤，北与凉亭村相连，西与白沙村毗邻。因域内有居民点名石坪塅而得地片名。下辖8个村民小组，有13个居民点。村域距S259省道、G353国道、杭瑞高速通城入口公路里程分别为1千米、5千米、26千米，居民点全部通公路。2014年，有居民339户1780人，耕地面积91.4公顷(其中水田55.8公顷)，山林面积484公顷。

五岭地片　属塘湖镇石坪村，位于塘湖镇南部，距塘湖中心集镇6.5千米。东与江西修水县交界，南与麦市镇南岭村接壤，北与官路上居民点相连，西与夏家毗邻。因南有山岭，古时丛生苦竹，故名苦竹岭。1975年，忌讳苦字更名五岭，并由此而得地片名。下辖5个村民小组，有10个居民点。村域距S259省道、G353国道、杭瑞高速通城入口公路里程分别为1千米、5千米、26千米，居民点全部通公路。2014年，有居民272户780人，耕地面积104.1公顷(其中水田48.3公顷)，山林面积51.6公顷。

刘家冲(又名鲁家冲)　属塘湖镇石坪村，位于石坪村东部，距村委会驻地石坪塅700米。东接石埚冲水库，南邻石嘴，西连石坪塅，北靠东山。此地为长形山沟，宋代，有鲁姓人家在冲内居住，故名鲁家冲。后鲁姓外迁，刘文哉(1708—1768)在冲内建房定居，更名为刘家冲。2014年，有居民33户120人，旱地31.2亩，水田62.4亩，山林620亩。

六亩洞　属塘湖镇石坪村，位于石坪村东部，距村委会驻地石坪塅1千米。东靠狮子山，南邻刘家冲，西连石坪塅，北接凉亭村洞下沟。此地为长形山谷，又因洞内有耕地6亩，故称六亩洞。清代，刘月恒(1662—1735)在洞内建房定居，以洞名命村庄名。2014年，有居民47户210人，旱地64.5亩，水田107.5亩，山林2525亩(东南面约500米处原有居民点白果树，20世纪90年代中期以后居民陆续迁入六庙洞)。

十房　属塘湖镇石坪村，位于石坪村西北部，距村委会驻地石坪塅300米。东邻石坪塅，南连夏家，北至新桥，西接白沙村何家。明代，刘翠岩三子(1530—1591)在此建房定居，以其在宗族中的排行命村庄名。2014年，有居民25户120人，旱地 31.2 亩，水田 62.4 亩，山林 325 亩。

石坪塅　属塘湖镇石坪村，位于石坪村中部，为村委会驻地，距塘湖中心集镇 5 千米。东接刘家冲，南连夏家，北至东山，西邻新桥。此地为面积较大的平地，隋代，这里为舒姓人的居住地，名舒家塅。唐朝贞观年间，舒姓出了一个名石坪的人在朝中官至二品，改称石坪塅。这里曾经是通往江西的要道，是木材交易中转站，老街全部由石板铺成，与苦竹岭古栈道相连，沿街店铺密布，生意十分兴隆。2014 年，有 76 户 280 人，旱地 85.8 亩，水田 171.6 亩，山林 1430 亩。

塆头屋　属塘湖镇石坪村，位于石坪村南部，距村委会驻地石坪塅 2 千米。东接枯家垅大塘，南邻白沙垅屋，西靠水田，北连学堂前。清末，刘炎玉(1843—1911)在此建房定居，因住宅处山体拐弯处前端，故命村庄名为塆头屋。2014 年，有居民 21 户 80 人，旱地 25.6 亩，水田 16.5 亩，山林 252 亩。

夏家　属塘湖镇石坪村，位于石坪村南部，距村委会驻地石坪塅 400 米。东接岭下，南毗邻麦市镇南岭村，北连石坪塅，西接十房。清代，夏天遂(康熙癸卯年至雍正壬子年)在此建房定居，以其姓氏命村庄名。2014 年，有 34 户 120 人，旱地 35.4 亩，水田 70.8 亩，山林 590 亩。出生于该居民点的夏云所(1971—)，2014 年任重庆善业科技发展有限公司董事长。

新桥　属塘湖镇石坪村，位于石坪村西北部，距村委会驻地石坪塅 300 米。东邻石坪塅，南连十房，北靠水田，西接沙山坳。1978 年，刘国安(1941—)在此建房定居，因住宅位于新建公路桥边，故命村庄名为新桥。2014 年，有居民 25 户 120 人，旱地 33.6 亩，水田 56 亩，山林 243 亩(南面 200 米处原有居民点汤家，20 世纪 90 年代末期居民迁入沙山坳与新桥中段居住)。

学堂前　属塘湖镇石坪村，位于石坪村南部，距村委会驻地石坪塅 1.5 千米。东接枯家垅大塘，南邻塆头屋，西临石坪港，北连岭下。1999 年，刘秀林(1941—)等居民在此建房定居，因住宅后方有学校，故命村庄名为学堂前。2014 年，有居民 20 户 100 人，旱地 21.5 亩，水田 16.6 亩，山林 235 亩(东面约 500 米处原有居民点孟家林与枪竹埚，20 世纪 90 年代初期以后，居民陆续迁居学堂前)。

一房　属塘湖镇石坪村，位于石坪村西部，距村委会驻地石坪塅 800 米。东接石坪港，南连六房，北邻桥背，西靠屋背山。明代，刘肃一(1490—1530)在此建房定居，以其排行命村庄名。2014 年，有居民 81 户 330 人，旱地面积 201 亩，水田 201 亩，山林面积 680 亩(东面 2 千米处有居民点烂泥埚，20 世纪 90 年代初居民迁入一房和夏家，2014 年无人居住)。

第十五节　狮子村及所属聚落

【狮子村】　塘湖镇辖村，位于塘湖镇西部，村委会驻地狮子新屋，距镇人民政府驻地西政街 1 号 800 米。东与塘湖社区毗邻，南与南虹村相连，西与关刀镇八燕村相接，北与龙印村相倚，辖区面积约 3.2 平方千米。因域内有地片名狮子山而得村名。1950 年，属通城县塘湖乡；1958 年人民公社化，设阳光、坪头大队，属崇阳县麦市(先锋)人民公社塘湖管理区；1961 年恢复区镇建制，阳光大队分设为月形、塘湖、郭家、狮子大队，坪头大队未变，属通城县麦市区塘湖公社；1971 年，月形、塘湖、郭家、狮子大队合并为塘湖大队，坪头大队未变；1975 年撤区并社，属塘湖公社；1981 年，塘湖大队分设为月形、塘湖、郭家、狮子大队，其中月形、塘湖、郭家划出，只剩狮子大队，坪头大队未变；1984 年设区建乡，狮子、坪头大队变更为狮子、坪头村，属麦市区塘湖乡；1987 年区乡体制改革，属黄袍镇；1992 年，黄袍镇分设为黄袍乡、塘湖镇，属塘湖镇狮子、坪头村；2002 年，狮子、坪头村合并为狮子村。下辖 14 个村民小组，有 18 个农村居民点。村内有加油站、坪头水库、井埚峦采石场、普济寺等。村民有刘、张、金、葛、吴、郑、罗等姓，以刘、张、金姓为主。2014 年村委会新建办公楼，占地面积 600 平方米、建筑面积 280 平方米；还有原老办公楼一栋，建筑面积约 200 平方米。设有便民服务厅、村卫生室等。村域距 S259 省道、G353 国道、杭瑞高速通城入口公路里程分别为 4 千米、6 千米、26 千米，居民点全部通公路。2014 年，有 358 户 1500 人，水田 44.6 公顷，旱地 29.8 公顷，山林 115.3 公顷。村民以种植水稻、蔬菜、玉米为主，兼养猪、养鱼、羊、鸡，经济来源以务农、务工为主，部分人经商，年人均纯收入 8822 元。

坪头仑地片　属塘湖镇狮子村，位于狮子村西北部，距塘湖中心集镇 2 千米。东接狮子片的小水屋与牛形山，西邻龙背夏家与关刀镇塔岭村，南连南虹村龙背片，北靠雅雀山坪头岭山脚。因域内有居民点名坪头仑而得地片名。有坪头大塘一口(原来叫坪头水库)，水面为 47 亩，蓄水量约 1 万立方米，可灌溉水田约 250 亩，有养羊专业户、养鸡专业户各 1 户，供水站 1 座，村油菜基地 150 余亩，生态公益林 700 亩。下辖 6 个村民小组，有 7 个居民点。村域距 S259 省道、G353 国道、杭瑞高速通城入口公路里程分别为 4 千米、6 千米、26 千米，居民点全部通公路。2014 年，有居民 136 户 510 人，水田 17.9 公顷，旱地 10.6 公顷，山林 60.9 公顷。

狮子山地片　属塘湖镇狮子村，位于狮子村东部，与塘湖中心集镇、塘湖社区相连。东接塘湖社区，西邻南虹村龙背片及关刀镇八燕村，南连南虹村南虹及塘湖社区月形片，北靠阁壁村与龙印村。因域内有山名狮子山而得地片名。有采石场 1 个，砖厂 1 个，加油站 1 个，普济寺 1 座。下辖 8 个村民小组，有 11 个居民点。村域距 S259 省道、G353 国道、杭瑞高速通城入口公路里程分别为 4 千米、6 千米、26 千米，居民点全部通公路。2014 年，有居民 191 户 810 人，水田 26.7 公顷，旱地 18.7 公顷，山林 48.7 公顷。

坪头仑新屋　属塘湖镇狮子村，位于狮子村西北部，距村委会驻地狮子新屋 1.3 千米。东接坪头老屋，西邻飞山张家，南连对门埂上与坪头水库上游，北靠周家屋与四房屋。清嘉庆年间，刘亚楚从坪头仑老屋迁此新建房屋定居，因同地处坪头仑，又为新建住宅，故命村庄名为坪头仑新屋。2014 年，有居民 38 户 170 人，水田 98 亩，旱地 107 亩，山林 320 亩。

狮子山老屋　属塘湖镇狮子村，位于狮子村西南部，距村委会驻地狮子新屋 200 米。东接塘湖社区新集镇，西邻南虹村龙背片，南连沿河街与新李家塥，北靠狮子新屋。宋代，汉高祖刘邦第 50 世孙刘天朗率子受光从黄龙山小坳迁徙到此建房定居，因住宅处狮子山南，故命村庄名为狮子山。

插图 16　塘湖故里(刘亚敏　摄)

狮子山新屋　属塘湖镇狮子村，位于狮子村西北部，为村委会驻地，距镇人民政府驻地西政街 1 号 800 米。东接下湾张家，西邻狮子山山脚，南连狮子山老屋，北靠下湾段水田。清乾隆年间，狮子山老屋刘国瑞在此建房定居，因系新建住宅，又处狮子山东南，故命村庄名为狮子山新屋。2014 年，有居民 17 户 70 人，水田 35 亩，旱地 13 亩，山林 25 亩。后有子孙分支外迁，改称村庄名为狮子山老屋。2014 年，有居民 26 户 120 人，水田 63 亩，旱地 27 亩，山林 40 亩。出生于该居民点的历史代表人物有：刘仕昌(1394—1445)，甲辰科(1424)进士，官至巡抚，为名间湘、鄂、赣三省边界地区的“五里三进士”之一(详见建筑物塘湖故里)；刘玉珪(1437—1504)，拔贡出身，任江西湖口县教谕；刘孟儒(1462—1534)，监生，授河南遂平县县丞；刘一卿(1513—1570)，岁贡，授广西思明州吏目。

狮子沿河街小区　属塘湖镇狮子村，位于狮子村南部，距村委会驻地狮子新屋300米。东接塘湖社区新集镇，西邻新李家坍，南连塘湖社区及南虹村水田，北靠狮子山新屋。1987年，狮子山老屋刘秀明(1958—　)在此建房定居。后来居民沿县城至塘湖公路两旁建房定居，逐渐形成街道。又因街道背临龙印港，故名狮子沿河街。2014年，有居民54户220人，水田93亩，旱地21亩，山林40亩。

下湾张家　属塘湖镇狮子村，位于狮子村东北部，距村委会驻地狮子新屋300米。东接龙印村上湾张家，西邻龙印河，南连塘湖社区新集镇，北靠龙印村元早屋与上湾张家。此地处龙印港自龙印桥至狮子山之间的第二个大回水湾，故称作下湾。元朝武宗时期，张谋道迁湾内建房定居，以湾名和姓氏命村庄名为下湾张家。2014年，有居民31户150人，水田93亩，旱地36亩，山林80亩。

第十六节　图垅村及所属聚落

【图垅村】　塘湖镇辖村，位于塘湖镇南部，村委会驻地大白塅，距塘湖中心集镇约1.5千米。东靠凉亭村，南接麦市镇麦市村，西连鸡笼山，北毗南虹村，辖区面积7.6平方千米。因域内有地片名图垅而得村名。1950年后，属通城县李塅乡图垅村、大白乡大白村；1958年人民公社化，设图垅、大白大队，属崇阳县麦市(先锋)人民公社麦市管理区；1961年恢复区镇建制，属通城县麦市区李塅公社；1975年撤区并社，图垅大队属麦市公社，大白大队属塘湖公社；1984年设区建乡，图垅、大白大队分别变更为图垅、大白村，属麦市区凉亭乡；1987年区乡体制改革，属黄袍镇；1992年，黄袍镇分设为塘湖镇、黄袍乡，属塘湖镇；2001年调整乡镇行政区划，塘湖镇与黄袍乡合并为塘湖镇；2004年，图垅、大白村合并为图垅村。下辖图垅、大白塅2个地片，14个村民小组，含24个农村居民点。居民有王、葛、刘、黄、周、方、吴、魏、汪等姓，以王、葛、周姓为主。村内有千亩油茶基地，以及著名的西佛寺；有黄沙港、大白港流经域内。2013年，村委会将原大白小学改建成村委会办公场所，建筑面积420平方米，设有便民服务厅、村卫生室等。村域距S259省道、G353国道、杭瑞高速通城入口公路里程分别为4千米、3千米、26千米，居民点全部通公路。2014年，有村民710户2950人，水田106.3公顷，旱地39.9公顷，山林202.2公顷。村民主要种植水稻、红薯，兼养猪、鱼、鸡、鸭，经济来源以务农、务工为主，部分人经商，年人均纯收入7176元。。

大白塅地片　属塘湖镇图垅村，位于图垅村北部，为村委会驻地大白塅所在地，距塘湖镇中心集镇1.5千米。东接凉亭村咀背，西至南虹桥，南靠鸡笼山，北连塘湖社区。因域内有居民点名大白塅而得地片名。下辖4个村民小组，有9个居民点。村域距S259省道、G353国道、杭瑞高速通城入口公路里程分别为4千米、3千米、26千米，居民点全部通公路。2014年，有居民335户1410人，水田35.1公顷，旱地15公顷，山林39.6公顷。

图垅地片　属塘湖镇图垅村，位于图垅村南部，距塘湖中心集镇4千米。东接凉亭村，西至鸡笼山，南连麦市镇麦市村，北接塘湖社区和南虹桥。因域内有多处山沟，山丘起伏、树青草绿如图画，故称图垅而得地片名。下辖10个村民小组，有15个居民点。村域距S259省道、G353国道、杭瑞高速通城入口公路里程分别为4千米、3千米、26千米，居民点全部通公路。2014年，有村民375户1540人，水田51.2公顷，旱地20公顷，山林159.5公顷。

塝上　属塘湖镇图垅村，位于图垅村南部，距村委会驻地大白塅1.3千米。东连屋后山，南毗白沙村地界，西接前面良田，北临村级公路。此地为坡度较大、比山脚地势高的山坡地。山坡上有一块大田，地势较高，无水来源，故称为塝上。清代，王姓居民在该田块上建房定居，以田块名称屋场名。2014 年，有居民 28 户 90 人，水田 62 亩，旱地 15 亩，山林 150 亩。

蔡家咀　属塘湖镇图垅村，位于图垅村东北部，距村委会驻地大白塅 500 米。东邻村组公路，南接榔树畈，西靠鸡笼山，北连团山屋。此地为山体前端突出地形，古时，为蔡姓的居住地，故称。后蔡姓人外迁，清代，汪姓居民在此定居，仍用原村庄名。2014 年，有居民 35 户 110 人，水田 40 亩，旱地 26 亩，山林 60 亩。

大白塅　属塘湖镇图垅村，位于图垅村东北部，为村委会驻地，距塘湖中心集镇 1.5 千米。东靠大白港，南邻山背屋，西毗黄沙港，北临方家屋。此地为面积较大的平地，相传，太白金星出巡时在此地短暂停留，故称太白塅，后来人们误称为大白塅。宋代，葛自晋(1162—1247)迁此定居，以塅名命村庄名。2014 年，有居民 98 户 410 人，水田 144 亩，旱地 35 亩，山林 90 亩。

丁家　属塘湖镇图垅村，位于图垅村西南部，距村委会驻地大白塅 1.5 千米。东连麦(市)塘(湖)公路，南接麦市镇麦市村，西毗鸡笼山脚，北邻茅屋。古时，此地为丁姓人家的居住地故名，后丁姓外迁。宋代，葛自晋(1162—1247)迁入此地定居，仍用原村庄名。2014 年，有居民 31 户 120 人，水田 80 亩，旱地 30 亩，山林 150 亩。

对门路上(又名鱼形)　属塘湖镇图垅村，位于图垅村南部，距村委会驻地大白塅 1.2 千米。东靠图垅公路，南连洞口埚，西、北邻良田。清代，王姓居民在此建房定居，因住宅在祖居对面，又在大路旁，故称村庄名对门路上，又因门前有一块良田形状像“鱼”，故又称鱼形。2014 年，有居民 38 户 140 人，水田 98 亩，旱地 12 亩，山林 200 亩。

方家　属塘湖镇图垅村，位于图垅村西北部，距村委会驻地大白塅 300 米。东临大白港，南连大白屋，西靠狼没塘，北毗南虹桥。清代，方姓居民在此定居，以其姓氏命村庄名。2014 年，有居民 38 户 160 人，水田 61 亩，旱地 31 亩，山林 82 亩。

鹤塅　属塘湖镇图垅村，位于图垅村东部，距村委会驻地大白塅 500 米。东连屋背大埚山，南接廷换屋，西临公路，北邻汪家地。此地为面积较大的平地，又因塅内有一块田，形如鹤，故名。民国初期，葛启成(1882—1969)迁此定居，以塅名作村庄名。2014 年，有居民 35 户 130 人，水田 92 亩，旱地 15 亩，山林 150 亩。

狼没塘　属塘湖镇图垅村，位于图垅村西部，距村委会驻地大白塅 500 米。东连图垅港，南接团山屋，西邻屋背山，北靠鸡笼山。相传，古时此地有一池塘，一猎户在附近打猎，打伤了一头狼，猎户跟踪追击至此，受伤的狼跳入池塘逃生，猎户在池塘边等了大半天，竟没等到狼出现，原来这头受伤的狼被水淹没。后来，人们称此池塘为狼没塘。宋代，葛行琥(1170—1195)在此塘后方建房定居，以塘名命村庄名。2014 年，有居民 33 户 130 人，水田 50 亩，旱地 28 亩，山林 55 亩。

茅屋场　属塘湖镇图垅村，位于图垅村西部，距村委会驻地大白塅 1.3 千米。东临村级公路，南连丁家，西毗鸡笼山脚，北邻三个大门口(村名)。清代，王俊磉(1824—?)从盘石迁入此地定居，因当时所建的是茅棚，故称茅屋场。2014 年，有居民 31 户 130 人，水田 85 亩，旱地 20 亩，山林 250 亩。

破屋　属塘湖镇图垅村，位于图垅村南部，距村委会驻地大白塅 2 千米。东临村级公路，南邻三个大门口屋，西接鸡笼山脚，北靠杨家屋。古时，此居民点房屋破旧，故称破屋。清代，王姓居民买下破屋重建定居，仍用原村庄名。2014 年，有居民 23 户 60 人，水田 29 亩，旱地 16 亩，山林 100 亩。

三个大门口　属塘湖镇图垅村，位于图垅村南部，距村委会驻地大白塅 1.8 千米。东临门前良田，南连茅屋，西接大垅塘，北靠破屋。清代，此地是陈九郎的一个庄屋，后被王俊确(1817—1841)买下，另开基建造了一栋有三个大门口的房屋，故称村庄名为三个大门口。2014 年，有居民 32 户 120 人，水田 85 亩，旱地 20 亩，山林 150 亩。

山背　属塘湖镇图垅村，位于图垅村东部，距村委会驻地大白塅 300 米。东连屋背山，南接良田，西临村级公路，北邻门前黄沙港。宋代，葛右溪(1210—1280)迁此定居，因住宅处一山包后面，故称山背。2014 年，有居民 52 户 260 人，水田 190 亩，旱地 50 亩，山林 200 亩。

上屋周家　属塘湖镇图垅村，位于图垅村东北部，距村委会驻地大白墩500米。东连咀背，南接大白港，西邻方家，北靠下屋周家。明代，周尚扬(1493—1543)迁此定居，因其下方还有周姓住宅，故称此宅为上屋周家。2014年，有居民35户140人，水田55亩，旱地32亩，山林90亩。

廷焕屋　属塘湖镇图垅村，位于图垅村东部，距村委会驻地大白墩1.3千米。东连凉亭村山界，南靠钟沉源水库，西临公路，北毗鹤墩。清代，刘廷焕(1736—1801)在此建房定居，以其名命村庄名。2014年，有居民29户90人，水田72亩，旱地18亩，山林150亩。

团山屋　属塘湖镇图垅村，位于图垅村西部，距村委会驻地大白墩600米。东连图垅港，南邻榔树畈，西接鸡笼山，北靠狼没塘。此地有山岭，山头呈圆形，故称团山。明晚期，葛世禄(1583—1632)迁山前方定居，以山名命村庄名。2014年，有居民32户130人，水田52亩，旱地25亩，山林58亩。

下屋周家　属塘湖镇图垅村，位于图垅村东北部，距村委会驻地大白墩400米。东连上屋周家，南接大白港，西邻塘湖村，北靠方家。明代，周万道(1474—1522)迁此定居，因其上方还有一周姓住宅，故称此宅为下屋周家。2014年，有居民38户150人，水田60亩，旱地20亩，山林76亩。出生于该居民点的王高华(1969—　)，比利时商学院博士。

新屋　属塘湖镇图垅村，位于图垅村西部，距村委会驻地大白墩1.2千米。东临村级公路，南连水田，西靠屋背岭，北接沈家塥。清代，王俊磉(1824—?)买下刘家在此处的一块大田新建房屋定居，故称新屋。2014年，有居民22户80人，水田65亩，旱地35亩，山林150亩。

第十七节　望湖村及所属聚落

【望湖村】　塘湖镇辖村，位于塘湖镇东部，村委会驻地普安堂，距塘湖中心集镇11千米。东倚华罗寨，南连国营黄袍林场，西接狼荷村龙背山，北邻大塥村汤家屋，辖区面积约6平方千米。因域内有地片望湖洞而得村名。1950年，属通城县黄袍乡望湖村；1958年人民公社化，属崇阳县麦市(先锋)人民公社黄袍管理区望湖大队；1961年恢复区镇建制，属通城县麦市区黄袍公社；1971年，望湖、大塥(划进)、汤家(划进)大队合并为友好大队；1975年撤区并社，属黄袍公社；1981年，友好大队分设为望湖、大塥(划出)、汤家(划出)；1984年设区建乡，望湖大队变更为望湖村，属麦市区黄袍乡；1987年区乡体制改革，属黄袍镇；1992年，黄袍镇分设为塘湖镇、黄袍乡，属黄袍乡望湖村；2001年调整乡镇行政区划，塘湖镇与黄袍乡合并为塘湖镇。下辖7个村民小组，有15个农村居民点。居民有夏、黄、吴、林、叶、胡、丁、万、雷、汪、周、张、程、钟等姓氏，以黄、夏姓为主。2008年建村委会办公楼，占地面积1100平方米，建筑面积800平方米，内设有便民服务厅、党员活动室等。S259省道经过村域，村境距G353国道、杭瑞高速通城入口公路里程分别为16千米、26千米，居民点全部通公路。2014年，有居民451户2690人，水田34.3公顷，旱地34.7公顷，山林303.3公顷。村民主要种植水稻、红薯、玉米、蔬菜，经济来源主要为务农、务工及经商，年人均纯收入4367元。该村地域为20世纪30年代中共领导下的湘、鄂、赣边区的一部分，有着光荣的革命历史。

望湖洞地片　属塘湖镇望湖村，位于华罗寨下，距塘湖中心集镇11千米。东倚华罗寨，西靠狼荷洞龙背山，南连国营黄袍林场，北邻大塥村汤家屋，区域面积约5平方千米。此地有一条河流在华罗寨下的高山区自南向北于村中间穿过，纵深2千米、横向3千米，形成一个高山区的长条形山沟，每当云开天朗，人们站在华罗寨的顶峰巨岩上，可眺望到烟波浩渺的洞庭湖水，故而得名。又传古时塘湖一带是湖泊，有一位丈夫天天到湖里打鱼，每到夕阳西下，妻子就到山坳等候丈夫回，故又名望夫洞。下辖6个村民小组，有14个居民点。S259省道经过村域，村境距G353国道、杭瑞高速通城入口公路里程分别为16千米、26千米，居民点全部通公路。2014年，有居民341户2280人，水田37.7公顷，旱地27.7公顷，山林

210 公顷。

夏家地片　属塘湖镇望湖村，位于望湖村北部，距塘湖中心集镇 11 千米。东靠大盘山，南通望湖洞，西邻大湾山，北通大湾屋。以域内居民主要姓而得地片名。宋祥兴年间，夏祥云(1278—1345)在此建港背屋，后由其子孙先后修建楼下屋、普庵堂，逐渐形成一个土地面积约 2 平方千米的地片。有 3 个居民点。S259 省道经过村域，村境距 G353 国道、杭瑞高速通城入口公路里程分别为 16 千米、26 千米，居民点全部通公路。2014 年，有居民 110 户 410 人，水田 16.7 公顷、旱地 71 公顷、山林 60 公顷。

大盘山　属塘湖镇望湖村，位于望湖村东南部，距村委会驻地普安堂 1.2 千米。东倚华罗寨主峰，南连国营黄袍林场，西接望湖村大湾屋、夏家地段，北邻大埚山。因黄袍山主峰华罗寨下有一块平坦如盘的高山平地而得名。此山为华中地区佛教发源地之一，西南坡古时建有上、中、下三寺，其中中寺又名兰若寺，相传已有 2000 多年。同时有丁、叶、黄、李等姓迁入，以山名命村庄名。2014 年，有居民 35 户 120 人，水田 40 亩，旱地 42 亩，山林 800 亩。

大湾屋　属塘湖镇望湖村，位于望湖村西北部，距村委会驻地普安堂 1.5 千米。东临门前水田，西靠石下山，南连夏家屋，北与大埚村汤家接壤。明嘉靖年间，夜珠窝吴浚源迁居于此建房定居，因门前小溪的弯曲程度大而命村庄名为大湾屋。2014 年，有居民 46 户 200 人，水田 120 亩，旱地 137 亩，山林 300 亩。

港背　属塘湖镇望湖村，位于望湖村的西北部，距村委会驻地普安堂 400 米。东临小港，与楼下屋对峙，西靠曾家岭山脉，南连狗形山，北毗大湾屋。明代，夏能灿(1300—1390)在此开基建房。因住宅前临港，背靠山，故名港背。2014 年，有居民 37 户 120 人，水田 65 亩，旱地 65 亩，山林 130 亩。

国隆新屋　属塘湖镇望湖村，位于望湖村西南部，距村委会驻地普安堂 500 米。东连一垅梯田，西靠龙背山脉，南临芦林屋，北接老屋。清代，黄国隆(1745—1812)从原居芦林迁此新建房屋定居，遂以其名命村庄名为国隆新屋。2014 年，有居民 55 户 230 人，水田 108 亩，旱地 109 亩，山林 600 亩。黄国隆所建房屋按地势由低渐高分为 3 栋，砖木结构，台阶、围栏均用石块砌成，厅堂天花板上刻有各种图案，形态各异，栩栩如生。2014 年基本保持原貌。

老屋　属塘湖镇望湖村，位于望湖村东南部，距村委会驻地普安堂 400 米。东临水塘，西靠狼荷村龙背山脉，南邻上新屋，北接国隆新屋。元代，夏祥云(1278—1345)迁此建房定居，依其姓氏命村庄名为夏家。后其子孙分支外迁，改称村庄老屋。后来，夏姓迁出。黄伯卿(1472—1548)定居于此，仍用原村庄名。2014 年，有居民 26 户 80 人，水田 40 亩，旱地 52 亩，山林 300 亩。出生于该居民点的周凤安(1884—1966)，1927 年加入中国共产党并从事党的地下工作，1930 年任修通(修水、通城、崇阳)中心县委书记。中华人民共和国成立前夕，周凤安积极参加肃反清匪反霸、土改工作。1949 年被误认为叛徒；1950 年，随南方老根据地访问团湘鄂赣分团赴京参加国庆观礼。

楼下屋　属塘湖镇望湖村，位于望湖村东北部，距村委会驻地普安堂 500 米。东邻画井山脉的小垅，西与港背居民点对峙，南临新屋，北靠公路。古为夏姓居住地，明洪武年间因遇兵患，房屋全被烧毁。复修时，为防兵患，建成楼房，使陌生人及兵匪找不到进出口，故名楼下屋。2014 年，有居民 44 户 150 人，水田 96 亩，旱地 100 亩，山林 450 亩。

普安堂　属塘湖镇望湖村，地处望湖村的中心，为村委会的驻地，距塘湖中心集镇 11 千米。此地背靠绿树翠竹丛生的土丘，门临玉带似的小溪，东望石窟峦，西连狗形山。明代，兰若寺一个法号叫普安的道教祖师在此地种田，搭建了一个带有厅堂可放置耕田农具的茅屋。清代，夏星友(1690—1736)迁居此地建房落业。为纪念普安祖师，故命村庄名为普安堂。2014 年，有居民 13 户 60 人，水田 50 亩，旱地 50 亩，山林 120 亩。

沙坪屋　属塘湖镇望湖村，位于望湖村西南部，距村委会驻地普安堂 500 米。东邻村级公路，西靠后山，南为菜地，北是水田。20 世纪 80 年代，黄清保等居民陆续迁此建房定居，因住宅处平坦沙地，故名沙坪屋。2014 年，有居民 20 户 60 人，水田 42 亩，旱地 48 亩，山林 200 亩。

上新屋　属塘湖镇望湖村，位于望湖村东南部，距村委会驻地普安堂 500 米。东临水塘，西倚狼荷村龙背山脉，南靠小港，北邻老屋。清代，黄启华（1618—1701）从老屋迁此新建房屋定居，又因，此住宅居原居上方，故称上新屋。2014年，有居民38户180人，水田101亩，旱地100亩，山林500亩。出生于该居民点的黄秀锦（1903—?），1928年参加国民政府军；1937年抗战爆发后随军参加淞沪会战中的四行仓库保卫战。

万家　属塘湖镇望湖村，位于望湖村东南部，距村委会驻地普安堂400米。东靠石窟峦山脉，西是水田，南临曾家塆，北接村级公路。明代，万星堂(1521—1592)在此建房定居，依其姓氏命村庄名。2014年，有居民40户150人，水田60亩，旱地65亩，山林400亩。出生于该居民点的万顺富(1890—1935)，1929年4月参加红军，10月加入中国共产党，与毛贲虎、沈国桢、刘永康、方如炎等一同开创黄袍山革命根据地。先后为县苏维埃主席、湖南省平江县苏维埃保卫局局长。次年下半年，平江战役失败回黄袍山、塘湖一带工作。1935年8月被捕，他坚贞不屈，就义时怒目对敌高声大喊："要杀便杀，共产党人是杀不绝的!"后被敌人活活打死。其子万连卿（1919—2001）时任苏维埃儿童团长，后曾被俘。抗战爆发后，进县保安队当兵，不计家仇而赴国难，慨然参加淞沪会战。

新屋　属塘湖镇望湖村，位于望湖村东北部，距村委会驻地普安堂300米。东接水田，西靠公路，与港背一溪相隔，南临小溪，环屋而流，北倚小土垭，与楼下屋相望。明代，夏月常（1537—1621）从祖居迁此新建房屋定居，故名新屋。2014年，有居民20户80人，水田40亩，旱地40亩，山林65亩。

第九章　五里镇及所属聚落

第一节　五里镇概况

位置面积　通城县辖镇，位于通城县西南方，地处东经113°39′~113°50′，北纬29°08′~29°14′。东邻隽水镇宝塔村，西接湖南省岳阳县，南毗邻马港镇，西北相连石南镇，处湘鄂两省交界处。辖区东西最大距离27.5千米，南北最大距离22千米。镇人民政府驻地五里牌社区，距县城中心约2.5千米。

来历及沿革　因镇域内有社区名五里牌而得镇名。1950年，五里镇域地段分别有左港、白米、仓磨、大坪、寺前、尖山等乡，分别属通城县城关区、九岭社区；1955年，合为新友、新合两个乡，属城关区管辖；1958年，属崇阳县通城(上游、红旗)人民公社新合管理区；1961年，为通城县城关区新农、新合、磨桥公社；1975年撤区并社，由原新合、新农、磨桥公社合并为磨桥公社；1984年2月设区建乡，设立银城区五里乡、磨桥乡、程凤乡；1987年9月撤区并乡，五里乡与磨桥乡合并，建立区级五里镇，从磨桥乡划出部分地域和程凤乡，九岭区湾头乡合并建立区级程凤乡；2001年，调整乡镇行政区划，五里镇与程凤乡合并为五里镇。

人文经济环境　全镇国土面积为104.2平方千米，其中陆地占35%，水域占65%。耕地面积1406公顷，人均0.7亩，以生产粮食、油料、蔬菜为主。设有16个行政村和1个社区、2个城镇居民点、280个农村居民点(其中20户以下的123个，见表10)，居民7073户3.4万人，年人均纯收入7720元。五里镇属半丘陵地带，地形如“川”字形。东西面多山，中部为丘陵地带，北部平畈，地面最高点相师山海拔957米，最低点海拔65米。镇中心地势相对较为平坦。亚热带季风气候，四季分明，温湿适中，雨量充沛，光照适宜，早春回温迟，秋季降温慢，无霜期长。年平均气温在12.2℃~20.6℃，日绝对最高气温为39.6℃，日绝对最低气温为-15.2℃。年平均降水量1398.0mm~1978.8mm，常年主导风向为东北风。境内地理资源丰富，矿产资源有水晶石、钾长石、花岗岩、云母、高岭土等，主要分布在相师、季山、金塘、左港等村及隽水河一带，地质储量1000万吨以上。主要动植物资源有油菜、板栗、桂花、楠竹、杉树等。畜牧业以生猪养殖为主，牛、羊为辅。境内的秀水河和发源于百丈潭途经境内的隽水河，两河平行至县城交汇。地下水资源充足，居民点居民多在屋场旁掘井饮用泉水、井水。域内农业粮食作物以稻谷为主，工业以电子、毛织、建材、化工、竹工为主。武深高速、G106国道贯穿镇域，设有高速公路进出口，行政村居民点通公路率100%。该镇有明代任江西宁州正堂的易义明，清光绪三年(1877)进士，曾任南昌府尹的李光斗，跟随罗荣桓元帅参加“通城八·二〇暴动”和井冈山的斗争的戴荣生，在土地革命时期任中共通城县书记的老红军黄菊庄，历任国务院机关事务局副处长、处长、副司长、司长的李太平，先后60余次获省、地、县级表彰、被中共湖北省委授予“红旗书记”的左玄保，历任省、市、县人大代表和荣获“全国劳动模范”“第九届全国创业之星”“中国优秀民营企业创业家”等十多项国家、省、市级荣誉称号的黄晖等人。

插图 17　五里集镇(航拍)

表 10　**五里镇 2014 年 20 户以下村庄基本情况一览表**

村庄名称	地理位置	名称由来	形成时间	户数人口
朱家祠	程凤村中部，距村委会驻地 700 米	以村庄附近的祠堂名命名	清代	7 户 20 人
鲁家	陈谷村东北部，距村委会驻地 300 米	以最早迁入的居民姓氏命名	清代	16 户 90 人
陈家	大坪坳村西部，距村委会驻地 800 米	以最早迁入的居民姓氏命名	清代	10 户 60 人
楚白屋	大坪坳村东部，距村委会驻地 1 千米	以最早迁入的居民名字命名	清代	16 户 110 人
戴家垅	大坪坳村南部，距村委会驻地 4 千米	以最早迁入的居民姓氏和地形命名	清代	1 户 6 人
过水坡	大坪坳村中部，距村委会驻地 100 米	以所在山坡名命名	明代	16 户 70 人
江西屋	大坪坳村南部，距村委会驻地 500 米	以最早迁入居民的祖籍命名	明代	10 户 50 人
掘金山	大坪坳村东部，距村委会驻地 1.5 千米	以祖训命名	清代	13 户 40 人
岭下屋	大坪坳村北部，距村委会驻地 500 米	因村庄处山岭下方而得名	清代	5 户 30 人
蛇形屋	大坪坳村北部，距村委会驻地 3 千米	以所在地形名命名	明代	4 户 20 人
爽包屋	大坪坳村北部，距村委会驻地 600 米	以最早迁入的居民名字命名	清代	17 户 80 人
瓦窑咀	大坪坳村西部，距村委会驻地 400 米	以所在山咀名命名	明代	16 户 90 人
相公湾	大坪坳村西北部，距村委会驻地 500 米	因处隽水拐弯处故称	清代	4 户 20 人
杨家畈	大坪坳村北部，距村委会驻地 800 米	以最早迁入的居民姓氏和地形命名	清代	18 户 110 人
中间屋	大坪坳村北部，距村委会驻地 1.5 千米	因处两村庄中间而得名	清代	13 户 60 人
竹山坳	大坪坳村南部，距村委会驻地 4 千米	以所在山岭名命名	民国时期	5 户 20 人
杜家	何家村西北部，距村委会驻地 800 米	以最早迁入的居民姓氏命名	清代	2 户 5 人
港下屋	何家村东南部，距村委会驻地 400 米	因处溪港下游故称	明代	10 户 50 人
胡家老屋	何家村东部，距村委会驻地 80 米	因有子孙分支外迁并综合姓氏命名	明代	18 户 60 人
刘家	何家村西北部，距村委会驻地 750 米	以最早迁入的居民姓氏命名	清代	1 户 5 人
六峰屋	何家村西北部，距村委会驻地 150 米	以最早迁入的居民名字命名	明代	19 户 90 人
马兰屋	何家村东南部，距村委会驻地 1.5 千米	因村庄所在地古为马厩而得名	明代	11 户 50 人
吴家	何家村东北部，距村委会驻地 1 千米	以居民姓氏命名	新中国成立后	9 户 40 人
杨家塅	何家村东南部，距村委会驻地 1.3 千米	以最早迁入的居民姓氏和地形命名	清代	6 户 30 人

续表

村庄名称	地理位置	名称由来	形成时间	户数人口
白杨坡	季山村东北部，距村委会驻地 1 千米	以所在山坡名命名	民国时期	5 户 20 人
系马头	季山村北部，距村委会驻地 1.2 千米	因附近有古时系过马匹的山头而得名	清代	8 户 30 人
彭家岭	季山村北部，距村委会驻地 2.5 千米	以最早迁入的居民姓氏和地形命名	清代	10 户 50 人
铁铺	季山村西部，距村委会驻地 500 米	以村庄形成初期房屋用途命名	清代	5 户 20 人
仓屋	尖山村西部，距村委会驻地 1.5 千米	以村庄形成初期房屋用途命名	1981	13 户 60 人
凤形屋	尖山村西部，距村委会驻地 1.2 千米	以所在地形命名	清代	7 户 30 人
富贵石	尖山村北部，距村委会驻地 1 千米	以附近的石块名命名	清代	7 户 30 人
胡家塘	尖山村西北部，距村委会驻地 2.5 千米	以附近的池塘名命名	1969	12 户 50 人
花园	尖山村西北部，距村委会驻地 1 千米	因古时为富户的花园而得名	清代	18 户 70 人
尖山大屋	尖山村西南部，距村委会驻地 2 千米	以附近山名和房屋规模命名	明代	12 户 40 人
尖山熊家	尖山村西北部，距村委会驻地 2.5 千米	以附近山名和居民姓氏命名	清代	5 户 20 人
苦竹坳	尖山村西南部，距村委会驻地 3 千米	以附近的山岭名命名	清代	7 户 30 人
龙头山	尖山村北部，距村委会驻地 1.2 千米	以附近的山岭名命名	民国时期	16 户 60 人
毛谷场	尖山村西南部，距村委会驻地 2.5 千米	以古时居民姓名和出产产品名命名	明代	6 户 20 人
皮家垅	尖山村西北部，距村委会驻地 1.5 千米	以最早迁入的居民姓氏和地形命名	明代	15 户 70 人
石塘	尖山村西北部，距村委会驻地 800 米	以附近池塘名命名	清代	4 户 20 人
童家冲	尖山村西部，距村委会驻地 1.1 千米	以最早迁入居民姓氏和地形命名	清代	19 户 90 人
万谷垅	尖山村西北部，距村委会驻地 3.5 千米	以所在山沟名命名	清代	4 户 20 人
锡下屋	尖山村西北部，距村委会驻地 2 千米	因村庄处在锡山下方而得名	民国时期	8 户 30 人
细伯屋	尖山村西北部，距村委会驻地 1.3 千米	以最早迁入的居民名字命名	明代	7 户 30 人
学堂屋	尖山村西南部，距村委会驻地 1.2 千米	以村庄形成初房屋的用途命名	民国时期	11 户 30 人
中房	尖山村西南部，距村委会驻地 1.2 千米	以最早迁入的居民排行命名	清代	10 户 40 人
八房	金塘村北部，距村委会驻地 1.1 千米	以最早迁入的居民排行命名	明代	4 户 30 人
陈湾	金塘村西部，距村委会驻地 2.3 千米	以最早迁入的居民姓氏和地形命名	清代	4 户 20 人
陈家	金塘村西部，距村委会驻地 1.1 千米	以最早迁入的居民姓氏命名	1956	6 户 30 人
冲内李家	金塘村西部，距村委会驻地 1.2 千米	因处山沟内综合姓氏命名	清代	17 户 80 人
金山屋	金塘村西部，距村委会驻地 3.2 千米	以最早迁入的居民名字命名	清代	2 户 15 人
金塘坳	金塘村东部，距村委会驻地 600 米	以居民原居和地形命名	明代	8 户 50 人
咀上屋	金塘村南部，距村委会驻地 1.3 千米	因村庄处在山咀边而得名	清代	15 户 80 人
黎家湾	金塘村南部，距村委会驻地 1.3 千米	以最早迁入的居民姓氏和地形命名	清代	12 户 70 人
李家山	金塘村北部，距村委会驻地 3.8 千米	以最早迁入的居民姓氏和地形命名	清代	2 户 10 人
龙骨坑	金塘村西部，距村委会驻地 3.6 千米	以所在山沟名命名	清代	9 户 40 人
马鞍石	金塘村南部，距村委会驻地 1.7 千米	因所在地形似马鞍和住宅门前有系马石而得名	清代	18 户 90 人
米高桥	金塘村南部，距村委会驻地 900 米	因旧时制作米糕而得名	明代	7 户 40 人
施供坳	金塘村南部，距村委会驻地 1.3 千米	因旧时向行人施粥并综合地形得名	明代	9 户 50 人
石坳	金塘村南部，距村委会驻地 1.4 千米	以村庄所在山坳名命名	民国时期	7 户 30 人
水牛湾	金塘村东部，距村委会驻地 1.2 千米	以村庄所在湾名命名	清代	5 户 30 人

续表

村庄名称	地理位置	名称由来	形成时间	户数人口
王家	金塘村东部，距村委会驻地 1.2 千米	以最早迁入的居民姓氏命名	清代	6 户 30 人
文奇屋	金塘村西部，距村委会驻地 2.7 千米	以最早迁入的居民名字命名	清代	1 户 7 人
熊家	金塘村南部，距村委会驻地 1.3 千米	以最早迁入的居民姓氏命名	清代	5 户 30 人
朱家山	金塘村西部，距村委会驻地 4.5 千米	以最早迁入的居民姓氏和地形命名	明代	11 户 50 人
大堰胡家	墈上村西南部，距村委会驻地 1.6 千米	以所在堰名和居民姓氏命名	清代	4 户 11 人
鹅劲坳	墈上村北部，距村委会驻地 2.5 千米	以所在山坳名命名	1952	1 户 7 人
国曹屋	墈上村北部，距村委会驻地 3.5 千米	以最早迁入的居民名字命名	明代	8 户 40 人
和乐冲	墈上村北部，距村委会驻地 1.8 千米	以美好愿望和地形命名	清代	11 户 50 人
胡杨家	墈上村南部，距村委会驻地 200 米	以最早迁入的居民姓氏命名	清代	6 户 15 人
黄大恒屋	墈上村北部，距村委会驻地 3 千米	以最早迁入的居民姓名命名	明代	6 户 20 人
万传屋	墈上村北部，距村委会驻地 2.6 千米	以最早迁入的居民名字命名	清代	10 户 50 人
徐家	墈上村北部，距村委会驻地 3.5 千米	以最早迁入的居民姓氏命名	明代	5 户 20 人
朱家坡	墈上村东部，距村委会驻地 500 米	以最早迁入的居民姓氏和地形命名	明代	14 户 50 人
墝上屋	磨桥村北部，距村委会驻地 1 千米	因村庄处在坡度较大的山坡而得名	清代	15 户 60 人
大房屋	磨桥村北部，距村委会驻地 1 千米	以最早迁入的居民排行命名	清代	15 户 60 人
戴家	磨桥村南部，距村委会驻地 2 千米	以最早迁入的居民姓氏命名	清代	15 户 70 人
何家	磨桥村东南部，距村委会驻地 2 千米	以最早迁入的居民姓氏命名	清代	10 户 50 人
刘家	磨桥村东南部，距村委会驻地 2 千米	以最早迁入的居民姓氏命名	民国时期	11 户 40 人
绍南屋	磨桥村东南部，距村委会驻地 2 千米	以最早迁入的居民名字命名	清代	15 户 60 人
蛇形垅	磨桥村东北部，距村委会驻地 1 千米	以所在山沟名命名	2007	10 户 50 人
细竹坡	磨桥村东南部，距村委会驻地 2 千米	以所在山坡名命名	清代	10 户 40 人
油榨	磨桥村东南部，距村委会驻地 1 千米	以村庄形成初期房屋用途命名	清代	12 户 60 人
白扇铺	寺前村东部，距村委会驻地 1 千米	因村庄形成初期店铺主家常持白扇招客而得名	明代	11 户 70 人
曹家冲	寺前村南部，距村委会驻地 1.5 千米	以最早迁入的居民姓氏和地形命名	民国时期	14 户 80 人
乘龙冲	寺前村西部，距村委会驻地 3 千米	以村庄所在山沟名命名	清代	12 户 120 人
碓臼坡	寺前村西部，距村委会驻地 4 千米	以村庄所在山坡名命名	清代	6 户 30 人
雷云山	寺前村西部，距村委会驻地 5 千米	以村庄所在山名命名	清代	7 户 40 人
兴楼坑	寺前村西部，距村委会驻地 4.5 千米	以美好愿望和地形命名	清代	7 户 40 人
港背	湾头村东北部，距村委会驻地 1 千米	因村庄背向隽水而得名	明代	18 户 100 人
黄家	湾头村南部，距村委会驻地 700 米	以最早迁入的居民姓氏命名	清代	10 户 50 人
解元屋	湾头村中部，距村委会驻地 500 米	因旧时有人中解元而得名	明代	8 户 30 人
土地坡	湾头村南部，距村委会驻地 1.5 千米	因处有土地庙的山坡上而得名	清代	13 户 40 人
新屋李家	湾头村西北部，距村委会驻地 500 米	因系新建住宅和姓氏而得名	新中国成立初	12 户 50 人
胡正楼	五斗村西南部，距村委会驻地 1 千米	以居民姓氏和住宅结构命名	清代	14 户 80 人
石家鸡	五斗村北部，距村委会驻地 3.5 千米	因所在地为形似鸡的石质山岭而得名	清代	9 户 30 人
下五斗山	五斗村西南部，距村委会驻地 1.5 千米	因上方有同名村庄而得名	清代	13 户 50 人
庄上	五斗村西南部，距村委会驻地 1.4 千米	因古时为庄屋而得名	清代	13 户 70 人

续表

村庄名称	地理位置	名称由来	形成时间	户数人口
新屋刘家	五里村中部，距村委会驻地 300 米	因系新建房屋综合居民姓氏而得名	清代	18 户 60 人
坳背	锡山村东南部，距村委会驻地 500 米	因村庄处在山坳一侧而得名	清代	15 户 70 人
八斗坑	锡山村东部，距村委会驻地 3.6 千米	因村庄所在山沟有八斗稻田而得名	民国时期	1 户 5 人
风门	锡山村东部，距村委会驻地 1.8 千米	因处空隙很小的两山咀中而得名	清代	5 户 20 人
枫树桥	锡山村东部，距村委会驻地 1 千米	因处有枫树的桥旁故称	清代	6 户 30 人
庙塆	锡山村东部，距村委会驻地 2.3 千米	以所在山塆名命名	清代	2 户 10 人
十里市	锡山村东南部，距村委会驻地 1.4 千米	因旧时距县城 10 里综合房屋用途而称	清代	18 户 80 人
万家岭	锡山村北部，距村委会驻地 1.5 千米	以所在山岭名命名	清代	4 户 20 人
西峰冷	锡山村东南部，距村委会驻地 3.8 千米	因村庄处在阳台尖西部山峰下方而得名	清代	2 户 10 人
下屋黎家	锡山村西南部，距村委会驻地 800 米	因上方有同名村庄而得名	清代	18 户 80 人
仙人石	锡山村东南部，距村委会驻地 2.6 千米	以附近的石块名命名	清代	12 户 30 人
秀家岭	锡山村东部，距村委会驻地 2.6 千米	以所在山岭名命名	清代	2 户 8 人
杨家塅	锡山村东部，距村委会驻地 2.8 千米	以最早迁入的居民姓氏和地形命名	清代	5 户 20 人
杨耀宗屋	锡山村东部，距村委会驻地 1.8 千米	以最早迁入的居民姓名命名	清代	5 户 20 人
斗谷坡	相师村东部，距村委会驻地 2.4 千米	以村庄附近的山坡名命名	清代	12 户 50 人
椸石背	相师村中部，距村委会驻地 1.2 千米	因村庄处于巨石的一侧而得名	清代	9 户 40 人
黄壁山	左港村中部，距村委会驻地 400 米	以所在的山岭名命名	1980	15 户 80 人
沙坪	左港村南部，距村委会驻地 900 米	以所在的平畈名命名	明代	19 户 100 人
石剑屋	左港村西北部，距村委会驻地 200 米	以附近的石块名命名	清代	19 户 100 人
桃树屋	左港村西部，距村委会驻地 600 米	因附近有大片桃树而得名	清代	14 户 70 人
下姚家	左港村西北部，距村委会驻地 600 米	因上方有同名村庄而得名	清代	18 户 100 人
肖家冲	左港村西南部，距村委会驻地 3.2 千米	以最早迁入的居民姓氏和地形命名	清代	7 户 30 人
学堂坳	左港村中部，距村委会驻地 400 米	因所在山坳旁古时办过学校而得名	清代	7 户 30 人
压谷场	左港村东南部，距村委会驻地 1.8 千米	因所在地古为碾谷晒谷的场地而得名	新中国成立后	4 户 20 人
左港朱家	左港村东部，距村委会驻地 600 米	以所在地点和居民姓氏命名	1966	10 户 50 人

第二节　五里牌社区及所属聚落

【五里牌社区】　五里镇辖社区，位于县城南，为五里镇人民政府驻地，居委会驻地五里集镇五里大道 001 号，距县城中心约 2.15 千米。东邻锡山村，西接磨桥村，南连尖山村，北紧靠隽水镇宝塔村，辖区面积约 2.7 平方千米。因古时此社区中心距县城 5 华里(现已与县城连成一体)并立有路牌名五里牌而得社区名。1950 年，属通城县黄泥乡；1958 年人民公社化时，设宝塔三大队，属崇阳县通城(上游、红旗)人民公社新合管理区；1961 年恢复区镇建制，属通城县城关区新合公社；1975 年 1 月撤区并社，宝塔三大队更名为五里大队，属磨桥公社；1984 年设区建乡，五里大队变更为五里村，属银城区五里乡；1987 年区乡体制改革，从原五里村划 7 个村民小组设为五里村；2001 年调整乡镇行政区划，程凤乡与五里镇合并为五里镇，团山村与五里村合并为五里村；2004 年，五里村分设为五里牌社区(原五里村 7 个村民小组)、团山村。居民房屋呈块、条状分布，有

7个农村居民点、2个城镇居民点，另有7个村民小组和2个居民小区。辖区内驻有五里镇人民政府、农家大院、湖北盛世恒固商品混凝土有限公司、通城县五里宏兴养鸡专业合作社及镇直27个部门机构。居民有郭、郑、易、万、杨、傅、魏、王、黄、李、黎、葛、张、吴、胡、方、陈等姓氏，以易、魏、郭、王姓为主。武深高速、G106国道经过社区，距高速公路进出口公路里程为1千米，居民点全部通公路。2014年，有居民1158户5460人，水田35.5公顷，旱地2.9公顷，山林188.3公顷。居民以种植水稻、油菜、花生、蔬菜为主，兼有养殖，经济来源主要是以务农、务工为主，部分居民经商，年人均纯收入13480元。该社区曾获得全市“市安全文明村”“先进单位”“文明社区”、湖北省社会治安综合治理“先进集体”、计划生育“先进合格村(居)委会”等多项省市级集体荣誉。

五里新城 属五里镇五里牌社区，位于五里牌社区南部，距社区居委会驻地五里大道001号500米。东接106国道，西邻魏家，南连塔楼万家，北靠柳树铺。以该居民点所在的地片名和居民点规模命名。2014年，五里镇人民政府利用国家库区移民资金建成安置房分配给毛、李、魏、胡、徐、张、黎、程、赵、刘、吴、王、葛、万、郑、周姓水库移民，形成居民点。2014年，居民房屋占地约1.6万平方米，建筑面积约8.6万平方米，呈条形状分布。建有7层的居民住宿楼9栋，有居民435户1970人。

逸仙小区 属五里镇五里牌社区，位于五里牌社区北部，距社区居委会驻地五里大道001号1.5千米。东接106国道，西邻隽水镇古龙村公路，南连傅家，北靠石吼郭家。以该居民点居民的居住环境和规模综合命名。2005年，黎时亮(1955—)率先在此建房定居。后有熊、何、李、葛等姓先后迁入。2014年，小区房屋占地面积约4.66万平方米，建筑面积约9万平方米，呈条形状分布。有居民188户880人。

傅家 属五里镇五里牌社区，位于五里牌社区北部，距社区居委会驻地五里大道001号1千米。东接锡山村塘梓冲，西邻谌家垅，南连易家，北靠石咀郭家。古代，此地是黎喜阶的居住地，以其姓氏命村庄名为黎家。此人为朝廷官员，房屋建筑、设计豪华壮观，后家族衰败外迁。明代，傅天祥(1526—1600)在此建房定居，改村庄名为傅家。2014年，有居民42户200人，水田89亩，旱地4亩，山林315亩。

何家塝 属五里镇五里牌社区，位于五里牌社区西北部，距社区居委会驻地五里大道001号500米。东接五里镇人民政府机关，西邻磨桥村，南连柳树铺，北靠团山村居民点。此地处地势较高的山坡，清代，此地是何家村何立中(1804—1867)的业产，故得名。清末，王长青(1841—1912)在此租种庄田并建房定居，仍用原村庄名。2014年，有居民31户130人，水田32亩，旱地14亩。

柳树铺(新农村) 属五里镇五里牌社区，位于五里牌社区西部，距社区居委会驻地五里大道001号400米。东接秀水河，西邻魏家，南连大屋万家，北靠易家。民国时期，吴北达(1892—1961)在此定居并开杂货铺，住宅前长有一棵四人才能合抱的柳树，故命村庄名为柳树铺。1974年，柳树铺居民因拆迁在原址西北约400米处另建居民点，更名为新农村。2014年，有居民53户240人，水田86亩，旱地3亩，山林408亩(该居民点包含附近小居民点港背10人在内)。

石咀郭家 属五里镇五里牌社区，位于五里牌社区北部，距社区居委会驻地五里大道001号1.2千米。东接隽水镇谌家，西邻隽水镇下湾村，南连傅家，北靠隽水镇猫儿山。明代，郭文质(1426—1506)在此建房定居，因住宅位于地质为岩石的山体突出前端，故综合地形和姓氏命村庄名为石咀郭家。2014年，有居民57户270人，水田90亩，旱地3亩，山林376亩。出生于该居民点的郑卫东(1973—)，研究生学历，2014年任广州军区特种学院教授(副师级)。

塔楼万家 属五里镇五里牌社区，位于五里牌社区西南部，距社区居委会驻地五里大道001号1千米。东接锡山村团山屋，西邻宏兴养鸡专业合作社，南连尖山村龙头山，北靠库区移民小区。明代，万秀璧(1475—1541)在此建房定居，认为屋场右侧白虎山咀高，有风水隐患，在屋场左侧修建一座八层的石塔，以示青龙与白虎对称，有利于风水，故命村庄名为塔楼万家。2014年，有居民34户100人，水田35亩，旱地4亩，山林313亩。

魏家 属五里镇五里牌社区，位于五里牌社区西南部，距社区居委会驻地五里大道001号1千米。东接五里新城，西邻磨桥村寿南屋，南连尖山村新屋坳，北靠柳树铺。民国时期，魏晋富(1902—1938)在此建房定居，以其姓氏命村庄名。2014年，有居民50户220人，水田88亩，旱地12亩。

易家　属五里镇五里牌社区，位于五里牌社区北部，距社区居委会驻地五里大道001号500米。东接秀水河，西邻五里镇初级中学，南连五里牌社区，北靠傅家。明代，曾任江西宁州正堂的易义明(1374—1424)由麦市七里山迁居此地定居，故得名。2014年，有居民68户280人，水田112亩，旱地4亩，山林472亩。

第三节　程凤村及所属聚落

【程凤村】　五里镇辖村，位于五里镇西南，村委会驻地程凤桥，距五里中心集镇8千米。东临隽水河，西靠季山的红家山，南连金塘村档头陈家，北邻左港村白云山庙，辖区面积8.4平方千米。因域内有地片程凤桥而得村名。1950年，属通城县南区白米乡一村；1958年人民公社化时，设福利一社，属崇阳县通城(红旗)人民公社新农管理区；1961年恢复区镇建制，福利一社更名为程凤大队，属通城县城关区新农公社；1975年后撤区并社，属磨桥公社；1984年设区建乡后，程凤大队变更为程凤村，属银城区程凤乡；1987年区乡体制改革，属程凤乡；2001年调整乡镇行政区划，程凤乡与五里镇合并为五里镇。村民房屋呈块状和条状分布，下辖14个村民小组，有15个农村居民点。境内有程左桥、程凤桥、集善桥、程凤大桥、米家坡水库、权家垅水库、雨风寺、程凤卫生所、通城县玉星家具城。居民有朱、黄、胡、傅、张、黎、吴、陈、李、陆、曾、游、毛等姓，以李、黎、吴姓为主。1989年建村委会办公楼，占地面积1100平方米，建筑面积720米，设有便民服务厅、党员活动室、村卫生室等。距G106国道、武深高速进出口公路里程分别为8千米、9千米，居民点全部通公路。2014年，有村民480户2370人，水田73.3公顷，旱地2.3公顷，山林253.3公顷。村民主要种植水稻、红薯、杂粮、板栗，经济来源主要为务农、务工，部分人经商，年人均纯收入8700元。1935年9月，该村张茂信烈士在进行地下工作时，由于叛徒告密，被国民党和地方土匪杀害。后人为纪念他，在雨风寺山上建起了烈士陵园。

程凤桥地片　属五里镇程凤村，位于程凤村西北部，距五里中心集镇9千米。东接大坪坳村，西邻季山村，南连金塘村，北靠左港村，辖区面积约5.1平方千米。因域内有居民点程凤桥而得地片名。下辖10个村民小组，有10个居民点。距G106国道、武深高速进出口公路里程分别为9千米、10千米，居民点全部通公路。2014年，有村民306户1680人，水田47.1公顷，旱地1.5公顷，山林80.3公顷。

细屋陈家地片　属五里镇程凤村，位于程凤村东部，距五里中心集镇8千米。东接隽水河，西邻朱家祠，南连港下朱家，北靠港下朱家，辖区面积约2平方千米。因域内有居民点细屋陈家而得地片名。下辖2个村民小组，有3个居民点。距G106国道、武深高速进出口公路里程分别为8千米、9千米，居民点全部通公路。2014年，有村民97户380人，水田15.7公顷，旱地8亩，山林100公顷。

邹家坪地片　属五里镇程凤村，位于程凤村东南部，距五里中心集镇9千米。东接隽水河，西邻屋场湾，南连茅咀，北靠程凤集镇，辖区面积约1.3平方千米。因域内有居民点邹家坪而得地片名。下辖2个村民小组，有2个居民点。距G106国道、武深高速进出口公路里程分别为9千米、10千米，居民点全部通公路。2014年，有村民77户310人，水田10.5公顷，旱地4亩，山林73公顷。

坳背黎家　属五里镇程凤村，位于程凤村西部，距村委会驻地程凤桥300米。东接朱家祠，西毗维垅屋，北靠何黎坳，南连程凤桥。明代，黎茂赐(1471—1523)从何黎坳迁山坳侧面定居，因此地有山领分水处，以其姓氏综合地形命村庄名为坳背黎家。2014年，有居民37户140人，水田72亩，旱地3亩，山林575亩。出生于该居民点的各界代表性人物有：黎峥鸣(1957—　)，大学学历，曾任武汉市江岸区检察院检察长、江岸区人大常委会主任；黎海涛(1984—)，吉林大学毕业，博士学历，2014年任国家广电总局外景策划处主任；黎文科(1982—)，硕士学历，2014年任北京正略咨询公司研究员。

程凤桥　属五里镇程凤村，位于程凤村西部，为程凤村委会驻地，距五里中心集镇8千米。东邻港下朱家，西连光斗屋，南靠屋场湾，北对旱桂屋。清代，李民山(1785—1820)从维纶屋迁此建房定居，因住宅位于古桥程凤桥不远处，故以桥名命村庄名。2014年，有村民38户140人，水田87亩，旱地2亩，山林445亩。出生于该居民点的李厚恕(1935—)，曾任中共武汉市物资局党委书记。

冲内屋　属五里镇程凤村，位于程凤村北部，距村委会驻地程凤桥500米。东接团山，西靠蜈蚣山，南连坳背黎家，北接朱家祠。清代，黎尊三(1803—1883)迁此建房定居，因住宅处一长条形山沟内，故命村庄名为冲内屋。2014年，有村民30户110人，水田71亩，旱地3亩，山林565亩。

大园　属五里镇程凤村，位于程凤村东部，距村委会驻地程凤桥1.2千米。东临隽水河，西连细屋陈家，南接雨风寺，北靠港下朱家。清代，张战成(1738—1824)从江西渣津迁此建房定居，以其字号命村庄名。2014年，有村民35户110人，水田80亩，旱地3亩，山林400亩。出生于该居民点的李阶明(1980—)，2005年公费留学加拿大，2014年任教授。

港下朱家　属五里镇程凤村，位于程凤村中部，距村委会驻地程凤桥400米。东连雨风寺，西临程凤桥，南邻程凤电源有限公司，北靠细屋陈家。宋代，朱初才(1260—1277)从江西迁此建房定居，因住宅地势较河流地势低，故以其姓氏综合地势命村庄名为港下朱家。2014年，有村民35户130人，水田80亩，旱地2亩，山林500亩。

光斗屋　属五里镇程凤村，位于程凤村西南部，距村委会驻地程凤桥500米。东接程凤桥，西靠下屋游家，南临暗坡板栗园，北连坳背黎家。清代，李光斗(1784—1840)从维纶屋迁此建房定居，以其名命村庄名。2014年，有村民32户120人，水田89亩，旱地2亩，山林525亩。该居民点始祖李光斗，字德才，号黎明，清光绪年间进士，曾任南昌府尹。

何黎坳　属五里镇程凤村，位于程凤村西北部，距村委会驻地程凤桥3千米。东接旱桂屋，西靠何黎山，南连乌米山，北邻傅家岭。此地为傅家岭延伸后的山岭分水处，明代，黎茂赐(1471—1523)在山坳旁建房定居(其本人后迁往坳背黎家)，依其姓氏综合地形称村庄名黎家坳。其孙有女无子，逢何光宗从湘潭逃难至此，招何做了上门女婿。光宗生二子，长子姓何，次子姓黎，故以两子姓氏改称村庄名为何黎坳，后何、黎姓外迁，黄、傅、吴姓先后迁入，仍用原村庄名。2014年，有居民35户130人，水田73亩，旱地2亩，山林550亩。

茅咀　属五里镇程凤村，位于程凤村东南部，距村委会驻地程凤桥2千米。东临隽水河，西靠王家山，北连邹家坪，南邻金塘村档头陈家。此地有王家山延伸后形成的山体突出前端，又因山咀上古时多生茅草，故称。清末，程友和(1875—1911)从竹山屋迁山咀旁建房定居，以山咀名命村庄名。2014年，有村民35户130人，水田75亩，旱地2亩，山林450亩。

汤家冲　属五里镇程凤村，位于程凤村北部，距村委会驻地程凤桥1.5千米。东接细屋陈家，西连米家坡，北靠乌米山，南接朱家祠。清代，汤耀祖(1821—1875)从武昌府孝感汤家迁山冲内定居，因此地为长条形山沟，以其姓氏综合地形命村庄名。2014年，有居民22户70人，水田70亩，旱地3亩，山林550亩。

屋场湾　属五里镇程凤村，位于程凤村东南部，距村委会驻地程凤桥500米。东临隽水河，西靠程凤桥，南连茅咀，北接港下朱家。清代，吴世聘(1680—1754)从过水坡迁此定居，因住宅位于隽水河拐弯处，故命村庄名为屋场湾。2014年，有居民35户130人，水田85亩，旱地2亩，山林550亩。

细屋陈家　属五里镇程凤村，位于程凤村东部，距村委会驻地程凤桥1千米。东连大园屋，西靠朱家祠，南接港下朱家，北邻汤家冲。清代，陈一才(1662—1731)从麻石咀迁此建房定居，由于陈一才之妻为人节俭，持家精打细算，家业兴旺发达，后人认为家业与持家时细算有关，故以“细”字及其丈夫姓氏命村庄名。2014年，有村民30户100人，水田60亩，旱地2亩，山林350亩。

下屋游家　属五里镇程凤村，位于程凤村西南部，距村委会驻地程凤桥1千米。东接光斗屋，西临洪家山，南临村板栗园，北接坳背黎家。清代，游昌先(1821—1849)从崇阳迁此建房定居，因住宅上方不远处另有一居民点，故以其姓氏综合方位命村庄名为下屋游家。2014年，有村民38户140人，水田89亩，旱地2亩，山林435亩(袁家居民点并在此居民点内)。

早桂屋　属五里镇程凤村，位于程凤村西北部，距村委会驻地程凤桥800米。东接朱家祠、西邻坳背黎家，南连团山，北靠何黎坳。清代，黎早桂(1741—1809)从相公湾迁此建房定居，以其名命村庄名。2014年，有居民36户140人，水田88亩，旱地3亩，山林425亩。

朱家祠　属五里镇程凤村，位于程凤村中部，距村委会驻地程凤桥700米。东接细屋陈家，西邻坳背黎家，南连程凤桥，北靠早桂屋。古时，此地建有朱姓宗祠。清代，朱仁义(1746—1796)在朱家祠堂附近建房定居，以祠堂名命村庄名。2014年，有居民7户20人；水田28亩，旱地1亩，山林125亩。

邹家坪　属五里镇程凤村，位于程凤村南部，距村委会驻地程凤桥2千米。东临隽水河，西接屋场湾，南连茅咀，北靠程凤集镇。此地为丘陵地区山岭间的大块平地，清代，邹修书(1851—1895)从湖南平江迁入坪内建房定居，以其姓氏综合地形命村庄名。2014年，有居民35户130人，水田71亩，旱地2亩，山林475亩。

第四节　陈谷村及所属聚落

【陈谷村】　五里镇辖村，位于五里镇西北部，村委会驻地处威公祠，距五里中心集镇4千米。东傍隽水河，南连勘上村圳上屋，西毗勘上村戴家巷、李树坡毗邻，北接石南镇排合村和隽水镇樊家，辖区面积5.5平方千米。因域内有居民点陈谷山而得村名。1950年，属通城县仓磨乡三村；1958年人民公社化时，设新合一大队，属崇阳县通城(红旗)人民公社新合管理区；1961年恢复区镇建制，新合一大队更名为陈谷大队，属通城县城关区磨桥公社；1975年1月撤区并社，属磨桥公社；1984年设区建乡，陈谷大队更名为陈谷村，属银城区磨桥乡；1987年区乡体制改革，属五里镇。2004年新建办公大楼1栋，建筑面积420平方米，内设便民服务厅、党员活动室、网络部、图书室、卫生室等。下辖6个村民小组，有10个农村居民点。居民姓氏有吴、黎、徐、胡、续、左、李、傅、戴等姓，以黎、吴两姓为主。距G106国道、武深高速进出口公路里程分别为4千米、5千米，居民点全部通公路。2014年，有居民357户1860人，耕地124.3公顷，山林100.7公顷。村民主要种植水稻、油菜、红薯，经济来源主要为务农、务工，部分居民兼营种植业、养殖业和经商，年人均纯收入7876元。

月半山地片　属五里镇陈谷村，位于陈谷村北部，距五里中心集镇5千米。因域内有居民点名月半山而得地片名。有9个居民点。距G106国道、武深高速进出口公路里程分别为5千米、6千米，居民点全部通公路。2014年，有居民310户1590人，水田97.3公顷，旱地13.3公顷，山林82.7公顷。

陈谷山　属五里镇陈谷村，位于陈谷村南部，距村委会驻地威公祠1.1千米。东接畈路屋，南连圳上屋，西邻勘上屋，北靠月半山。此地有两小山相连的小山坡，坡地形状似古代量米谷的“斗”，人们期盼“斗”年年有谷量，故名陈谷山。清末，黄毓森(1874—1932)由梧桐山迁此定居，以山名命村庄名。2014年，有居民47户270人，耕地270亩，林地220亩(此居民点附近有新铺、庙咀两个小居民点)。

丁家坡　属五里镇陈谷村，位于陈谷村东北部，距村委会驻地威公祠100米。东邻威公祠、蒯家咀，南连畈路屋，西接徐家，北接石南镇排合村。此地为山岭延伸形成的山坡，古为丁姓居住地，故名。因元末瘟疫，丁姓外迁。明代，吴庠生(1445—1478)由吴家迁入，仍用原村庄名。2014年，有居民20户110人，耕地110亩，山林88亩。

畈路屋　属五里镇陈谷村，位于陈谷村南部，距村委会驻地威公祠1千米。东接隽水河，南连圳上屋，西邻陈谷山，北靠威公祠、丁家坡和徐家。

古时，从威公祠通往磨桥地段有一条道路从畈中穿过，路旁住着一黎姓人家，人们便称此宅为畈路屋。明代，黎允诞(1526—1588)从马畈图迁此建房定居，仍用原村庄名。该居民点分为上畈、中畈和下畈三个小居民点，统称畈路屋。上畈路屋均为吴姓，中、下畈路屋全为黎姓。2014年，有居民80户410人，耕地410亩，林地30亩。

蒯家咀 属五里镇陈谷村，位于陈谷村东北部，距村委会驻地威公祠100米。东、南连威公祠，西邻丁家坡，北靠石南镇牌合村。此地为山岭延伸后形成的山体突出前端，古时，一蔡姓教书先生在此定居，故名蔡家咀，别称蒯家咀。元代，蔡姓人外迁。清末，黎景佑(1841—1913)在此建房定居，仍用原村庄名。2014年，有居民20户100人，耕地110亩，林地130亩。

鲁家咀 属五里镇陈谷村，位于陈谷村东北部，距村委会驻地威公祠1.5千米。东邻隽水镇樊家村，南连隽水河，西接鲁家，北靠石南镇牌合村。此地为山岭延伸后形成的山体突出前端，明初，鲁姓选择此地的杨树坡山咀边建房定居，以其姓氏综合地形命村庄名为鲁家咀。后鲁姓外迁，黎万济(1475—1549)从白马坳迁此建房定居，仍用原村庄名。2014年，有村民45户260人，耕地250亩，林地250亩。

威公祠 属五里镇陈谷村，位于陈谷村东北部，为村委会驻地，距五里中心集镇4千米。东傍鲁家，南连畈路屋，西连丁家坡，北邻蒯家咀。明代，黎万魁(1492—1530)在此为黎姓修建祠堂，同时建住宅定居，其子孙命祠堂和住宅名为威公祠。2014年，有村民30户130人，耕地135亩，林地150亩。

徐家 属五里镇陈谷村，位于陈谷村北部，距村委会驻地威公祠200米。东靠丁家坡，南接陈谷山新铺，西连寅公屋，北邻石南镇排合村。清末，徐有文(1865—1933)由八元图江家坳举家迁往此建房定居，以其姓氏命村庄名。2014年，有居民20户120人，耕地124亩，林地90亩。出生于该居民点的戴定斌(1964—)，曾任襄阳造船厂高级技师、技术副厂长，2014年任襄阳市公路局局长。

寅公屋 属五里镇陈谷村，位于陈谷村北部，距村委会驻地威公祠500米。东接徐家，南连新铺、庙咀，西邻月半山学堂咀，北靠石南镇排合村。明末，吴让政（字寅公，1573—1648 ）从江南修水举家迁此地建房定居，以其字命村庄名为寅公屋。2014年，有居民24户110人，耕地116亩，林地110亩。

月半山(又名半月山) 属五里镇陈谷村，位于陈谷村西北部，距村委会驻地威公祠1千米。东邻寅公屋，南接陈谷山庙咀，西连槲山村，北靠石南镇牌合村。此地有半圆形小山环抱，远望仿佛一弯新月，故得名。宋、元时代，这里居住刘、王、宋、黎、戴等姓，以山名命村庄名。后因故外迁，黎宗贤(1646—1710)从通城西乡马畈图迁入此地建房定居，仍用原村庄名。2014年，有居民55户240人，耕地270亩，林地220亩(该居民点含有老屋、茶蔸坡、坳背、上屋、下屋和学堂咀共6个居民点。周边原有祝家垅居民点，后因交通不便于2003年前全部迁入月半山下屋场居民点)。

第五节 大坪坳村及所属聚落

【大坪坳村】 五里镇辖村，位于五里镇西部，村委会驻地大坪坳集镇，距五里中心集镇7千米。东接尖山村，南连金塘石坳，西靠隽水河，北接磨桥村，总面积15.6平方千米。以域内有集镇名大坪坳而得村名。清代隶属南乡中石平图；1950年，属通城县毛塅乡大坪坳村；1958年人民公社化时，设前锋一、二、三社，属崇阳县通城(红旗)人民公社新农管理区；1961年恢复区镇建制，前锋一、二、三社更名为前锋大队，属通城县城关区新农公社；1975年撤区并社，属磨桥公社；1981年，前锋大队更名为大坪坳大队，属磨桥公社；1984年设区建乡，大坪坳大队更名为大坪坳村，属银城区磨桥乡；1987年区乡体制改革，属五里镇；1991年，属程凤乡；2001年调整乡镇行政区划，属五里镇。村民房屋呈条状或块状分布。下辖7个村民小组，有19个农村居民点。村内有大坪坳完小、大坪坳幼儿园、中国石化大坪坳加油站等企事业单位。1999年将原村办小学校址改建成村办公场所，占地面积2000平方米，建筑面积800平方米。居民有张、吴、李、陈、胡、刘、毛、程、戴、黄、杨、熊、黎、宁、利、张等姓，以张姓为主。距G106国道、武深高速进出口公路里程分别为7千米、8千米，居民点全部通公路。2014年，有村民488户2250人，耕地117.7公顷，山林292.5公顷。村民主要种植水稻、油茶、红薯，经济来源主要为务农、务工，部分人从事服务业或经商，年人均纯收入8750元。

大坪坳集镇　属五里镇大坪坳村，为村委会所在地，距五里中心集镇7千米。东连爽袍屋，南接过水坡，西靠隽水河，与原程凤乡政府仅一桥之隔，北邻相公湾、瓦窑咀。元代，李世荣(1273—1352)从平江迁此地建房定居，其住宅东北为山岭分水处，西南为大块平坦之地，故命村庄名为大坪坳。后来，此地先后成为当地行政村、乡(镇)、人民公社机关驻地，形成集镇，故称。居民房屋多分布在五月公路两侧，呈条状分布。距G106国道、武深高速进出口公路里程分别为7千米、8千米，居民点全部通公路。2014年，集镇建成“十”字形街道，有居民215户1200人。集镇驻有大坪坳完小、大坪坳幼儿园、中国石化大坪坳加油站、通城广电网络公司程凤网络部、中国移动通信大坪坳服务部等企事业单位。集镇内超市、餐饮、家电维修、小卖部10余家。

大屋冲　属五里镇大坪坳村，位于大坪坳村中部，距村委会驻地大坪坳集镇1千米。东接竹山，南连金屋，西邻水塘，北靠杨家畈。此地为长条形山沟，南宋时，张英中(1165—1244)迁冲内建房定居，因住宅规模大，又建在山冲，故命村庄名为大屋冲。2014年，有居民27户100人，耕地125亩，山林320亩。

埂冲屋　属五里镇大坪坳村，位于大坪坳村南部，距村委会驻地大坪坳集镇1.8千米。东接竹山，西邻隽水河，南临石坳，北靠陈家。清代，张彩霞(1765—1850)自瓦窑咀分支于此建房定居，因住宅位于竹山下的长条形山沟之中、山脊之下，故命村庄名为埂冲屋。2014年，有居民42户200人，耕地220亩，山林410亩。

集善桥　属五里镇大坪坳村，位于大坪坳村南部，距村委会驻地大坪坳集镇300米。东接老人屋，西邻隽水河，南临埂冲，北靠大桥。此地处隽水河上游，古时河道上没有桥梁，河水较深，两岸村民往来靠船只运送。清光绪年间，吴颂南、李春山、张梓香三位财主做善事，共同出资修建一座长144米的石桥，从此方便了两岸村民的出行。这一善举得到两岸村民的赞誉，故以“集善桥”命名以示纪念。中华人民共和国成立后，张胜保(1936—　)自竹山迁桥东定居，以桥名命村庄名。2014年，有村民28户200人，耕地310亩，山林403亩。

老人屋　属五里镇大坪坳村，位于大坪坳村南部，距村委会驻地大坪坳集镇400米。东接梧桐山，西邻集善桥河堤，南临江西屋，北靠过水坡。清末，李肇明(1881—1939)从江南修水迁此定居。后来因女儿终身不嫁老在家里，人们便称该屋为“老女屋”，随着时间推移，逐渐变读为老人屋。2014年，有居民26户110人，耕地120亩，山林100亩。

第六节　何家村及所属聚落

【何家村】　五里镇辖村，位于五里镇东南部，村委会驻地存坟坪，距五里中心集镇3千米。东接马港黄鹤村，西邻尖山村，南连马港镇何婆桥村，北靠锡山村，辖区面积3.3平方千米。因域内有地片名何家洞而得村名。1950年，属通城县新合乡宝塔八大队；1958年人民公社化时，设宝塔八大队，属崇阳县通城(上游、红旗)人民公社新合管理区；1961年恢复区镇建制，属通城县城关区新合公社；1975年1月撤区并社，宝塔八大队更名为茅田大队，属磨桥公社；1981年，茅田大队改称为何家大队；1984年设区建乡，何家大队变更为何家村，属银城区五里乡；1987年区乡体制改革，属五里镇。下辖3个村民小组，有12个农村居民点；村内仅有鹏飞养殖专业合作社一家私营企业。村民有张、吴、刘、何、杜、陈、姚、毛、徐、郑、杨、王、胡、李、樊、段、谌等姓，以何、胡、王姓为主。2004年，村委会将何家小学改建成村委会办公场所，建筑面积600平方米，设有便民服务厅、村卫生室等。距G106国道、武深高速进出口公路里程分别为3千米、4千米，居民点全部通公路。2014年，有村民292户1260人，水田67.5公顷，旱地1.6公顷，山林186.7公顷。村民主要种植水稻、油菜、花生、小麦、红薯。经济来源主要为务农、务工，部分村民经商，或从事运输业，年人均纯收入4500元。

何家洞地片　属五里镇何家村，位于何家村西部，距五里中心集镇4千米。该地片以六(明山)何(家)公路为中心轴线，东接寿龙山，西邻秀水河，东西长约2.5千米，南连马港镇何婆桥村，北靠胡家洞，南北宽约800米，总面积2平方千米。因域内有居民点名何家而得地片名。有8个居民点。距G106国道、武深高速进出口公路里程分别为4千米、5千米，居民点全部通公路。2014年，有居民217户910人，水田44.4公顷，旱地12公顷，山林100公顷。

胡家洞地片　属五里镇何家村，位于何家村东部，距五里中心集镇3.5千米。该地片以六(明山)何(家)公路为中心轴线，东接锡山村白鹭坡屋，西邻下乌子畈，南连塅上屋，北靠杜家；东西长约1.3千米，南北宽约1千米，总面积1.3平方千米。因域内有居民点名胡家老屋而地片名。有4个居民点。距G106国道、武深高速进出口公路里程分别为3.5千米、4.5千米，居民点全部通公路。2014年，有居民75户350人，水田18.3公顷，旱地6亩，山林86.7公顷。

塅上屋　属五里镇何家村，位于何家村东南部，距村委会驻地坟存坪2千米。东接寿龙山，西邻马兰屋，南连马港镇何婆桥村，北靠胡家洞。此地为丘陵地区山岭中间面积较大的平地，明代，何隆(1426—1494)在塅内建房定居，以住宅所在的地形命村庄名为塅上屋。2014年，有居民31户150人，水田130亩，旱地3亩，山林350亩。

何家　属五里镇何家村，位于何家村西面，距村委会驻地坟存坪200米。东接下乌子畈，西邻朱砂口，南连马港镇金家村，北靠六峰屋。明代，何震(1388—1470)定居于此，以其姓氏命村庄名。2014年，有居民24户130人，水田110亩，旱地2.5亩，山林290亩。

下乌子畈　属五里镇何家村，位于何家村西南部，距村委会驻地坟存坪70米。东接胡家洞，西邻何家，南连何家洞，北靠村委会驻地存坟坪。此地为面积较大的平地，相传，此处为“乌鸦扑地”的风水宝地，故名乌子畈。1996年，黎华保(1967—　)在畈下方建房定居，遂依地形和方位命村庄名为下乌子畈。2014年，有居民20户90人，水田82亩，旱地1.8亩，山林215亩。

朱砂口　属五里镇何家村，位于何家村西北部，距村委会驻地坟存坪500米。东接何家，西邻尖山村魏家屋，南连马港镇何婆桥村，北靠锡山村兰家段。明代，居民在此地开采朱砂矿，故名。民国三十一年(1942)，张德保(1924—?)在此建房定居，以古时的物产及方位名命村庄名为朱砂口。2014年，有居民22户130人，水田114亩，旱地2.5亩，山林300亩。

第七节　季山村及所属聚落

【季山村】　五里镇辖村，位于五里镇西南部，村委会驻地水口屋，距五里中心集镇13.5千米。东接相师村、金塘村和程凤村，西邻湖南省岳阳县相师乡相师村、铜乐村和杨山村，南连湖南省岳阳县月田镇福洞村，北靠左港村和湖南省岳阳县相师乡凤凰村，辖区面积6.8平方千米。相传汉相张良之师黄石公(赤松子)云游至此，因受白云山及附近风景吸引而陶醉，遂隐居于此辟谷修行；张良辅弼刘邦成就帝业后，唯恐“功高震主”，祸福难知，即随师黄石公云游四海，禅隐白云山，故白云山得名为相师山。其下山谷得名醉仙洞，旁边村名为醉仙村。因域内有居民点季山屋，后口传误将醉仙洞叫作季山洞、将醉仙村叫作季山村。1950年，属通城县左港乡；1958年人民公社化时，设福利七、八、九大队，属崇阳县通城(红旗)人民公社新农管理区；1961年恢复区镇建制，属通城县城关区新农公社；1975年1月撤区并社，七、八大队合并更名为虎形大队，九大队更名为季山大队，属磨桥公社；1984年设区建乡，季山、虎形大队分别更名为季山、虎形村，属银城区程凤乡；1987年区乡体制改革，属程凤乡；2001年调整乡镇行政区划，属五里镇；2002年，季山村与虎形村中的七组、农业组合并为季山村。村民房屋呈块状分布，下辖3个村民小组，有10个农村居民点。村内有水口烈士纪念碑、相师寺、青龙关、白虎关、水口关山庙(城隍庙)、合锣冲基督教堂、相师山等。村民有李、刘、徐、毛、傅、许、张、胡、杨、彭等姓，以李、刘、徐、毛姓为主。2014年村委会建办公楼1栋，占地面积1200平方米，建筑面积520平方米，设有便民服务厅、党员活动室、村卫生室等。距G106国道、武深高速进出口公路里程分别为13.5千米、14.5千米，居民点全部通公路。2014年，有居民226户1020人，水田30公顷，旱地7.3公顷，山林453.3公顷。村民主要种植水稻、红薯、大豆、蔬菜、油茶，兼养猪、羊、鱼等养殖业；经济来源以务农、外出务工为主，部分人经商，年人均纯收入5800元。

大坡徐家　属五里镇季山村，位于季山村东部，距村委会驻地水口屋500米。东接相师村，西邻季山河，南连季山屋，北靠水口屋。清代，徐希由(1691—1769)迁此建房定居，因住宅位于一面积较大的山坡上，故以姓氏综合地形命村庄名为大坡徐家。2014年，有居民23户110人，水田102亩，旱地120亩，山林1000亩。

合锣冲(合垅冲)　属五里镇季山村，位于季山村中部，距村委会驻地水口屋1.5千米。东接五里镇相师村，西邻鸭坡垅，南连相师林场，北靠季山屋、大坡徐家。清代，李国义(1822—1899)在此建房定居，因住宅地处两山中间的长条形山沟之中，故命村庄名为李家冲。住宅建成后，与其交往甚好的相师寺得道高僧朗月和尚送他两面铜锣镇屋，助其平安发达。该铜锣一公一母，如果敲打其中一面锣，另一面锣不管在什么地方都会发声响应。后来朗月和尚云游四方去了，不知所终。李姓后人为纪念他，遂将住宅改名为合锣冲。2014年，有居民27户100人，水田46亩，旱地25亩，山林780亩。

胡槽米　属五里镇季山村，位于季山村西北部，距村委会驻地水口屋1.5千米。东接季山河，西邻湖南省岳阳县相师乡杨山村、肖家山，南连水口屋，北靠左港村。清初，胡槽米来此建房定居，以其姓名命村庄名。后来刘族迁至左港保泰屋。清晚期，刘启华(1805—1892)迁入定居，仍用原村庄名。2014年，有居民8户30人，水田29亩，旱地10亩，山林360亩(该居民点西北约500米处原有居民点毛家林，2006年后居民陆续迁往县城等地定居，2014年末无人居住)。

季山屋　属五里镇季山村，位于季山村南部，距村委会驻地水口屋1千米。东接相师村刘家屋，西邻季山河，南连合锣冲，北靠大坡徐家。清代，李季山(1688—1771)迁此建房定居，以其名命村庄名。2014年，有居民37户160人，水田66亩，旱地35亩，山林1100亩。

鲁家屋(鲁家)　属五里镇季山村，位于季山村西部，距村委会驻地水口屋500千米。东接季山河，西邻湖南相师乡杨山村高塘坳，南连季山屋，北靠铁铺屋。明代，此地是鲁姓居住地，故名。明末，鲁家因瘟疫而绝后。清代，李旭升(1730—1815)、李旭华(1736—1817)从相师村迁至此地建房定居，仍用原村庄名。2014年，有居民44户230人，水田130亩，旱地170亩，山林560亩。(该居民点包含新屋居民点70人在内)。

水口屋　属五里镇季山村，为村委会驻地，距五里中心集镇13.5千米。东接金塘村张家山，西邻季山河，南连大坡徐家，北靠白杨坡。此地位于季山河出口处，河流两岸山岭各伸出一个山头(又名夜合山)形成一个夹口，把整个山洞关在里面。清代，刘朝仁(1788—1871)在此建房定居，以地形名命村庄名为水口屋。2014年，有居民25户110人，水田45亩，旱地22亩，山林1100亩(该居民点包含庙上居民点30人在内)。

第八节　尖山村及所属聚落

【尖山村】　五里镇辖村，位于五里镇南部，村委会驻地盆上屋后山头，距五里镇中心集镇约2千米。东毗邻何家村，南接壤马港镇何婆桥村，西连大平坳村，北紧靠五里牌社区，辖区面积约5.21平方千米。因域内有地片名尖山洞而得村名。1950年，属通城县新合乡；1958年人民公社化时，设宝塔六、七大队，属崇阳县通城(上游、红旗)人民公社新合管理区；1961年恢复区镇建制，属通城县城关区新合公社；1975 年 1 月撤区并社，宝塔六、七大队合并为尖山大队，属磨桥公社；1981 年，尖山大队分设尖山(原七大队)、魏家(原六大队)；1984 年设区建乡，尖山、魏家大队变更为尖山、魏家村，属银城区五里乡；1987 年区乡体制改革，属五里镇；2003 年，尖山、魏家村合并为尖山村。村民房屋呈块状分布，下辖 4 个村民小组，有 24 个农村居民点。村民有黎、胡、张、毛、杨、唐、李、吴、赵、官、徐、魏、王、潘、皮、郑、丁、熊等姓氏，以王、黎、魏姓为主。2003 年，尖山小学被改建成村委会办公场所，建筑面积 1200 平方米，设有便民服务厅、老年人幸福院、村卫生室等。武深(通界)高速和 106 国道横穿过境，设有五里牌收费站(进出口)、通城南收费站，还设有武深(通界)高速通城管理中心，居民点全部通公路。2014 年，有农户 412 户 1730 人，水田 54.2 公顷，旱地面积 28.6 公顷，山林 234.5 公顷。村民以种植水稻、油菜、花生等农作物，兼营养殖业，经济来源以务农、务工为主，部分人经商，年人均纯收入 8060 元。

尖山洞地片　属五里镇尖山村，位于尖山村南部，距五里中心集镇 4 千米。东接何家村，西邻大坪坳村，南连何婆桥村，北靠魏家，总面积 3 平方千米。此地片为尖山山岭延伸形成的长形山沟，故称尖山洞，并由此而得地片名。有 14 个居民点。境内武深(通界)高速和 106 国道横穿过境，设有五里牌收费站、通城南收费站，还设有武深(通界)高速通城管理中心，居民点全部通公路。2014 年，有居民 221 户 930 人，水田 21.4 公顷，旱地 17.6 公顷，山林 100.9 公顷。

魏家地片　属五里镇尖山村，位于尖山村北部，距五里中心集镇 2 千米。东接锡山村，西邻磨桥村，南连尖山洞，北靠五里社区，总面积 2.21 平方千米。因域内有居民点名魏家屋而得地片名。有 10 个居民点。武深(通界)高速和 106 国道横穿过境，设有五里牌收费站、通城南收费站，还设有武深(通界)高速通城管理中心，居民点全部通公路。2014 年，有居民 191 户 800 人，水田 32.8 公顷，旱地 10.3 公顷，山林 133.6 公顷。

待观屋　属五里镇尖山村，位于尖山村南部，距村委会驻地盆上屋 500 米。东接马港金家，西邻尖山大屋，南连马港镇何婆桥村，北靠盆上屋。清代，王待观(1760—1841)于此地建房定居，以其名命村庄名。2014 年，有居民 55 户 270 人，水田 93 亩，旱地 85 亩，山林 430 亩。

方家山　属五里镇尖山村，位于尖山村西北部，距村委会驻地盆上屋 1 千米。东接魏家屋，西邻石塘，南连后花园，北靠花园。古代，此地为方姓居住地，因住宅后方有山，故命村庄名为方家山，后方姓为避战乱外迁。清末，王达聪(1865—1939)从白沙咀迁此地定居，仍用原村庄名。2014 年，有村民 16 户 70 人，水田 24.4 亩，旱地 20 亩，山林 116 亩。

六明山　属五里镇尖山村，位于尖山村东北部，距村委会驻地盆上屋 300 米。东接何家村，西邻 106 国道，南连盆上屋，北靠魏家屋。此地有小山岭，传说很久以前，六明神仙落居山上，故称山岭为六明山。1973 年，徐炳秋(1932—?)在山下方建房定居，以山岭名命村庄名。2014 年，有村民 26 户 100 人，水田 37 亩，旱地 30 亩，山林 170 亩。

盆上屋　属五里镇尖山村，位于尖山村南部。为村委会驻地，距五里中心集镇 2 千米，东接六明山，西方邻方家山，南连尖山大屋，北靠魏家屋。明代，王万珍(1493—1582)在此建房定居，因住宅处四周高中间低的洼地，故命村庄名为盆上屋。不久，万珍将此地卖给丁有阳，仍用原村庄名。2014 年，有居民 15 户 60 人，水田 23 亩，旱地 19 亩，山林 110 亩。

魏家屋　属五里镇尖山村，位于尖山村东北部，距村委会驻地盆上屋 500 米。东接兰家段，西邻方家山，南连六明山，北靠武深高速通城管理中心。明代，魏松友在此建房定居，以其姓氏命村庄名。2014 年，有村民 52 户 230 人，水田 79 亩，旱地 64 亩，山林 370 亩。

新屋坳　属五里镇尖山村，位于尖山村西北部，距村委会驻地盆上屋 1.5 千米。东接 106 国道，西邻细伯屋，南连花园，北靠寿南屋。此地为山岭分水处，古代此地为杨姓人的居住地，村庄名为杨家坳。后来，由于疫情传播，杨姓灭绝。清末，魏观堂(1846—1911)在此地盖新房定居，改村庄名为新屋坳。2014 年，有村民 21 户 90 人，水田 51 亩，旱地 23 亩，山林 150 亩。

第九节　金塘村及所属聚落

【金塘村】　五里镇辖村，位于五里镇西南部，村委会驻地熊家岭（又名水家岭），距五里中心集镇9千米。东邻大坪坳村，南接马港镇毛塅村，西接湾头村，北靠程凤村，辖区面积约5.9千米。因域内有地片金塘而村名。1950年4月，属通城县大坪乡；1956年3月，属新农乡；1958年10月人民公社化时，设前锋四、五、六、七大队，属崇阳县通城（红旗）人民公社新农管理区；1961年5月恢复区镇建制，属通城县城关区新农公社；1975年撤区并社，前锋四、五、六、七大队合并为金塘大队，属磨桥公社；1984年设区建乡，金塘大队分设陈湾村（原七大队）、金塘村（原四、五、六大队），属银城区程凤乡；1987年区乡体制改革，属程凤乡；2001年调整乡镇行政区划，程凤乡与五里镇合并为五里镇；2002年，陈湾、金塘村合并为金塘村。村民房屋呈块状分布；下辖8个村民小组，有31个农村居民点。村内有金塘桥、陈湾水库、和平养殖专业合作社、庆丰台城隍庙。村民有李、陈、黎、毛、黄、张等姓，以李姓为主。2006年村委会建办公楼1栋，占地面积400平方米，建筑面积110平方米；内设便民服务厅、党员活动室、图书室等。距G106国道、武深高速进出口公路里程分别为9千米、10千米，居民点全部通公路。2014年，有居民468户2460人，水田90.5公顷，旱地8.7公顷，山林308.7公顷。村民以种植水稻、蔬菜、红薯、花生、黄豆为主，兼养猪、鱼、牛、羊，经济来源以务农、务工为主，部分人经商，年人均纯收入7580元。

陈湾地片　属五里镇金塘村，位于金塘村西部，距五里中心集镇约11千米。东接冲内屋，西邻相师村，南连摇家坡，北靠程凤村。因域内有居民点名陈湾而得地片名。下辖2个村民小组，有9个居民点。有和平养殖专业合作社，居民房屋呈块状分布。距G106国道、武深高速进出口公路里程分别为11千米、12千米，居民点全部通公路。2014年，有居民57户310人，水田20.5公顷，旱地3公顷，山林121公顷。

金塘地片　属五里镇金塘村，位于金塘村东部，距五里中心集镇约9.5千米。东接大坪坳村，西邻相师村，南连湾头村，北靠程凤村。因域内有居民点名金塘而得地片名。下辖6个村民小组，有23个居民点，居民房屋呈块状分布。距G106国道、武深高速进出口公路里程分别为9.5千米、10千米，居民点全部通公路。2014年，有居民411户2150人，水田79公顷，旱地5.7公顷，山林384.3公顷。

毕阳屋　属五里镇金塘村，位于金塘村南部，距村委会驻地熊家岭1.6千米。东接黎家湾，西邻咀上屋，南连椅木冲，北靠熊家。清代，毛毕阳（1768—1849）在此建房定居，以其名命村庄名。2014年，有居民32户150人，水田83亩、旱地5.8亩、山林440亩。

当头陈家（又名当屋陈家）　属五里镇金塘村，位于金塘村东部，距村委会驻地熊家岭1.1千米。东接程凤村一组，西邻五月公路，南连黄谷咀，北靠程凤村二组。清代，陈兆南（1712—1797）在此建房定居，因住宅位于流经此地的隽水河西岸平畈小山岭的尽头，以其姓氏综合地形命村庄名为当头陈家。2014年，有居民36户160人，水田90亩、旱地7.6亩、山林445亩。

黄谷咀　属五里镇金塘村，位于金塘村东部，距村委会驻地熊家岭600米。东接当屋陈家，西邻五月公路，南连金塘坳，北靠水家畈桥。此地为山岭延伸形成的山体突出前端，又因山咀前有大块稻田，故名。明代，赵景阳（1470—1529）在山咀旁建房定居，以山咀名命村庄名。2014年，有居民31户150人，水田85亩、旱地6亩、山林415亩。

金塘（又名经堂）　属五里镇金塘村，位于金塘村南部，距村委会驻地熊家岭400米。东接金塘坳，西邻五月公路，南连门前屋，北靠村委会驻地熊家岭。明代，财主黄龙金（1372—1449）在此地建房定居，住宅建成后不久逢父母去世，在家中连做49天法事，请和尚念经，因此命住宅名为经堂，后改称为金塘。2014年，有居民29户150人，水田85亩、旱地6亩、山林410亩。

景南铺　属五里镇金塘村，位于金塘村南部，距村委会驻地熊家岭1.2千米。东接水牛湾，西邻熊家，南连咀上屋，北靠金塘桥。明代，李景南(1423—1487)在此定居并开店铺，故得名。2014年，有居民23户120人，水田70亩、旱地5亩、山林376亩。

龙潭　属五里镇金塘村，位于金塘村南部，距村委会驻地熊家岭1.4千米。东接米高桥，西邻摇窝坡，南连马鞍石，北靠施供坳。据传，古代此处有龙从上往下游，在此休息时一龙爪踩下去，形成深约10米、直径1.1米的深水潭，人们称此潭为龙潭。明代，李佳雄(1508—1583)在深潭不远处建房定居，以潭名命村庄名。2014年，有居民30户150人，水田85亩，旱地6亩，山林415亩。

门前屋　属五里镇金塘村，位于金塘村南部，距村委会驻地熊家岭400米。东接金塘坳，西邻施供坳，南连米高桥，北靠五月公路。清代，李杰为(1833—1897)在此建分上、中、下三个堂屋的住宅，不久后有黄姓在李宅前方新建房屋，故命村庄名为门前屋。2014年，有居民30户160人，水田88亩、旱地6亩，山林450亩。

新陈湾　属五里镇金塘村，位于金塘村西部，距村委会驻地熊家岭1.4千米。东接陈家，西邻陈湾水库，南连五月公路，北靠文奇屋。1977年修陈湾水库，陈湾居民李裕荣(1902—1981)等人由政府组织在此新建住房，形成新的居民点，故称。2014年，有20户120人，水田119亩、旱地17.5亩、山林480亩。

熊家岭　属五里镇金塘村，位于金塘村北部，为村委会驻地，距五里中心集镇9千米。东接五月公路，西邻村级公路，南连屋前小港，北靠八房。元代，河南熊佛林在通城做泥瓦工，并在此建房定居，因住宅位于山岭上，故以其姓氏综合地形命村庄名为熊家岭。后返迁河南。明代，李佳保(1475—1546)在此建房定居，仍用原村庄名。2014年，有居民29户140人，水田80亩、旱地5.8亩、山林390亩。

摇窝坡　属五里镇金塘村，位于金塘村西部，距村委会驻地熊家岭1千米。东接米高桥，西邻龙潭，南连马鞍石，北靠五月公路。此地三面环山，山岭坡度不大，形状像摇窝(摇篮)，故称作摇窝坡。清代，李寄祥(1637—1712)在山坡上建房定居，以山坡名命村庄名。2014年，有居民30户160人，水田90亩、旱地6.5亩、山林460亩。

赞公祠　属五里镇金塘村，位于金塘村西部，距村委会驻地熊家岭1.3千米。东接冲内屋，西邻汤家冲，南连对门坡，北靠娄底坡。民国时期，李赞(1883—1945)为首在此建成祠堂，并在祠堂旁边建房定居，后人以其名命祠堂名和村庄名。2014年，有居民22户100人，水田60亩，旱地4.3亩，山林320亩。

张家山　属五里镇金塘村，位于金塘村西部，距村委会驻地熊家岭5.4千米。东接龙骨坑，西邻相师山十五组，南连相师村，北靠朱家山。清初，湖南邵阳张阳保(1632—1695)迁居此地建房定居，因住宅位于山岭下方，故以其姓氏综合地形命村庄名。2014年，有居民7户40人，水田50亩，旱地7亩，山林170亩。

第十节　塅上村及所属聚落

【塅上村】　五里镇辖村，位于五里镇西北部，村委会驻地郭公庙，距五里中心集镇3.5千米。东接陈谷村，与磨桥村隔隽水河相望，南邻大平坳村、程风村，西连左港村，北毗邻石南镇白米村，辖区面积8.8平方千米。因域内有地片名塅上而得村名。1950年，属通城县白米乡；1958年人民公社化时，设二、三大队，属崇阳县通城(红旗)人民公社新合管理区；1961年恢复区镇建制，二、三大队分别更名为塅上、圳上大队，属通城县城关区磨桥公社；1975年撤区并社，属磨桥公社；1984年设区建乡，塅上、圳上大分别更名为塅上、圳上村，属银城区磨桥乡；1987年区乡体制改革，属五里镇；2004年塅上、圳上村合并为塅上村。下辖8个村民小组，有19个农村居民点。村内有郭公庙、白公庙、杨山水库、白米山等。居民有徐、杨、卢、王、戴、胡、黄、李、曾、刘姓，以戴、吴、张姓为主。2002年将原圳上小学校舍改建成村委会办公楼1栋，占地面积2600平方米，建筑面积320平方米，设有便民服务厅、党员活动室、图书室、村卫生室等。距G106国道、武深高速进出口公路里程分别为3.5千米、4.5千米，居民点全部通公路。2014年，有居民635户2770人，水田173.3公顷，旱地117.3公顷，山林193.3公顷。村民主要种植水稻、花生、油菜、柑橘，经济来源以务农、务工为主，部分居民外出经商，年人均纯收入5400元。

墈上地片　属五里镇墈上村，位于墈上村北部，距五里中心集镇2千米。东接陈谷村，西邻左港村，南连圳上地片，北靠白米村，辖区面积约4.5平方千米。因域内有居民点名墈上屋而得地片名。下辖3个村民小组，有10个居民点。距G106国道、武深高速进出口公路里程分别为2千米、3千米，居民点全部通公路。2014年，有村民310户1340人，水田83.3公顷，旱地70.7公顷，山林120公顷。

圳上地片　属五里镇墈上村，位于墈上村南部，距五里中心集镇3.5千米。东接陈谷村，与磨桥村隔隽水河相望，南邻大坪坳村、程凤村，西界左港村以雾云山分，北接墈上村地片，辖区面积约4.3平方千米。因域内有居民点名圳上屋而得地片名。下辖5个村民小组，有9个居民点。距G106国道、武深高速进出口公路里程分别为3.5千米、4.5千米，居民点全部通公路。2014年，有居民325户1430人，水田90公顷，旱地46.7公顷，山地73.3公顷。

戴家巷　属五里镇墈上村，又称墈上屋，位于墈上村北部，距村委会驻地郭公庙2千米。东邻易家坟，南毗鹅颈坳，西靠白米山，北接钦建大屋。元代，戴月照（1286—1328）从江西修水迁此建房定居，是通城戴姓的第一世祖。经数代后，建成规模宏伟、有九重堂、巷弄相通的大住宅，故名戴家巷。2014年，有居民87户370人，水田300亩，旱地300亩，山林500亩。

郭公庙　属五里镇墈上村，位于墈上村东南部，为村委会驻地，距五里中心集镇3.5千米。东临隽水河，南连村委会驻地，西毗胡杨家，北界朱家坡。旧时，此地建有纪念唐朝大将军郭子仪的庙宇，称郭公庙。中华人民共和国成立后，张方清（1914—1982）从张谢家迁此庙旁建房定居，以庙称村庄名。2014年，有居民13户60人，水田60亩，旱地30亩，山地30亩。

咀上屋　属五里镇墈上村，位于墈上村南部，距村委会驻地郭公庙1.2千米。东临隽水河，南接程凤村，西靠婆山，北邻五房。清代，张臣则（1691—1760）与弟张步云（1693—1767）一同从大坪坳瓦窑咀迁此建房定居，因住宅位于隽水河西岸山体突出前端，故命村庄名为咀上屋。2014年，有居民58户240人，水田240亩，旱地110亩，山林210亩。

李树坡　属五里镇墈上村，位于墈上村东北部，距村委会驻地郭公庙2千米。东邻陈谷庙咀，南接铁家坳，西邻和乐冲，北靠屋后楠竹林。古代，这里的一片山坡长满李树，故得名。明代，戴友智（1409—1435）迁坡上建房定居，以坡名命村庄名。2014年，有居民71户360人，水田300亩，旱地230亩，山林280亩（该居民点附近的铁家坳、新屋2个小自然村4户14人合并在此地）。

刘家　属五里镇墈上村，位于墈上村东南部，距村委会驻地郭公庙150米。东临隽水河，南邻五房，西靠老屋山，北毗村委会驻地郭家庙。明神宗年间，刘利灿自江西迁此建房定居，以其姓氏命村庄名。2014年，有居民26户130人，水田125亩，旱地60亩，山林120亩。

钦建大屋　属五里镇墈上村，又名鹰咀大屋、戴家大屋，位于墈上村北部，距村委会驻地郭公庙2.5千米。东连万传屋，南邻戴家巷，西靠白米山，北接石南镇白米村。明代，戴友材（1391—1458）携其子戴钦建从戴家巷迁此建房定居，以子之名字命村庄名。2014年，有居民63户290人，水田300亩，旱地200亩，山林300亩。

五房　属五里镇墈上村，位于墈上村南部，距村委会驻地郭公庙1千米。东临隽水河，南邻咀上屋，西靠黄家山，北毗刘家。清代，黄连钟（1812—1869）先后娶了五位夫人，携第五夫人及其子女从磨桥老当铺迁此建房定居，故名。2014年，有居民27户90人，水田85亩，旱地45亩，山林140亩。

易家坟　属五里镇墈上村，位于墈上村北部，距村委会驻地郭公庙1.5千米。东接和乐冲，西邻白马山，南连胡杨家，北靠戴家巷。古时，此地山岭归易姓所有，为易姓的墓地，故称。清末，易达魁（1880—1934）从五里牌易家迁墓地前方建房定居，以住宅后方山岭的用途命村庄名。2014年，有居民27户140人，水田102亩，旱地54亩，山林150亩。

张谢家　属五里镇墈上村，位于墈上村南部，距村委会驻地郭公庙400米。东邻村委会驻地郭公庙，南毗邻刘家，西靠庙山，北临梯田。清代，张登明(1724—1803)从坪坳村瓦窑咀迁此建房定居。后来，谢此拼从阔田迁入，故以两人的姓氏合称村庄名为张谢家。后来，谢、张姓举家外迁，刘、黄姓先后迁入，仍用原村庄名。2014年，有居民10户60人，水田30亩，旱地24亩，山林36亩。出生于该居民点的各界代表性人物有：张亮(1977—)，2014年任西藏自治区人民政府办公厅一处处长；徐燕(女，1977—)，2014年任西藏自治区人大农环资委办公室副主任。

圳上屋　属五里镇嘞上村，位于嘞上村东南部，距村委会驻地郭公庙1千米。东临隽水河，南邻朱家坡，西靠嘞上地片，北接陈谷村。此地古时前有条水渠，俗称圳。明代，吴志道(1488—1564)从牌合深田垅迁此建房定居，命村庄名为圳上。2014年，有居民89户440人，水田350亩，旱地250亩，山林200亩。

第十一节　磨桥村及所属聚落

【磨桥村】　五里镇辖村，位于五里镇中部，村委会驻地王家铺，距五里中心集镇约3.5千米。东相连五里牌社区，南毗邻尖山村、大坪坳村，西与嘞上村、陈谷村隔河相望，北接五里村，辖区面积约8.5平方千米。因域内有地片名磨桥而得村名。1950年，属通城县仓磨乡四、三村；1958年人民公社化时，设四大队(四村)、五大队(三村)，属崇阳县通城(红旗)人民公社新合管理区。1961年恢复区镇建制，四、五大队分别更名为磨桥、仓下大队，属通城县城关区磨桥公社；1975年1月撤区并社，属磨桥公社；1984年设区建乡，磨桥、仓下大队分别变更为磨桥、仓下村，属银城区磨桥乡；1987年区乡体制改革，属五里镇；2001年调整乡镇行政区划，属五里镇；2002年，磨桥、仓下村合并为磨桥村。村民房屋呈块状分布。下辖8个村民小组，有29个农村居民点。有磨桥完小、五里镇福利院等单位。村民有胡、黎、吴、徐、杜、朱、张、戴、魏、谌、熊、王、赵、刘、方、黄、章、汪、廖、葛、何、毛、邱、彭、罗、杨、邓、郭、易、李姓，以吴、黄、张、胡、黎姓为主。2012年，原公社精制茶場翻新扩建为村委会，占地面积3020平方米，建筑面积640平方米，内设有便民服务厅、党员活动中心。武深(通界)高速和五月公路横穿过境，距G106国道、武深高速进出口公路里程分别为3.5千米、4.5千米，居民点全部通公路。2014年，有农户669户2920人，耕地面积213.5公顷，山林221.1公顷。村民以种植水稻、油菜、油茶、花生、黄豆为主，兼养猪、牛、羊、鱼等养殖业；经济来源以务农、务工为主，部分人经商，年人均纯收入7818元。

仓下地片　属五里镇磨桥村，位于磨桥村东部，距五里中心集镇2.5千米。东连仓下岭上，南面是山，西对隽水河，北接塝上，辖区面积4.5平方千米。因域内有居民点名仓下屋而得地片名。下辖5个居民小组，有17个居民点。武深(通界)高速和五月公路横穿过境，距武深高速进出口、G106国道公路里程分别为2.5千米、3.5千米，居民点全部通公路。2014年，有居民379户1650人，水田90.8公顷，旱地28公顷，山林126.9公顷。

磨桥地片　属五里镇磨桥村，位于磨桥村西部，距五里中心集镇约3.5千米。东连新屋张家，南接竹坡，西对隽水河，北面是农田，辖区面积4平方千米。因域内有居民点名磨桥铺上而得地片名。磨桥地片处隽水河下游两岸。下辖3个居民小组，有12个居民点。武深(通界)高速和五月公路横穿过境，距G106国道、武深高速进出口公路里程分别为3.5千米、4.5千米，居民点全部通公路。2014年，有居民290户1270人，水田70.7公顷，旱地24公顷，山林96.2公顷。

仓下岭上　属五里镇磨桥村，位于磨桥村北部，距村委会驻地王家铺1千米。东接新屋张家，南毗舒家坪，西邻仓下屋，北靠大房屋。清代，黎宗节(1659—1700)迁此建房定居，因住宅位于仓下后方的山坡上，故命村庄名为仓下岭上。2014年，有居民39户170人，水田105.2亩，旱地30亩，山林80亩。

仓下屋　属五里镇磨桥村，位于磨桥村北部，距村委会驻地王家铺约1千米。东连仓下、岭上，南连猴姑山，西邻隽水河，北靠塝上。清代，黎大清(1710—1880)，家庭富有，以心地善良而闻名全县，有大小粮庄共20多个。后有黎大清在粮仓下方建房定居，故称村庄名仓下。2014年，有居民14户70人，水田61亩，旱地20亩，山林60亩。出生于该居民点的黎柱才，字时才(1950—)，历任咸宁地区行署秘书，地区信访局局长，2010年退休(副厅级)。

方家　属五里镇磨桥村，位于磨桥村东南部，距村委会驻地王家铺2千米。东接大狮形山，南邻尖山村，西接兰亭屋，北靠油榨。清代，方田能(1830—1898)在此建房定居，以其姓氏命村庄名。2014年，有居民30户120人，水田90.11亩，旱地50亩，山林146亩。

枫树屋　属五里镇磨桥村，位于磨桥村南部，距村委会驻地王家铺2千米。东连戴家，南连画山垅，西毗老屋张家，北靠蛇形垅。此地三面环山，坐南朝北，三面山上都长满了枫树。清代，戴兴礼(1817—1876)在此建房定居，以周围地形命村庄名为枫树屋。2014年，有居民23户110人，水田107亩，旱地25亩，山林142亩。

汉昭屋　属五里镇磨桥村，位于磨桥村南部，距村委会驻地王家铺3千米。西连大坪坳村，东靠排形山，南毗尖山村，北邻老当铺。清代，吴汉昭(1765—1845)在此建房定居，以其名命村庄名为汉昭屋。2014年，有居民24户、90人，水田100亩，旱地22亩，山林150亩。

胡家　属五里镇磨桥村，位于磨桥村西部，距村委会驻地王家铺500米。东接猴姑山，南连猴姑山，西邻隽水河，北靠仓下屋。清代，胡丙光(1780—1860)看中了此地猴姑山脉三面环绕、一面临河的地形，在此建房定居，并以其姓氏命村庄名为胡家。2014年，有居民44户140人，水田120.3亩，旱地60亩，山林182亩。

画山排(画山垅)　属五里镇磨桥村，位于磨桥村东南部，距村委会驻地王家铺2千米。东接马厩塘，南连尖山村皮家垅，西邻细竹坡，北靠新屋。此地处小山沟，两旁山坡上都是梯田，形如竹排，如同图画，故取名画山排，又名画山垅。2010年，熊常保(1953—)从细竹坡迁垅内建房定居，以山沟名命村庄名。2014年，有居民36户130人，水田100亩，旱地35亩，山林305亩。

兰亭屋　属五里镇磨桥村，位于磨桥村东南部，距村委会驻地王家铺2千米。东连方家，南邻尖山村，西毗下屋，北靠刘家。清代，吴兰亭(1803—1875)从江西迁此建房定居，以其名命村庄名为兰亭屋。2014年，有居民54户240人，水田158.5亩，旱地60亩，山林248亩。

老当铺　属五里镇磨桥村，位于磨桥村南部，距村委会驻地王家铺1千米。东连竹坡，南接坪头屋，西临隽水河，北靠磨桥铺。清代，黄秀万(1775—1882)在此建房定居并开办当铺、杂货铺，故命村庄名为当铺。后有子孙分支外迁，改称此村庄老当铺。2014年，有居民34户100人，水田101.9亩，旱地25亩，山林200亩。

老屋张家　属五里镇磨桥村，位于磨桥村南部，距村委会驻地王家铺200米。东接猴姑山，南连茶山，西邻三组，北靠新屋张家。清代，张德榜在此建房定居，以其姓氏命村庄名为张家。后来，其大儿子住原居，二儿子在他处建房定居，故改称此为老屋张家。2014年，有居民25户110人，水田128.4亩，旱地50亩，山林202亩。

磨桥铺上(磨桥铺)　属五里镇磨桥村，位于磨桥村南部，距村委会驻地王家铺500米。东连新屋张家，南接竹坡，西面靠隽水河，北连王家铺。此地古为蔡姓居住地，并开店铺，故名蔡家铺。清代，张德榜(1643—1672)迁此定居，仍用原村庄名。清同治年间，当地修建了一有名气的石桥名磨桥，遂改称磨桥铺上。2014年，有居民32户、130人，水田111.5亩，旱地40亩，山林148亩。

坪头屋　属五里镇磨桥村，位于磨桥村南部，距村委会驻地王家铺1千米。东连下屋，南邻大坪坳村，西接隽水河，北靠老当铺。此地为大片平坦地，清代，黎万道(1715—1792)在小平畈的尽头建房定居，故取名为坪头屋。2014年，有居民20户90人，水田97.1亩，旱地18亩，山林105亩。

舒家坪　属五里镇磨桥村，位于磨桥村中部，距村委会驻地王家铺1千米。东接五里牌社区，南连枫树屋，西邻胡家，北靠仓下岭上。此地为丘陵区山岭中间的小块平地，清代，舒姓在此定居，故名舒家坪。后因舒姓家势衰落，女婿黎明槐(1776—1834)从仓下岭上迁此建房定居，仍用原村庄名。2014年，有居民20户90人，水田76.5亩，旱地40亩，山林86亩。

檀梓坪　属五里镇磨桥村，位于磨桥村北部，距村委会驻地王家铺1千米。东接塝上，南连仓下岭上，西邻隽水河，北靠五里村。此地经常被隽水河洪水冲击成沙洲，后沙洲上长满了檀树、梓树，故名檀梓坪。清代，胡丙先(1780—1860)迁坪内建房定居，并开办肉铺、豆腐坊，以坪名命村庄名。2014年，有居民22户100人，水田87亩，旱地15亩，山林36亩。

王家铺　属五里镇磨桥村，位于磨桥村西部，为村委会驻地，距五里中心集镇约3.5千米。东接猴姑山，南连新屋张家，西邻隽水河，北靠五月公路。清代，王仕功(1820—1895)在此定居后，凭借南北交通方便的条件，开办肉铺、豆腐坊、小杂货铺，以其姓氏综合命村庄名为王家铺。2014年，有居民26户110人，水田59亩，旱地25亩，山林120亩。

下屋　属五里镇磨桥村，位于磨桥村南部，距村委会驻地王家铺2千米。东靠方家，南邻汉昭屋，西面与坪头屋相接，北毗老当铺。清代，吴汉昭(1765—1845)之子在离祖居不远的寺前垅下方建房定居，故命村庄名为下屋。2014年，有居民21户80人，水田97.1亩，旱地18亩，山林105亩。

新屋　属五里镇磨桥村，位于磨桥村东北部，距村委会驻地王家铺1千米。东接五里牌社区，南连枫树屋，西邻胡家，北靠舒家坪。民国时期，黎宏才(1914—1975)由于兄弟多，家庭富有，选择其原住址舒家坪下方新建房屋定居，故名新屋。2014年，有居民24户150人，水田70.2亩，旱地30亩，山林106亩。

新屋张家　属五里镇磨桥村，位于磨桥村西部，距村委会驻地王家铺200米。东接猴姑山，南连老屋张家，西毗王家铺，北靠五月公路。清代，张德榜(1643—1672)二儿子从老屋张家迁此地建房，取名新屋张家。2014年，有居民22户90人，水田50.7亩，旱地25亩，山林110亩。

杨家(杨垅冲)　属五里镇磨桥村，位于磨桥村东南部，距村委会驻地王家铺2千米。东接细竹坡，南接刘家，西邻油榨，北靠张家。此地为长条形山沟，古时，杨姓人从江西迁此定居，故以山沟名和村庄名杨垅冲。后因战乱杨姓外迁，黄立三(1869—1938)在此建房定居，仍用原村庄名。2014年，有居民20户90人，水田65亩，旱地25亩，山林100亩。

竹坡　属五里镇磨桥村，位于磨桥村南部，距村委会驻地王家铺500米。东连油榨，南接山岭，西临隽水河，北邻磨桥铺。此地为梧桐山脉延伸形成的山坡，山上长满了楠竹，故名竹坡。清代，黄福二从柳峦黄笙冲迁此建房定居，以坡名命村庄名。后有吴姓夫人携吴姓子嗣再嫁黄家，吴夫人去世后，吴姓兄长与黄姓弟兄黄庚五(1780—1858)在此改建房屋。因族中有中进士者，故中间建一八字大门口的主体，两边各建一石大门框的住宅，左居吴姓，右居黄姓，整栋屋宇有8个厅堂、12个天井，门首均有系马石8块。2014年，有居民22户110人，水田98.6亩，旱地40亩，山林122亩。

第十二节　寺前村及所属聚落

【寺前村】　五里镇辖村，位于湘、鄂两省交界处，五里镇西南部，村委会驻地寺前老屋，距五里中心集镇18千米。东连湾头村琉璃坳，南连五斗村，西毗湖南大界、伏洞两村，北连相师村，辖区面积约9.2平方千米。因域内有地片名寺前而得村名。1950年，属通城县寺前乡二村；1956年，属幸福乡三、四社；1958年人民公社化时，设寺前大队(原三社)、猪嘴大队(原四社)，属崇阳县九岭人民公社幸福管理区；1961年恢复区镇建制，属通城县九岭区幸福公社；1975年撤区并社，寺前、猪嘴大队合并为全红大队，属九岭公社；1984年设区建乡，全红大队分设为寺前村、凤鸣(原猪嘴)村，属九岭区湾头乡；1987年区乡体制改革，属程凤乡；2001年调整乡镇行政区划，程凤乡、五里镇合并为五里镇；2002年，寺前、凤鸣村合并为寺前村。村民房屋呈块状分布，下辖5个村民小组，有13个农村居民点。村民有李、张、吴、王、魏、万、曾、毛、周、胡、徐、熊、程、陈、杨、金、傅、黎、刘等姓，以李、张、王、万姓为主。境内有五井冲桥、新屋桥、白扇铺桥、寺前港、寺前水库、白花坑电站、抓银坑采石场，有大小水塘60口，水堰6座，灌渠约1000米。

2003年，寺前小学教学楼被改建为村委会办公楼，建筑面积560平方米，内设有便民服务厅、老人幸福院，村级卫生室等设施。距G106国道、武深高速进出口公路里程分别为18千米、19千米，居民点全部通公路。2014年，有居民309户1399人，耕地64.5公顷(其中旱地13.2公顷)，山林448.6公顷(山林有松、杉、竹木、油茶等)。村民以种植水稻、杂粮、红薯、玉米、花生、油菜、生姜为主，经济来源以务农、务工为主，部分人经商，年人均纯收入5130元。

凤鸣地片(原猪嘴) 属五里镇寺前村，位于寺前村西部，距五里中心集镇20千米。东接寺前地片，南毗湖南大界村，西连湖南伏洞村，北靠相师村。公路通往相师、八景山等地，是一个贫穷的山区地带，地片面积5平方千米。因域内有山峰名凤鸣山而得地片名。下辖2个村民小组，有7个居民点。距G106国道、武深高速进出口公路里程分别为20千米、21千米，居民点全部通公路。2014年，有居民116户530人，水田23.3公顷，旱地5.2公顷，山林248.6公顷。

寺前地片 属五里镇寺前村，位于寺前村东部，距五里中心集镇18千米。东接湾头村琉璃坳，南连五斗村，西靠凤鸣村(原小村)，北毗相师村。地片有公路通往湖南、相师、五斗、凤鸣等地，是个半山区丘陵地带，面积4.2平方千米。古时，此地有个和尚寺，周围有田地，名叫寺田，遂以该地片中心地段的地形地貌命名。下辖3个村民小组，有6个居民点。距G106国道、武深高速进出口公路里程分别为18千米、19千米，居民点全部通公路。2014年，有居民193户870人，水田28公顷，旱地8公顷，山林200公顷。

大屋 属五里镇寺前村，位于寺前村东部，距村委会驻地老屋200米。东邻霞家坡，南接新屋，西靠小港，北连相师村。明末，李少川(1567—1645)从老屋分居到此建房定居，后来，连年扩建房屋，占地面积4000多平方米，故命村庄名为大屋。2014年，有94户390人，耕地243.2亩(其中旱地52亩)，山林1500亩。

老屋 属五里镇寺前村，位于寺前村东部，为村委会驻地，距五里中心集镇18千米。东临大屋港，南邻新屋，西靠月形山，北连暗门畈水田。明代，李璋(1511—1585)在此建房定居，命村庄名为李家。后因子孙分居外迁大屋、新屋、花园、白竹源等地，故改称此宅为老屋。2014年，有居民8户40人，水田30亩，旱地5亩，山林20亩。

梨树坵 属五里镇寺前村，位于寺前村西部，距村委会驻地老屋1千米。东邻吴家埂，南接曾家笼，西靠凤鸣山，北连猪婆咀。古代，此地有一块稻田，稻田旁有一棵大梨树，人们称此田块为梨树坵。民国时期，吴志福(1896—1971)在梨树坵建房定居，以田块的名称命村庄名。2014年，有居民25户110人，耕地75.06亩(其中旱地15亩)，山林700亩。

平头仑 属五里镇寺前村，位于寺前村北部，距村委会驻地老屋2.5千米。东邻白沙港，西靠傅家山，南毗猪婆咀，北连相师。此地为山岭上的一小块开阔地，故得名。清代，王玉峰(1765—1840)迁此地建房定居，以山岭名命村庄名。2014年，有居民23户、80人，耕地50亩(其中旱地11亩)，山林700亩。

霞家坡(又名李霞坡) 属五里镇寺前村，位于寺前村东部，距村委会驻地老屋1千米。东邻小港，南接白石铺，西靠寺前大屋，北连湾头村。明代，李霞坡(1461—1520)在五马奔槽的大坡地上建房定居，以其名命村庄名为霞家坡。2014年，有居民34户150人，耕地面积107.69亩(其中旱地24亩)，山林1000亩。

新屋 属五里镇寺前村，位于寺前村东部，距村委会驻地老屋100米。东连门前港，南临寺前水库，西连凤鸣山脚，北邻老屋。清代，李靡争(1640—1705)从寺前大屋分居此地新建房屋，因此命村庄名为新屋。2014年，有居民40户150人，耕地110亩(其中旱地26亩)。

猪婆咀 属五里镇寺前村，位于寺前村西北部，距村委会驻地老屋1.5千米。东邻横叶坡，南接梨树坵，西靠凤鸣山，北连平头仑。清代，李富奇(1760—1849)迁此建房定居，以其名命村庄名为富奇屋。后来，其后裔李盘根请来风水先生测地，发现后山的山脉像猪形，左侧有一石咀像母猪(俗称猪婆)嘴巴形状，把屋场财门关得好，故改称村庄名为猪婆咀。2014年，有居民27户120人，耕地73亩、山林800亩。

第十三节　湾头村及所属聚落

【湾头村】 五里镇辖村，位于五里镇西南部，村委会驻地石咀，距五里中心集镇约 15 千米。隽水河上中游河畔。东接马港镇毛塅村柏树屋，南邻五斗村佛岭，西界寺前、相师村，北毗金塘村浔元屋。全村呈长方形状地带，辖区面积 4.6 平方千米。因域内有地片名湾头而得村名。1950 年，划归第五区寺前乡一村；1955 年属幸福一、二社；1958 年人民公社化时，属崇阳县九岭人民公社幸福管理区湾头大队；1961 年恢复区镇建制，属通城县九岭区幸福公社湾头大队；1975 年撤区并社，属九岭公社湾头大队；1984 年设区建乡，湾头大队分设为湾头村和琉璃坳村，属九岭区湾头乡湾头村、琉璃坳村；1987 年 9 月区、乡体制改革，湾头村和琉璃坳村从九岭区分出，划归程凤乡管辖，属程凤乡湾头村、琉璃坳村；2001 年 2 月调整乡镇行政区划，五里镇与程凤乡合并为五里镇，属五里镇湾头村、琉璃坳村；2002 年湾头村和琉璃坳村合并为湾头村。下辖 9 个村民小组，有 14 个农村居民点。居民有李、黄、徐、戴、魏、刘、吴、宋、邓、王、张、杨、赵、常、桂、胡、毛等姓，以李姓为主。村内有湾头完小、村卫生室、鹰咀岩采石场 3 个企事业单位，还有跃龙水库、杨楼坪城隍庙、湾头大桥、鹰咀岩桥(石湾桥)、大雁桥、土地坡桥。2011 年修造村委办公楼，总投资 26 万元，砖混结构，三层，建筑面积 360 平方米，设有便民服务厅、党员活动室等。距 G106 国道、武深高速进出口公路里程分别为 15 千米、16 千米，居民点全部通公路。2014 年，有村民 404 户人口 1760 人，耕地面积 74.5 公顷，山林 353.3 公顷。村民主要种植水稻、红苕，兼养猪、牛、羊、鱼、鸡、鸭等，经济来源以务农、外出务工为主，部分人经商，年人均纯收入 5700 元。湾头是通城李氏南祠始祖的发祥地，因而李姓居多；明清时期李氏在该地建有李氏旺公祠、柳公祠、湾溪公祠、周祯公祠四个祠堂(现已毁)；是隽水河上游六大平畈之一，历来是水稻、油茶、茶叶的重要产区，还是通城著名的“隽水倒流三十里”风景地。

湾头地片　属五里镇湾头村，位于湾头村中部，距五里中心集镇约 15 千米。北毗邻金塘村浔元屋，东连马港镇毛塅村柏树屋，南毗琉璃坳石湾，西靠相师山脉。湾头地处隽水河上游河畔，是通城著名的“隽水向西倒流三十里”的转弯处，此地为古时船舶的弯头处和船舶码头，故称湾头。有 10 个居民点。距 G106 国道、武深高速进出口公路里程分别为 15 千米、16 千米，居民点全部通公路。2014 年，有居民 251 户 1115 人，有耕地 40.5 公顷，山林 20.3 公顷。该地历史上原建有李氏旺公祠、柳公祠、周贞公祠。中华人民共和国成立后建过粮管所、湾头乡政府。

琉璃坳地片　属五里镇湾头村，位于湾头村中部，距五里中心集镇约 14 千米。西毗花园屋，东接佛岭，南连五斗、土地坡。因域内有居民点名琉璃坳而得集镇名。有 4 个居民点。距 G106 国道、武深高速进出口公路里程分别为 14 千米、15 千米，居民点全部通公路。2014 年，有居民 93 户 350 人，耕地 14.4 公顷，山林 67.6 公顷。

戴家　属五里镇湾头村，位于湾头村东部，距湾头村委会驻地石咀 500 米。南距解元屋 300 米，东连毛塅村柏树屋，北接港背屋。明初，戴一贯从长港迁此地建房定居，以其姓氏命村庄名为戴家。2014 年，有居民 32 户 100 人，耕地 64.8 亩，山林 324 亩。出生于该居民点的张伟敏(1979—　)，硕士学历，历任华南热带农业大学助教，海南大学讲师、副教授。

花园　属五里镇湾头村，位于湾头村西南部，距湾头村委会驻地石咀 1.4 千米。东接琉璃坳，西邻相师村，南连寺前霞家坡，北靠破垅。明代，富甲一方的李瓒(1431—1502)及其儿子霞坡(1461—1520)在此地建观花之园，故得名。清初，李希旦(1607—1677)从寺前迁至花园建房定居，以花园名命村庄名。2014 年，有居民 47 户 240 人，耕地 151.1 亩，山林 702.8 亩。

黄谷冲　属五里镇湾头村，位于湾头村北部，距村委会驻地石咀 1.3 千米。北接金塘村浔元屋，西靠冷家冲，南连下湾头，东邻隽水河。此地为长条形山沟，冲内有成片稻田，收割季节稻谷一片金黄季节，故名黄谷冲。又传说古时双方在冲内打仗，一方打败亡了国，故名亡国冲，黄谷冲是亡国冲的变读。今冲内有两坵大田叫“亡国大坵”和“尸了大坵”(传说打仗堆放尸体的地方)。后来，邓、杨、赵姓先后迁入，命村庄名为黄谷冲。2014 年，有居民 32 户 110 人，耕地 70.2 亩，山林 336 亩(冷家居民点居民迁此居住)。

琉璃坳　属五里镇湾头村，位于湾头村西南部，距村委会驻地石咀 1 千米。北距湾头 1 千米与石咀接址，西邻花园屋，东接佛岭，南连五斗、寺前村。此地为山岭分水处，传说，李湾溪(1524—1599)建房奠基时，挖出一个琉璃菩萨，故综合地形命村庄名为琉璃坳。2014 年，有居民 83 户 310 人，耕地 186 亩，山林 930 亩。

上屋(又名柳家祠堂)　属五里镇湾头村，位于湾头村中部，距湾头村委会驻地石咀 200 米。东临隽水河，西、南靠屋背山，北接下屋。明代，李效明迁此建房定居，因住宅位于湾头下屋的上方，故命名上屋。因屋旁建有南祠李氏柳公祠堂，人们有时称村庄名为“柳家祠堂”。2014 年，有居民 28 户 80 人，耕地 52.2 亩，山林 261 亩。

石咀　属五里镇湾头村，位于湾头村中心，为村委会驻地，距五里中心集镇 15 千米。东临隽水河，西靠张家坡山，南接石咀山和琉璃坳石湾，北连湾头上屋。此地为山岭延伸后形成的山体突出前端，又因山咀为岩石地质，故称石咀。清代，李斗初(1857—1890)迁山咀旁建房定居，以山咀名命村庄名。2014 年，有居民 14 户 100 人，耕地 67.3 亩，山林 319.2 亩。

下湾头　属五里镇湾头村，位于湾头村北部，距村委会驻地石咀 1 千米。东接隽水河，西靠跃龙水库和张家(已全部迁出)，南邻新屋李家和徐家，北连黄谷冲。明代，李鹰岩(1500—1551)迁此建房定居，因住宅处于湾头地片的下游，故名下湾头。下湾头由老屋、新屋、岭上屋组成。2014 年，有居民 33 户 230 人，耕地 142.2 亩，山林 711 亩。出生于该居民点的李胜才(1839—1909)，守台湾立军功，封振威将军。

下屋(又名铺家咀)　属五里镇湾头村，位于湾头村中部，距村委会驻地石咀约 200 米。东临隽水河，西邻徐家，南接上屋和柳公祠，北接新屋李家。清代李氏在此处建造旺公祠堂，解放初期将旺公祠堂划分给李、宋等姓人居住，逐渐成为居民点。因处湾头上屋的下方，故名下屋。下屋前面过去有个铺子，故又称铺家咀。2014 年，有居民 52 户 150 人，耕地 150.6 亩，山林 468 亩。

徐家　属五里镇湾头村，徐家位于村委会驻地石咀西北方向。东接下屋和新屋李家，北邻下湾头，南接杨家坡，西靠荣徐山。明代，徐姓人在此定居，以其姓氏命村庄名。2014 年，有居民 22 户 120 人，耕地 73.6 亩，山林 363 亩。

第十四节　五斗村及所属聚落

【五斗村】　五里镇辖村，位于五里镇南部，村委会驻地上五斗山，距五里中心集镇 19 千米。东连马港镇松港，南毗邻马港镇肖家村，西紧靠湖南陈伏、大界，北接壤寺前村，辖区面积约 6.3 平方千米。因域内有地片名五斗山而得村名。1950 年，属通城县寺前乡一、二村；1955 年，一村、二村分别更名为幸福五社、幸福六社；1958 年人民公社化时，五社、六社分别更名为佛岭、五斗大队，属崇阳县九岭人民公社幸福管理区；1961 年恢复区镇建制，属通城县九岭区幸福公社；1975 年撤区并社，属九岭公社；1984 年设区建乡，佛岭、五斗大队分别变更为佛岭、五斗村，属九岭区湾头乡；1987 年区乡体制改革，属程凤乡；2001 年调整乡镇行政区划，属五里镇；2003 年，佛岭、五斗村合并为五斗村。下辖 4 个村民小组，有 11 个农村居民点。境内有佛岭电站。2012 年，村委会将原五斗小学校址翻新扩建，占地面积 1000 多平方米，建筑面 580 平方米。内设便民服务厅、党员活动室、图书室。村民有李、毛、程、徐、杨、胡、赵、周、陈等姓，以李、毛、程、徐姓为主。距 G106 国道、武深高速进出口公路里程分别为 19 千米、20 千米，居民点全部通公路。2014 年，有农户 254 户 1110 人，耕地面积 56.5 公顷，山林 39 公顷。村民以种植水稻，油菜，花生为主，兼养殖，经济来源主要是务农、务工、部分人经商，年人均纯收入 6040 元。

佛岭地片　属五里镇五斗村，位于五斗村东北部，距五里中心集镇 16 千米。东毗邻马港镇松港村，南靠马港镇水口、肖家村，西依五斗山，北连湾头村琉璃坳，总面积3平方千米。因域内有居民点名佛岭大屋而得地片名。下辖2个村民小组，有5个居民点。距G106国道、武深高速进出口公路里程分别为16千米、17千米，居民点全部通公路。2014年，有居民120户500人，耕种418亩，山林2840亩。

五斗山地片　属五里镇五斗村，位于五斗村西南部，距五里中心集镇17千米。东邻佛岭，南接马港镇肖家村，西连湖南陈伏，北靠琉璃寺，面积3.3平方千米。因域内有山名五斗山而得地片名。下辖2个村民小组，有6个居民点。距G106国道、武深高速进出口公路里程分别为19千米、20千米，居民点全部通公路。2014年，有村民134户610人，耕地28.7公顷，山林200.7公顷。

坳上(又名佛岭)　属五里镇五斗村，位于五斗村中部，距村委会驻地上五斗山3.5千米。东接杉树坡，南靠佛岭大屋，西邻下五斗山，北至琉璃坳。清代，程福九从梧桐迁山坳旁建房定居，因此地为佛岭延伸后形成的山岭分水处，以地形命村庄名为坳上，又称佛岭。2014年，有村民28户130人，水田84亩，旱地7.5亩，山林764亩。

佛岭大屋　属五里镇五斗村，位于五斗村中部，距村委会驻地上五斗山3.7千米。东邻马港镇水口居民点，南接肖家塅，西连五斗山，北靠坳上。传说古时有一叫普成的和尚背一尊大佛菩萨路过此地，累了在此岭上休息，后来人们就把此岭叫作佛岭。明代，李东石(1548—1641)从义昌屋迁此定居，以岭名命村庄名。2014年，有村民32户140人，耕地121.2亩，山林821亩。

杉树坡　属五里镇五斗村，位于五斗村北部，距村委会驻地上五斗山3.5千米。东连朗山，南靠石家鸡，西邻坳上，北接琉璃村。此地为坡度较缓的山地，因古时生长杉树，故名杉树坡。清代，毛凤仪(1667—1714)从毛塅柏树屋迁坡上建房定居，以坡名命村庄名。2014年，有村民22户90人，水田75亩，旱地5亩，山林506亩。

上五斗山　属五里镇五斗村，位于五斗村中心，为村委会驻地，距五里中心集镇19千米。东邻肇基屋，南连肖塅石磅上，西接胡正楼，北连寺前水库。清代，毛姓居民迁此建房定居，因住宅下方有另一居民点同处五斗山山脚下，故命村庄名为上五斗山。2014年，有居民17户50人，水田75亩，旱地7亩，山林900亩。

扬名洞(又名杨梅洞)　属五里镇五斗村，位于五斗村南部，距村委会驻地上五斗山1.5千米。东接胡正楼，南连肖家塅，西邻岳阳陈伏，北靠保定关。此地为长条形山沟，又因洞内山上生长杨梅树，故名。清代，一胡姓人从湖南月田迁此定居，依山沟名命村庄名为杨梅洞。胡生有四子，长子胡春华登仕郎五品，次子胡必何、三子胡苍林均为朝廷官员，人们改村庄名为扬名洞。2014年，有居民23户110人，水田100亩，旱地8亩，山林1200亩。

义昌屋　属五里镇五斗村，位于五斗村东部，距村委会驻地上五斗山4千米。东接马港镇松港村，南邻马港镇水口居民点，西靠佛岭大屋，北至石家鸡。清代，李义昌(1764—1824)自江西磨刀坑迁此定居，以其名命村庄名。2014年，有居民29户120人，水田86亩，旱地8亩，山林686亩。

肇基屋　属五里镇五斗村，位于五斗村西南部，距村委会驻地上五斗山400米。东接肖塅石塝上，南邻上五斗山，西连五保关，北通寺前水库。清代，周肇基(1766—1846)由嘉鱼周家迁此地建房定居，以其名字命村庄名。2014年，有居民26户110人，耕地92.4亩，山林649亩。

第十五节　五里村及所属聚落

【五里村】　五里镇辖村，位于五里镇西北部，村委会驻地乩仙垅，距五里中心集镇1千米。东接五里牌社区，西靠隽水镇柳峦村隔河相望，南连磨桥村，北毗邻隽水镇古龙村，辖区面积约1.7平方千米。以该村邻近集镇古时与县城的距离命村名。1950年，属通城县仓磨乡二村；1958年人民公社化时，设六大队，属崇阳县通城(红旗)人民公社新合管理区；1961年恢复区镇建制，属通城县城关区磨桥公社；1971年，磨桥公社六、七大队合并为塅背大队；1974年后，塅背大队分设为团山(六大队)、下湾(七大队，划出)大队；1975年1月撤区并社，属磨桥公社团山大队；1984年设区建乡，团山大队更名为团山村，属银城区五里乡；1987年区乡体制改革，属五里镇；2001年调整乡镇行政区划，程凤乡与五里镇合并为五里镇，团山村与五里村合并为五里村；2004年，五里村靠五里集镇7个村民小组划到五里牌社区(划出)，其余地域仍属五里镇五里村。村民房屋呈块状分布，有10个农村居民点。村委会办公楼占地面积500平方米，建筑面积190平方米，设有便民服务厅、党员活动室等；村民有李、王、刘、黎、徐、胡、舒、刁、杨、黄姓，以李、王、黎姓为主。武深高速经过村域，距高速进出口、G106国道公路里程分别为1千米、2千米，居民点全部通公路。2014年，有村民404户1860人，水田109公顷，旱地9.1公顷，山林8.9公顷。村民以种植水稻、莲藕、油菜、花生、楠竹、柑橘为主，兼养猪、鱼。经济来源以务农、务工为主，部分人经商，年人均纯收入7900元。

乩仙垅地片 属五里镇五里村，位于五里村西南部，村委会驻地设此片区内，距五里中心集镇1千米。东接五里牌社区易家屋，南连王家屋，西邻团山屋，北靠塅背屋，辖区面积约1平方千米。因域内有居民点名乩仙垅而得地片名。下辖4个村民小组，有6个居民点。片内有武深高速服务区、乩仙庙。武深高速经过村域，距高速进出口、G106国道公路里程分别为1千米、2千米，居民点全部通公路。2014年，有居民186户760人，水田531亩，旱地127亩，山林108亩。

团山地片 属五里镇五里村，位于五里村东北部，距五里中心集镇2千米。东接七组杨家，南连塝上屋，西毗畈上屋隔畈相望，北邻塅背屋，辖区面积约0.7平方千米。因域内有居民点名团山屋而得地片名。下辖6个村民小组，有4个居民点。武深高速经过村域，距高速进出口、G106国道公路里程分别为1千米、2千米，居民点全部通公路。2014年，有村民215户1080人，水田733.7公顷，旱地10亩，山林1.7公顷。

塅背 属五里镇五里村，位于五里村北部，距村委会驻地乩仙垅1千米。东接新屋刘家，南邻团山屋，西靠畈上屋，北连古龙村下湾头。有一座山名凤形山。相传古时，有一只山鸡在起飞时被猎人将其脊背打断，落于此地，后人将此地称为断背。清代，李思溪(1575—1645)从江西瓦砾街迁此建房定居，将“断背”改称为“塅背”。2014年，有居民75户370人，耕地377亩，山林10亩。

范家塝 属五里镇五里村，位于五里村西部，距村委会驻地乩仙垅1千米。东接团山大屋，西邻陵坡(林坡)，南连乩仙垅，北靠团山畈。此地处地势较高的山坡，古时，范姓在此地定居，故称。后来范姓外迁洪湖，李集九(1661—1728)从塅背迁此建房定居，仍用原村庄名。2014年，有村民28户100人，耕地113亩，山林15亩。

畈上屋 属五里镇五里村，位于五里村北部，距村委会驻地乩仙垅1.5千米，与团山屋隔畈相望，东接下湾头，西邻隽水河，南连陵坡，北靠塅背。此地为隽水河南岸的大块平地，明代，李仲行(1483—1547)从江西迁畈内建房定居，依地形命村庄名为畈上屋。2014年，有居民80户450人，耕地456亩。

乩仙垅(鸡形垅) 属五里镇五里村，位于五里村西北部，为村委会驻地，距五里中心集镇1千米。东接五里牌社区易家屋，南连王家屋，西邻团山屋，北接塅背屋。此地为山沟，建有一庙，名乩仙庙。清代，王长庭(1841—1911)从白沙咀迁此庙旁建房定居，以附近的庙名命村庄名。2014年，有居民49户240人，水田170亩，旱地30亩，山林20亩。

陵坡(林坡) 属五里镇五里村，位于五里村西南部，距村委会驻地乩仙垅1.3千米。东连王家屋，南邻磨桥村舒家坪隔垅相望，西接三组塝上屋，北靠团山屋。此地有一大块风水极好的墓地，风水先生称其为双燕窝形。明代初期，李乌桥从江西迁至此地附近的塅背后建房定居，至清代初中期，其子孙一族成为通城十大富贵之家之一。李家发富后，几代祖宗都埋在双燕窝形内，每一墓均用大理石护砌碑廓，逐渐形成碑廓群，故称陵坡。清代，李大清(1880—1933)从塅背迁至李家墓群前方建房定居，改“陵坡”为“林坡”。2014年，有居民33户130人，水田96亩、旱地26亩、山林10亩。

团山屋 属五里镇五里村，位于五里村南部，距村委会驻地乩仙垅1千米。东接杨家，南连塝上屋，西毗畈上屋隔畈相望，北邻塅背。此地有一座座小山丘，形状均四方端圆，故名团山。相传此山形似珠子，塅背后呈凤形，乩仙垅为一条龙，都朝着此山同一个方向开口，形成龙凤戏珠之地。明代，李伯珍(1460—1524)从塅背迁此建房定居，以山名命村庄名。2014 年，有居民 32 户 170 人，水田 160 亩，旱地 10 亩(附近有人字湾、岭上、白屋 3 个小居民点)。

王家屋　属五里镇五里村，位于五里村西部，距村委会驻地乩仙垅 1 千米左右。东接乩仙垅，南连磨桥村舒家坪，南靠林坡，北连团山。古代，此地住舒姓人，叫舒家屋。清乾隆年间，舒家仅有一女，嫁于白沙王姓，后外甥王槐成继承外公家业，子孙悉数姓王，遂改村庄名为王家屋。2014 年，有居民 42 户 180 人，水田 120 亩，旱地 40 亩，山林 8 亩。

习家垅　属五里镇五里村，位于五里村中部，距村委会驻地乩仙垅 1.1 千米。东接古龙村谌家屋，南邻五里牌社区易家屋，西连乩仙垅，北靠塅背。此地为山沟，明代，习氏由江西迁垅内定居，故称习家垅。2014 年，有居民 26 户 90 人，水田 47 亩，旱地 13 亩，山地 43 亩。

窑上屋　属五里镇五里村，位于五里村东南部，距村委会驻地乩仙垅 1.2 千米。东接五里牌社区易家屋，西邻乩仙庙，南靠王家屋，北连习家垅。清末，刘贵成(1882—1947)从塘湖咀背迁往此地建房定居，因住宅附近下方有制作陶器生产场所，故称村庄名为窑上屋。2014 年，有村民 20 户 90 人，水田 70 亩，旱地 13 亩，山地 17 亩。

第十六节　锡山村及所属聚落

【锡山村】　五里镇辖村，位于五里镇东北部，村委会驻地犁楼屋，距五里中心集镇 2 千米。东接马港镇黄鹤村，西邻五里牌社区，南连何家村，北靠隽水镇宝塔村，辖区面积约 15 平方千米。因域内有地片名锡山洞而得村名。1950 年，属通城县尖山乡锡下村、毛田乡二村；1958 年人民公社化时，设宝塔四大队(锡下村)、宝塔九大队(二村)，属崇阳县通城(红旗)人民公社新合管理区；1961 年恢复区镇建制，属通城县城关区新合公社；1975 年 1 月撤区并社，四、九大队分别变更为锡山、杨岭大队，属磨桥公社；1984 年设区建乡，锡山、杨岭大队分别变更为锡山、杨岭村，属银城区五里乡；1987 年区乡体制改革，五里乡更名为五里镇；2003 年，锡山、杨岭村合并为锡山村。下辖 16 个村民小组，有 23 个农村居民点。居民有黎、魏、杨、王、李、徐、余、姚、傅、金、胡、黄等姓，以黎姓为主。2000 年建村委会办公楼 1 栋，占地面积 1000 平方米，建筑面积 2000 平方米，设有便民服务厅、村卫生室等。距 G106 国道、武深高速进出口公路里程分别为 2 千米、3 千米，居民点全部通公路。2014 年，有村民 987 户 3420 人，水田 252.3 公顷，旱地 68.8 公顷，山林 104 公顷。村民主要种植水稻、油菜、花生、红薯，兼养鸡、猪、羊、鱼、鸭，经济来源以务农、务工为主，部分人经商，年人均纯收入 10568 元。

锡山洞地片　属五里镇锡山村，位于锡山村北部，距五里中心集镇 500 米。东接锡山，西邻秀水河，南连十里市，北靠塘梓冲，辖区面积约 5 平方千米。以域内邻近的山名命地片名。下辖 6 个村民小组，有 7 个居民点。距 G106 国道、武深高速进出口公路里程分别为 0.5 千米、1.5 千米，居民点全部通公路。2014 年，有村民 371 户 1050 人，水田 84.3 公顷，旱地 17.8 公顷，山林 20.4 公顷。

杨岭地片　属五里镇锡山村，位于锡山村东部，距五里中心集镇 3 千米。东接隽水镇桃源村，西邻锡山洞，南连马港镇黄鹤村，北靠锡山，辖区面积 5 平方千米。以域内的山岭名命地片名。下辖 2 个村民小组，有 7 个居民点。距 G106 国道、武深高速进出口公路里程分别为 3 千米、4 千米，居民点全部通公路。2014 年，有村民 164 户 610 人，水田 51.4 公顷，旱地 16.7 公顷，山林 43.3 公顷。

塘梓冲地片　属五里镇锡山村，位于锡山村西南部，距五里中心集镇 1.4 千米。东接锡山，西邻隽水镇原谌家村，南连中屋傅家，北靠汪家、姚家、佘家，辖区面积约 2.5 平方千米。此地片为锡山西面山脚山丘、垅沟相间形成的丘陵地带，古时有一池塘，塘边有梓树，由此而得地片名。下辖 4 个村民小组，有 4 个居民点。距 G106 国道、武深高速进出口公路里程分别为 3 千米、4 千米，居民点全部通公路。2014 年，有村民 155 户 760 人，水田 62.4 公顷，旱地 15.1 公顷，山林 23.1 公顷。

十里市地片　属五里镇锡山村，位于锡山村西部，距五里中心集镇 2 千米。东接白屋，西邻秀水河，南连何家村，北靠虾形港，辖区面积 2.5 平方千米。因域内有居民点名十里市而得地片名。下辖 4 个村民小组，有 4 个居民点。距 G106 国道、武深高速进出口公路里程分别为 1 千米、1 千米，居民点全部通公路。2014 年，有村民 297 户 690 人，水田 54.2 公顷，旱地 19.2 公顷，山林 17.2 公顷。

白屋　属五里镇锡山村，位于锡山村北部，距村委会驻地垈楼屋 1 千米。东接杨岭，西邻中屋傅家，南连菊华屋，北靠杨岭。清代，黎茂溪(1854—1916)迁此建房定居，房屋外墙均刷成白色，故得名。2014 年，有居民 38 户 190 人，水田 180 亩，旱地 10 亩，山林 20 亩。

垈楼屋　属五里镇锡山村，位于锡山村北部，为锡山村委会驻地，距五里中心集镇 2 千米。东接虾形港，西邻中屋傅家，南连秀水河，北靠锡山。清代，黎华章(1851—1898)迁此建房定居，住宅上有垈楼，故得名。2014 年，有居民 38 户 190 人，水田 145 亩，旱地 10 亩，山林 20 亩。

菊华屋　属五里镇锡山村，位于锡山村北部，距村委会驻地垈楼屋 0.8 千米。东接蚕形水库，西邻七组，南连大理阁，北靠虾形港。清代，魏菊华(1865—1926)迁此建房定居，以其名命村庄名。2014 年，有居民 30 户 150 人，水田 110 亩，旱地 20 亩，山林 50 亩。

洛财屋　属五里镇锡山村，位于锡山村北部，距村委会驻地垈楼屋 700 米。东接塘梓冲，西邻秀水河，南连中屋傅家，北靠五羊山庄。清代，黎洛财(1840—1900)从江西迁此建房定居，以其名命村庄名为洛财屋；又名下屋，与中屋傅家相对应。2014 年，有居民 23 户 130 人，水田 100 亩，旱地 10 亩，山林 20 亩。

南家塅(又名兰家塅)　属五里镇锡山村，位于锡山村西部，距村委会驻地垈楼屋 1.5 千米。东接何家村，西邻秀水河，南连何家村，北靠白砂埂。此地为山岭中间的小块平地，因地处十里市正南方向，故名。清代，王新阶(1730—1781)迁塅内建房定居，以塅名命村庄名。2014 年，有居民 43 户 160 人，水田 120 亩，旱地 10 亩，山林 10 亩。

山下黄家　属五里镇锡山村，位于锡山村西部，距村委会驻地垈楼屋 0.8 千米。东接虾形港，西邻团山屋，南连先周屋，北靠大山脚。清代，黄福五(1830—1886)迁此建房定居，因住宅位于团山下方，故以姓氏综合附近地形命村庄名。2014 年，有居民 49 户 170 人，水田 171 亩，旱地 10 亩，山林 11 亩。

上屋徐家　属五里镇锡山村，位于锡山村西南部，距村委会驻地垈楼屋 1.5 千米。东接坳背，西邻车家，南连下屋黎家，北靠锡山。清代，徐国仕(1685—1740)迁此建房定居，因住宅位于下屋黎家的上方，故得名。2014 年，有居民 27 户 150 人，水田 96 亩，旱地 11 亩，山林 13 亩。

团山屋　属五里镇锡山村，位于锡山村西部，距村委会驻地垈楼屋 1 千米。东接山下黄家，西邻秀水河，南连石板铺，北靠虾形港。清末，黎际风(1850—1920)迁此建房定居，因住宅后有座像球团似的山，名为团山，遂以山名命村庄名。2014 年，有居民 37 户 150 人，水田 110 亩，旱地 2 亩，山林 5 亩。

汪家(姚家、佘家)　属五里镇锡山村，位于锡山村西南部，距村委会驻地垈楼屋 2 千米。东接上屋徐家，西邻隽水镇谌家，南连车家，北靠锡山。清末，汪宗关(1850—1910)迁此建房定居，以其姓氏命村庄名，后也称姚家、佘家。2014 年，有居民 28 户 130 人，水田 90 亩，旱地 10 亩，山林 23 亩。

锡山移民安置点　属五里镇锡山村，位于锡山村北部，距村委会驻地垈楼屋 500 米。东接中屋傅家，西邻秀水河，南连垈楼屋，北靠中屋傅家。2011 年 6 月 10 日，通城遭遇两百年一遇的洪水灾害，导致群众房屋倒塌不少，五里镇人民政府为安置受灾群众，于秀水河畔五里镇锡山桥头建此居民安置点，安置房屋倒塌或受损严重的杨、黎、胡、王、傅姓灾民定居，以该居民点所在的地片名和居民点用途综合命名。2014 年，有居民 90 户 360 人，居民的水田、旱地、山林仍在原居处。

先周屋　属五里镇锡山村，位于锡山村西部，距村委会驻地垈楼屋 1.2 千米。东接白砂埂山，西邻石板铺，南连南家塅，北靠山下黄家。清代，魏先周(1851—1912)迁此建房定居，以其名命村庄名。2014年，有居民27户140人，水田115亩，旱地10亩，山林15亩。

中屋傅家　属五里镇锡山村，位于锡山村北部，距村委会驻地垴楼屋450米。东接垴楼屋，西邻秀水河，南连垴楼屋，北靠洛财屋。清代，傅志昌(1750—1816)迁此建房定居，因住宅上方、下方不远处有居民点，此宅位于中间，故以姓氏综合命村庄名为中屋傅家。2014年，有居民26户160人，水田120亩，旱地13亩，山林26亩。

第十七节　相师村及所属聚落

【相师村】　五里镇辖村，位于五里镇西南部，村委会驻地六房，距五里中心集镇17千米。东接湾头村，西邻眉毛尖，南连寺前村，北靠季山村，辖区面积约13平方千米。因域内有山岭相师山而得村名。1950年，属通城县寺前乡三村；1955年，属幸福乡四村；1958年人民公社化时，设相师大队，属崇阳县九岭人民公社幸福管理区；1961年恢复区镇建制，属通城县九岭区幸福公社；1975年1月撤区并社，属九岭公社；1984年设区建乡，相师大队变更为相师村，属九岭区湾头乡；1987年区、乡体制改革后，属程凤乡；2001年调整乡行政区划，属五里镇。村民房屋呈块状分布，下辖6个村民小组，有9个农村居民点。村内有相师桥、吴家冲水库、五泉垅港、大房港、相师山。村民有李、黄、徐、张、黎、毛、杨、刘、万、许等姓，以李、黄姓为主。1991年建村委会办公楼，占地面积900平方米，建筑面积500平方米，设有便民服务厅、村卫生室等。距G106国道、武深高速进出口公路里程分别为17千米、18千米，居民点全部通公路。2014年，有村民276户1050人，水田48.4公顷，旱地3.3公顷，山林315公顷。村民以种植水稻、油菜、花生为主，兼养猪、鸡、牛、羊等养殖业，经济来源以务农、务工为主，部分人经商，年人均纯收入4500元。

五泉垅地片　属五里镇相师村，位于相师村东北部，距五里中心集镇17千米。东接金塘村，南连湾头村，西邻寺前村，北靠季山村，总面积约5.2平方千米。因域内有居民点五泉垅而得地片名。下辖2个村民小组，有4个居民点。距G106国道、武深高速进出口公路里程分别为16千米、17千米，居民点全部通公路。2014年，有居民96户360人，水田23.6公顷，旱地1.3公顷，山林148.3公顷。

门前屋地片　属五里镇相师村，位于相师村西南部，距五里中心集镇17千米，距村委会驻地六房700米。东连金塘村，南接寺前村，西邻眉毛尖，北靠季山村，总面积约为7.8平方千米。因域内有居民点门前屋而得地片名。下辖4个村民小组，有5个居民点。距G106国道、武深高速进出口公路里程分别为17千米、18千米，居民点全部通公路。2014年，有村民137户420人，水田24.7公顷，旱地2公顷，山林168公顷。

大房　属五里镇相师村，位于相师村南部，距村委会驻地六房400米。东接六房，南靠门前屋，西连吴家冲，北邻茅坡。清末，李炳龙(1844—1928)从茅坡迁居此地建房定居，以其在兄弟中排行命村庄名为大房。2014年，有居民16户60人，水田39.2亩，旱地4亩，山林332亩。出生于该居民点的李甫平(1958—　)，历任中共通城县委常委、县委办公室主任、县纪律委员会副书记、县委副书记、县人大常委会主任。

六房　属五里镇相师村，位于相师村南部，为村委会驻地，距五里中心集镇17千米。东接拖石背，南连门前屋，西邻大房，北靠茅坡。清末，李元海(1866—1916)从茅坡分家到此建房定居，因其在兄弟中排行第六，以其在兄弟中的排行命村庄名。2014年，有居民10户40人，水田25亩，旱地2.5亩，山林208亩。

茅坡　属五里镇相师村，位于相师村南部，距村委会驻地六房1.4千米。东邻照高山，南接大房，西靠吴家冲，北连扇风坳。清代，李介石(1692—1763)从大坪坳过水坡迁至此地定居，因住宅处生长茅草的山坡上，故命村庄名为茅坡。2014年，有居民22户90人，水田6.8亩，旱地7亩，山林559亩(北部1千米处有照高山小居民点在内)。

门前屋　属五里镇相师村，位于相师村南部，距村委会驻地六房800米。东接刘家亭，西连白旗坳，南邻寺前村，北靠土冲。明代，李万庆(1501—1573)从几里外的湾头村土地坡迁居此地，后有许、毛姓先后迁入，在万庆住宅大门前方不远处建房定居，故命村庄名为门前屋。2014 年，有居民 43 户 160 人，水田 114.8 亩，旱地 11 亩，山林 975 亩(含白旗坳、土冲小居民点在内，附近有许家、张家小居民点)。出生于该居民点的李玉才(1660—?)，曾任四川成都府千总官。

佘家山(又名上佘家山)　属五里镇相师村，位于相师村东北部，距村委会驻地六房 2.6 千米。东接金塘村，南连湾头，西邻斗谷坡，北靠郭第坡。古代，此地为佘姓居住地，因其住宅位于山岭之上，故命村庄名为佘家山。后佘姓外迁，李立新(1854—1927)从湾头村新屋迁山坡上建房定居，仍沿用原村庄名。2014 年末，有居民 31 户 120 人，水田 81.4 亩，旱地 2.5 亩，山林 663.7 亩。

吴家冲(吴家)　属五里镇相师村，又称吴家，位于相师村西部，距村委会驻地六房 1.3 千米。东接茅坡，南连大房，西邻土冲，北靠扇风坳。此地为长条形山沟，古为吴姓住地，以其姓氏称村庄名吴家冲。后吴姓因战乱外迁，李彦士(1735—1805)从茅坡迁此扩建房屋并定居，仍用原村庄名。2014 年，有居民 24 户 70 人，水田 52.5 亩，山林 446 亩(附近有扇风坳小居民点含在此居民点内)。

五泉垅　属五里镇相师村，位于相师村东南部，距村委会驻地六房 1.3 千米。东接湾头村，南邻寺前村，西连门前屋，北连拖石背。此处山沟内有五口泉水，叫五口泉。相传，天上马王爷每逢下大雨都要到五口泉井喝水，雨过天晴后，必看见彩虹，人们认为这里有五个泉神，故命山沟名五泉垅。清代，黎政纯(1819—1850)从墨烟迁垅内建房定居，以山沟名命村庄名。2014 年，有居民 44 户 190 人，水田 133 亩，旱地 9.6 亩，山林 1068 亩(含刘家亭小居民点在内)。

第十八节　左港村及所属聚落

【左港村】　五里镇辖村，位于五里镇西北部，村委会驻地玉泽屋，距五里中心集镇 7.5 千米。东接程凤村，西邻湖南岳阳黄中村，南连季山村，北靠石南镇杨山村，辖区面积 12.9 平方千米。因域内有河流名左港而得村名。1950 年，属通城县左港乡梨花五、六、三、七村，1958 年人民公社化时，梨花五、六村合为福利六大队，梨花三村变更为跃进三大队，梨花七村拆分为福利七、八大队，属崇阳县通城(红旗)人民公社新农管理区；1961 年恢复区镇建制，属通城县城关区新农公社六、三、七、八大队；1975 年 1 月撤区并社，六、三大队合并为左港大队，七、八大队合并为虎形大队，属磨桥公社；1979 年，左港大队分设为左港(六大队)大队、黄谷(三大队)大队，虎形大队未变，属磨桥公社；1984 年设区建乡，左港、黄谷、虎形大队变更为左港、黄谷、虎形村，属银城区程凤乡；1987 年区乡体制改革，属程凤乡；2001 年调整乡镇行政区划，属五里镇左港、黄谷、虎形村，其中虎形村 1~6 组为虎形村，7 组划到季山村；2002 年，左港、黄谷、虎形三村合并为左港村。下辖 9 个村民小组，有 23 个农村居民点。村内有左港大桥、保泰屋大桥、左港水库、五里镇季佛三级电站、回龙寺、仙人寺、仰山庙、关岳庙、左港完全小学、左港河、龙泉、豹子岭。村民有李、胡、黎、傅、姚、吴、左、钟、黄、范、杨、张、陈、樊、徐、彭、刘、陆、梁、卢、戴、聂、傅、朱姓，以胡、李、黄姓为主。2012 年，改原左港小学教学楼为村委会办公场所，占地面积 700 平方米，建筑面积 500 平方米，设有便民服务厅、党员活动室、阅览室、村卫生室等。距 G106 国道、杭瑞高速进出口公路里程分别为 9.5 千米、10 千米，居民点全部通公路。2014 年，有村民 708 户 3780 人，水田 65.7 公顷，旱地 12.3 公顷，山林 529.9 公顷。村民主要种植水稻、油菜、花生、红薯、板栗、油茶、楠竹，兼养鸡、猪、鱼、牛、羊等，经济来源以务农、务工为主，部分居民经商，年人均纯收入 4856 元。

虎形地片　属五里镇左港村，位于左港村南部，距五里中心集镇 9.5 千米。东接程凤村，西临岳阳东港村，南连季山村，北靠村委会玉泽屋，辖区面积约 4.3 平方千米。因域内有虎形山而得地片名。下辖 3 个村民小组，有 11 个居民点。距

G106国道、杭瑞高速进出口公路里程分别为9.5千米、10千米，居民点全部通公路。2014年，有村民180户850人，水田22.2公顷，旱地3.5公顷，山林133.3公顷。

插图18　左港小学

黄谷咀地片　属五里镇左港村，位于左港村东北部，距五里中心集镇9.4千米。东接勘上村，西邻左港水库，南连季山村，北靠石南杨山村，辖区面积约3.6平方千米。因域内有居民点黄谷咀而得地片名。下辖2个村民小组，有8个居民点。距G106国道、杭瑞高速进出口公路里程分别为9千米、9千米，居民点全部通公路。2014年，有村民171户910人，水田27.7公顷，旱地3.2公顷，山林120公顷。

保泰屋（宝大屋）　属五里镇左港村，位于左港村西南部，距村委会驻地玉泽屋2.7千米。东接程凤村，西邻大塝上，南连季山村，北靠玉泽屋。古时，此地住阮姓人名阮家塅，后改住刘姓人，改名刘家塅；清代，胡保泰（1803—1856）历时3年在此建造一栋房屋，以其名更村庄名为保泰屋。2014年，有居民62户320人，水田115亩，旱地18亩，山林688亩（村南200米处有勘路屋小居民点）。

大塝上　属五里镇左港村，位于左港村西南部，距村委会驻地玉泽屋3.2千米。东接压谷场，西邻毛尖大山，南连肖家冲，北靠玉泽屋。清代，黄松青（1856—1912）迁此建房定居，因住宅位于坡度较大，地势较高的山坡上，故命村庄名为大塝上。2014年，有居民11户50人，水田19亩，旱地3亩，山林118亩。出生于该居民点的黄晖，字瀛海（1970—　），研究生学历，高级经济师，享受国务院政府特殊津贴，湖北赢通通讯线材股份有限公司董事长兼总经理；湖北省第十二届人大代表、湖北省青年企业家协会副会长、广东省湖北商会副会长、咸宁市工商联副主席。荣获“全国劳动模范”“第九届全国创业之星”“中国优秀民营企业创业家”“奥运2008优秀企业家”、湖北省“优秀中国特色社会主义事业建设者”、湖北省“五一劳动奖章”、湖北省“十大优秀青年企业家”、湖北省“十大青年企业家创新奖”、湖北省“支持党建工作优秀民营企业家”、咸宁市“十佳创业明星”“感动通城十大人物”等荣誉称号。

大松屋（大喜屋）　属五里镇左港村，位于左港村北部，距村委会驻地玉泽屋1.4千米。东接左港水库，西靠大山与湖南岳阳黄中村接壤，南距邻玉泽屋，北靠左港水库大坝。明代，胡细六（1367—1432）迁此建房定居，因住宅前山咀有一棵百年古松，树干需三人才能合围，故称村庄名大松屋。2014年，有居民62户340人，水田65亩，旱地18亩，山林713亩。

大月冲　属五里镇左港村，位于左港村北部，距村委会驻地玉泽屋3.6千米。东接白米山，西邻左港水库，南连庄上，北靠左港水库大坝。此地为长条形山沟，又因山冲形状如弯月，人称大月冲。2012年，戴文武因受2011年6月10日洪灾，从戴家岭率先迁此建房定居，以山沟名命村庄名。2014年，有居民36户190人，水田78亩，旱地10亩，山林407亩。

当中屋　属五里镇左港村，位于左港村西部，距村委会驻地玉泽屋1.2千米。东接左港完小，西邻岳阳东港村，南连沙坪，北靠左港水库大坝。清初，胡一澧(1611—1686)迁此建房定居后，得一子，算命先生说此子命中五行缺“土”，要取“中央戊己土”方可成大器，于是其父给儿子起名“当中”，含“中央戊己土”之意。后此子承父意大兴土木，修造住宅，故命村庄名为当中屋。2014年，有居民95户500人，水田82亩，旱地27亩，山林1066亩。

黄谷咀　属五里镇左港村，位于左港村东北部，距村委会驻地玉泽屋3.1千米。东距磨桥4千米，西邻左港水库，南连左港朱家，北靠左港水库大坝。此地为山岭延伸后形成的山体突出前端，又因山咀旁有大片稻田，稻谷成熟时金黄一片，故以此景命山咀名黄谷咀。清末，戴本根(1871—1964)迁山咀旁建房定居，以山咀名命村庄名。2014年，有居民31户160人，水田23亩，旱地9亩，山林340亩。

岭背冲(石头坡)　属五里镇左港村，位于左港村北部，距村委会驻地玉泽屋2.4千米。东接左港水库，西邻岳阳黄丰村，南连大松屋，北靠左港水库大坝。此地为长条形山沟，因其位于山岭北部，故名岭背冲。清代，胡义佛(1851—1885)迁冲内建房定居，以山冲名命村庄名。2014年，有居民39户200人，水田34亩，旱地11亩，山林432亩。

上杨家　属五里镇左港村，位于左港村南部，距村委会驻地玉泽屋1.6千米。东接程凤村，西邻桃树屋，南连保泰屋，北靠村委会玉泽屋。古时，此地为杨姓居住地，因其下方不远处有另一同姓氏居民点，故命村庄名为上杨家。后杨姓外迁，梁吉圃(1654—1726)在此建房定居，仍用原村庄名。2014年，有居民32户170人，水田63亩，旱地11亩，山林373亩。

上姚家(姚家)　属五里镇左港村，位于左港村南部，距村委会驻地玉泽屋1.8千米。东接程凤村，西邻岳阳汉竹岭山，南连保泰屋，北靠村委会玉泽屋。清末，姚七号(1842—1911)迁此建房定居，因其住宅下方不远处有另一同姓氏居民点，故命村庄名为上姚家。2014年，有居民31户160人，水田58亩，旱地9亩，山林346亩(村北200米有庙山小居民点)。

下杨家　属五里镇左港村，位于左港村西北部，距村委会驻地玉泽屋800米。东接左港水库，西邻岳阳黄中村，南连村委会玉泽屋，北靠左港水库大坝。古时，此地住一杨姓猎户，因其上方2千米处也有一个杨姓居民点。故命村庄名为下杨家。清代，胡盛仁(1723—1774)迁入定居，仍用原村庄名。2014年，有居民46户250人，水田41亩，旱地13亩，山林525亩。

新庙上　属五里镇左港村，位于左港村东部，距村委会驻地玉泽屋1千米。东接程凤桥，西邻村委会玉泽屋，南连保泰屋，北靠左港水库大坝。民国时期，此地有一新建不久的庙，傅观清(1926—　)及徐、黎姓先后迁入庙上方定居，故命村庄名为新庙上。2014年，有居民65户340人，水田139亩，旱地18亩，山林724亩(西南100米处有江西屋小居民点)。

玉泽屋　属五里镇左港村，位于左港村西北部，为村委会驻地，距五里中心集镇7.5千米。东临水库，西邻下杨家，南接石剑屋，北靠大松屋。清代，胡玉泽(1775—1856)率先来此建房定居，以其名命村庄名。2014年，有村民36户190人，水田33亩，旱地10亩，山林415亩。该居民点的始祖胡玉泽(1775—1856)，又名胡玉册，太学生，驰封武德骑尉，道光癸未年诰封昭武大夫。清道光六年同弟侄重修武昌考棚，学宪王赠“礼门义举”匾额，督部堂、抚职院赠“才育十郡”匾额，府宪赠“继礼先志”匾额，道光八年同弟侄捐修本邑文昌庙。

钟家排　属五里镇左港村，位于左港村中部，距村委会驻地玉泽屋400米。东接程凤桥，西邻村委会驻地玉泽屋，南连沙坪，北靠左港水库大坝。明代，钟惟仁(1378—1448)在朝廷为官，拜太学士，深得当朝皇上宠信。钟惟仁为人正直，博古通今，志高轩昂。回归故里后，大兴土木，建造园林，因住宅地处略高于周边，呈不规则形的缓坡山地，故依其姓氏综合地形命钟家排，亦有“学士屋”之称。传说此人去世时，有九套棺木出葬，留有大批财宝。当地流传一顺口溜：“田有三角，角有三丘，三缸九罐一碓臼，挖得到，富九州岛。”2014年，有居民34户180人，水田35亩，旱地9亩，山林382亩。

庄上　属五里镇左港村，位于左港村北部，距村委会驻地玉泽屋3.4千米。东接大山，西邻左港水库，南连黄谷咀，北靠左港水库大坝。清末，此地是黎氏公有业产，建有管理山林和田地的房屋，故称庄上。清代，黎景涂(1832—1908)迁此建房定居，仍用原村庄名。2014年，有居民30户160人，水田66亩，旱地9亩，山林344亩(往南50米有新屋小居民点)。

第十章　大坪乡及所属聚落

第一节　大坪乡概况

位置面积　通城县辖乡，位于通城县西北部的药姑山下，乡政府驻地大坪集镇南坪社区境内山苏街 61 号，距县城 20 千米。处东经 113°39′~113°48′，北纬 29°16′~29°24′。东连崇阳县肖岭乡，西邻北港镇，南接石南镇和县城隽水镇，北靠湖南省临湘市龙源乡，辖区总面积 128.6 平方千米。

来历及沿革　因域内有平畈名大坪而得乡名。1950 年，属通城县北港(西)区。1956 年，成立大坪乡，政府驻地在大坪畈上。1958 年，属崇阳县北港(英雄)人民公社。1961 年，属通城县北港区东冲公社。1975 年，大坪乡所属地域一部分划入东冲公社，部分划入北港公社。1984 年设区建乡，成立大坪乡，驻地草鞋冲，属北港区管辖。1987 年 9 月，撤区并乡，将大坪乡与杨部乡合并为大坪乡。2001 年调整乡镇时，将双龙乡(原墨烟乡)和大坪乡合并为大坪乡。

人文及经济状况　2014 年，共辖 22 个行政村、1 个社区，有 4 个城镇居民点、416 个农村居民点(其中 20 户以下的 117 个，见表 11)，辖区总人口 61870 人，年人均纯收入 8260 元。大坪有老板之乡、水果之乡、药材之乡、红色之乡和古瑶文化之乡的美称。全乡处在半山区和丘陵地带，地势北高南低，最高点药姑山主峰“三仙坦”海拔 1261.1 米，最低点沙口铺海拔 106 米。大坪乡土地肥沃，水源充足，四季分明，耕地面积 2730 公顷，山林面积 7400 公顷。县管中型东冲水库、国营药姑林场位于本乡辖区内。境内资源丰富，有白钨、黄金、石英石、大理石、花岗石、瓷土等矿藏，有贵重药材灵芝、黄芪、杜仲、细辛等和 111 科 450 余种其他药材。明代医圣李时珍在明万历年间来药姑山采集药材标本，为撰写《本草纲目》一书，在大坪住宿了半年之久，留下了“药姑山上百药全，缺少甘草与黄连”的名句。大坪乡是古瑶文化之乡，2012 年由省政府将药姑山列入省级自然生态保护区。在瑶族先民居住过的大风塝千家峒遗址，遍布瑶族先民生存过的石屋群、梯地以及石井、石庙、石神庙、石桥等，呈现了丰富的古瑶文化。2014 年 4 月被省文联命名为通城县一县一品文化品牌，2012 年大坪乡药姑山被列入省级自然生态保护区，2014 年大坪乡内冲村列为全国 1000 个少数民族特色村寨之一。大坪区域内佛道文化古老神奇，有千年古寺白云寺、三仙坦、千佛寺、老王庙、尖山庙、广严寺、来苏禅寺等古庙宇 23 处，蕴藏着深厚的佛教文化资源。药姑山是历朝的兵家战略要地，也是红色山乡、革命摇篮。1928 年春，中国工农红军第 16 师挺进药姑山，1937 年红军领导人江渭清等在大坪乡花墩桥尖山铺与国民政府当局谈判，实现湘鄂边“国共合作谈判一致抗日”。著名的红 16 师红军医院、“楠竹沟割耳坡”位于药姑山山腰。鸦雀山有钟期光、湘鄂边中心县委会旧址。2008 年，“割耳坡”和“红军医院”被湖北省政府列为全省第五批重点文物保护单位。大坪乡山水奇特，风景秀丽，共有自然景观 48 处，其中五马奔槽、向阳狮子、独灶照青天、横岭石洞、老龙坛、横竹源、新三汇生态度假村、香水萍、茶马古道、内冲瑶族村特色民居、九曲岭、寒婆寨、马颈埂等，是大坪乡靓丽的风景线。大坪乡是农业大乡，农作物总面积 6803.2 公顷，接东冲水库来水的有东、西、中三条干渠，有效灌溉面积 1347.9 公顷。西北部为黄泥田、清泥田，东南部为白沙泥田，适应水稻种植。全乡除药姑、内冲、栗坪村外，其他各村为垅冲平畈地，以种粮为主。其中有号称“七畈”

的大坪畈、尖山畈、来苏畈、达家畈、庚丙畈、坪山畈、下畈等，面积共16.5平方千米，是大坪乡的主要产粮区，也是通城县的主要产粮区。大坪乡境内有港溪11条，中小型水库9座，干渠3条，水源充足。大坪乡有发电站5处，电灌站2处，有历史悠久的来苏西官塘和其他水塘334口。大坪乡交通便捷，杭(州)瑞(丽)、武(汉)深(圳)高速公路在大坪过境，乡域内有坪山、九房两处互通出入口。村级公路总长128千米，全部硬化。建有通城县陶瓷产业园和高新科技产业园，有杭瑞陶瓷、亚细亚、格莱德电子、明仁研磨、泽中物流、百丈谭酒业、新三汇农产品展示馆、双狮茶叶、惠洋饲料、承利模具、陶瓷科研所等20余家企业落户大坪。著名历史人物有被誉为武昌府第一才子的吴寿平、红3师副师长吴国珍、红军烈士潘凤保等。

插图19　大坪乡集镇(马志勇　摄)

表11　**大坪乡2014年20户以下村庄基本情况一览表**

村庄名称	地理位置	名称由来	形成时间	户数人口
程家塆	草鞋村北部，距村委会驻地500米	以最早迁入的居民姓氏和地形命名	明代	15户80人
海龙塆	草鞋村东部，距村委会驻地2.2千米	以最早迁入的居民名字和地形命名	明代	18户80人
江甲冲	草鞋村南部，距村委会驻地500米	以最早迁入的居民名字和地形命名	民国时期	16户60人
交咀塘	草鞋村南部，距村委会驻地1千米	因地处两山咀相交处而得名	清代	10户40人
桥上铺	草鞋村南部，距村委会驻地800米	因地处石桥上方和房屋用途命名	明代	9户30人
下谢家冲	草鞋村东北部，距村委会驻地500米	因上方有同名村庄而得名	明代	15户70人
新来冲	草鞋村北部，距村委会驻地1.5千米	因系新迁入居民综合地形命名	明代	8户30人
蓄坡	草鞋村北部，距村委会驻地500米	以村庄附近山坡名命名	明代	4户18人
曾家庄	草鞋村东南部，距村委会驻地1.5千米	以最早迁入的居民姓氏命名	明代	11户40人
白屋	达凤村北部，距村委会驻地500米	以原居名称命名	清代	15户80人
草塘	达凤村南部，距村委会驻地2千米	以附近池塘名命名	清代	12户60人
程家	达凤村东部，距村委会驻地1千米	以最早迁入的居民姓氏命名	清代	15户70人
畈余家	达凤村北部，距村委会驻地500米	以地形和居民姓氏命名	清代	16户80人
枫树屋	达凤村东部，距村委会驻地1.5千米	因住宅旁有一株大枫树而得名	清代	16户70人
和尚塘	达凤村东部，距村委会驻地2千米	以附近池塘名命名	清代	13户60人
兰坡	达凤村东部，距村委会驻地2千米	以附近山坡名命名	清代	5户20人
李家坳	达凤村南部，距村委会驻地800米	以最早迁入的居民姓氏和地形命名	清代	13户60人
栗树冲	达凤村北部，距村委会驻地2千米	因村庄处长有栗树的山沟而得名	清代	18户90人
麻石坡	达凤村北部，距村委会驻地500米	以村庄所在的山坡名命名	清代	16户90人
马蹄坡	达凤村北部，距村委会驻地500米	因养马在山坡上留有马蹄印而得名	清代	15户80人

续表

村庄名称	地理位置	名称由来	形成时间	户数人口
木形屋	达凤村南部，距村委会驻地 1.5 千米	因地形似木鱼形而得名	清代	14 户 80 人
曲堤铺	达凤村北部，距村委会驻地 1 千米	因地处河床弯曲和房屋用途故称	清代	18 户 80 人
上马徐家	达凤村北部，距村委会驻地 1 千米	因地处古时上马之处和居民姓氏而得名	清代	7 户 30 人
蛇家塆	达凤村南部，距村委会驻地 2 千米	以所在山塆名命名	清代	11 户 40 人
铁铺卢家	达凤村北部，距村委会驻地 1 千米	以房屋用途和居民姓氏命名	清代	16 户 80 人
下屋卢家	达凤村南部，距村委会驻地 1.3 千米	因上方有同名村庄而得名	清代	14 户 60 人
献采屋	达凤村东部，距村委会驻地 1 千米	以最早迁入的居民名字命名	清代	18 户 80 人
柞树塘	达凤村北部，距村委会驻地 2 千米	以附近池塘名命名	清代	16 户 60 人
张家塘	达凤村北部，距村委会驻地 1 千米	以姓氏和水利设施命名	清代	11 户 60 人
大坳背老屋	大九房村东部，距村委会驻地 500 米	因系当地黎姓一脉祖居综合地形命名	清代	11 户 50 人
大坳背新屋	大九房村东部，距村委会驻地 2 千米	以居民原居综合建房时间顺序命名	清代	15 户 70 人
老营冲	大九房村西部，距村委会驻地 1 千米	以所在山沟名命名	民国时期	19 户 80 人
茅屋	大九房村东部，距村委会驻地 1.5 千米	因村庄形成初期为茅草棚而得名	清代	11 户 40 人
石塝上	大九房村东部，距村委会驻地 2 千米	因地处块石砌成的高岸上方而得名	清代	19 户 80 人
徐家	大九房村南部，距村委会驻地 500 米	以最早迁入的居民姓氏命名	清代	7 户 30 人
杨家	大九房村东部，距村委会驻地 2 千米	以最早迁入的居民姓氏命名	清代	10 户 40 人
宝胜寺	方仕村北部，距村委会驻地 700 米	以附近寺宇名命名	明代	8 户 40 人
白果园	韩岭村西部，距村委会驻地 100 米	以附近古时的果园名命名	民国时期	15 户 50 人
半岭上	花墩村西部，距村委会驻地 1.5 千米	因处山岭半腰处而得名	清代	16 户 100 人
横岭	花墩村东北部，距村委会驻地 3 千米	以所在山岭名命名	民国时期	1 户 8 人
四房祠堂	花墩村北部，距村委会驻地 1 千米	以附近祠堂名命名	民国时期	6 户 20 人
王家冲	花墩村东北部，距村委会驻地 1.2 千米	以居民姓氏和地形命名	明代	18 户 110 人
屋背冲	花墩村东部，距村委会驻地 1 千米	因处山沟一侧而得名	清代	10 户 50 人
早禾冲	花墩村东部，距村委会驻地 1 千米	以所在山沟名命名	民国时期	3 户 16 人
爆竹铺	辉煌村东南部，距村委会驻地 3 千米	以村庄形成初期居民房屋用途命名	清代	11 户 40 人
成大铺	辉煌村南部，距村委会驻地 2 千米	以最早迁入的居民名字和房屋用途命名	清代	8 户 30 人
陈家	辉煌村西部，距村委会驻地 2 千米	以最早迁入的居民姓氏命名	明代	10 户 50 人
春南屋	辉煌村南部，距村委会驻地 2.5 千米	以最早迁入的居民名字命名	清代	11 户 50 人
粉铺	辉煌村东部，距村委会驻地 500 米	以村庄形成初期房屋用途命名	民国时期	3 户 10 人
六豆咀	辉煌村西南部，距村委会驻地 2.5 千米	以村庄所在山咀名命名	清代	2 户 10 人
罗谷场	辉煌村西部，距村委会驻地 2.5 千米	以购买房屋的买价命名	清代	6 户 20 人
毛立坡	辉煌村西部，距村委会驻地 2.5 千米	以所在山坡名命名	清代	11 户 40 人
门前铺	辉煌村东部，距村委会驻地 1.5 千米	因住宅前有店铺而得名	清代	8 户 40 人
新来冲	辉煌村西南部，距村委会驻地 2.5 千米	因新迁入综合地形而得名	明代	9 户 30 人
茅栗坡	来苏村西北部，距村委会驻地 1.6 千米	以所在山坡名命名	清代	10 户 50 人
坳晨家	栗坪村北部，距村委会驻地 200 米	因居民清晨劳作并综合地形命名	清代	13 户 70 人
祠堂屋	栗坪村东部，距村委会驻地 1 千米	因附近有祠堂而得名	明代	10 户 40 人

续表

村庄名称	地理位置	名称由来	形成时间	户数人口
金甲坡	栗坪村西部，距村委会驻地 2 千米	以最早迁入的居民名字和地形命名	清代	13 户 50 人
罗家庄	栗坪村西部，距村委会驻地 1 千米	以最早迁入的居民姓氏命名	清代	6 户 30 人
平头园	栗坪村西部，距村委会驻地 1.5 千米	因地处菜园的尽头而得名	元代	14 户 70 人
破堂屋	栗坪村东部，距村委会驻地 2 千米	因村庄形成初堂屋破烂而得名	明代	12 户 50 人
蛇形屋	栗坪村东部，距村委会驻地 1.5 千米	以所在山岭地形命名	清代	9 户 40 人
石背岭	栗坪村东北部，距村委会驻地 2 千米	因地处石质山岭一侧而得名	清代	10 户 50 人
王马冲	栗坪村北部，距村委会驻地 2 千米	以所在山沟名命名	清代	6 户 36 人
野草园	栗坪村西部，距村委会驻地 2 千米	因住宅建在野草荒地而得名	清代	9 户 40 人
曾家垅	栗坪村北部，距村委会驻地 2.5 千米	以最早迁入的居民姓氏和地形命名	清代	15 户 80 人
案山杨家	墨烟村南部，距村委会驻地 500 米	以所在山岭名和居民姓氏命名	明代	14 户 80 人
坳上罗家	墨烟村北部，距村委会驻地 1.5 千米	因处山岭分水处综合居民姓氏而得名	清代	18 户 80 人
保华屋	墨烟村南部，距村委会驻地 1 千米	以最早迁入的居民名字命名	明代	16 户 80 人
丹一屋	墨烟村南部，距村委会驻地 700 米	以最早迁入的居民名字命名	明代	15 户 80 人
刚家	墨烟村东部，距村委会驻地 1 千米	以姓氏江的方言读音命名	清代	16 户 50 人
曲红屋	墨烟村东部，距村委会驻地 600 米	以最早迁入的居民名字命名	清代	11 户 50 人
石屋	墨烟村东部，距村委会驻地 500 米	因村庄形成初为块石砌成而得名	清代	19 户 70 人
万家庄	墨烟村北部，距村委会驻地 1 千米	以最早迁入的居民姓氏命名	清代	16 户 80 人
下屋胡家	墨烟村西南部，距村委会驻地 700 米	因上方有同名村庄而得名	清代	18 户 80 人
新屋坳	墨烟村西部，距村委会驻地 500 米	因系新建住宅综合地形而得名	清代	16 户 90 人
营楼坡	墨烟村北部，距村委会驻地 1 千米	以所在山坡名命名	民国时期	17 户 70 人
远绍屋	墨烟村西部，距村委会驻地 1 千米	以最早迁入的居民名字命名	清代	17 户 130 人
祝家垅	墨烟村北部，距村委会驻地 1 千米	以最早迁入的居民姓氏和地形命名	清代	17 户 70 人
邹家坳	墨烟村南部，距村委会驻地 500 米	以最早迁入的居民姓氏和地形命名	宋代	13 户 80 人
李家	农林村南部，距村委会驻地 1 千米	以最早迁入的居民姓氏命名	唐代	19 户 70 人
刘家咀	农林村东部，距村委会驻地 600 米	以最早迁入的居民姓氏和地形命名	清代	18 户 90 人
佘家坡	农林村西部，距村委会驻地 2 千米	以最早迁入的居民姓氏和地形命名	明代	16 户 90 人
下塆	农林村西北部，距村委会驻地 1.5 千米	因上方有一山塆而得名	明代	10 户 40 人
坳上屋	坪山村北部，距村委会驻地 1.5 千米	因地处山岭分水处而得名	清代	11 户 60 人
坪地垳	坪山村东部，距村委会驻地 2 千米	因村庄所在田块的名称而得名	清代	19 户 60 人
狮子屋	坪山村东部，距村委会驻地 500 米	因村庄形成初期大门口有石狮子而得名	清代	10 户 40 人
苏家冲	青山村西北部，距村委会驻地 500 米	以最早迁入的居民姓氏和地形命名	明代	16 户 60 人
挖钱坡	青山村西北部，距村委会驻地 3 千米	因村庄地处古时挖金矿的山坡而得名	元代	16 户 60 人
坳水塘	沙口村南部，距村委会驻地 200 米	因处山岭分水处综合水利设施而得名	清代	6 户 30 人
蔡家垅	沙口村西部，距村委会驻地 800 米	以最早迁入的居民姓氏和地形命名	清代	11 户 50 人
槐花垅	沙口村西部，距村委会驻地 400 米	因最早迁入的居民在此栽槐花综合地形命名	清代	11 户 50 人
下塆	沙口村西部，距村委会驻地 900 米	因传有物从天而降并综合地形而得名	明代	13 户 60 人
大余家	水口村南部，距村委会驻地 1 千米	以最早迁入的居民排行和姓氏命名	民国时期	10 户 30 人

续表

村庄名称	地理位置	名称由来	形成时间	户数人口
林家铺	水口村北部，距村委会驻地 1 千米	以最早迁入的居民姓氏和房屋用途命名	明代	12 户 40 人
三安屋	水口村西南部，距村委会驻地 220 米	以最早迁入的居民名字命名	明代	14 户 70 人
石咀	水口村西南部，距村委会驻地 250 米	以附近山咀名命名	明代	18 户 90 人
舒山家	水口村南部，距村委会驻地 500 米	以最早迁入的居民姓氏和地形命名	明代	10 户 40 人
一安屋	水口村西南部，距村委会驻地 600 米	以最早迁入的居民名字命名	元代	15 户 60 人
赞家塘	水口村南部，距村委会驻地 500 米	以附近的水利设施名命名	清代	18 户 80 人
张家塘	水口村西北部，距村委会驻地 1.2 千米	以最早迁入居民姓氏和水利设施命名	民国时期	10 户 40 人
黎家坡	下畈村北部，距村委会驻地 1 千米	以最早迁入的居民姓氏和地形命名	清代	19 户 100 人
耄屋场	下畈村西部，距村委会驻地 1.5 千米	因村庄多高龄老人而得名	明代	19 户 100 人
石门屋	下畈村西北部，距村委会驻地 1.5 千米	因住宅前有巨石如门而得名	明代	14 户 60 人
仓下铺	杨部村西部，距村委会驻地 1.5 千米	因地处他人仓库下方并综合房屋用途而得名	明代	12 户 60 人
陈细房	杨部村北部，距村委会驻地 1 千米	以最早迁入的居民姓氏和排行命名	明代	14 户 76 人
祠堂屋	杨部村北部，距村委会驻地 1 千米	因与祠堂为邻而得名	清代	8 户 40 人
畈路屋	杨部村西北部，距村委会驻地 500 米	因村庄处平畈并开有新路故称	明代	12 户 60 人
坡内屋	杨部村西北部，距村委会驻地 2 千米	因地处山坡内而得名	明代	19 户 80 人
上河田	杨部村西部，距村委会驻地 800 米	因地处一片稻田的上方而得名	唐代	14 户 70 人
谢家咀	杨部村西部，距村委会驻地 1 千米	以最早迁入的居民姓氏和地形命名	明代	16 户 70 人
燕窝	杨部村南部，距村委会驻地 500 米	以所在地形名命名	民国时期	12 户 50 人
港屋	药姑村西北部，距村委会驻地 1.5 千米	因地处小港旁而得名	民国时期	12 户 30 人
花果园	药姑村北部，距村委会驻地 4 千米	因传说此地为花草园地而得名	民国时期	13 户 60 人
朱家楼	药姑村北部，距村委会驻地 1.5 千米	以最早迁入居民姓氏和房屋结构命名	明代	4 户 20 人
新屋场	易畈村北部，距村委会驻地 1 千米	因系新建住宅而得名	明代	16 户 70 人
野鸡塆	易畈村东部，距村委会驻地 600 米	以村庄所在山塆名命名	明代	5 户 20 人

第二节　南坪社区及所属聚落

【南坪社区】　大坪乡辖社区，是大坪乡人民政府驻地。社区居委会驻地山苏路 63 号，距县城 19 千米。东至南山村山咀桥，南连张家桥（大坪桥），西邻大坪渡槽，北靠四甲桥，辖区占地面积 3.99 平方千米，从所辖原两行政村中各取一字组合而得社区名。1950 年，设花墩、大坪、南山村，属通城县大坪、杨部乡；1958 年，分别改为花墩、大坪、南山大队，属崇阳县北港（英雄）人民公社大坪、杨部管理区；1961 年，属通城县北港区大坪、杨部公社；1975 年，属东冲公社；1984 年设区建乡，更名为花墩、大坪、南山村，属北港区大坪乡；1987 年区乡体制改革，属大坪乡；2008 年，划墩村 15 组、大坪村 1 组、南山村 6 组组建南坪社区。2014 年，有 6 个居民小组，其中 4 个城镇居民点、2 个农村居民点；有 475 户 3340 人，以及各地集镇落户和个体工商户 246 家。居民有许、马、李、胡、刘、吴、黎、邓等姓。居民以务工、经商为主，年人均纯收入 11240 元。社区距 G353 国道公路里程 5 千米，距武深、杭瑞高速进出口分别为 5 千米、6 千米，两个农村居民点均通公路。

大坪路小区　属大坪乡南坪社区，位于南坪社区北部，距居委会驻地山苏路 63 号 300 米。东至山苏路，西接花墩路，南邻十字路口，北靠大坪村。以道路名命小区名，2008 年形成小区。2014 年，有居民 110 户 610 人，耕地 120 亩。

花墩路小区　属大坪乡南坪社区，位于南坪社区西部，距居委会驻地山苏路 63 号 500 米。东至十字路口，西接马王冲，南邻打石坡，北靠花墩村。以集镇向花墩村延伸的道路名命小区名，2008 年形成。2014 年，有居民 95 户 540 人，另有非农人口 70 人。

山苏路小区　属大坪乡南坪社区，位于南坪社区东部，距居委会驻地山苏路 63 号 200 米。东至山咀桥，西接十字路口，南邻大坪乡政府，北靠南山瞒天石。以山咀至来苏村之间的道路名命小区名，2008 年形成居民小区。2014 年，有居民 152 户 700 人，有非农人口 180 人，耕地面积 100 亩。

庄大路小区　属大坪乡南坪社区，位于南坪社区南部，距居委会驻地山苏路 63 号 400 米。东至南山村，西接花墩村，南邻草鞋村，北靠大坪集镇十字路口。由庄前至大坪的街道名命小区名，2008 年形成小区。辖区内有大坪中心完小、南山加油站、大坪供电站、信用社等单位；2014 年，有居民 125 户 860 人，非农人口 90 人。

打石坡　属大坪乡南坪社区，位于南坪社区西北部，距居委会驻地山苏路 63 号 500 米。东至大坪供电站，西接花墩村大坳上，南邻草鞋村新屋坳，北靠花墩村马王冲。此地不远处的山脚下设有石料场，故名打石坡。明代，黎祖庙（1555—1627）从江西迁山坡上定居，以坡名命村庄名。2014 年，有居民 40 户 200 人，耕地 75 亩。

新袍屋　属大坪乡南坪社区，位于南坪社区南部，距居委会驻地山苏路 63 号 500 米。东至南山石咀许家，西接草鞋村新屋坳上，南邻草鞋村谢家冲，北靠打石坡。明嘉靖年间，胡新袍在此建房定居，以其名命村庄名。2014 年，有居民 35 户 160 人，耕地 95 亩。

第三节　草鞋村及所属聚落

【草鞋村】　大坪乡辖村，位于大坪乡南部，村委会驻地井泉屋，距大坪乡中心集镇 2 千米。东接庄大公路，西邻井泉屋，南连井泉屋，北靠井泉屋山头，辖区面积约 4.5 平方千米。因域内有居民点名草鞋冲而得村名。1950 年，属通城县草鞋乡；1958 年人民公社化时，设同心大队，属崇阳县北港（英雄）人民公社大坪管理区；1961 年恢复区镇建制，同心大队分设为同心、同意、南山大队，属通城县北港区大坪公社；1971 年，同心、同意、南山大队合并为同心大队；1975 年 1 月撤区并社，属北港公社；1981 年，同心大队分设为草鞋（原同意）、张家（原同心）、南山（划出，2002 年南山与山咀合并为南山村）大队；1984 年设区建乡，草鞋、张家大队分别变更为草鞋、张家村，属北港区大坪乡；1987 年区乡体制改革，属大坪乡；2002 年，草鞋、张家村合并为草鞋村。下辖 14 个村民小组，有 21 个农村居民点。大坪乡中心完小、大坪幼儿园、草鞋茶场、新镇养殖场、新塘港。居民有胡、张、刘、吴、黎、段、左、黄、李、谢、邓、戴、傅等姓，以胡、张姓为主。2014 年建有村委会办公楼，占地面积 800 平方米，建筑面积 700 平方米，设有便民服务厅、村卫生室等；距 G353 国道、杭瑞高速进出口公路距离分别为 3 千米，居民点全通公路。2014 年，有村民 427 户 2310 人，水田 123.3 公顷，旱地 74.7 公顷、山林 33.3 公顷。村民主要种植水稻，经济来源主要是以务农、务工为主，部分人经商、养殖，年人均纯收入 6970 元。

张家地片　属大坪乡草鞋村，位于草鞋村西南部，距大坪中心集镇 1.5 千米。东接南山村，西邻大九房，南连草鞋冲，北靠南坪社区，辖区面积约 2.5 平方千米。因域内有居民点名张家而得地片名。下辖 8 个村民小组，有 11 个居民点。距 G353 国道、杭瑞高速进出口公路距离分别为 3 千米，居民点全通公路。2014 年，有村民 262 户 1260 人，水田 37.9 公顷，旱地 20.6 公顷，山林 19.2 公顷。

草鞋冲　属大坪乡草鞋村，位于草鞋村南部，距村委会驻地井泉屋 600 米。东接海龙塆，西邻草鞋茶厂，南连铺咀上，北靠江甲冲。此地为长条形山沟，古时，内有居民以打草鞋为生，故得名。他们后来外迁，胡均郎(1856—1919)迁入建房定居，仍用原村庄名。2014年，有居民42户170人，水田70亩，旱地30亩，山林25亩。

柑橘园　属大坪乡草鞋村，位于草鞋村东北部，距村委会驻地井泉屋600米。东接下谢家冲，西邻庄大公路，南连程家塆，北靠大坪中心完小。20世纪70年代，这里是生产大队的柑橘园地。1996年，张家地片吴忠平(1958—　)迁入建房定居，以园名命村庄名。2014年，有居民40户200人，耕地175亩，山林10亩。

井泉屋　属大坪乡草鞋村，为草鞋村委会驻地，距大坪中心集镇2千米。东接海龙塆，西邻刘家，南连江甲冲，北靠程家塆。清代，吴三阳(1774—1857)迁此建房定居，因住宅前有一口清泉，泉水清澈透明，甘甜可口，远近闻名，故命村庄名。2014年，有居民28户120人，水田53亩，旱地20亩，山林25亩。

刘家　属大坪乡草鞋村，位于草鞋村西北部，距村委会驻地2.2千米。东接张家屋，西邻大九房，南连井泉屋，北靠尖山。清代，刘忠礼(1767—1833)迁此建房定居，依其姓氏命村庄名。2014年，有居民25户120人，水田85亩，旱地40亩，山林40亩。

铺咀上　属大坪乡草鞋村，位于草鞋村南部，距村委会驻地井泉屋800米。东接桥上铺，西邻草鞋茶场，南连交咀塘，北靠草鞋冲。清代，胡世成(1702—1773)迁此建房定居，并开设杂货铺。因住宅位于山体突出前端故依地形综合房屋用途命村庄名为铺咀上。2014年，有居民29户150人，水田80亩，旱地30亩，山林30亩。

千吉屋　属大坪乡草鞋村，位于草鞋村东南部，距村委会驻地井泉屋1千米。东接叶家坪，西邻草鞋冲，南连石南坳，北靠海龙塆。清代，胡作舟(1667—1746)迁此建房定居，为求吉利，命村庄名为千吉屋。2014年，有居民33户130人，水田135亩，旱地60亩，山林80亩。

上谢家冲(谢家冲)　属大坪乡草鞋村，位于草鞋村东北部，距村委驻地井泉屋1.2千米。东接南山村，西、南连大坪中心完小，北靠南山村。此地为长条形山沟，明代，谢先铭(1373—1407)在冲内建房定居，以其姓氏及地形综合命村庄名为谢家冲。不久后其次子在冲内下方建房定居，为区别起见，改原居名为上谢家冲。后谢姓外迁，胡、吴姓先后迁入，仍用原村庄名。2014年，有居民25户120人，水田43亩，旱地21亩，山林20亩。

田河塘　属大坪乡草鞋村，位于草鞋村北部，距村委会驻地井泉屋1千米。东接大坪中心完小，西邻张家屋，南连蓄坡，北靠新屋坳。清代，邓顺达(1886—1949)迁此建房定居，因住宅前有水田和池塘、右侧有条河，故名。2014年，有居民25户120人，水田54亩，旱地20亩，山林30亩。

新屋坳　属大坪乡草鞋村，位于草鞋村北部，距村委会驻地井泉屋1.5千米。东接南山加油站，西邻尖山，南连田河塘，北靠新来冲。此地为山岭分水处，清代，谢继华(1746—1815)从江西迁入，山坳旁新建新房定居，故命村庄名为新屋坳。2014年，有居民40户170人，水田91亩，旱地40亩，山林50亩。

杨梅塘　属大坪乡草鞋村，位于草鞋村东南部，距村委会驻地井泉屋2千米。东接来苏村，西邻叶家坪，南连石南柏树村，北靠曾家庄。明代，胡世庆(1348—1410)从江西迁此建房定居，因住宅前有池塘，塘边植有杨梅树，故命池塘名为杨梅塘，后用作村庄名。2014年，有居民20户90人，水田96亩，旱地30亩，山林30亩。

叶家坪　属大坪乡草鞋村，位于草鞋村东南部，距村委会驻地井泉屋1.2千米。东接曾家庄，西邻千吉屋，南连土坳，北靠海龙塆。此地为一面积较大的平地。古为叶姓居住地，故得名，后外迁。清代，胡南芹(1722—1800)、胡南波(1728—1796)从南山村迁入建房定居，仍用原村庄名。二人遵祖父训导，日读诗书，夜习武功，经十六春秋磨炼，得祖父真传。南芹在山东任教武馆21年，南波喜爱经商。南芹生有六子，南波生有七子。清乾隆十八年(1753)，兄弟二人在叶家坪修建一座有13间堂屋的宏大屋宇。屋场前设有上马墩、练功石，有书房、纺纱间、碾米房等设施。2014年，有居民45户190人，水田140亩，旱地80亩，山林100亩。

张家　属大坪乡草鞋村，位于草鞋村西北部，距村委会驻地井泉屋2千米。东接田河塘，西邻刘家屋，南连井泉屋，北靠新屋坳。明代，张谋学(1365—1409)迁此建房定居，依其姓氏命村庄名。

2014年，有居民37户200人，水田91亩，旱地35亩，山林40亩。

第四节 达凤村及所属聚落

【达凤村】 大坪乡辖村，位于大坪乡南部，村委会驻地富家塘，距大坪乡中心集镇4千米。东接墨烟村，西邻曾家，南连石马村，北靠沙口村，辖区面积约5.07平方千米。因域内有居民点名上达、下达及其地形而得村名。1950年，属通城县墨烟乡；1958年人民公社化时，设犨楼、达凤、全礼大队，属崇阳县北港(英雄)人民公社墨烟管理区；1961年恢复区镇建制，属通城县北港区墨烟公社；1973年，达凤、犨楼、全礼大队合并为达凤大队；1975年1月撤区并社，属墨烟公社；1981年，达凤大队分设为达凤、犨楼、全礼大队；1984年设区建乡，达凤、犨楼、全礼大队变更为达凤、犨楼、全礼村，属北港区墨烟乡；1987年区乡体制改革，属墨烟乡；1994年，墨烟乡更名为双龙乡；2001年调整乡镇行政区划，达凤、犨楼、全礼村合并为达凤村。下辖12个村民小组，有33个农村居民点。村民有胡、黎、卢、徐、吴、李、余、周、郭、王、傅、葛等姓，以胡、黎、吴姓为主。2013年建村委会办公楼1栋，占地面积150平方米，建筑面积二层300平方米，设有便民服务厅、村卫生室等；距G353国道、杭瑞高速进出口公路里程分别为5.5千米、4千米，居民点全通公路。2014年，有村民699户3290人，耕地209.8公顷，山林52.7公顷。村民主要种植水稻、红薯等。经济来源主要为务农、务工、经商，年人均纯收入7200元。

犨楼地片 属大坪乡达凤村，位于达凤村南部，距离大坪乡中心集镇4千米。东接墨烟村张家楼，西邻辉煌村，南临墨烟村远绍屋，北靠沙口村。因域区内有居民点名犨楼屋而得地片名。下辖4个村民小组，有7个居民点。距G353国道公路、杭瑞高速进出口公路里程分别为5.5千米、4千米，居民点全通公路。2014年，有居民231户1020人，水田41.7公顷，旱地6.05公顷。

全礼地片 属大坪乡达凤村，位于达凤村南部，距大坪乡中心集镇5千米。东接墨烟村，西邻石南镇柏树村，南临石南镇石马村，北靠大坪乡犨楼地片。因域内居民点坳上黎家古名全礼而得地片名。下辖3个村民小组，有12个居民点。距G353国道公路、杭瑞高速进出口公路里程分别为5.5千米、4千米，居民点全部通公路。2014年，有居民192户890人，耕地44.5公顷，山林32.5公顷。

坳上黎家 属大坪乡达凤村，位于达凤村东部，距村委会驻地富家塘约1.5千米。东接远绍屋，西邻献采屋，南临下马徐家，北靠枫树屋。古时，此地有居民钱礼居住，村庄名钱礼，简写成全礼。明代，黎必贵(1404—1450)从祖居老屋土地树筲箕坡迁入建房定居，因住宅处山岭分水处，遂以山坳综合姓氏改命村庄名为坳上黎家。2014年，有居民35户150人，水田106亩，旱地25亩，山林55亩。

茨树岭 属大坪乡达凤村，位于达凤村北部，距村委会驻地富家塘约1千米。东接新垅塘，西邻新屋复兴教堂，南临余家庄，北靠程家。清代，黎亚清(1740—1881)从远绍屋迁此定居，因住宅所在小山包长满茨树，故名茨树岭。2014年，有居民22户90人，水田37亩，旱地3亩，山林4亩。

枞树咀 属大坪乡达凤村，位于达凤村北部，距村委会驻地富家塘约1.5千米。东接禾楼屋，西邻武深高速公路，南连杭瑞高速公路，北靠凤娥屋。此地为山体突出前端，因古时山咀上多植有枞树，故名。清末，胡光贵(1857—1937)从叶家畈迁山咀边建房定居，以山咀名命村庄名为枞树嘴。2014年，有22户110人，水田60亩，旱地4亩，山林3亩。

凤鹅屋 属大坪乡达凤村，位于达凤村北部，距村委会驻地富家塘约1.5千米。东接禾楼屋，西邻凤姓屋，南临杭瑞高速公路，北靠叶家畈。清末，胡凤鹅(1821—1910)从叶家畈迁此定居，以其名命村庄名凤鹅屋。2014年，有22户110人，耕地60亩。

富家塘 属大坪乡达凤村，位于达凤村北部，为村委会驻地，距大坪中心集镇4千米。东接王家垅，西邻麻石坡，南临白屋，北靠达凤小学。清代，黎丙辉(1851—1911)从坳上黎家祖居屋迁此建房定居，住宅前挖有池塘，因其希望此塘能改变屋场风水，给家庭带来好运，世代富贵，故命池塘名为富家塘，并用作村庄名。2014年，有居民12户40人，水田50亩，旱地4亩，山林6亩。

犨楼屋 属大坪乡达凤村，位于达凤村北部，距村委会驻地富家塘约1千米。东接陈家塘，西邻曲堤铺，南临程家，北靠凤娥屋。清代，胡应林(1798—1851)从茨树岭上屋迁入此地定居，住宅前门建有犨楼，故名犨楼屋。2014年，有居民51户210人，耕地面积108亩，旱地3亩，山林3亩。

坡内余家 属大坪乡达凤村，位于达凤村北部，距村委会驻地富家塘约1千米。东接张家塘，西邻屋背垅，南临金家山，北靠柏树张家。清代，余作富(1777—1839)从土坳余家迁此定居，因住宅处山坡上，遂以地形综合姓氏命村庄名为坡内余家。2014年，有26户120人，水田84亩，旱地13亩，山林17亩。

上达畈 属大坪乡达凤村，位于达凤村北部，距村委会驻地富家塘约1.5千米。东接下达畈，西邻马蹄坡，南临麻石坡，北靠达凤河堤公路。此地为一面积较大的平地，古时，有风水先生称此地为凤形，断言居此者必兴旺发达，故称达凤畈。清代，胡南甲(1706—1774)从江西迁入建房定居，因住宅处达凤畈上部，故命村庄名为上达畈。2014年，有居民38户200人，水田143亩，旱地17亩，山林13亩。

石井铺 属大坪乡达凤村，位于达凤村北部，距村委会驻地富家塘约1.5千米。东接上达畈，西邻曾家屋，南临新屋张家，北靠庙湾。清代，胡振森(1814—1862)从祖居下达畈迁入建房定居并开店，因住宅前有一大石坑，故命村庄名为石井铺。2014年，有居民31户160人，水田120亩，旱地11亩，山林14亩。

下达畈 属大坪乡达凤村，位于达凤村北部，距村委会驻地富家塘约500米。东接畈全家，西邻上达畈，南临达凤小学，北靠余家湾。清代，胡允洗(1770—1819)从何家畈迁畈内建房定居，因住宅上方有本姓居住，故命村庄名为下达畈。2014年，有居民42户170人，水田107亩，旱地18亩，山林22亩。

下马徐家 属大坪乡达凤村，位于达凤村东南部，距村委会驻地富家塘约1.5千米。东接木形屋，西邻栗树冲，南临草塘，北靠上马徐家。古时，当地有人在当朝为官，家势显赫，往来此地凡骑马者，必须提前下马。明代，徐守端(1405—1471)从通城九岭迁此定居，因住宅位于骑马者下马的地方，依地名并综合姓氏命村庄名为下马徐家。2014年，有居民20户80人，水田80亩，旱地14亩，山林36亩。

叶家畈 属大坪乡达凤村，位于达凤村北部，距村委会驻地富家塘约2千米。东接路口湾，西邻凤鹅屋，南临枞树嘴，北靠公路。此地为一面积较大的平地，明代，叶从善(1523—1604)从江西景德镇迁畈内建房定居，以姓氏和地形综合命村庄名为叶家畈。2014年，有29户330人，水田260亩，旱地10亩，山林5亩。

余家庄 属大坪乡达凤村，位于达凤村北部，距村委会驻地富家塘约1千米。东接武深高速公路，西邻远绍屋，南临新屋坳，北靠茨树岺。古时，此地是余姓的土地，建有庄屋，故得名。清代，余富贵(1669—1741)从江西迁此定居，仍用原村庄名。2014年，有居民20户80人，水田50亩，旱地13亩，山林17亩。

第五节 大九房村及所属聚落

【大九房村】 大坪乡辖村，位于大坪乡南部，村委会驻地杏林山，距大坪中心集镇3千米。东接柏树村，西邻北港小背村，南连北港庄前社区，北靠草鞋村，辖区面积约6.3平方千米。因域内有居民点名九房老屋而得村名。1950年，属通城县庄前乡；1958年人民公社化时，设联合、五一大队，属崇阳县北港(英雄)人民公社大坪管理区；1961年恢复区镇建制，属通城县北港区大坪公社；1971年，联合、五一大队合并为联合大队；1975年撤区并社，属北港公社；1981年，联合大队分设为邓家(原联合)、阁塘(原五一)大队；1984年设区建乡，邓家、阁塘大队分别变更为九房、阁塘村，属北港区大坪乡；1987 年区乡体制改革，属大坪乡；2004 年，九房、阁塘村合并为大九房村。下辖 11 个村民小组，有 20 个农村居民点。有九房水库、闽瑞石材厂、纪念地尖山寺等。居民有张、邓、胡、黎、樊、李、戴、袁、徐、彭、孙、吴等姓，以胡姓为主。2006 年建村委会办公楼 1 栋，占地面积 1000 平方米，建筑面积 600 平方米，设有便民服务厅、村卫生室等。2014 年，有村民 587 户 2700 人，耕地 1800 亩，山林 2000 亩。村民主要种植水稻、油茶等，经济来源主要以务农、务工为主，部分人经商，年人均纯收入 6970 元。距 G353 国道约 1 千米，有杭瑞高速公路过境村域且距高速进出口 1 千米，居民点全通公路。

阁塘地片　属大坪乡大九房村，位于大九房村东部，距大坪中心集镇 3 千米。东接石南村，西邻大九房三组，南临庄前社区，北靠大坪乡草鞋村。因域内有居民点名阁港塘而得地片名。下辖 5 个村民小组，有 10 个居民点。杭瑞高速公路从境内通过，有高速公路收费站，有 1 千米乡村公路连接 G353 国道，居民点全通公路。2014 年，有居民 257 户 1080 人，耕地 57.1 公顷，山林 53.3 公顷。

坳上袁家　属大坪乡大九房村，位于大九房村西部，距村委会驻地杏林山 500 米。东接西垅山，西邻岭源，南临邓家，北靠老营冲。此地为山岭分水处，清代，袁伯仓（1647—1789）从花亭迁山坳旁建房定居，依地形和其姓氏综合命村庄名为坳上袁家。2014 年，有居名 36 户 140 人，耕地 140 亩，山林 145 亩。

戴家坳上　属大坪乡大九房村，位于大九房村东部，距村委会驻地杏林山 2.1 千米。东接石墈上，西邻茅屋甘家庄，南临孙家，北靠茅屋。此地为山岭分水处，古时，戴姓在山坳上定居，依其姓氏综合地形命村庄名为戴家坳上，后戴姓外迁。2012 年，杭瑞高速开工，黎、胡姓居民拆迁至此地定居，仍用旧村庄名。2014 年，有居民 35 户 140 人，耕地 140 亩，山林 120 亩。

邓家　属大坪乡大九房村，位于大九房村西部，距村委会驻地杏林山 1 千米。东接阁港塘，西邻徐家，南临庄前社区，北靠西垅山。古时，此地有叶姓居住，取名为叶家屋场。清代，叶姓将房产卖给邓学本（1660—1721），改名为邓家屋场。2014 年，有居民 60 户 250 人，耕地 200 亩，山林 145 亩。

富婆冲　属大坪乡大九房村，位于大九房村西部，距村委会驻地 2 千米。东接袁家，西邻寺坡，南临寺冲，北靠袁家。此地为长条形山沟，古代，一位富有但寡居的老妇人在此居住，故得名富婆冲。清代，袁兴科（1691—1739）自北港甲井迁冲内建房定居，仍用原村庄名。2014 年，有居民 60 户 250 人，耕地 210 亩，山林 165 亩。出生于该居民点的袁明（1972—　），硕士研究生，2014 年任湖北省人民检察院政治处处长。

高楼屋　属大坪乡大九房村，位于大九房村东南部，距村委会驻地杏林山 2.5 千米。东接柏树村，西邻庄前社区，南临仙姑，北靠茅屋。清代，胡振柏（1753—1811）迁此建房定居，因住宅为楼房，故命村庄名为高楼屋。2014 年，有居民 50 户 210 人，耕地 200 亩，山林 145 亩。

甘家庄　属大坪乡大九房村，位于大九房村东南部，距村委会驻地杏林山 1.1 千米。东接大坳背老屋，西邻农家畈，南临孙家，北靠邓家。明代，此地居住甘姓人家，名甘家庄。后甘姓外迁，胡运睿（1704—1781）偕弟汝舟、南湄、苏泰、桐发由北港岭源大屋迁此建房定居，仍用原村庄名。2014 年，有居民 37 户 150 人，耕地 132 亩，山林 108 亩。

阁港塘　属大坪乡大九房村，位于大九房村东部，距村委会驻地杏林山 2.3 千米。东接土坳，西邻西垅山，南临庄前社区，北靠草鞋村。古代，一郭姓人家居住此地，因住宅前有港溪、水塘，故名郭家塘。后郭姓外迁，胡振英（1896—1951）迁此定居，改村庄名为阁港塘。2014 年，有居民 49 户 190 人，耕地 210 亩，山林 150 亩。

九房老屋　属大坪乡大九房村，位于大九房村西部，距村委会驻地杏林山 1 千米。东接草鞋村，西邻水源张家，南临九房新屋，北靠花墩村。康熙年间，胡必况（1661—1713）由大坪迁此地新建房屋定居，因其排行第九，故命村庄名为九房。又因后来其子孙有分支外迁，遂改称九房老屋。2014 年，有居民 52 户 220 人，耕地 180 亩，山林 155 亩。

九房新屋　属大坪乡大九房村，位于大九房村西部，距村委会驻地杏林山 1 千米。东接阁港塘，西邻北港水源张家，南临袁家，北靠九房老屋。清代，九房老屋胡必况之孙在祖居 300 米的北部建一座新屋，故命名为九房新屋。清代，石南梅亭黎及瑶(1800—1882)买下此宅定居，仍用原村庄名。2014年，有居民29户120人，耕地100亩，山林135亩。

水源张家　属大坪乡大九房村，位于大九房村西部，距村委会驻地杏林山1千米。东接九房新屋，西邻北港小背村，南临袁家，北靠花墩村。古时，邹姓在此居住，故名邹家屋场。后邹姓迁出，张步岩(1593—1627)从湖南迁此建房定居，因地处花墩小港的发源地之一，故以姓氏综合地形改村庄名为水源张家。2014年，有居民35户140人，耕地145亩，山林165亩。

孙家　属大坪乡大九房村，位于大九房村东南部，距村委会驻地杏林山2.5千米。东接大坳，西邻庄前社区，南临仙姑，北靠甘家庄。清代，孙大谱(1731—1784)在此新建房屋定居，以其姓氏命村庄名为孙家。2014年，有居民20户90人，耕地80亩，山林110亩。

屋背　属大坪乡大九房村，位于大九房村西部，距村委会驻地杏林山800米。东接九房新屋，西邻水源张家，南临袁家，北靠九房老屋。清代，李祥信(1874—?)由北港楠木王家山迁此定居，因此地原有花墩屋背冲的看山屋，故命村庄名为屋背。2014年，有居民20户80人，耕地80亩，山林65亩。

杏林山(又名西垅山)　属大坪乡大九房村，位于大九房村西部，为村委会驻地，距大坪中心集镇3千米。东接阁港塘，西邻袁家，南临邓家，北靠九房新屋。古代，胡炳南在此开药铺行医，因住宅旁有山岭，故依医界雅称杏林取村庄名为杏林山。2014年，有居民35户150人，耕地80亩，山林80亩。

第六节　大坪村及所属聚落

【大坪村】　大坪乡辖村，位于大坪乡西北方向，村委会驻地塆内李家，距大坪中心集镇1千米。东连南坪社区，南接大坪渡槽，西邻花墩村，北靠药姑山，辖区面积4.2平方千米。此地为一块平地，因平地面积较大，故称大坪，村名由此而来。1950年，设大坪、四甲村，属通城县四甲乡；1958年人民公社化时，设大坪、四甲大队，属崇阳县北港(英雄)人民公社大坪管理区；1961年，属通城县北港区东冲(杨部)公社；1975年，大坪大队与四甲大队合并为大坪大队，属东冲公社；1984年设区建乡，大坪大队分设为大坪、四甲村，属北港区大坪乡；1987年撤区并乡镇，属大坪乡；2004年大坪、四甲村合并为大坪村。下辖15个村民小组，有13个农村居民点。2004年新建村委会办公楼1栋，占地面积650平方米，建筑面积250平方米，设有便民服务厅、村卫生室等。2014年，有居民592户2730人，山林333.3公顷，耕地180公顷，其中水田95.5公顷。居民有胡、李、徐、邓、王、程、刘、吴、黎等姓，以胡姓为主。村民主要种植水稻、红薯等农作物，兼养猪、牛、鱼、鸡、鸭等，经济来源以务农、务工为主，部分人经商，年人均纯收入7870元。村域距G353国道、武深高速、杭瑞高速进出口公路里程分别为6千米、6千米、10千米，居民点全部通公路。

四甲地片　属大坪乡大坪村，位于大坪乡东北部，距大坪中心集镇2.5千米。东接栗坪村、来苏村，南连南山村，南坪社区，西靠花墩村，北至东冲水库内冲村。因域内有居民点四甲铺而得地片名。有6个居民点。村域距G353国道、武深高速、杭瑞高速进出口公路里程分别为6千米、6千米、10千米，居民点全通公路。2014年，有居民256户1350人，耕地90公顷，山林162.8公顷。

塝上　属大坪乡大坪村，位于大坪村南部，距村委会驻地塆内李家300米。东至塆内李家，南接圣公庙，西连后山，北靠大塘阁。清代，胡盛士(1738—1809)迁此建房定居，因住宅处地势较高的山坡上，故命村庄名为塝上。2014年，有居民43户210人，耕地140亩，其中水田95.5亩，山林394亩。

程化桥　属大坪乡大坪村，位于大坪南部，距村委会驻地塆内李家1千米，距乡政府驻地1千米。东至屋后蛇形埂，南接黄土咀，西连花墩树场屋，北靠竹园李家。古时，程化在此修了一座通往花墩和竹园李家的小石桥，以其姓名命桥名。清代，胡可对(1659—1728)由药姑迁桥旁建房定居，以桥名命村庄名。2014 年，有居民 28 户 190 人，耕地 80 亩，其中水田 57.8 亩，山林 354 亩。

畈内屋 属大坪乡大坪村，位于大坪村东部，距村委会驻地塆内李家 300 米。东至龙崩墈，南接大坪集镇，西连圣公庙，北靠塆内李家。清代，胡振桐（1729—1805）从北港岭源廖家冲迁此建房定居，住宅有上、中、下、下四重堂，坐落在大坪畈内，故名畈内屋。2014 年，有居民 40 户 190 人，耕地 130 亩，其中水田 91.2 亩，山林 95 亩。

黄狮坳 属大坪乡大坪村，位于大坪村西北部，距村委会驻地塆内李家 1 千米。东至新三汇园林基地，南接来苏袁家，西连祥甫坳，北靠树山屋。此地为山岭分水处，因山坳形如狮子，土壤呈黄色，故称黄狮坳，又名黄土坳。明代，胡俊（1437—1510）来山坳旁建房定居，故以坳名命村庄名。2014 年，有居民 32 户 180 人，耕地 130 亩（其中水田 73.5 亩），山林 329 亩。

龙崩墈 属大坪乡大坪村，位于大坪村南部，距村委会驻地塆内李家 700 米。东至黄土埂，南接瞒天石，西连相望塆内李家，北靠牛形咀。此地有山咀，形状似龙，故名龙咀。山咀下有一条沟坑，传说为龙出山时留下的高岸，俗称墈，故名龙崩墈。明代，胡克美（1571—1651）之子胡仲二迁此建房定居，以地形名命村庄名。2014 年，有居民 56 户 300 人，耕地 190.51 亩（其中水田 154.51 亩），山林 150 亩。

骆家冲 属大坪乡大坪村，位于大坪村西北部，距村委会驻地塆内李家 1.5 千米。东至麻石咀，南接竹园李家，西连花墩，北靠药姑山。此地为药姑山往南延伸的山沟，古时，骆姓在此定居故称。后骆姓外迁，竹园李佰万（1471—1532）分居迁入冲内定居，仍用原村庄名。2014 年，有居民 35 户 170 人，耕地 120 亩（其中水田 82.3 亩），山林 310 亩。

四甲大屋 属大坪乡大坪村，位于大坪村北部，距村委会驻地塆内李家 800 米。东邻黄土埂，南接塆内李家，西连大塘阁，北靠四甲上屋。此地古时为胡姓居住地，称胡家。清初，传胡春辉（1626—?）有轻功，其神通显灵，远近闻名。他练成驾驭四只甲马法术。一日，他对其兄说："汉口六渡桥戏场已开台，咱们去看戏吧。"其兄说："谈何容易，这么远。"他说："拉住我衣角一下就到。"其兄依其言，果真一闭眼就到了汉口。后来人们改称该地为"四甲大屋"，并以"四甲"为名称呼地片、行政村、生产大队。2014 年，有居民 50 户 250 人，耕地 163.8 亩，其中水田 113.8 亩，山林 450 亩。

四甲铺 属大坪乡大坪村，位于大坪村西北部，距村委会驻地塆内李家 500 米。东至祥甫坳，南接东冲水管处，西连四甲大屋，北靠东冲水库大坝。清代，此地编为水口乡第四保第四甲（保甲制），有胡姓在此开一家商铺，故命名为四甲铺。2014 年，有居民 35 户 140 人，耕地 97 亩，其中水田 67 亩，山林 266 亩。

四甲上屋（又名畈上屋） 属大坪乡大坪村，位于大坪村西北部，距村委会驻地塆内李家 1 千米。东至四甲铺，南接黄土埂，西连屋后高山，北靠东冲水库大坝。明末，胡必海（1610—?）分居此地，因住宅居四甲大屋上方，故名四甲上屋。2014 年，有居民 30 户 130 人，耕地 105.9 亩（其中水田 65.96 亩），山林 239 亩。

塆内李家 属大坪乡大坪村，为村委会驻地，距乡政府驻地 1 千米。东至龙崩墈，南接畈内屋，西连圣公庙，北靠塝上。明代，李盘明（1327—1374）迁至此地建房定居，因住宅位于山岭拐弯处，故以其姓氏综合地形命村庄名。2014 年，有居民 49 户 210 人，耕地 220 亩（其中水田 150 亩）。出生于该居民点的李伯玠，明嘉靖年间任重庆知府。

祥甫坳 属大坪乡大坪村，位于大坪村西北部，距村委会驻地塆内李家 750 米。东至树山，南接龙崩墈，西连四甲铺，北靠药姑山。此地为山岭分水处，元代，石湾四房李祥甫迁居山坳旁建房定居，以其名和地形综合命村庄名为祥甫坳。2014 年，有居民 55 户 230 人，耕地 166.6 亩，其中，水田 106.6 亩，山林 419 亩。

赵谷场 属大坪乡大坪村，位于大坪村南部，距村委会驻地塆内李家 700 米。东至畈内屋，南接黄土咀，西连背后竹园李家，北靠坳上铺。古时，这里是赵姓人晒稻谷的场地，清代，畈内屋胡先福（1852—1909）分居此地建房定居，用场地名命村庄名。2014 年，有居民 21 户 100 人，耕地 750 亩，水田 48.6 亩，山林 60 亩。

竹园李家 属大坪乡大坪村，位于大坪村西南部，距村委会驻地塆内李家 1 千米。东至圣公庙，南临花墩村，西接骆家冲，北靠白果坳。明代，李潮贵(1403—1464)购买楠竹园约10亩，在竹园前面建造房屋定居，故名竹园李家。2014年，有居民98户480人，耕地280亩(其中水田170亩)，山林650亩。

第七节　方仕村及所属聚落

【方仕村】　大坪乡辖村，位于大坪乡东部，村委会驻地曲坊，距大坪中心集镇4.5千米。东连水口村，南连沙口、易畈村，西接杨部村，北靠韩岭村，辖区面积约5.1平方千米。因域内居民点名方仕咀而得村名。1950年，属通城县星星、星火、罗家乡；1958年，设神泉(原星星乡)、星火、罗家大队，属崇阳县北港(英雄)人民公社杨部管理区；1961年，属通城县北港区杨部公社；1963年，神泉、星火、罗家大队合并为前进大队，属北港区东冲公社；1975年，属东冲公社；1981年，前进大队更名为神泉大队；1984年，神泉大队变更为神泉村，属北港区杨部乡；1987年，神泉村分设为方仕(原神泉)、万家(原星火)、曲坊(原罗家)村，属大坪乡；2004年，方仕、万家、曲坊村合并为方仕村。村民房屋呈块状分布，下辖13个村民小组，有14个农村居民点，有方坳公路、潘凤保烈士纪念碑。居民有胡、吴、袁、黎、张姓，以胡姓为主，均为汉族。2001年建有村委会办公楼1栋，占地面积180平方米，建筑面积360平方米，设有便民服务厅、村卫生室等；距G106国道、杭瑞高速进出口里程分别为11千米、7千米，居民点有全部通公路。2014年，有村民726户2800人、水田99.1公顷、旱地22.7公顷、山林15.5公顷。村民主要种植水稻、红薯、蔬菜等，经济来源主要以务农、务工为主，部分人经商，年人均纯收入7280元。

万家地片　属大坪乡方仕村，位于方仕村北部，距大坪中心集镇7千米。东邻水口村，南连铁路坪，西邻杨部村，北靠韩岭村。因域内有居民点名万家畈而得地片名。下辖4个村民小组，有4个居民点。距G353国道、杭瑞高速进出口公路距离均为11千米，居民点全部通公路。2014年，有居民210户930人，水田38.9公顷，山林46.1公顷。

曲坊地片　属大坪乡方仕村，位于方仕村中部，为村委会驻地，距大坪中心集镇4.5千米。东邻神泉垅，南达王家房、易畈村，西接杨部村，北连坳背胡家。因域内有居民点名曲坊而得地片名。下辖5个村民小组，有6个居民点。距G353国道、杭瑞高速进出口公路距离均为11千米，居民点全部通公路。2014年，有居民242户900人，水田27.8公顷，旱地82.1公顷，山林131.3公顷。

坳背胡家　属大坪乡方仕村，位于方仕村北部，距村委会驻地曲坊1.5千米。东接万家畈，南连宝胜寺，西临杨部村，北靠韩岭村。清初，胡学玠(1598—1679)从江西迁此地建房定居，因住宅位于山体突出前端的一侧，故综合姓氏命村庄名为坳背胡家。2014年，有居民85户370人，耕地317亩，山林345亩。

方仕咀　属大坪乡方仕村，位于方仕村东南部，距村委会驻地曲坊1.4千米。东邻新铺，南连沙口村，西接王家坊，北靠神泉垅。此地为山体突出的前端，明代，吴方仕(1367—1438)携子侄11人从江西迁山咀旁建房定居，用其名字综合地形命村庄名为方仕咀。2014年，有居民87户300人，耕地274亩，山林140亩。

李家冲　属大坪乡方仕村，位于方仕村西部，距村委会驻地曲坊300米。东、南连曲坊，西接杨部村，北连游家垅。此地为长条形山沟，元代，李梓望(1261—1334)迁此建房定居，依其姓氏和地形综合命村庄名为李家冲。后因战乱，李姓外迁，舒忠秋(1301—1372)入迁，仍用原村庄名。2014年，有居民39户160人，耕地178亩，山林134亩。

箩谷场　属大坪乡方仕村，位于方仕村南部，距村委会驻地曲坊800米。东邻神泉垅，南连曲坊，西、北接易畈村。明代，江西南昌吴祖盛(1337—1406)携子侄11人迁此建房定居，以一箩稻谷种田起家，后来家业兴旺发达，故命村庄名为箩谷场。2014年，有居民79户270人，耕地230亩，山林214亩。

曲坊　属大坪乡方仕村，位于方仕村中部，为村委会驻地。东邻神泉垅，南连箩谷场，西接易畈村，北靠扬志坡。明代，江西修水吴南寿(1375—1449)迁此地建房定居，开酒曲作坊并卖酒为生，故命村庄名为曲坊。2014年，有居民43户130人，耕地106亩，山林102亩。

神泉垅　属大坪乡方仕村，位于方仕村东南部，距村委会驻地曲坊1.2千米。东连水口村，南连方仕咀，西接扬志坡，北达袁家。此地为山沟，内有一泉水井，长流不断，冬暖夏凉。传说此井泉有神灵护佑，附近人家来取水，每逢初一、十五日在井边焚香祈祷，故名神泉垅。清咸丰年间，江西吴崇德(1813—1884)迁垅内建房定居，以垅名命村庄名。2014年，有居民83户250人，耕地283亩，山林159亩。

万家畈　属大坪乡方仕村，位于方仕村东部，距村委会驻地曲坊2千米，东至水口村，南连水口小学，西接坳背胡家，北靠叶家塆。此地为一面积较大的平地，元代，有万姓在此居住，故名万家畈。后因战乱，万姓外迁，胡运宏(1639—1697)迁入，仍用原村庄名。2014年，有居民58户230人，耕地264亩，山林132亩。

王家坊　属大坪乡方仕村，位于方仕村南部，距村委会驻地曲坊1.2千米。东邻方仕咀，南连沙口村，西连曲坊，北靠神泉垅。元代，江西九江王贵墅(1241—1315)迁居此地，依其姓氏命村庄名为王家。后王家出了3个贞烈女子，朝廷为她们建立牌坊，故改村庄名为王家坊。后因战乱，王姓外迁，江西修水吴纯崖(1371—1403)迁入，仍用原村庄名。2014年，有居民85户310人，耕地245亩，山林131亩。

新铺　属大坪乡方仕村，位于方仕村东南部，距村委会驻地曲坊1.6千米。东南连接沙口村，西接方仕咀，北达铁路坪。明代，江西南昌吴冠榜(1401—1469)迁此建房定居并开设当铺和杂货铺，因其为新做的铺面，故名新铺。2014年，有居民27户90人，耕地147亩，山林63亩。

扬志坡　属大坪乡方仕村，位于方仕村中部，距村委会驻地曲坊300米。东邻神泉垅，南连曲坊，西接李家村，北靠宝圣寺。传说古时有强盗居住此地，打家劫舍，杀人放火，强盗死后，一方安宁。元代，吴立志(1281—1361)迁此建房定居。他立志做好人，故命村庄名为扬志坡。2014年，有居民31户150人，耕地117亩，山林97亩。

叶家塆　属大坪乡方仕村，位于方仕村东北部，距村委会驻地曲坊1.8千米。东、北毗方仕村，南连万家畈，西接坳背胡家。古代，有叶姓在此定居。因其住宅位于山岭拐弯处，故命村庄名为叶家塆。后因战乱叶家外迁，江西胡楚夔(1622—1681)迁入此地，仍用原村庄名。2014年，有居民29户110人，耕地213亩，山林98亩。

游家垅　属大坪乡方仕村，位于方仕村北部，距村委会驻地曲坊600米。东邻袁家，南连坳背胡家，西接杨部村，北靠扬志坡。明代，江西南昌吴祖碧(1331—1403)，先迁到崇阳台山，后又迁到铁柱港，都不中意安居，最后来到药姑雅雀山下的山沟中修建房屋定居，因此地为山沟，故依地形命村庄名为游家垅。2014年，有居民42户130人，耕地140亩，山林110亩。

袁家　属大坪乡方仕村，位于方仕村东部，距村委会驻地曲坊1.4千米。东至水口村，南连神泉垅，西接坳背胡家，北靠万家畈。明代，江西袁本赞(1507—1582)举家迁入此地，依其姓氏命村庄名。2014年，有居民38户210人，耕地220亩，山林117亩。

第八节　韩岭村及所属聚落

【韩岭村】　大坪乡辖村，位于大坪乡东部，村委会驻地湾烂屋，距大坪中心集镇9.8千米。东接水口村，西邻栗坪村，南连方仕村，北靠药姑林场，辖区面积约8.2平方千米。因域内有居民点名韩家岭而得村名。1950年，属通城县铁坪乡；1958年人民公社化时，设双丰、丰产、长春大队，属崇阳县北港(英雄)人民公社杨部管理区；1961年，恢复区镇建制，属通城县北港区杨部公社；1971年，双丰、丰产、长春大队合并为丰产大队；1975年1月撤区并社，属东冲公社；1981年，丰产大队更名为韩岭大队，属东冲公社；1984年设区建乡，韩岭大队分设更名为韩岭(原双丰)、上畈(原丰产)、李家(原长春)村，属北港区杨部乡；1987年区乡体制改革，属大坪乡；2002年，韩岭、上畈、李家村合并为韩岭村。下辖9个村民小组，有15个农村居民点。村内主要有细冲沟水库、韩岭基站(联通公司)、韩六庙、关帝庙、赐福堂。村民有李、吴、张、胡、杨、杜、钟、胥、陈、叶、汤姓，以李、吴姓为主。2007年建村委会办公楼，占地面积600平方米，建筑面积300平方米，设有便民服务厅、党员活动室、村卫生室等；距G353国道、杭瑞高速进出口公路里程均为11千米，居民点全通公路。2014年，有村民562户2680人，水田80.3公顷，旱地173公顷，山林598.7公顷。村民主要种植水稻、红薯、油菜，兼养猪、鱼、羊、牛等，经济来源主要为务农、务工、经商，年人均纯收入6820元。

上畈地片　属大坪乡韩岭村，位于韩岭村西南，距大坪中心集镇8千米。东接韩家岭，西邻礓踏屋，南连方仕村，北靠药姑林场。因域内有居民点名上畈屋而得地片名。距G353国道、杭瑞高速进出口公路里程均为12千米，居民点全通公路。2014年，有居民户160户660人，辖区面积2.7平方千米。下辖3个村民小组，有3个居民点，山林面积162.3公顷，旱地63.7公顷，水田20公顷。

李家地片　属大坪乡韩岭村，位于大坪乡西部，距大坪中心集镇8千米。东连上畈地片，南连方仕村，西接栗坪村，北靠药姑林场，辖区面积约2.7平方千米。因域内居民人数最多的姓氏为李姓而得地片名。下辖3个村民小组，有6个居民点。距G353国道、杭瑞高速进出口公路里程均为12千米，居民点全通公路。2014年，有村民190户850人，水田25.5公顷，旱地54.9公顷，山林199.5公顷。

坳背屋　属大坪乡韩岭村，位于韩岭村西北部，距村委会驻地湾烂屋600米。东接上畈屋，西邻中屋，南连湾烂屋，北靠石门埂山。清代，胥公祥(1801—1872)从江西迁此建房定居，因住宅后方有山岭分水处，故命村庄名为坳背屋。2014年，有居民20户100人，水田50亩，旱地95亩，山林360亩。

冲内屋　属大坪乡韩岭村，位于韩岭村东南部，距村委会驻地湾烂屋1.3千米。东接荒屋，西邻洲上屋，南连水口村，北靠号坡山。明末，李玟宇(1593—1659)从通城县城西门巷迁此建房定居，因住宅建在两山之间的长条形山沟之内，故名冲内屋。2014年，有居民22户130人，水田72亩，旱地125亩，山林322亩。

大屋　属大坪乡韩岭村，位于韩岭村西南部，距村委会驻地湾烂屋900米。东接洲上屋，西邻礓踏屋，南连叶家塆，北靠湾烂屋。礓踏屋李姓分家，明代，李受二(1395—1477)迁此建房定居，依其姓氏命村庄名为李家。至民国三年(1914)，李愿望大兴土木扩建成又高又大住宅，故改名为大屋。2014年，有居民37户190人，水田95.5亩，旱地173.5亩，山林75亩。

畈内屋　属大坪乡韩岭村，位于韩岭村东部，距村委会驻地湾烂屋1.1千米。东接张家塘，西邻荒屋，南连宋家，北靠坳上屋。明惠帝建文年间，平江李德昌迁入此地，因住宅处平畈之间，故名畈内屋。2014年，有居民28户150人，水田64亩，旱地159亩，山林422亩。

韩家岭　属大坪乡韩岭村，位于韩岭村东北部，距村委会驻地湾烂屋600米。东接樟树屋，西邻湾烂屋，南连洲上屋，北靠药姑林场。此地古为韩姓人居住地，因地处山岭，故名。后因韩姓衰败，吴石淙(1587—1667)从江西迁此定居，仍用原村庄名。2014年，有居民83户450人，水田205亩，旱地438亩，山林1480亩。

荒屋(又名方屋里)　属大坪乡韩岭村，位于韩岭村东南部，距村委会驻地湾烂屋1.2千米。东接畈内屋，西邻冲内屋，南连水口村，北靠坳上屋。古时，此地是一片荒山。清代，李文思(1642—1675)从冲内屋迁此开荒建房定居，故名荒屋。2014年，有居民29户160人，水田85亩，旱地150亩，山林408亩。

礓踏屋(江大屋)　属大坪乡韩岭村，位于韩岭村西部，距村委会驻地湾烂屋1.3千米。东接湾内屋，西邻栗坪村，南连大屋，北靠中屋。明代，李受三(1397—1472)在此建房定居，因住宅地势高，台阶(俗称礓踏)多而命名礓碴屋。民国末期，后人更名为礓踏屋。因住宅规模较大，后人喊别成江大屋。2014年，有居民70户300人，水田143亩，旱地287亩，山林194亩。

老金湾　属大坪乡韩岭村，位于韩岭村西部，距村委会驻地湾烂屋1.5千米。东接坳背，西邻栗坪村，南连中屋，北靠枫树冲。民国三年(1914)，胡祖望与妻舅李后德(1880—1944)一同迁居此地，带领儿孙从事开采金矿。因此地处在溪流转弯处，故命村庄名为老金湾。2014年，有居民32户130

人，水田57亩，旱地143亩，山林895亩。

上畈屋　属大坪乡韩岭村，位于韩岭村西北部，距村委会驻地湾烂屋400米。东接韩家岭，西邻坳背，南连白果园，北靠水碓冲。清代，李益仕(1697—1729)从湾内屋迁此建房定居，因住宅下方为面积较大且多为稻田的平地，故名上畈屋。2014年，有居民44户170人，水田73亩，旱地147亩，山林760亩。

湾烂屋(湾内屋)　属大坪乡韩岭村，位于韩岭村西部，距村委会驻地200米。东接白果园，西邻礓踏屋，南连大屋，北靠上畈屋。清代，李惠安(1662—1692)从冲内屋迁此建房定居，因住宅处溪流的拐弯处且因地下淤泥形成的烂泥沼泽地较多，故名。2014年，有居民40户140人，水田72.5亩，旱地129.5亩，山林950亩。

樟树屋(坳上屋)　属大坪乡韩岭村，位于韩岭村东北部，距村委会驻地湾烂屋1千米。东接白鹭，西邻韩家岭，南连畈内屋，北靠人形山。清初，李先长(1677—1706)从荒屋(方屋里)迁此定居，因住宅旁有一棵大樟树，故命村庄名为樟树屋。后樟树因空心而被毁，人们根据屋场处在山体突出处，又称其为坳上屋。2014年，有居民50户230人，水田96亩，旱地244亩，山林725亩。

中屋(竹山湾)　属大坪乡韩岭村，位于韩岭村西部，距村委会驻地湾烂屋1.4千米。东接坳背，西邻农委基地，南连礓踏屋，北靠老金湾。明代，李受三(1397—1472)迁入此地建房定居，因住宅处在老金湾与礓踏屋之间的中间而得名。2014年，有居民39户170人，水田67.5亩，旱地173.5亩，山林695亩(竹山湾居民点含在此居民点内)。

洲上屋　属大坪乡韩岭村，位于韩岭村南部，距村委会驻地湾烂屋1.3千米。东接冲内屋，西邻大屋，南连方仕村，北靠坪上。此地为3条小港交界之处，被大水冲成沙洲。清代，李家信(1743—1787)从畈内屋迁此建房定居，依地形命村庄名。2014年，有居民41户190人，水田76亩，旱地220亩，山林370亩。

第九节　花墩村及所属聚落

【花墩村】　大坪乡辖村，位于大坪乡西部，村委会驻地雷贡坡，距大坪中心集镇4千米。东接大坪中心集镇，西邻北港岭源村，南连大九房村，北靠药姑山，辖区面积约6.17平方千米。因域内有古桥名在花墩桥而得村名。1950年后，属花墩乡民主、同裕社；1958年人民公社化时，民主社分设红旗、民主大队，同裕社分设同裕、尖山大队，属崇阳县北港(英雄)人民公社大坪管理区；1961年恢复区镇建制，属通城县北港区大坪公社；1975年1月撤区并社，红旗、民主、同裕、尖山大队合并为红旗大队，属北港公社；1981年，红旗大队分设为花墩(红旗、民主)、小岭(同裕、尖山)大队；1984年设区建乡，花墩、小岭大队分别变更为花墩、小岭村，属北港区大坪乡；1987年区乡体制改革，属大坪乡；2001年，花墩、小岭村合并为花墩村。下辖20个村民小组，有23个农村居民点。村内有七屋基站、小岭基站等设施，以及广严寺、抗日谈判旧址两个纪念地，另有花墩港、尖山。距G353国道、杭瑞高速进出口公路里程均为6千米，居民点全通公路。居民有胡、吴、李、周、陈、戴等姓，以胡姓为主。1988年建村委会办公楼，占地面积3000平方米，建筑面积1980平方米，设有便民服务厅、村卫生室等。2014年，有村民817户、3540人、耕地148.7公顷，山林533.3公顷。村民主要种植水稻、红薯、油茶等农作物，兼养殖猪、牛、羊、鸡、鸭、鱼，经济来源以务农、务工为主，部分人经商，年人均纯收入7620元。1937年“七七事变”后，中共西北特委书记兼军分区政委江渭清在此地与国民政府武汉行营主任何成浚、通城县县长曹功锦、县保安团团长胡登春等进行针锋相对的说理斗争，最终谈判成功，实现了湘鄂地区的国共合作。接着，中共西北特委根据董必武“独立自主靠山扎“的指示，汇集分散在湘鄂边界的红军战士300多人并编入新四军。

小岭地片　属大坪乡花墩村，位于大坪乡西部，距大坪中心集镇2.5千米。东界大坪，南连尖山，西靠北港岭源村，北靠湖南省余湾村。因域内有的居民点名小岭而得地片名。下辖6个居民小组，有6个居民点。距G353国道、杭瑞高速进出口公路里程均为6千米，居民点全通公路。2014年，有居民261户1130人，耕地75公顷，山林100公顷。

茶园　属大坪乡花墩村，位于花墩村西北部，距村委会驻地雷贡坡1千米。东邻花墩桥，南接傅家冲，西连塘塆里，北靠王家冲。清代，胡佰望（1766—1835）迁此建房定居，因住宅处一片茶园之中，故命村庄名为茶园。2014年，有居民59户250人，耕地175亩。

大坳上　属大坪乡花墩村，位于花墩村东部，距村委会驻地雷贡坡1.2千米。东至草鞋村，南接细坳上，西至罗家畈，北至马王冲。此地为尖山延伸形成的山岭分水处，因比细坳地势大，故称大坳。清代，胡光月（1824—1891）携子孙迁入此地，依地形命村庄名为大坳上。2014年，有居民48户200人，耕地126亩。

傅家冲　属大坪乡花墩村，位于花墩村东北部，距村委会驻地雷贡坡地理1.1千米。东至花墩桥，南接尖山，西至塘底畈，北至茶园。此地为长条形山沟，清代，傅绍承（1712—1795，人称傅员外）在冲内建房定居，以姓氏和地形综合命村庄名。2014年，有居民40户140人，耕地160亩。

花墩桥　属大坪乡花墩村，位于花墩村西北部，距村委会驻地雷贡坡800米。东至田头，南接傅家冲，西至茶园，北至王家冲。清代，罗畈财主胡天台（1821—1891）捐银在小港上修一石桥，石墩上雕刻花纹，故名花墩桥。后来，张、李、胡姓先后在该桥两端建房定居，以桥名称命村庄名。2014年，有居民69户290人，耕地185亩。1937年，国共双方在此地谈判成功，形成三省边界地区抗日统一战线，中华人民共和国成立后建立纪念碑以纪念该事件。

尖山大屋　属大坪乡花墩村，位于花墩村西南部，距村委会驻地雷贡坡1千米。东邻细坳上，南接尖山，西连小岭，北接雷贡坡。明代，胡德灵（1427—1505）迁此建房定居，因住宅地处尖山前方，房屋规模大，故命村庄名为尖山大屋。2014年，有居民76户350人，耕地224亩。

雷贡坡　属大坪乡花墩村，位于花墩村西北部，为村委会驻地，距大坪中心集镇4千米。东、南接尖山大屋，西连茶园，北靠田头。明代天顺二年（1459），雷、贡两姓氏同迁徙至此，买田置地，修建房屋定居，以其两家姓氏命村庄名为雷贡坡。2014年，有居民52户210人，耕地175亩。

罗家畈　属大坪乡花墩村，位于花墩村东部，距村委会驻地雷贡坡400米。东邻石咀铺，南接细坳上，西连尖头大屋，北靠雷贡坡。此地为面积较大的平地，古为胡姓的土地，故称胡家畈。清代，财主胡天台（1786—1857）居此屋，为此屋场第十代，有人丁千人以上。据传，胡天台出生时红了半边天，说是财帛星下凡；后他家财万贯，在江北朱河有400只渡船，岳州（今岳阳）有48家铺面，尖山畈内有良田千亩。每逢春耕有佃农40套犁耙，耕田时铜锣一响，全部出工，由此改名锣家畈，后人简写成罗家畈。2014年，有居民38户140人，耕地160亩。

马王冲　属大坪乡花墩村，位于花墩村东南部，距村委会驻地雷贡坡1.5千米。东至大坪，南接大九房，西至大坳上，北至罗家畈。此地为长条形山沟，又因古时冲内稻田中多出蚂蟥，故称蚂蟥冲，后错讹成马王冲。清代，江西刘德（1701—1772）迁冲内建房定居，以山冲名命村庄名。2014年，有居民37户150人，耕地98亩。

邱家畈　属大坪乡花墩村，位于花墩村西南部，距村委会驻地雷贡坡1.7千米。东邻尖山大屋，南接周戴，西连小岭，北靠罗家畈。元代，江西邱相德（1231—1310）迁入此地，以其姓氏和地形综合命村庄名为邱家畈。明代，邱姓外迁，胡降（1371—1442）和吴姓先后迁入，仍称原村庄名。2014年，有居民51户210人，耕地132亩。

树堂屋　属大坪乡花墩村，位于花墩村东北部，距村委会驻地雷贡坡1.8千米。东邻马王冲，南接田头，西连大坳上，北靠大坪村。明代，此地居住胡姓，村庄名胡家。清代，胡树堂（1760—1831）获封翰林学士，故后人以其名改命村庄名。2014年，有居民47户190人，耕地面积180亩。

塘底畈　属大坪乡花墩村，位于花墩村西南部，距村委会驻地雷贡坡1.2千米。东邻花墩桥，南接谢家冲，西连周戴山，北靠余湾村将军石。此地为一面积较大的平地，因畈上方有水塘，故名塘底畈。明代，胡先克（1411—1476）从江西南昌迁畈内建房定居，以畈名命村庄名。2014年，有居民64户270人，耕地220亩。

塘塆里　属大坪乡花墩村，位于花墩村东北部，距村委会驻地雷贡坡1千米。东邻花墩桥，南接水口，西连王家冲，北靠骆家冲。此地为众多小山岭围住形成的拐弯处，古时塆内筑有水塘，故称塘塆里。明代，胡光榜(1380—1451)从江西迁此建房定居，依地形命村庄名为塘塆里。2014年，有居民28户160人，耕地106亩。

田头　属大坪乡花墩村，位于花墩村北部，距村委会驻地雷贡坡500米。东邻四房祠堂，南接雷贡坡，西连花墩桥，北靠骆家冲。明代，胡世隆(1561—1630)迁此地建房定居，因位于尖山畈北面山脚下一坵大稻田的尽头，故称。2014年，有居民74户320人，耕地190亩。

细坳上　属大坪乡花墩村，位于花墩村东部，距村委会驻地雷贡坡1千米。东邻大坳上，南接尖山大屋，西连罗家畈，北靠马王冲。此地为尖山脚下的一小山坳，故人称其为细坳。清代，胡光月(1824—1891)在山坳上修建房屋定居，故以坳名命村庄名为细坳上。2014年，有居民31户140人，耕地93亩。

小岭　属大坪乡花墩村，位于花墩村西南部，距村委会驻地雷贡坡1.5千米。东邻尖山大屋，南接周戴，西连谢家冲，北靠邱家畈。此地为断峰山南脉延伸的小山岭，故得名。清代，胡克从(1836—1908)从岭源迁山岭下建房定居，以山岭名命村庄名。2014年，有居民24户100人，耕地102亩。

谢家冲　属大坪乡花墩村，位于花墩村西南部，距村委会驻地雷贡坡2.7千米。东至小岭，南接周戴，西连塘底畈，北靠尖山大屋。此地为长条形山沟，清代，江西谢志庆(1812—1861)携子孙迁冲内建房定居，以其姓氏结合地形命村庄名为谢家冲。2014年，有居民41户190人，耕地200亩。

周戴　属大坪乡花墩村，位于花墩村西南部，距村委会驻地雷贡坡3千米。东邻邱家坡，南接岭源村，西连谢家冲，北靠小岭。据传，北周武帝天和年间，有周、戴两姓人家是儿女亲家，因家境富裕，两家共建居民点于此，并以两姓氏命村庄名。2014年，有居民54户230人，耕地面积200亩。

第十节　辉煌村及所属聚落

【辉煌村】　大坪乡辖村，位于大坪乡东部，村委会驻地新杨部街，距大坪中心集镇4千米。东接易畈村，西邻来苏村，南连达凤村，北靠杨部村，辖区面积约6.3平方千米。因域内有居民点名辉煌屋而得村名。1950年，属通城县谢家乡成大老、成大二村；1958年人民公社化时，成大老村分设龙合、鲁家大队，成大二村分设辉煌、枫树大队，属崇阳县北港(英雄)人民公社杨部管理区；1961年恢复区镇建制，属通城县北港区杨部公社；1971年，辉煌、枫树、龙合、鲁家大队合并为东风大队，属北港区东冲公社；1975年1月撤区并社，属东冲公社；1981年，东风大队更名为辉煌大队；1984年设区建乡，辉煌大队分设为辉煌、龙合村，属北港区杨部乡；1987年区乡体制改革，属大坪乡；2002年，辉煌、龙合村合并为辉煌村。下辖5个村民小组，有28个居民点。村内主要有庙湾桥、龙合桥、坪谢管道、仰山庙、灵恩堂、辉煌村杨部门诊、福利院、杨部中学、龙合港。村民有胡、谢、黎、吴、李、杨、王、钟、张等姓，以胡姓为主。1994年建有村委会办公楼1栋，占地面积140平方米，建筑面积280平方米，设有便民服务厅、村卫生室等。距G353国道、杭瑞高速进出口公路里程均为8千米，居民点全通公路。2014年，有村民655户2990人，水田112.1公顷，旱地11.1公顷，山林30.9公顷。村民主要种植水稻、红薯、玉米、油菜，兼养猪、牛、鱼、鸡、鸭等，经济来源主要为务农、务工、经商，年人均纯收入7280元。

龙合地片　属大坪乡辉煌村，位于辉煌村南部，距大坪中心集镇4千米。东至易畈，南连达凤村，西接来苏村，北临辉煌村，总面积3.5平方千米。因域内有居民点名龙合口而得地片名。下辖3个村民小组，有11个居民点。距G353国道、杭瑞高速进出口公路里程均为8千米，居民点全通公路。2014年，有居民356户1670人，耕地67.3公顷，其中水田61.3公顷，山林12.9公顷。

大庙湾　属大坪乡辉煌村，位于辉煌村西南部，距村委会驻地新杨部街4千米。东接龙合口，西邻来苏村，南连达凤村，北靠新屋。后唐庄宗同光年间，胡姓在此修建一座仰山庙宇，庙宇位于前方大港河湾，故名庙湾。明末，胡齐壁(1607—1670)从牮楼屋迁庙附近建房定居，以湾名命村庄名。2014年，有居民51户260人，水田96.2亩，旱地7亩，山林24亩。

枫树屋　属大坪乡辉煌村，位于辉煌村西部，距村委会驻地新杨部街2千米。东接王家屋，西邻陈家，南连高冲，北靠烂泥冲。清末，胡丁炎(1878—1940)从庙湾迁入建房定居，因住宅四周长满枫树，故命村庄名为枫树屋。2014年，有居民25户100人，水田66.4亩，旱地6亩，山林24亩。

高冲屋　属大坪乡辉煌村，位于辉煌村西部，距村委会驻地新杨部街2.5千米。东接辉煌屋，西邻枫树屋，南连罗谷场，北靠毛立坡。此地为长条形山沟，又因地势高，故名高冲。清代，李辉汉(1785—1862)从韩岭迁入建房定居，以山冲名命村庄名。2014年，有居民26户70人，水田60亩，旱地7亩，山林14亩。

辉煌屋　属大坪乡辉煌村，位于辉煌村南部，距村委会驻地新杨部街3千米。东接爆竹屋，西邻罗谷场，南连仲琳屋，北靠六豆咀。古时，一名叫辉煌的人在此定居，依其名命村庄名为辉煌屋。后此人外迁，胡开眷(1701—1778)从江西迁入定居，仍用原村庄名。2014年，有居民36户160人，水田87亩，旱地7亩，山林20亩。

夹石屋　属大坪乡辉煌村，位于辉煌村东部，距村委会驻地新杨部街500米。东接易畈村，西邻村委会新杨部街，南连粉铺，北靠杨部村。明晚期，吴图南(1578—1629)从尧家垅迁此定居，因住宅门前有两块大石头，用来拴马和插旗，好似夹着此村庄，故命村庄名为夹石屋。2014年，有居民35户150人，水田79.4亩，旱地15亩，山林30亩。

咀上屋　属大坪乡辉煌村，位于辉煌村东部，距村委会驻地新杨部街1.5千米。东接易畈村，西邻杨部中学，南连成大铺，北靠门前铺。清代，吴及涛(1808—1828)从夹石屋迁此建房定居，因住宅处山体突出前端，故命村庄名为咀上屋。2014年，有居民30户130人，水田81.4亩，旱地8亩，山林29亩。

烂泥冲　属大坪乡辉煌村，位于辉煌村西部，距村委会驻地新杨部街2千米。东接杨部中学，西邻来苏村，南连枫树屋，北靠杨部村。此地为长条形山沟，又因山冲内稻田多为冷浸水形成的烂泥田，故称烂泥冲。清代，黄佳作(1859—1928)从大坪八屋迁冲内建房定居，以山冲名命村庄名。2014年，有居民32户150人，水田105亩，旱地10亩，山林30亩(在该居民点东南500米处原有小居民点张家冲，有3户居民2005年前后迁往烂泥冲定居)。

龙合口　属大坪乡辉煌村，位于辉煌村西南部，距村委会驻地新杨部街4千米。东接谢家畈，西邻庙湾，南连达凤村，北靠辉煌屋。此地有两条山沟，古代黎姓人家在两山垅汇合处建房定居，故命村庄名为龙合口。2014年，有居民44户220人，水田108.6亩，旱地10亩，山林20亩。

鲁家湾　属大坪乡辉煌村，位于辉煌村西部，距村委会驻地新杨部街2.5千米。东接辉煌屋，西邻来苏屋，南连新屋，北靠高冲。明代，江西鲁姓迁入此地，因住宅位于小港拐弯处，故名鲁家湾。后鲁姓外迁，胡允堂(1781—1843)从石南迁入建房定居，仍用原村庄名。2014年，有居民67户260人，水田170亩，旱地20亩，山林30亩。

师傅屋　属大坪乡辉煌村，位于辉煌村东南部，距村委会驻地新杨部街2千米。东接易畈村，西邻王家，南连春南屋，北靠五席屋。古代，一木工师傅在此建房定居，带有一帮徒弟，故名师傅屋。清末，胡光保(1890—1953)从墨烟迁入建房定居，仍用原村庄名。2014年，有居民14户60人，水田33.8亩，旱地3亩，山林12亩。

王家　属大坪乡辉煌村，位于辉煌村西南部，距村委会驻地新杨部街2.5千米。东接师傅屋，西邻枫树屋，南连毛立坡，北靠咀上屋。元代，江西王兴德迁此地建房定居，依其姓氏命村庄名为王家。2014年，有居民25户120人，水田69.9亩，旱地8.2亩，山林26亩。

下屋　属大坪乡辉煌村，位于辉煌村东南部，距村委会驻地新杨部街3千米。东接易畈村，西邻谢家畈，南连易畈村，北靠爆竹铺。清代，谢子上(1692—1746)从仲琳谢家迁此建房定居，因住宅位于祖居的下方，故命村庄名为下屋。2014年，有居民28户130人，水田60亩，旱地7亩，山林15亩。

谢家畈　属大坪乡辉煌村，位于辉煌村东南部，距村委会驻地新杨部街3千米。东接下屋，西邻龙合口，南连达凤村，北靠仲琳谢家。此地为一块面积较大的平地，古代是谢姓居住地，故名谢家畈。后谢姓外迁，胡金门、胡开榜(1683—1744)从牮楼屋迁入建房定居，仍用原村庄名。2014 年，有居民 39 户 180 人，水田 110.5 亩，旱地 7 亩，山林 18 亩。

新屋　属大坪乡辉煌村，位于辉煌村西南部，距村委会驻地新杨部街 4 千米。东接庙湾，西邻来苏村，南连达凤村，北靠鲁家湾。清代，庙湾胡姓兄弟分家，在此新建房屋定居，故名新屋。2014 年，有居民 29 户 140 人，水田 82.8 亩，旱地 10 亩，山林 15 亩。

新杨部街　属大坪乡辉煌村，为村委会驻地，距大坪中心集镇 3.2 千米。东接夹石屋，西邻烂泥冲，南连王家，北靠杨部村。1975 年撤区并社，成立区级东冲公社，在此新建公社机关。后来，附近吴、杨、胡等姓村民在公社机关周边建房定居，因同公社内有杨部大队，故称为新杨部街以示区别。2014 年，有居民 70 户 300 人，水田 150 亩，旱地 18 亩。

杨家　属大坪乡辉煌村，位于辉煌村东部，距村委会驻地新杨部街 1 千米。东接易畈村，西邻杨部中学，南连门前铺，北靠粉铺。清初，杨赞文(1634—1707)从枫树坪迁此建房定居，以其姓氏命村庄名。2014 年，有居民 49 户 240 人，水田 115.7 亩，旱地 10 亩，山林 50 亩。

仲琳谢家(塅上谢家)　属大坪乡辉煌村，位于辉煌村东南部，距村委会驻地新杨部街 3 千米。东接易畈村，西邻龙合口，南连谢家畈，北靠辉煌屋。明代，谢仲琳(1460—1520)从谢家咀迁此建房定居，以其名及姓氏综合命村庄名。2014 年，有居民 31 户 150 人，水田 106 亩，旱地 10 亩，山林 20 亩。

第十一节　来苏村及所属聚落

【来苏村】　大坪乡辖村，位于大坪乡东部，村委会驻地上屋黎家，距大坪中心集镇 2 千米。东接辉煌村，西邻大坪镇，南连石南柏树村，北靠栗坪村，辖区面积约 6.8 平方千米。因域内有居民点名来苏畈而得村名。1950 年，属通城县来苏乡；1958 年人民公社化时，设来苏大队、骆家大队、五星大队，属崇阳县北港(英雄)人民公社杨部管理区；1961 年恢复区镇建制，属通城县北港区杨部公社；1963 年，来苏、骆家、五星大队合并为来苏大队；1975 年 1 月撤区并社，属东冲公社；1981 年，来苏大队又拆分为来苏、骆家、曾家大队；1984 年设区建乡，来苏、骆家、曾家大队变更为来苏、骆家、曾家村，属北港区杨部乡；1987 年区乡体制改革，属大坪乡；2001 年调整乡镇行政区划，来苏、骆家村合并为来苏村，曾家村未变；2004 年，来苏、曾家村合并为来苏村。下辖 14 个村民小组，有 17 个农村居民点。村民有黎、吴、曾、李、刘、邓、胡、周姓，以黎、吴、曾姓为主。1978 年，建有村委会办公楼 1 栋，占地面积 410 平方米，建筑面积 310 平方米，设有便民服务厅、村卫生室等；距 G353 国道、杭瑞高速进出口公路里程均为 6.5 千米，居民点全部通公路。2014 年，有村民 925 户 3980 人，水田 158.5 公顷，旱地 11.6 公顷，山林 122.7 公顷。村民主要种植水稻、红薯等农作物，经济来源主要为务农、务工、经商，年人均纯收入 6890 元。

骆家地片　属大坪乡来苏村，位于来苏村北部，距大坪中心集镇 3 千米。东接辉煌村，西邻旭坡，南连茅立坡，北靠栗坪、新三汇，辖区面积 2.3 平方千米。因域内有居民点名上骆家庄而得地片名。下辖 6 个村民小组，有 6 个居民点。距 G353 国道、杭瑞高速进出口公路里程均为 7 千米，居民点全通公路。2014 年，有村民 201 户 860 人，水田 45.9 公顷，旱地 2.9 公顷，山林 69.3 公顷。

曾家地片　属大坪乡来苏村，位于来苏村南部，距大坪中心集镇 3.5 千米。东接辉煌村，西邻石南柏树村，南连达凤村，北靠来苏村，辖区面积约 2.3 平方千米。因域内有居民点名曾家堤而得地片名。下辖 4 个村民小组，有 4 个居民点。距 G353 国道、杭瑞高速进出口公路里程均为 6 千米，居民点全通公路。2014 年，有村民 264 户 1100 人，水田 46.2 公顷，旱地 4.3 公顷，山林 32 公顷。

赶麂坡　属大坪乡来苏村，位于来苏村西北部，距村委会驻地上屋黎家 1.9 千米。东接茅栗坡，西邻七屋，南连甘重山，北靠旭坡。清代，黎胜怀(1730—1821)在此平整土地建造房屋时，从小山坡中跑出一只鹿，众人追赶并将其捕获，遂名村庄名为赶鹿坡。2014年，有居民30户120人，水田90亩，旱地6.3亩，山林100亩。

锅匠屋(肖家)　属大坪乡来苏村，位于来苏村南部，距村委会驻地上屋黎家2.5千米。东接曾家堤，西邻石山屋，南连黄泥塘，北靠澎家湾。古代，有一个补锅匠在此建房定居，依其职业命村庄名为锅匠屋，又因补锅匠为肖姓，故又名肖家。后肖姓外迁，曾立先(1590—1672)迁此定居，仍用原村庄名。2014年，有居民56户240人，水田182.68亩，旱地16.3亩，山林160亩。

来苏畈(畈里屋)　属大坪乡来苏村，位于来苏村南部，距村委会驻地上屋黎家300米。东接栎树湾，西邻大坪，南连石山港，北靠村委会。此地为面积较大的平地，明代，黎来苏(1358—1429)从江西迁入畈内建房定居，故依其名字综合地形命村庄名为来苏畈。2014年，有居民106户510人，水田192.7亩，旱地13.5亩，山林140亩。

李家畈　属大坪乡来苏村，位于来苏村东部，距村委会驻地上屋黎家2.7千米。东接庙湾，西邻曾家堤，南连八字门，北靠陈家铺。此地为一面积较大的平地，明代，李茂昌(1483—1556)从江西迁畈内建房定居，以其姓氏综合地形命村庄名。2014年，有居民35户160人，水田107亩，旱地15亩，山林75亩。

栎树湾　属大坪乡来苏村，位于来苏村东部，距村委会驻地上屋黎家200米。东接张家湾，西邻畈地屋，南连肖家湾，北靠村委会。明代，黎鼎(1442—1516)从江西修水迁此建房定居，因住宅位于长有栎树的小港拐弯处，故命村庄名为栎树湾。2014年，有居民63户250人，水田121亩，旱地10亩，山林86亩。

彭家湾　属大坪乡来苏村，位于来苏村东部，距村委会驻地上屋黎家1千米。东接庙湾，西邻畈地屋，南连曾家堤，北靠张家湾。明弘治年间，彭姓从江西迁入此地，在河湾前修建房屋定居，依其姓氏综合地形命村庄名。后彭姓外迁，黎慕东(1451—1530)和胡姓先后迁入，仍用原村庄名。2014年，有居民80户320人，水田220.52亩，旱地17.1亩，山林130亩。

三重周家　属大坪乡来苏村，位于来苏村南部，距村委会驻地上屋黎家1.3千米。东接杨梅塘，西邻黄泥塘，南连曾家庄，北靠石山。明代，周斗四(1324—1387)迁此建房定居，因住宅建有三重，遂以其姓氏综合房屋格局命村庄名为三重周家。2014年，有居民20户90人，水田76亩，旱地4.5亩，山林25亩。

上骆家庄　属大坪乡来苏村，位于来苏村东北部，距村委会驻地上屋黎家2.5千米。东接红茶场，西邻茅栗坡，南连下骆家庄，北靠袁家。此地古时为骆姓的土地，建有两处庄屋，分别为上骆家庄、下骆家庄。清代，吴崴峙(1725—1792)购上骆家庄改建定居，仍用原村庄名。2014年，有居民54户250人，水田220亩，旱地19.2亩，山林280亩。

上屋黎老屋　属大坪乡来苏村，位于来苏村西部，距村委会驻地上屋黎家500米。东接屋后主行山，西邻新铺，南连上屋黎新屋，北靠茅立坡。清代，黎匡臣(1624—1731)迁入此地建房定居，依姓氏命村庄名为黎家。后其子孙有分支外迁者，又因住宅处其他居民点上方，遂综合命村庄名为上屋黎老屋。2014年，有居民38户180人，水田95.7亩，旱地5.4亩，山林58亩。

上屋黎新屋　属大坪乡来苏村，位于来苏村西部，距村委会驻地上屋黎家300米。东接村委会，西邻三咀头，南连畈地屋，北靠上屋黎老屋。明代，黎蒂升(1529—1611)，从原居上屋黎老屋迁此建房定居，遂将原居名字中的“老”字换为“新”字，以示区别。2014年，有居民78户330人，水田160.52亩，旱地7.3亩，山林80亩。

石山新屋　属大坪乡来苏村，位于来苏村南部，距村委会驻地上屋黎家1千米。东接曾家，西邻来苏胡家，南连三重周家，北靠港边。明代，石元老(1531—1604)在此建房定居，因住宅后方有石山，遂以山名综合房屋状况命村庄名为石山新屋。后石姓外迁，黎逢胜(1629—1692)迁入，仍用原村庄名。2014年，有居民91户350人，水田130亩，旱地19亩，山林56亩。

下骆家庄　属大坪乡来苏村，位于来苏村东北部，距村委会驻地上屋黎家1.5千米。东接邓家铺，西邻来苏畈，南连大平凉亭山，北靠上骆家庄。古时，此地骆姓的庄屋，因其上方还有一庄屋故名。清代，吴崴峙购买下骆家庄改建定居，仍用原村庄名。2014年，有居民34户130人，水田 123.1 亩，旱地 6.2 亩，山林 179 亩。

旭坡　属大坪乡来苏村，位于来苏村西北部，距村委会驻地上屋黎家 2.4 千米。东接骆家山，西邻大坪茶场，南连赶咀坡，北靠茅咀山。清代，刘胜旭(1751—1798)在此山坡上建房定居，以其名字中的末尾一字综合地形命村庄名为旭坡。2014 年，有居民 34 户 130 人，水田 84 亩，旱地 5.6 亩，山林 130 亩。

袁家　属大坪乡来苏村，位于来苏村东北部，距村委会驻地上屋黎家 2.7 千米。东接红茶场，西邻旭坡山，南连骆家山，北靠旭坡田。明代，袁得明(1551—1637)迁此建房定居，以其姓氏命村庄为袁家。2014 年，有居民 39 户 180 人，水田 141.7 亩，旱地 8.5 亩，山林 300 亩。

曾家堤　属大坪乡来苏村，位于来苏村东南部，距村委会驻地上屋黎家 1.2 千米。东接李家畈，西邻肖家湾，南连马鞍山，北靠彭家湾。明代，曾家浩(1425—1492)在山湾港堤边修建房屋，遂以其姓氏和地物命村庄名为曾家堤。2014 年，有居民 93 户 360 人，水田 214.8 亩，旱地 16.6 亩，山林 115 亩。

张家湾　属大坪乡来苏村，位于来苏村东部，距村委会驻地上屋黎家 600 米。东接鲁家湾，西邻畈地屋，南连肖家湾，北靠栎树湾。明弘治年间，张世德迁此建房定居，因住宅处小港拐弯处，故以姓氏综合地形命村庄名为张家湾。后张姓外迁，黎姓入住，仍用原村庄名。2014 年，有居民 64 户 280 人，水田 163.7 亩，旱地 10 亩，山林 75 亩。

第十二节　栗坪村及所属聚落

【栗坪村】　大坪乡辖村，位于大坪乡东北部，村委会驻地青咀坡，距大坪中心集镇 6 千米。东接韩岭村，西邻四甲铺，南连骆家庄，北靠药姑山田庄，辖区面积 4.8 平方千米。因域内有居民点名栗坪而得村名。1950 年，属通城县四甲乡；1958 年人民公社化时，设团结大队，属崇阳县北港(英雄)人民公社杨部管理区；1961 年恢复区镇建制，属通城县北港区杨部公社；1975 年 1 月撤区并社，属东冲公社；1981 年，团结大队更名为栗坪大队；1984 年设区建乡，栗坪大队变更为栗坪村，属北港区杨部乡；1987 年区乡体制改革，属大坪乡。下辖 6 个村民小组，有 20 个农村居民点。村内主要有田庄水库、田庄发电站、东冲水库东干渠、斗牛宫、关帝庙、千佛寺、新三汇水上乐园、栗坪生态养殖物、新三汇养殖专业合作社、后姑生态度假村等。村民有黄、杨、李、钟、舒、胡、许、汤、傅、陈、肖、杜、万、邓、王、左、黎、吴、刘等姓，以李姓为主。1998 年建村委会办公楼，占地面积 1200 平方米，其中建筑面积 350 平方米，设有便民服务厅、村卫生室等；距 G353 国道、杭瑞高速进出口公路里程均为 10 千米，居民点全通公路。2014 年，有居民 385 户 1600 人，水田 51.1 公顷，山林 533.3 公顷。村民主要种植水稻、红薯，兼养猪、鸡、羊、牛等，经济来源主要为务农、务工、经商，年人均纯收入 7948 元。

案坡　属大坪乡栗坪村，位于栗坪村西南部，距村委会驻地青咀坡 1.5 千米。东接杨部上九甲，西邻平头园，南连来苏村落家，北靠栗坪屋。相传，古时此地有一人以管理菩萨香案和唱神戏为职业，后亏本就怨菩萨不保佑他，将案本埋在此山坡上，故名案坡。清代，黎运昌(1842—1903)从来苏畈迁山坡上建房定居，以山坡名命村庄名。2014 年，有居民 20 户 110 人，水田 79 亩，旱地 100 亩，山林 110 亩。

飞钟寺　属大坪乡栗坪村，位于栗坪村东北部，距村委会驻地青咀坡 1.1 千米。东接干冲，西邻坳晨家，南连李家山，北靠王马冲。传说此地原来名东阁庙，庙有生铁铸钟。后有一天晚上，庙中有一和尚还俗，此寺铸钟飞走了，故名飞钟寺。另因此寺地处栗坪之东，又名东方寺。清代，刘朝瑞(1668—1728)迁寺旁建房定居，以寺名命村庄名。2014 年，有居民 22 户 102 人，水田 120 亩，旱地 150 亩，山林 520 亩。

干冲　属大坪乡栗坪村，位于栗坪村东北部，距村委会驻地青咀坡 1.2 千米。东接破塘，西邻东方寺，南连祠堂屋，北靠关帝庙。此地为长条形山沟，又因水源极少，三天不雨就遭干旱，故名干冲。清代，胡添木(1709—1788)从河田迁冲内定居，以山冲名命村庄名。2014 年，有居民 20 户 90 人，水田 100 亩，旱地 110 亩，山林 500 亩。

栗坪　属大坪乡栗坪村，位于栗坪村西北部，距村委会驻地青咀坡1千米。东接青咀坡，西邻时家，南连万家，北靠田庄。古代，此地是一块长满栗树的宽大平地，故名。清末，吴至德（1859—1925）从方仕咀迁坪内建房定居，以坪名命村庄名。2014年，有居民36户170人，水田150亩，旱地270亩，山林1000亩。

时家　属大坪乡栗坪村，位于栗坪村西北部，距村委会驻地青咀坡3千米。东接栗坪屋，西邻树山，南连栗坪屋水田，北靠金甲坡。古时，一时姓人在此建房定居，故名时家。后时姓迁出，黎元德（1816—1874）从茅坪迁入建房定居，仍用原村庄名。2014年，有居民20户90人，水田95亩，旱地80亩，山林200亩。

树山　属大坪乡栗坪村，位于栗坪村西北部，距村委会驻地2千米。东接野草园，西邻良虎坳，南连时上骆家，北靠药姑山大地尖。古时，此地山岭上长满松杉，茂密参天，故名树山。清代，李茂林（1684—1745）从韩家岭迁山岭下建房定居，以山名命村庄名。2014年，有居民27户110人，水田120亩，旱地80亩，山林270亩。出生于该居民点的黎大有（1979—　），2014年任中共利川市委书记。

田庄　属大坪乡栗坪村，位于栗坪村西北部，距村委会驻地青咀坡4千米。东接圆古林，西邻内冲，南连水口，北靠药姑山。古代，此地为胡姓财主庄屋，故名田庄。清代，胡允波（1736—1797）从北港岭源迁入并建房定居，仍用原村庄名。2014年，有居民24户100人，水田40亩，旱地148亩，山林2800亩。

万家　属大坪乡栗坪村，位于栗坪村西部，距村委会驻地青咀坡1千米。东接村委会，西邻罗家庄，南连杨部村邹刘屋，北靠杨树垅。清代，万心田（1755—1829）从江西迁此建房定居，以其姓氏命村庄名。2014年，有居民26户120人，水田121亩，旱地61亩，山林200亩。出生于该居民点的黎时忠（1940—　），历任中共通城县委常委、县委办公室主任、中共通城县委副书记、中共崇阳县委副书记、崇阳县政协主席，著名作家。

相堂屋　属大坪乡栗坪村，位于栗坪村东南部，距村委会驻地青咀坡1.5千米。东接韩岭村，西邻李家山，南连杨部村，北靠破堂屋。民国三年（1914），李相堂从江西迁此建房定居，以其名命村庄名。2014年，有居民27户130人，水田237亩，旱地136亩，山林230亩。

第十三节　墨烟村及所属聚落

【墨烟村】　大坪乡辖村，位于大坪乡南部，村委会驻地清水塘，距大坪中心集镇10千米。东接农林村，西邻达凤村，南连石南梅港村，北靠沙口村，辖区面积约5.4平方千米。因域内有居民点名墨烟樊家而得村名。1950年，属通城县墨烟乡；1958年人民公社化时，设竹路、东墨、张七大队，属崇阳县北港（英雄）人民公社墨烟管理区；1961年恢复区镇建制，属通城县北港区墨烟公社；1973年，东墨、竹路、张七个大队合并为墨烟大队；1975年1月撤区并社，属墨烟公社；1978年，墨烟大队分设为墨烟（原东墨与竹路合并）、张七大队；1981年，墨烟大队拆分为东墨、竹路大队，张七大队未变；1984年设区建乡，竹路、东墨、张七大队分别变更为竹路、东墨、张七村，属银城区墨烟乡；1987年区乡体制改革，属墨烟乡；1994年，属双龙乡；2001年调整乡镇行政区划，属大坪乡；2003年，东墨、竹路村合并为墨烟村，张七村未变；2005年，墨烟、张七村合并为墨烟村。村民房屋呈条、块状分布，下辖9个村民小组，有28个农村居民点。村民有杨、宋、胡、吴、黎、何、樊、刘、李、陈、晏、余、王、毛、郭等姓，以黎、胡姓为主。2006年建村委会办公楼，占地面积500平方米，建筑面积200平方米，设有便民服务厅、党员活动中心、村卫生室等。距G106国道、杭瑞高速进出口公路里程分别为4千米、5千米，居民点全通公路。2014年，有村民742户3100人，水田135.1公顷，旱地46.1公顷，山林137.3公顷。村民主要种植水稻、油茶、红薯等，经济来源主要为务农、务工、经商，全年人均纯收入6960元。

张七地片　属大坪乡墨烟村，位于墨烟村西北部，距大坪中心集镇8千米。东接东墨地片，西邻达凤村，南连石南镇，北靠东墨地片，辖区面积约2.4平方千米。因域内有居民点张七亭而得地片名。下辖3个村民小组，有10个居民点。距G106国道、杭瑞高速进出口公路里程分别为6千米、6.5千米，居民点全通公路。2014年，有村民284户1070人，耕地62.7公顷，山林42公顷。

竹路地片　属大坪乡墨烟村，位于墨烟村东北部，距大坪中心集镇9千米。东接农林村，西邻达凤村，南连东墨地片，北靠沙口村，辖区面积约1.5平方千米。此地古时有一屋场处大片竹林中，竹林中有石板路故名，并由此得地片名。下辖3个村民小组，有10个居民点。距G106国道、杭瑞高速进出口公路里程分别为8千米、5千米，居民点全通公路。2014年，有村民206户950人，耕地55.9公顷，山林45.1公顷。

东墨地片　属大坪乡墨烟村，位于墨烟村东南部，距大坪中心集镇9千米。东接农林村，西邻张七片区，南连石南梅港村，北靠竹路片区，辖区面积约1.5平方千米。因地处墨烟村东部而得地片名。下辖3个村民小组，有8个居民点。距G106国道、杭瑞高速进出口公路里程分别为10千米、5千米，居民点全通公路。2014年，有村民250户990人，耕地62.6公顷，山林50.5公顷。

步高屋　属大坪乡墨烟村，位于墨烟村北部，距村委会驻地清水塘1千米。东接坳上罗家，西邻晏家屋，南连六同屋，北靠长垅路口湾。清代，陈仁武(1853—1922)随父陈步高(1822—1893)迁此建房定居，以父名命村庄名。2014年，有居民36户150人，水田98亩，旱地17亩，山林79亩。

港樊家　属大坪乡墨烟村，位于墨烟村南部，距村委会驻地清水塘1千米。东接港杨家，西邻港樊家，南连黄河港，北靠刚家。清代，樊祖德(1663—1737)从樊店迁此建房定居，因住宅依梅港，故名港樊家。2014年，有居民21户90人，水田82亩，旱地8亩，山林78亩。

港黎家　属大坪乡墨烟村，位于墨烟村南部，距村委会驻地清水塘1千米。东接港杨家，西邻港樊家，南连黄沙港畔，北靠刚家。明代，黎祖望(1429—1492)从江西修水迁此建房定居，因住宅依黄沙港河畔，故称港黎家。2014年，有居民21户90人，水田82亩，旱地8亩，山林78亩。

郭家新屋(郭家)　属大坪乡墨烟村，位于墨烟村南部，距村委会驻地清水塘1千米。东接港樊家，西邻下屋胡家，南连黄沙港，北靠邹家坳。明代，郭先保(1347—1415)从江西迁此建房定居，因住宅为新建房屋，故以其姓氏及房屋状况综合命村庄名。2014年，有居民28户140人，水田108亩，旱地18亩，山林89亩。

何家老屋　属大坪乡墨烟村，位于墨烟村西北部，距村委会驻地清水塘500米。东接村委会，西邻老屋坳上，南连邹家坳，北靠张家楼。宋代，何自东(1137—1200)从江西南昌迁此建房定居，依其姓命村庄名为何家。后有子孙分支外迁，命村庄名为何家老屋。2014年，有居民38户120人，水田112亩，旱地11亩，山林106亩。

何家新屋(新屋何家)　属大坪乡墨烟村，位于墨烟村东部，距村委会驻地清水塘500米。东接郭家坡，西邻暗山，南连江家，北靠大屋场。清代，何炳文(1729—1798)从原居何家老屋迁此建房定居，故得名。2014年，有居民62户220人，水田191亩，旱地15亩，山林168亩。

老屋坳　属大坪乡墨烟村，位于墨烟村西部，距村委会驻地清水塘500米。东接新屋坳上，西邻远绍屋，南连张七亭，北靠何家老屋。此地为山岭分水处，清初，黎瑞(1631—1709)迁坳上建房定居，命村庄名为黎家。因后来有子孙分支外迁，故依地形综合命村庄名为老屋坳。2014年，有居民25户150人，水田104亩，旱地24亩，山林92亩。出生该居民点的黎刚华(1962—　)，2014年任深圳市发展银行行长。

廖家边　属大坪乡墨烟村，位于墨烟村北部，距村委会驻地清水塘1千米。东接横冲屋，西邻六同屋，南连农林蛇形坡，北靠周元屋。清代，廖祥得(1601—1672)在此建房定居，故称。后廖姓外迁江西，李从于(1852—1918)迁入建房定居，仍用原村庄名。2014年，有居民36户130人，水田98亩，旱地14亩，山林91亩。

六同屋　属大坪乡墨烟村，位于墨烟村北部，距村委会驻地清水塘1千米。东接石屋，西邻何家祠堂，南连黎家咀，北靠营楼坡。清代，吴继寿(1682—1746)从江西修水迁此建房定居，生两子，名大六同和细六同，兄弟俩分家后各建一栋三重堂的住房，取名为大六同屋和细六同屋，统称为六同屋。2014年，有居民29户140人，水田104亩，旱地15亩，山林87亩。

墨烟樊家(墨田樊家)　属大坪乡墨烟村，位于墨烟村中部，距村委会驻地清水塘500米。东接学校，西邻村委会，南连黄河港，北靠李家咀。传说古代当地有一墨姓少年，一日拾得仙丹一颗，随口吃下去后一下子变成一条龙。龙游走时淹没了田舍，村民四面呼救，大喊："墨龙淹水了。"后因忌淹，改为烟，故此得名"墨烟"。明代，樊尚盛(1514—1563)迁此建房定居，以传说综合姓氏命村庄名为墨烟樊家，又称墨田樊家。2014年，有居民30户160人，水田115亩，旱地15亩，山林96亩。

晏家屋(晏家)　属大坪乡墨烟村，位于墨烟村北部，距村委会驻地清水塘1.5千米。东接步高屋，西邻达凤村，南连张家楼，北靠达凤村。清末，方诗云(1814—1879)在此定居，依其姓氏命村庄名为方家。后方姓迁往江西尧家，晏德落(1877—1948)迁入建房定居，改名为晏家。2014年，有居民28户120人，水田63亩，旱地12亩，山林60亩。

张家楼　属大坪乡墨烟村，位于墨烟村西北部，距村委会驻地清水塘1千米。东接望家坡，西邻达凤村，南连何家老屋，北靠步高屋。古时，叶家墩有一富户葛寡妇，在此地拥有良田300余亩，为了便于收租存粮，在此建了一栋收租庄屋，名为庄稼楼。清代，胡玉峰(1824—1879)从江西迁此定居，依旧村庄名谐音命村庄名为张家楼。2014年，有居民35户170人，水田126亩，旱地14亩，山林91亩。

张七亭　属大坪乡墨烟村，位于墨烟村西南部，距村委会驻地清水塘1千米。东接梅港村，西邻石南镇石马村，南连梅港村，北靠新屋坳上。明末，张七(1585—1656)迁此建房定居，同时在路边建一凉亭供人歇息，故以其名及凉亭综合命村庄名。后张姓外迁，胡德景(1746—1821)从江西修水迁入建房定居，仍用原村庄名。2014年，有居民30户140人，水田119亩，旱地20亩，山林48亩。

周元屋　属大坪乡墨烟村，位于墨烟村北部，距村委会驻地清水塘1.5千米。东接烂塘犀，西邻万家庄，南连华国屋，北靠王谷屋。古时，此地住着一人家，户主名叫周元，故名周元屋。后周姓迁往江西，胡先落(1856—1917)及吴姓先后迁入，仍用原村庄名。2014年，有居民25户80人，水田82亩，旱地14亩，山林80亩。

第十四节　南山村及所属聚落

【南山村】　大坪乡辖村，位于大坪乡南部，村委会驻地石咀许家，距大坪中心集镇500米。东接来苏村，西邻花墩村，南连草鞋村，北靠东冲水库，辖区面积约4.3平方千米。因域内有地片名南山而得村名。1950年，属通城县草鞋、四甲乡。1958年人民公社化时，设同心(原鞋乡)、山咀(原四甲乡)大队，属崇阳县北港(英雄)人民公社大坪管理区(同心)、杨部管理区(山咀)。1961年恢复区镇建制，同心大队变更为南山大队，山咀大队未变，属通城县北港区大坪、杨部公社。1971年，南山大队又变更为同心大队，山咀大队未变。1975年撤区并社，山咀大队变更为大坪大队，属北港公社；同心大队未变，属东冲公社。1981年，同心大队再次变更为南山大队，大坪大队未变。1984年设区建乡，南山大队变更南山村，大坪大队变更为山咀村，属北港区大坪乡。1987年区乡体制改革，属大坪乡。2002年，南山、山咀村合并为南山村。下辖6个村民小组，有11个农村居民点。有古来苏庙、同康牧业、东风(南山)港。村民有胡、黄、杨、吴、许等姓，以胡姓为主。2007年建村委会办公楼，占地面积300平方米，建筑面积150平方米，设有便民服务厅、村卫生室等。距G353国道、杭瑞高速进出口公路里程均为5千米，居民点全通公路。2014年，有村民468户2260人，水田122公顷，旱地5.9公顷，山林6.5公顷。村民主要种植水稻等。经济来源主要为务农、务工、经商，年人均纯收入8280元。

南山地片　属大坪乡南山村，位于南山村南部，距大坪中心集镇500米。东接来苏村，西邻花墩村，南连山咀片，北靠东冲水库，辖区面积为2.3平方千米。因域内有居民点南山老屋而得地片名。下辖3个村民小组，有6个居民点。距G353国道、杭瑞高速进出口公路里程均为5千米，居民点全通公路。2014年，有村民292户1550人，水田 58.7 公顷，旱地 3.1 公顷，山林 3.5 公顷。

来苏畈地片　属大坪乡南山村，位于南山村东部。以南山村南山湾来苏胡家为中心点，距大坪中心集镇 2 千米。东接辉煌村，南连石南，西靠大坪集镇，北邻栗坪村，总面积 2.8 平方千米。因域内有居民点名来苏胡家而得地片名。有 7 个居民点，距 G353 国道、杭瑞高速进出口公路里程均为 7 千米，居民点全部通公路。2014 年，有村民 415 户 1730 人，水田 67.3 公顷。

八屋　属大坪乡南山村，位于南山村北部，距村委会驻地石咀许家 800 米。东接庙背屋，南邻山咀头，西连南坪社区，北靠大坪茶场。明代，胡义(1396—1462)从江西迁此建房定居。因其排行第八，故命村庄名为八屋。2014 年，有居民 41 户 160 人，水田 140 亩，旱地 9 亩，山林 10 亩。

郝家咀　属大坪乡南山村，位于南山村东南部，距村委会驻地石咀许家 1 千米。东邻石山屋，南连曾家庄，西接同心小学，北靠南山白屋。明代，郝期尚(1372—1402)从江西迁此建房定居，因住宅建于山体突出前端旁，故得名。后郝姓外迁，胡、吴姓先后迁入，仍用原村庄名。2014 年，有居民 21 户 80 人，水田 70 亩，旱地 10 亩，山林 15 亩。

来苏胡家　属大坪乡南山村，位于南山村东南部，距村委会驻地石咀许家 1.1 千米。东邻来苏石山，南连草鞋村叶家坪，西接郝家咀，北靠山咀头。明代，胡盛成(1381—1470)从江西修水携子孙迁此建房定居，因住宅地处来苏畈，故名来苏胡家。2014 年，有居民 58 户 200 人，水田 118 亩，旱地 4 亩，山林 8 亩。

瞒天石　属大坪乡南山村，位于南山村北部，距村委会驻地石咀许家 800 米。东接来苏村，南邻南坪社区，西连大坪村，北靠大坪茶场。相传古时，玉帝之女私下凡间与此地一善良而又勤劳的穷苦小伙私订终身，喜结良缘。玉帝知道后龙颜大怒，派天兵天将缉拿小仙女归天。小仙女为了躲过天兵，化作一只金雀躲入岩石中，最终瞒过天兵而躲过一劫。后人为纪念小仙女，将此石称为“瞒天石”。元英宗年间，元朝推行甲主制，划此地为程化图，县衙委派黄秀顺(1299—1367)任程化图甲主并在此建房定居，以石名命村庄名。2014 年，有居民 35 户 140 人，水田 110 亩，旱地 15 亩，山林 5 亩。

庙背屋　属大坪乡南山村，位于南山村东部，距村委会驻地石咀许家 1 千米。东邻来苏村，南临来苏上屋黎家，西接大坪村，北靠栗坪村。明代，胡世隆(1401—1465)迁此建房定居，因住宅地处来苏庙背后，故得名。2014 年，有居民 30 户 120 人，水田 115 亩，旱地 10 亩，山林 9 亩。

南山白屋(南山湾)　属大坪乡南山村，位于南山村南部，距村委会驻地石咀许家 500 米。东至上屋黎家，南连来苏胡家，西接南山老屋，北靠山咀头。明代，胡隆弘(1329—1403)从江西迁此定居。该住宅修建在南山港拐弯处，全用火烧白砖砌搭、石板铺地，外墙刷成白色，故名南山白屋。2014 年，有居民 85 户 520 人，水田 520 亩，旱地 12 亩，山林 10 亩。

南山老屋　属大坪乡南山村，位于南山村南部，距村委会驻地石咀许家 600 米。东至来苏胡家，南连白屋，西接石咀许家，北靠山咀头。清代，胡世隆(1790—1863)从江西迁此定居，因住宅后方有小山岭名南山，遂命村庄名为南山屋。又因后有子孙分支外迁，故改命此宅名为南山老屋。后有子孙分支外迁，改名为南山老屋。2014 年，有居民 31 户 130 人，水田 130 亩，旱地 10 亩，山林 10 亩。

南山湾祠堂　属大坪乡南山村，位于南山村南部，距村委会驻地石咀许家 600 米。东邻白屋，南连老屋，西接石咀许家，北靠大坪集镇。清初，胡姓在此修建祭祀祖先的祠堂，因祠堂地处南山湾不远，故命祠堂名南山湾祠堂。清代，胡义德(1831—1896)从江西修水迁祠堂旁建房定居，以祠堂名命村庄名。2014 年，有居民 58 户 200 人，水田 118 亩，旱地 5 亩，山林 5 亩。

七屋　属大坪乡南山村，位于南山村东北部，距村委会驻地石咀许家 1.1 千米。东邻旭坡，南连来苏庙，西接八屋，北靠大坪茶场。明代，黄修德(1370—1469)自江西迁此地建房定居，因排行第七，故命村庄名为七屋。2014 年，有居民 36 户 120 人，水田 118 亩，旱地 4 亩，山林 8 亩。

山咀头　属大坪乡南山村，位于南山村北部，距村委会驻地石咀许家 800 米。东至来苏村，南连南山湾，西临南坪社区，北靠大坪茶场。元代，胡德昌(1291—1360)携子孙迁此建房定居，因住宅处苏畈上段的山体突出处，故名山咀头。2014 年，有居民 69 户 310 人，水田 280 亩，旱地 15

亩，山林12亩。

石咀许家　属大坪乡南山村，位于南山村西北部，为村委会驻地，距大坪中心集镇500米。东、南连南山祠堂，西接新袍屋，北靠大坪集镇。明代，许定仙（1340—1409）从江西迁此定居，因住宅后方有山体突出的前端，又因全是麻石地质，故名石咀许家。2014年，有居民29户120人，水田110亩，旱地5亩，山林5亩。

第十五节　内冲瑶族村及所属聚落

【内冲瑶族村】　属大坪乡内冲瑶族村，位于大坪乡北部，药姑山南麓，村委会驻地金鸡坑，距大坪乡政府驻地7千米。东接栗坪村，西邻药姑村西冲，南邻大坪村四甲铺，北接临湘市羊楼司镇幸福村，辖区面积13.5平方千米。因地处东冲水库流域之内的山冲，古为瑶族居住地，故得村名。瑶族先民从唐代初期南迁入药姑山，自唐代至明代初期一千余年，先后隶属长沙、岳阳、巴陵郡；明代瑶民南迁后，江西汉族居民迁入，隶属通城县西区；1950年，属通城县四甲乡；1958年，设内冲大队，属崇阳县北港（英雄）人民公社大坪管理区；1961年，属通城县北港区大坪公社；1963年，属北港区东冲公社；1975年，属东冲公社；1984年设区建乡，内冲大队变更为内冲村，属北港区大坪乡；1987年区乡体制改革，属大坪乡；2012年，内冲村更名为内冲瑶族村。有9个农村居民点，村内主要单位有鹰咀岩发电站、冷水井碎石厂、杉木墩林场等。2004年新建村委会办公楼1栋，占地面积1000平方米，建筑面积404平方米，设有便民服务厅等。2014年，有村民319户1260人，水田7.3公顷，旱地46公顷，山林520公顷。村民以种植红薯、玉米、小麦为主；经济来源主要靠经营松、杉、楠竹、药材、茶叶等农副产品，年人均纯收入3840元。村域保存完好的石砌梯地，有残存的石屋、石井遗址，有石桥、石墓葬、石神庙、石祭祀台、石狗头菩萨、狗头图腾等。2001年9月，中国广西瑶学会暨全国46位瑶学专家经过严格考证，结合地方史志数据，确认内冲瑶族村大风塝是瑶族早期先民的居住地——千家峒。同年10月，被广西瑶学会确认为瑶族先民的发源地。2012年4月，国家民族宗教事务委员会将内冲村更名为内冲瑶族村。内冲瑶族村是苏区、库区、边远山区。自1970年后，人们积极响应农业学大寨的号，造大寨地、大寨田，栽茶、栽树，林粮兼作。自1973年起连续5年，每年向国家出售余粮100吨、平价木材800立方、老青茶150吨，一跃成为通城县第一富裕村，第一个户户通照明、拥有解放牌汽车的村。1974年内冲大队荣获“湖北省农业学大寨十面红旗之一”称号，大队党支部书记胡从水当选为湖北省人大代表、县委委员、公社党委副书记，妇代会主任谢桃仙荣获“全国三八红旗手”的称号。村域距G353国道10.5千米，距武深高速、杭瑞高速进出口公路距离分别为16千米、12千米，居民点全通公路。

陈夫冲（下屋）　属大坪乡内冲瑶族村，位于内冲瑶族村南部，距村委会驻地金鸡坑2.5千米。东接胡姓祠堂，西邻药姑村西冲石壁屋山，南临内冲村委会，北靠白云寺。此地为高山深沟，古时，冲内居住有一名陈姓教书先生，故得名。后陈姓外迁，胡秋辉（1704—1788）从庄前李志堂迁入并建房定居，仍用旧村庄名。2014年，有居民24户140人，山林820亩，旱地60亩。该居民点有古树黄山松1株，高15米、胸径3米、冠幅30平方米，树龄340年；古银杏1株，高15米、胸径1.5米、冠幅15平方米，树龄120年。

大风塝　属大坪乡内冲瑶族村，位于内冲瑶族村北部，距村委会驻地金鸡坑4千米。东接椰坪，西邻白云寺，南临戴家大益屋，北靠临湘市龙源乡幸福村。西晋太康年间，山东瑶族先民南迁，从湖南洞庭湖上岸，选中此地安家。因此地山塝上四季有大风不断，故名大风塝。瑶民外迁后，胡允嵩（1705—1772）迁此定居，仍用原村庄名。1980年后，逐渐搬迁大坪集镇等地，2014年只剩1户村民在山上养羊。该居民点有古栗树1株，高6米，胸径4米，树龄800年，因被雷击后又发枝并结果。

插图 20　大风塝古树古屋（刘亚敏　摄）

戴家屋（又名太乙屋）　属大坪乡内冲瑶族村，位于内冲瑶族村北部，距村委会驻地金鸡坑 300 米。东接胡家湾，西邻六房屋场，南临胡姓祠堂，北靠道远屋。此地古有戴太乙创建的住宅，故名戴家屋，又名太乙屋。后戴姓迁出，胡振谕（1745—1770）迁此定居，仍用原村庄名。2014 年，有居民 53 户 200 人，山林 500 亩，水田 40 亩，旱地 80 亩。出生于该居民点的谢桃仙（女，1932— ），中共党员，曾任大队妇代会主任，1979 年荣获“全国三八红旗手”称号，当选全国四次妇代会代表。

道远屋（又名上屋、下屋）　属大坪乡内冲瑶族村，位于内冲瑶族冲西北部，距村委会驻地金鸡坑 500 米。东接金鸡坑，西邻公路，南临内冲河道，北靠山路。明代，胡中道（1523—1612）迁入此地建房定居，以其字号命村庄名。2014 年，有 49 户 180 人，山林 500 亩，耕地 140 亩（其中水田 30 亩）。

胡家祠堂（又名必能公祠堂）　属大坪乡内冲瑶族村，位于内冲村南部，距村委会驻地金鸡坑 400 米。东接东冲水库，西邻药姑村西冲山林，南临东冲水库南岸，北靠上陈夫冲山路。古时，胡姓在此建立胡姓祠堂。明代，胡必能（1433—1505）由李志堂迁祠堂旁边建房定居，遂以祠堂名命村庄名。2014 年，有 28 户 110 人，山林 800 亩，水田 20 亩，梯地 90 亩。出生于该居民点的胡从水（1928— ），历任大队书记，公社党委副书记、县委委员，1974 年荣获湖北省劳动模范称号，1975 年当选为湖北省人大代表。

金鸡坑（又名上屋、胡家湾）　属大坪乡内冲瑶族村，为村委会驻地，距大坪中心集镇 9.5 千米。东接山林，西临白云寺，南连老大王庙，北靠道远屋为条字形。此地为高山深沟，古时野鸡众多，人们认为是吉祥之兆，故称此地为金鸡坑。清初，胡楚佐（1626—1674）入此地建房定居，以坑名命村庄名。2014 年，有居民 29 户 120 人，林地 800 亩，耕地 140 亩。

兰家坑（又名下棚、坳背）　属大坪乡内冲瑶族村，位于内冲瑶族村西北部，距村委会驻地金鸡坑 2 千米。东接胡家祠堂六公山，西邻白云寺，南临陈夫冲，北靠大风塝。此地为高山深坑，古时为兰姓居住地故称。后兰姓外迁，胡开眷（1700—1774）由岭下坑迁入此地建房定居，仍用原村庄名。2014 年，有 23 户 90 人，有林地 1200 亩，旱地 60 亩。该居民点有一棵细叶椆，高 10 米、胸径 3 米、冠幅 15 平方米，树龄 350 年。

椰坪（又名章屋、瓦屋）　属大坪乡内冲瑶族村，位于内冲村东北部，距村委会驻地金鸡坑 1.5 千米。东接栗坪千佛寺，西邻大风塝，南临戴家屋，北靠临湘市幸福村。古时，此地有一块高山小平地，平地上椰树多，故名椰坪。明代，胡琴乐（1495—1568）入此地建房定居，以坪名命村庄名。2014年，有居民25户120人，山林1200亩，旱地120亩。

老大洋 属大坪乡内冲瑶族村，位于内冲瑶族村东部，距村委会驻地金鸡坑1.5千米。东接东冲水库，西邻药姑村西冲山林，南临东冲水库南岸，北靠陈夫冲。传说古时此处只有一间房屋，一个王姓名老大的牧羊人独居，故名老大羊。明末，胡腾东(1602—1683)迁此定居，改村庄名为老大洋。2014年，有居民38户130人，山林1100亩，耕地80亩。

第十六节 农林村及所属聚落

【农林村】 大坪乡辖村，位于大坪乡东南部，村委会驻地坳上三房，距大坪中心集镇12千米。东接坪山村，西邻墨烟村，南连下畈村，北靠沙口村，辖区面积5.7平方千米。因域内有居民点名农林坳而得村名。1950年，属通城县沙口乡；1958年人民公社化时，设农林、西麦大队，属崇阳县北港(英雄)人民公社墨烟管理区；1961年恢复区镇建制，属通城北港区墨烟公社；1975年1月撤区并社，农林、西麦大队合并为农林大队，属墨烟公社；1981年，农林大队拆分为农林、西麦大队；1984年设区建乡，农林、西麦大队分别变更为农林、西麦村，属银城区墨烟乡；1987年区乡体制改革，属墨烟乡；1994年，墨烟乡更名为双龙乡；2001年调整乡镇行政区划，属大坪乡；2002年，农林、西麦村合并为农林村。村民房屋呈块状分布，下辖11个村民小组，有19个农村居民点。村内有金门寺、弥陀寺两座寺庙，有农林坳基站1处，华水塝泵站1处。村民有杨、黎、夏、桂、胡、李、吴、谢、陈、徐等姓，以吴姓为主。2012年建村委会办公楼，占地面积810平方米，建筑面积600平方米，设有便民服务厅、村卫生室等。距G106国道、杭瑞高速进出口公路里程分别为5千米、6千米，居民点全通公路。2014年，有居民535户2300人，耕地187.4公顷，山林206.7公顷。村民主要种植水稻、红薯，兼养猪、鸡、鱼等，经济来源主要为务农、务工、经商，村民年人均纯收入7120元。

西麦地片 属大坪乡农林村，位于农林村南部，距大坪中心集镇14千米，距村委会驻地坳上三房1千米。东接农林村，西邻墨烟村，南连青山村，北靠农林村，辖区面积约2.3平方千米。因该地片处墨烟垅的西部而得地片名，西麦为“西墨”的谐音。下辖4个村民小组，有7个居民点。距G106国道、杭瑞高速进出口公路里程分别为5千米、6千米，居民点全通公路。2014年，有村民212户840人，耕地58.5公顷，山林80公顷。

坳上三房 属大坪乡农林村，位于农林村东部，为村委会驻地，距大坪中心集镇12千米。东接下畈大桥，西邻谢家，南连李家，北靠刘家老屋。清代，吴柒元(1703—1765)迁入建房定居，因其排行第三，又因住宅处山岭分水处，故命村庄名为坳上三房。2014年，有居民19户80人，耕地109亩。

茶园 属大坪乡农林村，位于农林村西北部，距村委会驻地坳上三房1千米。东接瀛家坡，西邻陈家，南连清水塘，北靠塘形。明代，吴纯祖(1508—1569)迁此地一茶园中建房定居，遂以园名命村庄名。2014年，有居民43户160人，耕地302亩，山林215亩。出生于该居民点的黎作祥(1965—)，2014年任上海市正大证券公司总经理。

大屋桂家 属大坪乡农林村，位于农林村西部，距村委会驻地坳上三房1千米。东接李家，西邻余家坡，南连高家岭，北靠谢家。清代，桂李氏(女，1823—1894)携子从北港桂家村迁此定居，因住宅规模较大，故名大屋桂家。2014年，有居民58户250人，耕地300亩，山林338亩。

高家岭 属大坪乡农林村，位于农林村西南部，距村委会驻地坳上三房1.5千米。东接华水塘，西邻石屋，南连夏家，北靠大屋桂家。古时，此地是高姓居住地，因住宅处山岭上而得名。后高姓外迁，胡盛(1460—1523)从江西迁山岭上定居，仍用原村庄名。2014年，有居民20户110人，耕地110亩，山林148亩。

横冲 属大坪乡农林村，位于农林村西部，距村委会驻地坳上三房1千米。东接岭上屋，西邻廖家边，南连刘家老屋，北靠长垅朱家。此地为长条形山沟，又因此山冲与其主山山脉走向相对，故称横冲。清代，刘益(1815—1879)从江西迁冲内建房定居，以山冲名命村庄名。2014年，有居民23户140人，耕地150亩，山林196亩。

老屋刘家　属大坪乡农林村，位于农林村西部，距村委会驻地坳上三房0.5千米。东接马形咀，西邻横冲，南连坳上三房，北靠清水塘。清代，刘明辉(1721—1785)从江西迁此定居，依姓氏命村庄名为刘家。后有子孙分支外迁，此宅为分支宗族始祖居住地，故改名为老屋刘家。2014年，有居民21户90人，耕地120亩，山林120亩。

马形咀　属大坪乡农林村，位于农林村西北部，距村委会驻地坳上三房500米。东接瀛家坡，西邻清水塘，南连农林坳，北靠茶园。此地为山岭延伸的突出前端，形状似马，故称。元代，吴祖德(1265—1334)从江西迁山咀旁建房定居，以山咀名命村庄名。2014年，有居民20户100人，耕地163亩，山林146亩。

毛家垅　属大坪乡农林村，位于农林村东南部，距村委会驻地坳上三房1千米。东接和尚港，西邻夏家，南连和尚港上游，北靠大屋桂家。此地为山沟，古为毛姓居住地，故称。后毛姓外迁，黎景祥(1712—1775)迁此定居，仍用原村庄名。2014年，有居民22户98人，耕地110亩，山林132亩。

农林坳　属大坪乡农林村，位于农林村东部，距村委会驻地坳上三房300米。东接白果畈，西邻坳上三房，南连下畈，北靠马形咀。此地为山岭分水处，古时，居民在山坳上从事农、林业，故称。清代，谢南森(1885—1921)迁山坳旁定居，以山坳名命村庄名。2014年，有居民50户210人，耕地216亩，山林290亩。

清水塘　属大坪乡农林村，位于农林村西部，距村委会驻地坳上三房600米。东接马形咀，西邻横冲，南连刘家老屋，北靠茶园。明代，陈昭胜(1352—1419)从江西迁此定居，见住宅前方一股清泉长流不干，即开挖一口池塘，塘水质清澈，故以水质命名为清水塘，并用作村庄名。2014年，有居民38户160人，耕地160亩，山林215亩。

夏家　属大坪乡农林村，位于农林村西南部，距村委会驻地坳上三房1.5千米。东接毛家垅，西邻墨烟岗家，南连杨家，北靠高家林。明代，夏其祥(1443—1499)从江西迁此定居，以其姓氏命村庄名。2014年，有居民26户90人，耕地80亩，山林132亩。

谢家　属大坪乡农林村，位于农林村南部，距村委会驻地坳上三房500米。东接坳上三房，西邻桂家，南连李家，北靠刘家老屋。明代，谢贤五(1334—1407)迁此建房定居，以其姓氏命村庄名。2014年，有居民27户110人，耕地110亩，山林148亩。

新屋　属大坪乡农林村，位于农林村东南部，距村委会驻地坳上三房1千米。东接和尚港，西邻毛家垅，南连杨家，北靠李家。清代，黎润生(1821—1893)从大坪乡青山村迁此建房定居，因住宅为新建，故命村庄名为新屋。2014年，有居民15户60人，耕地65亩，山林86亩。出生于该居民点的黎作武(1967—　)，2014年任北京航空航天大学教授。

杨家　属大坪乡农林村，位于农林村西南部，距村委会驻地坳上三房1.5千米。东接毛家垅，西邻东荻观，南连和尚港，北靠夏家。明代，杨广梁(1372—1433)迁此定居，以其姓氏命村庄名。2014年，有居民30户110人，耕地120亩，山林158亩。

瀛家坡　属大坪乡农林村，位于农林村西北部，距村委会驻地坳上三房500米。东接黎家塝，西邻清水塘，南连农林坳，北靠茶园。明代，吴瀛(1317—1378)迁此地山坡上建房定居，以其名综合地形命村庄名。2014年，有居民50户200人，耕地350亩，山林268亩。

第十七节　坪山村及所属聚落

【坪山村】　大坪乡辖村，位于大坪乡东部，村委会驻地月形湾，距大坪中心集镇15千米。东接崇阳县肖岭村，西邻农林村，南连下畈村，北靠崇阳县程家塘，辖区面积约6.1平方千米。因域内有平地有山岭而得村名。1950年，属通城县墨烟乡；1958年人民公社化时，设口前、月形、坪山大队，属崇阳县北港(英雄)人民公社墨烟管理区；1961年恢复区镇建制，属通城县北港区墨烟公社；1975 年 1 月撤区并社，口前、月形、坪山大队合并为坪山大队，属墨烟公社；1981 年，坪山大队又拆分为口前、月形、坪山大队；1984 年设区建乡，口前、月形、坪山大队分别变更为口前、月形、坪山村，属银城区墨烟乡；1987 年区乡体制改革，属墨烟乡；1994 年，墨烟乡更名为双龙乡；2001 年，口前、月形、坪山村合并为坪山村。村民房屋呈块状分布，下辖 16 个村民小组，有 18 个农村居民点。村内有孙谷仓水闸、移动公司坪山基站、真觉寺、坪山港、新三汇生物科技园、百丈潭酒业、宏锦果蔬、精创电子厂、格莱德电子厂、瑞祥电子厂。2009 年，原坪山小学教学楼被改建成村委会办公场所，内设便民服务厅、党员活动室、图书阅览室等，建筑面积 520 平方米。村民有李、黎、胡、吴、汤、张、万、龚、徐、宋、卢、王、黄等姓，以李、胡、吴姓为主。距 G106 国道公路距离 2 千米，杭瑞高速进出口也在村域内，居民点全通公路。2014 年，有村民 843 户，3230 人，水田 185.7 公顷，旱地 73.3 公顷，山林 266.7 公顷。村民主要种植水稻，经济来源主要为务农、务工、经商，年人均纯收入 7879 元。

月形地片　属大坪乡坪山村，位于坪山村西部，距大坪中心集镇 15 千米。东接崇阳霞星村，西邻农林、沙口村，南连平地坵，北靠株山张家，辖区面积约 1.9 平方千米。该地片地形似弯月，故名。下辖 5 个村民小组，有 6 个居民点。距 G106 国道公路距离 2 千米，杭瑞高速进出口也在村域内，居民点全通公路。2014 年，有村民 298 户 1120 人，耕地 9.1 公顷，旱地 16.3 公顷，山林 80 公顷。

口前地片　属大坪乡坪山村，位于坪山村东部，距大坪中心集镇 16.5 千米。东接崇阳肖岭村，西邻农林村，南连下畈村，北靠月形地片，辖区面积约 2.1 平方千米。因域内有居民点名口前李家而得地片名。下辖 7 个村民小组，有 6 个居民点。距 G106 国道公路距离 2 千米，杭瑞高速进出口也在村域内，居民点全通公路。2014 年，有村民 325 户 1430 人，水田 85.1 公顷，旱地 28 公顷，山林 133.3 公顷。

白果畈　属大坪乡坪山村，位于坪山村南部，距村委会驻地月形湾 1.5 千米。东接干畈，西邻农林，南连李家，北靠黎家塝。此地为一面积较大的平地，古时，畈内种有白果树（俗称银杏树名白果树），故称白果畈。明代，黎逢福（1561—1637）迁畈内建房定居，以畈名命村庄名。2014 年，有村民 68 户 250 人，水田 150 亩，旱地 13 亩，山林 40 亩。

洪家湾　属大坪乡坪山村，位于坪山村东部，距村委会驻地月形湾 3 千米。东邻崇阳朱家咀，南连大港，西接白果畈，北靠口前李家。古时，洪姓在此居住，因住宅处小港拐弯部位，故称洪家湾。后洪姓外迁，吴发寿（1810—1883）迁湾内定居，仍用原村庄名。2014 年，有居民 76 户 280 人，耕地 230 亩，山林 400 亩。

咀上胡家老屋　属大坪乡坪山村，位于坪山村东部，距村委会驻地月形湾 300 米。东接月形山，西邻北港堤，南连咀上胡家新屋，北靠狮子屋。古时，胡姓在山咀前修建房屋定居，命村庄名为胡家。明代，从此村庄外迁的胡进光（1323—1394）返迁附近建新屋定居，由于此地为月形山延伸形成山体的突出前端，因而改称咀上胡家老屋。2014 年，有居民 63 户 240 人，耕地 110 亩，山林 200 亩。

咀上胡家新屋　属大坪乡坪山村，位于坪山村东部，距村委会驻地月形湾 500 米。东接月形山，西邻河堤，南连黎家塝，北靠老屋胡家。此地为月形山延伸形成山体的突出前端，明代，胡世光（1323—1394）从江西迁山咀上方并建新屋定居，故称咀上胡家新屋。2014 年，有居民 67 户 230 人，水田 100 亩，山林 300 亩。

口前李家　属大坪乡坪山村，位于坪山村东部，距村委会驻地月形湾 2 千米，距大坪中心集镇 17 千米。东接百丈潭酒业，西邻杨家山田界，南临白果畈，北靠杨家山。后梁隆化年间，李晟仲（890—926）在此建房定居，因住宅位于坪山出口前面，故以其姓氏和地形综合命村庄名为口前李家。2014 年，有居民 113 户 480 人，耕地 300 亩，山林 700 亩。

黎家塝　属大坪乡坪山村，位于坪山村东部，距村委会驻地月形湾 1 千米。东接杨家山，西邻新屋，南连农林平家坡，北靠杭瑞高速出口。此地为地势较高的山坡，清代，黎世晋（1641—1732）在山坡上建房定居，以其姓氏综合地形命村庄名为黎家塝。2014 年，有居民 62 户 220 人，水田 130 亩，旱地 10 亩，山林 400 亩。

茅铺　属大坪乡坪山村，位于坪山村北部，距村委会驻地月形湾 1.5 千米。东接黄土咀，西邻庙背，南连株山屋，北靠斗米坳。古时，有一人在此搭建茅草棚居住并开店做小生意，故名茅铺。清代，吴炳煌(1842—1907)及李姓迁入，仍用原村庄名。2014 年，有居民 23 户 100 人，水田 60 亩，旱地 20 亩。

庙背　属大坪乡坪山村，位于坪山村北部，距村委会驻地月形湾 1.5 千米。东接亚细亚陶瓷，西邻真觉寺，南连株山，北靠崇阳肖岭。唐时，李隆基拨银 500 两在此修一座寺宇，名真觉寺。明代，吴纯望(1361—1437)从江西迁至真觉寺背后的山塝上建房定居，命村庄名为庙背。2014 年，有居民 20 户 50 人，水田 60 亩，旱地 10 亩，山林 20 亩。

耙齿张家　属大坪乡坪山村，位于坪山村北部，距村委会驻地月形湾 2 千米。东接高速公路，西邻黄土咀，南连方家塘，北靠斗米坳。此地有几个小山包并列呈一排，如同一排耙齿。古代张姓居民在山岭下方建房定居，以其姓氏和住宅后方山岭形状命村庄名为耙齿张家。2014 年，有居民 54 户 190 人，水田 70 亩，旱地 20 亩，山林 150 亩。

孙谷仓　属大坪乡坪山村，位于坪山村北部，距村委会驻地月形湾 2.5 千米。东接杨垅庙，西邻大港边，南连大港边，北靠叶家垅。古时，此处是财主孙志甫的谷仓，故名。清光绪年间，徐庆福迁此建房定居，仍用原村庄名。2014 年，有居民 36 户 130 人，水田 100 亩，旱地 30 亩，山林 50 亩。

汤十屋　属大坪乡坪山村，位于坪山村北部，距村委会驻地月形湾 2 千米。东接庙背，西邻孙谷仓，南连汤家港，北靠杨垅水库。古时，汤姓排行第十的兄弟在此建房定居，以其姓氏和排行命村庄名为汤十屋。后汤姓因战乱外迁，汤炳德(1378—1459)从江西返迁祖居之地，仍用原村庄名。2014 年，有居民 52 户 290 人，旱地 212 亩，山林 30 亩。

王八屋　属大坪乡坪山村，位于坪山村北部，距村委会驻地月形湾 400 米。东接三八堰，西邻游亭，南连月形岭，北靠方家塘。宋代，江西修水王姓八兄弟分家，各找住所，排行最小的王八(1050—1131)建房定居于此，故名。2014 年，有居民 51 户 200 人，水田 120 亩，旱地 60 亩，山林 200 亩。

杨家山　属大坪乡坪山村，位于坪山村东部，距村委会驻地月形湾 1.5 千米。东接百丈潭酒业，西邻黎家塝，南连王家畈，北靠黎家塝。古时，此地是杨姓人的山林，故名。清代，杨庆义(1669—1742)在山岭下建房定居，以所在山岭名命村庄名。2014 年，有居民 42 户 201 人，耕地 130 亩，山林 150 亩。

游亭　属大坪乡坪山村，位于坪山村西部，距村委会驻地月形湾 200 米。东接月形山，西邻北港堤，南连月形湾，北靠杭瑞高速公路。古代，此地有一凉亭，传递信件的邮差常在此歇脚，人们称其为邮亭，后改称游亭。清代，胡伟胜(1829—1895)在凉亭旁建房定居，后有黎姓迁入，以住宅旁边的凉亭名命村庄名为游亭。2014 年，有居民 36 户 190 人，水田 10 亩，旱地 50 亩，山林 20 亩。

株山屋　属大坪乡坪山村，位于坪山村北部，距村委会驻地月形湾 1 千米。东接屋背，西邻公路，南连水塘，北靠茅屋。清代，吴纯富(1783—1856)在此建房定居，因住宅后方山上长满株树，故命村庄名为株山屋。2014 年，有居民 20 户 120 人，水田 80 亩，旱地 20 亩，山林 15 亩。

第十八节　青山村及所属聚落

【青山村】　大坪乡辖村，位于大坪乡东南部，村委会驻地排上，距大坪中心集镇 18 千米。东临下畈村，南连隽水镇，西接石南，北靠墨烟村，总面积 3.9 平方千米。因域内有居民点名青山老屋、青山铺而得村名。1950 年，属青樊乡；1958 年人民公社化时，设青山铺大队，属崇阳县北港(英雄)人民公社石南管理区；1961 年恢复区镇建制，属通城县城关区樊店公社；1975 年 1 月撤区并社，属城关公社；1982 年，属铁柱公社；1984 年设区建乡，青山大队变更为青山村，属银城区樊店乡；1987 年区乡体制改革，属石南镇；1994 年，属双龙乡；2001 年调整乡镇行政区划，属大坪乡。村民房屋呈块状分布，下辖16个村民小组，有16个农村居民点。村内有水阁塘庙、普济寺观音庙、青山教堂、黄庭坚纪念馆、漆家庄、奔马研磨、黄沙港。村民有吴、胡、黎、李、黄、樊、孔、邱姓，以黎、李姓为主。距G106国道、杭瑞高速进出口公路里程分别为1千米、2千米，居民点全通公路。2014年，建村委会办公楼1栋，占地面积280平方米，建筑面积240平方米，设有便民服务厅、村卫生室等。2014年，有村民486户1940人，水田75.5公顷，旱地69.2公顷，山林116.7公顷。村民主要种植水稻、红薯、玉米、油茶等农作物，兼养猪、牛、羊等，经济来源主要为务农、务工、经商，年人均纯收入6900元。

藕塘屋(黎家山)　属大坪乡青山村，位于青山村西南部，距村委会驻地排上18千米。东邻水角塘，南连鼓鸣山，西接樊店村，北靠水角塘。元代，黎喜宛(1287—1349)在此建房定居，因住宅后方有山，故命村庄名为黎家山。后因战乱黎姓外迁，邱、黄姓迁入，因住宅前方有长满田藕的池塘，遂改村庄名叫藕塘屋，又名黎家山。2014年，有居民28户120人，耕地130亩(其中水田96亩)，山林110亩。

墩上孔家　属大坪乡青山村，位于青山村北部，距村委会驻地排上1.2千米。东邻徐家，南连徐家，西接铁匠铺，北靠黄沙港。明代，孔文钹(1369—1440)迁此地建房定居，因住宅处地势较高的平地上，形似土墩，故以其姓氏和地形综合命村庄名为墩上孔家。2014年，有居民26户70人，耕地75亩(其中水田40亩)，山林55亩。

含煤山(又名寒婆山)　属大坪乡青山村，位于青山村南部，距村委会驻地排上1.7千米。东至隽水镇，南连水角塘，西接公路，北靠刘谷场。传说古代的一年冬天，有一神婆来此地山岭上，坐三天三夜后飘然而去，故此山被称为寒婆山。后发现山中含有煤炭矿石，故改称含煤山。元代，江西黎逢德(1295—1364)携子侄迁此建房定居，以开采煤矿为业，以山名命村庄名。2014年，有居民46户180人，耕地195亩(其中水田170亩)，山林170亩。

漆家　属大坪乡青山村，位于青山村西南部，距村委会驻地排上1.2千米。东至汤谷场，西接樊店村，南连水角塘，北靠豌钱坡。明代，漆道胜(1398—1475)从江西迁此建房定居，以其姓氏命村庄名。2014年，有居民28户120人，耕地125亩(其中水田98亩)，山林110亩。

青山老屋　属大坪乡青山村，位于青山村东北部，距村委会驻地排上500米。东、北至下畈，南连马塘，西接水口。明代，黎青山(1470—1552)在此建房定居，以其名命村庄名为青山屋。后来有子孙分支外迁，改称青山老屋。2014年，有居民54户200人，耕地215亩(其中水田190亩)，山林190亩。

青山铺　属大坪乡青山村，位于青山村东北部，距村委会驻地排上1.2千米。东邻下畈，南连青山老屋，西接徐家，北靠和尚苑。明代，黎青山(1318—1377)在此定居并开店铺，因住宅周围四山(即寒梅山、肽皮山、庙山、鼓鸣山)，四山相映，青山绿水，风景秀丽，故名青山铺。2014年，有居民23户120人，山林100亩，耕地135亩(其中水田100亩)。

石墈上　属大坪乡青山村，位于青山村东南部，距村委会驻地排上500米。东邻石湾，南连左形，西接刘谷场，北靠汉阳屋。明代，江西李姓迁此地建房定居，因住宅处石块垒成的高岸之上方，故名。2014年，有居民32户120人，耕地130亩(其中水田120亩)，山林115亩。

石马塘　属大坪乡青山村，位于青山村东南部，距村委会驻地排上500米。东邻下畈，南连石磡上，西接刘谷场，北靠青山老屋。古时，此地一池塘旁有巨石，形似马，故名。明代，黎汉阳(1370—1416)从江西迁往池塘后方建房定居，以塘名命村庄名为石马塘，又名汉阳屋。2014年，有居民36户130人，耕地145亩(其中水田120亩)，山林120亩。

水角塘　属大坪乡青山村，位于青山村西南部，距村委会驻地排上2.3千米。东至寒婆山，南连黎家山，西接樊店村，北靠汤谷场。金代，杨正九(1121—1192)在此居住。其家道十分富裕，在房前塘角建造一座楼台，供客人和家人赏月和操琴娱乐之用，故命池塘名为水角塘，并用作村庄名。后杨姓外迁崇阳，黎、黄姓先后迁入，仍用原村庄名。2014年，有居民130户120人，耕地135亩(其中水田108亩)，山林110亩。

水口(排上)　属大坪乡青山村，位于青山村南部，为村委会驻地排上，距大坪中心集镇18千米。东至汉阳屋，南连石磡，西接汤谷场，北靠苏家冲。明代，黎世荣(1372—1447)从江西南昌迁此建房定居，因住宅位于苏家冲小溪的出口处，故名水口，又称排上。2014年，有居民45户170人，耕地185亩(其中水田160亩)，山林165亩。

铁匠铺　属大坪乡青山村，位于青山村西北部，距村委会驻地排上1.5千米。东邻墩上孔家，南连苏家冲，西接樊店，北靠黄沙港居民点。明代，孔祥瑞(1339—1411)从江西迁此建房定居，以打铁为生，故名铁匠铺。2014年，有居民36户150人，耕地135亩(其中水田105亩)，山林140亩。

徐家　属大坪乡青山村，位于青山村北部，距村委会驻地排上1.5千米。东邻下畈，南连青山老屋，西接孔家，北靠黄沙港。清代，徐开定(1664—1703)从江西迁此建房定居，以姓氏命村庄名为徐家。2014年，有居民22户110人，耕地125亩(其中水田90亩)，山林100亩。

扬谷场　属大坪乡青山村，位于青山村西南部，距村委会驻地排上1千米。东邻水口，南连含煤山，西接黎家，北靠苏家冲。古代，此处是晾晒稻谷的场地，叫敞谷场，喊别成扬谷场。明代，江西李淮海(1335—1401)迁此定居，以场地名命村庄名。2014年，有居民25户120人，耕地130亩(其中水田110亩)，山林110亩。

左形　属大坪乡青山村，位于青山村东南部，距村委会驻地排上1千米。东至石湾，南连隽水镇石泉村，西接寒梅山，北靠石磡上。古代此地有旅店，因左边通往湖南临湘马颈，故名左形。2014年，有居民23户80人，耕地90亩(其中水田70亩)，山林65亩。

第十九节　沙口村及所属聚落

【沙口村】　大坪乡辖村，位于大坪乡东部，村委会驻地尧家垅，距大坪中心集镇13千米。东接坪山村，南连农林村，西邻易畈村，北靠方仕村，辖区面积3.2平方千米。因域内有居民点名沙口铺而得村名。1950年，属通城县沙坪乡；1958年，设沙口、长垅大队，属崇阳县北港(英雄)人民公社墨烟管理区；1961年，属通城县北港区墨烟公社；1971年，沙口与长垅合并为沙口大队；1975年撤区并社，属墨烟公社沙口大队；1981年，沙口大队分设为沙口、长垅大队；1984年设区建乡，沙口、长垅大队变更为沙口、长垅村，属银城区墨烟乡；1987年区乡体制改革，属墨烟乡；1994年，墨烟乡更名双龙乡；2001年调整乡镇行政区划，双龙乡合并到大坪乡；2004年，长垅、沙口村合并为沙口村。全村辖19个村民小组，有22个农村居民点。辖区内有杭瑞陶瓷工业园(包含企业有杭瑞陶瓷责任有限公司、湖北亚细亚陶瓷责任有限公司、银丰高岭土厂、湖北明仁科技有限公司、汇洋生物饲料厂、承利磨具厂、金通管业7家企业)。有长垅小学、幼儿园。2014年建有办公楼一幢，建筑面积240平方米，设有便民服务厅、卫生室等。村民有吴、陈、黎、汤、唐、刘、杨、李、徐、朱姓，以吴姓为主。村域距G353国道公路、杭瑞高速进出口里程分别为0.5千米、2千米，居民点全通公路。2014年，有居民590户2980人，水田113.7公顷，旱地6.3公顷，山林5.3公顷。村民主要种植水稻、油菜、小麦、红薯、蔬菜等。兼养猪、鸡、鸭、牛、鱼等养殖业。经济来源主要靠务工、务农为主，部分经商，年人均纯收入7860元。

长垅地片　属大坪乡沙口村，位于大坪乡东部，距大坪乡中心集镇13千米。东接坪山村，南连农林村，西邻易畈村，北靠易畈村，辖区面积1.6平方千米。因所处长条地形山沟而得地片名。下辖8个村民小组，有9个居民点。有长垅小学、幼儿园。村域距G353国道、杭瑞高速进出口、杭瑞高速进出口公路里程分别为0.5千米、2千米、2千米，居民点全通公路。2014年，有315户1500人，水田60.1公顷，旱地3.4公顷，山林2.7公顷。

白屋　属大坪乡沙口村，位于沙口村东南部，距村委会尧家垅约1千米。东邻汤家，西接陶瓷工业园，南连杭瑞高速，北接沙口铺。清代，秀才吴我白(1728—1792)在老家左前畈上新建房屋三重堂，以其名命村庄名为我白屋。后人图省事，改称白屋。2014年，有村民21户100人，水田42亩，旱地3亩，山林3亩。

庚陂头　属大坪乡沙口村，位于沙口村东部，距村委会驻地尧家垅约900米。东邻湖塘，西邻路口湾，南连陶瓷工业园以及杨家边，北靠易畈村。此地为大块平地，又因畈内河流上古筑有陂，故称为庚陂畈。明代，陈思仪(1525—1596)在此建房定居，因住宅位于庚陂河水的源头，故命村庄名为庚陂头。2014年，有居民33户130人，水田88亩，旱地5亩，山林4亩。

鼓楼坳　属大坪乡沙口村，位于沙口村东南部，距村委会驻地尧家坡约1千米。东邻塘形，西接乌龟山，南连朱家，北靠杭瑞工业园。此地处山岭分水处，南宋，抚瑶将军吴六六(1196—1263)在此建房定居，因住宅建有钟鼓楼而得村庄名。2014年，有居民12户50人，水田29亩，旱地1亩，山林2亩。该居民点的始祖吴六六，南宋理宗钦封世袭宁蛮大将军，任千夫长职，在深田垅鄂岳山谷驻防，义接当地瑶、苗、汉民族大联盟，为史上“护瑶大将军”。

湖塘　属大坪乡沙口村，位于沙口村西部，距村委会驻地尧家垅约900米。东邻下塆，西邻庚陂头，南连杭瑞工业园，北靠方仕村。古时，此地居吴姓，村庄名挂壁灯。清代，吴粤省(1744—1826)告老回家定居，收养了两个逃荒的孤儿陆见赢和朱世念。这两个小孩能过目不忘，天赋极高，吴公尽毕生所学相传。后陆见赢为两江总督，朱世念为八府巡按，两位高官将屋场改名为湖糖，以纪念恩师心境如湖水纯洁清亮且宽广，恩情如糖般甜蜜。原本的糖与湖不相对称，后人见门前有一水塘，故改为“湖塘”(“塘”“糖”谐音)。2014年，有村民11户60人，水田34亩，旱地3亩，山林4亩。出生于该居民点的历史代表人物有：吴寿平(1763—1800)，12岁中秀才，17岁中举人，22岁中进士，候选知县，誉称武昌府第一才子；吴粤省(1744—1826)，文科举人，进士及第，历任荆州府教授、沔阳洲学士、黄梅县训导、房县教谕。

烂坝　属大坪乡沙口村，位于沙口村西部，距村委会驻地尧家坡1千米。东邻朱家，西接杨家边，南连墨烟村，北靠陶瓷产业园。明末，吴观峨(1608—1688)在此新建房屋定居时，因住宅前面的稻田泥土很深且常年不干水，故称为烂田，屋场建在烂泥田的尾端，通城人称尾端为把，故命村庄名为烂把。因方言中“把”与“坝”同音，书写时改为“坝”。2014年，有居民33户130人，水田72亩，旱地5亩，山林4亩。

黎家　属大坪乡沙口村，位于沙口村东南部，距村委会驻地尧家坡约800米。东邻坪山村，西邻陶瓷工业园，南连塘形，北靠杭瑞高速。又叫新屋黎家。清末，黎运奎(1849—1943)在此建房定居，以其姓氏命村庄名为黎家。2014年，有居民36户170人，水田121亩，旱地6亩，山林6亩。

路口湾　属大坪乡沙口村，位于沙口村西部，距村委会驻地尧家垅1.2千米。东邻陶瓷工业园和杨家边，西接达凤村的叶家畈，南连墨烟村，北靠易畈村的岳菇咀。宋代，陈姓在此定居，依其姓氏命村庄名为陈家。元代，陈开佑(1334—1394)官拜轻车都尉，在路口图(含现在的庚陂头、杨家边、路口湾等地域)的路口拐湾处兴建庄园庭院，建辕门，故改名辕门陈家，并有皇上赐匾“义门虎观”悬挂于大堂。因附近有几个小屋场一同叫“陈家”，为了便于区分，改称此村庄为路口湾。2014年，有居民58户260人，水田144亩，旱地8亩，山林5亩。

坡内屋　属大坪乡沙口村，位于沙口村东南部，距村委会驻地尧家垅约700米。东邻黎家，西接杭瑞工业园，南连沙口铺，北靠尧垅。明代，吴姓在此定居，因住宅建在茂林翠竹之山坡内，故命村庄名为坡内屋。后来，吴圣思(1650—1714，秀才)耗时约5年在此开基新建房屋，吴氏宗族为纪念吴圣思的业绩，又称村庄为圣思堂。2014年，有村民38户220人，水田125亩，旱地4亩，山林4亩。出生于该居民点的吴石岩(1488—1559)，举人，曾任河南卫辉府训导。

沙口铺(又名爽口铺)　属大坪乡沙口村，位于沙口村东南部，距村委会尧家垅约800米。东邻汤家，西接尧垅，南连杭瑞高速，北靠圳上。旧时，此地是南往县城北进大山、西去北港、东走沙坪的十字交通要道。宋代即有吴姓在此定居，依姓氏命村庄名为吴家，其后人吴旅资(1653—1720，进士)曾任山东济南府盐课使。到了清代中期，此地吴姓4个堂兄弟一次中了进士，他们相约在“赐福堤”(即今沙口铺)一家陈姓的小酒楼聚会，题诗赋对，店主人为提高酒楼的知名度，请他们题匾，大家同推吴寿平(1763—1800)执笔。吴寿平即题写了“爽口铺”3个大字，“爽口铺”的名字就此叫开，村庄也因此改称爽口铺，后来被人们逐渐叫成沙口铺。2014年，有村民28户110人，水田60亩，旱地4亩，山林3亩。

汤家(又名畈上汤家) 属大坪乡沙口村，位于沙口村东南部，距村委会驻地尧家坡约800米。东邻坪山村，西接沙口铺，南连杭瑞高速，北靠沙口铺。清晚期，汤新顷(1883—1911)从坪山村汤什屋迁此建房定居，依其姓氏命村庄名为汤家。2014年，有村民29户100人，水田66亩，旱地4亩。

塘形 属大坪乡沙口村，位于沙口村东南部，距村委会驻地尧家垅约900米。东邻坪山村，西接朱家，南连农林村，北靠黎家。清代，吴开源(1687—1744)，在此地建房定居，因住宅处水塘边沿，故命村庄名为塘弦("弦"通城方言"闲"，意即物体边沿)。后来此地有一位吴姓名叫冀泰，小时家里贫穷，兄弟较多，父母和弟妹省吃俭用地供他读书。吴冀泰边做工边读书，一家十几口人同住在一间偏房里，母亲常流着眼泪说，要是有一套像样的房子就好了。吴冀泰后来中了进士，出任潜江知县，任上两袖清风。他弟吴秦泰有打铜的手艺，遵母亲言到潜江探望兄弟，在途中遇到了侄告堂叔强占家产的官司，侄本有理，但堂叔霸占了家产后花钱收买了族长和师爷，令侄输了官司。侄被赶出家门，在雨中大哭，恰吴秦泰经过，问明原委，确知其冤，并且属潜江管辖，于是吴秦泰找到兄长告知此事。吴冀泰微服私访取得证据，还侄其清白，判其堂叔终身监禁。侄感其恩德，欲将家产分一半给吴秦泰，吴秦泰受其哥影响不受。后来侄访知吴冀泰家庭甚穷，遂在他兄弟老家盖了一座大瓦房。因住宅增大，已不单在水塘边沿，遂改村庄名为塘形。2014年，村民44户240人，水田174亩，旱地8亩，山林8亩。

乌龟山 属大坪乡沙口村，位于沙口村西南部，距村委会驻地尧家坡约700米。东邻陶瓷产业园，西接本村烂坝，南连朱家，北靠陶瓷产业园。清代，吴隆万(1694—1749)与寡嫂结婚，受到家族的惩罚被赶出家门，他带着妻子来到他家的看山茅棚，立志发奋。夫妻克勤克俭，养育了五个儿子，兴建了四合院瓦房。后人听风水先生讲，该住宅建在一座龟形山的背上，故命村庄名为乌龟山。2014年，有居民24户120人，水田72亩，旱地4亩，山林4亩。

杨家边 属大坪乡沙口村，位于沙口村西南部，距村委会驻地尧家坡约1.2千米。东邻烂坝和陶瓷工业园，西接路口湾，南连墨烟村，北靠陶瓷工业园。此地古为张姓人的土地，在此建有水塘，故名张家塘。清道光年间，吴雍寿和杨姓同母异父兄弟从农林杨家迁至张家塘，建房定居，改村庄名为杨家那边，后简称杨家边。2014年，有居民45户220人，水田112亩，旱地7亩，山林4亩。

尧家垅 属大坪乡沙口村，位于沙口村南部，为村委会驻地，距大坪中心集镇13千米。东邻沙口铺，西、北接杭瑞工业园，南连杭瑞高速公路。此地为山沟，古时，吴姓在此居住，故名吴家垅。明代，吴近泉(1506—1579)24岁的二弟和20岁的三弟先后病故，其二弟遗下半岁的孩子，三弟遗下尚在腹中的孩子。近泉为安抚两个年轻的弟媳，孝慰年老的父母，表明心志，依敬仰先圣尧帝和舜帝、鼓励后人上进学尧舜帝道德之意，将村庄改名为尧舜垅，后人读音演变成"尧家垅"。2014年，有村民23户110人，水田70亩，旱地2亩，山林2亩。出生于该居民点的历史代表人物有：吴伯彰(1463—1548)，皇封"迪功郎"，曾乐赞主修伯彰堰、伯彰桥、仰山庙；吴图南(1573—1638)，字云岳，号应鹏，进士，官至温州知府、监察御史，正三品。

英生巷(又名阴山塝) 属大坪乡沙口村，位于沙口村西北部，距村委会驻地尧家坡约300米。东邻坪山村，西接下塆，南连圳上，北靠方仕村。古时，此地有吴姓居住，因住宅处山坡高岸，山坡上树木成荫，故命村庄名为阴山塝。清代，大财主吴瞻卫(1700—1769)打算从方仕咀到沙口铺修建一条长约3华里的小街道，改村庄名为英生巷。后来意愿虽未达成，但村庄新名多成习惯，只少数人称旧名。2014年，村民42户330人，水田164亩，旱地8亩，山林5亩。

彰书阁 属大坪乡沙口村，位于沙口村东南部，距村委会驻地尧家垅约800米。东邻坪山村，西接坡内屋，南连黎家，北靠沙口铺。古时，宋代吴姓即在此定居，因住宅处地偏僻，宅旁多生樟树，故命村庄名为樟树角。清代，该地连续3代出了举人、秀才，并且承先祖遗留下好几大箱书籍，因此改名为装书阁。吴继辉(1816—1886，12岁中秀才)孙儿吴尚周将屋场改建成三重堂，并更村庄名为彰书阁。2014年，有村民7户40人，水田21亩，旱地1亩，山林2亩。出生该居民点的吴尚周(1886—1930)，曾任管带，受张之洞赏识，后调任武昌，与黎元洪等参加辛亥革命，担任指挥部中校警卫团长。黄埔军校毕业后任国民革命军第九军上校作战参谋，1930年10月在浏阳军事会议上被任命第九军少将参谋长，同年12月24日被谋害。

圳上　属大坪乡沙口村，位于沙口村东部，距村委会驻地尧家垅约300米。东邻坪山村，西接尧家垅，南连沙口铺，北靠英生港。此地为吴姓居住地，因住宅处高处平地，故命村庄名为墩上。清代，吴待聘(1688—1748)出任通城县丞，为纪念先祖伯彰开修水圳水堰，将“墩上”改为“尊上”，后子孙认为屋场在水圳之上，叫尊上并不十分贴切，故将尊上改为圳上，潜在意思还是纪念先祖开圳修堰的功德。2014年，有居民36户160人，水田104亩，旱地5亩，山林3亩。出生于该居民点的吴奇(女，1971—)，中国社会科学院博士，2014年任国家发改委资产管理有限公司副总经理、运营总监、国家投融资委员会研究中心主任。

朱家　属大坪乡沙口村，位于沙口村南部，距村委会驻地尧家坡900米。东邻塘形，西接烂坝，南连墨烟村，北靠乌龟山以及陶瓷产业园。元代，朱福荣(1274—1307)建房定居此地，因住宅位于一长条形山沟，遂综合其姓氏命村庄名为长垅朱家，人们为图简便就称作朱家。2014年，有居民42户200人，水田118亩，旱地8亩，山林5亩。

第二十节　水口村及所属聚落

【水口村】　大坪乡辖村，位于大坪乡东部，村委会驻地水口铺，距大坪中心集镇8千米。东接崇阳，西邻韩岭，南连方仕，北靠鸦雀山，辖区面积约6.3平方千米。因域内有地片名水口而得村名。1950年，属通城县水口、铁坪乡。1958年人民公社化时，设水口一、二大队及星明大队，属崇阳县北港(英雄)人民公社杨部管理区。1961年恢复区镇建制，水口一、二大队分别变更为白鹭、新民大队，属通城县北港区杨部公社；星明大队属北港区墨烟公社。1975年1月撤区并社，白鹭、新民大队合并为白鹭大队，属东冲公社；星明大队属墨烟公社。1981年，白鹭大队仍属东冲公社，星明大队变更为余家大队属墨烟公社。1984年设区建乡，白鹭大队拆分并变更为白鹭、水口村，余家大队变更为余家村，属北港区杨部乡。1987年，杨部乡并入大坪乡。2004年，白鹭、水口、余家村合并为水口村。村民房屋呈块状分布，下辖16个村民小组，有29个农村居民点。村内主要有牛角冲水库、菜冲水库、水口基站、关圣庙、三公庙、鸦雀山、天井山、水口中心完小、水口卫生分院。村民有汤、胡、李、吴、王、黎、余、潘、商等姓，以吴姓为主。1999年建村委会办公楼，占地面积为1200平方米，建筑面积450平方米，设有便民服务厅、村卫生室等。距G106国道、杭瑞高速进出口公路里程均为12千米，居民点全部通公路。2014年，有村民880户3970人，耕地157.6公顷，山林280公顷。村民主要种植水稻、油茶，兼养猪、羊、鸡等养殖业，经济来源主要靠务农、务工、经商，年人均纯收入7260元。

余家地片　属大坪乡水口村，位于水口村东南部，距大坪中心集镇8千米。东接竹山、西邻韩岭，南连方仕咀，北靠崇阳，辖区面积约2.1平方千米。因域内有居民点名余家而得地片名。地片下辖6个村民小组，有13个居民点。距G106国道、杭瑞高速进出口公路里程均为10千米，居民点全通公路。2014年，有村民295户1350人，耕地50.7公顷，山林80公顷。

白鹭地片　属大坪乡水口村，位于水口村北部，距大坪中心集镇9千米。东接万家坳，西邻林家铺，南连汤家屋，北靠药姑林场，辖区面积约2平方千米。因域内有居民点名白鹭畈而得地片名。地片下辖3个村民小组，有7个居民点。距G106国道、杭瑞高速进出口公路里程均为11千米，居民点全通公路。2014年，有村民220户980人，耕地50公顷，山林120公顷。

水口地片　属大坪乡水口村，位于水口村东北部，距大坪中心集镇8千米。东接崇阳，西邻韩岭，南连方仕，北靠鸦雀山，辖区面积约2.2平方千米。因域内有居民点名水口铺而得地片名。地片下辖7个村民小组，有9个居民点。距G106国道、杭瑞高速进出口公路里程均为10千米，居民点全通公路。2014年，有村民365户1630人，耕地56.9公顷，山林80公顷。

白鹭畈　属大坪乡水口村，位于水口村北部，距村委会驻地水口铺1.2千米。东接万家坳，西邻林家铺，南连汤家屋，北靠药姑林场。此地为一面积较大的平地，畈北边沿有鸦雀山南脉延伸后形成的山体突出前端，山咀地形像白鹭扑地，故名白鹭畈。明代，李德林(1524—1596)迁山咀旁建房定居，以畈名命村庄名。2014年，有居民34户180人，耕地100亩，山林600亩。

白屋　属大坪乡水口村，位于水口村西部，距村委会驻地水口铺200米。东接水口铺，西邻万家畈，南连舒家山，北靠水口完小。明代，吴纯望(1368—1437)从江西修水迁此建房定居，将房屋外墙全部粉刷为白色，故名。2014年，有居民55户280人，耕地126亩，山林120亩。

塝上屋　属大坪乡水口村，位于水口村西部，距村委会驻地水口铺600米。东接柴家咀，西、北邻韩岭村，南连白屋。此地处地势较高的山坡，明代，李厚成(1352—1428)从江西迁山坡上建房定居，以地形命村庄名。2014年，有居民42户160人，耕地89.9亩，山林100亩。

鞭铺　属大坪乡水口村，位于水口村南部，距村委会驻地水口铺0.5千米。东接坪山村羊塘，西邻方仕村新铺，南连坪山村送谷仓，北靠牛形。明代，吴纯厚(1349—1427)从江西迁此建房定居，并在此加工、出售鞭炮，故名。2014年，有居民25户110人，耕地90亩，山林50亩。

柴家咀　属大坪乡水口村，位于水口村西南部，距村委会驻地水口铺100米。东接天房屋，西邻白鹭畈，南连水口铺，北靠塘铺。此地为山岭延伸形成的山体突出前端，宋代，柴达魁(1022—1096)从江西景德镇迁山咀旁建房定居，以其姓氏综合地形命村庄名。后柴姓外迁，吴、余、汤姓先后迁入，仍用原村庄名。2014年，有居民32户140人，耕地76亩，山林150亩。

长坡　属大坪乡水口村，位于水口村西南部，距村委会驻地水口铺1.2千米。东接土地背，西邻通嘉高速，南连长坡岭，北靠毛家咀。明代，吴祖盛(1559—1641)从江西修水迁此建房定居，因住宅后方有长条形山坡，故命村庄名为长坡。2014年，有居民22户90人，耕地70亩，山林150亩。

刘朝屋　属大坪乡水口村，位于水口村西南部，距村委会驻地水口铺800米。东接台山，西邻一安屋，南连三安屋，北靠金钵湾。明代，刘朝(1371—1446)从江西迁此建房定居，以其姓名命村庄名。2014年，有居民60户250人，耕地116亩，山林200亩。

毛家咀　属大坪乡水口村，位于水口村西南部，距村委会驻地水口铺500米。东接崇阳台山，西邻舒家山，南连方仕村，北靠水口铺。此地为山岭延伸后形成的山体突出前端，古代，有毛姓在此居住，故名。后因战乱迁至湖南。元代，吴泽仁(1301—1362)从江西迁此建房定居，仍用原村庄名。2014年，有居民26户140人，耕地141亩，山林50亩。

牛形　属大坪乡水口村，位于水口村南部，距村委会驻地水口铺600米。东接坪山羊塘，西邻长坡，南连鞭铺，北靠细余家。清代，汤祥林(1842—1907)从江西迁此建房定居，因住宅地形像一条牛，故命村庄名为牛形。2014年，有居民14户50人，耕地46亩，山林100亩。

石门框　属大坪乡水口村，位于水口村南部，距村委会驻地水口铺200米。东接毛家咀，西邻白屋，南连方仕村，北靠水口铺港。清代，吴玄少(1700—1776)从江西上绕迁此建房定居，因住宅堂厅的门框用条石砌成，故命村庄名为石门框。2014年，有居民20户100人，耕地84亩，山林20亩。

水口铺　属大坪乡水口村，位于水口村西南部，为村委会驻地，距大坪中心集镇8千米。东接崇阳台山，西邻塝上屋，南连方仕村，北靠柴家咀。明代，吴孝昌(1322—1395)从江西修水迁此建房定居并开店铺，因住宅处山沟流出的小溪出口处，故命村庄名为水口铺。2014年，有居民34户150人，耕地153.5亩，山林50亩。

汤家屋　属大坪乡水口村，位于水口村南部，距村委会驻地水口铺200米。东接柴家咀，西邻张家塘，南连白屋，北靠乌龟背。明代，汤达魁(1369—1440)从江西修水迁此建房定居，以其姓氏命村庄名。2014年，有居民30户180人，耕地56.8亩，山林200亩。出生于该居民点的吴富国(1955—　)，2014年任四川省绵阳市副市长。

糖铺　属大坪乡水口村，位于水口村西南部，距村委会驻地水口铺1千米。东接刘家，西邻万家坳，南连谢家塘，北靠金钵湾。明代，胡世德(1359—1431)从江西迁此建房定居，并加工和出售糖果制品，故名。2014年，有居民36户170人，耕地110亩，山林280亩。

天和屋　属大坪乡水口村，位于水口村东南部，距村委会驻地水口铺100米。东接三安屋，西邻水口铺，南连石门港，北靠谢家塘。明代，吴天和(1342—1417)从江西迁此建房定居，以其名字命村庄名。2014年，有居民48户210人，耕地164.5亩，山林80亩。

土地背　属大坪乡水口村，位于水口村西南部，距村委会驻地水口铺1.5千米。东接细余家，西邻长坡，南连牛形，北靠赞家塘。明代，胡家兴(1322—1396)从江西修水迁此建房定居，因住宅处一土地庙的背后，故命村庄名为土地背。2014年，有居民22户100人，耕地98亩，山林80亩。

万家坳　属大坪乡水口村，位于水口村北部，距村委会驻地水口铺1.5千米。东接糖铺，西邻乌龟背，南连汤家屋，北靠台山。明代，万绍武(1370—1442)从江西修水迁山坳旁建房定居，因此地为山岭分水处，故以姓氏综合地形命村庄名。2014年，有居民22户140人，耕地60亩，山林300亩。

乌龟背　属大坪乡水口村，位于水口村北部，距村委会驻地水口铺1.5千米。东接万家坳，西邻张家塘，南连汤家屋，北靠药姑林场。清代，余祥熙(1732—1806)迁此建房定居，因住宅地形像只乌龟，故以地形名命村庄名为乌龟背。2014年，有居民69户220人，水田80亩，旱地104亩，山林100亩。

细余家　属大坪乡水口村，位于水口村西部，距村委会驻地水口铺500米。东接竹山垅，西邻赞家塘，南连牛形，北靠大余家。民国十三年(1924)，余祥云(1884—1949)从石南迁此建房定居，因其兄长在不远处建房定居，故称此为细余家。2014年，有居民42户210人，耕地117亩，山林150亩。

谢家塘　属大坪乡水口村，位于水口村西南部，距村委会驻地水口铺700米。东接刘曹屋，西邻鱼形咀，南连天和屋，北靠糖铺。明代，谢先达(1320—1391)从江西迁此建房定居，在门首开挖一池塘，故以其姓氏综合水利设施命村庄名。2014年，有居民43户180人，耕地80亩，山林120亩。

杨垅　属大坪乡水口村，位于水口村东南部，距村委会驻地水口铺250米。东接竹山村，西邻石咀，南连细余家，北靠刘朝屋。元代，杨庆隆(1287—1365)从江西迁垅内建房定居，因此地为山沟以其姓氏综合地形命村庄名为杨垅。后杨姓外迁，有吴、胡姓先后迁入，仍用原村庄名。2014年，有居民50户190人，耕地79亩，山林120亩。

鱼形咀　属大坪乡水口村，位于水口村南部，距村委会驻地水口铺500米。东接箩谷屋，西邻张家塘，南连水口铺，北靠乌龟背。此地为山岭延伸形成的山体突出前端，又因山咀似鱼状，故称鱼形咀。清代，吴道远(1798—1874)从江西修水迁山咀旁建房定居，以山咀名命村庄名。2014年，有居民43户180人，耕地88.92亩，山林200亩。

第二十一节　下畈村及所属聚落

【下畈村】　大坪乡辖村，位于大坪乡东南部，村委会驻地胡家垅，距大坪中心集镇15千米。东接铁柱村，西邻石泉村，南连黄源村，北靠和尚港，辖区面积约6.22平方千米。因域内有下畈地片而得村名。1950年，属通城县白泉乡；1958年人民公社化时，设六、七大队，属崇阳县通城(红旗)人民公社三合管理区；1961年恢复镇建制，属通城县城关区三合公社；1970年，六、七大队合并更名为下畈大队；1975年1月撤区并社，属铁柱公社；1980年，下畈大队分设为下畈(七大队)、石湾(六大队)大队；1984年设区建乡，下畈、石湾大队分别变更为下畈、石湾村，属银城区铁柱乡；1987年区乡体制改革，属锦山乡；1994年，属双龙乡；2002年，下畈、石湾村合并为下畈村。村民房屋呈块、条状分布，下辖29个村民小组，有19个农村居民点。村内主要有观音庙、麦铺咀教堂、双龙中学、下畈完小和民营企业东方大阳电线电缆有限公司、楚风瑶韵陶瓷有限公司、双狮茶业有限责任公司、泽中实业有限公司、天利砂布有限责任公司等。居民有黎、李、吴、徐、胡、蔡、朱、袁、陈、舒、孔姓，以李、黎、徐、吴、胡姓为主。1984 年，原石湾小学被改建成村委会办公楼 1 栋，1998 年扩建 1 栋，共占地面积 2000 平方米，建筑面积 406 平方米，设有便民服务厅、图书室、会议室、党员活动室、村卫生室等。距 G106 国道、杭瑞高速进出口公路里程均为 2 千米，居民点全通公路。2014 年，有村民 675 户 3310 人，耕地 117.3 公顷，山林 54.2 公顷。村民主要种植水稻、油菜、水果、饲养鱼等，经济来源主要以务农、务工为主，部分人经商，年人均纯收入 8350 元。

石湾地片 属大坪乡下畈村，位于下畈村东部，距大坪中心集镇 15 千米。东接铁柱村，西邻下畈片，南连黄源村，北靠下畈片，辖区面积约 3.12 平方千米。因域内有居民点名石湾二房、石湾四房而得地片名。下辖 13 个村民小组，有 9 个居民点。距 G106 国道、杭瑞高速进出口公路里程均为 2 千米，居民点全通公路。2014 年，有村民 362 户 1630 人，耕地 64 公顷，山林 29.7 公顷。

下畈地片 属大坪乡下畈村，位于下畈村西北部，距大坪中心集镇 15 千米。东接石湾片，西邻青山村，南连石湾片，北靠和尚港，辖区面积约 3.1 平方千米。因域内有居民点名下畈大屋而得地片名。下辖 16 个村民小组，有 10 个居民点。距 106 国道、杭瑞高速进出口公路里程均为 2 千米，居民点全通公路。2014 年，有村民 313 户 1680 人，耕地 53.3 公顷，山林 24.5 公顷。

菜垅 属大坪乡下畈村，位于下畈村东北部，距村委会驻地胡家垅 2.2 千米。东接画屋，西邻朱家畈，南连岭背，北靠连接线。明代，此地为黎青山(1318—1377)专门种菜的田块，故名菜垅，其后裔在此田块建房定居，以宅基原田块的名称命村庄名。2014 年，有居民 31 户 170 人，耕地 77.2 亩，山林 12 亩。

大垅 属大坪乡下畈村，位于下畈村东南部，距村委会驻地胡家垅 1 千米。东接石湾四房，西邻胡家垅，南连桃树屋，北靠石湾四房。此地为较大的长形山沟，故称大垅。明初，江西李寿隆(1371—1468)迁此垅内建房定居，以山沟名命村庄名。2014 年，有居民 26 户 120 人，耕地 76.9 亩，山林 30 亩。

胡家垅 属大坪乡下畈村，为下畈村委会驻地。东接石四房，西邻贫屋场，南连沙婆塘，北靠岭背。明代，江西胡隆林(1349—1417)迁垅内建房定居，因此地为长形山沟，故名胡家垅。2014 年，有居民 30 户 150 人，耕地 75 亩，旱地 65 亩，山林 65 亩。

画屋 属大坪乡下畈村，位于下畈村东北部，距村委会驻地胡家垅 2.5 千米。东接连接线，西邻菜丘，南连岭背，北靠泽中。元代，江西画师李世泰(1311—1369)迁入此地，专画各种花草鸟禽兽物出售给富户人家，故名画屋。2014 年，有居民 40 户 190 人，耕地 88.35 亩，山林 15 亩。

夹颈孔家 属大坪乡下畈村，位于下畈村东南部，距村委会驻地胡家垅 2.5 千米。东接栗树屋，西邻夹井新屋，南连黄源岭，北靠石湾四房。明代，江西孔祥云(1329—1399)迁入此地，因住宅处两个山咀相交的狭窄处，故依地形综合姓氏命村庄名。2014 年，有居民 23 户 130 人，耕地 81.2 亩，山林 40 亩。

夹颈新屋 属大坪乡下畈村，位于下畈村南部，距村委会驻地胡家垅 2 千米。东接夹井孔家，西邻桃树屋，南连黄源岭，北靠大垅。明代，孔祥林(1370—1402)从老居夹颈孔家分出，于旧居前进口处另建新屋，故命村庄名为夹井新屋。2014 年，有居民 20 户 90 人，耕地 63.8 亩，山林 45 亩。

栗树屋 属大坪乡下畈村，位于下畈村东北部，距村委会驻地胡家垅 1.5 千米。东接山林，西邻大垅，南连夹井家，北靠石湾四房。明代，李积厚(1382—1461)迁此建房定居，因住宅旁有板栗树，故以树名命村庄名。2014 年，有居民 21 户 120 人，耕地 76 亩，山林 40 亩。

岭背 属大坪乡下畈村，位于下畈村北部，距村委会驻地胡家垅 800 米。东接山林，西邻山咀，南连胡家垅，北靠下畈集镇。明初，江西李姓迁此地依山岭背后建房定居，故名岭背。2014 年，有居民 31 户 170 人，耕地 78.9 亩，山林 6 亩。

青山新屋 属大坪乡下畈村，位于下畈村西部，距村委会驻地胡家垅 2.8 千米。东接石门，西邻青山，南连青山，北靠细房。明建文年间，黎青山之孙在此新建房屋定居，依其祖父之名命村庄名为青山新屋。2014 年，有居民 29 户 150 人，耕地 61.1 亩，山林 40 亩。

沙(纱)婆塘　属大坪乡下畈村，位于下畈村西南部，距村委会驻地胡家垅500米。东接大垅，西邻青山，南连桃树屋，北靠胡家垅。民国四年(1915)，李延德(1862—1940)在此处一池塘后方定居，又家中女性全都以纺纱织布为生，故命村庄名为纱婆塘。因池塘沉淀有沙子，故名沙婆塘，并沿用为村庄名。2014年，有居民38户170人，耕地125.4亩，山林60亩。

石湾二房(又名咀上陈家)　属大坪乡下畈村，位于下畈村东北部，距村委会驻地胡家垅2.2千米。东接铁柱，西邻石湾四房，南连铁柱村，北靠和尚港。清代，李龙清(1623—1692)从祖居石湾迁此建房定居，依其祖居名和在兄弟中的排行综合命村庄名为石湾二房。后陈姓迁入，又故名为咀上陈家。2014年，有居民31户190人，耕地134.9亩，山林30亩。

石湾四房　属大坪乡下畈村，位于下畈村东部，距村委会驻地胡家垅600米。东接咀上陈家，西邻胡家垅，南连夹井，北靠画屋。清代，李首二(1613—1687)从祖居石湾迁此建房定居，因其在兄弟中排行第四，故以排行命村庄名。2014年，有居民102户480人，水田244.9亩，旱地75亩，山林75亩。

桃树屋　属大坪乡下畈村，位于下畈村南部，距村委会驻地胡家垅1千米。东接夹井家，西邻青山，南连石泉，北靠沙坡塘。清代，张世益(1783—1837)迁此建房定居，在住宅后方种一片桃树，故名桃树屋。2014年，有居民41户150人，耕地66.82亩，山林60亩。

细房　属大坪乡下畈村，位于下畈村北部，距村委会驻地胡家垅2千米。东接石门山，西邻青山水渠，南连新屋公路，北靠和尚港。明代，江西黎青山(1318—1377)携9个儿子迁通城定居，9个儿子分别修建房屋，最小的儿子白泉在此建房定居，以其排行命村庄名为细房。2014年，有居民35户150人，耕地55.46亩，山林100亩。

下畈大屋　属大坪乡下畈村，位于下畈村北部，距村委会驻地胡家垅1.5千米。东接朱家畈，西邻陶科所，南连岭背，北靠和尚港。此地为铁柱港下游南岸的一块面积较大的平地，明代，黎青山(1318—1377)在此修建房屋，因住宅在田畈下方，故名下畈大屋。2014年，有居民98户450人，耕地50亩，山林50亩。

朱家畈　属大坪乡下畈村，位于下畈村东北部，距村委会驻地胡家垅1.3千米。东接菜丘，西邻下畈大屋，南连岭背，北靠公路。此地为铁柱港边的大块平地，明代，朱宜弘(1329—1382)在此建房定居，以其姓氏综合地形命村庄名。2014年，有居民27户120人，耕地80.18亩，山林5亩。

第二十二节　杨部村及所属聚落

【杨部村】　大坪乡辖村，位于大坪乡东部，村委会驻地杨家铺，距大坪乡政府驻地5千米。东邻方仕村，南连易畈村，西接辉煌村，北靠韩岭村，总面积4.73平方千米。因域内有居民点名杨家铺而得村名(取“铺”的相近音)。1950年，属通城县杨部乡，1958年人民公社化时，设团结一大队，属崇阳县北港(英雄)人民公社杨部管理区；1961年设区建社，属通城县北港区杨部公社；1964年，团结一大队变更为杨部大队；1975年，属东冲公社；1984年区乡体制改革，杨部大队变更为杨部村，属北港区杨部乡；1987年撤区并乡镇，属大坪乡杨部村。下辖12个村民小组，有17个农村居民点。有杨部完小、杨部红茶场等。村民有胡、吴、李、刘、邹、黎、叶、傅、陈等姓，以胡、吴姓为主。2007年建村委会办公楼1栋，占地面积950平方米，建筑面积620平方米，设有便民服务厅、村卫生室、老年幸福院、阿里巴巴旗下淘宝店。距G353国道公路距离8千米，距杭瑞高速进出口公路距离8千米，居民点全通公路。2014年，有居民400户1650人，耕地90.7公顷，其中农田63.3公顷，山林100公顷。村民主要种植水稻、红薯、油茶、棉花，兼养猪、牛、羊、鱼、鸡、鸭，经济来源主要为务农、务工、经商，年人均纯收入7320元。

傅家　属大坪乡杨部村，位于杨部村东北部，距村委会驻地杨家铺500米。东接坳背胡家，西邻河田，南连村级公路，北靠下畈李家。宋代，胡祖德迁此建房定居，寄希望家道富裕，遂命村庄名为富家屋。因“富”与“傅”同音，后人误称为傅家。2014 年，有居民 37 户 117 人，水田 70.2 亩，旱地 30.3 亩，山林 5 亩。

介七屋 属大坪乡杨部村，位于杨部村东部，距村委会驻地杨家铺 300 米。东接石咀屋，西邻公路杨家铺，南连井栏屋，北靠老马牙塘。明永乐年间，吴介七从江西迁入此地建房定居，以其名字命村庄名为介七屋。2014 年，有居民 31 户 95 人，水田 58 亩，旱地 33.1 亩，山林 5 亩。

井栏屋 属大坪乡杨部村，位于杨部村东南部，距村委会驻地杨家铺 1 千米。东接易畈村新屋场，西邻石咀屋，南连易畈村老马牙塘，北靠尤家垅。此地古时为杜姓居住地，有 7 口井，每口井都用条石砌防护栏，故称井栏屋。此村庄后出了 7 个强盗，村庄亦随之衰败。清康熙年间，吴姓买下 7 口井，为图吉利，全部废除，饮用港溪之水，仍用原村庄名。2014 年，有居民 52 户 220 人，水田 131.2 亩，旱地 56.7 亩，山林 11 亩。

马牙塘 属大坪乡杨部村，位于杨部村西南部，距村委会驻地杨家铺 1 千米。东接燕窝屋，西邻谢家咀，南连九甲坳，北靠畈路屋公路。古时，此地有一口形状如马牙齿的池塘，故名马牙塘。中华人民共和国成立前，吴姓两兄弟分家，在马牙塘旁建房定居，以塘名命村庄名。2014 年，有居民 26 户 80 人，水田 85 亩，旱地 15 亩，山林 5 亩。

上九甲 属大坪乡杨部村，位于杨部村西北部，距村委会驻地杨家铺 1.5 千米。东接谢家咀，西邻栗坪暗坡，南连下九甲，北靠坡内屋。古时，此地被编为第九甲。清代，邹姓于第九甲偏上部位建房定居，故称村庄名为上九甲。2014 年，有居民 33 户 120 人，水田 73.1 亩，旱地 31.6 亩，山林 15 亩。

石咀屋 属大坪乡杨部村，位于杨部村东南部，距村委会驻地杨家铺 200 米。东接井栏屋，西邻介七屋，南连燕窝屋，北靠曲坊屋。此地为山岭延伸形成的山体突出前端，又因山咀为岩石地质，故称石咀。明建文年间，吴姓迁往石咀旁建房定居，以山咀名命村庄名。2014 年，有居民 10 户 50 人，水田 30 亩，旱地 5 亩，山林 3 亩。出生于该居民点的吴亮清(1918—1985)，1955 年任石首县县长。

下河田屋 属大坪乡杨部村，位于杨部村西北部，距村委会驻地杨家铺 500 米。东接杨家铺，西邻上河田，南连谢家咀，北靠李家。宋时，上河田胡姓在祖居下方建房定居，故称下河田屋。2014 年，有居民 57 户 190 人；水田 111 亩，旱地 48 亩，山林 3 亩。出生该居民点的胡雄(1967—)，博士后，2014 年任中国北京科学院物理研究所空间物理研究中心教授。

杨家铺 属大坪乡杨部村，为杨部村委会驻地，距大坪中心集镇 5 千米。东接傅家，西邻马牙塘，南连介七屋，北靠下河田。隋文帝开皇年间，杨祖迁此建房定居，由于家道殷实，开设商铺一家、当铺一家、肉铺两家，故命村庄名为杨家铺。后杨姓外迁，陈敬元及胡、祝、吴姓先后迁入此地，仍用原村庄名。2014 年，有居民 23 户 90 人，水田 58.1 亩，旱地 25.1 亩，山林 1.5 亩。

邹刘 属大坪乡杨部村，位于杨部村西北部，距村委会驻地杨家铺 2 千米。东接河堂屋，西邻万家，南连坡内屋，北靠上河田。明洪武年间，邹、刘两家从江西迁此地建房定居，以其两家人姓氏命村庄名为邹刘。2014 年，有居民 26 户 110 人，水田 70.2 亩，旱地 30.3 亩，山林 8 亩。

第二十三节 药姑村及所属聚落

【药姑村】 大坪乡辖村，位于大坪乡西北部，村委会驻地大港冲口上，距大坪中心集镇 11 千米。东临横岭，南靠湖南壁山余湾村，西接小药姑尖，北连临湘市幸福村，辖区面积 7.8 平方千米。以地处的山名而命村名。1950 年，属通城县花墩乡大港村、四甲乡特农村；1958 年人民公社化时，设民主(原大港村)、西冲(原特农村)大队，属崇阳县北港(英雄)人民公社大坪管理区；1961 年恢复区镇建制，属通城县北港区大坪公社；1975 年 1 月撤区并社，民主大队更名为药姑大队，西冲大队未变，属北港公社；1981 年，药姑大队更名为药姑大队，西冲大队更名为细冲大队；1984 年设区建乡，药姑、细冲大队分别更名为药姑、细冲村，属北港区大坪乡；1987 年区乡体制改革，属大坪乡；2004年，药姑、细冲村合并为药姑村。村民房屋呈块状分布。村民有胡、李、周、杨、易等姓，以胡姓为主。下辖9个村民小组，有11个农村居民点。有横岭水库、花果园水库、横岭隧洞、电站、白云寺、三仙坦、红军割耳坡纪念碑。距G353国道、杭瑞高速进出口公路里程均为10千米，居民点全通公路。2014年，有居民243户1130人，共有耕地133.3公顷，山林666.7公顷。居民主要种植水稻、红薯等农作物，并养猪、羊、鸡、鸭等，经济来源以林业生产、务农、务工为主，年人均纯收入3380元。

西冲地片　大坪乡辖村，位于药姑村北部，距大坪中心集镇7千米。东接西冲水库，南连内冲山，西毗花果园，北靠药姑山。以该地片在药姑山的方位和地形命名。有3个居民小组，分为西冲上、中、下3个居民点，居民房屋占地总面积11200平方米，呈条状分布。距G353国道、杭瑞高速进出口公路里程均为9千米，居民点全通公路。2014年，有居民75户420人，耕地64.7公顷，山林87.3公顷。

白石仑　属大坪乡药姑村，位于药姑山腰，药姑村东北部，距村委会驻地大港冲3千米。东接花墩石冲山，南靠横岭，西毗大港冲，北靠花果园。此地为山岭，又因山岭上多白色石头，故名白石仑。清代，北港方塅李绪臣(1871—?)在此建造房屋定居，以山岭名命村庄名。2014年，有居民30户110人，水田37亩，旱地180亩，山林1100亩。出生该居民点的李海林(1907—1936)，大革命时期，曾任中共通城中心县委委员、县苏维埃政府主席。

大港冲　属大坪乡药姑村，为药姑村委会驻地，距大坪中心集镇11千米。东接横岭埂，南邻璧山林场，西连栗树坡，北靠药姑山大埂。民国年间，周汉臣在此建房定居，因住宅位于药姑山山沟间，故名大港冲。1980年因修建横岭水库，部分居民迁居水库边山脚。2014年，有居民28户130人，耕地12.7公顷，山林90公顷。民国二十年(1931)，湘北工作委员会在此地召开工农兵代表会，成立湘北通城县苏维埃政府以及区乡红色政权大港冲区。

栎家楼　属大坪乡药姑村，位于药姑村西南部，距村委会驻地大港冲2千米。东接横岭水库，南连璧山林场，西靠小药姑山，北邻药姑山大埂。古代，乐，朱两户人家在此地各建一座山寨楼，因住宅旁生长有栎树，故称。后来，乐、朱姓因战乱先后外迁。民国十九年(1930)，胡义云在此建房定居，仍用原村庄名。由朱家楼、栎家楼、栗树坡组成。2014年，有居民31户140人，旱地180亩，山林2100亩，

西冲中屋　属大坪乡药姑村，位于药姑村北部，东冲水库西边，距村委会驻地大港冲5千米。东连下屋，南靠西冲山，西接花果园，北邻药姑山。明代，胡世德(1401—?)从江西迁此地建房定居，同时建3处房屋，此宅位于西冲上屋之下，西冲下屋之上，故命村庄名为西冲中屋。2014年，有居民30户162人，耕地520亩，山林510亩。

西冲下屋　属大坪乡药姑村，位于药姑村北部，位于东冲水库西边，距村委会驻地大港冲5千米。东接东冲水库，南连西冲山，西邻花果园，北靠药姑山。明代，胡世德(1401—?)从江西迁此地建房定居，同时建3处房屋，此宅位于最下端，故命村庄名为西冲下屋。2014年，有居民24户140人，耕地250亩，山林430亩。

西冲上屋　属大坪乡药姑村，位于药姑村北部，东冲水库西边，距村委会驻地大港冲5千米。东连中屋，南靠西冲山，西接花果园，北邻药姑山。明代，胡世德(1401—?)从江西迁此地建房定居，因住宅处药姑山西冲的上部，故命村庄名为西冲上屋。2014年，有居民21户110人，耕地200亩，山林面积3600亩。

新屋岭　属大坪乡药姑村，位于药姑山腰峡谷中，药姑村北部，距村委会驻地大港冲2.5千米。东连村委会，南靠栎家楼，西毗窖竹场，北邻花果园。明代，胡世仁(1372—?)自江西迁入此山中建房定居，因住宅为新建，位于山岭上，故称。2014年，有居民25户130人，旱地170亩，山林1700亩。

杨家　属大坪乡药姑村，位于小药姑山脚，药姑村东南部，距村委会驻地大港冲500米。东接璧山余湾村，南连璧山林场，西靠小药姑山，北邻药姑山大埂。隋代，杨庆龙(604—?)在此建房定居，以姓氏命村庄名。2014年，有居民25户120人，耕地140亩，山林1150亩。

第二十四节　易畈村及所属聚落

【易畈村】　大坪乡辖村，位于大坪乡东部，村委会驻地马家湾，距大坪中心集镇7千米。东接沙口村，西邻辉煌村，南连达凤村，北靠杨部村，辖区面积约4.3平方千米。因域内有居民点名易家畈而得村名。1950年，分别属通城县杨部乡、罗家乡；1958年人民公社化时，设星光(原杨部乡)、高峰(原罗家乡)大队，属崇阳县北港(英雄)人民公社杨部管理区；1961年恢复镇建制，属通城县北港区东冲(杨部)公社；1963年，星光、高峰大队合并为高峰大队；1966年，高峰大队变更为跃进大队；1975年1月撤区并社，属东冲公社；1981年，跃进大队变更为易畈大队；1984年设区建乡，易畈大队变更为易畈村，属北港区杨部乡；1987年区乡体制改革，属大坪乡。村民房屋呈块状分布，下辖10个村民小组，有12个农村居民点。村民有吴、何、胡、陈、刘、李、谢、杨等姓，以吴、何姓为主。1996年建村委会办公楼1栋，占地面积700平方米，建筑面积250平方米，设有便民服务厅、党员活动室、村卫生室等；距G106国道、杭瑞高速进出口公路里程均为9千米，居民点全通公路。2014年，有村民428户1960人，水田70.2公顷，旱地24.9公顷，山林20公顷。村民主要种植水稻、油菜、小麦、红薯，兼养猪、鸡、羊、鸡等，经济来源以务农、务工为主，部分人经商，年人均纯收入7280元。

高峰地片　属大坪乡易畈村，位于易畈村东南部，距大坪中心集镇7千米。东接沙口村，西邻辉煌村，南连达凤村，北靠跃进地片，辖区面积约1.8平方千米。以政治口号而得地片名。下辖4个村民小组，有5个居民点。距G353国道、杭瑞高速进出口公路里程均为8千米，居民点全通公路。2014年，有村民212户940人，水田32公顷，旱地9.5公顷，山林7.3公顷。

程家楼　属大坪乡易畈村，位于易畈村西部，距村委会驻地马家湾2千米。东接青毛咀，西邻爆竹屋，南连谢家畈，北靠马牙塘。明晚期，程远(1578—1639)在此建房定居，住宅为木石结构楼房，以其姓氏综合房屋结构命村庄名为程家楼。后因战乱程姓南迁，胡、李姓先后迁入，仍用原村庄名。2014年，有居民21户100人，水田45亩，旱地25亩，山林30亩。

老马牙塘(老马家塘)　属大坪乡易畈村，位于易畈村西部，距村委会驻地马家湾2千米。东接邱家，西邻师傅屋，南连彭家湾，北靠新马牙塘。此地地形形同马牙状，前有水塘一口，故名马牙塘。清代，王为斋(1786—1803)随父从江西修水迁水塘后方定居，以塘名命村庄名。2014年，有居民38户220人，水田125亩，旱地35亩，山林35亩。

马家湾　属大坪乡易畈村，为村委会驻地，距大坪中心集镇7千米。东接易家畈，西邻程家楼，南连若古咀，北靠彭家湾。古时，此地有一马姓人家在此定居，因住宅处小溪拐弯处，故名。后因战乱马姓迁出，明代，吴纯成(1393—1456)分迁湾内定居，仍用原名。2014年，有居民10户50人，水田15亩，旱地5亩，山林5亩。

彭家湾　属大坪乡易畈村，位于易畈村北部，距村委会驻地马家湾0.5千米。东接马家湾，西邻老马牙塘，南连杨家屋，北靠邱家。古时，此地为彭姓居住地，因住宅位于小溪拐弯处故名，后外迁。清代，吴祖思(1702—1771)从江西南昌迁入建房定居，仍用原村庄名。2014年，有居民32户150人，水田75亩，旱地26亩，山林35亩。

青毛咀　属大坪乡易畈村，位于易畈村南部，距村委会驻地马家湾2千米。东接若古咀，西邻程家楼，南连叶家畈，北靠马家湾。此地为山岭延伸形成的山体突出前端，又因古代小山咀处遍长茅草，一片荒凉，故名。明代，吴纯祖(1374—1409)从江西修水迁山咀定居，以山咀名命村庄名。2014年，有居民76户380人，水田183亩，旱地31亩，山林35亩。

邱家　属大坪乡易畈村，位于易畈村北部，距村委会驻地马家湾1.5千米。东接曲坊，西邻彭家湾，南连马家湾，北靠新屋场。古时，此地为邱姓居住地，故名。后邱姓外迁，何达云(1631—1693)迁入建房定居，仍用原村庄名。2014年，有居民35户170人，水田90亩，旱地12亩，山林25亩。

泉塆　属大坪乡易畈村，位于易畈村北部，距村委会驻地马家湾300米。东接王家房，西邻马家湾，南连上若古咀，北靠邱家。此地有一股清泉自小山流出，长年不断，清澈见底，冬暖夏凉，长年供人畜饮用，因其在小山岭拐弯处，故名泉塆。明代，吴祖德(1578—1642)从江西迁入建房定居，以塆名命村庄名。2014年，有居民22户100人，水田45亩，旱地22亩，山林26亩。

上岳家咀(若古咀)　属大坪乡易畈村，位于易畈村东部，距村委会驻地马家湾1.5千米。东接易畈，西邻青毛咀，南连路口湾，北靠马家湾。此地为山岭延伸形成的山体突出前端，古代有岳姓兄弟俩各在小山咀前修建房屋，分为上、下岳家咀。此地处上方，为上岳家咀。后因瘟疫，岳姓灭绝。民国十七年(1928)，杨姓从崇阳台山迁此定居，仍用原村庄名。后有陈姓迁入，又称为陈家屋场。2014年，有居民35户190人，水田120亩，旱地20亩，山林21亩。

下岳家咀　属大坪乡易畈村，位于易畈村南部，距村委会驻地马家湾1.2千米。东接易家畈，西邻青毛咀，南连路口湾，北靠马家湾。此地为山岭延伸形成的山体突出前端，又因位于上岳家咀下方，故名下岳家咀。清代，何秀诚(1770—1846)从江西迁入建房定居，仍用原村庄名。2014年，有居民49户240人，水田110亩，旱地30亩，山林20亩。

易家畈　属大坪乡易畈村，位于易畈村东部，距村委会驻地马家湾700米。东接沙口村，西邻下若家咀，南连泉塆，北靠王家房。明代，易道德(1378—1419)从江西迁畈内建房定居，因此地为一面积较大的平地，故名易家畈。2014年，有居民45户230人，水田95亩，旱地35亩，山林30亩。

第十一章　四庄乡及所属聚落

第一节　四庄乡概况

位置面积　通城县辖乡，位于通城县东北部，乡人民政府机关驻地四庄村四庄街1号，距县城隽水镇17千米。处东经113°53′~114°03′，北纬29°16′~29°23′。东连崇阳县青山镇，南邻塘湖镇，西接沙堆镇，北邻崇阳县沙坪镇。辖区面积135.5平方千米，其中陆地125平方千米，占92.3%；水域10.5平方千米，占7.7%。

来历及历史沿革　因域内有地片四庄畈而得乡名。1950年，属通城县沙堆区；1958年成立人民公社，设清水、大源、大青3个管理区，属崇阳县沙堆(卫星)人民公社；1961年恢复区建制，增设四庄公社，清水、大源、大青3个管理区分别更名为清水、大源、大青公社，属通城县沙堆区；1975年1月撤区并社，设立清水和大青两个公社；1984年2月设区建乡，设清水、四庄、灵芝、大溪乡，属沙堆区；1987年9月撤区并乡，设立四庄、大溪两乡；2001年2月调整乡镇体制，四庄、大溪合并为四庄乡。

人文及经济状况　属半山区、半丘陵地带，东、北高，西、南稍低，中部为丘陵平畈。东部的大溪、纸棚村为山区，又属青山水库库区。"通城三溪"之一的大溪水流，全部汇入青山水库，"通城十八洞"之一的青草洞水流流入崇阳县境。南、中部的水流，由金仙港、四庄港和大源港导流汇入沙堆港。乡域内有四庄畈、金仙畈、大源畈，四庄畈面积约4平方千米，仅次于沙堆畈和润田畈，居全县第三。小井海拔78米，是全县地势最低点。主要山峰有灵芝峰、青草岭、龙王殿、周家岭、五花山、三眼尖、棋盘山、梧桐山、小梧桐山、鹅公啄和挂壁山。2014年，下辖13个村、142个村民小组，有257个农村居民点(其中20户以下的95个，见表12)，辖区总人口33110人，年人均纯收入6983元。S362省道穿越乡境，四庄中心集镇距G106国道、杭瑞高速沙坪进出口公路里程均为10千米，域内除大溪库区10个居民点和华家村沙堤上不通公路，其余居民点全部通公路。四庄乡是农业大乡，水利资源丰富，域内有县直管中型水库龙潭水库、小(一)型水库两座、小(二)型水库11座。有效灌溉面积156.3公顷，占水田面积160.1公顷的96.6%。全乡以种植水稻为主，金仙畈、四庄畈、大源畈是通城县的主要产粮区。四庄乡林特产资源丰富，域内盛产楠竹、松、杉、杂木、油茶、水果、木耳、竹笋、野生药材、野生蘑菇等。域内已探明稀土储藏面积2.81平方千米，最深处39米，地质储量1000万吨，按设计年生产20万吨计算，可开采50年，集中分布在庙下村一带。四庄乡水产资源丰富，品种繁多。2014年水产养殖面积356.1公顷，产量205吨。青山水库尾部在乡水域养殖水面201.3公顷，鱼虾种类40多种，珍稀品种银鱼年产量20吨以上。域内四庄村新屋郑家南山咀为新石器时代遗址；民国初"金公华立寨"事件发生在域内五花山。四庄乡是大革命时期湘赣鄂红色根据地重要组成部分，无产阶级革命家、中共湘鄂赣中心省委书记陈寿昌长眠于此。出生于该乡华家村的中国人民解放军北京空军原副参谋长徐水香少将、旅顺海军基地司令员娄水源中将，为通城县解放后仅有的两名新中国将军。

插图 21　四庄清水(航拍)

表 12　**四庄乡 2014 年 20 户以下村庄基本情况一览表**

村庄名称	地理位置	名称由来	形成时间	户数人口
虎形	四庄村东部，距村委会驻地 1.6 千米	以村庄后方的山岭名命名	明代	15 户 64 人
万家塅	四庄村东南部，距村委会驻地 1.4 千米	以最早迁入的居民姓氏和地形命名	明代	14 户 60 人
转屋场	四庄村西南部，距村委会驻地 1.1 千米	因从他处转移于此而得名	清代	14 户 60 人
大塘角	大源村东部，距村委会驻地 500 米	因地处较大池塘角落而得名	民国时期	1 户 3 人
大屋罗家	大源村东部，距村委会驻地 2.1 千米	以村庄规模和居民姓氏命名	明代	18 户 80 人
对门屋	大源村东北部，距村委会驻地 1 千米	因与他村相向而得名	清代	8 户 40 人
高冲咀	大源村东部，距村委会驻地 1.3 千米	以附近山咀名命名	民国时期	18 户 100 人
国爹屋	大源村西部，距村委会驻地 800 米	以最早迁入的居民称呼命名	清代	10 户 40 人
门泉罗家	大源村东部，距村委会驻地 1.8 千米	因门前有泉井综合姓氏而得名	1988	19 户 80 人
舒家畈	大源村东部，距村委会驻地 1.2 千米	以最早迁入的居民姓氏和地形命名	清代	10 户 60 人
塘塅	大源村南部，距村委会驻地 200 米	以所在地形名命名	明代	16 户 60 人
甜菜屋	大源村南部，距村委会驻地 1 千米	因居民种甜菜多而得名	明代	11 户 60 人
享堂	大源村西南部，距村委会驻地 700 米	以村庄形成前房屋用途命名	1952	6 户 30 人
新屋	大源村北部，距村委会驻地 500 米	因系新建房屋而得名	民国时期	10 户 50 人
坳下周家	大溪村西部，距村委会驻地 3.3 千米	以地形综合居民姓氏命名	明代	10 户 50 人
戴家畈	大溪村西部，距村委会驻地 3.1 千米	以地形综合居民姓氏命名	清代	2 户 10 人
洪家	大溪村西部，距村委会驻地 2.3 千米	以最早迁入的居民姓氏命名	清代	6 户 20 人
罗家	大溪村西部，距村委会驻地 2.7 千米	以最早迁入的居民姓氏命名	明代	4 户 20 人
门家	大溪村西部，距村委会驻地 3.2 千米	以最早迁入的居民姓氏命名	明代	6 户 30 人
檀树冲	大溪村中部，距村委会驻地 1.8 千米	以所在山沟名命名	清代	6 户 30 人
滕家	大溪村中部，距村委会驻地 4.8 千米	以最早迁入的居民姓氏命名	清代	16 户 70 人
万家	大溪村东南部，距村委会驻地 8.3 千米	以最早迁入的居民姓氏命名	明代	5 户 20 人
回转塅	华家村西部，距村委会驻地 2.2 千米	以所在地形命名	明代	10 户 60 人
马家垅	华家村东北部，距村委会驻地 1.4 千米	以最早迁入的居民姓氏和地形命名	明代	18 户 100 人

续表

村庄名称	地理位置	名称由来	形成时间	户数人口
沙堤上	华家村东南部，距村委会驻地 1.4 千米	以附近的河堤名命名	清代	3 户 20 人
佘家垅	华家村西部，距村委会驻地 2.3 千米	以最早迁入的居民姓氏和地形命名	清代	1 户 1 人
舒家坳	华家村东北部，距村委会驻地 2 千米	以最早迁入的居民姓氏和地形命名	清代	11 户 50 人
宋家垅	华家村东北部，距村委会驻地 1.4 千米	以最早迁入的居民姓氏和地形命名	清代	13 户 60 人
塘埚	华家村西北部，距村委会驻地 2 千米	以所在地形名命名	清代	11 户 70 人
新塘	华家村西部，距村委会驻地 600 米	以附近的池塘名命名	清代	16 户 90 人
榨油埚	华家村西部，距村委会驻地 1.3 千米	以所在地形名命名	明代	5 户 20 人
堤上铺	庙下村西南部，距村委会驻地 600 米	以地处河堤旁并综合房屋用途命名	清代	15 户 70 人
港背张家	庙下村东南部，距村委会驻地 1.2 千米	以地处小港侧面并综合居民姓氏命名	清代	3 户 20 人
李家垅	庙下村东部，距村委会驻地 1 千米	以最早迁入的居民姓氏和地形命名	清代	14 户 50 人
廷桢屋	庙下村东南部，距村委会驻地 1.2 千米	以最早迁入的居民名字命名	清代	10 户 50 人
谢家	庙下村东部，距村委会驻地 500 米	以最早迁入的居民姓氏命名	明代	7 户 30 人
新屋张家	庙下村东南部，距村委会驻地 1.2 千米	以系新建房屋并综合居民姓氏命名	清代	4 户 20 人
百租排	清水村西南部，距村委会驻地 900 米	因最早迁入的居民年收租谷百担而得名	清代	9 户 40 人
东坑垅	清水村南部，距村委会驻地 1.6 千米	以所在的山沟名命名	清代	15 户 60 人
拱桥上	清水村北部，距村委会驻地 500 米	以附近的石桥名命名	清代	19 户 80 人
华家冲	清水村北部，距村委会驻地 600 米	以最早迁入的居民姓氏和地形命名	清代	19 户 70 人
塝上屋	清水村南部，距村委会驻地 500 米	因地处高岸上方而得名	清代	19 户 70 人
冷家埚	清水村南部，距村委会驻地 500 米	以最早迁入的居民姓氏和地形命名	清代	10 户 40 人
石堰口上	清水村中部，距村委会驻地 200 米	因地处石堰附近而得名	民国时期	8 户 30 人
孙家排	清水村中部，距村委会驻地 200 米	以最早迁入的居民姓氏和地形命名	清代	19 户 70 人
田家	清水村中部，距村委会驻地 800 米	以最早迁入的居民姓氏命名	清代	13 户 50 人
王家庄	清水村中部，距村委会驻地 400 米	以最早迁入的居民姓氏命名	清代	17 户 60 人
新屋垅	清水村东南部，距村委会驻地 800 米	因系新建房屋并综合地形而得名	清代	10 户 40 人
新屋田家	清水村中部，距村委会驻地 700 米	因系新建房屋并综合姓氏而得名	1985	18 户 70 人
邓家冲	上坪村东南部，距村委会驻地 4.9 千米	以最早迁入的居民姓氏和地形命名	清代	9 户 40 人
岭下	上坪村东部，距村委会驻地 1.6 千米	因村庄位于山岭下而得名	明代	1 户 1 人
刘家	上坪村东南部，距村委会驻地 2.2 千米	以最早迁入的居民姓氏命名	明代	18 户 70 人
石茅埚	上坪村南部，距村委会驻地 750 米	以所在地形名命名	1979	4 户 20 人
下坪	上坪村西部，距村委会驻地 800 米	以所在方位和地形命名	明代	15 户 60 人
油榨屋	上坪村东部，距村委会驻地 1.5 千米	以村庄形成初房屋用途命名	清代	14 户 50 人
大堰	寺背村东部，距村委会驻地 3.3 千米	以附近的水利设施名命名	清代	15 户 80 人
邓家桥	寺背村西南部，距村委会驻地 1.1 千米	以最早迁入的居民姓氏和交通设施命名	明代	5 户 20 人
柳树铺	寺背村西南部，距村委会驻地 1.1 千米	因门前有柳树并综合房屋用途而得名	清代	15 户 70 人
中屋	寺背村东南部，距村委会驻地 2.2 千米	因上、下方均有村庄而得名	明代	18 户 92 人
紫竹埚	寺背村西南部，距村委会驻地 1.4 千米	以所在地形名命名	宋代	9 户 40 人
咀上屋	寺背村西北部，距村委会驻地 1.9 千米	因村庄处在山咀旁而得名	明代	14 户 70 人

续表

村庄名称	地理位置	名称由来	形成时间	户数人口
大屋徐家	五花村东北部，距村委会驻地 1.4 千米	以房屋规模大并综合居民姓氏命名	明代	11 户 60 人
大竹垴	五花村东南部，距村委会驻地 1.3 千米	以所在地形名命名	清代	3 户 10 人
高二屋	五花村东南部，距村委会驻地 1.1 千米	以居民之字并综合其排行命名	清代	15 户 70 人
冷家塆	五花村东部，距村委会驻地 2.2 千米	以最早迁入的居民姓氏和地形命名	元代	6 户 30 人
柳家	五花村南部，距村委会驻地 1.6 千米	以最早迁入的居民姓氏命名	清代	8 户 50 人
龙潭口上	五花村东部，距村委会驻地 2.1 千米	因位于龙潭洞出口处而得名	清代	16 户 60 人
四八坳	五花村西北部，距村委会驻地 2.2 千米	以最早迁入的居民名字命名	明代	10 户 40 人
王家	五花村东南部，距村委会驻地 1.9 千米	以最早迁入的居民姓氏命名	清代	8 户 30 人
王屋场	五花村东北部，距村委会驻地 2.1 千米	以最早迁入的居民姓氏命名	清代	10 户 40 人
西坑屋	五花村东部，距村委会驻地 700 米	以所在山岭名命名	清代	5 户 20 人
碑记屋	小井村东北部，距村委会驻地 2.5 千米	因后方山岭上立有封山石碑而得名	1950	1 户 8 人
陈家排	小井村西部，距村委会驻地 400 米	以最早迁入的居民姓氏和地形命名	清代	17 户 80 人
篾匠屋	小井村东部，距村委会驻地 600 米	以最早迁入的居民职业命名	清代	19 户 80 人
十房屋	小井村西部，距村委会驻地 600 米	以最早迁入的居民排行命名	清代	9 户 30 人
徐家	小井村东部，距村委会驻地 1 千米	以最早迁入的居民姓氏命名	清代	19 户 90 人
阳雀咀	小井村中部，距村委会驻地 400 米	以所在地形名命名	明代	19 户 80 人
柳家垅	向家村西北部，距村委会驻地 800 米	以最早迁入的居民姓氏和地形命名	清代	15 户 80 人
南庄	向家村中部，距村委会驻地 2.5 千米	因位于四庄之南故称	清代	14 户 90 人
邓家	新联村东北部，距村委会驻地 3 千米	以最早迁入的居民姓氏命名	清代	17 户 70 人
凤凰屋	新联村中部，距村委会驻地 200 米	以附近山岭名命名	民国时期	13 户 70 人
蒋家铺	新联村中部，距村委会驻地 800 米	以最早迁入的居民姓氏和房屋用途命名	清代	13 户 68 人
龙形	新联村中部，距村委会驻地 400 米	以后方山岭名命名	清代	1 户 5 人
神垴	新联村西南部，距村委会驻地 1.2 千米	以所在地形名命名	清代	18 户 90 人
塘垴	新联村北部，距村委会驻地 2.2 千米	以所在地形名命名	清代	11 户 50 人
檀树下	新联村东北部，距村委会驻地 2.7 千米	因上方山岭上长有檀树而得名	清代	18 户 70 人
魏家庄	新联村西北部，距村委会驻地 1.4 千米	以最早迁入的居民姓氏命名	清代	19 户 80 人
大坟峦	纸棚村西北部，距村委会驻地 650 米	因住宅后方多坟墓而得名	清代	9 户 50 人
大港背	纸棚村中部，距村委会驻地 500 米	因处港一侧而得名	民国时期	4 户 20 人
姜家	纸棚村中部，距村委会驻地 300 米	以最早迁入的居民姓氏命名	民国时期	11 户 40 人
姜家坳	纸棚村中部，距村委会驻地 200 米	以最早迁入的居民姓氏和地形命名	民国时期	9 户 40 人
金鸡冲	纸棚村西南部，距村委会驻地 3 千米	以所在山沟名命名	清代	13 户 50 人
苦叶垴	纸棚村西北部，距村委会驻地 4 千米	以所在地形名命名	1972	1 户 5 人
新屋	纸棚村中部，距村委会驻地 1.2 千米	因住宅系新建房屋而得名	清代	9 户 50 人
摇垴	纸棚村中部，距村委会驻地 60 米	以所在地形名命名	清代	8 户 42 人

第二节　四庄村及所属聚落

【四庄村】　四庄乡辖村，位于四庄乡中心，是四庄乡人民政府驻地，村委会驻地四庄街四庄路136号，距乡政府驻地四庄街1号1千米。东界寺背村，南连清水村，西接新联村，北邻上坪村，辖区面积3.93平方千米。因域内有地片四庄畈而得村名。1950年，属通城县沙堆区毛田乡、守仙乡和四庄乡；1958年，属崇阳县沙堆(卫星)人民公社金星大队；1961年，属通城县沙堆区四庄公社金星大队；1975年属清水公社；1981年，金星大队更名为四庄大队；1984年，四庄大队更名为四庄村，属沙堆区四庄乡；1987年，属四庄乡四庄村。域内驻有四庄乡人民政府、乡卫生院、财政所、国土所、司法所、派出所、邮政局、电信分局、食品药品监管所、农商银行、文化站、广播电视站、畜牧兽医服务中心、农业技术推广服务中心、人力资源与社会保障服务中心、计划生育办公室、四庄中学、四庄中心完小、美加幼儿园、四庄液化气站等机关部门和企事业单位。有16个农村居民点。村民有王、皮、张、柳、郑、魏、万、吴、杜、卢、陈、邱、李、金、周、胡、黄、刘等姓，以王、皮、郑、万、吴、魏等姓为主。S362省道穿越村域，距106国道、杭瑞高速沙坪进出口公路里程均为10千米，居民点全部通公路。2014年，有居民524户2100人，耕地130公顷(其中水田119.7公顷)，林地123.5公顷。村民以种植水稻为主，经济来源主要为务农、务工和经商，年人均纯收入7624元。

四庄畈地片　属四庄乡。位于四庄乡人民政府驻地周围，分布在四庄港南北两岸，长约5.8千米、宽约700米，面积约4平方千米，仅次于沙堆畈和阔田畈，居全县平畈第三。含寺背、四庄、新联、华家等村地域。古时有魏家庄、李家庄、皮家庄、上庄共4处看管山林土地的房屋即“庄屋”，简称“四庄”，又名“四庄牌、四庄畈”，地片名由此而来。有54个居民点，S362省道穿越村域，距106国道公路、杭瑞高速沙坪进出口公路里程均为10千米，居民点全部通公路。2014年，有居民1204户6260人。

塝上屋　属四庄乡四庄村，位于四庄村北部，距村委会驻地四庄路136号500米。东连栎树咀，西接四庄街四庄路，南邻四庄街柳林路，北靠胡家埚山。处胡家埚山南部坡度较大的山坡，古时为谢姓居住地，依地形命村庄名为塝上屋。清代，谢姓外迁，吴儒泰(1853—1902)在此定居，仍用原村庄名。2014年，有居民52户260人，有耕地210亩，山林171亩。村落内有古井一口，水井上方有榔榆树一棵，经林业部门注册登记，列入保护范围。

港下吴家　属四庄乡四庄村，位于四庄村北部，距村委会驻地四庄路136号400米。东临四庄街四庄路，西连四庄街西环路，南接四庄街柳林路，北靠婆婆咀山。明代，吴必隆(1357—1418)从磨桥月半山迁此建房定居，以地理位置及其姓氏综合命村庄名。2014年，有居民40户180人，耕地140亩，山林140亩。该居民点始祖吴必隆(1357—1418)，曾任明承天府太守；出生于该居民点的吴至诚(1910—1951)，曾任国民政府竹溪县县长。

宦垅　属四庄乡四庄村，位于四庄村东部，距村委会驻地四庄路136号1.2千米。东邻黄泥排，西连皮家庄，南靠虎形山，北临四田畈。此地为山沟，又因沟内水田多，有烂泥坑，通城人称水田中的泥坑叫“泛窟”，故称“泛垅”。在当地“宦”和“泛”同音，多写作“宦垅”。明代，王永经(1401—1468)从通邑白水洞迁此山沟出口处建房定居，以地形名命村庄名。2014年，有居民30户130人，耕地109亩，山林109亩。

黄泥排　属四庄乡四庄村，位于四庄村东部，距村委会驻地四庄路136号1.6千米。东接胡家垅，西连宦垅，南靠虾形山，北临田畈港。此地为垅畈两面斜伸的不规则形缓坡山地，土壤呈黄色，故称其为黄泥排。清代，张德谅(1674—1747)由紫竹埚分居于此，以地形名命村庄名。2014年，有居民30户160人，耕地123亩，山林105亩。

皮家庄　属四庄乡四庄村，位于四庄村中部，距村委会驻地四庄路136号500米。东连宦垅，西接药铺，南靠翰林冲山，北临四庄港。古时，此处是雷姓居民看管土地的庄屋名雷家庄。清代，皮运星(1706—1781)从洞口皮家迁居于此，更村庄名为皮家庄。2014年，有居民40户200人，耕地110.6亩，山林125亩。

万家　属四庄乡四庄村，位于四庄村西南部，距村委会驻地四庄路136号1.3千米。东依万屋山，西连毛家坪，南靠白虎山，北临田畈。明代，万庆(1449—1510)由桥头屋分出定居于此，以其姓氏命村庄名为万家，也称为新屋万家。2014年，有居民75户280人，耕地221亩，山林247亩。出生于该居民点的万俊(1464—1527)、万文铜(1500—1561)父子，精道学。父子受命进宫，医好皇后重疾，皇上大喜，封官不受，特钦赐法号"法贞""法显"。

万家祠堂　属四庄乡四庄村，位于四庄村西部，距村委会驻地四庄路136号1.2千米。东连郑家岭，西依枫树咀，南临田畈，北靠张家坍山。明成化年间，万孟高的后嗣在此处建造祭祖祠堂，称其为万家祠堂。后来，皮国栋(1603—1666)迁居祠堂不远处，以祠堂名命村庄名。2014年，有居民32户140人，耕地111亩，山林105亩。

魏家　属四庄乡四庄村，位于四庄村南部，距村委会驻地四庄路136号1千米，东依青龙咀，西连栎峦咀，南临垅田，北靠大竹山。明代，魏一治(1608—1663)迁居此处，以其姓氏命村庄名为魏家。2014年，有居民25户110人，耕地91亩，山林82亩。

新屋郑家　属四庄乡四庄村，位于四庄村西南部，距村委会驻地四庄路136号800米。东接徐家塘，西、南靠南山咀，北临四庄港。明代，郑朝周(1527—1601)由祖居郑家分出定居此处，故命村庄名为新屋郑家。2014年，有居民48户180人，耕地142亩，山林158亩。新屋郑家西南南山咀有新石器时代遗址。

新屋魏家　属四庄乡四庄村，位于四庄村南部，距村委会驻地四庄路136号800米。东依月形山，西连四庄中心完小(古为朱洪庙)，南靠大竹山，北临田畈。清代，魏孔谋(1735—1819)由祖居魏家迁此建房定居，故命村庄名为新屋魏家。2014年，有居民24户100人，耕地76亩，山林79亩。

药铺　属四庄乡四庄村，位于四庄村中部，距村委会驻地四庄路136号1千米。东接皮家庄，西连四庄中心完小，南靠翰林冲，北临四庄港南岸。清代，皮家朝(1760—1828)率先由洞口皮家迁此定居并开设店铺，经营中药生意，故命村庄名为药铺。2014年，有居民70户320人，耕地225亩，山林210亩。

郑家　属四庄乡四庄村，位于四庄村西部，距村委会驻地四庄路136号800米。东依候家咀，西、南两方临田畈，北靠郑家岭。明代，郑廷方(1484—1565)在此建房定居，以其姓氏命村庄名为郑家。2014年，有居民21户90人，耕地74亩，山林69亩。

咀上屋　属四庄乡四庄村，位于四庄村西南部，距村委会驻地四庄路136号1.5千米。东依刁家坍，西连土地咀，南靠太婆山，北临四庄港。此地为太婆山山体前端突出部位。明代，万妙(1459—1527)由桥头屋迁此定居，因住宅地处太婆山山咀旁，故命村庄名为咀上屋。2014年，有居民26户110人，耕地90亩，山林86亩。

第三节　大源村及所属聚落

【大源村】　四庄乡辖村，位于四庄乡西北部，村委会驻地港下屋，距四庄中心集镇4.5千米。东界上坪村，西连小井村，南接新联村和华家村，北邻大溪村和崇阳干港，域区总面积6.846平方千米。因域内有河流名大源港而得村名。1950年，属通城县沙堆区大源乡；1958年，属崇阳县沙堆(卫星)人民公社大源大队和绿水大队；1961年，属通城县沙堆区大源公社；1975年撤区并社，属清水公社；1981年，绿水大队更名为杨家大队，大源大队未变；1984年元月设区建乡，杨家、大源大队分别更名大源村和杨家村，属沙堆区灵芝乡；1987年9月撤区并乡，属四庄乡；2005年，大源村与杨家村合并为大源村。2007年，新建村委会办公楼，建筑面积400平方米，占地230平方米；2013年，新建卫生室，建筑面积230平方米，占地面积280平方米。全村分为13个村民小组，有20个农村居民点。村民有周、罗、杨、卢、邓、谌、黄、杜、雷、李等姓，以周姓为主。村内有大源小学、大源桥、灵芝峰山、大源港等。距S362省道、106国道、杭瑞高速沙坪进出口公路里程分别为4.5千米、5千米、6千米，农村居民点全部通公路。2014年，有居民639户2550人，山林329公顷，耕地161.6公顷(其中水田157.3公顷)。村民以种植水稻为主，经济来源主要为务农、务工和经商，年人均纯收入7691元。

塝上屋　属四庄乡大源村，位于大源村西部，距村委会驻地港下屋450米。东毗国爹屋，南邻港下屋，西连新塘牌，北靠大树峦。明代，周必简(1605—1665)定居于此，因该居民点所处地形为垅、畈两面傍山脚坡度较大、比山脚地势高的山地，以地形命村庄名为塝上屋。2014年，有居民59户290人，耕地322亩，山林532亩。

冲里黄家　属四庄乡大源村，位于大源村西北部，距村委会驻地港下屋2千米。东靠荷叶岭，西倚龟形山，南傍倒埚岭，北邻菜山冲。明代，黄仲檠(1517—1598)由甜菜屋迁居于此，因此地为长条形山沟，以所处地形和居民姓氏综合命村庄名为冲里黄家。2014年，有居民28户130人，耕地145亩，山林254亩。

大屋杨家　属四庄乡大源村，位于大源村东南部，距村委会驻地港下屋800米。东接高冲咀，西连石壁塅，南靠舒家坳，北临公路。清代，杨朝太(1678—1750)建房定居于此，因房屋规模宏伟，遂以其综合居民姓氏命村庄名为大屋杨家。2014年，有居民39户160人，耕地157亩，山林354亩。

畈上　属四庄乡大源村，位于大源村北部，距村委会驻地港下屋600米。东临水田，南至陡山塅，西、北两面均傍白沙冲港。此地为白沙冲港岸边的小块平地，民国时期，周祥荃(1895—1951)定居于此，以地形命村庄名为畈上。2014年，有居民22户120人，耕地135亩，山林200亩。

港下屋　属四庄乡大源村，为大源村村委会驻地，距四庄集镇西北4.5千米。东倚龙形山，南靠石壁塅，西连栎坪，北邻塝上屋。该居民点处大源港下方，明代，周必符(1616—1664)定居于此，以与河流形成的方位命村庄名。2014年，有居民101户380人，耕地420亩，山林910亩。

黄家庄　属四庄乡大源村，位于大源村东部，距村委会驻地港下屋900米。东倚大埚，西、南两面临水田，北靠干草埚。此处原为黄姓财主看管土地的庄屋，名黄家庄。清末，周楚材(1854—1917)迁居于此，仍用原村庄名。2014年，有居民32户160人，耕地186亩，山林290亩。

栎坪　属四庄乡大源村，位于大源村南部，距村委会驻地港下屋500米。东接港下屋，西连六角岭，南邻塘埚，北倚享堂。该居民点地处面积较大的平坦地，又因多生栎树，故称栎坪。解放初，周祥春(1909—1958)定居于此，以地形名命村庄名。2014年，有居民45户210人，耕地235亩，山林408亩。

谌家坳　属四庄乡大源村，位于大源村东北部，距村委会驻地港下屋1.4千米。东连学堂咀，西靠螺形山，南邻畈上屋，北倚妈妈咀。该地处山岭分水处，明代，谌显武(1385—1454)于此建房定居，以其姓氏和地形综合命村庄名。2014年，有居民22户110人，耕地120亩，山林200亩。

燕窝　属四庄乡大源村，位于大源村东北部，距村委会驻地港下屋1千米。东接邓家咀，西邻对门屋，南倚冷家咀，北靠彭家垅。该居民点所处地段地形似燕窝。清初，周必命(1593—1670)定居于此，以所在地形命村庄名。2014年，有居民46户140人，耕地157亩，山林417亩。

第四节　大溪村及所属聚落

【大溪村】　四庄乡辖村，位于四庄乡东部，村委会驻地瓦子棚，距四庄中心集镇11.8千米。东界纸棚村，西连崇阳梓木，南接上坪村和寺背村，北邻崇阳蔡墩，区域面积23.67平方千米。因域内有溪流名大溪而得村名。1950年，属通城沙堆区大青乡大溪村、长眉村；1958年，属崇阳县沙堆(卫星)人民公社大青管理区大溪、青草、长眉大队；1961年，属通城县沙堆区大青公社大溪、青草、长眉大队；1972年，长眉大队和青草大队合并为长青大队，大溪大队未变；1975年撤区并社，属大青公社大溪、长青大队；1984年设区建乡后，大溪、长青大队分别更名大溪、长青村，属沙堆区大溪乡；1987年9月撤区并乡，属大溪乡大溪、长青村；2001年大溪乡和四庄乡合并后，属四庄乡大溪、长青村；2005年，大溪村和长青村合并为大溪村。2007年，建成村委会办公楼，建筑面积280平方米，占地面积380平方米。下辖8个村民小组，有16个农村居民点。村民有卢、陈、滕、洪、金、周、吴、甘、江、车、沈、刘、王、戴、郑、万等姓。村内有陈寿昌烈士纪念碑、挂壁山、鹅公啄等。距S362省道、106国道、杭瑞高速沙坪进出口公路里程分别为11.8千米、16.8千米、17.8千米。2014年，有居民352户1390人，山林893公顷，耕地56.1公顷(其中水田36.7公顷)。村民以生产林木花卉为主，经济来源主要为林业、务工，年人均纯收入1672元。

大溪地片　属四庄乡大溪村，位于大溪村东南部，俗称大溪洞，距四庄中心集镇11.8千米。东、北两面界纸棚村，西连长青地片，南邻寺背村，区域面积11平方千米。以域内溪流名命地片名。有6个居民点。村民有戴、郑、王、刘、万、沈等姓。距S362省道、106国道、杭瑞高速沙坪进出口公路里程分别为11.8千米、16.8千米、17.8千米。2014年，有居民160户420人，山林419.8公顷，耕地25.8公顷。

坳背　属四庄乡大溪村，位于大溪村东南部，距村委会驻地瓦子棚5.4千米。东临武家坳，西连刘家，南接红鹰坳，北靠马头岭。此地为山岭分水处，明嘉靖年间，刘、王姓居民相继迁此建房定居，因住宅位于山坳一侧，故命村庄名为坳背。2014年，有居民38户160人，山林103亩，耕地95亩。

楮树下　属四庄乡大溪村，位于大溪村东南部，距村委会驻地瓦子棚8千米。东接菜埚埂，西靠狮形尖，南邻茅屋墩，北至红鹰坳。清代，郑国瑞(1639—1705)迁山下建房定居，因屋后有山，多生楮树，故命村庄名为楮树下。2014年，有居民53户240人，山林2150亩，耕地129亩。

江家　属四庄乡大溪村，位于大溪村西北部，距村委会驻地瓦子棚1.2千米。东连宋家岭，西临长眉岭，南邻灵北埂，北靠虎形山。清康熙年间，江宗海迁此定居，并以其姓氏命村庄名为江家。2014年，有居民22户80人，山林765亩，耕地45.6亩。

烂泥冲　属四庄乡大溪村，位于大溪村西北部，距村委会驻地瓦子棚1.5千米。东连月山，西邻滕家，南接揭家岭，北靠狮形山。此地为长条形的山沟，沟谷中有水田，多系冷浸水烂泥田，故名烂泥冲。清康熙年间，滕幼吾、思恩先后迁此处定居，以山沟名命村庄名。2014年，有居民23户100人，山林930亩，耕地57亩。

刘家　属四庄乡大溪村，位于大溪村东南部，距村委会驻地瓦子棚500米。东临坳背，西接红山尖，南连凤形山，北靠马头岭。明嘉靖年间，刘爱溪迁此建房定居，以其姓氏命村庄名为刘家。2014年，有居民21户90人，山林950亩，耕地51亩。

潘家湾　属四庄乡大溪村，位于大溪村东南部，距村委会驻地瓦子棚7千米。东连坟山窖，西临武家坳，南靠碉堡岭，北接罗盘墩。此地为大溪拐弯处的河边，原为潘姓居住地，以其姓氏综合地形命村庄名为潘家湾。清乾隆年间，潘姓外迁，沈明清迁人，沿用原村庄名。2014年，有居民38户140人，山林1505亩，耕地84亩。

瓦渣棚　属四庄乡大溪村，为大溪村村委会驻地。西南距四庄中心集镇11.8千米。东连虎坳埂，西接黄木尖，南临猫岭，北靠碉堡岭。明代，卢选心(1615—1684)从江西瓦子街迁居此地，搭茅棚定居，并以江西老家村庄名称命村庄名为瓦渣棚。2014年，有居民51户220人，山林2060亩，耕地127亩。

浊港车　属四庄乡大溪村，位于大溪村东北部，距村委会驻地瓦子棚2千米。东连铁炉埚埂，西接木鱼岭，南邻向家屋场，北靠人形山。此地有小河，流水常混浊不清，故而得名浊港。明正德年间，车石峰迁港边定居，以港名综合居民姓氏命村庄名。2014年，有居民34户160人，山林150亩，耕地90亩。

插图 22　大溪水库(胡胜保　摄)

第五节　华家村及所属聚落

【华家村】　四庄乡辖村，位于四庄乡西部，村委会驻地洪家咀，距四庄中心集镇 5.2 千米。东接新联村，西邻崇阳县沙坪镇马头村，南界沙堆镇港背村，北连大源村。区域面积 6.588 平方千米，因域内有居民点华家而得村名。1950 年，属通城沙堆区敦义乡；1958 年，属崇阳县沙堆卫星公社集体、中义、保堤大队；1961 年，属通城县沙堆区大源公社；1967 年，中义大队与保堤大队合并为立新大队；1975 年 1 月撤区并社，属沙堆公社；1981 年，集体大队更名为华家大队，立新大队更名为堤上大队；1984 年 1 月设区建乡，华家大队更名为华家村，堤上大队更名为堤上村，属沙堆区灵芝乡；1987 年 9 月撤区并乡，属四庄乡；2005 年，华家村与堤上村合并为华家村。2007 年建村委会办公楼，占地面积 700 平方米，建筑面积 370 平方米。下辖 11 个村民小组，有 26 个农村居民点。村民有周、共、华、娄、刘、陈、李、卢、金、高、丁、徐、舒、边、皮、万、杨、柳、钟、吴等姓。有华家桥、下切塘水库、三帝庙、关王殿、华家小学。S362 省道穿村而过，距 106 国道、杭瑞高速沙坪进出口公路里程分别为 10.2 千米、11.2 千米，全村居民点仅沙堤上不通公路。2014 年，有居民 819 户 3310 人，耕地 224.4 公顷，其中水田 196.4 公顷，林地 196.5 公顷。村民以种植水稻为主，经济来源主要为务农、务工，年人均纯收入 7523 元。

茶行畈　属四庄乡华家村，位于华家村中部，距村委会驻地洪家咀 800 米。东临洪家咀，西至双港口，南接华家桥，北连马家畈。此地为面积较大的平坦地，清康熙年间，周姓人在此开设茶行，故名茶行畈。嘉庆年间茶行停办，周、洪、柳姓相继迁入定居，仍用原村庄名。2014 年，有居民 37 户 150 人，耕地 144 亩，山林 132 亩。

陈家　属四庄乡华家村，位于华家村中部，距村委会驻地洪家咀 900 米。东靠青埚山，西临水田，南依算盘咀，北接茅屋埚。清乾隆年间，陈邦轩在此建房定居，依其姓氏命村庄名为陈家。2014 年，有居民 32 户 150 人，耕地 132 亩，山林 115 亩(内含廖家垅、赵家垅两个小居民点)。

大屋洪家　属四庄乡华家村，位于华家村西部，距村委会驻地洪家咀 1.7 千米。四面均为水田。明代，洪斗峰(1555—1597)率先迁此定居，由于住宅规模较大、人口多，故综合其姓氏命村庄名为大屋洪家。2014 年，有居民 53 户 200 人，耕地 183 亩，山林 190 亩。

堤上　属四庄乡华家村，位于华家村西南部，距村委会驻地洪家咀 2.4 千米。东、南、北三面均为水田，西临沙堆港与崇阳县沙坪镇马头村堰市隔河相望。明代，李、卢姓居民相继迁此处定居，因房屋建沙堆港东岸堤上，故命村庄名为堤上。2014 年，有居民 27 户 140 人，耕地 126 亩，山林 97 亩。

关王殿　属四庄乡华家村，位于华家村中部，距村委会驻地洪家咀 500 米。东邻马家垅，西接石坳，南临水田，北靠凤形山。此处古有关帝殿，始建于唐末。清代乾隆年间，金姓居民迁入殿旁建房定居，遂以殿名命村庄名。2014年，有居民45户220人，耕地196亩，山林180亩(内含杨家塘、高家、谢家3小村庄)。

洪家咀　属四庄乡华家村，为华家村村委会驻地。东距四庄中心集镇5.2千米。东依学校山，西临田畈，南连华家，北邻关王殿。该居民点旁有山体前端突出部位，清代，洪姓在山咀旁建房定居，以姓氏和地形综合命村庄名为洪家咀。2014年，有居民30户160人，耕地125亩，山林106亩。

华家　属四庄乡华家村，位于华家村中部，距村委会驻地洪家咀150米。东接刘家，西连茶行畈，南临水田，北邻洪家咀。明洪武年间，华峦嵩由江西迁此地定居，以其姓氏命村庄名。2014年，有居民71户320人，耕地171亩，山林132亩。出生于该居民点的华泰安(1839—1909)，光绪三十四年(1908)敕授振威将军，其夫人孙氏钦赐诰封一品夫人，朝廷授以“慈恩共荷”门匾。

老鸦坳　属四庄乡华家村，位于华家村西北部，距村委会驻地洪家咀2千米。东、西、北三面紧靠老鸦山，南临水田。该居民点后方山峰有一处四周地势高、中间低凹的地形，因山坳老鸦(学名喜鹊)多，故名老鸦坳。明代，徐守祖(1457—1524)定居于此，依山坳名命村庄名。2014年，有居民32户130人，耕地113亩，山林112亩(该居民点南100米处有柞树冲小居民点)。

刘家　属四庄乡华家村，位于华家村东部，距村委会驻地洪家咀700米。东、南两面临水田，西连华家，北靠刘家垅。清代，刘世荣(1713—1808)定居此地，以其姓氏命村庄名为(原有上屋刘家、刘家两个居民点，经扩建后，连成整体，成为一个居民点)。2014年，有居民30户130人，耕地117亩，山林106亩(附近有上屋刘家、麻坳垅两个小居民点)。

娄家　属四庄乡华家村，位于华家村东部，距村委会驻地洪家咀1.3千米。东连魏家庄，西连印墩上，南邻沙堤上，北靠燕坳咀。清代，娄君有迁居于此，以其姓氏命村庄名。2014年，有居民102户420人，耕地368亩，山林365亩(附近有下屋娄家小居民点)。

马家畈　属四庄乡华家村，位于华家村西南部，距村委会驻地洪家咀1.6千米。东、南、北三面临稻田，西伴四庄港。此地为面积较大的平坦地，古为马姓田地，以其姓氏综合地形命村庄名为马家畈。明正德年间，马姓外迁，洪仲阳迁居此地，仍用原村庄名。2014年，有居民46户210人，耕地200亩，山林165亩。

牌坊周家　属四庄乡华家村，位于华家村西部，距村委会驻地洪家咀1.1千米。东、西、南三面临田畈，北靠杏花园山。此居民点原村庄名铁门周家，住周姓人。明末清初兵乱，周光彬被杀，丧年16岁。其未婚妻皮贞凤(1626—1691)皮姓港下门祖国相之女，幼年与周家光彬定亲。时年19岁的皮凤贞奔丧于周门，一直守寡不嫁。康熙年间，县令将其事迹上报朝廷，康熙帝批复封其为“通邑第一贞女”。后铁门周家更名为牌坊周家，别讳湾头屋。2014年，有居民45户220人，耕地200亩，山林23亩。

山下洪家　属四庄乡华家村，位于华家村西部，距村委会驻地洪家咀2.3千米。东靠凤形山，南邻周家祠堂，西、北面均为水田。明洪武年间，洪仲珠由大源迁居于此，因住宅位于凤形岭山脚下，故以其综合居民姓氏命村庄名为山下洪家。2014年，有居民41户180人，耕地165亩，山林148亩(原山下屋与山下洪家已连成一个居民点)。

石坳　属四庄乡华家村，位于华家村中部，距村委会驻地洪家咀400米。东接大隽冲，西临田畈，南连洪家咀，北靠凤形山。该居民点屋后凤形山有一块四周地势高、中间低凹的洼地，又因石块多，得名石坳。明代中期，洪姓建房定居于石坳前方，以山坳名命村庄名。2014年，有居民62户270人，耕地215亩，山林166亩。

印墩上　属四庄乡华家村，位于华家村东部，距村委会驻地洪家咀1.3千米。东接娄家，西连石咀山，南临四庄港，北靠塘坳山。明正统年间，万子信定居于此，因房屋建在一个突起的呈四方形状似官印的巨型土墩上，故命村庄名为印墩上。2014年，有居民30户120人，耕地110亩，山林106亩。

周家祠堂　属四庄乡华家村，位于华家村西部，距村委会驻地洪家咀1.9千米。东邻竹山，西接山下洪家，南连田畈，北靠百花坛山。清代，周姓在祖居屋下畈百花坛山南侧建祭祖祠堂，是为周家祠堂。后来，周姓居民在祠堂旁建房定居，遂以祠堂名命村庄名。2014 年，有居民 30 户 130 人，耕地 121 亩，山林 107 亩(附近有桑树垴居民点)。

竹山　属四庄乡华家村，位于华家村西部，距村委会驻地洪家咀 1.7 千米。东接茶园，西邻周家祠堂，南连田畈，北靠竹山。北有山岭，山上多楠竹，名竹山。元代，周万泗由江西袁州府宜春县栎林庄迁此建房定居，以住宅后方的山名命村庄名。2014 年，有居民 25 户 100 人，耕地 91 亩，山林 88 亩(附近有茶园小居民点)。出生于该居民点的周尚书(字别南，1533—1612)，明万历乙丑年进士，任浙江处州府青山县学博兼总六籍。

第六节　庙下村及所属聚落

【庙下村】　四庄乡辖村，位于四庄乡南部，村委会驻地金家塅，距四庄中心集镇 5.2 千米。东界塘湖镇石门村，西连向家村，南接沙堆镇廖家村，北邻五花村，区域总面积 5 平方千米。因域内有居民点庙下而得村名。1950 年，属通城县沙堆区庙下乡；1958 年，属崇阳县沙堆(卫星)公社五星大队和新建大队；1961 年，属通城县沙堆区清水公社；1964 年，五星大队和新建大队合并为五星大队；1975 年 1 月撤区并社，属清水公社；1981 年，五星大队更名为庙下大队；1984 年 1 月设区建乡，庙下大队更名为庙下村，属沙堆区清水乡；1987 年 9 月后属四庄乡。下辖 11 个村民小组，有 17 个农村居民点。村内有庙下桥、螺蛳港桥、七里冲水库、东岳府、金锋学校等。村民有金、张、聂、李、汪、王、龚、魏、程、邓、谢等姓，以金、张、聂姓为主。2010 年 8 月修建村委会办公楼，占地面积 1000 平方米，建筑面积 1200 平方米，设有便民服务厅。距 S362 省道、106 国道、杭瑞高速沙坪进出口公路里程分别为 5 千米、22 千米、25 千米，居民点全部通公路。2014 年，有居民 503 户 2000 人，全村耕地 108 公顷(其中水田 103 公顷)，林地 1219 公顷。村民以种植水稻为主，经济来源主要为务农、务工和经商，年人均纯收入 7459 元。

福湾张家　属四庄乡庙下村，位于庙下村西南部，距村委会驻地金家塅 800 米。东接堤上铺，西邻孟家、南靠螺形山，北临田畈。该居民点所在地是由两座螺形山对接且山体呈“倒 3”状的弯曲地形，而得名“复湾”，取“重复二湾”之意。也有称其为“佛湾”“洑湾”的，皆为谐音而误写。清康熙年间，张立云从杨梅冲(茶坪图)迁居于此，依其姓氏综合地形命村庄名为福湾张家。2014 年，有居民 56 户 260 人，山林 301 亩，耕地 185 亩。

金家祠堂　属四庄乡庙下村，位于庙下村中部，距村委会驻地金家塅 500 米。东连谢家，其余三面皆临田畈。清同治年间，金姓在此地建享堂，系金氏家族分祠。后金姓人在其附近建房屋定居，以堂名命村庄名。2014 年，经族人同意，改金家享堂为金家祠堂。2014 年，有居民 22 户 110 人，山林 159 亩，耕地 9.8 亩。

金家塅(原村庄名燕家塅)　属四庄乡庙下村，为庙下村村委会驻地，距四庄中心集镇 5.2 千米。东接螺蛳港，西连踢破壶，南倚金家祠堂，北临金仙港。该居民点地处面积较大的平坦地，古住燕姓人，以其姓氏综合地形命村庄名为燕家塅。明代，燕姓外迁，金万岳(1493—1558)迁居于此，仍用原村庄名。2014 年，通过该居民点全体居民同意，更村庄名为金家塅。2014 年，有居民 118 户 570 人，山林 652 亩，耕地 400 亩。出生于该居民点的金旭锋(1946—　)，历任济南空军某部团参谋长、副团长、师后勤部部长、咸宁地区外贸局进出口公司副总经理、海南富兴物业公司董事长、总经理等职，1996 年捐资在家乡新建金锋学校。

柳树铺　属四庄乡庙下村，位于庙下村东南部，距村委会驻地金家塅 800 米。东、西、北三面临稻田，南邻港背张家。清代，聂章一(1851—1924)在此处定居并开设肉铺、杂货铺。因住宅门首港岸多生柳树，故命村庄名为柳树铺。2014 年，有居民 31 户 150 人，山林 210 亩、耕地 105 亩。

螺蛳港　属四庄乡庙下村，位于庙下村东北部，距村委会驻地金家塅 400 米。东连大冲源，西接燕家塅、南靠长埚，北临汪家塅。此地有小港弯曲，状如螺蛳而得港名。清代，李有翰(1624—1698)由守仙洞音普泉迁港边建房定居，遂以港名命村庄名。2014 年，有居民 35 户 140 人，山林 217 亩，耕地 105 亩。

庙下口上　属四庄乡庙下村，位于庙下村东南部，距村委会驻地金家墩1.6千米。东依东岳府，西连廷桢屋，南临七里冲港，北接梅树咀。明代，王、龚、刘、金、张、卢等姓氏居民相继定居于此。因住宅处东岳府庙宇西下方与七里冲东岸出口处，故称村庄名为庙下口上。2014年，有居民38户120人，耕地120亩，山林318亩(原居民点梅树咀与庙下口上连成一体)。

聂家(叶家)　属四庄乡庙下村，位于庙下村东南部，距村委会驻地金家墩1千米，四面临稻田。明代，聂齐兰(1436—1488)建房定居于此，以其姓氏命村庄名为，又名"石坑聂家"。在当地，"叶"与"聂"谐音，人们常误写为"叶家"。2014年，有居民30户140人，山林215亩、耕地99亩。

漂田　属四庄乡庙下村，位于庙下村东南部，距村委会驻地金家墩600米。东接李家垅，西连谢家，南靠聂家，北倚茅屋湾。古时，此处为稻田。南宋开禧年间，山洪暴发，稻田被洪水浸泡，水冲沙压，农作物随洪水漂流殆尽，颗粒无收。此后，人称该处为"漂田"。清代，金逢炬(1699—1779)定居于此，以田块名命村庄名。2014年，有居民20户90人，山林188亩，耕地68亩。

思石屋(狮石屋)　属四庄乡庙下村，位于庙下村南部，距村委会驻地金家墩1.2千米。南靠蛇啮垅，其余三面皆临田畈。明代，金大学(字思石，1541—1625)建房定居此处，以其名命村庄名为思石屋。因"狮"与"思"谐音，常误写为"狮石屋"。2014年，有居民34户120人，山林189亩，耕地80亩。

踢破壶　属四庄乡庙下村，位于庙下村西北部，距村委会驻地金家墩500米。东连燕家墩，西邻堤上铺、南接思石屋，北临田畈。清代，金君贤(1694—1789)由塔岭迁此定居，因住宅不远处有名泉踢破壶，故以泉名命村庄名。2014年，有居民52户210人，山林315亩，耕地23亩。

阳雀冲(杨雀冲)　属四庄乡庙下村，位于庙下村东部，距村委会驻地金家墩1.3千米。东靠五花山，西临漂田，南倚梅花尖，北傍古木巷。此地为深山沟，又因山林茂密，宜栖鸟类，尤其是阳雀甚多，故名阳雀冲。因"阳"与"杨"同音，常误写为"杨雀冲"。明末，金有足(1567—1645)定居于此，以山沟名命村庄名。2014年，有居民26户110人，山林225亩，耕地77亩。

第七节　清水村及所属聚落

【清水村】　四庄乡辖村，位于四庄乡东南，村委会驻地清水塘，西北距四庄中心集镇3千米。东界通城"十八洞"之一的守仙洞，西连向家村，南接五花村，北邻寺背、四庄村，域区总面积7.53平方千米。因域内有居民点清水塘而得村名。1950年，属通城沙堆区清水乡和守仙乡；1958年，属崇阳县沙堆(卫星)公社扩大大队和守仙大队；1961年，属通城县沙堆区清水公社；1964年，守仙大队改名红林大队，扩大大队未变；1975年撤区并社，属清水公社；1981年，扩大大队更名为清水大队，红林大队更名为守仙大队；1984年设区建乡，清水大队更名为清水村、守仙大队更名为守仙村，属沙堆区清水乡；1987年9月撤区并乡，属四庄乡；2005年，清水村与守仙村合并为清水村。2006年，新建村委会办公楼，有建筑面积266平方米，设有便民服务厅；2013年建村卫生室，建筑面积284平方米。下辖14个村民小组，有24个农村居民点。村民有戴、张、皮、田、吴、徐、金等姓。村内有清水小学、清水塘水库等。距S362省道、106国道、杭瑞高速沙坪进出口公路里程分别为3千米、20千米、23千米，居民点全部通公路。2014年，有居民643户2630人，山林398.3公顷，耕地145.1公顷(其中水田122.3公顷)。村民以种植水稻为主，经济来源主要为务农、务工和经商，年人均纯收入7532元。晋惠帝太平二年(303)，义阳(今新野县南)人张昌，在安陆石岩山聚众起义。先后夺得荆、江、徐、杨、豫共5州，并设牧治事。惠帝派遣镇南将军刘弘讨伐。张昌在竟陵(今天门县)战败，率部分义军逃至下隽。八月，刘弘遣陶侃追击，张昌再败，被杀于清水塘。

清水地片　属四庄乡清水村，位于清水村西南部，距四庄中心集镇3千米。东接清水塘水库，西连向家村，南毗五花村，北邻四庄村，区域面积4.4平方千米。以域内居民点名命地片名。下辖7个村民小组，有15个居民点。距S362省道、106国道、杭瑞高速沙坪进出口公路里程分别为3千米、20千米、23千米，居民点全部通公路。2014年，有居民356户1520人，山林226.3公顷，耕地92.4公顷。

守仙地片 属四庄乡清水村，位于清水村东北部，距四庄中心集镇4千米。东接守仙洞，西南两面连清水片，北邻寺背村高坪片，区域面积3.127平方千米。因东邻通城"十八洞"之一的守仙洞而得地片名。有10个居民点，距S362省道、106国道、杭瑞高速沙坪进出口公路里程分别为3千米、22千米、25千米，居民点全部通公路。2014年，有居民287户1110人，山林172.7公顷，耕地53.5公顷。

井头屋(又名井堂屋) 属四庄乡清水村，位于清水村东北部，距村委会驻地清水塘2.7千米。东倚庙口埚，西临水田，南靠铁马岭，北临守仙港。此地为四周高、中间低的凹地，明代，张祥瑚(1467—1520)定居于此，以地形命村庄名。2014年，有居民21户80人，耕地60亩，林地188亩。

打石埚 属四庄乡清水村，位于清水村东北部，距村委会驻地清水塘2.7千米。东靠凤形山，西临水田，南倚蜈蚣岭，北接婆婆咀。此地为四周地势高、中间低凹洼的地，自宋代起，为石材开采场点，故名打石埚。元代，张士基(1223—1308)定居于此，以山埚名命村庄名。2014年，有居民35户130人，耕地97亩，林地312亩。

洞口皮家 属四庄乡清水村，位于清水村东北部，距村委会驻地清水塘1.5千米。东、西两面皆临水田，南倚蜈蚣岭，北靠五马到槽。该居民点地处守仙洞(通城十八洞之一)的洞口，古时名汉德屋。明代，皮国泰(1592—1646)于此定居，改称洞口皮家。2014年，有居民76户300人，耕地210亩，林地686亩。

魁士屋 属四庄乡清水村，位于清水村中部，距村委会驻地清水塘600米。东靠油茶山，南倚公路，西、北两面临田畈。清代，吴衍达(字魁士，1700—1745)定居于此，以其字号命村庄名。2014年，有居民25户100人，山林230亩，耕地70亩。

李家湾 属四庄乡清水村，位于清水村西部，距村委会驻地清水塘1千米。东接王家庄，西连茅源，南临田畈，北靠长木埂。该居民点地处小港拐弯处。古代，此地为李姓产业，故名李家湾。后李姓外迁，卢昭心(1594—1661)定居于此，仍用原村庄名。2014年，有居民66户260人，耕地180亩，林地500亩。

岭上吴家 属四庄乡清水村，位于清水村东北部，距村委会驻地清水塘2.4千米。东接凤形山，西倚蜈蚣岭，南临田畈，北靠白鹭埂。此地东有凤形山，西有蜈蚣岭，处山坡之上。清代，吴可贵(1805—1844)迁居于此，以地形和姓氏综合命村庄名。2014年，有居民23户80人，耕地60亩，林地200亩(因房屋扩建与黄土堪连成一片，含黄土堪在内)。

清水塘 属四庄乡清水村，是通城县北部主要的自然村镇，为清水村村委会驻地，距四庄中心集镇3千米。东连清水塘水库大坝，南接咀上金家，西毗和尚庄，北邻拱桥上。因村内有一清澈的泉水塘而得居民点。旧有吴、徐、张、胡、卢、杜、钟、李、金、罗等姓居民在此定居，形成东西向长150米、宽2米的合面街。1958年修建沙(堆)清(水)公路，街道拓宽至3.5米，后有吴、徐、张、胡、卢、杜等姓居民陆续沿路建房，街道延长至400米。1998年，街道拓宽改直，东起孙家牌、西至王家庄，全长1000米、宽18米。增辟南北向横街道两条，长度分别为200米、150米。2000年街道水泥硬化，路灯、下水道等附属工程同时竣工。临街房屋多为两层以上楼房，村卫生室、清水小学均设在该村庄。村内从事工商、餐饮、服务行业50余户，是附近数十个村落的商业中心。2014年，有耕地540亩，林地900亩，居民189户750人。

湾子屋 属四庄乡清水村，位于清水村东北部，距村委会驻地清水塘1.1千米。东、南两面皆临水田，北靠大坪山，西连栅栏屋。1959年，修建清水塘水库，张姓居民从古坳整体搬迁于此，因地处小港拐弯处而得村庄名。2014年，有居民29户120人，耕地82亩，林地270亩。

插图 23　清水塘街(胡胜保　摄)

油榨排　属四庄乡清水村，位于清水村东部，距村委会驻地清水塘 2.7 千米。东、南两面倚靠铁马岭，西、北两面临水田。此地为地势稍高于周边、呈不规则形、面积不大的平坦坡地，清代，张瑞隆(1669—1738)于此处定居，并开设油榨作坊，故以房屋用途和地形综合命村庄名。2014 年，有居民 32 户 130 人，耕地 90 亩，林地 300 亩。

栅栏屋　属四庄乡清水村，位于清水村东北部，距村委会驻地清水塘 1 千米。东接湾子屋，西倚大坪山，南临水田，北靠大坪山。明代，戴爱元(1546—1606)定居于此。戴家为豪富人家，为了防盗，周围用石头堆砌一道围墙，墙上建栏杆，故称村庄名栅栏屋。2014 年，有居民 37 户 120 人，耕地 97 亩，林地 315 亩。

竹仙屋　属四庄乡清水村，位于清水村东北部，距村委会驻地清水塘 1.7 千米。东倚坟主山，西接干垅山，南临水田，北靠长埚山。明代，戴守规(字竹仙，1516—1592)定居于此，以其字号命村庄名。2014 年，有居民 26 户 100 人，耕地 75 亩，林地 240 亩。

咀上金家　属四庄乡清水村，位于清水村南部，距村委会驻地清水塘 500 米。东、西、北三面临水田，南倚茅山岭。该居民点所处地势为山体前端突出地形，明代，金可起(1614—1632)定居于此，以地形综合居民姓氏命村庄名。2014 年，有居民 60 户 230 人，耕地 170 亩，林地 440 亩。

第八节　上坪村及所属聚落

【上坪村】　四庄乡辖村，位于四庄乡北部，村委会驻地上坪，南距四庄中心集镇 2.2 千米。东界寺背村，西连大源村，南接新联村、四庄村，北邻大溪村，区域面积 10.16 平方千米。因域内有居民点名上坪而得村名。1950 年，属通城县沙堆区大源乡和毛田乡；1958 年，属崇阳县沙堆(卫星)人民公社上坪、毛田大队；1961 年，属通城县沙堆区大源公社上坪大队和四庄公社毛田大队；1975 年撤区并社，隶属清水公社；1984 年设区建乡，上坪大队更名为上坪村，毛田大队更名为毛田村，分别属沙堆区灵芝、四庄乡；1987 年撤区并乡，属四庄乡；2005 年，上坪村与毛田村合并为上坪村。境内青草岭主峰海拔 550.7 米，山体东北面属高山区，西麓是大源港河流的主要源头。2011 年修建村委会办公楼，建筑面积 1200 平方米，占地面积 1700 平方米。村内有王家垅水库、马山水库、曹家垅水库、青草岭水库、青草岭、四庄福利院。全村下辖 15 个村民小组，有 18 个农村居民点。村民有罗、邱、周、程、段、卢、范、柳、杜、吴、刘、张、金、高、王、李、揭、甘、苏、魏、皮、万等姓。距 S362 省道、106 国道、杭瑞高速沙坪进出口公路里程分别为 2 千米、19 千米、22 千米，居民点全部通公路。2014 年，有居民 631 户 2580 人，全村耕地 187.1 公顷，其中水田 163.1 公顷，林地 613.8 公顷。村民以种植水稻为主，经济来源主要为务农、务工和经商，年人均纯收入 7683 元。1979 年 9 月 9 日，在该村麻鸭窝出土元末农民起义军首领徐寿辉[①]政权铜印——“统军元帅府印”。其印外圆内方，直径 13 厘米，厚 1.1 厘米，通高 9 厘米，重 1.5 公斤。印面阳刻对称云纹，印文篆刻“统军元帅府印”6 字，印背柄手两侧阴刻两行楷书，右为“统军元帅府印”6 字，左为“中书礼部治平四年[②]　月　日给”。此印收藏于县博物馆，为镇馆之宝。

毛田地片　属四庄乡上坪村，位于上坪村东南部，距四庄中心集镇 0.5 千米。东界寺背村，南连四庄村，西接上坪片，北邻大溪，域区面积 3.1 平方千米。因域内有居民点毛田万家而得地片名。有 7 个居民点，距 S362 省道、106 国道、杭瑞高速沙坪进出口公路里程分别为 2 千米、19 千米、22 千米，居民点全部通公路。2014 年，有居民 191 户 770 人；有山林 191.1 公顷，耕地 50 公顷。

上坪地片　属四庄乡上坪村，位于上坪村西北部，距四庄中心集镇 1 千米。东界毛田片，西连大源村，南接新联村，北邻大溪村，区域面积 7.013 平方千米。因域内有居民点上坪而得地片名。下辖 11 个村民小组，有 11 个居民点。距 S362 省道、106 国道、杭瑞高速沙坪进出口公路里程分别为 3 千米、20 千米、23 千米，居民点全部通公路。2014 年，有居民 440 户 1800 人，有山林 416 公顷，耕地 133 公顷。

大明寺　属四庄乡上坪村，位于上坪村东北部，距村委会驻地上坪 1.4 千米。东邻青草岭，西、南两面临水田，北靠岘阳山。此地北有岘阳山，汉末在山上建大明寺，唐末毁于兵燹。明宣德年间，罗宣复修大明寺五座殿，后又毁于兵祸。清康熙年间，皮翼长(港下皮家人)重修。1951 年土地改革，人民政府将该庙房屋充公划分给卢、邱两姓居民为民房，以庙宇名作村庄名。在当地“门”与“明”近音，“大门寺”属误传。2014 年，有居民 23 户 80 人，耕地 83 亩，山林 184 亩。

大屋邱家　属四庄乡上坪村，位于上坪村南部，距村委会驻地上坪 1.5 千米。东倚大埚岭，西接童坟山，南靠鲶鱼咀，北临水田。明代，邱必兴(1350—1413)由江西迁此建房定居，因住宅规模较大，遂以房屋规模综合居民姓氏命村庄名。2014 年，有居民 65 户 270 人，耕地 262 亩，山林 520 亩。

畈上罗家　属四庄乡上坪村，位于上坪村西部，距村委会驻地上坪 1.75 千米。东倚摇钱山，西靠干虾岭，南接小泉碑，北邻罗家祠堂。此地处面积较大的平地，清代，罗克逊(1815—1866)于畈上建房定居，遂命村庄名为畈上罗家。2014 年，有居民 40 户 150 人，耕地 147 亩，山林 320 亩。

冷家冲　属四庄乡上坪村，位于上坪村东北部，距村委会驻地上坪 4.1 千米。东倚雀笼寨，西连燕窝山，南邻曹家垅，北靠灵芝峰。此地为长条形山沟，元代，冷玉山优武功，精医术，率族人由江西黄沙港迁灵芝峰山下此山沟中建房定居，以其姓氏和地形综合命村庄名。元代，冷为抗元庭暴政，组织乡民自卫，立寨于雀笼山，数月，聚乡兵五百余人，依山之险，布设雷木滚石防御。官府多次发兵征剿屡战失利，后以重金收买冷之外甥，其甥献以“火羊计”破寨。是年三月上旬某日，夜深天黑，官兵将一群山羊尾扎碎布棉絮，浇上燃油点燃，驱赶上山。官兵齐声呐喊，佯作攻山之势，寨上见状，将擂木滚石纷纷打下，久之，擂木滚石耗尽，官兵趁机攻破山寨。冷玉山遁逃，村落毁成废墟，乡兵及冷姓居民或死或逃，销声匿迹。后人称当年赶羊的山坡为赶羊坡，称雀笼山为雀笼寨。明代，罗珍恭(1429—1490)于冷家冲遗址上建房定居，仍用原村庄名。2014 年，有居民 57 户 260 人，耕地 254 亩，山林 456 亩。出生于该居民点的罗运清(1952—　)，上校军衔，转业后曾任云南省昆明市第一人民医院党委书记。

罗家祠堂　属四庄乡上坪村，位于上坪村西部，距村委会驻地上坪 2.3 千米。东倚曹家垅，西傍狮子山，南邻畈上罗家，北靠榛树山。此地原有罗姓族人的祭祖宗祠，于嘉庆二年(1797)竣工。后罗希钦(1637—1713)于祠堂旁建房定居，遂以祠堂名命村庄名。2014 年，有居民 74 户 290 人，耕地 288 亩，山林 592 亩。

麦子畈　属四庄乡上坪村，位于上坪村东南

---

① 徐寿辉，罗田人，元末农民起义军红巾军首领，元至正十一年(1351)称帝，国号天完，改元治平。

② 治平四年，即元至正十四年(1354)。

部，距村委会驻地上坪2.75千米。东倚马鞍山，西、南两面临田畈，北靠老虎垴。此地为面积较大的平地，旧为卢姓的土地，建有庄屋，名卢家庄。清道光年间，揭廷瑞(1808—1856)定居于此，见此地段因土质贫瘠，水利条件差，不宜种植水稻，只能种植小麦而改村庄名麦子畈。2014年，有居民53户180人，耕地176亩，山林424亩(原有居民点张家垅与麦子畈已连成一体)。出生于该居民点的张绍卿(1922—1993)，1943年加入八路军，1959年起任天津市公安局副局长。

毛田万家　属四庄乡上坪村，位于上坪村东南部，距村委会驻地上坪2.4千米。东倚尖咀山，南靠下垴，西、北两面皆临水田。此地段因农田土质差，被喻为不毛之田而得名毛田。明代，万德彰(1368—1398)于此定居，遂以田名和姓氏综合命村庄名。2014年，有居民11户50人，耕地56亩，山林88亩。出生于该居民点的万德彰，明永乐丙戌年(1406)起任南京侍史温州通判。该居民点门首有一棵枫香古树，经林业部门注册登记列为重点保护树木。

门泉　属四庄乡上坪村，位于上坪村西南部，距村委会驻地上坪800米。东倚蛇形，西、南两面皆临水田，北靠高家岭。清代，罗克杰(1797—1874)在此建房定居，因门首有口泉水井，遂命村庄名为门泉。2014年，有居民68户260人，耕地255亩，山林544亩。

南塘　属四庄乡上坪村，位于上坪村南部，距村委会驻地上坪2.1千米。东倚菜园咀，西接王家坳，北靠蛇形山，南临水田。此地古有一池塘，位于大屋邱家正南方而得名南塘。清初，皮国印(1615—1706)迁池塘后端建房定居，以塘名命村庄名。2014年，有居民31户120人，耕地119亩，山林248亩。

上坪　属四庄乡上坪村，为上坪村村委会驻地，距四庄中心集镇2.2千米。东接排头水库大坝，西邻门泉，南、北两面皆临水田。此地有两块面积较大的开阔地，上首的称上坪，下首的称下坪。明代，罗希孟(1550—1607)迁上坪建房定居，以地形名作村庄名。2014年，有居民158户630人，耕地613亩，山林1264亩。

寺下　属四庄乡上坪村，位于上坪村东部，距村委会驻地上坪600米。东、西、南三面皆临水田，北靠岘阳山。明代，罗魁(1431—1491)于大明寺南下首建房定居，遂以寺及方位命村庄名。2014年，有居民42户160人，耕地161亩，山林336亩。

小泉碑　属四庄乡上坪村，位于上坪村北部，距村委会驻地上坪1.2千米。东、西、南三面皆临水田，北靠岘阳山。明代，罗希泰(1564—1618)于此建房定居。因门首小港桥头泉水井边有块指路石碑而命村庄名为小泉碑。2014年，有居民38户140人，耕地143亩，山林304亩。

第九节　寺背村及所属聚落

【寺背村】　四庄乡辖村，位于四庄乡东部，村委会驻地杨林咀，西距四庄中心集镇1.1千米。东界大溪村，南连清水村，西接四庄村，北邻上坪村，区域面积17.657平方千米。因域内有居民点名寺背而得村名。1950年，属通城县沙堆区守仙、毛田乡；1958年，属崇阳县沙堆(卫星)公社高坪、治安大队；1961年，属通城县沙堆区四庄人民公社；1975年撤区并社，属清水公社高坪、治安大队；1981年，治安大队更名寺背大队；1984年设区建乡，高坪大队更名高坪村，寺背大队更名寺背村，属沙堆区四庄乡；1987年撤区并乡，属四庄乡高坪、寺背村；2005年，高坪村与寺背村合并为寺背村。境内中部有南北走向的龙王殿(主峰海489米)和石咀硬(海拔471.2米)两座山，东面为高山区，无人居住；两山的西麓是四庄港的河流源头。有寺背、高坪、茶头坪3个地片，下辖9个村民小组，有21个农村居民点。村内有龙王殿山、周家岭山、龙王殿烈士墓、杨林基督教堂、上庄桥、柳树铺、塔下桥、杨林桥、治安水库等。村民有魏、戴、万、周、张、皮、赵、李、金、吴、洪、沈、卢、刘、王、聂、邓、龚、彭、田、谌、黄、杜、柳、夏、谭、陈、黎、廖、邱、汪等姓。距S362省道、106国道、杭瑞高速沙坪进出口公路里程分别为1千米、18千米、21千米，居民点全部通公路。2014年，建成村委会办公楼，建筑面积455平方米，设有便民服务厅；另建有村卫生室，建筑面积144平方米。总占地面积1540平方米。2014年，有居民572户2190人，山林1322.5公顷，耕地163.1公顷(其中水田143.1公顷)。村民以种植水稻为主，经济来源主要为务农、务工和经商，年人均纯收入7559元。

高坪地片　属四庄乡寺背村，位于寺背村南部，距四庄中心集镇2千米。东接龙王殿，西连四庄村，北靠杨林山，南邻清水村，域区面积5.02平方千米。因域内有居民点名高坪而得地片名。有11个居民点，距S362省道、106国道、杭瑞高速沙坪进出口公路里程分别为1.5千米、18.5千米、21.5千米，居民点全部通公路。2014年，有居民250户1130人，山林317.5公顷，耕地79.8公顷。村民主要种植水稻，经济来源主要为务农、务工，少部分人经商。

寺背地片　属四庄乡寺背村，位于寺背村北部，距四庄中心集镇1.5千米。东接石咀埂，西连四庄村，南靠杨林山，北邻上坪村。域内总面积5.23平方千米。因域内有居民点名寺背而得地片名。分为5个村民小组，有10个居民点。距S362省道、106国道、杭瑞高速沙坪进出口公路里程分别为1千米、18千米、21千米，居民点全部通公路。2014年，有居民260户1170人，有山林330.5公顷，耕地83.2公顷。

柏池屋　属四庄乡寺背村，位于寺背村中部，距委会驻地杨林咀900米。东、南紧靠杨林山，西、北均连水田。明代，万时达(字柏池，1521—1594)迁此地建房定居，以其字命村庄名。2014年，有居民24户110人，耕地122.9亩，山林472亩。

地坪　属四庄乡寺背村，位于寺背村东南部，距村委会驻地杨林咀2.4千米。东靠龙王殿山，西连中屋，南邻野鸭咀，北挨铁炉山。此地为面积较大的平坦地，便于做地基，故称地坪。明代，彭进堂(1462—1526)于此建房定居，以坪名命村庄名。2014年，有居民24户110人，耕地116亩，山林472亩。

高坪市　属四庄乡寺背村，位于寺背村南部，距村委会驻地杨林咀1.6千米。东接咀上屋，西连上庄，南临猫儿洗脸山，北伴四庄港。此地为面积较大的平坦地，又因地势较高，故称高坪。明代，万一康(1566—1632)迁此定居，以地形名命村庄名为高坪。后有几家居民开小商店，故改称村庄名高坪市。2014年，有居民38户130人，耕地134亩，山林648亩。

何家冲　属四庄乡寺背村，位于寺背村东南部，距村委会驻地杨林咀2.4千米。东伴虎形山，南挨铁炉山，西连中屋，北靠龙形山。此地为两山中间狭长的山谷，古代，此地是何姓居住地，以其姓氏和地形综合命村庄名为何家冲。后来，何姓外迁，魏钦一(1488—1559)定居于此，仍用原村庄名。2014年，有居民30户110人，耕地108亩，山林516亩。出生于该居民点的魏希文(1912—1989)，曾任国民政府中央新闻局副局长、少将军衔，民国三十六年(1947)被国民政府内定为国民代表。

华坳仑　属四庄乡寺背村，位于寺背村东部，距村委会驻地杨林咀2.8千米。东靠耥杷，西临田畈，南接凤形山，北邻八斗冲山。此地为山岭，古代，华姓居民在山岭分水处建房定居，以其姓氏和地形综合命村庄名为华坳仑。后华姓因战祸外迁，明洪武年间，戴姓迁入，仍用原村庄名。2014年，有居民28户120人，耕地129亩，山林526亩。

黄家　属四庄乡寺背村，位于寺背村东北部，距村委会驻地杨林咀2千米。东接桐子湾，西连团包山，南临田畈，北挨烟包咀。明代，黄姓在此定居，以其姓氏命村庄名为黄家。后黄姓外迁，李应翰(1665—1720)迁居于此，仍用原村庄名。2014年，有居民21户80人，耕地93.3亩，山林794亩。

李家庄　属四庄乡寺背村，位于寺背村西北部，距村委会驻地杨林咀200米。东接咀上屋，西连田畈，南邻杨林咀，北靠南岭山。元代，此地为李姓家族看管田地用的房屋，即庄屋，故名李家庄。清代，南塘皮大璜(1646—1717)购买庄屋定居，仍用原庄屋名。2014年，有居民21户102人，耕地100亩，山林414亩。

桥头屋　属四庄乡寺背村，位于寺背村中部，距村委会驻地杨林咀1.2千米。东接寺背，西连赵家，南临大家畈，北靠虎形山。此地有小港，港上建有小石桥。明代，万文一(1341—1385)由县城东门迁石桥旁建房定居，故命村庄名为桥头屋。2014年，有居民45户180人，耕地199.3亩，山林826亩。

上庄　属四庄乡寺背村，位于寺背村南部，距村委会杨林咀 1.5 千米。东邻高坪市，西挨田畈，南伴四庄港，北靠龙凤山。古代，此地为万姓看管山林田地的房屋，即庄屋。因其位于魏家庄、皮家庄、李家庄的东上方，故称上庄。清顺治年间，戴嘉冠(1630—1690)由塔下迁庄屋旁边建房定居，遂以庄屋名作村庄名。2014 年，有居民 41 户 200 人，耕地 203 亩，山林 816 亩。

寺背　属四庄乡寺背村，位于寺背村中部，距委会驻地杨林咀 1.4 千米。东连港堤畈，西接桥头屋，南临寺前畈，北靠玉林咀山。此地古有寺庙，名普庵堂，后被毁。明代，万景梁(1449—1498)于寺后方反向建房定居，以与寺形成的方位命村庄名。2014 年，有居民 43 户 180 人，耕地 182 亩，山林 794 亩。

塔下　属四庄乡寺背村，位于寺背村西南部，距村委会驻地杨林咀 800 米。东接柳树铺、南邻邓家桥、北靠杨林山、西临田畈。宋代，此地前方小港东上方有石塔一座，后因年久失修倒塌。明代，戴茂德(1341—1419)由江西宁州西乡鹤垅迁塔旧址下方建房定居，以住宅与塔址形成的方位命村庄名为塔下。2014 年，有居民 28 户 131 人，耕地 138.8 亩，山林 542 亩。

桐子塆　属四庄乡寺背村，位于寺背村东北部，距村委会驻地杨林咀 2 千米。东接八斗冲(山)，西连黄家，南临水田、北靠蛇形山。此地有山，名蛇形山。山南脚拐弯处，古有油桐(俗称桐子)树，故称桐子塆。清代，谭德学(1667—?)定居于此，以塆名作村庄名。2014 年，有居民 22 户 100 人，耕地 112.6 亩，山林 432 亩(原有居民点毛屋咀与桐子塆已连成一体)。出生于该居民点的谭东山(1932—1985)，曾任四庄公社治安大队党支部书记，1969 年被评为全国劳动模范，到北京出席新中国成立 20 周年国庆典礼，受到毛泽东主席的接见。

杨林咀　属四庄乡寺背村，为寺背村村委会驻地，距四庄中心集镇 1.1 千米。东靠杨林山，西邻李家庄，南挨四庄港，北接柏池畈。此地东有山岭，名杨林山。山西面有山体突出前端，人们以山名及其地形称此处为杨林咀。1982 年，皮延生(1942—2006)由皮家庄迁此建房定居，以地形名作村庄名杨林咀。2014 年，有居民 14 户 60 人，耕地 66.8 亩，山林 266 亩。

赵家　属四庄乡寺背村，位于寺背村中部，距村委会驻地杨林咀 800 米。此处为一较大面积的平地，古时居住钟姓人，称村庄名钟家畈。清代，赵清武(1718—1782)迁居此地，改村庄名为赵家。2014 年，有居民 27 户 110 人，耕地 126.1 亩，山林 508 亩。

咀上屋　属四庄乡寺背村，位于寺背村东北部，距村委会杨林咀 1.9 千米。东接中屋，西连高坪市，南临田畈，北靠龙形山。此地有山岭，名龙形山。明代，魏钦二(1491—1564)于龙形山前端突出处建房定居，因房屋处山咀上方，故称咀上屋。2014 年，有居民 28 户 140 人，耕地 141 亩，山林 562 亩。

第十节　五花村及所属聚落

【五花村】　四庄乡辖村，位于四庄乡东南部，距四庄中心集镇 4.9 千米，村委会驻地港下铺。东界通城“十八洞”之一的龙潭洞，西连向家村，南接庙下村，北邻清水村。区域面积 7.437 平方千米。因域内有山名五花山而得村名。1950 年，属通城县沙堆区金仙乡；1958 年，属崇阳县沙堆(卫星)公社清水管理区五花、红旗、金仙大队；1961 年，属通城县沙堆区清水公社；1964 年，金仙、红旗两大队合并为茶园大队；1975 年撤区并社，属清水公社五花、茶园大队；1981 年，茶园大队更名为金仙大队；1984 年设区建乡后，五花大队更名为五花村，金仙大队分设为龙潭村和金仙村，属沙堆区清水乡；1987 年撤区并乡，属四庄乡；2005 年，五花、龙潭、金仙村合并为五花村。全村分为 11 个村民小组，有 24 个农村居民点；村内有五花山、金仙港、金仙寺、四八坳基督教堂等；村民有李、张、徐、金、宋、熊、卢、柳、王、皮、刘等姓，以李、张、徐、金、宋姓为主。2010 年新建村委会办公楼，占地面积 200 平方米，建筑面积 300 平方米，设有便民服务厅，并建有村卫生室。距 S362 省道、106 国道、杭瑞高速沙坪进出口公路里程分别为 5 千米、22 千米、25 千米，居民点全部通公路。2014 年，有居民 685 户 2690 人；耕地 165 公顷(其中水田 154 公顷)，林地 384 公顷。村民以种植水稻为主，经济来源主要为务农、务工和经商，年人均纯收入 7459 元。民国初年，金公华立寨事件就发生在该村域内的五花山。

金仙畈地片　属四庄乡五花村，位于五花村东南部，距四庄中心集镇 4 千米。东连龙潭口上，西接庙湾，南邻庙下村，北靠青水村，分布在金仙港南北两岸，面积约 2 平方千米。该地片地处面积较大的平坦地，古有金山寺，故称金仙畈。距 S362 省道、106 国道、杭瑞高速沙坪进出口公路里程分别为 5 千米、22 千米、25 千米，居民点全部通公路。2014 年，有居民 540 户 2590 人。

白马塆　属四庄乡五花村，位于五花村西北部，距村委会驻地港下铺 1.3 千米。东、南两方临田畈，西、北两面紧靠白马山。此地处白马山拐弯处，故得名白马塆。清初，李、熊两姓居民相继迁白马塆定居，以山塆名命村庄名。2014 年，有居民 26 户 130 人，耕地 119 亩，山林 118 亩。

大冲源　属四庄乡五花村，位于五花村西南部，距村委会驻地港下铺 1 千米。东靠狮形山，其他三面皆临水田。此地为两山中间的狭长山沟，因山沟较长，人称大冲。清乾隆年间，金名高于山沟顶端建房定居，故称村庄为大冲源。2014 年，有居民 24 户 100 人，耕地 94 亩，山林 100 亩。

董家湾　属四庄乡五花村，位于五花村东北部，距村委会驻地港下铺 700 米。东、南两方临田畈，西连张家港，北靠杨家山。此地处张家港旁，古为董姓人的居住地，以其姓氏命村庄名为董家湾。清代，董姓外迁，李正尊(1697—1747)迁入定居，仍用原村庄名。2014 年，有居民 42 户 220 人，耕地 204 亩，山林 198 亩。出生于该居民点的李楚华(1957—)，高级工程师，2014 年任大冶有色金属公司绩效管理委员会副主任(正处级)。

港下铺　属四庄乡五花村，为五花村村委会驻地，距四庄中心集镇 4.9 千米。四面环田。1981 年，村民金绪明(1943—2014)购买生产队集体仓库开设杂货铺、豆腐铺，因房屋地处金仙港下首，故将村庄称作港下铺。2014 年，有居民 56 户 280 人，耕地 254 亩，山林 280 亩。

垅墈下　属四庄乡五花村，位于五花村西南部，距村委会驻地港下铺 500 米。东、西、南三面皆临水田，北靠金仙港。此地为小山沟，又因上方有高岸，故称垅墈下。清代，李国林(1760—1832)定居于此，以其地形名命村庄名。2014 年，有居民 31 户 160 人，耕地 145 亩，山林 143 亩。

庙塆　属四庄乡五花村，位于五花村东部，距村委会驻地港下铺 2 千米。东邻白马港，西接田畈，南临金仙港，北靠四八坳山。清代，李少峰(1699—1778)定居于此。因该处古有地盘庙，又因地处金仙港北岸四八坳山体拐弯处，故综合命村庄名为庙塆。2014 年，有居民 86 户 320 人，耕地 293 亩，山林 335 亩(原有居民点屋背李家、新屋、杨坡屋与庙塆已连成一体)。

南前冲　属四庄乡五花村，位于五花村东南部，距村委会驻地港下铺 1 千米。东靠杉树岭，其他三面皆临水田。此地处山岭猪咀仑灵官庙南部的长条形一山沟，故名南前冲。清康熙年间，金登垣定居于此山沟，以山沟名命村庄名。2014 年，有居民 21 户 120 人，耕地 109 亩，山林 103 亩。

其庆屋　属四庄乡五花村，位于五花村南部，距村委会驻地港下铺 700 米。东、西、北三面均临水田，南靠麻石山。清代，金其庆(1810—1888)从庙下漂田迁此定居，以其名命村庄名。2014 年，有居民 51 户 230 人，耕地 211 亩、山林 219 亩。该居民点始祖金其庆，清代太学生，诰封奉政大夫。

石板桥　属四庄乡五花村，位于五花村东部，距村委会驻地港下铺 1.1 千米。东接龙潭口上，西连下湾张家，南临水田，北邻大屋徐家。该居民点门首金仙港上古有一平板石桥名石板桥。清代，张德贤(1670—1724)定居于此，以桥名命村庄名。2014 年，有居民 78 户 410 人，耕地 374、山林 363 亩。

宋家　属四庄乡五花村，位于为五花村中部，距村委会驻地港下铺 500 米。东临水田，西连港下铺，南接上大屋，北靠金仙港。明代，宋桓明(1728—1795)从崇阳沙坪象鼻咀迁此定居，以其姓氏命村庄名。2014 年，有居民 17 户 70 人，耕地 65 亩，山林 70 亩。出生于该居民点的宋守华(1952—)，历任中国人民解放军昆明军区某师副政委、中国人民银行云南省分行办公室主任。

上大屋　属四庄乡五花村，位于五花村中部，距村委会驻地港下铺 600 米。四面皆临水田。清代，金则一(1835—1899)定居于此，因屋场规模大，地处大冲源上方，故命村庄名为上大屋。2014

年，有居民 32 户 140 人，耕地 132 亩，山林 138 亩。出生于该居民点的金伟(1963—)，历任三亚舰队团政委、珠海舰队副师长、珠海市编制办主任(副厅级)。

塘下　属四庄乡五花村，位于五花村西部，距村委会驻地港下铺 1.2 千米。东伴金仙港，其他三面临水田。明弘治年间，卢姓居民迁此定居。因门首东上方有水塘一口，故命村庄名为塘下。2014 年，有居民 25 户 100 人，耕地 97 亩，山林 104 亩。

下塆张家　属四庄乡五花村，位于五花村东部，距村委会驻地港下铺 1.2 千米。东临石板桥，西靠螺形山，南临水田，北连大屋徐家。此地处螺形山山体弯曲部位，其上部还有一拐弯处，故称此地下塆。清初，张盛让(1626—1673)从守仙洞小峰屋迁此定居，以地形名综合姓氏名命村庄名。2014 年，有居民 21 户 100 人，耕地 93 亩、山林 93 亩。

张家塆　属四庄乡五花村，位于五花村东北部，距村委会驻地港下铺 1 千米。东、南两方临田畈，西依秤砣包，北靠月形山。清代，张世新(1693—1766)自小峰屋迁此定居，因住宅处月形山山体弯曲处，遂以姓氏和地形综合命村庄名为张家塆。2014 年，有居民 30 户 150 人，耕地 141 亩，山林 139 亩。

第十一节　小井村及所属聚落

【小井村】　四庄乡辖村，位于四庄乡西部，村委会驻地廖家，距四庄中心集镇 6.6 千米。东界大源村，西连沙堆河与崇阳沙坪镇，南接华家村，北邻崇阳干港村，域区面积 7.141 平方千米。因域内有居民点名小井而得村名。1950 年，属通城县沙堆区小井乡；1958 年，属崇阳县沙堆(卫星)人民公社龙王、五丰大队；1961 年，属通城县沙堆区大源公社；1972 年，龙王大队和五丰大队合并为红卫大队；1975 年 1 月撤区并社，属清水公社；1981 年，更名为小井大队；1984 年设区建乡，属沙堆区灵芝乡小井村；1987 年撤区并乡，属四庄乡；1993 年，小井村分为小井村和全丰村；2005 年，小井村和全丰村合并为小井村。2014 年新建村委会办公楼，建筑面积 1200 平方米，占地面积 2600 平方米。全村下辖 7 个村民小组，有 22 个农村居民点。村民有洪、徐、吴、罗、陈、廖、姚、谢、王、周、简、张、危、杜等姓。村内有小井小学、大台公路、段叶公路、小井爱心大桥、范泥垅水库等。距 S362 省道、106 国道、杭瑞高速沙坪进出口公路里程分别为 6 千米、21 千米、24 千米，居民点全部通公路。2014 年，有居民 662 户 2830 人，山林 125.2 公顷，耕地 206 公顷(其中水田 198.6 公顷)。村民主要种植水稻，经济来源主要为务农、务工和经商，年人均纯收入 7514 元。

大屋洪家　属四庄乡小井村，位于小井村中部，距村委会驻地廖家 100 米。东接塅上，西连廖家，南临田畈，北靠阳雀咀。明代，洪世恩(1568—1630)迁此建房定居，因房屋规模宏大，遂以其规模综合姓氏命村庄名为大屋洪家。2014 年，有居民 75 户 300 人，山林 247 亩，耕地 404 亩。

塅上　属四庄乡小井村，位于小井村中部，距村委会驻地廖家 800 米。东倚鲤鱼潭，西连大屋洪家，南临大源港，北毗中屋。此地为面积较大的平坦地，明代，洪　杞(1513—1565)从中屋洪家迁此建房定居，命村庄名为塅上。2014 年，有居民 25 户 110 人，山林 82 亩，耕地 154 亩。

畈上王家　属四庄乡小井村，位于小井村东部，距村委会驻地廖家 1.6 千米。东临田畈，西毗通判门，南倚螺形山，北连菖蒲咀。此地为山区地带的较大平地，清代，王超曾(1719—1792)迁此建房定居，遂以地形名结合姓氏命村庄名为畈上王家。2014 年，有居民 60 户 260 人，山林 198 亩，耕地 359 亩。

墈上屋　属四庄乡小井村，位于小井村东南部，距村委会驻地廖家 2.6 千米。东靠牛形山，西连庙咀，南邻傅家垅，北倚螺形。此地有山，名螺形山。清代，简森训(1778—1844)于螺形山一山岭侧面高处建房定居，以房屋所在地势和方位综合命村庄名为墈上屋。2014 年，有居民 32 户 140 人，山林 106 亩，耕地 187 亩。

廖家　属四庄乡小井村，为小井村村委会驻地，距四庄中心集镇6千米。东接大屋洪家，西连陈家牌，南临田畈，北倚范泥垅。明万历年间，廖元善由鲤港迁此建房定居，以其姓氏命村庄名。2014年，有居民19户80人，山林63亩，耕地111亩。

龙王咀 属四庄乡小井村，位于小井村西南部，距村委会驻地廖家1.4千米。东接小井，西临田畈，南连龙王潭，北邻张家。此地小港中有泉水深坑，人们传说有龙王居水中。民国时期，吴姓居民于小港北岸山体前端突出处建房定居，遂以当地传说和地形综合命村庄名为龙王咀。2014年，有居民28户90人，山林92亩，耕地165亩。

上罗冲 属四庄乡小井村，位于小井村东部，距村委会驻地廖家100米。东接徐家，西连篾匠屋，南临水田，北靠窍笔山。此地为两山中间狭长的山谷，古时，罗姓人在山冲上部建房定居，依地形、方位及姓氏称村庄为上罗冲。后罗姓外迁，简森闵(1783—1861)、陈友全(1823—1900)先后迁入，仍用原村庄名(当地有人称其为上坳冲和下坳冲，均属误传误称)。2014年，有居民27户110人，山林89亩，耕地145亩。

通判门 属四庄乡小井村，位于小井村东南部，距村委会驻地廖家1千米。东临田畈，西靠百花坛山，南毗中屋，北邻畈上王家。此地古为洪姓居住地，命村庄名为洪家。明代，出生于此的洪溉，嘉靖乙酉(1525)科举人，累官至北京直隶水干府通判转任温州府。因老致仕，赠忠训大夫，荣给诰封屋，世传通判。又因其后嗣众多，人们改称洪家为通判门，后逐渐形成在当地规模较大的居民点。2014年，有居民31户140人，山林102亩，耕地198亩。

乌龟咀 属四庄乡小井村，位于小井村西南部，距村委会驻地廖家1.3千米。东临水田，西连沙堆河，南靠龟形山，北倚大源港。此地为有山，名乌龟山。清代，王廷栋(1730—1791)在乌龟山山体前端突出处建房定居，以山名和地形综合命村庄名。2014年，有居民42户170人，山林138亩，耕地234亩。

吴家湾 属四庄乡小井村，位于小井村西南部，距村委会驻地廖家500米。东接学堂埚，西毗西家垅，南靠虎形山，北傍大源港。该居民点处大源港南岸拐弯部位，旧为方姓居民居住地，村庄名方家湾。明崇祯年间，方姓外迁，吴京公从通城八斐畈迁居于此，仍用原村庄名。1997年，更村庄名吴家湾。2014年，有居民55户250人，山林181亩，耕地336亩。

小井 属四庄乡小井村，位于小井村西部，距村委会驻地廖家1千米。东接十房屋，西连龙王咀，南临田畈，北靠林坪山。此地有冬暖夏凉的泉水井，名小井。明代，洪志德(1376—1451)迁小井后方建房定居，遂以井名命村庄名。2014年，有居民30户130人，山林99亩，耕地182亩。

姚家 属四庄乡小井村，位于小井村西南部，距村委会驻地廖家700米。东接独山，西连学堂埚，南靠官顶堂山，北傍大源港。清嘉庆年间，姚文玉由蒲圻(今赤壁)迁此处建房定居，以其姓氏命村庄名。2014年，有居民40户170人，山林132亩，耕地230亩。

叶家屋 属四庄乡小井村，位于小井村西部，距村委会驻地廖家2.4千米。东毗叶家垅，西邻崇阳进口铺，南接张家，北倚沙埚山。此处原为叶姓居住地，以其姓氏命村庄名为叫叶家屋。后叶姓因故外迁，罗福财(1866—1934)迁入定居，仍用原村庄名。2014年，有居民23户100人，山林76亩，耕地139亩。

玉山屋 属四庄乡小井村，位于小井村东北部，距村委会驻地廖家2千米。东接竹坳山，西连蒋家咀，南邻徐家，北靠峨眉岭。清康熙年间，黄玉山由冲内黄家迁此建房定居，以其名命村庄名。2014年，有居民20户90人，山林66亩，耕地122亩。

张家 属四庄乡小井村，位于小井村西部，距村委会驻地廖家1.6千米，东靠林坪山，西临田畈，南接龙王咀，北邻叶家屋。清代，张德馨(1665—1744)由崇阳姜田畈迁此建房定居，以其姓氏命村庄名。2014年，有居民27户130人，山林89亩，耕地174亩。

中屋洪家 属四庄乡小井村，位于小井村东部，距村委会驻地廖家800米。东临田畈，西靠百花坛，南毗塅上，北邻通判门。明代，洪廉(1491—1568)迁此建房定居，因住宅位于通判门和大屋洪家两居民点的中间，遂以姓氏和与上述两居民点所形成的方位综合命村庄名为中屋洪家。2014年，有居民27户120人，山林89亩，耕地170亩。

第十二节　向家村及所属聚落

【向家村】 四庄乡辖村，位于四庄乡西南部，村委会驻地何家，距四庄中心集镇4.7千米。东界清水、五花村，西连沙堆镇南栎山、湾船咀村，南接庙下村、沙堆镇廖家村，北邻新联村，区域面积4.176平方千米。因域内有居民点况家咀而得村名。因在当地“向”“况”同音，被误称为“向家”。1950年，属通城县沙堆区清水乡；1958年，属崇阳县沙堆(卫星)公社新堤大队和永和大队；1961年，属通城县沙堆区清水公社；1975年撤区并社，属沙堆公社；1981年，新堤大队更名为向家大队，永和大队更名为古井大队；1984年设区建乡，向家大队更名为向家村，古井大队更名为古井村，属沙堆区清水乡；1987年撤区并乡，属四庄乡；2005年，向家村和古井村合并为向家村。全村下辖9个村民小组，有14个农村居民点。1996年，修建村办公楼，占地面积1559平方米，建筑面积700平方米，设有便民服务厅；村民有何、卢、熊、柳、杜、张、李、汪、杨、金、吴、黎、魏、邓、王等姓，以何、卢、金、李姓为主。距S362省道、106国道、杭瑞高速沙坪进出口公路里程分别为9千米、26千米、29千米，居民点全部通公路。2014年，有居民566户2480人，林地103.5公顷，耕地146.6公顷(其中水田131.1公顷)。村民以种植水稻为主，经济来源主要为务农、务工和经商，年人均纯收入7564元。

古井地片　属四庄乡向家村，位于向家村北部，距四庄中心集镇4千米。东界清水村，西连沙堆镇南栎山村，南接向家地片，北邻新联村，域区面积1.7平方千米。因域内有居民点名古井而得地片名。有6个居民点。距S362省道、106国道、杭瑞高速沙坪进出口公路里程分别为9千米、26千米、29千米，居民点全部通公路。2014年，有居民218户930人，山林40.3公顷，耕地55.8公顷。

向家地片　属四庄乡向家村，位于向家村南部，距四庄中心集镇6千米。东界五花村，西连沙堆镇湾船咀村，南接沙堆镇廖家村，北邻古井地片。域区面积2.451平方千米，因域内有居民点况家咀而得地片名。下辖8个村民小组，有8个居民点。距S362省道、106国道、杭瑞高速沙坪进出口公路里程分别为10千米、27千米、30千米，居民点全部通公路。2014年，有居民348户1540人，山林63.2公顷，耕地91.1公顷。

复湾孟家　属四庄乡向家村，位于向家村东南部，距村委会驻地何家3.6千米。东接福家张湾，西邻金家咀，南靠螺形山，北临田畈。因该居民点所在地是由两座螺形山连接，山体呈“倒3”状的弯曲地形，因而得名“复湾”，取“重复二弯”之意。上湾是“福湾张家”，下湾即本居民点。清代初，孟姓居民迁入定居，依其姓氏综合地形命村庄名为复湾孟家。2014年末，有居民22户110人，山林66亩，耕地94亩。

古井　属四庄乡向家村，位于向家村北部，距村委会驻地何家1千米。东、南两面临水田，西连沙堆镇港背村朝阳屋，北靠堑背山。该居民点村北60米处有一口古老泉井，名古井。明代，杜允瀚(1536—1598)由虎形迁居于此，以井名命村庄名。2014年，有居民54户210人，山林143亩、耕地201亩。

何家　属四庄乡向家村，为向家村村委会驻地，北距四庄中心集镇4.7千米。东接茅源，西连陶家咀，南邻破屋王家，北靠黄土凸。清代，何元仑(1711—1768)迁此定居，以其姓氏命村庄名。2014年，有居民35户160人，山林100亩，耕地142亩。

金家咀(蔡家咀)　属四庄乡向家村，位于向家村南部，距村委会驻地何家3.1千米。东、西两面皆为水田，南靠高椅岭，北临金仙港。此地处山体前端突出部位，古代，为蔡姓居住地，以其姓氏综合地形命村庄名为蔡家咀。后来，蔡姓外迁，金既明(1750—1806)迁居于此，仍用原村庄名。2012年，经居民要求，将村庄名改为金家咀。2014年，有居民61户320人，山林189亩，耕地268亩。

况家咀　属四庄乡向家村，位于向家村中部，距村委会驻地何家3千米。东临栋堋，西连南庄，南接金仙港，北靠仑上。此地为山体前端突出部位，清代，况柏川从江西高祥先迁通城县城北，后转迁于此，以其姓氏综合地形命村庄名。嘉庆年间，况姓外迁，将产业卖予李佳舒（1786—1832），仍用原村庄名。在当地因“况”与“向”同音，人们常误写为“向”。2014 年，有居民 50 户 280 人，山林 102 亩、耕地 195 亩。

栎墈　属四庄乡向家村，位于向家村东部，距村委会驻地何家 3.8 千米。东接庙湾，西连向家咀，南倚金仙港，北靠莲竹岭。此地处山垅侧面突起的高岸，俗称墈，又因多生长栎树而得名栎墈。清代，邓官直（1795—1859）迁居于此，以地形名作村庄名。2014 年，有居民 25 户 100 人，山林 126 亩，耕地 94 亩。

梨树埚　属四庄乡向家村，位于向家村西南部，距村委会驻地何家 3.7 千米。东倚高门岭，西傍六股山，南靠大塘坝，北临水田。此地为四周高中间低的洼地，又因古时埚内生长梨树，故名梨树埚。清代，吴文辉（1795—1714）迁居于此，以山埚名作村庄名。2014 年，有居民 22 户 110 人，山林 66 亩，耕地 95 亩。

仑上　属四庄乡向家村，位于向家村东北部，距村委会驻地何家 1.5 千米。东倚庙埚山，西至走马埚，南接应山咀，北靠丝家垅。此地为低丘山岭，方言俗称山岭为“仑”，“仑”读音“林”。原为陈姓的土地，建有看管土地的庄屋。清代，卢才万（1696—1773）迁此定居，以其地形和位置命村庄名。2014 年，有居民 78 户 330 人，山林 216 亩，耕地 305 亩。出生于该居民点的卢方贵（1950— ），曾任中国人民解放军临沧军分区副政委。

茅源　属四庄乡向家村，位于向家村东北部，距村委会驻地何家 500 米。东接船山，西连何家，南临水田，北靠跑马场。此地位于清水港溪流北岸，宋元时期因战祸所致，人烟稀少，田地荒芜，多生青茅草，故而得名茅源。明代，卢大勃（1510—1569）定居于此，以地形名命作村庄名。2014 年，有居民 54 户 230 人，山林 149 亩，耕地 211 亩。

破屋王家　属四庄乡向家村，位于向家村东北部，距村委会驻地何家 400 米。南靠虎形山，其他三面均临水田。清代，王松源（1736—1808）迁居于此，以其姓氏命名王家。同治年间地震，房屋严重损坏，此后人称“破屋王家”。2014 年，有居民 32 户 132 人，山林 87 亩，耕地 126 亩。

陶家咀　属四庄乡向家村，位于向家村西北部，距村委会驻地何家 500 米。东接何家，西连何家垅，南邻破屋王家，北靠王家岭。此地为山体前端突出部位，古代为陶姓居住地，以其姓氏综合地形命村庄名为陶家咀。后来，陶姓迁出，熊廷荣（1665—1724）、卢进泗（1795—1870）相继迁居于此，仍用原村庄名。2014 年，有居民 28 户 120 人，山林 78 亩，耕地 111 亩。

相汤屋　（向昌屋）属四庄乡向家村，位于向家村中部，距村委会驻地何家 2 千米。东接南庄，西临田畈，南倚金仙港，北靠丝茅坪。清代，金名伊（字相汤，1728—1796）定居于此，以其名字称村庄名。因“向昌”与“相汤”谐音，习惯误写为“向昌”。2014 年，有居民 28 户 154 人，山林 89 亩，耕地 126 亩。

第十三节　新联村及所属聚落

【新联村】　四庄乡辖村，位于四庄乡西部，村委会驻地徐家祠堂，东距四庄中心集镇 3.2 千米。东界四庄村，南连向家村和沙堆镇南栎山，西接沙堆镇港背、华家村，北邻上坪、大源村，区域面积 6.45 平方千米。因域内有地片名新联而得村名。1950 年，属通城县沙堆区长冲乡和四庄乡；1958 年，属崇阳县沙堆（卫星）公社新联大队和同兴大队；1961 年，新联大队属通城县沙堆区沙堆公社、同兴大队属沙堆区四庄公社；1962 年，新联大队划归四庄公社；1975 年撤区并社，属清水公社；1984 年设区建乡，更名为新联、同兴村，属沙堆区四庄乡；1987 年撤区并乡，属四庄乡；2005 年，新联村与同兴村合并为新联村。全村分为 12 个村民小组，有 23 个农村居民点。村民有蒋、胡、刘、柳、周、万、罗、卢、丁、呈、洪、皮、程、熊、汪、徐、王、邓、邱、傅等。2011 年，新建村委会办公楼，另有村卫生室，合计建筑面积 840 平方米，占地面积 1280 平方米。有四庄加油站、石咀头桥、乐泉垅水库、杨家圳井等。距 S362 省道、106 国道、杭瑞高速沙坪进出口公路里程分别为3千米、20千米、23千米，居民点全部通公路。2014年，有居民614户2500人，山林305公顷，耕地175.8公顷(其中水田164公顷)。村民以种植水稻为主，经济来源主要为务农、务工和经商，年人均纯收入7640元。

同兴地片　属四庄乡新联村，位于新联村东北部，距四庄中心集镇1千米。东界四庄村，西连华家村，北接上坪村，南依四庄港与新联片，区域面积2.73平方千米。以共同兴旺发达之意命地片名。有10个居民点，距S362省道、106国道、杭瑞高速沙坪进出口公路里程分别为3千米、20千米、23千米，居民点全部通公路。2014年，有居民273户1110人，山林122.1公顷，耕地70.8公顷。

新联地片　属四庄乡新联村，位于新联村西南部，距四庄中心集镇2千米。东界四庄村，西连沙堆镇港背村，南接向家村和沙堆南栎山村，北依四庄港与同兴片，区域面积3.7平方千米。以重新组合之意而命地片名。下辖7个村民小组，有13个居民点。距S362省道、106国道、杭瑞高速沙坪进出口公路里程分别为4千米、21千米、24千米，居民点全部通公路。2014年，有居民341户1380人，山林178.2公顷，耕地105公顷。

坳上屋　属四庄乡新联村，位于新联村东北部，距村委会驻地徐家祠堂1.9千米。东临万家垅，西接大埚垅山，南连龚家咀山，北靠龚家咀山。此地为龚家咀一山岭的分水处，清代，程昌鸿(1718—1794)在坳上方定居，故命村庄名为坳上屋。2014年，有居民29户140人，耕地134亩，山林226.2亩。

川坳　属四庄乡新联村，位于新联村东北部，距村委会驻地徐家祠堂2.1千米。东邻塘埚，西、南两面紧靠象形山，北倚灵官庙山。此地为象形山一山岭分水处，又因其山岭有道路穿坳而过，人称穿坳，又写作川坳。清代，周典欢(1852—1891)迁此定居，以地形名作村庄名。2014年，有居民22户80人，耕地81.7亩，山林171.6亩。

塅图屋　属四庄乡新联村，位于新联村中部，距村委会驻地徐家祠堂300米。东毗洪山，南邻凤凰屋，西、北两面皆临水田。此地为面积较大的平坦地，古属中塅图。清代，洪达炎(1817—1900)迁居于此，以地形名及地域名综合称村庄名。2014年，有居民25户110人，耕地112.1亩，山林195亩。

傅家铺　属四庄乡新联村，位于新联村西南部，距村委会驻地徐家祠堂800米。东连学堂牌上，西接柳树牌，南邻老八冲，北靠王家山。清初，傅姓人在此定居并开设杂货铺而得名。后傅姓外迁，胡治熙(1773—1808)迁入定居，仍用原村庄名。2014年，有居民41户210人，耕地200亩，山林319亩。

蒋家　属四庄乡新联村，位于新联村西南部，距村委会驻地徐家祠堂1.2千米。东接蛇咀岭，西邻傅家铺，南靠夹颈山，北连上头埚。明代，蒋咏湖(1489—1561)迁此处定居，以其姓氏命村庄名为蒋家。2014年，有居民21户100人，耕地100.7亩，山林163.8亩。

柳树排　属四庄乡新联村，位于新联村西南部，距村委会驻地徐家祠堂400米。东连傅家铺，西接仓口上，南靠博士埚，北临四庄港。此地为垅畈两边斜伸的山坡地，又因多生长柳树，故名。清代，柳静庵(1829—1907)定居于此，以山坡名命村庄名。2014年，有居民32户140人，耕地138.7亩，山林249.6亩。

傩堂　属四庄乡新联村，位于新联村北部，距村委会驻地徐家祠堂1.4千米。东接学堂咀，西连龚家咀山，南临四庄河堤，北靠皮家冲。此地古为奉敬神灵、演傩戏的建筑设施，名傩堂。“傩戏”俗称跳加官，又叫“神戏”。乡人选一名共同尊重的历史名人，尊为傩神，作为神灵供奉。每年三月开春，要将傩神迎出并唱戏，以示还“香火”，表示感谢。迎傩神时，要由一名道行很深的人戴上面具，扮作傩神表演绝技，以示傩神神通广大，可以法佑众人。傩神表演完毕，接着开始唱戏，谓之唱“神案戏”。四庄牌新屋万家万俊、万文铜父子，明代名医，因医治皇后重疾有功，深得皇上赏识，嘉靖帝御赐法号“法贞”“法显”。救死扶伤、治病救人，医艺精深，医德高尚，深受乡人尊重。后人在此地为其建庙立坛，塑造金身，敬为神灵，尊为傩神。每年开春，在傩堂屋门首的法贞庙唱神案戏，历时半月之久。台上敬有“法贞”“法显”神像，每次正戏开场之前，先行奉敬仪式，仪式结束后才唱正戏。因“罗”“傩”在当地同音，常把“傩堂”写作“罗堂”。明代，万元龙(1402—1454)迁傩堂旁定居，以堂名命村庄名。2014年，有居民45户180人，耕地175.8，山林

335.4 亩。

山上万家　属四庄乡新联村，位于新联村东南部，距村委会驻地徐家祠堂 700 米。东临葫芦咀，西连乌龟咀，南临牛形咀，北靠龙形山。此地有山岭，名龙形山。明代，万迪堂（1458—1523）在该山岭上建房定居，故命村庄名为山上万家。2014 年，有居民 49 户 250 人（含龙形 1 户，5 人），耕地 239.4 亩，山林 382.2 亩。出生在该居民点的万鋆涛（1905—1952），抗日战争时期任国民政府五战区鄂、豫、皖边区纵队少将司令和 93 军参谋。

石咀头　属四庄乡新联村，位于新联村东部，距村委会驻地徐家祠堂 1 千米。东靠庙埚山，西临田畈，南连山上园，北依石壁山。此地为石壁山山体突出的前端部位，地壳为石质，故称作石咀头。明末，皮国相（1596—1665）定居于此，以地形名命村庄名。2014 年，有居民 31 户 160 人，耕地 153.7 亩，山林 241.8 亩。位于村落东部水井旁边有枸骨树 1 棵，由林业部门列入保护范围注册登记。

桃花垅　属四庄乡新联村，位于新联村东南部，距村委会驻地徐家祠堂 1.4 千米。东连戴家埚，西接坟埚咀，南邻冷沙冲，北靠介山埚。此地为小山沟，又因山沟侧面山坡上多生长桃树，每至春季，桃花盛开，呈现出一派生机盎然的美丽景色，故名桃花垅。明代，蒋咏时（1484—1553）择居此地，以山沟名命村庄名为，以寓“桃花园里可耕田”之意。2014 年，有居民 53 户 230 人，耕地 224.2 亩，山林 413.4 亩。

王家屋场　属四庄乡新联村，位于新联村东北部，距村委会驻地徐家祠堂 2 千米。东接灵官咀，西邻象形山，南连四庄河堤，北靠武家埚。此地为四周高中间低的洼地，古为万姓居住地，以其姓氏综合地形命村庄名为万家埚。后来，万姓因故外迁，王好辨（1448—1485），随子孟政迁居万家埚，依其姓氏改村庄名为王家屋场。2014 年，有居民 23 户 90 人，耕地 88.4 亩，山林 148.2 亩。

新屋　属四庄乡新联村，位于新联村东北部，距村委会驻地徐家祠堂 2.3 千米。东靠象形山，西邻徐家垅，南傍象形山，北依月形山。清代，罗亨三（1878—1942）迁此建新房定居，故命村庄名为新屋。2014 年，有居民 23 户 90 人（内含檐灯埚 3 户 13 人，六爹埚 5 户 22 人，月形 5 户 21 人），耕地 88.3 亩，山林 156 亩。

学堂咀　属四庄乡新联村，位于新联村东北部，距村委会驻地徐家祠堂 1.7 千米。东连王家屋场，西邻傩堂屋，南依四庄河堤，北靠象形山。此地为山体突出前端，清末，吴至和（1852—1919）迁此定居并开设学堂，因而得村庄名为学堂咀。2014 年，有居民 50 户 200 人，耕地 195.7 亩，山林 382.2 亩。

徐家祠堂　属四庄乡新联村，为新联村村委会驻地，东距四庄中心集镇 3.2 千米，东连周家岭，南靠王家岭，西、北两面皆临田畈。此处原系简姓房屋，后简姓外迁。清代，徐光清（1871—1932）从崇阳老虎洞迁此定居，并将简姓房屋改建成祠堂，故以祠堂名命村庄名。2014 年，有居民 45 户 190 人，耕地 182 亩，山林 351 亩。

徐家垅　属四庄乡新联村，位于新联村东北部，距村委会驻地徐家祠堂 2.3 千米。东邻新屋，其他三面环靠狮形山。此地为小山沟，清初，此处原为九岭徐姓看管山林田地的庄屋，以其姓氏综合地形命庄屋名为徐家垅。清代，王铭学（1708—1781）迁入定居，仍用原庄屋名。2014 年，有居民 49 户 200 人，耕地 19 亩，山林 31.2 亩。

第十四节　纸棚村及所属聚落

【纸棚村】　四庄乡辖村，位于四庄乡东部，村委会驻地石眼井，西距四庄中心集镇 19.8 千米。东界崇阳古市、金塘，西连大溪村，南接崇阳高枧乡盘山村，北邻崇阳青山镇蔡墩村。域区面积 16.2 平方千米。因域内有居民点名纸棚而得村名。1950 年，属通城县沙堆区大青乡；1958 年，属崇阳县沙堆（卫星）人民公社纸棚、高滩大队；1961 年，属通城县沙堆区大青公社纸棚、高滩大队；1971 年，纸棚、高滩大队合并为林业大队；1975 年撤区并社，属大青公社；1978 年，林业大队分为纸棚、高滩大队；1984 年设区建乡，属沙堆区大溪乡纸棚、高滩村；1987 年撤区并乡，属大溪乡；2001 年四庄乡与大溪乡合乡，属四庄乡；2005 年，纸棚村与高滩村合并为纸棚村。2014 年，新建村委会办公楼、卫生室楼房，建筑面积 660 平方米，占地面积 820 平方米。村内有大溪学校、大溪湿地公园、梧桐山、大渔桥、小梧桐山、棋盘山、三眼尖等。下辖 7 个村民小组，有 18 个农村居民点。村民有王、沈、黄、吴、邬、刘、陈、李、姜等姓。距 S362 省道、106 国道、杭瑞高速沙坪进出口公路里程分别为 19 千米、36 千米、39 千米。有 10 个库区居民点不通公路。2014 年，有居民 415 户 1650 人，山林 2181.1 公顷，水域 386.5 公顷，耕地 20.6 公顷。村民主要经营渔业、林业，经济来源以务农、务工和经商为主，年人均纯收入 1230 元。

大溪库区地片　属四庄乡纸棚村和大溪村地域，位于四庄乡东北部，距四庄中心集镇 11 千米，域区面积 2553 公顷。因库区所在溪流而得名。下辖 3 个村民小组，有 22 个居民点。域内有水面 386.6 公顷，其中放养面积 206.7 公顷。2014 年，开始采用网箱养鱼，总面积 10 亩，主要鱼种有鲢、鲤、草、青、鳙、鳜、刁子、银鱼等。域内设渡口两个(石眼井和高滩)，共有机动船只 464 艄，其中从事客运(旅游)的 18 艄。距 S362 省道、106 国道、杭瑞高速沙坪进出口公路里程分别为 19 千米、36 千米、39 千米。22 个居民点有 10 个环岛居住，不通公路。2014 年，有居民 551 户 2270 人。

长坑　属四庄乡纸棚村，位于纸棚村西北部，距村委会驻地石眼井 1.5 千米。东接崇阳古市林场，西连姜家，南靠黄家，北临青山水库。此地为一条较长的山沟，沟底较深似坑，故称长坑。清代，王九顺(1715—1753)定居于此，以地形名命村庄名。2014 年，有居民 63 户 300 人，山林 3325 亩，耕地 42 亩(含黄土坪、长埚)。

大屋王家　属四庄乡纸棚村，位于纸棚村西南部，距村委会驻地石眼井 2.8 千米。东界金家冲，西连坳背刘家，南接楮树下，北邻纸棚。清代，王九虎(1756—1817)定居于此，因住宅规模较大，故以其综合居民姓氏命村庄名为大屋王家。2014 年，有居民 39 户 180 人，有山林 2058 亩，耕地 24 亩(该居民点含罗盘墩小居民点 1 个)。

分坳　属四庄乡纸棚村，位于纸棚村西北部，距村委会驻地石眼井(水路)2 千米。东接高滩，西连大屋王家，南倚长眉，北靠长坑。此地处通城与崇阳两县分界之处的山坳，故名。2014 年，有居民 30 户 130 人，山林 1583 亩，耕地 18 亩。

公虎岭　属四庄乡纸棚村，位于纸棚村西北部，距村委会驻地石眼井 1.5 千米。东接分坳，西连坳背，南倚大屋王家，北邻坪上冲。此地有两山岭，形似虎，人们称其为虎形山，又称公虎岭。1972 年，原纸棚移民洪兰青等回迁定居公虎岭下，以山名命村庄名。2014 年，有居民 40 户 190 人，山林 2111 亩，耕地 27 亩。

黄家　属四庄乡纸棚村，位于纸棚村东部，距村委会驻地石眼井 1.5 千米。东邻崇阳古市林场，西接新屋，南连崇阳盘山村，北靠长坑。明代，黄河明(1549—1655)从高堤迁居于此，以其姓氏命村庄名。2014 年，有居民 48 户 220 人，山林 2533 亩，耕地 30 亩。

上高滩　属四庄乡纸棚村，位于纸棚村中部，距村委会驻地石眼井 2.5 千米(水路)。东接崇阳大泉洞，西接下高滩，南连新屋，北倚长坑。此地处下高滩上方，且地形与下高滩相似，故名。明嘉靖年间，邬选言由下高滩分出定居于此，以地形名作村庄名。2014 年，有居民 40 户 210 人，山林 2111 亩，耕地 29 亩。

石眼井　属四庄乡纸棚村，为纸棚村村委会驻地，西距四庄中心集镇 19.8 千米。东临水库，西接摇埚，南连羊形，北靠摇埚山。此地有一泉水从石缝中冒出，水质清澈可口，井形似一只注视天空的大眼睛，故名石眼井。2014 年，纸棚村村委会办公楼修建于此。同年，邬跃进(1958—)在此建房定居，以井名命村庄名。2014 年，有居民 1 户 7 人，山林 53 亩，耕地 1 亩。

下高滩　属四庄乡纸棚村，位于纸棚村中部，距村委会驻地石眼井(水路)800 米。东邻新屋，西连摇埚，南靠平水山，北倚长坑。此地面临溪流，有河滩，地势较高，又因其处下方，故称此地为下高滩。元代，邬志隆由崇阳灌溪源迁通城九眼桥后迁此定居，以地形名作村庄名。2014 年，有居民 35 户 220 人，山林 1847 亩，耕地 30 亩。

羊形(又名长眉)　属四庄乡纸棚村，位于纸棚村中部，距村委会驻地石眼井 500 米。东临大青水库，西邻大屋王家，南接杨博埚，北连石眼井。此地有岭，形似羊，人称羊形。明代，刘万让(1457—1542)定居于此，以地形名命村庄名。

2014 年，有居民 20 户 100 人，山林 1055 亩，耕地 14 亩。

纸棚　属四庄乡纸棚村，位于纸棚村中部，距村委会驻地石眼井水路 2 千米，东毗分坳，西邻车家，南接大屋王家，北连崇阳茶冲。明代，沈佑(1529—1601)从崇阳古市迁居于此，并开设生产皮棉纸的手工作坊，故命村庄名为纸棚(造纸业一直延续至 20 世纪 50 年代)。2014 年，有居民 43 户 190 人，山林 2269 亩，耕地 27 亩。

第十二章　区片及所属聚落

第一节　工 业 园 区

通城经济开发区　位于县城东北角，南临玉立大道，东、北紧靠菖蒲港，西接崇阳县沙坪镇，占地面1191.84公顷。距武汉180千米、长沙192千米、岳阳97千米、南昌249千米、杭瑞高速通城入口6千米。以行政区域名称、功能名称综合命名。始建于1993年，原名“通城县隽水工业园”；2004年更名为“隽水工业园”；2005年更名为“通城经济开发区”；2006年9月被国家发改委审定为省级经济开发区，同时设立副县级管理委员会，隶属通城县委、县政府管辖。截至2014年，入园企业有玉立砂带集团、湖北平安电工有限责任公司、福人药业股份公司、赢通电子有限责任公司等65家，初步形成了涂附磨具、中药制药、云母制品和电子信息材料四大支柱产业，实现产值50亿元，完成税收3.2亿元，外贸出口5000万元。成为通城县对外开放的“窗口”、招商引资的“平台”、产业聚集的“洼地”。

杭瑞陶瓷工业园　位于大坪乡沙口村，距村委会驻地南尧家垅约600米，西南距县城8千米。东邻塘形、坡内屋、沙口铺，南连乌龟山、烂坝，西接杨家边、路口湾，北邻下塆、湖塘、庚陂头。因其靠近杭瑞高速公路，遂依其综合产品命园名。2009年3月动工，相继建成湖北杭瑞陶瓷责任有限公司、湖北亚细亚陶瓷责任有限公司、银丰高岭土厂、湖北明仁科技有限公司、汇洋生物饲料厂、承利磨具厂等。占地面积120.7公顷，2014年有工人2500人。杭瑞高速公路东西贯穿工业园，距高速进出口2千米。

马港镇推垅工业园　位于马港镇推垅社区，地处百丈潭梯级电站尾端，园区毗邻106国道。以所在行政区域名称和产业类别综合命名。始建于2001年8月，2010年基本形成，属马港镇管辖。占地面积2.5平方千米，总投资10亿元人民币，是通城县外商投资特惠区。G106国道、武深高速经过园区，距高速进出口公路里程2.3千米。2014年，落户企业17家，其中规模较大的有：通城中天云母制品有限公司、通城县红星纸业有限公司、湖北通特科技有限公司、通城县天马铸业有限公司、湖北东启包装有限公司、通城县天马铸业有限公司、湖北东启包装有限公司、湖北固德新型材料有限公司等，安排就业岗位1500个，主要产品有云母、铸钢、包装箱、纸，年产值8.5亿元，上缴税收1060万元。

锡山工业园　位于隽水镇锡山风景区北麓。以该园所在的山名和非行政区域名称综合命名。该园原为省属企业湖北发电机厂所在地，1990年总厂迁往咸宁，分厂留在通城；1999年开始停产；2002年10月下放通城县管理；2003年实施改制，通过招商引资引进了20余家中小型工业企业，形成锡山工业园。2014年，占地面积11.3公顷，有金虎砂纸、盛世机电等17家民营企业入驻，主要从事电子产品、电线电缆、绝缘产品、砂布制造、机械制造、磨具制造、卫生材料、化工涂料、家具产品、茶叶加工、建材加工等20多个品种的加工生产，年产值15.2亿元，实现利税3210万元，安排1575人就业。

表 13 **林区 2014 年 20 户以下营林点(村庄)基本情况一览表**

村庄名称	地理位置	名称由来	形成时间	户数人口
宝馨洞	黄龙林场南部，距场部驻地 6.2 千米	以所在山沟名命名	1959	2 户 6 人
曹家工棚	黄龙林场西部，距场部驻地 8.5 千米	以形成初职工姓氏和房屋形式命名	1960	2 户 6 人
凤凰翅	黄龙林场西部，距场部驻地 2.5 千米	以附近山岭名命名	1963	4 户 20 人
锅底埚	黄龙林场西部，距场部驻地 10.5 千米	以附近所在地形名命名	1965	2 户 8 人
黄土咀	黄龙林场西部，距场部驻地 16.5 千米	以所在地形名命名	1960	2 户 8 人
狂风坳	黄龙林场西部，距场部驻地 18.6 千米	以所在地形名命名	1956	2 户 10 人
明镜坳	黄龙林场西部，距场部驻地 20.5 千米	以所在地形名命名	1960	2 户 10 人
思姑寺	黄龙林场北部，距场部驻地 5.1 千米	以古时寺宇名命名	1959	2 户 8 人
小坳	黄龙林场南部，距场部驻地 3 千米	以所在山岭名命名	1958	4 户 10 人
新屋场	黄龙林场东部，距场部驻地 9 千米	因系新建房屋而得名	1957	4 户 10 人
白水寺	黄袍林场西南部，距场部驻地 2 千米	以古时寺宇名命名	1962	4 户 15 人
大坳坪	黄袍林场东部，距场部驻地 2.5 千米	以所在地形名命名	1962	6 户 30 人
吊桥	黄袍林场东北部，距场部驻地 3 千米	因架天桥取水而得名	1962	2 户 5 人
金竹坪	黄袍林场东北部，距场部驻地 3 千米	以所在地形名命名	1962	4 户 20 人
经堂	黄袍林场南部，距场部驻地 1.5 千米	因古时为念经场所而得名	1962	4 户 20 人
楠竹山	黄袍林场西北部，距场部驻地 2 千米	因所在山岭得名	1980	4 户 20 人
谭家	黄袍林场东北部，距场部驻地 2.5 千米	以古时居民姓氏命名	1962	4 户 20 人
象鼻屋	黄袍林场东北部，距场部驻地 1 千米	以所在地形命名	1962	2 户 10 人
白云寺	药姑林场西北部，距场部驻地 10 千米	以附近寺宇名命名	1957	2 户 10 人
芦坡	药姑林场西北部，距场部驻地 2 千米	以所在山坡名命名	1957	8 户 25 人
茅屋岭	药姑林场东北部，距场部驻地 2 千米	以所在山岭名命名	1957	4 户 20 人
石凉亭	药姑林场东部，距场部驻地 2 千米	以古时的建筑物命名	1957	15 户 70 人
香水坪	药姑林场西北部，距场部驻地 2 千米	以所在地形名命名	1957	3 户 10 人
鸦雀山	药姑林场东部，距场部驻地 3 千米	以所在山岭名命名	1957	14 户 64 人
刘婆尖	鹿角山林场东南部，距场部驻地 3 千米	以附近山岭名命名	1989	1 户 4 人
鹿叫山	鹿角山林场东南部，距场部驻地 3 千米	以所在山岭名命名	1989	1 户 2 人
钱家坳	龙潭洞村西部，距村委会驻地 500 米	以最早迁入居民姓氏和地形命名	1984	7 户 30 人
茬上	石门洞村南部，距村委会驻地 1.5 千米	因位于古山寨上方而得名	清代	9 户 40 人
龟形	石门洞村西部，距村委会驻地 1.4 千米	以所在地形名命名	民国时期	6 户 30 人
凉亭	石门洞村西部，距村委会驻地 1.5 千米	以古时建筑物命名	清代	6 户 30 人
毛田	石门洞村南部，距村委会驻地 1.4 千米	因所在地古时茅草丛生而得名	清代	6 户 30 人
宋家	石门洞村北部，距村委会驻地 1 千米	以最早迁入的居民姓氏命名	清代	6 户 30 人
苏家	石门洞村西部，距村委会驻地 600 米	以最早迁入的居民姓氏命名	清代	5 户 20 人
羊角坑	石门洞村东部，距村委会驻地 1.2 千米	以所在山沟名命名	清代	6 户 30 人
炸形	石门洞村北部，距村委会驻地 400 米	以所在地形名命名	清代	10 户 40 人
周家冲	石门洞村南部，距村委会驻地 1.3 千米	以最早迁入的居民姓氏和地形命名	清代	5 户 20 人
井头屋	守仙洞村西部，距村委会驻地 1.2 千米	因地处洼地尽头而得名	明代	8 户 20 人
岭上吴家	守仙洞村西部，距村委会驻地 1.5 千米	因地处山岭综合姓氏而得名	清代	5 户 20 人
石堰口	守仙洞村西部，距村委会驻地 1.1 千米	因地处块石砌成的堰旁，故称	1947	5 户 20 人
杨家	锡山森林公园林业大队东部，距管理处 500 米	以最早迁入的居民姓氏命名	明代	18 户 80 人

第二节　黄龙林场及所属营林点

【国有通城县黄龙林场】　位于通城县东南部，场部驻地大坳，距县城42千米。东连江西省修水县，西、南接湖南省平江县，北邻关刀、麦市镇。以所处行政区域名称、单位性质、所处山名及单位职能综合命名。始建于1956年7月，场部最初位于通城县麦市区黄龙公社罗场屋，与黄龙公社同一地点办公。于1957年开始大规模造林，为适应造林和管理需要，通城县人民委员会将黄龙公社大坳大队四组划归黄龙林场管辖；1962年林场场部迁至大坳。林场总经营面积2190.9公顷，其中，国家重点公益林面积666.7公顷，省级公益林面积1129.3公顷，森林蓄积量11.3万立方米，森林覆盖率98%。林场建有森林管护点28处，防火检查站3处，防火瞭望哨1处，建有防火线38.5千米，林道69.5千米，山界路29.8千米。S259省道经过场区，场部距G353国道、杭瑞高速通城进出口公路里程分别为20千米、42千米，7个生产单位有5个通公路。2014年，有干部职工198人，其中在职158人，退休40人。林场实行“营林为本，生态优生，合理利用，持续发展”的办场方针，培育和保护森林资源，维护国家生态安全和木材安全。开展科学试验和技术创新，推广先进技术，保护林业生态文化资源，促进人与自然和谐发展。搞好自然保护小区、生态旅游景区建设。下设坪等、天岳关、大坳、思姑寺、凤凰翅、云溪6个经营区和1个林业组共7个生产单位，内设办公室、财务科、生产技术科、林政科、材厂、森林防火办公室、工会、人口与计划生育办公室8个科室。林场境内存留大量文人历史遗迹，如黄龙古寺、天岳关、抗日阵亡将士纪念亭等。林场境内动物、植物资源丰富，有大量的珍稀树种，如银杏、香果、丹桂、月桂、青钱柳、湖北海棠、核桃、水杉、金钱松、南方红豆杉等。有竹类10余种，如楠竹、金竹、桂竹、箭竹、凤尾竹、罗汉竹等。有中药材数十种，如七叶一枝花、杜仲、黄柏、黄连、细辛、百合、川芎、厚朴、天南星、黄精等。有国家一、二类保护动物多种，如金钱豹、穿山甲、白颈长尾雉、白鹇等。2002年被湖北省人民政府批准为省级自然保护小区，2004年被通城县人民政府批准为旅游风景区。2005年通城县人民政府通过招商引资2000余万元，在黄龙林场场部修建星级宾馆10栋，改善了旅游基础设施。2011年9月，被湖北省旅游局批准为国家AAA级名胜风景区。同年，被咸宁市人民政府批准为通城县黄龙山风景区。林场境内森林茂密，夏季气候凉爽，是鄂南地区著名的避暑胜地，有江南的“香格里拉”之称，黄龙林场山势高峻，极目千里，是湘、鄂、赣三省户外运动者的理想之地。

大坳　属国有通城县黄龙林场，为黄龙林场场部驻地，距县城42千米。东临天岳村徐先林楠竹山边界，西接防火线与湖南平江县南江镇百合村分界，南抵鼓皮岩，北至天岳村李良新山林边界。与“小坳”相对应，黄龙地区有民谣：“大坳对小坳，金银十八窖。”相传闯王李自成部队败走通城时，在此地埋藏有大量金银财宝。1957年，黄龙林场在此地建林业生产队。1962年林场将场部从黄龙公社驻地罗场屋迁至大坳，为黄龙林场中心居民点。2014年，此处建有国税、地税、公路、电力、教育、林业“三星级”宾馆10间，职工农家乐6家，旅游设施设备齐全，日接待量高达400人次。林场建有生产、生活、办公用房3栋，当地居民建有少量自用房。三峡新能源通城有限公司建有风电厂升压站厂房、办公楼4栋。常住人口100人。

坪等林业组　属国有通城县黄龙林场，位于黄龙林场东部，距场部驻地大坳9千米。东临江西修水，西接只角楼，南抵盆形，北至野鸭塘。清乾隆二十二年(1758)，何姓迁通第十八世何海泽率18人在此地开垦种植，因山界多次与江西修水村民发生纠纷，并出现人命案。因此，村民在一处平地等待结伴出工，居民习惯称此地为坪等，后有人定居于此。1987年，黄龙林场在此设林业生产组。2014年，有居民30户135人，林地1100亩，耕地135亩(其中水田90亩，旱地45亩)。

第三节　黄袍林场及所属营林点

【国有通城县黄袍林场】　位于通城县东南部，场部驻地干港，距县城29千米。东界江西省修水县全丰镇，西、南接塘湖镇，北邻崇阳县高枧乡。以所在行政区域名称、经营性质、所在地点综合命名。1950年后属通城县东区狼荷乡；1957年，根据中共通城县委提出的“绿化黄袍山，向荒山要宝”的号召，成立黄袍油茶场；1961年，因受国家三年困难时期的影响，油茶场停办；1962年，省林业厅在原油茶场基础上建立国营黄袍林场；2000年更名为湖北省国有通城县黄袍林场。黄袍林场东西宽约5.1千米，南北长约5.6千米。林场范围属幕阜山脉黄袍山支脉，境内山脉由东南向西北方向倾斜，海拔高294.0~1165.4米，主峰华罗寨1165.4米。境内坡度较陡，平地甚少，在22°~30°之间的面积占89.0%，大于30°的面积占5.7%。属湖北东南部的中低山地。林场属中亚热带季风气候，光照充足，气候温和，雨量充沛。林场境内的黄袍山位于长江一级支流——陆水流域源头之一。域内水系分为两条支流；一条由林场境内的经营区干港流经狼荷、林湾、塘湖；另一条由经营区金竹坪流入大盘山水库，经大埚、荻田到塘湖。两条港于塘湖集镇西汇集后，汇入菖蒲港、隽水河，最后流入长江支流陆水河。经营区内和周边的主要水库有大盘山水库、白水岩水库等，其中大盘山水库是通城县塘湖镇饮用水水源地。因此，良好的森林环境对区域内水资源的保持具有重要意义。林场的主要成土母岩为石灰岩、叶岩、板岩和砂岩等；主要成土母质有残积、坡积、残坡积等。林场属亚热带常绿阔叶带中低山常绿阔叶林区，植物种类繁多，植被群落以针叶林、针阔叶混交林为主，阔叶、灌丛、草丛等植被随海拔的变化呈垂直分布。据调查，针叶乔木树种主要有马尾松、华山松、金钱松、柳杉、杉木、水杉等；阔叶树种主要有檫木、枫香、马褂木、柳树、樟树等；经济林树种有板栗、油茶、油桐、杜仲、黄柏、厚朴、柑橘、桃、梨、猕猴桃等；还有极其丰富的楠竹；灌木主要有山胡椒、化香、冬青、檵木、大叶胡枝子、杜鹃、茅栗、栎灌、杂竹、其他灌木等；藤本植被主要有蕨藤、紫藤、金银花等；草本植被主要有蕨类、丝茅、五节芒、蒿类等。另有丰富的野生药材：刺五加、灵芝、茯苓、黄连、麦冬、太子参、天南星、沙参等。林场境内野生动物资源有鸟、兽、两栖爬行类动物，物种丰富，其中国家一级保护动物有云豹、白颈长尾雉2种，国家二级保护动物有黄喉貂、豺、水獭、金雕、鸳鸯、虎纹蛙、白鹇、金猫、大灵猫、穿山甲等10种，省级重点保护动物48种。林场场部距杭州至瑞丽高速公路通城入口35千米，距G353国道10千米，有林区公路6.5千米，7个营林点有两个通公路，林道55千米，防火专用道5千米，与村公用道8千米。历经50多年的建设发展，场内公路、林道基本上已连点成线、联机成网。林场总经营面积1307.7公顷，森林覆盖率82.4%。权属全部为国有，其中林业用地1292.1公顷，划分为3个经营区、11个林班。活立木蓄积37567.8立方米，竹林株数约22万株，林木绿化率92.1%。林场为自收自支的事业单位，实行场长责任制。2014年，全场干部职工138人，其中退休职工50人，上岗27人，下岗61人。在职职工中有科技干部12人，其中工程师2人，助理工程师4人，工人技师6人。林场共分为场长室、副场长室、办公室、财务股、生产股、后勤工会计生股6个管理部门，管理人员共9人。设有楠竹山、干港、白水寺共3个经营区，有护林管理人员18人。

干港　属国有通城县黄袍林场，位于狼荷洞中部，为场部所在地，东连大坳坪，西接县水泥厂，北靠塘湖镇望湖村，南有三脚尖高峰屹立。有一条季节性的小溪贯穿而过，常年多数日子干涸，故名干港，并沿用为居民点名。20世纪末，林场在此地建有竹木加工厂、医务室、学校、商店、招待室、职工宿舍楼、办公楼、礼堂等，后因为林场经济效益下滑，场部下设单位减少，林场工人多数外迁。2014年，常年有居民及职工仅20余人。

第四节　药姑林场及所属营林点

【国有通城县药姑林场】　位于通城县西北部，场部驻桂竹源，距县城20千米。北与湖南省临湘市龙源乡交界，东与崇阳县肖岭乡毗邻，西、南与大坪乡接壤。以所在行政区域名称、经营性质、所在地点综合命名。1956年，该场经营范围为杨部乡的一个林业大队；1957年11月，经省林业厅批准，转为国营药姑综合林场；1961年，又转为杨部乡林业大队；1963年7月，恢复为国营林场；1998年，更名为湖北省国有通城县药姑林场。药姑林场呈东西狭长状，林场范围属幕阜山脉的药姑山支脉南部，为湖北东南部的中低山地。境内山脉大致呈西北向东南方向延伸，海拔高250~1261.1米，主峰大药姑山1261.1米，境内坡度较陡，平地甚少。在26°~35°之间的面积占68.3%，大于35°的面积占7.6%。林场属亚热带季风气候，光照充足，雨量充沛，温暖湿润，雨热同期。林场境内的药姑山位于长江一级支流—陆水流域源头之一。境内水系分为两条支流：一条由经营区白云寺下流入东冲水库与横岭水库，再经东冲河流入铁柱港河，另一条由林场境内的经营区鸦雀山流经方仕、水口、农林入铁柱港，最后流入陆水河。经营区内和周边的主要水库有东冲水库、横岭水库、台山水库等，其中东冲水库与横岭水库是通城县北港镇与大坪乡饮用水水源地。因此，良好的森林经营对区域内水资源的保持具有重要意义。林场的主要成土母岩为叶岩、板岩、砂岩和千枚岩等；主要成土母质有残积、坡积、残坡积等。土层深厚(一般在50厘米以上)，土壤pH值在5.6~6.5，呈酸性或微酸性，适宜多种植物生长。林场属亚热带常绿阔叶带中低山常绿阔叶林区，植物种类繁多，植被群落以针叶林、针阔叶混交林为主，阔叶、灌丛、草丛等植被随海拔的变化呈垂直分布。据调查，针叶乔木树种主要有马尾松、华山松、金钱松、柳杉、杉木、水杉等；阔叶树种主要有檫木、枫香、马褂木、银杏、柳树、樟树等；经济林种有板栗、油茶、油桐、杜仲、黄柏、厚朴、茶叶、柑橘、桃、梨、猕猴桃等；还有极其丰富的楠竹；灌木主要有山胡椒、盐肤木、黄荆条、檵木、胡枝子、杜鹃、茅栗、栎灌、杂竹、其他灌木等；藤本植被主要有葛藤、紫藤、金银花等；草本植被主要有蕨类、白茅、五节芒、蒿类等。境内的药姑山有被誉为“活化石”的珍贵树种水杉，有国家二级保护树种银杏、杜仲，国家三级保护树种大血藤、白玉兰、黄杨木、厚朴、细叶香桂，更有灵芝、五加、天麻等名贵药材名冠江南。林场境内野生动物资源有鸟、兽、两栖爬行类动物，物种丰富，其中国家一级保护动物有云豹、白颈长尾雉，国家二级保护动物有白尾鹞、白头鹞、红翅绿鸠、雕号、鸳鸯、白鹇、金猫、大灵猫、穿山甲等10种，省级重点保护动物47种。在药姑山地区以蝮蛇最为有名，剧毒无比，可入药，是有名的传统中药材。林场场部距杭州至瑞丽高速公路通城入口10千米，距G353国道9千米，8个营林点有4个通公路。林场有林区公路18.5千米，林道65千米，防火专用道4千米，村公用道10千米。林场总经营面积967.0公顷，活立木蓄积47739.6立方米，竹林株数约45.0万株，森林覆盖率81.2%，林木绿化率94.7%，权属全部为国有。2014年，总产值70.4万元，其中，木材生产46.7万元、楠竹11.5万元、林产工业4.0万元、旅游服务5.6万元、其他收入2.6万元。林场实行场长责任制，全场干部职工129人，其中退休职工29人、上岗25人、下岗75人，另有临时工4人、抚恤人员16人。在职职工中有科技干部18人，其中工程师2人、助理工程师6人、工人技师10人。

桂竹源　属国有通城县药姑林场，位于药姑林场中心，为药姑林场场部驻地，处药姑山腰，背北向南，距县城20千米，东接石凉亭，南连栗坪村，西靠芦坡，北接崇阳台山。该处气候湿热，山体背北朝南，阳光雨水充足，楠竹、桂竹生长旺盛，有绿色海洋、森林公园之称，故名桂竹源。1957年，国有通城县药姑林场在此地设立场部和林业生产队。1957年建立林场后，桂竹源一直为林场场部。2014年，有居民35户130人，耕地37亩，山林3800亩。

插图 24　药姑山桂竹源

第五节　鹿角山林场及所属营林点

【国有通城县鹿角山林场】　位于通城县东北部，场部胡婆洞，距通城县城 25 千米。西、北邻四庄乡、崇阳县高枧乡，东、南接塘湖镇。以所在行政区域名称、经营性质、所在地点综合命名(鹿角山本名鹿叫山，别名鹿角山)。1989 年 12 月，经省林业厅批准，将鹿角山、胡婆洞与刘盘尖(原属黄袍镇夹井村)、石马洞(原属塘湖镇石马村的第八村民小组)、守仙洞(原属四庄乡守仙洞村的两个村民小组)、龙潭洞(原属四庄乡的龙潭村)的边远山区从原属乡、镇划出，组建国营鹿角山林场；2000 年，更名为湖北省国有通城县鹿角山林场。林场范围属幕阜山脉华罗寨向北延伸的支脉，境内山脉大致以南北走向为主，向东西两侧伸展，岭谷较为陡峭，最高点老鸦尖海拔高 668.5 米，一般海拔高 158.8~668.5 米，境内坡度一般在 20°~30°，部分坡度达 40°，属湖北东南部的低山丘陵地带。林场属亚热带季风气候，光照充足，雨量充沛，温暖湿润，雨热同期，四季分明，夏季炎热而多雨，冬季较冷而干燥，适宜多种林木生长。林场的主要成土母岩为叶岩、板岩、砂岩、砾岩、花岗岩、片麻岩等；主要成土母质有残积、坡积、残坡积等。场内土壤分为 3 个土类、4 个亚类。主要用材林树种有杉木、马尾松、枫香、榆木、楮树、柯树、樟树、臭椿、泡桐等；经济林种有板栗、油茶、油桐、杜仲、茶叶、乌桕、棕榈、杨梅、柑橘、桃、梨、野生猕猴桃等；还有极其丰富的楠竹。灌木主要有黄荆条、杜鹃、檵木、山胡椒、盐肤木、黄荆条、化香、茅栗、栎灌、杂竹、其他等；藤本植被主要有葛藤、紫藤、金银花等；草本植被主要有蕨类、芭茅、丝茅、菅草、蒿类等。林场场部距杭州至瑞丽高速公路通城入口约 30 千米，距 G353 国道约 20 千米，东有县级公路到龙潭水库大坝，南有县级公路经黄袍到夹井，与场部公路相连。有林区公路 25 千米，林道 51 千米，防火专用道 6.8 千米，与村公用道 8.8 千米。林场总经营面积 1907.0 公顷，森林覆盖率 71.1%。活立木蓄积 52079.1 立方米，竹林株数约 65.5 万株，森林覆盖率 71.1%，林木绿化率 73.1%。土地所有权的权属归林场所有。林场为自收自支的事业单位，实行场长责任制。2014 年，全场有总人口 851 人。其中，干部职工 34 人，农业人口 817 人。林场有专业技术人才 11 名，其中中级职称 4 名，初级职称 7 名；有技术工人 50 名，其中中级工 18 名，初级工 32 名。林场内设场长室、副场长室、办公室、财务股、生产股、后勤工会计生股、防火办公室等 7 个管理部门，管理人员共 10 人。设有 3 个经营区：鹿角山、胡婆洞、刘盘尖，有护林管理人员 6 人；代管守仙洞、龙潭洞、石马洞村 3 个行政村，守仙洞、龙潭洞、石马洞是通城县著名地名“三溪九港十八洞”中的其中三洞。

胡婆洞　属国有通城县鹿角山林场，位于鹿角山林场东南部，为场部所在地，距县城 25 千米。东连崇阳县高枧乡老虎洞村，西接四庄乡五花村，南抵塘湖镇润田村，北邻崇阳青山水库。此地为高山深沟，宋代，一胡姓富婆从崇阳高枧举家迁居此地建房定居，以其姓氏综合地形命村庄名。1989 年，国营鹿叫山林场在此先后设立管护点和场部。有职工住房 18 间，职工 14 人。

第六节　龙潭洞村及所属聚落

【龙潭洞村】　属国有通城县鹿角山林场，位于鹿角山林场北部，村委会驻地龙潭口，距县城 25 千米。东靠琉璃山，南接石门洞村，西连五花村，北和清水村交界，辖区面积 8 平方千米。以所在陆地地形命村名。1950 年，属通城县金仙乡；1958 年，属崇阳县沙堆(卫星)人民公社清水管理区红旗大队；1961 年恢复区镇建制，属通城县沙堆区清水公社；1964 年，红旗、金仙大队合并为茶园大队；1975 年撤区并社，龙潭、守仙洞大队合并后更名清水公社林业大队；1979 年，林业大队分设为守仙洞、龙潭大队；1984 年，修龙潭水库，居民搬迁至龙潭口上；1986 年，与红旗村合并后属沙堆区四庄乡龙潭村；1989 年，与龙潭村分开后，更名为沙堆区四庄乡龙潭林场；1991 年划归国有鹿角山林场。下辖 3 个村民小组，有 3 个农村居民点。有龙潭水库、龙潭渡口、青石洞、猪婆港、龙潭水库管理处、龙潭水厂等单位。纪念地有烈士陵、舒家灵庙遗址、五咀屋遗址、四房屋遗址、僧缸嘴、龙潭洞、观音坐莲、鹅井坑沟、抄嘴、梅花尖、滴水沟、阳石尖、大埚岭、蛇形、螺形、凤形、虎形、燕子朴梁、人形、嗒峦、酒甑槽、凉亭、五马奔槽、古下岩等。村民有刘、廖、吴、傅、卢、汪、杜、周、金等姓，以刘、廖姓为主。2007 年建村办公楼，占地面积 600 平方米，建筑面积 300 平方米，设有健身器材，如篮球架、乒乓球桌，便民服务大厅、村民会议室、办公室等。距 G106 国道、杭瑞高速通城进出口公路里程分别为 25 千米、28 千米，居民点全部通公路。2014 年，有居民 78 户 350 人，耕地 7.2 公顷，山林 420 公顷。村民以种植水稻为主，经济来源以营林、务工为主，部分经商，年人均纯收入 6000 元。

港下铺　属国有通城县鹿角山林场龙潭洞村，位于龙潭洞村西部，距村委会驻地龙潭洞口 1.5 千米。东连五花村石板桥，西邻五花村张家湾，南靠金仙河边，北邻五花村董家湾。此地是龙潭通往四庄、清水的必经之地，1984 年修建龙潭水库，淹没区内石嘴屋、柳树蔸下、四房屋部分刘、廖、金、徐姓居民迁此定居。有居民在港边设肉铺和杂货铺，故命村庄名。2014 年，有居民 20 户 90 人，耕地 27 亩，山林 1620 亩。

龙潭口上　属国有通城县鹿角山林场龙潭洞村，为龙潭洞村委会驻地，距县城 25 千米。东邻龙潭水库，南靠龙潭港，西连五花村石板桥，北接五花村黄谷场。1984 年修建龙潭水库，淹没区内石嘴屋、柳树蔸下、四房屋部分刘、廖、吴、杜、周、汪等姓居民搬迁至此定居，因住宅位于龙潭洞出口处，故命村庄名为龙潭口上。2014 年，有居民 40 户 190 人，耕地 58 亩，山林 3420 亩。出生于该居民点的刘秀球(女，1986—)，武汉音乐学院毕业，广州军区歌舞团演员，先后奖华中师范大学首届“综艺才能挑战赛”第一名，自编自演小品《通城罂粟花》在华中师范大学获一等奖。

第七节　石门洞村及所属聚落

【石门洞村】　属国有通城县鹿角山林场，位于鹿角山林场西南部，村委会驻地灵官庙，距鹿角山林场场部胡婆洞 5 千米。东邻塘湖镇润田村，南连塘湖镇阁壁村，西界四庄乡五花村，北与龙潭洞村及崇阳县高枧乡老虎洞村相接。因域内有陆地地形石门洞而得村名。1950 年，属通城县塘湖乡石门大队五、六小队；1958 年人民公社化，属崇阳县麦市(先锋)人民公社塘湖管理区；1961 年恢复区镇建制，属通城县麦市区塘湖公社；1975 年撤区并社，属塘湖公社；1984 年设区建乡，属麦市区塘湖乡石马村七、八组；1987 年区乡体制改革后，属黄袍镇；1992 年石马村七、八小组划归鹿角山林场管辖。下辖 2 个村民小组，有 9 个农村居民点(见表 13)。有金轮古寺、向荣坳、楠竹坳、羊角泉、狗骨桥 5 个自然景点；村民有汪、刘、金、周、李、彭、廖、宋、罗、吴、谢等姓，以汪、刘姓为主。2014 年，村委会建办公楼，占地面积 500 平方米，建筑面积 135 平方米，设有便民服务厅等。距 S259 省道、G353 国道、杭瑞高速通城进出口公路里程分别为 5 千米、15 千米、32 千米，居民点全部通公路。2014 年，有居民 71 户 320 人，水田 6.4 公顷，旱地 14.2 公顷，山林 453.3 公顷。村民以种植水稻、蔬菜、红薯为主，经济来源以务农、营林、务工为主，部分人经商，年人均纯收入 2500 元。

第八节　守仙洞村及所属聚落

【守仙洞村】　属国营通城县鹿角山林场，位于鹿角山林场西北部，村委会驻地小峰屋，距鹿角山林场场部胡婆洞 4 千米。东与崇阳县高枧乡老虎洞村交界，南邻龙潭洞村，西接清水村，北界四庄渔竹林场、寺背村，辖区总面积 7.5 平方千米。因域内所处的地形而得村名。1950 年，属通城县沙堆区清水公社守仙洞村；1958 年，属崇阳县沙堆区清水公社守仙洞大队；1961 年，属通城县沙堆区清水公社林业大队；1967 年，属红林大队 7 小队；1974 年属清水公社林业大队；1984 年，属沙堆区清水乡林业大队；1987 年，属四庄乡守仙洞村；1992 年，属国有通城县鹿角山林场。下辖 3 个村民小组，有 5 个农村居民点。村民有张、李、周、万、胡、刘、夏、汪等姓，以张姓为主，均为汉族。距 G106 国道、杭瑞高速通城进出口公路里程分别为 28 千米、31 千米，居民点全部通公路。2014 年，有居民 59 户 250 人，山林 566.7 公顷，耕地 9 公顷(其中水田 4.5 公顷)。村民以种植红薯、水稻为主，主要经济来源为务农、务工和养殖，年人均纯收入 3235 元。

石咀屋　属国有通城县鹿角山林场守仙洞村，位于守仙洞村东部，距村委会驻地小峰屋 800 米，东邻屋背岭山脚，南连荫坳山，西临村级公路，北临守仙洞港。明代，张多才(1473—1544)从守仙洞老屋场迁此定居，因住宅位于荫坳山岩石地壳的山体突出前端，故命村庄名为石咀屋。2014 年，有居民 5 户 20 人。出生于该居民点的周先来(1961—　)，历任孝感市委常委、统战部部长，市政府副市长、党组成员，市政协党组副书记，市社会主义学院院长。

小峰屋　属国有通城县鹿角山林场守仙洞村，位于守仙洞村西南部，为村委会驻地，距林场场部 4 千米。东、南靠村级公路，西连拱桥，北靠屋后山岭。明代，张小峰(1578—1665)从守仙洞老屋迁此定居，以其名命村庄名。2014 年，有居民 10 户 40 人。

第九节　通城县地方林业大队及所属聚落

【通城县地方国营锡山林业大队】　位于通城县县城南部 1.5 千米处的锡山森林公园内，单位驻地九宫路 53 号。东邻隽水镇桃源村，西靠隽水镇宝塔村，南连五里镇锡山村，北接隽水镇白沙社区。以其性质、所在行政区域、所在地点及职能命名。1950 年属黄泥乡续家村；1958 年人民公社化时，属通城(红旗)人民公社新合管理区宝塔一大队；1961 年，恢复区镇建制，属城关区新合公社宝塔大队；1975 年撤区并社，属城关公社宝塔大队；1980 年 3 月宝塔大队划出一生产队归林业科学研究所管辖并更名为“地方国营通城县锡山林业大队”。下辖2个居民小组，有2个农村居民点。居民有杨、段、娄、傅姓，以杨姓为主。域内锡山公路自九宫路口走步，蜿蜒弯曲，似山舞银蛇，直达瑞庆山顶，长4.1千米，路基宽6米，硬化路面4米。有积翠岩、印天池、钟秀泉、瑞庆峰、楼霞石、聪明泉、石门开、龙泉石、金鸡石、邀月台、碧兰溪、宝塔山、金轮岭、李自成墓、地下游乐城、电视塔等10余处自然景点和人工建筑物；有建筑历史规模和神像数尊及构建形式居通城之最的银山古寺。锡山紧靠县城，奇峰突起，山川秀丽，曲径通幽，登峰顶鸟瞰隽城，一览无余。古邑侯王恭吟诗赞曰：“银山屹立对花封，草树蓬蓬翠色浓，政暇几回翘首望，不胜仰止企前纵。”随着交通设施的逐步改善和旅游项目的不断开发，锡山已成为通城境内的游览胜地。2014年年底，有居民56户380人。原有耕地面积498.5亩(其中水田92亩)，已全部退耕还林，现有山林面积2643.8亩。居民的主要经济来源为务工、经商、植树造林。

段家　属锡山省级森林公园，位于锡山顶峰北部半山腰，距公园管理处约500米。东靠大埚山岭狮形，南接杨家，西邻锡山宾馆，北靠九宫山。明代，段万颜(1454—1516)从阔田畈迁此建房定居，以其姓氏命村庄名。后来有姚姓迁入。2014年，有居民27户120人，有山林1800亩。

第二篇

基础设施类地名

黄袍旅游公路(航拍)

第一章 城镇道路

第一节 主 干 道

通城大道 以所在行政区域名称和道路规模综合命名。2010年动工修建，2014年建成通车。该大道从隽水大道与秀水大道交叉处起，途经新通城客运中心接杭瑞高速通城入口，可经连接枢纽线转武深高速。全长6.7千米、宽60米，是县城通往武汉、长沙、岳阳等方向的主干道，为钢筋混凝土路面。

秀水大道 以附近的河流名称和街道规模综合命名。此路分秀水南路、内环南路、秀水中路和秀水北路四段建成。1995年修建秀水中路，1998年修建秀水北路，2000—2002年修建内环南路，2003—2005年修建秀水南路。该大道位于秀水河畔，呈南北走向，南起隽水大道南段，北至原水产局与隽水大道北段交汇处，途经雁塔大桥、民主路口、湘汉路口，全长4.2千米、宽40米，柏油路面，两边为6米的人行道；沿秀水河西岸修建绿化带，平均宽14米，绿化带内栽种了杉树、樟树、棕树、杨柳；河堤上铺设了2米宽人行小径，绿化带内建有动物雕塑10多处，石凳、石椅20多处；有六角亭1座，磨菇亭4座，是县城第一条集休闲、观赏于一体的城市园林景观示范路。沿途分布有县国土资源局、县人民医院、县检察院等单位。

隽水大道 以行政区域名称和街道规模综合命名。1981年开工修建，1982年建成通车。原名武长路，北从新塔北端城北加油站起，南至谌家桥岔路口，全长4.25千米，途经沿河路、新塘、古龙路、九房小区等地段，路面宽60米，其中车行通道16米，四车道，两边是花坛，种有多种花草树木，大道两旁楼房林立，商铺繁华，沿途驻有县民政局、隽水镇人民政府、卫生局、联通公司、隽水小学、县农业发展银行、县教育局、县武警消防大队、电信局等单位，是县城最早的一条标准化街道。

插图25 隽水大道(航拍)

银山大道 以附近陆地山系名称和道路设施规模综合命名。该大道自新塔大桥南端起，至宝塔大道(城东加油站)，2005年筹建，2010年投入使用。途经旭红路、白沙路、解放东路，全长2.7千米、宽60米，沿途驻有交通局、工商管理局、县移动公司、烟草局、地税局、林业局、药监局、财政局、城关中学、第二中学、九宫客运站等单位，中段东侧有银山广场、银山金城等大型建筑物。

宝塔大道 以附近古代标志性建筑物名称和设施规模综合命名，于1991年动工，1995年通车。途经白沙社区、宝塔村，全长2.3千米、宽50米。大道两旁有九宫家园、九宫小区、银山华府、积翠花园、九宫液化气站等单位和建筑物。该大道为县城通往关刀、云溪、麦市、塘湖、江西等方向的主要街道。

五里大道 以道路止点所在行政区域和道路规模综合命名。1991年动工修建，1999年建成通车。该大道从谌家桥(城南加油站)起，途经县交警大队，至五里镇人民政府驻地五里牌，全长3千米、宽60米，路面为水泥混凝土结构。

玉立大道 以大道旁的企业名称简称和街道规模综合命名。1995年年初开工修建，年底建成，属地在新塔社区。大道呈南北向，南起新塔大桥北端与隽水大道路交会，北至恒兴砖厂，延伸至铁柱港大桥，全长3.5千米，路面宽60米，柏油路面，四车道宽16米，两边绿化带宽各6米，非机动车道宽各6米，其余为人行道。

第二节 次干道

解放东路 以历史事件名称和交通设施及方位综合命名。“解放”指1949年6月中国人民解放军解放通城，“东路”指解放路延伸的东段。2001年动工，2004年竣工通车。该路呈东西向，东起锦山路，西至秀水桥。沿途有银山广场、君临时代、县林业局等单位和建筑物。全程长约2.5千米，路面宽30米，4车道，水泥路面。

解放西路 以历史事件与交通设施名称及方位综合命名。此路为2001—2002年拆迁兴建，东起湘汉路、金泉路交会路口，横穿隽水大道，西至滨江苑。沿途有金泰豪苑、新塘小区、县邮政局、惠民村镇银行等单位和建筑物。全程长约1.5千米，路面宽30米，4车道，水泥路面。

解放中路 以历史事件名称和交通设施及方位综合命名。2001年动工改建，2004年建成。呈东西走向，东起秀水桥，沿途有县人民医院、县人民政府、老广场、状元广场、文化馆、县总工会等单位和建筑物，至湘汉路。全长约800米、宽约30米，4车道路，水泥路面。

九宫路 以附近山名和交通设施综合命名。“九宫”指九宫山。于20世纪60年代完成沙土路基，70年代由湖北发电机厂建成水泥路面。该路位于九宫山北部山脚下，南起宝塔大道，北至民主路口，全长约700米、宽10米，沿途驻有县财政局、司法局、人民银行、祥瑞家园等单位和居民区。

民主路 以修建此道路时流行的政治口号和交通设施名称综合命名。原名正街，是通城县城最古老的街道，古街原长约800米、宽4米，沙石路面，1949年通城解放后，拆除城南城门延长街道，后经多次扩建改造而成。该路呈南北向，南接九宫路，北接黄源岭，全长3.7千米、宽20~40米，2车道，水泥路面，是通城县城最繁华的商业街道。

湘汉路 以该路所通向的城市简称和交通设施名称命名。此路于民国二十四年(1935)9月动工新建，次年通车。该路呈南北向，北起隽水大桥桥头，南至谌家桥，全长约2.3千米，2车道水泥路面，北段俗称西门街，为繁华的商业街道。沿途驻有县人民武装部、保险公司、物价局、广电局等单位。

旭红路 以该路经过的社区名和交通设施名称综合命名。1997年动工修建，2004年建成通车。该路呈东西向，西起通城大桥，东至菖蒲港大桥，途经秀水大道、银山大道、新一中，全长约2.3千米、宽30~40米，4车道水泥路面。

表 14　　部分城镇街巷基本情况一览表

道路名称	所属城镇	得名来历	起点	止点	长度（米）	宽度（米）	建成时间（年份）	经过地段
东阁路	县城	以所在县城的方位及附近的亭阁命名	旭红桥东端	接银山大道地段	1200	16	2003	秀水河堤
皮家路	县城	以经过的居民点名命路名	旭红桥东端	接银山大道北段	900	16	2006	塝上皮家
彭家岭路	县城	以经过的居民点名命路名	银山大道与旭红路交叉口	接旭红路	1000	16	1994	去沙堆老公路
李家塘路	县城	以道路止点所在地名命路名	银山大道坳上王家	李家塘	1200	16	2008	
白沙路	县城	以道路止点所在地名命路名	朗桥南端	白沙咀	1300	16	1979	原水泥厂转运站、银山大道
锡山路	县城	以所经过的山岭名命路名	宝塔大道锡山公寓路口	锡山电视塔	5100	10	2002	原九宫园艺场、林科所
古龙路	县城	以所经过的山岭名命路名	民主路与向阳街交叉口	接隽水大道	900	22	1994	跨湘汉路
金泉路	县城	以美好意景命路名	解放西路与湘汉路交叉口	沿河路	480	16	1975	原一瓷厂、原县印刷厂
佘畈路	县城	以所经过的地片名命路名	金泉路原印刷厂路口	隽水大道与解放西路交叉口	470	20	1994	原县酒厂
沿河路	县城	因道路沿隽水河堤而得路名	状元桥南端	接隽水大道	900	20	1994—2003	隽水河堤
双龙路	县城	以道路通往前方的集镇名命路名	隽水大道农业银行通城支行北侧	接熙宁大道（规划名）	1600	30	1999	青山路
银城路	县城	以县城的美称命路名	秀水大道雁塔大桥北端 100 米处	城西加油站	2200	40	1997—2005	民主路、县妇幼保健院、城北中学
青山路	县城	以道路前方的地片名命路名	银城西路荫山桥	接通城大道	1100	25	1994	双龙路、民主路、陆家冲路
陆家冲路	县城	以道路经过的居民点名命路名	隽水大道（县肉联厂）	接新塔路（规划名）	160	20		双龙路
柳堤路	县城	因道路沿隽水河柳堤而得路名	状元桥北端	接西熙大道（规划名）	800	25	1994—2000	沿隽水河堤
雁塔路	县城	以道路附近古时的建筑物名命路名	雁塔大桥北端	状元桥北端	700	20	2005	沿隽水河堤
秀水河路	县城	因道路沿秀水河堤而得路名	南门初中	宝塔桥	1200	10	1994	沿秀水河堤
续畈路	县城	以道路经过的地片名命路名	湘汉路（原宝塔茶厂）	接湘汉路	1800	10	1989	过秀水大道沿秀水河堤经原宝塔小学
铁柱港路	县城	以道路附近的河流名命路名	玉立大道西（湖北中研磨具左侧）	—	800	20	2003	向前延伸

续表

道路名称	所属城镇	得名来历	起点	止点	长度（米）	宽度（米）	建成时间（年份）	经过地段
钟家畈路	县城	以道路前方的地片名命路名	玉立大道西（三和木业对面路口）	—	1000	20	2005	向前延伸
邓家路	县城	以道路所经过的居民点名命路名	玉立大道与隽水大道交汇处	—	500	20	2008	沿隽水河堤延伸
福人路	县城	以道路附近的企业名命道路名	双龙路	新桥街	2000	30	2002	以银城西路为界，北段为福人北路，南段为福人南路
石泉路	县城	以道路经过的地片名命路名	银城西路（原石泉小学）	帅力公司炸药仓库	1200	10	1998	城西客运站、城北中学
钟家岭路	县城	以道路经过的地片名命路名	隽水大道	玉立大道	900	20	2004	原电镀厂潭家堤
向阳街	县城	以当时流行的“心向红太阳”的政治口号的简称命街名	民主路与古龙路交叉口	秀水大道	400	10	1950 年建，2008 年改建	南门小学
新华街	县城	以新中国成立初的简称命街名	民主路通城商厦对面路口	兴贤门街	150	12	1950 年建，2008 年改建	殡葬用品商店
新桥街	县城	以道路附近的桥名命街名	隽水大道劳动大厦北侧	福人路	800	16	1985	隽水派出所
和平街	县城	以美好意愿命街名	民主路县医院对面路口	金泉路	400	12	1950 年建，2008 年改建	县实验小学、兴贤门街
黄源岭街	县城	以经过的地片名命街名	隽水大道水电局东北侧	民主路与青山路交叉口	500	20	1999	县教育中心
金井街	县城	以道路附近的泉水井名命街名	民主路	湘汉路	300	20	2003	原粮食仓库地段
宾阳门街	县城	以道路经过地段古时的城门名命街名	秀水大道	民主路	400	20	2008	原阀门厂地段，由原东新街更名
兴贤门街	县城	以道路经过地段古时的城门名命街名	沿河路	解放西路与金泉路交叉口	1300	20	1975	县幼儿园，由原西西街更名
拱北门街	县城	以道路经过地段古时的城门名命街名	银城西路与民主路交叉口（北门老转盘）	隽水大道	900	20	1975	北门小学
状元坊街	县城	以道路经过古时的建筑物名命街名	民主路	湘汉路	300	12	2008	原粮道街
引薰门街	县城	以道路经过地段古时的城门名命街名	—	—	200	20	1985	—
塔下巷	县城	以巷道附近古时的建筑物名命巷名	原纸厂门口	拱北门街	900	10	1995	民联国药商场
谭家巷	县城	以道路前方的地片名命巷名	玉立大道西永安电业对面路口	向前延伸	900	10	2007	—
沿河路	麦市镇	因道路靠近黄麦河而得路名	石咀头	许家街	800	36	1996	麦市派出所、国土所、向阳社区

续表

道路名称	所属城镇	得名来历	起点	止点	长度（米）	宽度（米）	建成时间（年份）	经过地段
建设路	麦市镇	因建路时当地大搞城镇建设而得路名	葛氏祠堂	新建路	1500	18	1991	广电站、自来水厂、麦市中学、镇人民政府
新建路	麦市镇	因道路为新近建成而得路名	沿河路	G353 国道	300	20	1996	麦市派出所、财政所
三岔街	麦市镇	因道路中途有丁字路口而得街名	麦市供销大楼	G353 国道	200	8	1991	麦市税务分局、启应液化气站
向阳街	麦市镇	以当时流行的“心向红太阳”的政治口号的简称命街名	麦市卫生院	建设路	850	16	1991	麦市工商所、供销大楼
西政街	塘湖镇	以所在集镇的方位和沿途单位性质命街名	凤形屋	狮子一桥	500	15	1983—1997	塘湖中学、镇人民政府、财政所、供电所
南湖街	塘湖镇	以所在集镇的方位和所在集镇名的简称命街名	凤形屋	塘湖桥东端	700	15	1985—2008	塘湖加油站、林业站、国土所
元帅路	塘湖镇	以纪念罗荣桓元帅而命路名，又名新街	南湖路	狮子二桥	700	20	2008—2013	—
柳峦巷	沙堆镇	以道路所在地旧时的树林名而命巷名	九井街	沙堆中学	250	10	2000	沙堆镇人民政府
祖皇坛巷	沙堆镇	以道路路基上旧时的建筑物命巷名	九井街	井峰大道	200	10	2004	经沙堆卫生院
草塘巷	沙堆镇	以道路路基上旧时的池塘名命巷名	九井街	井峰大道	250	10	1990—2004	—
福兴巷	沙堆镇	以美好心愿命巷名	沙堆老粮管所	十字街	200	10	1991	沙堆榨油厂、沙堆电子商店
河徐巷	沙堆镇	因巷道沿沙堆河和止点名称而命巷名	河西路	徐家大塘	250	10	1990	沙堆道班、沙堆客运站
步行街	沙堆镇	以设计道路的形式命街名	原沙堆小学	河徐巷	300	10	2006—2014	—
长青路	沙堆镇	以美好心愿命路名	前进路	贯青下屋	350	15	2003	北港中心小学、农商银行
友谊路	北港镇	以美好心愿命路名	胜利路	排上许家	800	20	1986	北港卫生院、工商所
前进路	北港镇	以美好心愿命路名	长青路	龙门华堂铺	350	8	1985	北港幼儿园、北港药房
沿河西路	北港镇	因道路沿北港河及所在集镇方位命路名	长青路段	龙门华堂铺	520	6	2006	北港农贸市场
新力大道	北港镇	以美好意景命大道名	庄前	大界与湖南省詹桥交界点	4800	40	2002	北港镇人民政府等
庄前大道	北港镇	以途经地片命大道名	罗汉庙	四棵松	300	20	2002	财政所等
振兴大道	关刀镇	以美好意景命大道名	关刀村与官塘社区	春雷村与官塘社区交界	1000	36	1997	关刀镇人民政府、财政所、卫生院

第二章　交通设施

第一节　公　　路

杭(州)瑞(丽)高速公路通城段　以公路起止两地地名各一字组成高速公路路线名。由广东佛山建筑有限公司、湖北省市政集团建设总公司修建，于2008年筹建，2011年7月建成通车。路段贯穿通城县大坪乡、石南镇、北港镇、隽水镇4个乡镇，全长17.97千米，为双向4车道，路宽20.8米，设计时速110千米，是过境通城县的第一条高速公路。

金(城)保(定)线通城段　从该公路起止地自然地理实体名称中各取其一字命名。“金”指崇阳县金城大道，“保”指通城县保定关。2014年1月湖北省发改委正式对金保线通城段批复，将该公路命名为省道S362。金保线通城段起于通城、崇阳两县交界的鹿角山林场，经通城县四庄乡、沙堆镇、隽水镇、五里镇，止于湖北省与湖南省月田交界处的保定关，通城段全线路里程为43.607千米，设计速度为40千米/小时，路基宽8.5米，路面宽度7米，按二级公路标准建设。

(北)京广(州)线通城段　以公路起止点首(尾)字命名，又因编号为G106，简称106国道。该公路建于20世纪30年代，履经战争、洪水破坏，新中国成立后，1954年列为国道，并进行了数次改建扩建，1979年修建崇阳县花山至通城县铁柱港段，钢筋混凝土路面；2014年改建沥青混凝土路面。通城段起于崇阳、通城两县界点铁柱港，经隽水镇、五里镇、马港镇，止于通城县界上，长度25.447千米，路基宽度为12米，二级公路，水泥混凝土路面。

宁(德)福(贡)线通城段　以该公路起点和终点地名中各一个字和交通设施名称综合命名。起点在福建省宁德市，终点在云南省福贡县。由原南大线S320更名为G353，由省道升级为国道。该线路通城段起于修水县通城县界点南岭，经麦市镇、关刀镇、石南镇、北港镇，止于通城县大界，长度51.225千米，路基宽度为12米，二级公路，水泥混凝土路面。

插图26　G353高速公路(周文摄)

铜天线通城段 从该公路起止地两自然地理实体名称中各取其一字命名。“铜”指通山县鼓铜山，“天”指通城县天岳关。2014 年 1 月 2 日，湖北省发改委正式对幕阜山生态旅游公路通城段批复，命名该公路为省道 S259。铜天线通城段即为幕阜山生态旅游公路通城段，起于崇阳县高枧乡白埚，经通城县塘湖镇荻田、石港、戴家坳、麦市镇，止于与湖南平江交界处的天岳关，通城段全线路里程为 38.96 千米，设计速度为 40 千米/小时，路基宽 8.5 米，路面宽度 7 米，二级公路标准建设。

武(汉)深(圳)高速公路通城段 以公路起止两地地名各一字组成高速公路路线名。由咸宁四航建设有限公司、中交三公局修建，于 2010 年筹建，2014 年 9 月 30 日建成通车。武深高速公路简称 G4E，通城段由通城县大坪乡达凤村附近向南布设，路线经新屋郭家跨铁柱港河，在石南镇樊店村设樊店互通连接 G353 公路，走破屋徐家跨隽水河，在舒家坪经五里镇至保定关公路，在五里镇石板铺设通城南互通连接 G106。尔后路线基本顺 G106 向南，经马港镇西，在推拢再跨隽水和 G106，经罗丘，在铁家山再跨 G106，在两省交界的界上附近与湖南省通城(鄂湘界)至平江(黄泥界)高速公路对接。武深高速公路通城段路线全长 30.115 千米、宽 26 米，为双向 4 车道，设计时速 110 千米。

表 15　　**2014 年通城县长 1 千米以上公路基本情况一览表**

路线名称	起点名称	讫点名称	路段技术等级	路段里程	路面宽度	路基宽度	建成时间(年/月/日)	涵洞数量	所在乡镇
七石线	七家铺	石泉村入点	5	1.899	4	6	20060808	10	隽水镇
阴雁线	阴山路口	雁塔	5	1.512	3.5	4.5	20070808	5	隽水镇
铁新线	新塔村入点	新塔村	5	1.888	4	6	20060808	9	隽水镇
新塔线	新塔村入点	新塔村出点	5	1.89	3.5	4.5	20040808	7	隽水镇
电宝线	宝塔村入点	木鱼湖	5	1.372	3.5	4.5	20060808	8	隽水镇
太桃线	太平桥	桃源村	5	2.471	3.5	4.5	20080808	0	隽水镇
樊店线	樊店	樊店村入点	5	2.233	3.5	4.5	20050808	12	石南镇
石马线	石马	石马村入点	5	1.946	3.5	4.5	20070808	11	石南镇
观仙线	伞铺嘴	仙姑村入点	5	1.942	3.5	4.5	20070808	12	石南镇
相师线	相师村	相师村入点	5	1.673	3.5	4.5	20070808	8	五里镇
新治线	新屋桥	寺前村入点	5	3.041	3.5	4.5	20040808	12	五里镇
何家线	何家	何家村入点	5	2.639	3.5	4.5	20060808	13	五里镇
五里线	五里	五里村入点	5	2.053	3.5	4.5	20060808	18	五里镇
五里线	五里村入点	五里村	5	1.819	3.5	4.5	20060808	18	五里镇
潭下线	潭下	潭下村入点	5	2.133	3.5	4.5	20070808	9	马港镇
丁仙线	丁仙桥	丁仙村	5	2.796	3	4.5	20080808	0	马港镇
彭塅线	彭塅	彭塅村入点	5	1.829	3.5	4.5	20060808	9	马港镇
九岭线	九岭	九岭村	5	2.031	3	4.5	20080808	0	马港镇
东东线	东山	东山村入点	5	2.762	3.5	4.5	20070808	12	关刀镇
道道线	道上	道上村入点	5	1.95	3.5	4.5	20060808	9	关刀镇
高高线	高桥	高桥村	5	2.346	3	4.5	20080808	0	关刀镇
黄峰线	黄峰	黄峰村	5	2.913	3.5	4.5	20090808	0	关刀镇
新建线	新建	新建村入点	5	1.291	3.5	4.5	20060808	8	关刀镇
水兴线	水兴	水兴铺	5	1.719	3.5	4.5	20050808	0	关刀镇

续表

路线名称	起点名称	讫点名称	路段技术等级	路段里程	路面宽度	路基宽度	建成时间（年/月/日）	涵洞数量	所在乡镇
春雷线	春雷	春雷村入点	5	1.867	3.5	4.5	20040808	12	关刀镇
杨田线	杨田村入点	杨田村	5	2.601	3.5	4.5	20050808	12	关刀镇
鲤港线	鲤港	鲤港村入点	5	2.151	3.5	4.5	20050808	0	关刀镇
天岳线	天岳	天岳村入点	5	2.245	3.5	4.5	20070808	12	麦市镇
花园线	花园	花园村入点	5	2.06	3.5	4.5	20070808	12	麦市镇
陈洲线	陈洲	陈洲村入点	5	1	3.5	4.5	20070808	6	麦市镇
九房线	九房	九房村入点	5	1.268	3.5	4.5	20060808	7	麦市镇
何贯线	何塅	贯源	5	2.538	3.5	4.5	20070808	12	麦市镇
陈文线	陈塅	文家村入点	5	1.342	3.5	4.5	20060808	7	麦市镇
文冷线	文家	冷塅村	5	1.508	3	4.5	20080808	0	麦市镇
冷文线	冷塅	文岭村入点	5	2.751	3.5	4.5	20060808	16	麦市镇
李塅线	李塅	李塅村入点	5	1.094	3.5	4.5	20070808	6	麦市镇
许坳线	许家桥	坳背村入点	5	1.592	3.5	4.5	20050808	8	麦市镇
井堂线	井堂	井堂村入点	5	2.023	3.5	4.5	20060808	14	麦市镇
株河线	株树桥	河田村入点	5	2.101	3.5	4.5	20070808	13	麦市镇
七里线	七里山	七里村入点	5	1.7	3.5	4.5	20060808	13	麦市镇
矿棋线	矿泉水厂	棋盘村入点	5	1.089	3.5	4.5	20070808	8	麦市镇
凉亭线	凉亭村	通城县白沙村	5	1.547	3.5	4.5	20060808	8	塘湖镇
凉亭线	通城县凉亭村	凉亭	5	1.888	3.5	4.5	20060808	12	塘湖镇
塘湖线	塘湖	塘湖村入点	5	2.26	3.5	4.5	20060808	12	塘湖镇
狮子线	狮子桥	狮子山入点	5	1.964	3.5	4.5	20060808	9	塘湖镇
石刘线	石港	刘盘尖分场入点	5	1.095	3.5	4.5	20050808	7	黄袍林场
大埚线	大埚	大埚村入点	5	2.003	3.5	4.5	20050808	14	塘湖镇
润田线	润田	润田村入点	5	1.61	3.5	4.5	20070808	9	塘湖镇
荻田线	荻田	荻田村入点	5	1.233	3.5	4.5	20070808	6	塘湖镇
荻田线	荻田村入点	荻田村	5	1.498	3.5	4.5	20070808	6	塘湖镇
雷吼线	雷吼	雷吼村入点	5	2.162	3.5	4.5	20050808	15	塘湖镇
瑶泉线	瑶泉	瑶泉村入点	5	1.83	3.5	4.5	20050808	12	沙堆镇
港背线	港背	港背村入点	5	1.207	3.5	4.5	20040808	7	沙堆镇
沙堆线	沙堆	沙堆村入点	5	1.962	3.5	4.5	20060808	13	沙堆镇
石冲线	石冲	石冲村入点	5	2.421	3.5	4.5	20050808	13	沙堆镇
堆山线	堆山	堆山村入点	5	4.563	3.5	4.5	20050808	24	沙堆镇
沙古线	沙上线	古井	5	1.828	3.5	4.5	20050808	12	四庄乡
沙守线	沙上线	守仙村入点	5	2.79	3.5	4.5	20070808	14	四庄乡
龙潭线	龙潭	龙潭村	5	2.462	3	4.5	20080808	0	四庄乡
龙龙线	龙潭	龙潭水库管理处	5	1.167	3.5	4.5	20070808	6	龙潭水库管理区

续表

路线名称	起点名称	讫点名称	路段技术等级	路段里程	路面宽度	路基宽度	建成时间（年/月/日）	涵洞数量	所在乡镇
金仙线	金仙	金仙村入点	5	2.124	3.5	4.5	20060808	12	四庄乡
沙四线	沙上线	四庄村入点	5	1.523	3.5	4.5	20060808	0	四庄乡
庄新线	庄四线	新联村	5	2.336	3	4.5	20080808	0	四庄乡
庄同线	庄四线	同兴村	5	1.473	3.5	4.5	20080808	0	四庄乡
大花线	大坪街	花墩村入点	5	1.523	3.5	4.5	20050808	7	大坪乡
大小线	小岭村入点	小岭村	5	2.494	3.5	4.5	20070808	12	大坪乡
大四线	四甲村入点	四甲村	5	2.604	3.5	4.5	20070808	14	大坪乡
大坪线	大坪街	大坪村入点	5	1.468	3.5	4.5	20060808	7	大坪乡
白露线	白露	白露村	5	1.228	3	4.5	20080808	0	大坪乡
余家线	余家	余家村	5	2.982	3	4.5	20080808	0	大坪乡
守鹿线	守仙洞	鹿角山林场	5	1.028	3.5	4.5	20090808	0	鹿角山林场
长青线	长竹线	青山村	5	1.036	3.5	4.5	20060808	5	大坪乡
长墨线	墨烟村入点	墨烟村	5	1.473	3.5	4.5	20070808	7	大坪乡
白口线	白坪线	口前村入点	5	1.401	3.5	4.5	20070808	9	大坪乡
白农线	白坪线	农林村入点	5	1.738	3.5	4.5	20050808	9	大坪乡
大来线	大水线	来苏村入点	5	1.509	3.5	4.5	20070808	8	大坪乡
大南线	大水线	南山村入点	5	1.495	3.5	4.5	20050808	7	大坪乡
北岭线	北岭线	岭源	5	1.025	3.5	4.5	20060808	0	北港镇
北冠线	北岭线	贯青村入点	5	1.989	3.5	4.5	20050808	11	北港镇
北大线	北长线	大界村入点	5	1.259	3.5	4.5	20060808	7	北港镇
庄雁线	庄相线	雁门村入点	5	2.883	3.5	4.5	20060808	0	北港镇
沉山线	沉山	沉山村入点	5	1.635	3.5	4.5	20060808	8	北港镇
枫树线	枫树	枫树村入点	5	2.878	3.5	4.5	20060808	14	北港镇
南长线	南大线	长青居委会	5	2.299	3.5	4.5	20070808	12	北港镇
杨灵线	杨花线	灵官桥村入点	5	1.089	3.5	4.5	20070808	0	马港镇
中塅线	中塅	中塅村	5	5.35	3	4.5	20080808	0	马港镇
象程线	象月线	程坳村入点	5	1.043	3.5	4.5	20050808	6	马港镇
象松线	象月线	松港村入点	5	1.277	3.5	4.5	20070808	9	马港镇
象白线	象月线	白竹村	5	2.646	3	4.5	20080808	0	马港镇
象何线	象月线	何婆桥村入点	5	2.312	3.5	4.5	20050808	12	马港镇
五大线	五保线	大坪坳村入点	5	1.97	3.5	4.5	20060808	10	五里镇
沙口线	沙口村入点	沙口村	5	2.263	3.5	4.5	20050808	12	大坪乡
隽程线	隽大线	程凤村入点	5	1.145	3.5	4.5	20060808	6	五里镇
五磨线	五保线	磨桥村	5	2	3	4.5	20080808	0	五里镇
庄九线	庄四线	九房村入点	5	1.198	3.5	4.5	20060808	7	大坪乡
大栗线	大水线	栗坪村入点	5	5.157	3.5	4.5	20060808	26	大坪乡

续表

路线名称	起点名称	讫点名称	路段技术等级	路段里程	路面宽度	路基宽度	建成时间(年/月/日)	涵洞数量	所在乡镇
大方线	大水线	方仕村入点	5	2.777	3.5	4.5	20060808	14	大坪乡
大上线	大瓦线	上坪村入点	5	2.527	3.5	4.5	20060808	14	四庄乡
大杨线	大瓦线	杨家村	5	1.257	3	4.5	20080808	0	四庄乡
沙大线	沙大线	大源村入点	5	1.053	3.5	4.5	20050808	6	四庄乡
大长线	大瓦线	长青村	5	1.982	3.5	4.5	20090808	0	四庄乡
大大线	大瓦线	大溪村	5	1.114	3.5	4.5	20090808	0	四庄乡
大毛线	大瓦线	毛田村入点	5	1.421	3.5	4.5	20060808	8	四庄乡
老秀线	老建行	秀水社区	5	1.44	3.5	4.5	20040808	7	隽水镇
麦白线	麦狼线	白水寺分场	5	2.287	3.5	4.5	20090808	0	麦市镇
麦谭线	麦狼线	谭家分场	5	2.523	3.5	4.5	20090808	0	麦市镇
石马线	石马	石马洞分场入点	5	2.794	3.5	4.5	20060808	0	鹿角山林场
石中线	石背寺	中屋	6	1.089	0	4.5	19940808	6	隽水镇
锦黎线	锦山瓷厂	黎家冲	6	1.11	0	4.5	19920808	6	隽水镇
城吴线	城南	吴家	5	2.688	3.5	4.5	19980808	12	隽水镇
菖新线	菖蒲港	新楼机站	6	1.296	0	4.5	19940808	6	隽水镇
通张线	隽四线	张塔岭	5	1.559	3.5	4.5	19920808	6	隽水镇
通大线	隽四线	大柱茶厂入点	5	1.233	3.5	4.5	20050808	5	隽水镇
毛张线	毛坪畈	张家嘴	5	1.456	3.5	4.5	20000808	8	石南镇
排申线	排楼冲	申请垅	5	1.245	3.5	4.5	20030808	6	石南镇
排超线	排楼冲	超然屋	5	2.495	3.5	4.5	20010808	12	石南镇
樊单线	樊店	单石屋	5	1.627	3.5	4.5	19950808	8	石南镇
熊花线	熊家垅	花垅	5	2.549	3.5	4.5	19980808	12	石南镇
桥谷线	桥头铺	谷岭山	5	1.026	3.5	4.5	19930808	6	石南镇
南娥线	南大线	娥形屋	5	1.08	3.5	4.5	20040808	5	石南镇
楼土线	楼坡屋	土坳屋	5	1.057	3.5	4.5	20040808	5	石南镇
弯黄线	弯曲桥	黄谷场	5	1.607	3.5	4.5	20040808	6	石南镇
王高线	王泥塘	高志冲	5	1.095	3.5	4.5	20040808	6	石南镇
嘴聂线	嘴上畈	聂家	5	1.269	3.5	4.5	20060808	10	北港镇
方燕线	方塅桥	燕屋	5	1.212	3.5	4.5	20060808	10	北港镇
罗依线	罗塘	依上屋	5	2.206	3.5	4.5	20050808	12	沙堆镇
南金线	南大线	金塘屋	5	1.032	3.5	4.5	19980808	5	北港镇
界藕线	界上	藕塘	6	1.393	0	4.5	20030808	7	北港镇
华菜线	华堂铺	菜家庄	5	2.414	3.5	4.5	20070808	10	北港镇
学港线	学家	港背	5	1.06	3.5	4.5	20050808	5	塘湖镇
官六线	官路	六亩洞	5	1.147	3.5	4.5	19960808	7	塘湖镇
石祝线	石坪	祝垅	5	1.165	3.5	4.5	20070808	6	塘湖镇

续表

路线名称	起点名称	讫点名称	路段技术等级	路段里程	路面宽度	路基宽度	建成时间（年/月/日）	涵洞数量	所在乡镇
相锡线	相汉屋	锡家坳	5	1.292	3.5	4.5	20000808	6	塘湖镇
石石线	石山嘴	石嘴	5	1.333	3.5	4.5	20060808	7	塘湖镇
古嘴线	古坳岭	嘴背	5	1.153	3.5	4.5	20070808	6	塘湖镇
塘竹线	塘湖	竹马背	5	1.753	3.5	4.5	20000808	7	塘湖镇
幼西线	幼桃屋	西冲屋	5	1.288	3.5	4.5	20050808	6	麦市镇
何邓线	何峰屋	邓家嘴	5	1.232	3.5	4.5	20000808	8	麦市镇
黄西线	黄竹嘴	西边垅	5	1.111	3.5	4.5	20050808	7	麦市镇
塘雷线	塘下屋	雷家洞	5	2.277	3.5	4.5	20020808	12	关刀镇
魏栗线	魏家	栗傍	5	1.401	3.5	4.5	20040808	7	关刀镇
朱炉线	朱家	炉上	5	1.117	3.5	4.5	20040808	5	关刀镇
弯大线	弯塘屋	大草窝	5	1.398	3.5	4.5	19960808	7	关刀镇
费梓线	费家	梓大丘	5	1.103	3.5	4.5	20040808	3	关刀镇
大方线	高桥渡口出点	方家山	5	1.171	3.5	4.5	20060808	6	关刀镇
关卢线	关云线	卢家老屋	5	1.244	3.5	4.5	20070808	6	关刀镇
南潘线	南大线	潘家岭	5	1.054	3.5	4.5	20070808	5	关刀镇
南晒线	南大线	晒谷嘴	5	1.151	3.5	4.5	20050808	4	关刀镇
河石线	河堤	石垅	5	1	3.5	4.5	20070808	5	关刀镇
南陈线	春雷村入点	春雷村出点	5	1.699	3.5	4.5	20060808	9	关刀镇
石富线	石卢畈	富强水库	5	1.288	3.5	4.5	20050808	6	沙堆镇
石杨线	石罗畈	杨垅	5	1.638	3.5	4.5	20050808	9	沙堆镇
南仓线	南角	仓下	6	1.1	0	4.5	20050808	6	沙堆镇
望老线	望前门口	老虎堰	5	1.071	3.5	4.5	20050808	6	沙堆镇
姜银线	瑶泉村入点	瑶泉村出点	5	2.506	3.5	4.5	20060808	12	沙堆镇
老季线	老人山	季马坳	5	1.384	3.5	4.5	20050808	7	沙堆镇
沙何线	沙木堰	何家冲	5	1.114	3.5	4.5	20070808	6	隽水镇
老大线	老屋	大屋垅	5	1.061	3.5	4.5	20050808	5	沙堆镇
港边线	港下屋	边家	5	1.086	3.5	4.5	20050808	5	沙堆镇
沙林线	沙堆桥	林家	5	3.042	3.5	4.5	20050808	15	沙堆镇
仰杨线	仰山咀	杨冲	5	1.382	3.5	4.5	20050808	7	四庄乡
吴廖线	吴胡家	廖家	5	1.045	3.5	4.5	20070808	6	四庄乡
东汉线	东边山	堋上	5	1.259	3.5	4.5	20060808	6	四庄乡
农富线	农范桥	富冲	5	1.07	3.5	4.5	20050808	5	大坪乡
小九线	小学	九房老屋	5	1.004	3.5	4.5	20070808	5	大坪乡
新九线	新屋	九房水库	5	1.058	3.5	4.5	20070808	5	大坪乡
加刘线	加油站	刘家	6	1.187	0	4.5	20050808	6	大坪乡
加海线	加油站	海垅湾	5	1.468	3.5	4.5	20050808	7	大坪乡
水西线	水库堤坝	西冲大屋	5	1.979	3.5	4.5	20060808	12	大坪乡

续表

路线名称	起点名称	讫点名称	路段技术等级	路段里程	路面宽度	路基宽度	建成时间（年/月/日）	涵洞数量	所在乡镇
横白线	横冲水库堤坝	白石林	6	1.139	0	4.5	20050808	6	大坪乡
柑杨线	柑橘山	杨部	5	1.607	3.5	4.5	20040808	8	大坪乡
石田线	石兰坡	田庄	5	2.602	3.5	4.5	20090808	0	药姑林场
新高线	新屋	高冲	5	1.018	3.5	4.5	20040808	5	大坪乡
汉双线	汉兵屋	双龙	6	2.203	0	4.5	20050808	12	大坪乡
水挖线	水角塘	挖钱坡	5	1.643	3.5	4.5	20040808	8	大坪乡
大水线	大屋七家	水口桥	6	1.254	0	4.5	20050808	6	大坪乡
徐铁线	徐家	铁匠屋	6	1.121	0	4.5	20040808	5	大坪乡
岭邱线	岭下	邱家	5	1.358	3.5	4.5	20070808	7	四庄乡
路方线	路口	方仕桥	5	1.62	3.5	4.5	20050808	8	大坪乡
金老线	金华屋	老墨烟	6	1.534	0	4.5	20050808	8	大坪乡
邹远线	邹家坳	远绍屋	5	1.802	3.5	4.5	20040808	9	大坪乡
坳下线	坳上	下屋胡家	6	1.19	0	4.5	20050808	6	大坪乡
邹暗线	邹家坳	暗山	6	1.13	0	4.5	20040808	6	大坪乡
朱张线	朱砂垅	张家楼	5	1.725	3.5	4.5	20040808	8	大坪乡
藕石线	藕塘	石屋	6	1.251	0	4.5	20040808	6	大坪乡
大中线	大理阁	中原屋	5	1.667	3.5	4.5	20050808	8	大坪乡
达畈线	达芬桥	畈上屋	5	1.579	3.5	4.5	20050808	9	大坪乡
建朱线	建楼屋	朱家塘	5	1.173	3.5	4.5	20050808	6	大坪乡
曲马线	曲堤铺	马鞍山	5	1.906	3.5	4.5	20050808	12	隽水镇
上石线	上达畈	石门	5	1.765	3.5	4.5	20050808	15	大坪乡
徐榨线	徐家	榨水塘	6	1.352	0	4.5	20050808	8	大坪乡
徐向线	徐家	向家咀桥	6	2.251	0	4.5	20050808	13	大坪乡
徐畈线	徐家桥	畈垅余家	5	1.76	3.5	4.5	20040808	8	大坪乡
傍冲线	傍上屋	冲内屋	6	1.369	0	4.5	20050808	8	大坪乡
柴万线	柴家咀	万家坳	6	1.156	0	4.5	20040808	6	大坪乡
杨崇线	杨垅口	崇阳界	5	1.1	3.5	4.5	20050808	6	大坪乡
桥细线	桥背	细余家	6	1.269	0	4.5	20040808	7	大坪乡
白长线	白马口	长冲	5	1.337	3.5	4.5	20040808	6	马港镇
黑程线	黑嘴屋	程家岭	5	1.205	3.5	4.5	20050808	6	马港镇
当大线	当铺门口	大傍上	6	1.056	0	4.5	20050808	5	马港镇
立金线	立水垅	金竹嘴	5	2.331	3.5	4.5	20050808	11	马港镇
正岭线	正兵屋	岭下屋	5	1.889	3.5	4.5	20050808	10	马港镇
关袁线	关门石	袁家山	6	2.357	0	4.5	20050808	11	马港镇
马包线	马洞	包源洞	5	1.435	3.5	4.5	20050808	6	马港镇
马黄线	马洞	黄花冲	5	1.846	3.5	4.5	20050808	9	马港镇
杨土线	土坡	土地坡	5	1.2	3.5	4.5	20050808	9	马港镇

续表

路线名称	起点名称	讫点名称	路段技术等级	路段里程	路面宽度	路基宽度	建成时间（年/月/日）	涵洞数量	所在乡镇
炭张线	炭坡桥	张狮山	6	1. 652	0	4. 5	20050808	8	马港镇
下湘线	下中塅桥	湘鄂林	5	1. 395	3. 5	4. 5	20050808	7	马港镇
学万线	学家坳	万箩山	5	1. 677	3. 5	4. 5	20050808	8	马港镇
学黄线	学家坳	黄金岭	5	1. 06	3. 5	4. 5	20050808	5	马港镇
玉排线	玉家冲	排子岭	5	1. 017	3. 5	4. 5	20040808	5	马港镇
药黎线	药材厂	黎家岭	5	1. 315	3. 5	4. 5	20050808	3	马港镇
洞赵线	洞下塅	赵家岭	6	1. 367	0	4. 5	20050808	6	马港镇
洞杨线	洞塅	杨塘坳	5	2. 896	3. 5	4. 5	20050808	8	马港镇
界肖线	界牌	肖家	5	1. 721	3. 5	4. 5	20050808	9	马港镇
杨古线	杨尼洞	古尼洞	5	1. 814	3. 5	4. 5	20040808	9	马港镇
小大线	小华屋	大石坡	5	2. 424	3. 5	4. 5	20050808	12	马港镇
程黄线	程坳街	黄金岭	5	1. 768	3. 5	4. 5	20050808	9	马港镇
蒋水线	蒋家	水口大屋	5	1. 143	3. 5	4. 5	20050808	7	马港镇
井高线	井经坡	高家坡	5	1. 302	3. 5	4. 5	20050808	7	马港镇
云王线	云坳	王坊	5	1. 21	3. 5	4. 5	20050808	6	马港镇
毛田线	毛坡	田家山	6	2. 265	0	4. 5	20040808	13	马港镇
松叶线	松树塅	叶家坡	5	1. 425	3. 5	4. 5	20050808	8	马港镇
坟胡线	坟坡	胡家岭	6	1. 107	0	4. 5	20050808	6	马港镇
石刘线	石马桥	刘家岭	6	1. 669	0	4. 5	20050808	8	马港镇
石方线	石马桥	方家坡	5	2. 582	3. 5	4. 5	20050808	7	马港镇
海华线	海家桥	华山老屋	5	1. 457	3. 5	4. 5	20050808	9	马港镇
毛程线	毛塅大屋	水库堤	6	1. 111	0	4. 5	20050808	6	马港镇
毛程线	水库堤	程家	6	1. 117	0	4. 5	20050808	6	马港镇
大中线	大庙上	中和屋	5	1. 342	3. 5	4. 5	20050808	7	马港镇
推四线	推垅桥	四级站	5	1. 68	3. 5	4. 5	20050808	8	马港镇
土梧线	土地庙	梧桐山	5	2. 063	3. 5	4. 5	20050808	10	马港镇
尖马线	尖山	十组桥	5	1. 284	3. 5	4. 5	20050808	6	马港镇
尖马线	十组桥	马兰坑	5	1. 896	3. 5	4. 5	20050808	10	马港镇
庙金线	庙咀	金家	5	1. 462	3. 5	4. 5	20050808	7	马港镇
灵枫线	灵官夹	枫树垅	5	1. 321	3. 5	4. 5	20050808	7	马港镇
大王线	大埂	王家坑	6	1. 358	0	4. 5	20050808	7	马港镇
港上线	上郑家	上屋	6	1. 491	0	4. 5	20050808	8	马港镇
仓黄线	仓库	黄家	5	1. 194	3. 5	4. 5	20050808	6	四庄乡
河南线	河堤	南昌	5	1. 064	3. 5	4. 5	20050808	5	四庄乡
卢桃线	卢家	桃花垅	5	1. 268	3. 5	4. 5	20050808	6	四庄乡
猎葛线	猎铺港	葛家	5	1. 03	3. 5	4. 5	20050808	5	四庄乡
踢张线	踢破壶	张家	5	1. 043	3. 5	4. 5	20050808	5	四庄乡

续表

路线名称	起点名称	讫点名称	路段技术等级	路段里程	路面宽度	路基宽度	建成时间（年/月/日）	涵洞数量	所在乡镇
余大线	余家	上屋	6	1.589	0	4.5	20050808	7	马港镇
苍榨线	苍下岭	榨铺	6	1.647	0	4.5	20050808	8	五里镇
磨方线	磨桥铺	兰林屋	6	1.387	0	4.5	20050808	7	五里镇
老治线	老当铺	寺前垅	5	1.75	3.5	4.5	20050808	9	五里镇
七双线	七明屋	林港桥	5	1.036	3.5	4.5	20050808	6	五里镇
兰四线	兰香屋	四周屋	5	1.053	3.5	4.5	20050808	5	五里镇
窑供线	窑盆	供销社	5	1.116	3.5	4.5	20040808	6	五里镇
学秦线	学堂屋	秦家	5	1.648	3.5	4.5	20050808	9	五里镇
砖皮线	尖山村入点	尖山村出点	5	1.287	3.5	4.5	20050808	6	五里镇
四新线	四明屋	新磨茶场	5	1.169	3.5	4.5	20040808	6	五里镇
小胡线	小学	胡家老屋	5	1.163	3.5	4.5	20060808	6	五里镇
桥苍线	桥弯	苍家岭	5	1.356	3.5	4.5	20040808	8	五里镇
液长线	液化气站	长子冲	5	1.053	3.5	4.5	20050808	6	五里镇
新渡线	果厂	渡槽	5	1.018	3.5	4.5	20040808	0	五里镇
程定线	程凤桥	定主屋	5	1.294	3.5	4.5	20050808	6	五里镇
许陈线	许家畈桥	陈湾水库	5	2.109	3.5	4.5	20050808	12	五里镇
许小线	许家畈	小学	5	1.093	3.5	4.5	20050808	3	五里镇
左虎线	左港桥	虎形	5	2.892	2	4.5	20060808	15	五里镇
左章线	左港桥	章中屋	6	1.154	0	4.5	20040808	7	五里镇
金内线	金谷弯	内昌屋	6	1.515	0	4.5	20050808	7	五里镇
大下线	大雁桥	下五斗山	6	1.371	0	4.5	20040808	7	五里镇
保堪线	保定关	堪上屋	6	1.086	0	4.5	20040808	6	五里镇
子花线	子建屋	花园	6	1.077	0	4.5	20040808	5	五里镇
大埂线	大平坳	埂冲	5	2.003	3.5	4.5	20040808	12	五里镇
云中线	云落屋	中心屋	5	1.212	3.5	4.5	20050808	7	塘湖镇
雷猪线	雷鼓桥	猪头窝	5	1.19	3.5	4.5	20050808	6	塘湖镇
八土线	八仙台	土地傍	5	1.346	3.5	4.5	20060808	7	塘湖镇
罗金线	罗家坳	金家台	5	1.364	3.5	4.5	20050808	8	塘湖镇
宋红线	宋华屋	山咀	6	1.19	0	4.5	20050808	7	塘湖镇
文大线	文高屋	大冲	5	1.151	3.5	4.5	20060808	6	塘湖镇
石七线	石垅屋	七里冲	5	1.295	3.5	4.5	20060808	6	塘湖镇
程九线	程家场	九曲林	5	1.97	3.5	4.5	20040808	12	塘湖镇
德张线	德明屋	张山坳	5	1.437	3.5	4.5	20050808	9	关刀镇
蒋倒线	蒋家	倒肘湾	5	1.012	3.5	4.5	20050808	5	关刀镇
上余线	何家坳	上新屋	5	1.005	3.5	4.5	20050808	5	关刀镇
胡破线	胡家林	破石窝	5	1.358	3.5	4.5	20050808	8	关刀镇
杨上线	杨钱湾	上卢屋	5	1.4	3.5	4.5	20070808	7	关刀镇

续表

路线名称	起点名称	讫点名称	路段技术等级	路段里程	路面宽度	路基宽度	建成时间（年/月/日）	涵洞数量	所在乡镇
高锅线	高冲街	锅谷塘	6	1.753	0	4.5	20050808	8	关刀镇
苗边线	苗圃	边山屋	5	1.159	3.5	4.5	20050808	5	关刀镇
八庙线	八何屋	庙上	5	2.037	3.5	4.5	20050808	1	关刀镇
麻秦线	麻练窝	秦家	5	2.61	3.5	4.5	20060808	13	关刀镇
白田线	白马洲	田东桥	5	1.352	3.5	4.5	20050808	7	关刀镇
麦毛线	麦子堰	毛屋嘴	5	1.191	3.5	4.5	20050808	6	四庄乡
三龙线	三吴家	水库	5	1.4	3.5	4.5	20050808	9	四庄乡
秋老线	秋甫屋	老屋前	5	1.132	3.5	4.5	20050808	6	四庄乡
天上线	天桥	上肖房	5	2.421	3.5	4.5	20040808	12	沙堆镇
光卢线	坪坳村入点	坪坳村出点	5	2.11	3.5	4.5	20050808	12	沙堆镇
粉张线	粉盆	张家冲	6	1.376	0	4.5	20050808	7	沙堆镇
周简线	周家楼	简家	5	1.326	3.5	4.5	20050808	8	沙堆镇
王石线	王家	石泥塘	6	1.359	0	4.5	20050808	9	沙堆镇
图夏线	图家	夏家冲	5	2.695	3.5	4.5	20050808	12	沙堆镇
德银线	德田屋	银华屋	5	1.745	3.5	4.5	20050808	11	沙堆镇
牌大线	牌房库	大冲屋	5	1.202	3.5	4.5	20050808	6	北港镇
金斗线	金家坑	斗岭	5	1.727	3.5	4.5	20060808	9	北港镇
南太线	南港	太平桥	5	1.787	3.5	4.5	20060808	10	北港镇
石叶线	石家	叶家山	5	1.367	3.5	4.5	20050808	8	北港镇
相相线	相公坳	相师岭	6	1.587	0	4.5	20050808	10	北港镇
周暗线	周家坳	暗坡	5	1.658	3.5	4.5	20050808	6	北港镇
大项线	大寨田	毛岭	5	2.422	3.5	4.5	20050808	12	石南镇
黎窑线	黎旺财	窑咀	5	1.121	3.5	4.5	20050808	6	石南镇
秧老线	秧田桥	老屋胡家	5	1.295	3.5	4.5	20050808	7	石南镇
港小线	港背	小学	5	2.371	3.5	4.5	20050808	12	石南镇
大花线	大何屋	花家楼	5	1.018	3.5	4.5	20050808	6	石南镇
王土线	王家庄	土坳	5	1.329	3.5	4.5	20050808	7	石南镇
贺梅线	贺家桥	梅港	5	1.795	3.5	4.5	20070808	8	石南镇
南梅线	南大线	梅港垅	5	1.402	3.5	4.5	20050808	7	石南镇
贺花线	贺家桥	花伦王家	5	2.69	3.5	4.5	20070808	0	石南镇
鲁横线	鲁家坡塘	横冲刘家	5	1.551	3.5	4.5	20050808	8	石南镇
新黎线	新屋冲	黎家坡	5	1.793	3.5	4.5	20050808	9	大坪乡
神杨线	神仙地	杨塘屋	5	1.268	3.5	4.5	20050808	7	大坪乡
油碧线	油林屋	碧顺屋	5	1.996	3.5	4.5	20050808	11	大坪乡
月杨线	月新弯	杨家山	5	2.04	3.5	4.5	20050808	11	大坪乡
杉老线	杉树岭	老屋张家	5	1.627	3.5	4.5	20050808	8	沙堆镇
堪石线	堪上	石门寺	5	1.083	3.5	4.5	20050808	0	马港镇

续表

路线名称	起点名称	讫点名称	路段技术等级	路段里程	路面宽度	路基宽度	建成时间（年/月/日）	涵洞数量	所在乡镇
老排线	老屋	排子山	6	1.128	0	4.5	20050808	0	马港镇
下六线	下屋	六家林	5	1.244	3.5	4.5	20050808	0	马港镇
六李线	六甲塅	李家岭	5	1.833	3.5	4.5	20050808	0	马港镇
瞿二线	瞿家屋	二甫冲	6	1.801	0	4.5	20050808	0	马港镇
叉罗线	叉路口	罗家	5	1.948	3.5	4.5	20050808	0	马港镇
百陈线	百弓岭	陈家	6	2.269	0	4.5	20050808	0	马港镇
黄万线	黄鹤楼	万家	5	3.63	3.5	4.5	20050808	0	马港镇
秦老线	秦家排	老鹰屋	5	1.078	3.5	4.5	20050808	5	隽水镇
钓西线	钓鱼山庄	西晒垅	5	1.196	3.5	4.5	20050808	6	隽水镇
黄洞线	黄家	洞井	5	1.137	3.5	4.5	20050808	7	隽水镇
安谢线	安乐桥	谢家岭	5	1.609	3.5	4.5	20050808	10	隽水镇
石刘线	石潭碑	刘家	5	1.496	3.5	4.5	20050808	4	隽水镇
林半线	林业水库	半山	5	1.905	3.5	4.5	20050808	12	隽水镇
潘猪线	潘雪保屋	猪脬林	5	1.718	3.5	4.5	20050808	8	隽水镇
春杜线	春雷	杜家垅	5	1.005	3.5	4.5	20050808	4	隽水镇
樊上线	樊家	上坡	5	1.979	3.5	4.5	20050808	12	隽水镇
老汉线	老层章家	老屋	5	1.6	3.5	4.5	20050808	6	隽水镇
新朱线	新堂屋	朱家咀	5	2.273	3.5	4.5	20050808	13	隽水镇
朱气线	朱家口	气站	5	2.308	3.5	4.5	20050808	13	隽水镇
雷粮线	雷打石	粮食库	5	2.277	3.5	4.5	20050808	13	隽水镇
荻埚线	荻田	埚线	5	6	3.5	4.5	20050808	14	塘湖镇
方余线	方仕	余家	5	4.5	3.5	4.5	20050808	10	大坪乡
大云线	大坝	云水村	5	4	3.5	4.5	20050808	10	关刀镇
塘郭线	塘湖	郭家	5	2.5	3.5	4.5	20050808	3	塘湖镇
竹达线	竹路	达凤	5	6	3.5	4.5	20050808	13	大坪乡
台台线	台源	台源村	5	2	3.5	4.5	20050808	4	关刀镇
纸纸线	纸棚渡口	纸棚	5	4	3.5	4.5	20050808	9	四庄乡
湾石线	湾曲	石马	5	1.334	3.5	4.5	20090808	5	石南镇
夹陈线	夹咀	陈家	5	1.246	3.5	4.5	20090808	5	麦市镇
水阁线	水库	阁壁	5	1	3.5	4.5	20090808	5	塘湖镇
上老线	上九夹	老茶厂	5	1.004	3.5	4.5	20090808	5	大坪乡
大张线	大水线	张家湾	5	1.129	3.5	4.5	20090808	5	大坪乡
新茶线	新铺	茶厂	5	1.071	3.5	4.5	20090808	5	大坪乡
斗高线	斗米山	高冲	5	1.392	3.5	4.5	20090808	5	关刀镇
下上线	下冲	上冲	5	1.712	3.5	4.5	20090808	5	四庄乡
艳火线	艳官屋	火炉冲	5	1.178	3.5	4.5	20090808	5	隽水镇
虎漂线	虎岩	漂垅	5	1.048	3.5	4.5	20090808	5	石南镇

续表

路线名称	起点名称	讫点名称	路段技术等级	路段里程	路面宽度	路基宽度	建成时间(年/月/日)	涵洞数量	所在乡镇
花杨线	花亭	杨山	5	1.103	3.5	4.5	20090808	5	石南镇
秀李线	秀水桥	李家塘	3	1.302	9	12	20100808	4	隽水镇
石石线	石咀上屋	石咀下屋	5	1.126	3.5	4.5	20100808	5	关刀镇
黎石线	黎家	石背	5	1.375	3.5	4.5	20100808	6	石南镇
花牛线	花园	牛皮墩	5	1.54	3.5	4.5	20100808	8	麦市镇
墩榨线	墩背	榨铺	5	1.508	3.5	4.5	20100808	9	五里镇
大杨线	大坪坳	杨家畈	5	1.206	3.5	4.5	20100808	8	五里镇
大尖线	大屋	尖山庙	5	2.176	3.5	4.5	2011	0	大坪乡
东李线	东阁一桥	李家塘	5	1.178	3.5	4.5	2011	0	隽水镇
田柑线	田头	柑橘园	5	1.01	3.5	4.5	20141111	6	大坪乡
大干线	大泉电站	干下	5	1.617	3.5	4.5	20130909	0	塘湖镇
雷润线	雷吼	润田	5	1.091	3.5	4.5	20130909	0	塘湖镇
埂石线	埂冲	石坳	5	1.749	3.5	4.5	20130909	0	五里镇
季左线	季山	左港	5	1.227	3.5	4.5	20130909	0	五里镇
五磨线	五里	磨桥	5	1.749	3.5	4.5	20130909	0	五里镇
南离线	南岭	离尘寺	5	1.393	3.5	4.5	20130909	0	麦市镇
石灰线	石岭	灰龙寺	5	3.45	3.5	4.5	20130909	0	麦市镇
徐熊线	徐家	熊家	5	1.308	3.5	4.5	20130909	0	关刀镇
彭新线	彭家岭	新屋	5	1.16	3.5	4.5	20130909	0	石南镇
洞桃线	洞井	桃源	5	1.553	3.5	4.5	20130909	0	隽水镇
西坳线	西冲	坳背	5	1.195	3.5	4.5	20130909	0	麦市镇
观仙线	观音亭	仙人庙	5	1.377	3.5	4.5	20141111	0	石南镇
小土线	小井垅	土堤	5	1.006	3.5	4.5	20141111	6	麦市镇
太招线	太窝	招胜寺	5	1.166	3.5	4.5	20141111	6	塘湖镇
沙傅线	沙里线	傅家	5	1.265	3.5	4.5	20141111	7	关刀镇
林熊线	林官坪	熊家	5	1.434	3.5	4.5	20141111	6	关刀镇
叉南线	叉路口	南竹坡	5	1.558	3.5	4.5	20141111	6	沙堆镇
水肖线	水口	肖家	5	1.222	3.5	4.5	20141111	6	马港镇
蛇山线	蛇咀	山界	5	1.013	3.5	4.5	20141111	5	北港镇
垃大线	垃圾场	大坳	5	1.133	3.5	4.5	20141111	6	五里镇
马陈线	马家咀	陈井前	5	1.096	3.5	4.5	20141111	0	五里镇
樊牌线	樊店	牌合	2	2.687	14	20	2014	8	石南镇
三谌线	拆分点	拆分点	2	1.816	18	24	2014	11	隽水镇
邮滨线	新邮政	商品市场	2	1.563	14	20	2014	4	隽水镇
秀李线	富苑	郑家	2	1.296	18	24	2014	7	隽水镇
白广线	白沙咀	广场	2	1.143	18	24	2014	4	隽水镇

续表

路线名称	起点名称	讫点名称	路段技术等级	路段里程	路面宽度	路基宽度	建成时间（年/月/日）	涵洞数量	所在乡镇
沙里线	崇阳县通城县界点沙堆村	沙堆村出点（坪坳村入点）	5	3.421	4	5	20030808	60	沙堆镇
沙里线	沙堆村出点（坪坳村入点）	坪坳村出点（瑶泉村入点）	5	1.851	4	5	20030808	60	沙堆镇
沙里线	坪坳村出点（瑶泉村入点）	瑶泉村出点（高冲村入点）	5	2.636	4	5	20030808	60	沙堆镇
沙里线	瑶泉村出点（高冲村入点）	高冲村出点（鲤港村入点）	5	2.975	4	5	20030808	60	沙堆镇
沙里线	高冲村出点（鲤港村入点）	鲤港村出点	5	1.112	4	5	20030808	60	沙堆镇
沙里线	鲤港村出点	七里山	5	2.85	4	5	20030808	60	沙堆镇
伍湛线	伍家屋	湛家桥	4	4.573	5	7.5	19980808	21	隽水镇
隽四线	隽水	四庄	3	17.523	8	12	19980808	85	四庄乡
麦天线	麦市石咀头	坳背村入点	5	1.45	4	5	20060808	90	麦市镇
麦天线	坳背村入点	山下村入点	5	1.958	4	5	20060808	90	麦市镇
麦天线	山下村入点	文岭村出点	5	1.142	4	5	20060808	90	麦市镇
麦天线	文岭村出点	九房村出点	5	1.91	4	5	20060808	90	麦市镇
麦天线	九房村出点	红石村出点	5	1.847	4	5	20060808	90	麦市镇
麦天线	红石村出点	盘石村出点	5	2.594	4	5	20060808	90	麦市镇
麦天线	盘石村出点	卢塅村出点	5	4.138	4	5	20060808	90	麦市镇
麦天线	卢塅村出点	天岳村出点	5	8.623	4	5	20060808	90	麦市镇
象月线	推垅村	象鼻咀	4	1	4.5	7.5	20040808	0	马港镇
象月线	象鼻咀	月田	4	14.914	4.5	7.5	20040808	62	马港镇
麦蒗线	麦市	白沙	5	3.081	5	7	20040808	15	麦市镇
麦蒗线	凉亭村	狼荷村	5	2.74	5	7	20040808	30	麦市镇
麦蒗线	狼荷村	水泥厂	5	1.55	3.5	4.5	20040808	6	塘湖镇
麦蒗线	水泥厂	黄袍林场	5	1.41	3.5	4.5	20040808	52	黄袍林场
寺月线	五斗村入点	五斗村出点	5	4.742	3.5	4.5	20040808	23	五里镇
寺月线	五斗村出点	寺前村出点	5	3.272	3.5	4.5	20060808	15	五里镇
柴岳线	柴家咀	药姑林场	5	6.819	3.5	4.5	20060808	34	药姑林场
柴岳线	药姑林场	马颈分场	5	4.619	3.5	4.5	20050808	0	药姑林场
戴黄线	图垅村	塘湖村	3	9	9	12	20050808	31	塘湖镇
戴黄线	塘湖村	望湖村	3	4.991	9	12	20050808	31	塘湖镇
大水线	大坪	水口铺	5	7.754	4	7	20050808	38	大坪乡
七铁线	石泉村入点	石泉村出点	5	2.839	5	7	20050808	27	大坪乡
七铁线	石泉村出点	下畈村出点	5	2.277	5	7	20050808	27	大坪乡
七铁线	下畈村出点	方仕村出点	5	5.918	5	7	20050808	28	大坪乡
九二线	下石井	杨四庙水库	5	7.704	4	6	20050808	36	马港镇

续表

路线名称	起点名称	讫点名称	路段技术等级	路段里程	路面宽度	路基宽度	建成时间（年/月/日）	涵洞数量	所在乡镇
大瓦线	长青村入点	长青村出点	5	10.001	3.5	4.5	20030808	44	四庄乡
大瓦线	长青村出点	大泉洞渡口入点	5	8.613	3.5	4.5	20030808	0	四庄乡
潭高线	易塅	易塅村	5	2.754	4	6	20060808	0	马港镇
潭高线	易塅村	丁仙桥	5	2	4	6	20060808	28	马港镇
潭高线	丁仙桥	高峰村	5	2.354	4	6	20060808	6	马港镇
潭高线	高峰村	平湖村	5	2.702	4	6	20060808	6	马港镇
五保线	五里	磨桥	5	1	4.5	6	20050808	0	五里镇
五保线	磨桥	大坪坳	5	5.887	4.5	6	20050808	26	五里镇
五保线	大坪坳	保定关	5	10	4.5	6	20050808	30	五里镇
杨花线	踏水村入点	踏水村出点	5	3.216	4	6	20050808	34	马港镇
杨花线	踏水村出点	灵官桥出点	5	4.583	4	6	20050808	34	马港镇
杨花线	灵官桥出点	马洞村出点	5	1.995	4	6	20050808	8	马港镇
关云线	新建	新建村	5	4.28	4	5	20050808	5	关刀镇
关云线	新建村	黄峰村	5	2.054	4	5	20050808	6	关刀镇
关云线	黄峰村	云水村	5	2.001	4	5	20050808	7	关刀镇
关云线	云水村	高桥渡口	5	2.199	4	5	20050808	5	关刀镇
关云线	高桥渡口	道上村	5	3.261	4	5	20050808	5	关刀镇
关云线	道上村	道上	5	2.779	4	5	20050808	5	关刀镇
关云线	道上	东山	5	1.4	4	5	20060808	7	关刀镇
庄相线	方塅村	方塅	5	2	5	7	20050808	15	北港镇
庄相线	方塅	雁门村	5	6.561	5	7	20050808	20	北港镇
里塘线	南虹村入点	南虹村出点	5	5.121	4	6	20050808	29	塘湖镇
里塘线	八燕村出点	鲤港村出点	5	1.299	6	7	20050808	0	关刀镇
北岭线	贯青村入点	贯青村出点	5	3	4	6	20050808	27	北港镇
北岭线	贯青村出点	岭源村出点	5	2.249	4	6	20050808	27	北港镇
程虎线	程凤	左港水库	5	4.9	3.5	4.5	20050808	0	五里镇
程虎线	左港水库	虎星	5	6.805	3.5	4.5	20050808	33	五里镇
荻鹿线	黄袍桥面	润田村入点	5	3.182	3.5	4.5	20050808	18	塘湖镇
荻鹿线	润田村入点	润田村出点	5	2.459	3.5	4.5	20050808	13	塘湖镇
荻鹿线	润田村出点	鹿角山	5	2.756	3.5	4.5	20050808	14	塘湖镇
石花线	花亭村入点	花亭程家楼	5	3	4	6	20050808	27	石南镇
石花线	花亭程家楼	花亭村出点	5	2.757	4	6	20050808	0	石南镇
石花线	花亭村出点	湖南相师	5	1.828	3.5	4.5	20060808	9	石南镇
庄内线	庄前	四甲铺村	4	6	5	7.5	19970808	25	大坪乡
庄内线	四甲铺村	内冲村入点	5	4.617	5	7	20060808	25	大坪乡
沙上线	港背村入点	港背村出点	5	2.966	3.5	4.5	20050808	45	沙堆镇
沙上线	港背村出点	古井村出点	5	3.16	3.5	4.5	20050808	45	沙堆镇

续表

路线名称	起点名称	讫点名称	路段技术等级	路段里程	路面宽度	路基宽度	建成时间(年/月/日)	涵洞数量	所在乡镇
沙上线	古井村出点	清水村出点	5	2.371	3.5	4.5	20060808	45	沙堆镇
沙上线	清水村出点	上坪村出点	5	2.333	3.5	4.5	20030808	0	四庄乡
隽大线	隽水大桥	大坪坳桥	5	10.172	3.5	4.5	20050808	23	隽水镇
琉相线	琉璃坳	相师	5	4.394	3.5	4.5	20050808	18	五里镇
石杨线	石南	杨山	5	3.094	4	6	19960808	16	石南镇
石杨线	杨山	左港水库	5	2.74	3.5	5	20030808	12	石南镇
潭平线	潭下	平湖村入点	5	5.901	3.5	6	20050808	0	马港镇
杨黄线	杨四庙桥	黄鹤村入点	5	4.632	3.5	4.5	20060808	36	马港镇
杨黄线	黄鹤村入点	黄鹤村	5	2.625	3.5	4.5	20060808	36	马港镇
加白线	加油站	白马村入点	5	4.077	3.5	4.5	20030808	20	关刀镇
高八线	高冲	八仙村	5	5.315	3.5	4.5	20030808	28	关刀镇
大全线	全丰一桥	玉石	5	2.568	3.5	4.5	20060808	13	四庄乡
大全线	庙嘴	全丰村入点	5	1.519	3.5	4.5	20060808	8	四庄乡
大小线	大源	小井村入点	5	3.189	3.5	4.5	20060808	17	四庄乡
塘石线	塘湖桥	图垅村	5	5.3	3.5	4.5	20030808	26	塘湖镇
塘石线	腰子塘	石嘴头	5	1.139	3.5	4.5	20030808	6	塘湖镇
图垅线	白沙村	白沙村入点	5	3.578	3.5	4.5	20030808	20	塘湖镇
凉石线	凉亭	石坪村入点	5	3	3.5	4.5	20060808	19	塘湖镇
五石线	五斗村	五斗村	5	6.068	3.5	4.5	20030808	0	五里镇
白高线	白马桥	高冲村入点	5	4.571	3.5	4.5	20050808	26	关刀镇
象毛线	象月线	毛塅村入点	5	6.868	3.5	4.5	20050808	31	马港镇
象石线	象月线	石溪	5	1.377	3.5	4.5	20050808	7	马港镇
沙大线	沙堆镇华家村入点	沙堆镇华家村出点	5	2.923	3.5	4.5	19940808	32	沙堆镇
沙大线	沙堆镇华家村出点	沙堆镇大源村出点	5	1.865	3.5	4.5	19940808	32	沙堆镇
沙大线	沙堆镇大源村出点	沙堆镇沙堆出点	5	1.288	3.5	4.5	19940808	32	沙堆镇
雁宝线	隽水镇雁塔	隽水镇宝塔	5	5.037	3.5	4.5	20070808	0	隽水镇
皮建线	隽水镇油坊村入点	隽水镇油坊村出点	5	8.385	4	5	20030808	31	隽水镇
白谌线	隽水镇宝塔村入点	隽水镇宝塔村出点	5	4.272	4	7	20030808	6	隽水镇
石观线	石南镇石南	石南镇观音堤	5	2.16	7	9	20060808	0	石南镇
庄电线	北港镇庄前	北港镇楠木	5	1.866	3.5	4.5	20070808	9	北港镇
庄电线	北港镇楠木	北港镇方塅	5	2.623	3.5	4.5	20030808	12	北港镇
庄电线	北港镇方塅	北港镇桂家	5	2.103	3.5	4.5	20000808	12	北港镇
白柒线	隽水镇白沙嘴	水厂	5	1.458	3.5	6	20070808	7	隽水镇
白柒线	拆分点	隽水镇柒家铺	5	1.364	3.5	6	20070808	7	隽水镇
白柒线	水厂	拆分点	5	1.816	3.5	6	20070808	9	隽水镇
长竹线	大坪乡墨烟村入点	大坪乡墨烟村出点	5	4.408	5	7	20050808	23	大坪乡
长竹线	大坪乡墨烟村出点	大坪乡张七村出点	5	4.139	3.5	4.5	20050808	22	大坪乡

续表

路线名称	起点名称	讫点名称	路段技术等级	路段里程	路面宽度	路基宽度	建成时间（年/月/日）	涵洞数量	所在乡镇
长竹线	大坪乡张七村出点	大坪乡长垅	5	1.099	5	7	20050808	4	大坪乡
下青线	大坪乡青山村入点	大坪乡青山村出点	5	3.755	3.5	4.5	20070808	17	大坪乡
北长线	北港镇长青村入点	北港镇长青村出点	5	3.669	7	9	20030808	17	北港镇
北长线	北港镇长青村出点	北港镇大界村出点	5	1.419	3.5	4.5	20050808	0	北港镇
北易线	北港镇北港	北港镇贯青	5	2.092	3.5	4.5	20070808	12	北港镇
北易线	北港镇贯青	北港镇北港	5	3	3.5	4.5	19940808	11	北港镇
北易线	北港镇北港	北港镇易家	5	2.027	3.5	4.5	19940808	10	北港镇
雁黄线	隽水镇雁塔	隽水镇黄源	5	2.315	4	6	20000808	12	隽水镇
雁黄线	隽水镇黄源	隽水镇新塔	5	1.57	3.5	4.5	19950808	7	隽水镇
樊马线	石南镇樊店村入点	石南镇樊店村出点	5	2.668	4	6	20020808	12	石南镇
樊马线	石南镇樊店村出点	石南镇马畈	5	7.804	3.5	4.5	20040808	35	石南镇
石五线	石南镇石南	石南镇杨山村入点	5	3.356	3.5	4.5	19980808	26	石南镇
石五线	石南镇杨山村入点	石南镇杨山村	5	1.981	3.5	4.5	19980808	26	石南镇
下石线	大坪乡下贩村入点	大坪乡下贩村出点	5	2.173	3.5	4.5	20050808	13	大坪乡
石柏线	石南镇石南	石南镇柏树村	5	7.985	3.5	4.5	20030808	38	石南镇
柳峦线	隽水镇通城三桥	隽水镇柳峦村入点	5	1.671	4	5	20030808	9	隽水镇
柳峦线	隽水镇柳峦村入点	隽水镇柳峦村出点	5	2.671	3.5	4.5	20040808	3	隽水镇
柳峦线	隽水镇柳峦村出点	隽水镇八字门桥	5	3.593	3.5	4.5	20040808	3	隽水镇
上桃线	隽水镇上坳	隽水镇桃源	5	2.476	3.5	4.5	20030808	13	隽水镇
上桃线	隽水镇桃源	隽水镇林业	5	1.871	3.5	4.5	20050808	10	隽水镇
上桃线	黄鹤村入点	马港镇黄鹤村出点	5	4.641	3.5	4.5	20050808	23	马港镇
棋盘线	麦市镇棋盘	关刀村入点	5	1.472	3.5	4.5	20030808	0	麦市镇
棋盘线	关刀村入点	关刀镇关刀村出点	5	2.483	3.5	4.5	20070808	0	关刀镇
棋盘线	关刀镇关刀村出点	关刀镇关刀桥	5	1.382	3.5	4.5	20070808	0	关刀镇
白坪线	大坪乡口前村出点	大坪乡坪山村出点	5	3.127	3.5	4.5	20030808	16	大坪乡
白坪线	大坪乡坪山村出点	大坪乡余家村出点	5	2.34	3.5	4.5	20010808	12	大坪乡
林曹线	关刀镇林场	关刀镇思姑寺入点	5	6.448	3.5	4.5	19990808	15	关刀镇
林曹线	关刀镇云溪分场出点	关刀镇棋盘	5	1.98	3.5	4.5	19990808	15	关刀镇
天岳线	黄龙林场天岳关	黄龙林场天岳关分场	5	1.383	3.5	4.5	20040808	8	黄龙林场
天岳线	天岳村	麦市镇湖南界	5	1.928	3.5	4.5	20010808	0	麦市镇
邮古线	隽水镇邮政	隽水镇古龙村入点	5	1.697	3.5	4.5	20050808	12	隽水镇
上利线	隽水镇上阔	隽水镇利和	5	3.025	4	6	20050808	15	隽水镇
上利线	隽水镇利和	隽水镇利和村入点	5	1.634	4	6	20050808	0	隽水镇
石牌线	石南镇石山桥	石南镇排合村入点	5	2.02	3.5	4.5	20050808	12	石南镇
虎岩线	石南镇虎岩	石南镇虎岩村	5	6.463	3.5	4.5	20050808	41	石南镇
云水线	关刀镇云水堤	关刀镇云水村入点	5	7.03	3.5	4.5	20070808	36	关刀镇
五八线	关刀镇五流	关刀镇燕窝	5	1.079	5	6	20070909	11	关刀镇

续表

路线名称	起点名称	讫点名称	路段技术等级	路段里程	路面宽度	路基宽度	建成时间（年/月/日）	涵洞数量	所在乡镇
五八线	关刀镇燕窝	关刀镇八燕村入点	5	3.798	3.5	4.5	20070909	20	关刀镇
阁壁线	塘湖镇阁壁	塘湖镇阁壁村入点	5	11.242	3.5	4.5	20050808	59	塘湖镇
金麦线	麦市镇金麦村入点	麦市镇金麦村	5	6.567	3.5	4.5	20050808	36	麦市镇
西天线	麦市镇西冲桥	麦市镇枫树屋	5	4.076	3.5	4.5	20070808	21	麦市镇
天砛线	麦市镇天门	麦市镇砛石	5	1.63	3.5	4.5	20050808	7	麦市镇
天砛线	麦市镇砛石	麦市镇砛石村入点	5	1.908	3.5	4.5	20050808	9	麦市镇
大岳线	大坪乡大坪	大坪乡白云寺分场入点	5	7.123	3.5	4.5	20050808	55	大坪乡
大岳线	大坪乡白云寺入点	大坪乡药姑村入点	5	3.636	3.5	4.5	20050808	55	大坪乡
长达线	大坪乡长竹线	大坪乡达凤村入点	5	6.688	3.5	4.5	20060808	33	大坪乡
北桂线	北港镇北长线	北港镇桂家	5	2	3.5	4.5	20070808	43	北港镇
北桂线	北港镇桂家	北港镇桂家村	5	6.816	3.5	4.5	20070808	43	北港镇
五湾线	五里镇湾头村入点	五里镇湾头村	5	2.558	3.5	4.5	20070808	12	五里镇
五季线	五里镇五保线	五里镇季山	5	3	3.5	4.5	20070808	40	五里镇
五季线	五里镇季山	五里镇季山村	5	6.349	3.5	4.5	20070808	40	五里镇
大高线	四庄乡大溪	四庄乡高滩	5	3	3.5	4.5	20050808	10	四庄乡
大高线	四庄乡河畔	四庄乡大高	5	8.353	3.5	4.5	20050808	40	四庄乡
大高线	四庄乡大高	四庄乡高滩村	6	2.635	0	4	20050808	12	四庄乡
麦坪线	黄龙林场麦天线	黄龙林场坪等入点	5	4.506	3.5	4.5	20060808	25	黄龙林场
古樊线	隽水镇古鸣	隽水镇樊家	5	3.112	3.5	6	20070808	3	隽水镇
下阔线	隽水镇菖蒲港桥	隽水镇下阔村入点	5	3.759	3.5	4.5	20060808	21	隽水镇
石背线	隽水镇石背	隽水镇上阔村入点	5	2.973	3.5	6	20060808	17	隽水镇
油坊线	隽水镇菖蒲港桥	隽水镇锦山桥	5	2.499	3.5	4.5	20070808	13	隽水镇
油坊线	隽水镇锦山桥	隽水镇油坊村入点	5	1.845	3.5	4.5	20040808	12	隽水镇
什禾线	隽水镇什善桥	隽水镇东港村	5	3.558	3.5	4.5	20060808	25	隽水镇
什禾线	隽水镇东港村	隽水关刀界点栗树垅	5	1.453	3.5	4.5	20060808	0	隽水镇
什禾线	隽水关刀界点栗树垅	关刀镇禾鸡塅	5	3.542	3.5	4.5	20070808	18	关刀镇
湾白线	隽水镇湾头嘴	隽水镇白沙咀	5	4.144	4	5	20060808	21	隽水镇
陈谷线	五里镇陈谷	五里镇陈谷村	5	3.926	3.5	4.5	20070909	20	五里镇
锡山线	五里镇锡山	五里镇锡山村入点	5	5.199	3.5	4.5	20070808	26	五里镇
尖山线	五里镇尖山	五里镇尖山村入点	5	2.422	3.5	4.5	20050808	14	五里镇
界上线	马港镇界上	马港镇界上村入点	5	2.635	3.5	4.5	20050808	14	马港镇
云棋线	关刀镇云溪	关刀镇棋盘村入点	5	4.673	3.5	4.5	20050808	26	关刀镇
关刀线	关刀镇关刀	关刀镇关刀村入点	5	2.797	3.5	4.5	20070808	12	关刀镇
高雷线	塘湖镇高枧	塘湖镇雷吼	5	5.097	3.5	4.5	20050808	15	塘湖镇
五流线	关刀镇五流	关刀镇五流村	5	4.752	3.5	4.5	20070909	21	关刀镇
盘石线	麦市镇盘石	麦市镇盘石村入点	5	3.023	3.5	4.5	20070808	15	麦市镇
卢塅线	麦市镇卢塅	麦市镇卢塅村	5	5.847	3	4.5	20080808	0	麦市镇
红石线	麦市镇红石	麦市镇红石村入点	5	7.709	3.5	4.5	20050808	38	麦市镇
麦市线	麦市镇麦市	麦市镇麦市村入点	5	3.141	3.5	4.5	20050808	15	麦市镇

续表

路线名称	起点名称	讫点名称	路段技术等级	路段里程	路面宽度	路基宽度	建成时间（年/月/日）	涵洞数量	所在乡镇
长冲线	麦市镇长冲	麦市镇长冲屋	5	1.929	3.5	4.5	20050808	6	麦市镇
长冲线	麦市镇长冲屋	麦市镇十字路口	5	1.238	3.5	4.5	20040808	6	麦市镇
长岭线	麦市镇长冲	麦市镇岭下村入点	5	2.911	3.5	4.5	20050808	18	麦市镇
塘狼线	塘湖镇塘湖桥	塘湖镇狼荷村入点	5	3.188	3.5	6	20070808	16	塘湖镇
狮龙线	塘湖镇狮子山	塘湖镇龙印村入点	5	3.792	3.5	4.5	20050808	18	塘湖镇
望湖线	塘湖镇望湖	塘湖镇望湖村入点	5	3.221	3.5	4.5	20050808	17	塘湖镇
望湖线	塘湖镇望湖村	塘湖镇大埚	5	1.158	3.5	4.5	20050808	5	塘湖镇
湾船线	沙堆镇湾船嘴	沙堆镇湾船嘴村入点	5	3.381	3.5	4.5	20050808	16	沙堆镇
坪坳线	沙堆镇坪坳	沙堆镇坪坳村入点	5	4.22	3.5	4.5	20050808	24	沙堆镇
大柱线	沙堆镇大柱	沙堆镇大柱山村入点	5	4.458	3.5	4.5	20070808	23	沙堆镇
高坪线	四庄乡高坪	四庄乡高坪村入点	5	3.469	3.5	4.5	20050808	18	四庄乡
沙清线	四庄乡沙上线	四庄乡清水村	5	3.502	3.5	4.5	20070909	16	四庄乡
沙庙线	四庄乡沙上线	四庄乡庙下村	5	4.536	3	4.5	20080808	0	四庄乡
清守线	鹿角山林场清水塘	守仙洞入点	5	4.547	3.5	4.5	20060808	23	鹿角山林场
韩岭线	大坪乡韩岭	大坪乡韩岭村	5	3.165	3	4.5	20080808	0	大坪乡
大易线	大坪乡大水线	大坪乡易贩村	5	4.349	3.5	4.5	20070909	21	大坪乡
大辉线	大坪乡大水线	大坪乡辉煌村入点	5	5.773	3.5	4.5	20070808	30	大坪乡
大曾线	大坪乡大水线	大坪乡曾家村入点	5	3.033	3.5	4.5	20060808	15	大坪乡
庄方线	北港镇庄相线	北港镇方塅村	5	3.748	3.5	4.5	20070909	18	北港镇
南横线	北港镇南大线	北港镇横冲村入点	5	4.44	3.5	4.5	20060808	23	北港镇
杨熊线	马港镇杨花线	马港镇踏水村	5	3.428	3.5	4.5	20050808	14	马港镇
杨马线	马港镇杨花线	马港镇马洞村入点	5	3.459	3.5	4.5	20070808	16	马港镇
象马线	马港镇象月线	马港镇马港村	5	4.981	3	4.5	20080808	0	马港镇
五金线	五里镇五保线	五里镇金塘村入点	5	3.023	3.5	4.5	20050808	8	五里镇
庄水线	大坪乡庄四线	大坪乡草鞋村	5	2.781	3.5	4.5	20070808	15	大坪乡
大纸线	四庄乡纸棚	四庄乡纸棚村入点	5	3.203	3.5	4.5	20070808	17	四庄乡
沙堤线	四庄乡沙大线	四庄乡堤上村入点	5	3.522	3.5	4.5	20070808	18	四庄乡
高峰线	马港镇高峰	马港镇高峰村	5	3.551	3.5	4.5	20080808	0	马港镇
边金线	马港镇边家桥	马港镇金山村	5	6.326	3.5	4.5	20090808	0	马港镇
云杨线	关刀镇云水	关刀镇杨家村	5	4.037	3.5	4.5	20090808	0	关刀镇
水兴线	关刀镇水兴	关刀镇台源村	5	3.936	3.5	4.5	20050808	0	关刀镇
南虹线	塘湖镇南虹	塘湖镇南虹村	5	3.658	3.5	4.5	20080808	0	塘湖镇
车罗线	沙堆镇车家嘴	沙堆镇罗塘村	5	3.007	3.5	4.5	20070909	14	沙堆镇
治背线	四庄乡寺背	四庄乡寺背村	5	3.474	3.5	4.5	20050808	17	四庄乡
向五线	四庄乡向家	四庄乡五花	5	5.465	3.5	4.5	20060808	40	四庄乡
北龙线	北港镇北长线	北港镇龙门村	5	4.545	3.5	4.5	20060808	17	北港镇
张一线	马港镇张家塅	马港镇一级站	5	3.072	3.5	4.5	20050808	0	马港镇
金大线	麦市镇金潭	麦市镇大莱棚	5	3.822	3.5	4.5	20050808	32	麦市镇
新杭线	隽水镇新华书店	隽水镇杭瑞高速	3	7.522	9	12	2011	0	隽水镇

第二节　桥　　梁

菖蒲港大桥　位于隽水镇城区东部，横跨菖蒲港，距隽水镇人民驻地约5千米。为通城县城通往沙堆、四庄公路的重要设施。古时有跳石踏水桥，后修成仅供人通行的木桥，俗称九搭三拖，即九月枯水期搭桥，次年三月即拆掉桥板。1959年始建成可通行汽车的木桥，1968年修成钢筋水泥大桥，2012—2013年修成双向四车道大桥。桥长300米、宽12米，钢筋混凝土结构。

程凤桥(古桥)　位于五里镇程凤村东北部，距村委驻地东程凤桥30米。据传，清光绪三年(1877)，程姓在屋前小港上修建石桥，请当地秀才李佩玖给桥命名。此时，秀才见一鸟从桥上飞过，便以飞鸟变凤凰的美好愿望综合修桥人之姓氏将此桥命名为程凤桥。后来，此桥名成为当地居民点及行政区域、非行政区域及单位的通用名。1979年改田改路，将此桥改造成2米宽、2.5米长的钢混桥梁。

大坪坳桥　位于五里镇大坪坳村与程凤村接连的隽水河上，距五里中心集镇7千米。以大桥所在集镇名命桥名。1986年由县交通局设计承建；1987年建成通车；1997年遇百年一遇洪灾，大桥受损，县交通局对该桥进行了维修加固。桥宽6米、长200米，钢混结构，质量达到国家二级标准，是五保线上唯一跨越隽水河的大桥(当年动议首建此桥时由时任县长张幼龙亲定桥名。维修时相关单位在未经过相关程序的情况下改桥名为“程凤大桥”并上报审批资料，后引起大桥两端村名为桥名发生争论，未果，故本志仍以旧桥名载入)。

关刀桥　位于关刀镇官塘社区，横跨关刀菖蒲港上游。以传说故事命名。传说一：三国时期，关羽与曹操交战失利，突出重围，路过此处，由周仓肩着的青龙偃月刀掉在桥边的青石板上，留下一道深深的刀印，后来在此处修桥，命名关刀桥。传说二：19世纪40年代，当地老百姓在此改建石桥。在采石时，发现一石块中间有一块白斑，形状酷似戏中见过的关云长使用的青龙偃月刀，人们将此桥取名为关刀桥。中华人民共和国成立前为跳石板桥，1966年国家投资修通了8孔石拱桥，每孔跨度15米；桥长154米、宽9米、高6米，双向车道，载重等级为汽车十三级。2003年，加宽改造桥梁，在老桥旁再建了一座8孔梁厢式现代水泥桥，可承载60吨车辆通过，两桥连成一体。

插图27　2004年改造的关刀大桥(县交通局　提供)

何婆桥(原名驼婆桥)　位于马港镇推垅社区西部，距镇人民政府驻地200米，北至县城9千米。根据传说故事中的人物命桥名。相传很久以前，此地有一员外，老夫妇年近花甲仅有一女，某年夫妇俩来到白竹的女儿家准备安度晚年。一天，小外孙喊外公吃饭，员外误以为喊他，便答应了一声，可小外孙便说，我不是喊你，我是喊我的外公。老夫妇一气之下离开了女儿家。老两口走到白竹北面山下，婆婆走不动了，老头背着她翻过了山，来到小港边，无桥可过，老头又把老伴驼过了港。回到家里发现离开一年的火炉还有火种，老伴说："火种不灭，必定有后。"便要老头讨妾，于是老头讨了妾，连续生了3胎的3胞胎，一共9个儿子，老两口为谢天恩，就在曾驼老伴过港的小港上修了一座拱桥，取名驼婆桥，后被人们喊别成何婆桥。桥为块石结构，长8米、宽4米、高3.6米，单孔，跨径6米，原有条石栏杆，高1.5米，后成危桥。20世纪末，何婆桥村筹资在原桥上游10米处，修建了一座钢混结构的新桥。

朗桥　位于隽水镇城区南门，横跨秀水河，距隽水镇人民政府驻地约2千米。古时该桥上修有长廊式过道，过道上方用木条，瓦片覆盖，故名"廊桥"。后来又先后叫名为朝宗桥、三孔桥，后因此桥附近常有学子晨读，发出读书之声，"郎"与原桥名"廊"同音，遂起名为朗桥。1955年沿作公路桥；1966年国家投资改建为三墩三孔钢筋混凝土双曲拱桥，改名革新桥（后仍更名郎桥），2005年因桥体开裂变形，县交通局负责动工改造；2015年又进行加宽改造。该桥过去是县城南门外第一座桥梁，从引勋门至郎桥之间铺有石板路，桥前有几级石阶梯，桥头东北角建有回澜阁。经改修后的郎桥，桥全长70.4米，总宽14米，桥台呈"U"形，孔跨15米。新老桥连成一体，设计汽车荷载等级为公路一级，呈南北走向，是民主路的重要桥梁。

灵官桥　位于马港镇灵官桥村南部，距村委会驻地坡地屋1.7千米。东邻灵官桥商铺，西接熊仕会楼房，南望石背，北眺桥下塅熊家。宋代，黄庭坚（字鲁直）后裔黄子贤（1206—?）为避战乱，从洪州分宁迁居到灵官桥（古代叫上塅）附近，于宋景定元年（1260）修建此石拱桥，名招贤桥（桥面栏杆正中立有"前宋黄子贤公建修"及"招贤桥"标志的石碑）。几百年间，历经洪水洗涤，可该桥仍巍然屹立。当地百姓认为乃东面的灵官大帝显灵保住了此桥，故把桥与灵官大帝综合起来改名为灵官桥。灵官桥桥下所跨河流发源于张师山麓，经中塅高冲港与马洞团仑港两支流汇集桥下，然后直流而下注入马港。旧时为南通湖南长沙、北达武昌的重要驿道。相传，清乾隆皇帝第三次游江南，特到此桥下的深潭巨石上坐过，之后不论炎天暑热，只要你在桥上站一站、坐一会儿，身上立即清凉飕飕，晚上也没有蚊子。桥西基脚第二行条石石缝中有一股清泉，大热天喝一口，沁人心脾。桥长18米、宽5米、高10.8米，石拱跨度12米，上呈圆月形的单孔石拱桥，由条石砌成。2002年11月被湖北省定为重点保护文物。

毛公渡桥　该桥横跨菖蒲港河，位于隽水镇人民政府驻地北部3千米的下阔村境内，为下阔村、上阔村等地通往铁柱、新塔、县城的交通要道。以所在地的古交通设施名称命名。古时，此地设有渡口，艄公姓毛，故名毛公渡。此渡口为通城县最古老而又最后停开的渡口，被称为"通邑第一渡"。清康熙十九年（1680），船渡艄公毛氏无后人传宗，渡口停开。后由当地庠生杜美庵及杜盖庵兄弟在毛公渡创建活动木板桥；秋立春辍（九月搭三月拖）；后因年长月久，木桥腐朽，后嗣杜维良、杜逊作捐资重修，又名维逊桥。民国末年改为船渡，1954年停渡。1964年，新农二大队召集9个生产队重修活动木板桥；1973年被洪水冲毁；1996年，村民杜金国、杜先明、雷龙奎、杜开平、杜义先、杜贤先、杜耀斋、杜开忠、杜秋先、杜久望10人牵头，下阔村一、二两组村民合力捐资，同时求援相关部门赞助，在古渡口建成了长224米、宽1.5米的简易混凝土桥。因洪水常暴，简易桥常断。后由当地杜元金、杜江林父子捐献十几万元维修构新，成为下阔村的主要交通命脉。桥面为水泥预制板搭成（1.5米），全长224米，不宜机动车辆通过。因桥高度不够，遇汛期涨水桥则被淹没洪水中。

磨桥（古桥）　位于五里镇磨桥村西北部磨桥铺前的小溪上，距村委会驻地五家铺约1千米。据传，清同治十三年（1874），差丁到过水坡催收税款。当时，过水坡有一位民间大力士李三连，反对苛政杂税，以200斤重的腰磨当茶盘端茶侍迎差丁，差丁见状畏惧而跑。李三连携带腰磨追至蔡家铺，弃磨于小溪边。后人为了纪念李三连的反抗精神，在弃磨处建一石拱桥，将腰磨嵌于桥面，取名为磨桥。为单孔石拱桥，桥长8米、宽4米，桥面嵌有石腰磨。2014年仍存，但桥梁陈旧，南端稍有损毁，仅供行人通行。

插图 28　古磨桥(刘亚敏　摄)

磨桥大桥　位于五里镇磨桥村西北部，距村委会驻地王家铺约 1 千米。以上游的古桥名称命名。清末，由乡民捐款，黄金台主修，历时 8 载完工；民国二十二年(1933)重修；1954 年因洪水损毁，村民筹资重修石桥，石桥长 200 多米，有 54 个碱垫、27 个白露脚；2002 年五里镇人民政府组织陈谷、仓下两村筹资在原老磨桥石桥下游 500 米处修建水泥大桥，名陈仓大桥。2011 年 6 月 10 日遭百年未遇的洪水，大桥遭到破坏，2012 年重建，并更名为磨桥大桥。该大桥西连圳上村、陈谷村、墈上村、石南、北港，通往板江、岳阳，东连磨桥、仓下、尖山、魏家、五里等。2012 年重建后，磨桥大桥全长 150 多米、高 4 米、宽 6 米，三车道。

南虹桥　位于塘湖镇南虹村境内，跨菖蒲港上游的塘湖港，距南虹村委会驻地八仙台 800 米。清咸丰七年(1857)，由罗姓一寡妇倾全部家产在塘湖集镇之南修建石桥，因桥身高耸、挺拔，气势磅薄，如彩虹横跨河流两岸，又处古乐化县治塘湖集镇之西南，故名南虹桥。桥长 65 米，桥面宽 5.3 米、高 5 米，拱跨 8.2 米，为五孔石拱桥。2014 年，被通城县人民政府确定为文物保护单位。

插图 29　南虹桥(刘亚敏　摄)

铁柱大桥　横跨铁柱港，是 G106 国道进入通城县的咽喉，桥北为崇阳县肖岭乡石咀村，桥南为通城县隽水镇铁柱村，距通城县城约 5 千米，以所跨河流名称命名。原为木桥，1964 年改建为钢筋混凝土结构，1998 年，按老桥结构形式与尺寸，并列修建一座宽 9 米的新桥，新、老两桥中间为绿化带，1999 年竣工通车，属县交通运输管理局管理。桥长 118 米，高约 4 米，4 墩 5 孔，双向桥面宽 18 米。

通城大桥　横跨隽水河，位于隽水镇和平社区北部，南北连接民主路，南桥头临金三角大厦，北桥头靠老纸厂，下游距雁塔桥约 300 余米，上游距隽水大桥约 600 米。以所在行政区域名称和规模综合命桥名。由南宋登理宗宝祐四年(1256)，第三名状元杨起莘首倡兴建十墩九孔的石拱桥，名拱北桥，又名状元桥、九眼桥；民国二十七年(1938)，该桥被国民政府军炸毁；此后近 30 年间，先后修建了 3 次，均为木桥；1966 年开工修建钢混结构桥，1967年8月建成通车；1993年7月，按老桥结构形式与尺寸，并列修建一座宽7米的新桥，两桥中间作为绿化照明分隔带，9月完成桥面铺设，10月完成老桥维修改造及附属配套工程；1995年元旦竣工通车。大桥3墩4孔，全长103.6米，高4米，桥面宽9.6米，其中车道宽7米，载重量汽—13级，每昼夜可通过800余车次，是通城县城区主要桥梁之一。

推垅大桥　位于通城县马港镇何婆桥村，横跨G106国道、马公河，是从武深高速进入通城县的咽喉。以桥梁所在地片命名。由咸宁四航建设有限公司修建，于2010年筹建，2014年9月30日建成通车。距通城县城约5千米，桥北为G106国道路堑边坡顶部，桥南为脊状山斜坡，桥长950米，桥面宽26米。桥梁结构为预应力混凝土箱形连续梁接预应力混凝土现浇箱梁。

推垅桥（又名垒土桥）　位于马港镇推垅社区境内，北距通城县城10千米，南邻大岩屋，北靠百丈潭水厂。以建桥初时的构筑方式和交通设施名称综合命名。推垅桥原名垒土桥，为块石结构。相传为磨桥一员外所建，兴建时因当地的徐员外有意刁难，只得于桥下游不远处垒土构筑，故名垒土桥。推垅桥是后人喊别而演变。1966年改建成钢筋水泥结构，属县公路局管辖。此桥横跨马港河上游，总长64.5米，2墩3孔，行车道面宽7米，全宽9米，高6米，载重量汽—13级。

推垅新桥　位于马港镇推垅社区南部，横跨106国道、隽水河，距马港中心集镇1.5千米。以该桥所在地地名和建桥时间先后综合命名。1998年，106国道改线后在老推垅桥上游100米处修建钢筋混凝土结构公路桥。2000年年底建成通车，属通城县公路管理局管辖。南连大岩屋，北靠百丈潭水厂。桥架高18米，桥长168米，桥面面宽12米，投资总额232万元；桥梁为预应力T型梁桥，4墩5孔，桥台为重力式V型桥台。

湾头大桥　位于五里镇湾头村境内，横跨隽水河，是湾头连接马港东西方向五保公路与马戴公路（马港至戴家）的要道桥梁。以大桥所在行政村名命桥名。自明朝后几百年间，曾在此地和解元屋前数次修建过木桥或石桥，均被洪水冲毁。1961年、1964年和1974年分别修建过双柱式石梁人行桥，2004年湾头村委会筹资修建过滚水桥，均被冲毁。2012年由国家立项拨款，县交通局承建，修建大桥。主桥全长85米、宽6.5米，钢筋水泥结构。

新塔大桥　位于隽水镇新塔社区东部，西接玉立大道，东连银山大道。因大桥位于通城古迹新塔附近，故得名。2000年9月开工修建，2001年12月建成通车。大桥全长183米，桥面宽20米，是继通城大桥、隽水大桥、雁塔大桥之后又一座在县城横跨隽水河的大型桥梁。大桥由省设计院路桥分院设计，为11孔、孔跨15米的空心板桥，下部为重力“U”形桥梁，桥墩为钻孔灌注桩，设计荷载为汽—20、挂—100。

雁塔大桥　位于隽水镇城区北部，横跨隽水河，距隽水镇人民政府驻地1千米。处隽水河、秀水河交汇处，北临原县造纸厂，南靠旭红桥。因大桥位于通城古十景之一的“雁塔穿云”古雁塔附近，故得名。上游距通城大桥约500米，大桥由交通局设计，为5墩6孔跨钢筋混凝土空心板桥，全长110米，高4米，桥面宽18米，其中行车道宽14米，人行道宽2×2米，荷载为汽—20、挂—100；大桥的下部结构采用钢筋混凝土钻孔灌桩，上部结构采用桥梁、木支架现浇空心板、行车板，拦板及小构件采取预制安装，桥面采用钢板伸缩缝。

庄前大桥　位于北港镇庄前社区，横跨庄前大港（南港河下游河道），两端分别为北港镇横冲村和庄前社区，西距北港集镇2千米，东距县城16千米。因所在地有居民点名庄前大屋而得桥梁名。古时，离今庄前大桥往下100米处建有一座27踏由大理石铺成的大石桥。1955年，在今庄前大桥上游50米处，国家投资架起一座木结构的大桥；1966年在原老石桥遗址上游约100米处建成一座10孔钢筋混凝土平板桥；2002年，南大线改造升级，由县公路段加宽改建，隶属县交通局管辖。桥长85米、宽8.9米、高5.3米，8墩4孔，双向车道、载重量汽—13级。桥面中间设有宽1.5米左右的花坛，两侧安装有栏杆。该桥既是北港集镇新力大道的起始端，又是庄湘公路的起始端，距杭瑞高速出入口仅1000余米，是湘鄂赣三省四县市连通的交通纽带。

表 16　**2014 年通城县长 10 米以上桥梁基本情况一览表①**

路线名称	桥梁名称	建成年份	桥梁长度	桥梁全宽	设计荷载	单孔最大跨径	桥面净宽	跨越地物名称	桥梁跨径组合（孔×米）	桥下净空	桥梁验算荷载	修建年份
电宝线	木鱼湖二桥	1988	13	5	7	8	5	木鱼湖沟	1×8	3	9	1988
电宝线	木鱼湖三桥	1988	11	5	7	7	5	木鱼湖沟	1×7	3	9	1988
樊店线	黄泥畈桥	1978	12	5	7	5	5	黄泥畈沟	2×5	3	9	1978
樊店线	青叶畈桥	1976	20	5	7	8	5	青叶畈沟	2×8	3	9	1976
石马线	和圣大桥	1998	110	5	5	17	5	和圣沟	6×17	3	9	1998
相师线	寺前二桥	1968	12	5	7	10	5	寺前沟	1×10	3	9	1968
相师线	相师桥	1967	30	5	7	24	5	相师沟	1×24	3	9	1967
相师线	相师二桥	1966	18	5	7	14	5	相师沟	1×14	3	9	1966
新治线	新屋桥	1998	15	5	7	5. 6	5	新屋沟	2×5. 6	3	9	1998
何家线	鹅形桥	1979	18	5	7	7	5	五里沟	2×7	3	9	1979
何家线	下马桥	1998	12. 6	5	7	5	5	五里沟	1×5	3	9	1998
彭塅线	彭塅二桥	2001	26	5	7	10	5	彭塅沟	2×10	3	9	2001
东东线	东山一桥	1966	25	5	7	20	5	东山沟	1×20	3	9	1966
水兴线	水兴一桥	1996	40	5	7	10. 5	5	水兴沟	3×10. 5	3	9	1996
水兴线	水兴二桥	1998	40	5	7	18	5	水兴沟	2×18	3	9	1998
杨田线	杨田桥	2005	48	5	7	15	5	杨田沟	3×15	3	9	2005
天岳线	天岳一桥	1997	16	5	7	14	5	天岳关沟	1×14	3	9	1997
九房线	九房一桥	1999	50	5	7	20	5	九房沟	2×20	3	9	1999
陈塅线	陈塅二桥	2001	28	5	7	10	5	陈塅村沟	2×10	3	9	2001
陈文线	文家桥	1986	26	5	7	7	5	文家沟	3×7	3	9	1986
文冷线	冷塅桥	2001	26	5	7	8	5	冷塅村沟	2×8	3	9	2001
冷文线	文岭桥	1998	10	5	7	8	5	文岭沟	1×8	3	9	1998
冷文线	文岭二桥	1998	32	5	7	10. 5	5	文岭沟	3×10. 5	3	9	1998
陈西线	西冲桥	1997	18	5	7	8	5	西冲沟	2×8	3	9	1997
陈西线	西冲二桥	1994	34	5	7	16	5	西冲沟	2×16	3	9	1994
许坳线	坳背桥	1978	10	5	7	8	5	坳背沟	1×8	3	9	1978
许坳线	坳背二桥	2003	108	5	7	10	5	坳背沟	10×10	3	9	2003
凉亭线	凉亭一桥	1998	30	5	7	8	5	凉亭沟	3×8	3	9	1998
大埚线	大埚桥	1978	24	5	7	16	5	大埚沟	1×16	3	9	1978
大埚线	大埚二桥	1989	14	5	7	10	5	大埚沟	1×10	3	9	1989
润田线	润田桥	2001	12	5	7	5	5	润田沟	2×5	3	9	2001
荻田线	荻田二桥	2001	15. 2	5	7	6	5	荻田沟	2×6	3	9	2001
瑶泉线	瑶泉桥	1993	12	6	7	5. 3	6	瑶泉沟	2×5. 3	3	9	1993
瑶泉线	瑶泉二桥	1997	12	5	7	10	5	瑶泉沟	1×10	3	9	1997
港背线	港背桥	1989	60	5	7	9	5	港背沟	6×9	3	9	1989

① 长度单位为“米”。

续表

路线名称	桥梁名称	建成年份	桥梁长度	桥梁全宽	设计荷载	单孔最大跨径	桥面净宽	跨越地物名称	桥梁跨径组合（孔×米）	桥下净空	桥梁验算荷载	修建年份
堆山线	堆山桥	1987	10	5	7	5	5	堆山沟	1×5	3	9	1987
沙古线	古井桥	1987	16	5	7	6	5	古井沟	2×6	3	9	1987
沙守线	守仙桥	1989	14	5	7	10	5	守仙沟	1×10	3	9	1989
龙潭线	五花二桥	2011	22	5	7	4	5	四庄沟	4×4	3		2011
金仙线	五花一桥	2011	22	5.5	7	6	6	四庄沟	3×6	3		2011
庄新线	新联桥	1993	36	5	7	16	5	新联沟	2×16	3	9	1993
大小线	小岭一桥	1997	20	5	7	15	5	小岭沟	1×15	3	9	1997
大四线	四甲一桥	1988	44	5	7	12	5	四甲沟	3×12	3	9	1988
余家线	余家桥	1987	30	5	7	8	5	余家沟	3×8	3	9	1987
余家线	桥形背桥	2011	27	5	7	6.2	5	大坪沟	4×6.2	3		2011
长青线	青山二桥	1998	16	5	7	6	5	青山沟	2×6	3	9	1998
长青线	青山三桥	1978	72	5	7	5	5	青山沟	13×5	3	9	1978
白口线	口前桥	2003	30	5	7	12	5	口前沟	2×12	3	9	2003
大来线	来苏桥	1989	12	5	7	10	5	来苏沟	1×10	3	9	1989
大南线	南山桥	1982	30	5	7	12	5	南山沟	2×12	3	9	1982
北贯线	贯青二桥	1987	36	5	7	10.5	5	贯青沟	3×10.5	3	9	1987
北贯线	贯青三桥	1978	10	5	7	8	5	贯青沟	1×8	3	9	1978
北大线	大界一桥	1997	14.5	5	7	8	5	大界沟	1×8	3	9	1997
杨灵线	灵官桥一桥	1968	30	5	7	12	5	灵官沟	2×12	3	9	1968
中塅线	中塅桥	1987	20	5	7	16	5	中塅沟	1×16	3	9	1987
中塅线	中塅二桥	1988	16	5	7	12	5	中塅沟	1×12	3	9	1988
中塅线	中塅三桥	1989	12	5	7	8	5	中塅沟	1×8	3	9	1989
中塅线	中塅四桥	1990	11.5	5	7	8	5	中塅沟	1×8	3	9	1990
象程线	程坳桥	1979	12	5	7	10	5	程坳沟	1×10	3	9	1979
象程线	程坳二桥	1978	12	5	7	10	5	程坳沟	1×10	3	9	1978
象白线	白竹桥	1989	72	5	7	15	5	白竹沟	4×15	3	9	1989
庄九线	九房一桥	1982	30	5	7	12	5	九房沟	2×12	3	9	1982
大栗线	栗坪桥	1989	16	5	7	6	5	栗坪沟	2×6	3	9	1989
大栗线	栗坪二桥	1987	18	5	7	6	5	栗坪沟	2×6	3	9	1987
大栗线	栗坪三桥	1978	16	5	7	12	5	栗坪沟	1×12	3	9	1978
大栗线	栗坪五桥	1989	16	5	7	12	5	栗坪沟	1×12	3	9	1989
大杨线	杨部小桥	1989	15	5	7	6	5	杨部沟	2×6	3	9	1989
大上线	上平桥	1989	14	5	7	12	5	上平沟	1×12	3	9	1989
大杨线	杨家桥	1987	12	5	7	10	5	杨家沟	1×10	3	9	1987
大杨线	杨家二桥	1987	12	5	7	10	5	杨家沟	1×10	3	9	1987
老秀线	续畈桥	1987	46	5	7	8	5	续畈沟	5×8	3	9	1987
麦金线	金塘桥	1966	16	5	7	12	5	金塘沟	1×12	3	9	1966

续表

路线名称	桥梁名称	建成年份	桥梁长度	桥梁全宽	设计荷载	单孔最大跨径	桥面净宽	跨越地物名称	桥梁跨径组合（孔×米）	桥下净空	桥梁验算荷载	修建年份
交汪线	老谌家桥	1967	43	5	7	16	5	秀水河	2×16	3	9	1967
皮拔线	新屋桥	1978	16	5	7	7	5	新屋沟	2×7	3	9	1978
边青线	边湾桥	1992	24	5	7	10	5	边湾沟	2×10	3	9	1992
桃南线	桃友桥	1989	24	5	7	10	5	桃友沟	2×10	3	9	1989
方燕线	方塅桥	1987	24	5	7	10	5	方塅沟	2×10	3	9	1987
庄南线	南港桥	1981	24	5	7	8	5	南港沟	2×8	3	9	1981
庄官线	官冒桥	1978	21	5	7	8. 1	5	官冒沟	2×8. 1	3	9	1978
大狼线	狼没狼桥	1978	60	5	7	16	5	梦狼沟	3×16	3	9	1978
大团线	团山桥	1978	28	5	7	24	5	团山沟	1×24	3	9	1978
金苏线	金家桥	1997	20	5	7	6	5	金家沟	3×6	3	9	1997
石夏线	夏家桥	1998	14	5	7	6	5	夏家沟	2×6	3	9	1998
石十线	十房桥	1967	18	5	7	16	5	十房沟	1×16	3	9	1967
石祝线	石坪二桥	1986	18	5	7	16	5	石坪沟	1×16	3	9	1986
灵荣线	灵官桥	1996	18	5	7	16	5	灵官沟	1×16	3	9	1996
古嘴线	嘴背桥	1989	30	5	7	12	5	嘴背沟	2×12	3	9	1989
河狼线	龟路桥	2001	32	5	7	28	5	龟路沟	1×28	3	9	2001
城弯线	湾路屋桥	2011	22	5. 6	7	20	6	塘湖沟	1×20	3		2011
王西线	王树占桥	1967	16	5	2	6	5	王树占沟	2×6	3	9	1967
排苦线	双港桥	1969	12	5	7	6	5	双沟	1×6	3	9	1969
桃象线	桃花坳桥	1985	30	5	7	12	5	桃花坳沟	2×12	3	9	1985
桃象线	象鼻湾桥	1992	34	5	7	16	5	象鼻湾沟	2×16	3	9	1992
倒茶线	倒肘湾一桥	1976	28	5	7	12	5	倒肘湾沟	2×12	3	9	1976
倒茶线	倒肘湾二桥	1976	16	5	7	12	5	倒肘湾沟	1×12	3	9	1976
左林线	左右滩桥	1998	54	5	7	5	5	左右滩沟	9×5	3	9	1998
何邓线	油铺桥	1993	20	5	7	8	5	油铺沟	2×8	3	9	1993
塅塅线	塅上桥	1996	34	5	7	8	5	塅上沟	4×8	3	9	1996
塘雷线	雷洞一桥	1996	16	5	7	12	5	塅上沟	1×12	3	9	1996
塘雷线	雷洞三桥	1998	14	5	7	5	5	塅上沟	2×5	3	9	1998
塘雷线	雷洞四桥	1998	14	5	7	10	5	塅上沟	1×10	3	9	1998
塘雷线	雷洞五桥	1966	10	5	7	8	5	塅上沟	1×8	3	9	1966
白竹线	白沙岭桥	1967	10	5	7	8	5	白沙岭沟	1×8	3	9	1967
桥塘线	桥头铺桥	1987	36	5	7	16	5	桥头铺沟	2×16	3	9	1987
魏栗线	沙下桥	1998	35	5	7	11	5	沙下沟	3×11	3	9	1998
新卫线	狮形桥	1968	20	5	7	9	3	狮形沟	1×9	3	9	1968
王王线	王家桥	1978	29	5	7	6	5	王家沟	4×6	3	9	1978
关卢线	卢家老桥	2011	20	5	7	6	5	关刀沟	3×6. 0	3		2011
关暗线	暗山桥	1989	24	5	7	5	5	暗山沟	4×5	3	9	1989

续表

路线名称	桥梁名称	建成年份	桥梁长度	桥梁全宽	设计荷载	单孔最大跨径	桥面净宽	跨越地物名称	桥梁跨径组合（孔×米）	桥下净空	桥梁验算荷载	修建年份
蒋王线	王大平桥	1998	64	5	7	15	4	王大平沟	4×15	3	9	1998
曹锅线	曹家桥	1987	12	5	7	5	5	曹家沟	2×5	3	9	1987
小曾线	小井三桥	1987	14	5	7	6	5	小井沟	2×6	3	9	1987
田大线	田头桥	2002	12	5	7	10	5	田头沟	1×10	3	9	2002
庄甘线	庄前大屋桥	2001	18	5	7	7	5	大屋沟	2×7	3	9	2001
小九线	九房老屋桥	1998	12	5	7	10	5	老屋沟	1×10	3	9	1998
海曾线	胡家桥	2011	26	8	7	8.3	8	大坪沟	3×8.3	3		2011
水西线	西冲桥	1978	12	5	7	10	5	西冲沟	1×10	3	9	1978
石山线	石山桥	2001	26	6	7	8	5	石山沟	3×8.0	3	9	2001
肖窝线	肖家桥	1972	21	5	7	9.5	5	肖家沟	2×9.5	3	9	1972
新高线	李家畈桥	2011	15	5	7	6.5	5	大坪沟	2×6.5	3		2011
枫岳线	枫树桥	2003	15	5	7	12	5	枫树沟	1×12	3	9	2003
栎响线	栎坪桥	2004	14	5	7	6	5	栎坪沟	2×6	3	9	2004
观高线	高楼桥	2002	68	6	7	11	5	高楼沟	5×11	3	9	2002
达畈线	一组桥	1997	36	5	7	10.5	5	一组沟	3×10.5	3	9	1997
畈易线	易畈桥	1986	41	5	7	7	5	易畈沟	5×7	3	9	1986
立金线	立水桥	1991	16	5	7	6	5	立水沟	2×6	3	9	1991
正岭线	乌龟潭桥	1998	13.7	5	7	9.3	5	乌龟潭沟	1×9.3	3	9	1998
下湘线	上中塅桥	1998	15	5	7	12	5	上中塅沟	1×12	3	9	1998
洞赵线	王家桥	1984	18	5	7	15	5	王家沟	1×15	3	9	1984
程岳线	龙井桥	1967	12	5	7	10	5	龙井沟	1×10	3	9	1967
丁丁线	丁家桥	1994	108	5	7	6.5	5	丁家沟	14×6.5	3	9	1994
毛程线	金塘桥	1971	84	5	7	13	4	金塘沟	6×13	3	9	1971
中咀线	黄沙港桥	2011	10	5	7	7	5	五里沟	1×7.0	3		2011
大中线	港背吴家桥	1971	70	5	2	6	5	港背沟	10×6	3	9	1971
尖马线	十组桥	1987	12	5	7	4	5	十组沟	2×4	3	9	1987
灵枫线	彭塅一桥	2011	19	4	7	6.8	4	马港沟	2×6.8	3		2011
白大线	大屋桥	1999	12	5	7	5	5	大屋沟	2×5	3	9	1999
港上线	港背桥	1994	28	5	7	12	5	港背沟	2×12	3	9	1994
石万线	万家桥	2011	26	5	7	22.3	5	四庄沟	1×22.3	3		2011
何王线	王家桥	1995	14	5	7	6	5	王家沟	2×6	3	9	1995
黎梨线	庙下一桥	2013	60	9	2	9	7	向家溪	5×9	7		2013
踢张线	踢破壶桥	2011	10	4.7	7	7.2	5	四庄沟	1×7.2	3		2011
汪螺线	汪家桥	1998	40	5	7	9	5	汪家沟	4×9	3	9	1998
上五线	柳树桥	1981	40	6	2	12	6	柳树沟	3×12	3	9	1981
液长线	长子冲桥	1980	30	5	7	6	5	长子冲沟	4×6	3	9	1980
下坳线	塘子冲桥	2011	34	5.5	7	8	6	五里沟	4×8	3		2011

续表

路线名称	桥梁名称	建成年份	桥梁长度	桥梁全宽	设计荷载	单孔最大跨径	桥面净宽	跨越地物名称	桥梁跨径组合（孔×米）	桥下净空	桥梁验算荷载	修建年份
左虎线	保泰屋桥	2004	18	5	7	8	5	保泰屋沟	2×8	3	9	2004
大下线	大雁桥	1971	20	5	7	8.3	5	大雁沟	2×8.3	3	9	1971
大埂线	过水坡桥	2011	10	4.5	7	9	5	五里沟	1×9	3		2011
栗下线	下石马桥	1995	12	5	7	10	5	下石马沟	1×10	3	9	1995
国老线	老桥	1974	36	5	7	16	5	老桥沟	2×16	3	9	1974
中维线	维家桥	1995	18	5	7	5	5	维家沟	3×5	3	9	1995
新维线	维家大桥	1978	36	5	7	6.3	5	维家沟	5×6.3	3	9	1978
大国线	大陂大桥	1979	60	5	7	8	5	大陂沟	7×8	3	9	1979
倒六线	倒桥	1987	71	7.5	2	20	7	倒桥沟	3×20	3	9	1987
八土线	八仙台桥	1996	60	5	7	18	5	八仙沟	3×18	3	9	1996
廖南线	南虹桥	2011	50	5	7	8	5	塘湖沟	5×8.0	3		2011
狮张线	张家桥	2011	24	5	7	11	5	塘湖沟	2×11.0	3		2011
刘谌线	刘家桥	1996	18	5	7	5	5	刘家沟	3×5	3	9	1996
学石线	学形桥	1968	12	5	7	10	5	学形沟	1×10	3	9	1968
毛关线	毛家坳桥	2011	12	4	7	5	4	关刀沟	2×5.0	3		2011
上余线	余家垅桥	2011	11	4	7	5	4	关刀沟	2×5.0	3		2011
胡破线	破石窝桥	2011	15	5	7	10	5	关刀沟	1×10	3		2011
牌大线	岭源三桥	1996	16	5	7	7	5	岭源沟	2×7	3	9	1996
虎曾线	虎形桥	1996	12	5	7	10	5	虎形沟	1×10	3	9	1996
邹小线	邹家桥	2001	11.9	5	7	7	5	邹家沟	1×7	3	9	2001
潘岭线	石屋龟桥	1994	13.7	5	7	7.2	5	石屋龟沟	1×7.2	3	9	1994
卡岭线	雁门关桥	1995	16	5	7	12	5	雁门关沟	1×12	3	9	1995
汤沈线	沈家一桥	2011	28	5	7	6	5	石南镇沟	4×6.0	3		2011
东八线	漂垅桥	2011	12	5	7	9	5	石南沟	1×9	3		2011
庆南线	南寿桥	2011	10	5	7	4	5	石南沟	2×4	3		2011
港邱线	邱家桥	2005	28	5	7	10	5	邱家沟	2×10	3	9	2005
桥麻线	麻石咀桥	2001	20	5	7	6	4	麻石咀沟	2×6	3	9	2001
秧老线	秧田桥	2000	19	5	7	6.5	4	秧田沟	2×6.5	3	9	2000
贺梅线	梅港桥	2011	94.8	7	7	16	7	石南沟	5×16	3		2011
潭杨线	杨石桥	1970	22	9	7	7	9	杨石沟	3×7	3	9	1970
坳石线	坳上桥	2011	13	6	7	7.5	6	马港沟	1×7.5	3		2011
港油线	油家桥	2011	20	5	7	8	5	马港沟	2×8.0	3		2011
王林线	王坝林桥	2011	12	5	7	6	5	隽水沟	1×6.0	3		2011
水程线	水口桥	2011	15	5	7	4	5	隽水沟	3×4.0	3		2011
石刘线	陈家牌桥	2011	10	5	7	4	5	隽水沟	2×4.0	3		2011
庄南线	南港新桥	2008	25	5	7	8.8	5	南港沟	2×8.8	3	9	2008
南庄线	庙咀桥	2003	14	5	7	6	4	庙咀沟	2×6	3	9	2003

续表

路线名称	桥梁名称	建成年份	桥梁长度	桥梁全宽	设计荷载	单孔最大跨径	桥面净宽	跨越地物名称	桥梁跨径组合（孔×米）	桥下净空	桥梁验算荷载	修建年份
石口线	石人桥	2009	12	5	7	5	5	石人沟	2×5	3	9	2009
塘新线	狮子山一桥	2013	40	9	2	16	7	塘湖港	2×16	7		2013
艳火线	艳官桥	2011	14	5	7	6	5	隽水沟	2×6. 0	3		2011
万团线	团山新桥	2007	28	5	7	8	4	团山沟	3×8	3	9	2007
水邹线	袁家桥	2011	10	5	7	4	5	石南沟	2×4. 0	3		2011
八八线	利仙桥	2011	11	6	7	7	6	关刀沟	1×7. 0	3		2011
黎石线	董水桥	2010	13	5	7	7	5	黎家沟	1×7	3		2010
花牛线	牛皮塅桥	2011	26	3. 5	7	8	4	麦市沟	2×8. 0	3		2011
水冲线	白屋桥	2010	10	5	7	4	5	白屋沟	2×4	3		2010
马泉线	泉湾桥	2011	14	5	7	6. 5	5	大坪沟	2×6. 5	3		2011
邱长线	邱家桥	2011	16	5	7	7. 5	5	大坪沟	2×7. 5	3		2011
福南线	福人桥	2011	48	7	7	8	7	石南沟	5×8. 0	3		2011
花新线	新屋场桥	2011	14	5	7	6	5	石南沟	2×6. 0	3		2011
秀续线	东阁二桥	2011	36	5	7	17	5	隽水沟	2×17	3		2011
东李线	东阁一桥	2011	34	5. 8	7	16	6	隽水沟	2×16	3		2011
鲤八线	八燕大桥	2011	104	8. 5	2	15	7	关刀沟	6×15. 0	3		2011
麦水线	麦市桥	2013	76	9	2	16	7	麦市港	4×16	7		2013
京广线	铁柱港桥(右)	1964	118	11	4	22. 2	8	铁柱港	5×22. 2	7	2	1964
京广线	铁柱港桥(左)	1964	118	11	4	22. 2	8	铁柱港	5×22. 2	7	2	1964
京广线	新塔大桥	1999	184	17	4	15	14	隽水河	11×15	5	2	1999
京广线	谌家桥	1993	40	15	4	13	12	秀水河	3×13	4	3	1993
京广线	何婆二桥	1993	15	12	2	6	9	马港河	1×6	3	2	1993
京广线	推垅大桥	2000	110	12	4	20	9	推垅河	5×20	14	2	2000
京广线	九岭小桥	2000	17. 3	10	4	6	9	旱河	1×6	4	2	2000
南大线	关刀桥(右)	1966	157	9	2	15	7	关刀河	8×15	6	2	1966
南大线	关刀桥(左)	1966	157	9	2	15	7	关刀河	8×15	6	2	1966
南大线	和胜桥	1994	11. 2	9. 6	2	5	9	和胜沟	1×5	4	2	1994
南大线	太平桥	1980	14	12	2	5	9	桃源港渠	2×5	2	2	1980
南大线	朗桥	1965	63	17	6	15	14	秀水河	3×15	5	2	1965
南大线	雁塔大桥	2000	110	17	5	18	14	隽水河	6×18	6	5	2000
南大线	樊店桥	1985	15	22	5	6	20	双港渠	1×6	2	2	1985
南大线	赛公桥	1965	10	9. 6	5	7	9	赛公沟	1×7	3	2	1965
南大线	石南桥	2000	42. 8	12	5	16	9	石南河	2×16	3	2	2000
南大线	庄前桥(右)	1966	109	12	5	10	9	庄前河	10×10	6	2	1966
南大线	庄前桥(左)	1966	109	12	5	10	9	庄前河	10×10	6	2	1966
南大线	贯青桥	2000	46. 8	12	5	16	9	北港河	2×16	3	2	2000
沙鲤线	杜家嘴桥	1971	15	7. 6	7	10	7	杜家咀沟	1×10	3	3	1971

续表

路线名称	桥梁名称	建成年份	桥梁长度	桥梁全宽	设计荷载	单孔最大跨径	桥面净宽	跨越地物名称	桥梁跨径组合（孔×米）	桥下净空	桥梁验算荷载	修建年份
沙鲤线	湾船嘴桥	1970	13	7.6	7	8	7	湾船咀沟	1×8	3	3	1970
沙鲤线	长征桥	1970	13	9	7	12	9	光明沟	1×12	5	3	1970
沙鲤线	鲤港桥	1980	76.4	9	5	15	7	鲤港河	4×15	5	3	1980
伍湛线	通城大桥(右)	2000	104	9	5	22.2	7	隽水河	4×22.2	3	3	2000
伍湛线	通城大桥(左)	2000	104	9	5	22.2	7	隽水河	4×22.2	3	3	2000
隽四线	旭红桥(右)	1967	60.3	9	5	16	7	秀水河	3×16	3	3	1967
隽四线	旭红桥(左)	1967	60.3	9	5	16	7	秀水河	3×16	3	3	1967
隽四线	菖蒲港大桥	2013	192	9	2	16.9	7	菖蒲港	11×16.9	7		2013
隽四线	菖蒲港桥	1969	192	9	5	16.9	7	菖蒲沟	11×16.9	7	3	1969
隽四线	白沙桥	1979	14	20	5	6	20	白沙沟	1×6	3	3	1979
隽四线	石冲桥	1996	16	9	7	12	9	石冲沟	1×12	6	3	1996
隽四线	沙堆桥	1976	78.6	9	5	9	7	沙堆沟	7×9	3	3	1976
隽四线	大源桥	1967	30	6.6	7	12	6	大源沟	2×12	3	3	1967
隽四线	王家坳桥	2011	10	19	7	5	17	四庄沟	1×5.0	3		2011
麦天线	陈塅桥	1978	30	6.6	7	8	6	陈塅沟	3×8	6	3	1978
麦天线	盘石二桥	1977	22	6.6	7	16	6	盘石沟	1×16	3	3	1977
麦天线	盘石三桥	1977	12	6.6	7	8	6	盘石沟	1×8	3	3	1977
麦天线	卢塅桥	2005	12	6.6	7	8	6	卢塅沟	1×8	5	3	2005
麦天线	花园桥	1977	22	6.6	7	16	6	花园沟	1×16	13	3	1977
麦天线	小洞桥	1978	10	6.6	7	8	6	小洞沟	1×8	4	3	1978
麦天线	小洞二桥	1978	16	6.6	7	12	6	小洞沟	1×12	7	3	1978
麦天线	苦竹桥	1978	14	6.6	7	10	6	麦市沟	1×10	4	3	1978
麦天线	古角桥	1979	12	6.6	7	7	6	古角沟	1×7	5	3	1979
麦天线	小坳桥	1979	12	6.6	7	10	6	小坳沟	1×10	5	3	1979
象月线	老推垅桥	1966	64.4	8	5	16.8	7	九岭河	3×16.8	6	3	1966
象月线	海家桥	1979	14	7.6	7	8	7	海家沟	1×8	3	3	1979
象月线	石马桥	1979	58	7.6	6	10	7	马港河	5×10	5	3	1979
象月线	石溪桥	1979	10	7.6	7	8	7	石溪沟	1×8	2	3	1979
麦滖线	白沙桥	1972	16	6.6	7	7	6	白沙沟	2×7	3	3	1972
麦滖线	凉亭桥	1966	26.6	6.6	5	10	6	凉亭沟	2×10	4	3	1966
柴岳线	药姑林场1桥	1995	10	5	7	6	5	药姑沟	1×6	4	3	1995
戴黄线	塘湖桥	1983	30	5	7	12	5	塘湖沟	2×12	4	3	1983
戴黄线	石港桥	1976	10	5	7	8	5	石港沟	1×8	6	3	1976
戴黄线	黄袍桥	1997	30	5	7	12	5	黄袍沟	2×12	3	3	1997
戴黄线	黄袍二桥	1978	30	5	7	8	5	黄袍沟	3×8	3	3	1978
戴黄线	白水岩桥	1976	20	5	7	12	5	白水岩沟	1×12	6	3	1976
大水线	邓家铺桥	1987	24	5	7	6	5	邓家铺沟	3×6	4	3	1987

续表

路线名称	桥梁名称	建成年份	桥梁长度	桥梁全宽	设计荷载	单孔最大跨径	桥面净宽	跨越地物名称	桥梁跨径组合（孔×米）	桥下净空	桥梁验算荷载	修建年份
大水线	杨部一桥	1987	44	5	7	12	5	杨部沟	3×12	4	3	1987
大水线	杨部二桥	1970	14	5	7	5	5	杨部沟	2×5	4	3	1970
大水线	水口铺桥	1989	40	5	7	12	5	水口铺沟	3×12	4	3	1989
七铁线	七家铺桥	1978	14	8	7	10	7	七家铺沟	1×10	4	3	1978
七铁线	下畈桥	1979	136	8	2	16	7	下畈河	6×16	4	3	1979
七铁线	荫山嘞桥	1987	50	8	7	12	7	下畈河	4×12	4	3	1987
九二线	彭塅桥	1998	20	5	7	7	5	彭塅沟	2×7	3	3	1998
九二线	潭下桥	1970	30	5	6	8	5	潭下沟	3×8	4	3	1970
九二线	潭下三桥	1987	20	5	7	8.5	5	潭下沟	2×8.5	4	3	1987
九二线	杨四庙桥	1970	28	5	7	20	5	杨四庙沟	1×20	4	3	1970
大瓦线	瓦渣棚桥	1978	12	5	7	8	5	瓦渣棚沟	1×8	2	3	1978
潭高线	高峰桥	1987	11.8	6	7	6	5	高峰沟	1×6	4	3	1987
潭高线	陈家桥	2011	12	7	7	7.5	7	马港沟	1×7.5	3		2011
潭高线	易塅桥	2012	23	6.5	2	16.5	6	马港沟	1×16.5	2		2012
五保线	老磨桥	1971	14	5.6	7	10	5	磨桥沟	1×10	3	3	1971
五保线	程凤大桥	1986	116	9	5	15	7	隽水河	7×15	4	3	1986
五保线	许家畈桥	1986	12	5.6	5	5.5	5	许家畈沟	1×5.5+1×2.5	4	3	1986
五保线	白扇一桥	1989	12	5.6	7	5	5	白扇铺沟	2×5	4	3	1989
杨花线	灵官桥	1976	18.5	5.6	7	6	5	灵官沟	2×6	4	3	1976
杨花线	灵官二桥	1978	14	5	7	8	5	灵官沟	1×8	4	3	1978
杨花线	灵官三桥	1997	16	5	7	12	5	灵官沟	1×12	4	3	1997
杨花线	灵官四桥	1997	14	5	7	10	5	灵官沟	1×10	4	3	1997
杨花线	灵官五桥	1998	16	5	7	12	5	灵官沟	1×12	4	3	1998
关云线	水兴桥	1967	29	5	5	9.5	5	水兴沟	2×9.5	4	3	1967
关云线	金潭桥	1997	29	5	5	8	5	金潭沟	3×8	4	3	1997
关云线	金潭二桥	1989	10	5	7	5	5	金潭沟	1×5	3	3	1989
关云线	上堡小桥	1997	12	5	7	8	5	上堡沟	1×8	3	3	1997
关云线	上堡二桥	1987	26	5	7	6	5	上堡沟	3×6	3	3	1987
鲤塘线	狮子山桥	1986	46	5	7	11	5	塘湖河	4×11	4	3	1986
鲤塘线	大披桥	1986	40	5	7	12	5	大披沟	3×12	4	3	1986
鲤塘线	八燕老桥	1987	98	5	5	15	5	八燕沟	6×15	4	3	1987
鲤塘线	鲤港二桥	2000	12	5	7	10	5	鲤港沟	1×10	4	3	2000
北岭线	岭源一桥	1967	30	5	7	20	5	岭源沟	1×20	4	3	1967
北岭线	岭源二桥	1967	18	5	7	15	5	岭源沟	1×15	4	3	1967
程虎线	左港一桥	1986	10	5	7	6	5	左港沟	1×6	4	3	1986
程虎线	左港二桥	1987	10	5	7	8	5	左港沟	1×8	4	3	1987
程虎线	左港三桥	1987	18	5	5	8	5	左港沟	1×8	4	3	1987

续表

路线名称	桥梁名称	建成年份	桥梁长度	桥梁全宽	设计荷载	单孔最大跨径	桥面净宽	跨越地物名称	桥梁跨径组合（孔×米）	桥下净空	桥梁验算荷载	修建年份
荻鹿线	福鼓桥	1977	18	5	7	14	5	福鼓沟	1×14	4	3	1977
石花线	八房堤桥	1978	22	5	7	8	5	八房沟	2×8	4	3	1978
石花线	花亭桥	1997	12	5	7	5	5	花亭沟	2×5	4	3	1997
石花线	挂水蛇桥	2011	18	5	7	6	5	石南沟	2×6.0	4		2011
庄内线	农范桥	1989	15	5	7	12	5	农塅沟	1×12	3	5	1989
庄内线	交嘴桥	1992	18	5	7	12	5	草鞋沟	1×12	4	5	1992
庄内线	大坪桥	1994	34	5	7	16	5	大坪沟	2×16	3	5	1994
庄内线	瞒天石桥	1982	20	5	7	13	5	大坪沟	1×13	6	5	1982
庄内线	内冲桥	1994	14	5	7	10	5	内冲沟	1×10	6	5	1994
沙上线	彩虹桥	1989	12	5	7	8	5	瓦子棚沟	1×8	3	5	1989
沙上线	四庄桥	1980	30	5	7	12	5	四庄沟	2×12	3	5	1980
隽大线	樊家桥	1967	10	5	7	8	5	樊家沟	1×8	4	5	1967
隽大线	坎上桥	2002	16	5	7	12	5	坎上沟	1×12	4	5	2002
隽大线	程凤小桥	1967	12	5	7	7.5	5	程凤沟	1×7.5	4	5	1967
隽大线	大坡桥	2011	10	5	7	8	5	隽水沟	1×8.0	3		2011
硫相线	寺前一桥	1967	18	5	7	15	5	寺前沟	1×15	4	5	1967
石杨线	程家楼桥	1989	12	5	7	10	5	程家楼沟	1×10	4	5	1989
石杨线	左港桥	1999	30	5	7	8	5	左港沟	3×8	4	5	1999
石杨线	左港水库桥	1989	56	5	7	16	5	左港沟	3×16	4	5	1989
石杨线	程家楼新桥	2011	34	5	7	11	5	石南沟	3×11	3		2011
潭平线	潭下二桥	1987	26	5	7	10	5	潭下沟	2×10	4	5	1987
潭平线	平湖桥	2011	37.5	9.5	7	15	9	马港沟	1×15.0	3		2011
杨黄线	黄鹤二桥	1997	10	5	7	8	5	黄鹤沟	1×8	4	5	1997
加白线	白马大桥	1995	130	5	5	10	5	白马沟	12×10	4	5	1995
加白线	白马二桥	1986	10	5	7	8	5	白马沟	1×8	4	5	1986
高八线	八仙桥	1989	12	5	7	10	5	八仙沟	1×10	4	5	1989
大全线	金丰桥	1987	12	5	7	10	5	金丰沟	1×10	4	5	1987
大全线	金丰二桥	1966	12	5	7	10	5	金丰沟	1×10	4	5	1966
塘石线	大白桥	2001	58	5	7	6	5	大白沟	8×6	4	5	2001
塘石线	图垅桥	1987	22	6	7	10	6	图垅沟	2×10	4	5	1987
五石线	五斗七桥	1996	60	5	7	18	5	湾头沟	3×18	4	5	1996
五石线	五斗六桥	1986	40	5	7	16	5	五斗沟	2×16	4	5	1986
五石线	五斗五桥	1987	30	5	7	24	5	五斗沟	1×24	4	5	1987
五石线	五斗四桥	1986	20	5	7	8	5	五斗沟	2×8	4	5	1986
五石线	五斗三桥	1987	16	5	7	12	5	五斗沟	1×12	4	5	1987
五石线	五斗二桥	1987	30	5	7	12	5	五斗沟	2×12	4	5	1987
五石线	五斗桥	1988	30	5	7	12	5	五斗沟	2×12	4	5	1988

续表

路线名称	桥梁名称	建成年份	桥梁长度	桥梁全宽	设计荷载	单孔最大跨径	桥面净宽	跨越地物名称	桥梁跨径组合（孔×米）	桥下净空	桥梁验算荷载	修建年份
象毛线	双马大桥	1967	81.5	5	5	16	5	马港沟	4×16	3	9	1967
象石线	石溪二桥	1978	12	5	7	10	5	石溪沟	1×10	3	9	1978
雁宝线	秀水桥	2004	56	5	7	25	5	秀水河	2×25	4	5	2004
皮建线	锦山桥	1997	24	5	7	10	5	锦山沟	2×10	4	5	1997
石观线	石南老桥	1971	44	5	7	12	5	石南河	3×12	4	5	1971
石观线	双拱桥	1987	28	5	7	7.5	5	石南沟	2×7.5	4	5	1987
白柒线	宝塔桥	1978	50	5	7	16	5	隽水河	3×16	4	5	1978
白柒线	隽水大桥	1982	121	14	5	33	10	隽水河	2×32+1×33	7	2	1982
下青线	青山桥	1997	12	5	7	5.5	5	青山沟	2×5.5	4	5	1997
北长线	北港桥	1998	34	5	7	16	5	北港河	2×16	4	5	1998
石五线	青背桥	1993	38	5	7	16	5	青背沟	2×16	4	5	1993
石五线	五斗桥	1998	11	5	7	5	5	五斗沟	2×5	4	5	1998
石五线	五斗二桥	1989	16	5	7	6	5	五斗沟	2×6	4	5	1989
下石线	石湾二桥	1998	12	5	7	5	5	石湾沟	2×5	4	5	1998
石柏线	湾曲桥	1996	70	5	7	10	4	湾曲沟	6×10	4	5	1996
石柏线	土坳二桥	1998	8	5	7	6	5	土坳沟	1×6	4	5	1998
石柏线	五甲祠桥	2011	63.5	4	7	9	4	石南沟	6×9.0	3		2011
上桃线	溢洪道桥	1997	25	5	7	20	5	溢洪沟	1×20	4	5	1997
白坪线	白果贩桥	1989	75	5	7	12	4	白果畈沟	5×12	4	5	1989
白坪线	土堤坝桥	1996	26	5	7	8	5	土堤坝沟	3×8	4	5	1996
上利线	石嘴桥	2011	10	5	7	5.8	5	隽水沟	1×5.8	3		2011
石牌线	石山桥	1999	38	5	7	16	5	石山沟	2×16	4	5	1999
云水线	云溪大坝桥	2001	56	5	7	10	5	云溪沟	5×10	4	5	2001
云水线	云水二桥	1989	12	5	7	10	5	云水沟	1×10	4	5	1989
云水线	云水三桥	1998	12	5	7	10	5	云水沟	1×10	4	5	1998
云水线	道上桥	2011	25	8.5	7	11	8	关刀沟	2×11.0	3		2011
五八线	八燕桥	2005	15	5	7	12	5	八燕沟	1×12	4	5	2005
五八线	八燕三桥	1998	12	5	7	10	5	八燕沟	1×10	4	5	1998
阁壁线	阁壁一桥	1978	26	5	7	12	5	阁壁沟	2×12	4	5	1978
阁壁线	阁壁二桥	1987	10	5	7	6	5	阁壁沟	1×6	4	5	1987
阁壁线	阁壁三桥	1987	14	5	7	5	5	阁壁沟	2×5	4	5	1987
金麦线	金麦一桥	1978	24	5	7	20	5	金麦沟	1×20	4	5	1978
天砣线	砣石桥	1987	20	5	7	12	5	砣石沟	1×12	4	5	1987
五湾线	湾头大桥	1975	128	5	7	24	5	湾头沟	5×24	4	5	1975
五季线	季山桥	1987	10	5	7	8	5	季山沟	1×8	4	5	1987
油坊线	皮家嘴桥	1969	18	5	7	12	5	皮家嘴沟	1×12	3	9	1969
油坊线	排上屋桥	2011	14	4.5	7	6	5	隽水沟	2×6.0	3		2011

续表

路线名称	桥梁名称	建成年份	桥梁长度	桥梁全宽	设计荷载	单孔最大跨径	桥面净宽	跨越地物名称	桥梁跨径组合（孔×米）	桥下净空	桥梁验算荷载	修建年份
湾白线	园艺桥	2011	10	7.5	7	8.5	7	隽水沟	1×8.5	3		2011
陈谷线	磨桥大桥	1986	166	6.5	2	16	6	磨桥沟	10×16	3	9	1986
锡山线	小康桥	1989	28	5	7	8	5	小康沟	3×8	3	9	1989
锡山线	虾形桥	1998	12	5	7	5	5	虾家沟	2×5	3	9	1998
界上线	彭塅桥	1988	16	5	7	6	5	彭塅沟	2×6	3	9	1988
云棋线	棋盘桥	1976	29	5	7	10.5	5	棋盘沟	1×3.5+1×10.5+1×4.1	3	9	1976
五流线	五流桥	1969	12	5	7	8	5	五流沟	1×8	3	9	1969
卢塅线	卢塅一桥	1997	12	5	7	10	5	卢塅沟	1×10	3	9	1997
红石线	红石四桥	1987	80	5	7	20	5	红石沟	3×20	3	9	1987
红石线	红石二桥	1986	24	5	7	6	5	红石沟	3×6	3	9	1986
红石线	红石一桥	1967	16	5	7	14	5	红石沟	1×14	3	9	1967
麦市线	河田桥	1985	80	5	7	9	4	河田桥沟	8×9	3	9	1985
麦市线	麦市大桥	2011	65	6	2	7	6	麦市沟	8×7.0	3		2011
长冲线	长冲桥	1987	12	5	7	10	5	长冲沟	1×10	3	9	1987
长冲线	长冲二桥	1993	10	5	7	8	5	长冲沟	1×8	3	9	1993
长岭线	岭下桥	1998	16	5	7	14	5	岭下沟	1×14	3	9	1998
塘狼线	狼荷桥	1979	20	5	7	16	5	狼荷沟	1×16	3	9	1979
狮龙线	龙印桥	1986	45	5	7	21	5	龙印沟	2×21	3	9	1986
望湖线	望湖桥	1979	12	5	7	10	5	望湖沟	1×10	3	9	1979
湾船线	湾船嘴桥	1979	30	7.6	7	12	7	湾船嘴沟	2×12	3	9	1979
湾船线	湾船嘴二桥	1978	16	5	7	12	5	湾船嘴沟	1×12	3	9	1978
坪坳线	坪坳桥	1987	12	5	7	10	5	坪坳沟	1×10	3	9	1987
坪坳线	坪坳二桥	1987	14	5	7	10	5	坪坳沟	1×10	3	9	1987
高坪线	高坪一桥	1987	14	5	7	10	5	高坪沟	1×10	3	9	1987
高坪线	高坪二桥	1987	15	5	7	10	5	高坪沟	1×10	3	9	1987
高坪线	高坪三桥	1997	12	5	7	10	5	高坪沟	1×10	3	9	1997
高坪线	高坪四桥	1998	12	5	7	10	5	高坪沟	1×10	3	9	1998
沙清线	清水桥	1976	16	5	7	12	5	清水沟	1×12	3	9	1976
沙清线	清水二桥	1988	12	5	7	8	5	清水沟	1×8	3	9	1988
沙庙线	庙下桥	1987	40	5	7	11	5	庙下沟	3×11	3	9	1987
沙庙线	庙下二桥	1987	38	5	7	10.5	5	庙下沟	3×10.5	3	9	1987
清守线	守仙洞桥	1989	16	5	7	13	5	守仙洞沟	1×13	3	9	1989
清守线	守仙洞二桥	1990	12	5	7	10	5	守仙洞沟	1×10	3	9	1990
清守线	守仙洞三桥	1990	12	5	7	5	5	守仙洞沟	2×5	3	9	1990
韩岭线	韩岭桥	1989	14	5	7	10	5	韩岭沟	1×10	3	9	1989
大辉线	辉煌桥	2002	27	5	7	8	5	辉煌沟	3×8	3	9	2002
大辉线	庙湾桥	2011	34	5	7	8	5	大坪沟	4×8	3		2011
大曾线	马鞍山桥	2011	34	9	7	16	8	大坪沟	2×16	3		2011
庄方线	方塅一桥	1986	21	5	7	7.5	5	方塅沟	2×7.5	3	9	1986
庄方线	方塅二桥	1987	38	5	7	12	5	方塅沟	2×10+1×12	3	9	1987

续表

路线名称	桥梁名称	建成年份	桥梁长度	桥梁全宽	设计荷载	单孔最大跨径	桥面净宽	跨越地物名称	桥梁跨径组合(孔×米)	桥下净空	桥梁验算荷载	修建年份
庄方线	方塅三桥	1982	26	5	7	12.5	5	方塅沟	2×12.5	3	9	1982
杨熊线	踏水二桥	1996	10	5	7	8	5	踏水沟	1×8	3	9	1996
杨熊线	踏水三桥	1997	14	5	7	10	5	踏水沟	1×10	3	9	1997
杨熊线	踏水四桥	1998	30	5	7	12	5	踏水沟	2×12	3	9	1998
杨熊线	熊家桥	1974	24	4.5	7	7	4	熊家沟	3×7	3	9	1974
象马线	马港桥	1968	20	5	7	15	5	马港沟	1×15	3	9	1968
象马线	马港二桥	1966	30	5	7	12	5	马港沟	2×12	3	9	1966
五金线	金塘桥	1987	12	5	7	10	5	金塘沟	1×10	3	9	1987
大纸线	纸棚桥	2006	42	5	7	16	5	纸棚沟	2×16	3	3	2006
水兴线	台源一桥	1966	26	5	7	10	5	台源沟	2×10	3	9	1966
水兴线	台源二桥	1989	16	5	7	14	5	台源沟	1×14	3	9	1989
南虹线	叶家湾桥	2011	12	4	7	8	4	塘湖沟	1×8.0	3		2011
向五线	向家桥	1988	18	5	7	12	5	向家沟	1×12	3	9	1988
向五线	五花桥	1997	38	5	7	10.5	5	五花沟	3×10.5	3	9	1997
北龙线	龙门桥	1978	21	5	7	8.5	5	龙门沟	2×8.5	3	9	1978
北龙线	龙门二桥	1979	40	5	7	12	5	龙门沟	3×12	3	9	1979
张一线	水库桥	2004	21.2	17	7	20	15	水库沟	1×20	3	9	2004
金大线	株树桥	1986	74	5	2	16	5	株树沟	4×16	3	9	1986
金大线	电站桥	1989	20	5	7	9	5	电站沟	2×9	3	9	1989
新杭线	下畈大桥	2011	332	16	2	20	15	隽水沟	16×20	11		2011

第三节　公路隧道

横岭隧洞　位于药姑山横岭埂，地处大坪乡药姑村、花墩村两村交界处。1974年，中共咸宁地委副书记古博为解决药姑山老区交通不便的问题，批准在横岭埂开辟一条隧道，以所在地名而命隧洞名。隧洞由北港公社承建，于1974年8月开工，1976年8月开通，长500米、宽5.5米、高5米，为石洞隧道。此洞既通车，又可供行人通过。

插图30　横岭隧洞(刘亚敏　摄)

第四节　高速公路附属设施

杭瑞高速公路出入口　位于北港镇横冲村东北部，距村委会驻地乔华屋1千米，2011年11月建成。以杭州至云南瑞丽高速公路的简称和交通设施名称综合命名。占地面积约2300平方米，建筑面积约1000平方米；出入口呈“八”字形，供车辆出入，其收费站建在大坪的斑鸠坳。

杭瑞高速公路通城北收费站　位于大坪乡大九房村东部，距村委会驻地杏林山1千米。东接柏树，西邻大九房，南临庄前，北靠草鞋。以高速公路名称和所处地点名称及机构职能综合命名。2012年建成，占地面积6.7公顷，建筑面积550平方米，绿化面积4公顷，双向收费窗口13个。

杭瑞高速公路通城收费站　位于大坪乡坪山村东南部，距村委会驻地月形湾2.5千米。以公路名和所在行政区域名称及工作职能综合命名。中交咸宁四航建设公司于2014年年底建成运营。占地2700平方米，是杭瑞高速通城段第二个出口收费站。

武深高速公路通城管理中心　位于五里镇尖山村东北部，距村委会驻地盆上屋1千米。以道路名称、所在行政区域名称及机构职能综合命名。2014年建成。占地面积5公顷，建筑面积5880平方米，有综合办公室、运营部、养护部、财务室、保安室、路政中队、交警中队7个部门，干部职工86人，是武深高速通城段的管理机构。

武深高速公路通城南收费站　位于五里镇尖山村北部，距村委会驻地盆上屋1.5千米。以行政区域及方位和工作职能机构综合命名。2014年年底建成营运。占地4000平方米，有12个收费窗口，是武(汉)深(圳)高速公路通城段的跨省收费站。

武深高速公路五里牌服务区　位于五里镇五里村南部，距村委会驻地乩仙垅1.5千米。以道路名称、所在地域名称和交通服务设施名称综合命名。2014年年底竣工。占地面积9.1公顷，分为左右两个服务区域，是武深(通界)高速通城段唯一的服务区域。

武深高速公路五里牌收费站　位于五里镇尖山村南部，距村委会驻地盆上屋1.2千米。以公路名称及所在地域名称和工作职能综合命名。2013年立项、征地筹建，2014年年底建成营运。占地2000平方米，有5个收费窗口，是武(汉)深(圳)高速公路通城段第一个出口收费站。

插图31　武深高速公路湘鄂交界处收费站(周文　摄)

第五节　车　　站

城西客运站　位于隽水镇石泉村中部，距石泉村委会驻地银城西路灵官咀100米。以所在城镇方位和用途综合命名。2002年开工，2003年建成营运。占地3400平方米，停车场约2000平方米，可停靠车辆 30 辆。主要为通往北港、石南、大坪方向线路的乘客服务。

北港客运站　位于北港镇贯青村桥头新力大道 492 号，距北港镇人民政府驻地约 800 米。以该单位所在行政区域和单位名称综合命名。2010 年筹建开工，2012 年开始营运。车站站楼建筑面积 600 平方米，停车场 2800 平方米，设有售票厅、候车厅、修理厂。2014 年，拥有客车 27 辆，其中汽油车 3 辆，柴油车 24 辆，每天往返县城 40 余趟，开通有通城往返珠海长途客运专线，每天运送旅客 70 余人次。

九宫客运站　位于隽水镇白沙社区中部，与白沙社区居委会驻地宝塔大道 333 号相邻。以所在地点附近的山名和用途名称综合取名。2010 年开工，2012 年建成营运。总占地面积 4000 平方米，建筑面积 1100 平方米，停车场面积 3000 平方米，可同时停靠 30 辆客车，主要为通往关刀、云溪、麦市、塘湖、盘石等方向线路的客车和乘客服务。

沙堆客运站　位于沙堆镇井峰大道下街头，东邻沙(堆)台(桥)公路，南接沙堆派出所，西连井峰大道，北靠肇珠屋，距沙堆镇人民政府驻地 520 米。以该单位所在行政区域和单位名称综合命名。2010 年筹建开工，2012 年开始营运，隶属四通公司。占地面积 4200 平方米，建筑面积 3120 平方米，有公交车 13 辆，主要为县城往返沙堆乘客服务。

通城客运中心　位于隽水镇通城大道 99 号，为国家交通运输部部颁标准一级汽车客运站，AAA 级信誉等级站，是通城县的重要交通枢纽，交通地理位置优越。以所在行政区域和职能综合命名。客运中心占地 4 公顷，总建筑面积 6000 平方米，总投资 6200 多万元，于 2012 年 12 月竣工式投入运营。2014 年，全面实现微机联网售票、微机营运高度管理、电子安全监控、旅客电脑查询、旅客自助检票、双语自动播报、车辆安全检测现代化运行管理，有客运线路 27 条，其中：崇阳、温泉、通山、赤壁等县际班线 5 条，武汉、鄂州等市际班线 3 条，广东、温州、上海、杭州、泰州、石狮、长沙、岳阳、修水等省际班线 19 条。共有客车 82 台计 3059 座，其中，高一级客车 69 台计 2630 座，中级客车 10 台计 201 座，全年运送旅客 100 余万人次。

插图 32　通城客运中心(孔庆平　摄)

第三章　水利设施

第一节　水　　库

百丈潭水库　以水库大坝下方不远处的深水坑名和水利设施名称综合命名。库坝位于马港镇平湖村东堡，坝面海拔440米，为县内地势最高的水库。承雨面积19.5平方千米，库容1710万立方米，其中防洪库容330万立方米。坝高40米，坝顶长200米、宽5米。溢洪道底宽30米，最大泄洪量为298立方米/秒。该水库以发电为主，年发电量1100多万千瓦时，兼有防洪、灌溉、养殖等功能。设计灌溉面积1667公顷，实际灌溉1333.3公顷。1958年，时任省长张体学亲临视察，指示开发利用。水库由武汉水利电力学院勘测设计，当年赶修九岭至潭下的公路，并开始大坝清基，后因“大办钢铁”告停。1968年11月，经咸宁地区革命委员会批准上马。先修潭下至大坝公路3千米，1969年9月完成输水管道工程，10月下旬大坝回填，1970年年底竣工。库坝基础为花岗岩，地质条件好，但土料少黏性，施工质量较差，坝坡过陡，心墙未达设计高度。1973年5月19日大雨，库水涨到海拔436.61米的水位、溢洪水深0.61米时，大坝外坡左侧出现集中渗漏，渗漏流量约0.03立方米/秒，致使坝脚局部滑坡，推倒电站的出线电杆，使变压器发生位移。1975年冬至1976年春，加坡整治大坝，坝顶加沉陷高1米，扩大反滤坝，护砌坝面排水沟。1979年防洪能力达500年一遇，日抗暴雨380毫米。1980年再次加坡整治大坝，并在坝顶内侧加筑1米高的防浪墙，全长200米，整个工程用工290万个，投资192万元，淹没耕地73.3公顷，移民747人。百丈潭水库有养殖水面50.7公顷。1976年产成鱼42吨，亩产过50公斤，被水电部誉为“一库水、一库油、一库鱼”，并受到嘉奖。

东冲水库　以水库与药姑山形成的方位和陆地地形及水利设施名称综合命名。库坝位于大坪乡四甲铺。承雨面积13.14平方千米，库容1315万立方米，其中防洪库容225万立方米。坝高37米，坝顶长440米、宽5米。溢洪道底宽27米，最大泄洪量为218立方米/秒。以灌溉为主，兼防洪、养殖。设计灌溉面积2333.3公顷，实际灌溉2000公顷。1955年由县建设科规划上报，1957年由孝感专署水利局勘测设计，9月开工。次年春，修成高22米的大坝，可蓄水320万立方米。1965年冬扩建，大坝加高到27.5米；1966年冬再度扩建，大坝加高到29米，并将溢洪道抬高8米，增加蓄水量340万立方米。1971年经咸宁地区水利局批准，将该库扩建为中型水库。到1972年春，大坝加高至37米，并将原输水管和溢洪道封闭重建，次年竣工。经多次扩建，心墙单薄接头多，成“之”字形上升，内外坡较陡，故防洪能力只达百年一遇，日抗暴雨320毫米。整个工程用工210万人次，投资113万元。有养殖水面46.6公顷，年可产成鱼10吨。建库淹没耕地33.3公顷，移民650人。

阁壁水库　以水库淹没区内的地片名和水利设施名称综合命名。库坝位于塘湖阁壁，承雨面积10平方千米，库容1360万立方米，其中防洪库容218万立方米。坝高30米，坝顶长520米、宽4米。溢洪道底宽30米，最大泄洪量为131立方米/秒。以灌溉为主，兼防洪、养殖。设计灌溉面积2333.3公顷，实际灌溉2000公顷，与云溪水库连成一个灌区。1959年9月动工，至1960年春节坝高15米，可蓄水260万立方米。1965年9月初，开工扩建，次年8月竣工。1972年冬，对大坝加坡培厚。1977年冬到1978年春，再次整修加固。1979年，历洪能力达500年一遇，日抗暴雨380毫米。工程用工210万人次，投资143万元，有养

表 17

2014 年通城县小型水库基本情况一览表

所在地	水库名称	竣工年份	承雨面积（km^2）	死水位	正常蓄水位	校核洪水位	总库容（万 m^3）	调洪库容（万 m^3）	死库容（万 m^3）	大坝					溢洪道		
										坝型	最大坝高（m）	坝顶高程（m）	坝顶宽度（m）	坝顶长度（m）	控制段堰型	堰顶高程（m）	宽度（m）
小(一)型水库																	
麦市镇卢塅村	马颈	1985	29.5	330.5	351.5	354.52	402.2	54.3	145.5	拱坝	68	356	3.1	186.9	宽顶堰	352	5
麦市镇花园村	倒肘湾	2004	15.5	410	453	456	384	56	6	拱坝	61	457	3.6	235	宽顶堰	453	6
马港镇黄鹤村	杨泗庙	1980	7.87	280	296	297.46	171.4	27.4	34	拱坝	36.2	298	2	185	宽顶堰	296	46.5
马港何婆桥村	神龙坪	1976	69.7	158	175.5	181.25	652	261	50.4	心墙代料坝	42.4	181.2	5	148	宽顶堰	176	55.5
塘湖镇望湖村	大盘山	1984	1.5	401	412	413.77	103	21.5	6	心墙代料坝	23.8	415.2	3	120	宽顶堰	412	5
马港镇松港村	夏江源	1967	1.5	232.8	253.3	255.15	101	19.78	0.2	心墙代料坝	22.3	256.1	4	60	宽顶堰	253	7
沙堆镇罗塘村	富强	1975	0.92	118.8	127.8	128.77	100.1	18.2	4	心墙代料坝	14	130.7	6	230	宽顶堰	128	5
四庄乡庙下村	七里冲	1975	2.6	137.5	157.4	159.62	100.3	15	4.1	心墙代料坝	28.85	160.45	5	80	宽顶堰	157	8
四庄乡清水村	清水塘	1967	5.83	135	144	146.16	393	102	2	心墙代料坝	20.3	147.3	6	560	宽顶堰	144	8
麦市镇长冲村	石背	1967	6.3	107.4	116.5	118.89	288	81.5	29	心墙代料坝	20	120	30	220	宽顶堰	117	14
麦市镇天门村	天门贯	1980	5	426	445	447.02	216.3	44.8	21	心墙代料坝	31.9	448.2	5	88	宽顶堰	445	14
五里镇尖山村	尖山	1964	1.7	145.5	156.8	158.64	105	32.4	4.78	心墙代料坝	23	159.4	5	150	宽顶堰	157	3.2
大坪乡药姑村	横岭	1983	9.8	300	320.3	323.62	152	34.72	6.88	拱坝	33.7	324.3	1.8	127	宽顶堰	320	20
北港镇雁门村	雁门	1976	1.25	197	217.6	219.09	115.4	13.3	1.2	心墙代料坝	28.16	219.96	5	210	宽顶堰	218	15
北港镇桂家村	石人冲	1973	2	151	167.2	169.07	197.4	30.92	18	心墙代料坝	25.28	170.28	3	108	宽顶堰	167	6

续表

所在地	水库名称	竣工年份	承雨面积（km^2）	死水位	正常蓄水位	校核洪水位	总库容（万 m^3）	调洪库容（万 m^3）	死库容（万 m^3）	大坝					溢洪道		
										坝型	最大坝高（m）	坝顶高程（m）	坝顶宽度（m）	坝顶长度（m）	控制段堰型	堰顶高程（m）	宽度（m）
小(二)型水库																	
四庄乡上坪村	马山	1975	0.6	200	217.5	219.5	10.01	2.57	0.11	心墙代料坝	21	220	3	72	宽顶堰	218	3
四庄乡上坪村	王家垅	1965	0.1	176	189	189.5	15.75	2.801	0.42	心墙代料坝	16	190	3	108	无	无	无
四庄乡上坪村	曹家垅	1964	0.3	166	177	178.49	17.5	3.66	1.4	心墙代料坝	17	180.1	4	66	宽顶堰	177	2
四庄乡新联村	乐泉垅	1969	0.1	171	178.5	179.5	10.93	1.79	0	心墙代料坝	12	180	6.5	74	无	无	无
四庄乡上坪村	青草岭	1980	1.35	367.7	386.9	388.61	40.52	6.9	5.2	心墙代料坝	34	390	3	88	宽顶堰	387	8
四庄乡华家村	下切塘	1977	0.4	169	179	179.5	10.2	1.9	0.4	心墙代料坝	13	180	3	90	宽顶堰	178	2
四庄乡治背村	治安	1972	0.65	400	407.5	409.2	20.2	2.35	2.7	心墙代料坝	21.7	410.53	4	61	宽顶堰	408	6
四庄乡小井村	范泥垅	1972	0.3	172	178.5	179.5	11.53	2.03	2	心墙代料坝	13	180	5	101	宽顶堰	179	2.8
四庄乡四庄村	马头垅	1965	0.35	181.5	188	189.5	15.52	4.44	1	心墙代料坝	11.5	190	4	102	宽顶堰	188	3.1
沙堆镇沙堆村	边家垅	1976	0.2	151	157.3	159.5	11.41	4.02	0.72	心墙代料坝	10	160	3	76.5	宽顶堰	157	1
沙堆镇罗塘村	洞下	1964	0.68	174	187.1	189.5	14.81	4.11	0	心墙代料坝	18	190	3.6	73	宽顶堰	187	6
沙堆镇石冲村	柏树垅	1973	0.3	161.8	167.2	169.5	14.58	6.61	0.74	心墙代料坝	12.5	175	11	96	宽顶堰	167	3
隽水镇桃源村	栈石	1976	2	155	174	176.32	55	8.35	0.25	心墙代料坝	28	177.34	4	97	宽顶堰	174	8.5
隽水镇桃源村	桃源	1963	1.87	123	133.3	134.75	60	15.65	0.75	心墙代料坝	17.3	136	4	85	宽顶堰	133	10.8
隽水镇白沙村	罗家	1975	0.35	103	107	107.7	22.25	1.4	3.05	心墙代料坝	10	109	4.5	120	宽顶堰	107	2
隽水镇油坊村	茹菜垅	1958	0.65	132	135.8	137.35	24	3	0.9	心墙代料坝	8	138	4	175	宽顶堰	136	5.7
隽水镇铁柱村	石背寺	1972	0.35	112	117.5	118.07	12.4	2.5	0.38	心墙代料坝	16.25	120.05	4	112	宽顶堰	118	2.8

续表

所在地	水库名称	竣工年份	承雨面积（km^2）	死水位	正常蓄水位	校核洪水位	总库容（万 m^3）	调洪库容（万 m^3）	死库容（万 m^3）	大坝						溢洪道		
										坝型	最大坝高（m）	坝顶高程（m）	坝顶宽度（m）	坝顶长度（m）	控制段堰型	堰顶高程（m）	宽度（m）
隽水镇石泉村	雷打石	1973	0.32	112	118.4	119.19	13	4.09	0.18	心墙代料坝	11	120.3	4	57	宽顶堰	118	3.5
北港镇贯青村	石峡	1976	0.15	169.5	175.4	176.93	10.5	1.85	0.5	心墙代料坝	16.6	179.6	5	83	宽顶堰	175	1.8
北港长青社区	小界	1960	0.15	167.5	173	174.5	11	4.15	0.15	心墙代料坝	9	175	4	50	宽顶堰	173	1.8
大坪乡韩岭村	细冲沟	1975	0.4	172	187.7	188.8	22.98	4.31	1.17	心墙代料坝	28	190	4	81	宽顶堰	188	5
大坪乡栗坪村	田庄	1980	1.5	257	281.7	283.43	81.1	5.5	1.6	心墙代料坝	35.5	285	3	121	宽顶堰	282	9
大坪大九房村	九房	1991	0.24	115.7	130.7	132.16	13.02	0.39	0.2	心墙代料坝	23.8	135	3.7	83	宽顶堰	131	2.5
大坪乡药姑村	花果园	1988	1.5	535.8	549.5	552.71	50.45	15.01	2.8	心墙代料坝	30.5	556	9	75	宽顶堰	550	3.5
石南镇虎岩村	虎岩	1966	1.12	205	217.4	218.95	71.07	11.83	0.84	心墙代料坝	19	220.1	6.2	115	宽顶堰	217	8.3
石南镇花亭村	莱牛港	1974	0.55	157.8	167.1	169.5	10	3.65	0.35	心墙代料坝	18	170	3.3	59	宽顶堰	167	3.2
五里镇相师村	相师	1974	0.1	247	257.4	257.94	18.8	4.16	1.13	心墙代料坝	18.8	258.38	14.3	85	宽顶堰	257	1.2
五里镇金塘村	陈湾	1976	0.82	208	213	214.44	10	2	1.5	心墙代料坝	15.5	215.5	6	122	宽顶堰	213	4
五里镇湾头村	跃龙	1976	0.6	155	170.9	172.66	25.1	6	0.25	心墙代料坝	22.9	172.9	4	50	宽顶堰	171	3
五里镇寺前村	寺前	1965	4.45	155.8	159	162.36	29.3	13.5	1	心墙代料坝	12.5	162.5	8	84	宽顶堰	159	7
五里大坪坳村	竹山	1974	0.6	204	214	216.2	18	5	1	心墙代料坝	16.5	216.5	6	85	宽顶堰	214	2
五里镇塥上村	杨山	1986	1.25	156	168	170.65	18.6	3.14	0.57	心墙代料坝	20	170	6	83	宽顶堰	168	6
马港镇马洞村	团林	1973	3	308	319	321.75	15	3.8	0.99	心墙代料坝	20.5	320.5	5	85	宽顶堰	319	12
马港镇马洞村	蛟龙	1976	0.6	355	363	365.4	10	1.68	0.38	心墙代料坝	15.5	365.5	4	54	宽顶堰	363	3
马港镇界上村	皮禾垅	1974	0.8	360	368	369.26	32.4	6.2	5.34	心墙代料坝	20	370.45	5	88	宽顶堰	368	8

续表

所在地	水库名称	竣工年份	承雨面积（km^2）	死水位	正常蓄水位	校核洪水位	总库容（万 m^3）	调洪库容（万 m^3）	死库容（万 m^3）	大坝					溢洪道		
										坝型	最大坝高（m）	坝顶高程（m）	坝顶宽度（m）	坝顶长度（m）	控制段堰型	堰顶高程（m）	宽度（m）
马港镇界上村	菜籽垅	1979	0.5	361.7	368	369.29	18.2	3.2	4.1	心墙代料坝	20.5	370.1	4	65	宽顶堰	368	5
马港镇中塅村	彭洞	1978	0.3	407	413	414.4	10	1.72	1	心墙代料坝	15.5	415.5	9	60	宽顶堰	413	3
马港镇高峰村	大岔	1974	0.7	455	465	467.24	20.48	6.28	0.5	心墙代料坝	18	467.5	3.45	54.4	宽顶堰	465	2.5
马港镇潭下村	老龙潭	1977	45	215	221.5	227.75	16	3.83	1.31	拱坝	12.5	222.5	1.5	50	无		
马港镇马港村	深谷垅	1975	2.18	255	263	265.65	26.3	9.5	1.47	心墙代料坝	15.85	265.85	3.6	55	宽顶堰	263	8
马港镇毛塅村	张家冲	1968	0.6	252	267	269.4	15	4.29	0.04	心墙代料坝	19	269.5	5	75	宽顶堰	267	1.6
关刀镇水兴村	黄牯岩	1963	4.2	122	134.7	137.41	25.7	7.12	0.08	心墙代料坝	19	138	4	75	宽顶堰	135	14.5
关刀镇五琉村	三条垅	1965	0.3	105.3	113.8	114.92	20.8	3.1	0.4	心墙代料坝	21	116.2	4.5	40	宽顶堰	114	2.5
关刀镇五琉村	蛟龙寺	1965	1.6	154	171.9	175.37	25.4	8.8	0.15	心墙代料坝	27	177.5	4	74	宽顶堰	182	3.2
麦市镇何塅村	贯源	1978	0.6	144.5	156.8	158.5	10	2.7	0.1	心墙代料坝	18.5	159	4	44	宽顶堰	157	2
麦市镇井堂村	蛤蟆石	1958	0.45	143.5	152.4	153.64	16.8	3.95	0.35	心墙代料坝	16	155.5	5	65	宽顶堰	152	3.8
麦市镇李塅村	南岭	1976	0.41	375.8	389.1	389.92	36.9	3.25	0.65	心墙代料坝	23	390.5	3.5	70	宽顶堰	389	6.5
麦市镇长冲村	邓家垅	1979	1	145	158	159.9	19.15	4.05	0.4	心墙代料坝	27.5	161	4.5	90	宽顶堰	158	2.8
塘湖镇石坪村	石埚冲	1965	1.5	133	147.2	149.77	37.88	5.18	0.2	心墙代料坝	31.1	150.5	4.7	86.5	宽顶堰	147	5.5
塘湖镇大埚村	白水岩	1975	10	304	318.7	322.35	23.1	10.8	1.2	心墙代料坝	23	323	4.5	111	宽顶堰	319	20
塘湖镇雷吼村	河马港	1976	2.5	143.5	154	156.37	14.3	4.5	0.3	心墙代料坝	21	157	3.5	113	宽顶堰	154	11
塘湖镇润田村	润田	1975	13	122	127.4	128.5	10.1	3.15	0.3	心墙代料坝	9	129	9.5	43	宽顶堰	127	21.3

殖水面 71.3 公顷，年可产成鱼 15 吨。建库淹没耕地 51 公顷，移民 650 人。

龙潭水库　以水库淹没区内的深水坑名和水利设施名称综合命名。1984 年，在四庄乡龙潭村修建龙潭中型水库，9 月开始清基，12 月初截流回填，大坝内坡用人工填筑，心墙及外坡采用挖、装卸、运、压土等机械施工，并承包给咸宁地区水利工程公司。这是县内水利机械施工和采取承包制之始。龙潭水库承雨面积 12.5 平方千米，总库容 1284 万立方米，其中调洪 267 万立方米，兴利库容 839 万立方米，死库容 47 万立方米，坝顶高 207.5 米，坝高 61.3 米，为县内水库最高坝，坝长 134 米，顶宽 6 米。该库是湖北省内唯一没有溢洪道的水库，输水发电、泄洪均为同一隧道，隧道位于大坝后山咀，用钢筋混凝土护砌，洞长 263 米，内径 2 米，进口高程 160 米，出口高程 159 米，最大泄洪量 36 立方米/秒。该库圆形竖井直径 2 米，高 39 米，井内安装二层闸门(工作闸门，抢修闸门)，两闸门尺寸均为 1.6×1.65 米。工作桥长 42 米，高 48 米，闸上端设有高程为 206 米的启闭机工作，装有 2×40 吨手摇电动两用启闭机。隧洞出口段设有发电涵管，内径 1.2 米，与隧洞成 45°夹角，接着 4 米渐变段，又设两泄洪闸门，内径均为 2 米，坝后电站装机一台 320 千伏安。整个工程共完成土石方 76.61 万立方米，混凝土 3072 立方米，浆砌石 2382 立方米，干砌石 3225 立方米，总投资 427 万元，其中省拨贷款 327 万元，县自筹 100 万元。1986 年 9 月竣工。建库淹没水田 3.3 公顷，旱地 2.7 公顷，移民 42 户 281 人，设计灌溉面积 1333.3 公顷，实际灌溉 1200 公顷。

插图 33　龙潭水库(胡胜保　摄)

云溪水库　以水库淹没区的溪流名和水利设施综合命名。库坝位于茶铺上首狮形山。承雨面积 48.3 平方千米，库容 4605 万立方米，其中防洪库容 985 万立方米，坝高 59 米，坝顶长 590 米、宽 6 米。溢洪道底宽 40 米，最大泄洪量 548 立方米/秒。以灌溉为主，兼发电、养殖、防洪。与阁壁水库连成一个灌区。设计灌溉面积 6000 公顷，实际灌溉 4000 公顷。1970 年春，由县水电局设计，经咸宁地区水利局和省水利勘测设计院审查批准，6 月 26 日组成工程指挥部。7 月 23 日破土开工，10 月 18 日大坝合龙，1972 年 4 月竣工，1973 年关闸蓄水。后几次整修加固。1982 年，防洪能力达 500 年一遇，日抗暴雨 380 毫米。建库及配套工程投工 950 万个，投资 860 万元。库内淹没耕地 148 公顷，移民 422 户 1752 人。水库养殖面积 130 公顷，年可产成鱼 50 吨。坝区植有柑橘、梨、桃等果树 5000 多株，1982 年产柑橘 9 吨。

左港水库　以水库淹没区的河流名和水利设施综合命名。库坝位于五里镇左港田家。承雨面积 22.5 平方千米，库容 1850 万立方米，其中，防洪库容 440 万立方米。坝高 28.9 米，坝顶长 405 米、宽 6 米。溢洪道底宽 40 米，最大泄洪量 302 立方米/秒。以灌溉为主，兼防洪、发电、养殖。设计灌溉面积 2333.3 公顷，实际灌溉 2000 公顷。

1958年夏，由县水电局勘测设计。1959年9月开工，次年春，大坝高20.3米。1962年冬，加高到22米，能蓄水497万立方米。溢洪道在坝左山坳，底宽11米，长500米。经孝感专员公署批准，1964年10月开工，大坝外帮坡加高到26.4米，堵死旧输水管，在坝右端山坡打86米长隧洞，进口处安装平板钢闸门两道，用螺杆启闭机控制。修副坝两座，与大坝同向。1976年经咸宁地区水利局批准，进行坝区治理，大坝加高2米，并按标准整治内外坝坡，扩大反滤坝，心墙加高至坝顶，坝顶内侧建高1.2米、长4.5米的防浪墙，溢洪道堰加高2米。1979年防洪能力达500年一遇，日抗暴雨380毫米。整个工程用工200万个，投资103万元，有养殖水面100公顷，年可产成鱼20吨。建库淹没耕地103.3公顷，移民970人。

插图34　左港水库(周文　摄)

第二节　干渠、水圳

百丈潭水库干渠　以向灌区提供水源的水库名和干渠综合命名。库水经一、二、三级电站发电后，通过神龙坪水库副坝输水管，经1.4千米总干渠，到推垅坳分为东、西、中3条干渠。总干渠建于1960年；中干渠经推垅坳渡槽，穿13个隧洞，进入尖山水库，再经尖山隧洞、马厩塘到城郊砖瓦厂，全长19千米，建于1960年；西干渠从推垅坳到白竹源隧洞，长21.5千米；东干渠穿隧洞，经金家、毛田到锡山，长9.56千米。东西干渠建于1964年。总干渠共有支渠29条，全长59千米。各种建筑物77处，其中渡槽1座，长26米；隧洞23个，总长1.28千米。

东冲水库干渠　以向灌区提供水源的水库名和干渠综合命名。总干渠从水库至分水闸，长200米，建于1971年。原干渠分为东、西两个干渠。东干渠经水库坝外过栗坪、韩家岭到大坪乡白鹭，长9.75千米，建于1958年。西干渠自分水闸经王家冲至大坪乡草鞋冲，长15.68千米，建于1959年。原西干渠绕道尖山畈、烧鸡峦至大坪乡农林村，全长36千米。因渠线长，下段很难受益。1969年增开中干渠，从分水闸经大坪渡槽至新屋坳上，与原西干渠连接，缩短10千米，于1970年建成。灌区共有干渠3条，长51.23千米；支渠41条，长122千米。各种建筑物100多处，其中渡槽7座，长397米；隧洞7个，长438米；拱涵1.4千米；泄洪闸57个；人行桥111座。

阁壁水库干渠　以向灌区提供水源的水库名和干渠综合命名。总干渠长350米，建于1965年。可通过流量5立方米/秒，到石咀峦分为东、西干渠。东干渠经新庄、石港、三千塅至塘湖龙湾，长10千米，可通过流量1立方米/秒。西干渠经隧洞过板桥、高冲、万峰、坪坳渡槽至沙堆柏树垅，长22千米。东西干渠均建于1966年。1975年秋，西干渠在余家垅与云溪东干渠汇流，形成云溪——阁壁灌区。1977年冬，西干渠护砌至坪坳渡槽，长12.5千米，东干渠间断护砌7千米。共有建筑物100多处，其中渡槽4座，长427米；隧洞4个，长1.96千米。

龙潭水库干渠　以向灌区提供水源的水库名和干渠综合命名。1986年，龙潭水库基本完工后，着手修建该库南北干渠，至1990年，南北干渠完工。其中，南干渠长7.5千米，开挖土石7400余立方米。渠道经四庄乡龙潭村、五花村、庙下村，沙堆镇罗塘村、瑶泉村、坪上村至关刀镇黄泥村。共建分水闸7座、泄洪闸6座；人行桥31座、渡槽2座(长170米)；暗涵、隧洞18处，长1256米。北干渠长12.5千米，完成土石方35万余立方米。渠道经四庄乡龙潭村、寺背村、新联村、古井村至沙堆镇南栎山村、柏峦村。共建分水闸5座，泄洪闸5座；人行桥21座，渡桥一座(长42米)；暗涵、隧洞13处，长726米。1990年，龙潭水库南北干渠建成，形成云阁龙灌区。该灌区由云溪、阁壁、龙潭3座中型水库，富强、七里冲、清水塘等7座小(一)型水库，桃源、万丰等28座小(二)型水库串通组成。灌区位于县域东南部，总承雨面积68.63平方千米，总库容9257.9万立方米，总干渠2条，干渠8条，全长127.56千米，支渠71条，全长109.45千米，灌溉关刀镇、麦市镇、塘湖镇、沙堆镇、四庄乡、隽水镇农田8000公顷。灌渠联网后，起到抗旱放水及时、保量、平稳、相互调剂的作用，为全县农业减灾保收发挥了重要作用。

马井水库干渠　以向灌区提供水源的水库名和干渠综合命名。1984年7月动工修建，1986年初完工。渠道从马井水库经麦市镇盘石、何塅、西冲、坳背、株树村至关刀镇金潭村，渠道总长20.1千米，其中隧道36个(长3742米)，渡槽4座(长159米)，该渠道共投标工65万余个，完成土石方77.44万立方米，浆砌石63300立方米，钢筋混凝土1679立方米。该渠道灌溉农田533.3公顷，同时为黄龙五级站发电输水渠道。

云溪水库干渠　以向灌区提供水源的水库名和干渠综合命名。总干渠接坝后电站发电尾水，经王家渡槽跨溢洪道，傍山至夏家皂，全长2.23千米，建于1971年。设计通过流量10立方米/秒，分为东、西两干渠。西干渠建于1972年，傍山经暗山、曲水、艾家渡槽、黄牯岩水库、山庄坳、阴冲隧洞与桃源水库渠首相连，全长16.94千米，可通过流量4立方米/秒。东干渠建于1973年，经夏家皂、银牙口、铁门栈、七里山、八燕渡槽，过燕窝、余家垅与阁壁西干渠汇流，至东坑垅复分，经黄泥洞、斗米山隧洞，过洞下、庙下渡槽，由龙潭洞口进清水塘水库，全长29.28千米。首段从夏家皂至八燕渡槽，长10.88千米，可通过流量6立方米/秒；中段从八燕渡槽至斗米山隧洞，长7千米，可通过流量5立方米/秒；下段长11.4千米，可通过流量4立方米/秒。干渠全部用灰(水泥)浆块石3面护砌，渠道沿线共有各种建筑物300多处。其中隧洞44个，长2.93千米；渡槽17座，长2.26千米；支渠10条，全长540千米。

左港水库干渠　以向灌区提供水源的水库名和干渠综合命名。总干渠从水库大坝到虎形渡槽，长402米，可通过流量3.5立方米/秒，建于1960年。东干渠从虎形渡槽到张家坳，长17.83千米，可通过流量2.5立方米/秒。西干渠从虎形渡槽到老谷坪，长10.64千米，可通过流量1立方米/秒。东西干渠均建于1964年。有支渠18条，总长26.5千米；斗渠93条，总长120千米。各种建筑物100多处，其中渡槽10座，总长260米；隧洞12个，总长845米；暗涵5处，总长1千米；泄洪闸33个；分水闸14个。

红旗渠　以电影《红旗渠》命名。位于北港镇大界村正南。20世纪70年代，石人冲水库建成，同年开始修渠道，渠道修成时正值电影《红旗渠》在当地放映，便以该影片名命名至今。全长9千米，修建后于20世纪80年代逐渐荒毁，自灵石咀至石坳约8千米均不能使用，唯灵石咀至大寨田长1千米经2014年修复可继续使用。

阔田官圳　位于润田畈，清同治六年(1867)，清政府官方出钱在阔田畈修建一条水圳，故名。中华人民共和国成立前，为星楼上畈至星楼下山桥处的小型排灌渠道。1952年，由杜耀春负责改修自喝口水桥上500米处进水，下至下阔，宽约1.5米；1967年，群众自筹资金将该圳进水口改至晒谷石；1968年，崇阳县白马大队凿开县界麻石嘴修圳，将该圳下港的尾水引至白马畈；1976年田园化，上阔部分再次裁弯取直，加深加宽圳底；后因在河床取沙严重，导致河床逐年降低，进水困难，于2006年在晒谷石处由村民集资，国家扶助建成拦河坝，解决了水源小的问题，有150余公顷粮田受益。上自晒谷石起，经利和村至上阔星楼、月塘、城隍屋、集苞屋，下通下阔过崇阳，全长约7千米，灌溉区域有利和村、上阔村、下阔村及崇阳白马畈，圳深

2米余，底宽2~3米，圳面宽5~8米全部水泥硬化，与S362省道在月塘呈十字交叉，既是水利命脉，又是村级交通要道。

坪谢渠道　位于大坪乡栗坪村与辉煌村谢家畈境，以该渠道起点与终点名称中的一个字组合命名。1975年组织劳力建成，1987年维修后，一直由辉煌村管辖。主要接东冲水库东干渠出口，以栗坪村苹果园为起点，至辉煌村谢家畈，途径栗坪、来苏、杨部至辉煌4村。全长8千米、宽1.2米、深1.5米，主要灌溉辉煌村3~5组66.7公顷水田。

插图35　阔田官圳(刘亚敏　摄)

第三节　渡　　槽

八公里渡槽　位于石南镇梅港村西部，距村委会驻地贺家桥500米，以与该渡槽邻近的通(城)大(界)公路所立公里牌和建筑物名称综合命名。建于1975年，2006年通(城)大(界)公路加宽，原渡槽被拆除并在原址上重修，属左港水库西干渠赛公支渠，灌溉面积50多公顷，渡槽长23米、宽1米、高1米，钢筋混凝土结构。

八燕渡槽　位于关刀镇八燕村境内，以所在行政村名称命名。由县水利局勘测设计，1973年10月开工，1975年9月完成。该工程是云溪干渠最大建筑物，全长869米，进口引水段长7米，出口段长169米，槽身693米，中间利用小山包转弯长38米，直径42米，偏角51度57分，上端直线槽身315米，分为13节，除第一节长15米外，其余均为25米。槽身重100吨，由湖北省水利厅工程二团采用双人字扒杆单点转吊而成。总计槽墩27个，结构形成有浆砌块石墩，浆砌预制块空心重力墩、钢筋混凝土空心重力墩3种。后者采用滑升钢模现浇，一昼夜上升6米，各墩滑升总高度达531.4米，由省工程二团提供设备及技术人员，墩子最高达41米。槽身采用横向加肋和拉杆矩形的钢筋混凝土呈“H”形断面，底板设在侧墙中部，以避免槽身断裂。侧墙高3米，壁厚0.15米，底板净宽2.4米，厚0.12米，设计流量6立方米/秒，整个工程用水泥182吨，钢材190吨，木材401.5立方米，投工45万多个，投资61.39万元。八燕渡槽横跨鲤港河、鲤塘公路和塔岭公路，渡槽下面，有居民点分布，小山包上树木成林，竹影摇风，放眼望去，恰似长虹卧波，是关刀镇著名的景点。

插图 36 八燕渡槽(周文 摄)

大坪渡槽 位于大坪乡大坪村境内故名，1967年建成。渡槽呈南北向，南端在打石坡，北临黄土咀，为水泥浆砌石拱成，槽身为钢筋水泥混凝土结构。全长 310 米，高 12 米，拱顶宽 2 米，设计流量 3 立方米/秒。大坪渡槽的建成，将东冲水库的水通过中干渠缩短西下渠 10 千米，可灌溉双龙、石南等农田 530 公顷，是大坪乡农田灌溉的重要水利枢纽。

高冲渡槽 位于关刀镇高冲村东南部，距村委会驻地 500 米。以该渡槽所在地片名命名。1973年修成，属云溪水管处管理。包外桥在内全长 62米、宽 2 米，平均高度 5 米，灌溉 128.7 公顷水田。

罗塘渡槽 位于沙堆镇罗塘村罗塘屋居民点郑谷下右上侧。以所在地点名、水利设施综合命名。1974 年动工，1975 年建成。横跨罗塘港，全长 60 米，流量 2.5 立方米/秒，形式石拱。中间两墩共三孔，高 12 米，全宽 3.5 米，两厢挡水墙各厚 0.5 米，过水宽度 2.5 米。

坪坳渡槽 位于沙堆镇坪坳村境内，横跨隽四公路。以所在行政村名命渡槽名。1964 年开工，1967 年建成，由阁壁水库管理处管辖。由县水利局勘探设计，是阁壁西干渠较大建筑物之一，全长 100 米，进口引水段 6 千米，出口段 6 千米，槽身 1.5 米，两侧墙高 1.5 米，壁厚 0.6 米。桥墩 3个，石头混凝土结构，墩高 10 米，南接云阁干渠，北连坪坳、小塘、石冲，灌溉面积 400 公顷以上。

七里山渡槽 位于麦市镇七里村境内。以所在居民点名命渡槽名。1972 年开工，1973 年 8 月建成，由县水利局勘测设计。该建筑是云溪水库东干渠主要工程之一，全长 100 米，流量 6 立方米/秒，槽身为石拱形式。

石人冲渡槽 位于北港镇桂家村中部，距村委会驻地六斗畈约 1.5 千米，建于 20 世纪 70 年代初。该渡槽引流石人冲水库，故名。又因地处咽喉之地，故又名卡子渡槽、长子渡槽。渡槽长 140米、宽 1.5 米、高 20 米，设计流量为每秒 1.5 立方，块石垒建而成。中部有大小石拱 5 个，石磡 4个，墩长 1.5 米、宽 2 米，可灌溉大界、长青、贯青村近 40 公顷耕地。

铁门栈渡槽 位于麦市镇七里村铁门栈，以渡槽所在地点名命名。1973 年动工修建，1974 年5 月建成。此地南北两面有山对峙，菖蒲港上游(黄麦河)之水从铁门栈山脚源源不断注入关刀镇境内，渡槽横跨黄麦河，飞架两山之间，为简易支梁结构，墩子为条石砌成，全长 220 米，最高处43 米，设计过水量 6 立方米/秒，可引云溪水库之水灌溉麦市、关刀、沙堆、四庄 4 个乡镇农田用水2000 余公顷。

夏家皂渡槽 位于关刀镇，以该处居民点名称和水利设施名称综合命名。1973 年 3 月筹建，1973 年 10 月建成。横跨云溪港，长 97 米、宽 3米、高 36 米，流量 6 立方米/秒。钢筋水泥混凝土结构，属 2 磡 1 孔双曲拱渡槽，是云溪东干渠和行人往来的水利、交通两用渡槽。

洋源渡槽 位于塘湖镇阁壁村洋源大屋东南部，横跨两座山头。因附近的居民点名称而得名。1965 年动工，1969 年建设完工，属县水利局管理。东接进水口石咀峦，出水口西连干垅山，高 12 米、宽 2 米、长 70 米。

杨源渡槽 位于麦市镇七里村杨源屋，以渡槽所在居民点名称命名。1974 年开工，1975 年建成。由县水利局设计，结构为简渠，预制混凝土块和条石砌成，全长 70 米，最高处 20 米，设计过流量 6 立方米/秒。

鱼形渡槽　位于石南镇杨山村南部，距左港水库管理处 500 米。以该设施所在地的地形特点和水利设施名称综合命名。1964 年建成，属左港水库管理处管辖。总长度 33.2 米，槽宽 2 米，槽墙高 1.35 米，槽内径 1 米，设计单位为湖北省孝感专署水利局，钢筋混凝土结构。

第四节　堤、堰、坝

阔田港堤　位于隽水镇上阔、下阔村，上自利和村风水潭，下至下阔村麻石咀，以隽水河流经地段名命名，长 3.5 千米。中华人民共和国成立前修建，原堤矮窄，大水常漫，150 公顷稻田屡遭淹渍。1954 年冬到 1974 年冬，当地政府组织农民大修 3 次，培修加固 10 多次。险要地段，块石护砌。莒蒲港大桥至毛公渡段，设石摆多处。港下屋至毛公渡段，堤面可通汽车，其余堤段，宽、高各 3 米多。

隽水右岸堤防　位于隽水河右岸，以该设施所在河流入方位名称命名，全长约 25.2 千米，堤面宽 5 米，高约 2.5 米，1974—2011 年修建。该堤经过马港镇河婆桥村、白竹村、毛墩村，五里镇湾头村、金塘村、大坪坳村、磨桥村、隽水镇柳峦村、雁塔社区、新塔社区。

隽水左岸堤防　位于隽水河左岸，以该设施所在河流及方位名称命名，全长约 25.2 千米，堤面宽 5 米，高约 2.5 米，1974—2011 年修建。该堤经过马港镇河婆桥村、白竹村、毛墩村，五里镇湾头村、金塘村、大坪坳村、磨桥村、隽水镇柳峦村、雁塔社区、新塔社区。

马港堤　以所在河流名命名，上起推垅桥，经马港，下至毛墩柏树屋，全长 6.8 千米。马港大桥至柏树屋一段，1971 年冬修建，堤长 3.5 千米、高 3 米、宽 3.5 米，顶为公路面。马港大桥至推垅桥一段，1977 年修建，长 3.3 千米。

沙堆港堤　以所在河流名命名，上自湾船咀，下至堤上(崇阳界)，长 6.3 千米。原来港道弯曲，堤防单薄矮小，每遇洪水，泛滥成灾。1972 年冬，沙堆区组织劳力 5000 多人，将港道裁弯取直。新港宽 80 米，两岸堤高 3 米、宽 4 米。迎水坡植杨柳、栽冬茅。1978 年冬再次修整加固，两岸再无洪涝之患。

铁柱右岸堤防　位于铁柱港右岸，以该设施所在河流及方位名称命名，全长约 20.2 千米，堤面宽 5 米，高约 2.5 米，1974—2011 年修建。该堤经过北港镇方墩村、沉山村、横冲村、石南镇柏树村、石马村、大坪乡墨烟村、农林村，隽水镇铁柱村。

铁柱左岸堤防　位于铁柱港左岸，以该设施所在河流及方位名称命名，全长约 20.2 千米，堤面宽 5 米，高约 2.5 米，1974—2011 年修建。该堤经过北港镇方墩村、沉山村、横冲村，石南镇柏树村、石马村、大坪乡墨烟村、农林村、隽水镇铁柱村。

湾头河堤　位于五里镇湾头村，以所属地片和水利设施综合命名。1973—1974 年，九岭区组织 11 个大队男女劳力，利用冬季农闲时节，集中改港造田，加固两岸港堤，并裁弯取直导流。河堤上从解元屋河堤起，下至港背屋河堤止，全长 2800 米，堤高 3 米，堤宽 3.5 米，全由人力担沙垒土而成。迎水面植杨柳、栽冬茅，险要地段块石护砌。通过改港修堤，戴家畈增加水稻田 9 公顷。

坳背蓄水堰　位于隽水镇利和村北部，距利和村村委会驻地前底屋 1.5 千米。以该水利设施所属居民点名称命名。明末，坳背港堰就已初步建成；中华人民共和国成立后，几经改造修筑后，粗具规模；2006 年，投巨资改建。此拦水坝筑在上游马眼冲垅、范垅、王家垅、邹家冲垅、刘家垅、蛤蟆石垅 6 垅综合汇集处，坝址石井背，坝堤长 50 米，坝高 6 米，蓄水面积约 0.8 公顷，蓄水量 2.5 万立方，坝内全长 200 米，可灌溉下游农田 14 公顷，下游为自流灌溉，上游及两侧可抽水灌溉 7 公顷。

百家堰　位于沙堆镇港背村西南部廖家湾沙堆河段，距村委会驻地栎山畈 5 千米处。因此处旧时修有堰拦河水，可利及廖家湾附近众多居民田地用水，故名百家堰。2001 年筑成钢筋水泥堰，2012 年复修加固。堰坝将此地沙堆河段拦腰截流，堰坝长60米，堰坝顶宽2米，可灌溉农田133.3公顷。

黄土堰　位于沙堆镇港背村东部双港口上游山上刘家港段，距村委会驻地栎山畈2.5千米。以修筑堰坝的材料命堰名。始修于1930年，为黄土筑成的临时拦水堰。2012年用钢筋水泥构筑堰堤。堰长40米，堰高2米，灌溉面积113.3公顷，有山上刘家、柏峦、畈上刘家、破屋、双港口、华家村等地居民点受益。

庙湾堰　位于大坪乡辉煌村龙合地片庙湾居民点，以该堰所处居民点名称命名。1976年由庙湾、龙合口、谢家畈、瓦匠屋、青毛咀5个居民点自筹修建，2003年重建，属辉煌村5个居民点管理。渠道长2千米、宽2.5米、高2米，受益面积35公顷。

下况家堰　位于沙堆镇大柱山村西部，距村委会驻地余坊1.4千米。以所在的居民点名及水利设施综合命名，隶属沙堆镇大柱山村。1974年，将下况家前的溪流拦腰切断，坝长70米、高7米，坝顶宽4.5米，可通车，水域面积0.57公顷，主要服务况家、王家两个组，灌溉7公顷水田。

晏家石堰　位于石南镇赛公村左港河晏家处，以所在地地名命名。距左港水库管理处3千米，距石南镇政府所在地1.2千米。古有临时性沙堰。1981年，石山大队在晏家踏水桥处设1米高石堰，堰上造人行桥；2011年赛公村委会将石堰加固，沿河两岸修混凝土过水道，以便分流。石堰全长28米、宽1.5米、高1.5米，可自流灌溉农田16.7公顷，沿河排水、灌水道共450米。

永乐堰　位于大坪乡东冲水库下游，源头西起沙口村庚陂头，向东流经湖塘、下湾、荫山堋、圳上、沙口铺、白屋、彰书阁、黎家、塘形等地域，抵达大坪乡农林村。兴修于明代永乐年间，故名永乐堰。由吴公伯彰自费修建，所以又叫“伯彰堰”。全长4150米、宽2~3米、深1.5米左右，渠道为泥土构造。是沙口村主要的排水灌溉的渠道，灌溉面积200余公顷。

永泉碑堰　位于沙堆镇港背村西部港下傅家前沙堆河地段，距村委会驻地栎山畈1.5千米，以所在地点命堰名。始建于1984年，2000年加固，2014年复修。钢筋水泥结构，堰长65米、宽2米，可灌溉面积100公顷以上，水资源丰富，港背村6、7、8、9组直接受益。

官圳拦河坝　位于沙堆镇晒谷石。因其为向阔田官圳提供水源的拦水坝而得名。始建于清代，后多次维修。2006年由上、下阔村民集资，国家扶助建成灌溉、发电的两用拦河坝，后经两次维修加固。坝全长250米，坝底宽7米，坝面1.5米，高8米，分堤坝和消力池两部分，总投资为320万元，白天蓄水，夜晚发电。可灌溉下游农田150余公顷。

和尚港护堤石坝　位于石南镇赛公村和尚港南岸和圣桥头东桥头至竹峦屋山咀，以河流名和该设施作用综合命名。2011年开工，2012年竣工。全长800米、宽0.8米、高1.5米，总计完成石方1000立方米，石坝用混凝土灌浆抹面。

隽水河拦水坝　位于隽水镇新塔社区东新塔大桥东南端，以所在河流和水利设施的功能综合命名。2000年10月开工，2002年12月建成。大坝由主坝、引水渠和消力池3部分组成，全长165米、宽20米、高3米，水域覆盖利和、上阔、下阔、油坊4村，可解决9000余人的生产、生活用水和800公顷农田灌溉。整个工程投资622万余元。大坝建成后，将隽水河水位提高3米，上游水位至隽水大桥，使县城常年绿水环绕。同时，在拦河坝旁另建有水电站，年发电量50万千瓦时。

第五节　池　　塘

白石大塘　位于沙堆镇瑶泉村南部白石屋，距村委会驻地老营山2千米。以所属的居民点名称及水利设施规模综合命名。1957年建成，隶属瑶泉村白石居民点。坝长160米，坝顶宽2.5米，坝高5米，水深4米，储水量38410立方米，可灌溉面积14公顷，年产鱼1.5吨。

陈霓塘　位于隽水镇上阔村东部，距上阔村委会驻地1千米，在大楼屋东上方350米，左靠隽四公路，右依鸟山冲。此塘初名陈谷塘，寓该地陈谷多似此塘之水之意。后畈上人多见此塘上方雨后彩虹特别多，故改称陈霓塘，又称陈泥塘。相传此塘和五爪塘皆为杜姓迁通七世祖仰所公

(1572—1631)所修，因大楼屋是盆形，需上方有水才能永久发达，故在大楼屋东西方上部各修塘二口，一大一小，为子母塘，意寓发达无穷之意，既填补了风水缺陷，又做灌溉之用。1959年将塘整修扩大，合两塘为一塘，并加高加宽堤坝。水面约1公顷，水深1.5~3米，蓄水近2万立方米，自流灌溉大楼屋、塘下屋农田近20公顷。

刘家大塘　位于沙堆镇港背村东部山上刘家沙堆河段，距村委会驻地栎山畈1.5千米。以所属居民点名、规模、水利设施综合命名。20世纪50年代始修，60年代扩修，2014年整修，坝长35米，坝顶宽3米，坝高6米，水域面积6800平方米，储水量5万立方米，灌溉面积6.7公顷。山上刘家受益于此。

下阔官塘　位于隽水镇下阔村南部，距村委会驻地石背约1.3千米。宋太平兴国年间(976—984)，当地居民在此处修池塘作灌溉之用。明万历年间，杜姓四世祖杜万历公向皇庭进献龙驹宝马，皇帝龙颜大悦，给杜万历封赐俸禄，拨银两将此池塘加固加高。施工时，新任县令亲临此塘堤挑土奠基，县邑吏员亦倾巢轮流修塘，故名。堤高7米、长72米，承水面积约20公顷，水面1.3公顷，蓄水3.5万立方米，灌溉面积约33公顷。

王谷大塘　位于沙堆镇坪坳村西部王家居民点(原光明大队修)的王谷垅上，距村委会驻地柏木塘1.5千米。以所在地点命塘名。始建于1971年，1978年扩修，坝长150米，坝顶宽4米，蓄水面积6800平方米，储水量5万立方米，可灌溉良田17公顷，年产鱼1吨以上。王家、新屋黎家受益于此。

五爪塘　位于隽水镇上阔村东北部，南距上阔村委会驻地月塘1千米，大楼屋北上方400米，塘下屋居其西下侧。塘面周围山体突出五处，形似手爪，塘面似手心，故名五爪塘。古有一大一小两塘，与前述陈霓塘为子母塘，1959年扩大规模。水面4700平方米，水深1~2米，蓄水7000余立方米，可自流灌溉、下阔章家、集苞屋大坑垅田近10公顷。

第六节　抽　水　站

白马洲桥头泵站　位于关刀镇官塘社区北部，距社区驻地1千米，以该泵站所在的地理位置和交通设施综合命名。2013年开工，2014年建成使用，属官塘社区。总装机容量11千瓦，可抽水灌溉农田8公顷。

仓下抽水机站　位于沙堆镇湾船咀村仓下屋旁，距村委会驻地黑沙滩1.2千米处，以该机站所在地点名称命名。2006年建成，隶属湾船咀村村委会。有机房1间，12平方米；电机水泵1台，15千瓦，扬程6米，管道等配套设施齐全，主要受益9组，可灌良田50公顷。

长冲泵站　位于塘湖镇阁壁村北部，距村委会驻地罗家坳约1千米。以该泵站所在地点命名。1986年由罗家村修建(今更名为阁壁村)，2014年属阁壁村管理。抽水机动力为10千瓦电动机，扬程22米，从长冲沟小溪内取水，灌溉约7公顷水田。

邓家当铺泵站　位于沙堆镇大柱山村南部，距村委会驻地余坊1千米。以附近居民点名称命站名。1985年建成，隶属沙堆镇大柱山村。机泵功率13千瓦，管道直径20厘米。2012年新增1台7个千瓦的潜水泵，杨程4米，汲水杨程2米。

对家塝泵站　位于塘湖镇润田村对家塝地段，以该设施所在的地点名称和水利设施名称综合命名。1969年由原润田村修建，由于年久失修，至1995年后停止使用，2014年小农水改造试点时重新修建。建筑面积10平方米，配电机15千瓦，出水管口径8寸，取水点润田水库，灌溉面积3公顷。

冯家泵站　位于塘湖镇凉亭河右岸，以泵站所在的居民点命名。由县水利局出资，于2014年10月份开工建成使用，装机功率11千瓦时，可灌溉冯家塅畈和咀背塅畈30余公顷农田。

高墈卢家泵站　位于沙堆镇沙堆村北部高墈卢家墩上，距村委会驻地井峰大道570号1千米。以所在地点名及水利设施综合命名。1981年建成，隶属沙堆镇沙堆村，有12平方米的机房1座，电机1台30千瓦，扬程20米，其他水管设施等齐全。可灌溉高塅卢家、湾头屋、庙铺咀、罗家门等居民点的农田 24 公顷。

关刀桥头泵站　位于关刀镇官塘社区东部，距社区驻地 400 米。以该泵站所在的地理位置和水利设施综合命名。1989 年开工，1990 年建成投入使用，总机容量 15 千瓦，可抽水灌溉农田 9 公顷。

华水塝泵站　位于大坪乡农林村五组，距农林村委会 700 米，以该泵站所在地命名。始建于 1972 年 5 月，泵站初始用 90 马力柴油机，1987 年 4 月改用 55 千瓦电机，2009 年重建。建筑面积 45 平方米，灌溉面积 58 公顷。

老屋泵站　位于塘湖镇凉亭村三组，建于老屋西侧，以泵站所属的居民点命名。建于 20 世纪 70 年代初期，2000 年由凉亭村进行维修。装机功率 13 千瓦时，水位扬程 25 米，灌溉良田 6 公顷。

李家泵站　位于塘湖镇润田村李家居民点地段，以该设施所在的居民点名称和水利设施名称综合命名。1974 年修建，由于年久失修，1990 年停止使用，2014 年小农水改造时重新修建。建筑面积 10 平方米，配电机 15 千瓦，出水管口径 8 寸，取水点为润田港，可灌溉面积 2 公顷。

庙下泵站　位于塘湖镇润田村庙下居民点地段，以该设施所在的居民点名称和水利设施名称综合命名。1970 年修建，由于年久失修，1990 年后停止使用，2014 年小农水改造试点时重新修建，取水点为润田港。建筑面积 10 平方米，配电机 15 千瓦，出水管口径 8 寸，可灌溉面积 2 公顷。

秋白屋抽水机站　位于沙堆镇湾船咀村秋白屋居民点，距村委会驻地 300 米。以所在居民点命名。2006 年建成并投入使用，有 12 平方米的机房 1 间，15 千瓦电机抽水泵 1 台，扬程 20 米，主要由秋白屋受益，可灌溉良田 20 公顷。

石井铺抽水机站　位于大坪乡达凤村石井铺，距达凤村委会 1 千米。以该机站所在地地点名称和水利设施名称综合命名。1974 年修建，机站占地面积约 40 平方米，功率 50 千瓦，水泵进出口 10 进 8 出，扬程约 50 米，管道全长约 100 米，由马鞍山石堰引水，水渠 500 米，可灌溉达凤地片面积 133. 3 公顷。

石咀泵站　位于关刀镇官塘社区东北部，距社区驻地 1. 2 千米。以该泵站所在的地理位置和水利设施综合命名。1982 年开工，1983 年建成投入使用，属官塘社区管辖。总装机容量 15 千瓦，可灌溉农田 13 公顷。

湾船咀抽水机站　位于沙堆镇湾船咀村驻地黑河滩屋后。以所在的居民点和水利设施名命名。2006 年建成，同年投入使用，隶属沙堆镇湾船村。有 12 平方米的机房 1 间，15 千瓦电机 1 台，管道等配套设施齐全，主要有湾船咀村 2、3、7 组受益，可灌溉良田 60 公顷。

堰背泵站　位于塘湖镇润田村堰背地段，以该设施所在的地点名称和水利设施名称综合命名。1970 年修建，由于年久失修，1990 年后停止使用，2014 年小农水改造试点时重新修建，取水点为润田港。建筑面积 10 平方米，配电机 15 千瓦，出水管口径 8 寸，取水点润田港，可灌溉面积 3 公顷。

第四章 电力设施

第一节 发电站

百丈潭一级电站 以所在地点名称和序号及电力设施名称综合命名。为坝后式，在百丈潭水库坝外。1970年初动工，历时4月完成土建及厂房主机安装工程，5月1日试机运行。最大水头30米，最小水头11米，发电流量1.02立方米/秒。安装水轮发电机组1台，容量280千瓦，电压400伏。1971年年底，投资20万元，架设输电线路，安装升压变压器，容量320千伏安，以10千伏向县城供电，年发电量70万千瓦时。

百丈潭二级电站 以所在地点名称和序号及电力设施名称综合命名。为引水式，承接一级站发电尾水，经过1千米暗渠，至百丈潭口左侧山头上压力前池，向下顺山埂445米压力管道，至毕家大屋厂房。发电尾水通过130米暗渠泄入老河道。水头高157米。水工、电气设计经湖北省水利设计院具体指导；压力钢管及机电设备由湖北省水利局工程一团负责安装；压力钢管由武昌金口造船厂制作。1972年引水渠动工，1974年元旦，一号机组以35千伏输电线路向县城供电。同年10月，第二号机组投入运行。原没计装机2台，容量为1260千瓦。因机组缺货，改装2台为1600千瓦，单机出力600千瓦，升压变压器1800千伏安，年发电量500万千瓦时。建站投工38万个，完成土石8.9万立方米，耗费140万元。其中，国家投资118万元，地方自筹22万元，每千瓦投资875元。1977年，从厂房至前池沿管道砌筑石级888步，两侧安装水泥栏杆，沿途栽种花草果木。

百丈潭三级电站 以所在地点名称和序号及电力设施名称综合命名。为引水式，位于二级站下彭家塅。承接二级站、杨泗庙两电站发电尾水，又拦截易塅港径流，穿山过洞，到猪婆坳山包压力前池，沿山埂压力管道至河滩边厂房，发电尾水泄入河道。引水渠全长2.8千米，矩形断面，坡降1/5000，全部水泥浆砌，上段是明渠，中段是暗渠，下段穿过7处隧洞，总长810米。前池调节容积6000立方米，压力管是内径80厘米的预应力混凝土管，并排2根，单根长度135米。厂房为半封闭式，上下两层面积1200平方米，屋顶为拱形结构。县水利局自行设计、安装。1974年冬动工。水头66.5米，引水渠最大过水能力3立方米/秒，设计装机1260千瓦。因缺货，1975年秋季安装一号机组800千瓦，1976年秋安装二号机组1000千瓦。1979年将二号机组拆迁，换装500千瓦。主变压器1800千伏安，年发电量400万千瓦时。共投工45万个，完成土石16.8万立方米，投资143.5万元。其中，国家扶助93万元，地方自筹50.5万元，每千瓦投资1104元。

百丈潭四级电站 以所在地点名称和序号及电力设施名称综合命名。为坝后式，位于三级站下神龙坪水库坝后。1976年7月开工，次年10月建成发电。最大发电水头36米，单机流量2.2立方米/秒，装机2台，容量1000千瓦，主变压器1800千伏安，年发电量300万千瓦时。工程投资109万元。其中，国家扶助48万元，地方自筹61万元，千瓦投资1090元。完成土石62.5万立方米，投工150万个。

黄龙三级电站 以所在地点名称和序号及电力设施名称综合命名。位于盘石公社(今麦市镇)摸剑岭。电站水头98.25米，取用流量2.35立方米/秒，装机2台、1600千瓦。主变压器2500千伏安。水泥浆砌引水渠1.2千米；开山洞2个，长305米；架渡槽3个，长119米；前池容积2900立方米。压力管为预应力钢筋混凝土管，内径100厘米，长252米，1管供2机，岔管内径为50厘米，尾水泄入四级站引水渠道。1978 年 8 月开工，1982 年 11 月完工，完成土石 1.97 万立方米，投工 20 万个，投资 130 万元。其中，国家扶助 17 万元，自筹 55 万元，贷款 58 万元。1982 年底并网运行，年发电量近 400 万千瓦时。

黄龙四级电站 以所在地点名称和序号及电力设施名称综合命名，为引水式。承接三级站尾水，并拦截小青山支流。厂房在盘石公社陈洲大队(今麦市镇陈塅村)竹节坑。利用水头 71.5 米，流量 3.5 立方米/秒，装机 2 台、1630 千瓦，主变压器 1800 千伏安。引水渠道为浆砌石，矩形断面，长 2.3 千米。其中，穿山洞 11 个，长 935 米；架渡槽 1 座，长 40 米。设计流量 4.2 立方米/秒，前池容积 3700 立方米。压力管道为预应力钢筋混凝土管，内径 100 厘米，长 353 米，1 机 1 管供水，尾水泄入麦市公社九房电站引水渠道。1977 年 11 月开工，1980 年 4 月竣工。投资 151 万元，其中，国家扶助 80 万元，自等 41 万元，贷款 30 万元。投工 41.5 万个，完成土石 7.8 万立方米。年发电量 350 万千瓦时。

马颈电站 以所在地点名称和电力设施名称综合命名，位于麦市镇卢塅，为马颈水库坝后式电站，压力管道系钢管，长 35 米，内径 1 米。设计流量 2.35/秒立方米，最大水头 22 米，最小水头 10 米，安装水轮机 HL260-WJ-60 型 1 台，发电机 TFSWN99/37-10 型 1 台，320 千瓦，年发电量 60 万千瓦时。1984 年 3 月开工，次年 4 月建成，投资 20 万元。

杨泗庙电站 以所在地点名称和电力设施名称综合命名，位于马港镇杨泗庙附近，是杨泗庙水库的坝后电站。水库是为补充和调节百丈潭三、四级电站发电水量而建。电站厂房建在坝下 500 米处，铺设内径 80 厘米预应力钢筋混凝土管 480 米，与水库连通，最大运行水头 48 米，安装 400 千瓦机组 1 台，发出电压 6.3 千伏，通过 400 米地下电缆将电送到二级站升压，并入县电网。1976 年 12 月开工，1978 年年底投入运行，年发电量约 50 万千瓦时，投资 160 万元，投工 60 多万个。

云溪一级电站 以所在地点名称和序号及电力设施名称综合命名，为引水式，在水库上游云溪公社(今关刀镇)沙塅。1976 年 9 月开工，1978 年 2 月建成。拦水坝是浆砌块石结构，拱形，长 30 米，高 35 米，拦截面积 18 平方千米。引水渠道 2000 米，设计引用流量 1.5 立方米/秒，预应力钢筋混凝土压力管，长 360 米，内径 80 厘米。装机 2 台、640 千瓦。主变压器 750 千伏安，年发电量 160 万千瓦时。投资 50 万元，投工 20 万个。

云溪二级电站 以所在地点名称和序号及电力设施名称综合命名，位于关刀镇碧龙潭，故又名碧龙潭电站，为引水式。利用碧龙潭天然落差，在潭口建一拦水堰，拦截一级电站发电尾水及部分区间来水。引水渠 500 米，取得水头 50 米，装机 2 台、250 千瓦，主变压器 320 千伏安。1975 年开工，1976 年 6 月建成，投资 15.16 万元。其中，国家补助设备费 8.3 万元，银行贷款 0.2 万元，公社自筹 6.66 万元，投工 4.5 万个。1977 年并网运行，年发电量 90 万千瓦时。

云溪三级电站 以所在地点名称和序号及电力设施名称综合命名。为引水式，位丁云溪水库上游的道上。承接二级站尾水，开引水渠长 1.7 千米，取得水头 26 米，引用流量 1.5 立方米/秒。压力管为预应力钢筋混凝土管，内径 80 厘米。装机 2 台、235 千瓦，尾水泄入云溪水库。1978 年开工，1980 年并网运行，年发电量 50 万千瓦时。投资 19 万元。其中，国家补助设备费 6 万元，自筹 13 万元，投工 2 万个。

云溪四级电站 以所在地点名称和序号及电力设施名称综合命名，位于关刀镇云溪，为坝后式。1975 年开工，1976 年 10 月建成。设计水头 32 米，流量 5.6 立方米/秒，装机 2 台、1260 千瓦。主变压器 1800 千伏安，年发电量 300 万千瓦时，发电尾水泄入总干渠。建站投工 1.5 万个，完成土石 1.25 万立方米。投资 80 万元，其中，国家扶助 45 万元，地方自筹 35 万元。

云溪五级电站 以所在地点名称和序号及电力设施名称综合命名，位于关刀镇金潭，为引水式。在距水库 3.4 千米的金潭，用东干渠水发电。利用水头 42 米，引用流量 2.3 立方米/秒，装机 2 台、1000 千瓦，年发电量 220 万千瓦时。安装 1800 千伏安主变压器 1 台。压力管为预应力钢筋混凝土管，内径 80 厘米，两管两机供水发电，尾水泄入河道。1976 年 12 月开工，1978 年 7 月建成。完成土石 1.7 万立方米，投工 2.2 万个。投资 83 万元，其中，国家扶助 25 万元，地方自筹 58 万元。

表 18　**2014 年通城县乡镇联网小水电站基本情况一览表**

电站名称	承雨面积（km^2）	电站形式	水头（m）	引用流量（m^3/s）	装机容量（台×千瓦）	设计年发电量（万 kW·h）	水轮机型号	发电机型号	投产年份	电站所在地名
（一）麦市镇：发电机组：10 台，容量 2140kW，主变压器：9 台，容量：2600kVA										
天门一级电站	5.0	坝后	22.0	0.35	1×55	9.1	HL360-WG-30	TSWN49.3/25-6	1980	麦市镇天门村
天门二级电站	5.0	引水	210.0	0.35	1×250 +1×320	195.7	CJ-W-55/1＊7	TSWN74/36-6 TSWN320-6/850	1981	麦市镇西冲村
天门三级电站	8.9	引水	57.0	0.40	1×250 +1×125	76.1	hl110-WJ-42	TSWN125/36-6 TSWN250-6/850	1982	麦市镇西冲村
黄花山电站	5.0	引水	195.0	0.50	2×320	150.0	CJ220-W55/1＊7B	TSW320-6	1997	麦市镇花园村
黄石山电站	8.8	引水	157.0	0.42	2×250	120.0	CJ22-W55/1＊7B	TSWN74/36-6 TSWN320-6/850	1995	麦市镇盘石村
（二）塘湖镇：发电机组：10 台，容量 1405kW，主变压器：9 台，容量：1830kVA										
大盘山电站	2.0	坝后	230.0	0.2	1×160	80.0	CJ-W55/1＊4.5	SFW160-59/6	1986	塘湖镇大盘山村
白水岩一级电站	10.0	坝后	49.0	0.4	1×160	25.0	HL110-WJ-42	SFW160-6/590	1992	塘湖镇荻田村
白水岩二级电站	10.5	引水	135.0	0.3	2×200	127.5	CJ-W-55/1＊7B	SFW-200/6	1979	塘湖镇荻田村
白水岩三级电站	10.6	引水	24.0	0.3	2×75	25.3	HL260-WJ-35	SFW75-6	1993	塘湖镇荻田村
河马港电站	2.5	坝后	110.0	0.2	1×125	40.0	CJ-W-55/1＊7A	SFW125-59/8	1970	塘湖镇荻田村
大泉电站	泉水	引水	123.0	0.2	1×160	25.3	CJ-W-55/1＊7A	TSW160-59/8	1987	塘湖镇荻田村
狼荷电站	7.7	引水	53.0	0.5	2×125	44.6	HL110-WJ-35	TSWN59/34-6	1978	塘湖镇狼荷村
（三）隽水镇：发电机组：7 台，容量 245kW，主变压器：6 台，容量：310kVA										
桃源二级电站	1.5	坝后	20.0	0.4	1×26	3.9	HL210-WJ-20B	TSWN36.8/120-4	1977	隽水镇栈石村
桃源三级电站	1.5	引水	22.0	0.4	2×26	4.4	HL210-WJ-20B	TSWN36.8/12.-4	1977	隽水镇桃源村
桃源四级电站	1.5	引水	50.0	0.4	1×75 +1×40	8.5	XJ-W-25/7 HL129-WJ-35	TSWN42.3/25-6 TSWN49.3/30-6	1977	隽水镇桃源村
桃源五级电站	3.37	引水	22.0	0.4	2×26	8.6	HL210-WJ-35	TSWN36.8/12.-4	1975	隽水镇桃源村
（四）关刀镇：发电机组：5 台，容量 735kW，主变压器：4 台，容量：1000kVA										
云溪二级电站	21.7	引水	54.0	0.6	1×125 +1×250	112.5	HL110-WJ-35 HL110-WJ-50	SFW125-74/6 TSWN250-12/6	1975	关刀镇道上村
云溪三级电站	24.3	引水	22.0	1.5	1×160	64.8	HL260-WJ-50	TSWN65/30-6	1978	关刀镇道上村
王腊坪电站	171.0	河床	3.5	8.0	2×100	85.0	ZD560-LM-100	TSN59/41-8	1978	关刀镇新建村
（五）马港镇：发电机组：9 台，容量 1180kW，主变压器：8 台，容量：1490kVA										
绿梅电站	2.5	引水	121.0	0.3	1×160+ 1×125	37.9	CJ-W-55/1＊7AQJ-W-46/1＊5	SFW160-74/ 8TSW59/34-8	1978	马港镇平湖村
洞下电站	2.0	引水	84.0	0.3	1×160	23.5	XJ-W-25/1＊7	TSWN49.3/30-6	1977	马港镇平湖村
潭下电站	2.0	引水	116.0	0.1	1×160	20.0	CJ-W-55/1＊7A	TSWN125-6	1993	马港镇潭下村
老龙潭电站	4.3	坝后	35.0	1.0	1×125 +1×160	40.0	HL129-W-42	TSWN59/34-6 SFW250-6	1978	马港镇老龙潭村
马港电站	39.5	引水	23.0	1.5	2×125	90.6	HL260-WJ-35	SFW59/6	1979	马港镇马港村
深谷垅电站	1.6	引水	33.0	0.2	1×40	12.0	HL260-WJ-35	TSWN42.5/25-6	1975	马港镇马港村

续表

电站名称	承雨面积(km^2)	电站形式	水头(m)	引用流量(m^3/s)	装机容量(台×千瓦)	设计年发电量(万kW·h)	水轮机型号	发电机型号	投产年份	电站所在地名
(六)大坪乡：发电机组：9台，容量1553kW，主变压器：12台，容量：2015kVA										
田庄二级电站	1.5	引水	90.0	0.3	2×64	19.7	XJ-W-25/1*7	TSWN49.3/30-6	1980	大坪乡田庄村
田庄三级电站	1.5	引水	90.0	0.3	2×75	20.2	XJ-W-25/1*7	TZH-75	1978	大坪乡田庄村
内冲电站	3.4	引水	90.0	0.3	2×75	23.4	XJ-WW-25/1*7	TSWN49.3/30-6	1978	大坪乡内冲村
横岭一级电站	1.5	坝后	157.0	0.2	1×200	60.0	CJ-W-55/1*7	TSW200-8	1987	大坪乡药姑村
横岭二级电站	4.0	引水	70.0	0.3	1×125	37.5	CJ02-W-42/1*9	SFW125-8	1987	大坪乡药姑村
横岭三级电站	9.8	坝后	20.0	0.5	1×100	30.0	HL220-WJ-35	SFW100-59/6	1984	大坪乡药姑村
横岭四级电站	9.8	引水	110.0	0.5	1×125 +2×250	150.0	CJ-W-55/1*9 CJ-W-72/1*9	TSWN125-10 TSWN59/34-6	1979	大坪乡花墩村
横岭五级电站	9.8	引水	16.7	0.5	1×75	22.5	HL260-WJ-35	TSWN49.3/30-6	1981	大坪乡花墩村
(七)五里镇：发电机组：4台，容量450kW，主变压器：4台，容量：580kVA										
季山一级电站	4.0	引水	55.0	0.2	1×75	22.5	HL110-WJ-35	SFW75-6	1988	五里镇季山村
季山二级电站	4.0	引水	70.0	0.2	1×125	37.5	XJ02-W-42/1*9	SFW125-8	1989	五里镇季山村
季山三级电站	4.6	引水	42.0	0.3	1×125	30.0	HL110-WJ-42	SFW125-6	1992	五里镇季山村
佛岭电站	12.7	坝后	23.5	0.9	1×125	47.0	HL260-WJ-35	SFW125-6	1995	五里镇季山村
(八)四庄乡：发电机组：1台，容量125kW，主变压器：1台，容量：160kVA										
清水塘电站	15.8	坝后	14.0	1.2	1×125	45.0	HL260-WJ-50	SFW-8-125	1990	四庄乡清水村
村办联网电站：发电机组：4台，容量216kW，主变压器：4台，容量300kVA										
云溪沙下电站	1.5	引水	80.0	0.1	1×40	12.4	XJ-W-25/1*7	TSWN42.3/25-6	1978	关刀镇沙塅
关刀张源电站	2.5	引水	72.0	0.1	1×75	15.2	XJ02-W-25/1*9	SFW26-75	1977	关刀张源村
关刀红山电站		引水	72.0	0.1	1×75	15.2	XJ02-W-25/1*9	SFW26-75	1977	关刀镇张源村
寺前电站		引水	44.0	0.1	1×26	1.5	XJ02-W-25/1*7	SFW26-6/423	1974	五里镇寺前
股份制电站：发电机：1台，容量：320kW，主变压器：1台，容量：400kVA										
天岳电站	4.3	引水	146	0.29	1×320	130	CJ22-W-55/1*7.5	SFW6-320	2005	麦市天岳村
白马洲电站	320	河床	3.5	29.4	1×320+ 1×400	200	D03-L-180 D03-L-160	SF32-400 SF28-320	2007	关刀白马村

第二节　变电站

长垅变电站　位于大坪乡沙口村。以所在地点命名，为110千伏变压输送站。东邻双(龙)大(坪)公路，南靠杭瑞工业园，西连蔡家垅，北接尧家垅。占地面积8670平方米，建筑面积1500平方米。2009年开工建设，2010年建成后投入运营，属国网通城县供电公司。

程凤变电站　位于五里镇程凤村，距五里镇人民政府驻地6千米。以所在村名和电力设施综合命名，为35千伏变压输送站。占地面积3000平方米，建筑面积800平方米。2013年开始建设，2014年7月建成后投入运营。

城墙山变电站　位于塘湖镇狼荷村西部，距镇人民政府驻地3千米，以所在山名和电力设施综合命名，为110千伏变压输电站。2007年修建，

2008年投入使用，属国网通城电力公司。东连戴家坳，南邻凉亭村，西、北连狼荷村油茶基地，占地面积6000平方米，建筑面积4500平方米。

大坪变电站　位于大坪乡南坪社区庄大路，距南坪社区驻地900米。以所在行政区域命名，为35千伏变压输送站。占地面积1900平方米，建筑面积500平方米。1999年对原有供电设备全面改造，2002年建成后投入运营。

国网新塔变电站　位于新塔社区北部玉立大道376号，距新塔社区驻地1.5千米。东临玉立大道，西连元宝嘴，南接金楼冲，北靠张家。以企业隶属关系名称、所在地点名称综合命名。2005年征地，2006年建成投产，属国家电网公司通城支公司。变电站占地面积约7000平方米，有110千伏主变1台，容量20MVA，2010年最大负荷16.3MW，容载比1.23，主变重载运行。为县经济开发区、隽水镇各村(城区除外)提供用电和服务。2014年末，变电站有职工20人。

九岭变电站　位于马港镇何婆桥村南部，距马港镇人民政府驻地1千米。以所在山名和电力设施综合命名，为35千伏变压输送站。占地面积2800平方米，建筑面积700平方米。2010年开工建设，2011年8月建成后投入运营。

表19　**2014年末通城县电网变电站基本情况一览表**

220千伏变电站			
名　　称	地　　点	建成时间	供电区域
通城220kV变电站	隽水镇铁柱村五组	2014-02	通城县域
110千伏变电站			
隽水110kV变电站	隽水镇城区	1987-04	隽水镇
新塔110kV变电站	隽水镇新塔社区	2002-11	隽水镇
麦市110kV变电站	麦市镇井塘村四组	2006-12	麦市镇
城墙山110kV变电站	塘湖镇狼河村五组	2008-01	塘湖镇
长垅110kV变电站	大坪乡长垅村陶瓷工业园	2013-05	石南镇、大坪镇
传宝岭110kV变电站	沙堆镇港背村七组	2014-12	沙堆镇
35千伏变电站			
水兴35kV变电站	水兴镇水兴村十组	1982-01	水兴镇
石南35kV变电站	石南镇石南社区	1998-04	石南镇
北港35kV变电站	北港镇庄前社区	1988-02	北港镇
马港35kV变电站	马港镇何婆村	2002-01	马港镇
沙堆35kV变电站	沙堆镇上坪村六组	1985-09	沙堆镇
大坪35kV变电站	大坪乡南坪社区	2001-01	大坪镇
程凤35kV变电站	五里镇程凤村十一组	2014-07	五里镇

第五章　建　筑　物

第一节　房　　屋

博仁广场　位于隽水镇雁塔社区，距社区驻地800米，东接秀水大道，西邻雁塔三组，南连银城东路，北靠隽水大道。以美好愿望和建筑物名称综合命名。2006年征地筹建，2013年动工建设；2014年末，三期商品开发楼盘建成，开盘销售，同时广场内的金逸院线博仁国际电影城建成开业。居民房屋总占地面积3万平方米，建筑面积3万平方米，呈块状分布。2014年末，有居民163户630人。该广场建有500米外环步行街，设有电影院、体育健身房、歌舞厅、商店等综合功能场所和公园式的游乐花园，为集商贸、居住、娱乐多种功能为一体的繁华广场。

北港镇农贸市场　位于北港镇长青社区东部，距居委会驻地友谊路200号200米。为古楼式钢筋混凝土结构的全封闭式水上市场。以行政区域名称和经营范围综合命名，1986年5月建成，是当时全县第一个乡镇级农副产品集贸市场。随着经济发展及个体户增多，通城县工商局于1991年12月重建。建筑面积1765平方米，交易大厅面积1200平方米。市场办公楼门前设有一个320平方米停车场，市场内设摊位90个。主要经营服装、肉食、蔬菜、水产品、豆制品、干鲜蔬菜等。2014年，市场内有个体工商户81家，商品品种达250余种，日平均上市交易500余人次。

滨江国际酒店　位于县城东阁路(秀水河东侧)，距旭红社区居委会驻地旭红路99号1千米。东临君临时代居民小区，西接秀水河，南连秀水老桥，北靠七天商务宾馆。以该酒店服务范围综合命名。2010年征地、开工兴建，2012年落成开业。占地面积576平方米，总建筑面积5184平方米，主体楼有9层，楼高27米。酒店前有小广场，左侧有500平方米的停车场，酒店内设会议室2间，住宿部有客房85间，床位150个。是一家引进国际连锁模式，以品质、舒适、温馨为经营主导，按照国际四星级标准配置的高端商旅酒店，是广东省东莞市商会的理事单位。

邓家祠堂　位于关刀镇八仙村西部，距村委会驻地八河屋1千米。东邻墩上，南界白马石埚，西接马鞍亭，北连五房屋。清嘉庆年间，邓姓在此建祠堂，1952年，土地改革时分给居民做住宅。20世纪80年代，因房屋失修，居民全部搬迁。2013年，邓姓人自愿集资，在此地重建。占地面积1350平方米，建筑面积300平方米，水泥预制结构，祠堂内供奉有邓氏宗族历代祖宗牌位。

丁氏宗祠　位于关刀镇道上村道上洞下片西岸，东邻漂流山庄，南连新屋100米，西接杨家，北靠山林。始建于清光绪七年(1881)，2014年整修。建筑面积600余平方米，土木结构，南北坐向，供奉丁姓历代祖先牌位和必显公木雕坐像。

东方名都　位于隽水镇白沙社区李家塘与隔壁屋结合处，距社区居委会所在地宝塔大道333号约1千米。东接银山小区，南邻银山广场，西连秀水大道，北靠李家塘公路。以该建筑物在县城的方位和美好愿望综合命名。2013年申报立项动工，2014年竣工。既有高档酒店、宾馆，又有宽敞舒适的住房，还有商店、超市和文化娱乐设施。房屋呈块状分布，占地面积4公顷，楼房11栋，建筑面积8万平方米。2014年有居民800户4000人。

杜氏宗祠　位于隽水镇上阔村北部，处大楼坳上屋与鸟山冲中间獐獭岭南坡脚下，南距S362省道400米，距上阔村委会驻地月塘1千米。以该建筑物用途及所属姓氏名称综合命名。始建于清道光年间，中华人民共和国成立前设私塾。1950—1960年，政府在此设点作为粮库，是大楼粮站前身。1961年成立国营农场，驻场部其内，1967年拆毁。2013年，杜姓族人将宗祠重建于原獐獭岭小学旧址。宗祠占地面积近3000平方米，建筑面积630平方米，上殿为清宫殿式古建筑，重檐斗拱，画栋雕梁。

鄂南商城　属隽水镇银城社区，位于银城社区东北部，距银城社区居委会驻地银城西路五巷18号约500米。东连隽水大道，南接银城西路，西毗银城新村，北靠双龙路。以建筑物所处地理位置及用途和规模综合命名，1994年由隽水镇政府组织建成。该商城是集商贸、仓储、加工、服务业、居住于一体的综合性建筑群，其中商贸、仓储、服务业100多家，占地近1.5公顷，建筑面积约3万平方米。2014年，有居民99户320人。

方氏宗祠　位于关刀镇道上村道上集镇右侧约100米处。东靠蚯型山，南连榨埚，西临关云公路，北与方小平住宅相连。原建于清嘉庆九年(1804)，1950年后云溪乡政府征作办公及供销经营场所，1970年修建云溪水库时被拆除，2014年由方小平发起召集方氏宗族募集资金重建方氏宗祠。占地面积1970余平方米，建筑面积320平方米，钢筋混凝土结构，斗拱形，门前有1200平方米的大型广场，为道上文化活动中心。宗祠内供奉有方氏家族历代祖先牌位和北宋民族抗金英雄兵部尚书方琼公神塑。

富苑宾馆　位于县城解放东路1号，距旭红社区居委会驻地旭红路99号800米。东临秀水河，西接卢森堡，南连解放东路，北靠东山阁。以美好愿景命名。2009年征地、开工兴建，2011年落成开业。占地面积1200平方米，总建筑面积6000平方米，主体楼有5层，楼高15米。宾馆设有海旺角小吃、欢乐迪KTV、滨江中餐厅、健身房、电器商行、农商行等。住宿部有客房60间，床位112个。

港下屋刘氏祖堂　属塘湖镇塘湖社区下港屋，位于塘湖中心集镇新街(元帅路)南部尾端港下屋居民点内，因所属居民点及姓氏综合得名。清乾隆十三年(1748)，刘塘湖支下11世巨川公玄孙媳御封贞洁孺人金氏率孙文启创建。该建筑“择藏龙卧虎之地，具燕翼贻谋之心。前眺朱岩准舞笔，后盾青旗引蟠龙；北放白马游闹市，南环金盆曲水城。房列东西二头，屋连上下三重，官厅客厅各别，正堂祖堂区分；客舍书斋齐备，粮仓金库分明，八巷八弄，走廊甬道，九列三穿，天井透明；雕梁画栋，粉壁朱门；能容百家居住，可纳千人餐厅”。后未及顾修，损毁严重。2004年，族人对祖堂进行改造加固，保持了原有的三重建筑形式，屋顶采用混凝土呈人字形构建，左右偏堂仍保持原建筑未动，大门口上方书有“御史家声”4字，第三重依旧制列为祖堂，堂后壁处建神台，长7米、宽1米、高1.5米，台上摆放原祖堂屋上保存下来7米长的鳌鱼雕梁一只，正中供放巨川公牌位，左侧供放廖公忠恕、忠显二大王雕像。此堂为刘姓族人敬拜祖宗和祭神的重要场所。

葛氏宗祠　位于麦市镇向阳社区北部，鸡笼山南麓石咀头山脚下，距社区居委会驻地沿河路347号约200米，以所属姓氏命堂名。东邻送嫁垅，南接麦塘路，西连沿河路，北靠鸡笼山。始建于明万历年间，1949年前曾在堂内设私学，名为“文纪学堂”；1950—1958年，是麦市区公所驻地；1960年由麦市区公所出售转让给县粮食局设立麦市粮管所；1966年拆毁，部分改建为居民点，部分改建为麦市印刷厂；2004年印刷厂破产后，由县拍卖中心转让给葛姓重建祠堂。占地面积2600平方米，建筑面积1800平方米。为宫殿式建筑，两侧为2层楼房。正堂摆放葛姓迁通始祖及历代祖宗牌位，为葛氏族人议事祭祀之地。

桂家祠堂　位于北港镇桂家村西北部，距村委会驻地六斗畈1千米。东傍六斗畈，西邻大界村，南连桂家学校，北靠大界村新塆。清康熙八年(1668)，由桂华安为首修建。占地800平方米，一进两重，中间为长方形天井，两边为厢房。祖宗牌位供奉在上重堂屋，牌位上方有“宏此远谟”4个大字的牌匾。墙壁全用青火砖砌成，木质立柱，粗如圆桶。整个祠堂掩映在绿竹丛中，古朴、典雅中透出肃穆之气。

海矿商务会馆　位于隽水镇柳峦村中部，距柳峦村委会驻地朱家约300米，以创办该馆的人名及其企业简称综合命名。东接朱家，南连谢家庙，西邻李家塝老屋场，北靠檀树背。“海”指创办人的名字，“矿”指北京五矿集团公司。占地面积约3.3公顷，建筑总面积约5万平方米，呈块状分布。其中，主体办公楼占地面积1300平方米；办公别墅5栋，占地面积3400平方米；住宿楼5栋，占地面积2000平方米；食堂一栋，占地面积1400平方米；鱼池一口，占地面积3400平方米；菜地占地面积2100平方米；服务区、职工楼、配电室、发电房、锅炉房占地10000平方米；绿化休闲场地占地2100平方米；停车场、排污设施各占地面积3400平方米。

何氏宗祠　位于麦市镇九房村南部何家墈，距村委会驻地港下屋150米。坐北转南向，东、西邻民宅，北面连水田，南接九贯公路。清乾隆年间，何姓族人在此建宗祠，故名。咸丰三年(1853)遇兵祸，化为灰烬。何姓族人当年重修上重，咸丰十年(1860)续修中、下两重。2013年10月在原址重建，占地2990平方米，建筑面积1340平方米，硬化广场1300平方米，硬化庭院350平方米，建围墙220米，总投资166万元。祠堂设有祖宗牌130多个。

鸿森机电大市场　位于隽水镇石泉村东北部，距村委会驻地银城西路灵官咀500米。东接通泰市场，西邻徐家垅，南连平安电工，北靠麻里坡。以开发该单位的企业名称和经营产品及规模综合命名，“鸿森”指湖北省鸿森建筑有限公司。2011年选址、立项，2012年征地、拆迁筹建，2014年10月竣工开业。占地面积3.3公顷，建筑面积6.8万平方米，呈块状分布。2014年，有居民101户370人，商铺楼10栋，门面134间，商铺面积2.04万平方米。

金凯大酒店　位于解放中路5号，距和平社区驻地700米，以创办酒店的老板姓氏和美好愿景综合命名。东临县文化馆，西接湘汉路，南邻粮食局宿舍楼，北靠解放中路。2010年征地、开工兴建，2012年落成，属县总工会。占地面积约700平方米，总建筑面积4500平方米，主体楼高9层，楼高27米。酒店一楼为商铺，二楼为餐饮大厅，三、四、五、六楼为住宿、桑拿、沐足、各式按摩、保健；有48间客房，100余个床位。

金三角大厦　位于民主路北侧，北临隽水河九眼桥，西邻西门巷北出口，东靠民主路，南连县中药材公司。因此处民主路与湘汉路相交而形成的三角形地带上建设起的高楼，故名。大厦原是民主路和湘汉路相交点前方的一片废墟，1995年建成大厦，归业主自行管理。主体楼1栋12层，商业住宅楼1栋6层，占地面积9300平方米，建筑面积9500平方米，有药店、家电超市、日常用品店等商铺和培训中心、建设银行，集居住、商业、服务行业于一体。

九井家园　位于沙堆镇九井社区，距居委会驻地九井街41号20米。东接河西路，西邻九井街，南连柳峦，北靠沙堆财政所。以所在地域名称命园名。1978年建成，1992年卖给通城县交通局沙堆交管站，属通城县交通局管辖；2011年沙堆交管站转卖给开发商，2013年建成，占地面积2200平方米，建筑面积9000平方米。该建筑集商贸居住于一体，是一栋12层电梯楼房，为沙堆镇最高建筑体。其中2～12楼为商品房，入住66户居民，一楼为世纪乐购物广场。广场面积620平方米，内设仓库和营业大厅，厅内有各种新鲜蔬菜、豆制品、大米、豆类，食用油、调味品、干鲜瓜果、糖果、糕点、副食品、烟酒、饮料、保洁品、化妆品、护理品、鞋袜、雨具、电器、文具、餐具、塑制品等。

隽水镇农贸市场　位于隽水大桥北端100米处，西邻隽水大道，南邻柳堤路(隽水河畔)，以行政区域名称、建筑物形式名称综合命名。1997年动工兴建，2002年竣工，2003年正式营业，隶属隽水镇管辖。占地面积2公顷，建有7200平方米的钢架结构营业大棚2栋，综合办公楼2栋。2014年设有熟食1条街、水果1条街、蔬菜1条街、粮油1条街、糖果1条街、海鲜1条街、特产1条街、早点1条街，固定摊位406个，临时摊位90余个。有市场管理人员286人；经营人员500余人，经营项目有熟食、干鲜、豆制品、禽蛋、冷冻品、野味、猪肉、牛肉、鱼虾、卤制品、蔬菜共13大类1000多个品种。

李氏西祠　位于隽水镇铁柱村石壁寺岭龟形。元初，李氏三世祖寿四公首修兴贤坊，十六世祖南谷公于清乾隆年间扩建祖庙，1957年被毁。2013年元月开基动工重建，2014年竣工。占地面积1500平方米，建筑面积1280平方米。古典式五阶三重，飞角斗拱，窗雕四灵，门列狮镇，脊兽傲天，金顶凌云。门楼顶立“李氏宗祠”匾额，有门联一副：“祖泽长绵功垂万古昭青史，宗风远播德贯千秋毓后贤。”悬《兴贤堂》于中殿，奉《先祖堂》于供殿，殿书门柱联：“重伦丽典香火绵绵陈俎豆，追本溯源螽斯振振耀门楣。”该祠是湘鄂赣毗邻地区族氏文化建设中规划最超前、功能最完备、建造最华美的代表作之一，是全县范围内最具代表性的仿古建筑体之一。

聂家祠堂　位于马港镇金山村东北部，距村委会驻地方垅 2.5 千米。东邻鲁家洞，南连郑家，西接聂家大屋，北靠关刀镇台源村张源洞。以该祠堂所属姓氏而命名。清光绪三十年(1904)建成，20 世纪 60 年代在此设立村办小学和村办企业，1968 年拆毁新建办场，2012 年由聂姓族人筹资重建。房屋占地面积 500 平方米，建筑面积为 200 平方米，钢筋混凝土结构，内有四室一厅，大厅内供奉聂正(六案将军)神像和历代祖宗牌位。

宠公故居　位于塘湖镇白沙村西北部，距村委会驻地窑上 1.2 千米。东连青龙土地咀，西接白虎山咀，南邻门前水田，北靠屋后白虎山。元代，罗宠公(字世贤，号君仲，1277—?)在此建房定居，后房屋倒塌。2013 年清明节，有湖南、江西及当地罗氏后裔聚 500 余人祭祀宠公，众人争相解囊筹资，于当年动工，在原址重建宠公故居。2014 年清明节竣工，建筑面积 150 平方米，一层砖木结构，不锈钢管大门，13 级台阶上正堂，建构华美。

七天商务宾馆　位于县城东阁路 36 号(秀水河东侧)，距旭红社区居委会驻地旭红路 99 号 1 千米，以承诺用语和经营形式综合命名。东临君临时代居民小区，西接秀水河，南连滨江国际酒店，北靠清秀宾馆。2008 年征地、开工兴建，2012 年落成开业。占地面积 448 平方米，总建筑面积 3136 平方米，主体楼 7 层，楼高 21 米。酒店内一楼大厅有小超市、七天小吃，二楼为餐饮部，三至七楼为住宿部；有客房 52 间，床位 98 个。

堑下罗家　属关刀镇新建村，位于新建村东南部，距村委会驻地杨家咀 1 千米。清康熙年间，罗公秉开(字文台，号天运，1685—1754)在此地上首山坡上建宅定居，在住宅周围以石块垒堑，以其姓氏命村庄名为罗家。后来其子孙在原居石堑下方新建住宅，遂以新宅与原居石堑所形成的方位综合居民姓氏改命村庄名为堑下罗家。后有黄、聂等姓先后迁入。21 世纪初，经文化部门逐级审查，于 2013 年命名堑下罗家为全省第一家“生态民俗文化保护村”。屋宇坐西向东，原为八字门口，配有石鼓(现已不复存在)。进门是一座修复了的石头门楼，门楼并不高大，两边有垮塌的痕迹，显得宽敞明亮，这是第一重。紧挨着是第二重，背面用泥雕龙凤呈祥壁画，一边是龙，一边是凤，只是龙凤都已残损、剥落，只有画上的竹枝栩栩如生。第二重保护得比第一重稍好，用正六角形石砖铺地，半墙上置戏楼，楼柱上刻有二龙戏珠图案，近底部设木门楼，上面阴刻有“天荣仁寿”4 个大字，古典秀雅。后门口上方也写着三个字，字迹较为模糊，推为“业学堂”，是办过私塾的佐证。第二重有厢房通两侧，纵深十余米。房间大部分闲置，放有风车、柴草等杂物。第三重保护得最为完整，地面也铺垫正六角形石砖，梁柱上有浮雕，古色古香。正上方挂有一块匾，依稀可辨“雨润生辉”4 个大字。第三重与第四重之间没有门楼，紧挨着是一个 60 平方米的大堂，大堂中间摆放着赵子龙坐像，雕像高 60 厘米。两面山墙老式烧砖到顶拈丝合逢，插不进一根针，护砌的烧砖青光锃亮，没有丝毫残缺。两旁梁柱高耸，气势恢宏，显示出大家风范。两侧纵深 30 多米，厢房林立，保护较为完整。第五重已倒塌，只剩一块空地。此宅原有 28 个天井，35 条弄堂，6 幅壁画，12 块牌匾，200 多间房。下雨天，相互间来往不湿鞋。2014 年，此屋由罗姓为主的 6 姓杂居，邻里和睦，民风淳朴。保存有象牙称、小瓷盘、兰花酒盏、木质珠算盘、风车、磨盘、古琴等文物，还有担任清朝宜昌府官罗畅四的遗物—羁马石。最为珍贵的是，墙壁之间镶嵌有 4 块刻字砖，分别刻有“乾隆三十六年五月十四日建修，乾隆十五年午岁刻”等字样。

三合中百广场　位于隽水镇银城社区东部，隽水河与隽水大道交汇处东北面，距银城社区居委会驻地银城西路五巷 18 号约 600 米，以所在地点与建筑物用途综合命名。东接妇幼保健院宿舍楼，西连隽水大道，南接隽水小区，北连银城路。2013 年，由原长途汽车站地块改建而成，为一个集休闲、娱乐、居住、商贸、宾馆、写字楼等功能齐全、大规模的城区广场。总占地面积约 15784 平方米，有 3 栋 20 层高楼，建筑总面积 11 万平方米。

沙堆镇农贸市场　位于沙堆镇九井社区南部，东邻河西路，南接九井街 198 号，西连九井街，北靠下港套。占地面积 3960 平方米，以所在行政区域及经营范围和经营形式综合命名。1994 年建成老农贸市场(俗称菜市场)并开业，位于河西路福兴巷，2010 年年底整体搬迁至九井街，建筑面积 2000 平方米，拥有摊位 42 个，临时摊点 25 个。服务项目包括：肉类、鱼类、豆制品、蔬菜、水果、干货、海产品等，日销售额 5 万余元。

塘湖故里　位于塘湖镇狮子村狮子山新、老屋中间。刘绣衣（名仕昌，字时亨，号塘湖，1394—1445）出生于狮子山老屋，于永乐十八年（1420，庚子科）中举人，甲辰（1424）科进士，登刑部宽榜，授陕西道监察御史，后升任浙江副使；后历任永乐、洪熙、宣德、正统四朝26年巡抚，于明正统十年（1445）病故于南京，为名闻湘、鄂、赣三省边界的塘湖"五里三进士"之一。其双亲及妻弟均授皇封，朝廷还特许将乐化改为塘湖以示纪念。1994年，刘氏后裔为纪念这一历史名臣，在其出生地重修塘湖故里。总占地面积3000平方米，建筑面积800平方米，分上、中、下三重，另有广场占地面积2200平方米。东有假山花园，西有官厅，四巷八阁，错落有致。门前左侧是旗杆石，右边是寄马桩；大堂全长42米、宽6米，分上、中、下三厅，九重连贯，上有雕梁画栋，下有石刻碑文；内堂正上方悬挂刘氏历代祖先图，正中是刘绣衣的画像；内堂的右侧有刘氏后人的家谱石刻，石刻上方悬挂着3幅照片（这3幅照片拍的是刘绣衣上朝朝拜用的象简、审案办案时用的仙德炉，以及一副象骨象棋，这些文物目前已被有关部门收藏）。八字大门口两边有一对威武的石狮，大门口上方有明朝宣德皇帝御赐"清朝鸣凤""代天巡狩"牌匾。

通城县公墓园 位于隽水镇桃源村南部，距村委会驻地上坳集镇3.5千米，以行政区域名称和建筑物用途综合命名。2012年立项筹建，2014年建成，属县民政局管辖。建设用地20公顷，集人文景观、园林艺术、追思悼念、骨灰安葬于一体。拟建墓穴5万个，可满足50～70年的丧葬需求。首期建成1000座，有欧式门楼一座，综合办公楼500平方米，道路建设5千米，场地平整2.7公顷，山地整理16公顷，绿化景观区20公顷。

通泰建材大市场 位于隽水镇石泉村东部，距村委会驻地银城西路灵官咀700米。东接青山路，西邻城北中学，南连银城西路，北靠铺上屋。以开发建设该单位的企业名称和经营产品及规模综合命名，"通泰"指湖北通泰投资有限公司。2007年选址、立项，2008年征地、拆迁筹建，2010年11月19日竣工开业。占地面积7.3公顷，建筑面积5.9万平方米，商铺楼14栋，呈块状分布。2014年，有居民152户580人，有门面170个，商铺面积27200平方米。

插图37 通泰建材市场（孔庆平 摄）

万泉国际酒店 位于隽水镇白沙社区北部，距社区居委会驻地宝塔大道333号约800米，以美好愿景和主要用途综合命名。东靠县环保局、西邻县政务中心，南接永泰公寓，北连银山广场。2009年申报立项动工，2011年竣工并投入使用。占地面积1.3公顷，建筑面积14000平方米。酒店设有餐厅、客房、会议室、娱乐室、歌舞厅、超市等，集餐饮、住宿、娱乐、购物于一体，是县域内设施齐全、装饰豪华、服务一流的高档酒店。

汪润田进士府 位于塘湖镇润田村东部，距村委会驻地石井1.2千米，以古人名及功名名称综合命名。汪公润田于明代洪武二十三年（1390）高中进士，最终官至四川按察使。进士府保存门面宽20米，进深60米，五进五重堂居，门前左有竹园咀，右有庙下咀，如青龙白虎相拥；前有润田港，后靠雨淋尖。该府第为远近闻名的五里三进士府邸之一，是通城县目前保存最完好的明代建筑，2014年被列为县级重点文物保护单位。

插图38　汪润田进士府(周文　摄)

湘汉街小商品市场　位于隽水镇和平社区兴贤门街，距和平社区驻地100米，以所在道路名和经营产品综合命名。北起沿河路，南至解放路，东临民主路，西靠金泉路。始建于20世纪70年代，原名西门巷，2002年更名为湘汉街小商品市场。街道长约1千米、宽8.1米，占地面积约2万平方米，建筑总面积约8.5万平方米，有商铺168个。2014年，有居民170户510人。该市场日客流量近万人，是湘鄂赣三省交界之地有名的小商品市场，有“小汉正街”之称。

向阳农贸市场　位于麦市镇向阳社区南部，距社区居委会驻地沿河街347号约500米，以所在的社区名称及市场的经营范围综合命市场名。2012年在原麦市粮油公司的仓库基地上筹资建成，一共有3栋3层砖混结构楼房。坐东向西，占地面积1500平方米，建筑面积1000平方米。东靠竹峦屋，西连建设路，北邻麦塘公路，南接建设路。2004年末入驻商户15户，主要经营鲜肉、鲜鱼、果蔬、干货及麦市、七里、株树等村农户自产自销等农产品。

小商品市场　位于隽水镇古龙村西部隽水河边，以经营的物品和经营规模综合命名。北邻滨江苑，南连杨家庄，西接柏竹凉亭，东毗香铺。2009年立项，2014年建成。项目占地总面积6.9万平方米，其中建筑占地面积2.27万平方米，建筑总面积12万平方米。其中，有两栋17层高层商住楼，含高档商品房396套；24栋四层商住一体商铺，含商铺256套。还设有滨江大道、滨河景观公司、商业城市广场、物流中心、娱乐休闲、物业保安、道路及绿化等配套设施，滨河景观公园1.3公顷，是集商业、住房、物流中心、会所、酒店、物业保安、休闲厅为一体的新型商业城。

星火门楼　位于塘湖镇荻田村荻田桥旁，“黄氏宗祠”“罗荣桓纪念馆”入口处，距荻田村委会驻地下荻田100米。依照古牌坊而建，门楼高8米、宽10米，分上下两层。上层镶嵌着“星火燎原”4个大字，为毛泽东手迹。下层有杨得志亲笔题写的“元帅从这里起步”字样，以此纪念罗荣桓元帅在通城率先点燃秋收暴动。

雁塔水果批发市场　位于新塔大桥北端100米，玉立大道西侧，地域属雁塔社区钟家岭，以所在社区名称和经营产品名称综合命名。2003年兴建，2004年竣工开业。占地2670平方米，有29间铺面、经营人员72人，经营品种有苹果、香蕉、菠萝、柑橘、甜橙、荔枝、杧果、葡萄、猕猴桃、柚子、西瓜、柿子、甜瓜、香瓜、哈密瓜、桃、李、梨、枣、草莓、甘蔗等。2014年，市场实现营业额500万元，上交铺面租金费20万元，上交税费5万元。

瀛通文化苑　位于锡山石门开西50米，距县城中心2千米。东靠石门开，西临李自成墓，北连九宫山，南依锡山公路。2007年，县林业局将林业宾馆卖给湖北瀛通通讯线材股份有限公司；2008年6月重修竣工命名为瀛通文化苑，属瀛通公司的下属单位。2008年建成办公楼、教学楼和接待楼4栋，房屋占地面积6000平方米，建筑面积3000平方米。培训大厅能容纳100名学员培训，备有投影仪、音响等电化教学设备齐全；接待室5间，能容纳50余名学员住宿和休闲，承担公司内300余名干部的分批轮训工作；客户接待中心有客户接待楼2栋，10间客房，15个床位，是县内外接待贵宾的绝佳处所。2014年，有干部职工12人，能高标准、高要求、高品质地完成培训和接待业务。

昱公宗祠　位于北港镇岭源村西部，距村委会驻地邹家畈700米，以胡姓支族的先祖昱公名字命宗祠名。东连贯青村夹颈、养老院，西靠湖南璧山乡余湾，南接昱公墓地，北与大界村楠木接壤。始建于清康熙五十三年(1715)，由胡昱公第八代嗣孙周士公主修。民国三十三年(公元1944)，昱公第十五代嗣孙胡登春为首扩建，1950年用作初级小学校舍，1978年，小学撤出。总面积600多平方米。宗祠内设有祭台、坐像。

玉立国际酒店　位于隽水镇玉立大道218号，新塔社区驻地对面，以业主名称和服务范围综合命名。东临通城县经济开发区，西接隽水大道，南连玉立大道，北靠菖蒲港。1997年征地、开工兴建，2005年落成开业，属玉立砂带集团。占地面积5.3万平方米，总建筑面积2.5万平方米，主体楼高21层，按四星级标准设计、建造。酒店一楼为玉立大剧院和可容纳450人同时用餐的中餐大厅；二、三楼为康乐部，设多功能歌舞厅、KTV包房、桑拿、沐足、各式按摩、保健、棋牌室；有200多间客房，如行政套房、标准间、豪华间等，分布于多层楼中；还有会议室、游泳池、超市等。项目设施配套齐全，装修装饰豪华典雅，是通城乃至毗邻地区的经典地标性建筑，是通城县的行政会议中心，也是演出、培训、旅游、商务、康乐的理想场所。

玉立花园　位于隽水镇新塔社区北部，距新塔社区居委会驻地隽水大道2号200米，以业主名称和美好愿景综合命名。东临玉立大道，西连新长途客运站，南接王家，北靠三赢兴。2002年征地、开工兴建，2014年年底竣工。共有房屋17栋，占地面积约8万平方米，建筑总面积12万平方米，呈块状分布。2014年，入住居民720户2400人。花园内除居民楼外，还设有幼儿园、超市、医务室、培训中心、图书馆、文体中心、天然气站等服务居民的机构，集居住、服务、商业、学习、娱乐等多功能为一体。

插图39　玉立花园

第二节　亭、阁、塔

百丈潭八角亭　位于马港镇平湖村北部，距村委会驻地饭埚3.8千米，以该亭所处的地点命名。东靠溢洪通，西连水库大坝，南临水库，北接一级电站。1979年建成。此亭入口，有一条长长的石台阶，共有36级，每一级由长1.2米、宽25厘米、高20厘米的条石砌成；亭高4.5米，8根水泥圆柱支撑。八只角的亭顶，顶上盖着红色琉璃瓦，呈椭圆形；顶正中镶嵌着一根高50厘米螺蛳柱顶的红色装饰物，亭顶边沿翘着八只造型展翅欲飞的雄鹰，象征着百丈潭水电事业蒸蒸日上。建筑面积58平方米，四周有8棵葱葱郁郁的宝塔松。在亭中放眼远眺，只见库水碧波荡漾，蓝天白云、飞鸟、青山、绿水、村庄、湖光山色，一幅美丽的山水画尽收眼底，令人心旷神怡。八角亭的两边矗立着一块大石牌，牌宽6.8米，高4.8米，面积33平方米，由60块大小一致的大理石组成，刻有时任通城县委书记熊传经书写的“一库水、一库油、一库鱼”九个大字。

枫山坳凉亭　位于塘湖镇石港村西部，距村委会驻地老虎塅2.3千米，以所在地点命名。此建筑物两边各有一座山峰，山峰中间山沟有一条有上、下坡的过往通道，名枫山坳。凉亭始建于清朝末期，1960年民间复修一次，1987年塘湖刘丛生个人捐资维修，保留完整。占地面积100平方米，建筑面积24平方米，高3.1米、宽4米、长5米，有石柱子4根，两边有长石块供过往行人休息。

伏虎岭凉亭　位于马港镇马洞村包源洞北部，距村委会驻地维德屋3.5千米。旧时，此地交通闭塞，马洞一带通往马港全靠步行山路。1986年，包源洞知名人士张天义自筹资金，在伏虎岭山顶要道上修了一座凉亭，以供过往行人休息，是灵官桥至庵下通往石溪马洞、马港的要道。凉亭为块石结构，南北朝向，长4米、宽2.8米、高3米。南门楹联为：伏虎岭南通北达，云龙山东往西来。北门楹联为：冬春能避雨，秋夏可乘凉。横批：亭日偕长。

何婆岭凉亭　位于马港镇何婆桥村西部，距村委会驻地何婆桥老街2千米，因所在地点而得名。相传，清光绪癸未年，黄芳兰到朋友李庚再家做客，不小心丢失银两一包，黄问李捡到没有，李说银两是落在我家，不过你得给我磕三个响头，我再送你一包。黄一气之下，说你李某给我磕三个响头，我再送你一包。李不好意思，就将银两归还给黄。黄说此钱不归我用，不如做一善事，用在何婆岭山脊上修一座凉亭，便于过往行人乘凉避雨。清光绪癸未年修，1958年将凉亭拆除建畜牧场，1974年由双马公社复修。凉亭高6米、宽5米，由条石、混凝土构建。

花岭凉亭　位于马港镇易塅村东南部，距村委会驻地庙咀1.5千米。以所在地的地点命名，熊占鳌于1984年修建。凉亭高2米、宽2米，两边各有一排休息石礅，西边正对花岭有五马奔朝的景点。

建基山凉亭　位于马港镇石溪村东部，距村委会驻地石溪熊家5千米。古时，该处是连通湘鄂两省的古驿道，也是一处关卡。清代，程公万钱为方便过往行人，捐资修建了该凉亭。因坐落在建基山上，故以山名命亭名。东接湖南红光村，西邻程坳村，南毗鸡罩山，北靠建基山，建筑面积30平方米。

东山阁　位于县城东团山之巅，旭红社区南部，秀水东部，距旭红社区居委会驻地约1千米，以该建筑物在县城中的地理方位和建筑物类别综合命名。东临银山大道，西傍秀水河，南依东阁小学，北临解放东路。明嘉靖三十二年(1553)，知县徐鼎创建，取名魁星阁，又名团山阁，后毁；清道光七年(1827)，例贡生卢大宇重修，改名东山阁；咸丰四年(1854)毁于兵燹；同治五年(1866)，庠生吴楚标修葺下二重，成为5级6方塔形石阁；文化大革命初，石阁被毁，塔下庙宇改成民房；1982年，县人民政府在东山阁东80米处山头新建阁楼，1983年竣工。为钢木框架结构，3层，长方形塔，每层有外层内厅，底层面积315平方米，阁高18米。登阁西眺，全城风景尽收眼底。旧时阁旁古树蔽日，石阁巍然，秀水南来，绕山而过，清波映塔影，碧树曳瑶琼。明朝县人浙江布政司右布政使舒大猷曾赋诗云(登团山阁)：“银山秀水小蓬莱，一阁旁招四美来。通栋朝云迷树色，蟾宫秋月畅吟怀，河阳花映黄金阙，灵类星高白玉台，不让滕王江上阁，落霞孤鹜岂相猜。”

电视塔 位于县城东南部锡山主峰瑞庆峰的雨淋尖，海拔471米，与县城相对高度368.8米，距县城宝塔大道2.8千米，以该塔的职能范围及建筑物名称综合命名。东临隽水镇桃源村白沙社区，西邻五里镇锡山村，南靠黄鹤楼，北毗县城宝塔村。1976年5月创建，属通城县广播电视局管辖；2014年由通城县电视台管辖。电视塔备有CS—10型10W彩色黑白兼容转发机1台，50W电视差转机1台，50W彩色黑白兼容差转机1台，100W分半波26频道电视差转机1台，300W电视差转机1台。电视发射塔高62米，为四方形热镀自立式铁塔，可容纳8套电视发射天线和8套调频广播发射天线，同时还可以用于其他信息通信。2014年有办公楼2栋，占地面积1000平方米，建筑面积600平方米。电视塔的主要职能范围是：通城地区无线电视发射，确保通城地区的中央一台、七台和湖北卫视台的无线发射；通城地区广播发射，包括通城广播电视、湖北交通之声、咸宁农村广播电台、通城广播电台等农村信息的发射；兼负公安110对讲、防汛、森林防火对讲，电信、移动、联通等多单位发射基站的辅助功能。2014年电视塔内常驻管理人员4人，分两班轮流上班，管理塔内工作。1980年，被湖北省广播电视厅评为先进单位。

第三节 广场、体育场

大坪坳娱乐休闲广场 位于五里镇大坪坳村委会驻地大坪坳集镇北部300米的“十”字街口，以所在集镇名和用途命名。2010年，村委会投资6万元建成。广场面积264平方米，场内用水泥硬化，有乒乓球台，可供200人跳舞健身，是村民理想的健身之所。

麦市广场 位于麦市镇向阳社区北部，鸡笼山南麓石咀头山脚下，沿河路、建设路与麦塘路交会处，距居委会驻地沿河路347号200米，以所在集镇名命广场名。东邻送嫁垅，西连沿河路，北靠鸡笼山，南连麦塘公路。2009年由麦市镇人民政府建成；2014年翻新改造。东西宽25米，南北长40米，总占地面积1000余平方米。集休闲、娱乐、集会功能为一体，建造投资50万元。广场北面建有“麦市突围纪念碑”。

石冲文化广场 位于沙堆镇石冲村中部，距沙堆中心集镇1.5千米，以所属的行政村和建筑物的用途综合命名。2014年，投资12万元，由原石冲村小学的土操场硬化改建成文化广场，隶属沙堆镇石冲村。占地面积1100平方米，水泥硬化地面。广场前有旗台，后有各种专栏，中有篮球场、广场舞活动平台、健身器材、休闲设备等。

石南镇文化广场 位于石南镇石南社区东部，处G353国道与福人大道交汇处珠琳坳，距石南社区驻地三甲祠1.2千米，以所在行政区域命广场名。于2012年动工，2014年建成。占地面积1.1公

插图40 石南文化广场(航拍)

顷，利用石岭山的大理石铺地并建造扶栏，人行道、台阶、灯具、绿化带布局科学合理，健身器材、休闲设施等齐全，为居民广场舞活动平台。

银山广场　位于隽水镇城区东部的白沙社区银山大道与解放东路交汇处东南面，以附近的山峰古名命名。东靠四庄路，西毗银山大道，北接解放东路，南邻县行政服务中心。2006 年，由县人民政府申报立项；2010 年 12 月建成投入使用，由县城市建设管理局管理。东西长 280 米，南北宽 226 米，总占地面积 63370 平方米。集休闲、集会、观赏等多种功能，是县城新城区的标志性工程。该工程由武汉园林规划设计院设计，总投资 3000 万元，工程建设面向社会公开招标。广场呈坐南朝北向，北入口处竖有一块长 12 米、高 1.5 米、厚 0.2 米的大理石，正面阴刻“银山广场”4 个大字，背面阴刻李甫平撰写的《银山广场赋》。从北面入口处进入广场，依序分布集会区、游览区、休闲区；集会区前方立 6 根雕有龙凤花纹的龙腾柱，每根图腾柱高 9.99 米、直径 1.33 米，采用泉州白石材精雕制成，雨天变红，晴天变白；有可容纳 10 万人以上集会的场地，集会区后方 10 米高处竖有采用美国高亮 LED 灯管材质、面积 74 平方米的电视屏幕，电子监控系统可以覆盖广场及周边 200 米；休闲区配有固定的木条椅、石椅、石桌，可同时供数百人休息；游览区设有 20 多个小花园，绿化面积 2 万平方米，栽种有银杏、广玉兰、红果冬青、桂花、香樟、朴树、榆树、榉树等 50 多种名贵树种，小花园中间以鹅卵石铺成的羊肠小道相连；广场中心为椭圆形旱式音乐喷泉，面积 4200 平方米，有主喷高 50 米的“玉柱擎天”、副喷高 22 米的“蒸蒸日上”，11 组水帘代表全县 11 个乡镇在县委县政府正确领导下的和谐盛世，采用多媒体电脑变频控制；广场照明工程有高杆灯、景观灯、庭院灯、地埋灯等多种灯饰；全场用条型大理石铺砌，底下有暗沟相连，沟内铺设给、排水管、供电线路、通信线路等；南入口处立景观石一块，系河南南阳出产的浅红色石英石，长 12 米、宽 2.4 米、高 2.7 米，重 88 吨。广场内还设置了庭园音响系统、管理房、公厕等多项配套设施。

通城县体育馆　位于秀水大道与朗桥交汇北端约 20 米，以所在行政区域及用途综合命馆名。东靠民主路，西北靠秀水大道，南接县图书馆。1987 年 7 月建成，占地面积 2080 平方米，建筑面积 1800 平方米，能容纳观众 1000 余人。馆内训练场安装了木地板，配置有音响、灯光等设备，可举行大型赛事及体育活动。

第四节　关　　隘

白虎关　位于五里镇季山村西部，距村委会驻地水口屋约 1.6 千米。与青龙关遥相呼应，是湘鄂两省交界点。西面是湖南省岳阳县相师乡杨山村，东面是季山村季山屋。因该建筑物所在地形象白虎状，所在地为白色沙土，故名。始建于明代宪宗年间，占地面积 150 平方米，关卡建筑为洞形，长 6.2 米、宽 3.8 米、高 3.6 米，顶部呈半圆弧拱形，由大理石砌成。关卡建筑物在“文革”时期拱顶被毁坏，剩余部分保留完好。

保定关　位于五里镇寺前村西南部，距村委会驻地老屋 1.2 千米，以此建筑物所起到的作用命名。此处是湘鄂两省交界之地，明代，朝廷为保证当地的安定设置关卡，故称保定关。关卡由条石修筑成拱形，长 12 米、宽 3 米、高 5 米。20 世纪 70 年代前，关卡两边有民房，有人居住，“文革”时期被拆毁，20 世纪 90 年代修通岳公路彻底毁掉。

高垅关卡　以所在山岭名命关卡名，南界岳阳市，建于咸丰七年(1857)。在马港镇程家村白石山北，已毁。

九岭关卡　以所在山岭名命关卡名，又名九岭关、得胜关。清咸丰十年(1860)建，前后共有关卡 3 座，上有垛口，下有卡门，抗日战争中毁。关卡位于推垅桥南，距县城 11 千米，南距平江县界 10 千米。

苦竹岭关卡　以所在山岭名命关卡名，与南楼岭关卡相隔约 5 千米。清咸丰十年(1860)，知县傅诗、督局绅傅协中等 22 人劝捐修建，上有垛口，下有卡门(今存关卡)。在塘湖镇石坪村山埂凹处，有石碑。东为修水县，距通城县城 28 千米。

插图 41　苦竹岭关卡(周文　摄)

南港关卡　以所在地名命关卡名，清咸丰七年(1857)建。关卡位于北港镇枫树村，南距雁门关 1.5 千米，已毁。

南楼岭关卡　以所在山岭名命关卡名，位于麦市镇南岭村山埂凹处，东为修水县，距通城县城 29.5 千米。清咸丰十年(1860)，知县傅诗、督局绅傅协中等 22 人劝捐修建，上有垛口，下有卡门，并列营房 3 间，另有石亭 1 座，均毁。

清福关卡　以所在山岭名命关卡名，建造时间失考。关卡位于北港镇方塅村境内，西界岳阳市。已毁。

青龙关　位于五里镇季山村南部，距村委会驻地水口屋 2.7 千米，是湘鄂两省交界点，呈东西走向。关卡是通城至岳阳的交通要道，东通季山屋，西通湖南高弟坳屋。因所在地形像传说中的青龙状，故名。始建于明代宪宗年间，占地面积约 160 平方米，关卡建筑为洞形，长 7.2 米、宽 3.8 米、高 3.6 米，顶部呈半圆拱形，大理石砌成；关洞口两面土石填充堵塞，与关洞顶部相平。2014 年，关卡建筑大部分保留完好。

插图 42　青龙关(刘亚敏　摄)

石家板关卡　以所在地名命关卡名。建于清咸丰七年(1857)，已毁。在北港镇新屋村，东距仙姑山 1.5 千米，南界岳阳市。

石家咀关卡　以所在山岭名命关卡名。建于清咸丰七年(1857)，在石南镇沙坪村杨石岭西北，南界岳阳市，已毁。

天岳关　位于国有通城县黄龙林场东部，距场部大坳 2 千米。东靠黄龙山主峰只角楼，西倚凤凰翅。关南为湖南省平江县天岳乡，关北是国有通城县黄龙林场。关卡墙高 5 米、厚 4.5 米，卡门高 2.5 米、宽 2.2 米。黄龙山古时名天岳山，关以山名，现存关隘为清咸丰五年(1855)重建。其地势高峻，恰如天壤相接，一关锁住万重山。天岳关原名长山寨，始建于南唐保大中期(952—955)。据传，“天岳关”三字由清代平江才子、曾任云南布政使司李元度亲笔书写。民国十五年(1926)北伐军在叶挺团长率领下，经此关进入通城；1939 年 8 月，国民政府在关卡西边山包上，为抗日死难将士修建纪念亭，蒋中正题词“气壮山河”勒石。1997 年，被湖北省人民政府列入全省重点文物保护单位。

雁门关(又名夜门关、清福关卡)　位于北港镇雁门村北部，距村委会驻地界牌 2.5 千米。雁门关坐落在呈南北流向的南港河上游，东接庄湘公路，西邻宴家冲、南连岭下屋，北靠南港。传说古时(朝代不祥)有通城属地的县官贪污了朝廷税费，被朝廷治为死罪，县官为求赦免，把贪污的钱财退出来修建此关。又传杨门女将中的杨七姐南下，曾经此关进兵，故后人将此关与北宋爱国将领杨继业率领杨家将大败辽国的山西长城第一关雁门关等同起来，称作(南)雁门关。雁门关地势险要，古代是连通湖南湖北咽喉要道，亦是兵家必争之地。关卡靠高山跨溪流而建，由块石堆垒而成，跨拱和人行拱门为块石结构；顶部全长约 12 米，顶上原有石栏杆(已毁)，顶宽约 4 米，关卡最高处约 6 米，弧拱跨度约 5 米，左侧的人行拱门高约 2.5 米，内有铁门可关闭(铁门已毁)。雁门关在咸丰年间重修；1995 年 7 月被洪水损坏后，由村委会筹资，村民袁金娥捐资万元修复；2009 年在关口上面建成公路，通往宴家冲、岭下屋。

永安关卡　以所在山岭名命关卡名，位于北港镇方塅村燕岩山，建造时间失考。南界岳阳市，西距清福关卡 2.5 千米，已毁。

第三篇

自然地理实体类地名

黄龙山摸剑岭(蒋立军　摄)

第一章　陆地地形

第一节　山　　峰

锡山　位于县城南，东临隽水镇白沙社区，南与阳台尖对峙，西靠五里镇锡山村，北连县城，主峰海拔471.1米。由九宫山、罗师山、瑞庆峰、石皮岭、薄刀仑等山峰组成，地域总面积约6平方千米。此山出产少许云母片，古人以为是银，故称银山。后来人们认为是锡，故又称锡山。抗战胜利后一度改称“血山”，以纪念为抗战牺牲的军人。相传，九宫山寺所在的九宫山峰原比锡山主峰瑞庆峰高，是主峰，两峰合在一起叫银山。一次，紫薇大帝来到银山主峰(原九宫山峰)打坐三天，坐过的地方被压低了9丈，成了山洼，山洼西为锡山主峰，山洼东为九宫山。紫薇大帝临走时说：“这哪是银，只不过一堆锡罢了。”从此，山上的银子变成了锡，银山也从此易名锡山。锡山为通城县城制高点，占据其上，东可控通往江西修水的要道，西可扼南北大动脉武长公路之咽喉。日寇侵占通城时曾驻军其上，构筑工事。锡山属花岗岩体，土多为红白砂土，山上有松杉杂木稀林或幼林。东北面山腰办有县林科所；西北坡办有县园艺场，主产桃梨柑橘和名贵花卉等。山脚北面的九宫山下，驻有锡山工业园，以生产家具为主，产品行销县内外。锡山顶峰瑞庆峰古有石砌宝塔，九宫山上有九宫寺、下有元帝庙，均已毁。锡山于1998年被确定为省级森林公园，有李自成墓、银山古寺、元帝庙遗址、九宫山寺、瑞庆峰、金轮岭、栖霞石、邀月台、聪明泉、碧兰溪、印天池、钟秀泉、金鸡石、积翠岩、石门开、文峰塔遗址、夜合桥遗址、龙泉石、风吼洞、仙人石、富贵石、圣井、余公庙23个旅游景点、历史名胜。山顶建有电视转播塔。登上锡山之巅，鸟瞰四面，但见山野抹黛，楼台栉比，隽秀生辉，公路如带，全城景色尽收眼底。

相师山　位于通城县西南部，距县城约25千米，是湘鄂两省交界处的大山。山脉呈南北走向，绵延40余千米，平均海拔700米以上；向南延伸于湖南省岳阳县毛田镇月田镇，向北延伸于湖北省通城县五里镇石南镇。山脊东面是湖北省通城县五里镇季山村，西面是湖南省岳阳县相师乡相师村。相师山原名白云山。相传汉相张良之师黄石公(赤松子)云游至此，被白云山及附近风景吸引陶醉，遂隐居于此辟谷修行；张良辅弼刘邦成就帝业后，唯恐“功高震主”，祸福难知，即随师黄石公云游四海，禅隐白云山，故白云山得名为相师山，其下山谷得名醉仙洞(后口传误称为季山洞)。山下有黄旗坳、白旗坳，传为汉高祖刘邦率兵寻访到白云山请张良出山，分黄、白两路兵扎营而得名；山中一大石，上有圆孔，传为当年插旗处。后人又取君臣相思之意，名叫白云山为相思山。主峰眉毛尖，海拔957.2米，年平均气温15℃，四周有东南西北四眼泉井(相传为黄石公在此修炼时，用手指凿划而成)，泉水自裂缝溢出，清幽晶莹，不竭不盈，冬暖夏凉。唐时，古人在山顶建寺庙，门联云：“相耶，将耶，千古利名成幻影；师也，友也，共邀风月话神仙。”上有石构遗址三间，石柱四根。该山为通城县西南天然屏障，山势逶迤，林木葱茂，风景秀丽。清代刘兴治游山赋诗云：“稳步相师绝顶游，孤巅矗出白云头。香龛草绣留名迹，石柱苔封现古丘。低压银山连霭障，遥临隽水露汀州。追忆圯上传书事，汉业韩仇蕴此收。”

插图 43　相师山(刘亚敏　摄)

八景山　位于湖北通城与湖南岳阳边陲交界处相师山脉主峰眉毛尖东南，处五里镇治全村西南部，距村委会驻地治全老屋西南 4 千米。东接凤鸣山，南连王家山，西毗黄旗大坳，北靠雷云山，面向隽水河，背靠湖南铁山水库。山窝有一巨岩突出，构成天然石屋，面积约 200 平方米。石屋内幽暗冷清，匿泉长流，清亮味甘，终年不减。石屋前建有庙宇。明末，湖南岳阳举人许时浩到相师山游览时，在庙墙上写下“相师山八景”词，故此山得名八景山，庙名八景山庙。

白米山　位于五里镇北部，距五里中心集镇约 5 千米，主峰海拔 424.2 米，山体面积 3.6 平方千米。东、南隶属五里镇塝上村，西属左港村所辖，北部尾端隶属石南镇白米村。相传，古时候有一得道和尚云游至此山，发现此山十分灵秀，便在主峰南麓建一小庙修行。小庙正前有一块平坦、光洁的大石板作场地，中央有两个相挨着的圆圆的石窝。和尚在此修行后，每天晚上，这两个石窝中的一个会神奇地产出白白的大米，另一个则浸出黄澄澄的食油。和尚每天享用着这神奇的米和油。日复一日，年复一年，和尚慢慢变老了。一天，庙里来了一位远方的客人，老和尚盛情挽留客人在庙里暂住数日。可是，石米坛子里每晚产出的大米不够两个人食用，老和尚就将石米坛、石油罐凿大一点，以期能取到更多的米和油。可是，第二天早上，老和尚惊呆了：“米坛子”里空空如也，“油罐子”里只有清水。客人走了，粮油没有了，老和尚又饿又悔，病倒在床，不久就圆寂归西了，人们就将他葬在小庙旁。后来，人们就将这座山取名“白米山”。山上植有松树、杉树、楠竹、油茶、板栗树等，花岗岩石材蕴藏丰富。山峰东面有高约 50 米、宽 10 余米的瀑布，天气晴朗数里外可见白练飞挂峭壁，北尾有 3 个大石堆垒，手推稍动，人们称为石塔，至今犹存。

沉山里　位于北港镇西南方，东为龙门村、南靠沉山，西为桂家村、杨荷地片，北临北港长青社区。相传远古之时，沉山里与相师山眉毛尖两山神一赌高下，相师山眉毛尖日长三尺，沉山里日长三丈，穿云破雾，直至天穹，天帝震惊，命大力神踩其山峰，压沉三里，故称沉三里，后变称沉山里。此山主峰海拔约 323.5 米，面积约 2 平方千米，松杉油茶覆盖率 60%。主峰腰间有金山寺、天鹅抱蛋、观音合掌、官印石等多处风景，胜迹可供开发游览，有水泥公路通至金山寺。

大盘山　为黄袍山次峰，位于主峰华罗寨下，海拔 543.8 米，山体面积 3 平方千米，属望湖村，距村委会驻地普安堂 1.2 千米。东倚华罗寨主峰，南连国营黄袍林场，西接望湖村大湾屋、夏家地段，北邻大埚山。因山顶地形平坦如盘、面积大而得名大盘山。早在夏商王朝时期，大盘山即是古罗国的屯兵之地。唐代，为张十万练兵之所。大盘山上建有汉代闻名华夏的“兰若寺”，包括上寺、中寺、下寺和观音寺，是中华佛教发源地之一；山上有兰若桥、红豆杉、茶麻古道、燕子岩洞、丁家洞、金牛洞、天潭、樱花园等景点。2014 年后有远近仁人志士慕名而来采风，众多“驴友”专程到此参加一年一度的“帐篷节”；每年春夏交替之时，各地游客纷至沓来，观赏樱花，品尝樱桃。

堆山　位于沙堆镇堆山村西部，距村委会驻地石泥塘约1千米。东为堆山村，南为隽水镇上阔村，西为隽水镇下阔村，北为崇阳县肖岭乡白马洲，山体面积约3平方千米，海拔163.2米。以传说故事命名。传说很久以前，有一神仙挑一担金子、银子腾云驾雾从通城上空经过，不小心在县城南1千米处掉了一大块银子，在县城东2千米处又掉了一大块金子，神仙一气之下，将剩下的金银全部泼掉。后来，掉银子的地方成了一座山，叫银山(即锡山)，掉金子的地方也变成了一座山，叫金山(后改称锦山)，泼金银的地方也成了一座山，即现在的堆山。山名被周边地区用作群众自治组织、单位、河流、通信设施等用作通用名称。山坡上有针叶、阔叶混交林，南坡下有堆峰寺。

黄龙山　位于幕阜山脉中段，距通城县城40千米，地处湘、鄂、赣三省交界处，有“一脚踏三省”之称。东临江西修水，西、南两面接湖南平江，北连湖北通城。黄龙山地名来历传说各异，主要有三：其一，据郦道元《水经注》载，黄龙山古名恒山，“恒者”，威武貌也，因其高峻，独称为天岳，故又有天岳山之称。其二，据《通城县志》载：相传楚省人祖龙发迹于此地而得名。其三，据《三国志·吴志》记载：“吴大帝黄武八年四月，黄龙现于武昌，即此山也。”黄龙现身，祥瑞至极，于是群臣奏贺，帝大喜，改当年为“黄龙元年”，故名。主峰只角楼海拔1528.3米，山体为花岗岩结构，地表土层为黄红壤、山地黄棕壤和沼泽土，土质疏松、腐殖质多，适宜杉木、楠竹生长，有青钱柳、香果树、桂花、金钱松、核桃、水杉、七叶一枝花、细辛、黄连、黄柏、杜仲、厚朴等稀有树种和珍贵药材。三国时期，黄龙山即有道教活动，葛洪的叔祖葛玄，即在此山采药炼丹，葛洪亦在此采药炼丹成仙。黄龙山亦是佛教圣地，可见于晋葛洪所著《幕阜山记》与宋黄庭坚《兴代禅院记》。唐代超慧禅师于黄龙山东麓建黄龙寺，传说吕洞宾亦成为其护法弟子。黄龙山古有十景：湫池胜井、犀牛望月、神龟驮经、金竹扫台、石田三亩、寒牛不出栏、崩云石瀑、石龟问松、玉女抛梭、玉女梳妆。唐代刘伯温遍游黄龙山，留有咏黄龙风光七律为证：“黄龙美景尽幽幽，三亩石田气势猷，幕阜行观南北地，峰尖坐看东西州。湫池塘阔藏蛟鲤，只角楼高近斗牛，金竹台上劳到扫，凤凰池畔杖履游。”宋初诗人陈抟《游黄龙幕阜山》诗云：“山高一千二百丈，太玄二十五洞天。芒鞋踏破仙家景，宝剑劈开云卷烟。金鲤一双游碧沼，石田三亩产红莲。我来绝顶无他事，特访仙人葛稚川。”此外，此山还有建于清咸丰乙卯的天岳关。民国二十七年修建的天岳关抗日无名英雄纪念碑坐落在黄龙山的小坳。中华人民共和国成立后，黄龙山被人们装点得别是一番风貌。山上办起了国营黄龙林场，共垦林业基地2122.2公顷，用材林总蓄积量达11.3万立方米；S259省道直达小坳。

插图44　黄龙山

黄袍山　位于通城县东部，距县城隽水镇约25千米。传因古时黄巾军在此山上洗晒黄色战袍而得名黄袍山。东连崇阳县高枧乡，南接江西省修水县和湖北省国营黄袍林场，西连塘湖镇荻田、石港、狼荷等村，北接湖北省国营通城县鹿叫山林场，山体总面积约60平方千米。主峰华罗寨，海拔1165米。相传，在西东周时期，黄袍山建立了一个华梓国，辖通城、崇阳、梓木溪流一带，与修水渣津“古艾国”为邻。华梓国国都位于梓木里(今荻田村、新庄一带)。唐时，当地豪绅张瑛在华罗寨锯槐立寨，招兵买马，护卫一方乡民，建立华罗国，号称“兵马十万众、宅舍十万间、粮食十万担、金银十万斤”，既拒黄巢义军，也不服唐廷之治，自立为王，深得地方百姓拥护。华罗寨北有200米巨岩，状似城墙，张瑛凭此固守，万夫莫开。山尖高耸，雾绕霞飞，每当云开天朗、登山遥眺，可见洞庭湖水。华罗寨有插剑岩，在其山腰，巨石岩长数丈，诸石皆青，唯此石独白，上有18穴罅，传为张瑛插剑所留。华罗寨侧有奶石，下垂如乳，四季滴水不竭，有华罗寨古兵寨旧址基地。华罗寨东、南、北俱陡岩峭壁，唯西南一路，名仙人埂，从岩石凿梯，可观巅峰。峰顶宽约百余亩，有清泉可汲。相传，早在远古时期，就有黄帝在此建立兵寨。其后商朝末年又有姜尚在此点兵，汉室武帝及其亲信卫青在此培育勇士，三国时期是西蜀前沿练兵之所，近代有沈国帧、黄全德、黄永胜等人在黄袍山建立革命根据地，湘鄂赣省委党校、湘鄂赣省委政府驻于此地。

插图45　黄袍山主峰华罗寨(刘亚敏　摄)

鸡笼山　位于通城县城东南面18千米处，东连塘湖镇图垅村，西连麦市镇棋盘村，南连麦市镇麦市村，北连接塘湖镇和关刀镇鲤港村、南虹村，主峰呈圆形，名团包，总面积约8平方千米，主峰海拔427.3米。传说古代有8只金鸡保北京，1只金鸡保通城，保通城的金鸡留在此山，故名为鸡笼山。鸡笼山地处交通要道，居其上，南面可扼守由通城经麦市盖文岭和南楼岭过江西、由天岳关入湖南平江境的要道，北可控制由通城经鲤港、塘湖过苦竹岭抵江西的通途。民国二十八年(1939)，日寇入侵通城时在此山遭伏击，伤亡惨重。鸡笼山位于断裂带，为石英脉山，山势呈南北走向，长约3千米。山上植有少许松杉和油茶树，G353国道从西南山脚下穿过。

界文岭　位于江西省修水县白岭镇桃树村与湖北省通城县麦市镇冷坳村交界处，距冷坳村委会驻地洪家坳东南部4千米。东为江西省桃树村，西接麦市冷坳村，南连江西通源村，北毗李村。以湖北与江西交界处的界石碑文的简称命名。山体面积6平方千米，主峰海拔高576.7米，山上栽有油茶、松杉，森林覆盖率85%。

锦山　位于隽水镇油坊村西南方向，距油坊村委会驻地吴家祠堂约180米，东临锦山河，南毗木石碑，西接钱塘，北连吴家祠堂屋。传说古时有位仙人，担一担金银前往南海为观世音祝寿，路过此地跨越菖蒲港时，扁担闪断，金、银洒泼在当地，形成了金山和堆山。后来，龚姓人与吴姓人争夺金山打起了官司。据说官司打到皇上那里，龚姓人说此金山是龚姓人所有，吴姓人说此乃是锦山，是吴姓人所有。皇帝断言，百姓何来金山，只有皇帝才有金山，此山定是锦山，是吴姓的。自此，称其为锦山。山体面积 1.5 平方千米，海拔高度 173.2 米，山上栽有杉树、桂花树、枫树等。

九宫山　位于县城南部，距白沙社区居委会驻地 500 米。东接廖家排上，西邻宝塔社区，南连锡山山脉，北靠宝塔大道。唐元元年，唐代真人罗思远在此修道炼丹，建寺祀紫微大帝，按紫微殿九重而命寺名九宫寺，故命此峰为九宫山。九宫山系锡山东向支脉，海拔 355 米，主峰北部有九宫庙。清顺治二年(1645)，李自成溃退通城，微服于九宫山玄帝庙朝拜，被姜姓两兄弟误杀。山下有李自成墓，1955 年重建，1997 年迁锡山。山脚有玄帝庙遗址、余公庙，北坡山腰有九宫山寺。

插图 46　通城九宫山(朱鸿星　摄)

九岭　位于马港镇九岭村，距县城 11 千米。东连彭塅村，南接杨塘坳，西靠象鼻咀，北毗何婆桥，山体面积 200 平方千米。因九山连接，故名九岭。四面山峰耸立，地势险要。北有隽水贯穿，西有通界高速、106 武长公路越山而过，为通城西南之屏障，乃扼湘、鄂咽喉之要地，素有“一夫把关万夫莫开”之称。据《通城县志》载，明参政王鼎过此山有诗云：“人语尽随空谷应，水流还趁小桥回。欲收形胜归风雅，投笔谁知子美才。”九岭历来为兵家争夺之地。西汉马援将军曾驻兵于此；三国时为刘表从子刘盘的军事重地；太平军在此与湘军对峙六七年之久；清文忠公和司马江忠淑也扎营山上；抗日战争时期，九岭为长沙保卫战之湘北前线。1941 年，国民政府军 58 军副军长兼新 11 师师长鲁道源率部大败日寇于此。战后，鲁道源隶书“立马九岭”石碑竖于下石井。

鹿叫山　位于通城县东北部，西南距通城县城 25 千米。东、南连接塘湖镇，西、北毗邻四庄乡、崇阳县高枧乡。据传南北朝时期，天台宗智凯祖师云游至此，夜宿此山，闻野鹿嘶叫，故称此山为鹿叫山。又传此山一石形似鹿角状，故又名鹿角山。1950—1988 年，东南部(胡婆洞、刘盘尖、石马洞)属原黄袍镇夹井村、塘湖镇石马村；西北部(守仙洞、龙潭洞)属原四庄乡守仙洞村、龙潭洞村；1989 年 12 月，经省林业厅批准，组建林场，隶属湖北省国有通城县鹿角山林场。山体呈南北走向，主峰老雅尖海拔 668.5 米，山体面积 6 平方千米，森林覆盖率 71.1%，林木绿化率 73.1%；山上植物种类繁多，植被群落以针叶林、针阔叶混交林为主，主要用材林树种有杉木、马尾松、枫香、榆木、赤楠、香榧、榉木、喜树、槠树、柯树、樟树、臭椿、泡桐等；竹类有楠竹、桂竹、金竹、箭竹、凤尾竹、苦竹、水竹、紫竹等；经济林种类有银杏、丹桂、月桂、板栗、油茶、油桐、茶叶、棕榈、杨梅、桃、梨、猕猴桃等；野生中药材有党生、黄精、玉竹、白及、七叶一枝花、山胡椒、杜仲、黄柏、黄连等；主要动物、鸟类有香鹿、金钱豹、青狸、穿山甲、白颈长尾雉、白鹇等。山上建有瞭望塔 2 座，登上塔顶，视野开阔，可一览周边两县六乡镇风光。

南楼岭　位于通城县东南部与江西交界处，距县城 26 千米，西北距麦市镇 5.5 千米。东连宫帽山，西接铁门栈。该山岭位于县城及麦市集镇之南，地势高耸如楼主，故名南楼岭。清咸丰十年(1860)，在岭上建碉卡。清同治年《通城县志》载：“南楼岭碉卡，岭南山腰有石亭抵江西义亭州界，距城五十里。”山体面积 7 平方千米，主峰海拔 691 米。南岭是通城县东南部边界的一个重要隘口，在军事上处于重要位置。山上土质为红白沙土，产油茶、松杉、楠竹等。

棋盘寨　位于关刀镇棋盘村云溪中段，与白竹尖隔溪相望，山体呈东西走向，山顶较为平缓，东面是陡崖，与碧龙潭相连，西南面为高山，北面有小山路直上山顶。此地山脉纵横如棋盘，故称。传说宋代邹姓三兄弟组织造反，在此立寨为王。朝廷数次招安不成派兵征讨，久攻不下。后有岳飞带兵到洞庭攻打杨么，从此地经过，奉朝廷旨意，就地征讨邹氏三兄弟。岳飞在洞下港下(后此地名叫岳飞滩)三更点兵，四更攻打棋盘寨。岳飞骑马到栎塝屋背，因山路崎岖陡峭，马不能行走，就下马步行(故此地名叫白马鞍)。三大王有一女，骁勇善战，岳飞与之交战数回，胜负难分。因该女将的头发有一丈二尺长，早上起床梳妆不及，就将头发盘在头上，岳飞用枪挑乱她的头发，该女将的头发缠住了自己的马脚，岳飞顺势一枪将其挑下，棋盘寨因此被破，邹氏三兄弟逃到江西铜鼓。为纪念岳飞，人们在道上冬桃山修一座东岳庙，长期祭拜，至今香火鼎盛。山体总面积 5 平方千米，主峰海拔 698.2 米，山上松杉、油茶和杂木居多。

青草岭　属四庄乡，位于四庄中心集镇东北 2 千米处，海拔 590.7 米，是四庄乡境内最高的山峰，因古时山上生长的植物名称得山名。山体呈南北走向，长约 3.5 千米、宽约 1.45 千米，面积约 5 平方千米。林地覆盖率 90%，主要生长松、杉、株、楠竹、油茶。在青草岭山坳，古有东西向石拱涵洞式凉亭，亭长 12 米、宽 4 米，拱内高 3 米。东西两出口各有青石阴刻对联一副：东面的对联是“青石岭头人满座，草亭道上马停蹄”；西面的是“青鸟呼君且暂息，草花笑客莫贪忙”。1976 年修建大源至瓦子棚公路，该凉亭被拆毁。

铁柱山　位于隽水镇新塔社区与铁柱村境内，东面属新塔社区，北面属铁柱村，西面为通城县环卫局垃圾填埋场，南为通城县火化厂。海拔 160.8 米，南北长 1 千米。东西宽 500 米。铁柱山原名铁束山，民间传说，铁柱山为凤形，为了不使凤凰飞出，神道用铁链将凤凰锁在山的铁柱上，因此得名铁柱山，又名铁柱岭。此山为崇阳县进入通城的必经之地，扼此可控北入侵之族，属军事要地。日军侵略通城时曾多次在此遭到阻击，伤亡惨重，至今山上仍留有当年的战壕遗迹。铁柱港水绕铁柱山脚自西向东而流，北面有松树，油茶树等。山脚下修建了水泥村级公路。山顶原修有铁柱庙，日军侵犯通城时作为战争指挥所和工事，随后被烧毁，2000 年后重修铁柱庙于山顶。铁柱山为花岗岩、板岩和石灰岩等构成，土质复杂，如白砂土、黄泥土和马肝土等均有。由于铁柱山历史悠久，故铁柱港、铁柱大桥、原铁柱乡、铁柱公社、附近村委会皆以此山命名。

五花山　处四庄乡五花村地域，位于四庄中心集镇东南 4.8 千米处。相传，观音大士乘坐五朵莲花来过此处，故名。山体面积 4 平方千米，海拔 432.9 米，为东西走向，森林覆盖率 81%，山上生长松、杉、株、油茶、楠竹、杂木等。民国七年(1918)年初，金公华、黄少谷二人拥护孙中山护法，反对北洋军阀，在五花山聚集民军 800 余人，号称“南兵”，与北洋军阀对抗。时有民歌：“长工辞主工不做，五花山上去当兵。”县知事与城厢团董邱重七多次率兵围剿，都被“南兵”击退。燕窝有豪绅罗秋帆，曾被民军用武力征粮征款，恨之切齿，多次求县府派兵围剿，知事畏民军势众，屡屡推诿，罗以“如再不出兵，当以猫鼠同眠并告”威胁，知事害怕，派兵 200 人，同乡丁进犯五花山。民军以刀、矛、土枪、土炮同官兵激战，因土炮爆裂，敌军乘机攻入五花山关隘——关山咀，指挥部被焚，金公华弃阵而逃，黄少谷及余部转移到大源峨眉仑立寨，坚持到民国九年(1920)。这就是通城历史上有名的“金公华”立寨事件。

胥亭山(别名胥林山)　属塘湖镇塘湖社区，位于社区东南，距居委会驻地约 1 千米。东起西家垅之沼泽，南接三千塅，西邻郭家垅、戴家，北靠塘湖集镇的南湖街道。以古代居此山的隐士字号及山上的建筑物综合命名。春秋时期，伍子胥识破了楚平王的阴谋，逃往吴国途经此地时正好遇上旧友申包胥留宿，因过分焦虑，一头青丝竟一夜之间变成皓首白发，从而混过了楚国设在苦竹岭乌石坳的险隘雄关，顺利地逃到了吴国。吴王阖闾年间，伍子胥率领吴军击败了楚帅囊瓦的军队，并夺取了楚国的军事要地——居巢。后来旧地重游，因思念旧友申包胥当日留宿之恩，便在此建造一亭，名为“胥亭”，故称此山为胥亭山，后来古亭被毁，仅山上茂林密布，于是后人便误称此山为胥林山。山顶平坦约数十亩，北麓有佛教圣地——胥亭古寺。该山海拔约80米，占地迁千亩，2014年有油茶20公顷，板栗20公顷，其余是山地农作物及用材林和薪炭林，此山面积虽然不大，但却是塘湖社区的一块风水宝地和佛教净土。

药姑山 位于大坪乡西部，海拔1261.1米。因传说古时有仙女在此山采药而得名。距县城25千米，古名龙窖山，绵亘于县境西北边陲，西北麓为湖南临湘市，东北麓为崇阳县。境内盛产药材，被誉为“江南天然药库”。有中草药111科，计1700余种。明代医药学家李时珍曾入此山采药。出产木、草、藤本和真菌、动物等药物数百种，包括天麻、人参、党参、太子参、五加参、灵芝、黄芪、田七、贝母、天冬、黄柏、黄连、龙胆草等名贵中草药；特别是《本草纲目》中所说的“宁得一把五加，不用金玉满车”的五加参，在烂船坡一带到处可见。还有豹、蛤蚧、油蛙、鼹鼠等稀有药用动物和蕲蛇（又名五步蛇，俗称荞壳蚪）、穿山甲等。境内崇山峻岭，地势险要，历代乃兵家必争之地。据史料记载，在革命战争时期（1930—1935），中共湘、鄂、赣边区特委和湘鄂省委先后委派江渭清、李平、钟期光、赵琪等来到内冲和大港冲，开创了以药姑山为中心的革命根据地。1934年夏，在鸦雀山成立中心县委会，在尖山区内冲祠堂召开群众大会，开展土地改革运动。1934年秋中心县委会派内冲籍的红军营长胡光皇任普生（湖南壁山）区苏维埃主席。据统计，红军在药姑山战斗30多次，牺牲红军官兵37人（其中外地11人，包括红军团长傅燕明）。此山大风塝为古瑶族居住地，山上留存有众多瑶文化遗址和文物。

表20 **部分山岭基本情况一览表**

山名	所在地	山体面积（km^2）	主峰海拔高程（m）	名称含义
马颈	药姑林场、临湘界	3	744	山脊如马颈长伸，是药姑山第三峰
鸦雀山	药姑林场	2.5	433	古名丫吉山，此山西有白虎咀，东有狮形山，古人说是狮虎龙脉分支的吉祥地，惯称鸦雀山
小药姑	北港、临湘界	7	891.6	是药姑山次峰，详见药姑山义
埂子岭	北港、临湘界	2.5	410.5	山体呈南北一条直埂
断峰山	北港、临湘界	6	573.3	传说古代观音菩萨一脚踩断山脊
尖山	北港	3	412.8	主峰尖长
猪脊山	北港	1	252.5	山埂椭圆像猪背脊
铜鼓山	北港、岳阳界	5	539	山峰圆如铜鼓形
燕岩山	北港、岳阳界	3	379.3	山上陡岩石洞有燕子营巢其间
狮子山	北港、石南界	2	283.3	山峰如狮子头
天井山	大坪、崇阳界	2.5	333.3	山顶凹地常有泉水流出，故称为天井
灵芝峰	四庄	2	252	传说古时山上长灵芝草
龙王殿	四庄	4	489	古时山腰有龙王殿（庙）
周家岭	四庄	4.5	499.5	古时为周姓所管产业
三眼尖	大青、崇阳界	3	396.3	有三峰耸立，像三只巨眼注视远方
棋盘山	大青、崇阳界	2.5	470	山顶方平似棋盘
梧桐山	大青、崇阳界	4	521.5	山上有梧桐树
小山梧桐	大青、崇阳界	2.5	391.5	山上有梧桐树
鹅公啄	大青、清水界	4	560	主峰如鹅咀啄食状
挂壁山	大青、清水界	2	286	山东有悬岩陡壁
石灰山	石南、岳阳界	2	344.8	有石灰岩层，曾烧过石灰

续表

山名	所在地	山体面积（km^2）	主峰海拔高程（m）	名称含义
白石岭	石南、北港界	2	322.4	山上岩石参差呈灰白色
仙姑山	石南	1.5	192.6	古时山上有仙姑庙
石岭山	石南	1.7	210	山上花岗岩石参差
谷龙山	石南、铁柱界	1.5	196.6	山体蜿蜒如谷龙(俗名草把龙)
鼓鸣山	隽水镇	1.5	217.6	山上有石击之如鼓鸣
古龙山	隽水镇	1.5	113	山势蜿蜒如龙形
马鞍山	隽水、关刀界	1	238	山岭呈鞍形
大柱山	隽水、沙堆界	0.5	155	古时山坡竹大如柱
苦栎尖	沙堆、高冲界	2	314.1	古时山上有苦栎树
万峰山	关刀高冲	1.5	152.8	古时山上大树参天如万峰耸立
乌鸦尖	高冲、塘湖界	3	459.9	古时山上树茂常栖乌鸦
鸦雀山	高冲、塘湖界	1.5	280.8	鸦雀多在山林中营巢
丫髻山	高冲、塘湖界	3	369.6	两峰屹立如丫髻
龙背山	塘湖、黄袍界	5	623.1	山脊弯曲如龙背
苦竹岭	塘湖、修水界	7	808.4	遍山丛生苦竹
老鸦尖	黄袍	4	505.3	山峰似老鸦嘴
大埚山	黄袍	3	467.0	山体呈四周高中间低的状态
齐嫁山	黄袍	2.5	342.5	古人胡建台嫁女，黄姓将此山为嫁礼
狮形山	黄袍	2.5	389.0	山头如狮子
华罗寨	黄袍林场、崇阳、修水界	18	1165.0	原名槐寮寨。公元877年(唐僖宗乾符四年)当地财主张瑛募勇结寨山上，以槐树密集为屏障，据险抵抗黄巢农民起义军。现演变为华罗寨。西南山腰有古剑石，中有奶石。此山诸石皆青，此石独白，下滴如乳水，四时不竭
三脚尖	黄袍林场、修水县界	4	1025.2	山峰如三脚丫，是华罗寨次峰
平头岭	磨桥、岳阳界	3	448.0	主峰与杨石岭平头对峙
青竹岭	磨桥、岳阳界	4	491.0	古时遍山丛生小竹
鸡毛尖	磨桥、岳阳界	5	690.0	山峰如鸡毛状
摇鼓山	五里镇	1.5	174.6	山体圆如鼓
狮形山	五里镇	1.7	227.7	山头如狮子
彭家岭	五里镇	2	371.5	山腰有彭家(村)
尖山	五里镇	1.2	265.8	山峰如笔尖
杨曲岭	五里镇	3	388.8	系古人杨曲所管的产业
白旗坳	磨桥、九岭界	6	957.2	传说古驻刘邦白旗兵(详相师山义)
阳台尖	磨桥、潭下界	4	635.6	山峰高于群山，顶平如台，终日阳光照射
三凤岭	马港镇	3	442.5	三山连接如凤翔之势
百罗寺	马港镇	4	544.3	古时山上庙内有百位罗汉菩萨
龙形山	马港镇	3	485.3	山岭蜿蜒如龙蛇

续表

山名	所在地	山体面积（km^2）	主峰海拔高程（m）	名称含义
杨罗山	潭下、丁仙界	5	658.2	古是杨罗二姓所管产业。山上有石形如鼓，击之有声
鸡鸣尖	马港镇	3	398.7	传说古有金鸡飞鸣于山上
天台山	关刀镇	4.5	543.7	山高雾漫若连天之象。山腰有一筒岩与张源洞对峙，其岩二孔：一曰干岩，可容数十人；一曰湿岩。湿岩和干岩通，有风嘘吸，叫风孔
密岩山	关刀镇	4	522.0	山高岩陡，峰峦重叠
冬茅山	关刀镇	3	462.1	古时遍山冬茅柴
汤管山	关刀、麦市、塘湖界	2.5	311.2	古是汤姓所管产业
虚空山	关刀、麦市界	5	701.3	明万历年间黄姓和尚建庙山上，虚空即脱俗离凡之意
黄荻尖	麦市镇	2	243.3	山峰尖耸，黄荻树多
南楼岭	麦市、修水界	7	691.0	位于麦市南面，山峦层叠如楼台起落
皇帽山	麦市、修水界	6	609.5	山顶圆平如官帽
界文岭	麦市、修水界	6	576.7	鄂赣分界处有界石碑文
梧桐山	九岭、磨桥界	5	467.2	古时山腰庙前有棵高大梧桐，名“梧桐夜雨”
阳雀岭	马港镇	2.5	339.4	古时丛林中阳雀鸟多
凤鸣山	马港镇	3.5	433.6	山顶古有庙，钟声嘹亮如凤鸣
朗山	马港镇	3	416.7	登山运眺四面山清水秀，心地豁然
华龙山	马港镇	1.2	250.0	山体弯如龙，树木青葱颜色华美
五斗山	马港镇	2.5	337.8	古有一户人来山上安家，垦地五斗
黄帽山	九岭、岳阳界	6	628.8	因山顶有岩石状如官帽
黄金山	九岭、岳阳界	4	522.9	山上古有黄金庙
白石岭	九岭、岳阳界	6	595.0	传说古代有个名时万的人在茅山学法，与师父李老君的女儿白石公主相爱，后结为夫妻并来此山定居。白石公主深明医术，采药为乡民治病，深受乡民爱戴。后于清乾隆年修建有白石庙以纪念公主(已毁)。山腰陡壁有太平岩石洞，深数丈，口小内阔直斜向上，大洞套小洞分七节，像七间小室
宝盖山	杨塘坳	2	315.4	古时山上有城隍庙，宝盖系佛语
狮子岩	杨塘坳、丁仙界	4	523.8	山头如狮，有陡岩
白云尖	马港镇	3	396.0	山峰高耸常有白云缭绕
三角尖	马港镇	4.5	564.5	有三峰屹立
雄狮岩	杨塘坳	3	406.5	山头昂起如雄狮
云龙山	杨塘坳、九岭界	4	478.4	山体弯如龙，峰头高耸若插云端
肖家岭	杨塘坳、平江界	3.5	417.0	以古时所属姓氏命名
蛤蟆尖	马港镇	4	457.7	山上有大石形似蛤蟆
清凉山	丁仙、关刀界	6	790.1	因山高气温低，茂林修竹参天
雪头埂	丁仙	3	690.0	山头凹部积雪数月不化
指头尖	丁仙	3	664.0	山尖如巨指向天

续表

山名	所在地	山体面积（km^2）	主峰海拔高程（m）	名称含义
狮子岩	丁仙、云溪界	4	778.3	山头如狮，北有陡岩
大金山	丁仙、云溪界	6.5	850.0	古名笔架山，后改为今名，形如金锭
杨柳尖	丁仙、云溪界	5	762.2	山上古时有杨柳树
指南尖	丁仙、云溪界	4	738.2	山峰向南伸
文坳山	云溪、盘石界	6	774.4	原系文姓所管产业
东园大堡	云溪、盘石界	4	858.5	是云溪洞东面高峰，山头椭圆
穿石岩	云溪、盘石界	4	920.8	山头有岩穿通若门窗
垮咀埂	云溪、平江界	5	711.3	山头曾自然崩垮
白竹尖	云溪	3	484.6	因古人丁白竹葬于此山得名
鹰咀岩	云溪	4	685.3	山峰似鹰嘴
砣石山	盘石	4	762.2	传说古代有仙人在山顶下棋，走时搬块大石砣着棋子
青山	盘石	5	702.6	山上青叶树多
夜壶山	盘石、黄龙山	6	941.8	山顶有大石如撒尿的夜壶
花石岩	盘石、黄龙山	1	935.6	山上多花岗岩石，是夜壶尖次峰
冬桃山	黄龙林场、平江界	4	1025.4	传说古时山上有桃树冬日开花
凤凰池	黄龙林场、平江界	4	1241.5	山头如凤飞扑地上
狂风坳	黄龙林场、平江界	3	1051.2	山高坑深，坳上常有大风呼啸
燕子岩	黄龙林场、平江界	3	1232.8	山高岩陡只有燕子可以飞过
只角楼	黄龙林场、平江界	4	1528.3	主峰如牛角尖长，是通城境内最高点。此处为葛稚川修炼处，岩上有数棵小竹，同本异干，迎风拂扫坛石
湫池塘	三省交界处	4	1511.2	此处为葛稚川修炼处，坛畔有灵湫井，井旁石屋可容数人，石上镌刻“湫池胜井”四字。石岩有石阶梯
玉女峰	黄龙林场	3	1056.5	在宝磬洞口，东有亭，西有宝境石，其峰相对如玉女状

第二节　山谷(十八洞)

丁仙洞　属马港镇丁仙村，位于丁仙村中部，距马港中心集镇18千米。南北走向，东、西两侧为金家仑、木棋山。传说古时有5位神仙游过此洞，故称为五仙洞。洞内有一庙，名五仙庙。后来，有一丁姓和尚云游五仙洞，居住寺庙内，此和尚心地善良，常接济附近贫苦穷人，备受当地人尊敬。人们怀念他，改五仙洞为丁仙洞。后有吴氏河市门第十六世祖吴福一次子千九公后裔及游姓迁入丁仙洞。山沟长3千米、宽100~1200米。2014年，山沟内有六家仑、李家岭、游家等居民点，有居民223户980人，主产稻谷、红薯、油茶、花生。此洞为通城著名地名“三溪九港十八洞”之一洞。丁仙洞中心的小山包暗山咀上有一座庙名暗山庙，因所在的山名和供奉的神灵封号而得庙名。1985年首建，2009年扩建。建筑面积50平方米，砖混结构，内供城隍塑像，墙壁上有为建庙捐款之人名单，有1.2米宽的硬化路进出，每月初一、十五两日，信士到此焚香上供。

黄泥洞　位于麦市镇花园村西部，距麦市中心集镇约10千米。东靠新寺仑，南连宝庆洞，西邻马料洞，北接花园桥。此地为高山深沟，因山沟内为黄色土壤，故称作黄泥洞。洞上端从咀上屋起，洞下方出口为茶埚，全洞长约2千米、宽400～1000米，洞沟中有小溪自西向东经茶埚汇入马井水库，洞内原有居民点黄泥洞，居民自20世纪90年代起陆续迁往麦市集镇。黄泥洞是通城县著名的“三溪九港十八洞”之一洞。

季山洞　位于五里镇相师山下季山村山谷，距五里中心集镇约15千米，东邻照高山，西、南靠湖南，北连左港村，呈西南至东北走向，全长约5千米、宽100～500米，为通城县著名“三溪九港十八洞”之一洞。相传汉相张良之师黄石公云游至白云山(相师山)，被白云山及附近风景吸引陶醉，遂隐居于此辟谷修行。张良辅弼刘邦成就帝业后，唯恐“功高震主”，祸福难知，即随师黄石公云游四海，禅隐白云山。白云山故得名相师山。其下山谷得名醉仙洞，周边村名为醉仙村。因醉仙洞有季山屋居民点，醉仙洞后被口传误称为季山洞，亦被讹错为际山洞；醉仙村也因此误称为季山村，至今沿用。

插图47　醉仙洞(刘亚敏　摄)

狼荷洞　位于县城东部，距塘湖中心集镇5千米。东临江西省修水县全丰乡上源村，南接塘湖镇凉亭村，西靠塘湖镇狼荷村胡家塅，北连黄袍望湖洞。此地为一条山沟，因古时洞内生长植物狼(“狼”的本字应作“蒗”)和荷，故名狼荷洞。又传说，古时一怪兽经常在此地祸害作祟，万物不得安生。为保护地方安宁，天上降下大狼神来制服怪兽，大狼神与之搏斗了几昼夜，最后，兽亡，狼亦丧生。为了感神狼之恩，人们将此洞称为“狼荷洞”，又因人们厌倦“狼”丑，将“狼”字加草头。洞内有碳埚山、干港崖、林牙峦、老猪旁、陈家嘴、鹰咀岩、象壁山、轿顶岩等大小山头。该洞起点为鄂、赣交界的分水岭大坳坪，止点为原通城县水泥厂厂部驻地石店，全长约4千米、宽10～300米。2014年，洞内有国有黄袍林场、通城县水泥厂、塘湖镇石灰厂。此外，还有私办碎石厂2个、碳化砖厂5个。狼荷洞是通城县“三溪九港十八洞”之一洞。

李婆洞(里和洞)　位于麦市镇天门村北部，距麦市中心集镇约5千米。东连筲箕埚、观音岩，南接天门观水库，西邻新寺坑，北距虚空山。古时，有李姓在此定居，丈夫早逝，妻子带子孙五代同堂，后人希望能永久保持家族、邻里和好，命村庄名为里和洞，又称李婆洞，并沿用作山沟名。洞上端为虚空山南坡的山沟，中间有小溪自西北往东南流入西冲港；下端至鹅公岭，全长约3千米、宽20～300米，洞内有居民点李婆洞。李婆洞为通城县著名的“三溪九港十八洞”之一洞。

六亩洞　又名六马洞。属塘湖镇石坪村，位于石坪村东部，距塘湖中心集镇约7千米。东邻狮古山，南接鲁家冲，西靠东塅，北连白水寺。因此山沟有稻田六亩而得名。呈东西走向，全长2千米、宽100～500米。山沟内有居民点六庙洞，有居民47户210人。六角洞为通城县著名的“三溪九港十八洞”之一洞。

龙潭洞　位于国有鹿角山林场龙潭洞村东南部，距四庄中心集镇约5千米，为通城县著名地名“三溪九港十八洞”之一洞。洞的出口处有居民点龙潭洞口，为龙潭洞村村委会驻地。此山沟有一条山溪流出，在溪水靠出口上游约800米处有深水坑，传说深水坑内有龙(方言称龙为“麟”)出没，洞底有暗河与洞庭湖相连，故称。洞体呈南向走北，南起龙潭洞村与石门洞村交界的石门洞宋家，北至龙潭洞口，全长约5千米、宽20~300米，中间有溪流。洞体东有阳石尖山脉、大埚岭、白鹭牌山、舒家灵山、青石洞，西岸有观音坐莲山、梅花山、鹅颈坑小溪。1984年水库未修之前，洞内有柳树蔸下、石咀屋、四房屋共3个农村居民点，居民住户78户380人，房屋占地面积11000平方米，居民沿溪东岸建房，呈条状分布。其中石咀屋、四房屋门前场地竖有旗杆石、上马墩、奉宪牌。其中，奉宪牌为高3米、宽2米、厚10厘米的青石板，上面刻有清道光皇帝的圣旨，文官见此下轿，武官见此下马。在龙潭洞离出口约800米处，还建有青条石拱成的高4米、宽3米、长5米的凉亭，亭内两边设有长5米、宽40厘米、厚15厘米的石凳。大革命时期，龙潭洞是中共领导下的革命根据地，已查清身份的革命烈士有14人。1984年龙潭水库建成后，龙潭洞居民分别搬迁至龙潭口上、钱家坳、港下铺3个居民点定居。2014年，洞内有龙潭水库及其管理处和龙潭电站、龙潭渡口、龙潭水厂、梅花山烈士墓群、舒家灵庙遗址、僧缸塔、鹅井颈、酒甑飞天瀑布、观音坐莲、抄嘴、阳石尖、梅花尖、滴水沟、青石洞、大埚岭、蛇形、螺形、凤形、虎形、燕子朴梁、人形等单位纪念地风景点。有全长6千米、宽4米的龙潭洞口至舒家灵庙公路，长500米、宽3米的水库大坝至梅花山烈士陵公路。

马料洞　位于麦市镇金麦村南部，距麦市中心集镇约10千米。东连烟竹埚，南靠黄泥洞，西接国有黄龙林场思姑寺经营区，北邻麦埚村。相传唐乾符年间，黄巢曾驻兵马于此地，马夫常来山岭上放牧，故得名。洞上端从姜家起，洞口下方出口至桥背，全洞长约2千米、宽60~500米，洞沟中有小溪自西北流向东南经麦埚村境内汇入黄麦河，洞内有居民点马料洞。马料洞为通城县著名的“三溪九港十八洞”之一洞。

欧贞洞　位于马港镇何婆桥村西部，距马港中心集镇1.5千米，为通城县著名的“三溪九港十八洞”之一洞。东邻阳雀岭，南接推垅桥，西靠何婆桥，北连五里镇毛田何家。此山沟南北走向，山沟长约5千米、宽100~500米。相传，迁此山沟定居的居民为金公欧贞，遂以其名字命山沟名为欧贞洞。2014年，山洞内有出谷场、严家、佑直屋、金家、庙咀、秩屋、何家垅等居民点。

彭家洞　属马港镇中塅村，位于中塅村南部，距马港中心集镇10千米，为通城著名的“三溪九港十八洞”之一洞。此洞呈南北走向，因古时有彭姓在此山沟定居而得名。山沟全长5千米、宽50~500米。2014年，山沟内有彭洞、中塅、下中塅、等居民点，有居民490户2100人，主产稻谷、红薯、黄豆、花生。

青草洞　位于四庄乡大溪村南部，距四庄中心集镇约5千米，为通城县著名的“三溪九港十八洞”之一洞。东、南邻青草岭，西靠挂壁山，北连大溪库区。因山沟起于青草岭山峰而得山沟名。此洞呈南北走向，全长约4千米、宽80~300米，山沟两侧山岭上种植有松、杉等树木。

石门洞　位于塘湖镇东北部，地处阁壁村与石门洞村交界处，西南距塘湖集镇约4千米。南接龙印村，北临五花村，东连夹井村，西接横屋。此地为长形山沟，中段右侧拐弯处有一块天然形成的岩石，约3米高、宽5米，平如门板，如同房门，故称石门洞。相传古代此石每到晚上自动移动与对面的土山吻合，白天又自动回位，晚上行人无法路过。此洞呈西南至东北方向，西南进口处礼义桥，沿阁壁大屋、寨上、羊角坑至宋家冲，全长约5千米，是通城县著名的“三溪九港十八洞”之一洞。洞内原有阁壁大屋、寨上、羊角坑等居民点(阁壁大屋地段于20世纪70年代成为阁壁水库淹没区)。

守仙洞　位于四庄乡东南部，距四庄中心集镇约4千米，是通城著名地名“三溪九港十八洞”之一洞。东界崇阳县高枧乡老虎洞村，南邻青石洞林场龙潭洞村，西接清水村，北界渔竹林场寺背村。相传，古时吕洞宾在此地等待何仙姑，并在洞中段小溪边留有其坐过的石椅。山沟全长约5千米、宽20~50米，有小溪流出。洞内有3个村民小组，还有石咀屋、小峰屋、石堰口、井头屋、岭上吴家、万家埚、老屋屋7个居民点。村民多为张、李、周、万、胡、刘、夏、汪等姓，以张姓为主。

台源洞　位于关刀镇台源村西部，距关刀中心集镇西南5千米，是通城县著名的“三溪九港十八洞”之一洞。东界水兴村，南接黄鹤村，西邻东港村，北连春雷村。此地为蜜岩山间的山沟，为水兴河的发源地之一。清康熙八年(1669)，一名叫台源的得道高僧从五台山到山沟里的金盆寺讲道。高僧才学高深，广收门徒，在当地很有名气，人们以其名结合当地域蜿蜒曲折形似山洞的地形，称此地为台源洞。南北两面是山，中间为狭长山沟，由西向东长2千米、宽50~150米。洞内有八房、程家山、紫荆冲、牛形岭、白沙坳、石锣、蒋家7个居民点。山上种有松、杉、楠竹、油茶。

桃源洞 位于隽水镇桃源村南部，距县城约5千米。东连刘家排，西接阮家垅，南靠石潭碑，北连太平畈。因山沟内有小溪流名桃源港而得山沟名，为通城县著名的“三溪九港十八洞”之一洞。此洞呈南北走向，长约2.5千米、宽200~500米。山沟内有黄家冲、王家、上铺、下铺、安乐桥等居民点。

望湖洞 位于塘湖镇望湖村中部，距塘湖中心集镇约8千米。东邻大盘山，南接国有黄袍林场，西靠龙背山，北连大埚村。因此山沟地处望湖地片而得洞名，为通城县著名的“三溪九港十八洞”之一洞。此洞呈南北走向，全长约3千米、宽100~500米，沟中间有小港自南向北流过。山沟内有居民点普安堂、港背屋、大湾屋等。

锡山洞 位于五里镇锡山村东部，距五里中心集镇约2千米。东邻锡山，南接十里市，西靠秀水河，北连塘梓冲。因山沟位于锡山西部山谷，故称，为通城县著名的“三溪九港十八洞”之一洞。此洞呈东西走向，全长约2千米、宽100~500米，山沟内有万家岭、垈楼屋、中屋傅家等居民点。

张源洞 位于关刀镇台源村东部，距关刀中心集镇南面3千米。东界云溪，南临黄鹤村，西接台源洞，北邻水兴村。此地为蜜岩山东部的山沟，为水兴河的发源地之一，是通城县著名的“三溪九港十八洞”之一洞。古时，山沟下方水兴河畔边有张姓集居，命村庄名为张家，因其农田灌溉及生活用水均来自上游蜜岩山山沟，故命山沟为张源洞。洞内东有天台山、西有蜜岩山遥遥相对，中间一条小港北流，洞长2.5千米、宽50~150米，洞内有甘家塝、聂家垅、傅家垅、大垅、断山坳、万家、皇恩垅、艾家8个居民点。洞内山上种有松、杉、楠竹、油茶。

第三节 洞 穴

大泉洞 属塘湖镇望湖村，位于黄袍山西麓大泉岭的左中部地势低凹处，为天然大洞穴，距塘湖中心集镇约8千米。此地为高山，低凹处有一天然洞穴，洞内有泉，出水量大，故称为大泉洞。据传：明代李道士变作一只龙虾，从洞口往南游，在江西省修水县全丰乡石泉中蹦出。洞穴入口开阔处面积4平方米，泉水自洞内流出。洞口三面环山，灌木丛生，翠柏森森，到了夏天，一到洞口，备感凉爽。1980年，村民在此处建一龙王庙，长年香火不绝。如遇大旱之年，每至阴历六月，洞内泉水夜间断流，天明时突然渗出量更大且带鱼腥味的浊水来，半小时后恢复原状，当地居民称此现象为“龙洗窝”。

丁家洞 位于黄袍林场北部，距场部驻地干港约4千米。洞口朝北，可供人爬行进出。洞内有200余平方米。因旧时洞左下方100米处居住着丁姓人氏，故名丁家洞。民国二十九年(1930)农历十二月十七日，红16师后勤部看守处18名官兵押着34名从地方捕捉来的大小豪绅，从崇阳大源出发转移至江西修水县再押往通城。途经此地时已为晚上6点多，经一联络员与丁姓人氏联系，进入此洞关押。翌日，由于叛徒告密，国民政府通城县保安大队葛皇甫部围住洞口用红干辣椒壳、晒镰、紫草等焚烧，用风车煽风入洞，将洞内51人熏死。1950年7月，南方访问团到此调查了解后将洞口开凿加大，进洞收殓该洞内壮烈牺牲的烈士的尸骨，并正式命名为丁家烈士洞。丁家洞为当地“革命传统教育基地”，常有干部、群众、游客瞻仰此洞。

风吼洞 位于锡山顶峰瑞庆峰东南约80米处，距县城南的宝塔大道约4千米。此洞口小内阔，幽静深长，洞口常有微风唏嘘，故名。进出口相距30余米，洞内四周均为岩石，高、宽均为1.2~1.8米，进出的洞口高、宽分别约0.8米、1.2米。相传，简公和尚曾在此坐禅。

第二章　陆地水系

第一节　主要河流

菖蒲港　因古时候河两岸长有菖蒲草而得名。发源于县东南黄龙山西麓小坳天岳关，流经黄龙山、盘石、麦市、关刀桥、高冲、锦山、阔田畈等地，全长37千米。主要支流有盘石港、陈洲港、西冲港、陈塅港、云溪、鲤港、八仙港、锦山港等。流域面积387.8平方千米，年径流量3.08亿立方米，流域人口15万余人(2014年人口数，下同)。该河河道弯曲，集水面积大。若山洪暴发，则苦于水涝；而晴日稍多，即呈旱象。20世纪50年代以前，平常平均水位0.5～1米，木排竹筏可达麦市集镇。20世纪60年代以后，水运终止。该港流域内先后建成云溪、阁壁、石背、天门观、马井等水库，兼收防洪、灌溉、发电之效，但河水流量大减，水位逐年下降。21世纪初，平常河流平均水位在0.3米；随处都河涉水过河。鲤港以上河段，河床宽度60～120米，河床底部多片石或卵石或花岗岩块石，流速0.5～0.8米/秒；鲤港以下河段河床宽度80～150米，河底多为沙粒，流速0.5～1.5米/秒。

插图48　菖蒲港(航拍)

隽水河　因河流长远、河水清澈得名。发源于马港镇境内的界头山谷，经百丈潭，绕梧桐山，转向东北，经县城入崇阳，县内长43千米。主要支流有彭塅港、彭洞港、松港、石溪、寺前港、秀水等。县内流域面积为307.4平方千米，年径流量2.4亿立方米，流域人口14万余人。古时，隽水河床平均水位1米，且多石底，小型舟船平时可达磨桥，水涨时竹筏可达马港。明、清之际，输送漕粮，进出货物，全赖河运。20世纪50年代后，水运逐渐被公路运输所取代。20世纪70年代后，先后在上游建成百丈潭、杨泗庙、神龙坪等水库，河水流量逐年下降，至21世纪初，平时平均水位在0.5米以下，随处均可涉水过河，马港以下河床宽度120～150米，马港以上河床宽度50～

120米，河床底部多为片石或花岗岩石，流速0.8~1.5米/秒。

沙堆港 此港下游地势平缓，两岸泥土含沙量大，致使河道两边沙粒堆积，故名。明朝以前，沙堆河床水位平均1米以上，大小船只、竹排可自由行走。清初，此水系改道，故水位下跌到1米以下。从清初至民国时期，由于陆地交通不便，仍有小型船只、竹排输送漕粮，进出货物。1950年后，因公路建设的发展，沙堆港逐步失去了运输功能。域内沙堆河水系，从古井地段至湾船咀地段为东西走向，湾船咀至南塘改为南北走向。沙堆港发源于四庄乡龙潭洞老鸦尖，汇聚清水、灿良、四庄、大源等10余条溪水。流经清水、沙堆、大源，折向小井北，经崇阳阮家畈注入隽水。县内流程23.5千米，域内流程6.5千米，流域面积135平方千米，年径流量1.1亿立方米。“沙堆”后成为当地行政区域、群众自治组织、企事业单位等的通用名词。

铁柱港 原名铁束港，发源于铜鼓山北麓的大界岭。以该河流岸边的山名命名，主要支流有南港、北港、仙姑港、左港、梅港、东冲港、水口港等。全长25千米，年径流量2.02亿立方米，流域面积257.8平方千米，流域人口14万余。铁柱港流程短，河水涨跌快，洪水期流量达700立方米/秒(1954年所测数据)；枯水季节则仅有涓涓细流，平均水位在0.5米，无水上运输。中华人民共和国成立后，先后在上游建有左港、东冲、石人冲、雁门等水库。21世纪初，河水水位平均在0.3米，随处均可涉水过河；河床宽度50~100米，河床底部多为沙粒或沙粒混杂片石。

秀水河 以水流清秀得名。发源于马港镇内梧桐山，经马港、五里、隽水镇，到皮家桥入隽水河，全长10千米、宽15米，秀水和隽水两条河相互环绕县城，构成犄角地理之势，古有诗赞曰：“秀水全环，隽溪后绕，东倚黄龙幕埠之奇，西连衡岳洞庭之胜，高瞻俯眺，恍若画图。”秀水河古时在城郊区域内弯弯曲曲，从谌家桥至续家畈有两个大弯，形成翅膀洲，从郎桥又弯向何家园(现体育馆，秀水社区办公楼处)，经老阀门厂、县医院后面绕至县政府东门外，再折向旭红桥，向北入隽水。20世纪70年代经裁弯取直，河床弯度减小。2000年后，县人民政府投巨资清理河床，分流污水，护砌两岸，绿化堤面，既美化了城市，又为居民提供了一处休闲的好场所。

表21 **部分河流基本情况一览表**

名称	发源地	出口交汇处	长度(km)	宽度(m)	流经区域	名称来历
东冲港	药姑山南部	大坪乡墨烟口前注入铁柱港	10	40	大坪墨烟	因发源于药姑山南脉的东面山冲而得名
汤畈港	杨石岭	石南桥下注入铁柱港	6.5	10	石南	因中游经过的汤家畈而得名
金仙港	塘湖鹿角山	沙堆况家咀注入沙堆港	10	20	塘湖、四庄、沙堆	因中游经过的金仙畈而得名
四庄港	周家坳山	沙堆双港口注入沙堆港	10	20	四庄、沙堆	因中游经过的四庄畈而得名
高冲港	乌鸦尖	沙堆湾船咀注入沙堆港	9	4	关刀、沙堆	因中游经过的自然集镇而得名
石坪港	苦竹岭	塘湖南虹桥注入塘湖港	8.5	10	石坪、凉亭	因上游经过的自然村而得名
桃源港	黄鹤山南麓	隽水油坊地域注入菖蒲港	10.5	15	隽水桃源、油坊	因上游流经地片而得名
樊店港	白米山北麓	石南梅港地域注入铁柱港	4.2	15	石南茅坪畈、中塘畈	因上游流经地片而得名
大源港	青草岭西麓	沙堆龙王咀注入沙堆港	8.5	20	四庄上坪、大源	因上游流经地片而得名
东风港	药姑山	大坪坪山地域注入铁柱港	17	30	大坪花墩、南山、来苏、达凤、沙口、坪山	因在改造河流裁弯取直时流行的政治口号而得名
易畈港	药姑山	大坪沙口地域注入铁柱港	4	15	大坪彭家湾、马家湾、药姑咀	因中游流经的地片而得名
金仙港	塘湖鹿角山	四庄向家地域注入沙堆港	14	20	四庄五花、庙下、向家	因流经中游的地片而得名

续表

名称	发源地	出口交汇处	长度（km）	宽度（m）	流经区域	名称来历
四庄港	龙王殿西麓	四庄双港口地域注入沙堆港	15	20	四庄寺背、新联、华家	因流经中游地片而得名
潭下港	界头	经彭塅地域注入马港	7	25	马港平湖、易塅	因下游流经地片而得名
中塅港	黄泥山	经马港中塅地域注入马港	4	15	马港彭家洞、佛坳	因上游流经的地片而得名
花亭港	杨山岭	石南花凉亭、坳背注入铁柱港	5.5	5	石南花亭、仙姑	因上游流经的地片而得名
狼荷港	黄袍山	塘湖下港屋域与龙印港汇合后，于关刀白马洲地域汇入菖蒲港	7.5	25	塘湖狼荷、塘湖社区	因上游流经和山谷而得名

第二节　三　　溪

大溪　位于四庄乡大溪村，发源于周家岭、龙王殿、石咀埂一带山麓，汇集茶头坪(古称茶坪图)、大溪洞诸多溪流，流经大溪村域内的楮树下、潘家湾和纸棚村的罗盘墩、大屋王家、纸棚、分坳、姜家等居民点，注入崇阳县青山河，全长16千米(青山水库修成后，从纸棚注入青山水库)。因河流流程长，流域面积大，故称大溪。上游河床宽5~20米，中下游宽20~30米，流域面积约100平方千米。该河属地上河、常流河，是通城县著名的“三溪九港十八洞”之一溪。该河名成为当地通用地名，以河名命名的有地片大溪洞、大溪乡、大溪大队、大溪村、大溪湿地公园。

石溪　位于马港镇石溪村，发源于砖屋岭、白石山和程坳村狮形山。据传，很久以前，有八个神仙在仙人石山脊上下象棋，留下一盘棋子。神仙走后，便变成了石头棋子，故名石棋。每至汛期，因石棋阻挡山水，致山洪横溢，民不聊生。太白金星路过此地，见灾情，便收去了石棋，理顺洪水，使之形成泄洪的溪流，故改名石溪。石溪全长7千米，流域面积20平方千米。河道宽度10~20米，为外流河、地上河、常流河，为通城县著名的“三溪九港十八洞”之一溪。无雨期水深0.25米，洪水期最深3米。由南向北途经熊家、石矶上、麦田、萧家、港下胡家，经佛岭直下汇入湾头港。

云溪　位于关刀镇南部，发源于黄龙山狂风坳北部山岭。因溪流两侧山岭常年多云雾，故而得溪流名，为通城县著名的“三溪九港十八洞”之一溪。流域内有东山、棋盘、道上、云水、杨家、高桥等建制村，流域面积约40平方千米，自关刀集镇北部的白马洲汇入菖蒲港，溪流全长16千米，河道平均宽度约20米，为常年河、地上河。1970年，此溪中段曾修建云溪水库。

第三节　九　　港

北港　因与该港相同流向的南部另有一港形成南、北两港，此港居北，故名。发源于岭源村断峰山东麓岭下，处北港镇腹地，自北向南流经岭源村、贯青村、长青社区、龙门村、庄前社区，集诸多支流、溪水而成。在杨柳畈与南港河汇合后，注入铁柱港。全长6千米、宽10~30米，其上有大小桥梁6座，为北港镇内两大主要河流之一，北港镇因其而得名，属通城县著名的“三溪九港十八洞”之一港。

插图 49　北港(航拍)

东港　位于隽水镇东部，以与县城形成的方位命港名，是通城著名的“三溪九港十八洞”之一港。东港发源于黄鹤山东北麓，流经东港村至桃源村十善桥，全长约 9 千米，经上坳地域注入莒蒲港，南北走向，宽 5～15 米，平时水深 0.3 米左右；下游东边河岸为通向东港村的公路，沿河两岸都是东港村的范围，有居民点长屋李家呈条状分布在沿河东岸。

鲤港　莒蒲港的支流，发源于黄袍天井窝，是通城著名的“三溪九港十八洞”之一港。溪流自东向西流淌，流经黄袍、塘湖、八燕、鲤港、五流、杨田、关刀，在关刀农场和白马村交界处汇入莒蒲港，全长 17 千米，平均宽度 30 米。在鲤港街上游 100 米处改向北流为向西北流，湾部有深水潭，鲤鱼、鲫鱼多，故名“鲤港”。当地以此港名称设立过居民点及生产大队、行政村、乡、学校等。支流众多，较大的支流有五流港、方家港和杨田港，流域面积 30 平方千米，流域人口约 20000 人。年平均流量为 2 立方米/秒，最大流量为 80 立方米/秒，最小流量为 0.1 立方米/秒。鲤港上建有八燕大桥、鲤港大桥和杨田桥等钢筋水泥桥。鲤港流经地段地势平缓，由于水流较大，易引发洪水。鲤港也是鲤港畈、新畈、关刀农场的主要灌溉水源，建有 5 千米长的引水渠道和抽水机房，可确保关刀镇两大粮仓旱涝保收。

马港　从马港镇高峰村界头平头垅发源，流经高峰、平湖、潭下、彭塅、九岭 5 村，集 5 村和金山、黄鹤、界上、踏水、中塅、灵官、马洞、程坳、松港共 14 个村的众多小溪、港、河流汇聚而成。据传，西汉马援将军曾在此地驻军，因山体滑坡而阻塞了大段河床，遇山洪暴发，洪水泛滥成灾，将军率军民疏通此港。为纪念将军善行，人们以将军姓氏命此河流名为“马港”。中华人民共和国成立后，当地政府及村民自治组织多方筹资，对河道裁弯改直，护砌加固河堤，减少了因山洪暴发给当地造成的损失。其河道上建有推垅大桥、马港大桥、石马大桥。上游有百丈潭、杨泗庙、神龙坪 3 个县办水库和百丈潭一、二、三、四级电站以及杨泗庙电站。自官陂头(上马港)至(下马港)全长 2 千米，河床平均宽度 70 米，最宽处 92 米，河水四季长流，为外河流、地上河、常年河，也是马港镇主干河道，具排洪抗旱功能。当地还以此名命附近的居民点及流经地的生产大队、行政村、乡、学校等。“马港”属通城县“三溪九港十八洞”之一港。

梅港　位于石南镇梅港村东部，是通城县著名地名“三溪九港十八洞”之一港。此河边有一片山包，有五个山头似梅花状分布，遂以花状称河流。发源于相师山，全长约 5 千米，无雨期水深 0.5 米，洪水期水深 2 米。

南港　因与该港相同流向的南部另有一港形成南、北两港，此港居南，故名。发源于湘鄂交界的雁门村，自南向北流经雁门村、枫树村、龙门村，集诸多支流、溪水而成。在杨柳畈与北港河汇合后，注入铁柱港。因与源自断峰山的北港相对，由此得名。全长约 7 千米，平均宽度约 30 米，为北港镇内最大水系，系通城县著名的“三溪九港十八洞”之一港。

插图 50　梅港(航拍)

石港　位于塘湖镇石港村南部，因河床为岩石故名。该港发源于龙背山东部，由南自北流经石港村石港地片，于老虎塅汇入新庄港，全长约 3 千米，流域面积约 4 平方千米，河床宽 5～20 米，枯水季节水深约 0.5 米，河床底部卵石、块石，下游建有铺上桥、石港桥。此港为通城著名的“三溪九港十八洞”之一港。

松港　位于马港镇松港村，发源于朗山、邓家山。因古时小港两侧山坡上长满松树而得名。流经高家坡、张家、胡家，在高葛坡汇入马港，全长 3 千米，流域面积 5 平方千米。河道宽 2 米至 4 米，无雨期水深 0.1 米，洪水期最深 2 米。河床为碎石(或麻石、岩块)结构，为外流河、地上河、常流河。为通城县著名的“三溪九港十八洞”之一港。

左港　为通城县著名地名“三溪九港十八洞”之一港。发源于相师山东坡，流经季山、保泰屋、杨家入左港水库，经石南杨山左拐汇入铁柱港，故名左港。另说因河中游聚居左姓人家而得名。全长 14 千米，河床宽 15 米，平时水深 0.3 米左右，系山地溪港，春夏水量充沛，秋冬干旱则只有涓涓细流，河中游建有左港水库用于发电、灌溉农田之用。

第四节　泉　　井

参也泉井　位于塘湖镇阁壁村。清康熙年间，金公逢鲁(字参也)在桃园(源)洞发现一处泉水，经挖掘饮用，水质特别甘甜可口，冬热夏凉，能治暑病。后人为了纪念他，故命名为参也泉井。泉井占地面积 20 平方米，井口呈圆形，直径 1.5 米，水深 3 米，可供 400 余人饮用水。

陈井泉　位于关刀镇黄峰村，以姓氏和陆地水系名称综合命名。传说古时有仙人陈大新曾到该处，见泉神之女美丽动人，便唱情歌逗引，于是两人相爱，泉神生气，欲用佛帚处置大新。泉神之女授意大新仿造佛帚，她便乘机调换。有一天，泉神严斥大新，大新争辩，泉神怒，举帚扫之无效，大新拿出真佛帚还击，把泉神打入地下，使其呻吟不已。其女便要求道：大新哥，他毕竟是我的父亲，也是你的岳父，怎忍心让他埋死地下。大新道：既如此，不让他死。于是将佛帚把连扎多眼，顿时清水喷出，故又名“米筛泉”，后人改称为“陈井泉”。有两股泉水常年外流，大旱不减，村民旱年多到此处祈雨。泉井占地面积 7 平方米，长 1.5 米、宽 1.5 米、深 3 米。泉井旁有龙王庙石屋一间，高 2 米。

城隍井　位于隽水镇上阔村，处通往县城的公路南侧 5 米处。以古时井附近的城隍庙名命井名。占地面积约 30 平方米，井深 5 米余，周围以烧砖和条石护砌，为地下泉水，甘凉清洌。夏天二三里外居民皆来此井担水饮用，以解暑热，是阔田大畈最好的水井，井北侧近路处植有一株桂花树，树团如伞盖，葱茏茂盛，青翠欲滴。

祠堂井(堡福龙泉)　位于塘湖镇荻田村荻田河南岸，离河约 5 米。以此井附近的建筑物而命名，始修于元代。相传，王母娘娘瑶池设宴会仙，众仙品尝玉浆佳肴，赞不绝口，吕洞宾欲窥调料秘诀，入膳房偷得黄澄澄的仙油一壶，不慎将油壶弄破，油渍锦袍，与玉帝袍酷似，吕洞宾惶恐，急下界莲花墩洗袍，蒙龙王三太子掘井起水，洗袍晒高山上，锦袍变黄袍，黄袍山因而得名。元大德八年(1304)黄氏振波公迁居金牛嘴，用条石将此泉水围成方井。传乾隆游江南至此井饮水解渴，即御封为“堡福龙泉”。整个井占地面积约40平方米，井口直径1.5米，深2.5米，水质好，可供数百户人家饮用。

风地坪井　位于塘湖镇雷吼村风地坪西南，以所在的居民点名命名。整个井占地面积约50平方米，井口直径2.5米，深3米。此井水质清澈，属地下泉水，出水量较大，除供一组村民饮用外，还可灌溉3公顷农田。2014年，有十来只潜水泵安放于井内取水，使该村民小组居民用水达到自流化。

辜家井　位于塘湖镇塘湖社区左家山北麓的细港之畔。元明时期，由辜姓人开发使用，故名。井水清澈，水味甘甜，生饮不但不泻肚子，还有却病解热的作用。井泉长年不枯，天旱时还可保证下游二三十亩水田的灌溉，是塘湖墩上名泉。

金家井　位于隽水镇民主路南段西侧(原隽水镇粮管所大门北侧)。唐代，侍郎金兴政在此掘修，以其姓命井名。元朝至正年间，金鳞重修。占地面积12平方米，有两个井口，井深约4米，可供1000以上人口生活用水。井底为锡板，刻有“金鳞”字样。井水冬暖夏凉，清澈甘甜，1200多年来一直为当地民众所饮用。

酒铺井　位于马港镇平湖村新屋戴家南部100米处，以流传的民间故事得名。古时此处曾建有坐南朝北明三暗六房屋一栋，泉井在其屋后，此屋主人开酒铺营生，以此井的泉水当作酒卖，故得名。相传，主家来客，可向此井泉神借金壶、金盏，盛酒待客。后来，以泉水当酒之事被人发觉。有一次，主客交谈时，客对主讲：“你真走时(走运)，卖酒不用制，取之不尽，用之不竭。”主人答道：“好是好，只是没糟喂猪。”第二天早上，主人在井中取酒时，盛起来一壶清澈冰凉的泉水，无丁点酒味，主人大惊，抬头看见井边有字：“人心高，贪心高，冷水把给你当酒卖，还嫌养猪没有糟。”水井占地面积1.5平方米，井口直径1.5米，水深1.5米。水质清澈透明，冬暖夏凉。

老屋古井　位于沙堆镇大柱山村张家老屋前中垅，以所在居民点命名。相传，只要在此井吃水的百姓如需借用筷子，只要做文疏一张，烧此井边，第二天早晨就有10双银筷子浮在井上，可取回家使用，用完后放回原地即刻沉没不见。有一次，一户人家请客，不小心丢失掉1根银筷子，请银匠打造同样的1根筷子置于井中，自此再也没有银筷子出现过。该井出水量大，长期有半车厢水涌出，可供500多人饮用。井深7米，水面面积约6平方米，井口、井围小，只容一只水桶汲水，卫生，无污染，井边有一棵大枫树，高12米，2人合抱。井边还有1座小庙，两层，占地面积140平方米，庙内香火不断，挂满了锦旗。

黎公井　位于石南镇牌合村深泉垅路边，以挖掘此井的居民姓氏命名。1949年大旱，黎公茂芳寻水抗旱，在此发现一涓清泉，时有一塾师路过，饥渴难耐，黎公茂芳将其扶之树下纳凉，取泉水敷身止渴，嗣后将其泉口扩大成井。后供当地居民饮用，天旱时，可灌溉农田1公顷。

龙泉　位于五里镇左港村保泰屋中段后背山脚，以流传的历史故事命名。相传，古时，此井能给虔诚的村民提供金银餐具，只要村民在头一天傍晚焚香礼拜，讲明所需的餐具，在第二天的清晨就可以在井边上领取相应数量的金银餐具。民国初有一胡姓居民在此借用后少归还一个金汤匙，惹龙王发怒之后再也借不到了。人们认为是龙王显圣，故名龙泉。水井占地面积约6平方米，井深2米，井口几经改建后为圆形，直径一米，井水甘甜，冬暖夏凉，是常年清澈透明的饮用泉水。

龙王泉井　位于五里镇五里社区王家屋，以民间传说命名。相传此井古代有龙出入，泉井水源源不绝，清澈、香甜可口。附近居民偶有小孩受到惊吓时，到井边烧纸取水饮用，病状即除，人们认为是龙王显灵，故得名。明朝时建，占地面积26平方米，井口直径1.5米，水质清澈，甘甜可口，冬暖夏凉。井上有大理石打造的石屋，石屋上方竖有石碑，刻有“敬祝扶桑宫”碑文，石碑下“井泉龙王”4字镶嵌在两头金色石龙之中。两侧刻有对联：“龙灯千载，王落万年。”在两侧底各刻有一只仙鹤相伴，栩栩如生。在石屋的右侧还立有一个高1.8米的化钱炉，顶上有四节小塔，制作精美，化钱炉前面有个两层的大理石小香炉，供人们焚香化财，背后有一棵两人才能合抱的大树，高15米，气势磅礴，浑然天成。另井边大理石上有诗："井水本是龙泉水，明圣古井远扬名。"

庙湾井　位于塘湖镇狮子村狮子山西边庙湾咀，以该水井所在地点命名。传说古时候，由一除公大法师于天旱时到狮子山山尾的石皮潭求雨，要求人们看好神案上的茅草和草鞋，在茅草抖、草鞋跳的时候，就要大声发喊助威，除公法师则潜入石皮潭水底求龙王降雨。可当茅草抖、草鞋跳的时，人们只顾好笑，发喊助威迟了一点，结果除公大法师再也没有从水底起来，化作一根木头伸出水面。狮子山族人就将木头雕一神像，取名除太公，一直供奉。后来，除太公发显神灵，指引人们在狮子头下开挖一井，引出石皮潭泉水供狮子山人饮用。水井占地面积约 20 平方米，井北面有一棵高大柏树；泉水井出水量较大，水质甘甜可口，冬热夏凉，可供 400 人饮用。

七里泉　位于麦市镇七里村杨源屋，以所在地片名命泉名，供杨源屋、凤形、虎形居民点居民饮用。据传此地从不发鸡瘟、猪瘟等流行疾病，大人孩子腹泻也可以饮用此水来治愈。麦市镇人民政府 1994 年取样送省级有关部门鉴定确定为优质天然饮用矿泉水，后由镇政府投资创建七里山矿泉水厂，2014 年扩建为通城县七里山矿泉水有限责任公司。

圣泉井　位于隽水镇锡山北麓，银泉寺右侧，以历史故事命名。圣泉井又名钟秀泉，传说某年瘟疫流行，患者多不出七日而去世。隆平寺僧释怀珍不忍百姓遭殃，求得观音甘露一枝来此点穴成泉，水变良药，患者饮之，立即药到病除。后来乾隆皇帝下江南，到此游览，喝过此井水后，称赞说"好水、好井，吾改它为圣井"。圣泉井也因此而得名。1970 年，二组村民将此井在内的地域以 50 元人民币转让给县园艺场。1997 年，宝塔村用 5 万元将此井和土地买回。1999 年，投资 2 万元将此井重新维修好，仍用原名。水井占地 300 平方米，口径 1 米，深 2 米；泉井石砌，井口用不锈钢盖锁住，以保卫生。泉水清澈明亮、甘甜可口、冬暖夏凉，泉井周边用水泥石材全部硬化，装有 12 个水龙头，并搭建避风、避雨的铁皮棚，供全县城居民饮用。逢夏季每天来圣泉井取水的人可达 1000 多人次。

太平泉　位于五里镇陈谷村威公祠前。宋元时期，威公祠屋前塘后有一股清泉溢出，人们稍当饮水泉井。清初，威仕公(1624—?)迁此地附近定居，从雾米山运来条石，砌成石井，并修建龙王庙，起名大门前井。相传，乾隆下江南，微服私访到此，见井水清澈，饮后说，"现逢太平盛世，不如叫太平井好"，故此改名"太平泉"。文化大革命时期，毁掉龙王庙，井水变浑为锈水，不能饮用。20 世纪 80 年代，村民再次改建一眼 2 米的大水泥圆井，并将城隍庙合并，重建双土庙后，泉水清澈味甜，且冬暖夏凉。

踢破壶井　位于四庄乡庙下村金家墩，以相传故事命名。相传，隋代某年夏天，著名才子罗奇秀到五花山游玩，路经螺蛳港，因口渴向居民讨口水喝未果。又来到附近港边，见一农户车水抗旱，携带有瓦茶壶，罗求饮水，农户热情招呼，让罗自取，罗不小心，将壶踢破，罗深表歉意，遂道："螺蛳港没，踢破壶出。"后来该处涌出一股清泉，人们称其为踢破壶井。水井占地面积 40 平方米，分饮水井和用水池两部分。饮水井口呈圆形，直径 1.3 米，水深 1.5 米；用水池长 5 米，宽 4 米，水质清澈，冬暖夏凉，终年有一车厢清水流出可用于灌溉。

鸭公泉　位于塘湖镇荻田村上石马对面的虾形山脚梨树湾，因传说的故事而得名。传说上石马对面的梨树湾古时树木参天，是一片阴森森的地段，每到傍晚会传来鸭的叫声。一天傍晚，鸭声又起，几个好奇的青年各持家伙，壮着胆想去看个究竟，待他们悄悄走近一大柳树时，发现对面石头上一只公鸭正在鸣叫。他们不约而同地将手中家伙掷去，鸭被击中，它拐着脚钻进了河堤边的土洞，洞内流出鲜红的血水并流之不绝，人们感到怪异、害怕，请道士安祷，后来血水变成清流流出，故人们称之为鸭公泉。

鸭公泉井　位于塘湖镇雷吼村屋背垴与墙垣两居民点之中，以传说故事得名。传说，此井里有一双公鸭晚上出来鸣叫，人们就称其为鸭公泉井。水井占地面积为 50 平方米，井口直径为 2.6 米，井深 3 米，出水量大，水质清澈，属优质泉水，冬热夏凉，一到寒冬腊月，井里常冒出一股暖气。

瑶泉井　位于沙堆镇瑶泉村居民点下瑶泉，此井为冬暖夏凉的泉水井。古时周围古树参天，鸟语花香，人们将此地喻为瑶池仙境，故名瑶泉。水井占地面积 20 平方米，水深 5 米，井口直径 1.3 米。泉水清澈味纯，每至盛夏，附近居民来此纳凉，汲水饮用。人们认为此井水有灵气，可治病，故方圆数十里的人们来此讨水喝，以治病消灾。井旁树上挂满了锦旗、红丝带，据说有求必应，十分灵验。

御井　位于麦市镇七里村翠英屋对面。相传此井原本水位很低，后来乾隆皇帝经过此地，口渴想喝水，蹲着取水够不着水位，于是乾隆跪下来取水，泉水突然大量涌出，水位从此保持不变，人们认为是皇上所赐之井水，遂得此名。水井占地面积4平方米，口径1.2米，深2.2米，此泉所出泉水水质清澈，可饮用。井旁竖立一块120×30×40厘米条石，刻有“御井”二字。

章家井　位于隽水镇下阔村境内，距村委会驻地石背南端1.3千米处大路旁。清代，章辅台(1681—?)在阔田落业后，在屋前大路旁边挖了一口饮水井，以其姓氏命章家井。井水系地下泉水，冬暖夏凉，矿物质丰富，井水亮澈，甘甜爽口。1985年7月，崇阳县台山乡星桥铺附近一病妇去通城县医院治病，途经此井路边时，气喘吁吁，口干舌燥，便在此井俯身喝了几口水，坐在井旁歇息片刻，顿觉浑身清爽，病痛全消，于是转程返家。几天后她与丈夫一道在此井处鸣放鞭炮，并在井旁树枝上挂上锦旗。于是众口频传，轰动全通城县，波及崇阳县部分村组，几个月内在章家井讨水治病的人群每日数千；最高峰时，昼夜人流超达万人，水井几度舀干无水。井旁树枝上挂满了锦旗，鞭炮声不绝，神香火纸烟熏周围数里。

张家泉井　位于马港镇松港村东部，因属居民点张家而得名。清初，由张公万鼎所建。两口井相连，长2.5米、宽1.3米、深1.4米，蓄水量4.6立方米。水源充足，遇干旱年，数百人饮用，水位不浅；水质良好，味甜，夏天水冰，冬天水温，热气冲天。相传此泉井有龙王显灵，当地居民有喜事能借金碗、金筷子、金调羹，后有一居民遗失一双筷子与一个调羹，此后任何人也借不到了。有一回，晓月和尚路过此地，在井旁喝水歇凉，想与井泉龙王比试一下，用一块小石头丢到井内，水往上喷射一丈多高，两井水全部干了。恰巧井泉龙王外出，察觉后，立马赶回来，可晓月和尚跑了，泉井龙王朝晓月和尚逃跑的方向一路追赶到伏虎寺前山坡，此时晓月已变成一块石头，泉井龙王用符刀在石头上劈了几下，不久后，晓月和尚生背疮身亡。后有世人传说此泉水能治病，从四面八方来此烧香，求水者络绎不绝，当地居民于井旁修建了小亭供来者烧香休息。

第五节　深　潭

百丈潭　位于马港镇潭下村，距百丈潭水库西面1千米，北距县城22千米。清康熙年间天旱，庄稼枯萎，县令率众来潭边祭神祈雨，用百只绳索(每只长丈许)连接，绳头系一斧头吊入潭中探测深度，因此得潭名。水潭东西两侧高山峻岭，中间一条小溪从潭边流过。沿此山涧陡岩自上而下，共有三个圆石孔潭口，头潭、二潭较浅，三潭最深。中华人民共和国成立后曾有潜水员入潭探测，潭身上垂直下弯曲，深度难测。水潭上方陡岩高达百余米，水流泻下，激起银珠白雾飞腾丈余，且回声隆隆如钟鸣之音，数里外可听见。百丈潭建水库后，拦截了水源，逢下大雨时才可观此景。自古至今，引来诸多游客。古人章忠烈赠赋诗云：“百丈潭边匹练浮，飞奔直下碧峰头；危岩陡劈仍乃峙，异石横遮不断流。地脉能通山泽气，襟怀开拓古今谋；传闻灵境多奇异，常作甘霖应祷求。”1980年，湖北水利学院雷元及教授专程来此实地作画，题名“百丈潭下春意浓”，并由湖北人民美术出版社出版。

将军潭　位于塘湖镇狼荷村东南部的龙背山脚下。国有黄袍林场境内的狼荷洞有一山溪流出，洞口出处河床为岩石，高约20米，溪水从巨石自上而下，在岩石下部形成深水坑，水深无底。又因水坑旁有一石块状若古时的武士，故以石块形状命水坑名为将军潭。20世纪70年代，塘湖公社(今塘湖镇)在此潭下方建水力发电站，以潭名命电站名。

插图 51　百丈潭(王大刚　摄)

金潭　位于关刀镇新建村南部，云溪港自南向北流出，由于河床水位落差大，在此形成深水坑。相传，此水坑中有神龙出没，坑内藏有金银财宝，故称金潭。明代，罗公敬昌(字大衍，1392—1467)在金潭西部100米处建房定居，后逐渐形成居民点，以潭名命村庄名。

龙潭　位于国有鹿角山林场龙潭洞村东南部，距龙潭村村委会驻地龙潭洞口约1.5千米(龙潭洞水库大坝约800米处，已淹没)。龙潭洞未修水库之前，洞内有一条山溪流出，在溪水靠出口上游800米处形成深水坑，传说水坑底部有暗河与洞庭湖相连，有龙出入，故名龙潭。

桶花潭　位于鹿角山林场驻地胡婆洞正北面3.5千米处，因该潭被周围山岭围成木桶状，故名。潭水源自鹿叫山北坡山溪，潭深数丈，四周山石陡峭，十分险峻。溪水从高处流入潭中，溅起朵朵浪花，别具景致；溪水长流不止，水中有花四季常开。桶花潭是通城、阳新、通山、修水、平江旅游线上有观赏价值的景点之一。

第六节　瀑　　布

白水岩瀑布　位于塘湖镇荻田村东部，距村委会驻地下荻田2千米。此处有一宽30米、高200余米的石崖，从槐寮寨、大盘山、望湖洞流下的溪水从石崖飞流直泻，像垂挂的白布，故名，被誉为“华中第一瀑”。县人吴镇有诗云：“谁舞锦丝织缟绫，高悬清嶂漂澄泓，九天飞帛飘风闪，匝地函绢荡日明。划破顽岩联翠浪，劈开迭岫绣红英，珠抛玉碎寒侵骨，灌耳龙需漱水晶。”

崩云石瀑布　位于国有通城县黄龙林场东部，距场部驻地大坳21千米。该山陡峭，有一条宽约200米石带从峰顶直泻谷底，其岩石洁白如玉，有瀑布“飞流直下三千丈”的气势，景象壮观，故名。从远处遥望，如瀑布飞流直下，气势非凡，为世所罕见。

雷公崖瀑布　位于大坪乡内冲瑶族村药姑山，白云寺出口山崖上，出口处全是岩石，因有瀑布从崖上直泻20多米而产生如雷的声响震动山谷，故名。该瀑布源自药姑山洗心河，从大埂三仙坦直流至花果园，途径白云寺。长年水流量1.1立方米，雷公崖前壁高21米、宽1.8米。每逢夏季洪水季节水流增大，瀑布更加雄伟。瀑布下一潭面积约200平方米，山崖、古松倒挂，潭底下面一条狭长山谷至花果园，名为锦绣谷，山谷内四季山花灿烂，奇花异草，是一处奇特的风景胜地。

插图52　白水岩瀑布(刘亚敏　摄)

插图53　雷公崖瀑布(黎权龙　摄)

第四篇

纪念地名胜古迹类地名

云溪漂流（胡胜保　摄）

第一章 纪 念 地

第一节 人物纪念地

白公庙 位于五里镇勘上村北部，距村委会驻地郭公庙2.7千米。以所供奉的神灵名命名。白米山主峰顶偏北的塔内曾供奉有白公大王，后该塔被雷击倒塌，清初，村民在此地重新建庙供奉白公大王。1964年“四清”运动时被毁，1999年当地群众筹资重建。2011年扩建，占地面积800平方米，建筑面积300平方米，砖混结构，庙内大殿供奉如来佛祖、白宫大王、观音、城隍菩萨等大小神佛100余尊。2014年有住持1人，每月初一、十五，来此朝拜的信士络绎不绝，香火常盛。

白虎咀帅王庙 位于关刀镇黄峰村西部，距村委会驻地茶铺1.1千米，以所在地和供奉的神灵名命庙名。1951年建修，2014年维修。庙宇占地面积400平方米，建筑面积110平方米，砖混结构二层，主殿坐西向东，殿内供奉帅将军、观音菩萨和关圣大帝等神灵雕像，每月初一、十五朝拜香客络绎不绝。

陈公祖师殿 位于关刀镇鲤港村汤管山明王庙对面的一个小山包上，其下方是巨石横卧的雷公石嘴，以供奉的人物姓氏和封号综合命名。陈公名陈洞泉，法号陈大星，当地著名法师，传说他法力无边，被尊为神灵。又说此处为雷公和陈公下棋之地，巨石上刻有一幅棋盘。为纪念陈公，2003年，方世先等人发起修建了一座正殿和三座亭子，架通电线，修通简易公路，总投资18万元，建筑面积280平方米，内设佛殿、祖师殿和玉皇殿，供奉大小菩萨18尊。2014年，有信徒350人，住持方世先用土法治好了不少疑难杂症，收到锦旗无数，牌匾十几块。

大埚山烈士纪念碑 位于塘湖镇黄袍大埚村，距大埚村委会驻地大埚屋2千米。

插图54 大埚山烈士纪念碑

民国二十一年(1932)后，黄袍山地区成为中共修水、崇阳、通城县委、县苏维埃政府的活动中心，大批群众参加革命运动，不少人在战火中牺牲。1989年10月，中共通城县委、县人民政府在此建立革命烈士纪念碑，用以纪念大埚村、望湖村以及雷吼村牺牲的70多名烈士。占地面积7000平方米，纪念碑正中雕刻着“革命烈士永垂不朽”，碑底署名“通城县人民政府”，是人们悼念革命先烈的圣地。

东岳府　位于关刀镇道上村东南山，距村委会驻地道上集镇约200米，为纪念南宋爱国英雄岳飞而命名。明代，丁龙孙、凤裔首建。清乾隆年间，方公申五重修，添建二重。1964年拆毁。1995年，方小平、方同生、李书大、李宗保等广募集资重建。2003年由方晓明、方旺兴、潘协南、丁彦虎、方祥国、李卧平、丁德禄、方成美、方焰南9人发起募捐、扩建。占地面积约1000平方米，砖混结构，建筑面积约600平方米，每逢农历初一、十五，香客络绎不绝。

东岳府　位于塘湖镇石坪村东北部，距村委会驻地石坪塅500米。因被供奉的神灵东岳圣帝而得名。始建于明洪武年间，重修于清道光年间，1989年春复修。庙宇三面环山、环境幽静。占地面积1000平方米，房屋建筑面积800平方米，正殿供奉有玉皇大帝、紫薇大帝、灵宝天尊、道宝天尊、五岳圣帝、五岳夫人；右侧厢房供奉有张王菩萨、关帝菩萨、三天教主、杜公济世天尊、观音圣母；左侧厢房供奉有关公法坛、阎罗王、判官、库官等。该庙宇属儒、佛、道三教合一场所，历代以来，香火旺盛，信士络绎不绝。

东岳府　位于四庄乡庙下村五花山北麓西部山下，西北距庙下村驻地金家塅1.6千米，因供奉东岳大帝而得府名。始建于唐，毁于20世纪60年代。1998年由民间信士自发集资13万元重建，1999年9月竣工。砖木结构平房，占地面积974平方米，建筑面积614平方米，每逢农历初一、十五，信士集中朝拜。平时也常有信士进香祈祷，长年香火不断。

都府庙　位于大坪乡达凤村北部，距村委会驻地富余庙600米，以被供奉名人生前任职的衙门名称命庙名。该庙宇所供伸像姓余，名云霄，生于康熙年间，原籍江西南昌府大赓县(今大余县)人士，随父在通城经商，曾任通城、崇阳要职，洪湖、监利知府、岳州、武昌都府官员，为人清正，还用民间药方及“神水”为民治病。逝后，人们为祭念此人，在此修庙供奉。乾隆年间建庙宇，称余大都王庙，后更名为“都府庙”，“文革”期间被拆，2014年9月重建。该庙堂占地面积1200余平方米，建筑面积约260平方米。2014年，有住持2人，管理人员5人，信士500余人，庙堂中主神像为余公都王，另有其他神像10余尊。

方琼纪念馆　位于塘湖镇雷吼村北部，距村委会驻地横石刘家2千米。馆址建福龙寺右侧，与寺平行排列。方琼(1068—1126)，北宋梓木里人(今通城县塘湖镇)，元祐年间中举、中(1091)进士，官至兵部尚书，系北宋名臣，多次率兵抗金，授镇夷将军。靖康年间，金兵入侵，京都危急，方琼提师勤王，率军奋勇御敌，从金兵营里杀出一条血路，救出徵宗和钦宗两位皇帝后，自己断后，不幸被俘，后被金兵杀害，以身殉国。宋代，忠臣之子李马奉诏建“忠臣庙”于黄袍鸡毛岭。后迁于福龙寺，寺庙合一。2013年重建，将供奉“方氏三公”的“忠臣庙”与寺分开，并入方琼纪念馆。纪念馆占地面积3000平方米，建筑面积2000平方米，立有方琼塑像，进门左侧陈列有方琼祖父方迪、父亲方琳二位玻璃钢塑像，进门右侧设有三公石像(宋代左阁丞相方迪、户部尚书方琳、兵部尚书方琼)，内堂设有“忠臣庙”石大门框，庙内陈列方琼事迹简介。

方琼墓　位于关刀镇方家村汤管山狮形口，以被纪念的人物姓名命名。清代，县忠孝祠立有方琼殉难碑。方琼使用过的“朝笏”现收藏于通城县博物馆，“琼公轿”“琼公雕像”和“兵部尚书”碑文现存放于方家大屋。其祖父、父亲曾任朝廷尚书，故有“一门三进士，祖孙三尚书”之称。墓地于2003年10月建成，占地200多平方米，三层梯级结构，四周用大青条石护砌，有石碑10余副，上刻诗文、图像。该墓地为当地提供了一个爱国主义教学点，又成为远近闻名的一方名胜。2003年10月，被列为通城县文物保护单位。

关帝庙　位于麦市镇天门村西部，距村委会驻地上塅新屋1千米，以供奉的神灵命名庙名，明朝末年始建。庙堂占地面积200平方米，建筑面积80平方米，内有关云长、张飞等神像十余尊，常年有信士朝拜，香火不断。

插图 55 方琼纪念馆(刘亚敏 摄)

关帝庙 位于大坪乡韩岭村西部，距村委会驻地湾烂屋约100米，以供奉的神灵名字命名。始建于清康熙年间，民国时期韩岭屋吴士元整修，“文革”时被毁，1996年地方人士捐资复修。占地面积400平方米，建筑面积250平方米，庙堂120平方米，宿舍60平方米，饭厅30平方米，厨房20平方米。主殿供奉关圣帝，每逢农历初一、十五，信士络绎不绝。

关帝庙 位于大坪乡栗坪村斗牛宫下2千米的干冲屋场最高处，以敬奉的名人关羽的封号而得庙名。始建于明朝天顺年间，毁于1952年土改时期，1991年重修。总占地面积400平方米，建筑面积240平方米。该庙旧时拥有水田、茶地和山林10余亩，经常有人在此练习武功。相传抗日战争时期，该庙中驻扎有新四军1个营，在附近与日军血战三日三夜。日军向庙宇连发九炮不响，最后被新四军赶跑，此后该庙更具名气。庙内主殿敬关帝，另有十余尊神像，每逢农历初一、十五，信士川流不息。

关帝庙 位于沙堆镇西南部4千米处的坪坳村唐家垅，以历史名人的封号命名。东汉时期蜀国大将关羽以仁、义、忠、勇著称，为纪念这一历史伟人，当地于唐代在此建关公庙，清朝嘉庆年间改称为关帝庙。规模不大，但香火不断。历史上曾多次整修，20世纪60年代被毁，2000年坪坳村村民黎亚芳主持重修，2014年扩建。占地面积1500平方米，建筑面积800余平方米；2014年有信民600余人，住持1人。此地环境优雅，四周绿树成荫，鸟语花香，冬暖夏凉，堪为避暑胜地。

官塘坳百合将军殿 位于关刀镇官塘社区西北部，距居委会驻地农贸小区约600米。古时，官塘坳老街建有百合将军殿，有三重殿宇、两重天井，前殿有戏台，第三重供奉神像。中华人民共和国成立后，前后重和左右厢房分配给金、葛、刘、李姓居住，神像仍在三重大殿供奉，至“文革”时破“四旧”，被烧毁。2010年在原址西北面50米处建新殿。主殿坐西向东，主体建筑占地面积约180平方米，前重为一层砖混结构，后重为砖木结构，殿内有“玉皇大帝”“百合将军”“六合将军”“吴三桂”“周恩来总理”等神话人物和历史人物雕像，另有财神像等十多尊神像，挂有百余面信徒所送锦旗。有住持1人，每逢农历初一、十五，有大批信徒烧香朝拜。

关圣寺 位于马港镇黄鹤村南部大坑居民点麦咀山坡，距村委会驻地三凤岭2.2千米，以所供奉的名人封号命寺名。清代乾隆年间首建，20世纪70年代被毁；2000年当地村民筹资在原址上重建，2014年扩建。占地面积440平方米，建筑面积264平方米，为砖混结构两重式。一楼正殿供奉玉帝、四佛祖塑像，神台下有土地神像，左偏殿供奉关公，城隍、周仓、关平四神像，右偏殿供奉观音大士、善财童子神像；三殿悬挂锦旗逾百，花红若干。该寺设有钟楼，右侧建厨房、餐厅，可供朝拜人员就餐、休息。每月初一，十五，有信士来此焚香上供。

关圣庙 又名普安图关帝庙，别名刘家庙。位于大坪乡水口村西南角，距大坪中心集镇10千米，以供奉的名人关羽的封号命名。首建于清初，时名为寺三庙，1983 年重修，2014 年扩建。占地面积 500 平方米，建筑面积 300 平方米。供奉玉皇大帝、送子观音、王灵官、马元帅、关羽等神像。2014 年有住持 1 人，每逢农历初一、十五，有信士敬香。

关王殿　位于四庄乡华家村北部，地处县城至大源县级公路旁，距华家村村委会驻地洪家咀 510 米，因供奉历史人物关羽而得殿名。始建于唐末，后来多次毁于战祸，2003 年由信士自发集资重修。一进三重，建筑面积 308 平方米，砖木结构。敬奉关帝为主，另有大小菩萨 20 余尊。该殿自建成后，常有人朝拜、祈祷，香火不断。

关岳庙　位于五里镇程凤村和左港两村交界处的何黎坳，距左港村委会驻地玉泽屋约 2 千米。始建于清末，毁于 1968 年，2004 年复建。以所供奉的历史名人关羽、岳飞命庙名。庙宇建筑面积 180 平方米，内设关帝殿、岳飞殿、玉皇殿，每逢农历初一、十五，上香朝拜的信士应接不暇。

广东庙　位于石南镇牌合村西南部，距村委会驻地坳背 500 米处。此庙是黎公信一(迁湖北黄陂)、信二、信八(迁居通城土里树)从江西瓦渣街迁出后，在牌合汤家山左边杨石仑建立的祖庙，因迁通城黎姓始祖信二公(1222—?)之父的封号“广佑大王”，又信二公原籍江西瓦渣街在通城的东方，故称广东庙。中华人民共和国成立后，人民政府将此庙分给贫农居住。1996 年由当地居民自愿筹资再次复修。庙宇坐南朝北，有 12 间房屋，占地面积 250 平方米。建筑面积约 300 平方米。庙内敬奉广佑大王等 20 余尊神像。每逢农历初一、十五，有信士上香。

郭公庙　位于五里镇墈上村，当地村民称明朝大将军郭子仪郭公大王，在此建庙，并供神像，故名郭公庙。始建于清初，毁于“文革”中，重建于 2014 年，占地面积约 120 平方米，庙内大堂中供放郭子仪和其他众神大小雕像十余尊，为砖混结构。附近居民常来此朝拜，香火不断。

韩六庙　位于大坪乡韩岭村东南部，距村委会驻地湾烂屋约 1.5 千米。传说宋朝中期，宋朝一皇帝骑马来到民间，坐骑突发疾病，巧遇民间行医人六明治好坐骑，皇帝当即封六明为官，六明不受，不要钱财，皇帝没法，封六明为大王。六明大王一直在民间行医，死于此地。后人为纪念他，在此地建造六明庙，后改称韩六庙。始建于宋朝，1966 年破旧立新被毁，1982 年周边信士捐款重建。总占地面积 500 平方米，建筑面积 350 平方米，庙堂 140 平方米，宿舍 50 平方米，饭厅 100 平方米，厨房 40 平方米。庙内主殿堂敬奉六明大王，每逢农历初一、十五，信士应接不暇。

胡天台墓　位于药姑山顶南侧，以人名命名。胡天台，又名胡世贤，系大坪乡花墩村罗畈人，生于清嘉庆年间，据谱记属派系“世”字，有后人千人以上。据传胡天台出生时，有红云半天，人们称为财帛星降世。胡天台家产金银无数，江北朱河有 400 只渡船摆渡，岳州府(今岳阳市)有 48 家铺面(现残留在罗畈祖居屋场有垛楼、青石板场地、上马石墩、栓马石桩、月字石塘等)，有佃农近 300 户。每逢春耕，有佃农 40 人套犁耙耕田。胡天台晚年时听算命先生称有血光之灾，应行善事，他捐银架桥修路，在江北朱河长江上摆义渡，修大小石桥 9 座(有“花墩三关九锁”之说)。胡天台 70 高龄时，因剪脚趾甲得破伤风而终。临终时，他嘱后人要将他葬在药姑山顶泥塘椅型山，好坐观尖山畈全景。所谓泥塘，是药姑山顶一处有泥土无碎石的小水塘。胡天台死后，后人为他做道场七天七夜，有大量金银财宝陪葬，为防止盗墓，修真假坟墓 7 座，全用沙粒拌糯米构筑而成。1995 年 9 月 13 日夜，有人用钢钎撬开坟墓，被药姑村民胡贤成发现报信胡的后人，众人上山，见棺材已从墓内拖出半截，半边棺盖被撬开，棺内财宝不见踪影，胡的尸体还有弹性，衣冠还未腐烂，人们复原后封闭。该墓占地面积 1000 平方米，前有中国工农红军第 16 师操场，左为北港公社(今北港镇)药材种植场，右连楠竹沟割耳坡。山中百花争艳，百鸟争鸣，树木绿翠，风光独特，是药姑山一处独特的风景线。

黄袍革命烈士纪念碑　位于塘湖镇荻田村东南部，距村委会驻地下荻田约 2 千米，以该碑所在地点命名。民国二十年(1931)11 月，国民政府军驻通城守军花实秋团 3 个营配合葛皇甫保安团千余人，大举进攻黄袍苏区，见人就杀，见屋就烧。望湖洞至荻田一带成为火光血海。之后，敌人又分兵包剿白水岩，搜出隐蔽在岩下的红军战士和无辜群众百余人，当场枪杀 7 人，绑架 22 人，集中枪毙于麦市河滩 21 人，当地赤卫队员吴三伢、四伢兄弟俩见敌人惨无人地道残杀群众，便各抱住一团丁跳岩，与敌同归于尽。凶恶的敌人便将他家未成年的弟弟五伢和母亲一同枪杀于白水岩。后来，人们为了寄托对死难烈士的哀思，弘扬革命先烈的无畏精神，将溪水定名为红河，并立碑纪念。纪念碑立体高 8 米，碑正面雕刻着“革命烈士，永垂不朽”8 个大字，碑体两侧和背面雕刻着 138 位革命烈士的英名，碑身立于 3 立方米的大理石墩上，石墩下有6×8.2米的碑台，碑台最下层是一个奠台，奠台长 16 米、宽 6 米。

黄袍罗荣桓纪念馆 位于塘湖镇荻田，距塘湖集镇约 5 千米。以该馆所在地地名和历史人物姓名综合命名，为纪念开国元勋罗荣桓等发动“8.20”通城暴动和黄袍苏区烈士所建。民国二十六年(1927)8 月 20 日，罗荣桓等领导崇阳、通城农民军暴动成功，并成立中共领导下的全国第一个县级红色政权——通城县劳农政府。20 世纪 90 年代，中共通城县委、县人民政府在此建立了罗荣桓早期革命活动纪念馆。此馆原为“黄氏宗祠”，1985 年 9 月经中共通城县委、县人民政府批准，动工改建为罗荣桓纪念馆，由县人民政府委托塘湖镇政府管理维护。馆址占地面积 800 平方米，建筑面积 600 平方米；建筑砖木结构，有展厅 300 平方米。纪念馆陈列了大量的文字、图片资料，是通城县重要的爱国主义教育基地、党史教育基地。

黄庭坚纪念馆(黄氏宗祠) 位于石南镇樊店村东北部大路黄家，距村委会驻地樊店 1.2 千米。黄庭坚，宋著名诗人，与苏轼齐名，开创了江西诗派，擅书画。其支下第八世有 10 人，其中必济公(1250—?，府庠生)成年后迁居通城，为该地黄姓始祖。2011 年，其迁居石南的子孙为纪念老祖宗建此馆。馆址占地面积 3000 平方米，建筑面积约 1500 平方米，馆内有诗词碑亭、六角亭、小广场、喷泉、大厅。

黄庭坚纪念馆 位于大坪乡青山村西部，三面环山，南临 G353 国道，以被纪念的人物姓名命名。2009 年，瀛通电子黄辉等人捐款建成。馆址占地面积 1000 平方米，建筑面积 600 平方米，每年清明节黄姓族民在此聚会。

插图 56 青山村黄庭坚纪念馆(黎权龙 摄)

李自成墓 位于锡山北麓九宫山北坡的小山包上，墓向坐南朝北，以被纪念人物姓名命名。清顺治二年(1645)，明末农民起义领袖、大顺朝皇帝李自成率部退驻通城，在九宫山被乡民误伤致死。后来，当地人在李自成遇害处立墓。始建于清代，土坟。民国十七年(1928)，国民革命军第 13 军 50 师师长岳森为土坟立碑；1955 年，通城县人民政府在原地将土坟改为石墓；1971 年，因建湖北发电机厂，将该墓原样东移 300 米；1991 年，因山体滑坡石墓倒塌；1997 年，通城县人民政府重新修建石墓。占地面积 500 平方米，墓台 225 平方米，墓体呈正方形，高 9.5 米，墓顶立有 4.8 米高的墓碑，呈梯形，正面阴书“李自成之墓”五个大字，碑顶四方各写一个“闯”字。墓碑四周保留郭沫若、王任重等人题词外，增刻中共通城县委书记熊传经、县长阮英梓撰写的“重修李自成墓记”。

季山烈士纪念碑　位于五里镇季山村西北部，坐落在季山村委会驻地水口屋，以所在地点和被纪念对象命名。通城县民政局1993年建成，占地面积60平方米，建筑面积17.5平方米，其中碑身长2.5米、宽0.7米、高2.6米。纪念碑刻有五里镇虎形村刘秀英、胡关保、刘法桂，季山村李宝龙、张秋华、李玉堂，湾头村黄秀奎7名烈士的姓名。

苦竹岭烈士陵　位于塘湖镇石坪村南部，距村委会驻地石坪塅2.5千米，因所在山岭名而得陵名。2012年4月由县民政局出资修建，占地面积45平方米，坐南朝北，葬有烈士20名。四周松柏相拥，环境幽静。

六明城隍庙　位于五里镇五里牌社区西南部，距居委会驻地五里大道001号700米，以供奉的神灵名称命名。据传，六明大王系河南济宁县人氏，东周战国时期人，身高七尺，堪称彪形大汉。当时战争频发，百姓遭殃，朝廷招贤纳士，六明积极响应，所率领的兵士连续6次出征，胜仗接连不断，皇上十分钦佩，封为“六明大王”。六明登仙后，被封神为城隍，掌管通城县南门皇英图福地。庙宇始建于明代，历经3次损毁，2011年周边居民募资复修；占地面积520平方米，为砖混结构建筑，其中建筑面积310平方米，庙内设有城隍殿、关帝殿、观音殿，供奉六明城隍、关帝、王母、观音、十堂等神灵，每逢农历初一、十五，信士应接不暇。

六明庙　位于石南镇樊店村西部，距村委会驻地樊店800米，以被供奉的名人封号命名。中华人民共和国成立前有不到30平方米的小庙，“文革”时期毁掉，2004年由当地居民自愿建成。庙宇占地面积300平方米，建筑面积150平方米。庙内后殿供奉有玉皇大帝、观音菩萨、送子娘娘神像；前殿供有六明大王神像。每逢初一、十五，有信徒敬香祭拜。

龙王殿红军烈士墓　位于四庄乡寺背村，西距四庄中心集镇4.3千米。因位于龙王殿山主峰狮形山山腰原“龙王殿”庙宇遗址处，故名。墓址占地面积1380平方米，坐东向西，南北方向有两座与其基本平头的小山峰，状如钟鼓形。登上墓地场址，四庄域内的几大坪畈、丘陵全貌尽收眼底，晴朗天气，能远眺县城、铁柱港、沙坪镇。民国二十三年(1934)11月，红军16师在老虎洞与国民政府军33师遭遇，在老鸦尖牺牲6位红军战士。1951年，守仙乡人民政府将6位烈士的遗骨合葬在此，以示对先烈的崇敬和怀念。每年清明节，四庄乡的中小学校都组织学生到此扫墓，进行革命传统教育。

马鞍山六命大王庙　位于石南镇柏树村东部，距村委会驻地斑迹坳约2.5千米，以被供奉的名人封号和所在山名综合命名。清代，有一位号称六命的兽医，医术高明，甚得地方百姓尊敬，村民尊他为兽医大王，死后建一小庙供奉。20世纪末，庙宇重建，占地面积约400平方米，建筑面积200平方米，大殿60多平方米，设有厨房、餐厅。大殿内有六命大王神像、观音菩萨、送子娘娘、十八罗汉等30多位神像。每逢农历初一、十五，有信士供香烧纸。

茅咀孝武殿　位于麦市镇卢塅村马井水库边南部茅咀，以所在地点名和供奉的神人封号命殿名。首建时间无史可证，20世纪70年代中期被毁，1984年重建，1992年扩建。庙宇占地面积约500平方米，建筑面积300平方米，砖混结构。为二进楼亭式，前殿供放孙权、鲁肃、周瑜神像，后殿供放有孙权、黄公庆元阐道真人神像，并留存古代小石庙在内。大门口有“地接鱼形身披玉竹狮象把门关东海孝武施仁传三国，庙朝双凤手握仙网莲花石舞开南山吴主恩泽播千秋”对联；后殿门书“孝着东吴名扬三国，武成北关誉播千秋”对联；庙右侧建有“孝武山庄”。庙宇正前方为场地，场边立有历次建庙捐款人功德牌和庙序，序书：“吴太祖大皇帝孙权(182—252)，字仲谋，汉末吴郡富春(今浙江富阳)人，生于下邳(今江苏徐州市邳州)。三国时代东吴的建立者。建安年间，继兄策之掌事；黄龙元年(229)正式称帝。在位期间，设置农官，实行屯田；设置郡县，剿抚山越。此举措促进了江南经济，特别是农事方面的发展。吴帝9岁父战亡，其母吴氏独抚兄妹五人，并在吴国的建立及后吴帝执政中起举足轻重之作用。故吴帝对母孝敬备盛，逝后追谥武烈皇后。后人感其在江南所立的功德和孝悌精神，立庙祀祭。”

梅花山烈士陵　位于鹿角山林场龙潭水库西岸，梅花尖半山腰，坐西向东一字排列，分别掩埋14名革命烈士，每一墓前立有黑色花岗石碑，碑中央阴刻墓主姓名及生卒年份和牺牲经过。2013

年由县政府组织修建。

庙前孝武庙　位于关刀镇黄峰村南部，距村委会驻地茶铺2千米，以所在地和供奉的神圣名字命庙名。始建年代失考，1993年复修，2014年重建。庙宇占地128平方米，建筑60平方米，砖混结构。庙内供有孝武皇帝、周瑜等人雕像，每逢初一、十五，有信徒烧香朝拜。

潘凤保烈士纪念碑　位于大坪乡方仕村，距大坪中心集镇6千米，以被纪念对象的姓名命碑名。潘凤保，女，江西省修水县桃树港人（1910—1933），民国十八年（1929）参加革命，1931年2月从江西调到药姑山，经常在水口铺韩岭、白露、方仕一带发动青年农民参加革命。1933年5月13日被北港团防局在水口铺汤家石桥下俘获。她视死如归，临死不屈，被砍死，安葬在铁路坪茶场公路旁边。1989年建碑纪念，2014年重建于袁家屋后，另有吴至祯、吴孝煌、吴寿文、吴凤莲、吴孝克、胡先兰、胡光太、李积平、李菊香烈士安葬于此。纪念碑高5米，碑身上刻“潘凤保烈士永垂不朽”。

插图57　潘凤保烈士纪念碑

清凉烈士陵园　位于马港镇金山村东北部，距村委会驻地方垅2.5千米。以所在地附近的山名命园名，2012年由县民政局出资修建。陵园占地面积200平方米，建筑面积75平方米。园内安葬五位烈士衣冠墓，其简介如下：郑季秋（1898—1938），出生于清凉，曾任宜丰县委书记，被当地土匪谋杀，时年41岁；郑天秋（1988—1934），出生于清凉，红16军47团2营2连战士，牺牲于宜丰高枧，时年42岁；聂文皇（1902—1934），出生于清凉，红16军47团3营8连战士，牺牲于宜丰高枧，时年32岁；聂章福（1911—1934），出生于清凉，红16军47团2营8连战士，牺牲于宜丰高枧，时年23岁；徐大成（1904—1934），出生于清凉，红16军47团3营8连战士，牺牲于宜丰高枧，时年30岁。

茹菜大王庙　位于隽水镇油坊村东南部，距村委会驻地吴家祠堂2千米，以所在的地点名和被供奉名人封号命庙于名。当地廖姓始祖忠、恕二公，生于唐末，浙江金华蓝溪太平乡人。二公父母早故，自幼习武，武艺超群。时值乾符二年（875），黄巢起义，二公率众抵抗，忠公被杀，敕封忠公为武威将军，恕公为端国公，后又加封为王位。后人为缅怀二公，建大王庙以祀之。始建于唐代晚期，2001年重修。庙宇占地面积约2000平方米，建筑面积340平方米。上殿建筑面积160平方米，殿内供奉有玉皇大帝、观世音、关公、王公大佛神位等大小神明30多尊；下殿建设面积180平方米，供有廖公忠显、恕显大王雕像。每逢初一、十五，信士祭拜香火不断。

三帝庙　位于四庄乡华家村，落于隽四公路傍华家村印墩上，东距四庄中心集镇2.5千米。因供奉历史名人刘备、关羽、张飞而得庙名。2003年建成，砖木结构平房。建筑面积180平方米，占地面积316平方米。除供奉三位大帝，还供奉有大小菩萨50余尊，每逢农历初一、十五，信士集中朝拜，常年香火不断。

三公庙　位于大坪乡水口村西部白屋，距大坪中心集镇7千米，以供奉的名人封号三太公而得庙名。清代乾隆年间建修，1964年被拆毁，神像被焚烧，于2007年复修。在2013年度“公益慈善，捐资助学，献爱心”活动中被评为“优胜单位”，2014年度被评为“先进宫观”。主堂奉祀玉皇大帝、太白金星、杨四将军、三太公等，占地面积800平方米，2014年有住持1人。每逢农历初一、十五，有信士敬香。

石山太公庙　位于石南镇赛公村西南部石岭山主峰南麓，距村委会驻地赛公桥屋1千米。该庙供奉吴元四(1175—1248)、元七(1177—1128)二位祖先，因处石岭山而得庙名。明末清初，建于石禾冲(独石湾河东)。清嘉庆年间，由胡姓人塑像，吴黄二姓联合建庙于石岭山。民国二十八年(1939)，被日军烧毁下重；民国三十年(1941)，黄道人泥塑关云长偶像，改“太公庙”为关圣庙。1951年，庙内菩萨被砸烂烧毁，吴元四、元七塑像被石岭山大屋人藏匿。1952年，该庙宇为4户农民的住宅；1986年，吴纯四、幼兰为首购买该庙宇，经修缮，仍供奉吴元四、元七兄弟像，恢复太公庙之庙号。尔后，修通三条直达庙堂的公路。2014年，再次重修。庙宇三面环山，一面临池，占地面积约3980平方米，一色砖混结构的仿古建筑，总造价500万元。每逢初一、十五，香客络绎不绝。

双喜塘红军烈士墓　位于石南镇赛公村北部，距石南中心集镇1千米，以该墓所在地点名命墓名。民国二十四年(1935)7月7日，3名中共干部在东冲胡氏祠堂开展工作，突然遭国民政府军袭击被俘，下午在和尚港桥头沙滩上遇害。是夜，当地居民将其葬双喜塘右侧山梁反背坡。1986年6月县民政局立墓碑纪念，有混凝土结构坟三嶂，石碑3块。

太保庙　位于关刀镇八仙村，以被供奉的名人封号熊太保命庙名。中华人民共和国成立前只是一个土地小庙，1999年当地信士自愿集资建成。庙宇占地面积350平方米，建筑面积200平方米，建筑为土木结构。庙内供奉熊太保神像，还有玉皇、观音、如来佛、关公、王母、仲春、万春、岳王等神像。每逢初一、十五，有信徒到此庙敬香祭拜。

汤管山明王庙　位于关刀镇鲤港村汤管山东端的山顶上，以所在的山名和供奉的神灵名综合命庙名。传说，古有24个小孩到此处放牛，用檀香木烤火，熏开了南天门，霎时，电闪雷鸣，天上放下了一个红带子，把他们都吊上了天。后人将24个小孩雕刻成像，立庙为祭。民国二十八年(1939)，日军用炮炸庙，毁了其北角，“文革”时期又遭严重破坏，庙宇成为一片废墟。1999年和2005年，村民方代凤、郑忠福等人募集了15万元将庙宇修复，用砖石和水泥建造了二座佛殿、一座亭子，内设24明王殿和关帝殿，供奉菩萨100多个，亭内挂有一鼎600多斤重的钟。该庙住房、厨房等配套设施齐全，有公路上山，险要地段还铺设了台阶。2014年，有信徒700多人。

唐皇庙　位于石南镇樊店村东部，距村委会驻地樊店800米，以被供奉的唐朝皇帝李世民封号而命名。在中华人民共和国成立前只是一个不足20平方米的小土地庙，“文革”时期毁掉，2001年当地居民自愿集资重建。占地面积400平方米，建筑面积180平方米。庙内供奉有唐皇李世民神像，另外设有厨房饭厅50平方米。每逢初一、十五，有信徒到此庙敬香祭拜。

瓦窑前革命烈士墓群　位于塘湖镇狼荷村张家堂屋后瓦窑前，距村委会驻地龙湾屋400米，因所在地点而得墓名。墓群建于2012年，由县人民政府组织立碑，占地面积250平方米，安葬革命烈士67名。每座墓前立碑一块，碑石上刻有烈士生平简介。

王谷山李公庙　位于马港镇踏水村西部，距村委会驻地杨塘坳3.5千米，以所处山名和供奉的神灵封号命名。李公隆生，属通城西祠李氏傅字派，谱名隆欢(1863—1908)，天性忠厚纯朴，孝顺慈爱积德行善，一生居家吃斋修炼。清光绪三十四年(1908)修成正果，坐仙缸而逝，被后人尊为陆地神仙，其生前住所改为庙宇，名李公庙。后人遵其生前嘱托，逝后不做道场，肉身不土葬。数年后其肉身不但未腐，反而清香扑鼻，且特别显灵，远近朝拜者络绎不绝，曾一度香火鼎盛，湘、鄂、赣毗邻地区的朝会每年在此举行。后有不良之民借此发财，有违李公普度群伦之初衷，于是出现了尸体香三天臭三天的交替现象。同时庙宇和肉身也遭到人为损坏。李公灵魂盛怒之下，仙游江西数十年后才重返此庙，济世利人。2014年由信士吴斌发起众信士捐资献物，在王谷山重修庙宇，占地500平方米，建筑面积350平方米。李公庙附近有土地庙、千年乌龟石、灵官修行亭、李大仙修行亭、大雄宝殿、大佛殿、神水泉放生池等建筑物，公路已修到半山腰，其他附属设施正在筹建中。

吴六六公陵墓　位于大坪乡沙口村鼓楼坳屋右侧的象形山上，以该陵墓主人名而命墓名。始建于南宋时期，2008年重修。2012年，省、市、县有关部门及有关专家学者经考古论证和瑶族文化研究学者研究确认，2013年8月15日通城县博物馆颁发了《关于大坪乡沙口村南宋理宗时期吴六六墓基及认定意见》，随后省文物局特批纳入全省第六批重点文物保护单位。

吴氏五烈士墓　位于塘湖镇大埚村北部夜珠埚，五烈士为五兄妹，均为革命母亲黄菊妈所生。黄菊妈原名汪菊喜，为通城县黄袍山人，出生于雷吼村流冲老屋，12岁嫁大埚村夜珠埚当童养媳，丈夫早逝，她将3男2女5个未成年儿女一手拉扯成人。民国十九年(1930)，红16师来到黄袍山，黄菊妈动员5个子女相继参军。长子吴朝义，红军连长(绰号“钻队长”)；次子吴朝炳，红军地下工作组组长；三子吴朝福，红军突击队队长；长女吴凤桂，苏维埃妇女协会主席；次女吴满桂，红军交通员。从1930年至1937年，黄菊妈的5个儿女相继牺牲。黄菊妈多次被国民党保安队、土豪劣绅捉去拷问。1959年，黄菊妈应邀出席全国群英会，参加国庆10周年天安门观礼，受到了毛泽东主席、朱德总司令等人的亲切接见。1971年，黄菊妈与世长辞。曾在通城战斗过，时任湖北省委书记的张体学亲自为黄菊妈献上一副挽联：“黄袍山是革命圣地，黄菊妈妈是英雄母亲。”通城解放初期建墓，总占地面积650平方米，5墓皆为土坟，坟前各立有墓碑，墓群前有长20米、宽10米的水泥拜台，周围用水泥栏杆围成，形成一个完整的建筑。墓群左上角立有高5米、宽4米的亭子。中华人民共和国成立后，这里成为黄袍苏区的标志性建筑，为后人接受革命传统教育的基地。

武谭庙　处塘湖镇白沙村域，位于白沙村南端，距村委会驻地窑上约2千米。此地古有一法师名谭公老师，锡家坳人，善招各路神兵镇邪，其故后当地雕有神像供奉。康熙年间，当地建庙，将孝武皇帝与谭公老师合为一坛，故为武谭庙。2002年重建，2014年由伍金平、伍黎明、伍寅虎为首筹资再次重建。庙宇占地面积1200平方米，建筑面积600平方米，有31级台阶上至场地。正门两旁有“武渡众生鹦鹉存，谭救万民秦将现”的对联。庙宇设计为宫殿式，分前殿，中殿、大殿，侧面设有厢房、厨房。大殿有孝武皇帝、谭公老师、金公法清、鹦鹉将军、秦将军等佛像。每逢初一、十五，有信士进庙上香。

吴主庙　位于麦市镇何塅村西部，距村委驻地叶家山3千米，以所敬奉的三国时吴皇帝孙权的封号命庙名。民国时建有土木结构庙堂，2013年重建，混凝土结构房屋。庙宇占地面积150平方米，建筑面积100平方米，内敬有吴主孝武皇帝、杨泗将军雕像，有信士不定期祭拜。

下五斗山明王坛　位于五里镇五斗村，距村委会驻地上五斗山1千米，以附近居民点名和神灵名称综合命名。“明王菩萨”原名叫肖明贵，南京人。明代某年，一名叫周作成的财主做了一个梦，梦见一自称明王菩萨的神灵说：“我要安座风和咀，降福这一方。”于是周作成立即着手给菩萨雕刻画像，取乌鸦肝、海马为菩萨做腹脏，并在风和咀上安座建坛，供人祭拜。有诗为赞：“初出茅庐一朵斑，英灵飘落到此间。钟鼓声摇大佛岭，琉璃灯照解元湾。虎啸龙吟伴马犬，人苦神欢是人寰。香炉脚下三涧水，风咀座镇五斗山。”祭坛始建于明代，2008年重建，占地面积300平方米，建筑面积250平方米。从建成开始，为四方游人崇拜之地。9月28日圣帝生辰之日，拜寿的人络绎不绝，香纸鞭炮从早到晚均无间隙。每逢初一、十五，有信士敬香。

相公庙　位于大坪乡达凤村下马徐家草塘象山嘴，距达凤村委会驻地富家塘1.5千米，以被供奉的名人称呼命庙名。传说，杨元相公乃皇帝侍从，杨元的房叔因犯罪被判刑，杨元相公得知后，将房叔擅自释放外逃，有人状告杨元相公，皇帝下旨，追究杨元相公责任并处暂首极刑。杨元相公尸体站立不倒，谁也搬不动。皇帝听说后，对其尸体讲，你生前是相公，死后还是相公，安心去吧。这样杨元相公才倒下，尸体被送回老家原杨家塘(现大坪乡达凤村12组坳上黎家)，安葬于石垅源象嘴，当地群众在此建一庙宇祭拜。始建时间不详，2005年由当地居民自愿筹资改建。庙宇占地面积335平方米，建筑面积125平方米，其中庙堂、香堂58平方米，厨房、饭厅62平方米。2014年有信士300多人，每月农历初一、十五，信士到此诵经。庙堂内主神像为杨元相公，另有其他诸神像多尊。

相师寺　位于五里镇季山村西南部，距村委会驻地水口屋2.6千米。传说此地为西汉名相张良伴师黄石公结草修行的地方，故称作相师寺。隋唐时期在该寺左侧建起了观音堂，唐朝在此建立寺院，唐朝贞观时期寺里和尚在寺前左侧栽种白果树(银杏)一棵，历经风霜至今犹存。后年久失修垮塌。明早期，李姓在此地重建；“文革”时期被毁；1990年后，当地信士筹资重建。占地面积680平方米，建筑面积320平方米。

孝武皇庙　位于关刀镇台源村北部，距村委会驻地断山坳100米，以被供奉的名人封号命庙名。清光绪年间，由地方信士集资建成，黄泥筑就。2013年由地方信徒集资重建，钢混结构。占地面积350平方米，建筑面积200平方米，庙内供奉有孝武皇神像，另外设有厨房饭厅20平方米。信徒不定时到此敬香拜祭。

孝武庙　位于石南镇石马村北部，距村委会驻地黄泥塘3千米。孙权封号孝武皇帝，在位23年，在位期间兴修水利，开荒造田，发展农业，为人民创造相对安定的生活环境，深得人心。据传孝武帝曾游此地，当地百姓歌颂“孝武帝，到此游，民丰足”。元代，在土坳垅山口位置修建一座小土地庙，奉孝武神像，名孝武庙。清同治年间，由王大年、吴渠泰承手用石块重建。“文革”时期，庙被毁掉；1975年，柏树村民黎时长将庙修复。2014年，村民吴金旺、黎时兰、吴东海、杨春香等人募集35万元，用混凝土建造两间佛殿，内奉孝武皇帝、观音、玉皇、如来佛和道德天真、元始天真、灵宝天真等菩萨80多尊，建造了住房、厨房、餐厅等设施。2014年有信士1000余人，每逢初一、十五和节庆日，皆前来朝拜。

胥亭寺(又名城隍殿)　位于塘湖镇塘湖社区南湖街67号，北距居委会驻地新街约800米，因坐落于胥亭山而得寺名。此地古为乐化县治，故立有城隍殿。据谱史记载，明、清多次虔心修复。中华人民共和国成立后，庙宇一度被当地政府占用。特别是“文革”期间，庙宇被毁，神像被焚，给该寺带来一次空前劫难。1994年、1999年，刘幼明、宏臣、子耀、祥明、四明、金华，以及刘幼明、世明、祥明、五国、金书等复修庙宇，再塑灵神。场地上有土地庙和化财炉，过场地再登11步台阶是天王殿，门首上方“普度众生”四个斗大的金字。殿内上首端坐城隍福主，其身边侍立文武两判，各执簿册。殿堂两边是四大天王，青红礼寿各执法器，肃立两旁。左拐出右侧耳门，上台阶九级是明堂天井，其后是大雄宝殿，殿内神龛上供奉着南无阿弥陀佛、观音大士。左殿奉如来佛祖，右殿奉盖天古佛、关圣帝君，两侧周公、张公侍立。出宝殿，步仪路，登台阶20级，是僧房餐厅。庙宇呈四合院布局，总占地面积约3000平方米，僧房全为土木结构，寺庙整体为阶梯状，高大雄伟，屋面为琉璃瓦盖造。2014年，有住持1人，每逢初一、十五，有香客百余。

杨泗将军庙　位于大坪乡栗坪村罗家庄屋后的村级公路旁，以供奉的菩萨名命名，始建于2006年。占地面积200平方米，建筑面积180平方米，主坛敬杨泗将军。每逢初一、十五，信士络绎不绝。

杨泗庙　位于沙堆镇港背村东南部，距村委会驻地栎山畈3.5千米，以所供奉的名人姓名命庙名。清光绪年间某年五月青黄不接之际，廖家湾(漏船湾)卢氏三兄弟到江西修水巫山寺用手织粗布兑换薯丝度饥荒。晚上住在巫山寺，早上起来其兄长说：“昨晚杨泗将军托了一个梦给我，菩萨说修水这一带祭祀菩萨都是用薯丝，我都吃腻了，想到湖北吃白米饭。”古代人很迷信，三兄弟一致认为这是神灵的意愿，兑换薯丝后，遂将杨泗将军菩萨偷来装入箩筐，上面用薯丝遮蔽，运至廖家湾，旋即筹资在梅花岭前面修建杨泗庙，供奉杨泗将军。光绪二十八年(1902)始修，1958年被毁，2004年复修，建筑面积300平方米。2014年，有住持1人，有信士1000余人，每逢初一、十五，有信士在此聚会。

袁太安烈士陵园　位于北港镇雁门村东部庄(前)湘(临湘)公路旁，距村委会驻地界牌2千米，以烈士姓名和建筑物名称综合命名。袁太安，光绪二十七年(1903)四月出生于北港雁门村晏家冲，少时随兄逃难至湖南平江县红桥村，1925年加入农会，1927年参加赤卫队，后来在平江县泉水乡参加红16军，同年加入中国共产党。1928年7月参加彭德怀领导的平江起义，参加过大小战斗数十次。他作战勇敢，战功卓著，历任排、连、营、团长等职。1931年4月，袁在通城执行任务时，由于叛徒告密，遭敌伏击，与同行的6位红军战士一起牺牲于县城九眼桥畔，年仅28岁。为纪念烈士，袁公裔孙通过相关部门投资百万元，于2014年7月建此陵园，总面积1000余平方米。烈士陵园内设有纪念碑、袁太安同6位红军战士骑马雕像群。

岳王庙　位于石南镇樊店村南部谷龙山北面半山腰上，距村委会驻地樊店1.2千米，以被供奉的名人岳飞的封号而得庙名。中华人民共和国成立前只是一个土地小庙，2003年由黎时鳌牵头，当地村民自愿集资修建而成。占地面积350平方米，建筑面积200平方米。上殿岳王殿60平方米，供奉有玉帝、观音、送子娘娘神像；下殿岳王庙80平方米，内供奉有岳飞神像。另外设有厨房60平方米。每逢初一、十五，有信士到此庙敬香祭拜。

昭胜寺　于塘湖镇南虹村凤凰山，距南虹村村委会驻地八仙台2.5千米。于明代初刘姓人所建；后寺田被僧出卖，仅留寺殿。刘恩溪公爱静读书此处，夜梦金僧，投授明珠四颗，后生4子为官。其四子诚思买回寺田，为纪念刘氏显著成绩，以“昭胜”名命寺名。1950年土改时，寺宇被分配当地刘姓人居住，2004年由刘姓人重建，2005年建成。总占地面积2000平方米，建筑面积1100平方米，分为上殿，下殿、僧房、接待室等建筑设施。寺内供奉有大小数十尊佛像，每逢初一、十五，有信士敬香。

赵世当墓　位于马港镇马港村马港大桥北面500米，坐落于桥背屋后山包之上。此墓为纪念中共通城县第一个党小组、中共通城县第一个党支部的创建者赵世当烈士而建。赵世当（1908—1930），字宜兴，马港镇马港村桥背屋人，1925年就读湖北省立第一师范并加入中国共产党。同年冬在中塅发展通城县第一批4名中共党员，并创建通城县第一个中共党小组——黄家边小组；1926年8月于马港桥背屋成立通城县第一个中共支部——马港支部。先后任中国国民党通城县执行委员会常委、宣传部长、组织部长、中共通城县委书记、中共蒲圻县委书记、中共湖北省委委员、中共鄂南中心县委书记、中共湖北省委秘书等职，1930年11月因叛徒出卖被捕，12月于汉口就义。1984年，县民政局委托原马港乡政府在其家乡马港村桥背屋后为烈士建此衣冠冢，以资纪念。墓地占地面积260平方米，混凝土构筑，墓前有介绍烈士生平的墓碑和供人参观祭扫的水泥护栏地场。离墓地前80米处建有一国字门亭，上书“生为革命垂典范，死以精神沃中华”对联一副，由此门入墓地。

插图58　赵世当墓（刘亚敏　摄）

第二节　事件纪念地

东汉古墓群　位于沙堆镇港背村南部，距村委会驻地栎山畈2千米处。以朝代和建筑名称综合命名。2012年，咸宁市水电公司在港背村石廊坪后山(即港背茶厂)清水至沙堆的公路边开机破土，筹建市级变电站，挖出数座古墓，出土刀、枪、剑戟、古陶、玉石、五铢钱等物。经省、市考古专家鉴定，为东汉时期的墓葬和殉葬品。经进一步勘探，发现此地有数十座古墓，占地面积40公顷，是东汉一个大家族的墓群。

鄂南中心县委会址纪念碑　位于五里镇磨桥村南部，距村委会驻地王家铺2千米，以历史事件和建筑物名称综合命名。

大革命失败后，鄂南地区中共党组织接连遭到破坏。至民国十八年(1929)夏，全区仅剩党员百余人。为恢复和发展鄂南地区党组织，中共中央巡视员杨开明(克敏)同兼任中共通城县委书记的赵世当和鄂南少共巡视员周然于5月底秘密到达革命形势较好的通城。6月1—4日，杨开明主持在和尚垅中共党员吴英先家召开会议，正式成立中共鄂南中心县委。选举中心县委委员、候补委员各3名，赵世当任书记，周然等任委员。鄂南中心县委成立后，全区党组织迅速恢复和发展，革命运动风起云涌。1989年10月，当地建碑纪念该次会议。碑高3米、宽2米，占地面积700平方米，正面刻有“鄂南中心县委会址纪念碑”，背后刻有碑文。

插图59　割耳坡纪念碑(周文　摄)

割耳坡红军烈士纪念碑　位于大坪乡药姑村，距大坪中心集镇11千米，海拔868米，以所在地点名命碑名。民国二十年(1931)，中国工农红军第16师从江西来到药姑山一带与国民政府军第19师作战30余次，有伤病员120人，在栗树坡设红军医院，后又迁至楠竹沟。1933年7月23日夜，一叛徒引北港保安团夜袭楠竹沟医院，医院负责人杨威率保卫人员和伤病员拼死抵抗，除少数人突围外，其余伤病员壮烈牺牲。保安团胡登春为了向国民党省党部请功，将牺牲的红军每人割下一只耳朵，以计杀人数字。革命群众胡义云、胡肇富等用时半月掩埋烈士遗体。当地群众为了纪念在此牺牲的红军烈士，将楠竹沟更名为割耳坡。1986年，县老区办公室投资1万元，大坪乡政府投资0.5万元建碑纪念。碑高7米，碑身上刻有老红军领导人李平和时任通城县人大常委会主任罗华雄等人的题词，有简易公路通割耳坡。2008年，湖北省人民政府将割耳坡及纪念碑列入全省第五批重点文物保护单位。

花墩桥抗日谈判旧址　花墩桥又名尖山铺，

位于大坪乡花墩村西北部，距村委会驻地雷贡坡约1千米，以历史事件及事件发生地地名命名。民国二十五年(1936)西安事变后，实现第二次国共合作。1937年秋，中共西北特委书记兼军分区政委江渭清在此地与国民政府武汉行营主任何成浚的代表——通城县县长曹功锦、县保安团团长胡登春等进行了3次针锋相对的说理斗争，最终谈判成功，实现湘鄂地区的国共合作。接着，中共西北特委根据董必武"独立自主靠山扎"的指示，汇集分散在湘鄂边界的红军战士300多人编入新四军并在花墩桥茶园屋设立以邱炳为主任的新四军通城办事处。1978年，县民政局在花墩桥茶园屋右山包上修建纪念碑。此碑用青石块和大理石钢筋水泥倒制，占地面积10平方米，碑高3米，上面刻有当时的谈判人物、事件经过及红军烈士名录。

插图60 花墩桥纪念碑(艾萍 摄)

麦市突围纪念碑 位于麦市镇向阳社区北部，距居委会驻地沿河路347号200米，以历史事件命碑名。"麦市突围"是土地革命时期发生在麦市地区的中国工农红军的一次军事行动。民国二十四年(1935)6月，蒋介石调集汤恩伯、何键部及湘鄂赣3省保安团，共计10万兵力，将红16师和湘鄂赣省委党政机关包围，企图一举消灭。6月15日，红16师和省委党政机关从湘赣转鄂，到达通城盘石、云溪。次日晚，师长徐彦刚率46团为中路，省委书记傅秋涛率特务团殿后；省军区正副参谋长严图阁、郭子明，省委组织部部长刘玉堂率47团为右路；师政委方步舟、副师长魏平和政治部主任钟期光率48团为左路，上自盘石、下至金潭、以麦市为中心渡河突围，中路和左路杀开血路、向崇阳挺进；右路和省机关、特务团与敌激战、付出巨大代价，冲出包围，回师平江黄金洞，麦市突围成功。2014年9月由中共通城县委、县人民政府修建。为麦市广场的主体建筑物，西靠G353国道，北靠鸡笼山，东南为广场。碑高3.2米、宽1.5米，混凝土构造，碑身正面刻有"麦市突围纪念碑"7个字，背面刻"麦市突围"概况及牺牲烈士名录。

通城县第一个党小组、苏维埃政府诞生地纪念碑 位于马港镇中塅村。民国十四年(1925)冬，革命先驱赵世当在此发展通城县第一批中共党员，建立第一个中共党小组——黄家边小组。1926年夏，黄云岸、刘书堂率先成立农民协会；秋后成立通城第二(中塅)、三(飞坳)党支部。次年春，成立通城县第一个共青团支部。1928年秋，通城县第一个苏维埃政权——中塅苏维埃政府诞生。还先后建立了湘鄂边区挺进大队和捐款大队，领导平(江)、通(城)、岳(阳)边界地区的土地革命斗争。1989年，县人民政府拨款修建此碑，以资纪念。占地面积200平方米，纪念碑由长方形条石砌成，高4米，长、宽各1米，正面刻有"通城县第一个中共党小组、苏维埃政府诞生纪念碑"，后面有通城第一个党小组和苏维埃政府诞生的简介，右边刻有黄云岸、刘书堂、钟爱成、杨文甫、杨幼雄、徐德恩、孔宪云7位烈士的名字，左边刻有纪念碑修建的单位和时间。

插图61　通城县第一个党小组纪念碑(朱鸿星　摄)

瑶族文化展示馆　位于大坪乡内冲瑶族村村委会驻地金鸡坑，以所展示的内容命馆名。2012年开始动工修建，占地面积200平方米，内分五个部分，分别陈列瑶族古石文化、民俗文化、文字符号、拍打舞的实物图照等。

瑶族先民遗址千家峒　千家峒，又叫大风塝，地处药姑山顶，距大坪乡内冲瑶族村村委会驻地金鸡坑4千米，以该峒原住居民民族和古称命名。最高海拔830米，有9个屋坊，呈品字形状分布。建筑为黄土筑墙，石墙盖瓦。有史记载："元代前通城为汉瑶杂居地，后因战乱，瑶民渐入湖南。"朱元璋建立明朝后，将药姑山野生茶叶列为贡茶，巴陵郡全年纳粮1.9万担，使瑶民既要纳粮又要贡茶。从未负担过贡赋的瑶民不服，被逼无奈只好"姊妹齐会商量好，齐齐退下当外行"。明洪武二十四年(1392)后，瑶民逐渐南迁至广东、湖南江永县。瑶民洒泪而别后，留下药姑山、别离埂的山名。总面积6000平方米，有9个石屋、8公顷石磡梯地、一处石井、一座石桥，还有石器、石祭祀台。2002年，瑶学专家邓有志来此考察后，全国46位专家学者在临湘市召开了瑶学研讨会，确认千家峒是瑶族先民早期居住地。

中共通城县党代会、红军医院驻地纪念碑　位于国有湖北省通城县黄袍林场西部，距黄袍林场场部驻地干港约400米，因革命历史事件而得碑名。民国二十二年(1933)3—4月，继通城县第二次党代会在荻田黄家祠堂召开休会之后，改在狼荷洞方家继续召开，解决了许多重大问题，从此革命运动突飞猛进。同年秋，西北军分区在三千塅建立红军医院。1990年，中共通城县委在此建碑纪念，占地46.8平方米。碑身高近4米，碑宽2米，矗立于三级凸起的碑台上，四周装不锈钢栏栅，碑正面雕刻碑联："精神永驻，功业长存"；反面简略写有革命史绩。

中共通城县特别区(县委)、县苏筹委会驻地纪念碑　位于塘湖镇石坪村委会驻地石坪塅。民国二十年(1931)1月，中共湘鄂赣边境特委将通城特别支部扩建为通城特区(县)委。同年12月，在石坪塅召开县、区、乡三级负责人会议，成立通城县苏维埃筹备委员会。会后，中共通城特区(县)委广泛发动群众，建立村、乡、区苏维埃，组织"红五月"暴动，领导"八月大游行"，为通城县革命运动的发展作出了重大贡献。1989年10月立碑纪念，坐东向西，碑高5米。

中共湘鄂赣省委党校、中共修通县委、县苏维埃驻地纪念碑　位于塘湖镇大埚村委会办公楼后10米处。民国二十二年(1933)三月至五月间，中共湘鄂赣省委党校在此举办了3期培训班。省委副书记黄加高、常委傅秋涛亲临指导，培训鄂东南地区连级以上干部280人，为建立和发展鄂东南苏区培养了骨干力量。次年秋，中共通城、修水县委均遭敌围攻受挫，突围出来的部分干部在当地组建中共通城县委、县苏维埃政府。1983 年立此碑纪念。占地面积 35 平方米，碑高 4 米，碑宽 2 米，碑中雕刻着“修通县委县苏维埃驻地”几个大字，碑底部刻有“湘鄂赣省委党校、修通县委、县苏驻地”字样，碑周围用水泥栏杆围成。

第三节 宗教场所

八景山庙 位于五里镇治全村与湖南岳阳月田交界处的八景山，距寺前村委会驻地老屋 5 千米。山窝有一巨岩突出，构成天然石屋，约 200 平方米。石屋内幽暗冷清，匿泉长流，清亮味甘，终年不减。石屋前原建有草庵，后改建为土坯瓦屋庙宇 3 间，中为神堂，原有石佛 3 尊和关圣帝君石像 1 尊、最高者 1.25 米，木佛 10 尊、最高者 1.26 米。部分石佛为民国时期所雕。明末，湖南岳阳举人许时浩到相师山游览时，在庙墙上写下“相师山八景”，故后此庙名为八景山庙。传说张良伴师黄石公曾在此禅隐修行，东晋时期葛仙翁(又名葛玄)曾在此炼丹。2006 年，地方信士捐资捐物重建此庙，占地面积约 2000 平方米。

白鹤庙 位于关刀镇白马村南部，距村委会驻地西边垅 1.5 千米，以建庙以前此地栖息的野鸟命名。中华人民共和国成立前只有一间房破庙，2005 年由张方成和傅冠题两人牵头，当地村民自愿集资建成。占地面积 400 多平方米，建筑面积 200 多平方米，分前殿、后殿，前殿供奉有玉皇大帝、王母娘娘、观音送子娘娘等，后殿 90 多平方米，奉有关公、廖太公、四海将军等大小菩萨。庙前有牌坊，横联“白鹤庙”，上联是“作恶何必来求神”，下联“行善自有天赐福”。信徒不定时到此庙敬香祭拜。

百罗寺(又名百丈寺) 位于马港镇平湖村北端，距村委会驻地饭堝 4 千米。据传，唐朝时，百罗寺与东南部相隔两千米的七斗寺都住着高僧，七斗寺后一块巨石上有一大井，每晚井里出七斗米，刚好够七斗寺的僧人饱肚，百罗寺的僧人知道此事后，心生不满。有天晚上，拿出一百只箩筐放在寺门外，筐口朝七斗寺，心里默默祈祷，期盼能装满一百箩谷。第二天早上，百罗寺的箩筐是空的，七斗寺的石井也是空空的。自此七斗寺的僧人因无粮充饥，僧离寺塌。百箩寺之名由此而来，后被人喊别成百罗寺。寺庙始建于盛唐时期，原为土木结构，后经多次维修，2008 年扩建为砖混结构。占地 950 平方米，建筑面积 756 平方米。寺内神台中堂供三尊大佛塑像，左堂供观音菩萨，右堂供关圣帝君，十几尊罗汉分列两旁。每逢初一、十五，有信士朝拜，香火旺盛。

白米基督教感恩堂 位于石南镇牌合村西南部，距村委会驻地坳背约 1.5 千米。因所在的山岭名及宗教用词而得堂名，于 2009 年建成；占地面积约 850 平方米，建筑面积 520 平方米，其中厅堂 370 平方米，厨房饭厅 100 平方米。2014 年有信徒 80 余人，每星期六下午信徒来此堂诵经感恩。

白玉寺 位于塘湖镇大埚村东部，距村委会驻地大埚屋 3 千米。宋代，乡民在嫦娥山搭一土地庙，初一、十五夜间，半山腰闪现白玉般的光，故称白玉庙。后黄公松山将庙扩建，更名为白玉寺；占地 1000 余平方米，庙内安有佛像 100 多尊。正殿有如来佛祖、观世音菩萨、十八罗汉；偏殿供奉有关帝、观音、松山雕像；有佛堂、斋堂、僧侣住房，天井有石刻近百块。

宝盖山集福寺 位于隽水镇上阔村东部，距村委会驻地石背约 500 米，以所在山名及美好愿望综合命名。明初，仙桃刘定展(名耀彩)和尚云游通城，寄居严家坳屋，尔后在阔田大畈传播佛教。定展法师死后余年，嘉鱼县灾民刁天然逃荒通城，亦寄居严家坳。他听说刘定展和尚在通城阔田等地功德无量，遂同几乡民在宝盖山右侧路旁山包上建了一座小庙，以纪念刘定展，称为集福寺，后毁于日军炮火。1987 年，廖冬虎、杜秀球等人重建小庙，后由山下屋村民杜海民等人为首扩建。占地面积 250 平方米，建筑面积 100 余平方米，寺中供有关圣大帝等 7 尊菩萨雕像，有信士 400 人，每逢初一、十五开坛诵经，信士、香客络绎不绝。

北辰山庙 位于麦市镇冷墩村南部白米山腰，距村委会驻地洪家墩 2.5 千米，以所在山名命庙名。始建于明代，1954 年被洪水冲毁，1982 年改建，更名为土壁庙。2012 年重建，仍名北辰山庙。占地面积 1100 平方米，建筑面积 360 平方米，庙堂内设有佛祖、观音、关公、天官、地官、水官等塑像，每逢初一、十五，有信士敬香。

本祭堰庙　位于大坪乡栗坪村，因庙宇所处地点名而得庙名。始建于元朝初期，毁于“文革”时期，1990年重建。占地面积200平方米，建筑面积150平方米，该庙交通方便，环境优美。每逢初一、十五，有信士敬香。

簸箕尖五帝灵官庙　位于麦市镇花园村东部，距村委会驻地香铺800米，以所在地点和供奉神像封号综合命庙名。始建年代失考，2014年重建。占地面积280平方米，建筑面积180平方米，庙内设有五帝灵官神像。

陈谷教堂　位于五里镇陈谷村东部，距村委会驻地威公祠1.5千米，以所在村名而命堂名。1986年，由黎燕飞，程何生等人发起，购买陈谷村原办公房，改造为教堂；2010年选址陈谷下畈路屋隽水河堤边新建。占地面积5300平方米，建筑面积660平方米，砖混结构两层楼，一楼大厅为信徒学习、祈祷、祈福之所，二楼供住宿之用，2014年有教徒400余人，每周一次祈祷不间断。

长寿寺　位于麦市镇李塅村东南部，距村委会驻地象牙咀1.5千米通修公路右侧，以美好意愿命名。始建于明代，原址为黄鹤山术形咀，20世纪70年代因修建南岭水库拆毁，1991年重建。占地面积600平方米，建筑面积400平方米。内供奉有观音、关公、玉皇、如来佛、地母娘娘、帷砣将军等塑像。

崇虚寺　位于麦市镇九房村西南部，距村委会驻地港下屋2.5千米，以第一任住持和尚名命寺名。唐中期由何姓人修建，明弘治年间扩建，“文革”期间被毁，2005年重建。占地面积400平方米，建筑面积250平方米，供有观音、玉皇、原始天尊、关公等神灵塑像。每逢初一、十五，有信士敬香。

大岭山庙　位于沙堆镇坪坳村大岭山巅，距沙堆中心集镇3.5千米，以所在地点命庙名。始建于明朝，民国二十八年(1939)被日军炸毁前半部分，1966年彻底被毁，1984年恢复，2008年扩建。占地面积1300平方米，建筑面积756平方米。庙宇分上下两重，第一重敬如来佛、观音、地藏王、弥勒佛、四大天王；左有玉皇殿、观音殿，右设住宿楼、饭厅、厨房。下重敬奉托搭李天王、吴公、药王、万春将军、廖大王、卢公洞甫、张公太尉等。2014年有信士1100人，每逢初一、十五，信士在此聚会，香火鼎盛。此庙信士热衷于公益、慈善事业，多次开展资助贫困学生、地震捐款等慈善活动，被县宗教协会评为宗教先进宫观。

大坪教堂　位于大坪乡南坪社区花墩路中部，因所在行政区域而得堂名。1999年建堂，建筑面积800平方米，投资56万元，分别为教堂、办公用房和生活住房。2014年有登记在册信徒150人，每逢周日信徒集会于教堂。

大湾教堂　位于塘湖镇望湖村大湾屋，坐北朝南，以所在居民点名而命堂名。2014年春由当地基督教徒集资修建。房屋结构采用西式模式，屋顶悬挂“十”字架，内厅设诵经讲台，有110平方米的厅堂，2014年有基督教徒上100人，逢周末有宗教活动。

东和山庙　位于关刀镇五流村北部，距五流村委会驻地杨泉湾1.5千米，以所在的山名命庙名。始建于明初，明崇祯年间、清顺治年间两次重修，庙宇上下两重，上重正堂为玉皇殿，中重中间为观世音殿，东边为关圣夫子殿，西边为药王师殿。“文革”时期毁掉，1998年当地居民自愿集资重建。占地面积300平方米，建筑面积200平方米，庙内供奉有观音菩萨、药王菩萨神像，信徒每逢初一、十五到庙烧香祭拜。

斗米山庙　位于关刀镇高冲村东北部，距村委会驻地高冲街1.5千米，以所在山名命庙名。清康熙年间建，占地面积250平方米，主殿坐东向西，砖混结构，供奉玉皇大帝、观音老母、关公、送子娘娘等神灵。2014年有住持一人，每逢初一、十五，有信士香客参拜。

斗牛宫　位于大坪乡栗坪村，坐落于药姑山南坡。相传，南宋咸淳年间，有李氏从湖南平江迁居通城药姑山南坡石背岭上。数年间，家景日裕，忽一夜梦南天大火，有二星落向宅左山坡，响如巨雷。次日，李于所梦山坡寻得二银宝各重千两。一铸“斗”字，一铸“牛”字，毫光闪闪，李惊，以为神，遂变卖二宝建庙，命名为斗牛宫。始建于南宋咸淳年间，毁于“文革”时期，1992年重建，2014年道路拓宽硬化，再次扩建。总占地面积2000平方米，建筑面积555.5平方米。四面群山环绕，苍松翠竹，郁郁葱葱。

堆山庙　位于沙堆镇堆山村堆山半腰，距村委会驻地石泥塘2千米，以所在山岭命名。建于东汉恒帝建和年间，初建时只有庙房3间，唐贞观年间增修观音佛堂木板楼5间。清光绪年间，由地方名士黎金全、吴至冬邀集通城十三图、崇阳半堡增修5间。“文革”期间被毁，2000年重修，2007年扩建，占地面积700平方米，建筑面积390平方米。庙内分设上下两殿，上殿为阎王殿，供奉五岳圣帝、朝廷将官；下殿为观音殿，供奉观音、地藏王、如来佛、弥勒佛等。左有经堂，右有厨房、餐厅。2014年有信士1100人、庙祝1人。每逢初一、十五，有信士集会，诵经礼忏。

堆山寺 位于隽水镇上阔村堆山南坡，距村委会驻地月塘2千米，以所在山名命寺名。始建于东汉桓帝延熹年间，时有寺院3间。唐贞观年间修观音佛堂木板楼3间。清光绪年间，黎金泉、吴老东为首集通城十三图、崇阳半保之力修成上下五间串通木板跑马楼，1960年被毁。1984年由洪姓牵头建土砖房二间，后陆续扩建。占地面积约400平方米，建筑面积约500平方米，为二进两层式砖混结构。上堂一层是佛像堂，中间为天井；下堂楼下为杂物院，楼上为经堂。寺门右侧建有碑林一处。每逢初一、十五，有信士敬香。

福龙寺 位于塘湖镇雷吼村北部，距村委会驻地刘家2千米。唐代中期，由得道高僧始建。因此寺后山像一条盘伏的龙，故名“伏龙寺”。后更为“福龙寺”，取“神佑本境，赐福平安”之意。民国初期，地方绅士方成为首复修；1994年族人方浩然为首再次复修，并将“福龙寺”更为“忠臣庙”；2013年，方晓桃女士为首对“福龙寺”进行全面整修，并在其寺的左侧建起了“方琼纪念馆”。寺宇占地面积1000平方米，建筑面积600平方米，寺内供奉有释迦牟尼佛、弥陀佛、观音佛、地藏佛、弥勒佛、药师佛、四大天王等，另外设有厨房饭厅80平方米，有住寺和尚2人，每逢初一、十五，有信徒到此敬香祭拜。

福清殿 位于麦市镇麦市村东部葛新峦长埚口，距村委会驻地建设路236号约1千米，以人们希望幸福清静太平的美好愿望命殿名。2012年，由冷塅村彭家山居民与麦市村居民共同筹资建修。占地面积600平方米，建筑面积300平方米，内供涂公涂二、李公元霸、何公道忠等塑像及牌位。

福源堂 位于北港镇庄前社区胜利路102号，依传播福音的源头而命堂名。基督教于1987年传入北港镇，1995年在庄前、岭源、桂家设3个集会点。2000年，岭源村胡金龙等基督教徒带头筹资购买位于胜利路的原北港物资站建立福源堂，2003年县宗教局下文批准登记。建有综合楼、教堂、食堂、餐厅等配套设施。占地面积3700平方米，建筑面积2447平方米。堂内配有电钢琴、电子琴、管乐队乐具及音响设备。下设11个集会点，该堂为中心集会点。2014年末，有工作人员19人，基督教信徒530人。

阁壁基督教堂 处塘湖镇阁壁村域，位于阁壁村部村委会驻地罗家坳东4千米处，因所在地片名而得堂名。2001年，由阁壁石马片信徒自愿筹款而建。占地面积190平方米，建筑面积150平方米，其中厅堂120平方米，厨房30平方米。2014年有信徒40余人，每星期六上午信徒到此诵经。

古城庵 位于隽水镇利和村大柱山正南面山脚下，坐北朝南，以古人名字命庵名。始建于唐代，取名“紫云庵”，明代，称“太平庵”“听松卧雪”等。清康熙年间，更名为古城庵。民国壬戌年间，由张公绍南、杜公少山为首召集两姓重修。中华人民共和国成立后，经佛教信士多次修缮。总建筑面积约220平方米。以屋后的大柱山为大屏障，东西两侧为苍松茂林，庵前有古城池，池外有古城山，庵内有佛祖、观音、炎帝神像及各路神圣排列于大殿两旁。每逢初一、十五，有信士来此聚会。

观音庙 位于大坪乡下畈村西北部，距村委会驻地胡家垅1.5千米，以菩萨的法号而命庙名。传说北齐天宝年间，南海观音菩萨过此地，时逢大旱无雨，土地干裂，颗粒无收，遂在黎家坡山包上布云施雨3天。当地村民得救，跪拜菩萨，并修庙纪念。民国二十六年(1937)，被日军炸毁，1998年由当地村民修复。占地面积600平方米，内设有神台、食堂。2014年有信徒约100余人，每逢初一、十五，有信徒进庙上香、诵经。

广胜山清兴寺 位于沙堆镇九井社区广胜山，距村委会驻地九井街41号1.2千米，以所在山岭名命寺名。始建于2008年，2010年扩建。占地面积430平方米，建筑面积320平方米。房屋结构庄严古朴，建有寺门、天王殿、大雄宝殿。前重两侧有香炉，中堂两侧是客堂和斋堂。天王殿前面是弥勒佛，后面为韦驮菩萨，左右两侧是四大天王。大雄宝殿内正中为释迦牟尼，两旁为文殊、普贤菩萨。共有 10 余尊雕像，形态各异，炯炯有神，气宇轩昂。2014 年，有 1 名住寺，每逢初一、十五，有信士 30 余人前来朝拜。

广严寺　位于大坪乡花墩村，距大坪中心集镇 5 千米。相传西周时，慈航道人派弟子度厄云游来到药姑山采药救世，度厄见山中百药俱生，便在此搭下茅舍三间，侍神采药，救助众人。后此三间茅舍被鸿钧众仙赐名“五仙驿”。周武时，更名为“五方安”。唐代、元代，药姑山下发生瘟疫，经观音显化而治，又更名为“观音庙”。后又有学者称：“夫广者乃观音菩萨广发宏誓愿，严者即神明严正法显之探。”故更名为“广严寺”。明代中期，寺庙被毁，清乾隆年间修复。占地面积 2100 平方米，建筑面积 400 平方米。

华龙寺　位于塘湖镇图垅村东部，距村委会驻地大白塅 200 米，因被供奉的名人封号而得寺名。始建时间不详，旧有庙宇不到 50 平方米，文化大革命期间被毁。2000 年由当地信徒自愿组织筹款建成。占地面积 400 平方米，建筑面积 350 平方米，寺内后殿供奉有玉皇大帝、观音菩萨、送子娘娘神像。每逢初一、十五，有信徒敬香祭拜。

黄牯岩齐天大圣庙　位于关刀镇水兴村西部，距村委会驻地牌楼屋约 1.5 千米，以所在的山名和供奉的神灵名综合命名。相传，此山为猴精所在地，精灵十分灵验，当地人均惧怕。后当地居民在黄牯岩建齐天大圣庙，以制服猴精。2014 年在此庙西北方向 200 米处建新庙，原庙仍保留。新庙占地总面积约 700 平方米，主殿呈坐东北向西南，砖混结构，占地约 120 平方米，生活用房占地面积约 160 平方米，砖木结构。主殿正面供奉玉皇、佛祖、观音，右侧供奉齐天大圣，另供奉有大小神灵十多尊。大门镶有对联：“齐天佛法匡正义，大圣神僧佑生灵。”2014 年，有住持 1 人，每逢初一、十五，朝拜香客络绎不绝。

回龙寺　位于沙堆镇罗塘村凤凰山麓，距村委会驻地廖家 1.6 千米。始建于唐贞观年间，因该寺建在小河回水湾边，龙形山下，故名回龙寺。文化大革命期间被毁，2001 年重建于凤凰山麓，占地面积 600 平方米，建筑面积 220 平方米。分上下两重。上重：中如来佛，左观音，右唐玄奘、弥勒佛。下重：中徐公念七、念八、念九三位老爷，左关圣帝君，右岳飞元帅。2014 年有信士 220 人。每逢初一、十五，有信士聚会、念经礼忏。

回龙寺　位于五里镇左港村东南部，距村委会驻地玉泽屋约 2.8 千米，又名观音寺。清嘉庆年间，由钟学士出资，胡万辉主修。相传在修造期间，相思寺观音堂从江西运来一尊观音雕像，经过保太屋茶蔸坡时，无论人们怎么用力，总是难以搬动半步。经占卜，此观音雕像要回转观音寺，无奈只好回转放在此寺，“回龙寺”由此而得名。寺宇占地面积约 500 平方米，砖混结构，内设观音殿、关帝殿。每逢供日，信士络绎不绝。

基督教承恩堂　位于沙堆镇大柱山村西南部，距村委会驻地佘坊 2 千米，以教会名称及宗教用词综合命名。2000 年以原大柱山小学为堂址建造，2008 年改建，占地面积 1360 平方米，建筑面积 778 平方米。2014 年有信徒 100 人，每星期五下午在此集会，学习《圣经》。

基督教荻田感恩堂　位于塘湖镇荻田村荻田集镇中心，距村委会驻地下荻田 200 米，因宗教名和所在地名而得堂名。于 2004 年由当地信徒捐资修建，占地面积 500 平方米，建筑面积 480 平方米。2014 年改建成钢筋混凝土结构，有教堂、厨房、饭厅。2014 年有信徒 79 人。每逢星期天上午信徒到此诵经。

基督教樊美教会感恩堂　位于石南镇樊店村西部，距村委会驻地樊店 500 米，因所在地名称及宗教用词而得堂名。2013 年由当地居民自愿筹款修建，占地面积 600 平方米，建筑面积 320 平方米，其中教堂 250 平方米、厨房饭厅 50 平方米，2014 年有信徒 30 多人，每逢星期六下午信徒到此诵经。

基督教复兴堂　位于大坪乡达凤村东部，距村委会驻地富家塘 1 千米。以宗教名称和宗教用词而命堂名。创建于 2008 年，2014 年扩建。占地面积 670 平方米，建筑面积 570 平方米，其中教堂 245 平方米，厨房饭厅 245 平方米，宿舍 80 平方米，2014 年有信徒 70 多人，每逢星期六、星期日下午信徒在此诵经礼忏。

基督教福音堂　位于隽水镇湘汉社区东部，以所属宗教及宗教用词命堂名。1999 年建于佘畈路梅苑小区 17 号，占地总面积 3000 平方米，建筑面积 2800 平方米。2014 年，有信徒 1500 余人，堂点 40 个。

基督教高美教会感恩堂　位于关刀镇高冲村高冲老街，距村委会驻地高冲街 300 米，以所在地点及宗教用词命堂名。2014 年由当地信徒自愿筹款建成，占地面积 500 平方米，建筑面积 300 平方米，其中，教堂 200 平方米，厨房饭厅 40 平方米。2014 年，有信徒 52 人，每逢星期六下午信徒到此诵经。

基督教官塘分堂 位于关刀镇官塘社区官塘屋，距官塘社区驻地农贸小区 600 米，以所在地名称及宗教名综合命名。2003 年由当地居民捐款购得金昌平老屋改造建成，占地面积 400 平方米，建筑面积 200 平方米，土木结构。有信士 60 余人，星期六为集会祈祷日。

基督教黄袍救恩堂 位于塘湖镇荻田村荻田桥头，因宗教名和所在地名而得堂名。1997 年，在荻田河边建成，2003 年搬迁至荻田街桥头。占地面 1133.6 平方米，建筑面积 980 平方米，有祷告厅、休息厅、厨房、餐厅等设施，每逢礼拜，有 130 名信徒聚集祷告。

基督教夹井教堂 位于塘湖镇润田村北部，距村委会驻地石井 1 千米，因所在地片名及宗教名而得堂名。2006 年由信士集资购买原夹井小学校舍整修成基督教堂，2013 年重建。占地面积 1000 平方米，建筑面积 600 平方米，其中厅堂 250 平方米，厨房饭厅 250 平方米，杂物房 80 平方米。2014 年，有信徒 200 多人，每逢礼拜天，信徒们齐聚教堂进行礼拜祷告活动。

基督教罗家堂 位于塘湖镇阁壁村村委会驻地罗家坳，距塘湖中心集镇 7 千米，因宗教名和所在地片名而得堂名。于 2013 年由当地居民自愿筹款所建，占地面积 600 平方米，建筑面积 650 平方米，其厅堂 580 平方米，厨房饭厅 50 平方米。2014 年有信徒 30 多人，每逢星期六下午信徒到此诵经。

基督教漂垅感恩堂 位于石南镇虎岩村东部，距村委会驻地东里铺 200 米，因所在地名和宗教名而得堂名。2014 年建成，占地 500 平方米，建筑面积 300 平方米。2014 年，有信徒 60 多人，每逢星期日下午信徒来此地诵经感恩。

基督教沙堆牧区中心堂 位于沙堆镇沙堆河西河堤，距镇人民政府驻地九井街 300 余米，以教会名称、所在地点命堂名。创建于 20 世纪 80 年代，地址在九井街中心地段。2003 年迁址沙堆加工厂，2013 年迁至沙堆港堤边。占地面积 970 平方米，建筑面积 1500 平方米，总投资 120 余万元。下辖小井、大源、五花、八仙、大柱、永兴、沙堆 7 个堂点。2014 年，由卢大先长老主持日常事宜，有信徒 700 余人，有牧师 6 人定期到堂培训、讲解《圣经》。

基督教上畈教会赐福堂 位于大坪乡韩岭村中部，距村委会驻地湾烂屋约 450 米，以宗教名称及教堂所在地名称综合命名。2004 年信士集资购买原韩岭小学做教堂，2009 年翻新扩建。占地面积 1000 平方米，建筑面积 650 平方米，其中教堂 360 平方米，厨房 80 平方米。2014 年，有信徒近百人，每逢星期日下午信徒到此学习圣经，开展宗教活动。

基督教石坪塅教堂 位于塘湖镇石坪村委会驻地石坪塅，因宗教名及所在地点而得堂名。1988 年，当地教民捐资购买加工厂改建。占地面积 380 平方米，建筑面积 250 平方米。2014 年，有信徒 50 多人。

基督教石南中心堂 位于石南镇石南社区，距居委会驻地三甲祠 300 米，以所在地名及宗教名综合命堂名。2004 年由当地居民筹款建成。占地面积 2400 平方米，建筑面积 2900 平方米，分上下两层，厨房、饭厅分布于主堂北面。2014 年有教徒 368 人，每星期二、四、六，信徒聚集诵经祈祷、舞蹈、唱歌等。

基督教塘湖牧区 位于塘湖社区，距居委会驻地新街约 800 米，综合宗教名和所在地片而命名。于 2006 年由当地居民筹款建成，占地面积 500 平方米，建筑面积 300 平方米。

基督教吴家衙教堂 位于塘湖镇图垅村西部，距村委会驻地大白塅 1.2 千米，以宗教名及所在地点综合命堂名。2011 年由当地信徒自愿筹款修建，占地面积 400 平方米，建筑面积 350 平方米。2014 年，有信徒 180 人，每逢星期天上午信徒到此诵歌、诵经。

基督教杨萘桥教堂 位于沙堆镇湾船咀村西部杨萘桥石子岭上，距村委会驻地黑沙滩 700 米，以宗教名称及所在地址综合命堂名。1989 年建成，占地面积 670 平方米，建筑面积 400 平方米，其中教堂 1 栋 1 层，饭厅 1 栋二层(1 层为饭厅，2 层为宿舍)，均为砖混结构。2014 年，有教徒 80 人，有 1 人长期住堂，星期日下午讲道，宣传爱国爱民爱教等内容。

基督教永兴堂 位于沙堆镇湾船咀村东部车家咀岭上(原灿良小学所在地)，距村委会驻地黑沙滩 1.5 千米，以宗教名称和美好意愿综合命名。

始建于2004年，2014年改建，占地面积1870平方米，建筑面积1870平方米，其中土木结构民房1栋，砖混结构楼房3栋，总投资80余万元。每逢礼拜日开展活动。

乩仙庙　位于五里镇五里村中部，距村委会驻地乩仙垅500米，以所供奉神灵的特长命庙名。建于明代中期，抗战时期被日军摧毁，1996年由周边村民募资修复。占地面积600平方米，庙内设有乩仙大王殿、关帝殿、观音殿。每逢初一、十五，信士络绎不绝。

尖峰庙　位于石南镇牌合村西部，距村委会驻地坳背2千米。因庙宇处虎形山峰顶，故称。始建于明朝，抗日战争时被日军烧毁。1989年由黄秀龙为首重建，1991年由黄大兵为首复修。占地面积约350平方米。庙内敬有城隍大帝、福明大王等20多位神像，每逢初一、十五，有信士上香。

尖山城隍庙　位于五里镇尖山村西北部，距村委会驻地盆上屋2.5千米，以所在的地片名称和供奉的神灵名称综合命名。始建于明代，历经4次损毁，1993年周边村民募资复修。建筑面积350平方米，为砖混结构。庙前有“悔恶积善”4个大字，庙内设有城隍殿、关帝殿、观音殿，供奉城隍、关帝、观音等神灵。每逢初一、十五，信士应接不暇。

尖山庙　位于大坪乡九房村尖山主峰，距大坪中心集镇约4.5千米，因所在山峰名而得庙名。始建于明，兴于清，抗战时遭日军炮毁。1993年，九房胡雁臣、揭名福、花墩胡江楼等信士牵头捐款重修。总占地面积3000平方米，建筑面积500米，寺内建有三佛殿、大雄宝殿、八角亭。供有释迦牟尼、如来佛、关公、张飞、观音娘娘等40余尊塑像，每逢初一、十五，有信士敬香。

金龙寺　位于塘湖镇图垅村南部，距离村委会驻地大白塅3.5千米，因所供奉的神人封号而得寺名。始建时间不详，旧有庙宇50平方米，文化大革命时期毁掉。2003年，由当地信徒自愿组织筹款建成。占地面积500平方米，建筑面积400平方米，寺内后殿供奉有玉皇大帝、观音菩萨、送子娘娘神像，前殿供有关帝君神像。每逢初一、十五，有信徒敬香祭拜。

金门寺　位于大坪乡农林村东部农林坳上，距村委会驻地坳上三房300米。相传古时有一僧人云游至上隽乡(今通城地域)，驻足于农林坳金盆岭，结草为庐，命名为金门寺。后因兵灾成为废墟，2002年信士毛桂凤、谢志辉等集资捐物，重建庙宇。占地面积600平方米，建筑面积350平方米，为一正殿，两偏殿，供儒祥道三始祖，每逢初一、十五，有信士敬香。

金盆寺　位于关刀镇台源村西部，距村委会驻地断山坳4千米，以器具名命寺名。始建于明代，清嘉庆年间被一场大火烧毁；1995年，当地居民集资重建，2014年8月扩建。占地面积400多平方米，建筑面积150平方米。庙内供奉如来、观音等神像，另外设有厨房饭厅40平方米。信徒不定时到此敬香拜祭。

金山寺　位于北港镇沉山村西北部，距村委会驻地咀上畈约1.5千米。坐落于沉山里北麓山腰。因该寺建于沉山里金山坡而得寺名，又传取《白蛇传》神话故事“水漫金山”之意而命寺名。寺中供奉有许仙之子许士林之神像。初建年代无考，清乾隆年间重修佛殿，乾隆五十四年新建寺庙，香火颇盛，后因战乱和自然灾害几近荒废。2002年，信士杨玄德倡议修复金山寺，建成明五暗十寺宇，塑神像，恢复香火。2006年，信士许柏林、李成赋倡议扩建，增修亭子，铸铁钟一口，继而修建公路。2007年投资10万元建餐厅140余平方米。2008年投资8万元，修建进山公路2千米。2014年，信士傅祖连、许柏林、李成赋、邓东林倡议重修金山寺，拆除原瓦房，改建钢筋混凝土结构大殿及各类房屋。建筑面积900余平方米，其正殿360余平方米，钢混结构。尊四灵大帝、关圣帝君及许士林像。逢农历初一、十五庙会，搭经210多人。有常住寺4人，其中勤杂工2人，持证道士1人。寺前石碑载有碑文：“洪荒之时，幕阜之隆，此峰突长，悬空出世，惊怒天帝，命雷都擎之，压沉三里，山乃得名。”

金仙寺　位于四庄乡五花村，北距村委会驻地港下铺1.1千米。始建于唐开元年间，金怀珍因受挫折皈依佛门，出家为僧，并在此建寺宇，因而得名金僧寺。清光绪年间(1875—1885)，佛门弟子张智仙复修此寺，改名为金仙寺。清光绪年间复修。1999年，民间信士集资重建，2000年竣工，占地面积740平方米，有砖木结构房屋16间，建筑面积320平方米。正屋为梁柱框架结构，分正殿、左右偏殿、戏台、主持居室。偏房分厨房、餐厅等。大殿上供奉玉皇大帝、西天佛祖、南海观音、地藏王、关帝五大神像及熊公太保等大小菩萨40余尊，平时有信士进香祈祷，常年香火不断，每逢初一、十五，信士集中朝拜。

九宫寺 位于隽水镇白沙社区南郊，距居委会驻地宝塔大道333号约1千米。唐代，罗真人在锡山北峰修建此寺，祭祀紫微大帝，传因紫微殿的结构为九重而命名“九宫寺”，又名九宫庙。有史书载：南岳之发脉，首于幕阜，尾于银山，钟衡岳之灵秀，继释道之教风。两教始于唐，盛于清，至当代历1200年有余。抗日战争时下殿被日寇焚毁，1997年重修。占地面积2000平方米，离寺下方50米处原建有李自成墓。周围绿树成荫，环境优美。

九井街天主教堂 位于沙堆镇九井街(下街头)171号，以所在地点及宗教名称命堂名。建于2004年，占地面积850平方米，建筑面积650平方米。2006年组建天主教堂乐队，帮助村民办理红白喜事，并自编自演节目，内容涉及计划生育、治安法制、尊老爱幼、反对赌博、买码等，群众喜闻乐见，反响良好。2014年，有登记在册的信民1500人，逢周末，信徒有集会。

来苏古庙 位于大坪乡南山村北部，距村委会驻地石咀许家600米。唐高宗时，武汉龟元寺高僧昌丁法师在此始建。庙成初期，方丈昌丁(又名水清)有徒子僧亚洲、方洲，徒孙僧二保、官保。当时庙产丰富，演教广阔，师徒相继，教章相传。1966年，庙宇遭受严重破坏，庙中僧人还俗。1983年，众僧信徒捐资复建。2002年，兴建大雄宝殿。大殿内分设观世音殿、罗汉殿、钟鼓亭、佛殿等，占地面积约1480余平方米，建筑面积630余平方米。

兰坡庙 位于大坪乡达凤村东南部，距村委会驻地富家塘1.5千米，以庙宇所在地名命庙名。始建时间不详，后被毁。2005年，墨烟村黎逢落牵头筹资重建。2010年，达凤村黎荣保、黎逢落再次牵头筹资扩建。占地面积650平方米，其中庙堂面积65平方米，厨房、饭厅、宿舍面积155平方米，2014年有信士200多人，庙内供奉有观音菩萨等10余尊神像，每逢初一、十五，有信士在此诵经。

兰若寺(来佛寺) 处塘湖镇望湖村域，位于村委会驻地普安堂东南3千米处。相传，汉武帝时，大汉使者张骞出使大夏经身毒(今印度的一部分)返汉之后，汉武帝准由身毒国人在大盘山传教和建庙。此寺用佛教专用语“兰若”命寺名，又名来佛寺。“兰若”，梵语为阿兰若，佛教专用语，引申为树林，寂静处。始建于汉朝，分上、中、下及观音寺共4处，于北宋末、明隆庆年间和清光绪、咸丰年间几度重修，后上寺、中寺、下寺、观音寺被毁无存，只存重建于明清时期的兰若寺几间瓦屋。1996—2014年，当地人自愿捐资修整3次，砖木结构，占地约100平方米，内供奉佛祖、观音、关公等大小10尊佛像。2014年，县人民政府将此寺庙列为通城佛教文物保护单位。

插图62 兰若寺

灵恩堂　坐落在大坪乡辉煌村北部，距村委会驻地新杨部街400米。耶稣教主指出“十字救恩浩大唯有耶稣为圣宝，上帝慈爱深远独靠天父得天命”，意指人类得神灵恩德、社会人类和谐之意，故命堂名。1994年创建，占地面积2500平方米，建筑面积600平方米，有住宿房9间，办公室、会议室、食堂一应俱全，其中有主教堂一座，能容纳1500名信徒。2014年，有4名义工授课，总计信徒1510人，每星期活动一次，另外一年有两次大型活动，即每年12月25号“圣诞节”和春分月圆的第一个礼拜的“复活节”日组织耶稣信徒集体庆典。

灵山寺　位于麦市镇麦市村西部堑下屋屋背蛇形山脚下，距村委会驻地建设路236号约500米。始建于1993年，为纪念毛泽东诞生100周年，将前庭设立纪念堂，后庭设观音殿，2014年重新修建，称灵山寺。占地面积2000平方米，建筑面积400平方米，内有毛泽东、观音、佛祖、地藏王、关公、韦驮、二王尊等塑像。

龙华寺　位于麦市镇株树村西部，距村委会驻地株树潭4.5千米。始建于北宋，盛于清。因虚空山峰回路转，如“龙”状，僧院内神像百状，精美华丽，故名龙华寺。2013年在原址重建，占地面积4000平方米，建筑面积1334平方米。2013年修建山脚至龙华寺公路，长3.7千米、宽3.2米，混凝土路面。内有如来、观音、刘备、关羽、张飞等神像百余尊，终年信士络绎不绝，香火不断。

隆兴寺(又名断峰山寺)　位于北港镇大界村西部，断峰山顶左下侧，距村委会驻地三公庙1千米，以美好愿望命名。明朝正德年间，由居住在岭源的胡丹昱出资主修，原有三庙，即右侧的吕祖庙、左侧的荷垅庙，以及周边的断峰山寺，构成品字形。抗战爆发后，三庙被日军炸毁，中华人民共和国成立后重修。大跃进时期，拆庙改建为断峰山茶厂。1996年，岭源村邹家畈胡先教、大界村汤家咀胡安保等人倡仪重修，将被毁的两庙一寺合并在一起，统称隆兴寺。2011年，岭源胡神恩、胡丁保、胡祖恩等主持筹资再次重修，将土木结构的瓦屋改建成混凝土结构。寺门前的空地上立有主修人、捐款人的石碑，设有香炉、化钱炉等。有正房、厨房、餐厅共计12间，建筑面积250余平方米。寺宇分正殿和左右各两间偏殿。正殿供奉玉皇大帝、四大天王等，左右偏殿各供奉西天佛祖、南海观音、瑶池王母、八金刚四菩萨、飞天圣母、三清道祖、吕洞宾、何仙姑八大神仙等各路仙圣及关圣帝君等。该寺信奉儒佛道三教，念平安经。2014年，有庙委会14人，常住庙2人，搭经460多人，信徒不定时到此庙烧香拜佛。

鹿叫山普救寺　位于鹿叫山山峰半腰山坡处，北距国有鹿角山林场场部驻地胡婆洞约1千米。以所在山峰名称及宗教宗旨综合命寺名。据庙序载：南北朝时期，天台宗智凯祖师在此建寺。20世纪70年代被毁，2002年复修，2008年扩修。占地面积约800平方米，建筑面积约560平方米。寺宇为三重式，砖木结构平房，分前后两殿；前殿正中供奉弥勒佛、观音大士，左唐三藏、关羽、右子龙等大小神像12尊；后殿正中供奉主神像3尊和小神像5尊，左右各排列神像9尊，殿后有神像2尊；中间左右偏殿各供神像3尊；后殿有各类藏书数十册，有新老书案9张；寺前地场摆放玉石香炉一对和古化钱炉一座(元代至正年间曾在此寺中课读、后任职荆州和懋州州官的汪仲四、廖宸寅二公捐献)；场前方50米处建有龙王小石庙，庙后建泉水井一口。寺宇门口正墙面有寺序和复修及历朝信人捐资名单刻字青石板18块。寺后右侧有厨房、饭厅等配套建筑。2014年，有赤壁籍住持2人。

马鞍山寺　位于隽水镇马鞍山山顶，距桃源村委会驻地3千米，以所在的山名命名。传说，南北朝时某年三月十五日夜半三更，叫夜弟子张奇斌见一男一女跨马奔驰，忽然在马鞍山下马而止。原来是观音和关云长游南京而来。他们见此佳境，到此落栈。后当地众人齐捐共建寺庙，同年12月落成。此后香火旺盛，距今已有1500多年。20世40年代，日寇进犯通城，马鞍山寺被毁。翌年，仁人志士捐资修复禅堂。1999年重建，2008年扩建。占地面积300平方米，建筑面积180平方米，属砖木结构平房。上堂是佛像堂，中间是天井，左右两边是佛像摆放点，寺右侧后方有二间明房为厨房饭厅，寺前路边竖有两块石碑。每逢初一、十五，有信士敬香。

麦铺咀教堂　位于大坪乡下畈村东北部，距村委会驻地胡家垅1千米，以所在地名而得堂名。1999年建成，占地面积400平方米，建筑面积300

平方米，总投资 45 万元。2014 年，有信徒 100 余人。每逢星期日和每年的 3 月 25 日、12 月 25 日，信徒来此教堂听经，唱赞美歌，祭拜圣主。

弥陀寺 位于大坪乡农林村北部，距村委会驻地坳上三房 300 米，以供奉佛像命名。2003 年，法师释宽道居士选址，信士桂凤等筹资修建。占地面积 2000 平方米，建筑面积 720 平方米，供奉释迦牟尼佛像。每逢初一、十五，有信士敬香。

蜜岩山庙 位于关刀镇台源村南部，以所在山岭命庙名。宋理宗二十八年(1252)，武当山道人毛清仙觅游此地，得见蜜蜂飞舞，蜜巢处处皆见，就以蜜蜂为名，募修一座古庙，称蜜蜂山庙。明嘉靖年间，住庙主持吴楚珍重修此庙，并更名为蜜岩山庙。1993 由信士募钱募物重建，2013 年扩建。占地面积 500 多平方米，建筑面积 350 平方米。庙内供奉有如来佛、玉皇、观音、关公等神像。由于此地地势险要，登高望远，胜景历历在目，故此庙香客众多，是远近闻名的佛教、道教圣地。

南山基督教感恩堂 位于大坪乡南山村南部，距村委会驻地石咀许家 500 米，以附近的山名和宗教用语命堂名。2006 年，由当地众信徒自愿捐资筹劳修建。占地面积约 300 平方米，建筑面积 200 余平方米，4 层楼，设有可容纳 300 余信徒的大厅，厨房、饭厅一应俱全，2014 年，有信徒 200 余人，每逢礼拜日下午在此集中诵经。

南台寺(又名却尘寺) 位于塘湖镇石坪村南部，距村委会驻地石坪塅 2.2 千米。因处石坪塅之南，地势高如平台而得寺名。明朝宣德年间，刘梅庄在此始搭茅庵修行，后改为瓦庙。清光绪辛卯年维修一次；民国二十七年(1938)，由于战乱遭到兵毁，后再次维修；1951 年土改时，分给农民居住，后住户逐渐迁走；1993 年，刘国良再次维修；2009 年扩修。占地面积 3800 平方米，建筑面积 1800 平方米。进门大雄宝殿供奉有释迦牟尼佛及白象将军；下殿供奉有弥勒佛；右侧为观音殿，左侧为佛殿，上殿供奉有玉皇大帝。进寺左侧立有时任中共塘湖镇党委书记胡志伟撰写的南台寺简介。南台寺四周松柏相拥，环境优美，常年四季游客不绝，香火旺盛。

插图 63 建于明代宣德年间的苦竹岭南台寺(孔庆平 摄)

普化寺 位于关刀镇杨家村中部，距村委会驻地枫树咀 1 千米。宋熙宁元年(1068)，有一位得道僧人仙游此地，见此地两边溪水潺潺，双龙合印，紫气腾腾，认为是个藏神之佛地。便募捐在此地修一座寺庙，以佛教用词“普化”命寺名。民国十年(1921)遭特大洪水，仅剩佛、圣二殿，次年经三省善主自愿捐资，修复一新。文化大革命期间，佛像再次遭劫，仅保一尊观音，多年无人照管。1986 年地方信士自发重建，建筑面积 300 多平方米。内有佛圣二殿，塑有观音、地藏、关圣帝君 3 尊大佛和菩天祖师、关平太子、周仓将军、真武荡魔、雷声普化天尊等诸多神圣像。殿后有镇山灵符石碑，碑高5米、宽3米，有正殿两幢，横堂两处，住房两间，饭厅、厨房各两间。横、直两条公路蜿蜒弯曲盘山而上。2014年，有住寺僧人2人，信士500余人，每逢初一、十五，香客蜂拥而至。

普济寺(原名景道观)　位于塘湖镇狮子村鸦雀山顶部，距狮子村村委会驻地狮子新屋2.7千米。据传，古时蒲圻(今赤壁)有杜公自成，素怀修仙学道之心，超凡脱俗之志。后辞别妻小背井离乡，外出求仙学道，广结善缘，时遇一鸦雀在头顶盘旋，遂随鸦雀一路跋涉鄂南诸地，最后来到此山。放眼南望，南虹顿笔，铁坳城墙；远处天岳冲云霄，近地黄袍晾娇阳，群山起伏皆阳面，九曲狼荷润中央。登顶北顾，见沙堆、隽水，云蒸霞蔚，龟鹤昂扬。南右下数丈，有一巨崖，若狮眉横卧，崖内方园丈许，地势平坦，恰似民间厅堂，人称眉毛崖。崖上有巨石遮风雨，下有石板当卧息。头上甘泉滴滴，脚下芳草萋萋。好一处人间仙境，真是那洞天福地。遂在眉毛崖驻足修行，每日杜公诵经吟咒，黄犬携袋化缘。吸天地灵气，仰日月精华，渴饮崖上滴水，饥餐善士贡斋。多为地方消灾解厄，屡建奇功，被世人称为“得道仙师”。尤其是天干年岁，百姓焚香禀告，杜公诵念巫咒，竟能感动天庭，甘霖如注，万物复苏。百姓有求必应，因此被誉为“济世天尊”。杜公在此苦度十三载，得道成仙。晚年他将求雨神咒留赠予上湾张家人。后人一则为了感恩报德，二则为了效法杜公为地方祈福消灾，张公少岩于清朝丙午年间带头捐地集资，在此处建成一栋三间的得道观。后来，又改称普济寺。1958年，因大办钢铁拆除，1994年，由张青海领头筹资，另建庙寺于鸦雀山中部地段。2013年，张青海发动在原普济寺旧址建普济寺。总占地面积7000平方米，建筑面积430平方米；分为上殿、下殿、住宿、办公、接待室等建筑设施，供奉有观音娘娘、送子娘娘、杜自成、关帝圣君及大小神像共30余尊。有水泥路面硬化直通山顶，设停车场地三处。每逢初一、十五，有信士到此寺敬香朝拜。

普济寺　位于大坪乡青山村东北部，距村委会驻地排上约1.2千米。根据佛教普度众生、济困济贫的宗旨而命名。明代，老尼僧刘幼兰在此修行并建寺宇，2014年拆除老庙重建。寺内设2间大殿、6间小殿。占地面积800平方米，建筑面积760平方米。2014年，由孔桂清、黎洛员、黎时清、吴海华等9人组成庙委会，每逢农历初一、十五，有信士敬香。

千佛寺　位于大坪乡栗坪村，坐落在药姑山南坡，曾有数百僧人和上千尊佛像，故名千佛寺。始建于唐朝贞观年间，毁于1963年，1992年重修。占地面积1200平方米，建筑面积300平方米，寺内主殿为李志君殿、观音殿，有齐天大圣、杨泗将军等上千尊佛像。寺前面是碧波荡漾的田庄水库，后有绵延数十里的丛山叠翠，左有白堂屋沟清泉滔滔，右有古家沟细流涓涓。春天山花烂漫，鸟语花香；夏日凉风习习，神清气爽；秋季满山红叶，层林尽染；冬时银装素裹，寒梅争艳。既是避暑休闲、养生的天然宝地，也是探秘药姑山、挖掘瑶文化的必到之处。每逢农历初一、十五，周边信士纷纷前来，烧香祭拜，祈求神圣赐福。

墙垣教堂　位于塘湖镇雷吼村西北部，距村委会驻地刘家1.5千米，2003年由当地居民自愿筹款建成，因所在居民点名墙垣而得堂名。占地面积360平方米，建筑面积160平方米。2014年有信徒40人，每逢重大节日和每星期六下午，信徒到此诵经、祷告。

庆丰台城隍庙　位于五里镇金塘村东部，距村委会驻地熊家岭500米，以心理期盼和供奉的神佛名称综合命名。建于元代，中华人民共和国成立前是一个不足30平方米的小庙，“文革”时期毁掉，2002年由李世炎带领周边的百姓捐资复修，占地面积420平方米，建筑面积150平方米，设有厨房、饭厅，庙内供奉有玉帝、观音、送子娘娘、城隍菩萨等神像，信徒不定时到此庙敬香祭拜。

青龙寺　位于五里镇陈谷村北部，距村委会驻地威公祠1.8千米。原名太保庙，明嘉靖年间，因老方丈所住房屋有萤光盘旋，活似青龙飞舞，故改太保庙为青龙寺。抗日战争时期被日寇烧毁，20世纪末重修。寺院占地面积1.07公顷，建筑面积740平方米。其中大雄宝殿130平方米，天王殿200平方米，太保殿100平方米，两层住宿面积200平方米，生活区面积100平方米，围墙院内外场面积860平方米。2014年有住持1人，每逢初一、十五，有信士敬香。

青山教堂　位于大坪乡青山村南部，距村委会驻地排上300米，以所在行政村名而得堂名。

2005年由当地信徒自愿筹款，占地面积300平方米，建筑面积280平方米。2014年，有信徒40余人，逢星期天下午到此诵经。

荣光堂基督教堂　位于麦市镇麦市村南部黄谷场，距村委会驻地建设路236号600米，以人们希望能荣幸得到神光普照的心愿和宗教名命堂名。2012年建成，占地面积1086平方米，建筑面积823平方米，为麦市集镇基督教教徒礼拜活动场所。

三清庙　位于麦市镇九房村东部，距村委会驻地港下屋700米，以所供奉的神灵名号玉清玉皇、太清太上老君、上清元始天尊及数量命庙名。清嘉庆年间，何公东川在九房桥东岸建庙，名静雅庵，后改称三清庙。占地面积810平方米，建筑面积460平方米，该建筑物分上下两重，奉有观音、关公、玉皇、老君、元始天尊等塑像。每逢初一、十五，有信士敬香。

三砣石龙王庙　位于马港镇金山村东部，距村委会驻地方垅2.5千米，以所在地点和供奉神名命庙名。三砣石是隽水河发源地之一，民国十三年(1924)，县长贾天申到此求雨，下雨后全县七天祭拜龙王爷。老庙修于清代中期，“文革”期间被毁，1982年当地人们自筹资金重建，建筑面积200平方米。庙内有龙王、关公、大小菩萨神像15尊。

上坳基督教堂　位于隽水镇桃源村，距村委会驻地上坳集镇500米，以所在地点和宗教名称命堂名。1993年建成，占地面积约450平方米，建筑面积400平方米。2014年，在原址上重建三层砖混结构，为周边基督教徒活动场所。

上背教堂　位于塘湖镇凉亭村东部，距村委会驻地堤下屋约3千米，因所在地点名得堂名。始建于1999年冬，2005年维修翻新。占地面积500平方米，建筑面积150平方米。2014年有教徒81人，每逢礼拜天，信徒们齐聚教堂行礼拜、祷告等活动。

上鸣山城隍庙　位于马港镇踏水村东南部上鸣山，距村委会驻地杨塘坳1.5千米，以所在的山名和供奉的神灵命庙名。清初，在上鸣山建庙宇，中华人民共和国成立前夕被毁，1995年重修，2010年扩建。占地面积300平方米，建筑面积130平方米，砖混结构，正门上书“上鸣山城隍庙”，门口有对联“望门生敬意，拜谒见虔诚”，中堂有对联“城皇威严消灾解厄，隍施润泽纳福迎祥”，神台有对联“善来此地心无愧，恶到吾门胆自寒”。敬有城隍菩萨和文官武将神像，庙前修有环庙水泥路2.6千米，三面青山环抱，每逢初一、十五，焚灾拜佛者络绎不绝。

佘家畈龙王庙　位于隽水镇古龙村佘家畈。以所在地点和供奉的神仙名称综合命名。相传宋代，李公佛舒学法回家，行至南昌。入夜，有神位到床前嘱其帮助出禅。醒后，发现箩筐内有一菩萨，愁眉苦脸。佛舒随即启程回家，行至南楼岭，掀筐一看，里面没有菩萨，只有一双草鞋。佛舒像腾云驾雾只一束香的工夫到了家，再掀开箩筐一看，只见龙王菩萨红光满面，神气逼人。佛舒将龙王神位供放家中，龙王菩萨大显神灵，救治灾难。一传十，十传百，不到半年时间，授花红数千束。后佛舒在泉水井旁边为龙王菩萨修建庙一座，将其入禅。大干旱之年，人们向神灵求雨。千百年来，李氏人家多次维修龙王庙，庙旁井水冬暖夏凉，远近居民均来取水饮用。庙呈正方形，宽4米、长4米，占地面积160平方米，内供龙王菩萨、李公佛舒及多尊神像。每到农历初一、十五日，有信士上香。花红、锦旗内外挤满。庙宇四周古树参天，气魄非凡。

蛇皮潭基督教堂　位于麦市镇麦市村西北部蛇皮潭，距村委会驻地建设路236号1千米，以所在地点名和宗教名称综合命堂名。2008年修建，占地面积280平方米，建筑面积190平方米，为附近基督教教徒礼拜活动场所。

圣公庙　位于大坪乡大坪村西北部，距大坪中心集镇1.5千米，以供奉的神灵名命名。建于元末明初，奉有圣公大王、玉皇大天尊、观世音菩萨、十八罗汉、弥勒佛多尊像，后被拆除。20世纪90年代，信士捐资买下大坪村加工厂一半整修而成。有玉皇正殿、观音殿、圣公大王正殿、刘关张殿、罗汉殿、快活养心亭，会议大厅、餐厅共一栋，建筑总面积共1200平方米。

石马庙　位于石南镇石马村东南部，距村委会驻地黄泥塘1.5千米。相传明朝时有一吴姓人在江西做官，刘、关、张三位圣人托梦给他，要他把三位圣人带回通城，他考虑到带神像不便过境，于是用三口上等棺材把三位圣人的雕像分别装入棺内。过关时，三圣显灵，巡检官开棺一看，见是三位白发老人的遗体，于是放行。回来后，三位圣人又托梦给他要建庙。凑巧，在四房吴家与旭坡交界的地方有一双蛇出洞的蛇形嘴，有一石头形似一匹马，这石马每年当稻谷成熟时，夜晚变活了出去，把头伸到赛公河对岸吃稻谷，结果被雷打死，头留在河对岸，身子在蛇形嘴。吴、胡、黎、李四大家族一商议，决定在此建庙。但此山属一涂姓人家，不准在此建庙。四大家族暗中一边筹集建材，一边召集工匠人力，仅用一个夜晚就建成了一连三间的庙宇。就在建庙的夜晚，同时安排人用门板填土种苋菜，用箩筐装土种南瓜。涂姓人听见他们一夜建成了庙宇，气坏了，告到县衙。县衙不信，第二天县官现场一看，见苋菜有一寸多深，瓜藤四寸多深，没有一点痕迹像一个晚上建成的。涂姓也没法，只好作罢。后以传说故事中的石马取名石马庙。“文革”期间被拆掉，神像被烧毁，1994 年当地信士捐款捐物重建。庙宇占地面积 300 多平方米，建筑面积 200 多平方米。分上、下两层，有大雄宝殿、讲经堂、神佛供奉殿。2014 年有住持 3 人，每逢初一、十五，有信士朝拜。

石门寺　属马港镇易塅村东部，距村委会驻地庙咀 2 千米，以该寺附近的巨石形状命寺名。清顺治八年(1651)，僧人元一在此建寺，“文革”期间被烧毁，2000 年修复。占地面积 500 平方米，为一层砖木结构，庙中堂供奉佛祖雕像。

石牛庙(又名大庙)　位于石南镇杨山村西南部，距村委会驻地左家桥 900 米。该庙原建于白米山脚的一个小岭上，因山岭石头多，形似牛，故名石牛庙。明正统年间，黎琥因见左姓人丁兴旺，势力逐渐壮大，为镇住左姓人，一夜之间将石牛庙搬迁建于左姓人的卧虎山岭上，于是双方引起纷争。左姓上告县衙，最后县官判决黎姓为庙主，左姓为山主。庙宇于文化大革命时期被左姓人拆除，1995 年由黎龙海牵头，当地居民自愿集资重建。占地面积 350 平方米，建筑面积 260 平方米，分正殿、佛殿、观音殿、三仙殿、灵官殿、饭厅。庙内供奉有感应大王、三大佛祖、观音、老君等 60 多尊神像，信徒每月初一、十五日到此庙敬香祭拜。

水角塘庙　位于大坪乡青山村西南，距村委会驻地排上约 2.5 千米，以所在地点名命庙名。隋炀帝时期，名将杨镇九被晋封得胜将军，曾在城西安营扎寨(今大坪乡青山村鼓鸣山)。唐贞观年间，在水角塘中铺修建水阁塘庙，塑杨公镇九金身，供奉瞻仰。1995 年由黎时贵、胡金保等人牵头重修。占地面积 1800 平方米，建筑面积 1500 平方米。有杨公镇九将军殿、玉皇殿、观音殿及宿舍、餐厅等一系列配套建筑设施。终日香烟缥缈，香客络绎不绝。

四八坳基督教堂　位于四庄乡五花村，东南距村委会驻地港下铺 2.2 千米。因与居民点四八坳为邻，故称。始建于 2000 年，2014 年 2 月改建，当年 11 月竣工。大厅楼房两层，建筑面积 300 平方米，偏屋 90 平方米，总占地面积 490 平方米，建筑面积 390 平方米。2014 年，有教民 60 余人。

太阳庙　位于石南镇梅港村北部，距村委会驻地贺家桥 300 米，因所供奉的太阳神而得庙名。建于清嘉庆年间，被毁于 1958 年；1998 年，信士胡金文、胡建祥牵头集资修复；2000 年，住持胡洛保牵头扩建元老殿；2001 年，扩建斋堂，可容纳 100 人就餐；2013 年进行路面硬化。2014 年，有玉皇殿、元老殿、太阳殿、禅房和斋堂等配套设施，总占地面积 530 平方米，建筑面积 240 平方米。每逢 2 月 19 日、6 月 19 日、9 月 19 日、11 月 19 日庙会，香客络绎不绝，有信士 400 多人。

田东庙　位于关刀镇杨田村南部，距村委会驻地虎形约 400 米，以所在地点命庙名。清乾隆年间，谭荣建庙于此，处田东地域，取名田东庙。于道光年间、民国二十六年(1937)二次维修，2007 年重修。占地面积约 190 平方米，建筑面积约 140 平方米，主殿坐西北朝东南，砖混结构。主殿正面供奉灵官大帝、庞公老师，上层还有千手观音，另供奉有大小神灵 40 多尊。大门镌刻“田畴拥圣庙广护慈心消孽障，东宫显神灵全凭佛法化愚顽”对联一副，每逢初一、十五，朝拜香客络绎不绝。

天主堂　位于沙堆镇湾船咀村东部的赵家埚，距村委会驻地黑沙滩 2.5 千米，以宗教名称命名。建于 2011 年，占地面积 1000 平方米，建筑面积 280 平方米，其中砖混结构 1 栋，砖木结构住房 2 栋。2014 年有教友 120 人，每星期五下午讲道半天。

团宝山庙　位于隽水镇东港村东北部，距村委会驻地夏家亭 2 千米。因建在山庄坳团宝山脚下，故名。1987 年聂姓在此建聂氏宗祠，1995 年改建成庙宇。占地面积 450 平方米，建筑面积 350

平方米，三进二套一场式建筑，主堂为神堂，正中供奉六案将军聂止神像，左侧供关公等 9 尊神像，右供聂三、聂四等 7 尊神像；左偏殿供观音、弥勒佛等 24 尊神像；右偏殿供聂泗将军等 7 尊神像。另设有戏楼、走廊、二层、住宿、厨房、餐厅。大门口有对联：“聂政浩然正气光明，将军威仪神像满乾坤。”每逢初一、十五，有信士敬香。

万峰寺 位于关刀镇八仙村万峰山南面半山腰上，以所在山名命寺名。前身叫“博岸寺”，清代倒塌。1998 年，吴朝凤牵头，当地信士自愿集资建成，更名为万峰寺。占地面积 540 平方米，建筑面积 400 平方米，设上、下殿。上殿供奉观音，下殿供奉魏征丞相、仲甫、万春、齐天大圣，吴元四、吴元七等神像，另设有厨房 50 平方米，均为土木结构。每逢初一、十五，有信徒到此寺庙敬香祭拜。

万福庙 位于关刀镇杨田村东南部，距村委会驻地虎形 600 米。唐代，洋潭湖岸上杨家岭住着 24 位得道高人，都姓杨，其中有杨公赵真、杨公沅玄等。后人建庙祖祭他们，庙名叫二十四位道宫观。20 世纪 70 年代破旧立新，此庙被毁坏；1981 年重建。因神托梦，愿祈福于万民，遂改名叫万福庙。2000 年重修，2002 年扩建。占地面积 260 平方米，建筑面积 220 平方米，主殿坐北朝南，砖混结构。供奉玉皇、观音、关帝、元始天尊、道德天尊、灵宝天尊等神像。每逢初一、十五，朝拜香客络绎不绝。

万寿观 位于马港镇黄鹤村北部，距村委会驻地三凤岭约 2. 5 千米，以美好意愿命观名。始建于清代乾隆年间，道光年间集资重修一次，民国二十七年(1938)被日寇焚毁。2002 年，黄鹤、三凤、桃源、白沙等地百姓捐资重修；2014 年，周边村民募资 38 万元扩建。正上堂设有玉帝殿，左侧为观音殿，右侧为天帝殿。观宇占地面积 350 平方米，其中建筑面积 120 平方米，厨房、餐厅面积 80 平方米，均为砖混结构建筑。前有广场，右侧建有 1 个高达 2 米的化钱炉。每逢初一、十五，朝供的信士络绎不绝。

五帝庙 位于沙堆镇瑶泉村何家冲茅屋岭半腰，距村委会驻地老营山 2 千米。相传，唐贞观年间安徽省有一位财主叫肖文富，夫妻二人一生积德行善、修桥筑路、赈济穷苦百姓，至 50 多岁时膝下尚无儿无女，其善行感动上帝，上帝派观音连赐五子。由于父母年迈相继去世，五个儿子成为孤儿，上帝又派观音下凡，装扮成村妇抚育其五子。五子成人后，皆称其干妈。观音升天前作法使自己周身长满脓疮，并对 5 个干儿子讲：我死后你们要将我抹澡后的脏水喝干。观音佯死，五个儿子遵照母嘱，喝干了抹澡后的脏水。于是五子即刻法力无边，来到江南通城救民于水火。为纪念肖文富的五个儿子，后人在此建了一座五帝庙。始建于唐贞观年间，宋、元、明、清几毁几修。1994 年重建，2003 年再次扩建，2012 年又一次扩建。占地面积 700 平方米，建筑面积 420 平方米。分三重，沿山势逐级向上。一重敬五帝，一帝冲天，二帝朝地，三帝朝火，四帝朝水，五帝全能；二重敬关公；三重敬玉帝、王母、如来佛、观音、地藏王。2014 年，有信士 210 人，逢初一、十五来此聚会，焚香祷告，祈求平安。

五里基督教堂 位于五里镇五里牌社区西北部，距居委会驻地五里大道 001 号 350 米，以所在的地片及宗教名称综合命名。1999 年租借民房做礼拜，2013 年募资新建。建筑面积 600 平方米，设讲道礼堂，配座椅 300 个，生活配套用房 4 间。2014 年，有教牧工 9 人，信徒 123 人，每逢周六下午如期做礼拜、诵经礼忏，风雨无阻。

五狮山庙 位于麦市镇金麦村西南部，距村委会驻地金家 4 千米，以所在山名命庙名。清咸丰年间建于五狮山花石岩，“文革”期间被毁，2010 年迁建于五狮山山脚。占地面积 1000 平方米，建筑面积 600 平方米，庙内供有关公、玉帝、观音、老君等塑像。

梧桐寺 位于马港镇何婆桥村西部，距村委会驻地何婆桥老街 4 千米，以所在山名命寺名。抗战时被日军炮弹炸毁；1974 年由大坪坳退休老干部张正才、毛塅退休老干部徐先炳，以及何婆桥徐若平、徐宗华、熊旺保、程名佑等人为首筹资复修，占地面积 800 平方米，设正殿为佛殿，右殿为观音殿，左殿为关圣殿。供有 3 尊佛像，殿后有一古井。每逢初一、十五，有信士敬香。

西佛寺 位于塘湖镇图垅村南部，距村委会驻地大白塅 3. 5 千米。因佛祖来自西方，当地称其为西佛而得寺名。始建时间不详，旧有庙宇 60 平方米，“文革”时期被毁掉。2002 年由金九保和当地信徒自愿筹款建成，占地面积 800 平方米，建筑面积 700 平方米，寺内后殿供奉有佛祖、玉皇大帝、观音菩萨、送子娘娘，前殿供有送圣帝君和潘将军神像。每当初一、十五，有信徒敬香祭拜。

喜鹊庙　位于大坪乡易畈村东南部，距大坪中心集镇7千米。清顺治年间的一个夏季，风雨持续3天3夜，洪水成灾，将药姑山脚栗坪枫树冲古庙冲倒，风吼大王神像也随水漂流至易畈岳家咀河边。一群喜鹊围住风孔神像叫个不停，惊动当地人们前去观看，见是风孔大王神像(二十八宿中的马武)漂流至此地，人们当即修庙供奉，并命名“风吼庙”，后更名“喜鹊庙”。占地面积1800平方米，建筑面积1000平方米。庙内设置主殿风吼大王殿，敬风吼大王神像，另还有110多尊神像。每逢初一、十五，上香朝拜的信士络绎不绝。

仙人寺　位于五里镇左港村北部，南距村委会居地玉泽屋4千米。据传，古时有3位道人和一位慈眉善目的女士常在黄昏时分于此视察民情，为人们布福消灾。后有一位高僧云游至此，告知人们3位道人是3尊大佛，女士则为观音菩萨。为感谢菩萨布德，人们在此拓地建寺，供奉诸佛，名曰仙人寺。始建于唐代贞观年间，20世纪40年代毁于侵华日军战火，1987年重修。占地2000平方米，建筑面积560平方米，有大雄宝殿、观音殿、神鼓楼、藏经阁、方丈室、办公室、客厅、食堂。交通方便，有花亭至仙人寺、左港至仙人寺，2条硬化公路南北贯通。左有功德亭，右有盐罐朱桶仙迹、天鹅抱蛋、杨山林抗日英雄烈士纪念碑。仙人寺不但是佛教圣地，也是人们旅游消暑的好去处。每逢初一、十五，信士前来上香朝拜，平时也有人前来观光游览。

仙姑庙　位于石南镇仙姑村北部仙姑山顶峰，距村委会驻地鲁家塆1.5千米。相传唐代，黄巢部属在此地与官军奋战，双方死伤无数，尸横遍野，白骨成山，故名杀人山。至宗宁淳嘉庆甲子年七月，为普救众生，天降仙姑于杀人山，夜建庙宇，并留有仙姑下榻的潺石、浴盆、响石、盐米罐等。自此，改称杀人山为仙姑山，继而在山腰上建庙纪念仙姑，命庙名仙姑庙。清同治时期，胡天台将庙移建山顶；光绪年间，黎小阳改建为上下两重。1937年日寇侵驻通城时，误认为仙姑庙为碉堡，开炮轰击，无一命中，恼羞成怒之下，于二月初五在仙姑山脚下枪杀21人后，焚毁庙宇。民国三十七年(1948)胡小全照原貌修复，1950年土改时遭拆毁。1992年后，经多次修建复原。占地面积1200平方米，建筑面积400平方米，分上下两堂，上堂正中供有仙姑娘娘和三仙圣母、释迦牟尼佛、药师琉璃光王佛、阿弥陀佛，右侧供有关帝圣君、地藏王，左侧供有观世音。下堂正中供有阿弥陀佛、弥勒仙光佛，右侧供有唐僧四师徒，左侧供有八大神仙并王灵官、土地公等。长年有僧人坐禅诵经念佛，香火不断，初一、十五更为鼎盛。

新庙　位于沙堆镇大柱山村南部，距村委会驻地佘坊800米。唐朝中叶，雷姓青年万春(又名道阐)武艺超群，英勇善战，年仅19岁被提升为将军，人称万青将军，在镇压“安史之乱”、保卫唐王朝江山的过程中立下许多赫赫战功，声名远瞩，誉满朝野。29岁时，在当阳保卫战中以身殉职，被唐明皇追封为忠勇将军，当地修庙宇予以朝拜。始建于唐晚期，几经几毁几修。民国时期，大柱山村雷姓在石泥塘再修，1966年被毁。1986年选址重建，1987年竣工，命名新庙，占地面积400平方米，建筑面积250平方米，设正堂、偏堂。正堂供奉万春将军，偏堂供奉如来佛、观音等，此为上重；下重有休息厅、厨房等。此庙为佛道合一的庙宇。

兴隆寺　位于麦市镇九房村东南部，距村委会驻地港下屋2.5千米，以美好愿望命寺名。清乾隆年间，由慧僧悟建关帝殿，后名兴隆寺。1995年扩建。占地面积800平方米，建筑面积480平方米。该建筑物分上下两重，设有元始天尊、观音菩萨、玉皇大帝、关公等塑像。每逢初一、十五，有信士敬香。

鸦雀山得道仙人庙　位于关刀镇八燕村东部，距村委会驻地3千米，以该庙所在的山名和供奉的神灵名综合命名。相传，在唐朝时期有杜济世在此修炼成真，后来显圣广济凡人。该庙在宋代时期起建，1937年日军入侵通城时被炸，1998年由该地信士组织募捐资金重建。庙址处鸦雀山中段，占地总面积约800平方米，主殿坐东向西，砖混结构，庙宇建筑面积约150平方米。宝殿正面供奉得道仙人神像，左侧有观音，右侧有关公，另有小神像十多尊。另有生活用房占地面积约170平方米。2014年，有住持1人，朝拜香客络绎不绝。

杨林基督教堂　位于四庄乡寺背村，距四庄中心集镇东1千米，因所在居民点名而得教堂名。2003年由教民集资修建，砖木结构房屋两栋，占地面积 788 平方米，建筑面积 678 平方米。2014 年添建一栋一层式平顶房，建筑面积 242 平方米。每逢礼拜日，信徒集中活动。

仰山庙 位于五里镇左港村北部，距村委会驻地玉泽屋约 1 千米。原址在团山柳坪，以所在的山岭命庙名。始建年代失考。1959 年修左港水库拆除，1983 年由当地民众移址到仰山重建，以所在山名命庙名。庙宇占地面积 300 平方米，建筑面积 150 平方米。为土木结构，二层楼内设二圣慈王殿、关公殿、住持宿舍。每逢初一、十五，有香客前来上香。仰山庙东临左港水库，是一个钓鱼游乐休闲的好场所。

仰山庙 位于大坪乡辉煌村西南部龙合口附近的仰山，距村委会驻地新杨部街 3 千米，以该庙所处的山名命名。后唐庄宗同光年间，胡姓仰拜圣慈王，捐银 50 两修建。历经宋、元、明、清四朝后，在民国战火中被毁，2000 年由地方村民自筹资金重修。占地 300 多平方米，建筑面积 200 平方米，常年香火不断。2014 年，有住持一名，是辉煌村佛道活动的场所。

仰山庙 位于石南镇花亭村西北部，距村委会驻地花凉亭 700 米。传说，古时有个叫“仰山”的大王停留在此山头，有求必应，人们建庙供奉。始建于清初，1966 年被拆除，1985 年重建。占地面积 500 平方米，建筑面积 300 平方米。庙内供奉有仰山大王神像，另外设有厨房饭厅。2014 年，有住持 1 人，每逢初一、十五，有信士到此庙敬香。

仰山庙 位于五里镇何家村东南部，距村委会驻地坟存坪 1 千米，以该庙附近的山岭名命庙名。乾隆年间，何氏族人有宏公(1765—1828)建何氏家祠时，在宗祠两侧各建一庙，命名为“二圣慈王庙”。后因清代兵乱，祸及此地，致家祠、庙宇均被焚毁。清同治年间，何立中(1804—1867)组织族人复修宗祠、二圣慈王庙。抗日战争时期，被侵华日军炸毁。20 世纪末，周边居民募资重建。庙内设“一”字形殿堂，有观音、二圣慈王、关帝等神位依次排座。建筑面积 250 平方米，为砖混结构建筑。每逢初一、十五，有信士敬香。

银泉禅寺 位于锡山脚下，木鱼湖南岸。古时，此处有一寺叫锡山寺。明正德年间，释戒完大师首建下锡山、银山寺两寺，后被日寇烧毁。1997 年，宝塔村投资重建，取其附近山名、井名各一个字命寺名。建有寺门、天王殿、大雄宝殿，前重两侧有钟鼓楼，中重两侧是客堂和斋堂。天王殿中前面供弥勒佛，后面供韦驮菩萨，左右两侧供四大天王；大雄宝殿内正中为如来佛，两旁为护佛童子；殿后为海岛观音，左右两侧供文殊、普贤菩萨和十八罗汉。寺内共有 50 余尊雕像，形态各异，炯炯有神、气势轩昂。房屋庄严古朴，雕梁画栋，其规模为通城佛道寺宇之首。寺外山清水秀、风景靓丽，总占地面积约为 3500 平方米。2014 年来，有一名住持虚空师，每逢初一、十五，有信士 100 余人前来朝拜。

插图 64 银泉禅寺

雨风寺 位于五里镇程风村北部，距村委会驻地程风桥 400 米。南宋时，该寺修建于雾米山中，香火旺盛。相传，寺中鼓声一响，坳背黎家必遭火灾。清康熙年间，雨风图、风雨图和中石平图村民合作，将雾米山寺迁至雨风图雨风山咀，更名雨风寺。1967年，因平山造田被拆除。1996年，由李祥生发起筹资，于2001年12月复修建成。寺庙占地面积2700平方米，建筑面积400平方米。寺前建有三层亭台，飞檐翘角，气势非凡。一踏进寺内，“三只眼，眼观六路察义察忠察善恶；一条鞭，鞭打八方惩贪惩佞惩邪恶”的对联映入眼帘。寺内有大雄宝殿、天王殿、观音殿，设计新颖，肃穆庄严。供奉有如来佛祖、四大天王、观音菩萨等神像，生活区域可供几十人生活、住宿，陈设整洁，干净。每逢初一、十五，上香祈福者络绎不绝，香火旺盛。

云台寺　位于北港镇贯青村东部，距村委会驻地刘家屋1千米，始建于明朝。此地名上坳，别名上云台，取云台二字命寺名。据传，寺庙非常富有，内有装银仓，前有晒银台。1952年土地改革时，分给6户村民居住。2002年，居民全部迁出，信士集资重建。房屋占地面积约420平方米，分上下两层，坐北朝南，三圣殿供如来佛、观世音、释迦牟尼、十八罗汉，玉皇殿供玉皇大帝等众神像，祖师殿供祖师爷像。2014年，有住持3人。每逢初一、十五，有100多人朝拜，香火不断。

真觉寺　位于大坪乡坪山村中部，距村委会月形湾200米。传说，唐玄宗李隆基携杨贵妃游江南路过此地，当晚留宿于此。睡梦中梦见一道人，向帝王祈求修建修行场所一处，并道此地乃崇通两县交界之处，山顶幽静，风光秀丽适宜修行。玄宗一觉醒来以为是南柯一梦，但又觉非常真切，随之口谕，拨银500两修建“真觉寺”。又挥笔题字“真觉”二字，由当地居民修建。清仁宗嘉庆年间重修，民国期间由于战乱被毁。1991年当地居民捐资复修。总占地面积2000平方米，建筑面积1050平方米，建有大雄宝殿及烧香祭拜亭、住房、休息厅、餐厅等，内奉关圣等神像。冬温夏凉、空气清新。每逢初一、十五，有千人来寺敬香。

珠琳坳灵官庙　位于石南镇石南社区东部的珠琳坳，距社区驻地三甲祠1.1千米。传说此地古时有一灵官显圣，并有“显灵十里，福荫千人”之德。为求福消灾，人们在此地修一小庙，取名灵官庙，也称珠琳坳灵官庙。新中国成立前，是一个不足20平方米的小庙，“文革”时期毁损，1985年重建。1992年，当地居民集资扩建。占地面积1340平方米，正殿分前后两重，一重供奉五灵五显灵官大帝佛像，二重供奉毛泽东、观音菩萨等诸位菩萨佛像，侧殿分为庙办公房、僧人住房、饭厅、厨房等。2014年，有住庙僧人3名，每逢初一、十五，有信士敬香。

浊港观　位于四庄乡大溪村北部，距村委会驻地瓦渣棚3.8千米，因观前有小溪名浊港而得名。相传，该观始建于唐初年，原名大溪观，后当地一少女与龙王之孙相爱成婚，引起龙王发怒让大溪变成浊水港，大溪观由此改名浊港观(详见本志第七篇《通城提琴戏剧本——浊港观的由来》)。占地面积约1500平方米，建筑面积约800平方米，砖木结构瓦房。观内供奉有观音、五帝、灵官、佛祖、地藏王、十八罗汉、牛头马面、唐太宗等神灵及名人雕像70余尊。2014年，有住持1人，有信士不定期进观烧香求愿。

祖皇坛寺　位于沙堆镇沙堆村西部，距村委会驻地井峰大道570号500米，以坛寺始祖人法号命寺名。明永乐年间，崇阳余塾师(1307—1459)因怀才不遇，看破红尘，出道修行，游遍湘、鄂、赣边陲三省，最后在崇阳台山寺立地成佛，法号祖皇。自此之后，香火鼎盛，信士最多时达15000余人。至清朝同治乙丑年间，沙堆片区的信士为朝拜、供奉香火之便，在沙堆集镇(现沙堆卫生院院内)建寺庙，取名祖皇坛寺。20世纪60年代被毁，2010年重建于沙堆中心完小旧校区，2014年搬迁至栖霞山，占地面积850平方米，建筑面积650平方米。寺内供奉有祖皇、弥勒佛、韦驮、释迦牟尼、药师佛、阿弥陀佛、文殊、普贤、观音、关公、文昌等神像。2014年，有信士1200余人，住持1人，每逢初一、十五，有信士敬香。

第二章　风景名胜

第一节　公　　园

大溪国家湿地公园　位于通城县东北部，距县城35千米。总面积931.97公顷，其中湿地面积442.84公顷，湿地率47.52%，以该园所在地地名和级别、类型综合命名。有居民410户1700人；年平均气温15.5摄氏度；年平均降雨量1450~1600毫米。园区内水质优良，岛屿星罗棋布，有系龙石、磨盘山、金盆映月、鹅公泉、巡山庙等自然景观。有野生植物74科222属326种，野生脊椎动物5纲36目81科241种，其中有国家一级保护动物云豹和白颈长尾雉。大革命时期，中共湘鄂赣中心省委书记、无产阶级革命家陈寿昌在此浴血奋战，并长眠于该地。为国家级湿地公园，设有公园管理处，为副县级机构，隶属县人民政府。

锡山省级森林公园　位于县城南锡山，北接锡山工业园、园艺场、南邻五里镇锡山村，东靠隽水镇白沙社区，西接隽水镇宝塔村。以所在地点、级别、用途及类别综合命名。1950年，县政府在此办九宫苗圃；1955年改为果苗场；1960年精简机构，把国有山林下放到当地集体所有，只保留数百亩果园；1963年，把下放到集体的山体土地收归国有，扩建为锡山林场。1971年10月，县林业局和城关区组织原建设公社(今隽水镇)、新合公社(今五里镇)、双合公社(今隽水镇)所属的有关大队和锡山林场人员踏山明界，调整部分插花山林土地等，并由锡山林场支出人民币10600元，给有关社队作为征收山林土地和房屋的费用；1971年11月，县革命委员会又为收回杨台尖国有林和征收灯塔，新合两公社的插花山林土地发出通知，责成县林特局拨出人民币16200元作为山林土地、房屋的征收费付给灯塔(今马港镇)、新合(今五里镇)两公社。从此锡山林场管辖杨台尖、续家、郭家、九宫及石门开5块山林土地及房屋，四周界线明确无误；1978年，锡山林场一分为二，其中九宫办园艺场，经营果树，办林科所管理山林开展林业科研工作；1983年12月，县人民政府在此开展锡山园林建设；1984年3月，正式成立锡山园林管理处；1986年，改设县园林局；1990年，撤销县园林局，恢复锡山园林管理处；1998年，由省林业厅批准，设立锡山省级森林公园，成立锡山省级公园管理处。在公园管理处门首公路上立有坊门，上书“锡山”二字，系全军书法大赛银牌得主、通城籍人吴峰所题。公园有山林310公顷，其中国有山林176.7公顷，集体山林133.3公顷，森林覆盖率95%。

境内有李自成墓、银山寺、九宫庙、金轮岭、邀月台、碧兰溪、金鸡石、宝塔山、夜合桥、元帝庙遗址、瑞庆峰、积翠岩、印天池、钟秀泉、栖霞石、聪明泉、石门开、龙泉石、上锡山庙、下锡山庙等名胜古迹。因地处县城一侧，群峰突起，居高临下，向为兵家必争之地，昔日作战工事，仍随处可见。同时因山川秀丽，悬崖绝壁，曲径通幽，青山绿野，景色宜人，又为古今登高、游览胜地。公园地域内多花岗岩，间有砂岩。表层多属亚砂土，亦有黄土、油沙土及石渣子土，多呈微酸性，少有腐殖质层，较瘠薄易受旱，水土流失较严重。公园有公路连接县城南宝塔大道，距G106国道、杭瑞高速通城进出口公路距离分别为2.5千米、5.5千米，园内有2个居民点均通公路。域内各种花草树木天然混生密布于山野四旁，自成相互的森林生态体系。本地树种有马尾松等70余种，引种栽培树种有金钱松等近80种；竹类有黄金间碧玉等近20种；森林动物有狐狸等近30种。

插图 65　锡山森林公园门楼(刘亚敏　摄)

秀水公园　位于县城北郊隽水河畔，银山大道、隽水大道、秀水大道 3 条大道怀抱之中，东临银山大道，西抵隽水大道，南依秀水花园，北连新塔大桥，与玉立国际酒店隔桥相望。以附近河流和自然景观命名。2000 年动工兴建，2003 年建成，总投资 1360 万元。公园内主要景点有：隽水拦河坝、新塔大桥、排污涵道、水上乐园等，位于隽水河畔、新塔桥头、银山大道西侧的水上乐园。占地面积 8 公顷，蓄水面积 6 公顷；堤路长 600 米、宽 6 米、高 3 米；园林灯 10 杆 30 盏，设有游乐池、游泳池各 1 个，冲锋舟 2 艘，彩船 23 艘，亭台楼阁 9 栋，水上走廊 150 米，露天影剧院 1 个。公园交通便捷，景色宜人，集游玩、娱乐、观赏于一体，使隽水河、秀水河 7740 米的河道形成 80 万平方米的水面，改善了县城有山无水的状况。

秀水游乐园　位于秀水社区南部，秀水河畔，以邻近的河流名和建设形式命名。南起秀水河路，北至朗桥桥头，东临秀水河岸边，西靠秀水大道。

1987 年，在秀水河堤上新建选沙厂、玻璃厂。1999 年修秀水大道，将此地厂房拆除。2000 年，利用该地段空闲地，设立木材交易市场，4 年后木材市场搬迁。2014 年，立项设游乐园，秀水社区以招商引资、开发利用的形式，招标个体老板投资近 1000 万元建成。总占地面积 11000 平方米，内设有儿童蹦蹦床、旋转木马、堆沙场、过山车、摩天轮、登天伞、动力火车等。园区门口有香辣烧烤店、冷饮小百货、卡拉 OK 歌舞台等休闲场所，也有各类式的健身器材及休闲歇息的凉亭及邀月桥。此游乐园是全县规模最大、设施最齐全、最先进的游乐场所，是一个集玩乐、休闲、健身、商业于一体的群众乐园。

插图 66　秀水公园(航拍)

插图 67 秀水游乐园(周鸿星 摄)

第二节 风景区和自然保护区

黄龙山风景区 位于通城县东南部，距县城隽水镇30千米，总面积2191公顷，以所在山峰命名。2002年由湖北省人民政府批准为省级自然保护区，2004年由通城县人民政府设立旅游风景区，2005年县人民政府在黄龙林场场部修建星级宾馆10家，2011年9月由湖北省旅游局批准为国家AAA级名胜风景区，同年由咸宁市人民政府批准为黄龙山风景区。景区内森林茂密，古树参天，有天岳关、只角楼、湫池胜景、寒牛不出栏、一脚踏三省、宝剑石、回音石、点头石、金竹扫坛、抗日阵亡纪念亭等数十处景点，还存留有黄龙古寺等大量文人历史遗迹。2012年12月，成立通城县黄龙山风景区管理委员会，与通城县旅游局合署办公。2014年8月，与县旅游局分开，为县政府管理的正科级事业单位。单位内设市场营销股、规划建设股和一个综合办公室。

插图 68 黄龙天岳关建成混凝路面

药姑山自然保护区　位于通城县西北部，距县城隽水镇20千米，总面积967公顷，以所在山峰命名。2012年由湖北省人民政府列入省级野生动物自然保护区。保护区内沟壑纵横，森林如海，有三仙坦、白云寺、独柱峰、九曲岭、鸦雀山、瑶族文化遗址和瑶文化展览馆、凤形埂、割耳坡烈士纪念碑、雷公瀑布、老龙潭、桂竹园等自然景观，为夏季避暑和观光旅游胜地。

第三节　景　　点

碧兰溪　位于锡山森林公园积翠岩北面峡谷内，溪内碧水潺潺，溪岸林木幽深，故有此名。小溪水出岩罅，碧绿明亮，缓缓而流，终年不竭，溪中红莲浮生，溪畔芳草茵茵，林木茂密，颇有“竹篱茅舍风光，小桥流水人家”之情趣。此溪发源于锡山顶峰瑞庆峰北坡的山沟，向北流入木鱼湖，全长约1千米。溪头东侧有一石坪，热天坐此，遍体生凉，暑气顿消，且无蚊虫叮咬，实为难得之消夏胜地。1987年后，在此陆续建起了“银山别院”“碧云居”“澜溪斋”，形成了一个颇具规模的度假村。

薄刀埂　位于塘湖镇阁壁村域，地处大冲和井埚沟交界处，距村委会驻地罗家坳北3千米。此山岭山脊宽度甚窄，如刀状，因当地俗称山脊为埂，故称薄刀埂。传说，古时一皇帝用月镜照见要出“天子”于阁壁大屋，即派下一营兵在此地挖毁龙脉。白天挖，晚上又复原了，一共挖了一个多月，还是如此。有一天，空中突然一鸟雀叫唱“不怕千锄万锄挖，只怕童子折断腰”。官兵下令用钱收买了两个未满12岁的小孩活埋至此处，结果流了三天三夜的血水。从此，山脉风水受到了严重破坏，山岭上为“凹”形，似为挖断之处。

聪明泉　位于锡山森林公园邀月台上方一峭壁下，南上方有一峭壁，阴镌“聪明泉”3字，浮雕2鹿2马，飞蹄回首，栩栩如生，故又称“鹿马回头”。壁下有一清泉，天干不涸，阴雨不溢，堪称一奇，泉水甘甜，落腹清凉。此泉冬暖夏凉，据说长期饮用，有增智强身之效，故名聪明泉。

大盘山樱花园　位于塘湖镇望湖村东南部，距村委会驻地普安堂约3千米。有山林面积约600公顷。东与江西省修水县全丰乡为界，南与狼荷村接壤，西接望湖洞，北与大埚村相连。以所在的山名和树木名而得园名，中华人民共和国成立前，当地人称为桃树埚。2014年当地政府正式命名为“樱花园”，由望湖村管理。樱花在每年的4月份中旬盛开，颜色有鲜红色、粉红色、紫红色、粉白色、深蓝色等多种；在阳光照耀下，五彩缤纷、美不胜收，吸引成千上万的游客前来游览赏花。樱花盛花期为1周左右，花谢成果，每年5月中旬果实成熟，天然美味，健康养生，慕名前来采摘樱桃果的人不计其数。

凤凰翅　位于国有通城县黄龙林场西部，距场部驻地大坳5千米。凤凰翅为黄龙山西南面的一座次峰，海拔1241米。东与只角楼相望，西与关刀镇东山村相接，南与湖南平江百合村相连，北与天岳村毗邻。相传很久以前，黄龙与凤凰在空中相斗，黄龙被凤凰打掉一角，化为黄龙山主峰“只角楼”。凤凰被黄龙咬掉一只翅膀，化为黄龙山次峰“凤凰翅”。为国营黄龙林场杉木良种基地，面积266.7公顷。

富贵石　位于锡山主峰瑞庆峰西面山坡与五里镇锡山村交界处，与瑞庆峰直线距离约800米。石高约2米，周长约5丈，岩石上镌了“富贵”二字，虽年深月久，字迹仍清晰可见。相传，该石原是柳主簿炼铸的一个银元宝，为不服紫薇星君“银山无银”的断语，吮吸甘霖雨露，极承日用精华，日益长大，后被紫薇星君知晓，派电母用天火烧，又派雷公用霹雷轰，元宝变成了巨石。人们认为它是锡山财富的象征，故称富贵石。

观音坐莲　处塘湖镇阁壁村、石门洞村与四庄乡龙潭洞村交界之处，位于阁壁村村委会驻地罗家坳东北4千米。东与鹿角山相连，西邻薄刀埂，南邻桃源洞，北接四庄乡。传说为观音菩萨在此打坐后留下莲花墩变成呈莲花状的5个小山包，故名观音坐莲。其主峰海拔432.9米，山体面积4平方千米。民国初，阁壁金公华在此立寨为王，招兵800余人，土枪400余支。有练兵场、跑马场遗址，山上青松茂密。

黄旗坳　位于五里镇季山村南部，距季山村委会驻地3千米。面积约0.5平方千米，以历史传说及地形综合命名。相传西汉刘邦寻谋臣张良曾在此驻兵，山坳上有一大石，石上凿有一孔，将黄旗插在此石上，叫“旗杆石”(此石犹在)，山坳命名黄旗坳。古时，该坳修有一关口，名“青龙关”，关口为南北走向，南通湖南，北连湖北。

积翠岩　位于锡山主峰瑞庆峰北，一山横出，脊如刀背，脊顶东北侧平列三巨石，宽展如坪。游人在此处岩石上可尽览锡山景色，故称，又称“薄刀仑”。岩前陡壁如削，涧深幽邃，古柏穿岩，苍松倒悬；晴日生辉，雨中滴翠；朝漫云烟，暮披青纱。此岩为锡山诸景之冠。清代蕲州训导郭亦棠记述：“巍巍峰峦，苍苍松竹。缥缈翠薇，烟霏雾郁。黛色空浮，天开图幅。”

金鸡石　位于锡山森林公园金轮岭下，邀月台前侧，有一青石昂立，石高丈余，围五丈许，其形若鸡。相传女娲补天，陨石于此，久承日月精华，化金鸡飞鸣不止。后被仙人道破，复现原形，长留于此，故有其名。宋代状元杨起莘有咏《金鸡石》诗云：“千古年石号金鸡，化雨霖霖长羽仪，不把稻粱为食啄，且将天地作笼栖。祥云架上非孤立，入晓声中岂乱啼，过客莫同凡鸡看，等闲飞到凤凰池。”

金轮岭　位于锡山主峰瑞庆峰东北约 1 千米处，是组成锡山的山峰之一。岭上有巨石圆大如盘，朝霞映石，金光闪烁，落日复照，蔚为壮观，因此得名“金轮岭”。东有文峰塔遗址，南有县政府宾馆，西为金鸡石，北为聪明泉。山体地域近 1 平方千米，山上植有松、杉、楠竹及观赏树种。岭上原有金轮寺，寺门口联云：“穿林好鸟清音巧，沿路垂杨绿影稠。”

刘盘幕　位于国有通城县黄龙林场东部，距场部驻地大坳约 20 千米，以古人名命名。东邻湫池塘，西接防火线，南与湖南平江县相邻，北为黄龙林场山林。据《三国志・吴书》记载：“刘表从子刘盘，骁勇，数次为寇于艾、西安诸县。”此处即为刘盘盘踞之所，后人即称此石为刘盘幕。有巨石耸立，有似营幕。据《三国志・吴书》云：“吴分海昏、建昌为左右六县，以东莱太史慈为建昌都尉，治海昏，并督诸将于此(幕阜山主峰南侧)共拒刘盘。”其地名营幕坪，地势平坦，可容数千人，其侧一坡名跑马坡，靠此山路一线，有水井 48 口。

龙泉石　位于锡山北坡，距主峰瑞庆峰 2 千米，东距锡山公路约 80 米，南距金鸡石约 600 米，西距夜合桥遗址约 80 米。有上、下龙泉石，间距约 200 米，中有一溪。两石均镌“龙泉”二字，署款“宗正府”。上龙泉石，一石常年不涸。丰水季节，瀑布飞泻，声若雷吼；水珠飞溅，映日成虹。枯水期，汩汩流淌，如白练慢舞；叮冬泉音，似少女轻歌。上方的岩石中出水量大，水质好，除可供百十人生活用水之外，还可灌田数亩。人们认为此泉水中有龙神长居，故称龙泉石。

鹭鸶采莲　位于塘湖镇阁壁村，处村委会驻地罗家坳东部 600 米处，依此地地形而得名。东接大塥，南邻毛家冲，西靠张家坳，北毗美泉冲。传说古有风水先生从此经过，认为此地为“鹭鸶采莲”的风水宝地，便随手捡一干竹枝，插于风水穴位中，并嘱言：“是真龙真穴，开花长叶。”此言不料被一牛童偷听，风水先生走后第三日，牛童便去此地偷看。果真干竹枝开花长叶了，他好奇地将其拔起，换上一支干竹枝，看能不能再开花长叶，结果几天后，等风水先生再来看时，干竹子并没有开花长叶，便叹道：“原来是只死鹭鸶。”景点占地面积约 4000 平方米，是一处旅游胜地。

木鱼湖　位于隽水镇宝塔村东南部，距村委会驻地宝塔大道 68 号 1.2 千米。东临园艺场，南连银泉禅寺，西靠良轩屋，北接宝塔花园。该地原为一片坑洼之处，中间有一小山包，因形似鱼，即称木鱼山。1973 年宝塔大队在此处修建一小水库名石坑水库，因水库的形状像蝴蝶，故称为“蝴蝶塘”。该水库既储水，又养鱼。1990 年由隽水镇承包搞养殖业；1994 年返还给宝塔村；1997 年宝塔村第一期投资 500 万元，开发风景区，建银泉寺、伴月门、邀月桥、茶楼、餐厅、围湖公路、圣泉井等，依小山名取名“木鱼湖”。湖面总面积为 1 公顷，平均深约 6 米，最深处约 12 米，可储水 6 万立方米，湖周围有 4 米宽的水泥路，湖坝旁有 500 平方米的场地。

栖霞石　位于锡山主峰西北约 1 千米处的积翠岩山脊，东临钟秀泉，南距积翠岩约 300 米，西邻五里镇锡山村，北距木鱼湖约 100 米。石高二丈，围五丈。此巨石因位置凸出，朝霞夕照，长留此石，故名“栖霞石”。据传，当年八仙听说锡山有个身怀隐身绝技的罗思远，便专程来访。同道聚会，甚是相得。一日，他们留下何仙姑守丹炉，其余八人来此巨石上对弈。棋入思路，心无旁骛，真神凝聚，红光爆现，云蒸霞蔚。棋局正紧，突天注大雨，八仙取石当箬笠遮雨，局终归去，巨石上霞光经久不散，石上留下了头印。后来，“栖霞石”成为文人墨客的吟咏素材。

湫池胜井　又称龙湫池、马龙王井。位于国有通城县黄龙林场东部，距场部驻地大坳20.5千米，东临江西省修水县，西、北为湖北省国有通城县黄龙林场山林，南为湖南省平江县，湫池胜井西北300米山顶为主峰。有“一脚踏三省”之称，井旁立有1.2米高石亭，有楹联云：“石马驮经通三界，龙王引水润十方。”横批云：“保佑无私”。该石亭为民国八年(1919)所建。传井内有黄鱼二尾，能致风雨。自古以来，湫池塘顶峰是湘、鄂、赣三省的自然分水岭。1956年，国营通城县黄龙林场建场以后，在湖北一侧大力造林，修通只角楼至湫池塘防火线8余千米。登临湫池塘，放眼三省，万物缥缈，如入仙境。

瑞庆峰　为锡山主峰，又名雨淋尖。因此山巅如云雾遮峰即为雨象，有民谚云：“山峰戴帽，必有雨到。”人们取瑞气蒸霭、可喜可庆之意，故名“瑞庆峰”。主峰海拔高471.1米，在此峰远眺，东南群山层叠，葱郁苍翠；西北翡玉交错，秀丽如毯。古时砌有条石宝塔，20世纪40年代日军侵占县城后，在此修筑碉堡，宝塔被毁。20世纪80年代，县广播电视部门在此建电视差转塔和管理站。2014年，峰顶除建有电视差转塔、电视差转管理站外，有关部门还将日军遗留碉堡改建成地下游乐城，另有餐馆、商店多家及停车场等设施，锡山公路可直达峰顶。

僧缸咀　位于国有鹿角山林场龙潭洞村北部，距龙潭洞村委会驻地龙潭洞口约3千米。清代，庙里3位老和尚圆寂后，在此地用青石头砌成圆状墓塔，人们依地形叫僧缸咀。有公路连接，3座僧墓均为片石砌成，高约1.5米，直径约1.2米，并排相向西南。3墓前各有黑色石碑，碑上阴刻有立碑时间、墓主称谓等。

圣井　位于锡山主峰瑞庆峰西南山坡，距瑞庆峰直线距离约200米，东与印天池相距约100米，东北与锡山古寺约100米，井水味甘甜，旧时历代知县专门雇人来此担水，供日常饮用。相传很久以前，锡山地下是一片浩瀚的大海，龙宫就在锡山下面。地海龙王是因犯天条而囚禁地下的一条黑龙，曾由玉帝赐名为敖黑。敖黑有一女，由于久居地下，不见天日，思慕人间。一天，突然从地面隐隐传来阵阵哭声，龙女按捺不住，要去看个究竟。于是以枪凿洞，轰隆一声巨响，地被凿穿了，哭声也戛然而止。龙女一看，只见一美貌少年站在一具老者尸体旁边，惊愕地望着自己。她慢慢地走了过去，说：“我是地海龙女，你为何事哭泣？”听说是龙女，少年慌忙倒身叩拜：“求你救救一方百姓吧！”原来，通城十年有九旱，每逢大旱，饥民相食，哀鸿遍野。这年逢大旱，又是饿殍累累。眼前的遗体，正是少年因饥饿而亡的老母。龙女望着荒芜的田野，残败的村庄，也觉凄然，扶起少年叹息道：“人间降雨，可惜不是我等的职司，天命难违啊！”交谈中，龙女得知少年叫艾丁，他虽面带菜色，身上鹑衣百结，却心地善良，又不失男子阳刚之气，不觉春心涌动，因而探问：“你家还有何人？今后如何维持生计？”“哎，我已是孤身一人，日后生计暂且难顾，眼下只要能安葬好老母，就是卖身为奴，也在所不惜。”艾丁答罢，又是泪如泉涌。龙女道：“你母亲遗体，我来帮你安葬。我们若得结为夫妻，是不愁生计的，不知你愿意否？”龙女被艾丁的孝心感动，顾不得羞涩，以身相许之言，脱口而出。艾丁迟疑答道：“我热丧在身，岂敢言及婚事？何况救得我一人又有何用？如能恩施一方，我许三年后议婚。”“相公心愿，小女应允。但如我因此遭天谴，不能复出，你将如何？”“我当出家为僧，在此建寺相守。”艾丁指着龙女出来的地穴说。精诚所至，龙女甚觉欣慰，摘下身上佩戴的凤冠霞帔、金银首饰递给艾丁：“艾郎，先用这些作安葬母亲的使费，时间已久，我先回去。答应的事，决不食言。”是夜三更，彤云密布，星月隐去，甘霖自天而降。艾丁知是龙女践行了诺言，高兴万分。兴奋之余，他又想起饿死的母亲，惦记善良的龙女。思念良久，龙女突然出现在他面前，只见她颈锁铁链，满面泪水，泣不成声：“艾郎，艾郎，我为了你违犯天条，父亲已将我锁在海底阴山，不知何年复出，望你保重，另择良缘。为防以后大旱，我已将龙珠留在你我相见处的洞穴内，只需你焚香默祷，即可普降甘霖，切记，切记！”说罢，转身就走。艾丁想拉住她，不觉绊了一跤，惊醒过来，乃是一梦。冬去春来，年复一年，景物依旧，斯人已缈，艾丁断定龙女已遭不幸，遂遵约削发脱俗，建起下锡山寺，并将龙女留下的洞穴石砌成井。自此逢旱则祷，祷辄有应，不知救了多少黎民百姓，人们把艾丁称为善圣长老。艾丁圆寂以后，村民向其焚香求雨，仍很灵验，人们认为是艾丁显圣。久而久之，这口泉井也就得名“圣井”。

石门开 位于锡山森林公园管理处左前山脉，锡山公路东边100米处，南为瀛通文化苑，北靠锡山东支山岭。山岭下方一巨石峭立，平展如门，中有直裂石缝似门欲开，上有巨石覆盖，如同平顶，面积约20平方米，今石顶周围建有铁栏杆，凭栏远眺，县城全景尽收眼底。由此沿台阶而上，有小亭一座。传说，县境西乡墨烟垅有一陆姓孤独老翁，靠种瓜为生。他的瓜大而甜，其人忠厚善良，乐于济贫救困。一年，天大旱，赤地千里，五谷枯黄。陆翁见众乡亲焦急、悲叹，他心如火燎，希望自己的瓜能逃过干旱，结下瓜果以解乡亲燃眉之急。他在一片瓜藤叶片中翻找，终于发现了一个绿色的生命，那是一只半截小指大的烧瓜。陆翁惊喜万分，如暮年得子，视如掌上明珠，精心培育，日夜守护。很快，瓜熟蒂落。这时又难坏了陆翁，人多瓜少，如何分享？他急得头昏眼花，忘了饥渴。入夜，焦急无解的陆翁进入了梦乡，梦见紫薇星君驾祥云来到他跟前道：“此瓜是锡山石门之钥匙。你把瓜插入石缝中，口念‘石门开，石门开，九天宫阙下旨来，赈灾荒，救黎民，早了善缘上蓬莱’的口诀，石门即开。现赐你一物，你赶紧带回，中途万万不可打开看。”陆翁正想上前问个明白，只见一金甲力士大喝一声：“快去！”陆翁豁然惊觉，只见月华熠熠，又听蝉鸣声声。陆翁即刻抱瓜起程，连夜赶至锡山石门前。依紫薇星君之嘱，叫开了石门，柳主簿迎候，陆翁说明了来意，主簿满口答应：“我与刘、罗、杨三舍人为唐主李儇来此挖银，不幸丧身，得本地百姓香火奉祀，为他们略尽绵薄，实为我们分内之事，请老丈进来稍候。”陆翁随入，只见榭临碧池，阁出翠竹；天翔黄鹤，地奔麒麟；小蹊幽僻，香草拂衣，竟是别有洞天。不及细看，柳主簿已复来，给陆翁一个沉甸甸的包袱，陆翁转身跨出石门，“咣当”一声，石门关闭了。陆翁揣着包袱，迅急匆匆而归。至青山港前，突然山上扑下一只白额大虎，陆翁大吃一惊，跌倒在地，包袱跌散了。只见一道金光冲天而起，老虎吓跑，金光随逝。陆翁爬起来一看，包袱空空如也，原来满河青石已成一港黄沙。陆翁明白，此乃袱中金子所变。眼看拯救乡亲无望，他抱头痛哭，痛不欲生。他的泪水流进河床，干涸的沙河出现了涓涓的清流，流进了久旱的田间，禾苗复生。泪流汇进隽水，隽水两岸又绿草如茵，两岸的百姓得以休养生息，安民乐业。然陆翁却无影无踪。从此，人们把青山港改叫黄沙港，把隽水称作陆水，以示对陆翁的纪念。后来，石门开的故事流传人间。据乾隆二十九年《通城县志》载，石门开前原有四贤祠，祠侧有一股清泉淙淙流过，柳竹掩映，清新宜人。有诗云“一竿竟是隋唐水，五柳还留汉晋春”，又云“留此齐眉高士案，生生世世比蓬莱”，借此可窥其景之怡人。是故，它成为历代文人墨客的荟聚之所。1984年，县林科所在此建起3座四角亭，甬路相连，花卉簇拥。1987年，建成可供游人食宿的“集贤馆”。

狮子岩古寺 位于国有通城县黄龙林场东部，距场部驻地大坳9千米，以所在地点命寺名。始建于清同治年间，两庙两堂，时僧众200余人，信士如云，数十年香火鼎盛，于清末毁于兵燹。相传，该寺被毁后，每日下午有虎出没，啸于山林，百姓苦不堪言。乡邻有感于寺庙异常灵验，有求必应。民国二十九年(1940)5月，当地百姓集资在原址右侧建六角亭一座，安置神灵，于是虎祸平息。1998年8月，坪等信士何国佛集资重建砖木结构寺宇，占地面积650平方米，建筑面积110平方米。2014年，有住持1人，每逢初一、十五，有香客前来上香朝拜。

天岳关抗日阵亡无名英雄纪念碑 位于国有通城县黄龙林场南部，距场部驻地大坳3千米，以该碑所在地点名和历史事件综合命名。民国二十七年(1938)，国民革命军第92师师长梁汉明率部取得台儿庄大捷后，移师天岳关驻防，为旌表自鲁南至鄂南牺牲的抗日英烈，国民政府在此勒石建碑。不久，92师奉调移师，梁汉明部留下一个班士兵督修纪念碑至完工。“文革”期间遭毁损。1987年9月，经中共通城县委、县人民政府批准，由县文化局和黄龙林场合作按原貌修复。2002年11月，此碑被列为湖北省重点文物保护单位和湖北省爱国主义教育基地，县人民政府委托国有黄龙林场和县文化局管理和维护。此地四面环山，建筑物占地面积2万平方米，碑高6米，建有仪门、甬通、主墓、永久亭、英雄泉、碑林、烈士陵墓。蒋介石、薛岳、李仙州等分别题写了“气壮山河”“人类之光”“浩气长存”等题词并勒石。

文峰塔遗址　位于锡山段家屋后塔坪山。宝塔为四面八方七层，坚石砌成，塔内可设一方桌娱乐玩牌。此塔建于明成化年间，民国二十八年(1939)毁于日军炮火，塔基尚存。据传：下锡山寺的左侧天井角为狮形仙地，此处的杂屑天天扫、天天有，并越扫越多，倒在田地里能肥田沃土，五谷丰登。日久，这事为一位妖魔知晓，他断定地下一定埋有宝物，便赶来察看。原来此地埋有一位圣僧的舍利子，在佛光的照射下，附近的土石也有了灵性。夜晚，妖魔来盗舍利子，挖呀挖，突然一声巨响，红光迸现，妖魔粉身碎骨，锡山峰也被震得向北倾斜。锡山峰正与县域内学宫相对，山峰一歪，破了学宫风水，从此通城的生员金榜断迹。玉帝得知后，也觉于心不安，托梦给寺里长老，要他在峰上修一座七级宝塔，扶正锡山，并在塔上嵌“天遂人愿，马到成功”之石匾，保佑通城生员科举蝉联，金殿传胪。文峰塔修成后，遥对学宫，通城的中试者，果然愈来愈多，真个是“天遂人愿，马到成功”。

乌龟石　位于五里镇尖山村尖山山腰。尖山半腰处有一块形状像乌龟的巨石，相传很久以前，山脚下有只神乌龟，若一个晚上能爬上尖山顶峰，此地可出状元。谁知速度太慢，凌晨时还只爬到山腰，公鸡啼叫了，乌龟不能动弹，停在此处变成了一块石头。“乌龟爬上尖，尖山出状元”的期盼成了泡影。石头长约4米、宽1.2米、厚60厘米。东面峭壁悬崖，西面山坡倾斜。20世纪60年代起，有不少游人在清明节登尖山观此石，兴趣盎然。

仙人石　位于锡山顶峰瑞庆峰东麓，森林公园与五里镇锡山村交界处，距瑞庆峰直线距离约800米，高二丈许，顶如圭，后人在此镌“天仙永祝”4字，笔画端楷。相传，吕洞宾寻访何仙姑经此，驻足观景，因站立时间甚久，石面凹陷，留下足印，故称仙人石。

燕子岩　位于国有通城县黄龙林场场部驻地大坳西北面3千米处，东临黄龙林场山林，西接场部至明镜坳防火线，南抵湖南平江南江镇百合村山界，北为黄龙林场山林。此岩洞每年春夏间有大量燕子营巢于岩洞内，故得名。主峰海拔1232.8米，面积4平方千米，山上松、杉茂密，白云缭绕，高岩耸立，常见燕子成群，翩翩起舞，景象壮观。

邀月台　位于锡山主峰瑞庆峰东北约2千米处，东靠九宫山北面山岭，南邻聪明泉，西距锡山公路100米，北邻石门开。巨石上有石刻“一览”2字，左侧有石灶、石炉。历为游人赏月之处，有诗纪胜：“重游邀月台，又看石门开，一览山城秀，积翠画中来。”此巨石平坦如台，取李白“举杯邀明月”诗意命石名邀月台。据传，古有一仙道慕名来游，细赏之下，深得其乐，流连忘返，并在此石左侧凿石灶、石炉，开火就餐。后接太上老君仙旨，不得不去，遂在巨石上楷书“一览”二字留念。笔力所到，入石三分，强酋雄健，犹如刀刻，至今犹存，历来为游人赏月观景之处。月夜游此，远眺山城，更是有一番“置身月中，俯瞰寰球”的韵味。

夜合桥遗址　位于锡山森林公园北部，横跨碧澜溪水，遗址东距锡山公路100米，南距木鱼湖约800米，西距锡山公路起点宝塔大道路口直线距离约500米，以传说命名。原桥长约5米、宽约2米，块石单拱结构，桥西有王十万住宅遗址。相传，昔日有一豪富名王十万，家人甚众。其金银财宝和田地、山林各值十万有余，村庄豪华别致，也叫“王十万”。某日有一地仙对此处风水赞不绝口说：“善哉！善哉！上有双龙飞舞长空(意即两山如龙)，下为琼阁仙境胜地。妙！妙！”他一路念着“阿弥陀佛”来到“王十万”的家门口求食，一牧童相迎笑曰“吃狗食者，进门来”，地仙即恼怒佯装不解其意，问：“此话何意?”牧童答：“我家老爷令我们用大蒸笼蒸饭供狗、乞丐就餐。你来了当然亦同用狗食。”地仙大怒，欲设暗计降他。食毕，要求见王十万，王十万见他是和尚打扮说：“有失远迎，多请宽容。”地仙笑曰：“门前两山对峙，双龙夜合，大为不祥，故王门虽豪富，但禄不临门。”王十万信以为真，问道：“多谢仙道提醒，不知有何妙法补救?”地仙曰：“不难，只要在两山之间修建一石拱桥，可阻止双龙夜合即可。”王十万即照办，不日，桥成，并命名为“夜合桥”。数年后，王十万家破人亡，方知地仙加害于他，问及孩童得知，是因以狗食待地仙，王十万已后悔莫及。

一脚踏三省(三交点)　位于国有通城县黄龙林场东南部，处黄龙山主峰东侧的湫池塘，海拔

1511.2米，是湘、鄂、赣三省的自然分界点，距林场场部驻地大坳21.8千米。以人体部位、行为及行政区划综合命名，意指人站在湖北、湖南、江西三省三交点上，一脚踏着三个省的土地。以国家测绘总局1965年出版的地图作为基准图进行量测，在黄龙山顶端，有一长一短两道山梁脊背，由短的中部紧吸长的一端，使山梁脊背连接为一体，形成向东倾倒的T字形，自然构成一点(三交点)，其三面为：T字顶上面(东面)为江西省，T字独立脚左右两边，右边(南面)为湖南省，左边(北面)为湖北省。在基准图上量得湘、鄂、赣三交点全值坐标为：X3217，Y19786，精确坐标为：X17900，Y86585。登临“一脚踏三省”，令人有飘飘欲仙之感，白云徜徉，群山苍翠，一览众山小。

银山古寺 位于锡山顶部瑞庆峰南部，锡山电视塔南部脚下100米处，锡山公路自宝塔大道起步至此4.1千米，以所在山峰的古名命寺名。始建于唐开元年间，历经五朝800余年至明正德年间改扩建；1938年被日寇破坏；1992年重修，1997年扩建。进入古寺前80米处建有山门，为亭楼状，山门高5米、宽4米，门前有雌雄石狮一对，门柱有对联：“水绕灵山百福来，佛光普照人世间。”寺为三重梯式建筑，第一重二层，底层为条石结构，第二层为砖木结构，设两殿两堂，天王殿为主殿，分设延寿殿、往生堂、客堂。左立露天大理石雕刻塔式观音菩萨，塔基座高2米，四边宽3米；基座上为莲花宝座，高0.8米；宝座上站立双面雕像，雕像高约2.6米，整体高约5.4米。第二重为大雄宝殿，主体为砖木结构平房，左建钟楼，右设鼓楼。第三重为藏经楼，砖木结构，二层楼房。藏金楼前方左建厨房、餐厅等，右建二层住宿楼。总占地面积约4000平方米，内供大小佛像、观音共计200余尊。每月初一、十五来此朝拜、上供、捐资信士人等数百。2014年有住持僧尼4人，主持为释干成(广东人氏)。

印天池 位于锡山主峰瑞庆峰北坡，东距仙人石约1千米，南为瑞庆峰山坡，西邻圣井，北距锡山古庙70余米。有水池常年不涸，倒影中有蓝天白云，恰似水中洞天，故而得名。长丈余，宽五尺，山高水碧，水深约0.5米。

余公庙 位于锡山支脉山峰九宫山北部山脚，南距宝塔大道直线距离约250米，北距九宫山寺约500米。清嘉庆年间，保康籍县学教谕余立志卒于任所，生员为其立庙，称余公老师庙，后简称余公庙。“文化大革命”时被拆除，21世纪初重修。庙宇总占地约400平方米，坐西向东，建筑占地约120平方米，两层砖混结构，主殿除供奉余公像外，还供奉有佛祖、唐僧等神像。

云溪峡谷漂流 位于关刀镇道上村。云溪峡谷漂流河段是云溪从上堡夜合桥至道上的峡谷河段，长度约6.2千米，梯级总落差176米，以所用水源命景点名。2013年由襄樊企业家许强与关刀镇政府共同开发，其主要风景资源碧龙潭瀑布(落差约30米)及其上下游的峡谷景观。峡谷地势险要，洁白的岩石连绵不绝，形成数千米的白石滩，溪水长流不断，跌水成瀑，积水成潭，溪面宽窄随峡谷地形变化，构成“瀑潭连缀，奇山怪石”优美的峡谷景观。云溪漂流项目利用丰富奇特的河道资源，进行合理整治和建设，在保护原生态景观的同时，保证了趣味性、刺激性和安全性。30米左右落差1处，即碧龙潭瀑布，利用该处的独特地形和无与伦比的气势，打造出全国独一无二的“瀑布滑道漂流”；5米左右落差8处，3米左右落差9处，根据河床地势而设。上游顶部筑坝储水，可确保漂流水量；中途设置3个水战区，便于漂流的人们打水仗；漂流历时3小时许，形成了“人在景中漂，景美人欢笑”的漂流特色。

只角楼 位于国有通城县黄龙林场东南部，距场部驻地大坳13千米。东、北临黄龙林场山林，西接湫池塘至天岳关防火线，南临湖南平江虹桥镇省界。相传，古时龙凤相争，黄龙折断一角坠于此地，化为山峰，故名只角楼。山体面积4平方千米，海拔1528.3米，为黄龙山主峰。

钟秀泉 位于锡山森林公园积翠岩北麓，有石砌泉斗，泉水清澈明亮，甘洌可口，冬暖夏凉，令饮者神清气爽。以古代名人的名字命名。传说有一年，通城瘟疫流行，患者不出七日而亡。其时，家家出殡，户户挂孝，新坟棋布，哭声震野，绝户绝村。隆平寺僧怀珍不忍百姓遭难，求得观音的甘露枝，来此点灾成泉，滴入甘露一珠，水变良药，患者饮之，立见神效，大地回春。因怀珍和尚俗名钟秀，且此泉为锡山首景，故命名为钟秀泉。

第四节　休闲山庄

枫叶山庄　位于北港镇枫树村南端作孚屋，距村委会驻地铺里2千米。由枫树村退休干部李英群投资建成。东抵白石岭，西邻南港河，南连群山，北靠枫树畈大屋。占地面积约240平方米，建筑面积350平方米，庄园内设有客厅、客房、活动室等。因此庄周围枫林葱郁，山清水秀，故命山庄名为枫叶山庄。

后花园　位于五里镇尖山村106国道西侧，与村委会驻地盆上屋毗邻。东接魏家屋，西邻石塘，南连盆上屋，北靠方家山。因前方有名叫花园的居民点，故得名。2008年由葛俊杰投资建成。呈块状分布，有办公楼、餐饮酒楼、足疗、歌舞楼、住宿楼等配套设施，总建筑面积2300平方米，均为混凝土结构。有鱼塘水面5公顷，是集餐饮、住宿、钓鱼、休闲为一体的活动场所。

花亭山庄　位于石南镇花亭村东部，距村委会驻地花凉亭约1千米。杨家边黎雄早主建，因所在的行政村而得山庄名。2013年投资400万元建成，占地面积3000平方米，建筑面积2000平方米，设有饭馆、会议室、餐厅、宿舍、猪圈等。建筑呈古典型风格，常年有顾客光临游览，年经营收入50万元。

黄龙林场宾馆　位于黄龙林场东南部，距场部驻地大坳200米。东临楠竹山，西接楠竹山，南抵杉树林，北连公路。以主办单位名称及职能综合命名。始建于1992年8月，为黄龙林场内部接待机构，2006年7月改、扩建。占地面积3850平方米，建筑面积2580平方米，有餐饮楼1栋，住宿楼3栋，客房69间，铺位128个，从业人员7人，是通城县黄龙山风景区服务设施较为齐全、接待能力较强的服务单位。

黄泥山庄　位于大坪乡沙口村南部，距村委会驻地尧家垅约900米，以所处山名黄泥山命庄名。东连塘形，南邻塘形，西靠双大公路，北与杭瑞陶瓷产业园相接。于2014年3月建成，占地面积6800平方米，2014年有员工5人，主要为客户提供餐饮、娱乐、休闲等服务。

漆家山庄　位于大坪乡青山村西部，距村委会驻地排上2千米，以所在地附近的居民点名命庄名。2010年，漆敏在此兴建此生态农庄，为游客提供原生态绿色饮食。占地面积3000平方米，建筑面积2600平方米，2012年3月31日成立，注册资本70万元。

五里农家大院　位于五里镇五里牌社区北部，距社区居委会驻地五里大道001号300米，以所在地片及单位性质而命名。东接106国道，西邻五里镇计生服务中心，南连五月公路，北靠易家。2012年建成，2013年注册营运，占地面积1100平方米，建筑面积800平方米，设有餐饮大厅2间，包间房7间，厨房、住宿房、卫生间等生活配套用房齐全，现有干部职工8人，专营中式餐饮、停车住宿，是五里牌社区境内最富有特色的一家私营餐饮企业，年创纯利25万元。

五羊山庄　位于五里镇锡山村十(里)塘(梓冲)公路右侧，距锡山村村委会驻地华楼屋约1千米。东连上屋徐家，西接洛财屋，南接郭家，北连坳背杨家。2012年由杨宗亚投资筹建，2014年正式营运，以所在地点及业主姓氏(羊指姓氏)综合命名。山庄依山傍水，环境优美，建有办公楼、餐饮楼，建筑面积1000平方米，均为混凝土结构。2014年有员工5名，集餐饮、住宿、休闲为一体，年创纯利润20多万元。

新三汇水上乐园　位于大坪乡栗坪村，处药姑山生态度假村右侧。东望来苏村，南连大坪王沙坳，西至栗坪树山，北连药姑山。以组建性质及经营范围命名，由李金刚三兄弟合汇资金兴建。于2013年投资120万元建成投入营运，占地1000平方米，是药姑山传承瑶古文化和旅游观光健身跳舞的活动场所。

药姑山生态度假村　位于大坪乡栗坪村西南部，距村委会驻地青咀坡1.8千米，距大坪乡政府驻地4千米。东邻来苏村袁家，南连大坪村，西接东冲水库，北靠药姑山。以所在地域名称及单位性质综合命名，2010年由“新三汇”投资兴建，2011年投入运营。占地面积980平方米，建筑面积1200平方米，分别有生活住宿房、会议厅、餐厅、娱乐室等，有养殖区、垂钓区、加工区、休闲区、种植场等，各种名贵花草树木万余棵，古色石器文化，瑶古文化遍布全村，是省级命名的五星级度假村。

瑶源山庄　位于大坪乡内冲瑶族村南部，距村委会驻地金鸡坑1.5千米，距大坪中心集镇6千米，以所在地的历史渊源命名。东接杉木墩，西邻西冲山埂，南临东冲水库，北靠药姑山。2014年，由大坪乡辉煌村谢天琴、胡仁清、胡和保合办，供各地来药姑山旅游客人观光休闲。总占地面积1200平方米，建筑面积600平方米，内设住宿房、会议室、接待室、厨房、卫生间一应俱全，并有名厨主理，前临水库，水光山色相映，是一处休闲观光的世外桃源。

第五篇

单位类地名

县政务中心

第一章　党政机构

第一节　县级领导机构

中共通城县委员会　位于解放路1号县委、县政府大院内，以行政区域和党委机构名称命名。1949年6月13日，经中共湖北省委批准，建立中共通城县委。至1951年12月，隶属中共大冶地委；1952年1月—1960年1月，隶属中共孝感地委；1960年1月—1961年4月，隶属中共武汉市委(其间，1958年11月，中共湖北省委决定崇阳、通城、通山3县合并为崇阳县。1961年12月，根据中共湖北省委决定，经国务院批准，通城与崇阳分治，组成中共通城县委，隶属中共孝感地委)；1965年7月起隶属中共咸宁地委；1968年8月20日，通城县革命委员会成立，由县革委会行使党政职权；1970年5月，成立中共通城县革命委员会核心小组；1970年8月，中共通城县第三次代表大会召开，撤销中共通城县革命委员会核心小组，恢复中共通城县委员会。县委办公楼占地面积364平方米，建筑面积1092平方米。县委由县党代表大会选举产生，由委员、候补委员组成，每届任期5年。2014年，县委设置工作部门18个。2014年末，全县共有党员18420名，共有县委委员32人、候补委员6人，县委设书记1名、副书记2名、常委10名。下设党委45个(其中机关党委25个)、党组48个、总支35个(其中机关总支6个)、支部677个(其中机关支部127个)。

通城县人民代表大会常务委员会　位于解放路1号，办公地址在县政府大楼三楼，建筑面积270平方米。以行政区域和国家权力机关名称综合命名。1954年1月、1957年1月、1958年6月、1961年12月、1963年5月、1965年12月在县城关镇分别召开了通城县第一、二、三、四、五、六届人民代表大会，并成立了通城县人民委员会。1968年8月，“文化大革命”期间，通城县革命委员会成立，行使党政职权。这一期间，召开过若干次人民代表参与的会议，由于未正式命名，故统算一次。1978年11月，在县城关镇召开了第八届人民代表大会。1981年1月、1984年12月、1988年1月、1991年1月、1994年1月、1999年1月、2004年1月、2007年1月、2011年11月在县城分别召开了通城县第九、十、十一、十二、十三、十四、十五、十六、十七届人民代表大会。1981年1月，在通城县第九届人民代表大会第一次会议上，根据中华人民共和国组织法和选举法的规定，会议决定，设立通城县人民代表大会常务委员会。2014年，设置办公室、研究室、内务司法工作委员会、财政经济工作委员会、预算工作委员会(与财政经济工作委员会一套班子，两块牌子)、城乡建设与环境资源保护工作委员会、教育科学文化卫生民族宗教侨务外事工作委员会、农村工作委员会、代表选举人事任免工作委员会；县人大常委会组成人员24名，其中主任1名，副主任6名，委员17名。

通城县人民政府　位于解放路1号，以行政区域和行政机关名称综合命名。1949年5月30日，成立党政合一的县临时权力机构——通城县人民办事处；1949年6月13日，成立通城县人民政府；1958年11月，并入崇阳县人民政府；1961年12月，经国务院批准，崇阳、通城分治，恢复通城县人民政府；1968年8月20日，成立通城县革命委员会，行使党政职权；1970年8月党政机关分设，各级革命委员会成为政权机构；1981年1月撤销通城县革命委员会，恢复通城县人民政府。办公地址在县政府大楼，占地800平方米，建筑面积1200平方米。2014年，设置工作部门24个，设县长1名、副县长6名、副县级干部2名。

插图 69　县人民政府大院(刘亚敏　摄)

中国人民政治协商会议湖北省通城县委员会　位于解放路 1 号大院内，办公地址位于大院西侧办公楼一楼西侧，建筑面积 330 平方米，以行政区域和工作职能综合命名。1983 年 4 月，由原临时机构县政协筹备领导小组改为中国人民政治协商会议湖北省通城县委员会。2014 年，内设办公室、研究室、提案委员会、港澳台侨和民族宗教委员会、法制委员会、经济人口环境资源委员会、科教文卫委员会、文史资料委员会，委员工作委员会；另有 11 个乡镇设政协联络处；设主席 1 人，副主席 5 人，秘书长 1 人。

第二节　党　群　口

中共通城县委办公室　位于解放路 1 号，办公地点设在县委办公楼，占地面积 364 平方米，建筑面积 1092 平方米，以党委机构名称和工作职能综合命名。1950 年 1 月，设立中共通城县委办公室；1958 年 11 月至 1961 年 12 月，通城并入崇阳县，设立中共崇阳县委办公室；1961 年 12 月，通城与崇阳分治，组建中共通城县委办公室；1968 年 8 月，通城县革命委员会成立，设立县革委会办公室；1970 年中共通城县第三次代表大会召开，恢复中共通城县委员会，设立中共通城县委办公室。2014 年，县委办公室内设县委政研室、县委督查室、县委机要局、县委保密办、县委总值班室；归口管理县委防范办公室、县直机关武装部；下设秘书科、信息科、政工科、文书科、综合科；另设《通城发展大家谈》编辑部；有工作人员 33 人。

通城县人民代表大会常务委员会办公室　位于解放路 1 号县政府大楼三楼，建筑面积 270 平方米，以行政区域、国家权力机关名称和工作职能综合命名。1981 年 1 月，县人大常委会设置办公室。2014 年，县人大常委会办公室内设秘书科，有干部职工 29 名。

中国人民政治协商会议湖北省通城县委员会办公室　位于解放路 1 号大院西侧办公楼一楼西侧，建筑面积 330 平方米，以行政区域和工作职能综合命名。1983 年 4 月，政协通城县委员会设立办公室。2014 年，共有干部职工 24 人。

中共通城县纪律检查委员会、通城县监察局　位于解放路 1 号县政府大院内，以行政区域和工作职能综合命名。1983 年 1 月，中共通城县委纪委改名中共通城县纪委，升格为副县级机构；1987 年 3 月，成立县政府监察室；1988 年 3 月，县政府监察室更名为县政府监察局；1993年5月，县纪委、监察局合署办公，实行一套班子、两块牌子；1998年2月，增设纠正行业不正之风办公室，实行一套工作机构、两个机关名称的体制。2014年，委局机关内共设办公室、组织部(干部监督室)、宣传部、党风政风监督室(纠正行业不正之风办公室)、信访室、纪检监察一室、纪检监察二室、纪检监察三室、案件审理室(案件监督管理室)。全县共设纪检监察分支机构61个，其中乡镇11个，县直单位50个。

通城县人民武装部　位于湘汉路51号，以行政区域和工作机构名称综合命名。1949年5月24日，中国人民解放军第四野战军120师358团解放通城，建立人民政权，同时由358团部分官兵组成中国人民解放军湖北省通城县指挥部；1950年3月，通城县指挥部改为中国人民解放军通城县大队部；1951年5月，改为中国人民解放军通城县人民武装部。2014年，有营院2个，总面积19144.9平方米。其中人武部机关营院8280.4平方米(含办公楼面积2134平方米)；民兵武器装备仓库和训练基地位于通城县隽水镇锦山村，距离机关6千米，其中仓库面积7804.5平方米，射击战术场3060平方米；有干部职工17人，设军事科、政工科、后勤科。

中共通城县委组织部　位于解放路1号县政府机关大院内，占地300平方米，建筑面积400平方米，以行政区域和工作职能综合命名。1949年10月，通城县委一建立，即设立了县委组织部；1958年11月，通城与崇阳合县，通城县委组织部随之与崇阳县委组织部合并，1961年11月分县，即恢复通城县委组织部。“文化大革命”开始后，受造反派冲击，组织部处于瘫痪状态；1968年8月成立通城县革委会，组织部的工作被革委会政工组取代；1972年11月，撤销县革委会政工组，恢复通城县委组织部。2014年，设综合干部科、经济干部科、人才工作科、信息管理科、干部监督科、组织科、干部教育科、办公室、研究室、县委人才办、县委党代表办、县干部监督举办中心等科室。下辖干部信息中心和党员干部电化教育中心，有职工23人。

中共通城县委统战部　位于解放路1号县政府机关大院内四楼，建筑面积100平方米，以区域和工作职能综合命名。1955年3月成立中共通城县委统战部；1966年5月因“文化大革命”通城县委统战部停止工作，1980年重新恢复中共通城县委统战部。2014年，内设办公室，联络科，归口管理县外事、侨务、台湾事务办公室，县工商业联合会(总商会)，县民族宗教事务局，有干部职工7人。

中共通城县委县直机关工委　位于解放路1号县政府机关大院内，建筑面积约45平方米，以行政区域党委机构名称和工作职能综合命名。1949年10月，通城县委建立后，即在县办设立了县直机关党工办；1983年2月，改称为县直机关工委办，仍为县办的一个工作机构；1989年，县直机关工委作为县委的派出机构单独分设；1999年，县直机关工委合署到县委组织部一起办公，工委书记、副书记由组织部部长、副部长兼任；2012年，单独设置县委县直机关工委。

中共通城县委通城县人民政府信访局　位于解放路东侧，与县政府斜对面，占地面积500余平方米。2014年末，下设2个股室，即接访办信股、综合股，共有行政编制8名，工勤编制1人。以所在行政区域名称和单位职能名称综合命名。1980年3月成立“中共通城县委办公室信访科”，隶属县委办公室；1984年3月，设立“中共通城县委、通城县人民政府信访办公室”，隶属县委、县政府，为正科级单位；2005年9月更名为中共通城县委、通城县人民政府信访局，为县委办公室、县政府办公室管理的机构，以县委办公室管理为主。1990年5月由县编委下文设立内部机构“综合科”“办信接访科”。2002年6月机构改革，将综合科改成综合股，办信接访科改为办信接访股(对外称“中共通城县委、通城县人民政府来访接待室”)。

中共通城县委老干部局　位于解放路1号县政府机关大院内，建筑面积50平方米。以行政区域和工作职能综合命名。1982年5月，县委组织部设立了老干部工作科。1984年3月30日，中共通城县委以隽文[1984]14号文通知，成立“中共通城县委老干部工作局”。作为县委负责老干部工作的办事机构，隶属县委组织部。2014年，内设办公室、管理股，下设县干休所和县老年人活动中心、县关心下一代委员会办公室挂靠县委老干部工作局，有干部职工6人。

中共通城县委党校　位于黄源岭街98号，占地面积 1.6 公顷。建有食堂、学员住宿楼、办公楼各一幢，总建筑面积达到 3402 平方米。有能容纳 50 人的小教室两间，能容纳 100 人听课的多功能教室一间。通城县委党校成立于 1962 年，以行政区域和工作职能命名。1983 年以前，通城党校校址在关刀镇八仙村，初始为五・七干校。1983 年迁址北港镇岭源村，校址为原湖北省长石矿搬迁后遗留下来的厂房。1989 年 9 月，通城县委党校由北港镇岭源村迁至隽水镇黄源岭街 98 号。1995 年 9 月，经县政府批准成立通城县行政学校，与县委党校合署办公，实行"两块牌子，一套班子"的管理体制。设有办公室、培训科、理论研究室、行政科 4 个职能科室，有干部职工 7 人。

通城县总工会　位于解放西路 45 号，占地面积 2034.5 平方米，总建筑面积 2343.5 平方米，以单位所在行政区域名称和单位职能名称综合命名。1952 年，通城县总工会成立，县直部门分系统组建基层工会。"文化大革命"开始后，工会组织瘫痪，活动停止。1973 年 7 月，通城县总工会重建，基层工会组织同时恢复。2014 年，内设办公室、财务部、经济技术劳动保护部、生活保障女职工部，下设工人俱乐部，有干部职工 39 人。

中国共产主义青年团通城县委员会　位于解放路 1 号县人民政府办公楼四楼，办公面积 70 平方米，以行政区域名称和工作职能综合命名。1950 年 3 月，青年团通城县召开第一届委员会，1957 年 12 月青年团通城县委员会改为共青团通城县委员会，1958 年 11 月因通城、崇阳合县，共青团通城县委员会撤销。1961 年 12 月，通城、崇阳分县，恢复共青团通城县委。1984 年 5 月以后，团县委内设组织部、宣传部、工作部，隶属共青团咸宁地委和中共通城县委双重领导，下辖各公社、乡(镇)及各局团组织。1988 年年初，按撤区并乡(镇)的建制，下辖乡(镇)及各局团组织。2014 年，内设组织部、宣传部、学少部，有干部 3 人。

通城县妇女联合会　位于解放路 1 号县政府院内，隶属咸宁地区妇联和中共通城县委。下辖各村、社区、镇(乡)妇女联合会，以行政区域和工作职能综合命名。1950 年成立通城县妇女委员会，由县农协主席张久来兼任县妇委书记，1951 年经地委批准配备了妇委主任。1953 年 3 月，成立通城县妇女联合会(简称县妇联)和各区(镇)妇女协会。2014 年，内设组织部、宣传部、权益部、少儿工作部，有干部职工 4 人。

通城县工商业联合会　位于民主路 9 号四楼，以行政区域和工作职能综合命名。1985 年 7 月，县委恢复通城县工商业联合会，归口县委统战部管理。1998 年 2 月机构改革，增设办公室、经济联络科。1994 年 6 月，县编制委员会同意县工商联增用"通城县总商会"名称，实行一个机构两块牌子，机构性质不变。单位办公地址于 2007 年 5 月由隽水镇新华街 37 号搬迁到民主路 9 号。2014 年，内设综合部，有干部职工 4 人。

通城县外侨台办　位于民主路 9 号 4 楼，以行政区域和工作职能综合命名。台办：1972 年成立"中共通城县委对台工作领导小组"，1982 年改定为现在的"中共通城县委对台工作小组"，下设"中共通城县委对台工作小组办公室"，被定为副局级和独立核算单位。1987 年 11 月，成立"通城县人民政府台湾同胞事务办公室"，1989 年 8 月更名为"通城县人民政府台湾事务办公室"，1988 年 1 月"中共通城县委对台工作小组办公室"与"通城县人民政府台湾事务办公室"合署办公，两块牌子、一套班子，对外称为"通城县人民政府台湾事务办公室"，为副局级单位。1992 年 3 月"中共通城县委对台工作小组办公室"升格为独立核算的正局级单位。外侨办：1982 年设立"通城县人民政府外事侨务科"，为县政府办公室内设科。1989 年 10 月撤销"通城县人民政府外事侨务科"，设立"通城县人民政府外事办公室""通城县人民政府侨务办公室"，"两办"合署办公，均为正局级机构。1992 年 8 月，"中共通城县对台工作小组办公室""通城县人民政府台湾事务办公室""通城县人民政府外事办公室""通城县人民政府侨务办公室"合署办公，四块牌子、一套班子，为独立核算的正局级单位，隶属县委、县政府双重领导，归口县政府综合口，1998 年 2 月归口县委统战部至今。单位办公地址原在县政府招待所租房办公，2007 年搬迁至民主路 9 号四楼。2014 年，有干部职工 3 人。

通城县民族宗教事务局　位于解放路 1 号县人民政府办公楼四楼，办公面积 15 平方米，以行政区域名称和工作职能综合命名。1997 年 4 月，成立通城县民族宗教事务管理局，为通城县事业单位，属于县政府办公室内设机构；2011 年 7 月，通城县民族宗教事务管理局改名为通城县民族宗教事务局。2014 年，内设综合办公室，在职 2 人。

通城县科学技术协会 位于隽水大道278号2楼，办公面积100平方米，以行政区域和工作职能命名。1956年8月，成立通城县科学技术普及协会；1966年5月，“文化大革命”开始，县科学技术普及协会停止活动；1981年10月，恢复“通城县科学技术协会”，与县科委合署办公，未设专职干部，日常工作由科委承担；1984年3月，分设县科学技术协会；1987年4月，再次与县科委合署办公；1987年11月，“通城县科学技术协会”单列，为正科级单位。2014年，有干部职工8名。

第三节 综 合 口

通城县人民政府办公室 位于解放路1号县政府大院县政府大楼内，建筑面积400平方米，以行政机关名称和工作职能综合命名。1949年，通城县人民政府设立秘书室；1956年，县人民政府(人委)秘书室改为县人委办公室；1972年11月，设立县革命委员会办公室；1981年1月，将县革命委员会办公室改为县人民政府办公室。2014年，内设研究室、督查室、法制办公室、项目管理办公室、应急管理办公室、人民防空办公室、金融工作办公室、总值班室、综合科(加挂“党建人事科”牌子)、信息科(加挂“县政府电子政务办公室”牌子)、文书科、秘书科，核定编制总数36名。

通城县财政局 位于九宫路7号，占地面积4180平方米，建筑面积4110平方米，以行政区域和工作职能综合命名。1949年5月24日，建立财粮科。1955年财粮科分设财政、粮食两科。1959—1961年，通城与崇阳合县，财政税务合并，1961年分县后财政、税务分设建制。1969年2月，精简机构，财政、税务、人民银行、工商等单位合署办公，称“财政管理站”。1970年“财税站”撤销，工商局单独分设，其余单位合称财政科，1976年1月财政科改为财政局。2014年，内设办公室、综合股、预算股、国库股、行政政法股、教科文股、经济建设股、农业股、社会保障股、企业股、金融国际股、商贸股、政府采购管理股、法规税政股、绩效管理股、道路交通事故社会救助基金管理股、农村公益服务管理股、乡镇配套改革股；下辖二级单位非税收入管理局、农村财政财务管理局、会计局、国库收付中心、农业综合开发办公室、政府采购中心、财政监督检查局、农村经济经营管理局和11个财政所；有干部职工370人。

通城县经管局 位于解放路1号(县农办内)，以该单位所在行政区域名称和单位职能名称综合命名。1988年，为县农村经济委员内设机构。1991年4月21日，成立通城县农村经济经营管理局(简称经管局)。2005年12月，划归县财政局管理，为正科级单位。2014年，内设综合股、农村政策法规股，合署办公的有减负办、化债办、“三资”监管办、土地确权办、仲裁办、农合办、村务公开办、清整办，有干部职工12人。

通城县民政局 位于隽水大道123号，占地2335平方米，建筑面积2000平方米。以行政区域和工作职能综合命名。详见第九篇“地名管理机构”。

通城县人力资源和社会保障局 位于隽水大道332号，占地3335平方米，建筑面积3000平方米，以行政区域名称和工作职能单位名称综合命名。1964年5月成立劳动局，1984年3月劳动、人事、知识青年上山下乡办公室合并为劳动人事局，在县政府大楼办公。1990年1月，劳动人事局分设劳动局、人事局，在隽水镇解放西路57号劳动局办公，2002年5月机构改革，撤销劳动局，成立劳动和社会保障局，在隽水镇隽水大道332号劳动大厦办公。2012年1月机构改革，撤销劳动和社会保障局、人事局，成立人力和社会保障局。2014年，有干部职工102人；内设办公室(党建人事股)、规划财务与基金监督股、政策法规股(信访办公室)、职业能力建设股、专业技术人员管理与职称股、事业单位人事管理股、劳动关系和农民工工作股、工资福利股、社会保险管理股、调解仲裁管理股；下辖就业局、医保局、社保局、机保局、城居局、结算中心、人才开发交流中心、职业技能鉴定站、劳动监察大队，以及11个乡(镇)人社服务中心。

通城县公务员局(通城县机构编制委员会办公室) 位于隽水大道327号，建筑面积1700平方米，以行政区域和工作职能综合命名。1984年3月劳动、人事、知识青年上山下乡办公室合并为县劳动人事局。1989 年 11 月，撤销县劳动人事局、县科技干部局，恢复县人事局，与县机构编制委员会办公室合署办公。2014 年，内设办公室(加挂党建人事股牌子)、职位职责管理股、录用调配股(加挂教育培训与考试股牌子)，下设股级事业单位县教育考试中心(加挂通城县领导干部考试评估中心牌子)。机构编制委员会办公室内设综合科(加挂县编委督查室牌子)、机构编制科(加挂信息技术科牌子)、行政审批制度改革股，下设副科级行政机构县事业单位登记管理局、副科级事业单位县编办电子政务中心，共有干部职工 27 人。

通城县发展和改革局 位于解放路 1 号，建筑面积 300 平方米，以行政区域和工作职能综合命名。1954 年 7 月设立县计划委员会；1957 年 3 月与统计科合署办公；1958 年 11 月至 1961 年 12 月，通城与崇阳合县，计委合并；1990 年 3 月 11 日，县政府决定县经济科技协作办公室与县计委合署办公，归口县计委管理；1990 年 10 月，增设县矿产资源管理委员会办公室(副局级)；1993 年县委决定成立县交通战备办公室(正局级)挂靠县计委，与工业交通科合署办公；1994 年 4 月 29 日，县政府决定县农业区划办公室(正局级)与县计委国土科合署办公，归口县计委管理；2002 年县计委改建为县发展计划局；2005 年 11 月，县发展计划局与县政府经济体制办公室合并改组为县发展和改革局，加挂“县区域发展和经济协作局”牌子。2014 年，内设办公室、国民经济综合股、经济体制综合改革股、农村经济发展股、基建投资管理股、工贸经济发展股、社会发展股、节能管理股；下辖县武汉城市圈承接东部产业协调办公室、县节能监察(监测)中心；共有干部职工 36 人。

通城县国家税务局 位于隽水大道 132 号，占地 7204 平方米，建筑面积 4700 平方米，以行政区域和工作职能综合命名。1949 年 9 月成立通城县税务局。1958 年 11 月，通城、崇阳并县，并入崇阳县税务局，1961 年 12 月分县，恢复通城县税务局。1966 年 5 月，改为人民收入局。1969 年 2 月，精简机构，税务与财政、工商、银行合并为“财税市场管理站”。1970 年“财税站”撤销，工商单独分设，其余单位合并称财政科，1976 年 1 月财政科改为财政局。1984 年 3 月，财政税务分设，恢复通城县税务局。1994 年 7 月国地税分设，成立通城县国家税务局，在九宫路原税务局院内办公，1997 年 5 月搬迁至隽水大道 132 号国税大楼。2014 年，内设办公室、政策法规科、征收管理科、税政管理科、人事教育科、监察室、财务管理科、收入核算科、税源管理科、党办、机关服务中心、信息中心、国税研究会、基建物业办，下辖办税服务厅、稽查局、隽水分局、银城分局、北港分局、集贸所，有干部职工 253 人。

通城县地方税务局 位于银山大道，以行政区域名称和工作职能单位名称综合命名。1994 年，全国实行新税制和财税体制改革。同年 9 月，通城县地方税务局由原通城县税务局分设组建成立，县地税局属湖北省地方税务局垂直管理单位，实行上级地方税务局与同级人民政府双重领导，以上级地方税务机关垂直领导为主的管理体制。2014 年，设办公室、政策法规科、人事教育科、监察室 4 个科室和征管信息局、规划财务局、稽查局、税费服务局、税源管理二分局、税源管理三分局、税源管理四分局、税源管理五分局、税源管理六分局。

通城县交通局 位于银山大道，办公地点先后设在县人民政府机关大院、湘汉路与解放路交会处、隽水大道 231 号、银山大道(暂未编号)。占地 5869.6 平方米，建筑面积 3500 平方米。以行政区域名称和工作机构名称综合命名。1954 年，建设科内设交通股，1958 年后，先后改设为交通科、工交科、交通局、工交局；1976 年恢复为通城县交通局；2011 年 4 月，更名为通城县交通运输局。2014 年，有干部职工 77 人，内设办公室(加挂党建人事股)、财务股、政策法规股、交通规划股、运输安全股、工程计划股、工程审计股；下辖县恒通运输有限公司、公路管理局、交通物流发展局、道路运输管理所、地方海事局、质量监督站、交通管理站、农村公路管理所、恒丰交通投资有限公司、装卸公司、交通派出所。

通城县审计局 位于银山大道 1 号，以行政区域和工作职能综合命名。1983 年 12 月成立审计局，办公大楼驻地位于通城县九宫路 9 号。2008 年 6 月 1 日审计局驻地由通城县九宫路 9 号搬迁至通城县银山大道 1 号审计办公大楼。占地 7337 平方米，建筑面积 460 平方米。2014 年，内设办公室、法制股、财经股、农林股、企业股、行政股，下辖领导干部经济责任审计局、政府投资审计局，有干部职工 57 人。

通城县工商行政管理局 位于银山大道，以行政区域名称和工作职能单位名称综合命名。通城县工商行政管理局机构始建于1957年6月，原名为通城县市场管理委员会。1958年4月撤销。1962年1月，成立通城县市场物价管理委员会。1963年6月更名为“通城县工商行政管理局”，与县商业局合署办公。1966年9月，从县商业局分离，与原城关镇市场管理委员会合并设立通城县工商行政管理局。1969年2月，县工商局、财政局、税务局、矿石站等单位合并为财税市场管理站。1970年4月，财税市场管理站撤销，恢复为通城县工商行政管理局，仍与县商业局合署办公。1971年6月，改名为通城县革命委员会市场管理委员会。1975年4月，更名为县工商行政管理科。1975年12月，更名为通城县工商行政管理局。1999年6月机构改革，隶属于咸宁市工商局。2014年，有干部职工264人。内设办公室、人事股、法规股、市场(合同)规范管理股、网络交易监督管理股、商标广告监督管理股、财务审计股、监察室、机关党办、工商工会、离退休干部股；直属机构有登记注册分局(内设综合股、业务股)、市场主体信用监督管理分局(内设综合股、信用监管股、登记监管股)、消费者权益保护分局(加挂12315申诉举报指挥中心牌子、内设综合股、消费者权益保护股)、稽查分局(内设综合股、稽查一股、稽查二股)、督察队(内设综合股、基层建设与教育培训股、督察股)，以及9个工商所，机构规格均为副科级单位。另设县个体私营企业协会、县消费者委员会和县工商局信息中心。

通城县科学技术局 租赁县公路局三楼办公，租赁面积380平方米，以行政区域和工作职能命名。1971年年初建“通城县科学技术管理小组”，1977年成立通城县科学技术委员会。2002年更名通城县科学技术委局，2009年成立通城县知识产权局、通城县地震局，归口科技局，和科技局三块子一套班子。2014年1月，科技局从县政府迁至隽水大道278号(县公路局三楼)办公。辖地震局、知识产权局，设科技计划股、政策法规股、知识产权股、地震股、办公室，有干部职工13人。

通城县机关事务管理局 位于解放路1号县政府机关大院内，建筑面积450平方米，以行政区域和工作职能综合命名。1949年成立县委会总务股；1958年通城、崇阳合县时撤销；1961年12月分县，设总务科；1968年，改设行管小组；1973年3月，行管小组改为行管科；1986年1月，改为行政管理局，归口政府办公室；2002年5月，更名为“机关事务管理局”，改为县政府直属正科级单位。2014年，内设办公室、管理股、财务股、保卫股、公共机构节能股，有干部职工41人。

通城县史志档案局 位于解放路1号，建筑面积为1293平方米，其中档案库房4层，面积416平方米，以行政区域和工作职能综合命名。1981年1月成立通城县档案局，与县档案馆合署(县档案馆于1961年12月建立)办公。1986年，成立县志办公室、县委党建办公室。1987年，县志办公室更名为方志局。1994年12月，与县方志局、档案局(馆)、党史办公室合署办公，受县委、县政府双重领导，归口县人民政府综合口。2014年，内设办公室、党史编研股、方志编研股、档案业务指导股(加挂档案法规标准股牌子)、档案征集管理编研股，有干部职工23人。

通城县国土资源局 位于秀水大道特98号，占地5013平方米，建筑面积2770平方米，以行政区域和工作职能综合命名。1984年6月，成立通城县土地管理局，与农业局合并；1986年6月，与农业局分开。2002年，通城县土地管理局与通城县矿管办合并成立通城县国土资源局。1988年3月，国土资源局驻地由农业局院内搬迁至九宫路11号；2003年5月，搬迁至秀水大道特98号。2014年，内设办公室、政策法规股、规划股、地籍管理股、耕地保护股、土地利用管理股、矿产资源管理股、地质环境股、财务股，下辖信息中心、执法大队、国有土地管理所、土地整治局、土地储备交易中心、规划队和11个乡镇国土资源所，有干部职工205人。

通城县环境保护局 位于银山广场1号，以行政区域和工作职能综合命名，总建筑面积3670平方米。1984年3月，成立城乡建设环境保护局内设环境保护办公室；1995年6月，成立城乡建设委员会，环境保护局为下属副科级机构；2002年6月，环境保护局升格为正科级事业单位；2011年4月，调整为政府工作部门；2013年，环境监控大楼竣工，环保局办公场所由隽水大道125号搬迁至银山广场1号。2014年，有干部职工65人。内设办公室(加挂“党建人事股”牌子)、规划与财务股、环境评价与总量控制股、污染防治股、自然生态与农村环境保护股、法规宣传股，下辖环境监察大队、环境监测站。

通城县环境监察大队　位于银山广场1号，以行政区域和工作职能综合命名。1993年5月，成立环境监理站；2002年10月，更名为环境监察队；2004年，更名为环境监察大队；2013年10月，升格为副科级单位；2012年1月，迁到通城县环境监控大楼一楼办公。2014年，有干部职工16人。

通城县食品药品监督管理局　位于银山大道银山广场西侧，办公楼为9层临街单体建筑，以行政区域和工作职能综合命名。2002年2月，成立药品监督管理局；2004年4月，更名为食品药品监督管理局，加挂"通城县食品安全领导小组办公室"牌子；2014年1月经通城县人民政府批准，将原食品安全办、原食品药品监督管理部门、工商行政管理部门、质量技术监督部门的食品安全监管和药品管理职能、商务部门酒类食品安全监督管理职能进行整合，组建成新的食品药品监督管理局，加挂"通城县食品药品安全领导小组办公室"牌子，为县政府工作部门。2014年，有干部职工84人，内设办公室、财务股、行政(审批)法规股、食品安全监管股、药品安全监管股。下辖县食品药品监督管理局稽查分局，派出10个乡镇监管所。

通城县食品药品监督管理局稽查分局　位于白沙一巷3号(原县药监局老办公楼)，以行政区域和工作职能综合命名。2014年1月，成立通城县食品药品监督管理局稽查分局。内设办公室、稽查一中队、稽查二中队、稽查三中队，有干部职工29人。

通城县物价局　位于湘汉路，以行政区域和工作机构名称综合命名。1956年9月，成立通城县物价科；1962年1月，成立通城县市场物价管理委员会；1963年5月25日，成立通城县物价委员会；1970年4月，县物价委员会由县计划委员会管辖，办公地点设县革委会(县人委)院内；1979年4月15日，县革命委员会批准成立通城县物价局，归口县计委，办公地点设在县革委会办公楼；1998年1月，物价局办公地点从县政府办公楼迁湘汉路236号(现为湘汉路291号)。占地1334平方米，建筑面积510平方米。

通城县统计局　位于隽水大道，以行政区域和工作职能综合命名。1980年5月，通城县统计局从原通城县计划委员会中分设为独立机构，成为县人民政府正科级组成部门，职能设置、机构编制随着全县经济与社会发展而发展。1984年县人民政府以(1984)48号文件批准成立通城县农村社会经济调查队，为县统计局行政代管副局级单位。2007年，根据上级统计部门要求，为国家统计局派出正科级单位，通城县农村社会经济调查队撤销。2014年1月统计局驻地由县政府大院搬迁至隽水大道127号。占地200平方米，建筑面积1000平方米。2014年，内设办公室、综合核算股、法规股、工业与能源股、农村统计股、投资贸易外经统计股、人口社会科技与服务业统计股，下设财政全额拨款二级事业单位统计信息中心(普查中心)，有干部职工18人。

国家统计局通城调查队　位于隽水大道127号，以行政区域和工作职能综合命名。2007年7月，撤销原通城县农村社会经济调查队，设立国家统计局通城调查队，为正科级机构，受国家统计局湖北调查总队垂直管理，内设两股一室：综合股、农村股、办公室。单位办公地址原位于县政府办公楼四楼，2013年12月搬迁至隽水大道127号，建筑面积401.4平方米。2014年，有干部职工9人。

通城县扶贫开发办公室(移民局)　位于民主路179号，以行政区域和工作职能综合命名。1984年成立"通城县扶持革命老根据地建设委员会"；1985年成立"通城县贫困地区经济开发领导小组"；1988年9月成立"通城县人民政府扶苏扶贫办公室"，撤销"通城县扶持革命老根据地建设委员会""通城县贫困地区经济开发领导小组"；1989年更名为"通城县老区贫困地区经济开发办公室"，1996年2月再次更名为"通城县人民政府扶贫开发办公室"。2011年县人民政府扶贫开发办公室与原县移民局合并，改为通城县开发扶贫办办公室(移民局)，2014年改为扶贫办(移民局)，内设综合股、扶贫股、移民规划管理股，有干部职工12人。

通城县接待办公室　位于银山大道9号，以行政区域和工作职能综合命名。1994年3月，成立中共通城县委、通城县人民政府接待办公室；2014年6月，县接待办驻地由原县政府招待所大院搬迁至银山大道9号林业大厦。建筑面积120平方米，属县政府直属事业单位。2014年，内设综合办公室，有干部职工 6 人。

通城县安全生产监督管理局　位于银山大道行政服务中心综合楼七楼，以行政区域和工作职能综合命名。2005 年，成立县安全生产监督管理局，为县政府直属正科级事业单位，在县政府一楼办公；2009 年，搬至县老企业局一楼办公；2011 年，明确为县政府 24 个组成部门之一。2011 年原办公楼遭遇"6.10"特大水灾后，由县老企业局搬至烟草局三楼办公(租用)；2012 年，搬迁至县行政服务中心。办公面积 220 平方米。2014 年，内设办公室(加挂"党建人事股"牌子)、综合协调股、政策法规科技股、矿山安全监督管理股、危化品安全监督管理股、安全生产应急救援办公室、职业卫生健康股，下设县安全生产执法监察大队，有干部职工 16 人。

通城县旅游局　位于银山大道便民服务中心综合楼，以行政区域和工作职能综合命名。2003 年，成立县旅游局，为林业局的副科级事业单位，2009 年 7 月，旅游局升格为县政府直属正科级事业单位。2012 年，旅游局驻地由县林业局搬迁至便民服务中心综合楼六楼，办公面积 200 平方米。2014 年，内设办公室、发展规划股、质量规范与管理股、宣传促销股，有干部职工 5 人。

通城县城市管理执法局　位于湘汉路 311 号。以行政区域名称与工作职能综合命名。1993 年 8 月，成立县城建管理监察队，隶属县城乡建设和环境保护局内设股室(正股级)；1997 年 10 月，更名为通城县城建管理监察大队。2010 年 8 月，由原城建局下属环卫局、园林局和城管监察大队组建成立县城管执法局，下设 5 个执法中队。

咸宁市住房公积金管理中心通城办事处　位于城东新区，占地面积 867 平方米，建筑面积 1200 平方米。以行政区域名称、工作职能和分支机构名称综合命名。1998 年 10 月，成立县住房公积金管理中心，隶属房改办；2002 年 5 月，随县房改办并入县房管局；2006 年 6 月，由财政局代管；2008 年 8 月，正式成立咸宁市住房公积金管理中心通城办事处，属县人民政府管理全额拨款事业单位。2014 年，内设办公室、归集股、贷款股，有干部职工 9 人。

通城县城镇建设资金管理中心　位于民主路 9 号，占地 2268 平方米，建筑面积 524 平方米，属县政府管理的正科级事业单位，以行政区域和工作职能综合命名。2007 年 8 月，成立通城县城镇建设资金管理中心。2014 年，内设办公室、计划财务股、项目管理股、国有资产管理股(加挂公共资源经营股牌子)，有干部职工 11 人。

通城县人民政府政务服务中心管理办公室　位于银山广场南侧，占地 2188 平方米，建筑面积 5095 平方米，以行政区域和工作职能综合命名。2002 年 8 月，成立通城县行政服务中心，为县政府直属临时机构；2009 年 11 月经县编委批准成立正式机构，更名为通城县行政服务中心管理办公室，为县政府正科级派出机构；2014 年 10 月，更名为通城县人民政府政务服务中心管理办公室。单位办公地址原位于南门图书馆，2012 年政务服务中心综合办公楼竣工后，搬迁到银山广场南侧。内设办公室、业务股、企业股，有干部职工 9 人。

通城县公共资源交易监督管理局　位于银山广场县便民服务中心五楼，建筑面积 1000 平方米，为县政府办公室管理正科级事业单位，以行政区域和工作职能综合命名。2006 年 3 月 27 日，成立县综合招标投标中心，于隽水镇雁塔社区办公；2009 年 11 月 17 日，设立县招标投标工作管理委员会办公室；2011 年 12 月，迁至县政务服务中心五楼办公；2013 年 1 月 21 日，县招标投标工作管理委员会办公室更名为县公共资源交易管理委员会办公室，加挂县公共资源交易监督管理局牌子。2014 年，下辖县公共资源交易中心，有干部职工 9 人。

通城县残疾人联合会　位于东阁路 39 号，以行政区域和工作职能综合命名。1989 年 12 月，成立县残疾人联合会，是县民政局的副局级单位；1998 年 1 月，升格为正局级事业团体，同民政局合署办公；2014 年 8 月，由民政局驻地搬迁至东阁路，占地 6937 平方米，建筑面积 1200 平方米，内设康复部、办公室，下辖残疾人劳动就业服务所，有干部职工 6 人。

通城县房屋征收管理办公室　位于民主路 162 号原老法院办公楼三楼，以行政区域和工作职能综合命名。2013 年 1 月 21 日，设立通城县房屋征收管理办公室，为县政府管理的正科级全额拨款事业单位，隽水镇民主路 162 号原老法院办公楼三楼办公。2014 年，有干部职工 3 人。

通城县产品质量检验检测中心　位于民主路 163 号(县法院老办公楼第五层)，建筑面积 460 平方米。以行政区域和工作职能综合命名。2014 年 1 月，县人民政府整合卫生、质监、食药监、农业、粮食、畜牧等部门的检验检测资源，设立“县产品质量检验检测中心”，加挂“县食品药品检验检测中心、县农产品检验检测中心、县畜禽产品检验检测中心、县粮油质量检验检测中心”4 块牌子，内设办公室、技术质量管理室、食品检测室、药品检测室、农产品检测室、工业产品检测室，有干部职工 20 人。

第四节　政　法　口

中共通城县委政法委员会　位于解放路 1 号县政府大院内，建筑面积 130 平方米，以中共党委机构名称和工作职能综合命名。1982 年 11 月，县委政法委员会成立；1985 年 11 月，成立中共通城县委政法委员会支部委员会；1986 年 5 月，成立通城县社会治安综合治理委员会，下设社会治安综合治理委员会办公室，与政法委机关合署办公。2014 年，内设办公室、政工科、执法监督科，下设社会管理网格服务中心，县委法治办和县综治办 2 个正科级机构与政法委合署办公，有干部职工 12 人。

通城县人民法院　位于县政务公开中心右后侧(街道编号待定)，占地 2 公顷，建筑面积 12000 平方米，以行政区域和工作职能综合命名。1949 年 10 月，成立通城县司法科；1950 年 4 月，成立通城县特别人民法庭；1951 年 4 月，成立通城县人民法院；1958 年 11 月，通城、崇阳合县为崇阳县人民法院；1962 年 1 月，重建通城县人民法院；“文革”期间公、检、法处于瘫痪状态；1972 年 10 月，恢复通城县人民法院。原办公地点为通城县隽水镇民主路 163 号；2014 年 12 月 17 日，新办公综合楼建成整体搬迁；有工作人员 86 人，下设纪检组、政治处、执行局(裁决庭、执行一庭、执行二庭)、办公室、监察室、司法行政科、司法鉴定科、法警大队、审判管理办公室、立案庭、审判监督庭、刑事审判庭、少年法庭、行政庭、民事审判一庭、民事审判二庭、民事审判三庭、城关法庭、五里法庭、北港法庭、沙堆法庭、麦市法庭。

通城县人民检察院　位于湘汉路 297 号，以行政区域名称与工作职能综合命名。1952 年冬，通城县人民检察署成立，与县公安局合署办公，1953 年 8 月该署撤销。1955 年 12 月，设立通城县人民检察院。1958 年 11 月通城、崇阳合县，称崇阳县人民检察院。1961 年 11 月，通城、崇阳分县，复设通城县人民检察院。1967 年 1 月，通城县公、检、法被“造反派”非法夺权。1968 年 2 月，成立中国人民解放军通城县公安机关军事管制小组，接管公、检、法三家。1978 年 11 月 25 日至 27 日，通城县第八届人民代表大会召开，恢复重建通城县人民检察院。2014 年，内设案件管理部、批捕部、民事行政检察部、职务犯罪侦查部、综合管理部、公诉部、诉讼监督部。

通城县公安局　位于城东新区，占地面积 5.2 公顷，建筑面积 2 万平方米，以行政区域名称和工作职能机构名称综合命名。1949 年 6 月，设县公安局；1967 年 1 月，通城县公安局被“造反派”非法夺权；1968 年 2 月，成立中国人民解放军通城县公安机关军事管制小组，接管公、检、法三家；1972 年 2 月，军管组合入县革委会政法组；1973 年 1 月，恢复通城县公安局；2010 年征地筹建新办公大楼。2014 年，内设办公室、政治处、监察室、警务保障室 4 个综合管理部门，以及指挥中心、警务督察、法制、国保、网安、刑侦、经侦、禁毒、治安、出入境、巡逻、交警大队 12 个直属执法勤务机构和看守所、拘留所等 2 个监管场所(以上均为副科级机构)；下辖隽水、城北 2 个城区派出所和 10 个农村派出所，实有在册民警 285 人、工人 37 人，另有辅警人员 270 人。

通城县公安消防大队　位于隽水大道特 119 号，营区占地面积 5088 平方米，建筑面积为 683.2 平方米，以行政区域和工作职能综合命名。1994 年 10 月，根据湖北省公安厅文件规定，通城县消防科升为消防大队，为正营级；下设一个消防中队，为正连级。消防大队既是武警部队建制，也是县公安局的消防监督机构。2014 年，下辖二级消防安全重点社会单位 118 个，有官兵 21 人。

通城县公安交通警察大队　位于五里大道 38

号，建筑面积6000平方米。以行政区域和工作职能综合命名。1987年7月，成立公安局交通警察队；1989年9月，升格公安局交通警察大队，为副科级单位；1990年，迁隽水大道543号；1998年迁至五里大道25号；2002年11月迁至五里大道38号。2014年，下设办公室，交管中队、车驾管中队、公路巡逻直属中队、隽水中队、九岭中队、高速公路管理中队，带管交通派出所；有正式民警30人、职工25人、辅警70人。

通城县司法局 位于城东新区(银山广场内，路段未命名)，办公区占地3335平方米，建筑面积近4000平方米，以行政区域名称和工作职能机构名称综合命名。1950年1月，建立司法科；1980年10月，改称司法局。2014年，内设办公室(加挂"党建人事股"牌子)、法制宣传股、基层工作股(加挂"人民调解委员会办公室"牌子)、律师管理股、法律援助股(加挂"法律援助中心"牌子)、社区矫正安置帮教股(更名为社区矫正工作管理局)，下辖通城县公证处(为局直属副科级机构)和11个乡镇司法所；共有干部职工69人。

第五节 宣 传 口

中共通城县委宣传部 位于解放路1号县委县政府大院内二楼，建筑面积120平方米，以党委机构名称和工作职能综合命名。20世纪50年代，设中共通城县委宣传部；2014年，内设办公室、政工科、宣传教育科、新闻科、理论科、未成年人思想道德建设科、县精神文明建设委员会办公室，有干部职工18人。

通城县文化体育和新闻出版局 位于民主路12号，占地1000平方米，建筑面积400平方米，以所在行政区域和职能命名。1950年1月2日，设文化教育科；1956年，文化、教育分科办公；1957年3月8日，文教二科合并为文教局；1958年崇阳、通城合县，归并崇阳县文教局；1961年崇阳、通城分县，恢复原制；1965年，设文化教育局；1969年，设毛泽东思想宣传站；1972年4月14日，更名为文化局，驻隽水镇民主街131号；1982年，迁西门隽水河北岸办公楼；1984年3月，文化与广播合署办公；1985年2月，文化与广播分立；1990年7月，文联与文化局合署办公；1993年2月，成立新闻出版局与文化局合署办公；2002年，更名为文化体育局；2011年，更名为文化体育和新闻出版局。2014年，有干部职工106人，内设办公室(加挂党建人事股)、文化艺术股、群众体育竞赛股、新闻出版股(加挂"版权股")、文物管理和非物质文化遗产股。

通城县网络信息管理办公室 位于银山广场南侧便民服务大厅4楼，以行政区域和工作职能综合命名。2012年4月，成立县网络信息管理办公室，有干部职工7人。

通城县文学艺术界联合会 位于隽水大道278号2楼。以行政区域和工作职能综合命名。1988年3月，成立通城县文学艺术联合会(正局级群团组织)；2010年5月，挂靠文化体育局管理；2012年5月，实行人员和经费单列；2012年7月，更名为通城县文学艺术界联合会。2014年，下辖作家协会、摄影家协会、美术书法协会、音乐舞蹈协会、楹联协会、天岳诗联学会、戏曲协会、民间文艺研究协会、瑶族文化研究学会、葫芦丝巴乌协会，共有在册会员982人，其中国家级会员15人，省级会员57人，市级会员85人；有干部职工3人。

通城县卫生和计划生育局 位于隽水大道247号，用地面积2498.2平方米，以行政区域和工作职能综合命名。1950年8月，设立卫生科，与县人民政府卫生院合署办公；1958年10月，成立卫生局，同年11月，通城、崇阳合县，设立崇阳县卫生局；1961年年底，恢复通城县建制，成立通城县卫生局；1969年2月，改为人民卫生服务站；1970年，设立民政卫生局；1972年8月，改称民政卫生科；1973年2月，民政、卫生分开，成立卫生科；1976年，更名为卫生局；1980年3月，卫生、计生分设，建立县计划生育办公室；1984年4月，计划生育办公室改称为计划生育委员会；2001年11月，计划生育委员会改称计划生育局；2004年11月，计划生育局改称为人口和计划生育局；2014年3月，卫生、计生合并，更名为卫生和计划生育局。2014年末，内设办公室、人事科教股、财务股、规划与信息股、政策法规与综合监督股、医政医管与基本药物管理股、医改股、疾病预防控制股、基层卫生和妇幼健康服务股，下辖11个乡镇卫生院和县医院、中医院、妇幼保健院、疾控中心、精防所、新型农村合作医疗管理办公室、综合监督执法局、社区计划生育管理办公室、流动人口计划生育管理办公室、信息中心、红十字会、计划生育协会；共有干部职工1428人。

通城县卫生和计划生育局综合监督执法局 位于隽水大道五巷45号，建筑面积994平方米，以行政区域名称和工作职能综合命名。2003年，组建计划生育稽查大队；2009年12月，更名为县计划生育行政执法大队；2005年4月，组建卫生监督局；2014年6月，原计划生育行政执法大队和卫生监督局合并，更名为县卫生和计划生育局综合监督执法局。2014年末，内设办公室、稽查股、医疗卫生监督股、计划生育监督股；有干部职工28人。

通城县红十字会 位于隽水大道247号，县卫生和计划生育局四楼，配2名工作人员，以行政区域和职能综合命名。1915年成立通城县红十字会，会址设城北邱家祠堂；1926年撤销；1988年7月，成立通城县红十字会。2014年，有工作人员2人。

第六节　经　贸　口

通城县经济和信息化局 位于解放路1号，建筑面积600平方米。以行政区域和工作职能综合命名。1976年10月，建立工交办公室；1984年2月，县工交办公室与县财贸办公室合并成立县经济委员会；1984年5月，县财贸办公室从县经济委员会分离出去；1997年6月，县经委与县财办合并，成立县经济贸易委员会；2002年5月，设立县经济贸易局；2003年3月，县经济贸易局与县乡镇企业管理局合并设置为县经济贸易局；2005年9月，县经济贸易局改组为县经济商务局；2010年，县经济商务局改组为县经济和信息化局。2014年，内设办公室(加挂党建人事股牌子)、经济运行股、规划和技术改造股、电子信息产业股、政策法规股，下辖通城县中小企业服务中心，有干部职工104人。

通城县商务局 位于民主路249号，占地面积600平方米，建筑面积800平方米，以行政区域和工作职能综合命名。2011年4月，撤销县商业、物资、外贸三家总公司，成立县商务局。2014年，内设办公室、财务统计股、对外贸易管理股、市场管理股、市场运行和商贸服务股、政策法制股，下辖商务综合执法大队和医药公司、通城商场、饮食服务公司、五交化公司、百货纺织品公司、副食品公司、商业大楼、农副产品公司、食品公司，有干部职工927人。

通城县质量技术监督局 位于玉立大道(原佳乐茶油企业行政办公楼)，占地面积7782.6平方米，建筑面积3050平方米，以行政区域和工作职能综合命名。1987年6月，成立通城县标准局；1987年9月，成立县计量局；1988年4月，县标准局、县计量局合并更名为县标准计量局；1990年8月，县标准计量局更名为县技术监督局；1999年1月，县技术监督局更名为县质量技术监督局；1999年7月，实行省以下垂直管理；2011年10月，由隽水镇湘汉路188号搬迁至玉立大道。2014年，内设办公室、人事股、法制股、计量股、标准股、质量股、特种设备安全监察股；下辖稽查分局，计量所；有干部职工66人。

通城县招商局 位于玉立大道216号(租借玉立华隆公司办公楼2楼)，办公区域面积200平方米，以行政区域和工作职能综合命名。2002年，设立县人民政府招商办公室；2004年2月，在县招商办公室基础上设立通城县招商局；2014年，内设办公室、招商项目股、投资管理股，有干部职工11人。

通城县供销合作社 位于九宫路30号，占地2000平方米，建筑面积1100平方米，以行政区域名称和工作职能机构名称综合命名。1950年春，设合作科；1952年10月，改称合作总社；1958年4月，并入商业局；1961年12月，从商业局分出；改称供销合作社；1969年2月，同商业局等单位合并为生活服务站；1970年4月，供销业务由商业局承担；1975年6月，从商业局分出单设供销合作社；1983年6月，更名为供销合作社联合社，恢复理事会和监事会。2014 年，有干部职工 56 人。内设办公室、人事股、业务股、财务股、综治办，下辖中药材公司、生活资料公司、茶叶公司、工业品公司、利华公司、农业生产资料公司、废品公司、供销车队、麦市供销社、石南供销社、九岭供销社、马港供销社、安平烟花爆竹有限公司。

通城县粮食局　位于隽水大道 300 号，占地 4000 平方米，建筑面积 3592 平方米，以行政区域名称和工作职能机构名称综合命名。1983 年 1 月，成立通城县粮食局；2001 年 1 月，由民主路 156 号迁至隽水大道 300 号。2014 年，有干部职工 23 人。内设仓储股、政策法规股、监督检查股、产业发展股、财务股、办公室(党建人事股)、调控股，下辖粮食储备库和粮油工贸管理办公室。

通城县烟草专卖局(营销部)　位于银山大道特 19 号，以行政区域名称和工作职能单位名称综合命名。1984 年 4 月 8 日，成立通城县烟草专卖局和湖北省烟草公司通城县公司，实行政企合一的管理体制，挂两块牌子实为一套班子；接受中共通城县委、县人民政府和地区烟草专卖局双重领导，以接受地区局(分公司)领导为主。2002 年 9 月 1 日，县级烟草公司取消法人资格，改称通城营销部，为湖北省烟草公司咸宁市公司下设机构。2014 年，设置机关科室 4 个，下设 1 个稽查大队、2 个专卖管理所、2 个市场部，在岗干部职工 51 人。

通城县盐务管理局(湖北盐业集团有限公司通城分公司)　位于柳提路 68 号，占地 2000 平方米，建筑面积 3075.81 平方米，以行政区域和工作职能综合命名。1979 年，成立湖北省盐业公司通城批发部，归口通城县轻工业局；1985 年，更名为湖北省盐业公司通城支公司；1991 年，迁至隽水镇柳提路 68 号；1993 年，成立湖北省通城县盐务管理局，与公司两块牌子一套班子；1994 年，人事权收归盐业总公司；1997 年，更名为湖北省通城盐业公司；2011 年，更名为湖北盐业集团有限公司通城分公司。2014 年，下设经营室、财务室、办公室，有干部职工 13 人。

第七节　农　　口

中共通城县委通城县人民政府农村工作领导小组办公室　位于解放路 1 号，建筑面积 450 平方米，以行政区域和工作职能综合命名。1983 年 1 月，设立中共通城县委农村工作部、通城县农业委员会，实行两块牌子、两套班子合署办公；1989 年 2 月，农工部和农业委员会合并成立通城县农村经济委员会；1997 年 6 月，改称通城县农业委员会；2002 年 5 月，成立县委、县政府农村工作领导小组办公室；2009 年，设立"县政府新农村建设办公室"与"县委农村工作领导小组办公室"合署办公，两块牌子，一套班子。2014 年，设秘书科、调研科和现代化工作科，有干部职工 14 人。

通城县农业局　位于隽水镇上阔村隽四公路旁，占地 4667 平方米，建筑面积 4000 平方米，以该单位所在行政区域和工作职能名称综合命名。1950 年 5 月，设立建设科；1957 年 2 月，撤销建设科成立农业局；1958 年 11 月，通城、崇阳合县，称崇阳县农业局；1961 年 12 月分县，恢复通城县农业局；1970 年 5 月，将局改科；1976 年 1 月，改农业科为农业局；2010 年 1 月，由隽水大道搬迁至隽水镇上阔村隽四公路旁。2014 年，有干部职工 113 人；内设办公室、种植业股、产业政策与法规股、科技教育股、发展计划财务股、市场信息股、农村能源办公室；下辖水产局、农机局、特产局、农业综合执法大队、农业技术推广中心、植保站、农产品质量安全监督检验站。

通城县水利局　位于隽水大道 142 号，占地 3135 平方米，建筑面积 2660 平方米，以行政区域和工作职能综合命名。1950 年 5 月，设建设科；1955 年，改为农林局，水利由其水利股主管；1957 年，设通城县水利局；次年崇阳、通城两县合并，通城县水利局并入崇阳县水利局；1961 年分县，恢复通城县水利局；1969 年 3 月，撤销县水利局，成立 8 大站，水利工作由农林水机站管辖；1970 年恢复水利局，4 月 15 日改为水利电力局；1972 年 8 月 7 日，水利电力局改为水利电力科；1975 年 10 月，撤科设局；1987 年，成立县防汛抗旱指挥部办公室，与水利电力局合署办公；

1999年4月，迁至隽水大道142号。2014年，内设办公室、计财股、计生股、农电股、防灾减灾股、水库股、建设股、农田水利水保股、水政水资源股、总工室，下辖百丈潭水电管理处、黄龙水力发电厂、云溪水电管理处、左港水库管理处、龙潭水库管理处、东冲水库管理处、阁壁水库管理处、水电工程公司、水电服务公司、水利工程管理维护中心、水土保持试验站、水政监察队、水电设计院、水电派出所、小水电公司和11个乡镇水利管理站。全系统有干部职工661人。

通城县气象局　位于银城西路103号，占地面积4000平方米，建筑面积480平方米，以行政区域和工作职能综合命名。1959年建站；1959年设县气象科；1968年，改名为气象局；1971年，实行地方政府、军队双重领导，以军队为主，隶属于通城县人民武装部；1973年，重新划归地方政府，改名为气象科；1981年，更名为通城县气象局；1983年，改为气象部门与地方政府双重领导，以气象部门为主；2013年8月实现局站分离，局机关位于原址，国家气象观测站位于通城县沙堆镇坪坳村九组。2014年，内设气象台、综合办公室、气象服务中心，下辖人工影响天气办公室、防雷中心，有干部职工7人。

通城县畜牧兽医局　位于隽水大道338号，占地13073.2平方米，建筑面积13071.6平方米，以行政区域名称和工作职能单位名称综合命名。1980年12月，从县农业局分离设立通城县畜牧局，为县政府一级事业局；1996年，成立通城县牧工商集团公司(部办级)，粮食局、畜牧局和商业局的肉联厂、食品公司成建制划归集团公司管理；1998年，撤销牧工商集团公司，牧工商集团公司与县畜牧局实行一套班子、两块牌子；2009年11月，更名为县畜牧兽医局；2011年4月，加挂通城县防治重大动物疫病指挥部办公室牌子。2014年，有干部职工166人，内设办公室(加挂党建人事股)、财务股、畜牧兽医股、畜牧产业发展股、动物疫病防控和畜产品安全股，下辖县动物卫生监督所、县动物疫病预防控制中心、县畜牧技术推广站、县屠宰管理办公室、县种畜场。

通城县林业局　位于银山大道178号，以行政区域名称和工作职能单位名称综合命名。1950年5月，设建设科，职能包括农业、林业、水利、交通、邮政；1956年元月，建设科分设为农业局、林业科、水利局、交通局，林业科与农业局、水利局合署办公，统称农林局；1957年2月，林业科与农业局合并改名农林局；1958年3月，分农林局为林业局、农业局；1972年年底，农业局特产股划归林业局，改林业局为林业特产科；1976年，更名为林业特产局，简称林特局；1982年，更名为林业局；2011年4月，加挂通城县森林防火指挥办公室、通城县油茶产业办公室牌子，内设办公室(加挂党建人事股牌子)、财务股、造林绿化管理股(加挂县绿化委员会办公室牌子)、森林资源管理股(加挂生态公益林管理股牌子)、野生动植物保护与自然保护区管理股、林业产业股、油茶产业发展股、世界银行贷款项目造林办公室(正科级)。

通城县水文局　位于沿河路41号，占地1335平方米，建筑面积2000平方米，以单位所在行政区域名称和单位职能名称综合命名。1958年，成立通城水文站；2013年8月5日，成立通城县水文局，实行通城县人民政府和咸宁水文水资源局双重管理。2014年，有各类站点36个(其中水文站5个，水位站5个，雨量站26个)，有干部职工5名。

第八节　建　设　口

通城县住房和城乡建设局　位于湘汉路356号，占地面积2801平方米，建筑面积2302平方米，以行政区域和工作职能机构名称综合命名的行政管理机构。1970年4月，成立县基本建设局；1984年5月，成立县城乡建设环境保护局；1995年升格为县城建委；2002年撤城建委改建设局；2011年4月，组建通城县住房和城乡建设局。2014年，有干部职工29人；内设办公室(加挂“党建人事股”牌子)、住房保障和房地产业股、城市公共资源管理股、村镇建设管理股、勘察设计股和科技股(加挂“测绘管理办公室”牌子)、政策法制股、计划财务股；下辖规划局、建工局、房管局、燃气管理办公室和市政公司。

通城县房地产管理局　位于宾阳门街49号，办公楼面积近两千平方米，以行政区域和工作职能综合命名。1963年，成立通城县房地产管理委员会，行政隶属城关镇，业务属县财政局；1975年3月，更名为通城县房地产管理所，隶属县财政局；1984年4月，划归县城乡建设环境保护局管理；1995年6月7日，成立县房产管理局，为副局级事业单位，与房改办合署办公；2001年7月3日，更名为通城县房地产管理局；2002年5月22日，县房改办并入县房地产管理局，隶属县住建局。2014年，下设办公室、房地产交易办公室、住房保障管理办公室、房地产开发与物业管理办公室、房地产市场管理办公室，有干部职工32人。

通城县园林绿化管理局　位于宝塔大道锡山公寓旁，以行政区域和工作职能机构名称综合命名。成立于1998年，属县建委(后改属县建设局)二级单位；2011年，划入县城市管理执法局，属执法局二级单位。2014年，下设办公室、管理股、绿舟园林服务中心和签证小组，有干部职工26人，另聘请公共绿地养护临时工40人。

第九节　教　育　口

通城县教育局　位于隽水大道453号，以行政区域名称和工作职能机构名称综合命名。1949年6月，设教育科；1957年3月，改为文教科；1958年11月，合并为崇阳县文教科；1961年12月，恢复通城县文教局；1968年11月，成立文教局革命领导小组；1970年，恢复文教局；1977年，设立教育局；1986年1月，升格为教育局委员会；2002年5月，改为教育局。2014年，内设办公室、基础教育股、教师管理股、人事股、计财股、督导股，另设教研室、招生办、资助中心、仪器电教站，下辖8个县直学校和11个乡镇教育党总支。

第十节　乡镇人民政府

隽水镇人民政府　位于隽水镇隽水大道特168号，以行政区域名称和工作职能综合命名。占地面积3600平方米，建筑面积2842平方米，场地面积2440平方米，其中绿化面积1000平方米，其他为活动场地。2014年，有干部职工106人。

插图70　隽水镇人民政府

北港镇人民政府　位于庄前社区新力大道370号，距县城18千米，以行政区域名和行政机关名称综合命名。2003年2月，建成新办公楼一栋，建筑面积5840平方米，总投资239万元。2012年，在新力大道289号设立北港镇便民服务大厅，民政、劳动社会保障、住房建设等10多家镇直部门在此办公。2014年，辖10个行政村、2个社区，共112个村民小组8087户3.4万人；共有在职在岗干部职工35人；先后被评为全省经济普查工作先进集体、全市维稳工作先进集体、全市信访工作目标管理先进单位。

插图71　北港镇人民政府

关刀镇人民政府　位于关刀镇北港镇官塘社区振兴大道5号，以行政区域名和单位名综合命名。镇政府机关大院东邻关刀邮政分局。镇机关固定资产600万元，占地面积3000平方米，建有3栋办公楼、3栋宿舍楼、1个礼堂、1个食堂，总建筑面积3500平方米。内设办公室、计生办、文化站、农技站、民政办、劳动所等机构。2014年，有干部职工80人。

插图72　关刀镇人民政府(航拍)

马港镇人民政府　驻马港镇推垅社区武长路特35号，北距县城9千米，以行政区域名称和机构职能命名。下辖21个村民委员会和1个社区居委会，政府院内有2栋办公大楼、1栋住宿楼、

1栋会议礼堂，另有篮球场、停车场等，占地面积5500平方米，建筑面积约3500平方米。院内有民政办、文体服务中心、计生办、林业站、司法所5家镇直部门，镇党委机关、政府机关、人大、政协等职能机构也设立在院内。政府机关有公务员34名，工勤人员22名。

麦市镇人民政府 位于麦市镇向阳社区建设路48号，距县城20千米，以行政区域名与职能命名。机关驻地占地面积约6400平方米，建有4栋三至四层砖混结构的住宿、办公大楼，建筑总面积共约5780平方米。有国家行政公务员编制38人，事业编制2人。镇机关内设有党政综合办公室、综治维稳中心、信访接待中心、计划生育办公室等机构及财政所、派出所、土管站、建设站、文化站、经管站等镇直部门，另有天门观电站、七里山矿泉水厂等镇属企业。2003年、2005年、2008年，麦市镇3次夺得全省小城镇规划建设管理"楚天杯"；2004年、2005年，分别获得"省级文明乡镇"和"全国文明村镇"称号；2010年，被评为"全省环境优美乡镇"。

沙堆镇人民政府 驻地为沙堆镇九井社区井峰大道1号，以行政区域和行政机关名称综合命名。机关占地面积9200平方米，建筑面积4700平方米，院内有4栋楼房。大门正对面即镇政府大院北部为政府办公大楼，建于2004年。2014年，下辖9个村民委员会、1个社区居民委员会；共有干部职工38人。

插图73 麦市镇人民政府

插图74 沙堆镇人民政府

石南镇人民政府　驻地为石南镇石南社区南大路8号，距县城10千米，以行政区域命名。占地面积1.4公顷。2014年，下辖10个村民委员会、1个社区居民委员会，有干部职工44人，先后被县政府评为民政工作先进单位、湖北省妇联基层组织建设示范乡镇、咸宁市人口和计划生育工作先进乡镇、全县抗洪救灾先进单位、咸宁市文明单位。

塘湖镇人民政府　位于塘湖镇塘湖社区西政街1号，距县城19千米，以行政区域名和工作职能综合命名。镇政府机关占地面积2公顷，建筑呈四合院。2014年，下辖15个村民委员会、1个社区居民委员会，下设镇直部门10余个，共有干部职工50人。

插图75　塘湖镇人民政府

五里镇人民政府　驻地为五里镇五里牌社区五里大道88号，以行政区域名和机构职能命名。2014年，下辖16个村民委员会和1个社区居委会，院内有一栋办公楼，两栋住宿楼及篮球场、停车场等，占地面积约4000平方米，建筑面积约10000平方米。共有公务员51名，工勤人员15人，先后获湖北省综治工作先进单位、湖北省农村集体“三资”监管代理先进单位、咸宁市经济发展速度十前乡镇、咸宁市平安乡镇、咸宁市防汛抗旱先进单位、咸宁市计划生育先进乡镇等多项荣誉。

大坪乡人民政府　位于大坪乡山苏路小区79号，距县城20千米。总占地面积8600平方米，以行政区域名和单位名综合命名。2014年，有3栋办公楼、一栋住宿楼和一栋生活用房，总建筑面积约5200平方米；有干部职工96人；下设党政综合办公室、综合治理维稳中心、信访接待中心、民政办公室和会议室、大会礼堂等。乡直设有财政所、派出所、国土所、文化站、畜牧中心站、信用社、供电站、卫生院、计划生育服务中心、林业站、水管站、住建所、药监所、社会保障服务中心等乡直部门。有横岭五级电站、新三汇养殖合作社、自来水厂、双狮茶叶、百丈潭和竹仙酒业、泽中药业、杭瑞陶瓷、亚细亚等企业。

四庄乡人民政府　位于四庄乡四庄村四庄街1号，占地面积1公顷，以行政区域名命单位名。2014年，建有三层砖混结构办公、宿舍、食堂共4栋楼房，建筑面积5988平方米；另有礼堂一栋，建筑面积648平方米。乡政府下设党政综合办公室、综治维稳中心、信访接待中心、纪委办公室、民政办公室、武装部办公室、党建办公室、安全生产监督管理办公室等。有国家行政公务编制27人，事业编制11人。

插图 76　四庄乡人民政府(航拍)

第二章 事企业单位

第一节 事业单位

通城广播电视台 位于湘汉路180号，占地2810平方米，建筑面积1122.2平方米。以行政区域名称和工作职能机构名称综合命名。1950年9月，成立县广播收音站；1957年10月，更名为通城县广播站；1972年9月，更名为通城县革命委员会广播站；1980年，改为县广播站，同年县广播站迁至古老山路1号；1985年2月，成立通城县广播电视局；1993年2月11日，成立通城电视台；3月25日，成立通城人民广播电台；2006年5月12日，通城广电网络公司与通城县广播电视局分离。2014年，全台有干部职工43人，内设办公室、总编室、新闻部、专题部、广告部、文艺部、技播部、广播部，下设二级单位锡山电视差转站。

通城县博物馆 位于民主路12号，以所在行政区域和工作职能综合命名。成立于1985年，与县文化馆合署。1998年，文化、博物二馆正式分家，成为具有独立法人资格的单位，属通城县文化体育局。建筑面积1500余平方米，主体建筑4层，一楼设值班室和监控室，二楼、三楼设展厅各1个，展厅使用面积共600平方米，第一展厅面积300平方米，承担历史文物对外展示；第二展厅面积300平方米，承担革命文物的对外免费开放展示作用。四楼面积300平方米，按工作需要间隔划分为藏品库房、文物摄影区、和器物修复区。2014年有干部职工7人。

通城县图书馆 位于民主路18号，以所在行政区域和工作职能综合命名。1951年3月建立通城县文化馆，内设图书馆；1979年从文化馆分开单设。占地面积1350平方米，建筑面积1068平方米。2014年有干部职工17人，内设办公室、采编室、财务室、图书阅览室、期刊报纸阅览室、电子阅览室、影视报告厅共7个窗口。

通城县文化馆 位于解放西路3号，以所在行政区域和工作职能综合命名。1951年，成立通城县文化馆；2012年，下设通城县非物质文化遗产保护中心。占地650平方米，建筑面积2362平方米。主要职责为组织群众文化活动，进行非物质文化遗产保护等工作。2014年，有干部职工25人。

通城县人民医院 位于县城中心的隽水河畔，以行政区域名称和工作职能综合命名。始建于1950年7月1日，正式成立通城县卫生院(当时院址在城关镇胡家祠堂，今隽水镇民主路170号)；1951年10月，更名为通城县人民政府卫生院；1957年2月，更名为通城县人民医院；1958年12月，通城、崇阳合县，更名为崇阳县第二医院；1961年12月，恢复通城县建制，更名为通城县医院；1968年9月，更名为通城县人民医院革命委员会；1973年12月，恢复通城县医院名称；1975年1月，定名为通城县人民医院。总占地面积8公顷，建筑面积7.5万平方米，建有门诊楼、住院部、服务楼、影像楼、宿舍楼等。2014年，设信息科、公共卫生科、感染管理科、护理部、科教科、医务科、基建科、保卫股、设备科、总务股、财务科、计划生育办公室、人事科和院办公室14个科室，共有职工1070人，其中卫生技术人员1006人，正高职称18人(其中二级岗位2人，三级岗位5人，硕导8人)，副高职称84人。编制床位800张，年门诊40万人次，住院3.8万人次，施行大、中型手术9000余例。医院设施齐全，设备先进。配备有1.5T超导磁共振、64排128层螺旋CT等高档医疗设备，借助高新设备，医院技术权威性和影响显著提升，微创、介入、放疗等在全市和湘鄂赣周边区域率先开展，并处于领先水平。该院是一所集医疗、预防、教学科研于一体的国家二级甲等综合性医院。先后荣获全国卫生系统先进集体、全国医疗改革创新百佳单位、全国最具惠民精神医院、湖北省文明单位，成为在全省县级医院中具有突出地位的品牌医院。院长金凌应也先后荣膺全国百佳优秀医院院长和全国劳模等称号。

通城县中医医院　位于隽水大道336号，以所在行政区域名称和机构名称综合命名。1975年撤区并社时，改城关卫生院为通城县第二人民医院；1976年3月，改为通城县中医医院（副科级）；1998年8月，在隽水大道建了一栋6000平方米的新门诊大楼，中医医院从南门搬至隽水大道336号。占地面积1.85万平方米，建筑面积1.5万平方米。该院是一所集医疗、教学、科研、预防、保健、康复等功能于一体的二级甲等中医院医院，被省卫生厅列为“全省示范中医医院建设单位”，是“职工基本医疗保险定点医疗机构”“中国人寿保险公司定点医院”“新型农村合作医疗定点医疗机构”“城镇低保病人就诊惠民医院”“城镇居民基本医疗保险定点医院”。2014年末，拥有美国螺旋CT、彩色B超、全电脑电子胃镜、电视腹腔镜、C型臂X光视、胃肠机、微创钬激光碎石枕、体外震波碎石机、化学发光检测仪、生化分析仪、射频控温热凝治疗仪、骨质疏松治疗仪、腰椎间盘突出微创治疗仪、超激光疼痛治疗仪、腰椎间盘突出手术系统、妇科用宫颈LEEP刀、红光治疗仪、婴儿复苏台、输尿管镜、阴道镜、血液透析仪、中药熏蒸仪等现代设备；有干部职工219人，其中正高职称4人，副高职称22人，中级职称87人，编制床位300张。门诊开设急诊、内外、妇儿、五官、皮肤、针灸、碎石、口腔、风湿、肛肠、肝病、肾病等科室，住院部开设有内一科（心脑血管病、血液透析室、老年病）、内二科（中风、肿瘤、风湿免疫）、内二科（糖尿病科）、外科（普外、妇产、泌外）、骨科、针灸康复科、疼痛科、养生堂等病区。

插图77　县中医院（刘亚敏　摄）

通城县妇幼保健院　位于银城西路67号，建筑面积3221平方米，以行政区域名称和工作职能机构名称综合命名。1975年，成立通城县妇幼保健所；1996年，更名为通城县妇幼保健院，同年升格为副科级单位；2014年7月，和通城县计划生育技术服务站合并，增加第二名称为通城县妇幼保健计划生育技术服务中心。下设办公室、医务科、护理部、财务科、内科、外科、妇产科、儿科、公共卫生科、婚检科、二楼妇产科、外科住院部，共有病床20张；另外，三楼儿科住院部还有病床22张。有干部职工295人。

通城县疾病预防控制中心　位于民主路293号，建筑面积3174平方米，以行政区域和工作职能综合命名。1957年，成立通城县卫生防疫站，办公地点设在县卫生院内；“文化大革命”开始后，防疫工作一度停顿，防疫站人员全部调离到县人民医院从事医疗工作；1971 年 4 月，恢复通城县卫生防疫站，办公地点设在县医院内，隶属于县卫生局，为副科级单位；1976 年办公地点迁至北门蔬菜二大队(701 地质队内)；1995 年办公地点迁至隽水镇民主路 195 号；2005 年 4 月，更名为通城县疾病预防控制中心。2014 年，有干部职工 137 人。

通城县第一高级中学　位于旭红路，以行政区域名称和工作职能机构名称综合命名。1940 年 9 月，于麦市天门观借用民房为校舍创办通城县县立初级中学，招初中一上、一下及先修班各一个，共计学生 163 人；1945 年抗战胜利后，学校迁入县城；1949 年 5 月，县城解放，8 月学校复课，县长邓自力兼任校长；1958 年，新招高一年级两个班，学生 103 人，成为通城县有史以来第一所全日制完全中学；2004 年从县城南门古老山下搬迁到县城东郊菖蒲港畔。校园总面积 22. 8 公顷，建筑面积 9 万平方米，投资逾亿元，其中有教学楼三栋教室 70 间；科技楼、图书馆、运动场、美食中心、学生公寓等一应俱全。学校实行全寄宿制封闭管理，2014 年末，有教学班 61 个，学生 3543 人，教职工 267 人，职能范围是中学阶段(包括初中与高中，以高中为主)的教育教学与管理。学校先后荣获“咸宁市示范高中”“湖北省教改名校”“湖北省教育科研 50 强学校”“湖北省文明单位”“北师大教育科研合作单位”“全国德育先进学校”“全国青少年科技活动先进单位”等。

通城县第二高级中学　位于民主路 247 号，校园占地面积 8 公顷，建筑面积 48000 平方米，以行政区域名称和工作职能机构名称综合命名。学校创建于 1995 年，由原通城三中(创建于 1970 年)北港二中、麦市四中合并而成，现成为全县一所特色教育的示范高级中学。有教学楼 2 栋，共计 48 间教室，共有在编教职工 188 人，在校生最高达 3500 人。职能范围是实施高中学历教育，促进基础教育发展。先后被评为“咸宁市示范高级中学”“咸宁市最佳文明单位”“湖北省男女排球后备人才培养基地”“高考文理科备考先进学校”“高考体艺备考先进学校”“中国好教育荆楚课改联盟理事长学校”“湖北省体育工作先进学校”。学校布局合理，设施齐备，建有功能齐全的多媒体教室，标准化微机室，开通了远程教育网和宽带网。教学楼、实验楼、宿舍楼、图书室、音乐楼、阅览室、会议室、运动场、食堂等设施完备，校园环境优雅。

通城县教育中心　位于黄源街 47 号，以该行政区域名称和工作职能机构名称综合命名。1995 年，由通城电大、函授站、通城职业高中、教师进修学校等合并组成；1996 年，更名为通城县教育中心。2014 年，有正式教职工 91 人，电大及函授学员 1080 人，职高生 962 人。

通城县隽水寄宿中学　位于古龙路 1 号。校园总面积 3. 3 公顷，建筑面积 3 万平方米。以行政区域和工作机构名称综合命名。2004 年，城关初中教师出资购买原一中校舍，办起了通城县第一所民办中学。有固定资产 4000 万元(不含土地)。其中有教学楼二栋，综合楼一栋，教室 42 间；科技楼、图书馆、运动场、美食中心、学生公寓等一应俱全。学校实行全寄宿制封闭管理，招收全县初中阶段的寄宿生，并为在通城打工经商人员的子女提供教育教学服务。2014 年末，有教学班 42 个，学生 2400 人，教职工 210 人。学校设有党支部、办公室、教导处、政教处、综治处、总务处、工会、妇委会、团委。

通城县城关中学　位于银山大道 268 号，以行政区域和职能命名。1982 年创建通城县城关初中，地址为隽水镇解放路 11 号，2012 年，搬迁至隽水镇银山大道。学校占地面积为 20000 平方米，建筑面积为 13000 平方米，2014 年末，有教学楼 1 栋、35 间教室，建有标准的理化生实验室；有教职工 126 人，在校学生 2561 人，连续 11 年中考成绩综合排位获全县一等奖，2013 年“双十五高效课堂教学模式的实验与研究”荣获湖北省教学科学研究成果三等奖，先后被评为湖北省“依法治校示范学校”、湖北省“绿色学校”、咸宁市“平安学校”。

通城县南门初级中学　位于秀水河路 1 号，以行政区域和工作职能机构名称综合命名。1987 年 9 月创建成立南门初中，同年征用该地建校舍。占地 6789 平方米，建筑用地面积 1589 平方米。2014 年，有七、八、九三个年级八个班，学生 430 人，教职工 52 人，其中中学高级教师 4 人，中学一级教师 44 人。

插图 78　城关中学(航拍)

通城县城北中学　位于银城西路 202 号，以行政区域、方位和工作职能机构名称综合命名。于 1999 年由原隽水镇北门中学(创建于 1983 年)、隽水镇人桥中学(创建于 1980 年)合并而成，为基础性、实验性和开放性的重点学校。学校占地面积 30757 平方米，建筑面积 23094 平方米，有教学楼 1 栋，共计 24 间教室。2014 年，有教职工 126 人，在校学生数 2561 人。先后被评为"湖北省 STS 重点研究课题示范学校""湖北省体育传统项目学校""湖北省安全文明校园""咸宁市教学常规管理示范学校""咸宁市教育科研实验学校""通城县国防教育示范学校"。学校布局合理，设施齐备，建有功能齐全的多媒体教室，标准化微机室，开通了远程教育网和宽带网。教学楼、实验楼、宿舍楼、图书室、阅览室、会议室、食堂等设施完备，校园环境优雅。

通城县实验小学　位于和平街 22 号，以行政区域名称和单位名称综合命名。创建于 1941 年，原名城关小学。2014 年，学校占地面积 5272 平方米，有教学楼两幢，设 35 个教学班，有教职工 110 人，在校学生 2800 人。学校先后被评为"全国启发式教学示范学校""湖北省教育科研先进单位""湖北省小学语文教学研究先进单位""咸宁市教育科研实验学校""全国中小学生良好习惯养成教育示范学校""湖北省优秀家长学校""咸宁市绿色学校"，"全国科普示范基地""全国科普示范学校""省科普先进单位""省科技创新大赛优秀组织单位"。

通城县隽水镇南门小学　位于向阳街 96 号，占地 5600 平方米，建筑面积 8300 平方米，以行政区域、工作机构及地理位置综合命名。始建于 1981 年 1 月，初名为通城县南门小学；1988 年，改称隽水镇南门小学。2014 年，有在校学生 3118 人，教职工 141 人。

隽水镇北门小学　位于拱北门街 32 号，学校占地 6670 平方米，建筑面积 5690 平方米，以所在县城方位和工作职能机构名称综合命名。1979 年建在石泉村五组，1991 年搬迁至漆家铺。2014 年，有 23 个教学班，在校学生 1529 名；教职工 69 名，学历达标率 100%，其中中学高级教师 2 名，小学高级教师 12 名，湖北省教学能手 1 名，咸宁市骨干教师 1 名，通城县优秀教师 12 名。实验科技室、音乐教室、美术教室、书法教室、手工制作室、舞蹈教室、图书阅览室等各种现代化教学、活动设施一应俱全。先后荣获"全国家庭教育工作先进单位""中国西部教育顾问单位""湖北省教育理事会常务理事单位""咸宁市文明单位""咸宁市优秀学校""咸宁市文化艺术教育突出贡献奖""咸宁市第八届美育节先进单位""通城县素质教育先进单位""通城县校园集体舞大赛一等奖""通城县教育科研基地学校"等称号。

隽水小学(原逸夫楼)　位于隽水镇大道中段，以与学校邻近的河流名称和工作机构名称综合命名。1999 年开工建校，2000 年 4 月建成，将原新桥小学整体迁入；2001 年 4 月，正式更名为隽水小学。2014 年，有学生 4000 余名，62 个教学班；教职工 241 人，其中高级教师 108 人，国家、省、市、县级名师、学科带头人、骨干教师 70 余人。

学校占地6.7公顷，建筑面积3万平方米，教学楼、办公楼、阶梯教室、微机室、图书室、实验室、音体美专业教室、学生公寓、食堂餐厅等一应俱全。10多年中，学生获各级荣誉和参加各级各类竞赛获奖达2800多人次，学生在《咸宁日报》《南鄂晚报》《明天》等报刊上发表文章400余篇。2001年，学校开办寄宿班，成为通城县留守儿童托管中心，为广大外出务工人员解决了后顾之忧。中央电视台、《当代教育报》《湖北日报》《咸宁日报》等多家媒体对该校寄宿教育进行了宣传和报道。学校先后荣获全国“中小学美术书法大赛优胜单位”、湖北省“绿色学校”“绿色文明校园”“中小学健康学校”“‘四个创建’先进单位”、咸宁市“最佳文明单位”“卫生学校”“体育传统项目学校”“优秀家长学校”“交通安全学校”、通城县“示范学校”“文明单位”“先进单位”等多项荣誉称号。

插图79　隽水小学(刘亚敏　摄)

通城县特殊学校　位于白沙社区北部，距离社区居委会所在地2千米，以行政区域名称和工作职能机构名称综合命名。1991年上半年，县教育委员会购买原锦山乡李家塘小学旧址，并于同年改造拆建，招生开学，设立通城县特殊学校。占地面积2668平方米，建筑面积约1000平方米，分别为教学楼和学生住宿楼。2014年，有教师15名，学生46名。

通城县实验幼儿园　位于兴贤门街176号，占地面积3240为平方米，建筑面积4360平方米，以行政区域工作职能机构名称综合命名。1952年，由原西门幼儿园更名为通城县实验幼儿园，成为全县一所实验性的重点幼儿园。2014年，有幼教楼3栋，共计17间教室；有教职工71人，在校幼儿960人。学校先后被评为“市级示范园”“巾帼示范岗”“三八红旗集体”“一级一类幼儿园”。

隽水镇北门幼儿园　位于拱北门街32号，占地10520平方米，建筑面积5600平方米，户外活动场地7840平方米，以该单位所在县城方位和工作职能机构名称综合命名。2012年，立项筹建；2014年，引进“北京大风车教育集团”在通城开办的唯一一所民办中心幼儿园，并附设“大风车寄宿小学”。有大、中、小班13个，教职工34人，入园幼儿532人。

中国人民银行通城县支行　位于九宫路32号，占地1公顷，以行政区域和工作职能机构名称综合命名。1950年元月下旬成立；1958年年底，通城县和崇阳县合并，通城县支行被撤销，改为通城办事处；1961年，通城、崇阳分设，恢复通城县支行；1958年3月，银行与财政第一次合并，同年8月分开；1970年4月，与县财政局再次合并，以县财政局名义开展业务；1973年4月1日，与财政局分设；1987年搬迁到九宫路32号。2014年，设货币信贷与统计股、会计国库股、货币金银股、保卫股、人事政工股、办公室，有干部职工32人。

中国银行业监督管理委员会咸宁监管分局通城办事处　位于九宫路32号，在人行通城县支行院内办公，以单位管理性质及所在行政区域和单位职能名称综合命名。2004 年元月，成立咸宁银监分局通城银监组；2004 年 6 月，更名为中国银行业监督管理委员会咸宁监管分局通城办事处，简称咸宁银监分局通城办事处。2014 年，有行政编制 4 名，实为 3 人。系湖北银监局、咸宁银监分局派驻机构。

中国农业发展银行通城县支行　位于隽水大道 362 号，建筑面积 1200 平方米，占地 5336 平方米，以行政区域和工作职能综合命名。1996 年 12 月，成立中国农业发展银行通城县支行。2014 年，有干部职工 22 人。

第二节　企业单位

百丈潭酒业　位于大坪乡坪山村东南部方向 2 千米，以该企业生产的产品品牌命名。该企业于 2012 年建成，以通城特色名酒为主，总占地面积 19.1 公顷，建筑面积 3600 平方米，有造酒加工车间厂房 3 栋，员工办公生活用房 1 栋，员工 20 人，年创产值千万元。

国营通城县大柱茶场　位于沙堆镇大柱山村西南部，距沙堆镇政府 7 千米，以该场所在的行政区域及经营性质、品种名称及形式综合命名。始建于 1957 年，名大柱山茶场；1960 年更名为“通城县国营茶场”；2002 年改制，由吴政文等 10 人租赁，同通城县人民政府签订经营权 37 年的经营租赁协议。2014 年，有茶园面积 20 公顷，场区办公楼 1 幢和茶叶加工厂房 3 幢，建筑面积 2200 平方米，占地面积 5000 平方米。另设有 1 幢生猪养殖场房和厨房。先后生产井峰、乌龙茶、礼品茶等 5 大类 30 多个品种，畅销国内外，年利润百万元以上。

国网湖北省电力公司通城县供电公司　位于隽水大道 378 号，占地面积 23032 平方米，建筑面积 2901.5 平方米，属国有企业，以行政区域和工作职能综合命名。1999 年 6 月，由湖北省电力公司代管；2010 年 11 月 26 日，改制正式挂牌成立国网湖北省电力公司通城县供电公司，隶属国网湖北省电力公司。2014 年，设办公室、党群工作部、发展建设部、人力资源部、财务资产部、安全运检部、安全监察质量部(保卫部)、营销部(客户服务中心)、电力调度控制分中心，下辖客户服务中心、新塔供电所、石南供电所、北港供电所、大坪供电所、水兴供电所、麦市供电所、塘湖供电所、九岭供电所、沙堆供电所，有干部职工 245 人。

湖北福人药业股份有限公司　位于石南桥，距县城 10 千米，以所在行政区域名称及工作机构综合命名。1990 年 1 月，成立武汉中联制药厂通城县分厂；1995 年，改为湖北省福人制药厂；1999 年，经股份制改造，变更为湖北福人药业股份有限公司。2014 年，占地面积 13.3 公顷，建筑面积 3 万余平方米；有员工 1050 人，其中执业药师、工程师等技术人员 300 余人；注册资本 4457 万元，固定资产过 2 亿元，年销售额过 2 亿元，近

插图 80　福人药业

3 年年均纳税 2800 余万元；选后被评为“湖北省博士后产业基地”“湖北省高新技术企业”“国家中药现代化科技产业(湖北)骨干企业”“农业产业化省级重点龙头企业”“湖北省医药工业 50 强”“全国乡镇企业创名牌重点企业”。“福人商标”连续五年获“湖北省著名商标称号”，“金刚藤”系列产品被认定为湖北精品名牌产品，具有 6 个剂型的生产能力，生产 20 个涉及妇科、心脑血管科、儿科品种的产品。在咸宁经济开发区总投资近 2 亿元的兴建福人医药工业园，一次性通过 GMP 认证，年创产值 8 亿元。

湖北皇赐天然矿泉水有限公司　位于麦市集镇北部，距七里村村委会驻地 1 千米，以行政区域名、产品及其寓意和单位性质综合命名。2012 年 3 月建成投产。由该村外出务工人士郑四来创办，项目总投资 2000 万元，主要从事珍稀天然弱碱性高端饮用水生产，引进世界先进全封闭、全自动无菌灌装设备及无尘净化车间，在生产过程中能达到控菌、抑菌卫生要求。年产饮用水 1.8 万吨。

湖北华信制药有限公司　位于隽水大道 98-9 号，占地面积 71194.3 平方米，建筑面积 14874.9 平方米。该公司以行政区域名称与企业公司名称而综合命名，是一家集药品、医疗器械、保健食品生产、销售、研发于一体的股份制制药企业。2000 年 2 月，湖北福人俏娇药卫有限公司成立，主要生产消毒药剂；2003 年 8 月，更名为湖北福人福通药卫用品有限公司，生产医用卫生材料和医用器械；2005 年 9 月，更名为湖北福人福通药业有限公司，新建软胶囊生产线；2009 年 8 月改制重组，成为一家具有独立法人资格的股份制企业；2013 年 3 月引进北京康远药进行股份合作，更名为湖北华信制药有限公司。2014 年，在职员工 73 人。有 3 条生产线：软胶囊剂(激素类)生产线、合剂(含中药提取)生产线、膏药生产线。生产注册品种共 5 个：金药膏、溃疡膏、金银花口服液、金刚藤抗菌洗液、达那唑软胶囊。年产值 3065 万元，上缴利税 245 万元。

湖北平安电工材料有限公司　位于玉立大道 226 号，占地面积 8.2 公顷，建筑面积 34049 平方米，以所在行政区域和公司字号、产品性质、应用领域和公司性质体制综合命名。1991 年，湖北平安电工材料有限公司成立；2005 年，隶属通城县经济开发区。该公司是一家以云母绝缘材料的研发、生产、销售为一体的高新技术企业，下辖 3 个生产工厂；是亚洲最大的云母制品生产企业、中国云母绝缘材料产业化服务中心企业、中国云母专业委员会理事长单位、湖北省博士后产业基地、省高新技术企业、省企业技术中心、省院士专家工作站企业、省工程技术研究中心、省知识产权示范企业、省自主创新中小企业、省著名企业。主导产品有云母纸、云母板、云母带、云母异型制品、电热膜、有机硅树脂、玻璃纤维七大系列近 1000 个品种；拥有成套的生产工艺技术和装备，形成了原料处理、主体产品、配套材料生产

插图 81　平安电工

三大生产体系。产品广泛应用于家电、航空、航天、新清洁能源、高速机车、石油、化工、冶金、电线电缆等领域，部分产品已用于神舟系列、嫦娥系列等航天工程、南北车等高速机车工程、大型发电及高压电机、新疆风电等能源工程以及世博园、鸟巢等城市建设工程。“PAMICA”品牌注册商标为中国驰名商标。公司董事长潘协保为全国乡镇企业家、国务院政府津贴专家、高级工程师、咸宁市人大代表、省政协委员。2014 年，有员工 715 人，实现营业收入 5.6 亿元，上缴税收 5400 万元。

湖北三赢兴电子科技有限公司 位于通城大道 333 号，以行政区域名称、美好愿景、产品和公司体制性质综合命名。2010 年征地，2012 年 12 月建成投产。2014 年，占地面积 80 公顷，建筑面积 4300 平方米，建有 9 栋楼房，其中生产车间 4 栋、办公楼 1 栋、员工宿舍楼 3 栋、综合楼 1 栋，总投资 2 亿元；内设总经办、研发部、人事行政部、资财部、财务部、生产部、工程部、品质部、售后维修部等机构，专注数码影像类模组和数码影像类产品的研发、生产与销售，其产品广泛应用于手机、电脑、汽车、安防、平安城市、医疗、精密工业、航天航空等领域；有员工 800 人，其中管理人员 130 人，技术科研人员 90 人，一线生产工人 500 余人。

湖北省广播电视信息网络股份有限公司通城支公司 位于湘汉路 180 号，建筑面积 1672.5 平方米，以服务区域和工作职能综合命名。1985 年 2 月成立通城县广播电视局，2005 年 12 月 31 日，湖北省楚天广播电视信息网络有限责任公司全资收购通城县广播电视局有线电视网络资产，成立湖北省楚天广播电视信息网络有限责任公司通城支公司，2008 年 6 月更名为湖北省楚天视讯网络有限公司通城支公司，2014 年 10 月更名为湖北省广播电视信息网络股份有限公司通城支公司。有干部职工 283 人，其中工程技术人员 7 人，其他专业人员 14 人，下设 16 个经营部、9 个部室。

插图 82 三赢兴科技公司(刘亚敏 摄)

湖北省玉成陶瓷科技有限公司 位于北港镇大界村偏南方向，距村委会驻地三公庙 700 米，以所在行政区域名、人名、产品名、单位体制名称综合命名。2006 年 4 月动工兴建，2007 年投产。2014 年，占地面积 3.3 公顷，有机房、仓库、办公楼、料场等，有职工 147 人。公司生产的 350 目、400 目、500 目、800 目等优质长石粉，是冶金、玻纤、机电、陶瓷等工业原料，远销东南亚及国内湖南、湖北、广东、江浙等地。

湖北天健畜牧有限公司 位于沙堆镇九井社区九井街 98 号、102 号，以地域名称和《周易》名言及经营范围、性质综合命名。“天健”出自《周易》“天行健，君子以自强不息”，表达经营者的刚毅坚定、发愤图强的精神。1998 年创办富康农牧有限公司，2014 年，出栏生猪 15000 头。公司先后被评为湖北省农业科技创新五十强企业、湖北省生猪标准化养殖示范厂、咸宁市“十佳龙头企业”；拥有猪厂两家，种母猪 1200 头、种公猪 110

头。总建筑面积12000平方米，下设屠宰厂、田园乐菜篮子超市，总投资6000万元，年产值4000万元。

湖北通城农村商业银行股份有限公司　位于隽水大道262号，占地面积1.17公顷，建筑面积4518.9平方米。该银行是具有独立法人资格的股份制商业银行，以行政区域、业务领域和组织形式综合命名。1984年8月，成立通城县农村信用合作社联合社，隶属于县农行。1996年12月，与县农行正式脱离行政隶属关系。2014年6月，更名为湖北通城农村商业银行股份有限公司。内设办公室、人力资源部、信贷管理部、风险合规部、财会统计部、稽核监察部、市场营销部、电子银行部、安全保卫部、科技信息部，下辖营业部和11个乡镇及锦山支行、城郊支行、武长支行、民主支行、银山支行和贷款部，存款总额28.5亿元，贷款总额15.5亿元，在职干部员工226人。

湖北亚科微钻有限公司　位于麦市镇七里村刑家，以行政区域名、公司体制性质和产品名称及美好愿望命名。2003年6月，七里村村民郑四来投资1100万元创建，后陆续扩资扩资3900万元。公司占地面积30000平方米，建筑面积7000平方米，总投资5000万元。2014年，有员工280人，其中高级技术职称人员45人，另有一批具有丰富生产、管理经验的专业人员。主要业务是研发制造微型铣刀、螺丝刀。

插图83　通城农村商业银行(刘亚敏　摄)

插图84　湖北亚科微钻有限公司

湖北瀛通通讯线材股份有限公司　位于玉立大道555号，所在行政区域名称和公司所在地地名、产品和公司性质体制综合命名。2014年，旗下有湖北瀛通电子有限公司、湖北瀛新精密电子有限公司、东莞市瀛通电线有限公司、东莞市开来电子有限公司、瀛通（香港）科技有限公司、瀛通（越南）电子科技有限公司六家全资子公司及瀛通管理学院、武汉研发中心；公司总占地面积293000平方米，建筑面积139600平方米，员工6000多人，在同行中率先通过ISO9001质量体系、ISO14001环境体系及RoHS、Sony-GP环境物质管理体系、产品3C体系、SA8000、美国产品UL安规等体系认证，实现年营业收入5.01亿元，上缴税收9239.78万元。

湖北玉立砂带集团　位于玉立大道218号，以行政区域名称、公司法人的名称、产品名称和公司性质体制综合命名。始建于1978年，其前身分别为“通城县城关镇‘五七’大队砂布组”（1978.1—1978.3）、“通城县城关砂布厂”（1978.4—1982.10）、“通城县砂布厂”（1982.10—1997.6）、“湖北玉立砂带股份有限公司”（1997.6—2005.7），2005年7月更名为湖北玉立砂带集团股份有限公司（以下简称“玉立公司”）。原地址位于县城朗桥南侧，1998年搬迁至新塔社区。占地面积64.5公顷，建筑面积25.78万平方米，建有砂带、砂布、砂纸等20多个车间，员工2000多人。2014年，产值10.3亿元，上缴利税0.56亿元。公司是亚洲生产规模最大、产品产量最多、产品品种最全的涂附磨具专业公司，也是集科研、生产、经营、技术服务于一体的现代化企业。公司先后被评为“全国诚信守法乡镇企业”“中国机床工业协会‘精心创品牌十佳企业’”“全国机电产品出口先进单位”“全国最佳经济效益乡镇企业”“全国优秀思想政治工作企业”“全国重合同守信用单位”“全省企业党建红旗单位”“省优秀民营企业”“省外贸出口先进单位”“省和谐劳动关系优秀企业”等荣誉称号，被湖北省国税、湖北地税局评为“纳税信用等级A级纳税人”。

插图85　玉立公司砂带生产车间

湖北泽中实业有限公司　位于大坪乡下畈村东部，通城大道路旁，距县城3.5千米，以行政区域名称和该企业意愿及公司的组织形式综合命名。2012年兴办创建，2013年正式运营。总占地面积10公顷，建筑面积3.8万平方米，有办公大楼、展示厅、员工住宿生活楼、生产加工车间、停车场、会议大厅等，主要生产药姑山绿色天然健康饮料喝药品及物流、加工生产一体。2014年，有员工80人，年创产值过亿元，是全县重点民营企业之一。

黄袍山绿色产品有限公司　位于通城大道333号，以产品原料出产地和企业单位名称综合命名。公司是一家以开展油茶科研、基地种植、精深加工、销售、观光旅游于一体的民营股份企业。2007年7月，湖北黄袍山保健食品有限公司创建于隽水镇新桥街9号，占地5.3公顷；2010年10月更名为湖北黄袍山绿色产品有限公司；2013年11月，公司迁址于新建的油茶产业园区。2014年，占地20公顷，建筑面积2.5万平方米；有年处理油茶籽4万吨精深加工生产线、1.5万吨油茶籽油食油用油储备区、5.3公顷油茶籽苗圃科研繁育区、4公顷油茶籽品穗观光区；有职工286人；设有生产部、市场部、基地建设部、行政部、财务部、物流部、研发部、知识产权部8个部门；生产“本草天香”系列高档食用油茶籽油、“上古之水”天然洗护用品；建有5333.3公顷高标准油茶基地与全国首个“油茶博物馆”，被授予“全国首个油茶产业示范园”。

插图86　黄袍山国家油茶产业示范园(航拍)

麦农山泉矿泉饮品厂　位于麦市镇株树村北部，距村委会驻地1千米，以该单位注册商标名称和产品名称综合命名。2001年8月建成，由咸宁居民方莉和株树合资兴建。占地面积1350平方米，建筑面积1000平方米，公司注册资金58万元，主要经营山泉水。2014年，产量达到12万桶。

牌合养猪场　位于石南镇牌合村寒牛垅，紧邻杭瑞高速公路，以该场所在行政村的名称命名。始建于2002年，由玉立集团董事长黎珊玉牵头创建并管理，首期投资200多万元，创办了200头原种母猪繁殖基地，后又投资7000余万元相继建成现代化5万吨饲料厂，2万头生猪标准化规模养殖场，AA屠宰厂，百万斤肉食加工厂和豆衣厂。该场地理位置优越，是三省毗邻地区最大的一家集生猪养殖、饲料、屠宰、加工、销售为一体的股份制龙头企业。占地面积80公顷，建筑面积12万平方米，其中办公用房120平方米，猪舍12栋3600平方米。2014年，有管理人员45人，存栏生猪5000头。年收入约120万元。

插图87　玉立牌合养猪场

沙堆精制茶场　位于沙堆镇港背村，距村委会驻地栎山畈3.5千米，以该场所在行政区域名称和加工的产品综合命名。始建于1980年，名南栎山茶场；1983年更名为沙堆精制茶厂；2007年实行改制，由福人药厂同沙堆镇人民政府签订经营权60年的经营租赁协议。2014年，有茶园面积100公顷，一幢场区办公楼和三幢茶叶加工厂房，占地面积360平方米，职工38人，主要产品有绿茶、花茶、龙井、九井峰、保健茶、礼品茶7大类，30多个品种，畅销国内外，年利润55万元以上。“九井峰”“毫绿”连续3年被获省、地、县优质产品和“中国农业博览会金奖”“中国陆羽杯”名誉评比一等奖和全省“首届无公害名茶产品”。茶场曾获“市级先进企业”“县十强企业”称号。

塘湖镇石灰厂　位于塘湖镇狼荷洞，以所在行政区域和生产产品综合命名。1966年7月，由塘湖公社组建。2000年企业实行改制，转包给当地居民经营。2014年，占地面积15000平方米，有办公楼1栋，职工宿舍1栋，生产用房2栋，生活用房1栋，仓库1栋，碳化车间1个，石灰窑5座，年产值500万元，产品销售全县各乡镇及湘赣边区县市，是塘湖镇建材工业的龙头企业。

通城县供水公司　位于金泉路112号，办公楼于1994年11月竣工，砖混结构，六层，占地面积890平方米，建筑面积1776平方米，以企业名称和工作职能机构名称综合命名。1969年7月，建立通城县自来水站；1975年5月，更名为自来水厂；1989年10月，更名为通城县自来水公司；1993年新建办公楼，2012年，公司与原百丈潭水厂合并重组，更名为通城县供水公司，属县人民政府直管的国有企业。2014年，拥有总资产3075万元，职工310人，其中专业技术人员79人。下辖制水厂和营销、生技、报装、稽查、安装等12个部门。承担县城区13万多人的生产、生活饮用水供给任务，拥有DNlOOmm以上供水管线123千米，日供水能力3万立方米，供水覆盖面积达16平方千米。

通城县锦山基地茶场　位于隽水镇油坊村东南部，距县城中心约3.5千米，以该场所在行政区域、地点及经营物品名称综合命名。始建于1966年，名锦山茶场；1987年，更名为锦山精制茶场；1995年，注册为通城县国营茶叶饮料厂；2000年11月20日实行改制，由廖望甫同锦山乡人民政府签订经营权50年的《锦山精制茶场经营权拍卖协议》；2003年2月20日，廖望甫将经营权转让给龚青松，隶属隽水镇人民政府，更名为通城锦山基地茶场。2014年，有茶园面积20公顷、办公楼1幢和茶叶加工厂房3幢，建筑占地面积2000平方米，生猪养殖基地占地面积1000平方米；下设8个分茶场、3个品牌公司；有职工201人；主要产品有绿茶、花茶、乌龙茶、保健茶、礼品茶等7大类30多个品种，畅销国内外，年利润1000万元以上。

通城县麦市豆制品厂　位于麦市集镇北部，棋盘村委会东部300米处，以行政区域、所在地点及行业命名。2009年新建，2014年迁建。占地面积3500平方米，建筑面积1500平方，通过ISO9001-2000质量管理体系认证，拥有“麦市”商标。2014年，获“咸宁知名商标”；主要生产腐乳、干子等系列产品；年产值800万元，产品享誉湘、鄂、赣周边地区。

通城县七里山矿泉水有限责任公司　位于麦市镇七里村杨源，以所在行政区域名称和公司所在地地名、产品和公司性质体制命名。1995年，七里山矿泉水通过省级、国家级鉴定确定为优质天然矿泉水，不久后由麦市镇人民政府投资修建经营，2014年扩建，属麦市镇政府。占地面积27213平方米，建筑面积3333平方米，配有2条5加仑桶装生产线，1条330～520毫升瓶装生产线，1套水处理设备。2014年，生产销售2万件瓶装水，50万桶桶装水，产品名称“七里山”。2009年至2014年，连续5年被评为湖北省著名商标。

通城县银邑储备粮管理有限公司　位于隽水镇上阔村村委会驻地月塘东上部，西距县城3.2千米，以所属行政区域名称和单位所在地点、职能及单位组成形式综合命名。2001年成立湖北省通城国家粮食储备库，2014年更名为通城县银邑储备粮管理有限公司。公司占地面积1.67公顷，有粮库7栋(其中高大平房仓2栋)，建筑面积5598平方米，可储备稻谷2000万吨。有办公楼1栋、食堂1栋，建筑面积1547平方米。

通城县云奇云母制品有限公司　位于关刀镇道上村周家塅，以该单位美好意愿及生产的产品和单位体制综合命名。创建于1991年(前身为通城县云母制品厂)，是一家集研发、生产、经营于一体的云母绝缘材料制品的专业企业，是国内电机云母带高端云母制品用云母纸和出口云母纸主要生产企业。公司产品为50g/～500g/各种规格型号云母，广泛用于风力发电、高速铁车、特种车、航空、航天、核电、化工、冶炼等尖、高端领域和特殊环境领域。公司相继通过了ISO9001、2000质量体系和ISO14001国际天南地北体系认证、美国UL认证、德国TUV认证，是国家云母纸产品技术标准订单位。以云奇公司为龙头，先后在关刀镇开办了云水公司，在县城开办了平安电工有限公司。公司拥有自主知识产权，拥有发明、实用专利技术6项，获得省政府奖励的科技成果2项，超薄云母纸等10多产品和技术水平居于国际先进、国内领先水平，是中国唯一能生产超薄、超厚、超长型云母纸的生产厂家，年创纯利1700万元。

通城县中天云母制品有限公司　位于马港镇何婆桥中心集镇，北距通城县城10千米，推垅社区境内，106国道从公司门口经过，西距通界高速仅400米，以行政区域名称和美好意愿及产品、公司性质综合命名。2001年创建，2002年4月建成投产。公司占地面积6公顷，建筑面积4.7万平方米。主要生产云母纸、云母板、云母带、云母管及异型系列产品，销售全国各地和部分出口，2014年，有员工256人，年产值9千万元。

新三汇生物科技园　位于大坪乡坪山村境内南部3.2千米处，以美好寓意及企业职能综合命名。2013年，由大坪李金刚兄弟三人合办，占地面积5.3公顷，建筑面积4800平方米，总投资7000万元，有展示馆、加工车间、住宿办公用房等各1栋，成为一个集肉食品加工、冷链物流与旅游购物农特绿色产品展示于一体的生物科技园，主要业务范围是食品制造、加工和销售。2014年，有工作人员28人，生产通城两头乌肉食产品2000吨，冷链物流储存5000吨，日接待旅游购物者2000余人，年创产值2亿元。

中国电信股份有限公司通城分公司　位于隽水大道253号，建筑面积3922平方米，以总公司名称和派出机构名称命名。1998年10月，通城县邮电局撤销，分别成立通城县邮政局，通城县电信局，通城县电信局正式挂牌成立；2000年8月，改称中国电信集团湖北省电信分公司通城县电信局；2004年5月，变更为中国电信湖北省有限公司通城分公司。2014年，设立办公室、销售服务部、建设维护部、政企客户部、移动业务部；下设10个分局，有干部员工63人。

中国工商银行股份有限公司通城支行　位于民主路168号，为中国工商银行股份有限公司在湖北省通城县所设分支机构，以其所在地及业务性质综合命名。1984年1月1日，中国工商银行通城县支行正式成立，与通城县人民银行采取一个机构、两块牌子、资金分开、两套账目过渡的办法；1986年7月，两家银行正式分设，分开办公；1999年7月，实施“双收”(收缩机构、收缩人员)改革，降格更名为中国工商银行咸宁市分行通城分理处；2005年升格更名为中国工商银行股份有限公司通城支行(二级支行)。2014年，内设综合管理部、公司金融业务部、个人金融业务部，下辖通城支行营业室、银城支行、隽水支行；存款总额19亿元，贷款总额6亿元，在职员工55人。

中国建设银行股份有限公司通城支行　位于民主路217号(金三角大楼1~3楼)，建筑面积900平方米，属于中国建设银行股份有限公司设在通城县的分公司，以业务领域、组织形式和行政区域综合命名。1965年3月，孝感地区建设银行在通城设立建设银行通城工作组，同年划归咸宁地区建设银行，工作组改名为办事处；1975年10月14日，成立中国人民建设银行通城县支行；1985年8月，开办储蓄业务；1998年7月至2003年8月，建设银行实现了股份制改造，成为多功能、综合型的国有大型股份制企业；2004年8月，更名为中国建设银行股份有限公司通城支行。2014年，设机关综合办公室、营业部；下辖隽水支行、银山支行，有干部职工36人，存款总额14.8亿元，贷款总额4.32亿元。

中国联合网络通信有限公司通城县分公司　位于隽水大道特133号，建筑面积422平方米，以上级公司名称和行政区域名称命名。2009年1月，中国联合通信有限公司咸宁分公司成立；2000年3月，更名中国联合通信有限公司咸宁分公司通城经营部；2003年8月，更名为中国联合通信有限公司通城分公司；2008年10月，变更为中国联合网络通信有限公司通城县分公司。2014年，设立综合部、城区营服中心、乡镇营服中心、宽带营服中心、集团营服中心，有干部员工51人。

中国农业银行股份有限公司通城县支行　位于隽水大道252号，占地面积3400平方米，建筑面积4192平方米，以行政区域和工作职能综合命名。1956年建立，1957年撤销；1964年再次建立，1965年再次撤销；1980年元月1日，重新成立。1980—1998年，驻地在隽水镇民主路171号；1999年，搬迁至隽水镇隽水大道252号。2010年

7月10日股改上市，更名为中国农业银行股份有限公司通城县支行。2014年，有干部职工95人；内设综合管理部、运营财会部、风险管理部、客户部，下辖隽水支行、星火支行、解放支行、麦市支行。

中国人民财产保险股份有限公司通城支公司 位于湘汉路273号，以行政区域和工作机构名称综合命名。1953年成立，1954年撤销，设代理处；1957年恢复；1958年并入县财政局；1982年恢复；1983年由中国人民银行辖管；1984年4月正式挂牌；1996年5月，产、寿险分业经营，分别成立中保财产有限公司通城县支公司和中国人寿保险有限公司通城县支公司，皆为国有独资公司下设分支机构(正科级)；1998年，更名为中国人民保险公司通城县支公司。2003年11月19日改制上市，更名为中国人民财产保险股份有限公司通城支公司(授权经营)。

中国人寿保险股份有限公司通城县支公司 位于隽水大道188号，以行政区域和工作机构名称综合命名。1953年4月成立中国人民保险公司通城县支公司；1954年，撤销，设代理处；1957年恢复；1958年并入财政局；1972年保险公司恢复；1983年由人民银行管辖；1984年4月正式挂牌；1996年5月，财产、寿险分业经营，分别成立中保财产有限公司通城县支公司和中国人寿保险有限公司通城县支公司，皆为国有独资公司下设分支机构(正科级)；2003年11月改制上市，更名为中国人寿保险股份有限公司通城县支公司(授权经营)。建筑面积2399.32平方米，其他设施建筑面积294.11平方米。2014年，下辖隽水营业部、隽水营销服务部和7个乡镇营销服务部，有在编员工25人。

中国石化销售有限公司湖北咸宁通城石油分公司 位于玉立大道铁柱加油站内。办公楼建筑面积308.5平方米，其他设施建筑面积3305平方米，以行政区域和行业管理综合命名。1977年12月，成立县石油公司，隶属商务局(属正股级单位)；1985年5月，从县商业局分离出来，成立县石油产品销售公司(副局级单位)；1993年12月，更名为县石油总公司；1994年6月，升格为正局级单位。自1995年9月1日起，划归口湖北省石油总公司直接管理，隶属中国石化销售有限公司。2014年，下辖15座加油站，主要经营汽油、柴油、煤油、润滑油及非油产品，有干部职工80人。

中国移动通信集团湖北有限公司通城分公司 位于银山大道特139号，建筑面积3551.03平方米，以上级单位名称和分支机构名称综合命名。1999年从通城县电信局分离，于2000年4月20日挂牌成立。2014年有员工57人，拥有16万移动用户、75家1~5星级的移动网点、48家村级代办点，拥有“全球通”“神州行”“动感地带”“神州大众卡”等著名服务品牌。

中国银行股份有限公司通城支行 位于隽水大道160号，建筑面积2800平方米，占地4000平方米，以行政区域和工作职能综合命名。1988年12月，成立中国银行通城支行；2006年，更名为中国银行股份有限公司通城支行。2014年，有干部职工共42人。

中国邮政储蓄银行股份有限公司通城县支行 位于解放路37号，建筑面积1990.02平方米，以所属上级单位名称和工作职能单位名称综合命名。2008年5月19日，在原通城县邮政局邮政储蓄业务基础上改革组建中国邮政储蓄银行有限责任公司通城县支行；2012年2月，更名为中国邮政储蓄银行股份有限公司通城县支行。2014年，有员工52人。

中国邮政集团公司湖北省通城县分公司 位于隽水大道348号，建筑面积3994.73平方米，以所属上级单位名称和工作职能单位名称综合命名。1949年6月，县政府接管旧邮政局；1952年8月，邮政局、电报代办处、电话班合并成立邮电局；1958年11月，通城与崇阳合并为崇阳县，设立崇阳县邮电局；1961年12月，通城与崇阳分县，恢复通城县邮电局；1969年10月，邮电局分设为邮政局、电信局；1973年12月撤销邮政局、电信局，复设邮电局；1998年10月18日，再次设立邮政局、电信局；2008年5月19日，县邮政局储蓄分局与县邮政局分营，成立“中国邮政储蓄银行有限责任公司通城县支公司”；2010年6月29日，县邮政局速递公司与通城邮政局分营，成立“中国邮政集团公司湖北省通城县邮政速递物流支公司”；2015年4月，更名为“中国邮政集团公司湖北省通城县分公司”。2014年，有员工161人，下设办公室、市场经营部、代理金融业务局、代理保险局、发投分局、函件广告局、电商分销局、集邮分局，以及11个乡镇邮政支局。

第三章　群众组织

第一节　学术性组织

通城县美术书法协会　位于民主路12号，办公面积23平方米，是县文学艺术界联合会领导下的人民团体，以行政区域和工作职能综合命名。1989年3月18日，成立通城县美术书法协会。2014年，有在册会员119人，其中省级会员16人，市级会员38人。

通城县摄影家协会　位于解放西路3号，以行政区域和工作职能综合命名。成立于1985年5月22日，是文学艺术界联合会领导下的社会团体。2014年末，共有在册会员88人，其中国家级会员3人，省级会员27人，市级会员30人。

通城县作家协会　位于隽水大道278号(通城县文学艺术联合会内)。由行政区域、从事行业性质和社会群团组织名称命名；成立于1988年，隶属于通城县文学艺术联合会。2014年，有会员150人，其中省级会员8人，市级会员35人。

第二节　经营性组织

程坳村农产种养殖专业合作社　位于马港镇程坳村西北部，距村委会驻地1千米，以所在行政村名称和经营项目及组织形式综合命名。创建于2014年。建有休闲农庄300平方米，养猪场1个，养鸡场1个，养鱼池4口，蔬菜基地1.3公顷，果林6.2公顷。共有面积10公顷，总投资420万元，年创利税10万元。

湖北省通城县金果油茶专业合作社　位于马港镇金山村东南部，距村委会驻地1.5千米，以行政区域名和美好心愿、专业产品及单位体制综合命名，2012年2月创建，主要从事生态绿色农副产品，兼种养殖。2014年，有油茶和茶叶基地19公顷，工作人员12人。

鹏飞水产养殖专业合作社　位于五里镇何家村中部，距村委会驻地200米，以投资者名字及企业性质体制综合命名。2010年8月成立，占地1.7公顷。投资总额25.2万元，主要从事淡水产品养殖、销售、组织采购及种苗、饲料、新技术新品种引进。2014年，有员工4人，年销售收入25万元。

踏水养猪专业合作社　位于马港镇踏水村黄鸦冲，距村委会驻地2千米，以群众自治组织名称、养殖项目及组织形式综合命名。2014年3月27日由马港村胡祥与正大饲料公司合作筹建，建有标准化、现代化的猪舍2栋，占地面积1.3公顷，建筑面积1800余平方米。2014年，有职工6人，年出栏商品猪3000头，年获利20余万元。

通城县飞珍山鸡专业合作社　位于马港镇界上村村委会驻地南部1.5千米的石家坡，以该企业所在的行政区域名称和法人代表夫妻二人名字及企业经营的项目、性质综合命名。2007年兴办运营，主要项目为养殖山鸡、土鸡、怀鸭等特活禽，兼种植水稻、水果。场房占地面积3.2公顷，建筑面积7000平方米。2014年，有职工10人，年纯收入30万元。

通城县五里宏兴养鸡专业合作社　位于五里镇五里牌社区，距社区居委会驻地1.2千米，以行政区域名称及企业性质、体制综合命名。2005年成立，投资总额50万元，2006年开始运营。占地面积13200平方米，建筑面积8000平方米，建有饲料仓库 1 栋，饲养车间 6 栋，办公住宿房 1 栋，年养鸡 36000 只，年创纯利 25 万元，主要从事蛋鸡养殖、鸡蛋销售、饲料加工销售、种鸡培育等。2014 年，有干部职工 8 人。

通城县霞光夏江源农产品专业合作社 位于马港镇程坳村北端，距村委会驻地 2 千米，以行政区域名称、美好的意愿和所在地点名及经营项目与组织形式综合命名。创办于 2004 年，2005 年正式投产，占地面积 2000 平方米，建筑面积 2000 多平方米。2014 年，有员工 13 人，有机茶园面积 15 公顷，主要种植茶叶并加工。其产品是中国农业科学院有机茶认证中心认证产品，畅销全国各地；另有养猪、养鸡并举的养殖基地，年产值 600 多万元、利润 80 万元。

永康种植合作社 位于塘湖镇望湖村，以美好愿望和产业名及单位性质而命名。始创于 2006 年，主要经营油茶，共有油茶 130 公顷。合作社先后被评为湖北鑫尔绿色食品有限公司加工基地、中国富硒农业展示区、中国生命农业体验基地。2014 年，生产的野山茶油“常青琳”获国家认证产品，年创利税达千万元。

第六篇

历史地名

卷烟、烟草机械生产厂家——通城县轻工机械厂(摄于1995年)

第一章　政区类地名

第一节　已撤销的县辖人民公社

北港人民公社　位于通城县西北部边缘，地处湘鄂两省三县交界处，东靠石南、墨烟、东冲公社，西与湖南临湘市詹桥公社毗邻，北依药姑山与临湘市文白公社交界，南接湖南岳阳县相思公社。跨东经113°37′~113°41′，北纬29°24′~29°41′。公社管委会驻地北港集镇，东沿通临公路距县城隽水镇18千米，因域内有北港集镇而命公社名。全社总面积93.5平方千米，共辖33个生产大队，33510人。1950年为北港乡，属通城第六区管辖；1958年成立人民公社时，为北港管理区，属县辖北港公社；1962年改为北港公社，属北港区管辖；1975年撤区并社时，将原北港公社、大坪公社的大部分、丰衣公社的大部分和东冲公社的一部分合并组成县辖北港公社，1984年撤社建乡设区，分设北港镇、北港乡，属北港区。

大青人民公社　位于通城县东北，东、北两面与崇阳县华陂、古市公社交界，南和西南与清水公社毗连。跨东经113°36′~114°03′，北纬29°20′~29°24′。取境内大溪洞和青草岭首字命社名，管委会驻地瓦子棚，西南距县城隽水镇34千米。全社总面积45平方千米，辖长青、大溪、纸棚和高滩4个生产大队，2260人。1950年更名为大青乡，隶属通城县第二区；1958年成立人民公社时为大青管理区，属沙堆区管辖；1962年置大青公社，仍为沙堆区管辖；1975年撤区并社后改为县辖大青公社；1984年撤社建乡设区，改为大溪乡，隶属沙堆区。

丁仙人民公社　位于通城县南部，东与云溪公社相连，南与湖南平江县冬塔公社交界，西南两面和杨塘坳、潭下、水兴公社接壤。跨东经113°48′~113°52′，北纬29°07′~29°10′。以境内陆地地形丁仙洞命公社名，管委会驻地六甲墈，北距县城隽水镇27千米。全社总面积27平方千米，辖6个生产大队，5090人。1950年，为六甲、下堡乡，属水兴区管辖；1955年，小乡并大乡时为高峰乡，属九岭区管辖；1958年，为县辖九岭公社高峰管理区；1962年改设高峰公社，属九岭区；1975年撤区并社改设县辖高峰公社；1981年，经咸宁行署(81)29号文件批准更名为丁仙公社；1984年撤社建乡设区，改设丁仙乡，属九岭区。

东冲人民公社　位于通城县西北端，东与崇阳县台山公社接壤，西与北港公社毗连，南与墨烟公社交界，北面紧靠县药姑林场。跨东经113°41′~113°46′，北纬29°36′~29°41′。因境内有东冲港而命公社名，管委会驻地九节坳，东南距县城隽水镇26千米。全社总面积50平方千米，共辖10个生产大队，20400人。1950年分四甲、来苏、水口、谢家、杨家、铁坪和罗家等乡，分属六区和七区管辖；1955年除大坪、四甲、来苏合并为大坪乡外，其余5乡合并为杨部乡，均属北港区管辖；1958年杨部乡改为杨部管理区，大坪乡改为大坪管理区，均属县辖北港公社，1960年将大坪、杨部管理区的四甲、大坪、来苏、骆家、内冲和药姑等大队分别划入杨部、大坪和东冲三公社，仍属北港区管辖；1975年撤区并社时，将原杨部公社(除星明大队划入墨烟大队)和东冲公社(除药姑大队划入北港大队)合并组成县辖东冲公社。1984年撤社建乡设区，分设草鞋乡、杨部乡、枫树乡，属北港区。

高冲人民公社　位于通城县东部，东临塘湖公社，西靠锦山公社，南与水兴公社以菖蒲港为界，北与沙堆公社毗连。跨东经113°53′~113°58′，北纬29°14′~29°16′。公社管委会驻地高冲街，经鲤港沿通修公路西距县城隽水镇14千米，以驻地名命公社名。全社总面积35平方千米，辖15个生产大队，17540人。高冲公社成立时间较晚，1975年撤区并社时，由沙堆公社的银丰、瑶泉大队，大柱公社的佘坊大队，八燕公社的塔岭、五流、燕窝、黄泥大队，鲤港公社的高冲、杨叟、田东大队和八仙公社的八仙、西边垅、石埚、万峰、坪上等大队组成县辖高冲公社；1984年撤社建乡设区，一部分划入鲤港乡，改设高冲乡，属水兴区。

黄龙山人民公社　位于通城县东南端、幕阜山脉黄龙山的西北面，跨东经113°53′~113°57′，北纬29°02′~29°06′。北、东北与盘石公社交界，东南、西、南与黄龙林场毗连。以境内的黄龙山命公社名，管委会驻地罗场屋，西北距县城隽水镇37千米。全社总面积31平方千米，辖5个生产大队，2637人。1950年，设犨楼乡；1955年合为黄龙乡，隶属麦市区；1958年与盘石乡合并为县辖麦市公社黄龙管理区；1962年分设黄龙公社，属麦市区管辖；1975年撤区并社，改为县辖黄龙公社；1981年，经咸宁行署(81)29号文件批准更名为黄龙山公社；1984年撤社建乡设区，改设黄龙山乡，属麦市区。

黄袍人民公社　位于通城县东部，东与江西修水县全丰公社交界，西与塘湖公社毗连，南与黄袍林场接壤，北与崇阳县高枧公社相邻。跨东经114°04′~114°06′，北纬29°12′~29°17′。以境内的黄袍山命公社名，管委会驻地下荻田，西距县城隽水镇35千米。公社总面积32平方千米。辖9个生产大队，11510人。1950年，分别为黄袍、荻田和润田3个乡，属通城县第三区管辖；1958年成立人民公社时，三乡合并为县辖麦市公社黄袍管理区；1962年改设黄袍公社，属麦市区管辖；1975年撤区并社时改设为县辖黄袍公社；1984年撤社建乡设区，改设黄袍乡，属麦市区辖。

锦山人民公社　位于通城县城东部，东与高冲公社相邻，东南与水兴公社连接，南与潭下公社毗连，北面与沙堆公社和崇阳县台桥公社接壤，西和铁柱公社以隽水为界。跨东经113°49′~113°52′，北纬29°11′~29°18′。公社管委会驻地锦山集镇，西距县城隽水镇4千米，以驻地名命公社名。全社总面积51平方千米，辖14个生产大队，21950人。1950年，为上阔、下阔、锦沙、信八和太平等乡，属通城县城关区；1955年小乡并大乡时为建设乡，仍属城关区管辖；1958年成立人民公社时为建设管理区；1962年为建设公社，仍属城关区管辖；1975年撤区并社时，建设公社和原双合公社以及大柱公社的堆山、利和两个大队合并，设县辖建设人民公社；1981年，经咸宁行署(81)29号文件批准更名为锦山人民公社；1984年撤社建乡设区，改设锦山乡，属银城区。

九岭人民公社　位于通城县南部偏西，北连磨桥公社，南临杨塘坳公社，东与潭下公社接壤，西与湖南岳阳市花庙公社、月田公社、相师公社和毛田公社毗连。跨东经113°39′~113°48′，北纬29°04′~29°12′。以境内山岭九岭而命公社名，管委会驻地何婆桥，北距县城隽水镇9千米。全社总面积86平方千米，辖25个生产大队，20030人。1950年后，分马港、毛煅、寺前、石溪、九马、推垅6个乡，隶属九岭区管辖；1958年成立人民公社时，分设九岭公社双马和幸福两个管理区；1962年分社，为双马和幸福两个公社，隶属九岭区管辖；1975年撤区并社时，将两个公社合为县辖九岭公社；1984年撤社建乡设区，分设何婆桥镇、马港乡，属九岭区。

麦市人民公社　位于通城县东南部，东北临塘湖公社，东南与江西省修水县白岭公社交界，西南与云溪、盘石公社毗连，西北与水兴公社接壤。地跨东经113°54′~114°00′，北纬29°06′~29°12′。公社管委会驻地麦市集镇，沿通修公路距县城隽水镇20千米，以管委会驻地名而命公社名。全社总面积66平方千米，辖19个生产大队，22710人。1950年，设麦市乡，隶属通城县第三区；1958年改设县辖麦市公社麦市管理区；1962年，设麦市人民公社，属麦市区管辖；1975年撤区后，将原李塅公社的3个大队和陈塅公社的8个大队并入，设县辖麦市公社；1984年撤社建乡设区，分设麦市镇、麦市乡，属麦市区。

磨桥人民公社　位于通城县西南部，东面紧靠锦山公社，南临九岭公社，西与湖南岳阳县毛田公社交界，北与石南、铁柱公社毗连。跨东经113°39′~113°49′，北纬29°09′~29°14′。管委会驻地磨桥铺，以驻地名命公社名，东北距县城隽水镇8千米。全社总面积187平方千米，辖19个生产大队，22660人。1950年，为左港白米、仓磨、毛田、黄泥、大坪、尖山等7个乡；1955年合并为新合、新农两个乡，属城关区管辖；1958年为新合、新农两个管理区，属县辖城关公社；1962年从新农公社划出坳上、陈谷和圳上大队，从新合公社划出仓下、团山、下湾等大队成立磨桥公社，仍属城关区管辖；1975年撤区并社时将原新农、新合和磨桥3个公社并为县辖磨桥公社；1984年撤社建乡设区，设立磨桥乡，属银城区。

墨烟人民公社　位于通城县西北部，东北与崇阳县台山公社接壤，北和东冲公社毗连，东南以铁柱港和铁柱公社分界，西南紧靠石南公社，西与北港公社相邻。因境内有墨烟地片而得公社名，管委会驻地张家塘，东南距县城隽水镇9千米。全社总面积34平方千米，共辖16个生产大队，14620人。1950年为墨烟乡，隶属通城县第七区管辖；1958年为墨烟管理区，隶属县辖北港公社；1962年为墨烟公社，隶属北港区管辖；1975年撤区并社时，将杨部公社的余家大队划归县辖墨烟公社。1984年撤社建乡设区，设立墨烟乡，属银城区。

盘石人民公社　位于通城县东南部，北靠麦市公社，南临黄龙山公社，西和西北与云溪公社毗连，东和江西修水县自岭公社交界。跨东经113°53′~113°57′，北纬29°05′~29°08′。公社管委会驻地盘石街，西北距县城隽水镇29千米，以管委会驻地名命公社名。全社总面积34平方千米，辖10个生产大队，5760人。1950年，为盘石乡；1958年成立人民公社时，与黄龙乡合并为黄龙管理区，属县辖麦市公社；1962年成立盘石公社，属麦市区；1975年撤区并社，改县辖盘石公社；1984年撤社建乡设区，改为盘石乡，属麦市区。

清水人民公社　位于通城县东北部，东连崇阳县高枧公社，南和塘湖公社接壤，西与沙堆公社毗邻，北与大青公社交界。跨东经113°53′~114°01′，北纬29°18′~29°22′。因境内有清水塘大队命公社名，管委会驻地四庄，沿通(城)青(大青)公路距县城隽水镇20千米。全社总面积84平方千米，共辖大源、清水、四庄3个管理区，16个生产大队，20780人。1950年，分别属大源、小井、墩义、清水、庙下、金仙、四庄、毛田和守仙等乡，属通城第二区管辖；1956年小乡并大乡时，小井、墩义、大源3乡并为大源乡，清水、庙下、金仙并为清水乡，四庄、毛田、守仙并为四庄乡，仍属沙堆区(原二区)管辖；1958年，又分别为大源、四庄、清水3个管理区，属县辖沙堆人民公社；1962年恢复区时，分别为清水、四庄、大源公社，属沙堆区管辖；1975年撤区并社时，将大源、四庄公社并为县辖清水人民公社；1984年撤社建乡设区，改设清水乡，属沙堆区。

沙堆人民公社　位于通城县东北部，东北紧靠清水公社，南与高冲公社相邻，西与锦山公社毗连，北与崇阳县台桥公社接壤。跨东经113°52′~113°57′，北纬29°45′~29°51′。公社管委会驻地沙堆街，沿通(城)青(大青)公路距县城隽水镇12千米，以域内有集镇沙堆而命公社名。全社总面积49.5平方千米，共辖18个生产大队，20230人。1950年，分别为沙堆、灿良、墩义、瑶泉、老营、坪坳等乡，属通城县第二区管辖；1955年小乡并大乡时，沙堆、灿良、瑶泉、老营四乡合并为沙堆乡，属沙堆区管辖；1958年为沙堆管理区，属县辖沙堆公社；1962年为沙堆人民公社，仍属沙堆区管辖；1975年撤区并社时，除将原沙堆公社的银丰、瑶泉、余坊三个大队划归高冲公社，利和、堆山两个大队划归锦山公社外，从清水公社划出新堤、永和、集体和立新四个大队连同原大柱公社合并为县辖沙堆公社。1984年撤社建乡设区，分设为沙堆乡、沙堆镇，属沙堆区。

石南人民公社　位于通城县西部，东邻铁柱公社，南与磨桥公社和湖南岳阳县白药公社交界，西靠北港公社，北与墨烟公社接壤。跨东经113°40′~113°46′，北纬29°15′~29°19′。公社管委会驻地石南桥并以驻地名命公社名，东沿通临公路距县城隽水镇10千米。全社总面积53平方千米，共辖15个生产大队，22650人。1950年为石南乡，属通城县第六区管辖；1958年成立人民公社时，为石南管理区，属县辖北港公社；1962年为石南公社，属北港区管辖；1975年撤区并社，将原丰衣公社的漂垅、花亭、虎岩、沙坪四个大队和原樊店公社并入县辖石南公社；1984年撤社建乡设区，改设石南乡，属北港区。

水兴人民公社　位于通城县东部偏南，东与塘湖、麦市公社交界，西与锦山、丁仙公社相邻，北隔辛安港(菖蒲港中段)和高冲公社相望，南与云溪公社接壤。跨东经113°52′~113°59′，北纬29°10′~29°14′。公社管委会驻地关刀桥集镇，沿通修公路距县城隽水镇10千米，以驻地西南面的水兴港命公社名。全社总面积44平方千米，辖13个生产大队，15320人。1950年，分别为水兴、关刀、鲤港、官和等乡，隶属水兴区管辖；1958 年为麦市公社水兴管理区；1962 年分社时为水兴人民公社，属水兴区管辖；1975 年撤区并社时，将茶铺、鲤港、水兴 3 个小公社合并为县辖水兴公社；1984 年撤社建乡设区，分设水兴乡、关刀桥镇，属水兴区。

潭下人民公社 位于通城县南部，处隽水上游，东和东南面与水兴、丁仙公社毗连，西和西南面与九岭、杨塘坳公社交界，北与锦山、磨桥公社接壤。跨东经 113°47′~113°51′，北纬 29°08′~29°12′。以域内地片名命公社名，管委会驻地石门山，北距县城隽水镇 21 千米。全社总面积 28 平方千米，辖 8 个生产大队，6100 人。1950 年，为潭下、黄墩、易域 3 个乡，隶属水兴区管辖；1955 年 3 乡合为潭下乡，属九岭区辖；1958 年成立人民公社时为灯塔管理区，属县辖九岭公社；1962 年，更名为灯塔公社，属九岭区；1975 年撤区并社，变更为县辖灯塔公社；1981 年，经咸宁行署(81)29 号文件批准更名为潭下公社；1984 年撤社建乡设区，改设潭下乡，属九岭区。

塘湖人民公社 位于通城县东部，东连黄袍公社，南接江西修水县白岭公社，西与高冲、水兴公社接壤，西南与麦市公社为界，北与清水公社和崇阳县高枧公社毗连。跨东经 113°58′~114°01′，北纬 29°12′~29°18′。公社管委会驻地塘湖街，西距县城隽水镇 30 千米，以驻地名命公社名。全社总面积 59.5 平方千米，共辖 15 个生产大队，18080 人。1950 年，分塘湖、阁壁、龙印、狼荷四乡，属通城县第三区管辖；1955 年四乡合并为塘湖乡，隶属麦市区；1958 年为麦市公社塘湖管理区；1962 年为塘湖公社，属麦市区管辖；1975 年撤区后，将李墩公社一部分并入设县辖塘湖公社；1984 年撤社建乡设区，原区辖塘湖公社地域设塘湖乡，原属李墩公社所辖地域归入凉亭乡，同属麦市区。

铁柱人民公社 位于通城县西北部，南临磨桥公社，西抵石南公社，东接锦山公社，北和崇隅县台桥公社隔铁柱港相望，西北境与墨烟公社毗连。跨东经 113°45′~113°48′，北纬 29°13′~29°18′。公社管委会驻地位于隽水镇桥北，因境内北部有铁柱山而命公社名。全社总面积 41.5 平方千米，共辖 13 个生产大队，17050 人。1950 年后，分别为白泉、青凡、黄柳、辇石 4 个乡，隶属通城县第一区管辖；1955 年小乡并大乡时，将黄柳、辇石、自泉 3 个乡合并为三合乡；1958 年成立城关人民公社；1975 年撤区并社时，将樊店公社的青叶(原公路)、青山铺(原青山)两个大队，新合公社的宝塔大队，磨桥公社的下湾大队，城关镇并入县辖城关公社；1979 年社镇分置，仍为城关人民公社；1981 年，经咸宁行署(82)9 号文件批准变更为铁柱公社；1984 年撤社建乡设区，改设铁柱乡，属银城区。

杨塘坳人民公社 位于通城县南部，东面与丁仙公社交界，西、南面与湖南平江县冬塔公社毗邻，西北与九岭公社接壤，东北与潭下公社相连。跨东经 113°43′~113°48′，北纬 29°04′~29°09′。公社管委会驻地杨塘坳，沿武长公路北至县城隽水镇 15 千米，以管委会驻地名命公社名。全社总面积 47.5 平方千米，辖 12 个生产大队，12330 人。1950 年后，分别为九马、沙墩、灵踏、飞坳、中墩 5 乡，属九岭区管辖；1958 年公社化时合并为新生管理区，属九岭公社管辖；1962 年又分为新生、中墩两公社，属九岭区管辖；1975 年撤区并社时，除彭墩大队划入潭下公社外，将新生、中墩两公社合并为县辖新生公社；1981 年，经咸宁行署(81)29 号文件批准更名为杨塘坳公社；1984 年撤社建乡设区，设杨塘乡、中墩乡，属九岭区。

云溪人民公社 位于通城县东南部，东临盘石公社，西接丁仙公社，南与黄龙林场交界，北与水兴公社毗连。管委会驻地沙下大队魏家，西北距县城隽水镇 27 千米，因域内有溪流名云溪而命公社名。全社总面积 40 平方千米，辖 12 个生产大队，7250 人。1950 年后，分别为高桥、道上、白竹、上堡 4 乡，隶属麦市区管辖；1951 年划为水兴区管辖；1956 年小乡并大乡时，将高桥乡等 4 乡并为云溪乡，隶属水兴区管辖；1958 年人民公社化时，为云溪管理区，隶属麦市公社管辖；1962 年成立云溪人民公社，属水兴区管辖；1975 年撤区并社后，改设县辖云溪公社；1984 年撤社建乡设区，改设云溪乡，属水兴区。

第二节　已撤销的县辖乡镇

程凤乡　位于通城县西南部，东靠马港、五里两镇，西与湖南省岳阳县交界，北与石南镇毗邻。全乡总面积 60.1 平方千米，有耕地面积 547.7 公顷(其中水田 513 公顷，旱地 34.7 公顷)，山林面积 3740 公顷(其中有林地面积 1330 公顷)。辖 14 个村，113 个村民小组，2462 户 13080 人。1984 年，划程凤、黄谷、左港、虎形、季山、陈湾、金塘等新设程凤乡，乡政府驻地程凤桥，属银城区；1987 年，将区辖湾头乡、程凤乡合并为县辖程凤乡，乡政府驻潮头咀；2001 年，将县辖程凤乡并入县辖五里镇。

大溪乡　位于通城县北部边陲，东、西、北三面与崇阳县高枧乡、梓木乡、青山镇接壤，南与四庄乡交界。全乡总面积 40 平方千米，有山地面积 3468.5 公顷，耕地面积 48 公顷(其中水田 31.1 公顷)。辖 4 个村，27 个村民小组，519 户 2730 人。1950 年，为大青乡，属通城县第二区；1958 年成立人民公社时为大青管理区，属沙堆区管辖；1962 年为大青公社，仍为沙堆区管辖；1975 年撤区并社后仍为大青公社；1984 年撤社建乡设区，改为大溪乡，隶属沙堆区。1987 年改设为县辖大溪乡；2001 年并入四庄乡。

黄龙乡　位于通城县南部，地处湘、鄂、赣三省交界处。东与江西修水县白岭乡相接，南与湖南省平江县天岳乡以“天岳关”为界，西和云溪乡毗连，北与麦市镇接壤。乡政府驻地盘石，因域内有黄龙山而得乡名。全乡面积 57 平方千米，有耕地面 60968.6 公顷(其中水田 290 公顷，旱地 12 公顷)，山地面积 3745.8 公顷(山林面积 3000 公顷)。辖 11 个村，634 个村民小组，1393 户 7030 人。1950 年，属垈楼乡；1955 年合为黄龙乡，属麦市区；1958 年与盘石乡合并为麦市公社黄龙管理区；1962 年分为黄龙公社，属麦市区管辖；1975 年撤区并社时仍为黄龙公社；1981 年，经咸宁行署(81)29 号文件批准更名为黄龙山公社；1984 年撤社建乡设区，改设黄龙山乡，属麦市区。1987 年，区辖黄龙山乡、盘石乡合并为县辖黄龙乡；2001 年，黄龙乡与麦市镇合并为麦市镇。

黄袍镇　位于通城县东部，东与崇阳县的高枧乡相接，西与麦市镇相衔，南和江西省修水县毗连，北和关刀镇接壤。因域内有黄袍山而得镇名，镇人民政府驻地塘湖街。全镇总面积 110 平方千米，有水田 1487.8 公顷，山地 7300 公顷(其中有林面积 6000 公顷)。辖 31 个村，238 个村民小组，6041 户 35610 人。1950 年，分塘湖、阁壁、龙印、狼荷、黄袍、荻田、润田 7 个乡，属第三区；1958 年，7 个乡设为塘湖、黄袍两个管理区，属麦市区；1962 年，管理区改设为人民公社；1975 年撤区并社，分别设立县辖塘湖、黄袍公社；1984 年，分设塘湖、黄袍乡，属麦市区；1987 年，两乡合并为县辖黄袍镇；1992 年，拆黄袍镇为县辖黄袍乡、塘湖镇。

锦山乡　位于通城县中北部，东与关刀镇接连，南与隽水镇、潭下乡、五里镇相邻，西与石南镇、墨烟乡接壤，北与沙堆镇、崇阳县连毗。总面积 56.9 平方千米，因域内山名而得乡名。乡人民政府设隽水镇旭红路 48 号企业大楼，辖 24 个村、234 个村民小组，5516 户 32740 人。1950 年，域内分为上阔、下阔、信八、太平乡，属城关区；1958 年，设立建设管理区，属通城人民公社；1961 年，改设建设公社，属城关区；1975 年撤区并社，建设、双合、大柱公社的一部分合并，设县辖建设公社；1981 年更名为锦山公社；1984 年改设锦山、铁柱乡，属银城区；1987 年，两乡合并为县辖锦山乡；2001 年，锦山乡并入隽水镇。

九岭乡　位于通城县南部，南与湖南省平江县冬塔乡交界，西南面与潭下乡毗邻，东南、东北与马港镇接壤，全乡总面积 4596 平方千米，总人口 13690 人，乡政府驻地杨塘坳。下辖 14 个村，有耕地 735.6 公顷，其中水田 683.1 公顷，旱地 52.2 公顷。1950 年，分别为九马、沙塅、灵踏、飞坳、中塅 5 乡，属九岭区管辖；1958 年公社化时合并为新生管理区，属九岭公社管辖；1962 年又分为新生、中塅公社，属九岭区管辖；1975 年撤区并社时，除彭塅大队划入潭下公社外，将新生、中塅公社合并为新生公社；1981 年地名普查时，经咸宁行署(81)29 号文件批准更为杨塘坳公社；1984 年 2 月，撤销公社体制，设区建乡，成立通城县九岭区，下辖何婆桥镇和马港、湾头、石溪、中塅、杨塘、平湖、潭下8个乡。1987年，将区辖杨塘、中塅乡合并为县辖九岭乡；2001年，九岭乡并入马港乡。

墨烟乡　位于通城县西北部，乡政府设在张家塘，距县城8千米，东北与崇阳县接壤，西北与大坪乡相邻，东与锦山乡交界，西南与石南镇毗连。全乡辖12个村，98个村民小组，总人口12510人，有耕地面积758.2公顷。1950年，为墨烟乡，属通城县第七区管辖；1958年为墨烟管理区，属北港公社管辖；1962年为墨烟公社，属北港区管辖；1975年撤区并社时，将杨部公社的余家大队划归墨烟公社；1984年设区建乡，属银城区墨烟乡；1987年撤区，改设县辖墨烟乡；1994年，更名为双龙乡；2001年，与大坪乡合并为大坪乡。

潭下乡　位于通城县南端，东与云溪乡、关刀镇接壤，南与湖南省平江县交界，西与马港镇、九岭乡毗邻，北与锦山乡、五里镇相邻。乡政府驻地石门山，在百丈潭下，因潭而得名。辖15个村，122个村民小组，2450户11980人。全乡面积55.1平方千米，耕地610公顷，其中水田530.5公顷，山地4666.6公顷。1952年土改时，潭下、黄鹤、易塅3个乡，属水兴区管辖；1955年三乡合为潭下乡，属九岭区辖；1958年成立人民公社时为灯塔管理区，属九岭公社管辖；1962年恢复九岭区后，取名灯塔公社；1981年，经咸宁行署(81)29号文件批准更名为潭下公社；1984年设区建乡，属九岭区潭下乡；1987年撤区并乡镇，改设县辖潭下乡；2001年，与马港镇合并为县辖马港镇。

云溪乡　位于通城县南部，东与黄龙乡、麦市镇接壤，西与潭下乡为邻，南与湖南省平江县和国营黄龙林场交界，北与关刀镇相连。境内三面环山，一面临水，俗称“三十里云溪洞”。全乡面积44.29平方千米，辖14个村，88个村民小组，1799户8520人；有耕地408.1公顷，其中水田391.2公顷，山林2494.7公顷。乡机关驻道上，距县城24千米。1950年，分别为高桥、道上、白竹、上堡4乡，属麦市区管辖；1951年划为水兴区管辖；1956年小乡并大乡时，高桥乡等4乡并为云溪乡，属水兴区管辖；1958年人民公社化时，为云溪管理区，属麦市公社管理；1962年成立云溪人民公社，属水兴区管辖；1975年撤区并社后，仍为云溪公社；1984年撤社建乡设区，改设云溪乡，属水兴区；1987年，改设县辖云溪乡；2001年，与关刀镇合并为关刀镇。

第三节　已撤销的区及所辖乡镇

已撤销的区　1984年撤销22个人民公社，设立银城、北港、沙堆、水兴、九岭5个县辖行政区和县辖隽水、麦市镇。1987年，撤销行政区，设县辖10乡9镇。

已撤销的区辖乡镇　1984年，撤销22个人民公社，设立5个县辖行政区、2个县辖镇，县辖行政区、镇下辖36个乡镇(见表22)。1987年，撤销县辖区及所辖乡镇，设立县辖10乡9镇。

表22　**已撤销的区及所辖的乡镇基本情况一览表**

乡(镇)名	所辖村(个)	所辖村民小组(个)	户数	人口	版土面积(km^2)	乡政府驻地	建乡时间及由来	撤销时间及去向	2014年所属乡(镇)
银城区	65	546	13526	78400	213.5	隽水镇	1984年设立	1987年撤销	隽水镇、大坪乡、石南镇各一部
墨烟乡	12	96	2095	12500	27.5	张家塘	1984年由原墨烟公社部分地域组成	1987年改设县辖墨烟乡	大坪乡
铁柱乡	10	90	2075	11900	28	柳峦	1984年由原铁柱公社部分地域组成	1987年并入隽水镇	隽水镇

续表

乡(镇)名	所辖村(个)	所辖村民小组(个)	户数	人口	版土面积(km^2)	乡政府驻地	建乡时间及由来	撤销时间及去向	2014年所属乡(镇)
樊店乡	8	73	1871	10400	23.5	樊家店	1984年由原石南公社部分地域组成	1987年并入石南镇	石南镇
锦山乡	9	70	1795	11300	21.5	锦山	1984年由原锦山公社部分地域组成	1987年并入隽水镇	隽水镇
东港乡	5	62	1232	7400	24	上坳	1984年由原锦山公社部分地域组成	1987年并入隽水镇	隽水镇
磨桥乡	6	47	1570	8800	25	磨桥	1984年由磨桥公社部分地域组成	1987年并入五里镇	五里镇
五里乡	8	61	1471	8400	28	五里牌	1984年由原磨桥公社部分地域组成	1987年并入五里镇	五里镇
程凤乡	7	47	1416	7600	36	程凤桥	1984年由原磨桥公社、九岭公社部分地域组成	1987年并入程凤乡	马港镇
沙堆区	45	429	9143	52300	191.5	沙堆	1984年设立	1987年撤销	沙堆镇、四庄乡
沙堆镇	11	133	2415	14400	33	沙堆	1984年由原沙堆公社部分地域组成	1987年并入沙堆镇	沙堆镇
大柱乡	9	76	1636	9500	22.5	石泥塘	1984年由原沙堆公社、高冲公社部分地域组成	1987年并入沙堆镇	沙堆镇
清水乡	9	65	1590	9400	34	清水塘	1984年由原清水公社部分地域组成	1987年并入四庄乡	沙堆镇
灵芝乡	6	76	1762	9300	28	大源	1984年由原清水公社部分地域组成	1987年并入四庄乡	沙堆镇
四庄乡	6	55	1264	7200	31	四庄	1984年由原清水公社部分地域组成	1987年并入四庄乡	沙堆镇
大溪乡	4	24	476	2500	43	瓦子棚	1984年由原大溪公社改设	1987年并入四庄乡	沙堆镇
麦市区	67	434	11840	64500	210	麦市集镇	1984年设立	1987年撤销	麦市镇、塘湖镇各一部分
麦市乡	13	51	2754	13800	35.5	麦市集镇	1984年由原麦市公社部分地域组成	1987年划归麦市镇	麦市镇
黄袍乡	8	68	1990	12100	34	荻田	1984年由原黄袍公社地域组成	1987年划归黄袍镇	塘湖镇
塘湖乡	14	118	2309	13200	43	塘湖	1984年由原塘湖公社部分地域组成	1987年划归黄袍镇	塘湖镇
凉亭乡	8	69	1677	8900	25	凉亭	1984年由原塘湖公社、麦市公社部分地域组成	1987年划归黄袍镇	塘湖镇
陈塅乡	10	64	1893	9900	33	陈家塅	1984年由原麦市公社部分地域组成	1987年划归麦市镇	麦市镇
盘石乡	7	40	877	4000	23.5	盘石	1984年由原盘石公社地域组成	1987年划归黄龙乡	麦市镇

续表

乡(镇)名	所辖村(个)	所辖村民小组(个)	户数	人口	版土面积(km^2)	乡政府驻地	建乡时间及由来	撤销时间及去向	2014年所属乡(镇)
黄龙山乡	6	24	440	2400	16	垈楼咀	1984年由原黄龙公社地域组成	1987年划归黄龙乡	麦市镇
水兴区	37	307	6672	37500	111.5	关刀集镇	1984年设立	1987年撤销	关刀镇
关刀桥镇	9	83	1856	10400	33.5	关刀集镇	1984年由原水兴公社部分地域组成	1987年划归关刀镇	关刀镇
云溪乡	12	91	1626	8000	39	道上	1984年由原云溪公社地域组成	1987年划归关刀镇	关刀镇
鲤港乡	7	51	1681	10200	20	鲤港集镇	1984年由原高冲公社、水兴公社各一部分地域组成	1987年划归关刀镇	关刀镇
高冲乡	9	82	1509	8900	19	高冲集镇	1984年由原高冲公社部分地域组成	1987年划归关刀镇	关刀镇
九岭区	56	488	9427	46200	188	何婆桥	1984年设立	1987年撤销	马港镇
何婆桥镇	5	33	950	4100	14	何婆桥集镇	1984年由原九岭公社部分地域组成	1987年并入马港镇	马港镇
马港乡	8	76	1511	7200	24	马港	1984年由原九岭公社、杨塘坳公社各一部分组成	1987年并入马港镇	马港镇
湾头乡	7	58	1103	5300	25	湾头	1984年由原九岭公社、磨桥公社各一部分组成	1987年并入五里镇	五里镇
潭下乡	8	67	1247	6300		潭下	1984年由原潭下公社改设	1987年并入潭下乡	马港镇
平湖乡	7	56	1008	5400	27	六甲塅	1984年由原丁仙公社改设	1987年并入潭下乡	马港镇
石溪乡	7	51	1032	4700	22	水口	1984年由原杨塘坳公社部分地域组成	1987年并入马港镇	马港镇
中塅乡	6	68	1118	5500	21.5	灵官桥	1984年由原杨塘坳公社部分组成	1987年并入九岭乡	马港镇
杨塘乡	8	79	1458	7700	25.5	杨塘坳	1984年由原杨塘坳公社部分组成	1987年并入九岭乡	马港镇
北港区	65	554	14639	76800	174	北港集镇	1984年设立	1987年撤销	分别属北港镇、大坪乡、石南镇
北港镇	3	10	846	3950	4	北港集镇	1984年由原北港公社部分地域组成	1987年并入北港镇	北港镇
北港乡	12	121	2725	14600	30	北港集镇	1984年由原北港公社部分地域组成	1987年并入北港镇	北港镇
大坪乡	11	89	2593	13200	44	大坪集镇	1984年由原东冲公社部分地域组成	1987年并入大坪乡	大坪乡

续表

乡(镇)名	所辖村(个)	所辖村民小组(个)	户数	人口	版土面积(km^2)	乡政府驻地	建乡时间及由来	撤销时间及去向	2014年所属乡(镇)
枫树乡	11	88	1715	8900	20	枫树畈	1984年由原东冲公社部分地域组成	1987年并入大坪乡	大坪乡
杨部乡	14	63	3049	17600	38	九节坳	1984年由原东冲公社部分地域组成	1987年并入大坪乡	大坪乡
石南乡	14	183	3711	18500	38	石南桥	1984年由原石南公社部分地域组成	1987年并入石南镇	石南镇

第二章　已撤销的非政区类地名

第一节　已撤销的生产大队

已撤销的生产大队　1983 年，全县有 324 个　　产大队(见表 23)，改设建制村。
生产大队。1984 年，撤社建乡并区，撤销全部生

表 23　　**已撤销的生产大队基本情况一览表**

大队名	生产队数	自然村数	户数	人数	耕地面积(亩)	所属公社	设立时间	撤销改设时间
北港	8	28	231	1027	822	北港公社	1958 年由争鸣、政权、灯塔大队合并	1984 年改设村
龙门	10	/	247	1195	863	北港公社	1981 年从北港大队分出	1984 年改设村
小界	9	/	160	754	561	北港公社	1981 年从北港大队分出	1984 年改设村
药姑	11	9	106	560	304	北港公社	1958 年由民主社分立	1984 年改设村
细冲	3	4	57	303	61	北港公社	1981 年由西冲大队更名	1984 年改设村
花墩	15	24	455	2151	1510	北港公社	1981 年从红旗大队分出	1984 年改设村
小岭	8	/	115	825	623	北港公社	1981 年从花墩大队分出	1984 年改设村
岭源	15	20	450	2283	1165	北港公社	1971 年由富裕、年丰大队合并	1984 年改设村
贯青	7	16	206	992	666	北港公社	1981 年从裕丰大队分出	1984 年改设村
小背	10	/	239	1153	748	北港公社	1981 年从贯青大队分出	1984 年改设村
草鞋	7	23	147	877	921	北港公社	1981 年从同心大队分出	1984 年改设村
南山	6	/	163	879	684	北港公社	1981 年从草鞋大队分出	1984 年改设村
张家	10	/	163	896	691	北港公社	1981 年从草鞋大队分出	1984 年改设村
邓家	11	20	271	1337	1006	北港公社	1981 年从联合大队分出	1984 年改设村
阁塘	9	/	155	746	578	北港公社	1981 年从邓家大队分出	1984 年改设村
庄前	16	15	266	1271	1001	北港公社	1981 年从胜利大队分出	1984 年改设村
横冲	10	/	198	969	1003	北港公社	1981 年从庄前大队分出	1984 年改设村
冯湾	10	20	203	1020	629	北港公社	1981 年从永久大队分出	1984 年改设村
楠木	9	/	163	842	471	北港公社	1981 年从冯湾大队分出	1984 年改设村
新湾	11	/	173	896	661	北港公社	1981 年从冯湾大队分出	1984 年改设村
桂家	14	22	370	1826	1300	北港公社	1981 年从春风大队分出	1984 年改设村
杨荷	7	/	111	529	360	北港公社	1981 年从桂家大队分出	1984 年改设村
沉山	14	19	288	1420	844	北港公社	1981 年从桂家大队分出	1984 年改设村

续表

大队名	生产队数	自然村数	户数	人数	耕地面积(亩)	所属公社	设立时间	撤销改设时间
八甲	6	/	129	604	650	北港公社	1981 年从沉山大队分出	1984 年改设村
枫树	10	19	173	834	540	北港公社	1958 年设立	1984 年改设村
南港	8	/	213	1035	694	北港公社	1981 年设立	1984 年改设村
许畈	5	/	89	412	330	北港公社	1981 年设立	1984 年改设村
方塅	15	18	269	1353	994	北港公社	1958 年设立	1984 年改设村
畈上	10	/	209	1024	764	北港公社	1981 年设立	1984 年改设村
石人冲	7	9	112	564	240	北港公社	1981 年由和平大队更名	1984 年改设村
雁门	9	14	184	814	466	北港公社	1958 年设立	1984 年改设村
岭上	5	6	108	465	202	北港公社	1971 年由雁门、太平大队合并	1984 年改设村
太平	6	10	160	744	478	北港公社	1958 年设立	1971 年并入岭上大队
杨部	12	13	261	1430	1174	东冲公社	1958 年设立	1984 年改设村
内冲	10	8	200	990	200	东冲公社	1958 年设立	1984 年改设村
栗坪	12	12	224	1180	1000	东冲公社	1981 年由团结大队更名	1984 年改设村
韩岭	14	12	360	2200	1419	东冲公社	1981 年由丰产大队更名	1984 年改设村
白鹭	17	9	362	1970	1350	东冲公社	1963 年设立	1984 年改设村
大坪	20	13	587	3066	2380	东冲公社	1958 年设立	1984 年改设村
来苏	12	11	527	2960	2790	东冲公社	1958 年设立	1984 年改设村
骆家	/	/	/	/	/	东冲公社	1981 年从来苏大队分出	1984 年改设村
曾家	/	/	/	/	/	东冲公社	1981 年从来苏大队分出	1984 年改设村
辉煌	17	14	397	2200	2140	东冲公社	1958 年设立	1984 年改设村
易畈	11	9	225	1400	1200	东冲公社	1981 年由跃进大队更名	1984 年改设村
神泉	12	12	370	2220	2000	东冲公社	1981 年由跃进大队更名	1984 年改设村
沙口	12	15	218	1030	890	墨烟公社	1958 年设立	1984 年改设村
余家	12	9	217	1004	837	墨烟公社	1981 年由星明大队更名	1984 年改设村
坪山	8	11	124	679	618	墨烟公社	1958 年设立	1984 年改设村
月形	9	/	132	686	604	墨烟公社	1981 年从坪山大队分出	1984 年改设村
土坳	11	8	173	887	956	墨烟公社	1981 年由立新大队更名	1984 年改设村
柏树	13	10	239	1048	1013	墨烟公社	1975 年由立新大队分出	1984 年改设村
达凤	11	19	221	1003	953	墨烟公社	1958 年成立	1984 年改设村
全礼	10	/	153	754	685	墨烟公社	1958 年成立	1984 年改设村
牮楼	4	/	170	801	638	墨烟公社	1958 年成立	1984 年改设村
墨烟	12	14	186	953	922	墨烟公社	1958 年设立	1984 年改设村
西墨	9	/	147	730	855	墨烟公社	1981 年从墨烟大队分出	1984 年改设村
竹路	13	/	144	771	686	墨烟公社	1981 年从墨烟大队分出	1984 年改设村
农林	14	17	230	1130	1070	墨烟公社	1980 年从墨烟大队分出	1984 年改设村
长垅	12	/	240	1108	993	墨烟公社	1981 年从农林大队分出	1984 年改设村

续表

大队名	生产队数	自然村数	户数	人数	耕地面积(亩)	所属公社	设立时间	撤销改设时间
口前	13	6	232	1174	1090	墨烟公社	1958 年设立	1984 年改设村
张七	15	9	241	1124	1036	墨烟公社	1958 年设立	1984 年改设村
沙堆	19	28	415	2190	2339	沙堆公社	1981 年由长征大队更名	1984 年改设村
堤上	9	14	235	1220	1411	沙堆公社	1981 年由立新大队更名	1984 年改设村
华家	15	26	296	1616	1824	沙堆公社	1981 年由集体大队更名	1984 年改设村
柏峦	6	9	103	670	728	沙堆公社	1979 年由农科大队更名	1984 年改设村
港背	8	15	196	950	1076	沙堆公社	1981 年由东红大队更名	1984 年改设村
石冲	13	16	258	1170	1440	沙堆公社	1958 年设立	1984 年改设村
南栎山	9	13	148	734	997	沙堆公社	1981 年由友好大队更名	1984 年改设村
古井	9	10	135	749	796	沙堆公社	1981 年由古井大队更名	1984 年改设村
石泥塘	6	15	157	860	1029	沙堆公社	1981 年由团结大队更名	1984 年改设村
坪坳	16	38	396	2090	2851	沙堆公社	1981 年从光明大队分出	1984 年改设村
小塘	/	/	/	/	/	沙堆公社	1981 年设立	1984 年改设村
后坊	/	/	/	/	/	沙堆公社	1981 年设立	1984 年改设村
湾船咀	15	13	231	1370	1855	沙堆公社	1981 年由金丰大队更名	1984 年改设村
灿良	10	13	281	1364	1485	沙堆公社	1981 年由永兴大队更名	1984 年改设村
向家咀	9	10	214	1180	1157	沙堆公社	1981 年由新堤大队更名	1984 年改设村
大柱山	10	17	222	1180	1150	沙堆公社	1981 年由中心大队更名	1984 年改设村
廖家	11	14	228	1163	873	沙堆公社	1981 年由富强大队更名	1984 年改设村
罗堂	12	13	222	1140	952	沙堆公社	1981 年由繁荣大队更名	1984 年改设村
四庄	19	14	331	1856	1827	清水公社	1981 年由金星大队更名	1984 年改设村
小井	28	24	390	2453	2814	清水公社	1981 年由红卫大队更名	1984 年改设村
大源	12	16	235	1436	1723	清水公社	1958 年设立	1984 年改设村
杨家	9	10	102	737	749	清水公社	1981 年由绿水大队更名	1984 年改设村
上坪	9	12	235	1485	1579	清水公社	1958 年设立	1984 年改设村
毛田	8	9	141	935	1213	清水公社	1958 年设立	1984 年改设村
寺背	9	10	183	1060	1030	清水公社	1981 年由治安大队更名	1984 年改设村
高坪	6	10	166	970	1206	清水公社	1958 年设立	1984 年改设村
同兴	9	11	157	860	1093	清水公社	1958 年设立	1984 年改设村
新联	9	19	230	1060	1495	清水公社	1958 年设立	1984 年改设村
守仙	10	14	180	943	721	清水公社	1981 年由红林大队更名	1984 年改设村
清水	12	15	282	1433	1436	清水公社	1981 年由扩大队更名	1984 年改设村
金仙	12	14	251	1360	1362	清水公社	1981 年由茶园大队更名	1984 年改设村
龙潭	2	3	76	420	214	清水公社	1981 年由林业大队更名	1984 年改设村
五花	10	12	156	1400	1200	清水公社	1958 年设立	1984 年改设村
庙下	15	18	285	1824	1566	清水公社	1981 年从五花大队分出	1984 年改设村
长青	7	12	126	650	554	大青公社	1972 年由长眉、青草大队合并	1984 年改设村

续表

大队名	生产队数	自然村数	户数	人数	耕地面积(亩)	所属公社	设立时间	撤销改设时间
纸棚	4	15	92	530	108	大青公社	1978 年从林业大队分出	1984 年改设村
高滩	5	10	96	570	102	大青公社	1978 年由林业大队更名	1984 年改设村
大溪	7	7	85	430	211	大青公社	1958 年设立	1984 年改设村
石南	14	12	354	1960	1564	石南公社	1958 年设立	1984 年改设村
湾曲	15	12	178	1230	959	石南公社	1981 年由群立大队更名	1984 年改设村
石马	14	18	222	1270	1197	石南公社	1958 年设立	1984 年改设村
仙姑	10	6	241	970	1038	石南公社	1979 年从东方红大队分出	1984 年改设村
观音堤	12	14	293	1466	1367	石南公社	1981 年由东方红大队更名	1984 年改设村
石山	8	6	154	800	835	石南公社	1975 年从石南大队分出	1984 年改设村
白米	20	20	552	1950	1781	石南公社	1958 年设立	1984 年改设村
樊店	28	28	518	3010	2620	石南公社	1958 年设立	1984 年改设村
马畈	/	/	/	/	/	石南公社	1981 年从樊店大队分出	1984 年改设村
梅港	/	/	/	/	/	石南公社	1981 年从樊店大队分出	1984 年改设村
牌合	16	17	392	2100	1822	石南公社	1958 年设立	1984 年改设村
漂垅	17	20	482	2180	1960	石南公社	1958 年设立	1984 年改设村
花亭	5	5	138	640	651	石南公社	1958 年设立	1984 年改设村
五斗岭	15	23	410	2070	1821	石南公社	1958 年由五岭大队更名	1984 年改设村
虎岩	6	8	79	350	263	石南公社	1958 年设立	1984 年改设村
沙坪	9	11	213	986	831	石南公社	1958 年设立	1984 年改设村
杨山	13	21	334	1470	954	石南公社	1981 年由杨岭大队更名	1984 年改设村
石泉	11	10	192	1107	1015	铁柱公社	1975 年从大桥大队分出	1984 年改设村
下畈	13	7	221	1120	1034	铁柱公社	1964 年由三合三大队更名	1984 年改设村
石湾	11	8	210	1072	1133	铁柱公社	1975 年由三合六大队更名	1984 年改设村
铁柱	16	14	285	1660	1969	铁柱公社	1964 年由三合一、二大队合并	1984 年改设村
青山铺	16	15	321	1674	1243	铁柱公社	1975 年由青山大队更名	1984 年改设村
黄源	9	9	121	706	714	铁柱公社	1975 年从新塔大队分出	1984 年改设村
青叶	9	11	255	1044	994	铁柱公社	1981 年由公路大队更名	1984 年改设村
新塔	8	7	182	1060	1119	铁柱公社	1964 年由三合大队更名	1984 年改设村
鼓鸣	17	16	260	1310	1379	铁柱公社	1975 年由三合八、九大队合并	1984 年改设村
柳峦	11	10	243	1380	1407	铁柱公社	1981 年由大桥大队更名	1984 年改设村
樊家	15	16	250	1269	1388	铁柱公社	1981 年由新鸣大队更名	1984 年改设村
下湾	13	14	278	1600	1676	铁柱公社	1963 年由新合七大队更名	1984 年改设村
宝塔	13	14	285	1710	1419	铁柱公社	1975 年由宝塔一大队更名	1984 年改设村
锦山	11	18	219	1390	1435	锦山公社	1981 年由先锋一大队更名	1984 年改设村
石背	16	23	443	2590	2881	锦山公社	1981 年由阔田二大队更名	1984 年改设村
堆山	12	23	220	1366	1543	锦山公社	1958 年设立	1984 年改设村
阔田	17	21	416	2510	2437	锦山公社	1981 年由阔田一大队更名	1984 年改设村

续表

大队名	生产队数	自然村数	户数	人数	耕地面积(亩)	所属公社	设立时间	撤销改设时间
彭家	5	7	130	770	625	锦山公社	1981 年由旭红三大队更名	1984 年改设村
利和	15	18	324	1137	1775	锦山公社	1958 年由古城、利和大队合并	1984 年改设村
东阁	11	22	282	1620	1422	锦山公社	1981 年由旭红一大队更名	1984 年改设村
油坊	11	15	251	1490	1524	锦山公社	1981 年由先锋二大队更名	1984 年改设村
茹莱	5	14	128	786	769	锦山公社	1981 年由先锋二大队更名	1984 年改设村
白沙咀	9	10	200	1110	783	锦山公社	1981 年由旭红二大队更名	1984 年改设村
上坳	15	21	367	2010	2488	锦山公社	1969 年由新建一、九大队合并	1984 年改设村
桃源	16	28	330	1810	2240	锦山公社	1969 年由先锋二、三、四大队合并	1984 年改设村
东港	19	35	377	1950	2180	锦山公社	1959 年由新建六、七、八大队合并	1984 年改设村
林业	4	13	58	330	347	锦山公社	1969 年由新建五大队更名	1984 年改设村
水兴	11	23	344	2440	1925	水兴公社	1981 年由兴寨大队更名	1984 年改设村
春雷	12	19	260	1470	1394	水兴公社	1975 年由官塘、和胜、马鞍大队合并	1984 年改设村
南冲	9	13	165	950	978	水兴公社	1975 年由三泉大队更名	1984 年改设村
关刀	12	14	293	1660	1481	水兴公社	1981 年由新畈大队更名	1984 年改设村
鲤港	7	8	271	1300	1083	水兴公社	1958 年设立	1984 年改设村
石垅	10	14	161	800	725	水兴公社	1981 年由红岭大队更名	1984 年改设村
方家	10	12	254	1342	984	水兴公社	1958 年设立	1984 年改设村
台源	7	13	208	557	443	水兴公社	1958 年设立	1984 年改设村
张源	5	8	208	1060	782	水兴公社	1981 年由红山大队更名	1984 年改设村
堑下	8	9	157	850	585	水兴公社	1981 年由新建大队更名	1984 年改设村
金潭	5	7	155	780	504	水兴公社	1958 年设立	1984 年改设村
茶铺	8	16	176	950	478	水兴公社	1958 年设立	1984 年改设村
黄峰	5	7	109	560	376	水兴公社	1958 年设立	1984 年改设村
高冲	6	5	121	756	659	高冲公社	1975 年由鲤港八大队更名	1984 年改设村
银丰	11	8	165	993	1250	高冲公社	1958 年设立	1984 年改设村
余坊	12	10	292	1753	1938	高冲公社	1958 年设立	1984 年改设村
瑶泉	13	8	295	1440	1687	高冲公社	1958 年设立	1984 年改设村
坪上	6	9	182	740	797	高冲公社	1958 年设立	1984 年改设村
八仙	9	8	149	990	1381	高冲公社	1981 年由永红大队更名	1984 年改设村
万丰	7	6	163	1030	1183	高冲公社	1981 年由寨花大队更名	1984 年改设村
黄泥	9	7	174	1030	860	高冲公社	1958 年设立	1984 年改设村
石埚	7	6	140	790	1106	高冲公社	1981 年由新堤大队更名	1984 年改设村
西边垅	11	12	229	1440	1277	高冲公社	1981 年由红联大队更名	1984 年改设村
杨叟	8	7	144	860	657	高冲公社	1958 年设立	1984 年改设村
五流	16	12	332	1902	1679	高冲公社	1981 年由向荣大队更名	1984 年改设村
塔岭	9	7	147	890	634	高冲公社	1981 年由朝阳大队更名	1984 年改设村
田东	10	8	203	1450	1437	高冲公社	1975 年由鲤港七大队更名	1984 年改设村

续表

大队名	生产队数	自然村数	户数	人数	耕地面积(亩)	所属公社	设立时间	撤销改设时间
燕窝	10	4	189	1320	824	高冲公社	1975年由朝阳大队更名	1984年改设村
塘湖	21	20	415	2170	1665	塘湖公社	1958年设立	1984年改设村
郭家	/	/	/	/	/	塘湖公社	1981年从塘湖大队分出	1984年改设村
狮子	/	/	/	/	/	塘湖公社	1981年从塘湖大队分出	1984年改设村
石门	10	20	189	1190	496	塘湖公社	1981年由石马大队更名	1984年改设村
罗家	7	12	140	750	450	塘湖公社	1965年由阁壁大队更名	1984年改设村
坪头	6	4	69	490	352	塘湖公社	1958年设立	1984年改设村
龙印	13	21	307	1950	1508	塘湖公社	1958年设立	1984年改设村
龙背	9	18	158	857	666	塘湖公社	1958年设立	1984年改设村
大虹	16	20	304	1530	1390	塘湖公社	1958年设立	1984年改设村
大白	7	11	162	920	719	塘湖公社	1958年设立	1984年改设村
咀背	7	8	141	830	631	塘湖公社	1958年设立	1984年改设村
铁山	6	7	111	710	507	塘湖公社	1958年设立	1984年改设村
龙湾	11	13	235	1380	1064	塘湖公社	1958年设立	1984年改设村
狼荷	8	19	190	1142	775	塘湖公社	1958年设立	1984年改设村
凉亭	18	28	314	1644	1139	塘湖公社	1958年设立	1984年改设村
石坪	10	16	344	1570	1587	塘湖公社	1958年设立	1984年改设村
五岭	7	24	137	650	654	塘湖公社	1975年由苦岭大队更名	1984年改设村
荻田	16	12	495	2470	2228	黄袍公社	1981年由联合大队更名	1984年改设村
夹井	8	16	224	1130	627	黄袍公社	1981年由前进大队更名	1984年改设村
石井	6	8	156	780	550	黄袍公社	1981年由前进大队更名	1984年改设村
润田	8	8	220	1050	688	黄袍公社	1958年设立	1984年改设村
雷吼	13	13	321	1520	1197	黄袍公社	1958年设立	1984年改设村
新庄	6	11	172	790	600	黄袍公社	1980年从石港大队分出	1984年改设村
石港	6	9	167	780	589	黄袍公社	1958年设立	1984年改设村
大埚	10	10	323	1600	1198	黄袍公社	1981年由友好大队更名	1984年改设村
望湖	9	18	230	1400	1132	黄袍公社	1980年从友好大队分出	1984年改设村
磨桥	11	14	189	1180	1193	磨桥公社	1975年由磨桥四大队更名	1984年改设村
左港	12	9	216	1290	356	磨桥公社	1975年由福利六大队更名	1984年改设村
黄谷	9	9	140	710	220	磨桥公社	1979年从左港大队分出	1984年改设村
墈上	12	10	180	1120	1123	磨桥公社	1974年由磨桥二大队更名	1984年改设村
陈谷	16	20	304	1540	1133	磨桥公社	1974年由磨桥一大队更名	1984年改设村
团山	11	14	195	1350	1421	磨桥公社	1974年由磨桥六大队更名	1984年改设村
圳上	11	9	228	1190	1124	磨桥公社	1974年由磨桥四大队更名	1984年改设村
仓下	15	12	276	1470	1541	磨桥公社	1974年由磨桥五大队更名	1984年改设村
五里	7	8	158	1010	1220	磨桥公社	1975年由宝塔三大队更名	1984年改设村
锡山	15	21	358	1870	2056	磨桥公社	1975年由宝塔四大队更名	1984年改设村

续表

大队名	生产队数	自然村数	户数	人数	耕地面积(亩)	所属公社	设立时间	撤销改设时间
十里	/	/	/	/	/	磨桥公社	1981 年从锡山大队分出	1984 年改设村
杨岭	6	10	131	530	559	磨桥公社	1975 年由宝塔九大队更名	1984 年改设村
虎形	12	19	150	890	680	磨桥公社	1975 年由福利七、八大队更名	1984 年改设村
程凤	17	21	345	1730	1311	磨桥公社	1975 年由福利一大队更名	1984 年改设村
大坪坳	19	21	341	1760	2000	磨桥公社	1981 年由前锋大队更名	1984 年改设村
尖山	11	11	244	1370	1350	磨桥公社	1975 年由宝塔六大队更名	1984 年改设村
魏家	/	/	/	/	/	磨桥公社	1981 年从尖山大队分出	1984 年改设村
何家	9	15	211	1060	1138	磨桥公社	1981 年由毛田大队更名	1984 年改设村
季山	9	11	160	750	291	磨桥公社	1975 年由福利九大队更名	1984 年改设村
陈湾	7	9	95	450	360	磨桥公社	1979 年从金塘大队分出	1984 年改设村
金塘	13	19	310	1440	1356	磨桥公社	1975 年由福利五、六大队合并	1984 年改设村
何婆桥	15	13	324	1700	1391	九岭公社	1981 年由向阳大队更名	1984 年改设村
红卫	10	13	188	940	819	九岭公社	1968 年由金家大队更名	1984 年改设村
梧桐	4	7	68	330	318	九岭公社	1962 年由九岭四大队更名	1984 年改设村
相师	14	16	218	1120	875	九岭公社	1958 年设立	1984 年改设村
湾头	14	16	271	1640	1294	九岭公社	1958 年设立	1984 年改设村
毛塅	6	6	145	830	804	九岭公社	1962 年由双马一大队更名	1984 年改设村
朱家	9	9	189	920	850	九岭公社	1962 年由双马二大队更名	1984 年改设村
白竹	12	14	265	1280	1074	九岭公社	1962 年由双马一大队更名	1984 年改设村
推垅	3	4	72	390	1287	九岭公社	1979 年由向阳大队更名	1984 年改设村
阳雀	4	9	89	410	339	九岭公社	1962 年由双马八大队更名	1984 年改设村
凤鸣	7	6	106	500	373	九岭公社	1979 年由金红大队更名	1984 年改设村
佛岭	4	5	96	450	408	九岭公社	1958 年设立	1984 年改设村
松港	15	15	208	1100	1060	九岭公社	1962 年由双马三大队更名	1984 年改设村
五斗	8	5	96	460	427	九岭公社	1958 年设立	1984 年改设村
肖家	8	13	145	730	761	九岭公社	1958 年设立	1984 年改设村
寺前	6	6	130	740	496	九岭公社	1979 年从金红大队分出	1984 年改设村
朗山	6	7	95	470	461	九岭公社	1966 年由王坊大队更名	1984 年改设村
何冲	9	13	175	900	853	九岭公社	1962 年由双马四大队更名	1984 年改设村
马港	10	8	213	1090	992	九岭公社	1962 年由双马五大队更名	1984 年改设村
水口	7	7	126	700	664	九岭公社	1958 年设立	1984 年改设村
长港	8	9	162	750	751	九岭公社	1962 年由九岭六大队更名	1984 年改设村
石溪	5	8	95	490	518	九岭公社	1975 年由熊家大队更名	1984 年改设村
谭家	11	10	186	870	812	九岭公社	1981 年由红旗大队更名	1984 年改设村
程家	7	6	109	520	607	九岭公社	1980 年从石溪大队分出	1984 年改设村
施塅	9	12	200	1010	920	杨塘坳公社	1958 年设立	1984 年改设村
九岭	13	21	282	1320	1195	杨塘坳公社	1958 年设立	1984 年改设村

续表

大队名	生产队数	自然村数	户数	人数	耕地面积(亩)	所属公社	设立时间	撤销改设时间
沙塅	8	10	150	780	657	杨塘坳公社	1958 年设立	1984 年改设村
洞塅	13	16	240	150	971	杨塘坳公社	1958 年设立	1984 年改设村
踏水桥	9	11	117	870	903	杨塘坳公社	1981 年由中心大队更名	1984 年改设村
界上	18	24	401	2060	1815	杨塘坳公社	1958 年设立	1984 年改设村
飞坳	17	11	264	1375	1346	杨塘坳公社	1958 年设立	1984 年改设村
团仑	/	/	/	/	/	杨塘坳公社	1981 年从飞坳大队分出	1984 年改设村
灵官桥	11	11	206	980	944	杨塘坳公社	1981 年由高冲大队更名	1984 年改设村
马洞	13	13	202	950	916	杨塘坳公社	1958 年设立	1984 年改设村
中塅	13	13	261	1146	1166	杨塘坳公社	1958 年设立	1984 年改设村
彭洞	8	7	146	681	629	杨塘坳公社	1958 年设立	1984 年改设村
潭下	8	14	188	960	692	潭下公社	1971 年由灯塔六大队更名	1984 年改设村
三凤	9	22	224	1120	946	潭下公社	1971 年灯塔二、三大队合并	1984 年改设村
黄鹤	5	6	109	543	523	潭下公社	1971 年由灯塔一大队更名	1984 年改设村
青源	10	10	133	750	573	潭下公社	1971 年由灯塔四大队更名	1984 年改设村
彭塅	12	18	225	1073	924	潭下公社	1971 年由新生四大队更名	1984 年改设村
易塅	9	12	138	642	492	潭下公社	1971 年由灯塔七大队更名	1984 年改设村
高塘	4	4	77	384	259	潭下公社	1975 年从易塅大队分出	1984 年改设村
花岭	6	10	109	496	352	潭下公社	1975 年从易塅大队分出	1984 年改设村
六甲	8	13	185	955	785	丁仙公社	1981 年由高峰大队更名	1984 年改设村
清凉	8	6	142	740	803	丁仙公社	1962 年由高峰五大队更名	1984 年改设村
金山	4	5	44	230	256	丁仙公社	1981 年从永红大队分出	1984 年改设村
石源	7	8	110	601	602	丁仙公社	1981 年从金山大队分出	1984 年改设村
平湖	9	11	152	714	373	丁仙公社	1969 年由东堡大队更名	1984 年改设村
丁仙	10	10	178	879	831	丁仙公社	1973 年由高峰四大队更名	1984 年改设村
界头	10	17	203	973	1012	丁仙公社	1958 年设立	1984 年改设村
沙下	8	11	132	650	600	云溪公社	1981 年由沙塅大队更名	1984 年改设村
云水	6	16	139	620	262	云溪公社	1971 年由罗堂大队更名	1984 年改设村
方山	7	10	134	690	470	云溪公社	1958 年设立	1984 年改设村
文坳	8	13	113	780	540	云溪公社	1958 年设立	1984 年改设村
杨家	6	12	76	380	390	云溪公社	1958 年设立	1984 年改设村
洞下	5	7	56	380	272	云溪公社	1958 年设立	1984 年改设村
道上	9	13	147	650	605	云溪公社	1981 年由白沙大队更名	1984 年改设村
炉上	5	8	93	460	460	云溪公社	1981 年由白竹大队更名	1984 年改设村
棋盘寨	6	15	155	750	508	云溪公社	1981 年由棋盘大队更名	1984 年改设村
上堡	8	25	172	760	905	云溪公社	1981 年由李塅大队更名	1984 年改设村
雷洞	7	16	110	540	670	云溪公社	1958 年设立	1984 年改设村
东山	7	12	110	540	705	云溪公社	1958 年设立	1984 年改设村

续表

大队名	生产队数	自然村数	户数	人数	耕地面积(亩)	所属公社	设立时间	撤销改设时间
麦市	15	13	390	2004	1178	麦市公社	1958 年设立	1984 年改设村
许家	/	/	/	/	/	麦市公社	1981 年从麦市大队分出	1984 年改设村
七里	6	12	143	698	556	麦市公社	1958 年设立	1984 年改设村
棋盘	16	23	445	2106	1703	麦市公社	1971 年由棋盘、井堂、港下大队合并	1984 年改设村
井堂	/	/	/	/	/	麦市公社	1981 年从棋盘大队分出	1984 年改设村
图垅	10	16	220	1270	1133	麦市公社	1958 年设立	1984 年改设村
株树	12	9	343	1988	1825	麦市公社	1958 年设立，加原山峰大队人数耕地	1984 年改设村
河田	/	/	/	/	/	麦市公社	1981 年从株树大队分出	1984 年改设村
白沙	8	9	165	888	763	麦市公社	1958 年设立	1984 年改设村
李塅	12	11	310	1550	1458	麦市公社	1958 年设立	1984 年改设村
坳背	8	12	222	1042	695	麦市公社	1958 年设立	1984 年改设村
天门	10	13	113	530	327	麦市公社	1958 年设立	1984 年改设村
西冲	12	15	223	1181	900	麦市公社	1958 年设立	1984 年改设村
山下	9	4	158	947	620	麦市公社	1980 年从陈塅大队分出	1984 年改设村
长冲	10	12	228	1138	924	麦市公社	1958 年设立	1984 年改设村
岭下	6	15	107	557	212	麦市公社	1958 年设立	1984 年改设村
南岭	3	10	72	335	230	麦市公社	1958 年设立	1984 年改设村
陈塅	11	2	180	921	492	麦市公社	1958 年设立	1984 年改设村
九房	11	7	195	910	723	麦市公社	1981 年由曙光大队更名	1984 年改设村
何塅	9	10	156	880	684	麦市公社	1974 年从陈塅大队分出	1984 年改设村
冷塅	15	11	270	1353	1050	麦市公社	1981 年由团结大队更名	1984 年改设村
文岭	14	16	174	839	669	麦市公社	1958 年设立	1984 年改设村
盘石	7	21	210	980	588	盘石公社	1958 年设立	1984 年改设村
砣石	7	17	124	570	619	盘石公社	1981 年由文坳大队更名	1984 年改设村
贯源	6	11	103	520	475	盘石公社	1958 年设立	1984 年改设村
陈洲	6	13	136	780	501	盘石公社	1981 年由新洲更名	1984 年改设村
红源	6	12	92	380	311	盘石公社	1958 年设立	1984 年改设村
麦埚	5	15	110	480	516	盘石公社	1981 年由永红大队更名	1984 年改设村
黄石	6	21	107	480	493	盘石公社	1958 年设立	1984 年改设村
金家	10	12	126	530	388	盘石公社	1958 年设立	1984 年改设村
卢塅	6	12	114	540	397	盘石公社	1958 年设立	1984 年改设村
青山	6	13	101	458	430	盘石公社	1958 年设立	1984 年改设村
花园	9	38	170	838	726	黄龙山公社	1981 年由新建大队更名	1984 年改设村
姜家	2	13	62	269	174	黄龙山公社	1981 年由马洞大队更名	1984 年改设村
咀上	5	25	110	430	344	黄龙山公社	1981 年由黄源大队更名	1984 年改设村
大坳	5	20	121	566	394	黄龙山公社	1958 年设立	1984 年改设村
小坳	3	18	70	301	213	黄龙山公社	1958 年设立	1984 年改设村

第二节　已撤销的建制村

已撤销的建制村　2004年12月6日，县人民政府下达[2004]23号文件，将全县338个建制村、16个居委会调整为167个村、17个社区(撤销行政村见表24)。

表24　　**已撤销的建制村基本情况一览表**

村名	村民小组(个)	户数	人口	耕地面积(公顷)	所属区、乡(镇)	建村时间及由来	撤销时间及去向	2014年所属乡(镇)、村
全礼村	6	134	760	44.5	银城区墨烟乡	1984年由原墨烟公社全礼大队改设全礼村	2001年并入达凤村	大坪乡达凤村
垡楼村	4	170	870	41.7	银城区墨烟乡	1984年由墨烟公社垡楼大队改设垡楼村	2001年并入达凤村	大坪乡达凤村
张七村	8	200	1100	62.7	银城区墨烟乡	1984年由原墨烟公社张七大队改设张七村	2005年并入墨烟村	大坪乡墨烟村
长垅村	9	184	1130	60.1	银城区墨烟乡	1984年由原墨烟公社长垅大队改设长垅村	2004年并入沙口村	大坪乡沙口村
东墨村	7	151	830	62.6	银城区墨烟乡	1984年由原墨烟公社东墨大队改设东墨村	2003年并入墨烟村	大坪乡墨烟村
西墨村	4	135	750	58.5	银城区墨烟乡	1984年由原墨烟公社西墨大队改设西墨村	2002年并入农林村	大坪乡农林村
口前村	7	187	1200	113.1	银城区墨烟乡	1984年由原墨烟公社口前大队改设口前村	2001年并入坪山村	大坪乡坪山村
竹路村	12	101	800	55.9	银城区墨烟乡	1984年由原墨烟公社竹路大队改设竹路村	2003年并入墨烟村	大坪乡墨烟村
下湾村	11	241	1390	87.2	银城区铁柱乡	1984年由原铁柱公社下湾大队改设下湾村	2002年并入古龙村	隽水镇古龙村
樊家村	12	237	1340	143.7	银城区铁柱乡	1984年由原铁柱公社樊家大队改设樊家村	2002年并入柳峦村	隽水镇柳峦村
古鸣村	12	243	1400	130.6	银城区铁柱乡	1984年由原铁柱公社古鸣大队改设古鸣村	2002年并入柳峦村	隽水镇柳峦村
石湾村	12	193	1050	64	银城区铁柱乡	1984年由原铁柱公社石湾大队改设石湾村	2002年并入下畈村	大坪乡下畈村
双港村	9	224	756	83.4	银城区樊店乡	1984年由原石南公社章家大队改设双港村	2004年并入牌合村	石南镇牌合村
青叶村	9	195	1050	63.1	银城区樊店乡	1984年由铁柱公社青叶大队改设青叶村	2004年并入樊店村	石南镇樊店村
马畈村	8	174	990	47.8	银城区樊店乡	1984年由原石南公社马畈大队改设马畈村	2004年并入樊店村	石南镇樊店村
白米村	8	206	1110	80.7	银城区樊店乡	1984年由原石南公社白米大队改设白米村	2004年并入牌合村	石南镇牌合村

续表

村名	村民小组(个)	户数	人口	耕地面积(公顷)	所属区、乡(镇)	建村时间及由来	撤销时间及去向	2014 年所属乡(镇)、村
獐獭岭村	7	148	910	61.8	银城区锦山乡	1984 年由原锦山公社阔田大队分设獐獭岭村	2002 年并入上阔村	隽水镇上阔村
中阔村	7	170	1100	71.3	银城区锦山乡	1984 年由原锦山公社石背大队分设中阔村	2002 年并入下阔村	隽水镇下阔村
李家塘村	6	175	1000	59.7	银城区锦山乡	1984 年由锦山公社东阁大队分设李家塘村	2002 年并入白沙居委会	隽水镇白沙社区
锦山村	11	215	1500	116.5	银城区锦山乡	1984 年由原锦山公社锦山大队改设锦山村	2002 年并入油坊村	隽水镇油坊村
茹菜村	5	127	870	52.9	银城区锦山乡	1984 年由原锦山公社茹菜大队改设茹菜村	2002 年并入油坊村	隽水镇油坊村
上坳村	16	361	2170	140.6	银城区东港乡	1984 年由原锦山公社上坳大队改设上坳村	2002 年并入桃源村	隽水镇桃源村
林业村	4	57	360	19.8	银城区东港乡	1984 年由锦山公社林业大队改设林业村	2002 年并入桃源村	隽水镇桃源村
杨岭村	6	89	520	68.1	银城区五里乡	1984 年由原磨桥公社杨岭大队改设杨岭村	2003 年并入锡山村	五里镇锡山村
团山村	8	245	1390	773.7	银城区五里乡	1984 年由原磨桥公社团山大队改设团山村	2001 年并入五里村	五里镇五里村
谌家村	6	101	640	41	银城区五里乡	1984 年由原城关公社宝塔大队分设谌家村	2002 年并入古龙村	隽水镇古龙村
虎形村	7	159	940	24	银城区程凤乡	1984 年由原磨桥公社虎形大队改设虎形村	2002 年并入季山村	五里镇季山村
陈湾村	4	87	450	23.5	银城区程凤乡	1984 年由原磨桥公社金塘大队分设陈湾村	2002 年并入金塘村	五里镇金塘村
仓下村	8	262	1490	118.8	银城区磨桥乡	1984 年由原磨桥公社仓下大队改设仓下村	2002 年并入磨桥村	五里镇磨桥村
圳上村	8	219	1180	136.7	银城区磨桥乡	1984 年由原磨桥公社圳上大队改设圳上村	2004 年并入勘上村	五里镇勘上村
曾家村	4	159	910	50.5	北港区杨部乡	1984 年由原东冲公社曾家大队改设曾家村	2004 年并入来苏村	大坪乡来苏村
曲坊村	6	112	730	109.9	北港区杨部乡	1987 年由原北港区杨部乡神泉村分设曲坊村	2004 年并入方仕村	大坪乡方仕村
万家村	5	122	780	38.9	北港区杨部乡	1984 年由原北港区杨部乡神泉村分设万家村	2004 年并入方仕村	大坪乡方仕村
余家村	5	206	990	50.7	北港区杨部乡	1984 年由原墨烟公社余家大队改设余家村	2004 年并入水口村	大坪乡水口村
白鹭村	8	350	2070	50	北港区杨部乡	1984 年由原东冲公社白鹭大队改设白鹭村	2004 年并入水口村	大坪乡水口村

续表

村名	村民小组(个)	户数	人口	耕地面积(公顷)	所属区、乡(镇)	建村时间及由来	撤销时间及去向	2014年所属乡(镇)、村
上畈村	4	113	610	83.7	北港区杨部乡	1984年由原东冲公社韩岭大队分设上畈村	2002年并入韩岭村	大坪乡韩岭村
李家村	4	120	810	51.2	北港区杨部乡	1984年由原东冲公社韩岭大队分设李家村	2002年并入韩岭村	大坪乡韩岭村
石山村	8	164	650	62.5	北港区石南乡	1984年由原石南公社石山大队改设石山村	2001年并入石南居委会	石南镇赛公村
畈上村	10	231	1040	108.6	北港区枫树乡	1984年由原北港公社畈上大队改设畈上村	2002年并入方塅村	北港镇方塅村
八甲	6	140	630	60.3	北港区枫树乡	1984年由原北港公社八甲大队改设八甲村	2002年并入沉山村	北港镇沉山村
许畈村	5	75	440	20	北港区枫树乡	1984年由原北港公社许畈大队改设许畈村	2002年并入横冲村	北港镇横冲村
岭上村	5	96	490	19.7	北港区枫树乡	1984年由原北港公社岭上大队改设岭上村	2002年并入雁门村	北港镇雁门村
太平村	6	197	800	37.8	北港区枫树乡	1984年由原北港公社太平大队改设太平村	2002年并入雁门村	北港镇雁门村
五斗村	8	382	1870	110.2	北港区石南乡	1984年由原石南公社杨山大队改设五斗村	2004年并入杨山村	石南镇杨山村
沙坪村	13	227	1010	65.2	北港区石南乡	1984年由原石南公社沙坪大队改设沙坪村	2002年并入花亭村	石南镇花亭村
漂垅村	20	502	2260	180.3	北港区石南乡	1984年由原石南公社漂垅大队改设漂垅村	2004年并入虎岩村	石南镇虎岩村
观音堤村	6	3.3	1470	30.7	北港区石南乡	1984年由原石南公社观音堤大队改设观音堤村	1987年并入石南居委会	石南镇石南社区
土坳村	8	160	860	58	北港区石南乡	1984年由原墨烟公社土坳大队改设土坳村	2004年并入柏树村	石南镇柏树村
湾曲村	7	196	1300	65.3	北港区石南乡	1984年由原墨烟公社湾曲大队改设湾曲村	2004年并入石马村	石南镇石马村
张家村	10	163	890	37.9	北港区大坪乡	1984年由原北港区大坪乡张家大队改设张家村	2002年并入大坪乡草鞋村	大坪乡草鞋村
小界村	7	110	570	56.1	北港区北港镇	1984年由原北港公社小界大队改设小界村	2002年并入长青居委会	北港镇长青社区
小背村	9	230	1200	43.4	北港区北港镇	1984年由原北港公社小背大队改设小背村	2003年并入贯青村	北港镇贯青村
楠木村	5	162	770	22.2	北港区北港镇	1984年由原北港公社楠木大队改设楠木村	2004年并入大界村	北港镇大界村
冯湾村	9	180	940	24.4	北港区北港镇	1984年由原北港公社冯湾大队改设冯湾村	2004年并入大界村	北港镇大界村

续表

村名	村民小组(个)	户数	人口	耕地面积(公顷)	所属区、乡(镇)	建村时间及由来	撤销时间及去向	2014 年所属乡(镇)、村
新湾村	12	183	1050	27	北港区北港镇	1984 年由北港公社新湾大队改设新湾村	2004 年并入大界村	北港镇大界村
杨荷村	4	100	540	26.7	北港区北港镇	1984 年由原北港公社杨荷大队改设杨荷村	2002 年并入桂家村	北港镇桂家村
石人村	7	114	580	18	北港区北港镇	1984 年由原北港公社石人大队改设石人村	2002 年并入桂家村	北港镇桂家村
银丰村	11	180	990	97.4	沙堆区沙堆镇	1984 年由原高冲公社银丰大队改设银丰村	2002 年并入瑶泉村	沙堆镇瑶泉村
柏峦村	5	117	680	56.1	沙堆区沙堆镇	1984 年由原沙堆公社柏峦大队改设柏峦村	2002 年并入港背村	沙堆镇港背村
守仙村	7	187	810	172.7	沙堆区清水乡	1984 年由原清水公社守仙大队改设守仙村	2005 年并入清水村	四庄乡清水村
南栎山村	10	146	780	81	沙堆区清水乡	1984 年由原沙堆公社南栎山大队改设南栎山村	2002 年并入港背村	沙堆镇港背村
灿良村	13	237	1380	182	沙堆区清水乡	1984 年由原沙堆公社灿良大队改设灿良村	2002 年并入湾船咀村	沙堆镇湾船咀村
廖家村	9	236	1200	78.7	沙堆区清水乡	1984 年由原沙堆公社廖家大队改设廖家村	2002 年并入罗塘村	沙堆镇罗塘村
佘坊村	6	155	910	131.3	沙堆区大柱乡	1984 年由原高冲公社佘坊大队改设佘坊村	2002 年并入大柱山村	沙堆镇大柱山村
石泥塘村	8	157	900	122.9	沙堆区大柱乡	1984 年由原沙堆公社石泥塘大队改设石泥塘村	2002 年并入堆山村	沙堆镇堆山村
小塘村	8	129	720	62.4	沙堆区大柱乡	1984 年由原沙堆公社小塘大队改设小塘村	2002 年并入坪坳村	沙堆镇坪坳村
后坊村	5	165	920	88.7	沙堆区大柱乡	1984 年由原沙堆公社后坊大队改设后坊村	2002 年并入坪坳村	沙堆镇坪坳村
毛田村	5	141	860	50	沙堆区四庄乡	1984 年由原清水公社毛田大队改设毛田村	2005 年并入上坪村	四庄乡上坪村
高坪村	8	177	1010	79.8	沙堆区四庄乡	1984 年由原清水公社高坪大队改设高坪村	2005 年并入寺背村	四庄乡寺背村
同兴村	8	172	950	70.8	沙堆区四庄乡	1984 年由原清水公社同兴大队改设同兴村	2005 年并入新联村	四庄乡新联村
古井村	5	131	780	39.4	沙堆区清水乡	1984 年由原沙堆公社古井大队改设古井村	2005 年并入向家村	四庄乡向家村
金仙村	6	149	800	75	沙堆区清水乡	1984 年由原清水公社金仙大队改设金仙村	2005 年并入五花村	四庄乡五花村
长青村	7	127	690	4.5	沙堆区大溪乡	1984 年由原大溪公社长青大队改设长青村	2005 年并入大溪村	四庄乡大溪村

续表

村名	村民小组(个)	户数	人口	耕地面积(公顷)	所属区、乡(镇)	建村时间及由来	撤销时间及去向	2014年所属乡(镇)、村
高滩村	7	128	630	10.6	沙堆区大溪乡	1984年由原大溪公社高滩大队改设高滩村	2005年并入纸棚村	四庄乡纸棚村
山下村	4	183	990	51.8	麦市区陈塅乡	1984年由原麦市公社山下大队改设山下村	2004年并入陈塅村	麦市镇陈塅村
文岭村	7	174	850	28.6	麦市区陈塅乡	1984年由原麦市公社文岭大队改设文岭村	2004年并入冷塅村	麦市镇冷塅村
陈洲村	5	132	810	32.7	麦市区陈塅乡	1984年由原盘石公社陈洲大队改设陈洲村	2004年并入九房村	麦市镇九房村
贯源村	6	101	530	43.4	麦市区陈塅乡	1984年由原麦市公社贯源大队改设贯源村	2004年并入何塅村	麦市镇何塅村
青山村	7	104	470	41.4	麦市区盘石乡	1984年由原盘石公社青山大队改设青山村	2001年并入卢塅村	麦市镇卢塅村
文家村	5	109	510	32.1	麦市区陈塅乡	1993年由麦市镇冷塅村分设文家村	2004年并入冷塅村	麦市镇冷塅村
金家村	6	130	560	46.9	麦市区盘石乡	1984年由原盘石公社金家大队改设金家村	1997年并入金麦村	麦市镇金麦村
麦埚村	5	101	440	23.9	麦市区盘石乡	1984年由原盘石公社麦埚大队改设麦埚村	1997年并入金麦村	麦市镇金麦村
黄石村	5	118	470	35.9	麦市区盘石乡	1984年由原盘石公社黄石大队改设黄石村	1997年并入红石村	麦市镇红石村
洪源村	3	77	360	35.4	麦市区盘石乡	1984年由原盘石公社洪源大队改设洪源村	1997年并入红石村	麦市镇红石村
姜家村	2	36	190	23	麦市区黄龙乡	1984年由原黄龙公社姜家大队改设姜家村	1993年并入麦埚村	麦市镇金麦村
大坳村	5	125	610	23.7	麦市区黄龙乡	1984年由原黄龙公社大坳大队改设大坳村	1997年并入天岳村	麦市镇天岳村
小坳村	3	77	340	12	麦市区黄龙乡	1984年由原黄龙公社小坳大队改设小坳村	1997年并入天岳村	麦市镇天岳村
咀上村	4	105	440	23.5	麦市区黄龙乡	1984年由原黄龙公社咀上大队改设咀上村	1997年并入花园村	麦市镇花园村
棋盘村	4	157	870	38.3	麦市区麦市乡	1984年由原麦市公社棋盘大队改设棋盘村	2004年并入七里村	麦市镇七里村
港下村	5	129	600	44.1	麦市区麦市乡	1984年由原麦市公社港下大队改设港下村	2004年并入井堂村	麦市镇井堂村
河田村	4	165	790	40.7	麦市区麦市乡	1984年由原麦市公社河田大队改设河田村	2004年并入株树村	麦市镇株树村
坳背村	5	229	1210	63.8	麦市区麦市乡	1984年由原麦市公社坳背大队改设坳背村	2004年并入西坳村	麦市镇西坳村

续表

村名	村民小组(个)	户数	人口	耕地面积(公顷)	所属区、乡(镇)	建村时间及由来	撤销时间及去向	2014年所属乡(镇)、村
许家村	2	126	690	181	麦市区麦市乡	1984年由原麦市公社许家大队改设许家村	2004年并入麦市村	麦市镇麦市村
西冲村	3	302	1240	57.4	麦市区麦市乡	1984年由原麦市公社西冲大队改设西冲村	2004年并入西坳村	麦市镇西坳村
岭下村	4	104	590	38.7	麦市区麦市乡	1984年由原麦市公社岭下大队改设岭下村	2004年并入长冲村	麦市镇长冲村
南岭村	3	64	340	22.8	麦市区麦市乡	1984年由原麦市公社南岭大队改设南岭村	2004年并入李塅村	麦市镇李塅村
何冲村	11	184	820	50.2	九岭区马港乡	1984年由原九岭公社何冲大队改设何冲村	2002年并入马港村	马港镇马港村
长港村	8	154	680	42.3	九岭区马港乡	1984年由原九岭公社长港大队改设长港村	2002年并入马港村	马港镇马港村
朱家村	9	183	820	45.6	九岭区马港乡	1984年由原九岭公社朱家大队改设朱家村	2002年并入毛塅村	马港镇毛塅村
梧桐村	4	66	350	21.2	九岭区马港乡	1984年由原九岭公社梧桐大队改设梧桐村	2002年并入毛塅村	马港镇毛塅村
程家村	7	142	690	25.1	九岭区石溪乡	1984年由原九岭公社程家大队改设程家村	2002年并入石溪村	马港镇石溪村
肖家村	8	178	800	67.7	九岭区石溪乡	1984年由原九岭公社肖家大队改设肖家村	2002年并入石溪村	马港镇石溪村
朗山村	6	113	500	23.9	九岭区石溪乡	1984年由原九岭公社朗山大队改设朗山村	2003年并入松港村	马港镇松港村
团仑村	8	128	610	41.2	九岭区中塅乡	1984年由原杨塘坳公社团仑大队改设团仑村	2002年并入马洞村	马港镇马洞村
飞坳村	5	155	780	43.2	九岭区中塅乡	1984年由原杨塘坳公社飞坳大队改设飞坳村	2002年并入马洞村	马港镇马洞村
彭洞村	9	174	850	105.3	九岭区中塅乡	1984年由原杨塘坳公社彭洞大队改设彭洞村	2002年并入中塅村	马港镇中塅村
三埠村	11	193	890	67.5	九岭区杨塘乡	1984年由原杨塘坳公社界上大队分设三埠村	2002年并入界上村	马港镇界上村
沙塅村	8	166	720	62.7	九岭区杨塘乡	1984年由原杨塘坳公社界上大队分设沙塅村	2002年并入界上村	马港镇界上村
西源村	8	127	610	41.2	九岭区杨塘乡	1984年由原杨塘坳公社西源大队改设西源村	2002年并入九岭村	马港镇九岭村
洞塅村	14	244	1230	59.5	九岭区杨塘乡	1984年由原杨塘坳公社洞塅大队改设洞塅村	2002年并入踏水村	马港镇踏水村
施塅村	13	207	970	60.2	九岭区杨塘乡	1984年由原杨塘坳公社施塅大队改设施塅村	2002年并入灵官桥村	马港镇灵官桥村

续表

村名	村民小组(个)	户数	人口	耕地面积(公顷)	所属区、乡(镇)	建村时间及由来	撤销时间及去向	2014年所属乡(镇)、村
青源村	10	140	790	27.9	九岭区潭下乡	1984年由原潭下公社清源大队改设青源村	2001年并入潭下村	马港镇潭下村
花岭村	6	126	530	22.3	九岭区潭下乡	1984年由原潭下公社花岭大队改设花岭村	2004年并入易塅村	马港镇易塅村
清凉村	8	160	770	40.6	九岭区平湖乡	1984年由原高峰公社清凉大队改设清凉村	2002年并入金山村	马港镇金山村
六甲村	8	175	990	54.7	九岭区平湖乡	1984年由原丁仙公社六甲大队改设六甲村	2002年并入高峰村	马港镇高峰村
界头村	10	185	940	63.2	九岭区平湖乡	1984年由原丁仙公社界头大队改设界头村	2002年并入高峰村	马港镇高峰村
何婆源村	6	144	690	42.1	九岭区何婆桥镇	1984年由原九岭公社何婆大队分设何婆源村	2002年并入何婆桥村	马港镇何婆桥村
金家村	10	207	980	18.7	九岭区何婆桥镇	1984年由原九岭公社金家大队改设金家村	2002年并入何婆桥村	马港镇何婆桥村
雷洞村	7	114	560	68.6	水兴区云溪乡	1984年由原云溪公社雷洞大队改设雷洞村	2002年并入东山村	关刀镇东山村
上堡村	8	126	810	91.6	水兴区云溪乡	1984年由原云溪公社上堡大队改设上堡村	2002年并入东山村	关刀镇东山村
沙下村	8	131	710	43.5	水兴区云溪乡	1984年由原云溪公社沙下大队改设沙下村	2002年并入棋盘村	关刀镇棋盘村
炉上村	5	114	490	40	水兴区云溪乡	1984年由原云溪公社炉上大队改设炉上村	2002年并入棋盘村	关刀镇棋盘村
洞下村	2	69	320	19.1	水兴区云溪乡	1984年由原云溪公社洞下大队改设洞下村	2002年并入道上村	关刀镇道上村
万家山村	3	90	460	40.2	水兴区云溪乡	1984年由原云溪公社白沙大队分设万家山村	2002年并入道上村	关刀镇道上村
方山村	5	93	460	26	水兴区云溪乡	1984年由原云溪公社方山大队改设方山村	2002年并入杨家村	关刀镇杨家村
文坳村	6	118	560	37.3	水兴区云溪乡	1984年由原云溪公社文坳大队改设文坳村	2002年并入高桥村	关刀镇高桥村
石垅村	4	105	820	79.3	水兴区鲤港乡	1984年由原水兴公社石垅大队改设石垅村	2002年并入关刀村	关刀镇关刀村
方家村	9	236	1420	57.4	水兴区鲤港乡	1984年由原水兴公社方家大队改设方家村	2002年并入鲤港村	关刀镇鲤港村
塔岭村	8	138	930	53.3	水兴区鲤港乡	1984年由原高冲公社塔岭大队改设塔岭村	2001年并入八燕村	关刀镇八燕村
黄泥村	7	150	1030	76	水兴区高冲乡	1984年由原高冲公社黄泥大队改设黄泥村	2002年并入高冲村	关刀镇高冲村

续表

村名	村民小组(个)	户数	人口	耕地面积(公顷)	所属区、乡(镇)	建村时间及由来	撤销时间及去向	2014年所属乡(镇)、村
杨叟村	4	130	810	68.6	水兴区高冲乡	1984年由原高冲公社杨叟大队改设杨叟村	2002年并入杨田村	关刀镇杨田村
万峰村	5	161	700	90	水兴区高冲乡	1984年由原水兴公社万峰大队改设万峰村	2002年并入八仙村	关刀镇八仙村
石埚村	6	144	820	64.7	水兴区高冲乡	1984年由原高冲公社石埚大队改设石埚村	2002年并入白马村	关刀镇白马村
西边垅村	7	211	1370	114.7	水兴区高冲乡	1984年由原高冲公社西边垅大队改设西边垅村	2002年并入白马村	关刀镇白马村
田东村	7	148	1120	96.7	水兴区高冲乡	1984年由原高冲公社田东大队改设田东村	2002年并入杨田村	关刀镇杨田村
坪上村	4	108	780	52.2	水兴区高冲乡	1984年由原高冲公社坪上大队改设坪上村	2002年并入高冲村	关刀镇高冲村
南冲村	4	167	1000	109.3	水兴区关刀桥镇	1984年由原水兴公社南冲大队改设南冲村	2002年并入春雷村	关刀镇春雷村
堑下村	8	154	900	75.3	水兴区关刀桥镇	1984年由原水兴公社堑下大队改设堑下村	2002年并入新建村	关刀镇新建村
金潭村	6	150	780	61.3	水兴区关刀桥镇	1984年由原水兴公社金潭大队改设金潭村	2002年并入新建村	关刀镇新建村
张源村	8	207	1150	46.7	水兴区关刀桥镇	1984年由原水兴公社张源大队改设张源村	2002年并入台源村	关刀镇台源村
茶铺村	5	150	970	38.3	水兴区关刀桥镇	1984年由原水兴公社茶铺大队改设茶铺村	2002年并入黄峰村	关刀镇黄峰村
骆家村	6	181	750	48.8	北港区杨部乡	1984年由原东冲公社骆家大队改设骆家村	2001年并入来苏村	大坪乡来苏村
四甲村		226	1220	90	北港区大坪乡	1984年由原东冲公社大坪大队分设四甲村	2004年并入大坪村	大坪乡大坪村
阁塘村	5	222	930	57.1	北港区大坪乡	1984年由原北港公社阁塘大队改设阁塘村	2004年并入大九房村	大坪乡大九房村
山咀村	3	126	510	66	北港区大坪乡	1984年由原东冲公社大坪大队改设山咀村	2002年并入南山村	大坪乡南山村
月形村	5	208	810	27.4	银城区墨烟乡	1984年由原墨烟公社月形大队改设月形村	2001年并入坪山村	大坪乡坪山村
西冲村	3	50	320	64.7	北港区大坪乡	1984年由原北港公社细冲大队改设细冲村	2004年并入药姑村	大坪乡药姑村
小岭村	6	191	830	75	北港区大坪乡	1984年由原北港公社小岭大队改设小岭村	2001年并入花墩村	大坪乡花墩村
龙合村	3	256	1170	67.3	北港区杨部乡	1984年由原东冲公社辉煌大队改设龙合村	2002年并入大坪乡辉煌村	大坪乡辉煌村

续表

村名	村民小组(个)	户数	人口	耕地面积(公顷)	所属区、乡(镇)	建村时间及由来	撤销时间及去向	2014年所属乡(镇)、村
东阁村	5	325	1070	12.3	隽水镇	1984年由原锦山公社东阁大队改设东阁村	2002年并入旭红居委会	隽水镇旭红社区
彭家村	4	156	617	7.8	银城区锦山乡	1984年由原锦山公社彭家大队改设彭家村	2002年并入旭红居委会	隽水镇旭红社区
黄源村	4	186	810	67	银城区铁柱乡	1984年由原铁柱公社黄源大队改设黄源村	2002年并入新塔村	隽水镇新塔村
花仑村	9	147	620	42.7	银城区樊店乡	1984年由原石南公社白米大队分设花仑村	2001年并入石马村	石南镇梅港村
鲁湾村	9	160	750	60.6	北港区石南乡	1984年由原石南公社观音堤大队改设鲁湾村	2004年并入仙姑村	石南镇仙姑村
魏家村	8	161	680	43.1	银城区五里乡	1984年由原磨桥公社魏家大队改设魏家村	2003年并入尖山村	五里镇尖山村
佛岭村	5	81	410	21.2	九岭区湾头乡	1984年由原九岭公社佛岭大队改设佛岭村	2003年并入五斗村	五里镇五斗村
王坊村	2	75	320	22.1	九岭区石溪乡	1984年由原九岭公社王坊大队改设王坊村	2002年并入松港村	马港镇松港村

第三章 已消亡的村庄

第一节 隽水镇域已消亡的村庄

葛家屋 属隽水镇桃源村，位于桃源村西部，距村委会驻地上坳集镇3.5千米。东接化玄炉，西邻阮家垅，南连大垅，北靠九房屋。中华人民共和国成立前，此处原是大地主王左清(当时被称作通城十大富户之首)的一座庄屋，后麦市葛家的葛公德佑为躲“抓壮丁”，在此避难，然后买下庄屋定居，依其姓氏命村庄名为葛家屋。原有居民5户30人，水田25亩，旱地5亩，山林35亩。因交通不便，居民陆续外迁，2014年无人居住。

上撑石(又名上栈石) 属隽水镇桃源村，位于桃源村南部，距村委会驻地上坳集镇4.8千米。此地为高山，且岩石层叠，似互相支撑，又因处山岭上方，故称上撑石。元代，程尧彰(1331—1407)来此建房定居，以地形名命村庄名。该居民点原有7户30人，水田26亩，旱地12亩，山林70亩。因山路崎岖，交通不便，1990年后，陆续搬迁至撑石，2014年无人居住。

四方仑 属隽水镇桃源村，位于桃源村南部，距村委会驻地上坳集镇5千米。东接东港村，西邻黄家冲，南连半山岭，北靠刁家排。1975年，李道南(1926—2009)迁此建房定居，因住宅位于呈四方形的山岭，故以山岭名命村庄名。2000年后居民陆续外迁，2014年无人居住。

王爷殿 属隽水镇柳峦村，位于柳峦村西北部，距村委会驻地朱家2.6千米。东接岭上屋，西邻口上吴家，南连隽水河，北靠灵官庙岭。古时，此地建有王爷菩萨庙，名王爷殿。明代，吴姓在殿旁建房定居，以庙宇名命村庄名。因交通不便，居民迁往口上吴家和隽水河堤公路边，2014年无人居住。

小井坑 属隽水镇桃源村，位于桃源村南部，距村委会驻地上坳集镇4.7千米。东接山咀，西、南邻大塝山，北靠杨家。此地为高山间的深沟(俗称坑)，山沟中有小块平地，平地中有一小井，故名小井坑。清代，郑龙云(1722—1807)来此建房定居，以坑名命村庄名为，后有熊姓迁入。该居民点由于山路崎岖，交通不便，原有居民5户22人，于20世纪90年代初陆续迁至白石埚，2014年无人居住。

郑家 属隽水镇桃源村，位于桃源村南部，距村委会驻地上坳集镇4.7千米。东、南连接黄鹤山，西邻杨家，北靠小井坑。清代，郑咏凤(1838—1879)迁此定居，以其姓氏命村庄名。由于山路崎岖，交通不便，原有2户7人于20世纪90年代迁至白石埚，2014年无人居住。

第二节 北港镇域已消亡的村庄

坳上杨家 属北港镇桂家村，位于桂家村西北部，距村委会驻地六斗畈1.4千米。东邻桂家学校，西接瞿家，南连栗树塆杨家，北靠大界村。此地为山岭分水处，清代，杨对祚(1670—1750)在该山坳建房定居，故以其姓氏和所在地形综合命村庄名为坳上杨家。因交通不便，2000年后居民外迁，2014年无人居住。

伴山坑 属北港镇方塅村，位于方塅村南部，距村委会驻地丁冲新屋1千米。东接雁门，西邻燕岩山，南连干冲岭，北靠胖家坑。该地两面抱山，中间小溪绕山流过形成一地势较低的山沟，故取名伴山坑。清末，李兆棻(1864—1943)在此建房定居，以地形名命村庄名。1990年后，居民陆续迁出，2014年无人居住。

方头咀　属北港镇雁门村，位于雁门村北部，距村委会驻地界牌700米。东接岭下屋，西邻桑园坡，南连何家坳，北靠横垅。此地为山体突出前端，又因咀呈四方体形状，故称方头咀。20世纪70年代，此地是雁门大队办公地和大队加工厂、小学驻地。20世纪90年代，上述单位并往他处，房屋售与村民作住房，以咀名命村庄名。后因大队办公场所、加工厂、小学驻地搬迁后，居民随之外迁，2014年已无人居住。

甘冲岭　属北港镇方塅村，位于方塅村南部，距村委会驻地丁冲新屋1千米。东接渠道，西邻屋后山，南连湖南平行村，北靠谭家坪。此地为山岭间的长条形山沟，因水质甘甜、林木茂盛，故称。中华人民共和国成立前，一许姓大户在岭内定居，以岭名命村庄名。1990年居民陆续外迁，2014年无人居住。

龚家　属北港镇雁门村，位于雁门村东部，距村委会驻地界牌1.8千米。东接车家楼，西邻界牌，南连范家山，北靠金家坑。清乾隆年间，龚姓由湖南迁入此地定居，以其姓氏命村庄名。2000年后居民陆续外迁，2014年无人居住。

黄土冲(又名王力冲)　属北港镇枫树村，位于枫树村东部，距村委会驻地铺里1千米。东、南为平石坡山峦，西向铺里，北对坡内屋。此地为长条形山沟，又因冲内为黄色土壤，故称黄土冲。清代，邓国相(1763—1808)和许姓居民先后在冲内建房定居，以冲名命村庄名为黄土冲，后人又称王力冲。因交通不便，2000年后居民迁居公路旁或县城，2014年无人居住。

老窑棚　属北港镇沉山村，位于沉山村西部，距村委会驻地咀上畈500米。东接咀上畈，西邻聂家，南连张家畈，北靠王泥坳。古时，此地建有制作缸坛等陶器的窑场。后来距此不远又建有新窑棚，为示区别，遂将最早建立的窑场命名老窑棚。民国时期，有居民在此建房定居，以窑棚名命村庄名。2000年后居民先后外迁至咀上畈，2014年无人居住。

黎家冲　属北港镇雁门村，位于雁门村东部，距村委会驻地界牌3千米。东接石南镇虎岩村，西邻太平桥，南连王家，北靠坳下屋。此地为长条形山沟，古为黎姓居住地，故名。明末，黎姓外迁。清代，傅致和(1822—1890)由坳下屋迁居冲内，仍用原名。2000年后居民迁往坳下屋，2014年无人居住。

柳家冲　属北港镇枫树村，位于枫树村东南，距村委会驻地铺里1千米。东接平山坡，西对狮子岭山脉，南向白石岭，北与坡内邓家相对。此地为长条形山沟，古有柳姓在冲内居住，故称，后因战乱柳姓外迁。清末，邓立从(1863—1929)迁居此地，仍用旧名。因交通不便，2000年后村民迁居公路旁或县城，2014年无人居住。

鲁家冲　属北港镇桂家村，位于桂家村东南部，距村委会驻地六斗畈2.5千米。东傍六斗畈，西邻桂家洞，南连水门冲，北靠下步塘。清代，李鲁台(1723—1790)之子在此建房定居，因住宅处于两山之间谷地，故命村庄名为鲁家冲。2000年后居民迁至下步塘、北港中心集镇等地，2014年无人居住。

孟家冲　属北港镇长青社区，位于长青社区西南部，距居委会驻地友谊路200号1.5千米。东接麦坡，西邻大界王家山，南连桂家杨荷洞，北靠牌上许家。此地为一长条形山沟，明洪武年间，江西一孟姓迁入此地建房定居，故名孟家冲。此人做金货生意赚了钱返迁江西后，胡衡缨(1782—1841)由岭源杨列湾迁居此地，仍用旧名。此后有李、魏、刘姓先后迁入。1990年后，居民陆续迁居麦坡，2014年无人居住。

瞿家　属北港镇桂家村，位于桂家村西部，距村委会驻地六斗畈2.1千米。东邻栗树塆杨家，西连村油茶基地，南接石人水库西干渠，北靠坳上杨家。清代，瞿姓在此建房定居，故名。20世纪70年代为春风大队部驻地，后因大队部迁出，1990年后居民先后外迁，2014年无人居住。

狮形祠堂　属北港镇桂家村，位于桂家村西北部，距村委会驻地六斗畈3.2千米。东连可佳冲，西邻湖南三界，南接井塆，北靠犁分垇。古时，李姓在此修建祠堂一座，因祠堂所在地地形像一只狮子，故命名为狮形祠堂。后有李姓居民在祠堂边建房定居，以祠堂名命村庄名。2000年后居民相继外迁，2014年无人居住。

狮子岭　属北港镇枫树村，位于枫树村东南部，距村委会驻地铺里2千米。东接石南镇虎岩村，西对狮子岭山脉，南向白石岭，北靠石坡山林。此地有山岭，形似狮子，故名狮子岭。清代，李审端(1770—1832)在岭下方建房定居，以岭名命村庄名。因山高偏僻，村民已全部迁居至公路旁或县城，2014年无人居住。

四棵松　属北港镇庄前社区，位于庄前社区东北部，距居委会驻地新力大道中段1千米。东邻大坪乡大九房村甘家庄，西接寺冲，南连卢家畈，北靠大坪乡大九房村邓家。清代，胡允达(1701—1739)在此建房定居，因住宅旁有4棵松树，故以树名及数量命村庄名。1990年后，10多户居民迁庄前至大坪公路边建房定居，2014年无人居住。

王家山　属北港镇雁门村，位于雁门村东部，距村委会驻地界牌1.8千米。东接湖南相师白若，西邻陈家畈，南连湖南相师西港村，北靠范家山。此地有一小山岭，属王姓，故名王家山。清末，傅景明(1859—1920)由相师白若画坳迁居山岭下方，以山名命村庄名。2000年后居民陆续迁往界牌，2014年无人居住。出生于该居民点的傅度关(1966—　)，博士研究生学历，2014年任襄阳市第一人民医院院长，为湖北省人大代表。

谢家坡　属北港镇岭源村，位于岭源村北部，距村委会驻地邹家畈1.5千米。北靠大坪乡小岭，东接川山垴、对门塆、小背村六房，南与老屋咀、石乌龟接壤，西靠湖南上豪岭、树家冲。清康熙年间，谢云集(生卒年不详)在此建房定居，因住宅处山坡上，遂以其姓氏综合地形命村庄名。1990年后，居民陆续迁出，2014年无人居住。

袁家垅　属北港镇庄前社区，位于社区南部，距居委会驻地新力大道中段约1.2千米。北邻西垅，东、北连杨柳畈，西、南面为中间屋。此地为长形山沟，古有袁姓在此居住，故名。明代万历年间，许姓买下袁姓房屋定居，仍用原名。1990年后，居民迁村级公路旁建楼房，2014年无人居住。

作孚屋(又名作湖屋)　属北港镇枫树村，位于枫树村南端，距离村委会驻地铺里2千米。清末，李作孚(1859—1935)在此建房定居，以其名命村庄名，后人谐称作湖屋。2000年后，村民大多迁居公路沿线，2014年只剩两位老人居住。

第三节　关刀镇域已消亡的村庄

当头坪　属关刀镇道上村，位于道上村东部，距村委会驻地道上集镇约600米。东连内关，南接割青坑，西邻东岳府，北靠横树垅。此为云溪水库淹没区合也屋、玄背屋移民形成的居民点，因位于道上东岸东岳府屋后平坦处(俗称坪)而得名。1970年，修建云溪水库时，上述两居民点均被淹没，方慕尧(1936—1974)、方国英(1947—　)等人率先在此建房定居。原有居民31户130余人，自1977年云溪东岸公路修通后，居民先后迁往公路两侧。2014年，无人居住。

挂壁山　属关刀镇道上村，位于道上村东南部，距村委会驻地道上集镇约2.5千米。东靠中原大堡，南接棋盘村，西连灵官竹峦，北接凤美山。清道光年间，李佛佑、启富二人迁入此地定居，因住宅建在坡度很大的山坡上，故命村庄名为挂壁山。原有居民2户9人，2010年后迁往万家山，2014年无人居住。

黄冲　属关刀镇新建村，位于新建村北部，距村委会驻地杨家咀500米。东邻关云公路，西靠云溪水库西干渠，南连金潭，北毗杨家咀。此地为长条形山沟，因山沟系黄色土壤，故称黄冲。清代，罗运魁(1868—?)在山沟内建房定居，以山沟名命村庄名为黄冲。2011年后，由于项目建设，该居民点房屋拆迁，居民全部搬往杨家咀，2014年无人居住。

姜家坳　属关刀镇白马村，位于白马村中部，距村委会驻地西边垅1千米。东靠高冲村，南连杨田村，西接铺子，北邻村级公路。此地为山岭分水处，清代，姜姓在此居住，以其姓氏综合地形命村庄名为姜家坳。2010年后居民先后迁出，2014年无人居住。

烂泥冲　属关刀镇杨家村，位于杨家村西南部，距村委会驻地枫树咀5.5千米。东邻岭上，南界棋盘村山脉，西接马港镇高峰村，北连马港镇金山村。此地为长条形山沟，因山沟内稻田为深脚烂泥田，故称。因地理条件差，交通不便，2010年后居民陆续外迁，2014年无人居住。

李家塘　属关刀镇白马村，位于白马村北部，距村委会驻地西边垅1.5千米。东连杨田村，南毗高冲村，西靠八仙村，北邻铺子。传说有一天下大雨、打雷，将此地打成一凹地，似池塘，可以蓄水，人们称此坑为雷打塘。民国初，李开贵(1876—1933)在此坑附近建房定居，改称李家塘，并命作村庄名。2003年后原有3户郑姓全部迁出，2014年无人居住。

卢塘　属关刀镇八仙村，位于八仙村西北部，距村委会驻地八河屋1.5千米。东界熊家，南接徐家垅，西邻彭家塘，北邻沙堆佘坊村。此地有一口大水塘，古有卢姓在池塘后方建房定居，以其姓氏命村庄名。该居民点坐南向北，地势低，潮湿，不适合居住。20世纪80年代后，居民陆续搬往徐家垅地带，2014年无人居住。

晒谷石　属关刀镇道上村，位于道上村东部，距村委会驻地道上集镇约1.8千米。东靠大山，南与白沙岭毗邻，西接道文公路，北连王家岭。此处有两块大石头，约10余平方米，能晒下四五担稻谷，故得名。清代，方金满(1856—1930)在晒谷石附近建房定居，以石名命村庄名。2010年后居民外迁，2014年无人居住。

佘家咀　属关刀镇台源村，位于台源村东南部，距村委会驻地断山坳300米。东界江北冲，南邻云溪，西毗傅家垅，北连断山坳。此地为山岭延伸后形成的山体突出前端，原为佘姓居住地，以其姓氏综合地形命村庄名为佘家咀。清末，罗亨礼(1862—1931)从关刀新屋罗家迁入此地，仍用原村庄名。因交通不便，2010年后居民陆续外迁，2014年无人居住。

生鸡垅　属关刀镇棋盘村，位于棋盘村东南部，距村委会驻地沙下1.8千米。东接木家山，西邻麻田，南连竹山，北靠易家山。此地为小山沟，因山沟内野鸡多，故名生鸡垅。2010年后有居民10户50人陆续迁魏家、鲤港、县城等地，2014年无人居住。

细垅屋　属关刀镇杨家村，位于杨家村南部，距村委会驻地枫树咀3.6千米。东连道上村，南界棋盘村，西接岭上，北毗巴家。清代，方良珏(1823—1898)从道上合也屋迁此定居，因住宅位于一条较小的山沟内，故命村庄名为细垅屋。因地理条件差，交通不便，2010年后居民陆续外迁，2014年无人居住。

桠株埚　属关刀镇棋盘村，位于棋盘村东部，距村委会驻地沙下2千米。东接万家山，西邻港背，南连炉上，北靠海眼屋。此地为四周高中间低的洼地，因山沟内古时一棵株树从中间开裂，长成两棵树，故称桠株埚。原有居民9户50人，2010年后迁道上集镇，2014年无人居住。

杨家山　属关刀镇杨家村，位于杨家村中部，距村委会驻地枫树咀2千米。东连道上村，南邻毛家大窝，西界马港镇金山村，北接大茶窝。古时，江西上饶一杨姓在此定居，因住宅位于大金山分支余脉山岭上，遂以其综合居民姓氏命村庄名为杨家山。由于地质条件差，加上人丁不兴旺，后返迁江西。清代，李犹庭(1715—1786)从湾头屋迁入定居，仍用原村庄名。因交通不便、环境恶劣，2000年后居民移民外迁，2014年无人居住。

又七屋　属关刀镇白马村，位于白马村北部，距村委会驻地西边垅150米。东邻火烧屋，西连八仙村，北靠火烧屋，南毗西边垅。清代，吴又七(1862—1914)在此建房定居，以其名命村庄名。20世纪90年代后，居民先后迁出，2014年无人居住。

钟家岭　属关刀镇台源村，位于台源村东部，距村委会驻地断山坳2千米。东界云溪，南接马港鲁家洞，西连断山坳，北邻佘家咀。宋代，钟曦溪大学士(1097—1170)定居通城磨桥，后有子孙分居此地，因住宅位于山岭上，故以其综合姓氏命村庄名为钟家岭。因地理条件差，2010年后陆续移民搬迁至傅家垅，2014年无人居住。

竹山　属关刀镇棋盘村，位于棋盘村南部，距村委会驻地沙下2.5千米。东接夜壶尖，西邻林埚，南靠狮形，北毗生鸡垅。此山岭古时生长竹子，故名竹山。2010年后有居民10户50人陆续迁往魏家、关刀，2014年无人居住。

第四节　马港镇域已消亡的村庄

坳背　属马港镇彭塅村，位于彭塅村北部，距村委会驻地彭家祠堂4千米。东、南、北三面环山，西靠神龙坪水库。民国九年(1920)，毛方由毛家岭迁山岭分水处脚下建房定居，依其地形命村庄名为“坳背”。原有居民5户20人，后居民就近外迁，2014年原址无人居住。

大塝上　属马港镇界上村，位于界上村东南部，距村委会驻地杨楼冲1.5千米。东接三角尖，西邻车家冲，南连程家岭，北靠姚家岭。清代，杨若天(1732—1799)从柏树坡迁此建房定居。因住宅位于坡度较大的山坡上，故以地形命村庄名为大塝上。此居民点因交通不便，2000年后居民陆续外迁，2014年无人居住。

大港坳　属马港镇何婆桥村，位于何婆桥南部，距村委会驻地何婆桥老街1.5千米。东靠秩屋，南靠神龙水库，西邻云母厂，北接推拢桥。此地为山岭分水处，山坳下方有一较大的溪流，故名。明末，徐本袁迁山坳附近建房定居，以山坳名命村庄名。1976年修建水库后为修副坝、溢洪道，居民全部迁入工业园区，2014年无人居住。

大石坡　属马港镇程坳村，位于程坳村西南部，距村委会驻地程坳2.5千米。东处建鸡山脚，西连谭家，南邻石溪村曾屋岭，北靠赵家。明代，湖南上陂岗余姓人在此耕作庄田、建房定居，因住宅建在遍山都是大石块的山坡上，故命村庄名为大石坡。后余姓外迁，程发榜(1702—1766)由高冲迁此建房定居，仍用原村庄名。2010年前有居民13户80人，水田68亩，旱地8亩，山林400亩。自1998年开始，村民陆续迁往程坳集镇和高明坳等地，2014年无人居住。

傅家坳　属马港镇金山村，位于金山村南部，距村委会驻地方垅3.5千米。东连关刀镇杨家村，南连六甲，西连平湖，北连罗家。此地为山岭分水处，古时，在此有傅姓居住，以其姓氏综合地形命村庄名为傅家坳。后傅姓外迁，吴善良(1856—1915)由界头墨家山迁此定居，仍用原村庄名。2010年后居民迁县城和六甲居住，2014年无人居住。

干坡　属马港镇何婆桥村，位于何婆桥中部，距村委会驻地何婆桥老街500米。东接老九岭粮管所，西靠土地坡，南连长谷场，北邻对门屋。清末，徐东会与徐公正洛两兄弟由岭上屋迁入此地定居，因住宅所处地属乱石岩和沙质土壤构成，地下水常年不足，故命村庄名为干坡。2010年后居民外迁何婆桥集镇新街，2014年无人居住。

龚家岭　属马港镇九岭村，位于九岭村南部，距村委会驻地虎形山2千米。东邻卢家岭屋，南邻华龙山屋，西邻许家坡屋，北靠宝加山。清代，龚世富(1910—1875)由湖南巴陵迁住此地定居，因住宅位于宝加山岭下方，故以其姓氏综合地形命村庄名，后有徐姓迁入。2001年后，居民陆续迁往县城，2014年无人居住。

郭家楼　属马港镇何婆桥村，位于何婆桥东部，距村委会驻地何婆桥老街2千米。东接李家山，南连碧涵屋，西邻周家，北与何婆源接壤。此地古为郭姓居住地，因房屋建在梧桐山高埂处如同高楼，故命村庄名为郭家楼。后住宅被从李家山迁此的徐习齐(1772—1845)购买，仍用原名。2010年后，居民陆续迁入县城和何婆桥集镇，2014年无人居住。

和尚台　属马港镇高峰村，位于高峰村东南部，距村委会驻地大树峦约3千米。东接关刀镇棋盘村，西毗桥头屋，南连红塆，北靠六甲姜家，古时，吴姓定居于此，因地形较高如戏台，又因附近有一庙宇，古称村庄名和尚台。2010年后，居民因山高路陡、交通不便而外迁，2014年无人居住。

红桃埂　属马港镇彭塅村，位于彭塅村北部，距村委会驻地彭家祠堂3千米。东、南、西三面环山，北面小路出彭塅。清光绪年间，郑吉由潭下郑家迁此建房定居，其屋后山埂(埂，指山脊)上多生长桃树，故命村庄名为红桃埂，后有卢姓迁入。原有居民5户20人，其中3户迁何桥集镇居民区，2户迁村安置点，2014年无人居住。

黄家新屋　属马港镇九岭村，位于九岭村北部，距村委会驻地虎形山100米。东邻黄家老屋，南连组级公路，西靠106国道，北毗通界高速。清代，黄朝相(1717—1780)由黄家老屋迁此地建房定居，因住宅与原居邻近，为便于区分，故命村庄名为黄家新屋。2000年后居民陆续迁至杨塘坳新街，2014年无人居住。

黄金岭(杨家塅)　属马港镇程坳村，位于程坳村南部，距村委会驻地程坳2千米。东临湖南榆林塅、万家山，西连声宏屋，南毗赵家，北靠黄金山脉。此地原有杨姓居住，因住宅位于一面积较大的平坦之地，故依其综合居民姓氏命村庄名为杨家塅。后杨姓外迁，清同治年间，毛姓迁入建修房屋时，在山脚下挖出一根金条，故改村庄名杨家塅为黄金岭。2010 年国家落实生态移民政策，居民相继迁居程坳集镇，2014 年无人居住。

九岭埂上　属马港镇九岭村，位于九岭村北部，距村委会驻地虎形山 2 千米。东邻九岭新屋，南邻九二线公路，西邻村林场，北靠推垅大桥。清代，徐光容（1755—1823）自大岩屋迁此定居，因住宅位于九岭山脊上，故命村庄名为九岭埂上。2010 年后，居民陆续迁入县城，2014 年无人居住。

栎塝　属马港镇黄鹤村，位于黄鹤村西部，距村委会驻地三凤岭 2 千米。东接嘴上屋，南邻三凤村，西连杨岭尖，北靠五里镇锡山村。此地为地势较高、坡度较大的山坡，又因山坡上古时长有栎树，故名栎塝。20 世纪末，因交通不便，居民外迁至三凤岭，2014 年无人居住。

李家山　属马港镇何婆桥村，位于何婆桥东部，距村委会驻地何婆桥老街 2 千米。东连苦竹坳，西接周家，南邻郭家楼，北毗何婆源。清代，徐习齐（1772—1845）迁居此地，做起上下二重 12 间大屋，后徐习齐迁居郭家楼，将此屋卖给李姓，改称李家山。后李姓又卖给当地黄姓，仍用原名。2010 年后，居民陆续迁入县城和何婆桥集镇，2014 年无人居住。

栗树坡　属马港镇九岭村，位于九岭村北部，距村委会驻地虎形山 500 米。东邻什吾冲屋，南接西源组级公路，西靠通界高速，北毗干塘屋。此地为山岭延伸后形成的坡地，古时有板栗树，故名栗树坡。清代，岭背屋黄益先（1665—1739）迁坡上建房定居，以山坡名命村庄名。因修通界高速公路，村民迁居 106 国道两侧，2014 年无人居住。

卢家　属马港镇彭塅村，位于彭塅村北部，距村委会驻地彭家祠堂 4 千米。东、南、北三面环山，西面一小路出彭塅。清代，卢作山（1629—?）由江西迁此建房定居，以其姓氏命村庄名。原有居民 16 户 70 人，后有 10 户迁往马港镇居民区，6 户迁往他处，2014 年无人居住。

落家山　属马港镇中塅村，位于中塅村北部，距村委会驻地黄家塝 3 千米。东接冬塔乡泉水村，西邻牙塝，南连湖南冬塔，北靠灵官桥村郑家山。古时，此处为湖南冬塔乡泉水村曾姓人看管田地的小庄屋。此处崇山峻岭、树林茂密，是躲避战乱的理想之所。明末战乱时期，曾姓主人躲进此山后幸免于难，认为此山适合落户安家，故命山名和村庄名为落家山。2000 年后，曾姓相继搬迁，2014 年无人居住。

马家垅　属马港镇中塅村，位于中塅村东部，距村委会驻地黄家塝 1. 8 千米。东接程家门口小港，西邻西家边，南连沉龙山，北靠程家门口。此地为一小山沟，古时，此处是马姓居住地，以其姓氏综合地形命村庄名为马家垅，后马姓因故外迁。1954 年，刘进初（1908—1971）从冬塔联心村迁居此地，仍用原名。2000 年后居民陆续迁出，2014 年无人居住。

麻土坡　属马港镇何婆桥村，位于何婆桥中部，距村委会驻地何婆桥老街 1. 2 千米。东接何婆源，西靠梧桐山，北连石路，南连何婆岭。此地为麻沙土结构的山坡，故名麻土坡。清代，徐光卯（1703—1784）迁居山坡上建房定居，以山坡名命村庄名。1988 年后，居民陆续外迁何婆源段畈居住，2014 年无人居住。

棉花埚　属马港镇易塅村，位于易塅村东北部，距村委会驻地庙咀 2 千米。东接阳楼山，西邻陈家，南连八字屋，北靠潭下。此地为四周高中间低凹的洼地，元顺帝时，一外姓人民因逃避战乱至此，以种植棉花维持生活，故此得名。随后，陈朝国从陈家下首山迁此建房定居，仍用原村庄名。2011 年村民因政策移民迁至村安置点犬形山，2014 年无人居住。

木瓜冲　属马港镇何婆桥村，位于何婆桥西部，距村委会驻地何婆桥老街 2 千米。东靠出谷场，南连庙咀，西邻茶场，北接严家。此地为长条形山沟，山沟内古时生长木瓜，故称。清代，何佛寿（1771—1834）由磨桥瓦头咀迁冲内建房定居，以山冲名命村庄名。2010 年居民陆续外迁至中天小区，2014 年无人居住。

佘家　属马港镇何婆桥村，位于何婆桥西部，距村委会驻地何婆桥老街 2 千米。东连马呐坑，南靠佑直屋，西邻程家，北接出谷场。清代，佘林方（1623—1694）由县城佘家畈迁此建房定居，以其姓氏命村庄名。2010 年居民陆续外迁至马港集镇，2014 年无人居住。

狮形墈（又名李家墈）　属马港镇彭塅村，位于彭塅村东部，距村委会驻地彭家祠堂 3 千米。东、西、南三面环山，北面小路出九二公路。此地处形似雄狮吼天的山峰脚下，其后山峰悬崖陡壁似高岸（俗称墈），因地形似狮形，故名狮形墈，是当地有名的风水宝地“九狮朝宝”之一。此地原有李姓人家居住，以其姓氏综合地形命村庄名为李家壍，又称狮形壍。解放初，许姓尚公迁居此地。由于该居民点地形偏僻，2000 年后居民陆续迁至下畈白马桥集中安置点，2014 年无人居住。

驼背石　属马港镇易塅村，位于易塅村东部，距村委会驻地庙咀 1.3 千米。东接高峰，西邻庙塆，南连李家楼，北靠八字屋。此地屋后山上有一巨石上又立有一小石，如同大石头驼小石头，人称驼背石。清代，熊昌隆（1876—1918）在石块前方建房定居，以驼背石命村庄名。2011 年村民因政策移民至安置点犬形山，2014 年无人居住。

文扬屋　属马港镇石溪村，位于石溪村北部，距村委会驻地石溪熊家 3 千米。东连对门刘家，西与垡楼屋隔港相望，南接洋河洞，北依伏青山。清代，萧文扬（1719—1799）在垡楼屋对面的竹山脚下建房定居，以其名命村庄名为文扬屋。2010 年后居民陆续迁出，2014 年无人居住。

西源老屋　属马港镇九岭村，位于九岭村东部，距村委会驻地虎形山 1 千米。东邻金家屋，南靠罗坵屋，西连西源新屋，北毗向家屋。明代，陈真田（1526—1604）从踏水桥黄鸦冲大屋迁此地建房定居，因住宅位于饮用水源的西边，故命村庄名为西源。后有子孙分支外迁，改此宅名为西源老屋。2000 年后，村民陆续迁居 106 国道旁，2014 年无人居住。

仙人石　属马港镇程坳村，位于程坳村东南部，距村委会驻地程坳 300 米。东邻白沙岺，西毗李家冲，南连大坪，北靠蒋家。相传，从前一仙人前往黄金岭，到此坐在石头上休息，起身时在此石块上留下脚印，故此得名。清光绪年间，毛少安（1890—1919）迁仙人石旁建房定居，遂以石块名命村庄名。2001 年，有居民 8 户 50 人，水田 60 亩，旱地 5 亩，山林 185 亩；2002 年后全部迁往程坳集镇等地，2014 年无人居住。

肖家岭（又名肖家亭）　属马港镇中塅村，位于中塅村南部，距村委会驻地黄家塝 4 千米。东接冬塔乡联心村，西邻黄泥塅，南连彭洞水库，北靠黄狮洞。古时，此地为肖姓居住地，因住宅位于山岭下方，故以其姓氏综合地形命村庄名。后因战乱肖姓外迁，民国时期，平江县冬塔乡联心村何完清、赵广元两人来此筑土屋定居，1949 年黄泥塅村民陈寅彬买下此屋，仍用原名。1997 年后，因交通不便，居民均搬迁至黄泥塅，2014 年无人居住。该居民点以屋为界，东南北方向的山与土地属湖南，西方属湖北。

姚家岭上　属马港镇界上村，位于界上村东南部，距村委会驻地杨楼冲 2 千米。东邻丁仙村，南接程家岭，西连克己铺，北靠范冲岭。此地古为姚姓居住地，因住宅位于山岭之下，遂以其综合姓氏命村庄名为姚家岭。后姚姓为避战祸南迁，东山胡姓和杨日行（1731—1799）先后迁入，仍用原村庄名。2000 年后居民相继迁至克己铺、杨楼冲两居民点，2014 年无人居住。

油家（又名油冲）　属马港镇石溪村，位于石溪村北部，距村委会驻地石溪熊家 3.5 千米。东与水口相望，南临萧家塅，西倚五斗村，北连佛岭。明末清初，一李姓在竹山半山腰建一座油榨作坊，由于榨油技术高，生意火红，名声大振，故命村庄名为油家。有一年，山洪暴发（民间传说为“走龙”），顷刻间连屋带榨一齐被洪水冲走，一部数吨重的木榨被冲在山下千余米处的小港深潭里，如今住宅右侧还留有被“龙水”冲后的深坑，当地人称它为“龙坑”。鉴于坑长似狭谷，故又称为“油冲”。原有居民 3 户 20 人。2010 年后居民陆续迁往港下胡家，2014 年无人居住。

张家山　属马港镇高峰村，位于高峰村南部，距村委会驻地大树峦约 3.5 千米。东接关刀镇云溪雷洞，西毗墨家山，南连梅树洞，北靠罗家冲。古代，此地为张姓居住地，因住宅建在墨家山半腰，故依其综合姓氏命村庄名为张家山。后张姓外迁，吴姓迁入居住，仍用原村庄名。2000 年后居民外迁，2014 年无人居住。

秩屋（原名秩五屋）　属马港镇何婆桥村，位于何婆桥中部，距村委会驻地何婆桥老街 1.5 千米。东连何家垅，南靠推垅桥，西邻供电所，北接金家大屋。清光绪年间，徐秩五从大港坳迁此地建房定居，以其名字命村庄名为秩五屋，又称秩屋。2010 年后居民陆续外迁至何婆桥集镇，2014 年无人居住。

周家　属马港镇何婆桥村，位于何婆桥东部，距村委会驻地何婆桥老街 2 千米。东接李家山，西靠梧桐寺，南连碧涵屋，北邻苦竹坳。古时此地为毛姓居住地，名毛家屋场。后毛姓将住宅卖给周姓做庄屋，改名周家。清光绪年间，周姓又将房屋卖给黄姓，仍用原村庄名。2010 年后，居民陆续迁入县城和何婆桥集镇，2014 年无人居住。

第五节　沙堆镇域已消亡的村庄

黄源冲　属沙堆镇罗塘村，位于罗塘村南部，距村委会驻地廖家 1.5 千米。东连易家屋，西邻大沙冲，南接甘甜坳，北靠富强水库。此地为长条形山沟，古时，此地为黄姓居住地，又因其住宅处小溪源头，遂以其姓氏综合地形命村庄名为黄源冲。黄姓外迁后，有金、汪等姓先后迁入定居，仍用原村庄名。黄源冲又名荒田冲，因修富强水库居民整体搬迁分散到附近几个居民点，2014 年无人居住。

什家坳　属沙堆镇石冲村，位于石冲村西部，距村委会驻地六家咀 300 米。东邻石冲傅家，西靠崇阳星桥村，南接鸭垅桥，北连崇阳三角村。此地为山岭分水处，古为帅姓居住地，以其姓氏综合地形命村庄名为帅家坳。帅姓无嗣，遂有叶、边、毕姓迁此地定居。因姓氏较杂，将“帅家坳”改为“什家坳”。2010 年后居民迁往六家咀，2014 年无人居住。

第六节　石南镇域已消亡的村庄

上石家咀　属石南镇花亭村，位于花亭村南部，距村委会驻地花凉亭 1.6 千米。此地为山体突出前端，古时，为石姓的居住地，后其因人口增多，在其下方另造一屋，故有上、下石家咀之分。后石姓外迁。清代，黎兴任（1739—1811）迁此定居，仍用原村庄名。2000 年后，居民搬至横竹山，2014 年无人居住。

杨家　属石南镇石南社区，位于石南社区西部，距社区驻地三甲祠 1.2 千米。东北临观音堤，西邻涌港，南接烟竹背。古时，此地是杨姓居住地，故称。后因战乱，杨姓迁往异地。清末，吴至德（1888—1926）迁入此地，仍用原名。2012 年后，居民迁入观音堤，2014 年无人居住。

涌港　属石南镇石南社区，位于石南社区西部，距社区驻地三甲祠 1.3 千米。东接杨家，南邻清水塘，西连仙姑村浊水塘，北临观音堤。清代，胡元长（1788—1849）从仙姑禾楼迁此耕种族田和守山，后定居于此。因住宅门前有小港名涌港，遂以港名命村庄名。2010 年后，居民逐渐迁往三甲祠、观音堤，2014 年无人居住。

张家　属石南镇石马村，位于石马村北部，距石马村委会驻地黄泥塘 2.2 千米。东接楼坡新屋，南邻胡堂，西连柏树村荫屋场，北靠柏树村委会驻地。清代，张礼（1807—1883）在此定居，以其姓氏命村庄名。2005 年居民迁居胡堂马路旁，2014 年无人居住。

第七节　塘湖镇域已消亡的村庄

岔港　属塘湖镇荻田村，位于荻田村西北部，距村委会驻地下荻田 600 米。东连节石堝，南连擂鼓坪，西邻大湾港，北靠石马。此地有两小港汇集，故名岔港。清代，金学享（1674—?）从阁壁迁港边定居，以港名命村庄名。2012 年，有居民 8 户 40 人，水田 11 亩，旱地 4 亩，山林 5 亩。2013 年前居民迁至擂鼓坪等地，2014 年无人居住。

大泉屋　属塘湖镇望湖村，位于望湖村东南部，距村委会驻地普安堂约 1.5 千米。此地有一泉水从石洞中流出，水流较大，故名大泉。清代，黄姓居民于大泉附近建房定居，以泉名作村庄名。该居民点三面环山，地处半山腰一平坦之地，屋前是大小不同的梯田，大泉洞的流水从屋左侧流过。20 世纪末有居民 5 户 20 人，后全部外迁，2014 年无人居住。

杜家　属塘湖镇润田村，位于润田村北部，距村委会驻地石井 1.5 千米。东连冒源洞，南邻杜家塘，西接夹井教堂公路，北靠象形山。清代，杜姓人在此建房定居，依其姓氏称村庄名。20 世纪末，有村民 20 来户，后全部外迁，2014 年无人居住。

枫树坪　属塘湖镇白沙村，位于白沙村东南部，距村委会驻地窑上 2 千米。东、南、北三面环山，西邻嬴家冲。此地为面积较大的开阔地，古时有一片枫树，故名。20 世纪末有居民 5 户 20 人，2013 年前均迁往麦市集镇，2014 年无人居住。

何家　属塘湖镇白沙村，位于白沙村东南部，距村委会驻地窑上 1.8 千米。东接人形山，南靠黄鹤山，西连凤形咀，北邻下埚地。民国时期，何姓居民迁此定居，以其姓氏命村庄名。2010 年后居民陆续迁往谢家圳、麦市等地，2014 年无人居住。

廖家仑　属塘湖镇望湖村，位于望湖村东南部，距村委会驻地普安堂 600 米。南临廖家仑水库，北接山岭，东、西有一条小道通往黄袍林场。此地有山岭，古时，廖姓居民居住于此，故名。后廖姓外迁，黄姓居民于清晚期迁入定居，仍用原村庄名。20 世纪末有 5 户 20 人，2008 年后居民外迁，2014 年无人居住。

刘家垅　属塘湖镇润田村，位于润田村南部，距村委会驻地石井 1.5 千米。东接瞿家，西邻大湾，南靠狮姑尖，北临润田港。此地为山丘中间狭长谷地，民国时期，刘景（1886—1958）从塘湖迁垅内建房定居，以其姓氏和地形命村庄名。2010 年前居民均已外迁至隽水镇，2014 年无人居住。

毛家塅（洞口铺）　属塘湖镇狼荷村，位于狼荷村东南部，距村委会驻地龙湾屋 1 千米。东依天主堂，南临狼荷港，西接老程湾，北靠四房屋。古时候，此地长满茅柴，塅前曾有人筑土舍居住，人们称此舍为“茅柴塅”，因茅、毛同音，误为“毛家塅”。清代，胡肇圣（1836—?）在此另造房屋定居，仍用原村庄名。2000 年后居民外迁，2014 年无人居住。

佘家埚　属塘湖镇润田村，位于润田村中部，距村委会驻地石井 500 米。东接石井，西邻竹咀，南连润田公路，北靠辽家山。此地为四周地势高、中间低凹的地形，清代，佘世昌（1806—1885）从崇阳迁埚内建房定居，遂称村庄名佘家埚。后有汪姓居民迁入。2010 年前，居民陆续外迁至竹咀定居，2014 年无人居住。

寺前垅　属塘湖镇凉亭村，位于凉亭村东北部，距村委会驻地堤下屋 800 米。东靠城墙山，南连山埚旱地，西接依暗埚垅小山，北与古代千僧寺相连。此地为两山中间的狭长谷地，旧时垅前有寺宇，故称寺前垅。清末，汪家春（1848—1908）从小垅迁此定居，以垅名称村庄名，后来汪姓居民迁入。20 世纪末有 8 户居民，2007 年前先后迁往咀背公路边定居，2014 年无人居住。

苏家　属塘湖镇狼荷村，位于狼荷村东南部，距村委会驻地龙湾屋 1 千米。东依下屋，南靠城墙山，西连杨家，北临狼荷港。清代，苏大寿（1805—1871）在此建房定居，以其姓氏命村庄名。2000 年后，居民 6 户 30 人全部外迁，2014 年无人居住。

烟铺　属塘湖镇荻田村，位于荻田村西部，距村委会驻地下荻田 400 米。东邻蛇头嘴，南靠大河湾，西近水桶塝，北连烂泥垅。民国十年（1921），姜成贵从山背迁此建房定居并开烟铺，故名。1998 年后居民陆续迁入荻田集镇定居，2014 年无人居住。

第八节　五里镇域已消亡的村庄

柏树坡　属五里镇左港村，位于左港村东南部，距村委会驻地玉泽屋 700 米。东接程凤桥，西邻上杨家，南连姚家，北靠左港大桥。清代，胡万七（1648—1702）迁此建房定居，因住宅位于长有高大柏树的山坡上，故命村庄名为柏树坡。2006 年，6 户居民全部迁至虎形公路旁的上杨家定居。

戴家岭　属五里镇左港村，位于左港村东北部，距村委会驻地玉泽屋 3.5 千米。东接雾云山，西邻黄谷咀，南连新庙上，北靠左港水库大坝。明代，戴胜仁（1487—1578）从塅上大屋迁此建房定居，因住宅位于山岭下方，故命村庄名为戴家岭。因该居民点地形三面环山，2011 年“6.10”特大洪灾致戴家岭山体滑坡，全体居民由政府统一安置迁居大月冲。

陡岭　属五里镇何家村，位于何家村东北部，距村委会驻地坟存坪 1.5 千米。东接锡山村杨岭，西邻杜家，南连胡家老屋，北靠锡山村昌岭屋。此地为锡山延伸的山岭，山路蜿蜒陡峭，峭壁悬崖，故名陡岭。中华人民共和国成立初，陈文祥(1933—1984)在山岭下建屋定居，以山岭名命村庄名。1990 年后居民相继外迁，2014 年无人居住。

樊家　属五里镇左港村，位于左港村南部，距村委会驻地玉泽屋 3.6 千米。东接程李公路，西邻保泰屋，南连季山村，北靠程凤桥。中华人民共和国成立初，樊万应(1924—?)在此建房定居，以其姓氏命村庄名。2010 年，5 户居民全部迁至交通便利的保泰屋附近定居，2014 年无人居住。

畈上屋　属五里镇大坪坳村，位于大坪坳村中部，距村委会驻地大坪坳集镇 1.5 千米。东接梧桐山，南连老人屋，西靠隽水河，北邻过水坡。清代，李凤保(1693—1748)自江西屋迁此建房定居，因住宅位于大块平地上，命村庄名为畈上屋。1990 年后居民陆续外迁，2014 年无人居住。

黎家岭　属五里镇左港村，位于左港村东南部，距村委会驻地玉泽屋 800 米。东接程凤村，西邻杨家屋，南连回龙寺，北靠庙上。古时，黎姓迁此定居，因住宅位于山岭下方，故命村庄名为黎家岭，后外迁。民国时期，胡金吏(生卒不详)迁此建房定居，仍用原名。2011 年“6.10”特大洪灾，19 户居民由政府援助搬迁至上杨家定居。

熊家岭　属五里镇左港村，位于左港村东北部，距村委会驻地玉泽屋 3.7 千米。东接塥上村，西邻庄上，南连戴家岭，北靠左港水库大坝。民国二十四年(1935)，熊兴(1891—1956)在此定居，因住宅位于山岭下，故命村庄名为熊家岭。2000 年后居民陆续外迁，2014 年无人居住。

枣树坳　属五里镇金塘村，位于金塘村西部，距村委会驻地熊家岭 5 千米。东接朱家山，西邻季山一组百叶坡，南连季山一组彭家，北靠程季公路。此地为山岭分水处，因古时山坳上生长枣树，故名。清代，章威福(1719—1790)在山坳旁建房定居，以山坳名命村庄名。1980 年后居民陆续搬迁到新陈湾，2014 年无人居住。

竹山屋　属五里镇大坪坳村，位于大坪坳村南部，距村委会驻地大坪坳集镇 4.5 千米。东接梧桐山，南连平水垅，西靠竹山水库，北邻竹山坳。南宋年间，毛召洋(1172—1246)自江西修水迁此建房定居，因住宅位于遍布楠竹的山坡上，故名竹山屋。1990 年后居民陆续外迁，2014 年无人居住。

竹叶港　属五里镇大坪坳村，位于大坪坳村东部，距村委会驻地大坪坳集镇 2 千米。东接掘金山，南连牛形水库，西靠爽苞屋，北邻大屋冲。清代，张富春(1681—1752)自大屋冲分支于此建房定居，因住宅位于小港南侧山腰，小港边长满竹叶草，故命村庄名为竹叶港。2010 年后居民陆续迁出，2014 年无人居住。

第九节　大坪乡域已消亡的村庄

枫树冲　属大坪乡韩岭村，位于韩岭村西北部，距村委会驻地湾烂屋 4 千米。东接药姑林场防火线，西邻栗坪村山林，南连华安屋，北靠药姑林场芦坡。此地为长条形山沟，古时冲内多生长枫树，故称枫树冲。清代，陈达云(1741—1869)迁冲内定居，以山冲名命村庄名。因此地交通不便，1990 年后陈姓陆续迁至老金湾，2014 年无人居住。

第十节　四庄乡域已消亡的村庄

茶头坪地片　属四庄乡寺背村，位于寺背村东部，属高山区。东界大溪村，南连守仙洞，西邻龙王殿、石咀埂山，北邻上坪村青草岭山，域区面积 7.4 平方千米。此地为一面积较大的平地，又因人们在此植茶，故称茶头坪地片。有林地 741.1 公顷。有戴、张、王、周、杜、罗、陈、赵等姓，民国二十三年(1934)，因国民政府军围剿苏区红军，火焚所有房屋，居民从此外迁，无人居住。

大冲　属四庄乡纸棚村，位于纸棚村西北部，距村委会驻地石眼井4千米。东接苦叶垴，西邻瓦子棚，南倚大门坳，北靠三眼尖。此地为两山中间狭长的谷地，又因山沟较长，故称大冲。1972年，青山水库回迁移民沈甲林定居于此，以地形名命村庄名。1989年后，居民陆续外迁，2014年无人居住。

丁家垅　属四庄乡新联村，位于新联村南部，距村委会驻地徐家祠堂700米。东连干垅山，西接下首埚，南靠干垅坳，北临水田。此地为小山沟，明代，丁懋(1372—1446)迁入定居，以其姓氏综合地形命村庄名。2010年后，居民陆续外迁，2014年无人居住。

范家桥　属四庄乡上坪村，位于上坪村东部，距村委会驻地上坪3.5千米。东连蛇咀山，西倚崇阳山林，南接三林坳，北邻崇阳山林。此地小港上古有石桥。清康熙年间，范绳祖于桥头建房定居，以其姓氏结合石桥命村庄名，并逐渐形成居民点。2003年后居民外迁，2014年无人居住。

干冲黄家　属四庄乡五花村，位于五花村东南部，距村委会驻地港下铺1.8千米。东倚五花山，西临塘角垅，南靠长埂山，北临水田。此地为山谷间的狭长山沟，因少水源，故名干冲。清康熙年间，黄姓定居于此，以其姓氏综合地形命村庄名为干冲黄家。道光年间黄姓外迁，将房屋卖给金姓定居，仍用原村庄名。1988年后，居民迁往港下铺新居民点，2014年无人居住。

干坑冲　属四庄乡大溪村，位于大溪村东南部，距村委会驻地瓦子棚8.6千米。东连大荡埂，西靠海埚埂，南邻蛇咀山，北接峦下山。此地处深沟谷地，长年缺水，故称干坑冲。明代，戴延智(1435—1514)由上庄分出于此建房定居，以地形名命村庄名。1994年后居民陆续迁出，2014年无人居住。

划水塘　属四庄乡新联村，位于新联村南部，距村委会驻地徐家祠堂1.4千米。东接划水垅，西邻老虎冲，南靠直拔山，北连宋家院山。该居民点东南方有池塘，因水清澈，居民多在塘内玩水，名划水塘。清代，刘宏富(1875—1918)迁水塘附近定居，以水塘名作村庄名。1998年后，居民陆续外迁，2014年无人居住。

荒家坳　属四庄乡纸棚村，位于纸棚村南部，距村委会驻地石眼井5千米。东倚梧桐山，西邻干坑冲，南连崇阳界，北靠蛇头尖。此地原为荒山，1972年，青山水库移民郧民国等回迁，于山岭分水处建房定居，命村庄名为荒山坳，别名荒家坳。1993年后，居民陆续外迁，2014年无人居住。

骆家埚　属四庄乡新联村，位于新联村西南部，距村委会驻地徐家祠堂1.5千米。东接龟坳，西连王家埚山，南临魏家坳，北靠燕形山。此地为四周地势高、中间低凹的洼地，元代，骆姓居住于此，以其姓氏综合地形命村庄名为骆家埚。清代，骆姓外迁，简任治(1749—1831)迁入，仍用原村庄名。2008年后，居民陆续外迁，2014年无人居住。

麻埚　属四庄乡新联村，位于新联村西南部，距村委会驻地徐家祠堂900米。东临水田，西靠细麻埚山，南接大麻埚山，北挨黄土咀。此地为三面环山，一面通达开旷、中间低凹的洼地，又因旧时居民在埚内植苎麻，故称麻埚。清光绪年间，柳文才(1868—1936)定居于此，用埚名作村庄名。2010年后居民陆续外迁，2014年无人居住。

马岭　属四庄乡四庄村，位于四庄村南部，距村委会驻地四庄路136号700米。东、南、北三面紧靠马形山，西临水田。住宅后方有山，形似马，故名马形山。清光绪年间，吴桂腾(1872—1946)在此定居，因地处马形山下，故以山岭名命村庄名为马岭。2006年后居民陆续迁出，2014年无人居住。

麦埚　属四庄乡大源村，位于大源村东南部，距村委会驻地港下屋2.3千米。东连烧牛埚，西邻马家垅，南倚十字埚，北靠老屋场。此地为四周地势高、中间低凹的洼地，又因埚内种麦，故称麦埚。民国时期，邹进良(1882—1951)定居于此，以地形名作村庄名，后有魏姓迁入。2010年后居民外迁，2014年无人居住。

庙前屋　属四庄乡五花村，位于五花村东部，距村委会驻地港下铺1千米。东靠猪咀仑，西临水田，南邻西坑沟，北倚杉树岭。清代，金三必(1815—1895)在此定居，因住宅后方猪咀仑山下有灵官庙，遂称村庄为庙前屋。居民2006年后迁港下铺新居民点，2014年无人居住。

坪上冲　属四庄乡纸棚村，位于纸棚村西北部，距村委会驻地石眼井3千米。东靠割麦山，西邻车家，南倚龙形山，北临龟形山。此地为长条形山沟，故称坪上冲。1972 年，原纸棚移民回迁定居于此。2000 年后村民外迁，2014 年无人居住。

箬埚沟　属四庄乡纸棚村，位于纸棚村中部，距村委会驻地石眼井 1 千米。东倚平水山，西连长眉山，南靠蛇头尖，北临水库。此地为四周地势高、中间低凹的洼地，又因山沟内多生箬竹叶，故称箬埚沟。1972 年，刘姓水库移民回迁于此定居，以地形名作村庄名。2010 年后居民陆续外迁，2014 年无人居住。

守龙山　属四庄乡大溪村，位于大溪村中部，距村委会驻地瓦子棚 600 米。东连楮树井，西邻余家冲，南靠龙形山，北临瓦子棚。此处有矮山挡在龙形山北面冲口，传说是把守龙形山关口，故名守龙山。因住宅位于守龙山山脚，故以山名命村庄名。2010 年后居民陆续外迁，2014 年无人居住。

塘埚　属四庄乡新联村，位于新联村西南部，距村委会驻地徐家祠堂 1 千米。东临麻埚，西临水田，南接直拔山，北连直拔山。此地为四周地势高、中间低凹的洼地，埚内有池塘，故称塘埚。清光绪年间，徐先仁(1863—1911)迁居于此，以埚名作村庄名。1985 年后陆续外迁，2014 年无人居住。

杨博埚口　属四庄乡纸棚村，位于纸棚村中部，距村委会驻地石眼井 2 千米。东接弱埚沟，西邻潘家湾，南连金鸡冲，北靠羊形。此地为山沟的出口处，俗称埚口。旧时有名叫杨博的居民住于此，以其姓名综合地形命村庄名。后有刘姓从羊形分出定居于此，仍用原村庄名。1993 年后居民陆续外迁，2014 年无人居住。

油榨屋　属四庄乡向家村，位于向家村东北部，距村委会驻地何家 700 米。清末，卢育才(1886—1912)迁此定居并开设作坊，从事油料加工，故命村庄名为油榨屋。1989 年后居民外迁，房屋全部拆除。

竹坳　属四庄乡小井村，位于小井村东部，距村委会驻地廖家 2.9 千米。东临田畈，其他三面环靠竹坳山。此地为山岭分水处，因此处多生竹子，故名竹坳。清代，简森盛(1762—1828)迁山坳旁建房定居，以山坳名作村庄名。2011 年后居民陆续外迁，2014 年无人居住。

第十一节　鹿角山林场已消亡的村庄

老屋场　属国有通城县鹿角山林场守仙洞村，位于守仙洞村东部，距村委会驻地小峰屋 100 米。东邻老屋山，南接蜂虫岭山脚，西连守仙洞港，北靠村级公路。明代，张千一(1369—1425)与妻杨氏(？—1420)由江西迁此建房定居，以其姓氏命村庄名为张家。后子孙有从此地分支外迁者，遂改村庄名为老屋场。2010 年后居民逐渐迁往石咀屋、小峰屋、井头屋、新屋张家、张家湾等地，2014 年无人居住。

柳树蔸下　属国有通城县鹿角山林场龙潭洞村，位于龙潭洞下段，距龙潭村委会驻地龙潭洞口约 2 千米，以河边的一棵大柳树而命名。四面环山，门前河流由南向北经过后再转弯向西流 200 米后又转弯向北；居民点东靠舒家灵山脉，西向梅花山，南与石屋嘴的石山相界，北与琉璃山脚相连。原有居民 18 户 80 人，1984 年修龙潭水库后为淹没区，居民分迁到龙潭口上、钱家坳、港下铺居民点定居。出生于该居民点的刘金波(1927—2000)，汉族，1949 年参加革命。曾任沙市热电厂党委书记，行政十三级。

石咀屋　属国有通城县鹿角山林场龙潭洞村，位于龙潭洞村南部，距村委会驻地龙潭洞口 2.5 千米。两面环山，村前有一条宽 5 米、深 3 米的河流由南向北经过，东靠白鹭牌山脉，西向梅花尖山，南与观音坐莲相望，北与琉璃山脚相连。清代，刘唐璞(1634—1704)由塘湖狮子山迁居至龙潭下屋场(石嘴屋)定居，住宅附近有山岭突出的岩石，故命村庄名为石咀屋。20 世纪 80 年代初，有居民 40 户 200 人，居民房屋呈条状，沿溪流东边而建，村内有清朝年代的旗杆石、上马墩，道光皇帝的奉宪碑，文官见此下轿，武官见此下马。

四房屋　属国有通城县鹿角山林场龙潭洞村，位于龙潭洞村南部，距村委会驻地龙潭洞口 2.5 千米。二面环山，门前龙潭港自南向北。东靠螺形山脚，西向梅花山，南与蛇形相接，北与青石洞、小港相连。清代，刘业兴(1730—1771)自石嘴屋分支在此定居，故名四房屋。20 世纪 80 年代初，有居民住户 20 户 100 人，1984 年龙潭洞水库蓄水后成为淹没区，居民迁往龙潭口上、钱字坳等地。

万家埚　属国有通城县鹿角山林场守仙洞村，位于守仙洞村东北部，距村委会驻地小峰屋 2.5 千米，东邻石咀头山，南连万家埚屋场前嘞边，西接窑咀茶园、北倚屋背岭山。此地为四周高中间低的洼地，民国时期，万顺林（1908—1983）迁此定居，以其姓氏综合地形命村庄名为万家埚。1995 年后，居民迁往小峰屋定居，屋场地基已还林。

第四章　已消亡的纪念地和风景名胜

第一节　已消亡的人物纪念地

伏虎寺　位于马港镇马洞村西部，距村委会维德屋2.5千米的云龙山伏虎岭。此地有小山包形如一只老虎匍匐在井泉边饮水，名叫伏虎饮泉，寺宇建山包下，故名。东接下团仑，南邻包源洞，西靠长港，北连飞坳。明嘉靖三十九年(1561)建，自置香火田亩，香火鼎盛，寺院庞大，田亩广阔，弟子众多，建有佛祖、观音、关帝三殿，一正两侧，建筑面积2000余平方米，奉佛祖、观音、关圣、十八罗汉、二十四位天诸共100余尊，形状百态，东、南、西三方造石阶梯5000余米，蜿若长蛇，贯通团仑、马洞、长港。相传，主持晓月和尚佛法广大，能运作雷电，系住太阳，可用丝茅架天桥。该寺在民国十三至十六年(1924—1927)反帝、反封建、破除封建迷信运动中被摧毁。

思姑寺　位于国有通城县黄龙林场北部，距场部驻地大坳5.1千米。相传，八大神仙之一的何仙姑在此修炼期间，在民间广布恩泽，后人们在此建寺供奉何仙姑，以表感恩之情。四周为森林覆盖，存有石基，占地面积400平方米。

杨公墓　位于隽水镇民主路中段(今县粮食局加工厂前面)。墓前后造有石亭、石凳、石桌，占地面积约300平方米，周围是片荒草坪，以被纪念对象的姓氏和称号综合命名。杨公名起莘，南宋末期人，世居县城西门外乌桥畈(今隽水镇古龙村杨家庄)，登理宗宝祐四年(1256)丙辰科进士文天祥榜第二名，赐状元及第。杨公锦衣回乡后，鉴于县城北隽水相隔，行人不便，首创兴建拱北桥(又名九眼桥，今通城大桥所在地)，时人称为状元桥。他生前清正廉明，驰誉仕林，人皆钦敬。此墓要为纪念杨起莘修建，1966年，因修建房屋被推平。

岳王殿　位于隽水镇柳峦村西北部，距村委会驻地朱家5.2千米，以历史传说命名。东接柳峦村上坡，西邻石南镇牌合村，南连柳峦村旧屋场，北靠石南镇樊店村。传说宋朝岳飞曾在此地驻军，后人建庙宇纪念，“文革”时期被摧毁。此地山高险要，古时有驻军，历为兵家必争之地。

第二节　已消亡的事件纪念地

刘婆尖红军医院　位于鹿角山林场东南部，距场部胡婆洞3千米，以所在地点和单位名称综合命名。东临崇阳县高枧乡老虎洞村珠藏坑，西接四庄乡龙潭水库，南与鹿角山林场场部相邻，北与崇阳县高枧乡老虎洞村相接。1933年7月，红16师在鹿角山刘婆尖、猪婆港创办苏维埃红军医院；1934年11月为配合红军主力作战，红16师在此顽强阻敌，陈寿昌在此亲临前线指挥作战，不幸英勇牺牲。旧址四面林木茂密，金竹葱郁，占地面积500平方米。

第三节　已消亡的宗教场所

流水庵　位于国有通城县黄龙林场场部西南部，距场部5.2千米。四面为森林覆盖，树木葱郁，占地面积约350平方米。因该庵建于小溪一侧的山坡上，常年溪水流淌，故名。修建年代失考，现仅存该庵基石。

玉皇殿　位于国有通城县黄龙林场场部东部，距场部驻地20.8千米，湫池胜井北侧十米处，以敬奉的神灵命殿名。其建造年代失考。古有石室殿宇，高耸入云，云遮雾罩，宛若仙宫。玉皇殿于清末坍塌，基脚尚存，条石遍地。殿四面林木茂密，金竹葱郁，原殿占地面积约220平方米。

元帝庙　位于县城南九宫山北坡山脚，旧时称此地元家垅，以被纪念的神灵封号命庙名。“元帝”指玄元紫薇大帝。该地北距宝塔大道约250米，原庙宇呈坐南朝北向，有庙房一栋，占地面积约500平方米。清顺治二年(1645)，大顺帝李自成在此庙被姜姓村民误伤致死，李自成的侄儿李过将庙房烧毁。1970年由国家征用土地新建湖北发电机厂，挖基时出土三尊石雕菩萨像和一块万岁碑。20世纪90年代，湖北发电机厂迁往咸安，遗址由锡山工业园改建厂房。

第四节　已消亡的旅游景点

九峰暮鼓　为通城县城古八景之一，位于县城原煤炭公司西侧(今隽水大道县教育局对面)，以寺名及寺内的鼓声综合命名。旧时，古龙山山势蜿蜒，上有九个小山包，峰高处名九峰山。“九峰”指九峰寺，又指九峰山，“暮鼓”指黄昏时的鼓声。明代九峰寺始建，民国时期被日军炸毁。明中期，九峰寺依山而建，青松翠柏掩映，夕阳西下，暮鼓频频，声达全城。明代，周乐有《游九峰山》诗：“一入九峰山，江山指顾间；平生未着足，今日始开颜；柯栏人何处，云舂碓自间；红尘飞不到，别是一仙寰。”

隽溪映月　为县城古八景之一，位于通城大桥(古称九眼桥)北原县造纸厂门首(今雁塔路)，以河流名称及河岸建筑物在月夜形成的景色综合命名。“隽溪”指隽水，“映月”指月夜河水与岸边景物交相辉映形成的美丽景色。景点形成于明、清时期，中华人民共和国成立后因城市建设在岸边建县造纸厂，九眼桥改建为水泥公路桥，河床抬高，河水干涸，景色消亡。通城大桥原为九孔拱桥，为状元杨起莘首建，横跨隽水，沟通南北。古时，桥下侧靠隽水岸边建有三王殿，前有映月楼。月朗星稀之夜，楼前天上、水中各有一月，相映成趣。明代，县人何隆在此赏景，口占一律：“隽溪流水静涓涓，云散晴空月正圆；万倾寒光澄素练，一弘秋影漾婵娟；金波不动汪洋水，玉宇无光上下天；此夜广寒宫不闭，清虚池上集神仙。”

隆平晓钟　位于县城原城关初中内，以传说故事命名。古时，每天清晨钟声嘹亮，为民祈福，响彻县城。明嘉靖年间，县侯朱节曾题七绝一首：“巍巍殿阁古禅林，侧耳钟声杂梵音。漏尽莺啼天渐曙，一声敲碎利名声。”相传，很久以前，在银山脚下，有一个叫隆平的村庄，住有夫妇俩，丈夫叫续宝，好逸恶劳，还沾上了赌博的恶习。他老婆好心劝他，他还对老婆拳打脚踢。后来，他老婆生了个女儿，续宝见了越发不欢喜，就丢下她娘俩不管，赌博去了。续宝在赌窝一待就是半个月，等他回家时，老婆已病得奄奄一息，不久就去世了。续宝这时还不悔悟，索性把女儿和家产全卖了，成年累月泡在赌窝里，这样一晃过了十几年，续宝的手气时好时坏，也就饥一餐饱一餐，总算活过来了。有一年腊月底，续宝手气不好，输得身上只剩单衣了。到了大年三十，人家都关起门热热闹闹过年，他又冷又饿，实在没法，只好厚着脸皮去找已成了家的女儿。女儿开门见是父亲，又恨又怜，只是哭，最后还是女婿让他进了屋。这一来，续宝有了点悔意。他坐在一个房角落低头无语。过了一下，外孙女喊：“爹爹，吃年饭了！”续宝以为是喊他，就答应了一声站了起来，哪晓得一看，原来外孙女是在跟她祖父亲热呢。他羞得无地自容，匆匆吃了年饭，又厚着脸皮向女婿借了20两银子，就走了。从此，续宝再不沾牌桌边，一心一意做小本生意。浪子回头金不换，他本来聪明，加上走街串巷，也吃得亏，生意越来越兴隆，两三年工夫，就成了隆平的富人。后来，他又娶了妻生了子，古稀之年时，已是儿孙满堂。每当想起自己的一生，续宝总是感慨万千。为了使儿孙们学好，不像自己年轻时一样，他特地请人铸了一口大钟，挂在大门口，每天一清早，他就起床敲钟催儿孙们下地干活。由于这口钟钟声洪亮，来历发人深省，名气慢慢大起来，后来“隆平晓钟”被列为通城县古八景之一。唐开元年间，僧怀珍建隆平寺于银山脚下。宋熙宁五年升通城镇为通城县后，隆平寺迁县城内，后毁于兵燹。明正统八年重修，民国时期拆毁。

太平春耕　为通城县城古八景之一，位于隽水镇桃源村太平桥，古时距县城南门约 4000 米。此处有一田畈，小溪从中弯曲而下，人勤春早，冒雨耕种，杏花怒放，景色宜人。以所在地名和春耕时节的景色综合命名。“太平”指太平桥，“春耕”指春耕时节的田园景色。明、清时期形成，中华人民共和国成立后逐渐消失。明教谕徐友诗云：“闻道太平地，春耕独占先；绿蓑三月雨，红杏半林烟；场圃丰多稼，樽垒庆有年；家家酣白酒，尘埌乐尧天。”

兴贤夜诵　东起县人民医院综合大楼东约 50 米处，往西至佘畈路连接金泉路丁字路口东侧约 50 米处，全长约 400 米，宽约 4 米。清代至民国年间，从县城西城门口(古名乐成门，中华人民共和国成立后拆毁，位今佘畈路连接金泉路“丁”字路东侧约 50 米处)往东穿越正街(今民主路)至四灵官殿(中华人民共和国成立后拆毁，今县人民医院综合大楼东约 50 米处)，有一条长约 400 米、宽约 4 米的小巷。在该巷与正街交叉口至西城门的巷道内，中段有横立在巷道上的石牌坊，行人过巷须穿此坊。据李氏宗谱载，明代都指挥将军李寿四因有战功受赐在此建宅定居，同时立过巷石坊一座，敕名兴贤坊，巷道名称由此而来。古人为求功名，月夜常穿过兴贤坊登乐城门在城楼上夜读，久而久之，人们誉此处为“兴贤夜诵”，为通城县古八景之一。“兴”指振兴、兴旺，“贤”指贤能即读书人，“夜”指月夜，“诵”指朗诵。明、清时期形成，中华人民共和国成立后因城市改建，城楼及牌坊被拆毁，道路加宽改称新华街。民国时期，兴贤巷中段南侧有义恒商号、博爱诊所，北侧有大同旅社、李氏宗祠。

秀水回澜　位于县城南门朗桥上游，即老砂布厂与秀水大道相邻的中间地段，以河流名称和河床形状综合命名，为通城县城古八景之一。“秀水”指秀水河，“回”即回旋，“澜”指波浪。清代至民国年间形成，中华人民共和国成立后因修建河堤裁弯改直，回水湾消失。古时秀水河弯弯曲曲地到朗桥上游处与白沙咀小溪来水汇合，河床就像一个鼓起的肚子，椭圆宽淌，河水在鹅形咀和朗桥桥墩的作用下，形成回水盘旋而出。河水悠悠，清波泛泛，十分壮观。有古诗赞云：“回环锡麓、缭绕银城；波成三折、石蹴千鳞；风行水上，焕乎有文。”为观赏美景，人们在朗桥北岸建造了“回澜阁”，上下两重，雕梁画栋。“秀水回澜”旁有一座土地庙(现向阳街与秀水大道交接偏南处)很灵验，庙旁有一棵两人才能合抱的大古树，盘根错节，树根下藏有一条大蟒蛇，有时爬到大树上吐雾伸舌，有时跑到回澜水中翻浪起舞。2014 年，古“秀水回澜”的中心点建成了儿童游乐场，耸立起 36 米高的“摩天轮”，成为城区一道亮丽的风景线。

雁塔穿云　位于通城大桥北岸，今雁塔路中段，全系块石砌成，以建筑物名称和其形成的自然景观命名。一是因塔身高耸入云，好像与高飞雁群相接，故名；二是因此地是隽水和秀水汇合处，水面也很开阔，经常有水气升起而环绕着雁塔不散，就如云雾仙境一般，故被称为“雁塔穿云”。“雁”指雁群，“塔”指建筑物名称，“穿云”指塔身与云彩相连形成的自然景观。该塔约建于明朝；1966 年因破旧立新被红卫兵将塔全部摧毁，遗址改建为居民住宅，“雁塔”因此而只留空名。塔身高约 30 米，占地面积约 20 平方米。共分七层，层层有小室，有步梯登上顶层，是通城县古八景之一。古人刘宏曾写下一首七绝诗咏此塔：“玉笋嶙峋插太空，光芒直射五云中；登临回顾浑无际，人在蓬莱第九宫。”

银山积翠　为通城县古八景之一，位于县城南锡山，以山峰名称和自然景色综合命名。“银山”指锡山的古称。此山产少许云母片，古人以为是银，称此山为银山；后来又以为是锡，又改称锡山。“积”指集中。“翠”指风景名胜，“积翠”指风景名胜集中在一块。锡山山峰高耸城南，峰峦层叠，下有清溪秀水，上有翠竹苍松，云蒸霞蔚，颇为壮观，有银山寺、九宫庙、金轮岭、邀月台、碧兰溪、金鸡石、宝塔山、夜合桥、元帝庙遗址、瑞庆峰、积翠岩、印天池、钟秀泉、栖霞石、聪明泉、石门开、龙泉石等名胜古迹。因地处县城一侧，群峰突起，居高临下，向为兵家必争之地，昔日作战工事，仍到处可见，同时因山川秀丽，悬崖绝壁，曲径通幽，青山绿野，景色宜人，又为古今登高，游览胜地。旧志云："银山挹幕阜黄龙之奇，联南岳洞庭之胜。"明代知县褚潭有诗记其胜：镇日琴堂上，南山在望中；四时青不改，千古翠无穷；拔地规模壮，凌空气势雄；孕灵生俊杰，先后登春庸。2014 年，除旧时山水风景依然存在之外，银山顶峰建有电视塔、银山古寺、锡山侵华日军碉堡遗址，北坡山腰有李自成墓，北坡山脚有银泉禅寺、木鱼湖等 3 处景点集中的风景小区，可分别立为县城新八景之一的景点。

第五章 已消亡的企业单位

第一节 国有企业

湖北发电机厂 位于县城南锡山北麓(今锡山工业园)，以所在行政区域、工业产品名称和生产单位名称综合命名。根据国家第一机械工业部军事管制委员会生产指挥部(1970)一机军计字第78号文同意将南京汽轮电机厂电源车间部分设备和人员搬迁到湖北咸宁地区的精神，1970年4月在县城南筹建湖北通城发电机厂，同年6月破土动工。由南京汽轮发电机厂搬迁各类设备31台，随迁人员163人。1973年工厂基本建成，并于当年投产。1975年3月，经湖北省机械工业局同意，更名为湖北发电机厂。1980年11月，工厂由隶属咸宁地区工业局改为隶属省机械工业局。1984年7月，省人民政府将湖北发电机厂下放到通城县，隶属县经济委员会。1987年国家经济委员会批准湖北发电机厂为“七五”重点技术改造企业，在咸宁市永安镇向阳路建设湖北发电机厂出口基地。1991年1月，厂部机构迁移咸宁，原厂改为湖北发电机厂一分厂。2001年，由县人民法院宣告破产，职工重新安置，资产被拍卖。破产前厂区占地面积17.8万平方米，有职工700多人，生产军工和民用发电设备，产品以出口为主，主要销往印度尼西亚、马来西亚、泰国等14个国家和地区。ST系列产品先后于1981年、1985年、1989年获湖北省优质产品“金鹤奖”，1988年跻身省优产品行列。1989年ST产品荣获国家机械电子工业部优秀产品称号。

通城彩釉砖厂 位于通城县隽水镇福人路中段，以所在行政区域、工业产品名称和生产单位名称综合命名。1986年1月省经委以鄂经(86)第27号文批准立项，同时成立通城彩釉砖工程指挥部开始筹建。1988年1月成立通城彩釉砖厂，为全民所有制企业，隶属县经委。20世纪末，由于引进设备问题严重导致经营亏损，由县人民法院宣告破产，职工被重新安置，资产被拍卖。破产前全厂占地面积49358平方米，有职工210人，下设办公室、经销物资部(主管销售、供应、仓库)、生产部(主管各车间、实验室)。累计生产200×200(mm)、300×300(mm)的花岗瓷砖83.02万平方米，计产值2905.96万元。2014年末，该厂厂区旧址已由湖北福人药业有限公司改建为分厂。

通城县玻璃纤维厂 位于麦市镇境内的鸡笼山西麓，西沿通修公路离隽水镇18千米，以所在行政区域、工业产品名称和生产单位名称综合命名。1958年，成立通城县玻璃厂，1961年因亏本下马，1970年重新上马，改产玻璃纤维，1973年改名为通城县玻璃纤维厂。20世纪末，由县人民法院宣告破产，职工被重新安置，资产被拍卖。破产前有职工117人，分拉丝、退拼、织造、玻璃钢、电机5个车间，各种机械设备47台。全厂占地面积1.5万平方米，其中厂房6500平方米，年产量192吨。主要产品有中绒玻璃纤维制品、玻璃包扎布、斜纹布、乳胶布、方格布、玻璃钢瓦、玻璃棉毡及玻璃棉、定长纤维等。

通城县瓷厂 位于隽水镇金泉路南侧，占地面积23000平方米，以所在行政区域、工业产品名称和生产单位名称综合命名。1958年，九岭公社(今马港镇)创办九岭公社瓷厂，1963年转为县办国营企业，由九岭何婆桥迁往县城，改名为通城县瓷厂。2001年，由县人民法院宣告破产，职工被重新安置，资产被拍卖。破产前有职工366人，9个生产车间，有专用设备43台套，主要生产工业用瓷和日用细瓷等产品。该厂生产的工艺品大天球、小天球花瓶投放国际市场，大批量生产的13厘米正德汤饭碗，1977年被评为湖北省优质产品。

通城县阀门厂　位于隽水镇民主路195号，以所在行政区域、工业产品名称和生产单位名称综合命名。1951年11月，县政府利用县城内的3个祠堂作厂房，组织50多名铁工、木工，成立通城地方国营农具修造厂。1958年11月，通城与崇阳合县，改名为崇阳县第二农机厂。1961年12月，两县分县时，又更名为通城县农机厂。1971年改名为通城县机械厂。1980年，该厂开始大批量生产阀门，改名为通城县阀门厂。1995年8月，经县体改办批准，改为“湖北通城通昌阀门有限责任公司”，为股份制企业。2001年，由县人民法院宣告破产，职工被重新安置，资产被拍卖。破产前占地面积24100平方米，有职工401人，主要生产各类阀门及阀门电动装置9大系列500多个品种规模型号。下设董事会、监事会、工会、生产供应部、财合核算部、后勤部、低压阀分厂、铸造分厂、电装一分厂、电装二分厂、电器分厂、锻热分厂、检验科、保卫科、技术发展公司、经销公司。科研人员能自行设计、研制、改造较为复杂的阀门及阀门驱台装置产品。产品质量符合国际标准，部分产品符合国际标准。

通城县酒厂　位于隽水镇佘畈路中段，以所在行政区域、工业产品名称和生产单位名称综合命名。1951年，县税务局在县城桥北兴办通城县地方国营酒厂；1971年6月将厂房迁至县城西门，改名为“通城县酿酒厂”；1995年实行企业股份制改造，成立“通城百丈潭酒业有限责任公司”；2001年，由县人民法院宣告破产，职工重新安置，资产拍卖。破产前占地面积约4000平方米，主要产品有百丈潭牌系列酒、陈酿糯米酒、当归补酒、配制酒等20余种。其中，百丈潭牌浓香型百丈潭酒(原通城大曲)以“无色透明、窖香浓郁、味醇厚绵甜、浓香型风格典型”获得中南地区第五届白酒技术协作会与会专家好评。在历年同类产品质量检评中名列前茅，52度、38度百丈潭酒曾获湖北省人民政府授予的“一类产品”和“优质产品”称号，曾获湖北省白酒质量大赛“银钟奖”、首届中国食品博览会“铜奖”和“中国优质白酒精品”等称号。2014年末，该厂旧址由房地产开发商建成商品房小区。

通城县矿产品公司　位于通城县隽水镇秀水河畔民主路261号，以所在行政区域、工业产品名称和单位组成形式名称综合命名。1964年3月，组建通城县矿石购销管理站，隶属县财政局，开展矿石收购业务；1971年3月更名为“通城县革命委员会矿石管理站”；1982年3月更名为通城县矿产品公司。20世纪末，由县人民法院宣告破产，职工被重新安置，资产被拍卖。破产前占地面积26700平方米，有职工210人，下设公司办公室和财务科、生产科、供销科、质检科、行管科、保卫科、长石粉厂、硅合金厂、钒厂、片钒厂、汽车队，年创产值400万元。该公司经营的产品有钾钠长石块(粉)、萤石块(粉)、钽铌、黑(白)钨砂、六柱石、云母碎片、75硅铁、五氧化二钾。2014年末，该公司旧址已建成居民小区。

通城县轻工机械厂　位于通城县隽水镇民主路265号(朗桥南岸100米处)，以所在行政区域、工业产品名称和生产单位名称综合命名。1958年，通城、崇阳合县，原通城县城关区改为通城人民公社(今隽水镇)，该社将原城关区属篾业社改为通城人民公社机械厂。1961年，崇阳、通城分县，改名为“通城县城关区南门铁木厂”。1971年被湖北省轻工业局选为全省轻工机械配件生产定点厂，改名为“通城县轻工机械厂”。1984年被湖北省烟草公司选为全省卷烟机械生产后方厂，重列厂名“湖北省烟草公司通城烟草机械配件厂”。1997年，国有企业改革，更名为“湖北东升轻工机械股份有限公司”。2001年，由县人民法院宣告破产，职工被重新安置，资产除职工宿舍外，房屋及地皮由通城县第二高级中学购买。破产前全厂占地面积26455平方米，有职工560人。该厂主要产品有磨烟梗机等制丝设备19种、硬盒翻盖机等4种包装机械和与之配套的电器自动控制系统。其中，YG85~3型磨烟梗机获国家轻工部科技进步二等奖、湖北省科委星火计划奖和省优产品，并在国家科委星火计划展览会上获金奖；硬盒翻盖机获省一轻局科技进步一等奖。

通城县水泥厂　位于距县城东近30千米的狼荷洞，全厂占地面积73万平方米，以所在行政区域、工业产品名称和生产单位名称综合命名。1956年8月，县政府将公司合营的狼荷石灰生产合作社转为国营，改名为“通城县狼荷石灰厂”，隶属于通城县供销社。1958年，在距狼荷石灰厂2千米处的戴家坳创办水泥厂，两厂合一厂，改厂名为“通城县石灰水泥厂”。1958年，通城、崇阳合县，改名为“狼荷石灰水泥厂”，隶属崇阳县商业局。1959年，水泥筹建工程因技术、设备缺乏下马，改厂名为“狼荷石灰厂”，并于1960年下放到麦市人民公社主管。1961年，崇阳、通城分县，恢复隶属通城县商业局。1970年，重建水泥厂，恢复厂名为“狼荷石灰水泥厂”，隶属通城县工业局。1975年改名为“通城县水泥厂”，隶属通城县基建局。1984年改隶属建材工业局。21世纪初，因国家限制小型水泥企业而停止生产，所有厂房及设备废弃，职工被重新安置。停产前有在岗人员1100余人，拥有固定资产3000余万元，年产水泥2万吨及石灰、灰砂砖等。下设财务科、统计核算科、保卫科、经济民警分队、经销公司、供应设备公司、汽运公司、汽修公司、综合服务公司、水电房产公司、企业保险公司、债务清收公司、对外经济协作公司、水泥分厂、石灰分厂、灰渣砖分厂、新塔灰砂砖分厂、编织袋加工分厂、造粒分厂。2014年末，该厂厂区所有厂房处于闲置废弃状态。

通城县通用机械厂　位于通城县隽水镇金泉路中段，以所在行政区域、工业产品名称和生产单位名称综合命名。1970年成立通城县农机修配厂，属地方国营，同年11月改名为“通城县农机修造厂”，1980年12月改名为“通城县通用机械厂”。20世纪末，由县人民法院宣告破产，职工重新安置，资产拍卖。破产前全厂占地面积27260平方米，有职工310人，下设财务科、销售科、技术科、质检科、综合科、金属结构分厂、锅炉辅机分厂、建筑机械分厂、矿山机械分厂和物资供应公司。主要开发和生产四大类产品：一是以卷扬机为主的建筑机械；二是以梳棉机为主的纺织机械；三是以单、双辊碎渣机、A48Y弹簧全启式安全阀为主的锅炉辅机；四是以轻型液压凿岩面为主的矿山机械。其中，建筑机械卷扬机于1989年获湖北省优质产品称号；安全阀于1985年获省优质产品称号，1988年获国家机械委颁发的生产许可证。1991年开发的液压凿岩机通过地质矿产部和省经委主持的鉴定，并获得两项专利。2014年，该厂原生产车间及空闲用地已由房地产开发商建成“我爱我家”居民小区。

通城县造纸厂　位于隽水镇九眼桥北岸民主路111号，以所在行政区域、工业生产行业名称和生产单位名称综合命名。1952年6月，县人民政府接收麦市何家塅的私营“永各顺”纸槽，改名为“通城县地方国营造纸厂”，先后隶属“通城县地方国营企业公司”“通城县政府工业科”。1957年将厂址搬迁至通城县城关镇(今隽水镇)。1958年通城、崇阳两县合并，将厂名更改为“崇阳县地方国营通城纸厂”。1961年，通城、崇阳分县，将厂名重新更改为“通城县地方国营造纸厂”，隶属“通城县工业交通局”。1976年4月，划归县轻工业局管辖，改名为“通城县造纸厂”。2001年，由县人民法院宣告破产，职工被重新安置，资产被拍卖。破产前全厂占地面积4万平方米，有职工340人。该厂是湖北省36家重点造纸企业之一，是单面白板纸定点出口生产厂家。拥有2条板纸流水生产线，主要生产“锡山”(牌注册商标)250克/平方米～450克/平方米单面白板纸、250克/平方米～350克/平方米涂布刷光白板纸等系列产品，一般规格为787毫米×1092毫米。自1981年以后，该厂单面白板纸连续9年被评为湖北省产品第一名，1983年被评为湖北省优质产品，1985年被轻工业部评为部优产品，1988年重获湖北省优质产品且部优复评合格。涂布刷光纸是该厂1992年研制成功的新产品，填补了湖北省一项空白，获优秀新产品金鹤奖，被评为湖北省优良产品，1991年获全国板纸蔡伦奖。2014年末，该厂厂区旧址已建成居民小区，原厂区沿隽水河通道改名为雁塔路。

通城县轴承厂　位于通城县隽水镇民主路219号，以所在行政区域、工业产品名称和生产单位名称综合命名。1966年11月，成立通城县红卫合作工厂，为县属集体制企业，属通城县工业科。1972年8月，划归通城县轻工业局。1976年11月，更名为“通城县红卫厂”。1978年1月，划归通城县工业局，同时更厂名为“通城县轴承厂”。20世纪末，由县人民法院宣告破产，职工被重新安置，资产被拍卖。破产前全厂占地面积5.58万平方米，其中建筑面积2.98万平方米(生产厂房面积1.08万平方米)，有职工567人，下设技术科、财务科、检验计划科、供应科、销售科、保卫科、设备科、行管科和锻压分厂、车削分厂、磨削分厂、装配分厂、机床附件厂、第一汽车配件公司。年轴承生产能力300万套，年产值1500万元。该厂主要产品为深沟球轴承，能生产14个品种34个规格的轴承，主要产品为203、204、205、206共个品种和它们的变型产品“80000”型、“180000”型、“90505”型以及HTLG滚动直线导轨付系列产品。自1980年以来，产品先后出口美国、西德、孟加拉国、菲律宾、泰国、印度等15个国家和中国台湾、香港等地区。204、205两个轴承型号分别于1986年1987年获省优质产品称号，1990年复评仍为省优质产品。2014年末，该厂厂区旧址已建成居民小区。

第二节 集体企业

湖北通城电瓷厂 位于通城县隽水镇隽水大道与秀水大道交叉的东北角，以所在行政区域、工业产品名称和生产单位名称综合命名。1970年9月，建湖北通城无线电组件厂。1980年1月，更名为“湖北通城第三瓷厂”。1984年5月，改名为“湖北通城电瓷厂”。1992年9月，由县人民法院宣告破产，职工被重新安置，资产被拍卖。破产前全厂占地面积64298平方米，有职工320人，设2办(总支办、厂办)、1室(工程师室)、6科(生产、财务、供销、质检、保卫、行管)、8车间(原料、制泥、球磨、成型、烧成、电检、匣钵、马赛克)，各种电瓷设备齐全。1989年9月变压器瓷套BL-35型荣获湖北省优质产品“金鹤奖”。2014年末，该厂厂区旧址已建成居民小区。

通城县第二陶瓷厂 位于通城县隽水镇隽水河畔王家潭边(现银山大道西)，以所在行政区域、生产单位序号、工业产品名称和生产单位名称综合命名。1970年7月，成立通城县化肥厂。1980年改产马赛克陶瓷，更名为“通城县第二陶瓷厂”。20世纪末，由县人民法院宣告破产，职工被重新安置，资产被拍卖。破产前全厂占地面积573600平方米，有职工600余人，下设财务科、供应科、销售科、生产技术科、检验科、动力设备科、总务科、后勤科、保卫科和包装股份公司，租赁北港银山瓷厂。年产值2000万元，实现利税80万元。该厂是生产马赛克陶瓷的专业厂家，有品种67个。从1981年至1984年产品质量连续4年被评为全省第一名，1986年被评为省优产品，1990年创部优，1995年获国际博览会金奖。2014年末，该厂厂区已建成居民小区。

通城县雨具厂 位于隽水镇湘汉路南段，以所在行政区域、工业产品名称和生产单位名称综合命名。20世纪60年代，县城关镇(今隽水镇)为安置城镇无业居民建立通城县雨伞社；1978年改名为通城县雨具厂；20世纪末，由县人民法院宣告破产，职工被重新安置，资产被拍卖。破产前有职工60人，占地面积3500平方米，属隽水镇辖集体企业，有4个生产车间，机床27台，主要生产克梗尼龙晴雨伞、花布尼龙伞、花布童伞等10个规格品种，年产量10万把，销售15个省市，产品纳入湖北省轻工业局计划产品。

通城县组件厂 原址位于隽水镇新华街西面街口，1972年元月迁至隽水镇北郊廖家岭，南临鄂东南第四地质大队实验室，以所在行政区域、工业产品名称和生产单位名称综合命名。20世纪70年代成立，属县办集体企业。20世纪末，由县人民法院宣告破产，职工被重新安置，资产被拍卖。破产前占地面积5000平方米，其中厂房3600平方米，各种机械设备31台套，职工100人(其中技术员6人)，主要生产三防塑料油膏、建筑扣件、销售湖北省及外地。

通城县针织厂 位于隽水镇沿河路中段，占地面积3000平方米，破产前有职工97人，属隽水镇辖集体企业，有5个车间，机床150台。以所在行政区域、工业生产行业和生产单位名称综合命名。20世纪60年代，县城关镇(今隽水镇)为安置城镇无业居民建立通城县针织厂。20世纪末，由县人民法院宣告破产，职工被重新安置，资产被拍卖。主要生产多种规格的纱线袜、弹力袜、锦纶丝袜、民用线索、纱衣、风雪帽、原绳带和工作手套等；纱线袜1980年被纺织部评为全国优质产品，获省优质产品证书。

通城县砖瓦厂 位于隽水镇湘汉路南段西侧，以所在行政区域、工业产品名称和生产单位名称综合命名。1954年，县城关镇(今隽水镇)成立城关砖瓦社，1974年转为县办厂，改名为通城县砖瓦厂。20世纪末，由县人民法院宣告破产，职工被重新安置，资产被拍卖。厂区占地面积3公顷，其中宿舍面积1100平方米。破产前有生产人员120人，有各种机械设备20台套，18门窑场1个，日产机砖4.5万块。1980—1981年，产品经咸宁地区评定为一等产品。

第七篇

地 名 艺 文

药姑山内冲瑶族石屋(黎权龙　摄)

第一章 诗 联

第一节 诗 歌

题县城八景[1]

吴寿平

隆平晓报一声钟，暮鼓声声震九峰。
雁塔穿云霄汉外，隽溪映月浪涛中。
银山积翠千岩现，秀水回澜万脉通。
最喜兴贤常夜诵，春耕普乐太平风。

注：①县城八景，指县城古八景：隆平晓钟、九峰暮鼓、雁塔穿云、隽溪映月、银山积翠、秀水回澜、兴贤夜诵、太平春耕。本诗作者吴寿平，1763—1800，通城县大坪乡沙口村湖塘人。12岁中秀才，17岁中举人，22岁中进士，被誉为“武昌府第一才子”。

咏金鸣石[1]

杨起莘

千年古石号金鸡，化雨菲菲长羽仪。
不把稻粱为食啄，且将天地作笼栖。
祥云架上非孤立，入晓声中岂乱啼。
过客莫同凡鸟看，等闲飞到凤凰池[2]。

注：①金鸡石，锡山森林公园一景点，位于锡山南坡。本诗作者杨起莘，1200—?，通城县隽水镇古龙村杨家庄人。宋理宗丙辰科中殿试，赐状元及第。②凤凰池，通城县南部黄龙山一景点。

题黄龙山[1]

刘 基

黄龙美景尽幽幽，二亩石田[2]气势猷。
幕阜行观南北地，峰尖坐看东西州。
湫池塘[3]阔藏蛟鲤，只角楼[4]高近斗牛。
青竹台[5]上劳到扫，凤凰池畔壮旅游。

注：①黄龙山，位于鄂湘赣三省交界处。相传吕洞宾、黄庭坚等曾游览此山并赋诗。本诗作者刘基，1311—1375，浙江省温州市文成县人，元末明初军事家、政治家、文学家，明朝开国元勋。②三亩石田，指黄龙山景点石田三亩。③湫池塘，指黄龙山景点。④只角楼，指黄龙山主峰，海拔1528.1米。⑤青竹台，指黄龙山景点青竹扫台。

登团山阁[1]

舒大猷

银山秀水小蓬莱，一阁旁招四美来。
画栋朝云迷树色，蟾宫秋月畅吟怀。
河阳花映黄金阙，棂类星高白玉台。
不让滕王江上阁，落霞孤鹜岂相猜。

注：①团山阁，又名东山阁，位于县城东秀水河畔。本诗作者舒大猷，字锡崖，生卒年失考，通城县隽水镇新塔社区大屋人，明嘉靖二十五年(1546)中举，后任浙江布政司右布政使。

游黄鹤山[1]

黎由高

三岁兢起插天寥，凭吊仙踪果未遥。
黄鹤飞骖原偶憩，白云出岫自常绕。
山川一飞去吴楚，今古千年共壤霄。
幽秘不须崔句重，高楼正恐落尘嚣。

注：①黄鹤山，马港镇域内的山峰。本诗作者黎由高，约1722—1800，字鹏翥，通城县沙堆镇大柱山村上屋黎家人，秀才、拔贡。所著《周易后天归图》4卷入选《四库全书》，为通城古代名人撰著中保存最完好的作品。

游相师山

刘兴治

稳步相师绝顶游，孤巅矗出白云头。
香龛草绣留名迹，石柱苔封现古丘。
低压银山连霭障，遥临隽水露汀州。
追忆圯上传书事，汉业韩仇蕴此收。

注：此诗为清代刘兴治游相师山赋诗。

药姑山[1]赞

熊铁虎

相传三女修山中，采药医病济困穷。
曾经湘鄂风云涌，力挽狂澜扭乾坤。
割耳坡上捐躯骨，荡涤污浊惩顽凶。
杜鹃花开红胜火，千秋史册贯长虹。

注：①药姑山，通城县西北部名山，鄂湘交界处。本诗作者熊铁虎，1944年生，退休干部，原任县广电局局长。

赞塘湖[1]

方妙生

城墙[2]一展风水堤，水绕南虹[3]绣四围。
良田千顷七八塅[4]，四通八达路网齐。
龙印河[5]中金鲤跳，鸡笼山[6]上凤凰啼。
汤管[7]寺仙常施法，狼荷[8]洞神显灵威。

注：①塘湖，指塘湖镇；本诗作者方妙生，1945年生，塘湖镇雷吼村第二次地名普查信息员。普查期间，以村域和镇域内地名吟诗20余首，此诗为其中一首。②城墙，指塘湖中心集镇南部的城墙山，此山山脊绵延约4千米，山顶平坦为直线伸展，远看如同堤坝一样平展。③南虹，指塘湖中心集镇西南的南虹桥。④七八塅，指塘湖镇域的塘湖塅、胡家塅、大白塅、石坪塅、白沙塅、郝家塅、三千塅、老虎塅等地名。⑤龙印河，指塘湖中心集镇北部的河流。⑥鸡笼山，指塘湖、麦市、关刀镇交界之处的鸡笼山。⑦汤管，指塘湖、关刀镇交界处的汤管山，山上有寺庙，相传寺庙所奉神位能显灵护佑信士。⑧狼荷，指塘湖中心集镇东部的山谷狼荷洞。相传，此洞古有上天所派狼神下凡平妖。

第二节　对　　联

题相师山[1]白云寺

相耶，将耶，千古利名成幻影；
师也，友也，共邀风月话神仙。

注：①相师山，通城县西南部名山。

中山亭[1]联

人杰则地灵，中山不朽，银山不朽；
囿大而民乐，刍者往焉，雉者往焉。

注：①中山亭，民国时期县府在县城南锡山北麓修建石亭纪念孙中山，后拆毁。本联作者魏

文杰，通城县城人，生卒年失考，抗日战争时任人民服务总队上校秘书。

题药姑山白云寺

白费心机，争利争名空色相；
云笼笔岫，写诗写画尽风光。

注：本联作者胡术林，1930 年生，大坪乡人，退休教师。

题药姑山

峻岭奇峰，含千秋风韵；
异花神草，沭四海春光。

注：本联作者胡珊鹏，1944 年生，大坪乡，退休干部，原县方志局局长。

题石溪太平岩白石庙

太平洞，太平岩，太平世界，古人不见今人见；
白石山，白石庙，白石娘娘，医道弥高德道高。

注：本联作者夏世和，通城县关刀镇高冲村人，1947 年生，退休干部，原任县人大常委会农村工作委员会主任。

题江渭清花墩桥抗日谈判①

运筹抗日，身肩重任，勇闯鸿门宴；
拯救同胞，背负中华，三临花墩桥。

注：①江渭清，1910—2000，湖南省平江县人，抗日初期任中共鄂东南道委书记兼军分区司令员，曾代表中共与国民政府当局在通城县石南镇花墩桥谈判成功，促成了鄂、湘边界国共第二次合作。本联作者徐东兵，1955 年生，通城县马港镇人，县林业局退休干部。

第二章　歌谣·赋

第一节　歌　　谣

大顺军藏宝谣[1]

小坳对大坳[2]，金银十八窖。

注：①相传，清顺治二年(1645)李自成在通城九宫山遇难后，其侄李达率部退驻黄龙山一带，因部队所带的财物太多，遂在黄龙山挖洞穴掩藏一部分。后在当地流行歌谣传闻此事。②小坳，即天岳关所在处；大坳，国有通城县黄龙林场场部驻地。

旧时挑夫行走线路地名歌[1]

方山洞[2]，虎爪石[3]，桂口街[4]上买饭吃；
沙堆[5]鲤港[6]七里山[7]，麦市[8]上底许家湾[9]；
陈家塅[10]，竹节坑[11]，牮楼咀[12]上论输赢。

注：①民国以前，从江汉平原的沔阳、洪湖、赵李桥一带往通城运送货物主要靠人工挑运，久而久之，挑夫们以歌谣的形式，用沿途所经地点的名称唱出一条人工运输的线路图。②、③、④均系途经崇阳县域的地名。⑤、⑥、⑦、⑧、⑨、⑩、⑪、⑫，系途经通城县境的地名。

县西古驿路地名歌[1]

五斗陈谷转白米，过咧月半又磨桥。

注：①旧时，大坪、北港、石南一带去往湖南平江，要经过五斗山、陈谷山、白米山、月半山、磨桥，人们连接这几处地名形成便于记忆的顺口溜；驿路，当地俗称行人多的道路。

第二节　赋

鸡笼山赋

鸡笼山，山峰独特，位依古镇之东，于幕阜山之下，山峦险峻，翠柏苍松，朝迎紫气，暮聚霞光，白云邈邈兮，风光无限；碧水潺潺兮，滋润沃野。抗日胜迹，乃旅游绝佳之景点；气候适宜，故散步休闲之去处。

登山远眺，目寥廓以骋怀；思古追昔，畅凭吊而增感；石咀头，紧接古镇河道，关隘坦途于畅通；西佛寺，悬安半壁山腰，大雄宝殿以庄严。葛贵昌墓，工程浩大；江田大屋，人杰地灵。麦市突围之战，壮士血洒鸡笼山；东乡首富之家，隽邑号称十大户。排石崖排石耸立，似万里长城；千斤石千斤镇邪，压九条孽龙。蛤蟆精石，祸害路人和庄稼，雷公打瞎其双眼；葛氏宗祠，承传薪火与家国，列祖创业永千秋。国军抗战，气吞胡羯；壮士舍身，永垂不朽。井堂屋，抱扑家风，道德留芳百世；痴佛公，尽忠报国，人民永远缅怀。

今逢盛世，国运兴昌。生态鸡笼山，山青灵秀，绿水长流；硬化公路，如玉带盘旋。摩的名车，如水流龙游；古镇新庄，高楼林立；农家小吃，肴味飘香。首批小城镇“窗口镇”，省重点“口子镇”；第二届、第四届小城镇规划建设与管理“楚天杯”获奖乡镇，全国名扬。

（作者何亚辉，原载《天岳》2016年第2期）

云溪赋

中华心脏处，两湖开阔地，幕阜山势连绵，突兀高耸。幕阜之奇归何处？云溪洞中有新天！

两山夹湖，万绿丛中嵌明镜；一溪出谷，千声召唤奏欢歌。水依山形，山壮水势。驾一叶扁舟，荡漾于云溪湖之上，蓝天映湖，水天相融，恍若春水船如天上坐。清风掠面，令人一洗尘心；渔歌萦耳，使人万虑俱释。时见小舟荡漾，渔网撒开，一船鱼儿跳，满腔幸福归。渔歌飘荡，青山回响：“世人都晓天堂好，谁知洞中风光好！一叶船儿水中飘，纵是神仙比不了！”

环湖四顾，一派胜景入画来。千峰竞秀，万壑争流。水势潺潺，一帘碧玉挂山间；怪石峥峥，满山异物妆大地；奇树挺挺，万株玉立展物华。小楼掩映，村民怡然。万亩楠竹，无边翠色逼眼来；半山枫叶，一片丹霞驻心间。碧龙潭边，两泉倒挂添壮观。移船换景，一景一天地；转目添彩，一景一画廊！

胜景孕文明。历史韵厚地，文脉深远处。棋盘寨，岳飞忠名传万古；普化寺，佛教禅声越千年。古居处处，雕梁画栋，匠心独运，巧夺天工，一派古色古香，彰显民风淳朴、民智非凡。

地杰有人灵。洞中人士潘协保，商界精英巧运筹，点石成金写奇迹，片片云母飘海外，家乡经济谱新篇。云溪湖之侧，现代厂房拔地起，云溪洞中添新景。传统现代相辉映，洞中桃源别面开！

云溪洞在何方？溯陆水而上，楚风瑶韵新通城。

（作者吴义明，原载《天岳》2015年第6期）

银山广场赋

时逢新纪，岁值庚寅。南鄂通城，开百亩盈虚之景；银山广场，达三年锲凿之殷。喜从中来，思如潮涌；情由此出，感以心吟。

夫通城也，地处幕阜山北麓，势扼湘鄂赣要津。县治上溯北宋，隽水直达江城。四面灵山秀濑，千年凤爪龙鳞。龙窑山石屋，瑶民族祖先之踪迹；尧家林遗址，新石器时代之文明。只角楼下，黄龙宗风扶桑远播；天岳关前，烈士墓冢浩气长存。闯王于斯处长眠，皇图遽灭；元帅从这里起步，秋暴始兴。千里淞泸战鏖，八百壮士故土；两大苏区血沃，五千英烈忠魂。历史名邑，商贾重镇，生态家园，璀璨人文。有杨状元余风远振，有方尚书令节常馨。有提琴戏家喻户晓，有拍打舞古传今承。七山一水两分田，久蕴六艺之美；三溪九港十八洞，巧赋万象之灵。曰山川形胜，曰文化昌明，曰民风淳朴，曰商旅勃兴。壮哉！道不完百里物华天宝，数不尽千秋人杰地灵。

夫广场也，地方坐标，城市象征，文化名片，民生工程。放眼古今中外，纵观街市都城。林林总总，昭沧桑之变迁；形形色色，钤时代之烙印。改革开放，风潮正劲；科学发展，银城日新。高楼拔地而起，大道通天而行。宝塔映蓝天玉立，一幅和谐彩画；长虹偕碧水瀛通，万家平安福人。政府顺时而动，广场应运而生。补城市之缺憾，应民众之心声。坦坦荡荡，方方正正。置飞泉，植绿荫，塑浮雕，矗图腾。奇石嵯峨，兼有曲径通幽；霓虹灿烂，时闻妙乐动人。隽水秀水，蜿蜒如环绕之玉带；锡山锦山，高耸似旁立之画屏。可集会，可歌吟，可赏游，可健身。日染朝霞，声动晓露；月上柳梢，人约黄昏。不分男女老幼，半城空巷有常；无论春夏秋冬，一方乐土无禁。妙哉！广场似舞台，人人自娱自乐；日月如悬镜，天天常看常新。

眼前广场，心中通城。广场之兴，人民之幸；通城之兴，时代之盛也。是谓：

顺民以昌，奉国以强。银山秀水，山高水长。

（作者李甫平，原载2015年版《通城县志》）

千家峒古瑶赋

洪水淹天，天岳究瑶。地灵族旺，五十六支舜脉昭昭；风淳史灿，一十三亿尧勋浩浩。

善哉！高辛龙廷平叛，盘瓠衔首，大功封侯；犬戎赐妻荫子，天恩免赋，造化渔樵。巴蜀峡谷，荆雍湖套；湘楚边境，洞庭龙窖。言语侏离，五色衣飘；椎髻跣足，獭皮冠帽；外痴内黠，厌市安郊；盘弓布网，种豆栽苕；采果焙茶，穿山醉醪。夫抚夷化夷不灭夷，汉夷相安历代王朝。

悲哉！元末无道，揭竿苗瑶。洪武苛税登基，剪灭同僚；“三清湖广”洗寨，血刃火烧。千家峒长，号令撤瑶。一路奔桃源，三江口乘筏过洞庭，上溯资水滔滔；一路向闽粤，武夷山斩棘闯卡碉，横渡琼海渺渺。十万沐风踏雪，十万落荒弃寮，十万途伤路死，十万忍饥宿茅。临溪傍林而居，新室旧貌；岩阿瓜绵椒衍，天不灭瑶！五陵八桂是瑶，粤北黔中称瑶；红头白裤标瑶，滇边南越有瑶，药姑群山匿瑶。天下无溪无岭不养瑶，三百万儿孙血泪难表！

幸哉！新纪追宗，千里苦寻祖庙；险攀栈道，探得汉化遗瑶。看不完石门石坳石道石桥，拜不完石屋石坛石坟石庙；数不尽瑶神瑶食瑶药，道不尽瑶语瑶俗瑶舞瑶调。全国瑶学盛会，专家临湘论道：“瑶人出世武昌府”，药姑大山名龙窖；“千家峒口雾纷纷”，刀耕火种密林抱。吴六将军护瑶，马港伏波遗庙；陶侃刺史征讨，红花太子斩腰。三关九锁，断涧水绕；三溪九港，曲径洞巧。三仙坦上福人济世，悬壶女窕；十二种姓瑶人归来，内冲祭䊢。大风磅，神台供香火千年经久不熄；盘瓠犬，传世美图腾精工打刻石雕；鳜鱼港，三百六十级石梯直通碧宵；石塘寨，四十八座吊脚楼翠谷环抱；竹铺沟，三十七座石堆千家曾祈祷；朱楼坡，一十二个埠头百女浣纱袍；龙窖源，一百零八棍护卫茶麻古道；通城县，二十万瓦子街后裔是老表。瑶人向南走，赣民填空巢；瑶人回头拜，瑶史永不凋。

美哉！《千家峒歌》感天动地，百代口口相传一谣。《拍打舞》全国夺冠，男女童叟逗乐逍遥。君不见：四海瑶胞，九州楚翘；不卑不亢，不屈不挠；盘王不朽，青山不老；铿锵一族，旷代天骄。

（作者阮仕星，原载《天岳》2015 年第 2 期）

第三章　掌　　故

第一节　地名与传说

药姑山的来历

常年道：水不在深，有龙则灵；山不在高，有仙则灵。坐落在长江中下游南岸的药姑山，地跨鄂湘两省的通城县、崇阳县、赤壁市、临湘市，地域面积200多平方千米。药姑山古称龙窖山，主峰海拔1261.1米，山虽不高，但山势磅礴，树木葱郁，花草繁茂，且药材资源丰富，药物种类有草本、木本、藤本、真菌，动植物共计1700多种。药姑山不仅因生百药闻名于世，而且有关其来历的美好传说在民间广为流传。

相传，龙窖山北的大坪畈下竹园有一姓李的老汉，以上山采药为生。李老汉膝下有三个女儿，不料中年丧妻，既当爹又当妈，好不容易把姐妹三个拉扯大。三姐妹成人后个个长得如花似玉，又聪慧又懂事。每日进山采药，上街入市，与父亲形影不离，学到不少采制草药的门道，李老汉很是心慰。当地传闻龙窖山有千年灵芝，但生长在飞鸟难落脚的悬崖峭壁之上，上山之路难如上青天，十人去了九无还。一天，大坪畈人称"大财帛星"的财主胡天道差人找到李老汉，要以百两黄金为价求千年灵芝。李老汉心想，三个女儿均已到婚嫁年龄，急需用钱，何况是百两黄金。遂应下这笔生意，准备只身上龙窖山采灵芝。姐妹三人得知，苦劝父亲：不要为了钱财而不顾性命，即便我们姐妹终身不嫁，也不能让父亲去冒险。李老汉生性固执，不听女儿的劝阻，趁女儿们熟睡，半夜起程上了山。三七二十一天过去，不见父亲归来，姐妹三人心急如焚。转眼时值农历三月三，大坪畈马财主的少公子登高踏青路过，见到李氏三姐妹，春心大动。回到家中，命管家查出李老汉两年前租过马家三斗田，因天灾还欠租谷一担五斗未交的旧账。次日，派家丁上山逼租，扬言三天不交租，就要姐妹三人进府抵债。姐妹三人盼父归无望，又遇财主逼债，当夜打点行装奔龙窖山寻父。历尽千辛万苦，姐妹三人打听到父亲被"荞壳蚪"咬伤后身亡，由采药的好心人掩埋在山坡上，姐妹三人找到父亲的坟墓，在墓前哭成一团良久。此后，三姐妹没有回家，她们居洞穴，饮山泉，尝百草，裹树皮，披茅草，寻野味充饥，在药姑山上终年采药，遇百姓求治不取分文，久而久之，人们都亲切地称她们为药姑。有一年，当地瘟疫流行，病势凶猛，村村寨寨陡添新坟，遍地惨云密布。三姐妹看在眼里，急在心头。为尽快消除瘟疫，她们没日没夜将草药挨家挨户送上门，终使瘟疫得到遏制。乡亲们感激不尽，都说药姑三姐妹是神仙下凡救黎民，纷纷在家设三仙神位，天天烧香磕头。药姑三姐妹的善举感动了观音菩萨，观音命金童玉女扔下三个蒲团，让姐妹三人坐蒲团穿云破雾来到西天观音殿。观音道："尔等三姐妹多行善事，已成正果，此后汝三姐妹即为我西天司药女仙。"

药姑三姐妹升天以后，乡亲不见了她们的踪影，只见观音菩萨扔下的三个蒲团落地之处，留有三块巨石。人们思念药姑，便改称龙窖山为药姑山，称三块巨石为三仙坦。如今，药姑山不但仍然遍地都是野生药材，而且三块巨石仍留在药姑山西坡，药姑三姐妹升天为仙的故事，随着药姑山的开发流传越来越远。

（作者胡珊鹏）

崩墈王家的传说

通城县塘湖镇内有一个古老的居民点，名叫崩墈王家。只要过往行人留心，还真能看到这崩墈王家屋后的山上，有一大块山崩的痕迹。要说这名字的来历，他和此地东北相隔5里的一位古人有关。

话说如今塘湖集镇北侧有一个屋场叫狮子山，占地20000余平方米，有居民百余户，人丁500多，因屋后山形象狮子，故得名。这狮子山居民清一色姓刘，说明它是个大有来历的地方。宋建炎二年(1127)，汉高祖刘邦第48世孙刘镇因授封金吾左卫总领，遇宋室南迁而忙于战事，将父(刘泉)母及幼孙天朗由浙江金华八角楼迁通城黄龙山隐居。约30年后，天朗公在曾祖父母去世后由黄龙山迁狮子山定居，是为迁居塘湖的刘姓第一世祖(其子孙定居本县外，还有迁居陕西、四川、江西等地者)。200多年后，天朗公支下第十世出了个名人叫刘仕昌。刘仕昌，字塘湖(生于1394年，1445年逝于南京)，明永乐十八年授陕西监察道御史，历任永乐、洪熙、宣德、正统四朝二十六年巡抚，与著名的大学士解缙同朝为官。皇帝彰其功而赐金织绣袍，故百姓直呼刘仕昌为刘绣衣。逝后朝廷念其功德，以刘仕昌之字号改乐化乡为塘湖乡。明宣德皇帝亲赐“清朝鸣凤”“代天巡狩”牌匾高悬狮子山老屋的接官厅。

刘绣衣为巡按时，娶距狮子山五里远的凉亭王家大屋老员外家的千金为妻。一年年终，刘绣衣同夫人至凉宁王家老屋过年，刘绣衣的连襟和姨姐姨妹们对刘说：看你这嘻皮笑脸的，在外做官，如何能镇得住人？你是如何摆堂设案审人犯的？刘绣衣笑而不答。在家人的再三要求下，刘绣衣说：“我摆案试试给你们看，但今天是大年三十晚上，在大堂屋摆了案后，要紧闭所有门窗，非初一辰正方可开门。”众人答应，于是由长工们扮衙役，姑嫂们作旁观。一切就绪，刘绣衣蟒袍玉带从里出来，走到案前，肃然坐下。这时，天正下雨。扮衙役的长工们从村前大路上拉来一名腋下夹着布鞋的男子作被告。绣衣将惊堂木一拍，喝道：“开堂”！扮衙役的众人呼应，声震屋宇，屋上尘土蛛网随声而下，被告和姑嫂们在高喝声中，个个吓得面如白纸。作为被告的男子猛不丁见此架势，吓得全身发抖，不由自主地跪倒地下，哭喊着请求饶命。刘绣衣接着大声问：“跪者何处人氏？姓甚名谁?”男子连忙一一作了回答。刘绣衣又问：“你腋下夹的什么?”男子答：“是我老婆做的一双布鞋，天下雨，我怕打湿了，就脱下来夹在腋下。”刘绣衣再问：“你一双脚是谁给的?”男子答：“是我娘生给我的。”刘绣衣听后，猛力将惊堂木连拍三响，大声喝道：“你这顺妻逆母的不孝之子，老婆给你做的布鞋，你心痛，娘生给你的脚却不心痛，给我拖下去重打三十大板”！男子听了此话瘫到在地，衙役们见状，将男子拖起来，从后门放跑了。当惊堂木连拍三响时，房中的鸡叫起来了，池塘的鱼也在跳，有的还跳到岸上来了。屋外不知底细的人见塘岸上有鱼在跳，都高喊着“快捡鱼”。这时，大门内有人听见喊声，从门缝里往外一看，看见满塘的鱼在跳，塘岸上有很多人在抢鱼，一时高兴心急，就将绣衣的嘱咐全忘了，打开大门，也跑出去捡鱼。此时，忽然狂风骤起，地暗天昏，王家老屋南百米处的山岭忽喇喇崩塌半边，一时土飞雾腾，沉雷滚滚，好不骇人。家人皆大惊失色，不知所措，刘绣衣安慰众人说：“无关大事，此乃地福较薄，承不起天降祥瑞也。”此后，人们改称“王家大屋”为“崩墈王家”。

如今，王家山崩岗之遗迹乃在，凉亭的风却吹越了古今。

（作者杨纯隽）

谷龙山岳飞疗伤

谷龙山位于通城县西南部的石南镇境内，东距县城7公里，西距洞庭湖百余里。谷龙山山体弯曲蜿蜒如龙蛇，又因当地民众把正月游玩的稻草龙灯称为谷龙，故人们将此山称为谷龙山。其山顶为一块面积约10余亩的平地，东南紧靠隽水河，西有马家畈、茅坪坡、墈上大畈，北面山坡上建有岳王庙，庙内供奉岳飞、岳云、张宪等人雕像。当地老幼皆知，此庙与岳飞当年在此疗伤有关。

南宋钦宗绍兴年间(1131—1135)，杨么起义。岳飞受命，挂帅领兵到洞庭湖征剿杨么，却因对方以洞庭湖水为天然屏障，防守严密，屡攻不下，久思无有良策。一日，他亲率王横前往杨么阵前观其阵相。正当岳飞在高处树梢上察看之时，冷不防背后射来一箭，只听“哎哟”一声，他从树上滚将下来。

射此冷箭的并非别人，乃岳飞帐下的流制官，名戚方。此人在不久前为前方兵马运送粮草时受奸人唆使，故意拖延时日，受了岳飞的军法，因此怀恨在心，一直伺机报复。这日窃听得知岳飞仅带王横一人到前沿察看敌阵，便尾随而跟，准备见机动手，欲置岳飞于死地。却说岳飞中了戚方一箭，落地之前，被王横一个箭步上前用双手抱住，才免于一死。王横将岳飞抱上马，悄然回到营中，急唤随军郎中救治。郎中将箭头取出，发现箭尖从左背入体，隔心脏仅一分之差。岳飞醒来后，召集几员大将于病榻前，吩咐：“全军往东后移50里驻营，中军随本帅退驻通城休整，未见帅令，不得出营讨战。”

话说岳飞因伤势严重，不得不将中军营撤至石南的谷龙山上扎寨，随营兵马散布在山四周安营，一时间，把个谷龙山四周方圆几里挤了个水泄不通。为防意外，岳飞命王横到各营中重申军纪：听点不到者斩，擅闯军门者斩，泄漏军机者斩，兵弁赌博者斩，笑语喧哗者斩，酗酒入营者斩，抢劫民财者斩，奸民妻女者斩，不守法度者斩。

再说，几日前，岳飞爱将牛皋因酗酒犯了军规，被岳飞赶出军营，这日从岳阳经平江县境来到了湘鄂交界的相师山。这相师山乃汉相张良隐居之处，此后历朝历代均有得道高手修行于此山。日前，老道鲍方祖屈指一算，得知岳飞大难在身，爱将却被驱出军营，今日自此经过，遂吩咐道童下得山来在路口守候。不多时，那牛皋迈着醉步来到路口，被道童拦住，引上山来。牛皋见过老道，老道还过礼，从怀中掏出两样东西，说：你主公现今有难，箭伤在背，养身石南。本道今送你仙丹两丸，一丸送岳飞服下，可保性命无忧；另一丸留着，日后自有用处；再送穿云箭一支，倘遇妖人腾云驾雾，只要将此箭抛向空中，百发百中，定破妖术。牛皋接过仙丹和宝箭，欲告辞前往石南救主，老道拦住牛皋，又从袖中摸出一双精制草鞋，交与牛皋，说：此乃破浪履，穿上它，踏水如履平地，那杨么乃天上水兽下凡，非此物不能服他。牛皋收好草鞋，再三道谢。老道接着对牛皋说：此去石南，尽是山路，你主公性命悠关，只可尽快相救，你上马后即闭上双目，老道可送你一程，但要等耳边没有声响才能睁眼。牛皋依老道言，上得马来，即将双目紧闭。只听那老道口中念念有词，再大喝一声“起”！接着，牛皋听到耳边呼呼作响。一会，响声停止，待睁眼一望，正是岳飞帐前。帐前军卒见是牛皋，飞报岳飞。岳飞令军丁将牛皋捆了后丢于马背驱出军营。牛皋听令，急忙对军丁道：我今得了相师仙道三宗宝贝，特来协助主公破贼，汝等快快再报元帅。岳飞听报，只得令军丁为牛皋松了绑。牛皋跪于岳飞跟前，流着泪诉说了相师山奇遇，说完将三宗宝贝摆在岳飞帐前。后来，岳飞服了仙丸，身体很快复元，接着又用那穿云箭和破浪履打败了杨么。

再说，岳飞在谷龙山养伤期间，军纪严明，深受当地拥护，百姓涌跃参军。其中，吴姓迁通十二世吴彪（1099—1138）与叔祖吴景（生卒年不详），将在陕西陇干城（今甘肃静宁县）开武馆的十一世吴汝霖（生卒年不详）请归，共同参加岳飞大军征剿杨么。后来，三人杀死杨么部将刘忠，吴彪被朝廷封为宁蛮将军，吴汝霖被封为义兵演兵将军，吴景为封为钤辖将军。杨么被剿灭后，三人从岳飞北征，吴彪与吴汝霖阵亡。吴景奉命使金国，金主爱其才勇，欲官宠之，吴景辞逃至白沟河（今河北），金兵追及自尽，其子吴昇被杀。吴景后被追封为赠金相公，乡人立庙祀之。

岳飞平定洞庭湖，接着又打败金兀术，正待迎返二帝，却被奸臣秦桧假传十二道金牌圣旨，将其杀于风波亭。噩耗传来，石南一带民众，无不动容。伤心过后，感恩岳飞在谷龙山疗伤休养期间，与百姓秋毫无犯，遂由吴姓人牵头，其余各姓捐款于谷龙山建起岳王庙，历朝历代供奉，香火不断，直至今日。

（作者黎林华　吴劲夫）

相师山的传说

相师山位于通城县西南部，距县城约25千米，是湘鄂两省交界处的一座大山，主峰眉毛尖。因有一个美丽动人的传说而改名。很久很久以前，眉毛尖山上植被丰富，生长着很多的奇花异草。有一年山下的醉仙洞（现在的季山村）发生了一场严重瘟疫，许多人危在旦夕。一天，一个头带斗笠的老人来到村子里说眉毛尖山峰有一棵白果树（银杏），树下有一种叫“丹”的草，白果树的花和丹草合药能治好此病。这种花只在晚上子时开放，开放时间为一个时辰，错过这个时辰就摘不到了。采花时需有一对新婚夫妻共同去采摘，男的摘花，女的采草。村子里正好有一对新婚夫妻，男的叫毛阿宝，女的叫许阿秀，当晚他们就去了眉毛尖，按老人的要求阿宝摘花，阿秀采草。阿宝摘好了花交给阿秀，突然一阵大风吹来白果树枝“嘣”的一声折断了，阿宝随着树枝向万丈山崖掉了下去，黑夜中只见一道霞光从天而降，托起阿宝及其手上的树枝往东方黄袍山而去。一老人边走边说：“阿宝此处无忧，随我东去拯救他人，你们10年后再见。”说完霞光如流星般向东南飞去了。阿秀非常伤心，可她心想救村子里人要紧，就赶紧把花和草都带回村里，配药熬汤，终于把乡亲们的病都治好了。可她心里惦念丈夫，就一人来到眉毛尖遥望东方，呼唤阿宝，餐风露宿，相思不绝，10年过去，她在此坐化成仙，化作相思鸟飞东而去和他的阿宝团聚，后两人成仙专治人间瘟疫。从此人们把此山改称相思山。又传西汉时，政治家、军事家张良随师黄石公在此修行。张良本是刘邦的高级谋师，为刘邦平定天下，建立西汉王朝立下丰功伟绩。他目光高远，洞察世事，功成身退辞官归隐，来到相思山跟随黄石公潜心修道养性。黄石公高居白云寺，张良在山中修一草屋叫相师寺，此处竹茂林深、环境静幽。张良潜心研道，渐成仙身，能藏行隐身。后来汉高祖刘邦思念张良，寻到此山。刘邦来到相师寺，只见桌子上留一帛书：“白云桌上字两行，子房端肃拜君王。”刘邦即提笔书写一诗：“寡人排驾至荒山，不见贤臣只见庵。日映桃花惊眼赤，风吹竹叶透心寒。炉中炼药灰纷暖，桌上提字墨未干。诗曲琴棋依然在，子房何处把身安。”此时张良隐身而问：“君王为何来此？”刘邦说：“朝中缺少擎天柱，宫殿无人挂絮袍，贤卿若肯回朝去，朕的江山使得牢。”良曰：“太平本是将军定，不见将军见太平。我今若是回朝去，乃是韩侯同命运。”吐出了自己对刘邦平定天下后斩杀大臣、鸟尽弓藏、兔死狗蒸的愤懑，说完挥指一划，划河而隔，河水汹涌，波惊浪险，斫一独木悬于河上，张良现身对面山头之上，说：“涧溪悬搭木一根，不知谁是过桥人。”刘邦说：“上无扶栏当依靠，下有翻波白浪深，独木一根怎渡人？”张良遂向刘邦告别，化作一道彩虹往东而去，隐居于湖南平江的张师山，后来人们就把相思山改称相师山。该山是通城境内名山之一，有许多景致奇美、风光秀丽的景点。如金猫捕鼠、薄刀埂、目耳尖、黄旗坳、白旗坳、青龙关、白虎关、滥船坡、斗米井、四井泉、眉毛尖、鸡毛尖、白云寺、文道屋、相师寺等。主峰眉毛尖海拔957.2米，高耸入云，山势险要(明朝方钝常书曾登峰提句“独烛照青天”，赞其壮观险峻)。东面坡势较为舒缓，苍松翠竹林木茂盛；西面岩石壁立陡峭，坡度几成垂直，纵观山底，深渊万丈，有胆颤心惊之感。主峰四周有东南西北四口井，传为黄石公在此修道养性时挖凿而成。泉水自石缝浸出，清幽冰凉，晶莹剔透，喝上一口，解渴去燥，沁人心脾，神清气爽。遇上天气晴朗碧空无云的日子，登临相师山主峰，极目潇湘，洞庭湖光波色清晰入眼，船帆点点隐约可见；铁山水库、水盘青山、山缀碧水、交相辉映，美妙非凡；放眼南鄂，药姑山、黄龙山遥遥相望，远处的山峦夹着小溪平川，错落起伏；隽水河蜿蜒弯曲穿山越野，尽收眼底，有“会当凌绝顶，一览众山小”之感。登相师山主峰是远观野景的极好去处。

(作者李文平　刘曙)

第二节　地名与历史名人

马援与马港的故事

马援，字文渊，东汉开国功臣之一，扶风茂陵人，封新息侯。新莽末年，天下大乱，马援初为陇右军阀隗嚣的属下，甚得隗嚣的信任。归顺光武帝后，为刘秀的统一战争立下了赫赫战功。天下统一之后，马援虽已年迈，但仍请缨东征西讨，西破羌人，南征交趾(今越南)，其“老当益壮”“马革裹尸”的气概甚得后人的崇敬。马援南征时曾率军征战通城，并且在此地开挖河道，造福一方。同时，在通城征剿战中大获全胜，成为通城老百姓心目中的大英雄。

据史料记载：东汉建武年间(25—54)，南方武陵五溪南蛮暴动，武威将军刘尚前去征剿，冒进深入，结果全军覆没。马援时年62岁，请命南征。建武二十五年(49)春天，马援率军进驻下隽，与蛮兵对阵。是时淫雨连绵，河流阻塞。马将军率领军民，疏通河道。蛮兵踞高凭险，紧守关隘。水势湍急，汉军船只难以前进。加上天气酷热难当，好多士兵得了暑疫而死。马援也身患重病，一时部队陷入困境。马援命令部队靠河岸山边凿窟成室，以避炎热的暑气。虽困难重重，但马援意气自如，壮心不减。每当敌人进攻，马援都拖着重病之躯迎战。手下将士深为其精神所感动，不少人热泪横流，随马援迎敌。在马将军的带领下，汉军连连取胜，并乘胜追敌至临乡，遇蛮兵阻击，马援率部再败蛮兵，终获全胜。

当年，马援率部进驻的下隽，行政区域包括今湖南岳阳、临湘和湖北崇阳、通城等地。马援率领的汉军驻扎在今通城县西南部，他所疏通的河道即隽水河的上游。经马援将军疏通过的这段河流，河床变宽，河道通畅，水患减少。当地百姓目睹马援在战场上英勇杀敌，又治理了水患，认为他不但是大英雄，还是降伏波涛的神人，敬称他为“伏波将军”，后来立庙、雕像祭祀。同时，人们将马援疏通过的这段河道称为马港。再往后，当地居民将马港沿河两岸地域统称为马港。自此，马港既指马援当年疏通过的那段河道，也指沿河两岸的地域，并且成为通城人老幼皆知的典型地名“三溪九港十八洞”中的一港。后来，又成为当地行政乡、村的通用名称。1987年，通城县将原九岭区所辖的何婆桥镇、马港乡改设马港镇。2001年，九岭乡、潭下乡、石溪乡并入马港镇。至此，马港镇成为全县11个乡镇中地域面积最大的乡镇。

（作者潘波）

牌楼冲名考

通城人俗称地势平缓、中间有道路、两端有出口且长度约在500米以上的山沟为“冲”。在通城县石南镇牌合村，有个叫牌楼冲的地方。这条山沟呈南北走向，长约2千米，平均宽度100米，旧时是从大坪畈经石南桥、白米、五斗岭至磨桥方向的大路。宋代，在这里发生了一段皇帝立坊褒神医的传奇故事。

南宋时期，今大坪乡坪上村深谷垅，有个姓吴名祥诲字元四的人。他自幼聪明好学，四书五经过目不忘，诗词歌赋、棋琴书画无所不通，更精岐黄之术，可谓才高八斗、学富五车。因其目睹官场腐败，立志不入仕途，遍游名山大川，专医民之疾苦。

却说理宗年间，皇太后乳患奇疾，宫廷御医及京都郎中束手无策，只好四处贴榜求贤。一日，吴元四正押粮进京，一来沿途观景，二来顺便购些药材返乡待用。来到县城，见皇榜高挂，皇太后求医。便稳步上前，轻轻揭下皇榜。守护人员慌忙带其见官。县官素识吴元四，请其坐下后说道：先生敢揭皇榜，谅有高招，但此事弄不好便是自寻死路，劝先生三思。吴元四从容答道：县太爷在上，小民敢揭皇榜，有事自该小民承担，请老爷放心，包汝有荐贤之功，加官晋爵指日可待。县官自忖：谅你也不敢以自家性命开玩笑。便和颜曰：汝立刻启程上京，功毕自有重赏。

吴元四得府县举荐入得皇宫，见医者如云，均无祛病之方，个个心惊胆颤，如履薄冰，便求立刻诊治。吴元四入深宫，止太后房外，见宫人从锦账之内牵出一根锦丝，让其悬丝切脉。吴元四将手轻轻靠在锦丝上，曰：此乃木脉也，便不再言语。宫人入内宫后，复出，对其道：大夫请再用心。吴元四重将三指按在锦丝之上，曰：此乃兽脉，非人脉也。宫人再入内宫复出，对其曰：大夫还请用心。吴元四再将三指按在锦丝之上，曰：此乃禽脉也。在场御医皆被其高超医术所惊呆。原来，方才宫人头次将锦丝拴在龙床床脚之上，第二次将锦丝栓在猫腿之上，第三次将锦丝栓在鸽子腿上。理宗皇上见其医术如此高超，便移龙步亲请吴元四入太后寝宫，让其把脉。数帖药下，太后病除。理宗大喜，当即封吴元四为大名府太守。吴元四以不熟官场仕途为由辞之；又授御医之职，吴元四以家有高龄双亲而推诿。理宗道：爱卿过惯平民生活，又如此孝敬父母，朕不强留，今着通城县令即刻动工，在汝家乡修三重牌坊，以彰汝功，世食三品俸禄。即颁旨曰：“朕惟诰勒匪颁，盖以昭令德，极弘勋也。故不恃荣跻科甲，泽救民生，允膺华兖，凡挟良材，义精仁熟，苟有裨于家国，朕奚吝乎？锡于今湖北武昌府通城县儒学生员吴元四押粮到京，会值朕后疾危，乃以灵丹妙剂，立致愈安，挥国手之能，轶青囊之秘，头溢椒房，深舒朕虑，特赠大名府太守之职，兼赐仪仗、牌坊，宠诰命于紫宸，爰旌茂绩，渥殊表于黉，庸答神功，钦哉！勒命，淳祐元年三月二十五日。”

吴元四谢恩返乡，府、县沿途迎接，好不热闹。回到家乡，只见离家不远的要道之处，三重牌坊庄严排列，荣耀之至，自不必说。自此，人们称立有牌坊的山沟为牌楼冲。清初，黎文伯(1628—1718)在此山沟内建房定居，遂以牌楼冲为宅居名。如今，“荣膺仪仗”石匾与牌坊基石尚存，牌楼冲既指那条山沟，也指建在此山沟内的黎姓居民点。

一个传奇人物，一段传奇故事，演绎了一个地名传说。

(作者吕杏庐)

许伯政与八景山

八景山位于湖北通城与湖南岳阳边陲交界处。相传，张良隐居相师山时曾到此山游览。清初，著名学者许伯政壮年辞官后隐居此山，足不履城，怡情山水，潜心学术，历时20多年。该山八景山庙内有一石洞，约200平方米，传说是东晋时期葛仙翁(又名葛玄)炼丹之处。许伯政题胜景一(独烛照青天)：“峰插碧云中，气压崆峒，神工垒石建奇峰。夜来烛影浮霄汉，四面玲珑；凝望眼朦胧，飘渺无穷，淡霞轻罩紫纱笼。只恐洞庭摇影处，惊起鱼龙。”题胜景二(田井)：“山半井田香，石髓琼浆，葛仙跨鹤到山岗，峦头采药呼童捣，玉杵叮当；冬暖夏天凉，鹤鹿成行，四时花鸟似春光，几阵和风吹馥郁，袭透衣裳。”题胜景三(洞中石船)：“洞尽两山收，曲转溪流，徘徊中渚接兰舟。名利无关横野渡，不载王侯！览遍五湖秋，胜景堪游，西湖画舫不同俦。洞口云深何是岸，探尽源头。”题胜景四(石人冲)：“日午断茶烟，鹤舞蹁跹，石人拈断龛头烟。小峦淡照纱厨里，清静如蝉。翘首望楚天，北斗当前，夕霞饮露几千年。谁识当年华表鹤？空此谈禅!”题胜景五(鹅飞石)：“盘石耸山巅，接雾连天，仙鹅飞宿亦留痕。花开犹似天台景，流水千年。飞岩悬月园，梨枣常鲜，白云深处道人眠。笑煞督邮奋攘袂，今日徒然。”题胜景六(凤凰台)：“当日见西岐，翕羽于兹，台空风去几多时。梧桐又长高岗上，绿叶盈枝。仙管莫教吹，远诩何知？箫韶声满凤凰池。圣德巍巍天地泰，正好来仪。”题胜景七(筲箕石)：“筲箕耸庵前，岩涌清泉，瀑流千尽佛幡悬。潺声夜半如潮涌，惊醒禅眠。万古月婵娟，不比桑田，山东高挂水晶帘。何必普陀观自在？面壁依然。”题胜景八(芙蓉寺)：“江山美芙蓉，斗煞西风，是谁移到梵王宫？且听僧钟敲夜月，惊醒娇容。绿里几枝红，苦竹丛中，菩堤无树伴娇松。莫道仙姿多媚态，色即是空。”

(作者魏伟龙　李共和)

教发坡的故事

马港镇马洞村村委会驻地黄土咀南1.8千米处，有一个地名叫教发坡。这个地名当初的产生，来源于当地发生的一桩历史故事。

明朝万历年间，教发坡只是个几户人家的无名小山村，当地杨姓仕显、大禹、大吁同中塅牌坊屋杨姓守温、守良、守恭、守俭、守珠、大类、大灏、大顺、大顗、大颁、大颂、大颖、大顿、大颐共17名学生在同一位私塾先生名下就读于此地，在科举考试时，这17名学生和一名炊事员(半工半读)全部考中了秀才，而教这17名学生的先生却是考过多次未考上个秀才名分的土先生。主考官见这位先生无有功名，所教的学生却如此出众，便出一上联与这位先生对，答应只要先生对出下联，便给先生秀才功名。主考官出：“徒进师未进”，这位先生思索良久无语可对。先生回家将此事说给其兄听，末了叹曰：“真是人乖命不乖。”其兄骂道：“蠢巴猪！你不是已经对得很好吗!”这位先生此时才恍然大悟，但只能后悔莫及了。一堂私塾17名考生全部中秀才，在全县引起轩然大波。这事传到了时任通城知县的山东济宁人臧石耳里，他特撰联以赠：“济济入贤关，仅少瀛州全璧；森森参圣域，更多元恺一奇。”这17名秀才后来大多进仕为官，其中，大颐于明万历三十三年(1605)中拔贡，丁未年任黄州府黄冈县教谕，后为府官；其弟大容也先后任宜阳县训导、平江县教谕，后任知县。当地有“马洞杨，纱帽撮(盛)猪糠”的说法，意指官多，家庭妇女拿极为珍贵的官帽去撮猪糠，不把乌纱帽当个事。这个屋场也从此取名“教发坡”了。因教发坡地处偏僻，交通不便，改革开放后，人们大多外迁至马洞瓦渣坵小集镇。

(作者杨伟民)

第八篇

地域特色品牌

通城“两头乌”猪(云志生态养殖场　摄)

第一章 农 产 品

第一节 生猪及其产品

通城“两头乌”猪 又名“华中两头乌”“鄂通两头乌”，为地理标志商标、农产品地理标志产品，因原产于通城县及生猪外部具有明显的特征而得名。

通城“两头乌”猪产地范围为全县11个乡镇、167个行政村、10个社区(全县18个社区除隽水镇8个社区外)、4个国营林场，区域面积1140.7平方千米。区域范围内，一般年份出栏生猪约70万头。

产品外在感官特征：体格中等，皮毛色“黑头黑尾一颗星”，头颈和臀尾为黑色，躯干、四肢为白色，额上有一小撮白毛；鼻吻呈浅红色，耳中等大，下垂；头型依头面长短和额部皱纹深浅有“万字头”和“一字头”之分；颈长短适中，背腰稍凹或平直，腹大下垂，乳头6~8对，四肢结实。内在品质指标：其肉质鲜嫩，肉色鲜红，风味独特。肌肉蛋白质含量为18%~19.49%；总脂肪为9.23%~18.56%；胆固醇50.12~57.35mg/100g，富含17种氨基酸，氨基酸总量为16.45%~18.2%。此种猪肉是一种低胆固醇、营养丰富的保健肉食品，无论炖、煲、蒸、煮、炒，其味鲜香，口感极好，风味独特。1998年湖北省技术监督局发布了《通城猪标准》，该品种于2000年被首批列入《国家级畜禽种质资源保护名录》，2002年5月获国家工商行政管理总局商标局注册商标(注册证号：1773848)。“CTZ”(通城“两头乌”猪)商标被评为咸宁市知名商标。通城“两头乌”猪照片被刊登在美国“遗传学会”主办的国际SCI源刊*Journal of Heredity*(《遗传杂志》)2003年第94卷第5期的封面上，《中国地方猪品种保护利用研究一例——通城“两头乌”猪的种质特性与保护》一文被刊载于联合国粮农组织(FAO)主办的《动物遗传资源信息》杂志2006年第39期，农业部将通城“两头乌”猪照片制成纪念邮票发行。通城县以优势资源推进生猪产业，生猪出栏率、商品率、生猪产值占农业总产值比重等主要经济技术指标均居全省前列，先后被授予全国“商品瘦肉型猪基地建设先进

插图88 通城两头乌牌火腿荣获商业部优质产品奖(县畜牧局 提供)

插图 89　通城猪产品开发 1990 年 12 月获国家农业部、财政部金杯奖(县畜牧局　提供)

县”“生猪品种改良先进县”，以及湖北省“生猪三优县”“生猪高产样板县”“畜牧业大县”，2008 年被列为国家生猪调出大县。

通城“两头乌”猪肉以“肉质嫩美”之特色深受消费者喜爱，明清时为朝廷贡品。20 世纪 80 年代以后，通城县畜牧部门组织“两头乌”猪肉产品的研究和开发及批量生产。1990 年 12 月通城“两头乌”猪肉荣获国家农业、财政部金杯奖。2002 年，通城县关刀镇关刀村成立“鄂通两头乌”基地，经过多年发展，后成为省级标准化猪场，2008 年后为华中农业大学科研基地，为通城县畜牧局唯一指定的“通城两头乌”商品扩繁场。该场生产的“通城两头乌牌”猪肉畅销省内外，其产品 2010 年荣获第七届中国武汉农业博览会金奖，“通城两头乌”牌火腿荣获国家商业部优质产品奖。

第二节　通城茶叶和大米

九井峰茶　由 1983 年成立的通城县沙堆精制茶场生产。1984 年后，由县特产局技术人员采取组织县内茶场实地培训和开展名茶评比的方法，将创新、创优的焦点集中在芽茶的制作上，借鉴龙井半炒半烘工艺，研制出单芽型极品名茶，并根据该镇中心集镇古名九井街命茶叶名九井峰。该产品采用幼嫩一芽一叶鲜叶原料，加工工艺流程为：鲜叶摊放→杀青→初干理条→摊凉→理条做形→烘干。品质特征为：外形圆直显毫，色泽翠绿；内质香气清高，汤色明亮，滋味鲜醇，叶底绿匀。1987—1989 年，连续 3 年先后获省、地、县优质产品称号；1990 年荣获“中国农业博览会金奖”；1992 年在湖北省第三届消费者满意杯评选中荣获“金杯奖”；1994 年获“中国陆羽杯”评比一等奖和湖北省首届“无公害名茶产品”称号。沙堆精制茶场因此而荣升市级先进企业、县十强企业称号。

锦峰茶　由通城县锦山茶场研制和生产。1986 年，县特产局农艺师梅和平为首的课题组在锦山茶场原产品龙井、毫绿的基础上，进一步提高茶叶的外形及香味，使用半炒半烘工艺生产出来的产品外形更匀整、色更鲜、味更醇，达到茶叶极品等级，并以研制和生产该产品的生产单位的首字命产品名“锦峰”。锦峰茶选料精细，采用健壮未开展的茶芽，制作工艺流程为：鲜芽摊放失水→杀青→清风摊凉→初干理条→摊放回潮→做形→辉锅足干。其品质特征：外形紧直匀齐，色泽绿润显毫，内质香气清香持久，汤色明亮，滋味鲜爽，叶底嫩绿匀齐。后有国营大柱茶场等企业生产该产品，产品畅销国内外。2004 年，锦峰茶以其工艺简易明朗、品质超群拔萃入选中国农业出版社出版的《湖北名茶》典籍。

插图 90 “锦峰”茶获奖证书(县特产局 提供)

插图 91 “锦峰”茶获奖证书(县特产局 提供)

插图 92 “锦峰”茶奖杯(县特产局 提供)

石溪彩米 石溪位于湘鄂边界的幕阜山北麓、鄂东南门户的通城县见鸡山生态圈(地名应为建鸡山，因彩稻申报的注册商标为见鸡山商标，所以，该区域称为见鸡山生态圈)。彩米主产地为程家塅、熊家、肖家塅、谭家等自然村落，海拔 670～820 米，森林覆盖率 92%，面积 26.2 平方千米。跨东经 113°43′～113°48′，北纬 29°4′～29°87′，亚热带季风气候，年均气温 16℃，年降雨量 1450 毫米；土壤呈弱酸性，有机质丰富。这里自然环境优良，无任何污染，土壤肥沃，日照充沛，空气清新，降水丰富，土地湿度适宜。特别是这里的水是陆水的源头水之一，水质优良。

石溪彩米是当地的传统农产品，有千余年的历史。它有红稻、黑稻、紫稻，是常规中稻(水稻有早稻、中稻、晚稻)中的农业特有种植保护品种。彩稻每年只种植一季，在当地的温度、湿度、阳光最适宜的季节种植，加上彩稻的生长期较长，所以彩米口感柔和、气味清香，营养价值非常高。

乌紫米的表皮极富营养，检测分析石溪乌紫米每百克氨基酸含量为356.0毫克，其中赖氨酸、色氨酸、叶酸、维生素B1、B2是其他产地紫米的1.7倍。珍珠红米可阻止生成胆固醇的红曲霉素K是普通红米的1.7倍，有助于降低人体“三高”。珍珠红米中能抑制致癌物质的泛酸和谷胱甘肽是普通红米的1.9倍，长期食用可提高人体内抗氧化水平，防治因氧化状态升高引起的慢性病，特别适合儿童、孕妇、中老年人食用。

据有关史料记载，石溪乌紫米源于世居通城的古瑶采山谷间野稻培植而繁育，起源于唐末宋初时期，迄今已有千余年种植历史。据传，唐代真人罗思远在通城九宫庙修炼，日夜供奉祈祷紫微星君，望降福县人。某夜梦紫衣人至榻前，携其手，入山谷，指一穗言：“皂着紫，臻福祉，梦醒不解。”细思：“皂紫皆贱民之谓，何来福祉?”遂入山，果得一穗，呈紫褐色，稍符梦境，采交山间瑶民，教培育之法。后来，罗思远游崂山，画壁邀月，与唐玄宗共赏嫦娥舞，玄宗赏其紫衣一袭。此后，朝中达官显贵皆穿紫衣。罗思远循迹归乡时，委瑶民所育之稻已成盘中餐。

珍珠红米曾为朝廷贡米。相传乾隆年间，石溪一程氏茶商取道福建，一路捎上数袋红米在客栈煮食，一则红色寓意吉祥，红润即鸿运，生意红火；二则钟爱珍珠红米的香甜可口。一日程氏途经扬州烹饪时，恰遇乾隆私访扬州城，闻到扑鼻的清香，乾隆循香入宅，发现竟是一锅红灿灿的红珍珠米饭，不待主人相邀便自己尝试，尝后赞叹不已，问“此米何名，如此色香”？茶商告之此米为珍珠红米，产自江南九岭石溪，乾隆即旨武昌府征调，入贡朝廷，以供御膳。

过去，这种珍珠红米为农户单家独户自种自食。在20世纪60年代，解决温饱问题是第一大事，增产增收为第一目标，所以，水稻种植主要以产量高的品种为主。而珍珠红米因为产量低，极少种植。但是因为当地农民对珍珠红米的特殊感情和喜爱，所以，仍有以保种为主的种植。近几年，随着人民生活水平的提高，人们对环保、营养食品的需求远远高于高产高收的食品。于是，当地农民种植彩稻的积极性逐步提高，种植规模也越来越大。不仅当地农民自种自用，还有部分外销。

石溪彩稻的种植实行传统耕种。彩稻采用自然水源、牛耕犁田、人工播种、手工插秧、二次人工脚耘除草、人力收割、竹制晒藤晾晒、风车除杂。种植彩稻使用的肥料以种植绿肥为主，辅之农家有机肥。不施化肥、不喷农药，不机械脱粒，不在水泥场晒谷(避免水泥场地的硫、氟、磷对食品的二次污染)。彩稻的加工、仓储、包装、运输严格按照绿色食品标准操作。

2015年，石溪成立了彩稻生产合作社，实行生产、加工、销售一条龙服务。虽然彩稻的产量不高，但是它的市场价格高，市场前景非常好。每到收割季节，订购电话、采购人员络绎不绝。

石溪乌紫米因品质特殊，2015年已作为省级农业申遗品种予以保护，由湖北省农业科学院粮食作物研究所会同湖北石溪彩米有限公司合作开发，乌紫米种植面积达1700余亩。珍珠红米已由湖北石溪彩米有限公司和湖北省农业科学院粮食作物研究所共同开发，由于区域限定种植面积仅660余亩。这两个品种于2017年8月通过杭州中农有机质量认证中心评审，被认定为有机转换食品。

受石溪彩稻种植的影响，通城县云溪、黄龙等地也纷纷引进彩稻种子，彩稻生产范围和规模逐步扩大。

第二章　工业产品

第一节　麦市豆制品

豆腐干　又名盐干，性韧，外观油珠透明，可卷起。色香可口，可做菜肴，也可做零食。其制作方法是，选用上等黄豆浸胀捣碎成浆后，扒浆需嫩，一扒一停，反复几次，以加强韧性。扒浆成豆腐后，将余水排出，用特制的木盒垫土布逐块包成方形，压干，加少量食盐稍煮，再用“黄珠子”(即栀子)染色，即成。1956年后，根据国家食品染色规定，不再用黄珠子染色，为白色的干子。此种豆腐干，用普通的豆腐盒也可以加工，麦市一带几乎家家户户可以制作。但在市场上流通的豆腐干，须讲究外形，故须用特制的豆腐盒，一般由专业的作坊制作。2000年成立的麦市豆制品厂注册的“麦市”牌豆腐干，通过ISO9001—2000质量管理体系认证，2014年获“咸宁知名商标”产品，畅销省内外。

麻辣干　在用加工豆腐干的方法制作成豆腐干之后，再用香料、食盐、鸡精、辣椒油等，在保证传统豆制品高营养的同时，运用特殊的卤制技术，融色香、味美、辣、脆于一体。其浓郁的农家风味成为大街小巷的一大特色小吃。因其开袋即可食用，也可作烹调配菜。旧时一般由作坊制作。2000年后，市面上出售的麻辣干由麦市豆制品厂生产。该场生产的“麦市”牌麻辣干，通过ISO9001—2000质量管理体系认证，2014年获“咸宁知名商标”产品，是人们居家、旅游、馈赠亲友的佳品。

千张皮　麦市千张皮以制作精制、薄如纸帛、色泽光亮、质地柔韧著称。外销平江、临湘、修水、崇阳、武汉等地。加工方法是，使用优质黄豆浸胀捣碎成浆后，如同制作豆腐干一样扒浆成豆腐，再将豆腐捣化，舀入木盒，薄浇一层豆腐，垫一层布，如此反复至盒满，压干撕开即成。要求扒浆嫩，趁热做，豆腐捣得化、压得干。旧时，千张皮只有加工作坊才能生产。2000年，麦市豆制品厂引进现代化生产设备，用流水线生产，真空包装、微波杀菌，其生产的“麦市”牌千张皮通过ISO9001—2000质量管理体系认证。2014年，获“咸宁知名商标”产品称号，产品热销广东、江西及湖北各地。

第二节　七里山矿泉水

“七里山”牌矿泉水　1995年，麦市镇七里山地域内的泉水先后通过省级、国家级鉴定，被确认为优质的天然矿泉水，具有保健和饮用双重功能。次年，由麦市镇人民政府投资在七里村杨源成立通城县七里山矿泉水有限责任公司，专业生产“七里山”牌矿泉水。该公司配有两条5加仑桶装生产线，1条330~520毫升瓶装生产线，1套现代化水处理设备。2009年，被评为湖北省著名商标产品，产品畅销省内外。

“麦农山”牌矿泉水　利用七里山地域天然矿泉水制成，由麦农山矿泉饮品厂生产。2001年，麦市镇株树村与外资合资兴建麦农山矿泉饮品厂。年产“麦农山”牌七里山优质天然矿泉水12万桶，产品畅销省内外。

“皇赐牌”矿泉水　利用七里山地域天然矿泉水制成，由湖北皇赐天然矿泉水有限公司生产。

2012 年，麦市镇七里村在外经商的郑四来返乡创业，投资 2000 万元创办该公司，引进进口先进水平的全封闭、全自动无菌灌装及无尘设备生产，产品达到控菌、抑菌要求，年产“皇赐”牌天然矿泉水 1.8 万吨，畅销省内外。

第三节　通城酒和本草天香茶油

百丈潭酒　取百丈潭之水，以优质高粱为原料，采用传统老窖生产工艺精心酿造而成。产品具有无色透明、醇香浓郁、绵甜爽净、香味协调的特色。由百丈潭酒业(20 世纪末原产厂家通城县酿酒厂破产、改制，其传统工艺由同时成立的百丈潭酒业继承)生产。年产百丈潭白酒 5000 吨、浓香型百丈潭大曲酒 2000 吨。53 度百丈潭白酒，1985 年被湖北省人民政府授予优质产品称号，1988 年获全省首届白酒质量大赛银钟奖，1989 年获首届中国博览会铜奖；38 度百丈潭酒 1988 年、1991 年两次获全省浓香型低度大曲酒第一名，被湖北省人民政府授予优质产品称号；53 度百丈潭特酿 1993 年被中国优质白酒精品推荐委员会评为白酒精品奖。1996 年，百丈潭酒被湖北省人民政府授予“湖北工业精品名牌”银奖称号。1996 年，该公司生产的百丈潭 45 度黑罐子酒、42 度通城大曲、百丈潭老通城特酿等 10 多个品种，产品畅销全国各地。

瑶山竹酒　用通城传统工艺生产的白酒注入古瑶民居住地(通城县西北药姑山)药姑山嫩竹中酿制而成。制作方法为：清明、谷雨季节竹笋脱壳后，将通城产白酒用注射器注入嫩竹内，使嫩竹装酒在天然生长中再次酿制酒液，使酒液逐步溶入嫩竹蕴藏的多种保健成分。一年后，楠竹长成，瑶山竹酒也大功告成。酒液在楠竹中天然生长 1~2 年，有舒筋活络、舒肝益脾、活血补血、顺气除烦、消食生津、延年益寿等多种功效。该酒发明人是通城县大坪乡李华良。

本草天香茶油　通城土壤和气候适宜油茶生长，这里的人们种植油茶和食用茶油的习惯已超过千年。20 世纪 80 年代以后，因为油茶林逐年老化，产量减少，加之外地机产调和油和压榨油大量上市，人们逐步改食用机制调和油、压榨油。

插图 93　“本草天香”牌茶油(黄袍山绿色产品有限公司　提供)

2007 年 8 月，湖北黄袍山绿色产品有限公司成立。该公司是一家集油茶科研、种植、加工、销售于一体的民营股份制企业，是全国油茶产业重点企业、全国林业产业化重点龙头企业、全国粮油放心企业、全国油茶籽加工十强企业。公司利用通城适宜栽植油茶的条件，秉承“绿色健康低碳可持续”发展的经营理念，以培育优质油茶基地为依托，进行创新性研发和生产，提高油茶附加值，增加农民收入，推进油茶产业的大发展。自2008年起，以平均每年增加1万亩油茶的速度发展，使通城建成油茶高产基地10万亩。同期，该公司先后与武汉工业学院（2013年更名为武汉轻工大学）、中国农业科学院油料作物研究所、湖北中医药大学、省林业科学院、南昌大学、江南大学、中国人民解放军总医院等院校建立了紧密的“产学研”合作关系，从品种选育、基地种植、油茶深加工开发、产品市场培育等环节，进行了大量的研究和探索。尤其在工艺研究方面，公司与武汉工业学院合作进行了“油茶籽脱壳冷榨生产纯天然油茶籽油”的技术研究。2008年5月，该项目通过省科技厅主持的技术鉴定，一致认为该生产工艺技术具有创新性，属国内首创，达到国际先进水平。所生产的冷榨油茶籽油最大限度地保留了各种生物活性成分，营养更丰富，食用更健康。企业严格执行标准化流程管理，2010年2月23日通过“ISO22000食品安全管理体系认证”；2009年5月22日通过“绿色食品认证”，2009年12月24日通过“有机产品认证”，2011年6月23日取得“出口食品生产企业备案证明”。产品畅销于国内外。

第九篇

地 名 管 理

县人民政府门景(刘亚敏　摄)

第一章　地名法规和地名公共服务

第一节　地名法规与地名标准化

地名法规　20世纪50年代至70年代，县内行政区域和非行政区域名称部分存在政治口号、数字编码等问题。20世纪80年代初，国务院制定并下发了《国务院关于地名命名、更名的暂行规定》。随后，省人民政府又以鄂政发[1981]78号文件批转了省地名领导小组、省民政厅《〈关于地名普查期间地名命名、更名审批权限问题的意见〉的通知》。国务院、省人民政府的上述规定和文件下发后，县人民政府以贯彻、落实国务院、省人民政府制定的地名法规为动力，推动县内地名法规建设。一方面下大力气纠正域内地名不规范的问题，另一方面结合县内实际情况制定县级地方规定，以规范地名的命名。

1981年9月8日、12月29日，县人民政府先后下发隽政发[1981]45号、隽政发[1981]84号文件，为建设、城关、灯塔、高峰、新生、黄龙6个人民公社以及大桥等134个生产大队更名，初步改变了人民公社、生产大队名称存在的问题，为地名命名、更名进入法制轨道奠定了基础。此后，在1984年、1987年、2001年的行政区划变动中，县人民政府在新的区、乡、镇、村名称命名之前，严格依照国务院、省人民政府的规定，进行细致的调查，按规定审批。

2002年，县民政局开展县城部分地名命名工作。在此项工作中，县民政局在充分调查研究的基础上，制定并向县人民政府呈交《通城县隽水域区标准地名命名更名方案》。县人民政府转呈县人大常委会后，经2002年12月19日县十四届人大常委会第25次会议审议通过，由县人民政府办公室颁布公告启用新地名。

2016年、2017年，县地名委员会先后起草了《通城县地名管理办法》和《通城县地名管理实施办法》，由县人民政府转县人大常委会审议通过后在全县实施。

地名标准化建设　1981年9月、12月，县人民政府先后两次为不符合地名命名规定的6个人民公社、134个生产大队更名，这是通城县进行地名标准化建设的第一步。此后，为进一步开展地名标准化工作，县人民政府按照地名更名程序，先后将九岭乡更名为马港镇，将墨烟乡更名为双龙乡。2010年7月，县人民政府批准县地名委员会呈报的《关于要求审批〈通城县隽水域区标准地名命名更名方案〉的请示》，将县城原通麦大道、原旭红东路、原柳堤西路、原柳堤东路、原宝塔街、秀水路、原续畈街、原雁塔路、原黄源街、原新建街、原湘汉路北段、原城北街、原粮道街、原建设街、原通城大桥分别更名为宝塔大道、皮家路、柳堤路、雁塔路、秀水河路、续畈路、钟家岭路、黄源岭街、金井街、宾阳门路、兴贤门街、拱北门街、状元坊街、塔下巷、状元桥。

2017年2月24日，县地名普查办公室召开地名标准化专家认证座谈会，围绕部分村名和公路路段名称不规范、地名用字不统一以及隽水城区新增道路和县城景点建设命名等事项展开讨论，会议对上述议题形成一致意见，建议原来不符合规范的五里镇勘上村、五里镇寺前村、大坪乡达凤村、大坪乡药姑村、石南镇樊店村、塘湖镇林湾村、湖北省国有通城县药姑林场分别更名为五里镇勘上村、五里镇寺前村、大坪乡达凤村、大坪乡药姑村、石南镇樊店村、塘湖镇狼荷村、湖北省国有通城县药姑林场，此建议得到县人民政府的同意。

第二节　地名普查

第一次地名普查　1980年10月至1981年12月，通城县开展了第一次地名普查。其中1980年10月至1981年3月为外业调查，1981年4月至12月为资料整理和核对阶段。在此项工作开始之前，成立了以县委常委、县人大常委会副主任许彦明任组长的通城县第一次全国地名普查领导小组，领导小组在县民政局设立办公室。全县共有84人参加此项工作，其中县地名领导小组14人，县地名普查办公室8人，各乡镇共有62人。全县共调查登记地名5125个，其中行政区划名称317个，自然集镇名称21个，自然地理实体名称（含山岭、溪港、水潭、地片）251个，人工建筑物（含水库、渠道、渡槽、隧洞、电站、公路、桥梁）名称333个，古迹纪念地名称14个，独立存在的企事单位名称237个。通过这次普查，摸清了全县地名的基本底数和形成的规律性，查清了地名中存在的主要问题，考证了各类地名的沿革和含义，更换了部分不妥的地名。

第二次地名普查　2014年12月1日，县人民政府办公室根据《国务院关于开展第二次全国地名普查的通知》（国发〔2014〕3号）和《省人民政府办公厅关于开展第二次全国地名普查的通知》（鄂政办发〔2014〕32号）要求，下发《县人民政府办公室关于开展第二次全国地名普查的通知》，部署全县第二次地名普查工作并成立了通城县第二次全国地名普查领导小组。2015年5月，北京苍穹公司中标通城县第二次全国地名普查工作，承包了全部地名登记表的调查及填制。6月，启动调查。经县地名普查办公室跟踪检查，发现由于苍穹公司工作人员在通城人生地不熟，只能完成地名登记表中部分栏目的填报，而根本不能进行地名文化四个栏目的调查和填报。为了解决这个问题，县地名普查办公室及时向县地名普查领导小组汇报。经领导批准并与苍穹公司协商同意，将地名普查表中的地名文化四栏目的调查从苍穹公司承包的整体工作中剔除出来，改为由县地名普查办公室组织、发动全县各乡（镇）、村（社区）分别成立地名文化调查专班，全县共调集300多人深挖地名来历等地名文化，并形成“政府搭台，‘秀才’唱戏，三级联动，整体推进”的工作模式。自2015年10月起至2016年10月，苍穹公司基本完成外业测量和有关栏目的调查。同期地名文化四栏目的调查也全面完成，并以村（社区）为单位，编印了四栏目资料专辑。全县18个社区、167个村共印制185册地名文化四栏目专题资料集，总计640多万字。2016年10月完成外业调查和地名文化调查工作以后，县地名普查办公室组织力量对地名登记表的全部栏目进行了全面校核。经过7个月的全面复查整改，于2017年5月31日以99分的成绩通过湖北省地名普查办的全面验收。同时，利用地名普查形成的资料，完成了通城地名专题电视片《千年古邑　大美通城》《湖北地名词典·通城部分》《通城县地名志》的编辑、摄制以及“通城地名故事有奖征文”活动。

全省地名普查现场会交流发言材料（通城县）

坚持“1233”工作法

努力打造地名普查精品工程

通城县地处湘鄂赣三省交界处，共有11个乡（镇），辖167个建制村、18个社区，全县版土面积1140平方千米，总人口51万人。去年以来，我县第二次全国地名普查工作在县委县政府坚强有力领导下，在省市地名普查办的精心指导下，紧紧围绕工作任务和目标，将思想认识统一到上级部署上来，将工作部署统一到普查标准中来，将保障措施落实到普查工作的各个环节，不等不靠，积极探索，初步形成地名普查的“1233”工作法，取得了一定成效。“1233”工作法的基本思路是：

一、明确“高点定位”指导思想，努力打造地名普查精品工程

“高点定位”即是“立意高、规格高、标准高”。一是立意高。本次地名普查工作与第一次普查相距30多年，变化大。地名是基础地理信息，我们把地名普查作为适应时代发展需求、推进数字地名建设的历史使命责任，以“知其名知其所以名”文化深度，怀着对得起历史、受得起检阅，著书修志的事业高度来认真对待。二是规格高。就是要跳出“地名普查是常规民政工作”的思想认识高度，明确地名普查主体责任，形成“政府搭台、多方参与”的工作思路，建立“分级负责、三级联动、整体推进”的工作格局。通过与县史志档案局、县文联联合开展“我最喜爱的通城地名”有奖征文等多形式宣传活动，把地名普查“冷门”工作炒热，引起社会各界的广泛关注。三是标准高。就是坚持用好当地“乡土秀才”这支工作队伍，最大限度地挖掘地名文化，努力提高地名普查质量。

地名普查是兼用文字、数据、图片填写，从多个角度反映一个地名，实际上就是从各个角度考证一个地名，就好比完成一篇完整的科学论文。全县地名汇聚成一本地名志，内容涉及县、乡、村的自然、地理、经济、政治、文化、社会、人物等各方面的内容，说成当地“百科全书”毫不过分，甚至比一部县志的信息含量更大、更细。所以，我们将地名普查提高到“写科技论文，填百科全表、造千秋大业”的高度，努力打造地名普查的精品工程。

二、理顺“上下联动”两个关系，努力打造地名普查畅通工程

“上下联动”即是对上争取重视支持和对下争取主动作为。

一是对上争取重视支持。争取县委县政府和上级业务部门的高度重视支持是做好地名普查的保障。县财政在财力极为紧张的情况下，安排适当经费为地名普查开展提供资金保障。县政府先后在麦市镇、隽水镇召开了全县第二次全国地名普查现场推进会和地名文化采集专题部署会，为全面推进我县地名普查工作奠定了基础。以闵厅长为首的省地名普查办领导多次莅临我县指导，市民政刘凡生局长带领市地名普查办人员先后两次亲临我县调研指导，在关键节点上给我们指明了前进方向，为我们提供了精神动力和智力支持。

二是向下争取乡（镇）、村主动作为。地名普查是一项复杂的系统工程，首先必须有主动积极的工作态度，辅之以科学方法，才有可能完成好工作任务。2015 年 9 月底全省地名普查标准化工作会议后，县普查办及时调整工作思路，将原定由外业公司完成、但不可能完成的地名登记表中的地名文化部分，即“地名来历、地名含义、历史沿革、地理实体描述”四个栏目，交由县、乡、村三级组织完成。在县地名普查领导小组的高度重视下，各乡镇加大工作力度，均成立 3～4 名工作人员组成地名普查专班，由一名分管民政工作领导牵头，明确一名长期在本乡镇工作、熟悉乡情的副科级干部负责，组织 1～2 名熟悉本土乡情、热爱文字工作、有奉献精神的老干部、老教师等老同志任地名文化辅导员，在村（社区）中设立地名文化采集信息员，对地名文化四个关键栏目部分进行全面细致的采集；做到业务队伍分级组织，工作任务逐级下达，所需经费各自分担。县普查办负责督办、辅导，并适当对乡（镇）普查辅导员的交通、通信费用给予补贴。隽水镇还将地名普查工作纳入千分制年度考核责任目标，实现目标考核。我们充分利用行政推力和经济手段相结合，调动各级组织发挥主观能动性，有效保证了地名普查工作的开展。

在此基础上，我们牢固树立县地名普查办作为地名普查主体责任，主动作为，坚决克服“一包了事，当甩手掌柜”思想，切实处理好技术外包与自身作为的关系。在准备阶段协同外业单位制定详细项目实施方案，陪同到相关单位协助做好地名普查资料搜集工作。在实施阶段，协调乡镇、村委会提供交通工具和简单的工作餐，积极为外业采集提供良好服务和保障。

三、完善“规范操作”三项重点，努力打造地名普查优良工程

“规范操作”即是规范工作队伍、规范外业采集、规范表格填写。

一是规范工作队伍。在服务和保障好外业队伍的同时，注重地名文化重点，充分发挥熟悉当地情况的退休干部、老教师、“乡土秀才”的作用，组建地名文化“土专家”三级网络，县、乡、村三级地名普查工作队伍达到 230 多人，形成了纵向到底，横向到边的工作队伍。（1）县级成立地名普查专家咨询组。聘请了史志、文化、国土、住建等文史、测绘方面人才的 8 名专家负责地名文化指导和质量监理，其中专职坐班 3 人。咨询组坚持事前谋划，事中参与，集策划、咨询、宣传、监理、辅导、督办多个职责于一身，为全县地名普查工作的开展起到了积极的促进作用。（2）乡镇组建地名普查工作专班。在服务外业的同时，组织熟悉本土乡情、热爱文字工作的老干部、老教师等老同志，对每个地名文化信息资料分别归类、加工整理，深入挖掘地名文化。（3）村级设立地名普查信息采集员。通过“乡土秀才”，全面收集地名文化第一手资料。通过建立三级“土专家”网络，负责研究、挖掘本土文化，全面提升地名普查质量。在建立好工作队伍后，强化业务培训工作。结合实际，印制本土模板，对地名来历、地名含义、历史沿革、实体描述等重点内容统一模式，采取空格式填表法、样表式参照法、会审式把关法，全面采集所需要的第一手资料。按照“县乡以会代培、村级现场改稿”的培训模式，实行“边学边干，互教互学”的培训方法，坚持“文件引路、培训入门、模板参考、试点先行”的培训顺序。通过培训，逐步使三级业务人员对地名信息调查从陌生到知晓、从熟悉到熟练，从而保证地名普查质量。

二是规范外业采集。为了确保地名普查工作规范有序开展，我们严格按照《湖北省第二次全国地名普查作业规范》，严格按实施流程扎实开展外业采集工作。强化外业采集规范，做好三个“严把关”。(1)资料收集严把关。外业单位提供翔实的地名普查需求资料清单，县地名普查办协调相关部门全面收集齐所有资料，再将全部资料分解细化到地名调查目录的编写，对资料来源依据进行把关。(2)实地调查严把关。外业调查进入每一个乡镇，召开地名普查工作动员培训会议，向镇直部门负责人、各村(社区)书记、各村(社区)地名信息采集员及包保村干部宣传地名普查工作意义、工作方法及任务要求，明确职责分工。将地名调查目录预先发放到村(社区)，由村(社区)组织人员进行审定，对发生变化的及时予以调整，确保调查目录不漏项、不漏点。外包单位进入乡村开展外业调查，由乡村派遣 1～2 名熟悉当地情况、有协调能力的干部全过程配合外业开展信息采集工作，依据调查目录全面开展采集，对该采集的数据和图片“宁多毋缺”，强调时间服从质量。(3)复核审查严把关。对作业单位修改完成的《地名登记表》，再次组织地名知情人士进行全面校对和审核，确保普查标准不降低，普查成果准确无误。目前已基本完成了外业采集，完成地名信息采集 5457 条。

三是规范表格填写。对各类地名登记的填写内容进行分析解读，对地名来历、地名含义、历史沿革、地理实体描述等重点内容分清四个栏目的含义，哪些内容应填入哪个栏目要搞准确。例如：有关地名来历的故事要入来历栏，地名字面含义的内容要入含义栏，各个朝代、年代、时期所归属的描述要入沿革栏，有关地形、地物、方位、规模、范围、经济、姓氏、人口、人物、历史事件等方面的内容要入实体描述栏。明确每一个地名的基本要素为：地理位置、起源时间、居民姓氏及变化、居住人口及变化、土特产、建筑规模及变化、知名人士、重大事件、自然风景及传说故事，要求将这些内容列入记载内容，并加以全面、客观、精辟的记述。县普查办工作人员与专家咨询组经常深入乡村检查地名调查的结果，现场讲解、释疑，及时纠正存在的问题。在检查工作中，明确“一规范、两准确、三不漏”的表格填写质量标准。“一规范”，就是要求语言文字要规范；“两准确”，就是采用的史料准确、数据准确；“三不漏”，就是要求地名调查中做到不漏点、不漏栏、不漏项。

四、把好“要害环节”三个关口，努力打造地名普查满意工程

地名普查重点在地名文化，“要害环节”即是史料关、文字关、校对关。

一是史料关。把握史料关，第一，要搞清史料从哪里找、找些什么东西。先把容易找到的找来，如地方志书，包括上一届地名志、县志、部门志书、乡志、家谱、党史资料书、文化部门出版的风物故事书籍等。再结合每一个地名的调查，有针对性地找各级档案馆室的档案资料、报纸直至收集口碑资料、实地调查等。第二，要认真对所收集到的资料进行分析鉴别，对照实际情况采用。一个农村居民点十几户人家，总占地 600 余平方米，这显然错了。农村户平占地一般在 200 平方米，10 户就是 2000 平方米，填的 600 平方米居民点，肯定不符合实际。第三，要注意相同地域内此居民点与彼居民点有关联的内容，有相同内容的要保持一致，特别是沿革栏，此类情况很多。第四，要把好史料关，还要分清采用资料的顺序。有文字资料的先利用文字资料，没有文字资料的可采用熟悉地情的当地人的口碑资料，对于既没有文字资料，又采集不到口碑资料的，通过实地调查，加以准确描述。例如，我县麦市镇有一个地名叫“天门”，人们只知称其为“天门”，并且还有以其名命名的“天门水库”“天门村”“天门观”等地名。但“天门”之名是何含义呢？既没有文字资料解释它，当地人也说不清楚是何含义。根据实地察看的结果，专家组对“天门”进行如下描述：“在山谷尽处有一山包，坡陡如壁，沿‘之’字形山路登此山如同登天，行至山顶如同上了天，故名天门。”

二是文字关。采集地名文化实际上是在写论文，那就要像写论文、著书一样，每句话、每段文字，都要做到语言精练，不多一个字，不少一个字；要做到语句通顺，不能存在语法错误；要做到用词用字准确，不能产生歧义；还要准确使用标点符号，起码在一张表内，标点符号要统一风格。如，群众自治组织类“村民委员会”在很多情况下会出现少写一个“村”字，将“某某村村民委员会”写成“某某村民委员会”。我县四庄乡寺背村有个居民点，在一普成果《通城县地名志》及本次普查目录上均叫“罗堂”，但该居民点自古至今都不姓罗。该村地名信息采集员周海林通过查阅家谱发现多处记载这个居民点，认为应该叫“傩堂”（“傩”与“罗”同音），他不解其意，也不知如何改，便向县专家咨询组反映此事。咨询组立即多方查阅县、乡地方志书，得知通城旧时有敬奉“傩神”、演“傩戏”的习惯，这个叫“罗堂”又没有罗姓居民居住的居民点旧时应是一个敬傩神演傩戏的场所，后演变形成居民点并得名，论证将“罗堂”改为“傩堂”。诸如此类的问题，看上去很简单，但做起来很复杂，这就需要坚持一个统一的标准，不畏麻烦，不辞辛苦，多查资料，反复修改。

三是校对关。地名文化调查文字工作的最后一道重要环节是校对。担任这次地名文化调查工作的同志，大多不会使用电脑，只能在完成纸质文字稿后交他人输入电脑。电脑录入年轻工作人员多不习惯看手写稿，打出来的文稿，错误不少。根据这些情况，搞好校对环节是一个重要环节，要求全体工作人员增加校对次数，确保原稿不误改，原汁不变味。为解决这个问题，我们采取用大一点的字体印成单张的文字稿，所有文字包括标点符号几经修改、校对，做到准确无误后再输入表格内。坚持这样做，能提高质量，加快工作速度。

我县的地名普查工作，虽然取得了一些成绩，但与政府的要求、社会的期盼尚有一定差距。下一步，我们将借这次会议的东风，学习兄弟县市的好做法、好经验，以严谨务实的作风、勤勤恳恳的工作态度进一步做好数据汇总、成果转化等下一阶段工作，为圆满完成好地名普查服务经济发展、创新社会治理、方便群众生产生活作出应有的贡献。

（通城县第二次全国地名普查办公室　2016 年 3 月 3 日，此次录入有改动）

第三节　地名标志和地名数据库

地名标志　2003 年，县民政局在县城城区第一次开展地名设标工作。通过此次设标工作，对隽水城区的 6 条大道、21 条路、12 条街道及部分巷、居民区内的单位和民居门牌进行了全面清理整顿、挂牌。至年底，共设置大门牌 156 牌、小门牌 7578 块、楼栋牌 153 块、巷牌 302 块、单元牌 383 块。2009 年 7 月至 10 月，在全县开展了乡（镇）村标准地名标志设置。县、乡镇分别成立标准地名标志设置工作领导小组，在县设标领导小组的领导下，各乡镇统一行动，对经县政府批准命名的街、路、巷和乡（镇）人民政府驻地的街、路、巷及所辖区域设置了地名标志。2010 年，完成了农村集镇的道路设标工作和隽水城区地名标志的复查整改。2017 年，县民政局再次对隽水城区及所有乡镇集镇的地名标志进行摸底排查。据统计，县城和乡镇集镇共有道路、街巷 91 条，已覆盖地名标志的道路有 70 条。同时，发现损毁或损坏地名标志的现象严重，仅县城被损的地名标志有 182 个有待补设。

地名数据库建设　2016 年 5 月，通城县第二次全国地名普查外业测量工作基本完成后，所有地名的资料整理、核查工作开始。县地名普查办公室坚持每完成一大类地名的资料整理核查，及时将其数据存入地名数据库。至 2017 年 4 月，将全县 11 个大类 5756 个地名全部存入地名数据库保存。2017 年 5 月 31 日，县地名普查办公室设立的通城县地名数据库顺利通过省级验收。

第四节　地名文献编辑

编修首部《通城县地名志》　1980 年 10 月至 1981 年 3 月，通城县完成了全县 5125 个地名的调查。1981 年 4 月至同年 12 月，县地名普查办公室组织人员对全部地名资料进行整理。从 1982 年 1 月开始，按照上级规定的“五定”(定名、定音、定义、定位、定性)要素和篇目，完成了《通城县地名志》的编修。该书按行政区域及居民点、专业部门、人工建筑物、古迹和纪念地、自然地理实体等目分类，同时配有图、照、表、附录等。全书约 40 万字，文字较简练、流畅，图文并茂，是一部不可多得的地情书。该志是通城县第一部地名志，由县人大常委会办公室主任葛信夫主编，内部出版，通城县印刷厂承印，共印 500 册。

编修第二部《通城县地名志》　2015 年 6 月至 2017 年 5 月，通城县地名普查办公室组织完成了全县第二次地名普查，并以 99 分的成绩通过省地名普查办公室的验收。2017 年 6 月，县地名普查办公室经过反复研究，组织专业人员以第二次地名普查中完成的地名文化“四栏目”(地名来历、地名含义、历史沿革、地理实体描述)专题资料为基础，编修第二部《通城县地名志》。至 2017 年年底，编辑人员对地名文化四栏目专题资料全面进行增补、删减，形成了 180 万字的《通城县地名志》初稿。

第二章　地名管理机构

第一节　行政管理机构

通城县民政科　1949年6月成立，隶属县人民政府，在县政府大院内(今隽水镇解放路1号)办公，主管全县复员、退伍、转业军人的安置，军属优待、烈属和残疾退役军人的优抚以及烈属的确认调查，农村孤、寡、残、幼和缺乏劳动力的困难户救济等项工作。1956年后增加农村“五保”(保吃、保住、保穿、保医、保葬)老人的管理业务。

通城县民政局　1958年7月，通城县民政科更名为通城县民政局，办公地址和主管事项未变。同年11月，通城、崇阳合县，设崇阳县民政局。1961年年底，两县分设，恢复通城县民政局，办公地址设于县政府大院(今解放路1号)，主管业务在前期基础上增加收容孤儿、弃婴等。1969年2月，县民政局与县卫生局合并为民卫组，隶属县革命委员会生产组。1970年4月，县民卫组改称民卫局，改属县革命委员会(1981年改为县人民政府)。1972年8月，改称民卫科。1973年2月，民政工作从民卫科分出，设县民政科，随后又更名为县民政局。1976年后，县民政局陆续增加殡葬管理、军队离退休干部管理、社团管理、婚姻登记等工作。1986年3月，县民政局由县政府大院迁往东山阁旁的新址办公。1999年，再迁至隽水大道123号民政大厦。2000年，县民政局正式开始进行地名管理和勘界工作。2014年，县民政局内设7个股室，分别为办公室、优抚安置股、救灾救济股、基层政权与社区建设股、民间组织管理股、社会事务与社会福利事业管理股、财务股。下辖二级单位11个，分别是社会救助局、老龄工作委员会办公室、救灾物资储备中心、执法大队、殡仪管理所、锡山公墓管理所、军休所、城市流浪乞讨救助站、婚姻登记处、光荣院、儿童福利院。2014年末，全局有干部职工86人，其中副科级以上干部9人。负责全县救灾救济、双拥优抚、复退军人安置、城乡低保、民间组织管理、区划地名、基层政权与社区建设、殡葬改革、社会福利、婚姻登记、福利彩票发行等工作。

第二节　议、办事机构

通城县地名委员会　为了规范和统一全县地名的管理，2002年成立通城县地名委员会，由分管民政工作的副县长任主任、县民政局、县城建规划、国土管理、工商行政管理、交通运输管理、文化、地方志等部门负责人及有关专家为委员，为县政府领导下的地名议事机构。县地名委员会下设办公室负责日常工作，办公室主任由县民政局分管地名工作的副局长兼任，县民政局基层政权与社区建设股工作人员处理日常事务。至2014年，县地名委员会组成人员及日常工作机构组成人员根据职务调整变化实行自动更替的办法。

基层政权与社区建设股　1982年第一次全国地名普查完成后，县民政局设民政股开展与地名相关的以及其他工作。2000年，县民政局新设基层政权与社区建设股，为地名管理专门办事机构，同时管理行政村(社区)的行政事务及勘界等项工作。2014年，有办事人员3人，其中设负责人1名。

附　　录

黄袍山天潭（刘亚敏　摄）

通城县地名形成的规律与特点

通城县地处幕阜山向江汉平原过渡的地带，既有峻岭之险，又兼洞野之秀，域内溪河纵横，丘川交织，地形多样，地貌奇异，风光秀丽，土地肥沃，同时具有江南气候，雨量充沛，四季分明，且无强烈地震、海啸等特大自然灾害发生。几千年来，生活在这里的人们勤劳淳朴，安居乐业。毫不夸张地说，通城是一处实实在在的好地方。

好地方必定有好地名。通城山河壮丽，物产丰富，历史悠久，人杰地灵，而地名正好起源于当地的地形、物产、历史、宗教、风俗等各个方面。所以说，通城地名是一座丰富多彩、形象生动的文化宝库。它不但集人文、地理、物产于一体，而且有的地名古色古香，有的地名妙趣横生，更多的是，它们记述着悠久的史实或美好的传说。

一、通城地名通名的特点及类型

地名一般由专名和通名两个部分组成。专名叫名，在地名中起着定位的作用，用指一个地理实体，为区分同类地物的专用词；通名叫称，在地名中起着定性的作用，能概括某一类地物的本质共性。在通城县第二次全国地名普查中登记的区域和聚落类地名有近4000个，较为普遍使用的通名，主要可以概括为以下八大类：

(一)以陆地地形为通名。在通城地名通名的用量仅次于宗族支派通名。这类通名有山、岭、仑、洞、垅、冲、塝、排、坳、坡、咀、垴、埚、井、坑、坪、塅、畈等。山、岭，通城人既指本义的山、岭，更多的是指坐落在高山或低丘依山傍岭而居的聚落。指本义的山岭，如药姑山、黄龙山、黄岭(关刀镇域)、九岭等；山、岭作通名指聚落，如大柱山(沙堆镇域)、七里山(麦市镇域)、石背岭(大坪乡域)、大坡岭(马港镇域)等。仑，通城方言读音与“林”同音，指通城人对山脊、山岭的俗称。用作通名，指聚落，指依山脊或傍山岭而居的地方。如猪婆仑(隽水镇域)、三台仑(麦市镇域)、坪头仑(塘湖镇域)。洞、垅、冲，通城人均用来指两边山岭耸立，中间呈长弯形的山沟。所不同的是，洞多指高山深沟，垅、冲多指低丘间的山沟，且洞要比垅的长度大，洞、冲的长度在2千米以上，垅的长度多在200米以上。冲与洞、垅的区别在于，冲要比洞、垅的宽度小，冲的中间一般有平坦的通道，通道边伴有溪、沟，冲的两端都有出口。用洞作通名，在通城有著名的十八洞：彭家洞、丁仙洞、欧贞洞(此三洞地处马港镇域)；望湖洞、石马洞、狼荷洞、六亩洞(此四洞处塘湖镇域)；张源洞、台源洞、黄泥洞(此三洞处关刀镇域)；龙潭洞、守仙洞、青草洞(此三洞处四庄乡域)；醉仙洞、锡山洞(此两洞处五里镇域)；李婆洞、马料洞(此两洞处麦市镇域)；桃源洞(处隽水镇域)。用垅作通名，在通城相当普遍，如处隽水镇城区建成区域内的古龙村有15个居民点，用垅作通名的有谌家垅、廖家垅、习家垅、鄢家垅。用冲作通名的情况，也较多见。如隽水镇东港村21个居民点，叫冲的有上荫冲、下荫冲。

塝、排、坳、坡、咀、垴等这些词在通城地名中用作通名，相近之处，是这些地方都与山或山坡有关联。塝，指通城人对垅、畈两面傍山脚处坡度较大，比山脚地势高的山地的俗称；如大坪乡内冲瑶族村的大风塝、塘湖镇的土地塝、锡家塝、石南镇的邹家塝等。通城地名通名中的棑，指同木(竹)棑略高于水面一样，聚落地形略高于山坡下方的山脚或山坡。如四庄乡清水村的24个居民点中有百租棑、孙家棑、油榨棑。

坳，指有道路通过的山岭分水之处。坡，指后方靠山岭、前方空旷通达、坡度较缓的山地；咀，指山体前端突出的地形。用坳作通名的有国营黄龙林场与湖南省交界的大坳、小坳及相距不远的都司坳、官墓坳等。又如沙堆镇瑶泉村23个居民点中用坳作通名的有谌背坳、但家坳、系马坳。用坡作通名的有：五里镇相师村9个居民点中有斗谷坡、矛坡，五里镇塴上村19个居民点中有朱家坡、李树坡。用咀作通名的，如大坪乡易畈村12个居民点中有青毛咀、上岳家咀(若古咀)、下岳家咀，四庄乡况家村16个居民点中有陶家咀、况家咀、金家咀、向家咀。

埚、井、坑作为通城地名的通名，相同之处在于，它们都是地势低洼的地形。不同之处在于，埚指三面或四面地势高、中间低凹的地形；井指四周地势高、中间低凹的地形，低凹的深度比埚要大；坑是指夹在山沟中的低凹地形，两面或三面临山岭。用埚作通名比井、坑要多一些。如四庄乡华家村26个居民点中，以埚作通名的有石埚、老鸦埚、塘埚、回转埚、油榨埚。使用坑作通名，如关刀镇八燕村的江坑、大坪乡内冲瑶族村的兰家坑、金鸡坑，国营鹿角山林场石门洞村的羊角坑等；用井作通名的如石南镇杨山村李家井、塘湖镇的石井、隽水镇柳峦村的麟井等。

坪、埇、畈作为通城地名通名，相同之处在于，它们同属于山区、丘陵区内的平坦地。不同之处在于，它们之中，坪的面积小于埇、畈，埇的面积又小于畈。如隽水镇阔田畈，位于菖蒲港下游两岸，地跨上阔、下阔两村，为全县最大的平坦地，面积大约8平方千米；沙堆畈次之，分布沙堆港两岸，地跨沙堆、华家等村，面积大约6平方千米。其他如北港镇的枫树畈、大坪乡来苏畈等。以埇作通名的，比较有名的如塘湖镇的塘湖埇、胡家埇、大白埇、北港镇的方埇，面积均在1平方千米以上。以上这三个通名，使用频率最高的是坪，如马港镇踏水村瓦窑坪、枣树坪、塘湖镇荻田村擂鼓坪、阔田村枫树坪、魏家坪等。

(二)以陆地水系或水利设施为通名。如港、溪、湾、塘、堤等。这类通名最典型的有在通城老幼皆知的“三溪”(云溪、石溪、大溪)，“九港”(东港、北港、南港、左港、梅港、马港、松港、鲤港、石港)。用湾作通名，指溪、港的拐弯部位，如五里镇大坪坳村居民点相公湾；又如石南镇仙姑村17个居民点中，以湾作通名的有鲁家湾、铁罗湾。塘、堤等通名，均是指水利设施，如大坪乡青山村16个居民点中，用塘作通名的有石马塘、水角塘、石南镇石南社区居民点观音堤。

(三)以宗族支派为通名。这类通名有门、房、家、屋等，其中“家”“屋”在通城地名通名中使用量最大。家，一般是以姓氏专名所带的尾称；屋，既指一个居民点的整个房屋，也可指单家独户的宅院。如四庄乡大源村21居民点，用家作通名的有冲黄家、大屋罗家、大屋杨家、门泉罗家；用屋作通名的有塝上屋、港下屋、国爹屋、新屋、对门屋。门，一般指同姓氏分支所建的村落；房，一般按兄弟排行而论。如沙堆镇沙堆村居民点罗家门、四庄乡小井村居民点通判门、隽水镇宝塔村居民点九房门等。

(四)以人工建筑物为通名。这类通名有楼、亭、堂、桥、棚等。楼，指两屋以上的房屋，如大坪乡药姑村12个居民点，以楼作通名的有栎家楼、朱家楼；又如隽水镇上阔村17个居民点中，以楼作通名的有禾楼、星楼、大楼。亭，多指凉亭，即民间在交通要道之处修建、供路人短时间歇脚的建筑。人们在凉亭附近建房定居，便以亭为通名命村庄名为，如塘湖镇狼荷村周家亭、隽水镇桃源村的夏家亭。通城县溪港多，桥梁也多，如隽水镇桃源村60个居民点，以桥作通名的有十善桥、太平桥、安乐桥、神台桥。堂，一般指用作宗族集会的祠堂、享堂，尔后演变为民居，人们用其作通名命村庄名。棚，为居民点起始时使用的临时简易住所，或加工生产场所，如四庄乡纸棚村的居民点纸棚，是明嘉靖年间沈姓刚迁入时从事造土纸搭建的简易棚式房屋，后以棚为通名命居民点纸棚，而后延用演变为生产大队、行政村名。

(五)以集市为通名。一般有铺、市、店、场等。铺，指小店铺，如饭铺、药铺、肉铺等。如大坪乡水口村29个居民点中，以铺为通名的有鞭铺、林家铺、糖铺、水口铺。石南镇牌合村31个居民点中，以铺为通名的有油榨铺、粉铺。市，指集市，如麦市镇人民政府所在地，宋、元时期因当地种花而命名花埠市；明清时期改种苎麻，改称麻埠市；民国时期因河床改道，居民改沙滩种麦，又改称麦市。又如五里镇锡山村有居民点十里市，因古时此地北距县城十华里并有几家小店铺而称十里市。店，指店铺。以店作通名的有石南镇樊店村地片名樊家店、塘湖镇狼荷村域已消亡的居民点石店等。

(六)以所处地理位置为通名。这类通名主要有上、下、背、头、口等。上、下、背均指某一地与其他地方形成的方位，上、下分别指上方、下方，背指背后的那一面。如塘湖镇荻田村32个居民点，以上、下或背作通名的有长屋脚下、下坳上、上坳上、汪家背；又如大坪乡花墩村 23 个居民点，以上作为通名的有半岭上、细坳上、大坳上；再如水口村 29 个居民点，以背作通名的有乌龟背、土地背。头，指某种地形的顶端或尾端。用头作通名的，如大坪乡沙口村的居民点庚陂头、五里镇湾头村居民点下湾头等。口，指呈口袋形状的地形。用口作通名的，如五里镇何家村居民点硃砂口、关刀镇新建村居民点银牙口。

(七)以宗教建筑物为通名。这类通名主要有寺、庙、观、殿、庵、堂等。这些通名多数为居民在宗教建筑旁边建房而居，或直接将宗教建筑改为民居，以宗教建筑名命村落名。

(八)以手工业生产场地和农作物种植场所为通名。这类通名主要有园、窑、峦，多指种植农作物的场所。以园作通名如大坪乡栗坪村 20 个居民点，以园作通名的有平头园、野草园，还有农林村的菜园、石南镇石马村居民点下堡园等。以峦作通名的有石南镇扬山村 32 个居民点，以峦为通名的有目鱼峦、礼门峦。

二、通城地名专名的特点和类型

(一)以姓氏作专名或专名组成成分。这类专名有几种情况：(1)单独以姓氏作专名，如徐家(隽水镇东港村)、谢家(隽水镇桃源村)；(2)以姓氏搭配"家"字组成词组作专名，如左家桥(石南镇杨山村)、任家坳(马港镇松港村)；(3)在方位、地形等用词之后搭配姓氏组成专名，如上湾张家、下湾张家(塘湖镇狮子村)以及石堰李家、老屋郑家(关刀镇八仙村)。经通城县第二次全国地名普查统计，全县居民点类地名 3500 余个，其中以姓氏作专名或专名组成成分的有 1200 余个。通城县 2014 年人口中总计有姓氏 190 余个，有 150 个姓氏被用作地名首字(其中有极少数几个姓氏为古代居民姓氏)：

二画：丁家岭(麦市天岳村)。

三画：万家畈(隽水桃源村)、马家畈(四庄华家村)、门家(四庄大溪村)、孔家门口(马港马洞村)、习家场(麦市红石村)。

四画：王家(隽水新塔社区)、邓家(隽水新塔社区)、毛公渡(隽水下阔村)、方头咀(北港雁门村)、车家楼(北港雁门村)、边家坳(沙堆村)、巴家(关刀杨家村)、文家屋(麦市长冲村)。

五画：皮家五房屋(隽水白沙社区)、艾家垅(隽水柳峦村)、甘冲岭(北港方塅村)、田家咀(隽水利和村)、冯家湾(北港大界村)、石家(北港桂家村)、白冲(北港岭源村)、皮家庄(四庄村)、叶家屋(四庄小井村)、兰家坑(大坪内冲村)、龙家(沙堆港背村)、卢家楼(沙堆坪坳)、左家桥(石南杨山村)。

六画：李家塘(隽水白沙社区)、朱家(隽水柳峦村)、陈家坳(隽水上阔村)、阮家垅(隽水桃源村)、江家坡(北港雁门村)、乔家塝(北港雁门村)、孙家屋(北港贯青村)、许畈大屋(北港横冲村)、华家冲(四庄清水村)、毕家(马港潭下村)、向家(马港松港村)、任家坳(马港松港村)、刘家(塘湖雷吼村)。

七画：张家屋(隽水白沙社区)、陆家冲(隽水新塔社区)、杜家(隽水柳峦村)、严家坳(隽水下阔村)、沈家(隽水下阔村)、汤家咀(北港大界村)、邹家坳(隽水利和村)、吴家祠堂(隽水油坊村)、何家坳(北港雁门村)、佘家垅(四庄华家村)、况家咀(四庄向家村)、冷家埚(四庄清水村)、宋家(四庄五花村)、尧家垅(大坪沙口村)、邱家畈(大坪花墩村)、余家庄(大坪达凤村)、苏家冲(大坪青山村)、陈细房(大坪杨部村)、杜家咀(沙堆村)、肖坊(沙堆大柱山村)、但家坳(沙堆瑶泉村)、花家楼(石南仙姑村)、闵家垅(关刀村)。

八画：杨家饭铺(隽水白沙社区)、郑家(隽水古龙村)、林冲(隽水桃源村)、易家垅(北港庄前社区)、周家坡(北港大界村)、范家山(北港雁门村)、金家坑(北港雁门村)、罗家(四庄大溪村)、孟家冲(北港长青社区)、岳家(麦市天岳村)。

九画：贺家屋(隽水白沙社区)、钟家屋(隽水旭红社区)、柳家冲(北港枫树村)、姜家冲(隽水宝塔村)、洪家(隽水上阔村)、娄家(四庄华家村)、胡家咀(隽水桃源村)、郭家垅(隽水油坊村)、骆家埚(四庄新联村)、姚家(四庄小井村)、赵家(四庄寺背村)、胡家祠堂(大坪内冲村)、骆家冲(大坪村)、祝家垅(大坪墨烟村)、晏家(大坪墨烟村)、钟家(马港踏水村)、侯家(关刀高冲村)。

十画：徐家垅(隽水石泉村)、涂家(隽水柳峦村)、夏家亭(隽水桃源村)、陶佑屋(隽水油坊村)、聂家(北港沉山村)、桂家大屋(北港桂家村)、陶家咀(四庄向家村)、高家岭(大坪农林村)、柴家咀(大坪水口村)、续家屋(沙堆大柱山村)、唐家湾(马港白竹村)、钱家(石南牌合村)、康家岭(石南虎岩村)、海家塅(马港村)。

十一画：续家(隽水旭红社区)、黄家(隽水新塔社区)、章家(隽水下阔村)、谌家垅(隽水古龙村)、袁家垅(北港庄前社区)、龚家(北港雁门村)、曹家咀(北港贯青村)、游家(马港丁仙村)、萧家岭(马港中塅村)。

十二画：傅家峦(隽水白沙社区)、谢家屋(隽水旭红社区)、彭家岭(隽水旭红社区)、葛家屋(隽水桃源村)、程家(隽水桃源村)、鲁家(隽水利和村)、舒家坳(四庄华家村)、蒋家(四庄新联村)、曾家堤(大坪来苏村)、韩家岭(大坪韩岭村)、童家冲(马港村)。

十三画：董家湾(四庄王花村)、雷贡坡(大坪花墩村)、詹家垅(沙堆瑶泉村)、简家(沙堆坪坳村)、蒯家咀(五里陈谷村)、辜家(塘湖社区)。

十四画：廖家棑上(隽水白沙社区)、谭家(隽水新塔社区)、鄢家垅(隽水古龙村)、熊家排(隽水桃源村)、漆家垅(北港贯青村)、漆家铺(隽水石泉村)、蔡家咀(北港龙门村)。

十五画：樊家垅(隽水白沙社区)、黎家冲(隽水新塔社区)、廖家冲(北港大界村)、潘家畈(北港岭源村)、藤家(四庄大溪村)、墨家山(马港高峰村)、颜家冲(塘湖南虹村)、燕家塅(四庄庙下村)。

十七画：戴家畈(四庄大溪村)、赢家冲(塘湖白沙村)、魏家畈(北港雁门村)。

十八画：瞿家(北港桂家村)。

十九画：瀛家坡(大坪农林村)。

(二)以人物名字作为专名。通城地名中，用人物名字作为专名的非常普遍，其数量只次于姓氏类专名作为村落专名，一般为村落的起始者，或者为该村落形成后有突出贡献者。如塘湖镇的专名，即来源历史名人。当地出生于明代历任永乐、洪熙、宣德、正统四朝26年巡抚的刘仕昌，字塘湖，因其自出生至当官、去世，都有很多传奇故事，在湘鄂赣边界地区很有名气，后人用其字号称当地行政区域及单位等。又如石南镇牌合村31个居民点中，以人名作专名的有克全屋、超元屋、立高屋、石林屋、随川屋、金赞屋、儒聘屋、圣昌屋。

(三)以植物名作为专名。通城地名专名中的植物，既有树木、也有农作物，还有花、草、药材等，如隽水镇石泉村27个农村居民点中，以植物作为专名的有：麻地坡、竹家坳、株树屋、柏屋场。又如国有药姑林场8个居民点中，以植物作为专名的有：桂竹源、芦坡、茅屋岭。

(四)以地形为专名。通城是个山区县，境内山岭多，地形复杂，所以用地形作专名的现象也很多。如大坪乡是因该乡域内有一处面积较大的平坦地而得名大坪，后用于当地政区、非行政区域及各类单位专名。又如大柱山村、堆山村、坪坳村都是因域内山岭、山坳而得专名。麦市镇七里村居民点三台仑，因村居后方有三座山峰平坦的山岭如同三个平台一样有序排列，而得专名。四庄乡四庄村有17个居民点，用地形作专名的有：塝上屋、虎形、咀上屋。以形状作专名的还有麦市镇鸡笼山、天门观、天门村、天门水库，国营鹿角山林场的石门洞村及其居民点羊角坑，塘湖镇狮子村的狮子山，关刀镇八燕村，大坪乡杨部村的燕窝，石南牌合村的虎形村，石马村的老虎冲等。

(五)两个专名组成复合地名。如四庄乡清水村24个居民点中，以两个专名组成一个地名的有：洞口史家、咀上金家、岭下吴家、石堰口上、新屋田家。四庄乡庙下村18个居民点，类似的专名有：福湾张家、港背张家、庙下口上、新屋张家。两地专名组合而成的复合地名，还出现在区域的调整中。大坪乡南坪社区，于1987年由南山村、大坪村的各一部组合而成，即从两村村名中各取一字命社区名。

(六)以水体作专名。通城域内比较有名的溪流有130多条，塘、堰、陂等水利设施更多，以水体为专名也非常普遍。如通城县地域最大的乡镇马港镇，其专名则源自其域内的河流。相传马援于东汉建武二十五年(49)率军进驻下隽，准备南征武陵，在今通城县马港镇域开凿河道疏通洪水，当地百姓为感谢他，用其姓命由他率军整治过的河道，后成为当地政区、非行政区域、单位的专名。通城域内著名的水体“三溪”“九港”普遍被用作区域、单位的专名。如大溪湿地公园和已撤销的大溪公社、云溪公社、石溪乡，以“九港”命政区名的有北港镇，其余“八港”均使用作行政村名。

(七)以生产和生活器具作为专名。这类专名也比较多，如隽水镇与关刀镇交界处的马鞍山、关刀镇与塘湖镇交界处的汤罐山、国营黄龙林场境内的宝馨洞、塘湖镇狼荷村的居民点竹排碑、四庄乡上坪村居民点油榨屋、大坪乡坪山村居民点耙齿张家；其他地方还有犁镶山、石猪槽、碓臼坡、碾米坳、桅杆屋、米筛泉、筲箕坡、撮箕埚、水桶埚、明镜坳、香壶坪、夜壶尖、高椅垅、摇窝坡、算盘山、棋盘墩、罗盘墩、铜鼓山、沉锣湾、铁炉冲、化钱冲、金钟洞、香炉石、独烛山、棺材山、喇叭屋、黄旗坳、白旗坳、伞把桥、钻头咀、白纸棚、白炭埚等。

(八)以职业和官衔作为专名。四庄乡小井村22个居民点，用职业和官衔作专名的有篾匠屋、通判门。还有如石南镇虎岩村的居民点帝将屋，隽水镇油坊村居民点雷公岭，隽水镇柳峦村居民点将踏屋，隽水镇银城社区居民小区帝景公寓，翰林花园，隽水镇和平社区状元广场等。

(九)以数字为专名或以数量词组成专名。如隽水镇油坊村居民点乙房屋，麦市镇陈塅村居民点乙甲，石南镇牌合村居民点二房屋，隽水镇油坊村三让屋，石泉村居民点三里塝，桃源村四方仑、四级站，五里镇五斗村、五里牌社区、相师村居民点六房、锡山村居民点十里市、何家村居民点六峰屋，四庄乡小井村居民点十房屋，隽水镇桃源村居民点十善桥，隽水镇九宫山和九宫庙桃源村居民点九房，古龙村居民点九房门等。又如隽水镇古龙村19个居民点，以数字命名的有四房、八字屋、九房，如麦市镇七里村及七里山、关刀镇八仙畈、五里镇寺前村八景山。还有如塘湖镇南虹村33个居民点，用数字作专名的有：六房屋、七房屋、八房屋；塘湖镇石坪村23个居民点，用数字作专名的有：一房、六房、十房、六亩洞。

(十)以美好愿望或颂美的嘉名作为专名。如石南镇石马村居民点勤山湾、高志冲、赛公村居民点昌子坡、塘湖镇望湖村居民点普安堂、隽水镇桃源村居民点太平桥、麦市镇七里村居民点大吉昌、大坪乡达凤村居民点富家塘。

(十一)以宗教、神灵名作为专名。如四庄乡五花村25个居民点，用宗教建筑名作专名的有庙湾、庙前屋。再如大坪乡南山村居民点庙背屋、隽水镇雁塔社区居民点麟井(方言读音将“龙”读作“麟”)。隽水镇石泉村26个农村居民点，以神灵作专名的有泉井垅、庙前塘、灵官咀、雷打石，另如隽水桃源村居民点神台桥、石南镇仙姑村及居民点仙姑山、麦市镇花园村居民点仙人台、塘湖镇阔田村居民点道观、狼荷村居民点天主堂等，都是这类专名。

(十二)以方位词、地物、形状、规模类形容词作专名。如大坪乡花墩村23个居民点中，以此类词为专名的有半岭上、横岭、细坳上、大坳上、小岭；该乡辉煌村28个居民点，此类专名有新杨部街、下屋、新屋、高冲屋、烂泥冲、夹石屋、新来冲；该乡达凤村34个居民点，此类专名有曲堤铺、下达畈、上达畈、麻石坡、白屋、上马徐家、下马徐家、下屋卢家。

三、通城地名显示的主要地域特点

地名能体现一个地方的特色，能反映当地的自然、经济、历史、社会的地区特征。比较通城地名，可发现其主要体现了通城县以下地域特点。

(一)通城县第二次全国地名普查共登记6000多个地名，其中以坳、坡、咀、塆为名的占20%以上。这些地形词在通城地名中，既有通名，也有专名。既有政区、非行政区域名称，也有基础设施名，以其命作居民点名称更是普遍。此种现象，其实反映了通城县域内山岭众多、沟壑纵横的自然地形。

(二)通城地名中，以坪、塅、畈为名称的地名，约占总数的10%以上。同样，这些名称也涉及县域内的政区、非政区、基础设施、居民点等各个类别。此种现象，反映了通城山岭间平坦之地众多，是一个典型的丘陵地区。

(三)通城以姓氏命地名的现象十分普遍，是为数最多的类别。据粗略统计，通城经第二次普查登记过的5000多个地名中，以姓氏为地名的有1200个以上，接近全县地名的1/5。从这种现象中不但可以看出，通城聚族而居的习惯势力非常牢固，还可以看出通城人有恋家族、恋家庭的习惯。正因为如此，旧时的通城人只是不得已时才外出谋生。这种习惯一直延续到20世纪90年代形成的南下打工潮时才有所改变。

(四)以店、铺、市和职业相关的词作为地名，显示了通城旧时商品生产和流通业比较发达，还反映了通城人古时即重视多业共同发展的生产习惯。这与东乡民间流传的“三个崽把两个崽学艺，三斗田把两斗田振芋”的俗语相吻合。

(五)以物产为名，一方面反映了通城适合各种动、植物生长；另一方面反映了旧时通城生产力较为发达。

(六)以宗教建筑为地名，既显示了各种教派在通城广为传播，也显示了通城地区信神礼佛的人数众多，宗教信仰深入人心。

通城地名反映出来的主要地域特点，除以上各方面以外，还应该着重说明的是，通过对通城地名的研究，我们不难发现，人类在通城这块土地上生存的历史悠久，以及这里的古人们具有深重的文化素养，还可以明显看出古人在这里频繁迁徙的迹象以及浓厚的方言现象。例如麦市镇麦市村和塘湖镇阁壁村分别有一个有锡家坳、锡家塝的村庄。这两个村庄的第一个字“锡”字带一个“家”字，粗看好像“锡”字是一个姓氏，通城口语将它读为“xiɑ”的入声。其实这个字除指金属外，以其起头的名词还有一个锡伯族，之外还有赠予的意思。用这个字作村庄名并且用在“家”字之前，一般人难以理解，第一次地名普查，把他当作“易”字的白读音。但是通城方言“易”的白读音不是“xiɑ”而是“iɑ”。在第二次地名普查中，通过反复调查和查找资料，我们才确定这两个村庄名称中的“锡”字代表的意思是赠与。可以想象，不是具有相当文化素质的人，绝对想不到用这样的字命村庄名。再如，关刀镇杨田村有一个由罗、吴姓聚居名叫下畈的村庄，罗氏家谱记载，“东晋时期，鄂南罗氏祖茂庆公(363—400)分一子在此定居”；塘湖镇南虹村有一个村庄叫廖家，《廖氏宗谱》载：古名药局坳，后周显德年间(955)廖恕公第五代孙廖传(宗佰元)携子廖瑞(字圣辉，947—970)由今隽水镇余坊村茹菜垅迁此定居，改称廖家。我们很容易推算到这两个村庄的罗姓、廖姓已经分别在当地居住了1600多年和1050年。如果不是人们注意家族的传承，不注重文化的传承，这1000多年以前的变化又从何谈起呢?

总之，通城的每一个地名，都有一段古老的历史，都有一个完整的故事，它们一个个看上去不怎么起眼却都一个个都饱含地域特点。只是由于篇幅所限，不能一一枚举。

作者：武汉工程大学外语学院　黎立夏
隽水镇北门小学　刘右龙

通城部分通用地名名词诠释

垅：指通城人对山岭中间狭长谷地的俗称。一般在丘陵地区，三面环山，中间夹呈长弯形的梯田，长一里至数里不等，村庄多在垅内的山弯或小山坡内。

冲：指通城人对两山中间狭长谷地的俗称。一般比垅要狭窄，两面山岭，中间有平坦通道，通道边伴有溪沟。冲的两端均有出口，长度一里至数里不等，如"七里冲"。

畈：指通城人对河、溪两岸面积在1平方千米以上平地的俗称。有平畈、垅畈两种：平畈多分布主要河流两岸空旷地，面积2平方千米以上；垅畈在小溪边呈缓坡地形，两面或三面都是小山，面积1平方千米左右。

洞：指通城人对三面高山耸立、中间夹呈长弯形山谷的俗称。多分布在高山地区，长度数里至数十里不等，通城著名的有18洞。

塅：指通城人对丘陵或中高山区较平坦、宽大的平地的俗称。一般有溪港贯穿，面积1平方千米左右，比畈要小。

棑：指通城人对垅、畈两面斜伸、呈不规则形的大块缓坡山地的俗称，也写作"排"。

塝：指通城人对垅、畈两面傍山脚坡度较大、比山脚地势高的坡地的俗称。

岭：指通城人对山岭、山坡或靠山傍岭的地方的俗称，与"山"义同。如通城人称走山路叫"上山下岭""上岭"。

仑：指通城人对山埂、山岭的俗称。通城方言读"林"音，与"岭"义同。人们书写地名时，多数把"仑"写成"林"或"龙"字，如"麦市三台仑""塘湖坪头仑"……写法有误的如"林上""白石林"……

坳：指通城人对两条垅(或冲)分水岭的俗称。

坡：指通城人对坡度平缓的山地的俗称。一般后方靠山，前方空旷通达。

埚：指通城人对三面或四周地势高、中间低凹的地形的俗称。与"坡"义同，如"大埚""长埚""石埚""板栗埚"……

咀：指通城人对山体前端突出地形的俗称。

背：指通城人对溪港或山咀、山埂、垅坳后方或反面的俗称，如"坳背""咀背""港背""石背""岭背""屋背"等。

塘：指通城人对池塘的俗称，如"官塘""蛇塘"……

湾：指通城人对溪、港拐弯部位的俗称。多数地方在以"湾"称地名时，改读音阴平声为阴去声。

塆：指通城人对山体、山脚拐弯部位的俗称，容易与"湾"混淆。

墈：指通城人对山垅侧面凸起的高岸的俗称。

坑：指通城人对中高山区深沟的俗称。口头读音为阴平声(hang)，书面读音为阴去声(hong)。

坝：指通城人对山岭、山埂斜坦像水坝的俗称。

堡：指通城人对高山盆地呈梯式地形的俗称。如云溪洞的"上堡""中堡""下堡"。

墩：指通城人对畈、垅内突起如土墩地形的俗称。

坪：指通城人对面积较大的开阔地的俗称。丘陵地域的坪面积可达1平方千米以上，如"大坪"；山区的坪面积要小一些，如"坪上"。

家：指通城人对家庭、家族的统称，多附在居民姓氏末尾构成居民点名称。

屋：指通城人对村庄的俗称，如"上屋""下屋"。

园：指通城人对环境优美、四周有茂盛植物生长的居民点的俗称。如"竹园""梅园""茶园""花园"。

门：指通城人对姓氏宗族内兄弟排行的俗称。多附在数词末尾构成居民点名称，如"九房门"；也有的用指大门口的形状，如"八字门"。

房：指通城人对姓氏宗族内兄弟排行的俗称。

楼：指通城人对古时建有楼阁的房屋的俗称，如"吊楼""阳楼""跑马楼""牮楼""绣楼""阁(搁)楼"等。

坊：指通城人对古代修建的牌坊和作坊的统称。

牌坊有二种：一是功勋卓著的朝官死后由官廷奉旨建造的石牌坊；二是古时表彰贞、孝女性的牌坊。作坊指油榨坊、糟坊(酿谷酒)。

铺：指通城人对店铺的俗称。

源：指通城人对溪、港发源地的俗称。多附在当地生长的植物名称末尾构成地名，如“白竹源”“桂竹源”“桃源”“柏源”等。

峦：指通城人对成片树林的俗称。如“竹峦屋”“柏峦”“柳峦”。通城人旧时习惯将“峦”写作上下结构，上部为“林”字、下部为“山”字——“埜”。

巷：指通城人对集镇里弄的俗称。如“西门巷”；有时也俗称乡村的小山冲，如“戴家巷”。

弄：指通城人对走廊、里弄的俗称。有时称中间有狭窄过道的居民点，如“塔下弄”。“弄”在通城人口语中读音去声，书面音读阳去声。通城人旧时习惯将“弄”字写作内外结构，外部为一个“门”字，内部为一个“贡”字的异形字“閧”。此外，有一个“狼”字上面加“艹”头的古体字，因电脑中普遍没有此字的字形，塘湖镇有一个以此字起头的建制村及一条山谷，涉及此字时本志以“狼”代理。

井：指通城人对四周高中间低的凹地的俗称，如“野鸡井”“石下井”“井头屋”。

港：指通城人对河流的俗称，有时也称河流附近的居民点。

庄：指通城人对旧时看管山林、田地的房屋的俗称，如杨家庄、李家庄、四庄等。

通城县第二次全国地名普查辅导员、信息员名单

隽水镇辅导员： 毛一平　黄二甫　卢香花　熊姝姝
熊晓玲　张新华　易阳春

信息员： 白沙社区：王会明　罗天保
和平社区：吴　丽
湘汉社区：李石保　黎美文　傅玲霞
新塔社区：黄国周　关顺华
秀水社区：王娟花　李斌豪
旭红社区：魏焰山　钟启兵
雁塔社区：郑　荣
银城社区：徐正海
宝 塔 村：李凤娥
东 港 村：吴先文
古 龙 村：李龙甫
利 和 村：杜建国
柳 峦 村：吴忠维　徐书敏　吴金龙
上 阔 村：杜雪桂
石 泉 村：黎　佳　卢方益　徐诗明
桃 源 村：郑正雷
铁 柱 村：李四明
下 阔 村：杜金国
油 坊 村：李白碧

北港镇辅导员： 胡　刚

信息员： 长青社区：胡华龙
庄前社区：周火生
沉 山 村：杨岳熬
大 界 村：胡玉山
方 塅 村：胡秀云
枫 树 村：李大炳
贯 青 村：胡兴国
桂 家 村：黎伯熬
横 冲 村：胡正良
岭 源 村：胡祖恩
龙 门 村：许国芳
雁 门 村：胡九高

关刀镇辅导员： 张国强　方爱国

信息员： 官塘社区：吴忠才
八 仙 村：吴国应　傅召华
八 燕 村：罗佛关
白 马 村：徐功义
春 雷 村：罗会娥　傅小冬
道 上 村：方水国
东 山 村：潘平安
高 冲 村：何飞虎　何和平
高 桥 村：方世国
关 刀 村：郑小平
黄 峰 村：卢定国
鲤 港 村：方文兵
棋 盘 村：丁国贤
水 兴 村：罗会海
台 源 村：罗现兵　吴美珍
五 流 村：郑普明　郑三保
新 建 村：罗时旺
杨 家 村：邓清水
杨 田 村：罗曲芳　谭天明
云 水 村：潘旺乐

马港镇辅导员： 潘　波　熊力生

信息员： 推垅社区：潘　波　王建明
白 竹 村：杨　凤
程 坳 村：张全保
丁 仙 村：吴许录
高 峰 村：张爱民　吴湘南
何婆桥村：徐金河
黄 鹤 村：熊金甫
界 上 村：金中恕
金 山 村：张文包
九 岭 村：陈昭烈
灵官桥村：刘文农　刘文尧
马 洞 村：胡石保
马 港 村：胡金农
毛 塅 村：程衍旺
彭 塅 村：徐贤文
平 湖 村：吴秋国

石 溪 村：熊　英　肖王保
松 港 村：毕章球
踏 水 村：程正才　熊力生
潭 下 村：熊幼如
易 塅 村：熊李鹏
中 塅 村：杨申生

麦市镇辅导员：罗来国　葛恒山

信息员：向阳社区：冷文标
长 冲 村：吴神来
陈 塅 村：吴飞鸿
何 塅 村：丁韩夫
红 石 村：葛雄驰
花 园 村：杜家祥
金 麦 村：黎石羊
井 堂 村：葛智勇　吴四国
九 房 村：何加国
冷 塅 村：吴孝友
李 塅 村：葛龙海
卢 塅 村：冷艳娥
麦 市 村：葛世雄
盘 石 村：何世华
七 里 村：葛晓明
天 门 村：葛灵关
天 岳 村：李国付
西 坳 村：葛光法
株 树 村：卢四东

沙堆镇辅导员：吴玉堂　吴记书　柳迎华　沈增产

信息员：九井社区：卢大娥
大柱山村：邓昌龙
堆 山 村：吴银珍
港 背 村：杜秋甫
罗 塘 村：龙　腾
坪 坳 村：王贤国
沙 堆 村：边昌甫
石 冲 村：傅彩红
湾船咀村：卢中才
瑶 泉 村：卢大东

石南镇辅导员：吴　平　孔　娜

信息员：石南社区：胡松林
柏 树 村：胡金旺
樊 店 村：黎华林
虎 岩 村：袁小明
花 亭 村：黎辉明
梅 港 村：胡汉新
牌 合 村：黎时平
赛 公 村：吴纯甫
石 马 村：吴金牛　胡新国
仙 姑 村：胡梓龙
杨 山 村：黎楼台

塘湖镇辅导员：黄修炎　夏世祥

信息员：塘湖社区：刘国洪
白 沙 村：罗兴祥
大 埚 村：黄雪峰　吴仲楚
荻 田 村：黄忠云　黄学文　刘关保
阁 壁 村：罗时南　金明辉　金祥国
狼 荷 村：刘飞雄　刘七平　胡国平
雷 吼 村：方妙生
凉 亭 村：王克龙
龙 印 村：夏旺甫　瞿秀保
南虹桥村：葛先瑞
润 田 村：汪三良
石 港 村：张忠国　徐克刚
石 坪 村：刘族员
狮 子 村：张八甫　吴小玲
图 垅 村：王增明
望 湖 村：夏扬威　丁步云

五里镇辅导员：王建民　黎　鸣

信息员：五里牌社区：王建民
程 凤 村：陈爱华
陈 谷 村：胡河海
大坪坳村：张明礼
何 家 村：王建民
季 山 村：刘　曙
尖 山 村：王建民
金 塘 村：李幼辉　吴纯文　卢　芳
勷 上 村：戴卫明
磨 桥 村：黎明觉
寺 前 村：李共和
湾 头 村：李斌豪
五 斗 村：毛继美
五 里 村：徐海华
锡 山 村：杨伟明　黎英明
相 师 村：黎金河
左 港 村：黄幼斌

大坪乡辅导员：李玉书

信息员：南坪社区：胡雄兵

草 鞋 村：张秋俄　邓银凤
达 凤 村：黎和斌
大九房村：胡韶华
大 坪 村：邓细平　胡小芳
方 仕 村：胡　辉
韩 岭 村：吴中水
花 墩 村：胡中奇
辉 煌 村：李四荣
来 苏 村：刘汉华
栗 坪 村：胡仁义
墨 烟 村：晏金甫
南 山 村：吴亚良
内冲瑶族村：胡仁奇　李中汗
农 林 村：桂祥高
坪 山 村：许　敏
青 山 村：李炼东
沙 口 村：吴国柱
水 口 村：吴忠良　吴淋敏
下 畈 村：黎东平　黎凤平
杨 部 村：胡仁谷
药 姑 村：胡荷茹
易 畈 村：何光红
四庄乡辅导员：苏余粮
信息员：周海林
黄龙林场信息员：李凌强
药姑林场信息员：胡必文　李玉书
鹿角山林场信息员：黄长北　汪仙光　汪中洋
鹿角山林场龙潭洞村信息员：刘大兵　刘春酒
鹿角山林场石门洞村信息员：刘敏志　汪亚祥
鹿角山林场守仙洞村信息员：张方雄　张　益
锡山省级森林公园信息员：刘艳霞　皮四平

后　　记

第二届《通城县地名志》的编修工作，自2015年6月开始，至2018年1月完成送审稿，2020年12月通过《湖北省地名文化丛书》总编辑委员会的终审验收，历时6个年头。其间经历了资料搜集、初稿撰写、审定修改共3个阶段。

第一，资料搜集阶段。本志所开展的资料搜集工作，指的是通城县第二次全国地名普查工作中的地名登记表的调查及填报工作。这项工作包括外业实地测量、调查和地名来历、地名含义、历史沿革、地理实体描述四个栏目即地名文化的调查。2015年5月，按照湖北省地名普查领导小组的统一部署，通城县第二次全国地名普查工作通过招投标整体承包给北京苍穹公司。随后，该公司启动了调查、填表工作。经县地名普查办公室跟踪检查，发现由于苍穹公司工作人员在通城人生地不熟，只能完成地名登记表中部分栏目的填报，而根本不能进行地名文化四个栏目的调查和填报。为了解决这个问题，县地名普查办公室及时向县地名普查领导小组汇报。经领导批准并与苍穹公司协商同意，将地名普查表中的地名文化四栏目的调查从苍穹公司承包的整体工作中剔除出来，改为由县地名普查办公室组织、发动全县各乡(镇)、村(社区)分别成立地名文化调查专班，深挖地名来历等地名文化，并形成“政府搭台，‘秀才’唱戏，三级联动，整体推进”的工作模式。自2015年10月起至2016年10月，苍穹公司基本完成外业测量和有关栏目的调查。同期地名文化四栏目的调查也全面完成，并以村(社区)为单位，编印了四栏目资料专辑。全县18个社区、167个村共印制185册地名文化四栏目专题资料集，总计500多万字，为《通城县地名志》的编写奠定了基础。

第二，初稿撰写阶段。2016年10月完成外业调查和地名文化调查工作以后，县地名普查办公室组织力量对地名登记表的全部栏目进行了全面校核。经过7个月的全面复查整改，于2017年5月以99分的成绩通过湖北省地名普查办的全面验收。同期，县地名普查办公室经过多方调查和反复研究，按照省地名普查办公室的要求，及时组织了一支有在县内外享有盛名的地方志专家参与牵头的《通城县地名志》编辑部。至2018年2月底，编辑人员对地名文化四栏目专题资料全面进行增补、删减，形成180万字的《通城县地名志》初稿。

第三，审查修改阶段。2018年3月，县地名普查办公室邀请《通城县地名志》评审委员会各成员审阅了《通城县地名志》初稿，并于3月底召开了有全体评审委员参加的评审会。会后，编辑人员根据评委们提出的修改意见，对初稿进行全面修改，形成送审稿。4月，县地名普查办公室将送审稿分别呈市、省评审委员会查阅。4月，在先后接到省、市评委会的评审意见后，编辑部再次进行了修改。2020年8月交出版社付印。

本志以文字形式收录地名3659个，其中包括11个乡镇、167个村、18个社区、303个地片、121个城镇居民点、2051个农村居民点、6个工业园区、4个国营林场、1个地方林业大队、234处基础设施、109处自然地理实体、260处纪念地风景名胜、179个单位、193处历史地名；以表格收录地名2830个，其中城镇居民点27个、农村居民点1392个，基础设施1197处，自然地理实体214处，历史地名519个。全志共收录地名6489个。

在此版《通城县地名志》编纂过程中，全体修志人员遵循湖北省第二次全国地名普查领导小组办公室印发的《湖北省县市区地名志编纂规范》，坚持质量第一的宗旨，勤恳工作。但因该志工程浩大，仍难免有错漏之处。在此，诚请读者批评指正。同时，向关心支持本志编修的省、市、县各级领导和全体参与地名普查资料调查的工作人员及读者朋友一并表示衷心感谢！

编者

2020年12月